NARUTO

MASSIV VOL.11

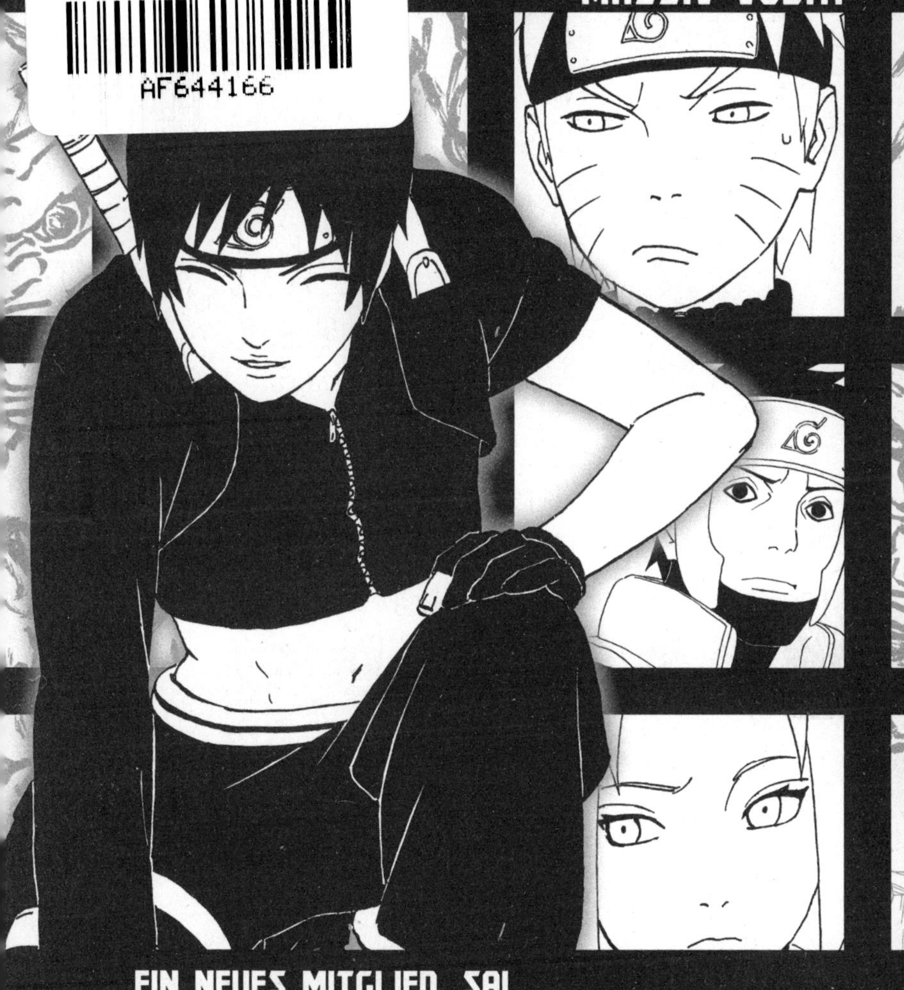

EIN NEUES MITGLIED, SAI, GESTALTET DIE MISSION TURBULENT!

MASASHI KISHIMOTO

CARLSEN MANGA

NARUTO CHARACTERS

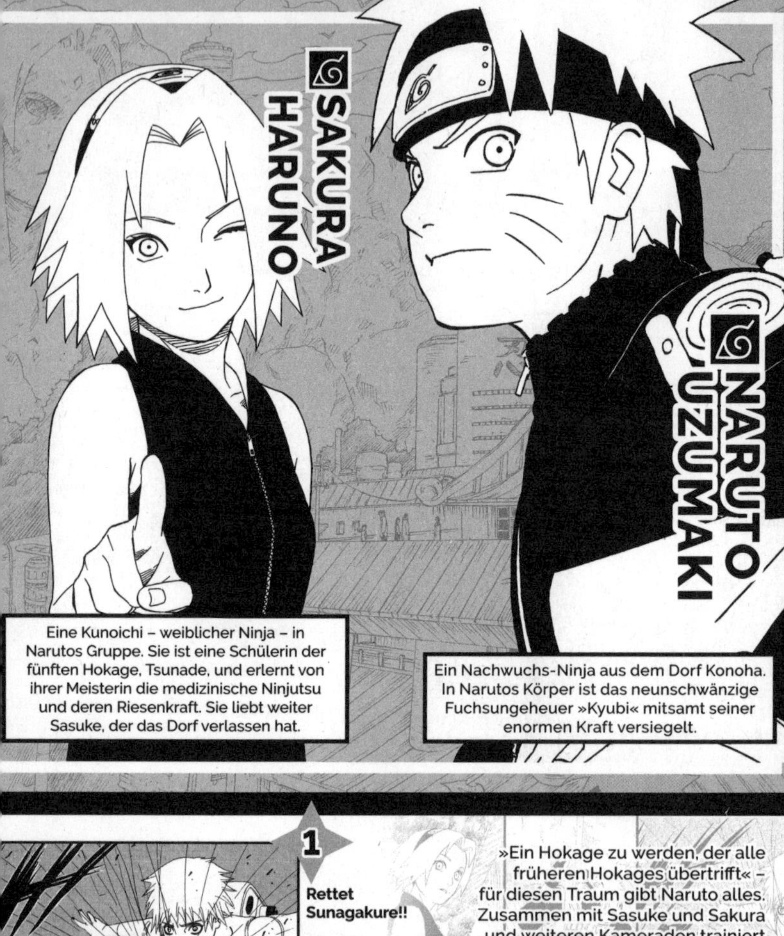

NARUTO UZUMAKI

Ein Nachwuchs-Ninja aus dem Dorf Konoha. In Narutos Körper ist das neunschwänzige Fuchsungeheuer »Kyubi« mitsamt seiner enormen Kraft versiegelt.

SAKURA HARUNO

Eine Kunoichi – weiblicher Ninja – in Narutos Gruppe. Sie ist eine Schülerin der fünften Hokage, Tsunade, und erlernt von ihrer Meisterin die medizinische Ninjutsu und deren Riesenkraft. Sie liebt weiter Sasuke, der das Dorf verlassen hat.

STORY

»Ein Hokage zu werden, der alle früheren Hokages übertrifft« – für diesen Traum gibt Naruto alles. Zusammen mit Sasuke und Sakura und weiteren Kameraden trainiert und kämpft er und so wird aus dem ehemaligen Tunichtgut ein richtiger Ninja.

Dann geht Sasuke, besessen von der Rache an seinem großen Bruder, zu Orochimaru, um stark zu werden. Zweieinhalb Jahre später – Naruto ist ein starker Ninja geworden. Zusammen mit Kakashi und Sakura bildet er die neue Gruppe Sieben und stürmt in einen neuen Kampf!

1

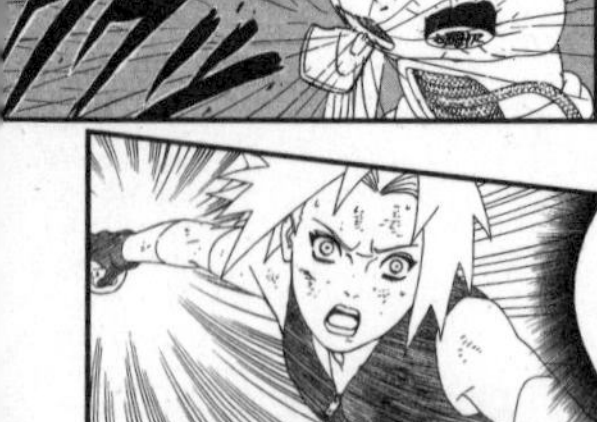

Rettet Sunagakure!!

Sasori vs. Sakura!!

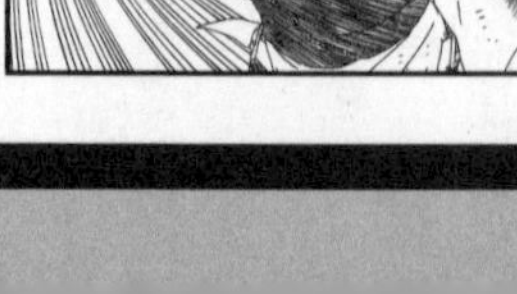

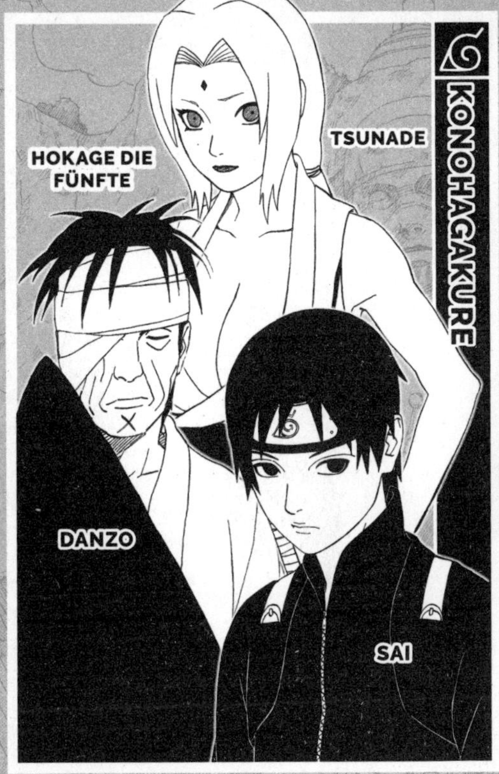

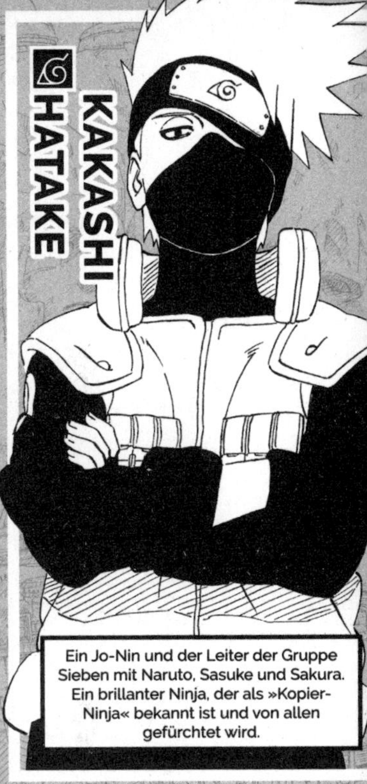

Ein Jo-Nin und der Leiter der Gruppe Sieben mit Naruto, Sasuke und Sakura. Ein brillanter Ninja, der als »Kopier-Ninja« bekannt ist und von allen gefürchtet wird.

2

Kampf gegen Deidara!!

Naruto holt Gaara zurück!!

Die Verbrecherorganisation Akatsuki, die hinter den Biju her ist, greift Sunagakure an. Gruppe Sieben mit Naruto und seinen Kameraden eilt zur Hilfe. In zwei Gruppen kämpfen sie gegen Akatsuki. Sakura schlägt den Marionettenspieler Sasori und erhält von ihm Informationen über einen Spion, der bei Orochimaru arbeitet.

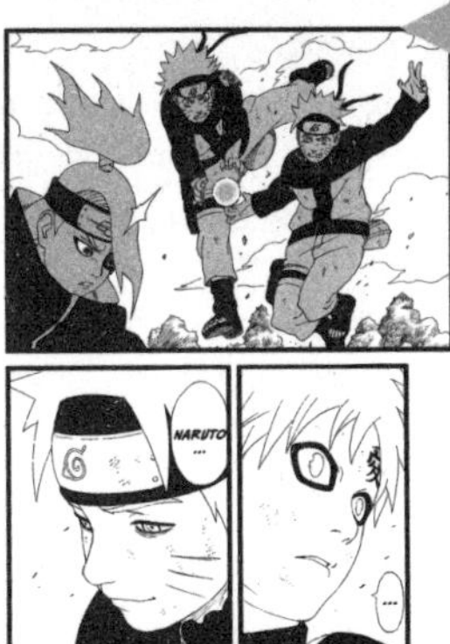

Naruto verfolgt zusammen mit Kakashi Deidara, der Gaara entführt hat. Deidara, der jederzeit Bomben einsetzt, ist ein schwieriger Gegner. Aber es gelingt Naruto, Gaara zurückzugewinnen. Sunagakure wird gerettet. Naruto und seine Kameraden kehren nach Konoha zurück. Aber dann...

Führen die Informationen über Orochimaru, die Sakura von Sasori erhalten hat, zu Sasuke?! Etwas Unvorhergesehenes erwartet die Gruppe Sieben!

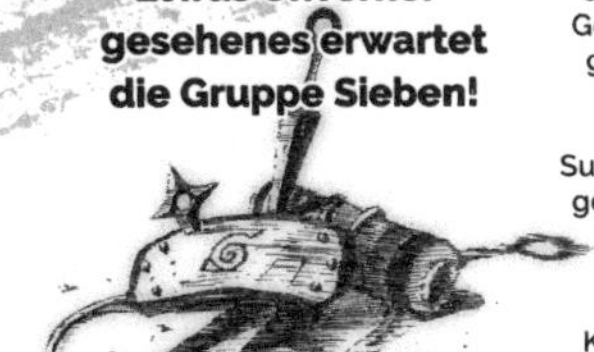

NARUTO

592 SEITEN MASSIV 100% NARUTO

INHALT

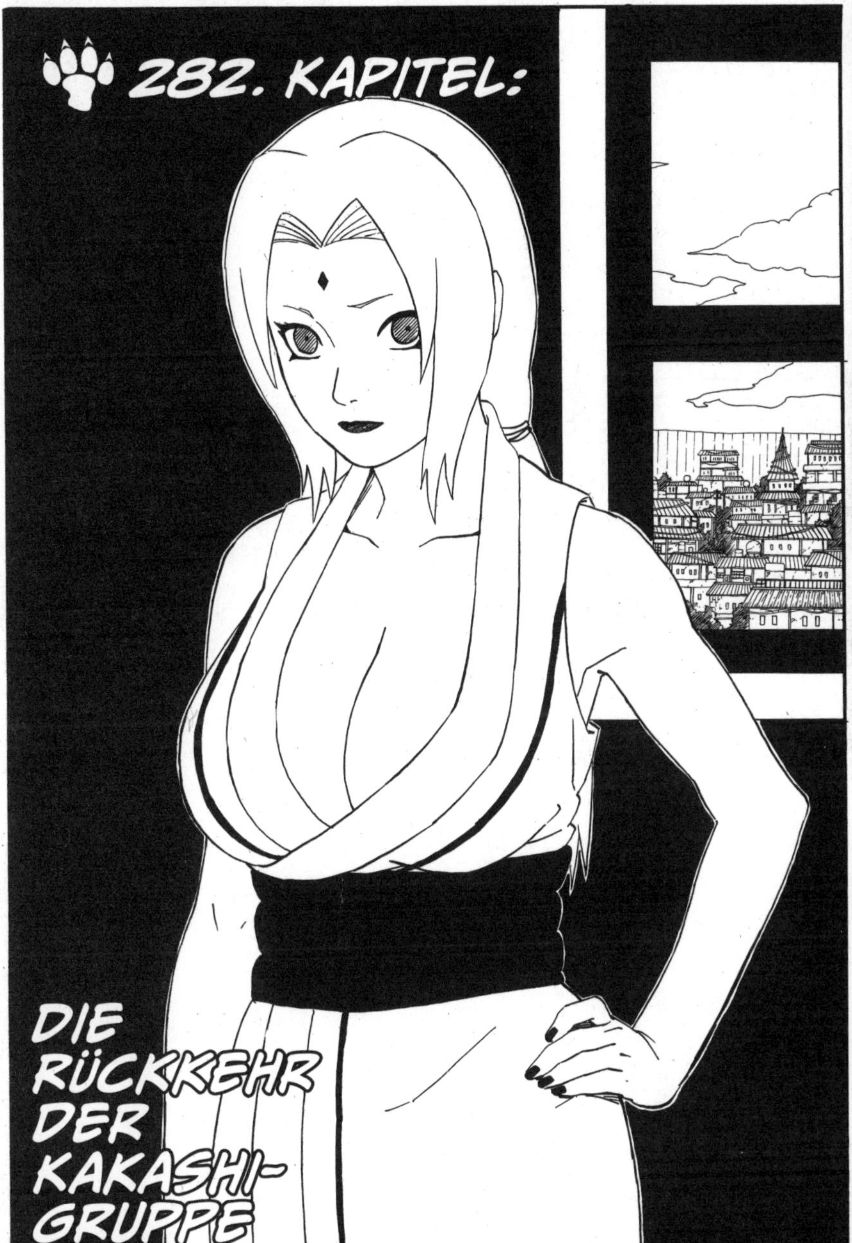
282. KAPITEL:
DIE RÜCKKEHR DER KAKASHI-GRUPPE

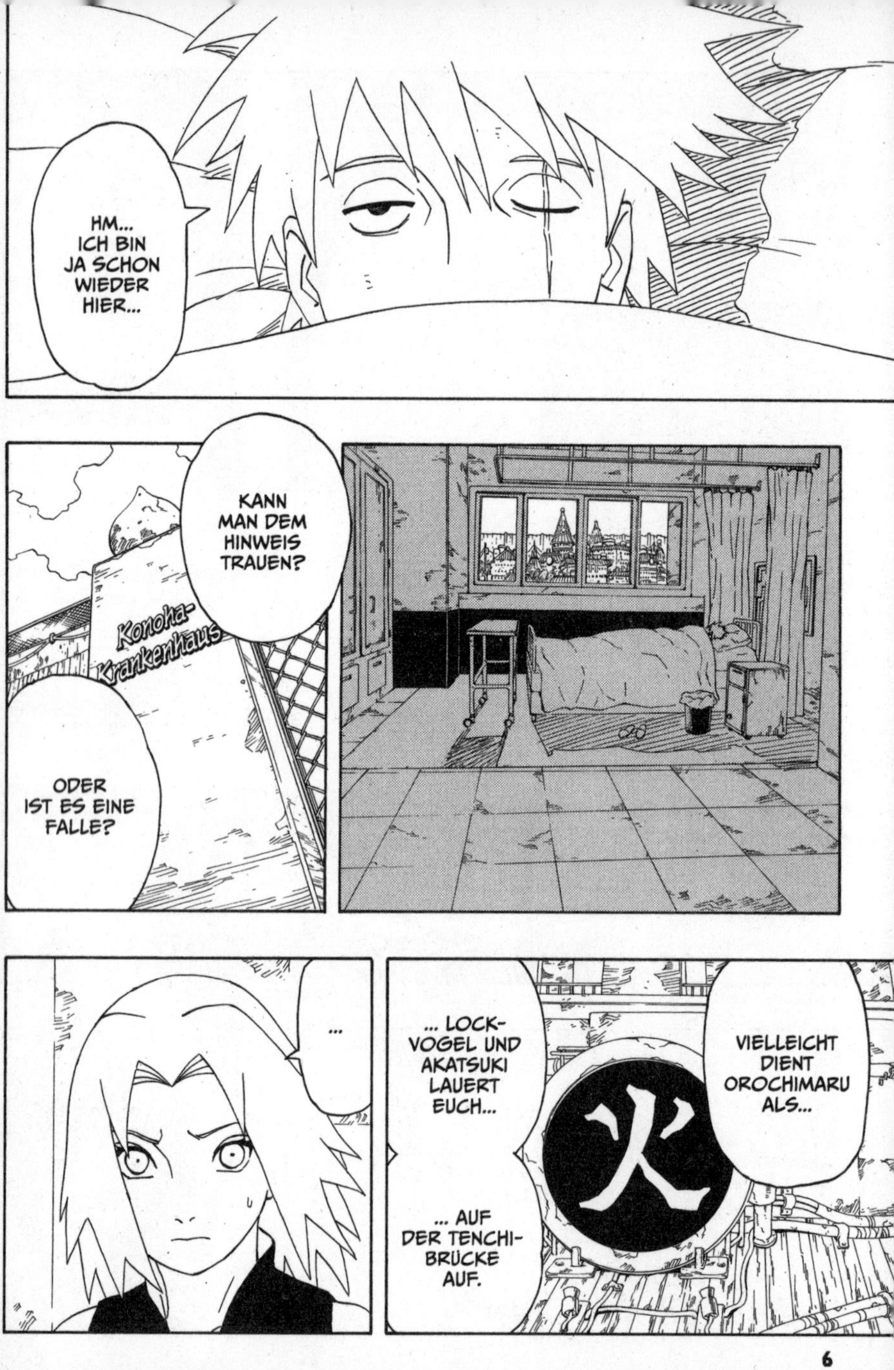
HM... ICH BIN JA SCHON WIEDER HIER...
Konoha-Krankenhaus
KANN MAN DEM HINWEIS TRAUEN?
ODER IST ES EINE FALLE?
VIELLEICHT DIENT OROCHIMARU ALS...
... LOCK-VOGEL UND AKATSUKI LAUERT EUCH...
... AUF DER TENCHI-BRÜCKE AUF.
...

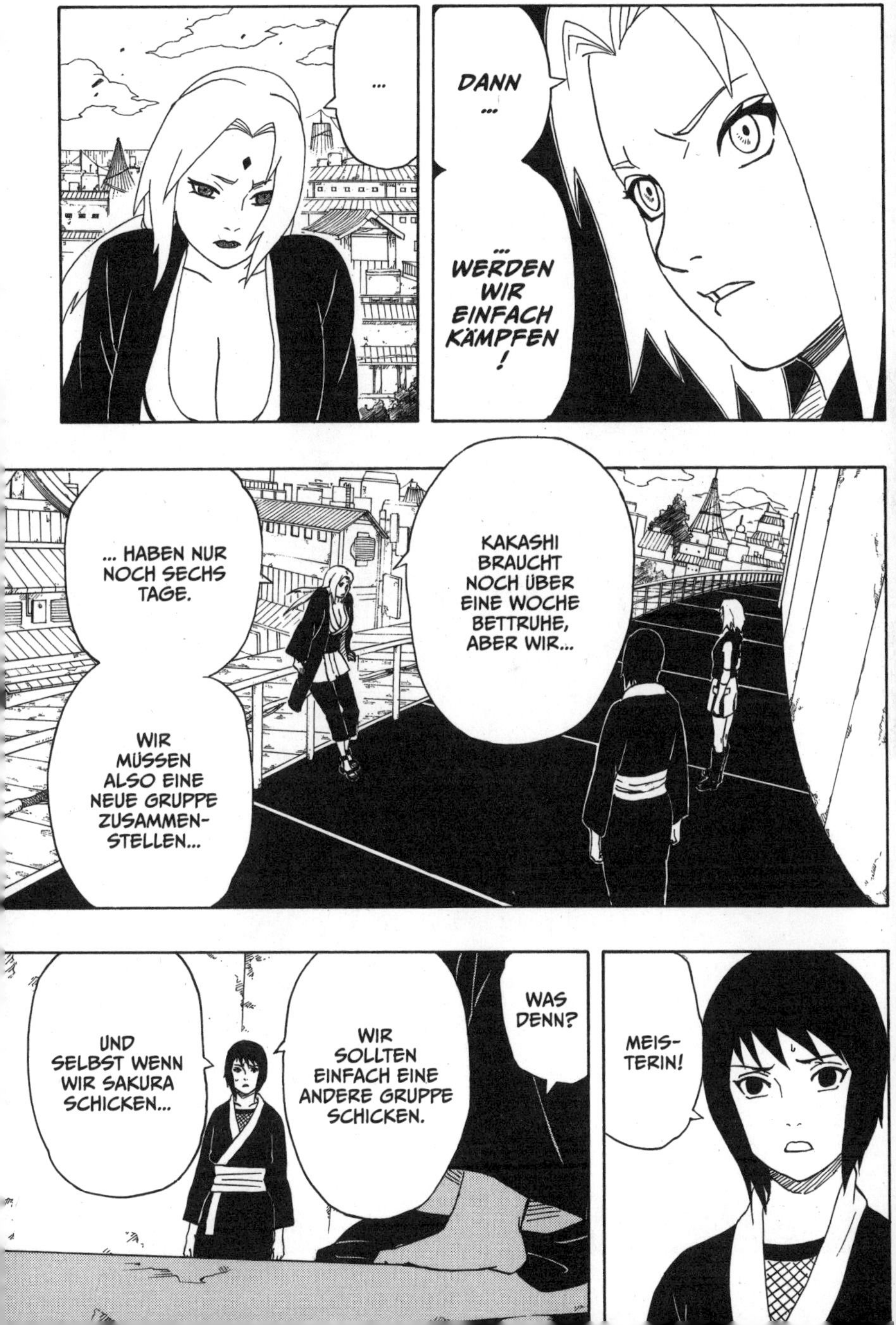
DANN ...
... WERDEN WIR EINFACH KÄMPFEN!
...
KAKASHI BRAUCHT NOCH ÜBER EINE WOCHE BETTRUHE, ABER WIR...
... HABEN NUR NOCH SECHS TAGE.
WIR MÜSSEN ALSO EINE NEUE GRUPPE ZUSAMMEN-STELLEN...
MEIS-TERIN!
WAS DENN?
WIR SOLLTEN EINFACH EINE ANDERE GRUPPE SCHICKEN.
UND SELBST WENN WIR SAKURA SCHICKEN...

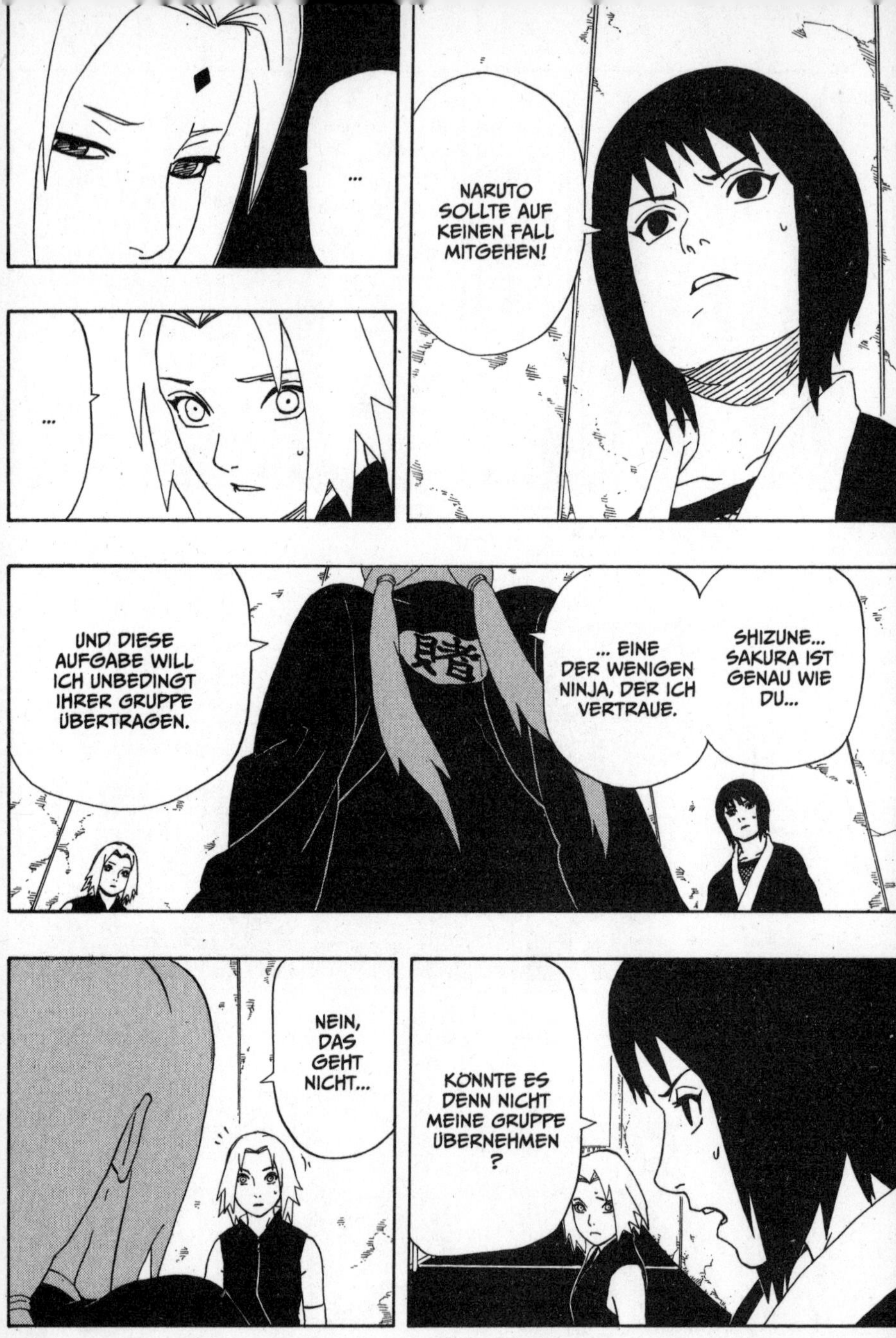
NARUTO SOLLTE AUF KEINEN FALL MITGEHEN!
...
...
SHIZUNE... SAKURA IST GENAU WIE DU...
... EINE DER WENIGEN NINJA, DER ICH VERTRAUE.
UND DIESE AUFGABE WILL ICH UNBEDINGT IHRER GRUPPE ÜBERTRAGEN.
KÖNNTE ES DENN NICHT MEINE GRUPPE ÜBERNEHMEN ?
NEIN, DAS GEHT NICHT...

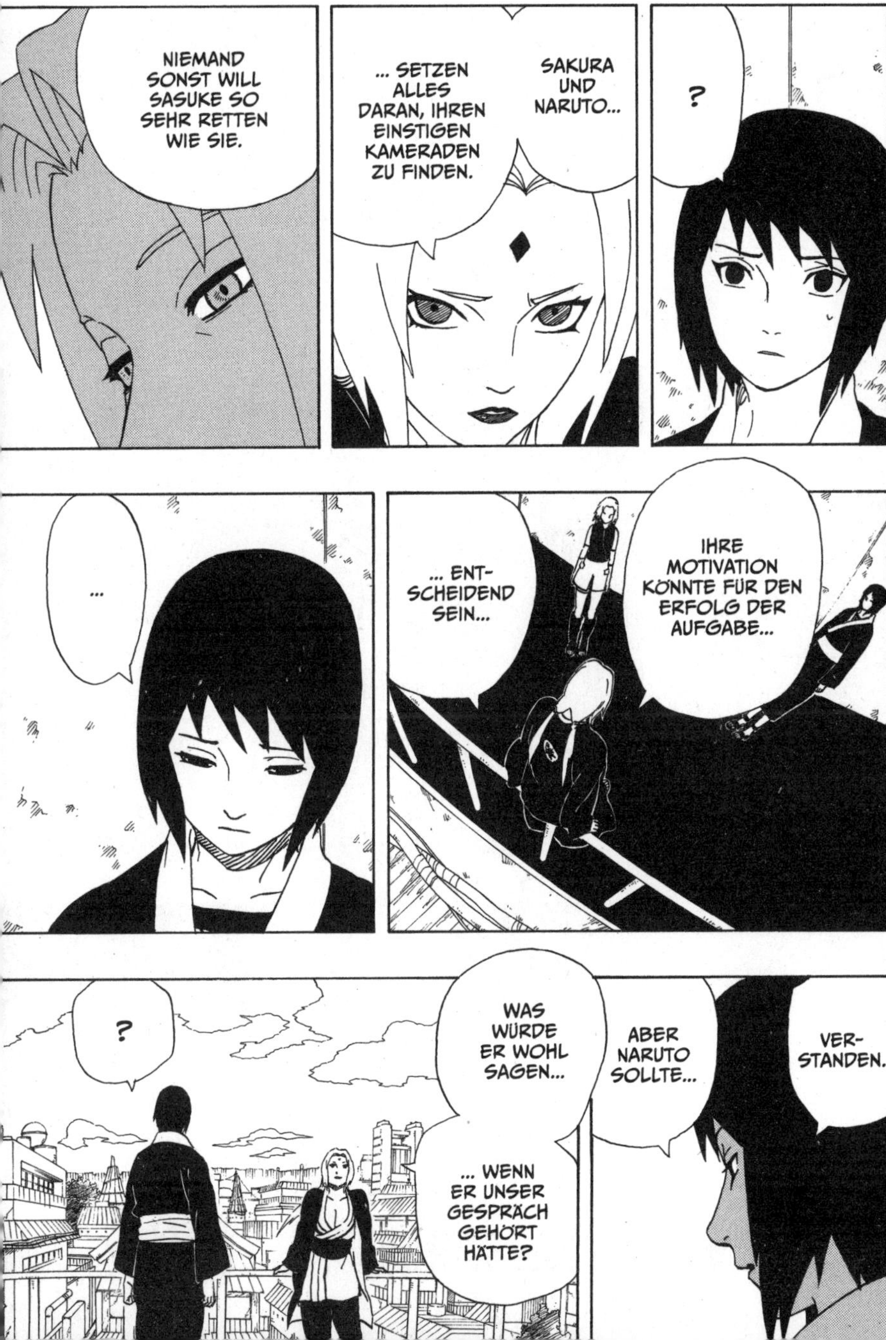
?
SAKURA UND NARUTO...
... SETZEN ALLES DARAN, IHREN EINSTIGEN KAMERADEN ZU FINDEN.
NIEMAND SONST WILL SASUKE SO SEHR RETTEN WIE SIE.
IHRE MOTIVATION KÖNNTE FÜR DEN ERFOLG DER AUFGABE...
... ENT-SCHEIDEND SEIN...
...
VER-STANDEN.
ABER NARUTO SOLLTE...
WAS WÜRDE ER WOHL SAGEN...
... WENN ER UNSER GESPRÄCH GEHÖRT HÄTTE?
?

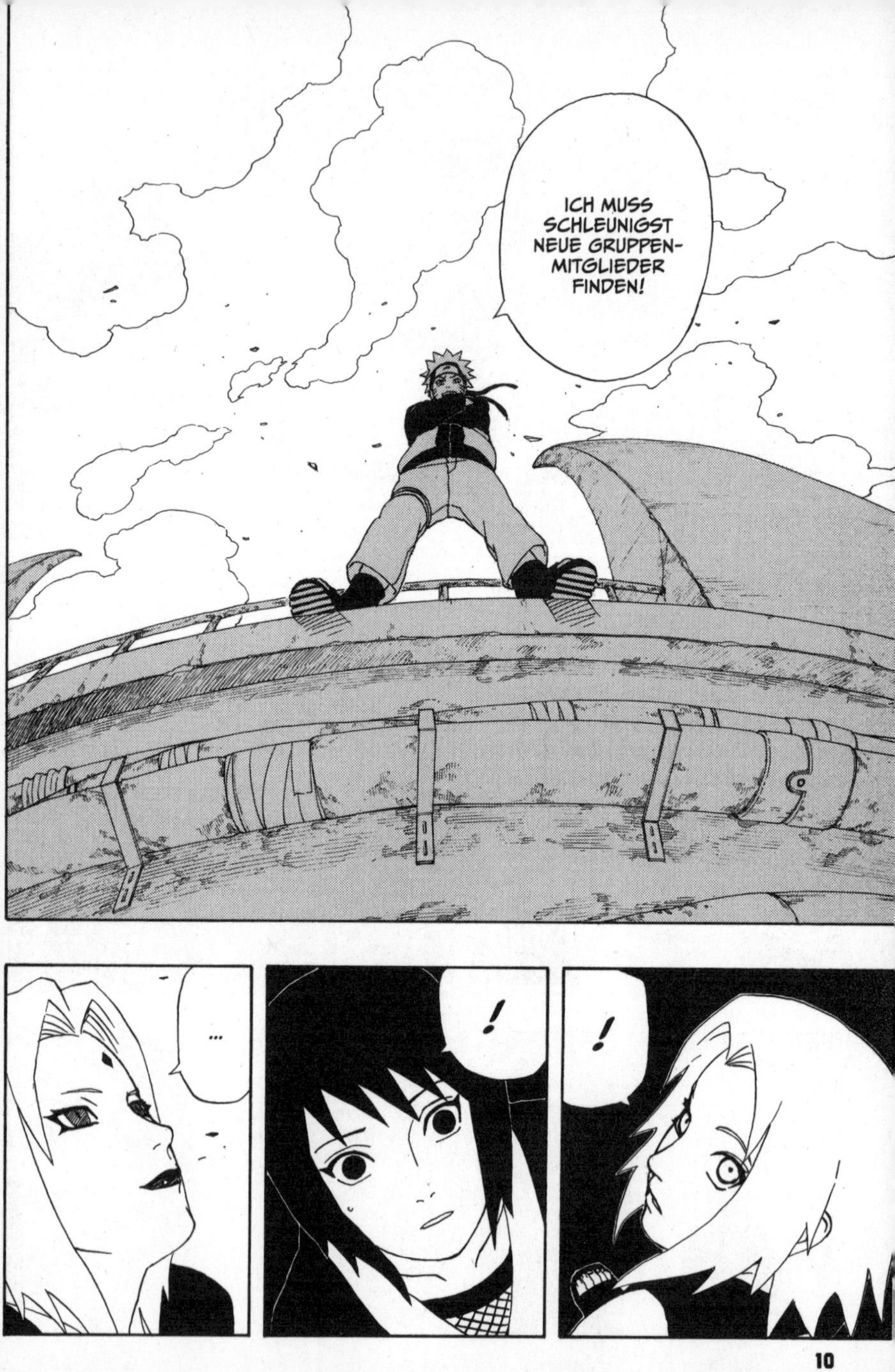
ICH MUSS SCHLEUNIGST NEUE GRUPPEN-MITGLIEDER FINDEN!
...
!
!

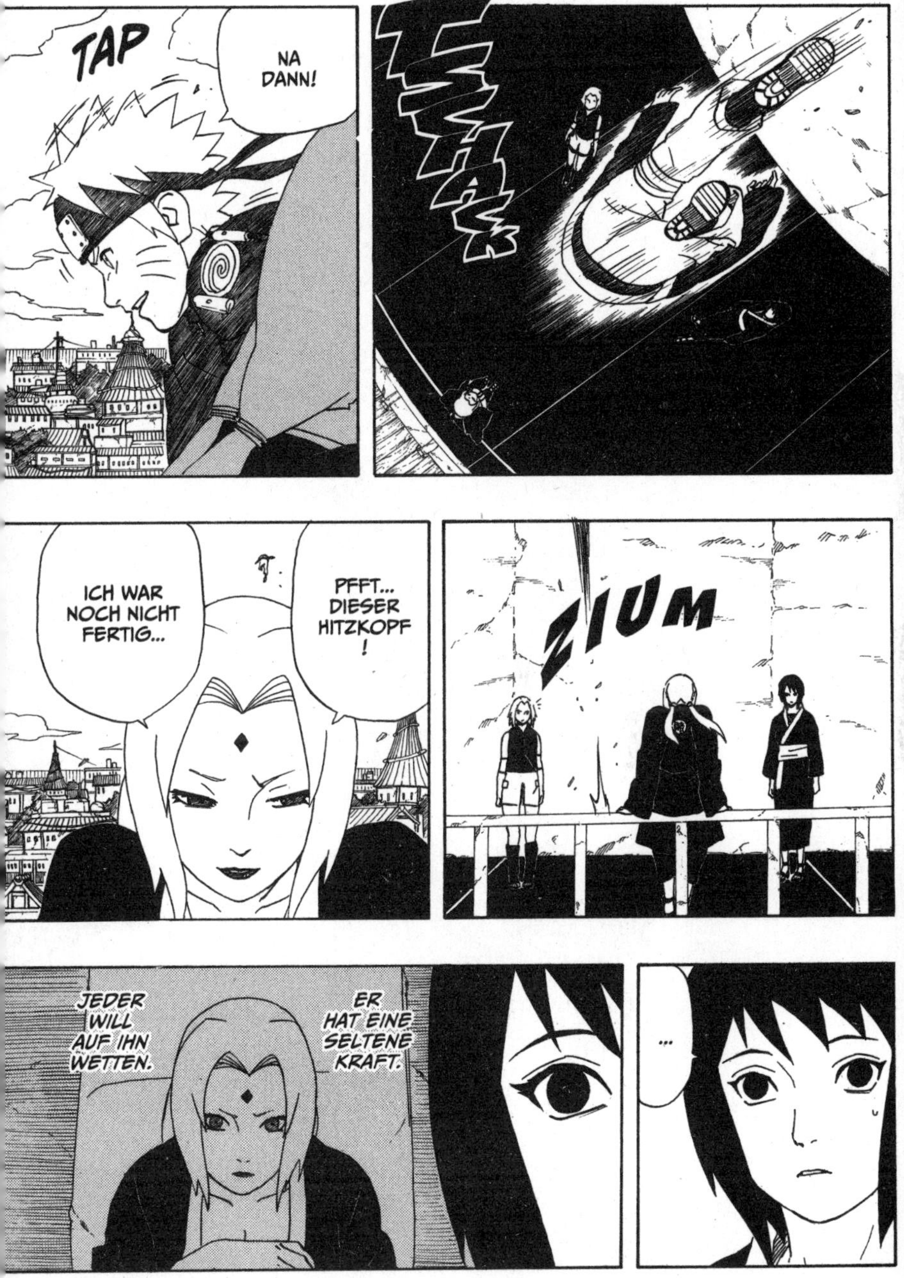
ZACK
TAP
NA DANN!
PFFT... DIESER HITZKOPF !
ICH WAR NOCH NICHT FERTIG...
ZIUM
ER HAT EINE SELTENE KRAFT.
JEDER WILL AUF IHN WETTEN.
...

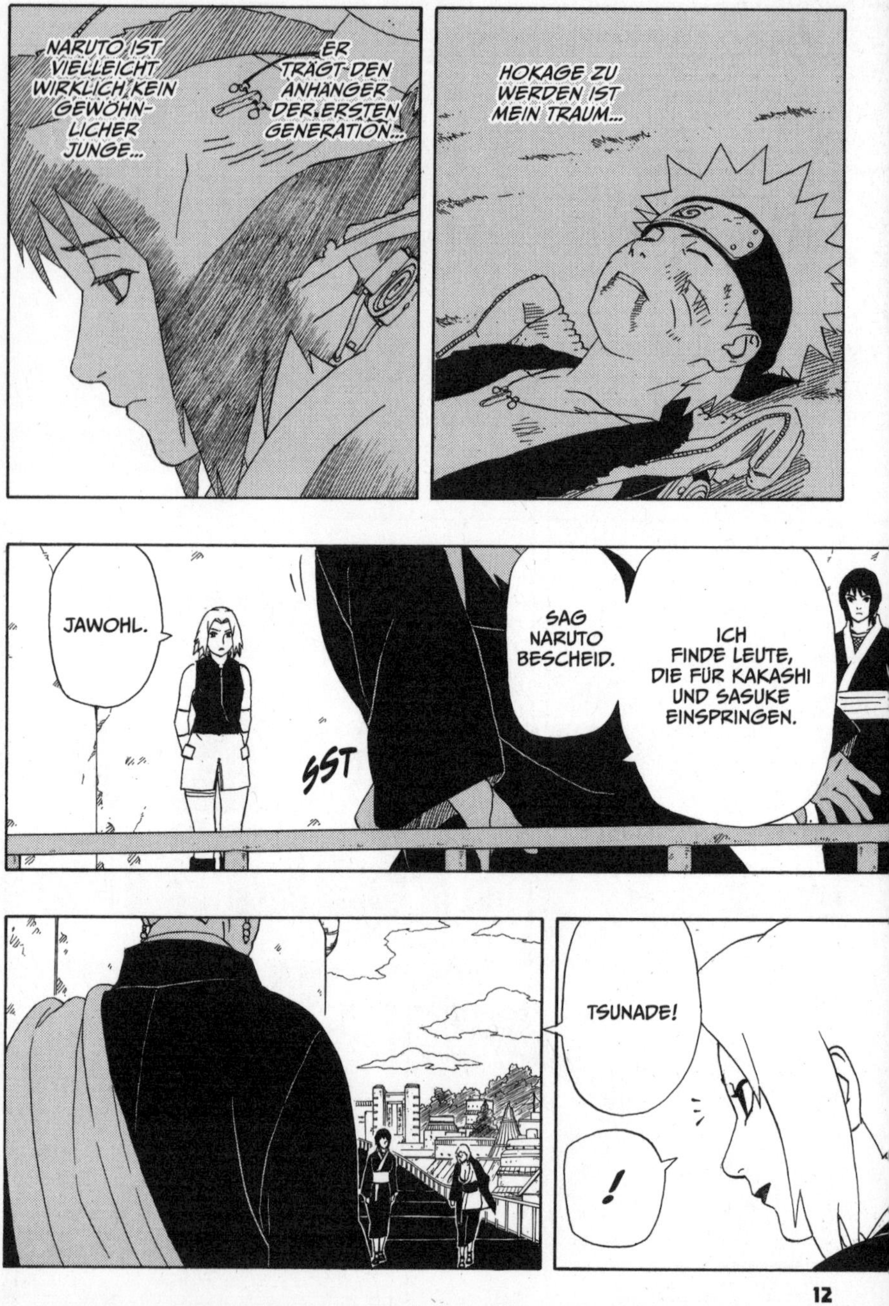
HOKAGE ZU WERDEN IST MEIN TRAUM...
ER TRÄGT DEN ANHÄNGER DER ERSTEN GENERATION...
NARUTO IST VIELLEICHT WIRKLICH KEIN GEWÖHN-LICHER JUNGE...
ICH FINDE LEUTE, DIE FÜR KAKASHI UND SASUKE EINSPRINGEN.
SAG NARUTO BESCHEID.
SST
JAWOHL.
TSUNADE!
!

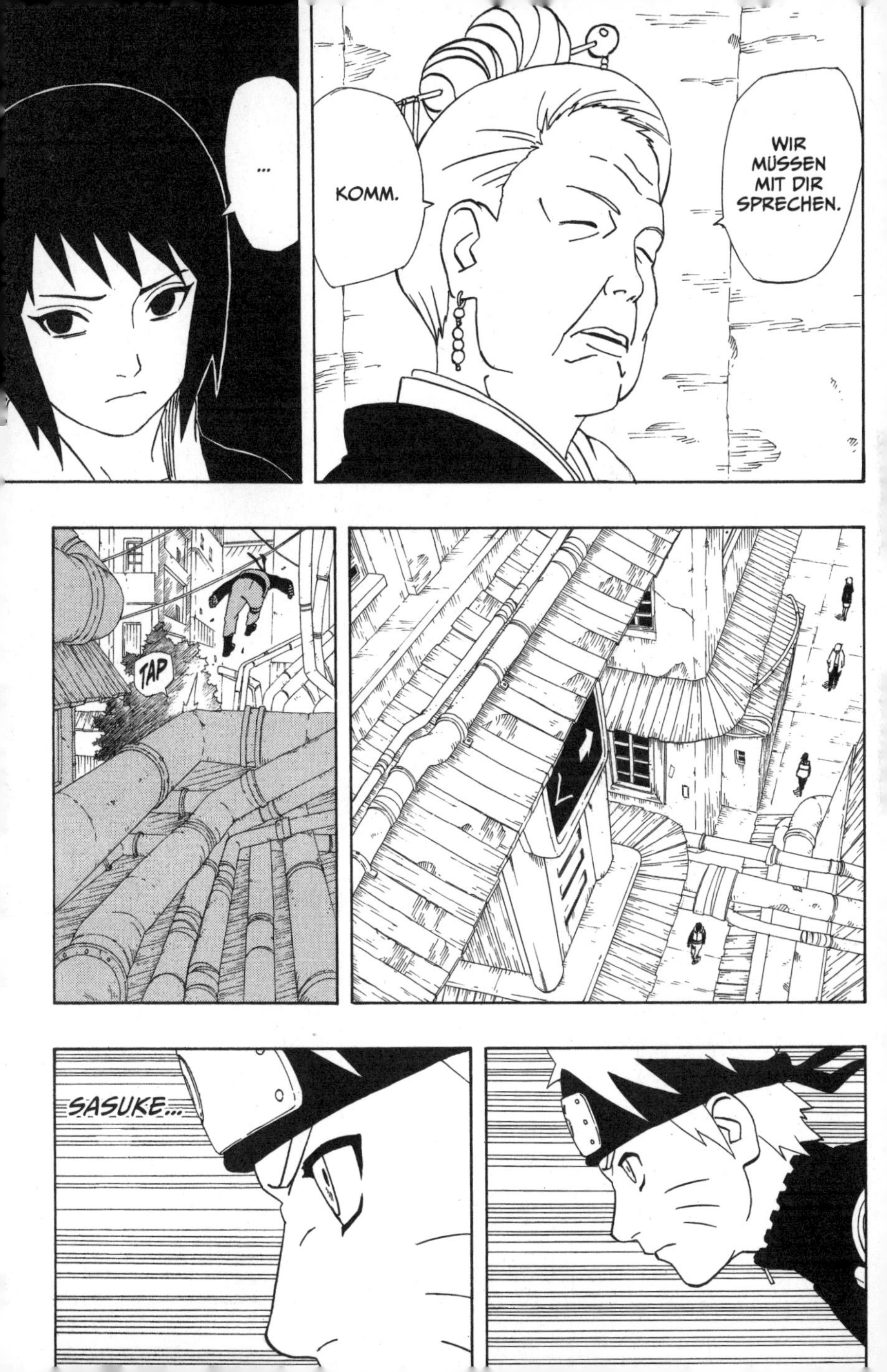
WIR MÜSSEN MIT DIR SPRECHEN.
KOMM.
...
TAP
SASUKE...

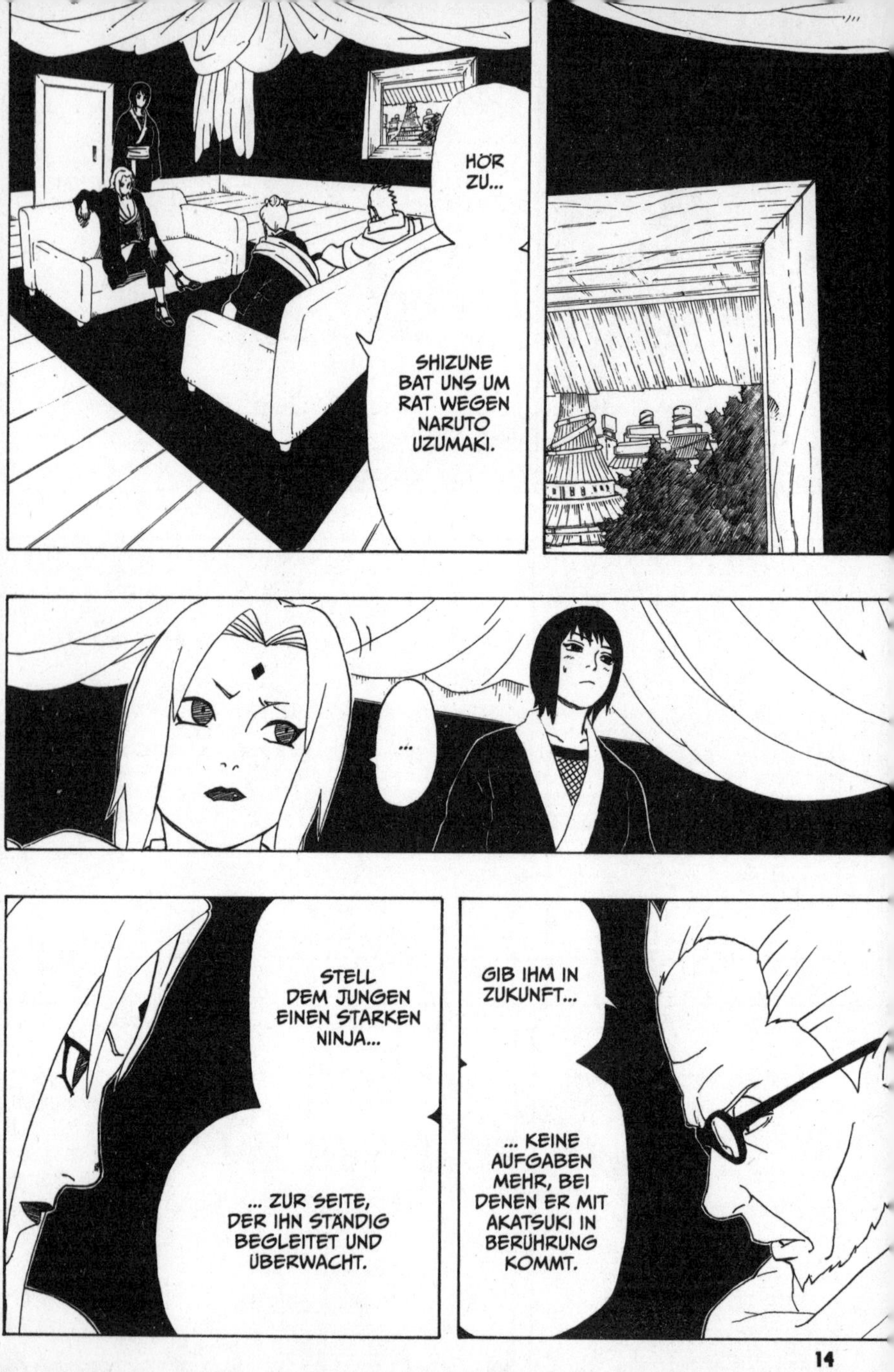
HÖR ZU...
SHIZUNE BAT UNS UM RAT WEGEN NARUTO UZUMAKI.
...
GIB IHM IN ZUKUNFT...
... KEINE AUFGABEN MEHR, BEI DENEN ER MIT AKATSUKI IN BERÜHRUNG KOMMT.
STELL DEM JUNGEN EINEN STARKEN NINJA...
... ZUR SEITE, DER IHN STÄNDIG BEGLEITET UND ÜBERWACHT.

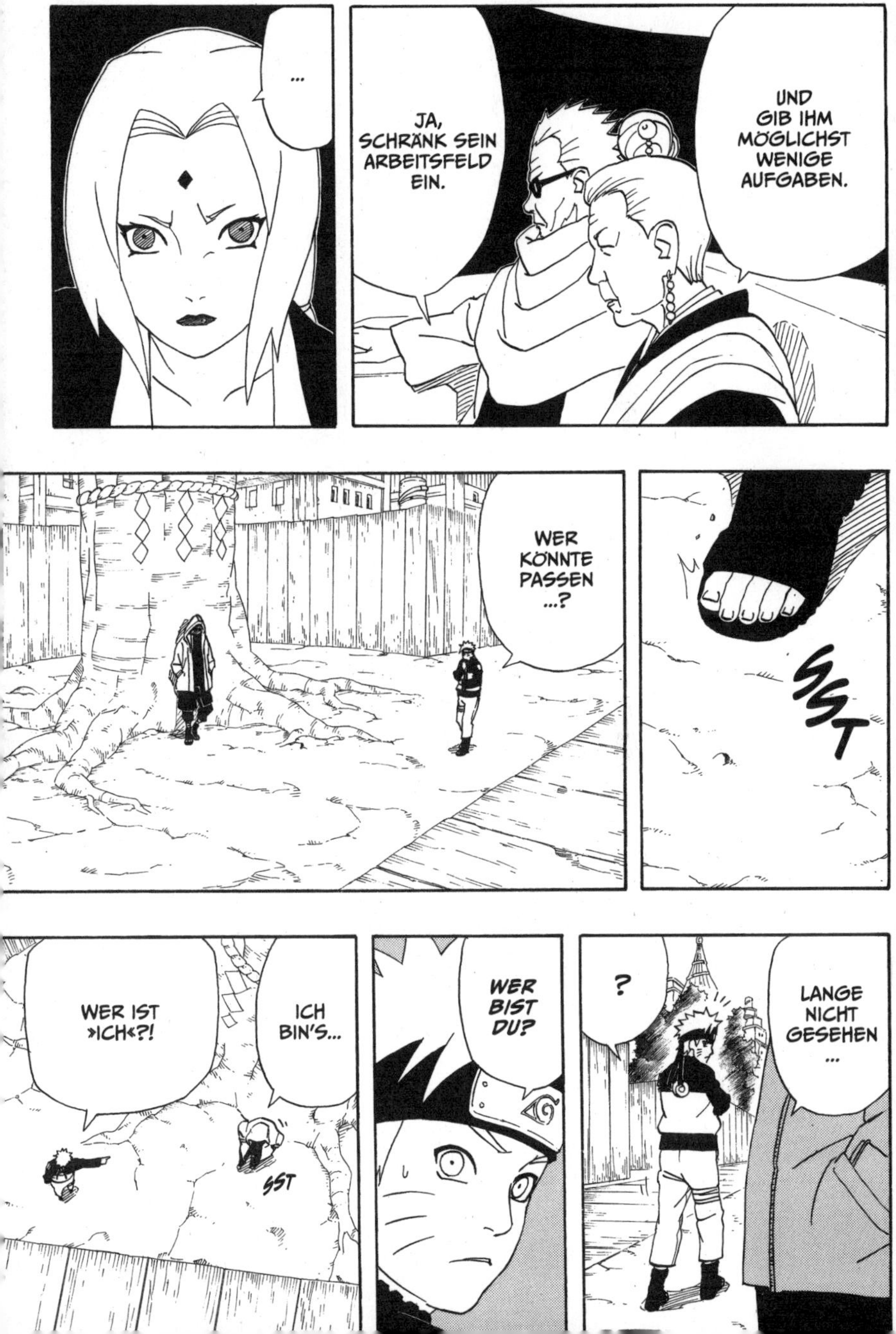
UND GIB IHM MÖGLICHST WENIGE AUFGABEN.
JA, SCHRÄNK SEIN ARBEITSFELD EIN.
...
SST
WER KÖNNTE PASSEN ...?
LANGE NICHT GESEHEN ...
?
WER BIST DU?
ICH BIN'S...
WER IST »ICH«?!
SST

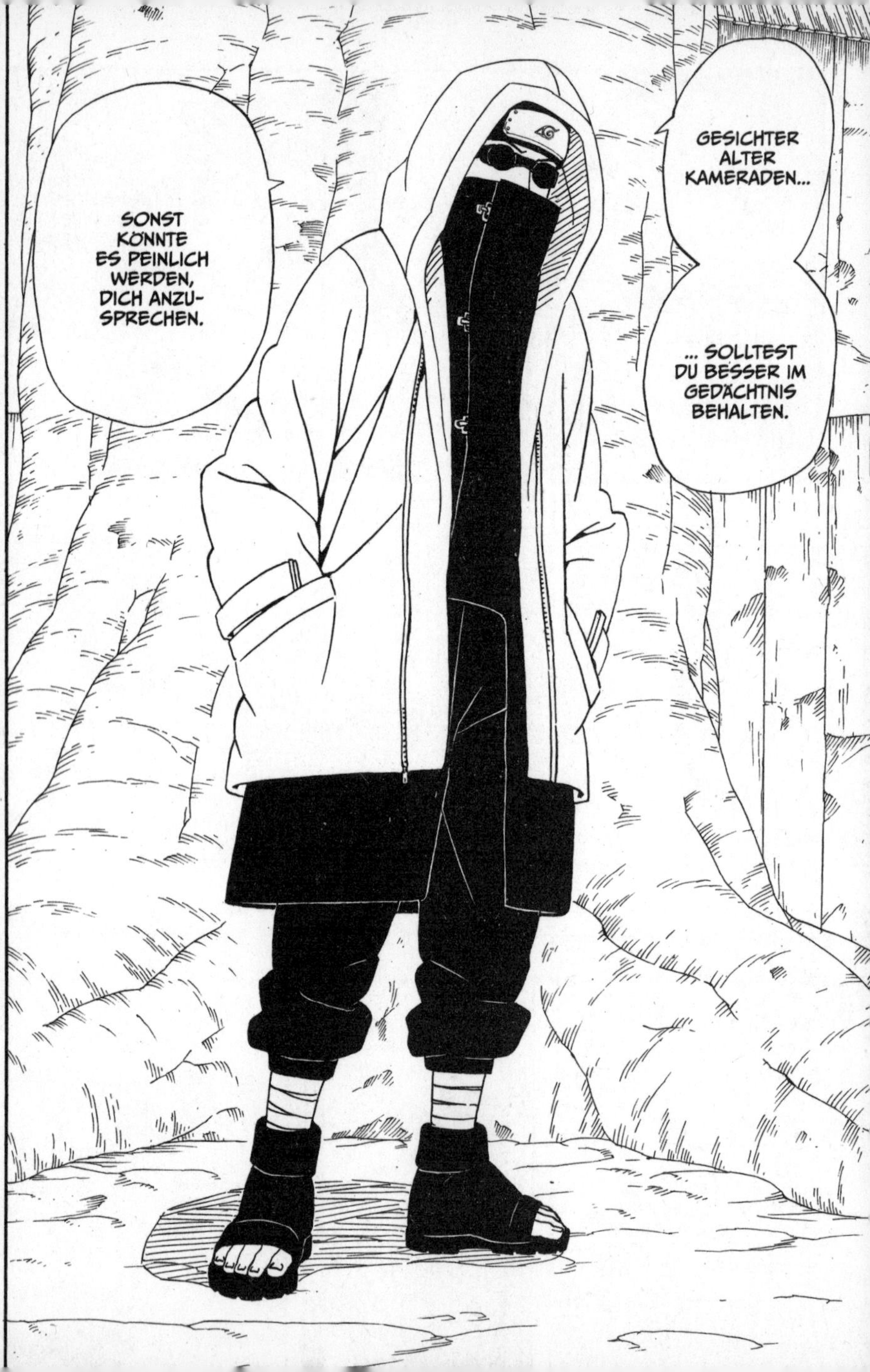
GESICHTER ALTER KAMERADEN...
... SOLLTEST DU BESSER IM GEDÄCHTNIS BEHALTEN.
SONST KÖNNTE ES PEINLICH WERDEN, DICH ANZU-SPRECHEN.

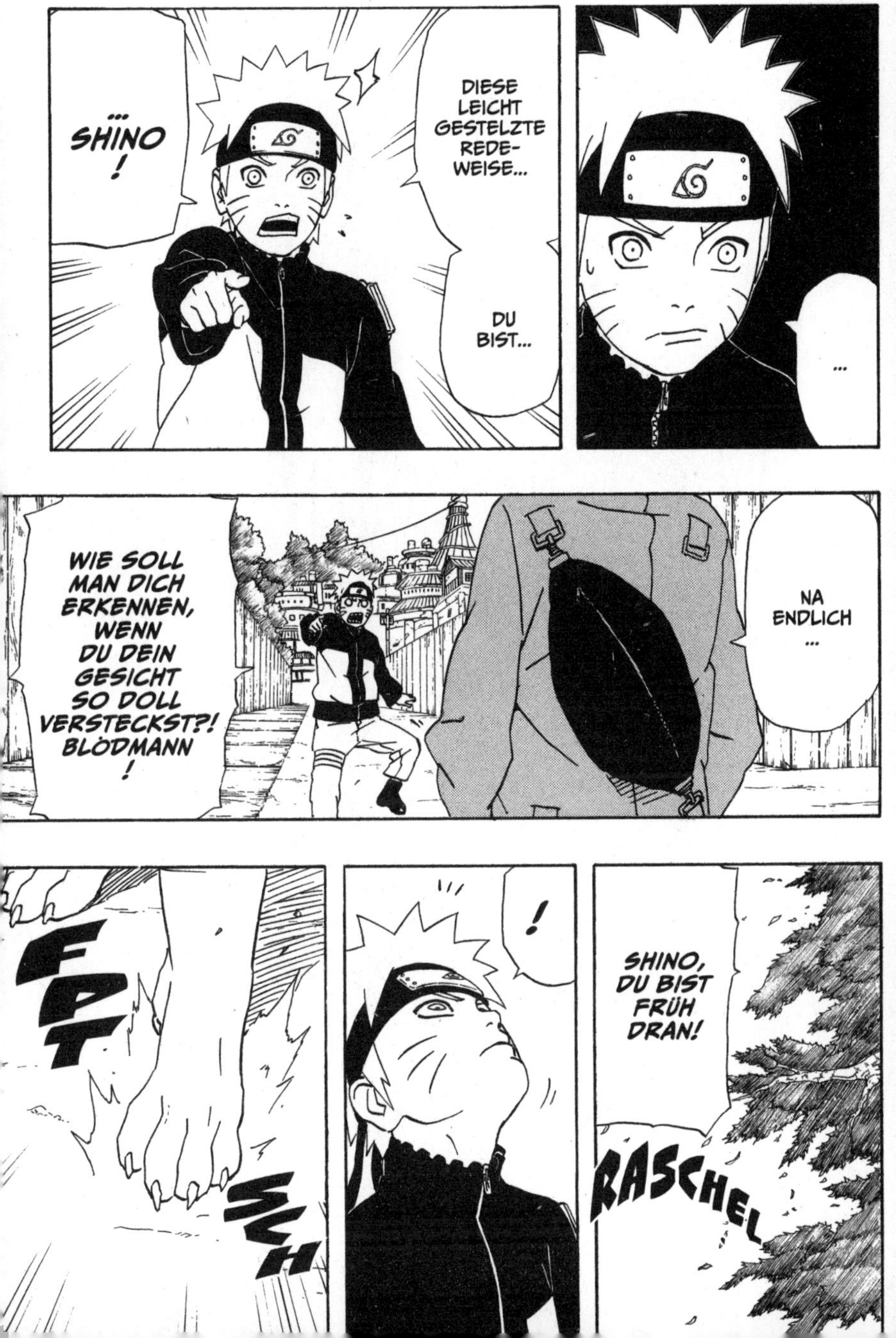
...
DIESE LEICHT GESTELZTE REDE-WEISE...
DU BIST...
...SHINO!
NA ENDLICH...
WIE SOLL MAN DICH ERKENNEN, WENN DU DEIN GESICHT SO DOLL VERSTECKST?! BLÖDMANN!
RASCHEL
SHINO, DU BIST FRÜH DRAN!
!
FPT
SCH

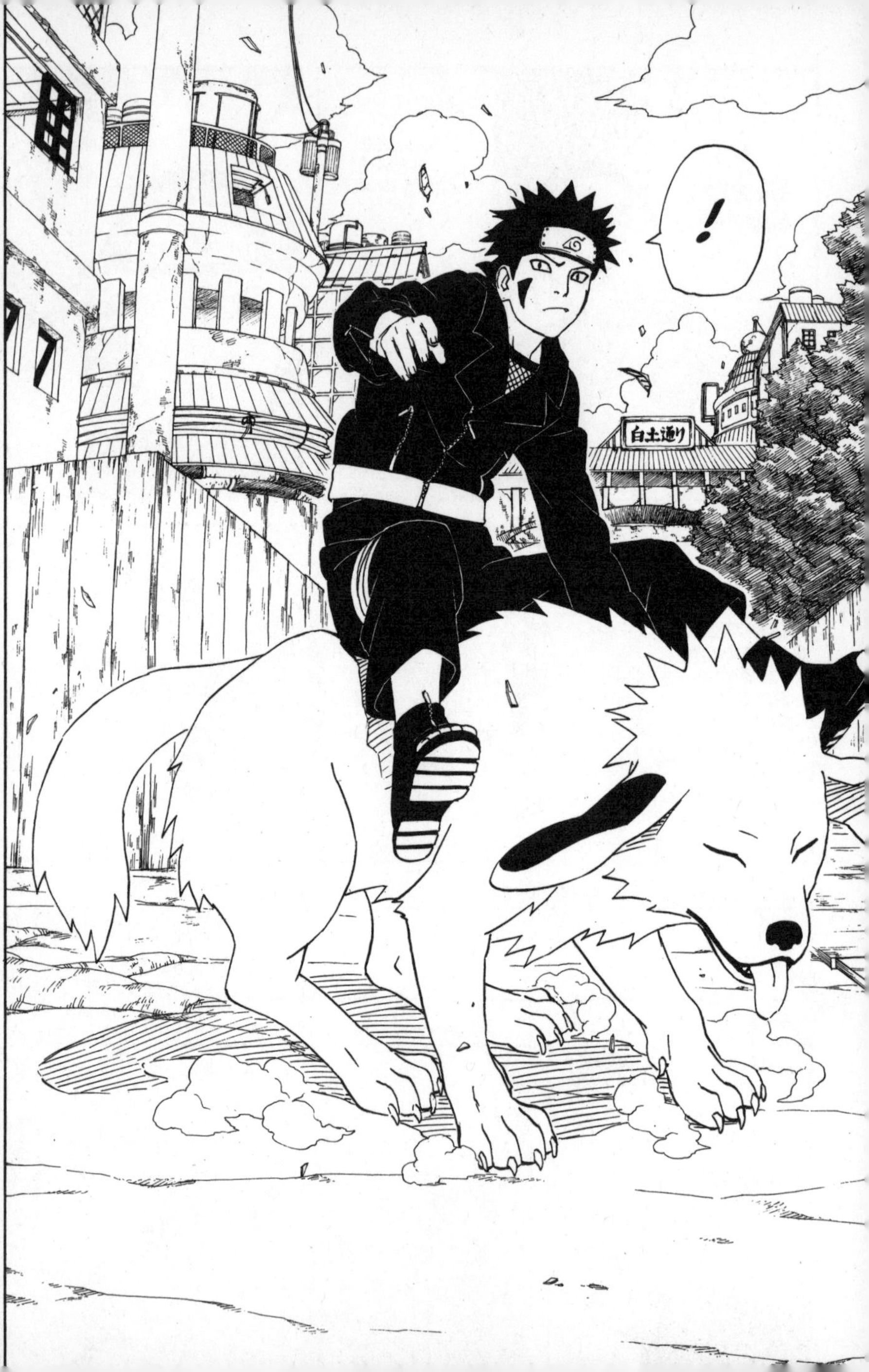
!
白土通り

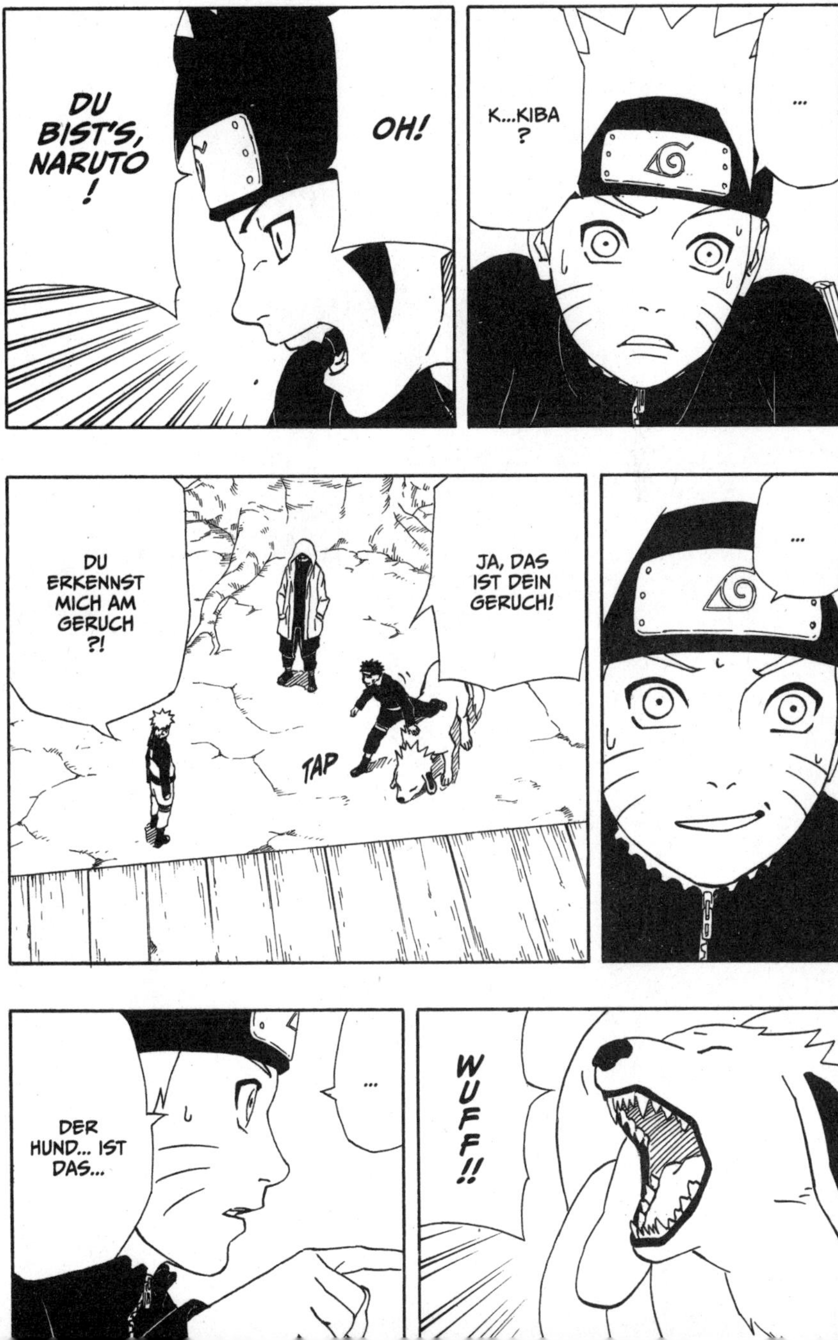
...
K...KIBA ?
OH!
DU BIST'S, NARUTO !
...
JA, DAS IST DEIN GERUCH!
TAP
DU ERKENNST MICH AM GERUCH ?!
WUFF!!
...
DER HUND... IST DAS...

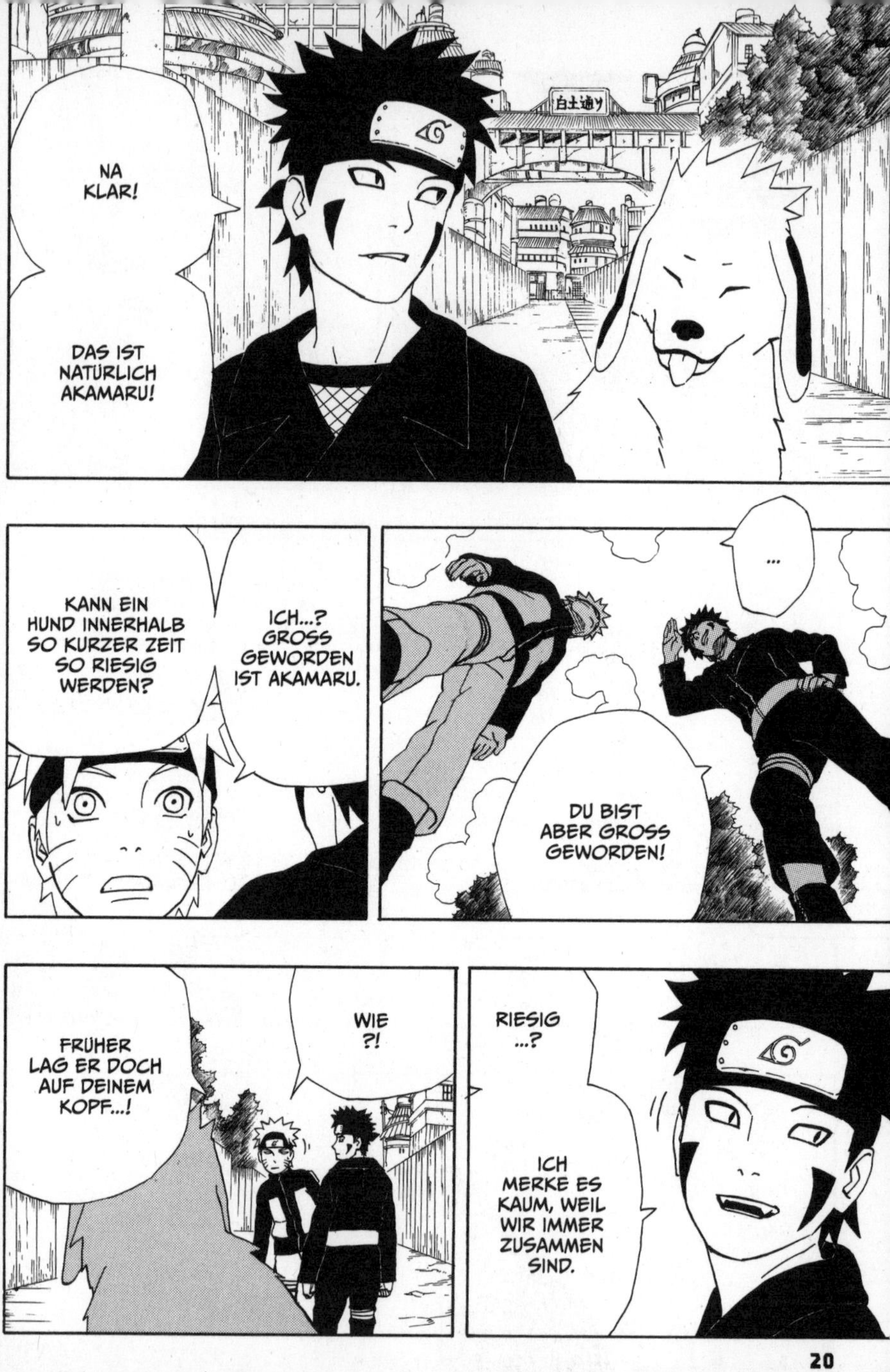
白土通り
NA KLAR!
DAS IST NATÜRLICH AKAMARU!
...
DU BIST ABER GROSS GEWORDEN!
ICH...? GROSS GEWORDEN IST AKAMARU.
KANN EIN HUND INNERHALB SO KURZER ZEIT SO RIESIG WERDEN?
RIESIG ...?
ICH MERKE ES KAUM, WEIL WIR IMMER ZUSAMMEN SIND.
WIE ?!
FRÜHER LAG ER DOCH AUF DEINEM KOPF...!

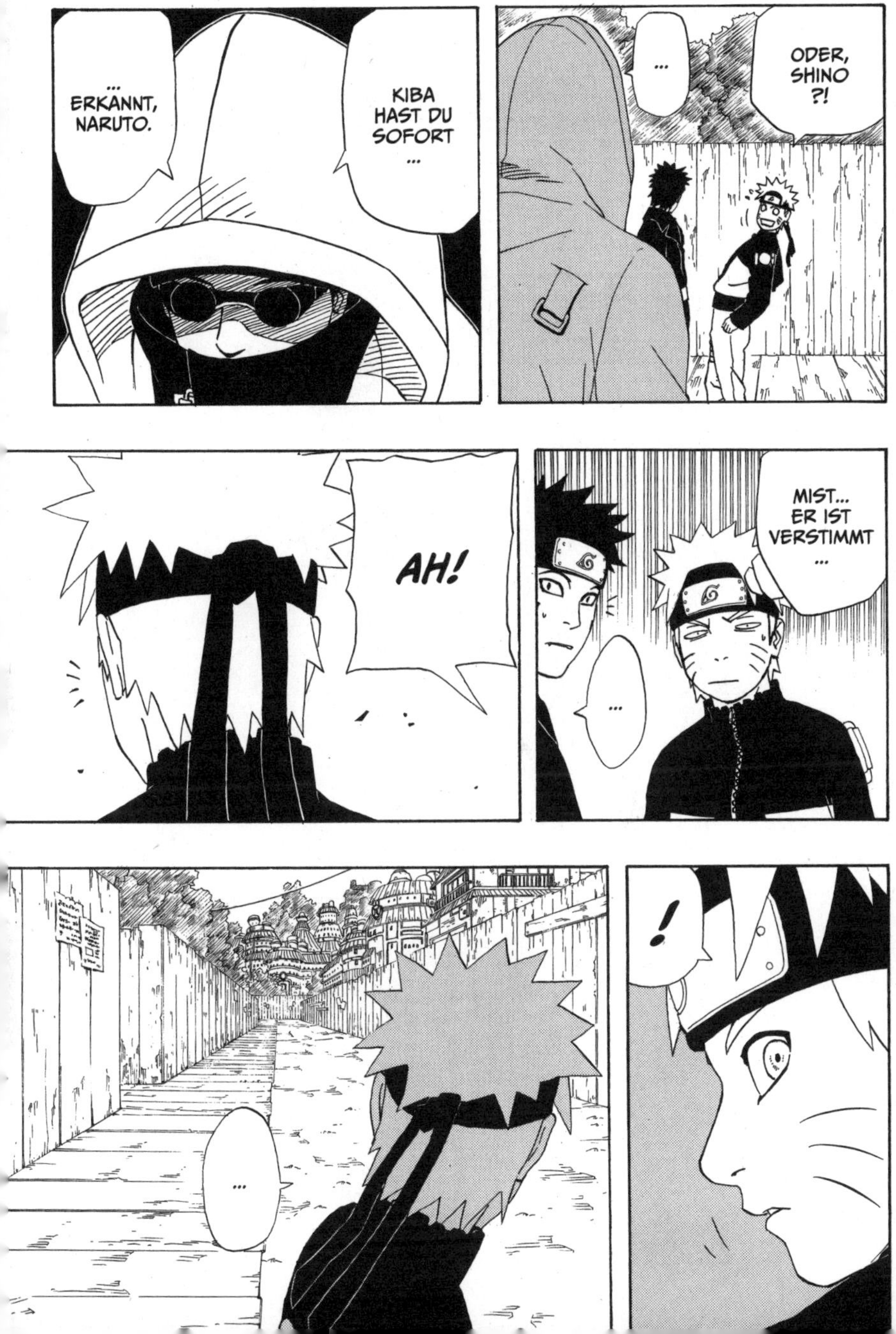
ODER, SHINO ?!
...
KIBA HAST DU SOFORT ...
... ERKANNT, NARUTO.
AH!
MIST... ER IST VERSTIMMT ...
...
!
...

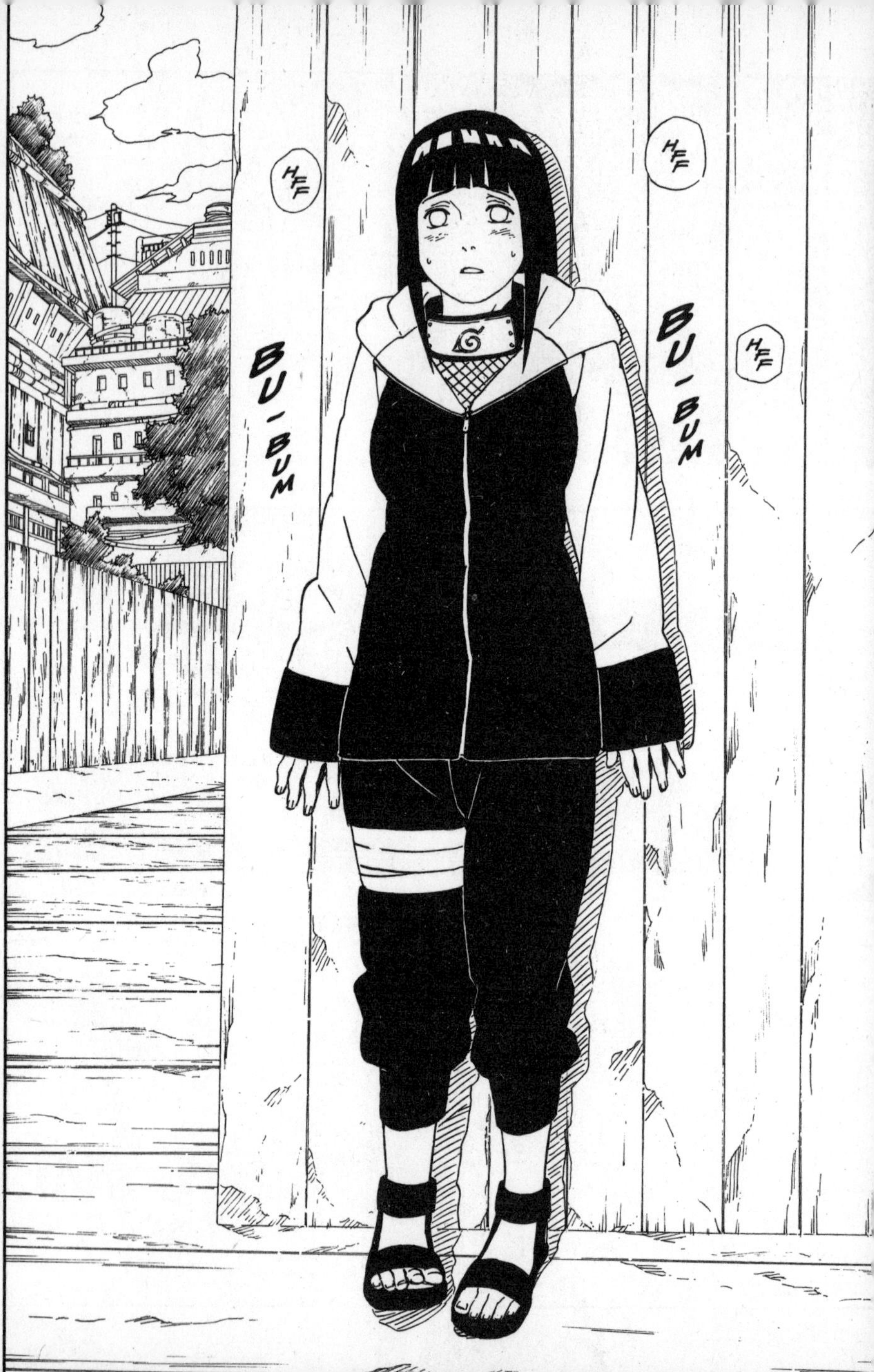
HEFF
HEFF
HEFF
BU-BUM
BU-BUM

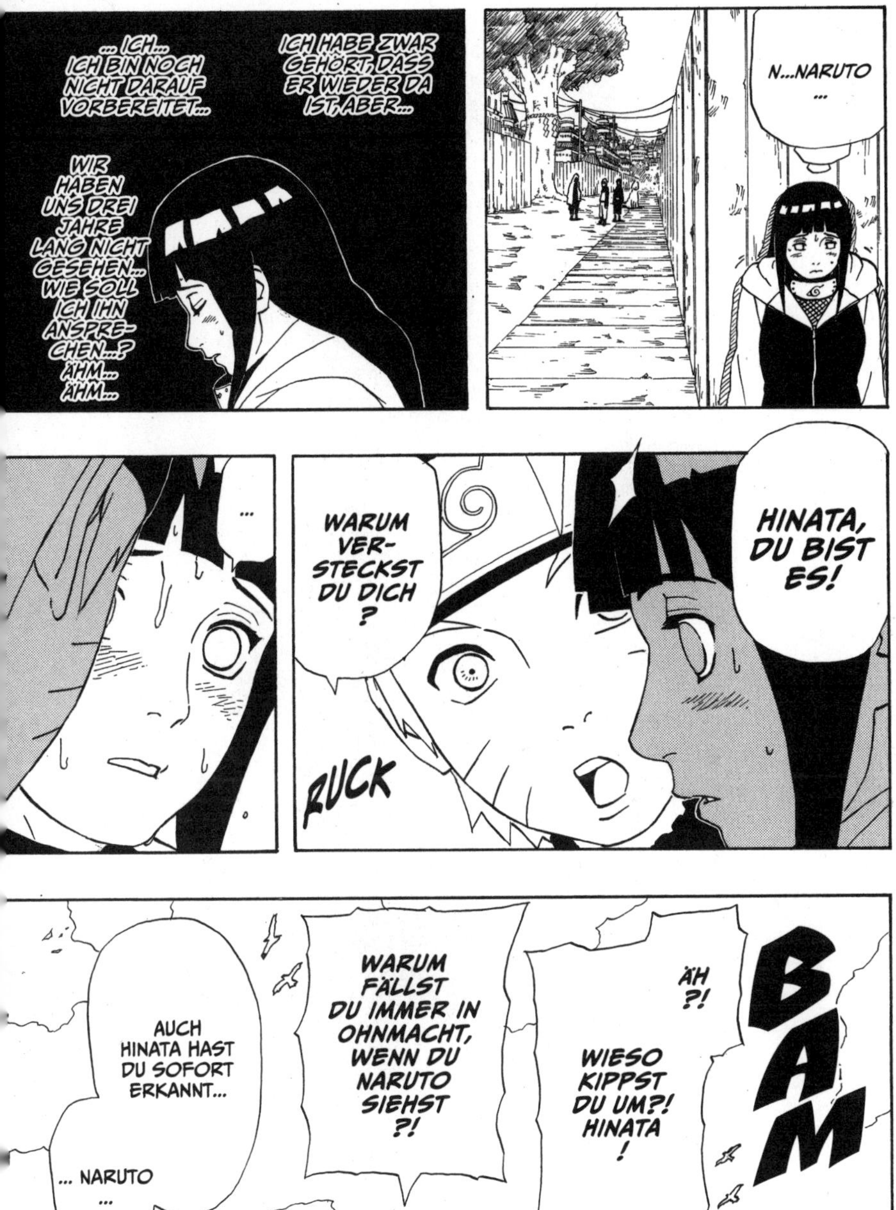
N...NARUTO ...
ICH HABE ZWAR GEHÖRT, DASS ER WIEDER DA IST, ABER...
... ICH... ICH BIN NOCH NICHT DARAUF VORBEREITET...
WIR HABEN UNS DREI JAHRE LANG NICHT GESEHEN... WIE SOLL ICH IHN ANSPRECHEN...? ÄHM... ÄHM...
HINATA, DU BIST ES!
WARUM VERSTECKST DU DICH ?
RUCK
...
BAM
ÄH ?!
WIESO KIPPST DU UM?! HINATA !
WARUM FÄLLST DU IMMER IN OHNMACHT, WENN DU NARUTO SIEHST ?!
AUCH HINATA HAST DU SOFORT ERKANNT...
... NARUTO ...

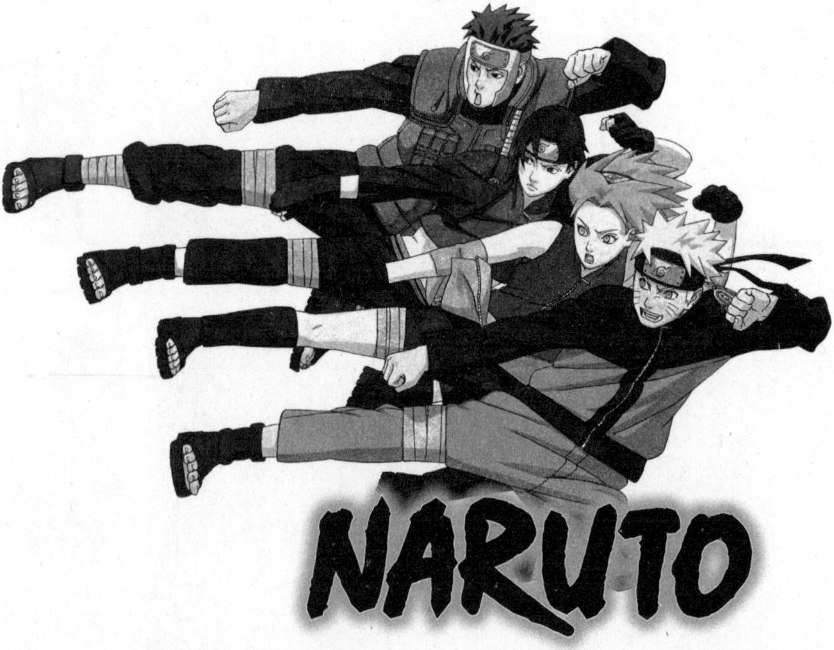

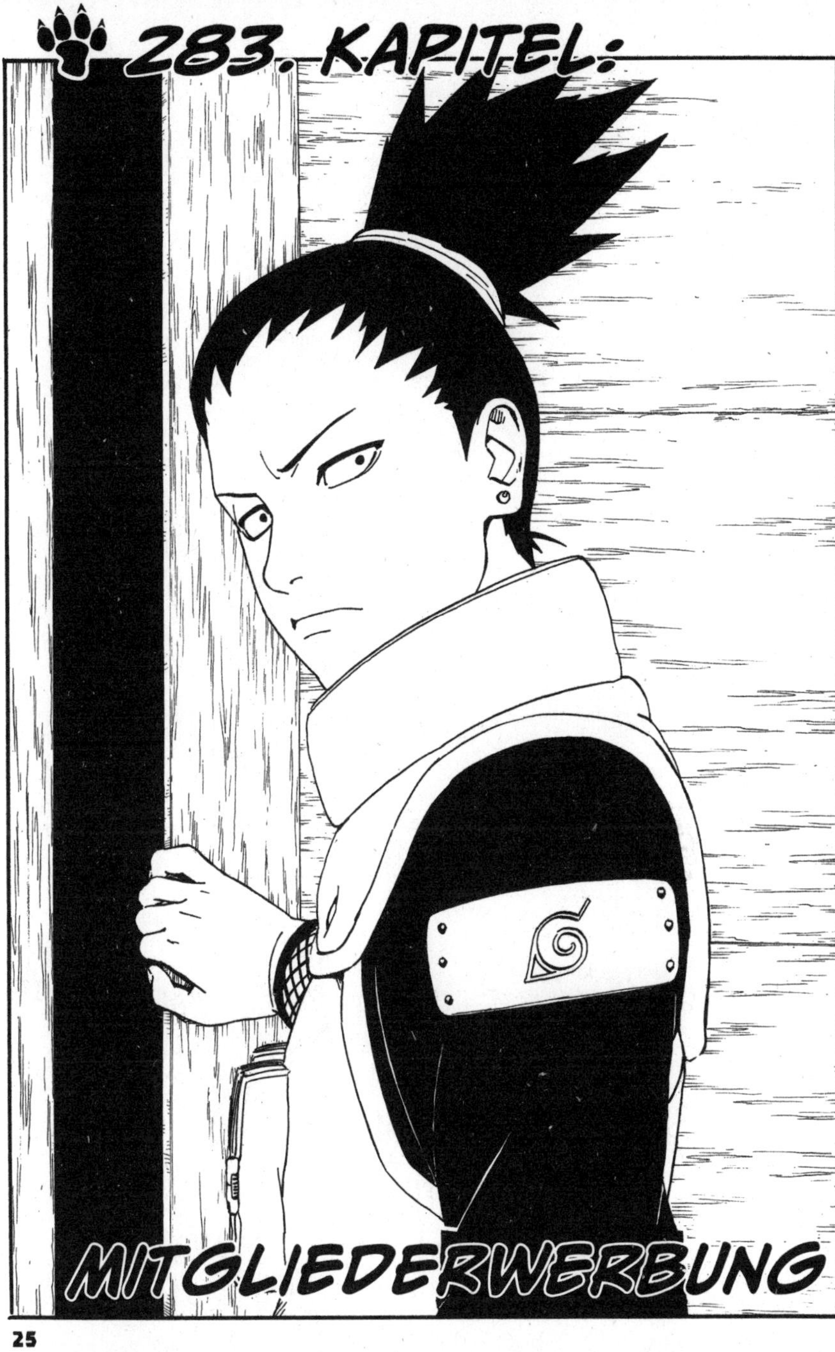
283. KAPITEL:
MITGLIEDERWERBUNG

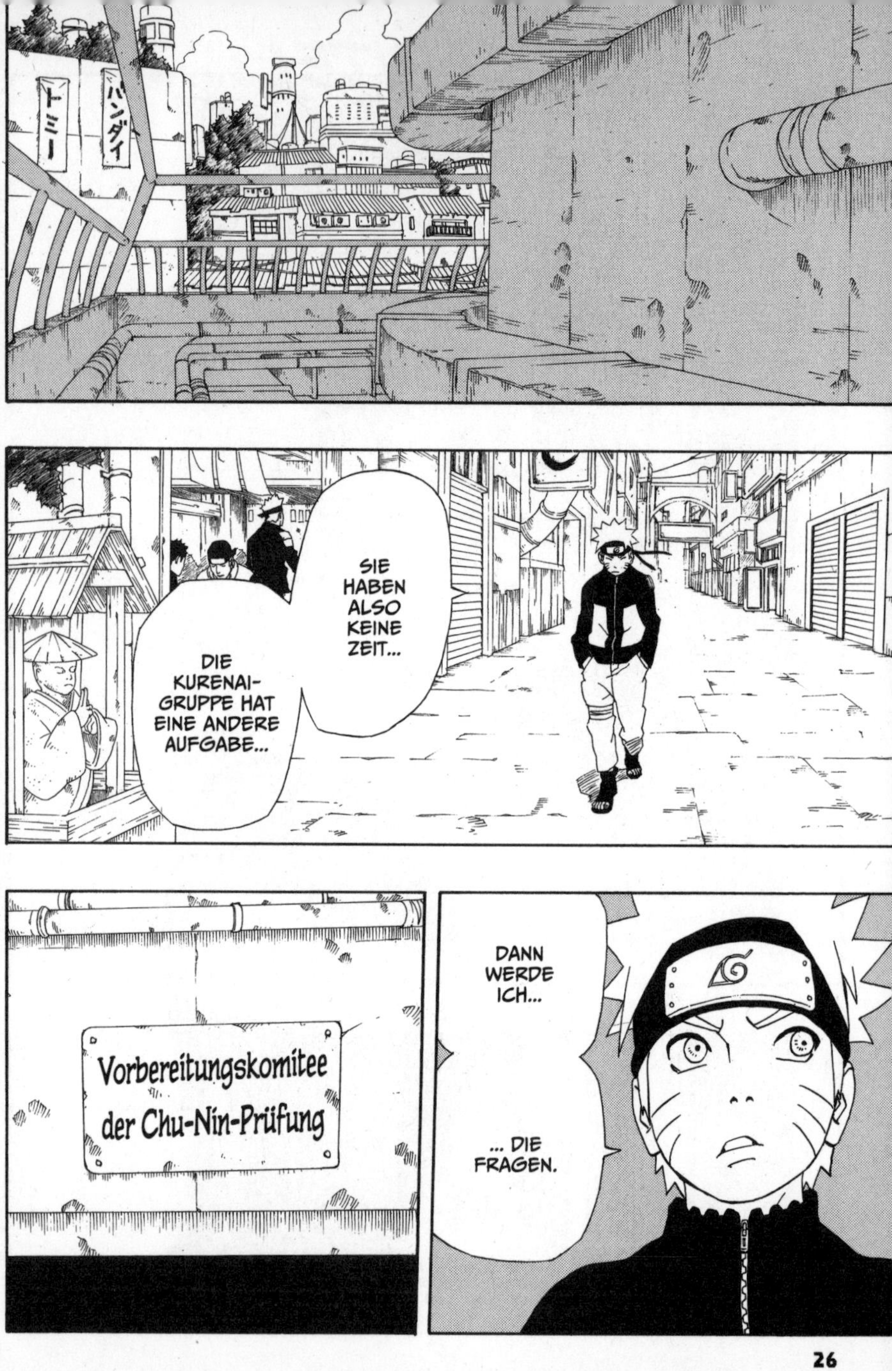
バンダイ
トミー
SIE HABEN ALSO KEINE ZEIT...
DIE KURENAI-GRUPPE HAT EINE ANDERE AUFGABE...
DANN WERDE ICH...
... DIE FRAGEN.
Vorbereitungskomitee der Chu-Nin-Prüfung

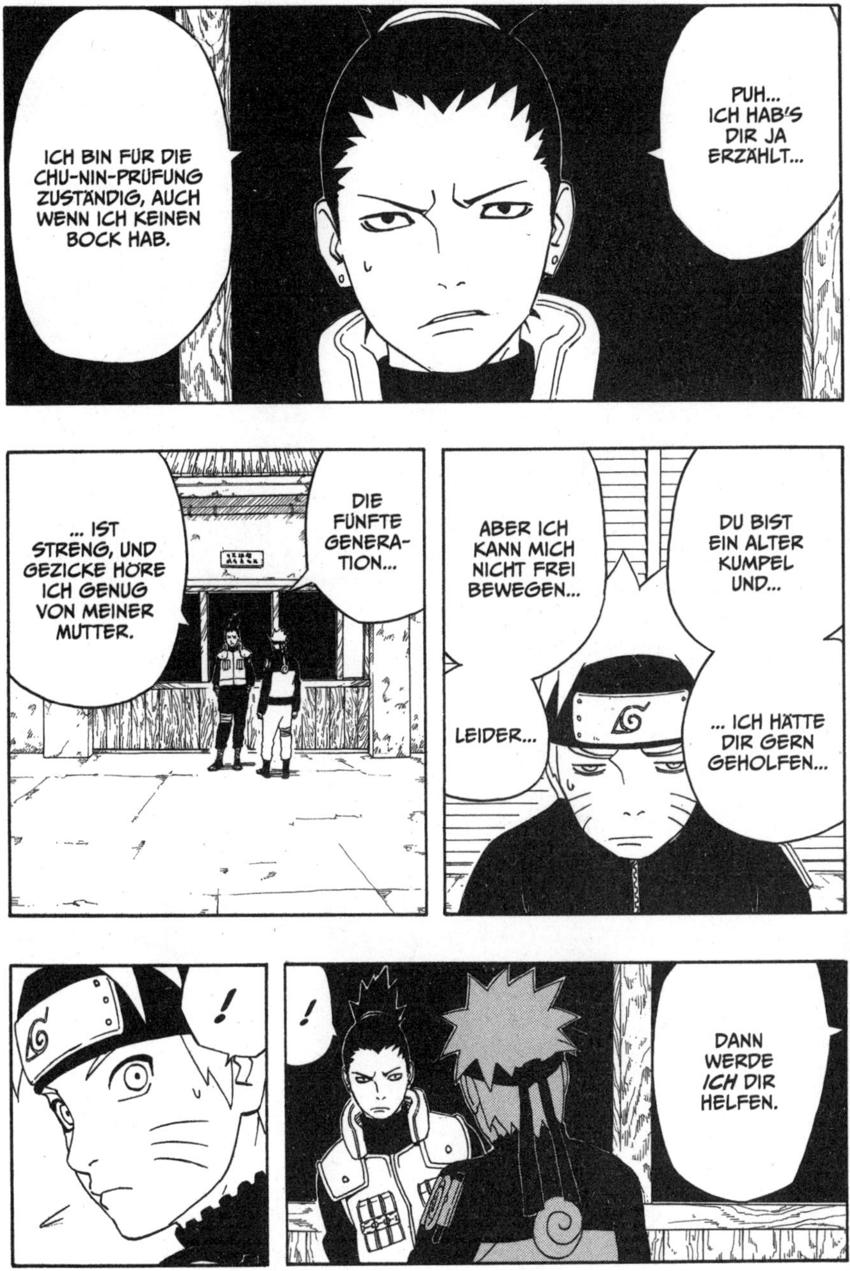

PUH... ICH HAB'S DIR JA ERZÄHLT...
ICH BIN FÜR DIE CHU-NIN-PRÜFUNG ZUSTÄNDIG, AUCH WENN ICH KEINEN BOCK HAB.
DU BIST EIN ALTER KUMPEL UND...
ABER ICH KANN MICH NICHT FREI BEWEGEN...
... ICH HÄTTE DIR GERN GEHOLFEN...
LEIDER...
DIE FÜNFTE GENERA-TION...
... IST STRENG, UND GEZICKE HÖRE ICH GENUG VON MEINER MUTTER.
DANN WERDE *ICH* DIR HELFEN.
!
!

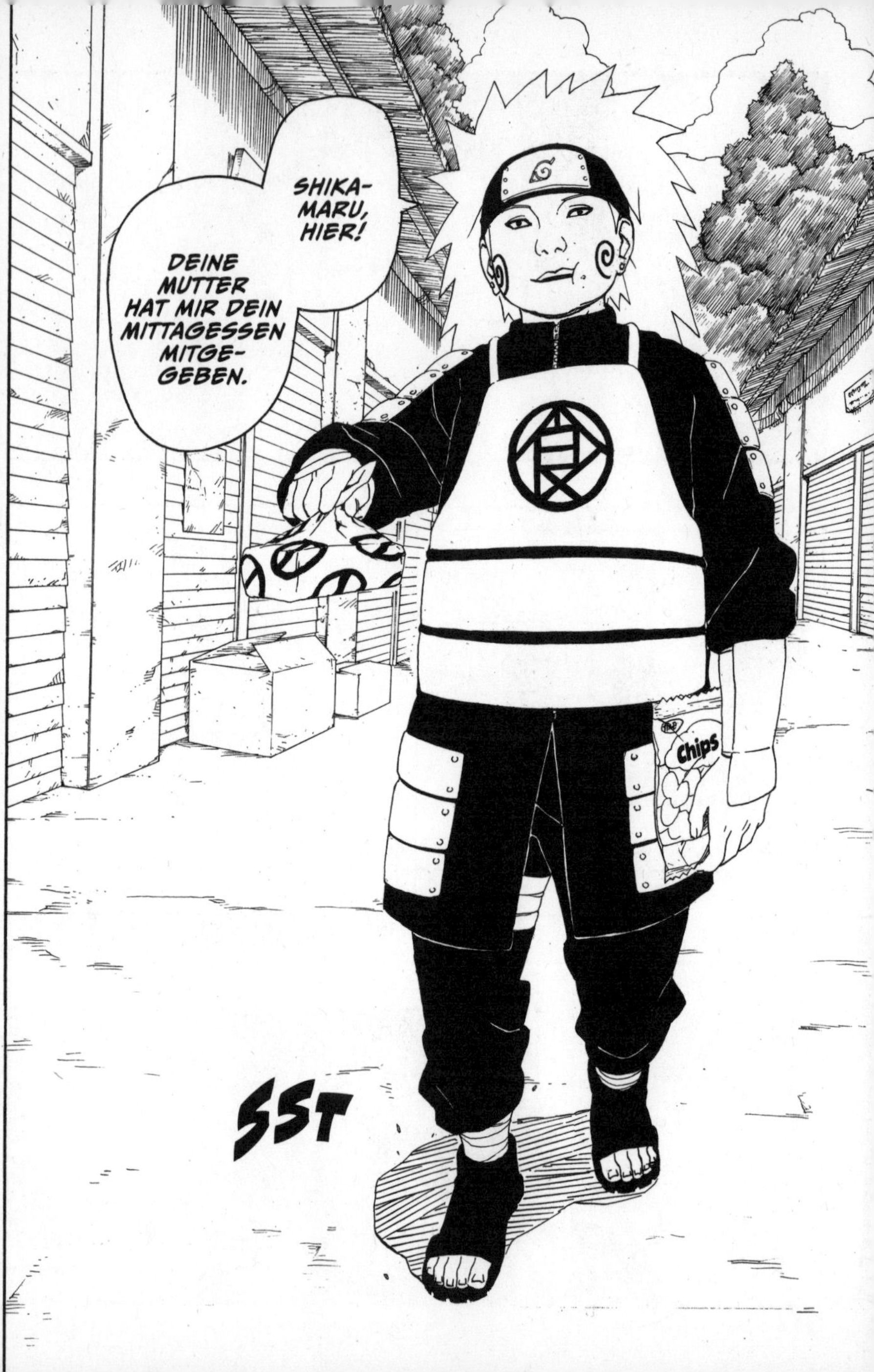
SHIKA-
MARU,
HIER!
DEINE
MUTTER
HAT MIR DEIN
MITTAGESSEN
MITGE-
GEBEN.
Chips
SST

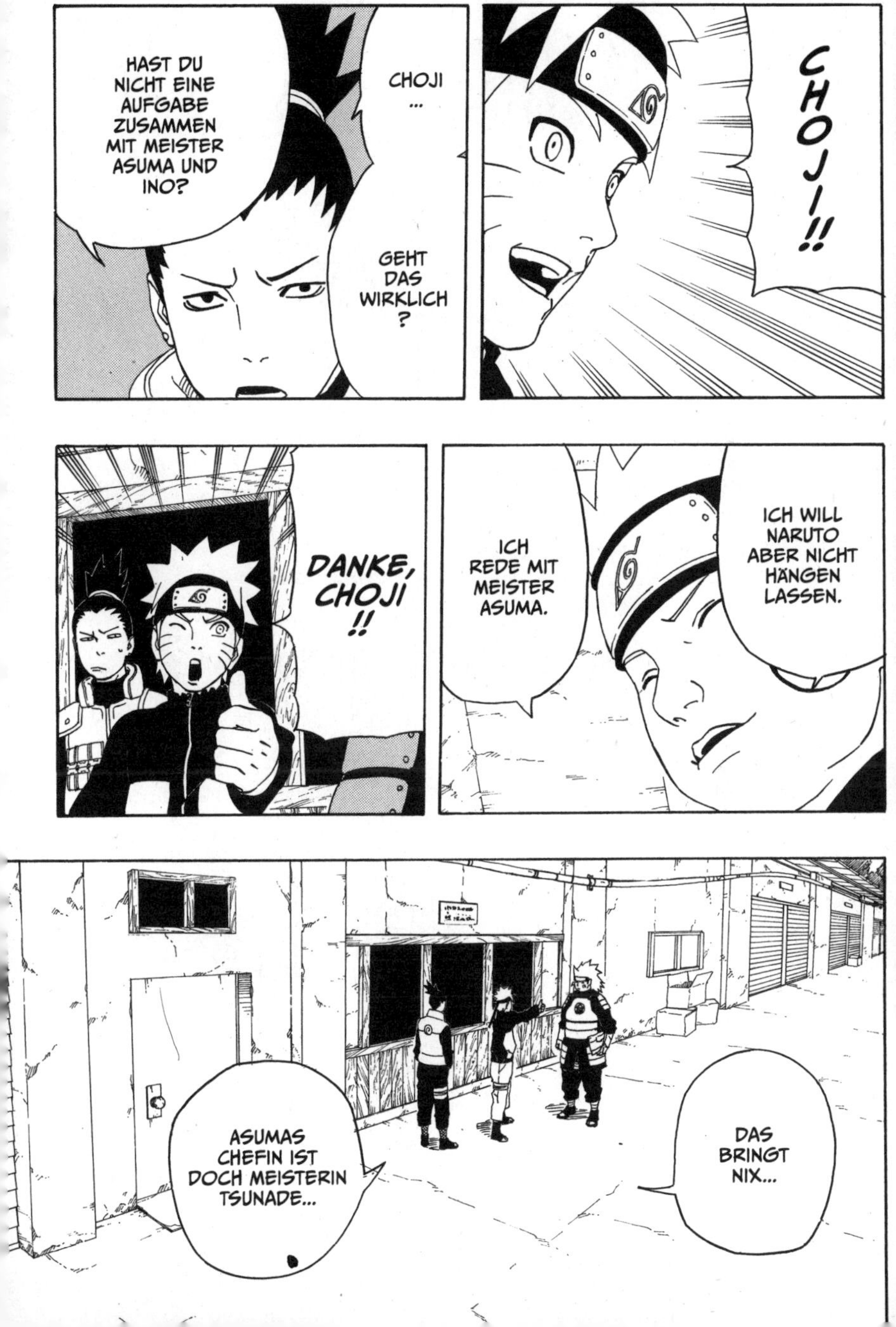
CHOJI!!
CHOJI ...
GEHT DAS WIRKLICH ?
HAST DU NICHT EINE AUFGABE ZUSAMMEN MIT MEISTER ASUMA UND INO?
ICH WILL NARUTO ABER NICHT HÄNGEN LASSEN.
ICH REDE MIT MEISTER ASUMA.
DANKE, CHOJI !!
DAS BRINGT NIX...
ASUMAS CHEFIN IST DOCH MEISTERIN TSUNADE...

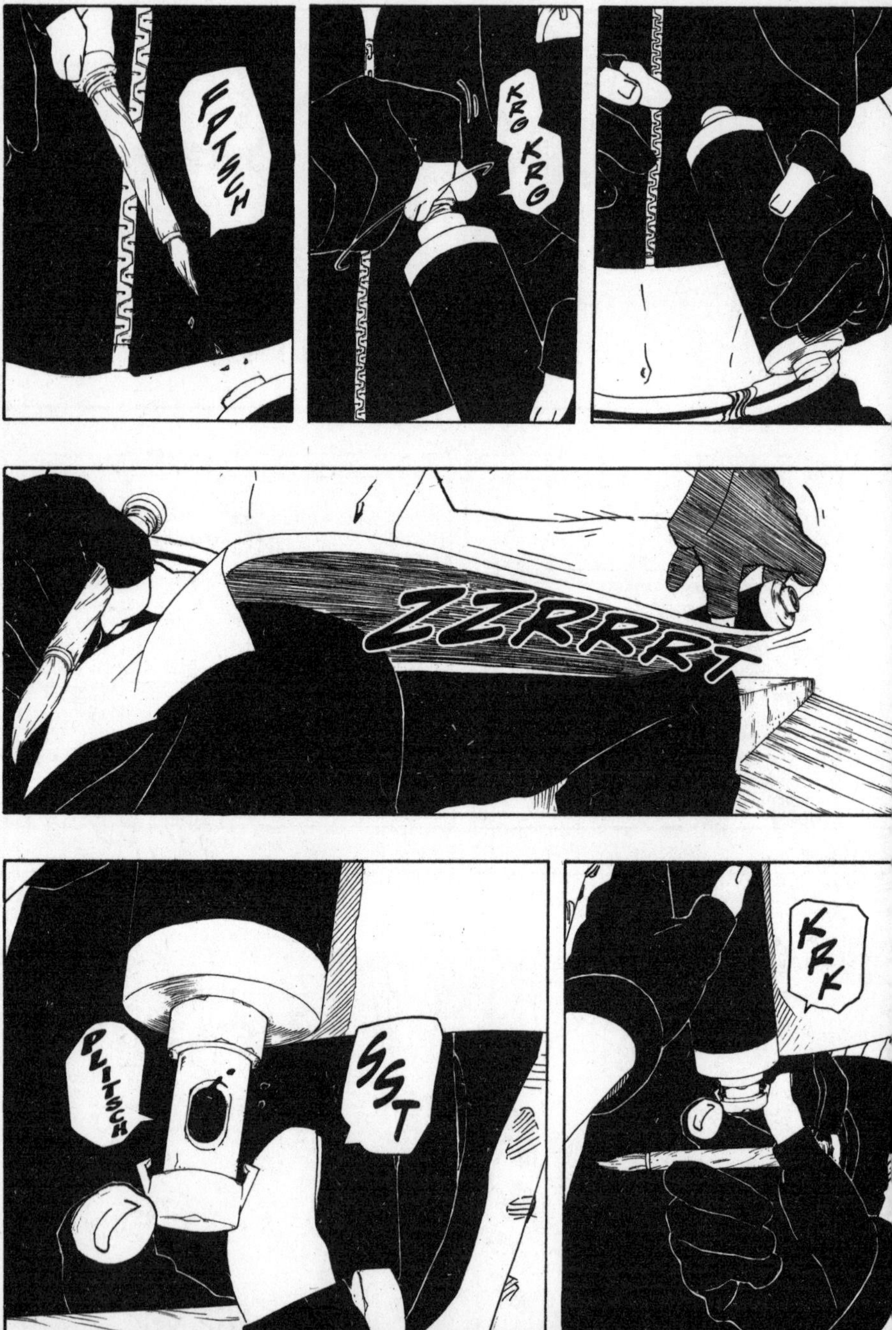
KRG KRG
FATSCH
ZZRRRT
KRK
SST
PLITSCH

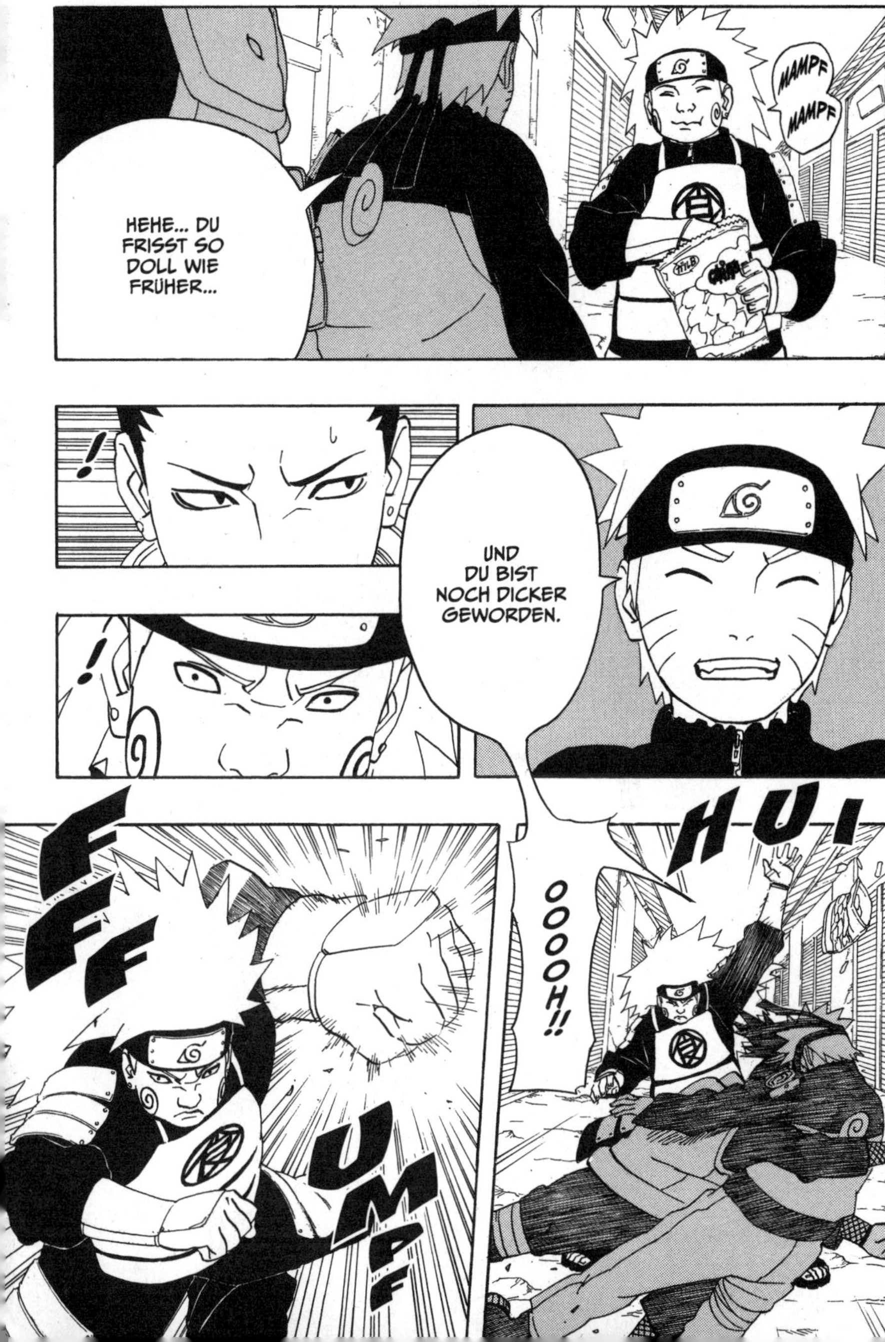
MAMPF
MAMPF
HEHE... DU FRISST SO DOLL WIE FRÜHER...
!
!
UND DU BIST NOCH DICKER GEWORDEN.
HUI
OOOOOH!!
FFF
UMPF

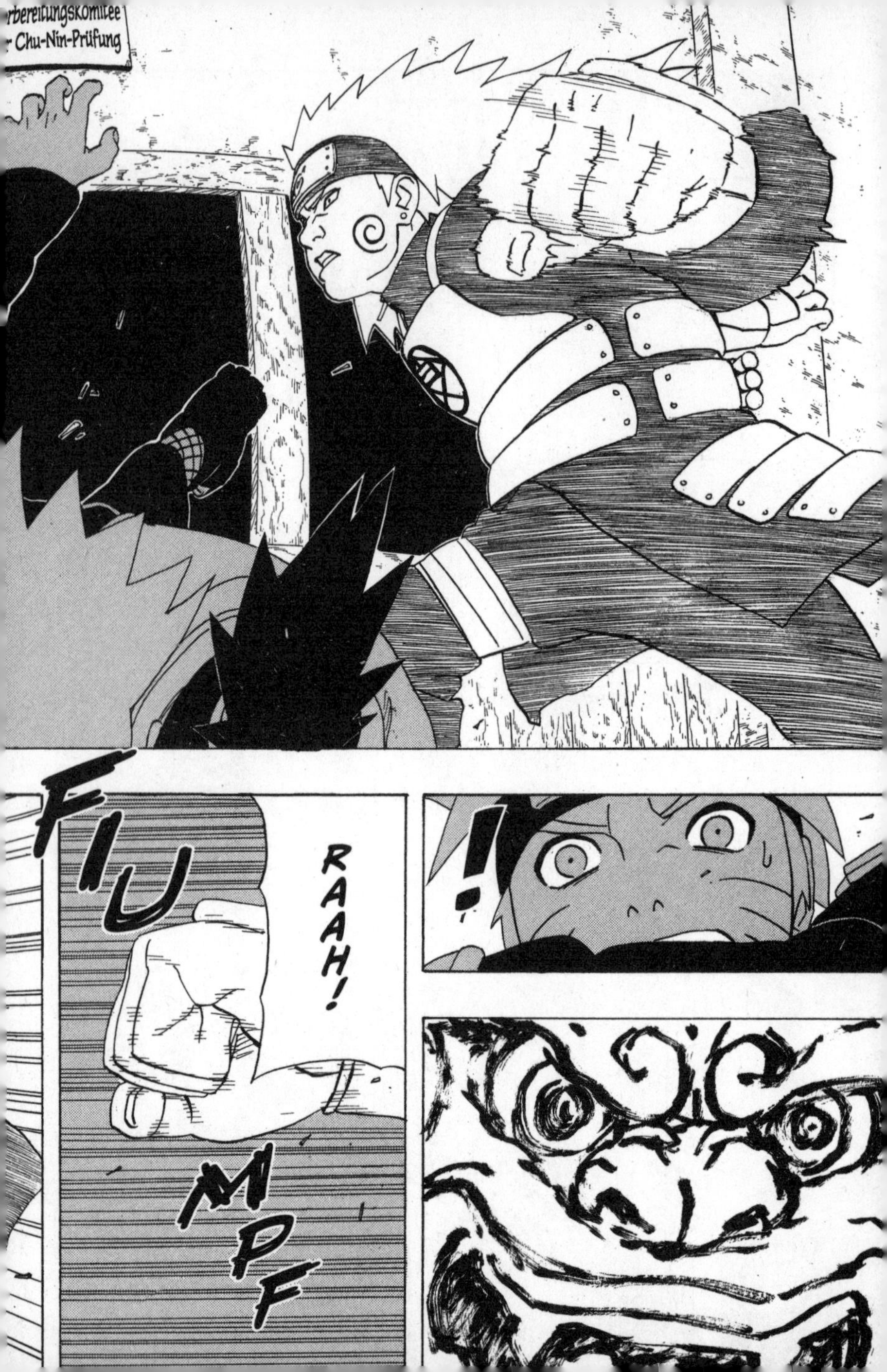
rbereitungskomitee
r Chu-Nin-Prüfung
FIU
RAAAH!
MPF
!

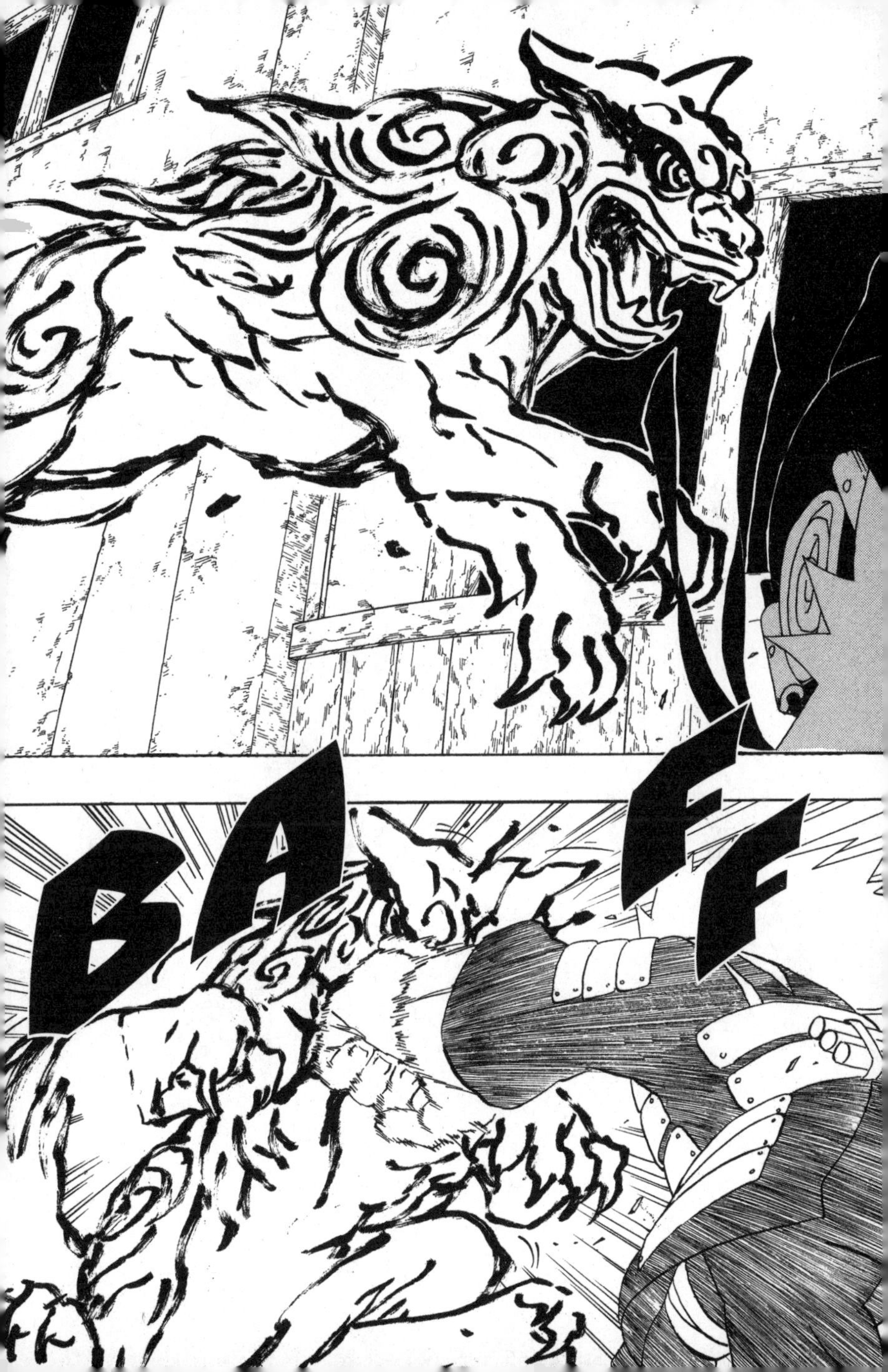
BAFF

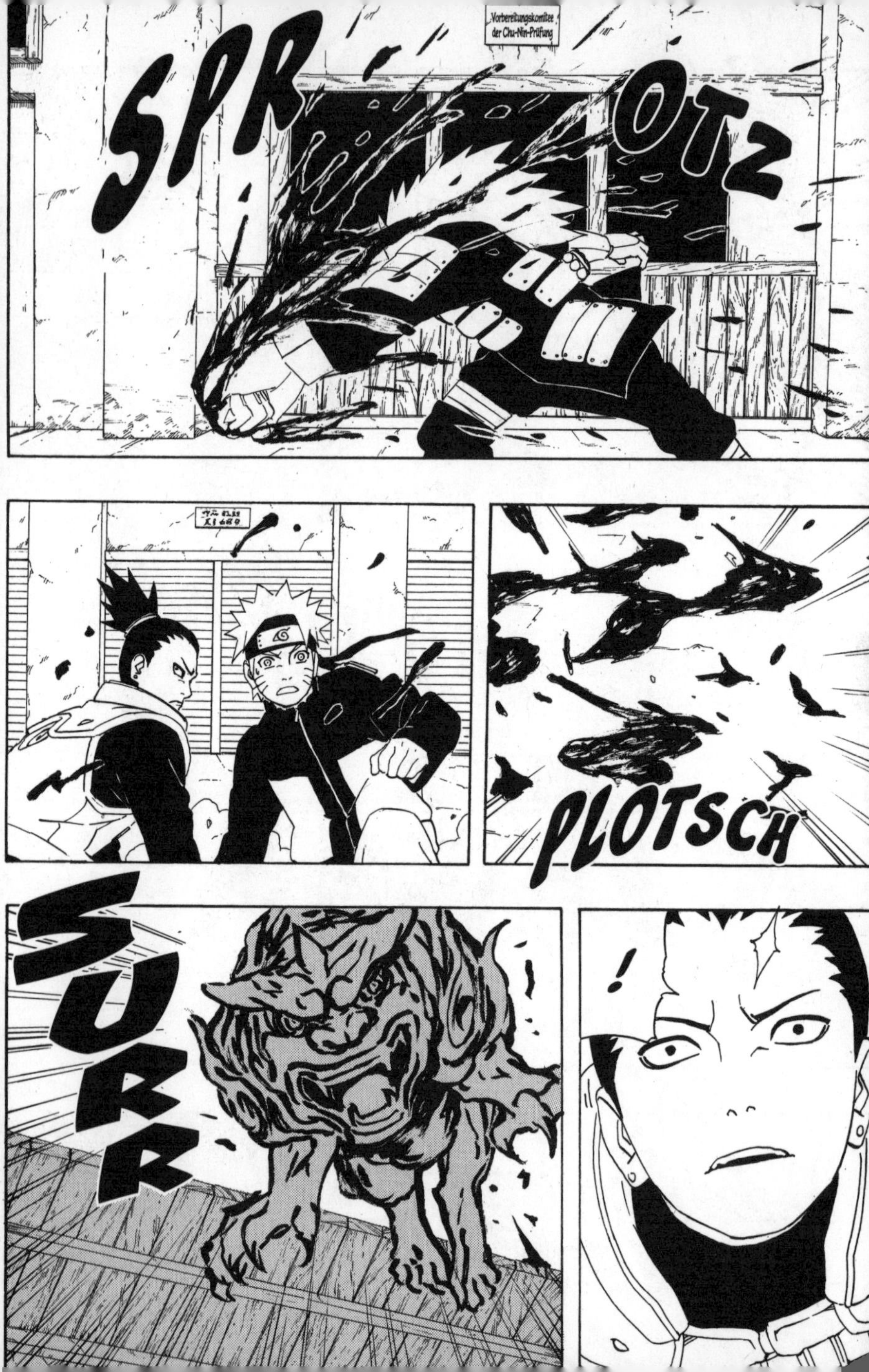
Vorbereitungskomitee der Chu-Nin-Prüfung
SPROTZ
PLOTSCH
!
SURR

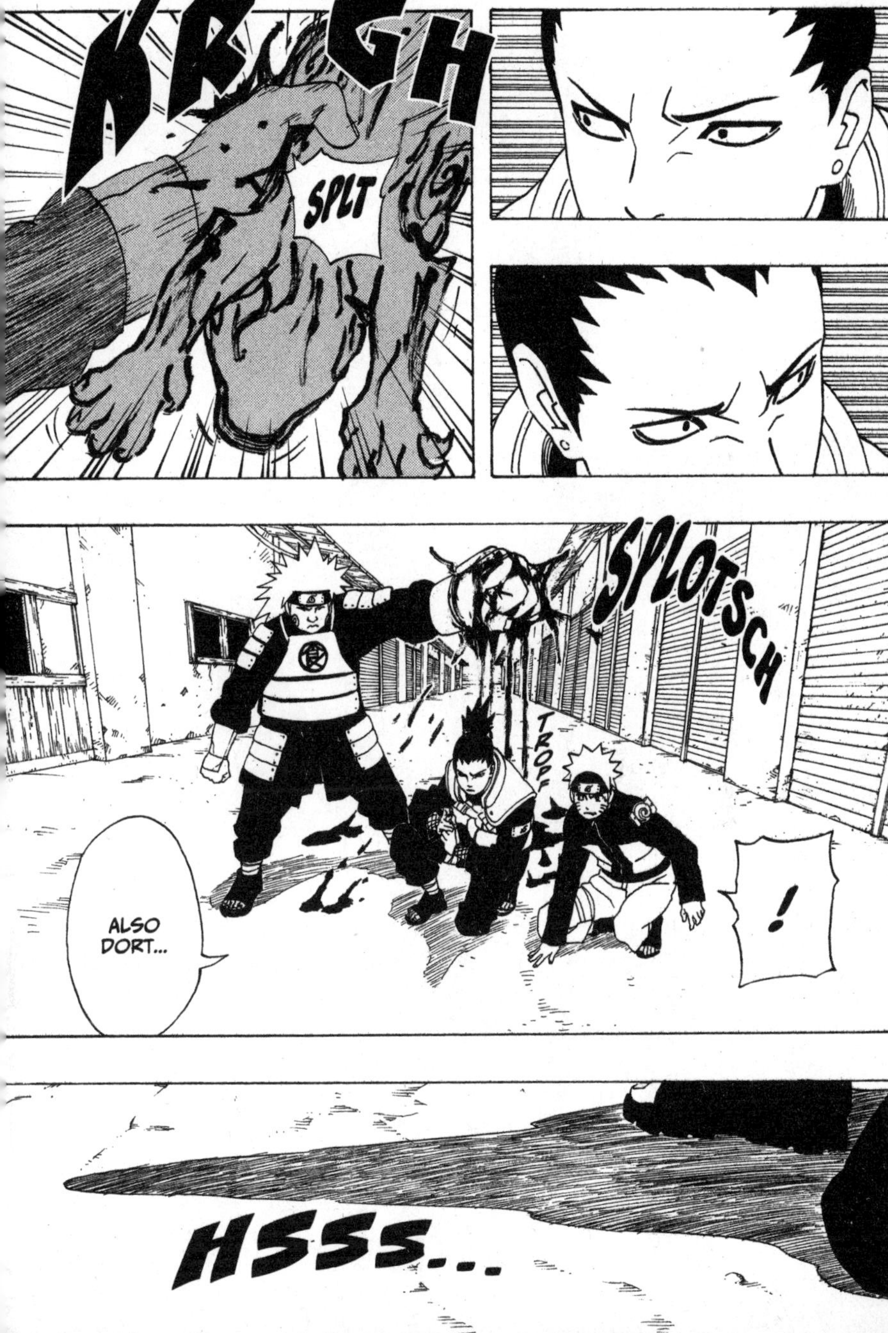
KRGH
SPLT
SPLOTSCH
TROPF
!
ALSO DORT...
HSSS...

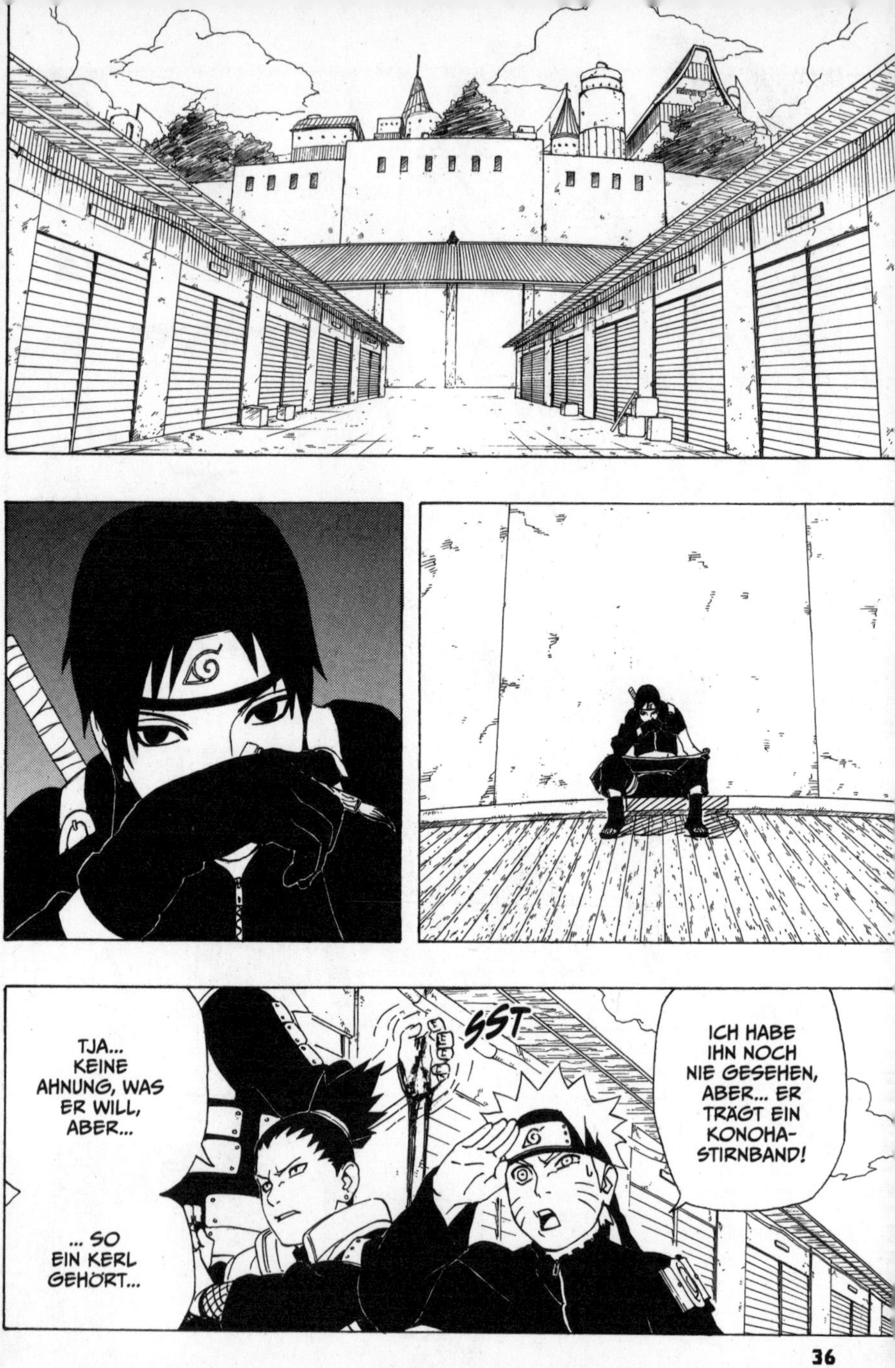
ICH HABE IHN NOCH NIE GESEHEN, ABER... ER TRÄGT EIN KONOHA-STIRNBAND!
SST
TJA... KEINE AHNUNG, WAS ER WILL, ABER...
... SO EIN KERL GEHÖRT...

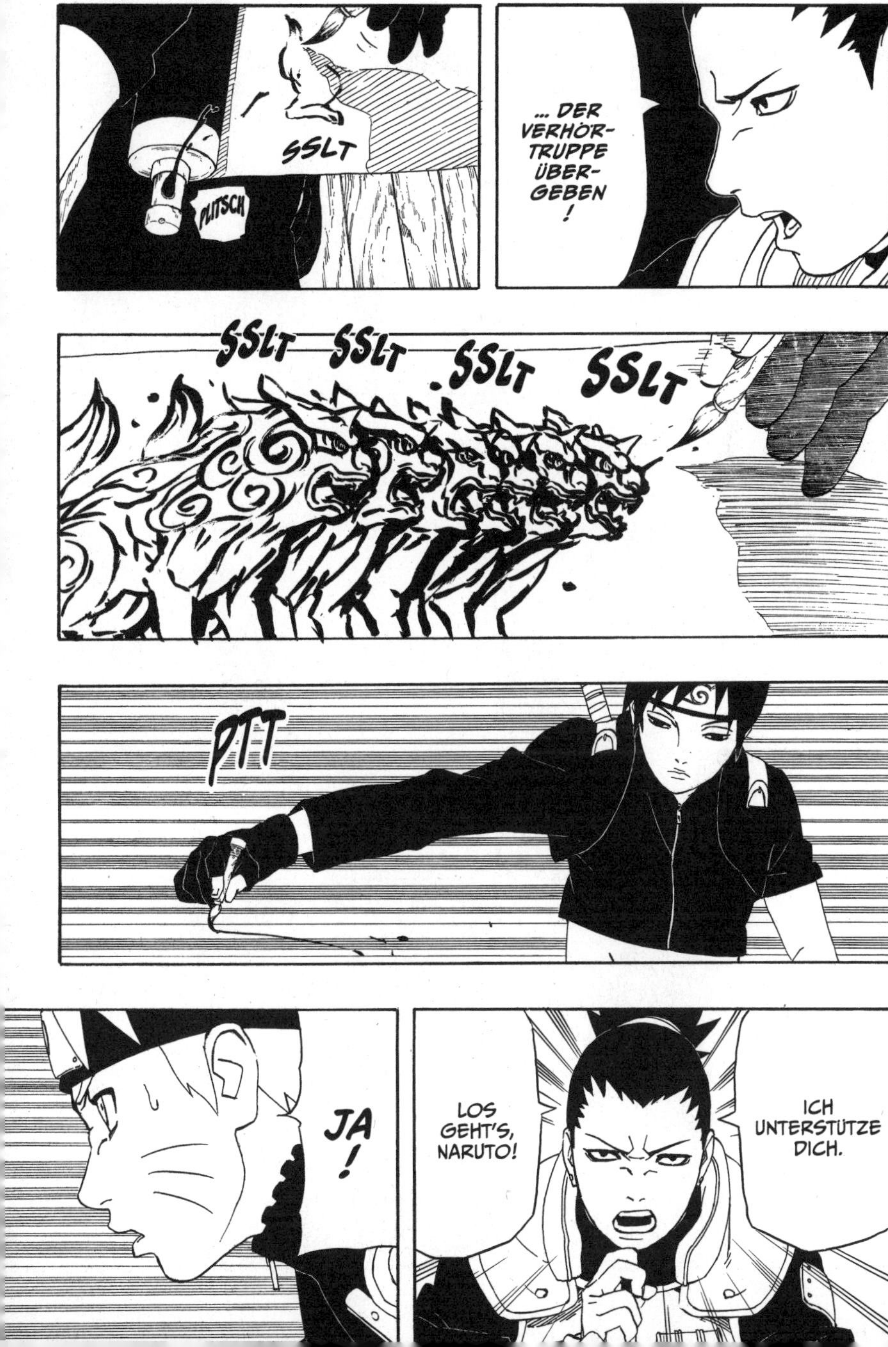

... DER VERHÖR-TRUPPE ÜBER-GEBEN!
SSLT
PLITSCH
SSLT SSLT SSLT SSLT
PTT
ICH UNTERSTÜTZE DICH.
LOS GEHT'S, NARUTO!
JA!

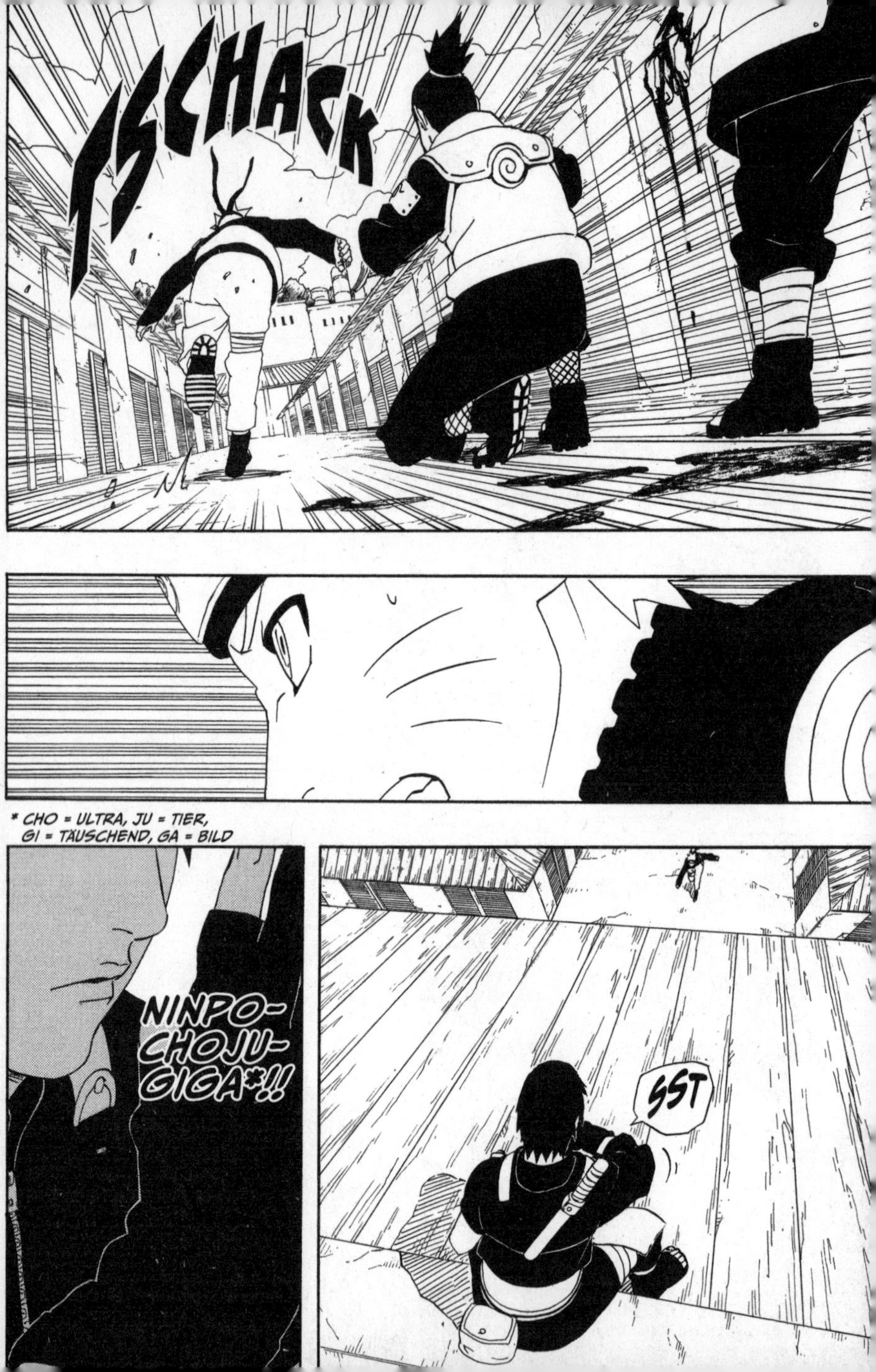

* CHO = ULTRA, JU = TIER, GI = TÄUSCHEND, GA = BILD

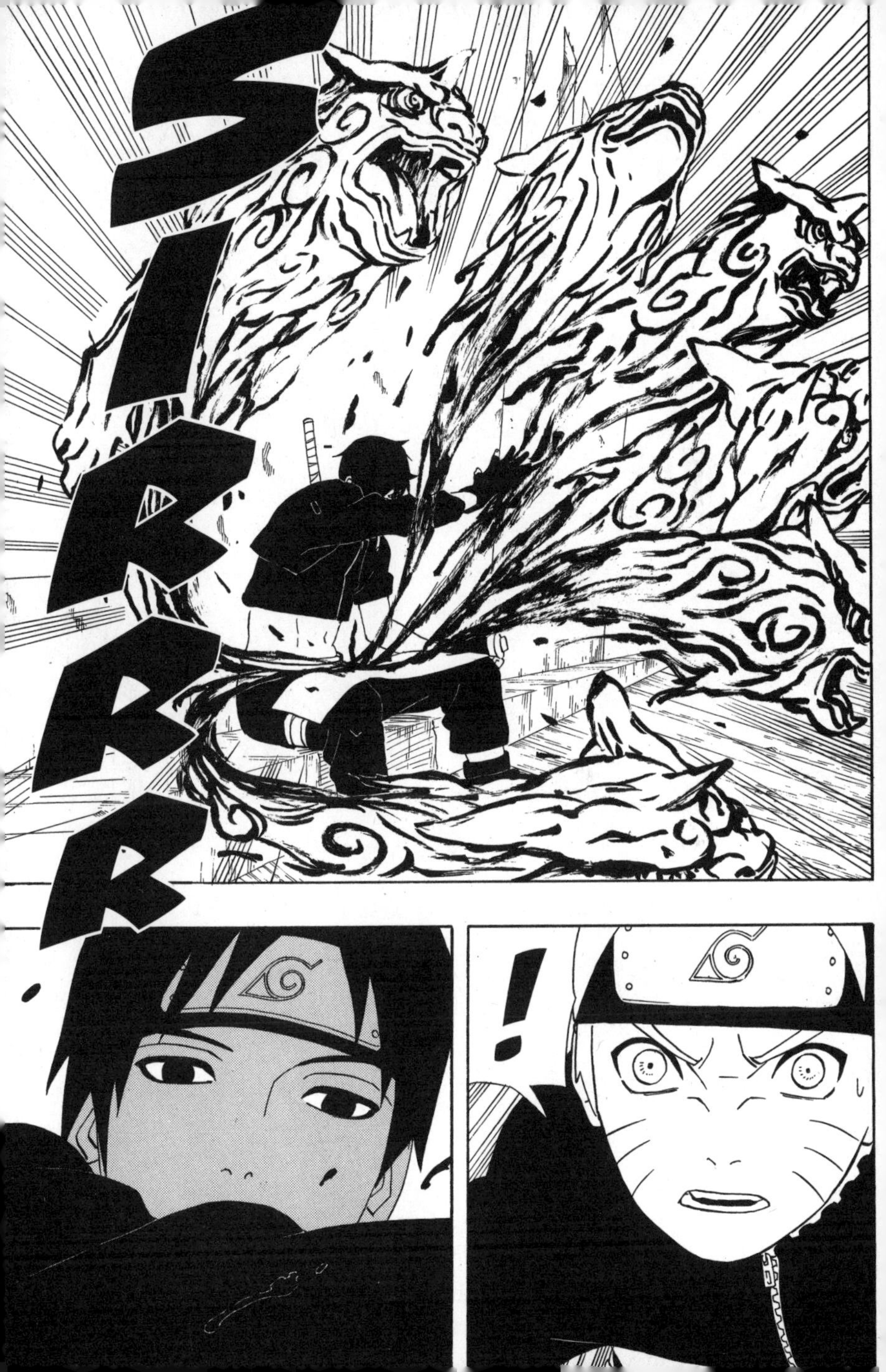
SIRRRR
!

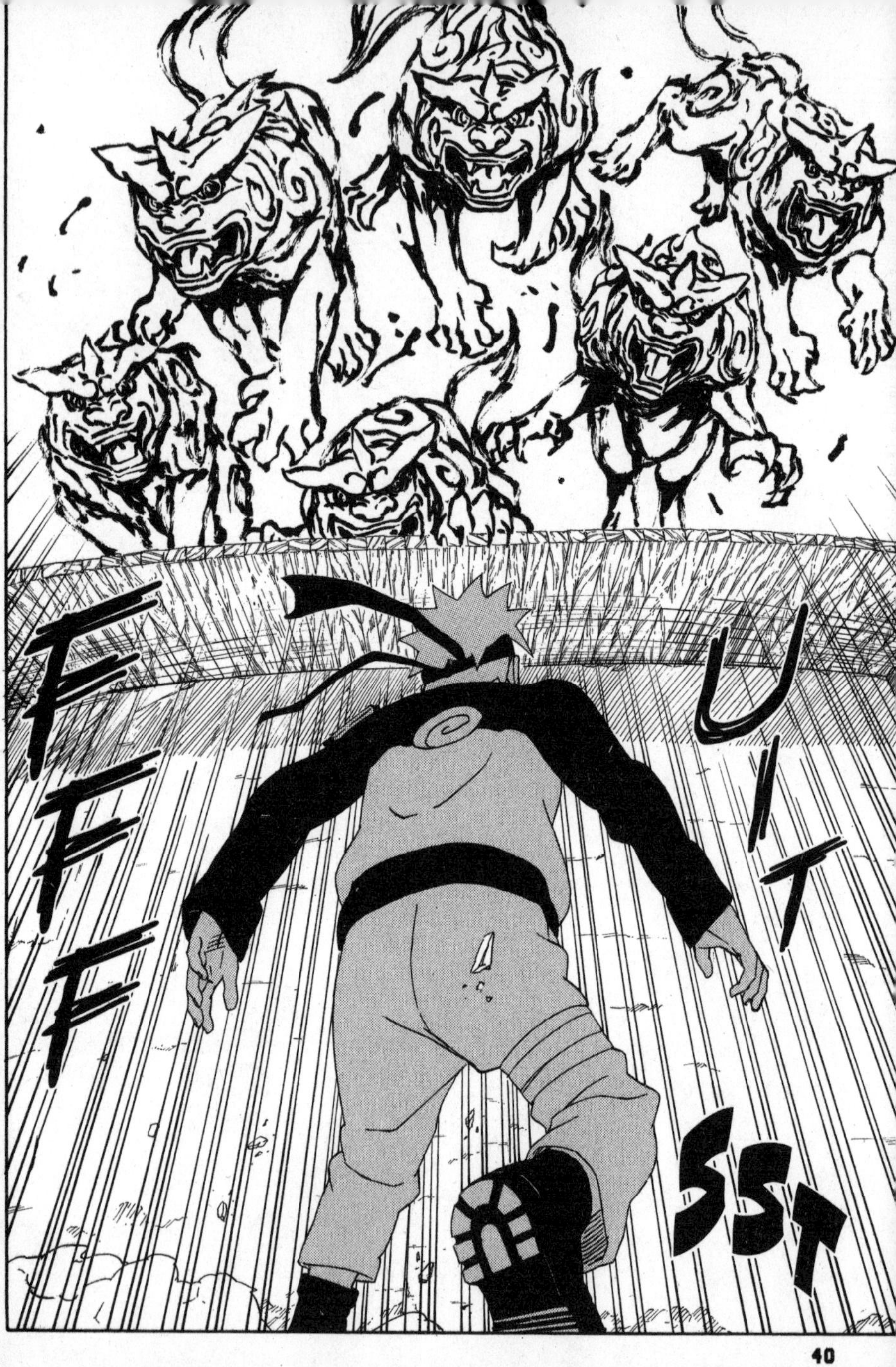
FFFFF
WUIT
SST

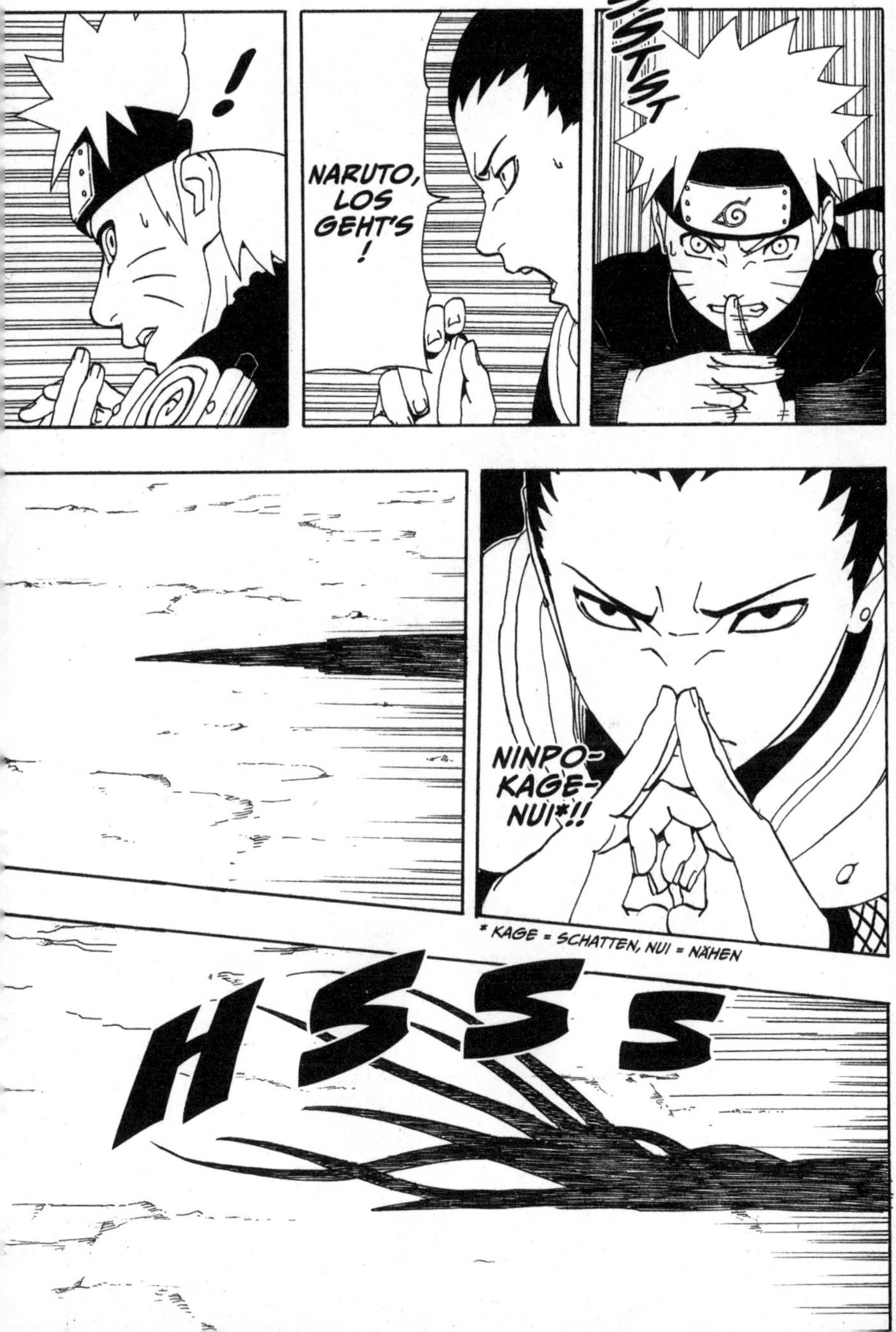
SSTST
NARUTO, LOS GEHT'S!
!
NINPO-KAGE-NUI*!!
* KAGE = SCHATTEN, NUI = NÄHEN
HSSS

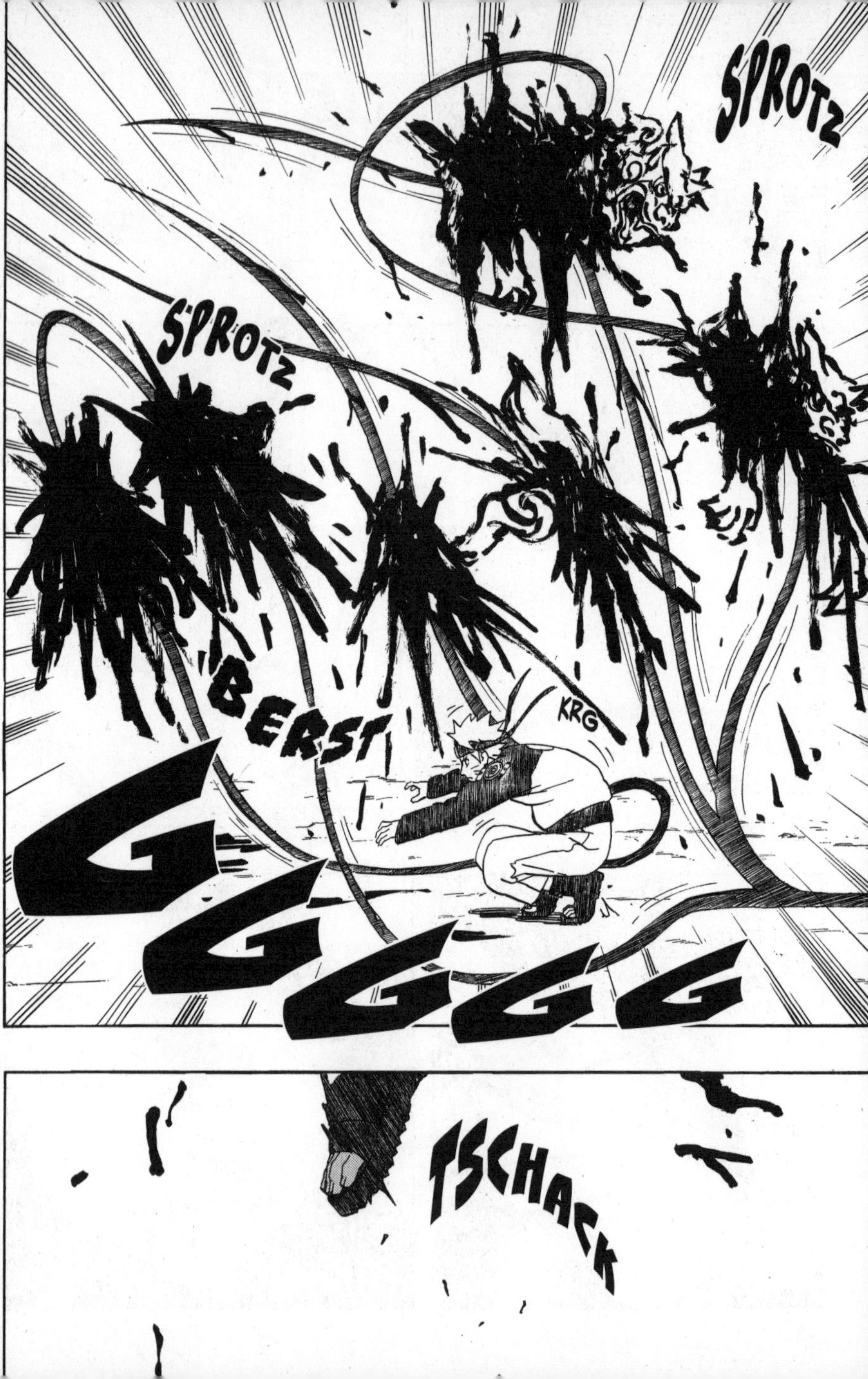
SPROTZ
SPROTZ
KRG
BERST
GGGGG
TSCHACK

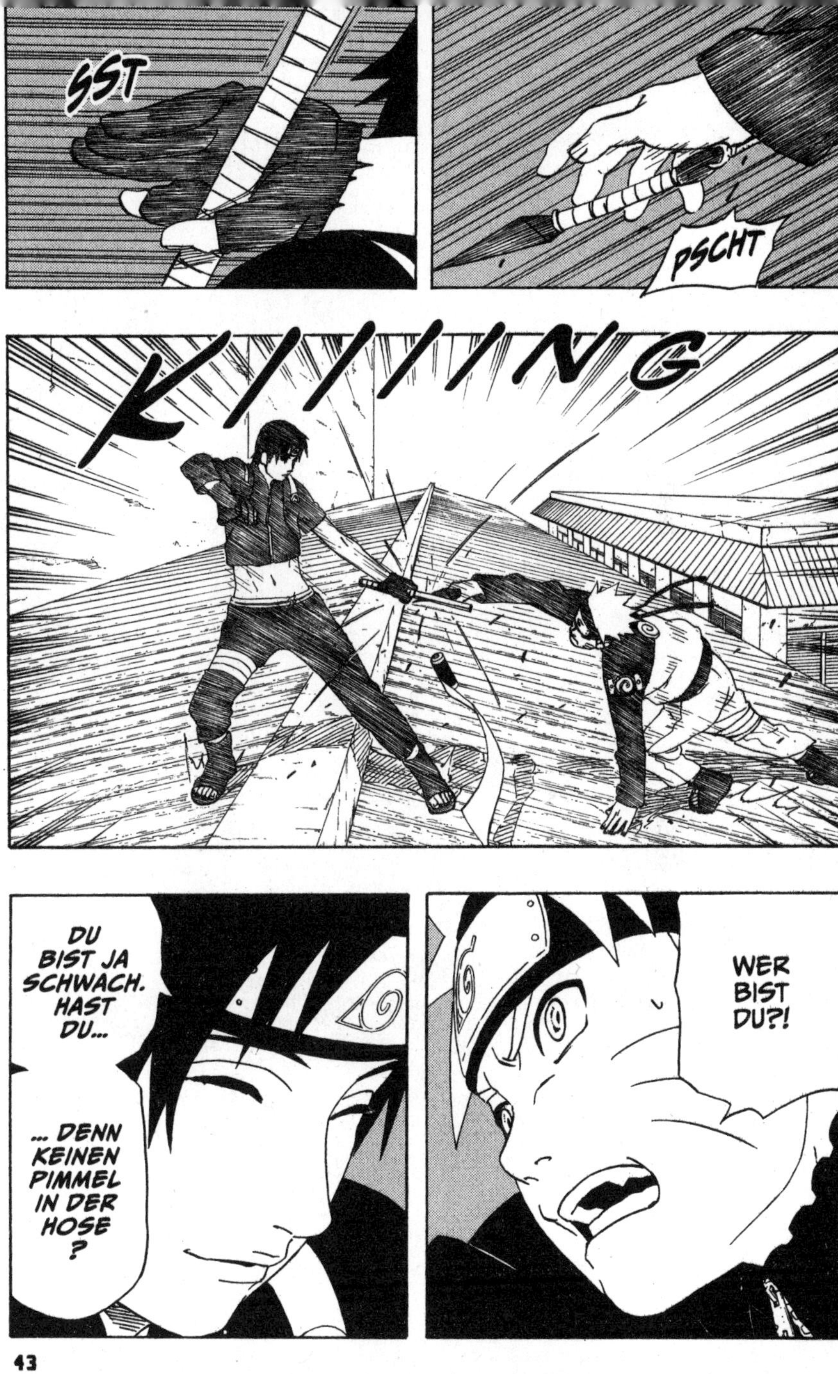
PSCHT
SST
KIIIIING
WER BIST DU?!
DU BIST JA SCHWACH. HAST DU...
... DENN KEINEN PIMMEL IN DER HOSE?

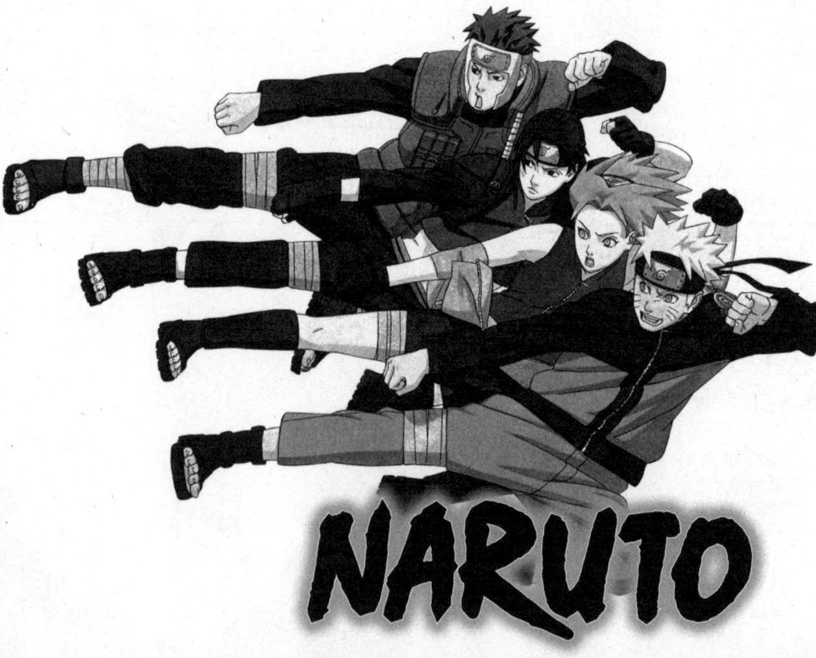
NARUTO

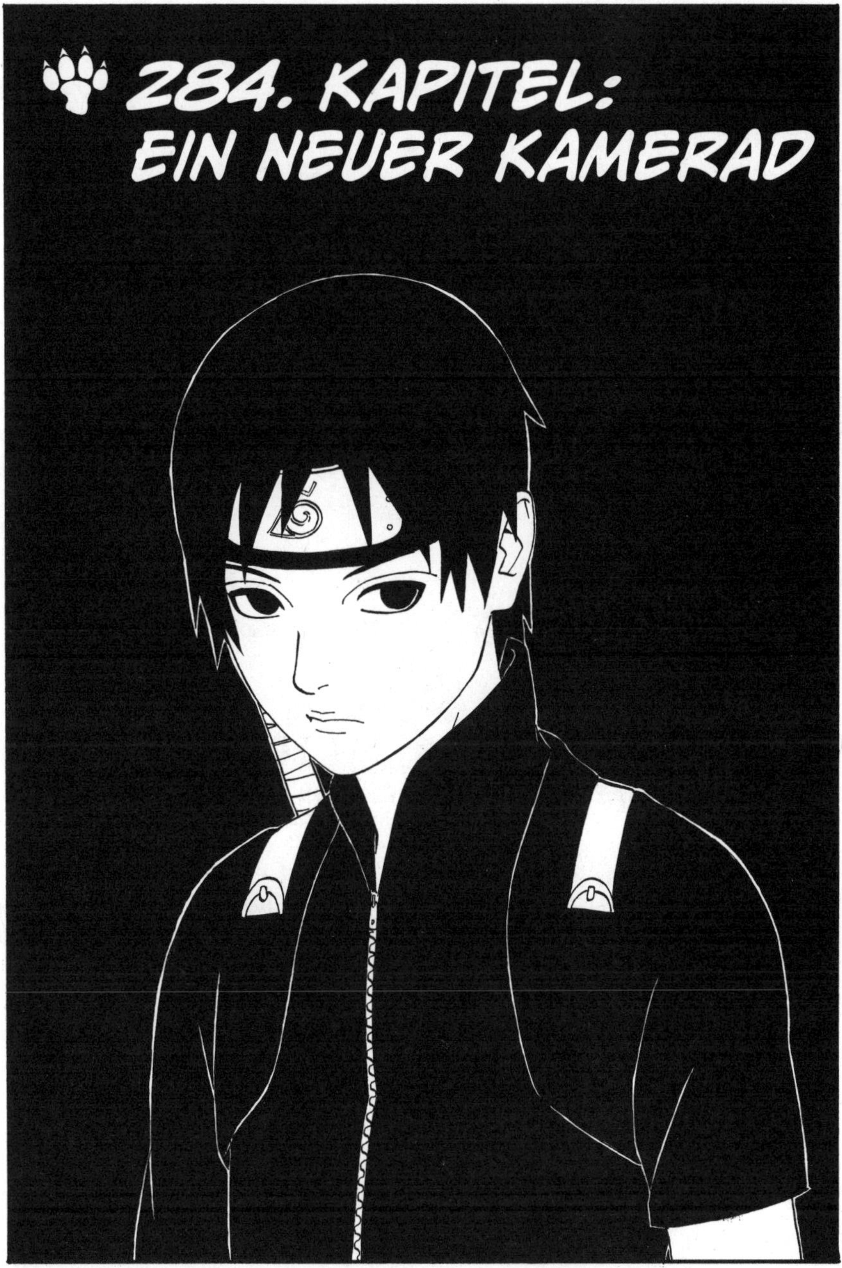
284. KAPITEL:
EIN NEUER KAMERAD

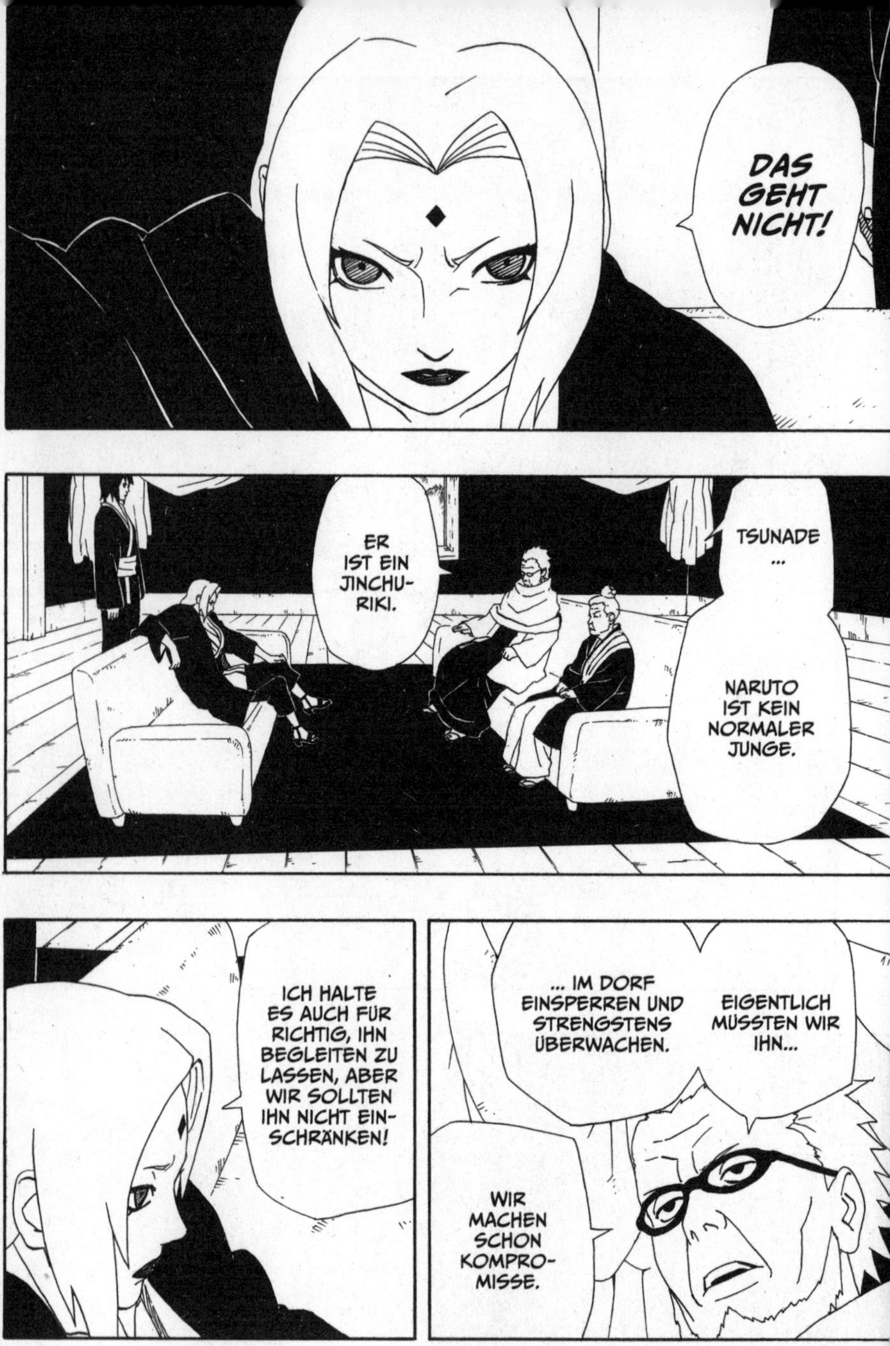
DAS GEHT NICHT!
TSUNADE ...
NARUTO IST KEIN NORMALER JUNGE.
ER IST EIN JINCHURIKI.
EIGENTLICH MÜSSTEN WIR IHN...
... IM DORF EINSPERREN UND STRENGSTENS ÜBERWACHEN.
WIR MACHEN SCHON KOMPROMISSE.
ICH HALTE ES AUCH FÜR RICHTIG, IHN BEGLEITEN ZU LASSEN, ABER WIR SOLLTEN IHN NICHT EINSCHRÄNKEN!

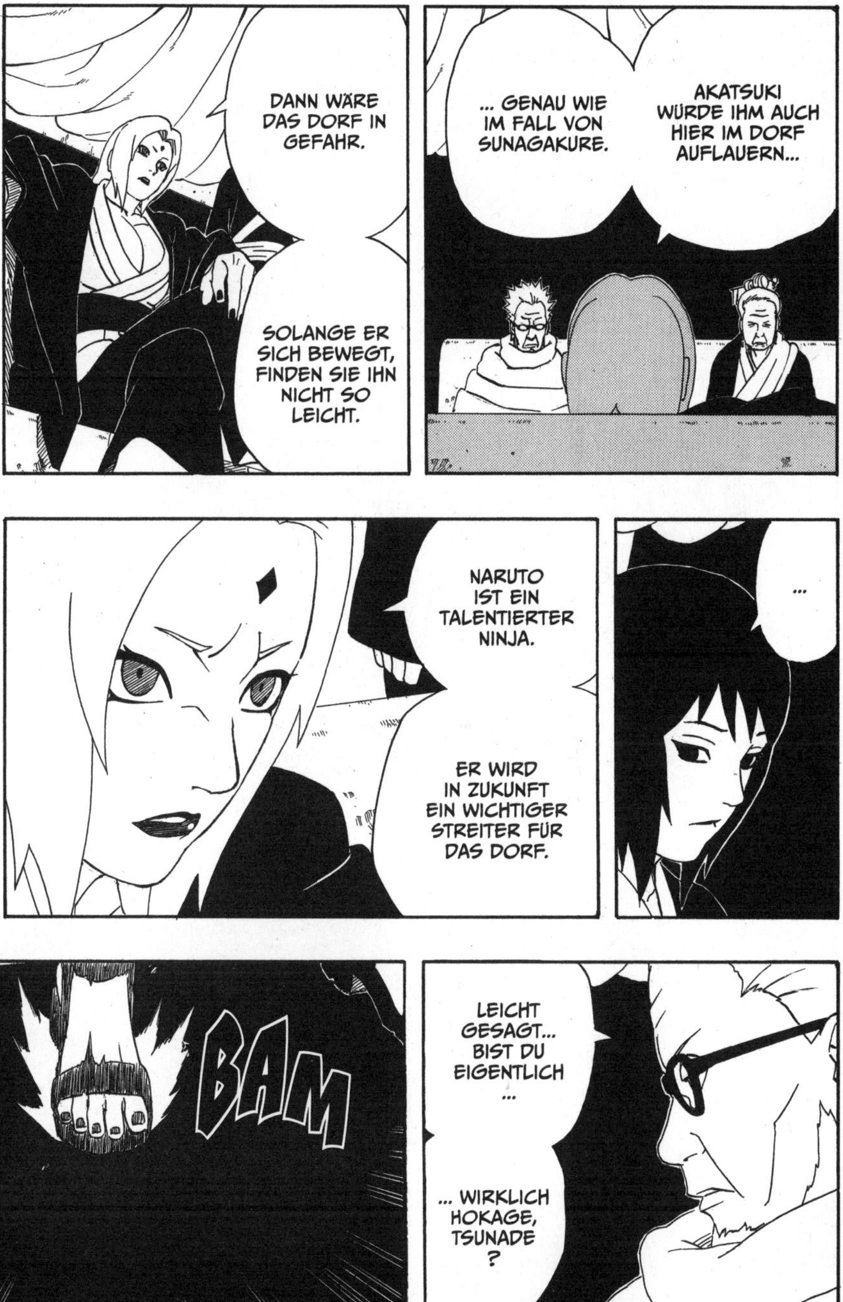
AKATSUKI WÜRDE IHM AUCH HIER IM DORF AUFLAUERN...
... GENAU WIE IM FALL VON SUNAGAKURE.
DANN WÄRE DAS DORF IN GEFAHR.
SOLANGE ER SICH BEWEGT, FINDEN SIE IHN NICHT SO LEICHT.
...
NARUTO IST EIN TALENTIERTER NINJA.
ER WIRD IN ZUKUNFT EIN WICHTIGER STREITER FÜR DAS DORF.
LEICHT GESAGT... BIST DU EIGENTLICH ...
... WIRKLICH HOKAGE, TSUNADE ?
BAM

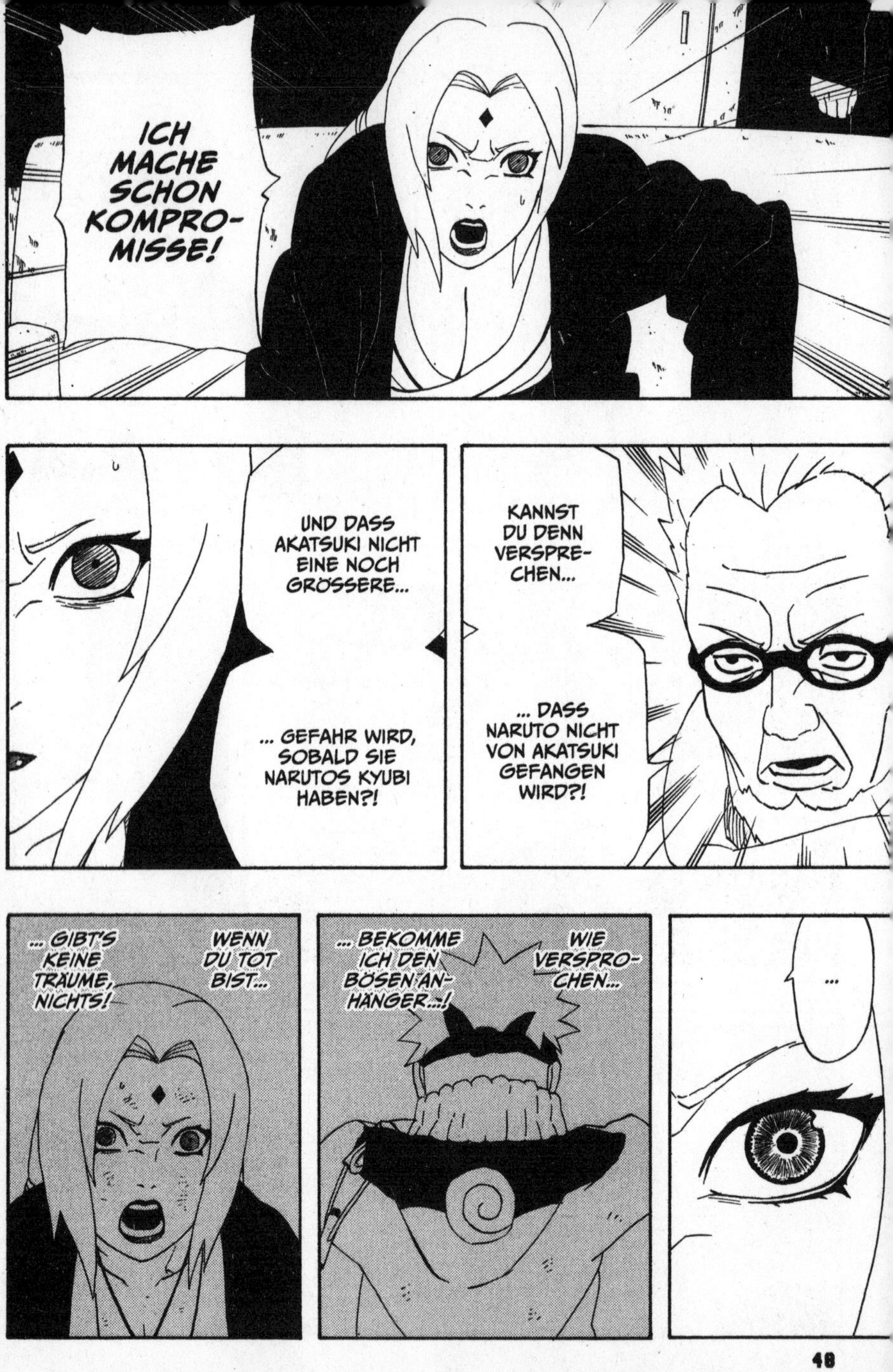
ICH MACHE SCHON KOMPRO-MISSE!
KANNST DU DENN VERSPRE-CHEN...
... DASS NARUTO NICHT VON AKATSUKI GEFANGEN WIRD?!
UND DASS AKATSUKI NICHT EINE NOCH GRÖSSERE...
... GEFAHR WIRD, SOBALD SIE NARUTOS KYUBI HABEN?!
...
WIE VERSPRO-CHEN...
... BEKOMME ICH DEN BÖSEN AN-HÄNGER...!
WENN DU TOT BIST...
... GIBT'S KEINE TRÄUME, NICHTS!

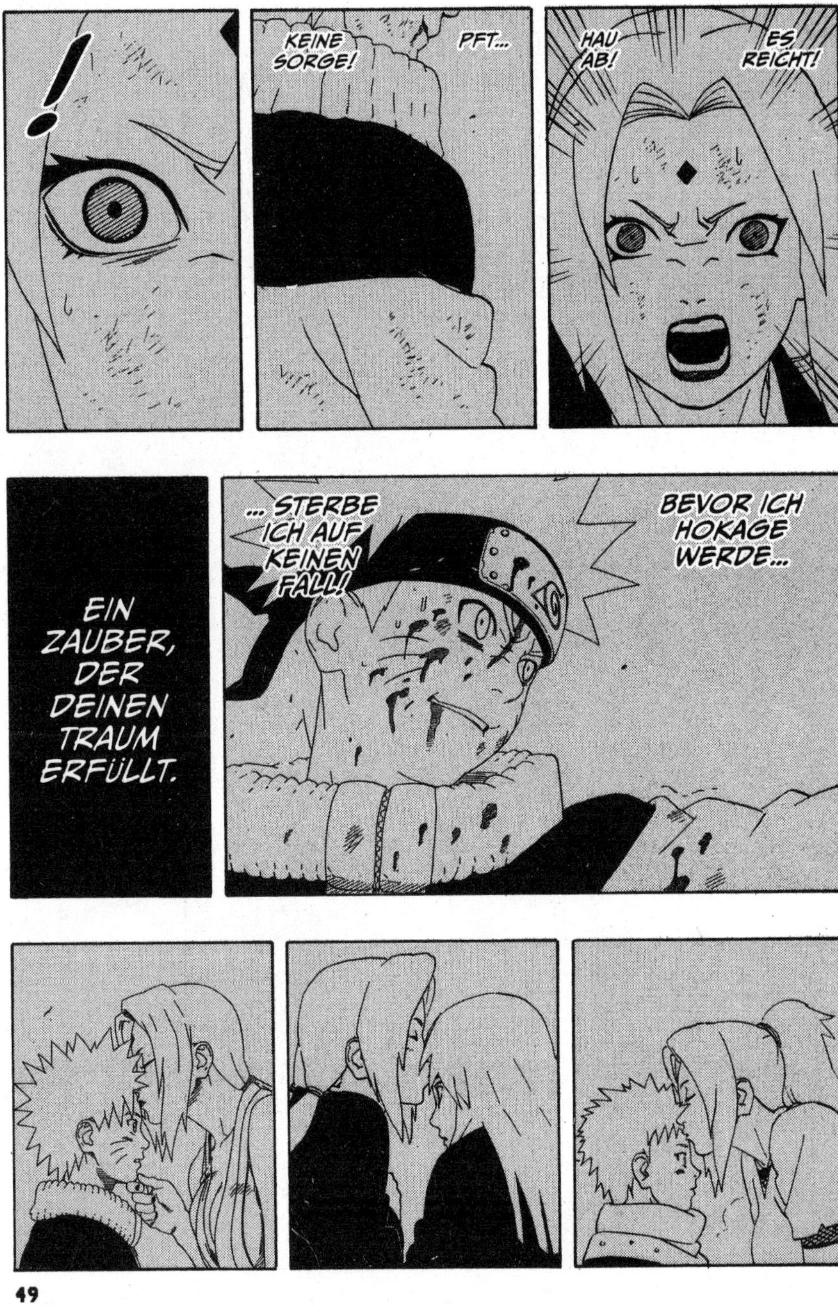
ES REICHT!
HAU AB!
PFT...
KEINE SORGE!
!
BEVOR ICH HOKAGE WERDE...
... STERBE ICH AUF KEINEN FALL!
EIN ZAUBER, DER DEINEN TRAUM ERFÜLLT.

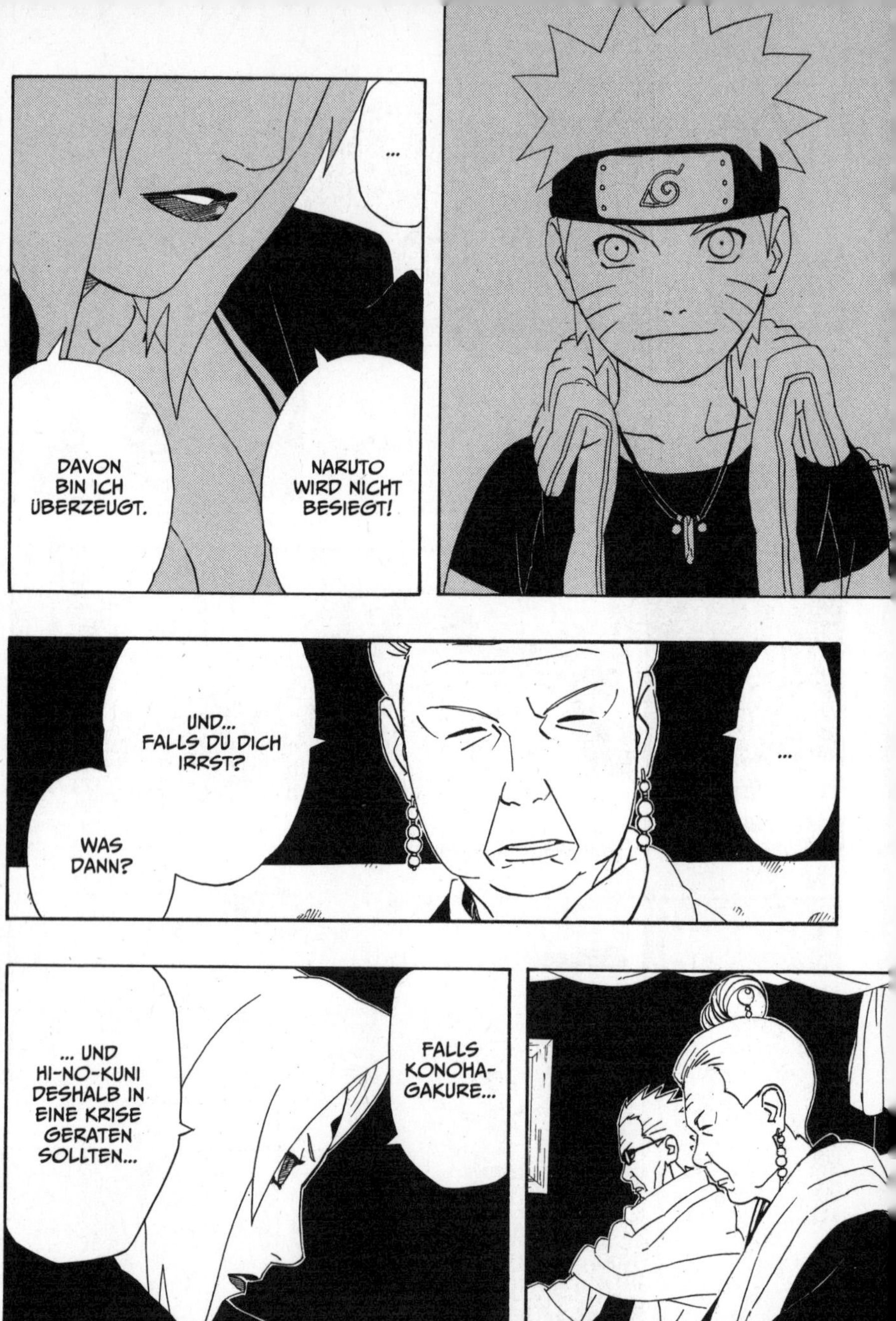
...
NARUTO WIRD NICHT BESIEGT!
DAVON BIN ICH ÜBERZEUGT.
...
UND... FALLS DU DICH IRRST?
WAS DANN?
FALLS KONOHA-GAKURE...
... UND HI-NO-KUNI DESHALB IN EINE KRISE GERATEN SOLLTEN...

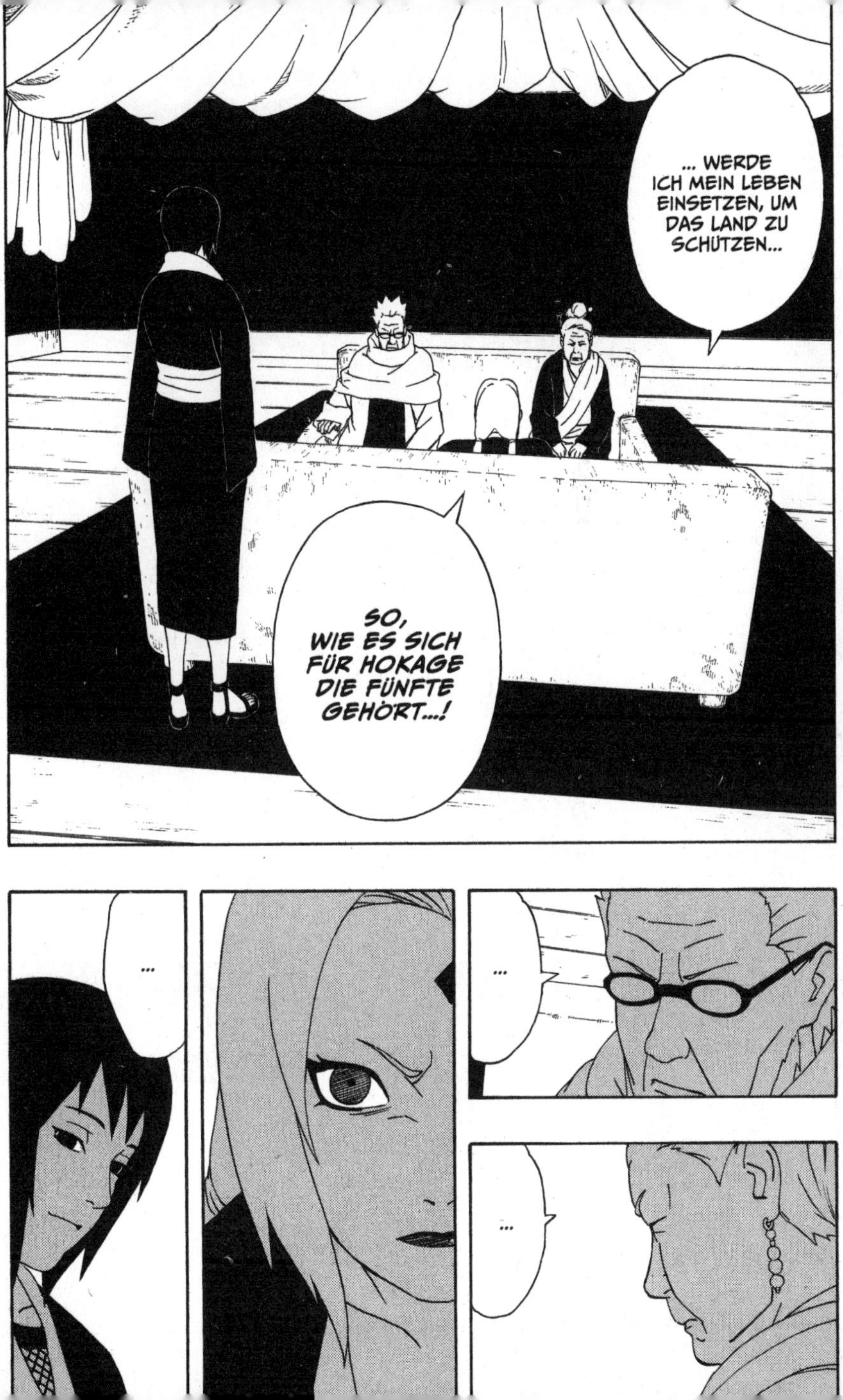
... WERDE ICH MEIN LEBEN EINSETZEN, UM DAS LAND ZU SCHÜTZEN...
SO, WIE ES SICH FÜR HOKAGE DIE FÜNFTE GEHÖRT...!
...
...
...
...

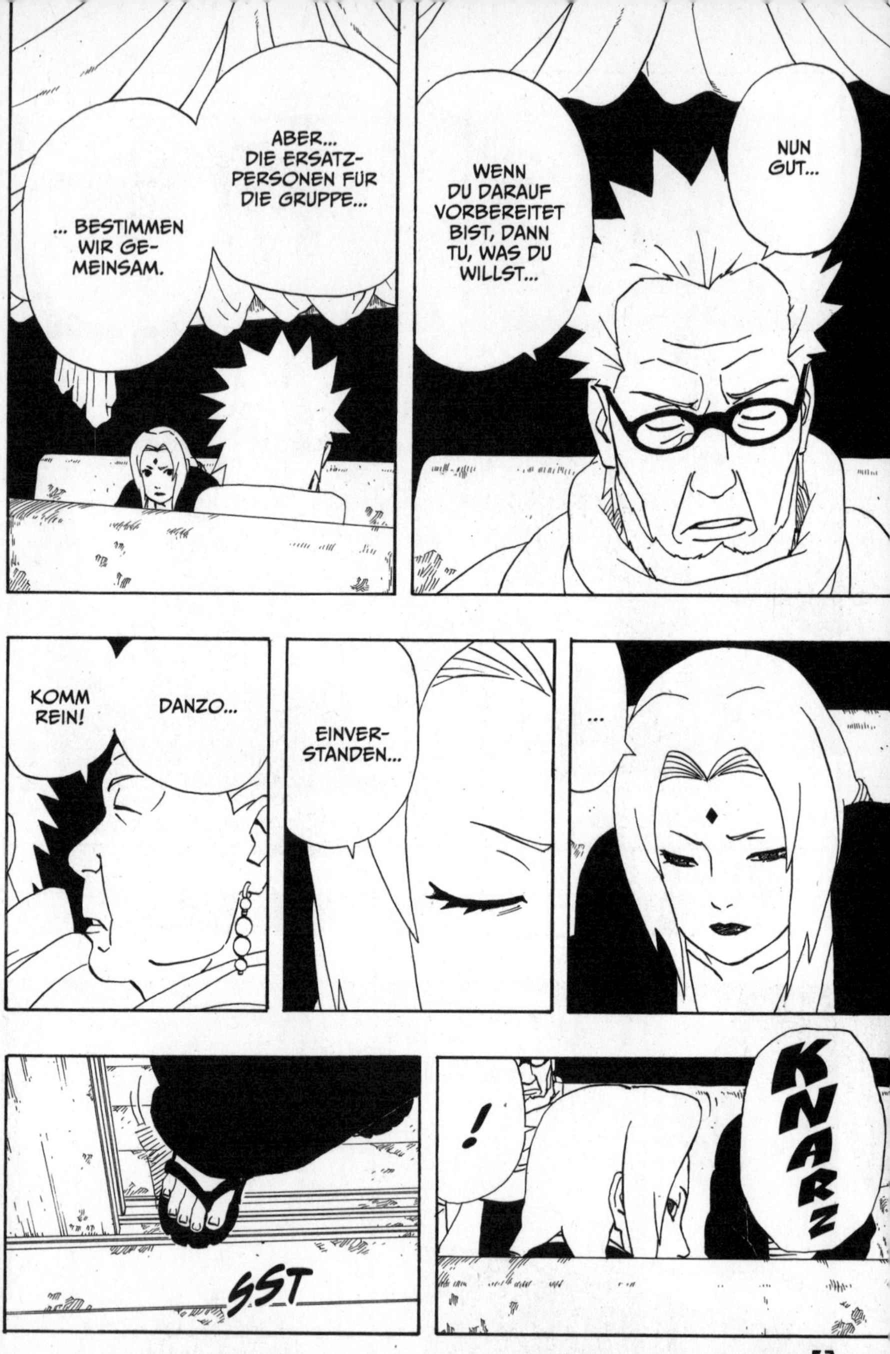
NUN GUT...
WENN DU DARAUF VORBEREITET BIST, DANN TU, WAS DU WILLST...
ABER... DIE ERSATZ-PERSONEN FÜR DIE GRUPPE...
... BESTIMMEN WIR GE-MEINSAM.
...
EINVER-STANDEN...
DANZO...
KOMM REIN!
KNARZ
!
SST

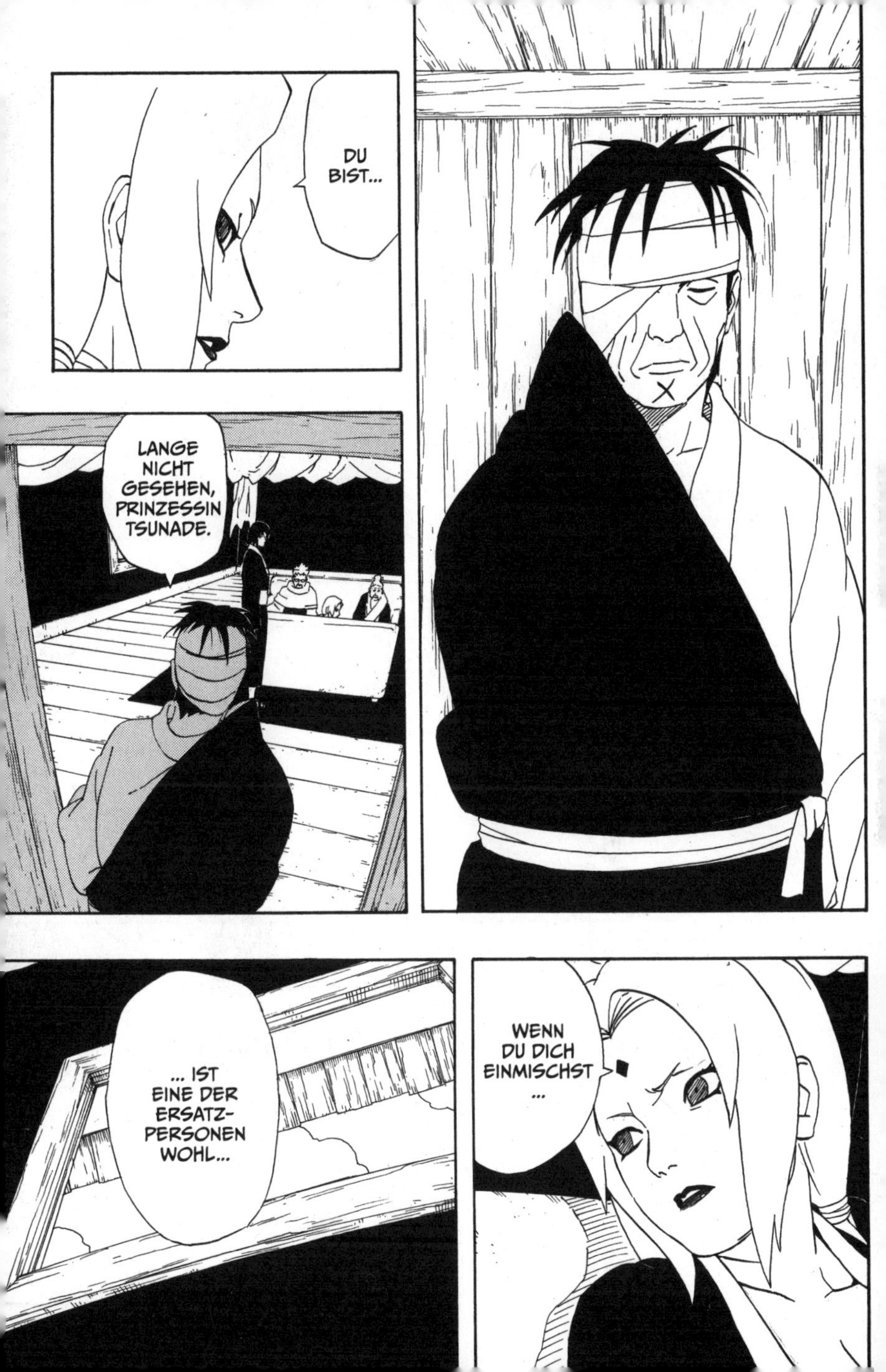
DU BIST...
LANGE NICHT GESEHEN, PRINZESSIN TSUNADE.
WENN DU DICH EINMISCHST ...
... IST EINE DER ERSATZ-PERSONEN WOHL...

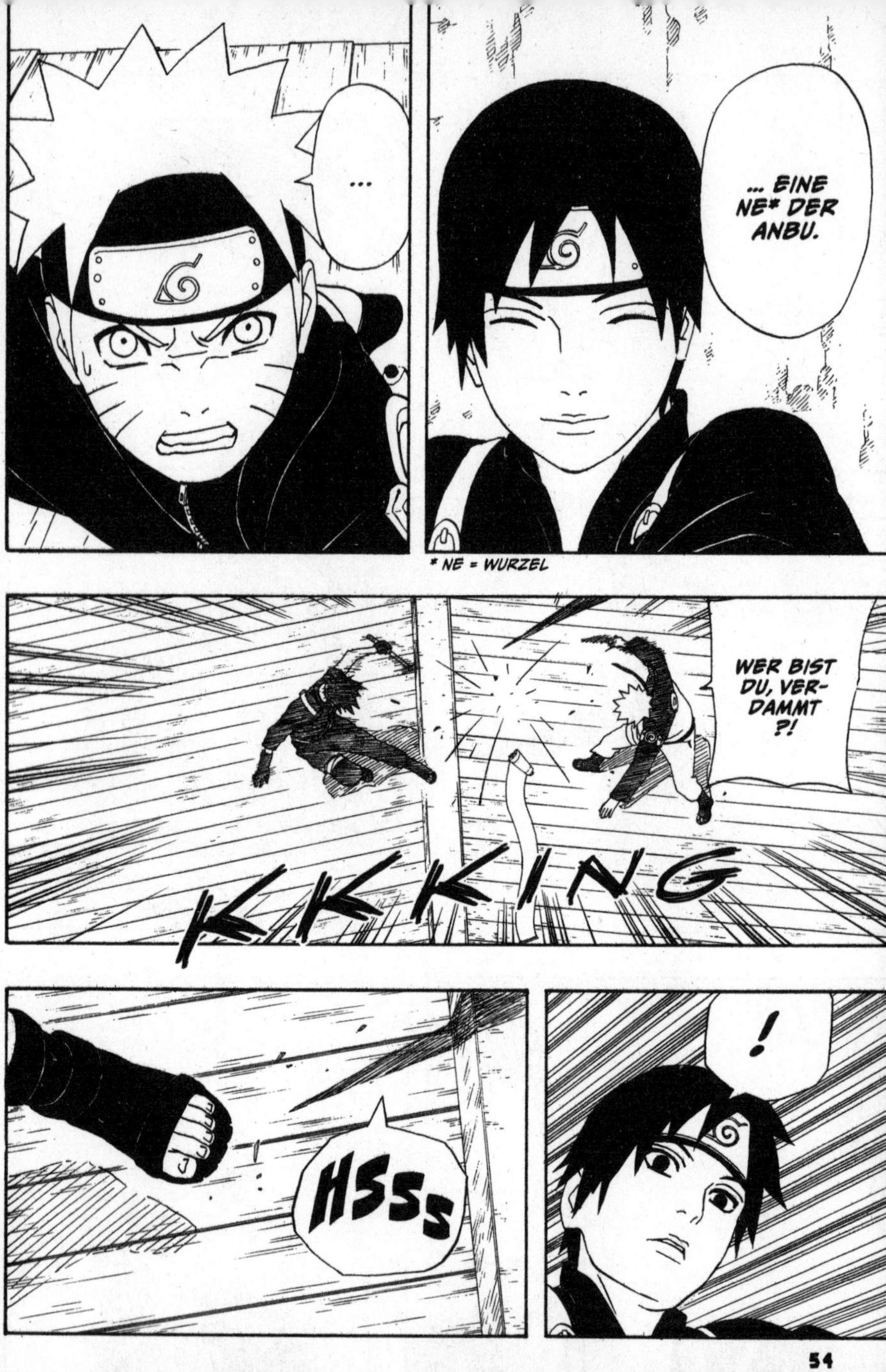

* NE = WURZEL

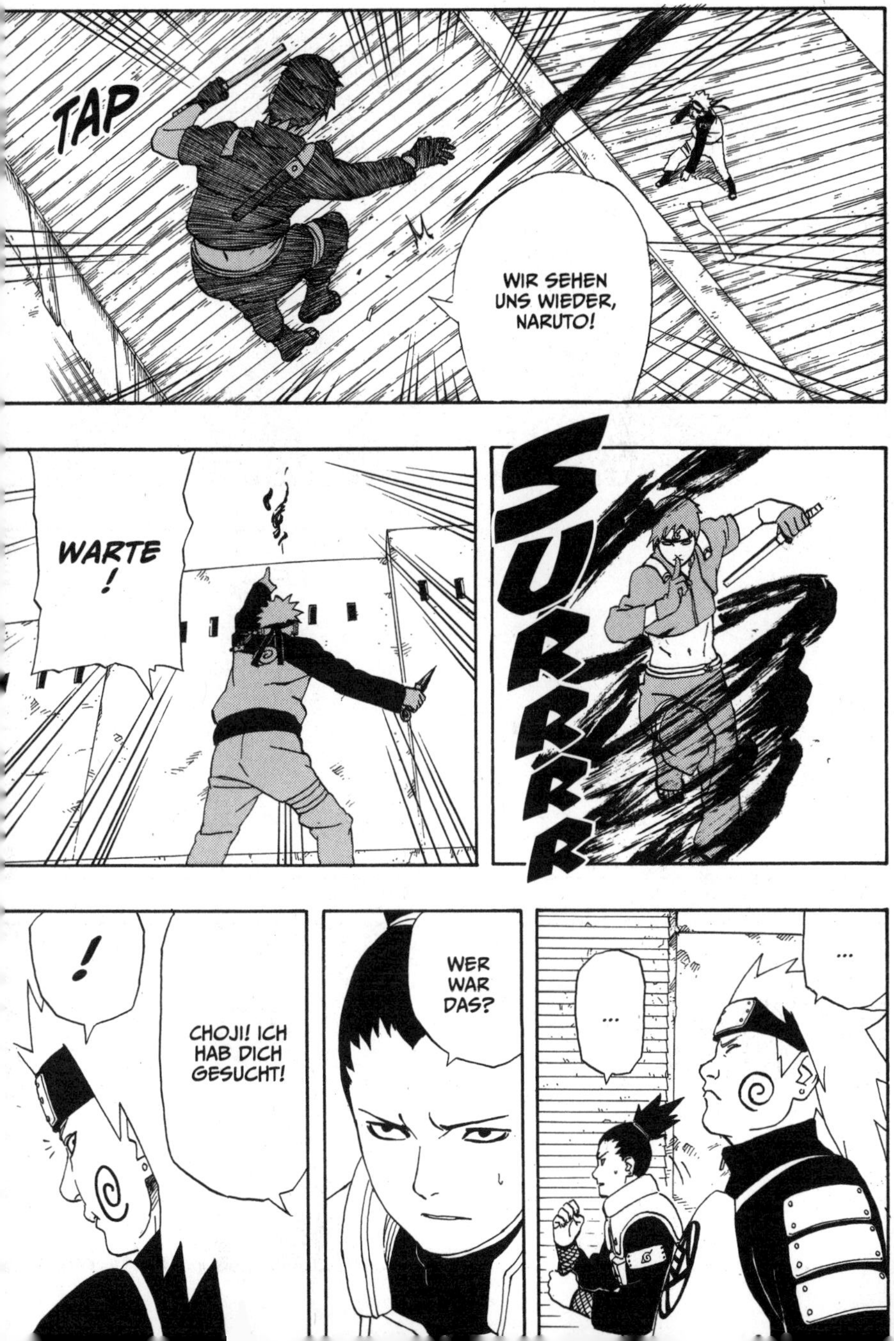
TAP
WIR SEHEN UNS WIEDER, NARUTO!
SURRRR
WARTE!
...
...
WER WAR DAS?
CHOJI! ICH HAB DICH GESUCHT!
!

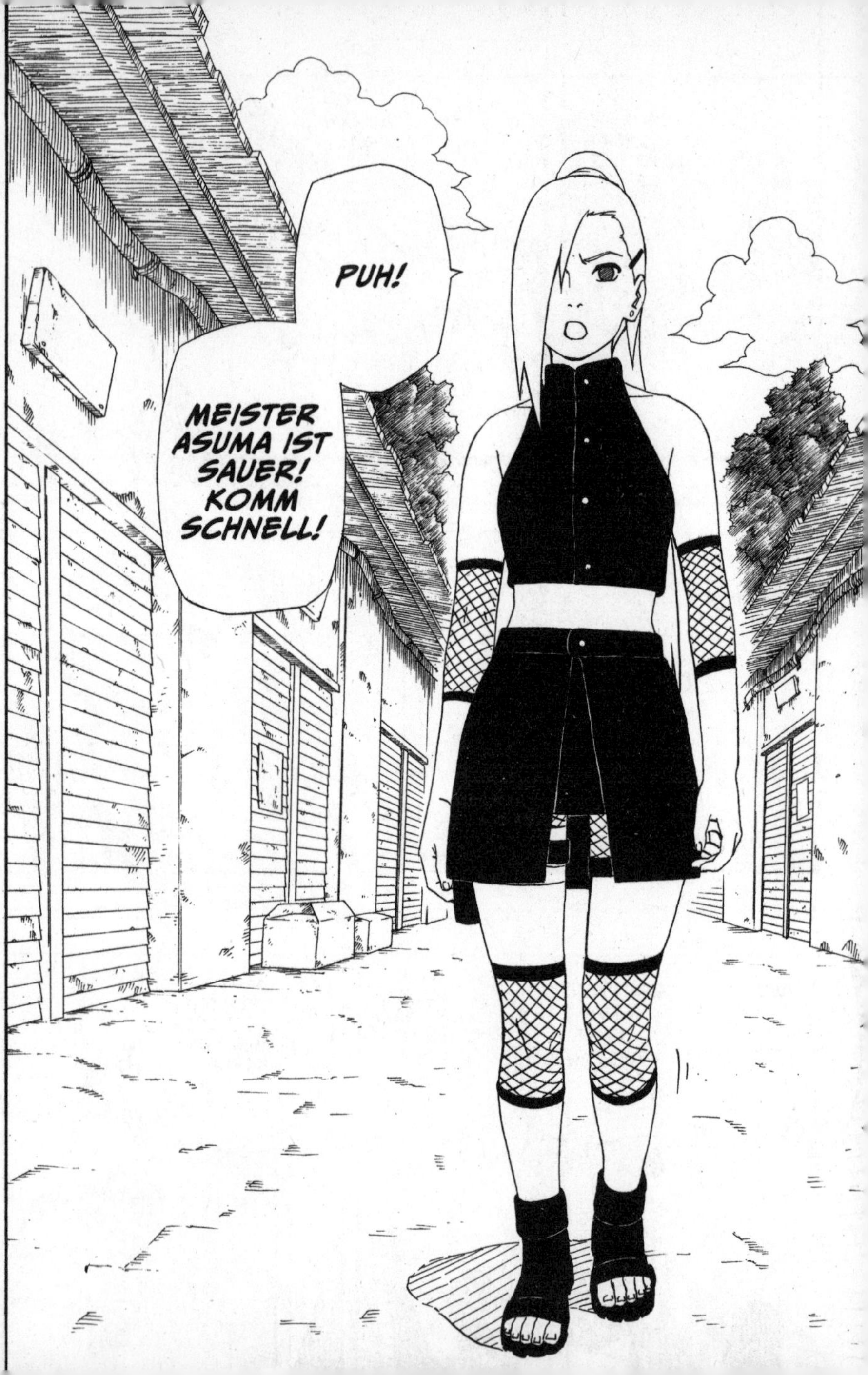
PUH!
MEISTER ASUMA IST SAUER! KOMM SCHNELL!

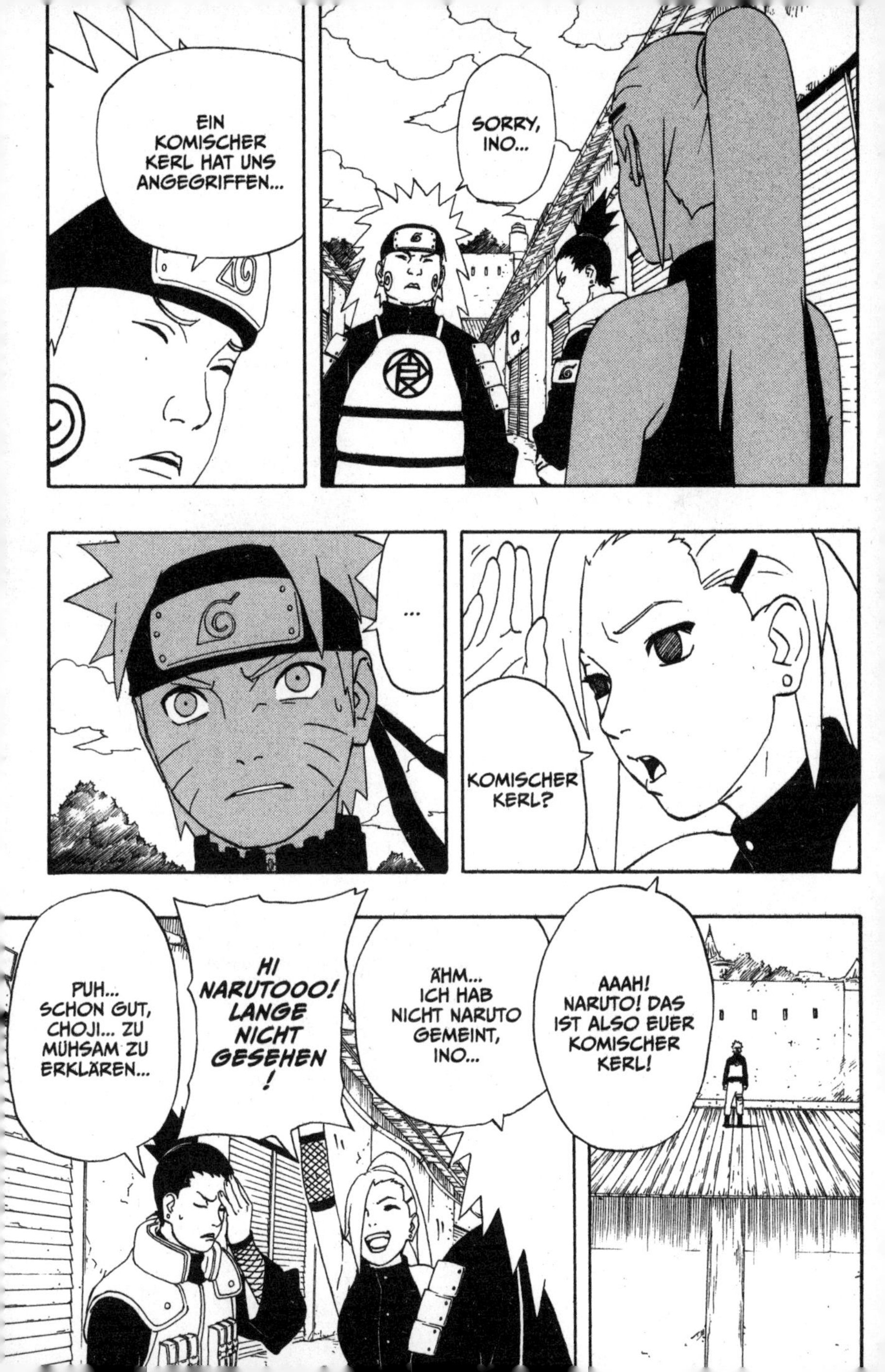
SORRY, INO...
EIN KOMISCHER KERL HAT UNS ANGEGRIFFEN...
KOMISCHER KERL?
...
AAAH! NARUTO! DAS IST ALSO EUER KOMISCHER KERL!
ÄHM... ICH HAB NICHT NARUTO GEMEINT, INO...
HI NARUTOOO! LANGE NICHT GESEHEN!
PUH... SCHON GUT, CHOJI... ZU MÜHSAM ZU ERKLÄREN...

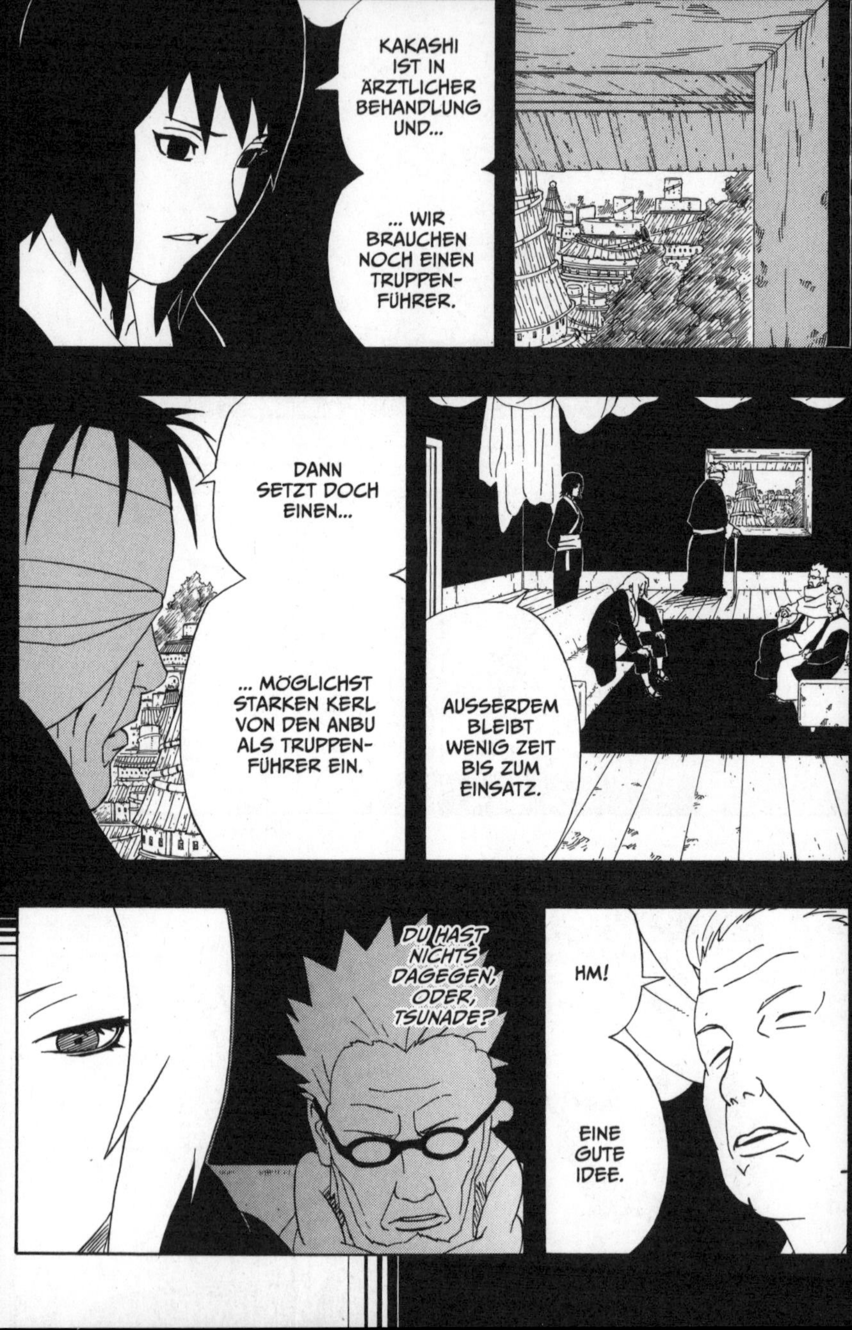
KAKASHI IST IN ÄRZTLICHER BEHANDLUNG UND...
... WIR BRAUCHEN NOCH EINEN TRUPPEN-FÜHRER.
AUSSERDEM BLEIBT WENIG ZEIT BIS ZUM EINSATZ.
DANN SETZT DOCH EINEN...
... MÖGLICHST STARKEN KERL VON DEN ANBU ALS TRUPPEN-FÜHRER EIN.
HM!
EINE GUTE IDEE.
DU HAST NICHTS DAGEGEN, ODER, TSUNADE?

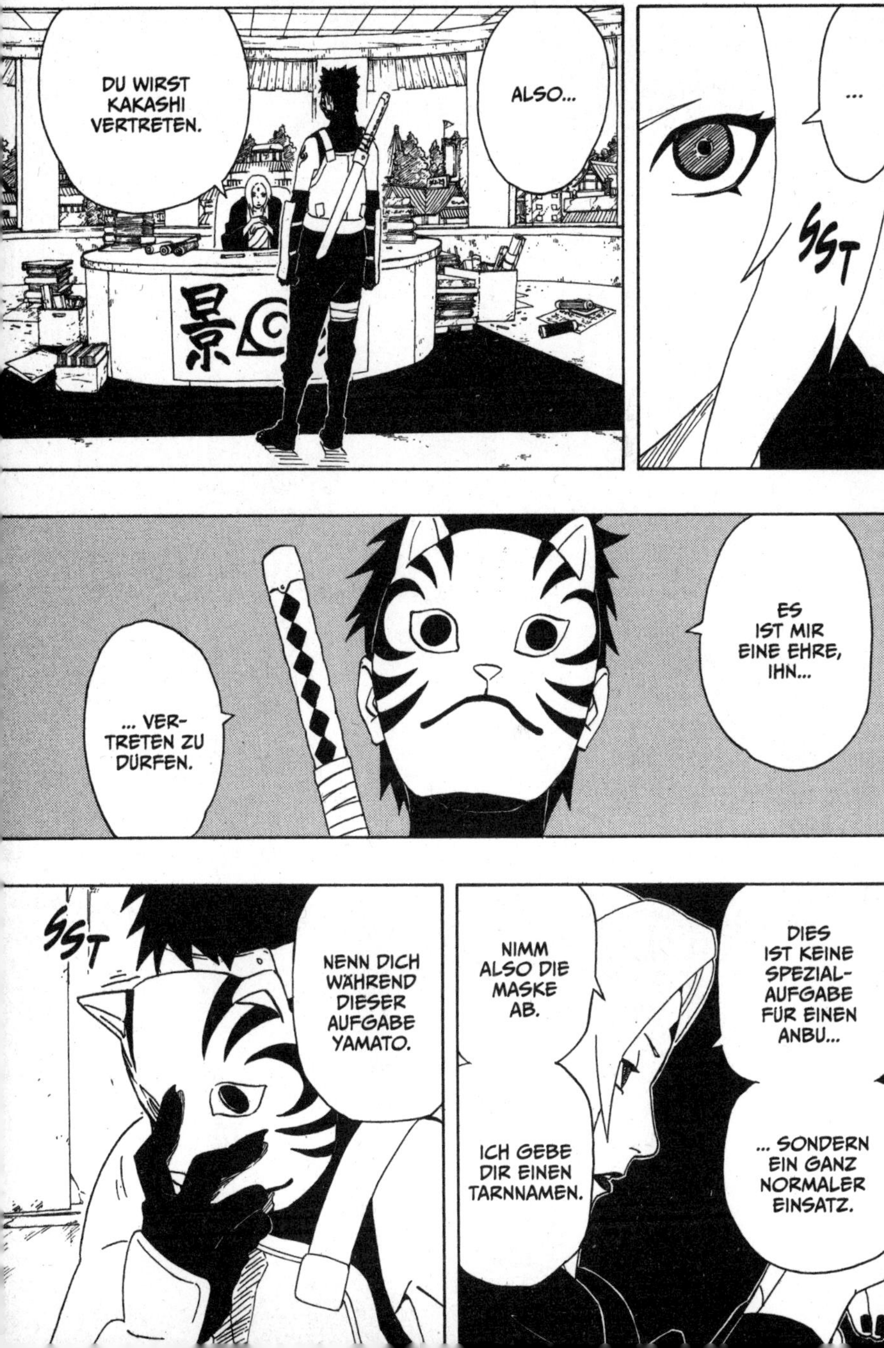
...
SST
ALSO...
DU WIRST KAKASHI VERTRETEN.
ES IST MIR EINE EHRE, IHN...
... VER-TRETEN ZU DÜRFEN.
DIES IST KEINE SPEZIAL-AUFGABE FÜR EINEN ANBU...
... SONDERN EIN GANZ NORMALER EINSATZ.
NIMM ALSO DIE MASKE AB.
ICH GEBE DIR EINEN TARNNAMEN.
NENN DICH WÄHREND DIESER AUFGABE YAMATO.
SST

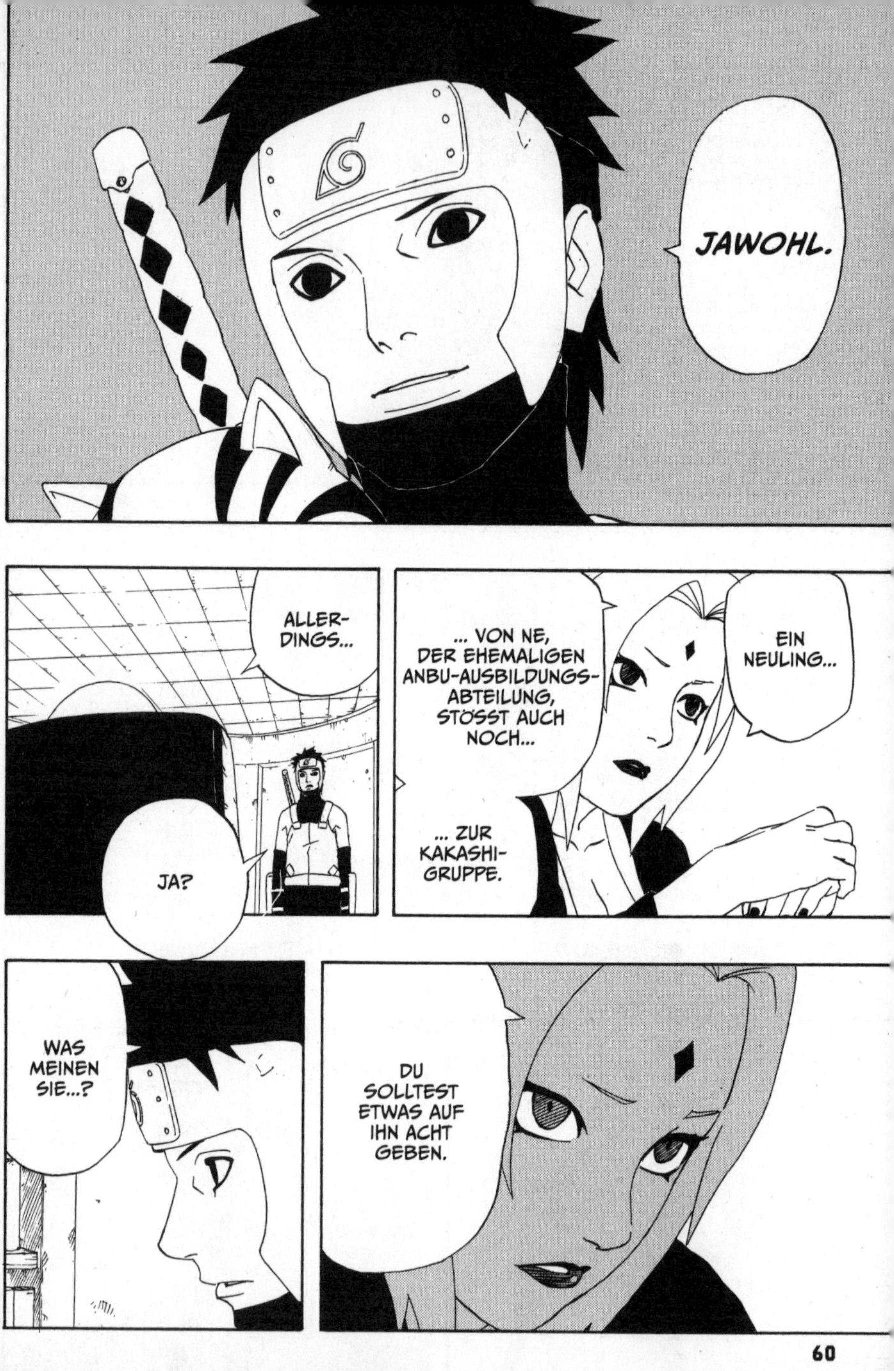
JAWOHL.
EIN NEULING...
... VON NE, DER EHEMALIGEN ANBU-AUSBILDUNGS-ABTEILUNG, STÖSST AUCH NOCH...
... ZUR KAKASHI-GRUPPE.
ALLER-DINGS...
JA?
DU SOLLTEST ETWAS AUF IHN ACHT GEBEN.
WAS MEINEN SIE...?

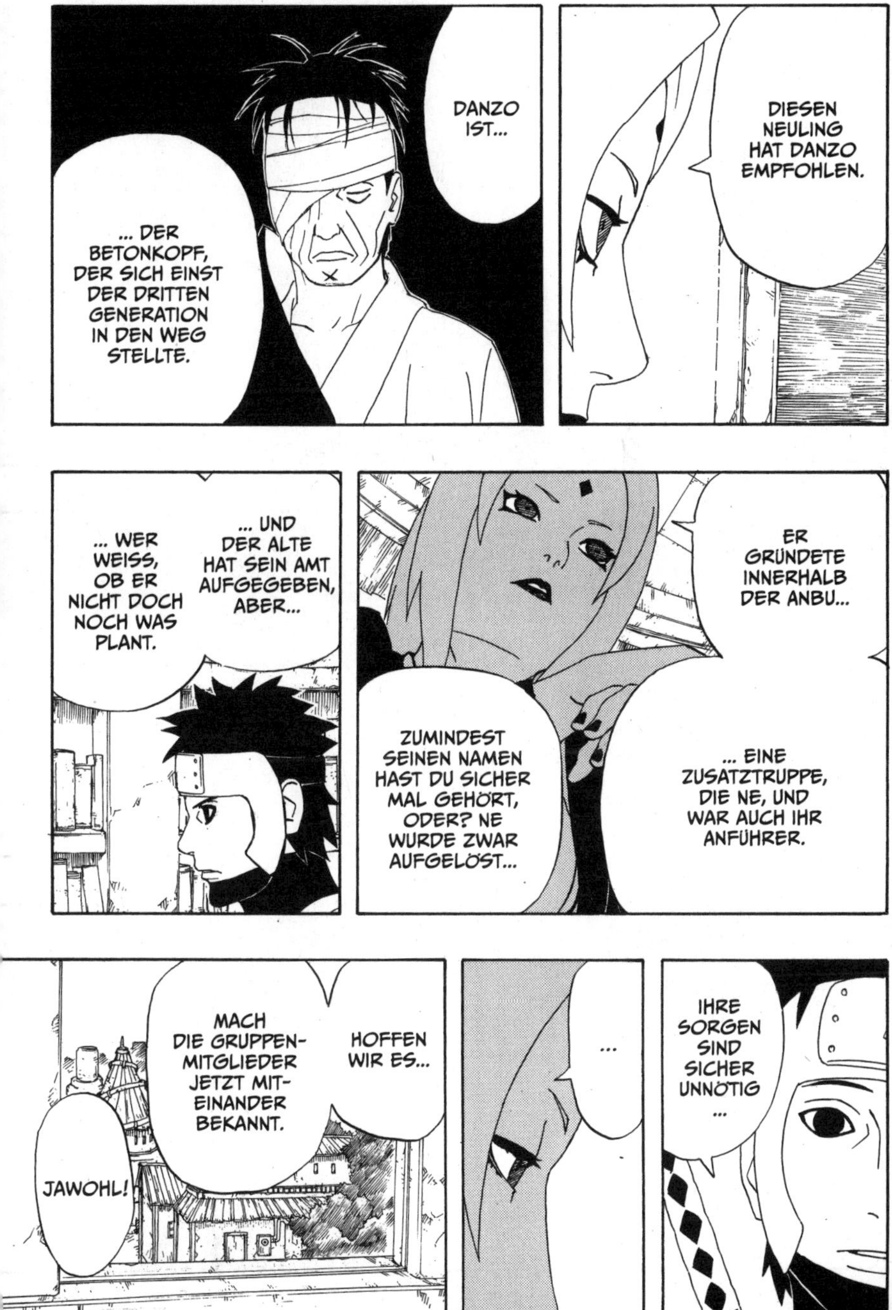
DIESEN NEULING HAT DANZO EMPFOHLEN.
DANZO IST...
... DER BETONKOPF, DER SICH EINST DER DRITTEN GENERATION IN DEN WEG STELLTE.
ER GRÜNDETE INNERHALB DER ANBU...
... EINE ZUSATZTRUPPE, DIE NE, UND WAR AUCH IHR ANFÜHRER.
ZUMINDEST SEINEN NAMEN HAST DU SICHER MAL GEHÖRT, ODER? NE WURDE ZWAR AUFGELÖST...
... UND DER ALTE HAT SEIN AMT AUFGEGEBEN, ABER...
... WER WEISS, OB ER NICHT DOCH NOCH WAS PLANT.
IHRE SORGEN SIND SICHER UNNÖTIG ...
...
HOFFEN WIR ES...
MACH DIE GRUPPEN-MITGLIEDER JETZT MIT-EINANDER BEKANNT.
JAWOHL!

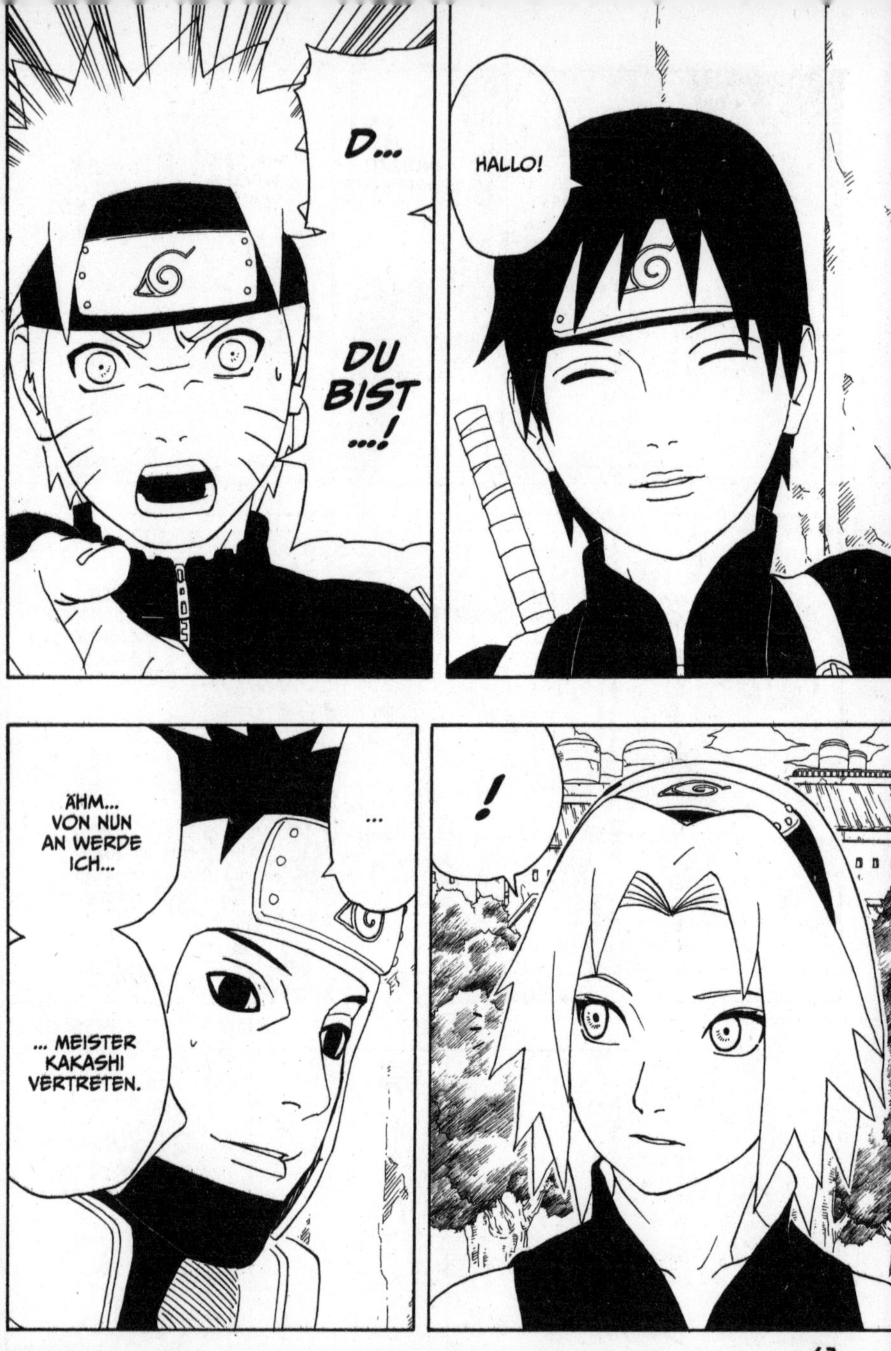
HALLO!
D...
DU BIST ...!
!
...
ÄHM... VON NUN AN WERDE ICH...
... MEISTER KAKASHI VERTRETEN.

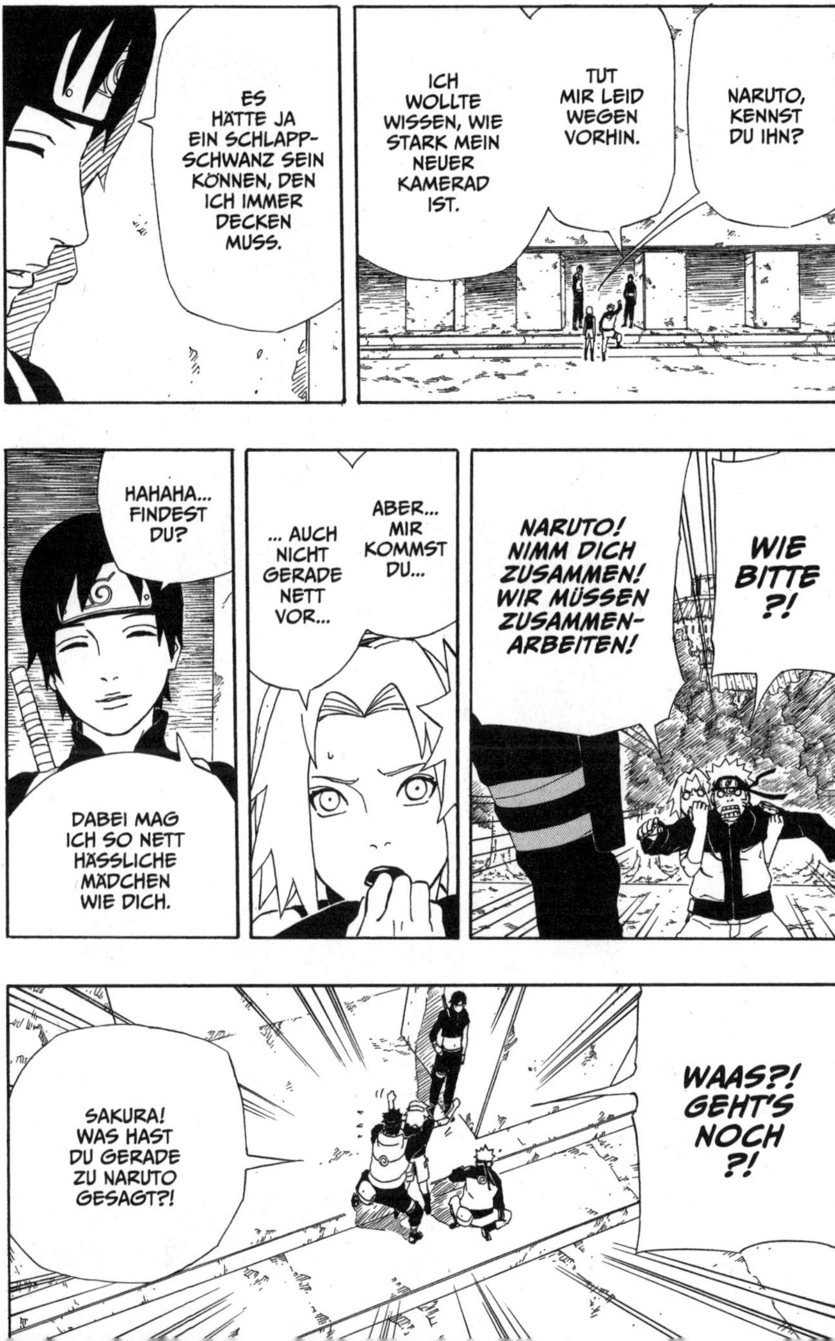
NARUTO, KENNST DU IHN?
TUT MIR LEID WEGEN VORHIN.
ICH WOLLTE WISSEN, WIE STARK MEIN NEUER KAMERAD IST.
ES HÄTTE JA EIN SCHLAPP-SCHWANZ SEIN KÖNNEN, DEN ICH IMMER DECKEN MUSS.
WIE BITTE?!
NARUTO! NIMM DICH ZUSAMMEN! WIR MÜSSEN ZUSAMMEN-ARBEITEN!
ABER... MIR KOMMST DU...
... AUCH NICHT GERADE NETT VOR...
HAHAHA... FINDEST DU?
DABEI MAG ICH SO NETT HÄSSLICHE MÄDCHEN WIE DICH.
WAAS?! GEHT'S NOCH?!
SAKURA! WAS HAST DU GERADE ZU NARUTO GESAGT?!

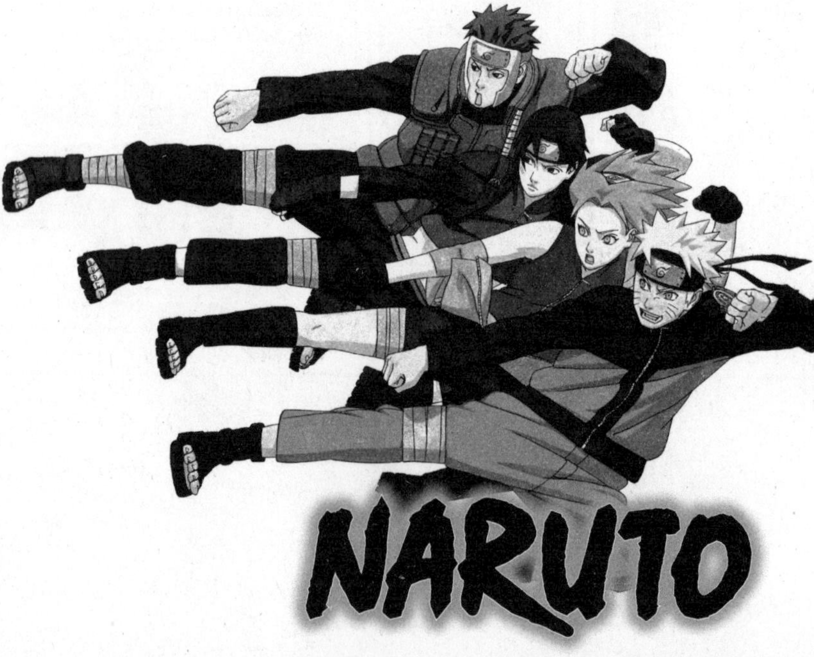

NARUTO

285. Kapitel: Die Ne

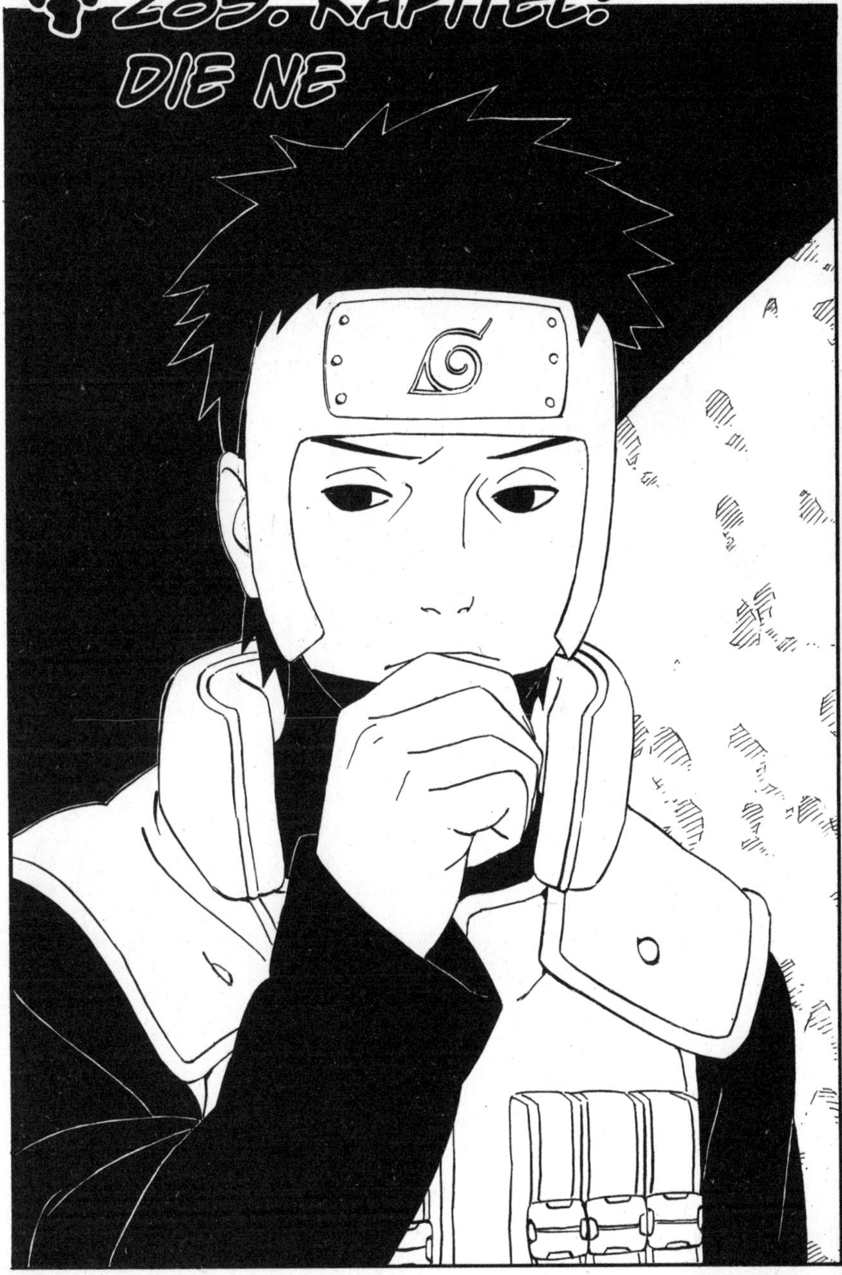

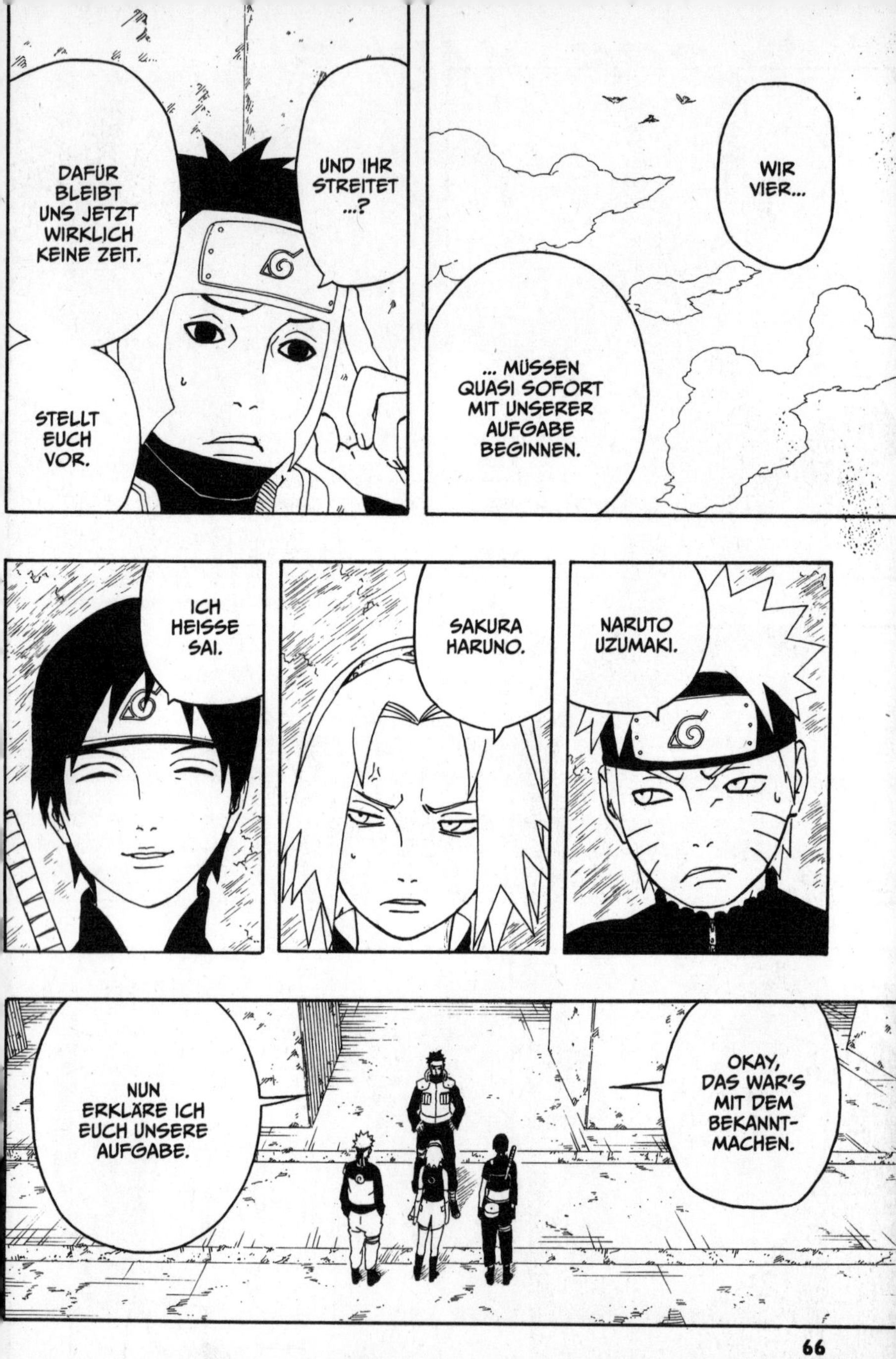
WIR VIER...
... MÜSSEN QUASI SOFORT MIT UNSERER AUFGABE BEGINNEN.
UND IHR STREITET ...?
DAFÜR BLEIBT UNS JETZT WIRKLICH KEINE ZEIT.
STELLT EUCH VOR.
NARUTO UZUMAKI.
SAKURA HARUNO.
ICH HEISSE SAI.
OKAY, DAS WAR'S MIT DEM BEKANNT-MACHEN.
NUN ERKLÄRE ICH EUCH UNSERE AUFGABE.

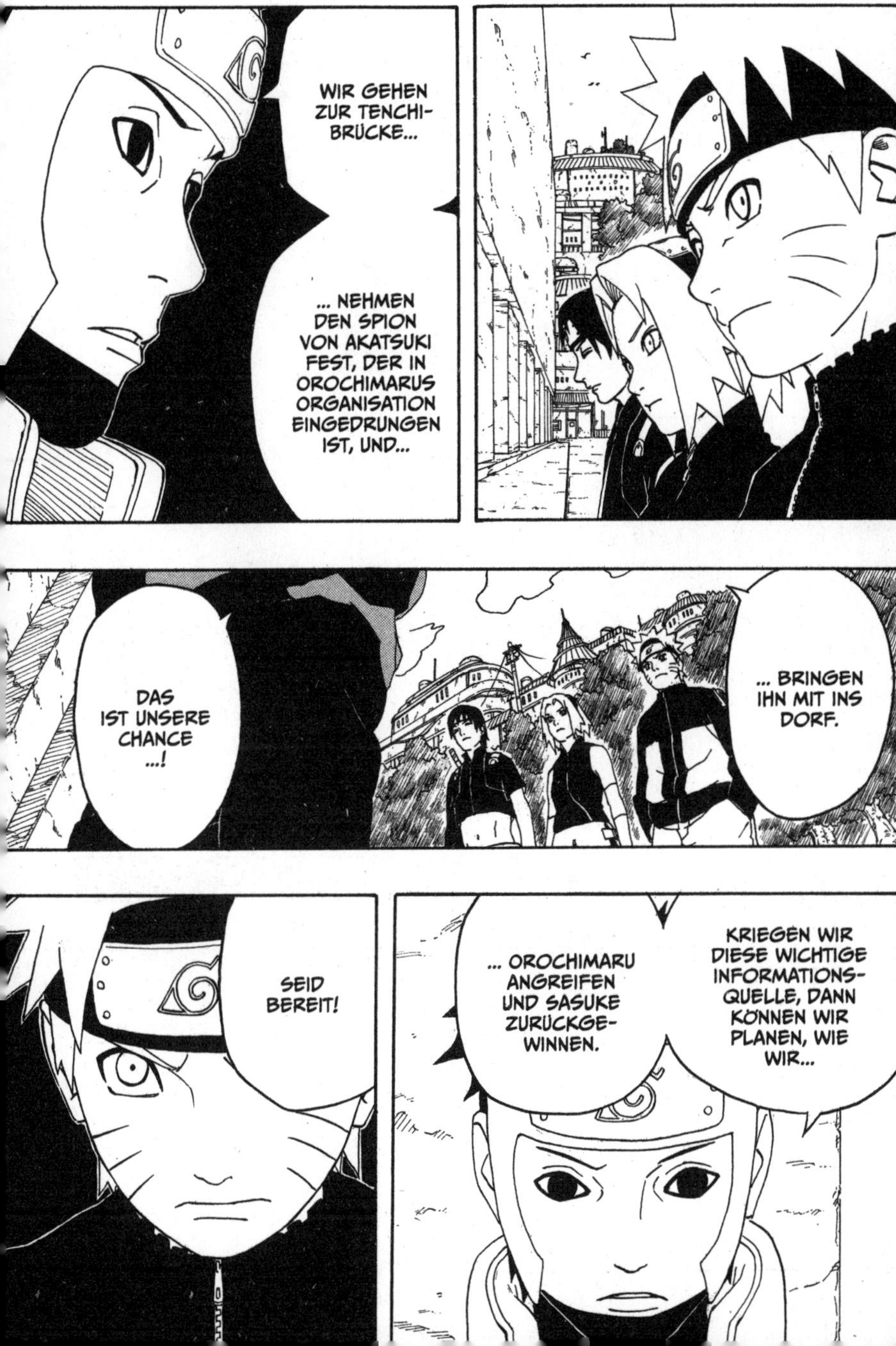
WIR GEHEN ZUR TENCHI-BRÜCKE...
... NEHMEN DEN SPION VON AKATSUKI FEST, DER IN OROCHIMARUS ORGANISATION EINGEDRUNGEN IST, UND...
... BRINGEN IHN MIT INS DORF.
DAS IST UNSERE CHANCE ...!
KRIEGEN WIR DIESE WICHTIGE INFORMATIONS-QUELLE, DANN KÖNNEN WIR PLANEN, WIE WIR...
... OROCHIMARU ANGREIFEN UND SASUKE ZURÜCKGE-WINNEN.
SEID BEREIT!

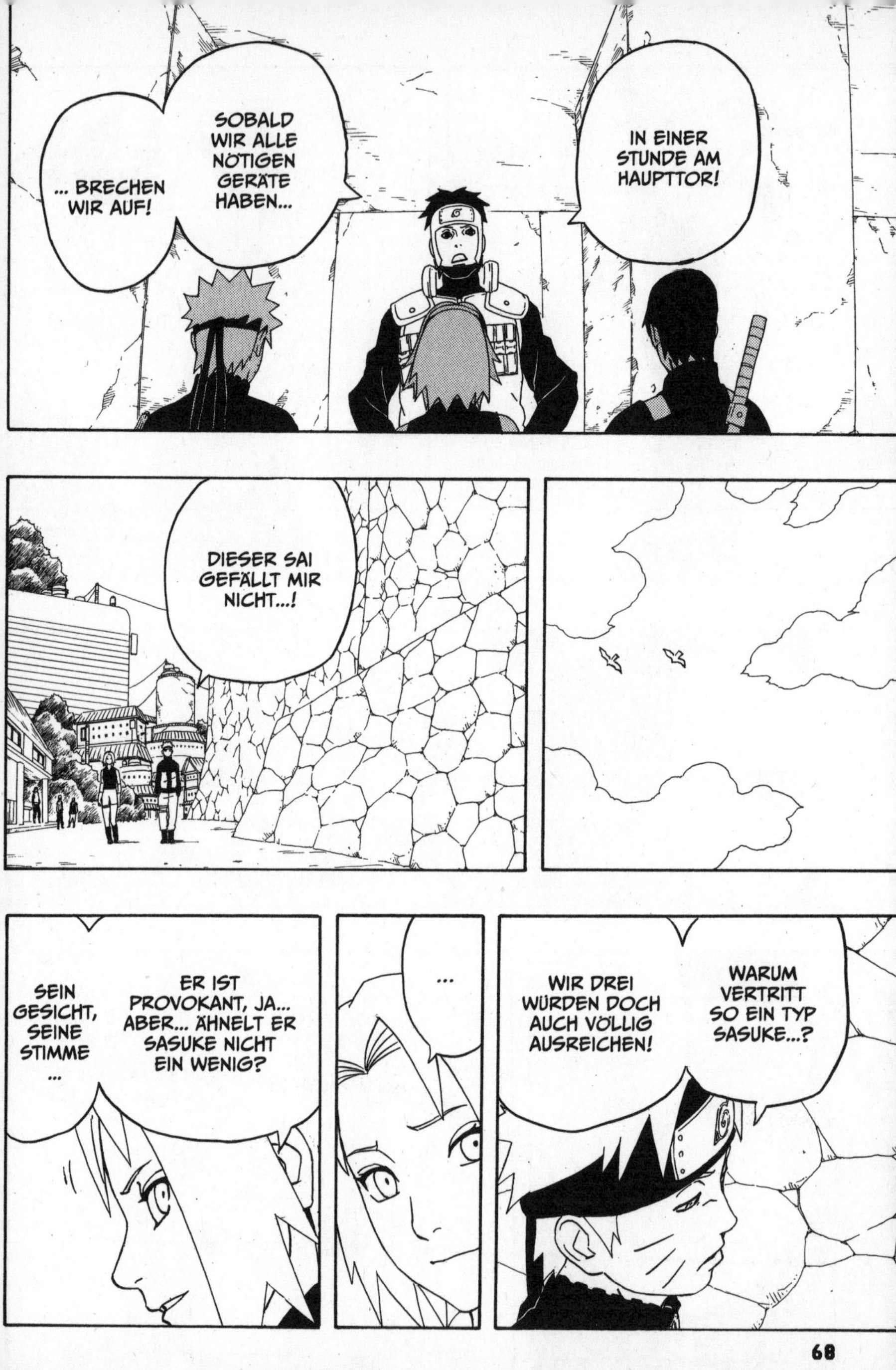
IN EINER STUNDE AM HAUPTTOR!
SOBALD WIR ALLE NÖTIGEN GERÄTE HABEN...
... BRECHEN WIR AUF!
DIESER SAI GEFÄLLT MIR NICHT...!
WARUM VERTRITT SO EIN TYP SASUKE...?
WIR DREI WÜRDEN DOCH AUCH VÖLLIG AUSREICHEN!
...
ER IST PROVOKANT, JA... ABER... ÄHNELT ER SASUKE NICHT EIN WENIG?
SEIN GESICHT, SEINE STIMME ...

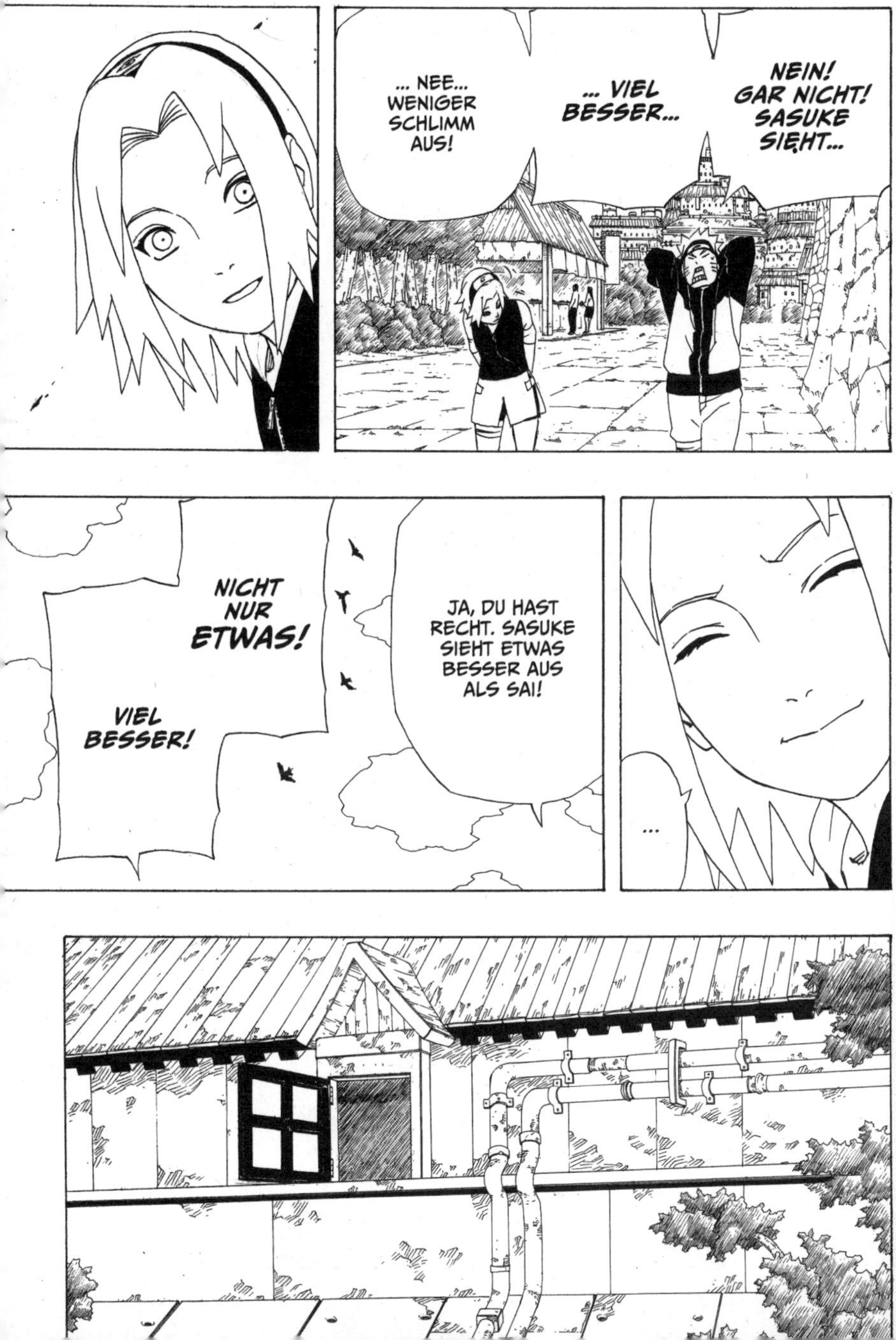
NEIN! GAR NICHT! SASUKE SIEHT...
... VIEL BESSER...
... NEE... WENIGER SCHLIMM AUS!
...
JA, DU HAST RECHT. SASUKE SIEHT ETWAS BESSER AUS ALS SAI!
NICHT NUR ETWAS!
VIEL BESSER!

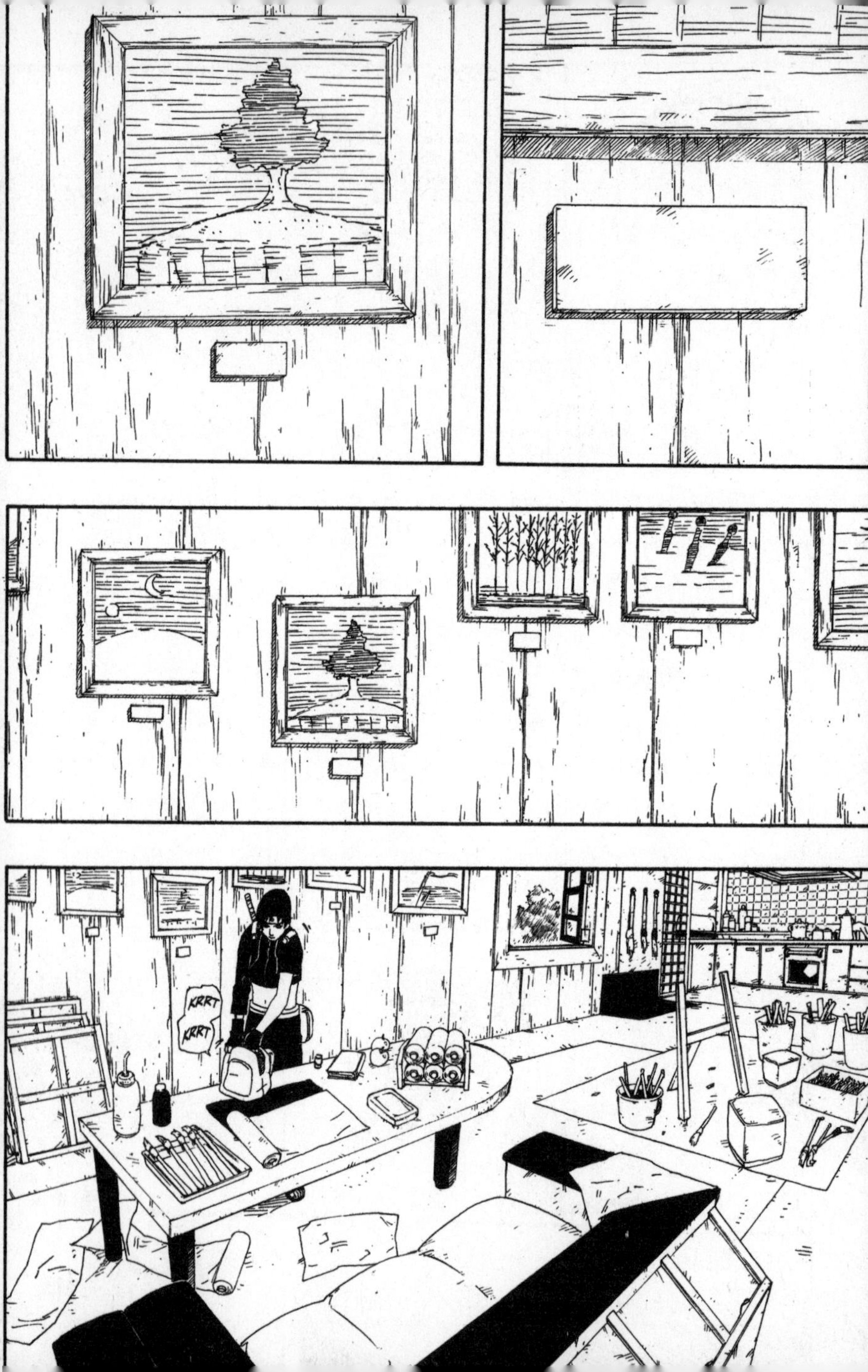
KRRT
KRRT

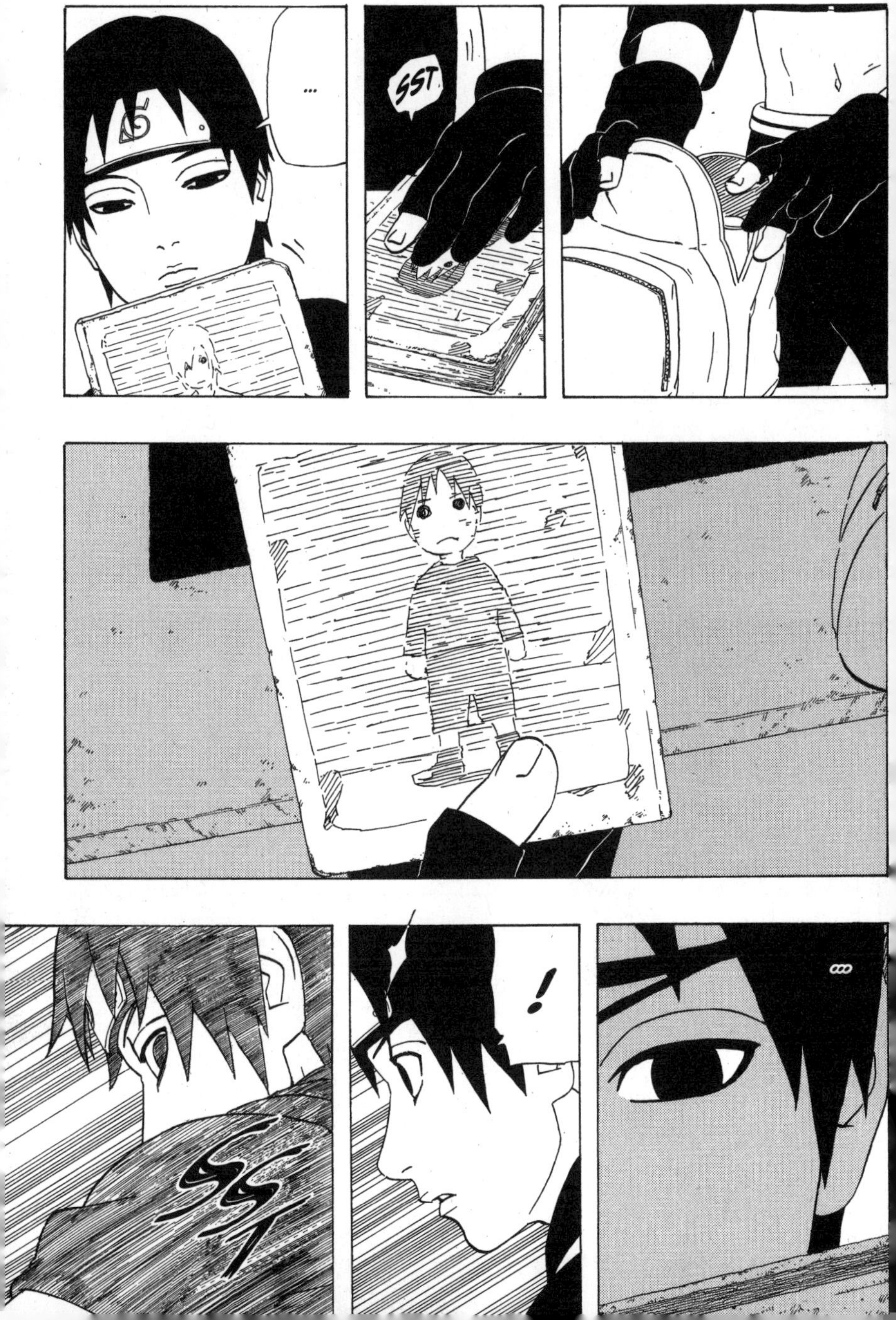
...
SST
!
SST
...

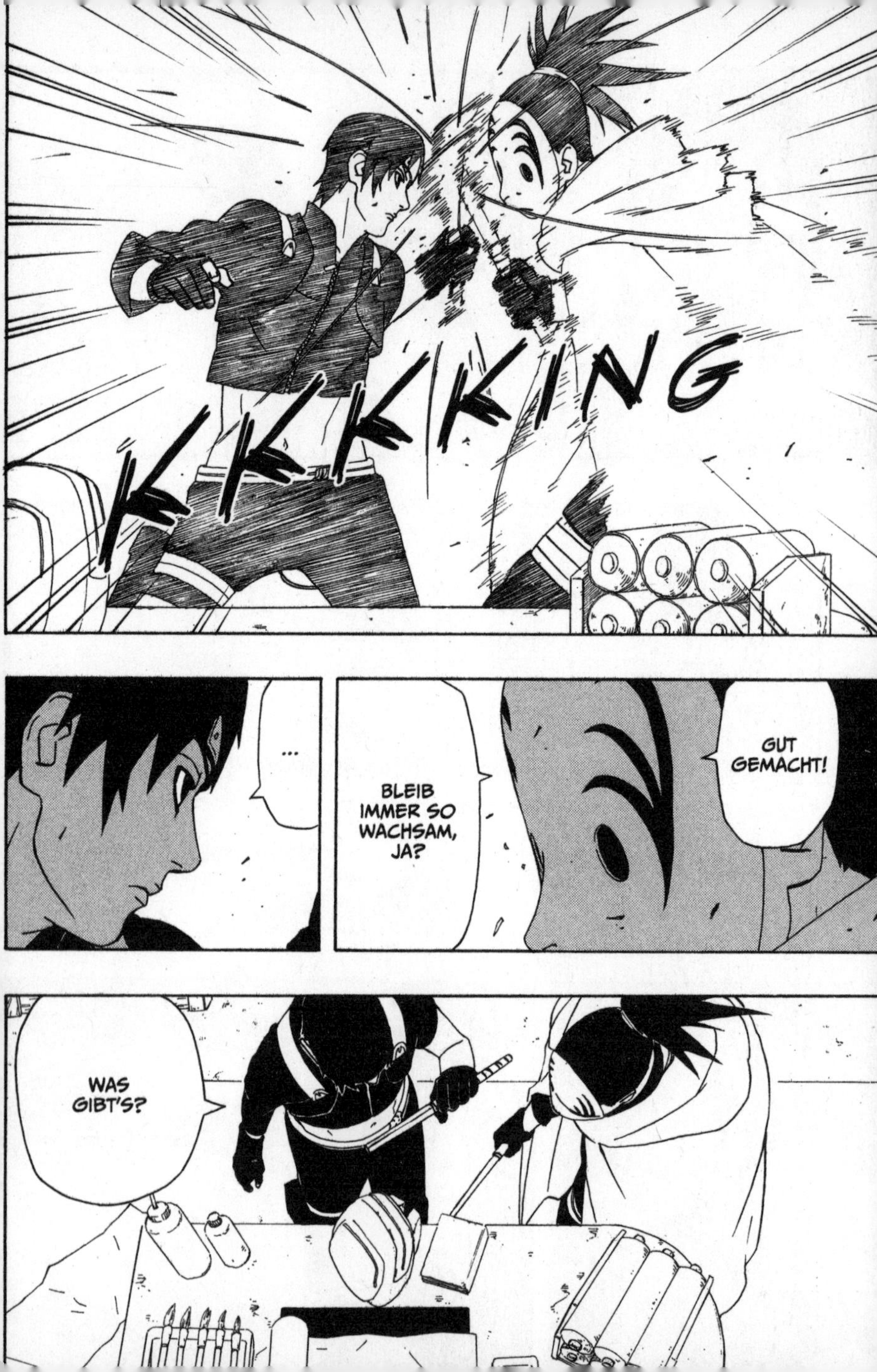
KKKKING
GUT GEMACHT!
BLEIB IMMER SO WACHSAM, JA?
...
WAS GIBT'S?

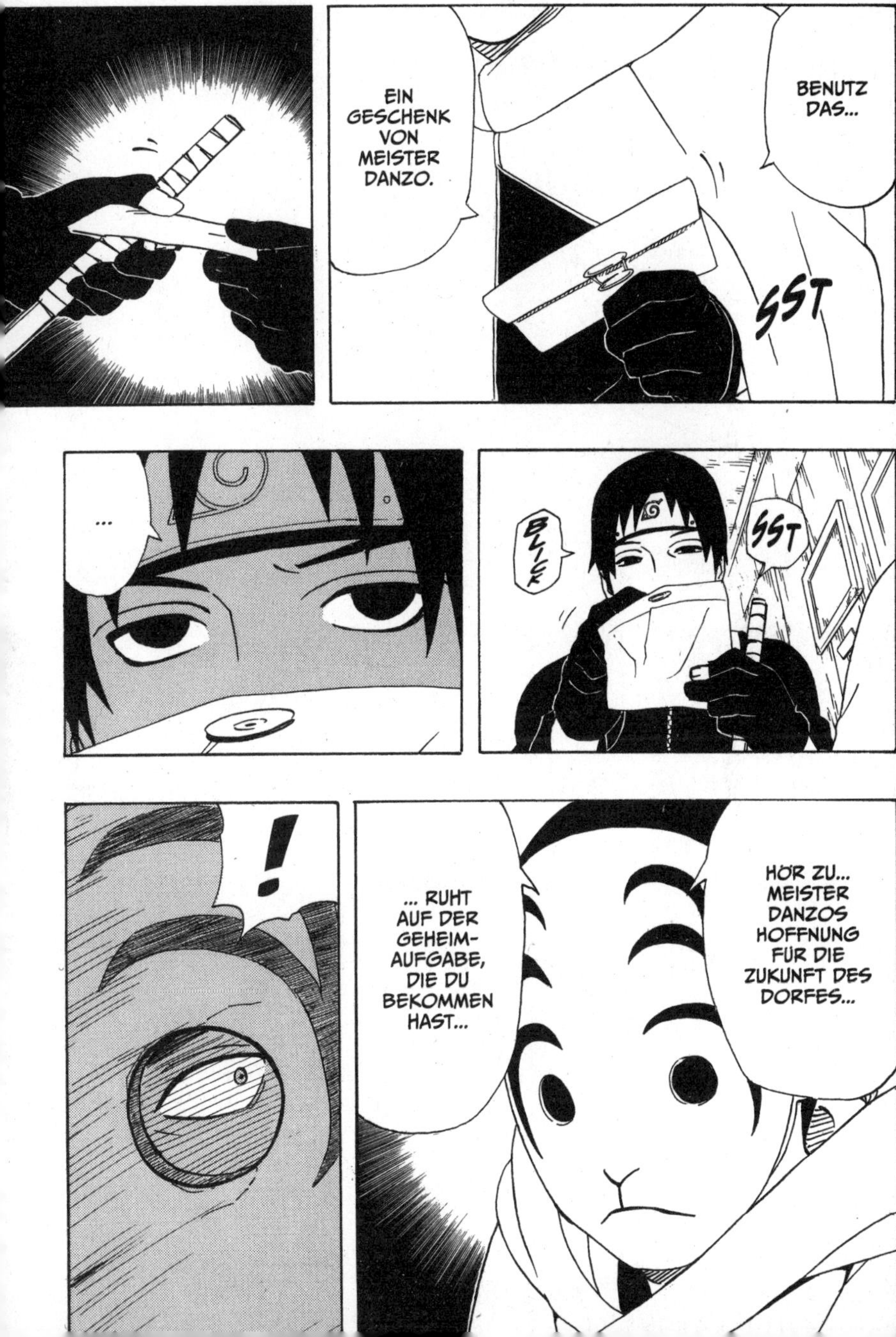
BENUTZ DAS...
EIN GESCHENK VON MEISTER DANZO.
SST
BLICK
SST
...
HÖR ZU... MEISTER DANZOS HOFFNUNG FÜR DIE ZUKUNFT DES DORFES...
... RUHT AUF DER GEHEIM-AUFGABE, DIE DU BEKOMMEN HAST...
!

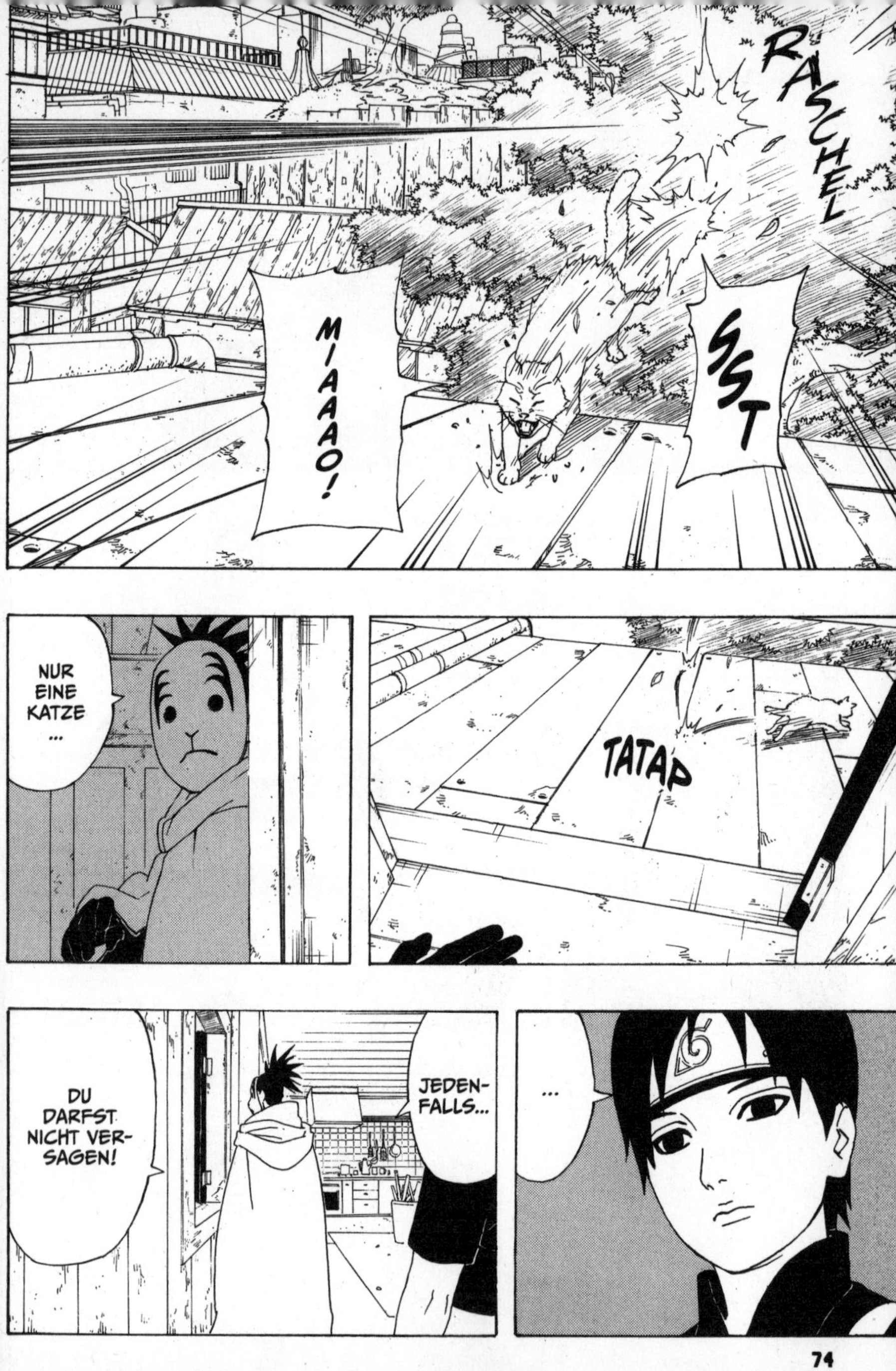
RASCHEL
SST
MIAAAO!
TATAP
NUR EINE KATZE ...
...
JEDEN-FALLS...
DU DARFST NICHT VER-SAGEN!

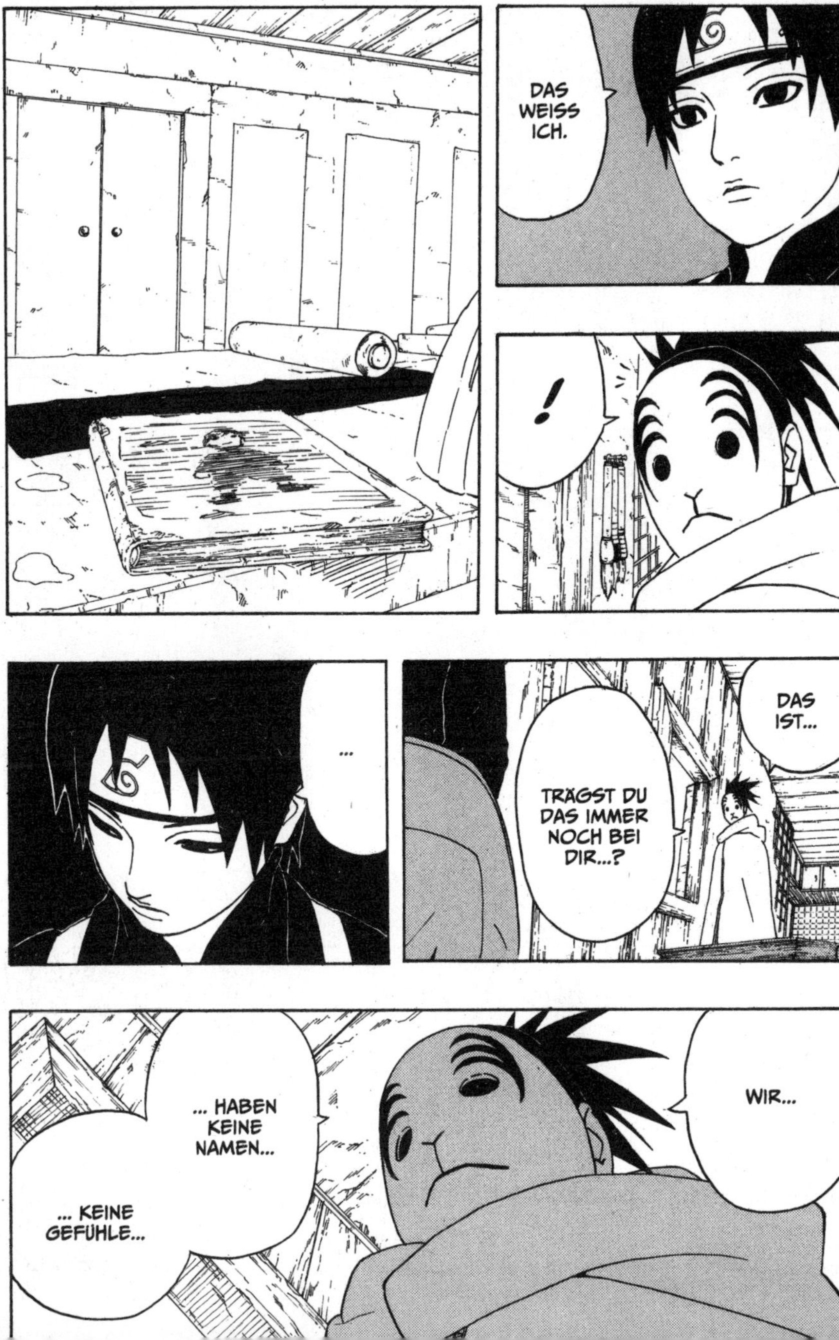
DAS WEISS ICH.
!
DAS IST...
TRÄGST DU DAS IMMER NOCH BEI DIR...?
...
WIR...
... HABEN KEINE NAMEN...
... KEINE GEFÜHLE...

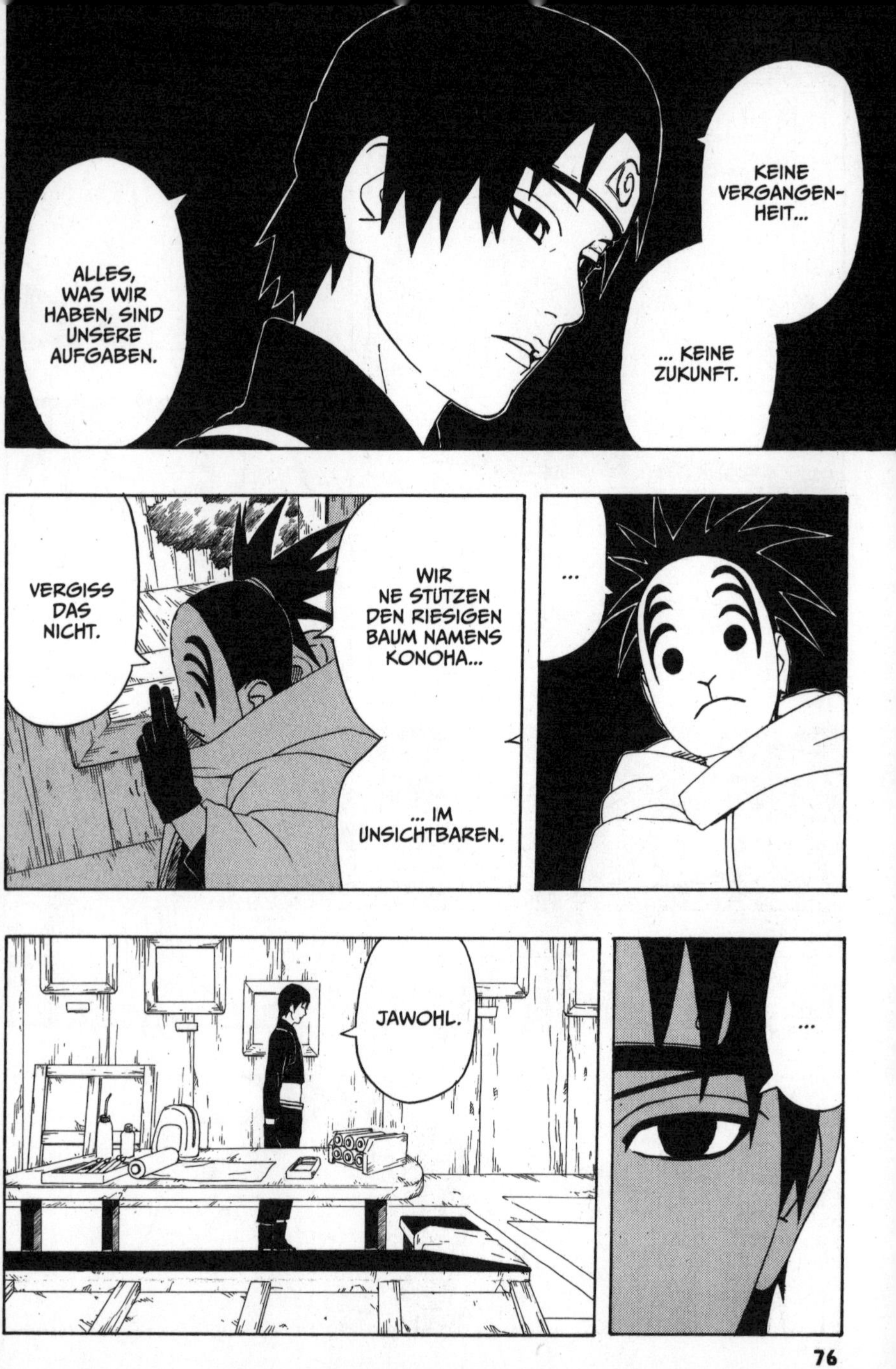
KEINE VERGANGENHEIT...
... KEINE ZUKUNFT.
ALLES, WAS WIR HABEN, SIND UNSERE AUFGABEN.
...
WIR NE STÜTZEN DEN RIESIGEN BAUM NAMENS KONOHA...
... IM UNSICHTBAREN.
VERGISS DAS NICHT.
...
JAWOHL.

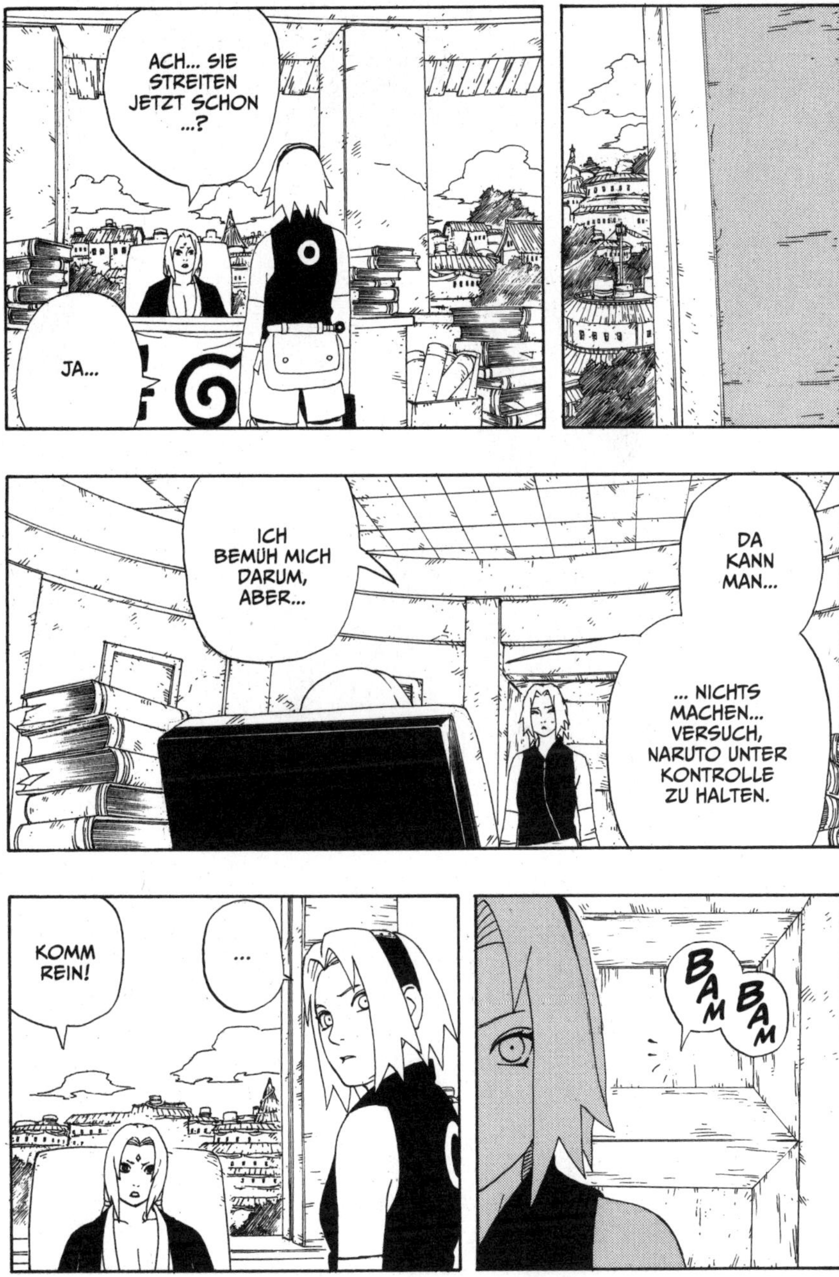
ACH... SIE STREITEN JETZT SCHON ...?
JA...
ICH BEMÜH MICH DARUM, ABER...
DA KANN MAN...
... NICHTS MACHEN... VERSUCH, NARUTO UNTER KONTROLLE ZU HALTEN.
BAM BAM
...
KOMM REIN!

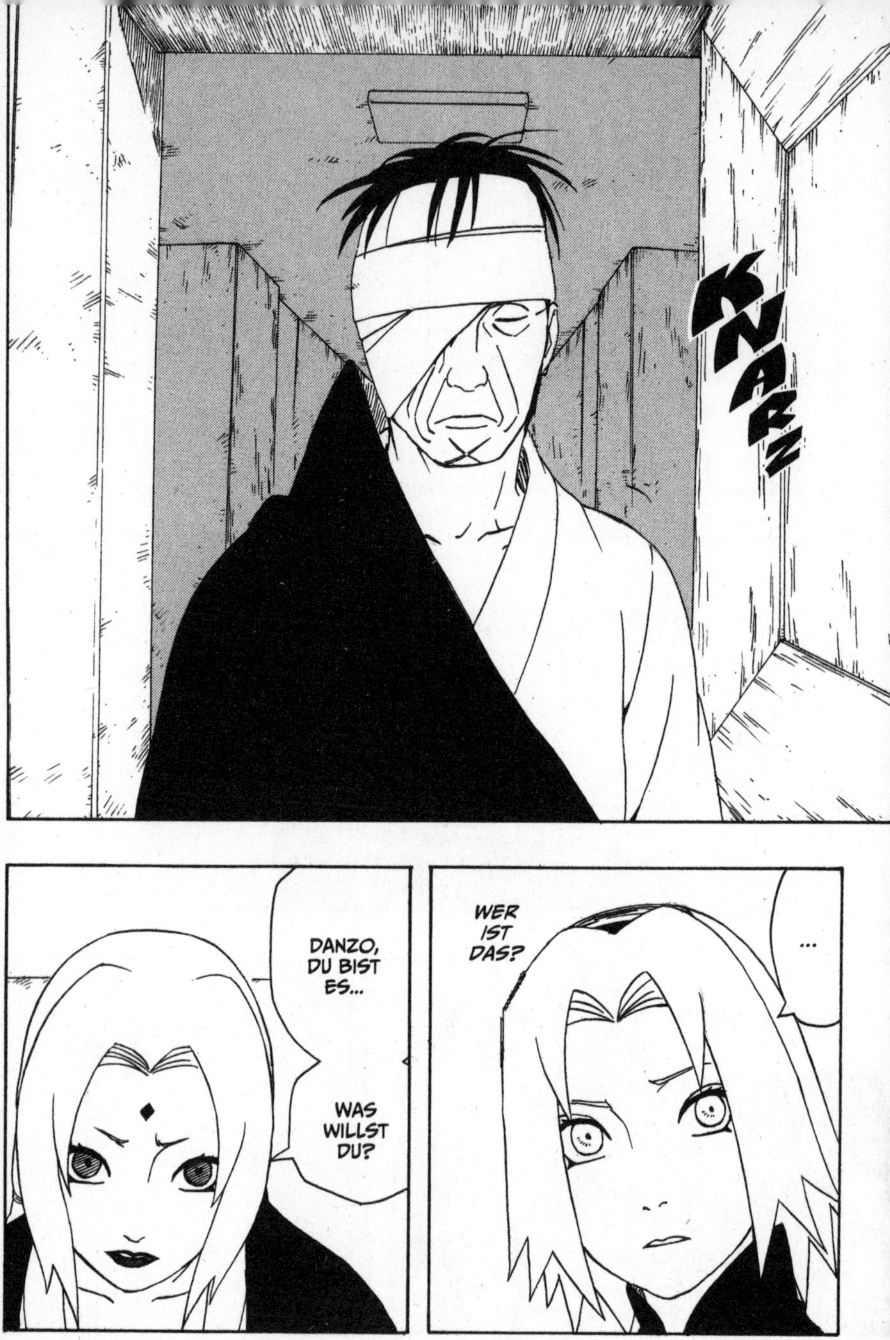
KNARZ
...
WER IST DAS?
DANZO, DU BIST ES...
WAS WILLST DU?

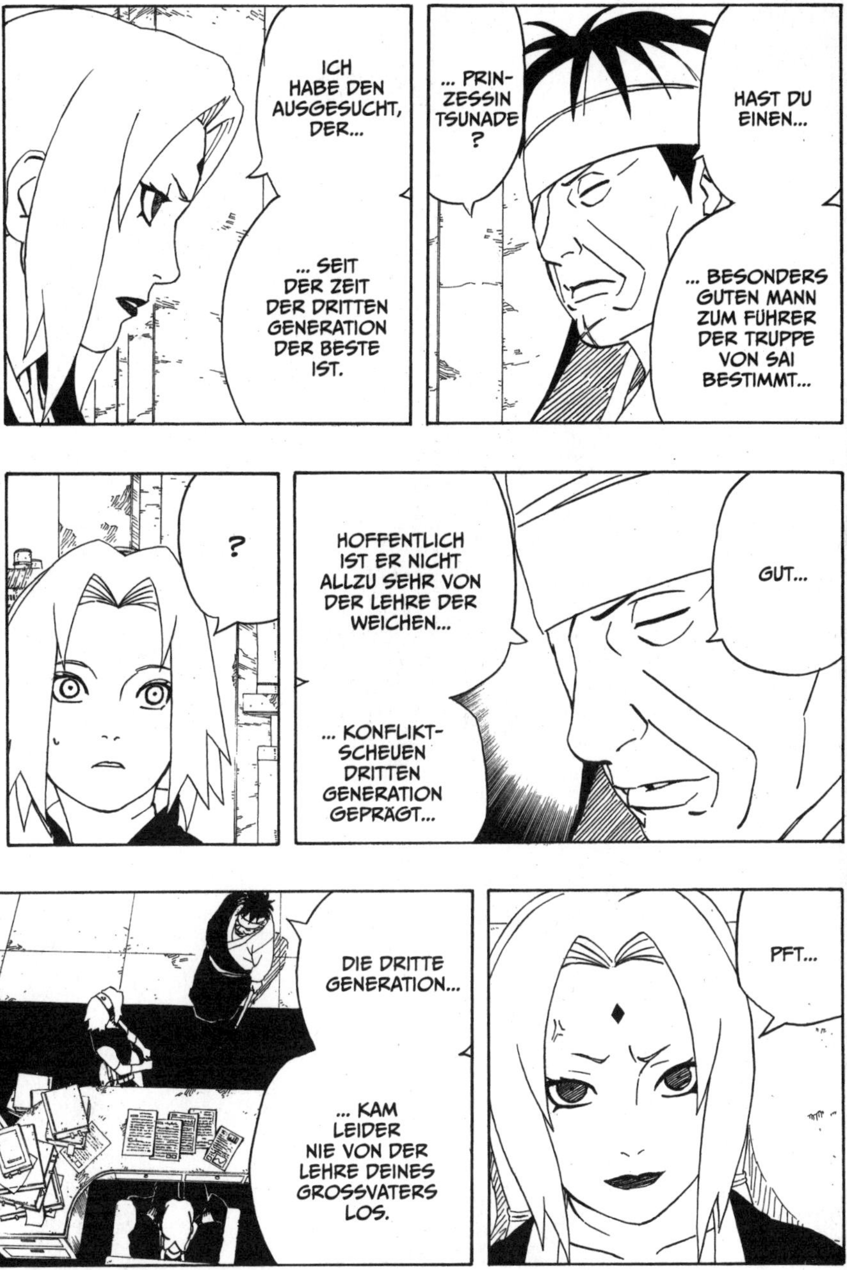
HAST DU EINEN...
... BESONDERS GUTEN MANN ZUM FÜHRER DER TRUPPE VON SAI BESTIMMT...
... PRINZESSIN TSUNADE ?
ICH HABE DEN AUSGESUCHT, DER...
... SEIT DER ZEIT DER DRITTEN GENERATION DER BESTE IST.
GUT...
HOFFENTLICH IST ER NICHT ALLZU SEHR VON DER LEHRE DER WEICHEN...
... KONFLIKT-SCHEUEN DRITTEN GENERATION GEPRÄGT...
?
PFT...
DIE DRITTE GENERATION...
... KAM LEIDER NIE VON DER LEHRE DEINES GROSSVATERS LOS.

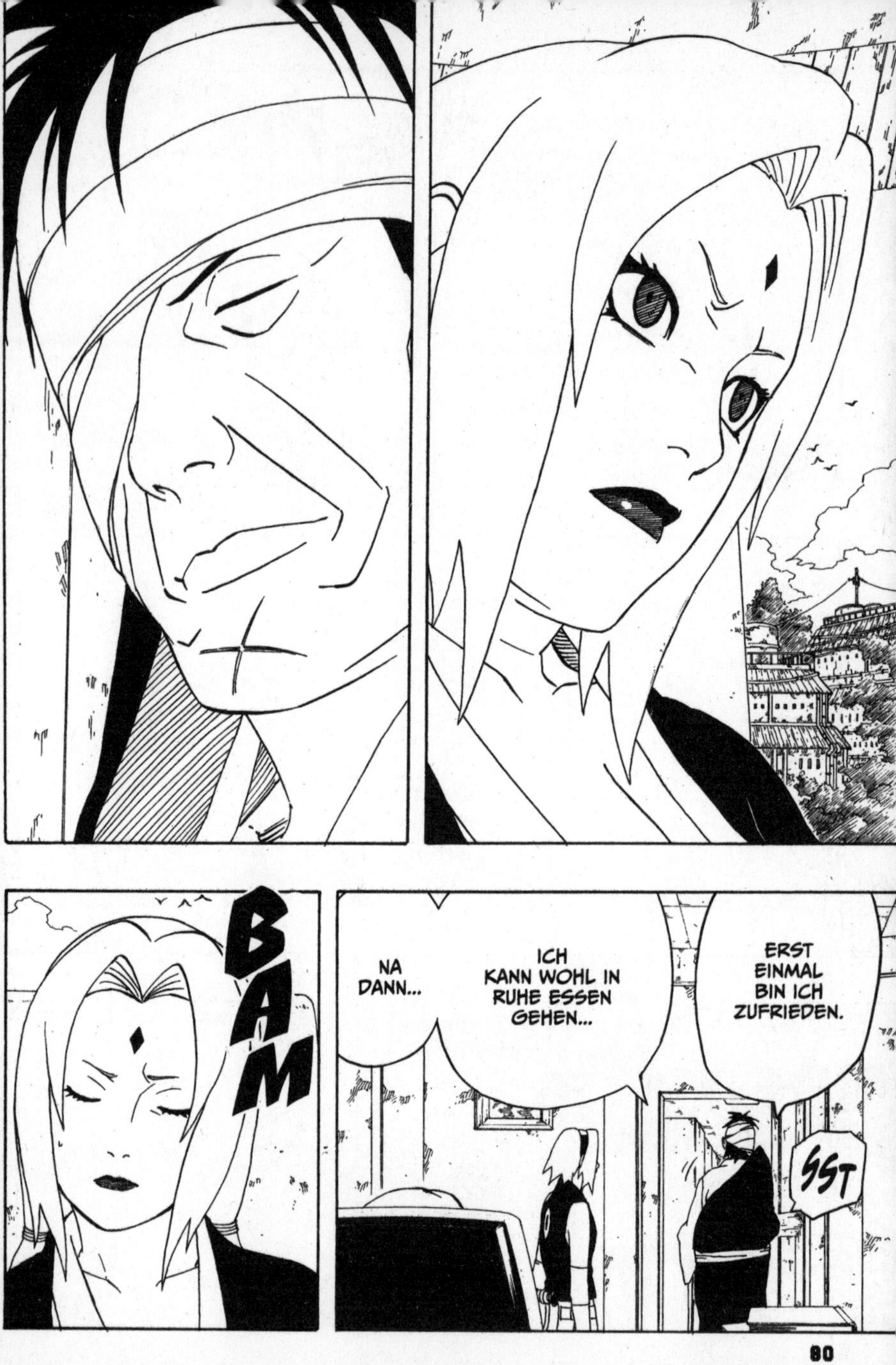
ERST EINMAL BIN ICH ZUFRIEDEN.
ICH KANN WOHL IN RUHE ESSEN GEHEN...
NA DANN...
SST
BAM

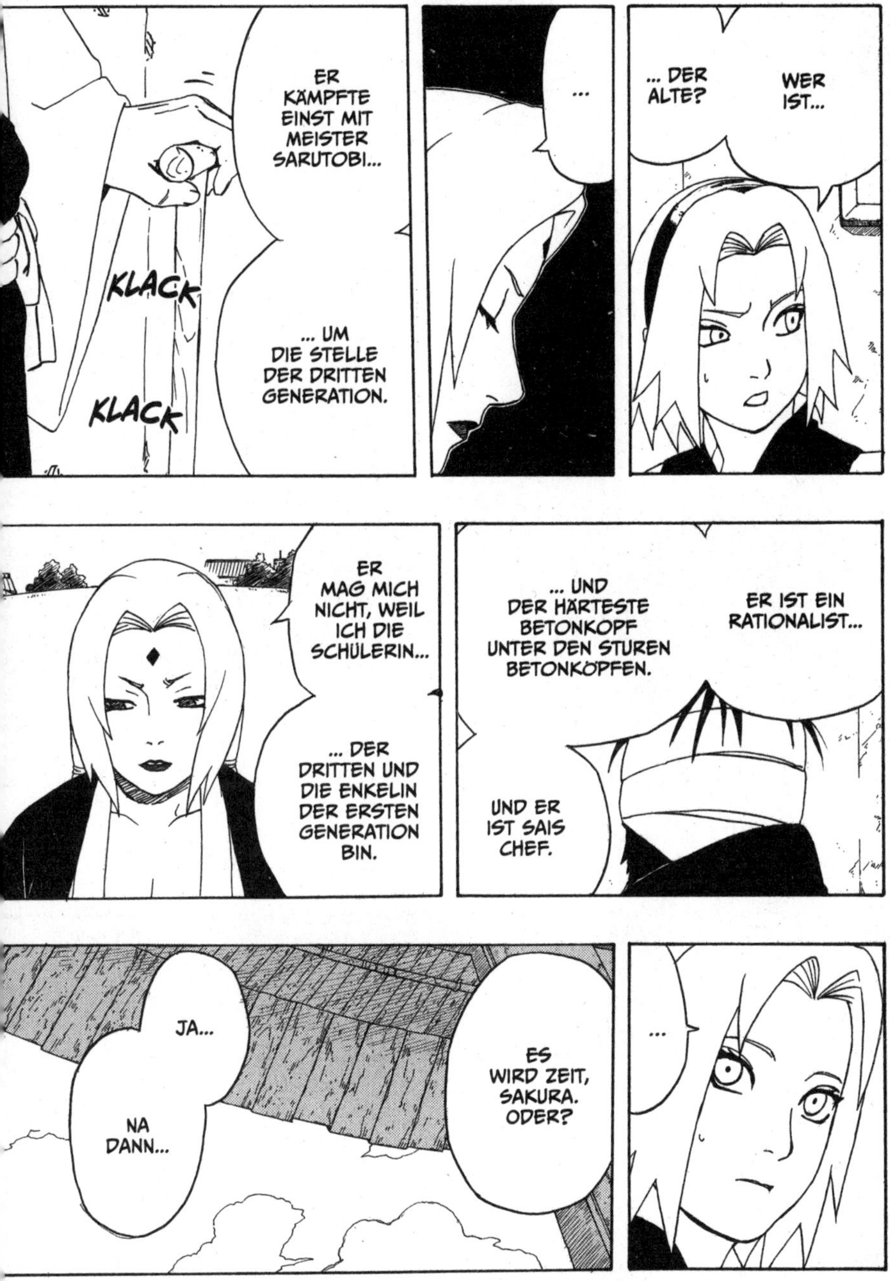
WER IST...
... DER ALTE?
...
ER KÄMPFTE EINST MIT MEISTER SARUTOBI...
... UM DIE STELLE DER DRITTEN GENERATION.
KLACK
KLACK
ER IST EIN RATIONALIST...
... UND DER HÄRTESTE BETONKOPF UNTER DEN STUREN BETONKÖPFEN.
UND ER IST SAIS CHEF.
ER MAG MICH NICHT, WEIL ICH DIE SCHÜLERIN...
... DER DRITTEN UND DIE ENKELIN DER ERSTEN GENERATION BIN.
...
ES WIRD ZEIT, SAKURA. ODER?
JA...
NA DANN...

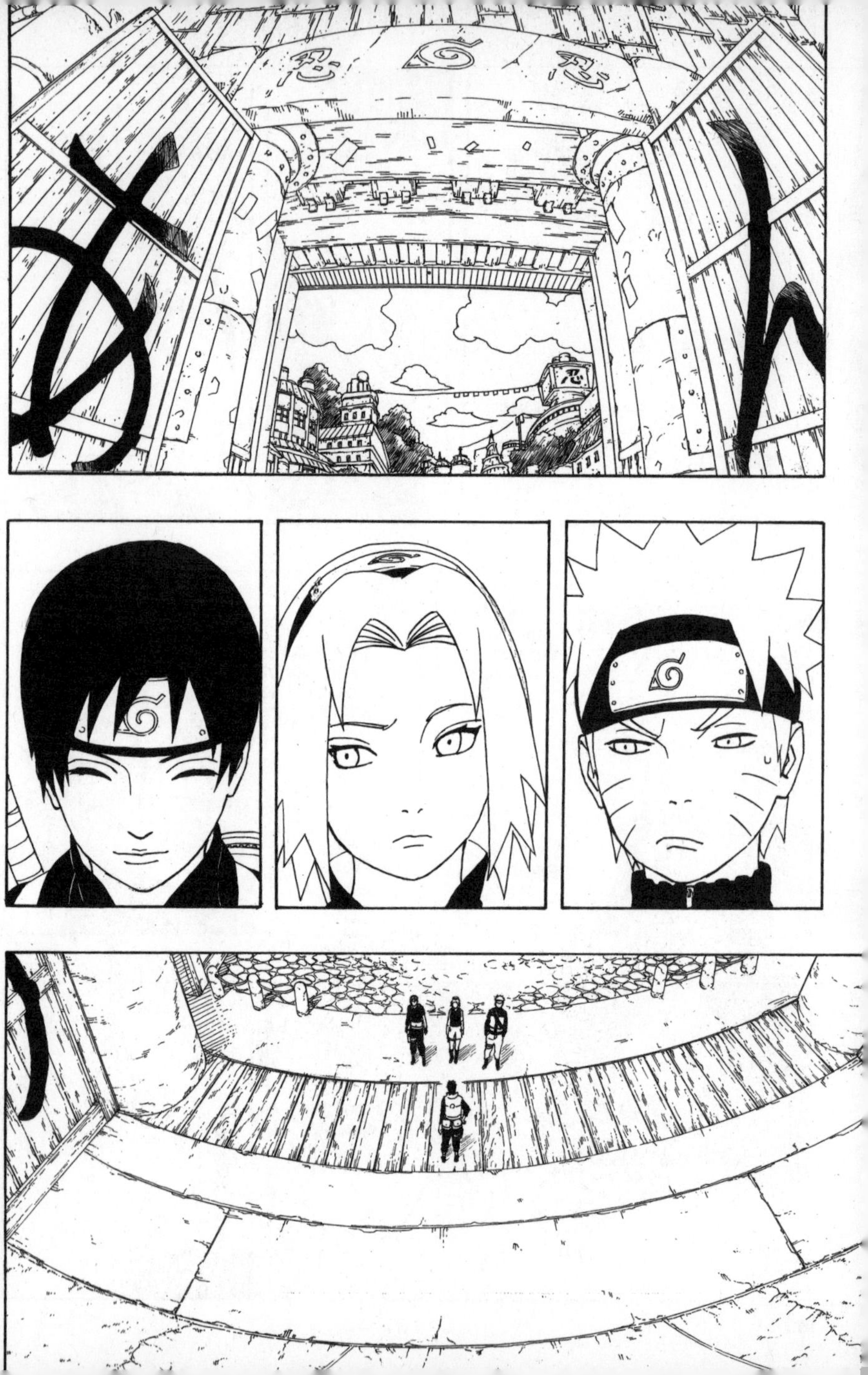

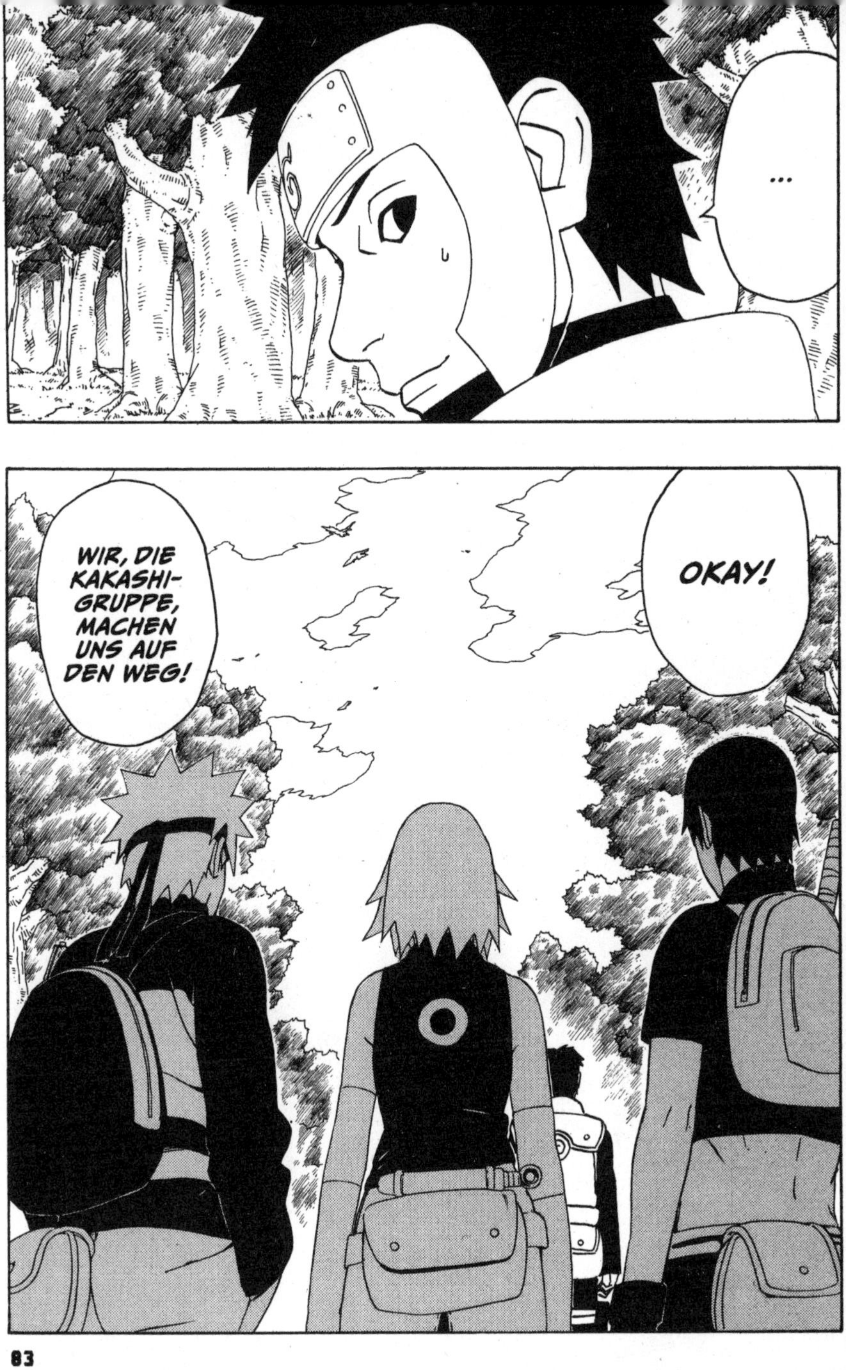
...
OKAY!
WIR, DIE KAKASHI-GRUPPE, MACHEN UNS AUF DEN WEG!

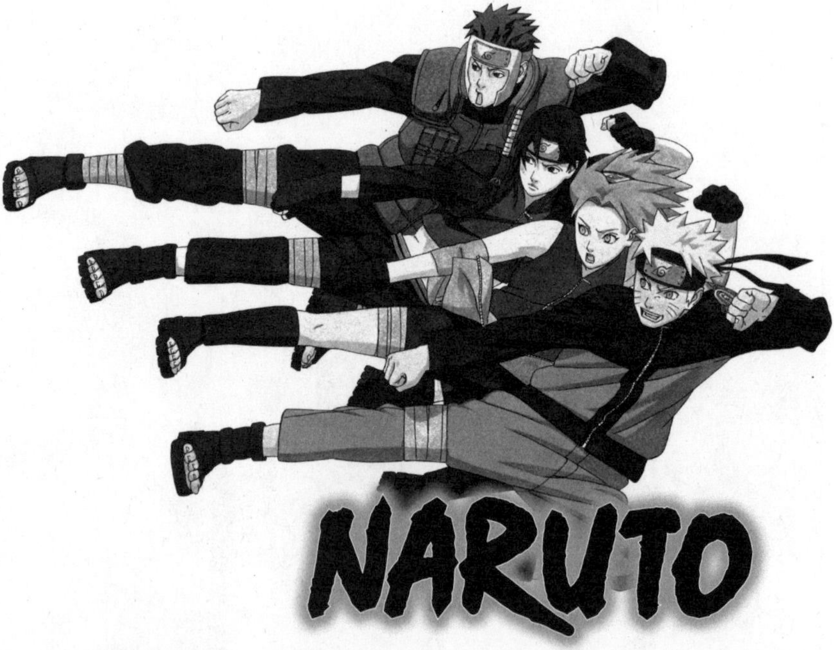
NARUTO

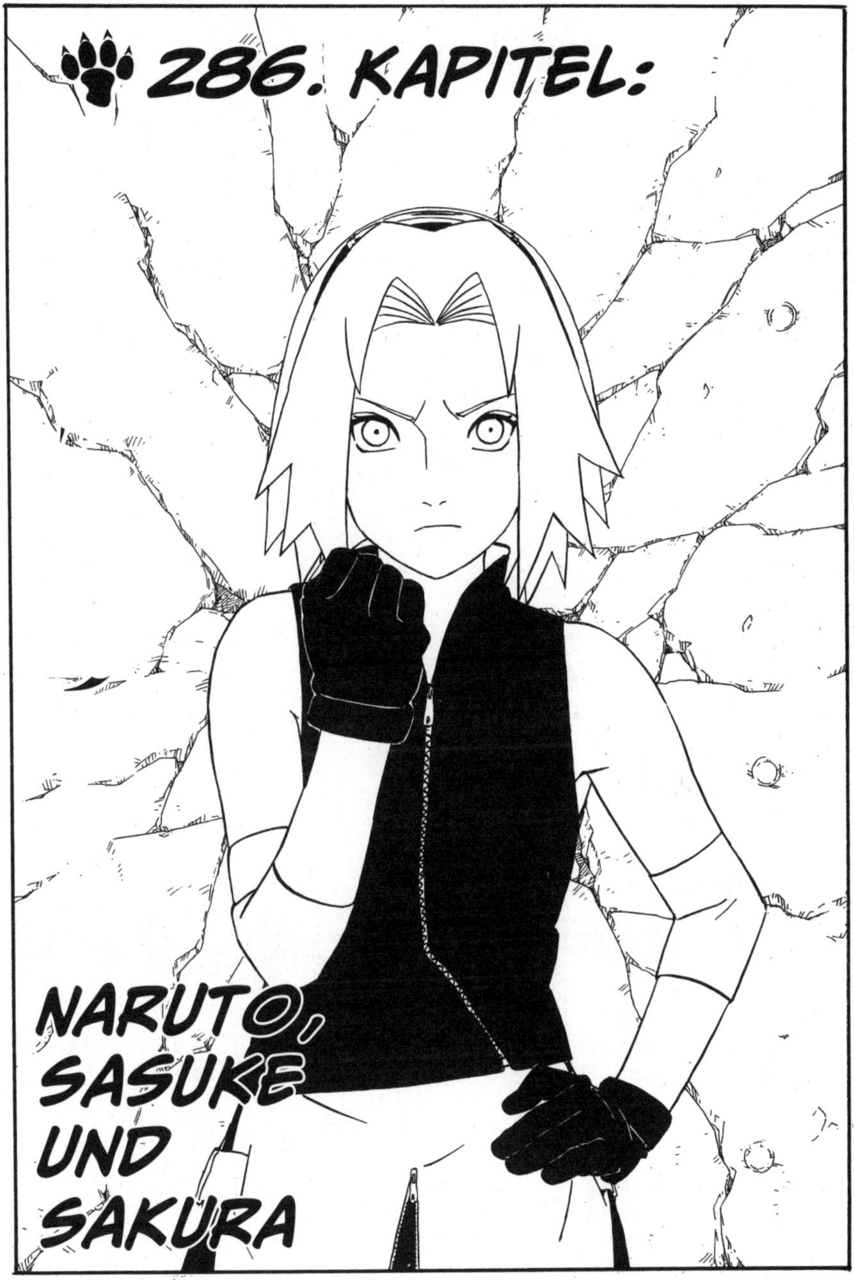
286. KAPITEL:
NARUTO, SASUKE UND SAKURA

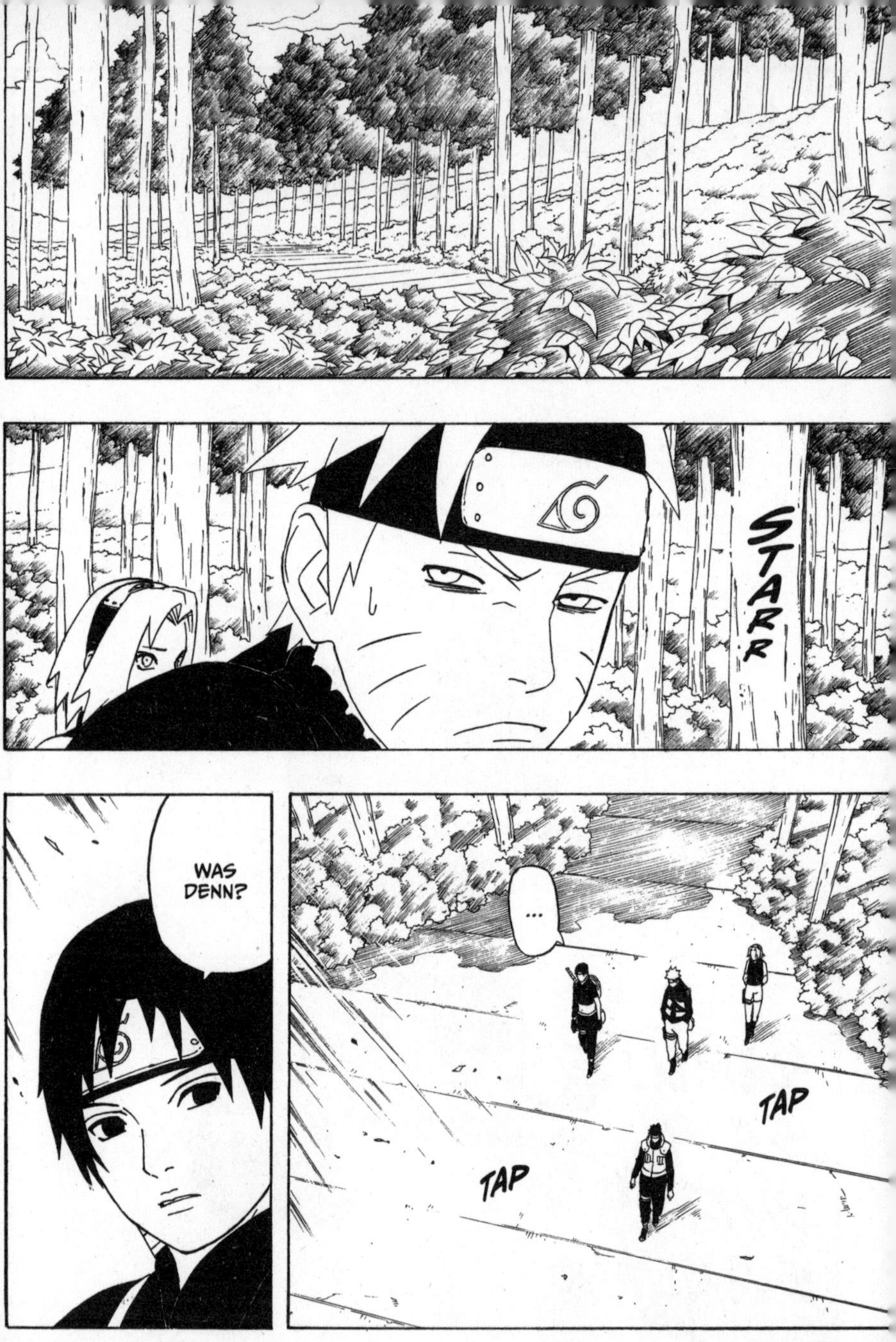
STARR
...
WAS DENN?
TAP
TAP

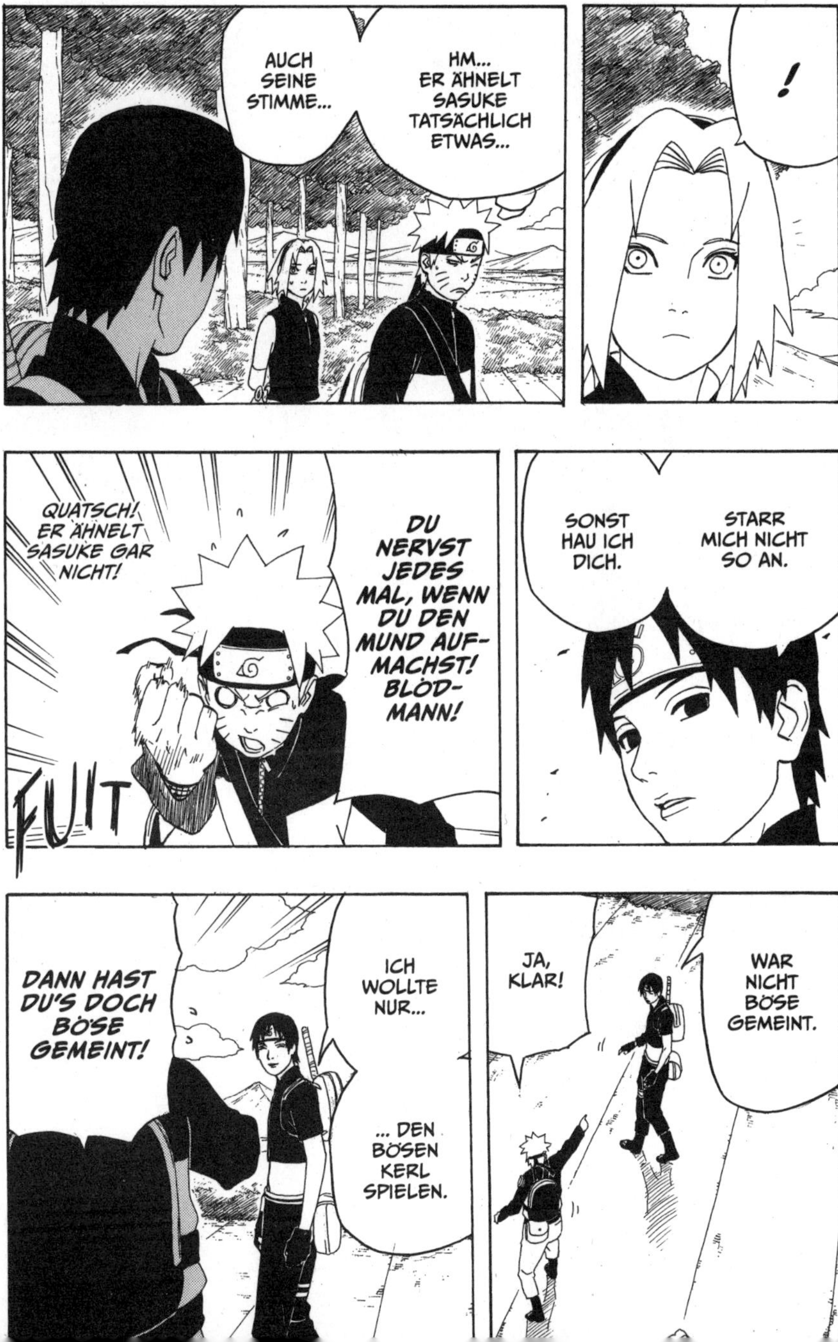
!
HM... ER ÄHNELT SASUKE TATSÄCHLICH ETWAS...
AUCH SEINE STIMME...
STARR MICH NICHT SO AN.
SONST HAU ICH DICH.
DU NERVST JEDES MAL, WENN DU DEN MUND AUFMACHST! BLÖDMANN!
QUATSCH! ER ÄHNELT SASUKE GAR NICHT!
FUIT
WAR NICHT BÖSE GEMEINT.
JA, KLAR!
ICH WOLLTE NUR...
... DEN BÖSEN KERL SPIELEN.
DANN HAST DU'S DOCH BÖSE GEMEINT!

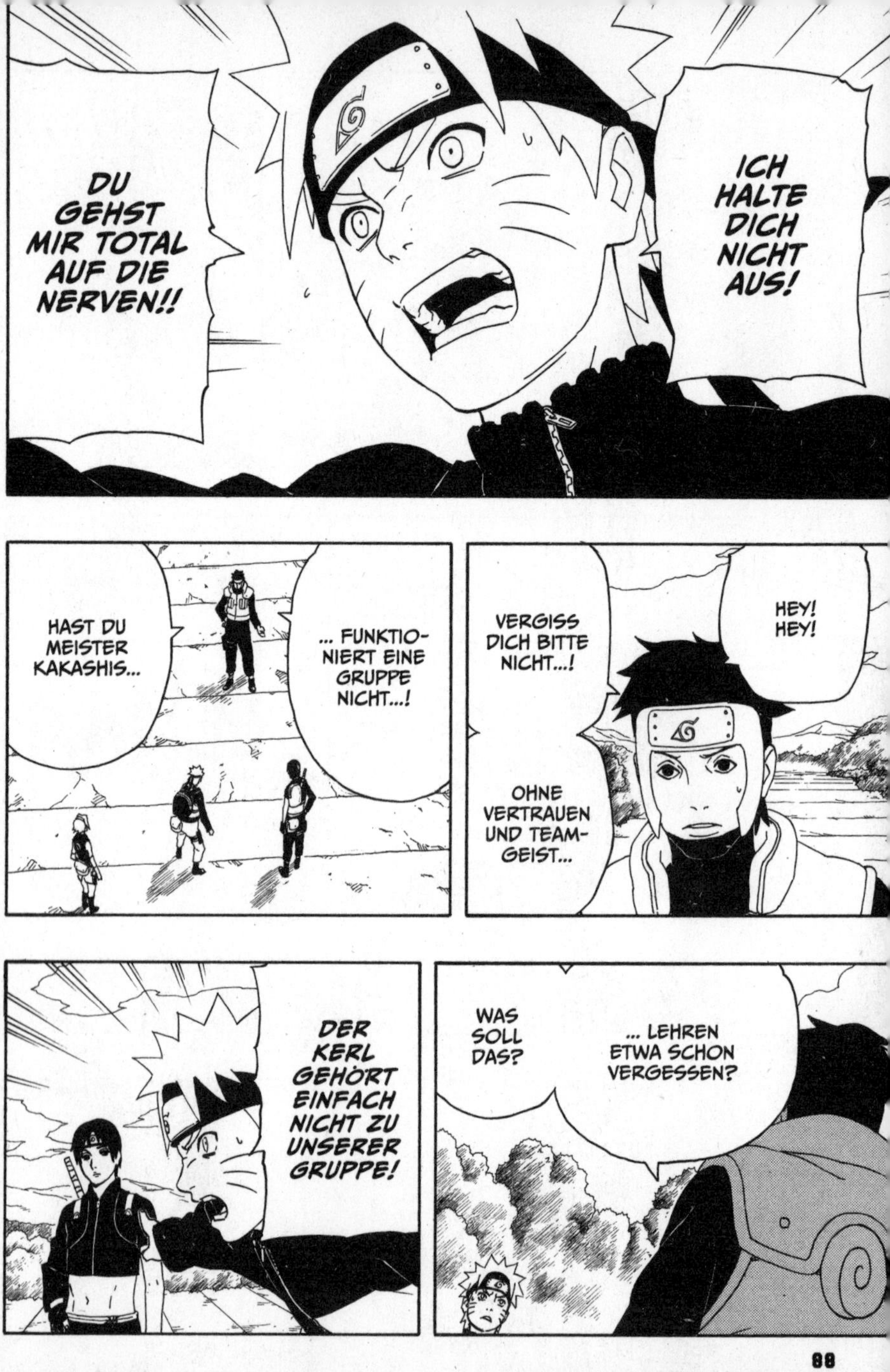
ICH HALTE DICH NICHT AUS!
DU GEHST MIR TOTAL AUF DIE NERVEN!!
HEY! HEY!
VERGISS DICH BITTE NICHT...!
OHNE VERTRAUEN UND TEAM-GEIST...
... FUNKTIO-NIERT EINE GRUPPE NICHT...!
HAST DU MEISTER KAKASHIS...
... LEHREN ETWA SCHON VERGESSEN?
WAS SOLL DAS?
DER KERL GEHÖRT EINFACH NICHT ZU UNSERER GRUPPE!

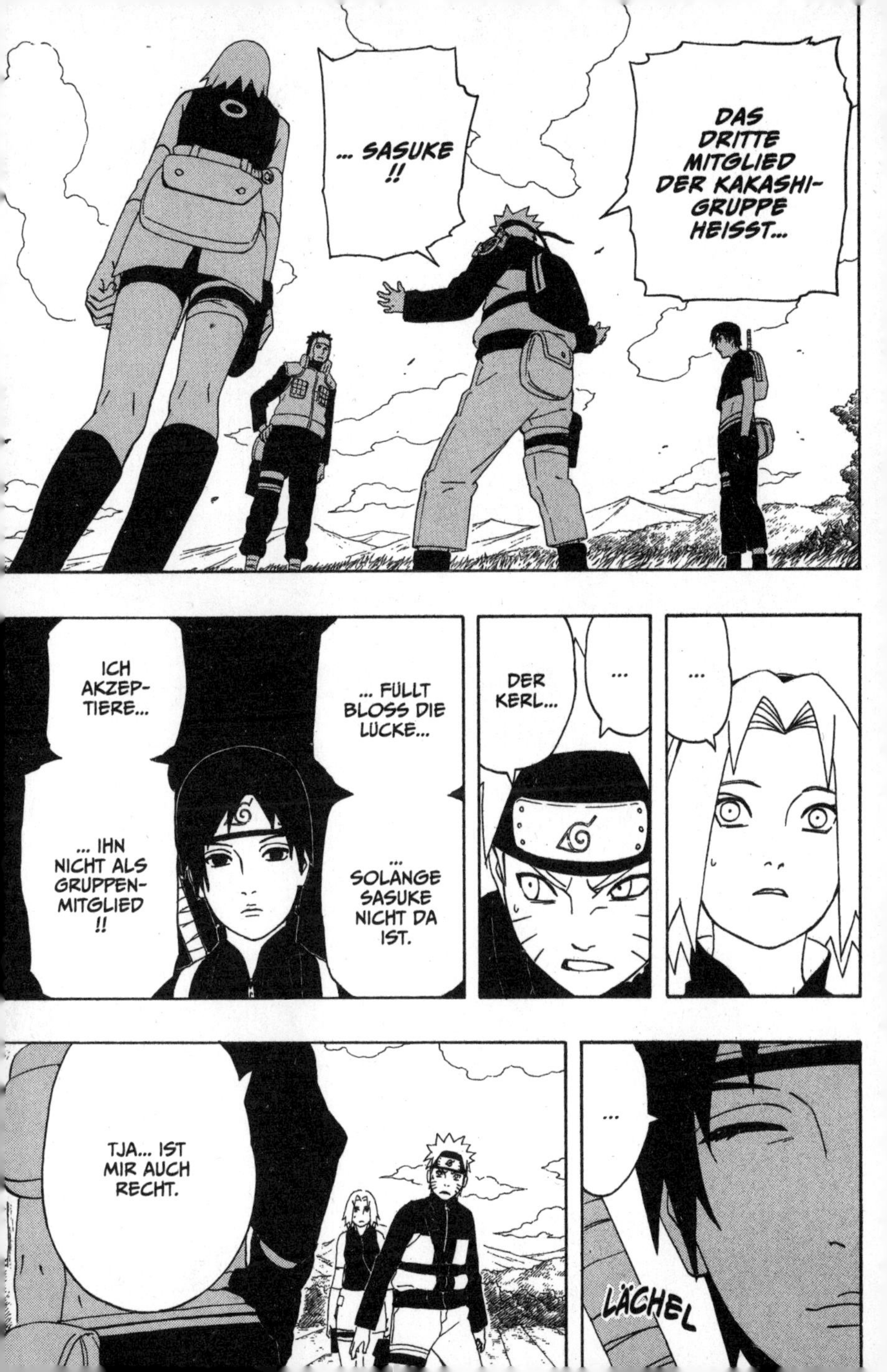

DAS DRITTE MITGLIED DER KAKASHI-GRUPPE HEISST...
... SASUKE !!
...
...
DER KERL...
... FÜLLT BLOSS DIE LÜCKE...
... SOLANGE SASUKE NICHT DA IST.
ICH AKZEPTIERE...
... IHN NICHT ALS GRUPPENMITGLIED !!
...
LÄCHEL
TJA... IST MIR AUCH RECHT.

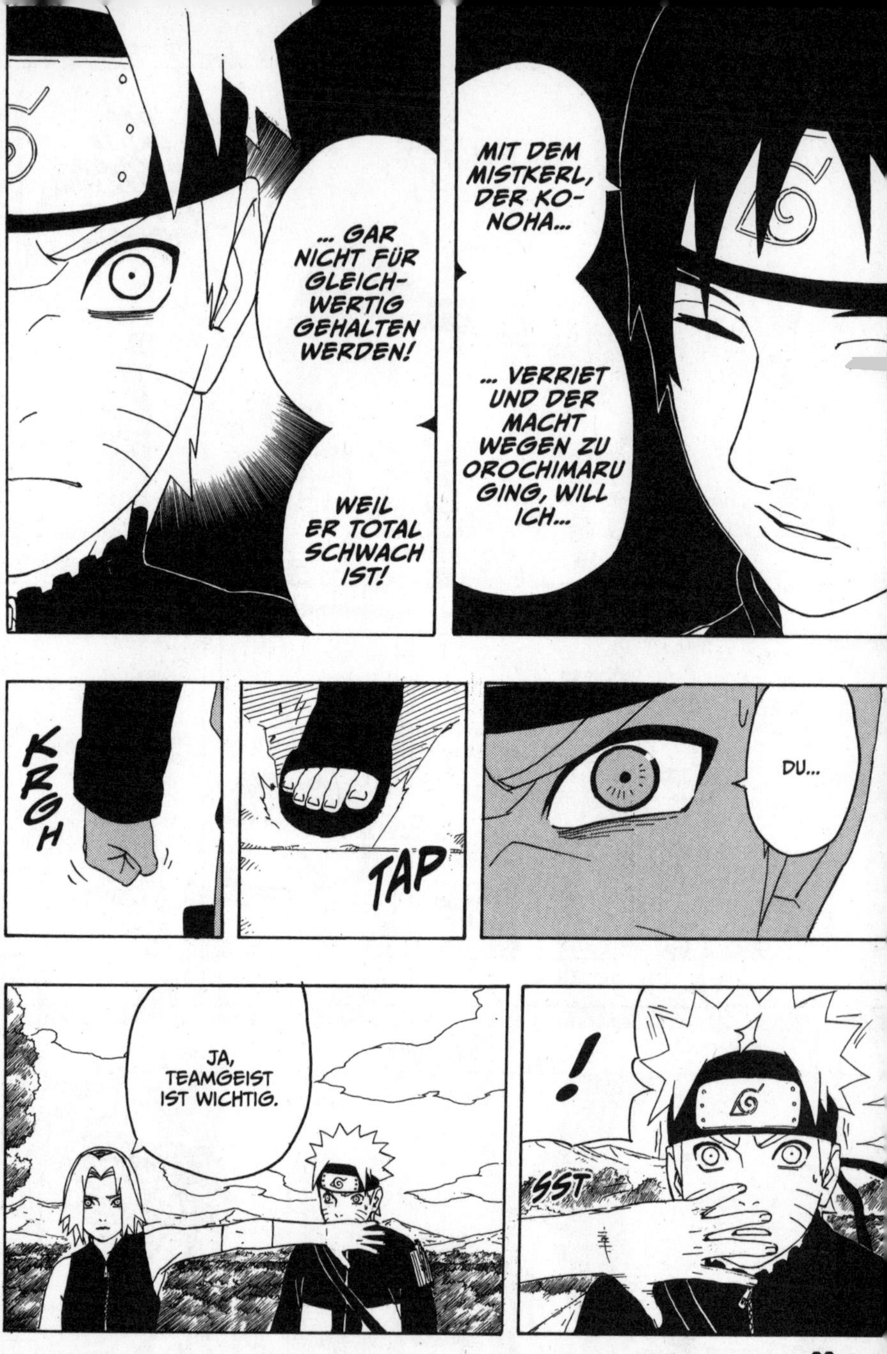
MIT DEM MISTKERL, DER KONOHA...
... VERRIET UND DER MACHT WEGEN ZU OROCHIMARU GING, WILL ICH...
... GAR NICHT FÜR GLEICHWERTIG GEHALTEN WERDEN!
WEIL ER TOTAL SCHWACH IST!
DU...
TAP
KRGH
!
SST
JA, TEAMGEIST IST WICHTIG.

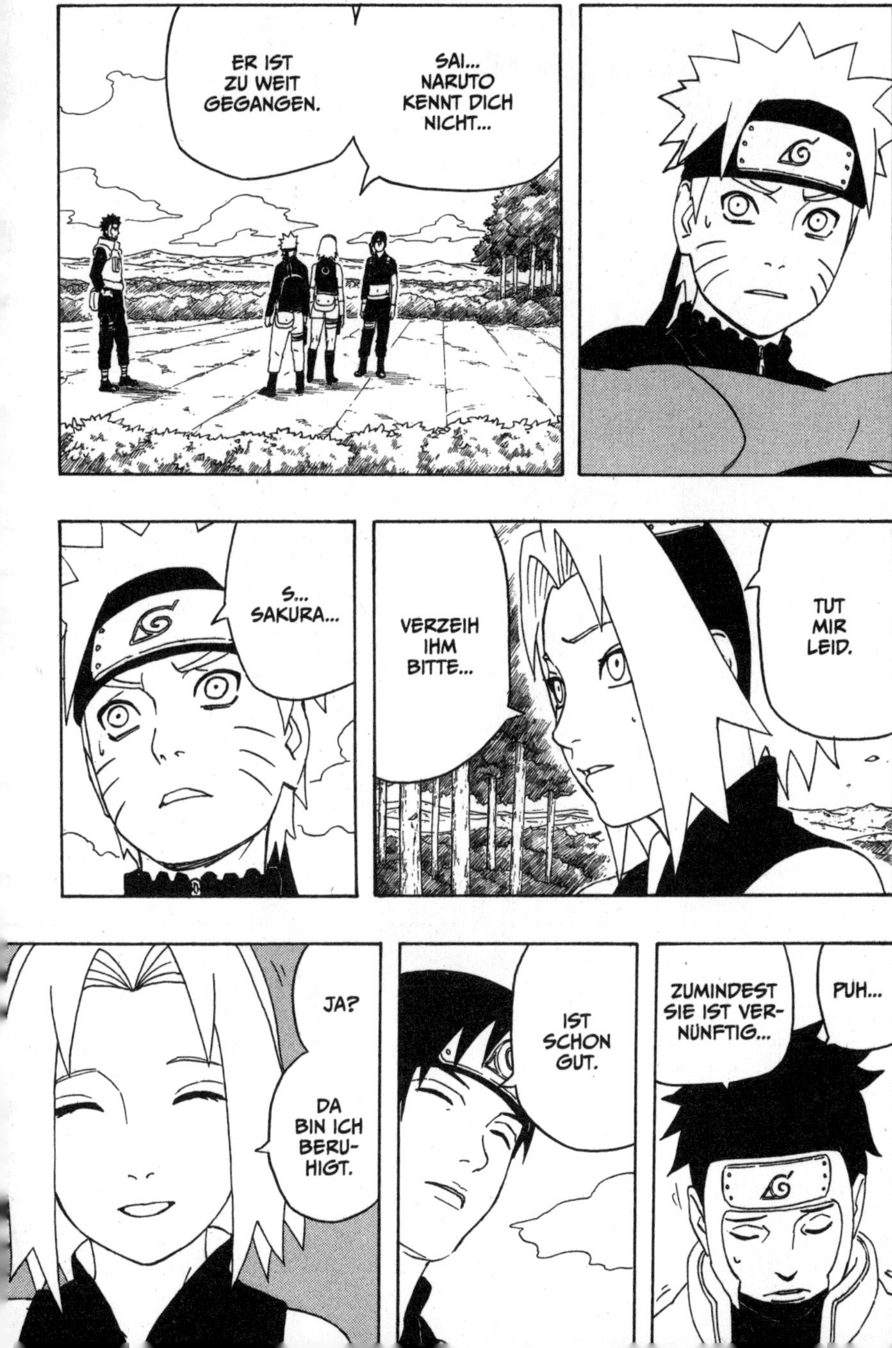
SAI... NARUTO KENNT DICH NICHT...
ER IST ZU WEIT GEGANGEN.
TUT MIR LEID.
VERZEIH IHM BITTE...
S... SAKURA...
PUH...
ZUMINDEST SIE IST VER-NÜNFTIG...
IST SCHON GUT.
JA?
DA BIN ICH BERU-HIGT.

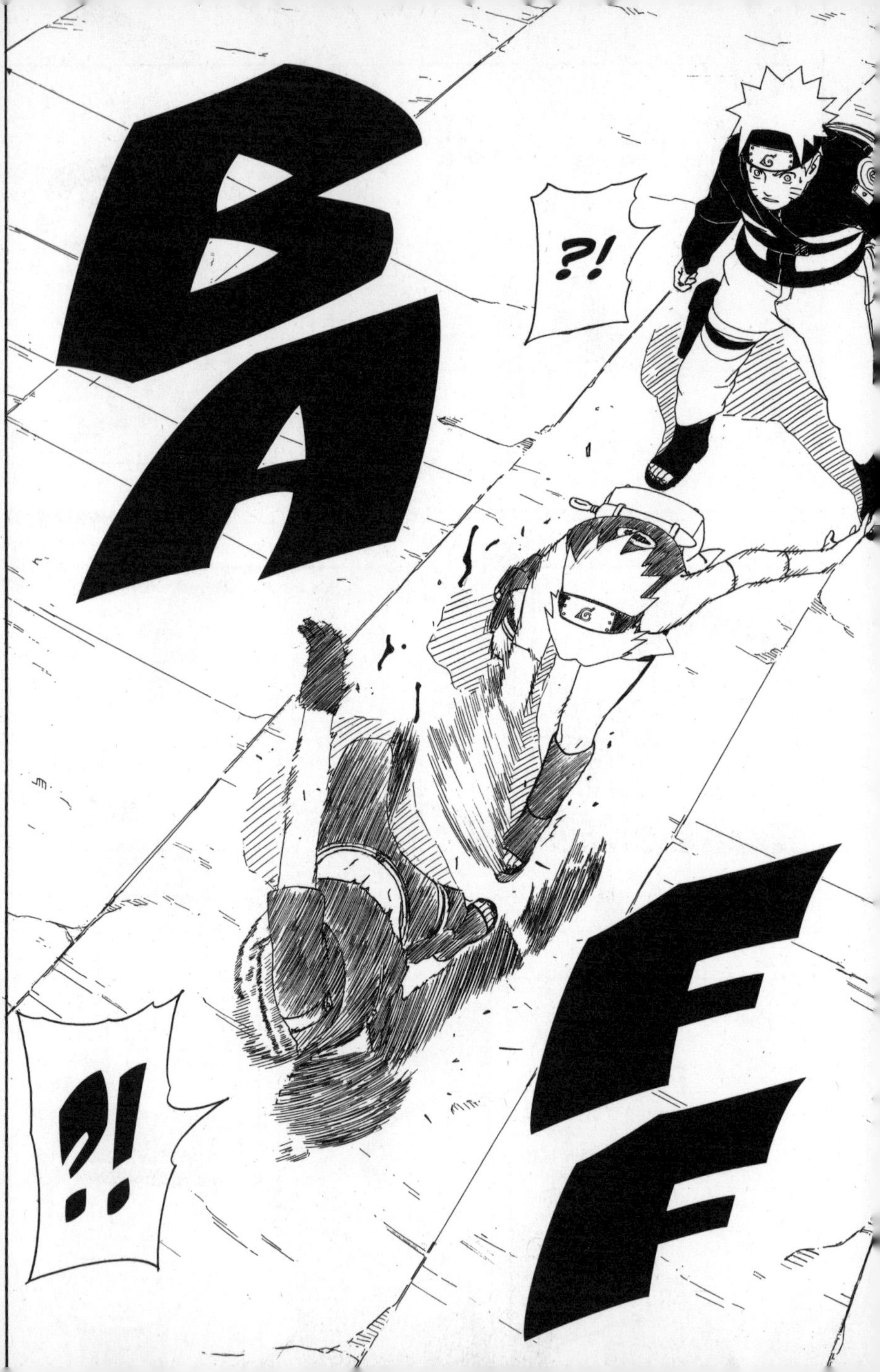

?!
BAFF
?!

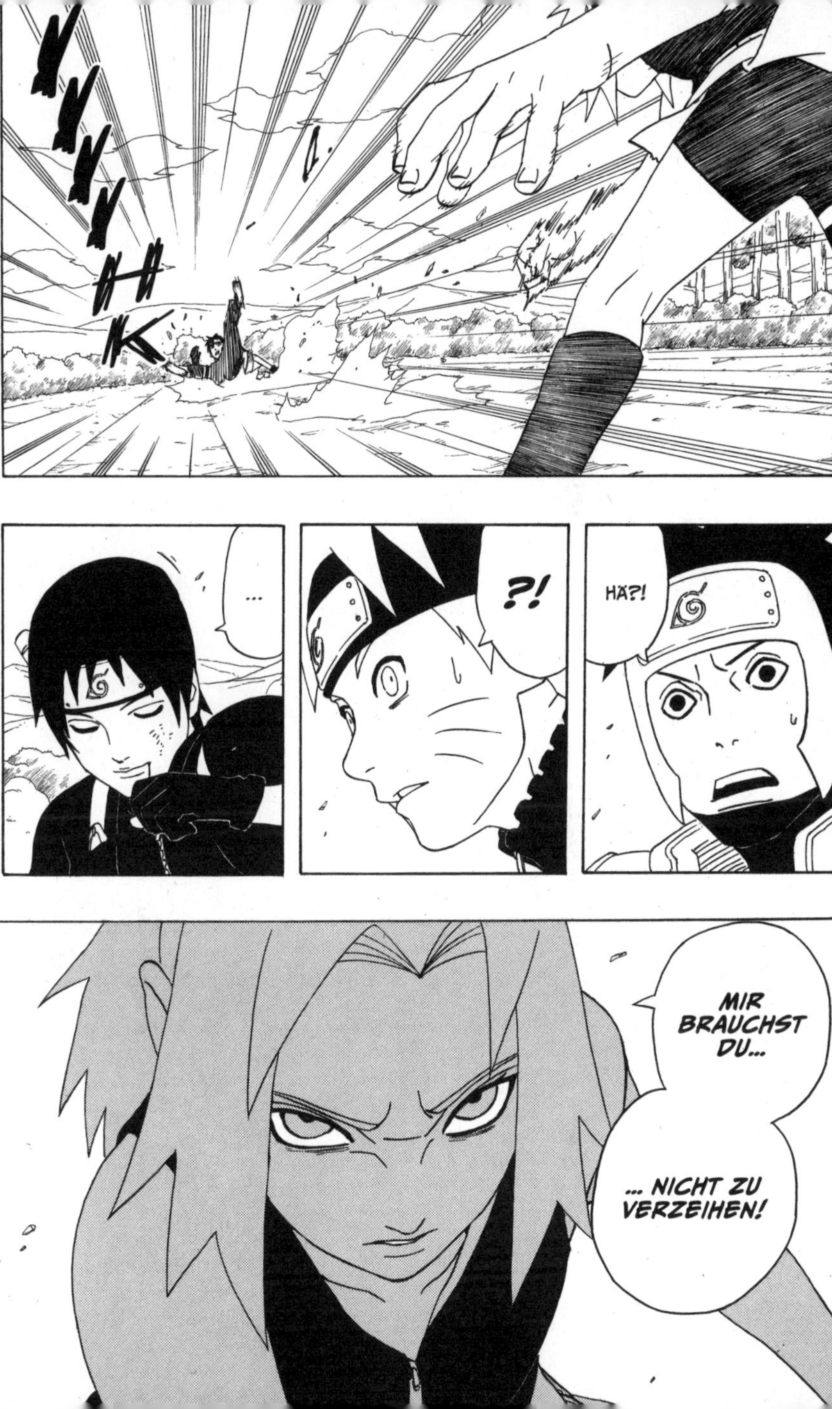
HÄ?!
?!
...
MIR BRAUCHST DU...
... NICHT ZU VERZEIHEN!

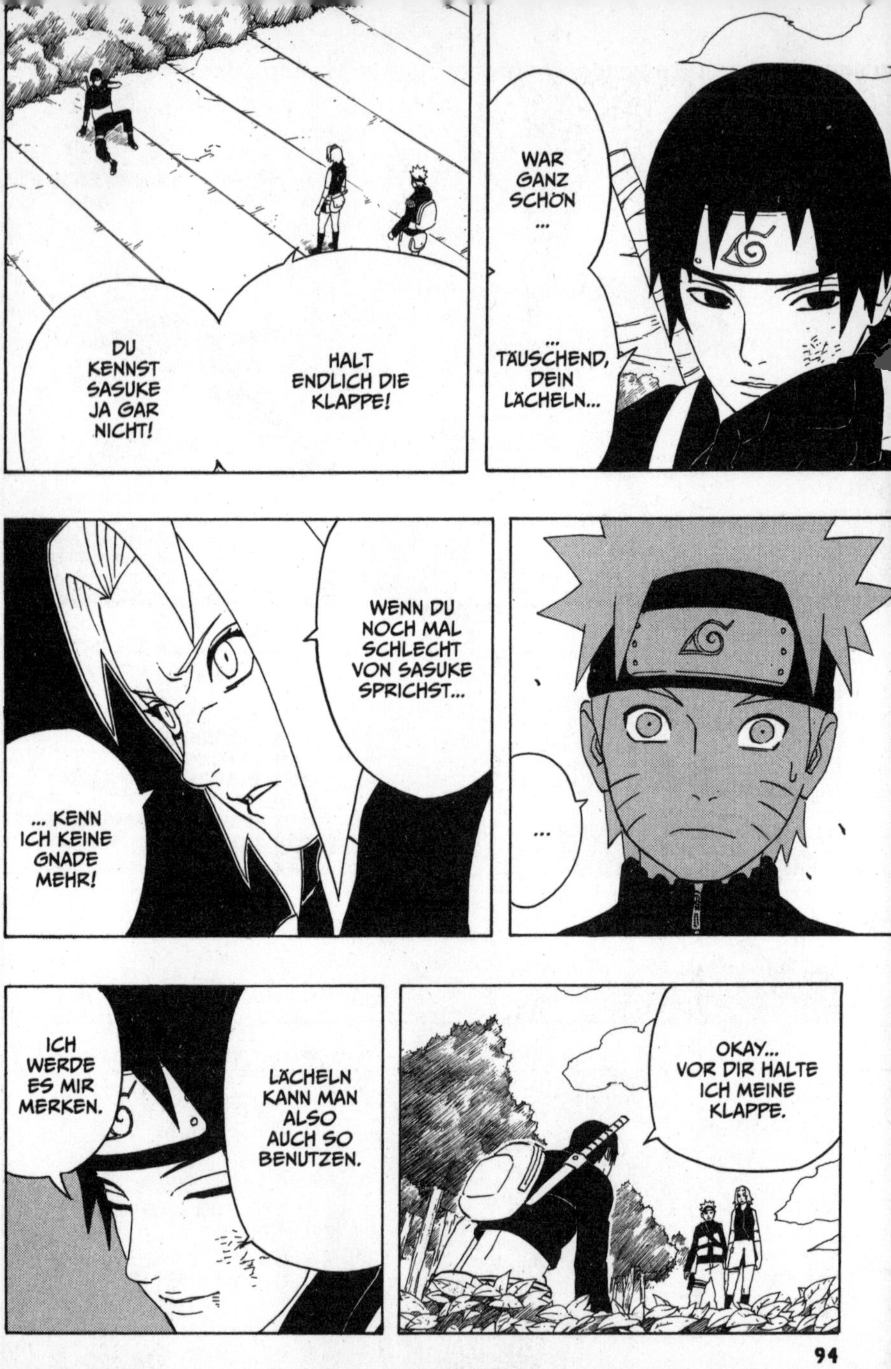
WAR GANZ SCHÖN ...
... TÄUSCHEND, DEIN LÄCHELN...
HALT ENDLICH DIE KLAPPE!
DU KENNST SASUKE JA GAR NICHT!
...
WENN DU NOCH MAL SCHLECHT VON SASUKE SPRICHST...
... KENN ICH KEINE GNADE MEHR!
OKAY... VOR DIR HALTE ICH MEINE KLAPPE.
LÄCHELN KANN MAN ALSO AUCH SO BENUTZEN.
ICH WERDE ES MIR MERKEN.

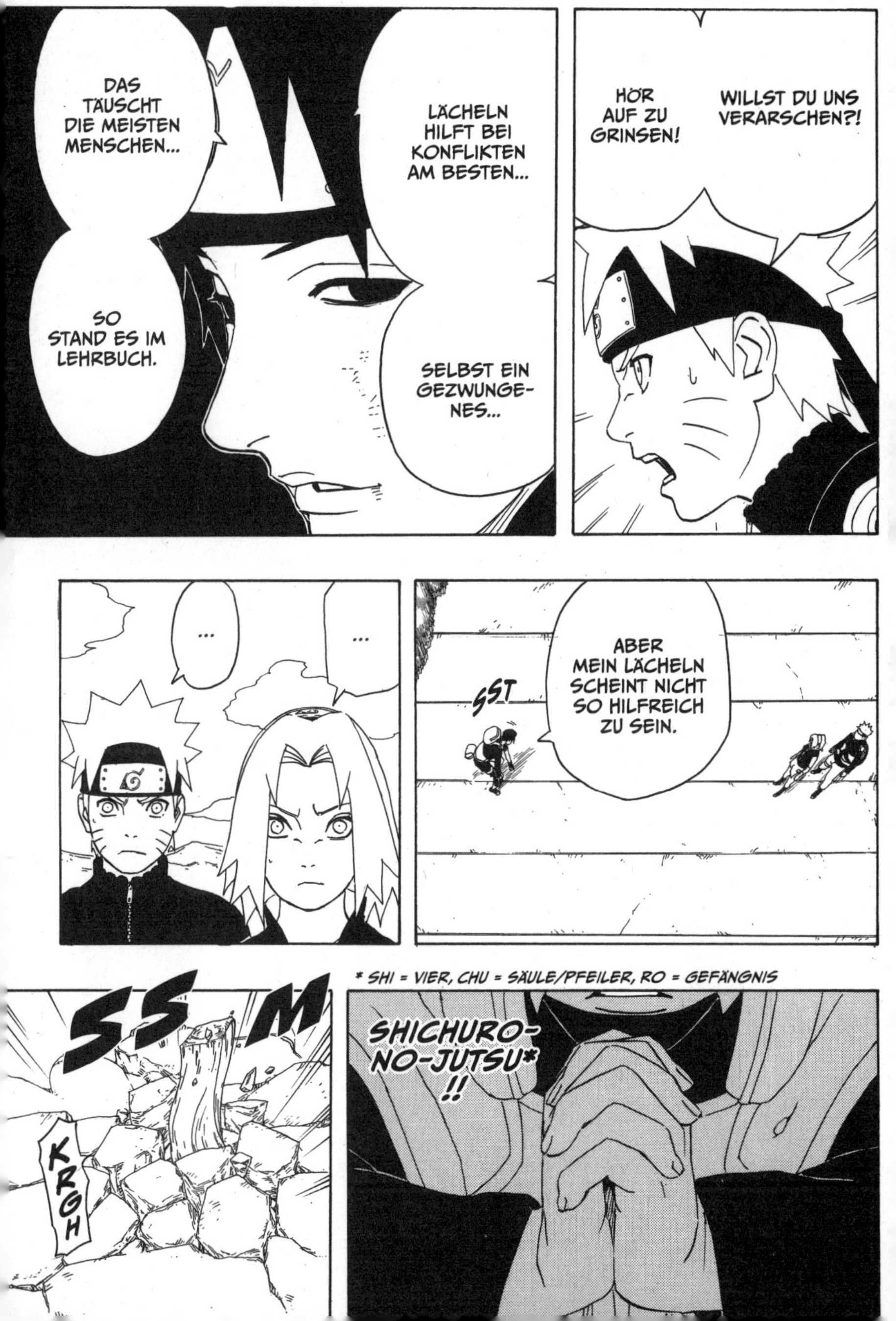
WILLST DU UNS VERARSCHEN?!
HÖR AUF ZU GRINSEN!
LÄCHELN HILFT BEI KONFLIKTEN AM BESTEN...
SELBST EIN GEZWUNGE-NES...
DAS TÄUSCHT DIE MEISTEN MENSCHEN...
SO STAND ES IM LEHRBUCH.
SST
ABER MEIN LÄCHELN SCHEINT NICHT SO HILFREICH ZU SEIN.
...
...
SHICHURO-NO-JUTSU* !!
* SHI = VIER, CHU = SÄULE/PFEILER, RO = GEFÄNGNIS
SSM
KRGH

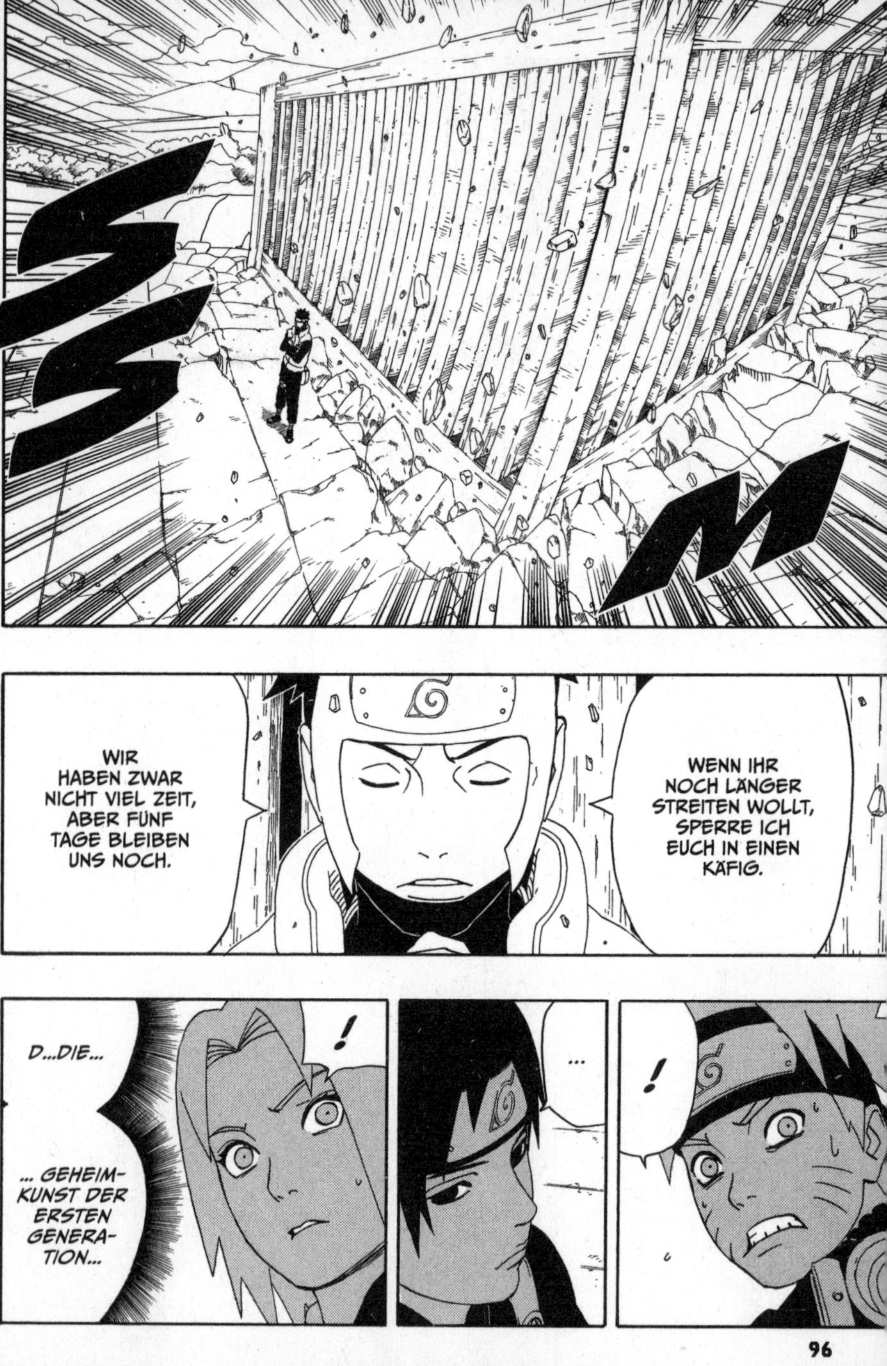
WIR HABEN ZWAR NICHT VIEL ZEIT, ABER FÜNF TAGE BLEIBEN UNS NOCH.
WENN IHR NOCH LÄNGER STREITEN WOLLT, SPERRE ICH EUCH IN EINEN KÄFIG.
!
...
!
D...DIE...
... GEHEIM-KUNST DER ERSTEN GENERA-TION...

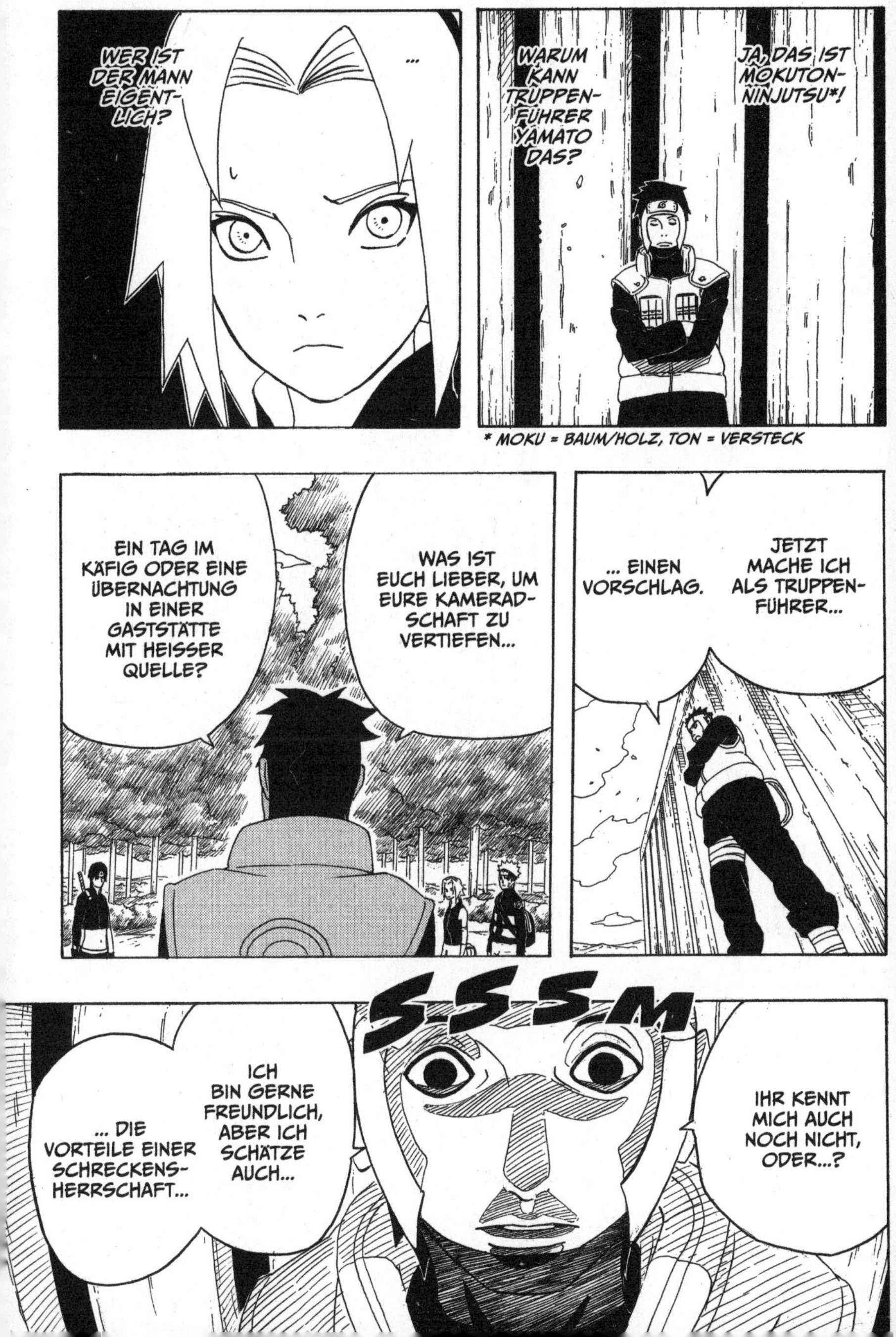
JA, DAS IST MOKUTON-NINJUTSU*!
WARUM KANN TRUPPENFÜHRER YAMATO DAS?
...
WER IST DER MANN EIGENTLICH?
* MOKU = BAUM/HOLZ, TON = VERSTECK
JETZT MACHE ICH ALS TRUPPENFÜHRER...
... EINEN VORSCHLAG.
WAS IST EUCH LIEBER, UM EURE KAMERADSCHAFT ZU VERTIEFEN...
EIN TAG IM KÄFIG ODER EINE ÜBERNACHTUNG IN EINER GASTSTÄTTE MIT HEISSER QUELLE?
S-S-S-M
IHR KENNT MICH AUCH NOCH NICHT, ODER...?
ICH BIN GERNE FREUNDLICH, ABER ICH SCHÄTZE AUCH...
... DIE VORTEILE EINER SCHRECKENSHERRSCHAFT...

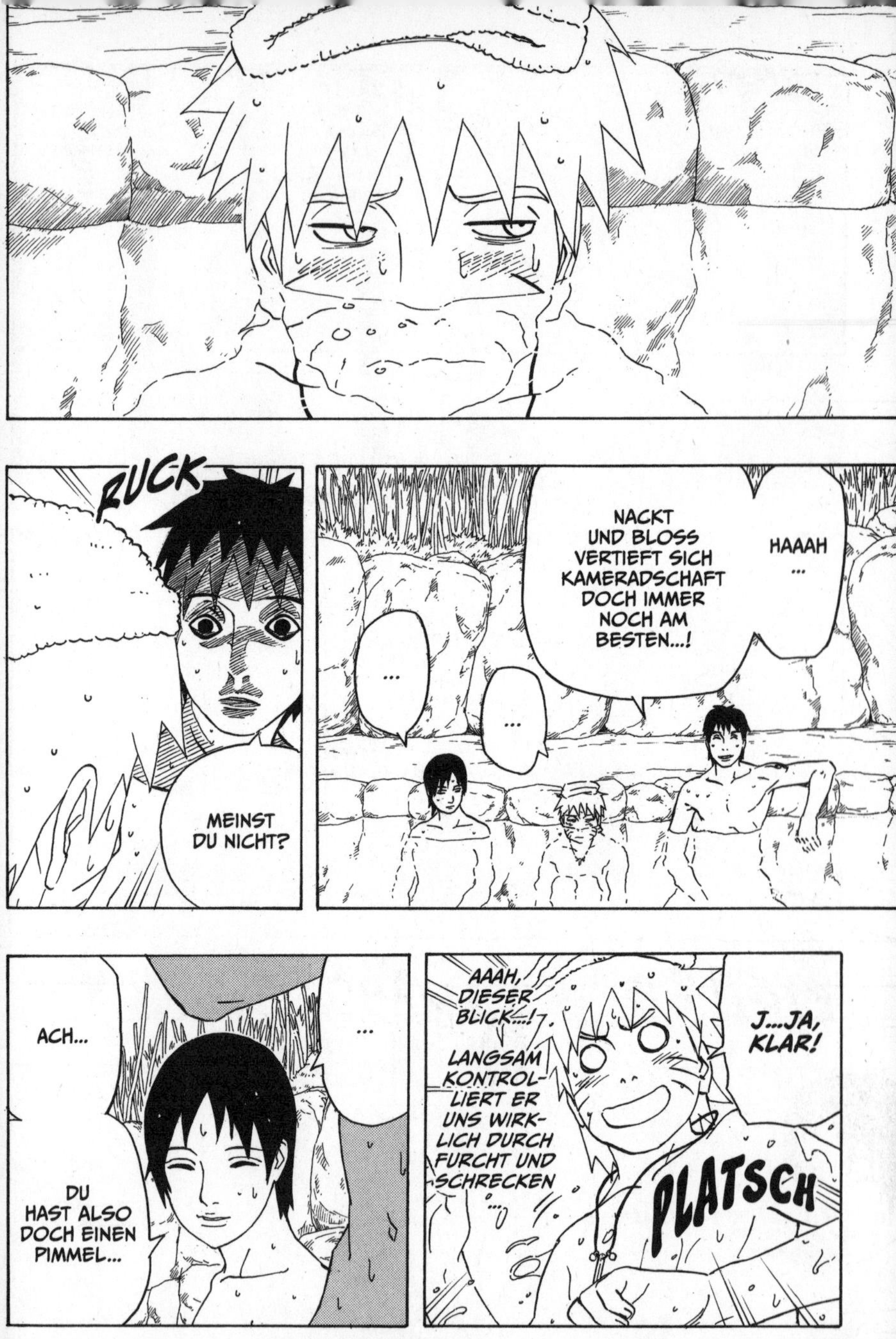
HAAAH ...
NACKT UND BLOSS VERTIEFT SICH KAMERADSCHAFT DOCH IMMER NOCH AM BESTEN...!
...
...
RUCK
...
...
MEINST DU NICHT?
J...JA, KLAR!
AAAH, DIESER BLICK...!
LANGSAM KONTROL-LIERT ER UNS WIRK-LICH DURCH FURCHT UND SCHRECKEN ...
PLATSCH
...
ACH...
DU HAST ALSO DOCH EINEN PIMMEL...

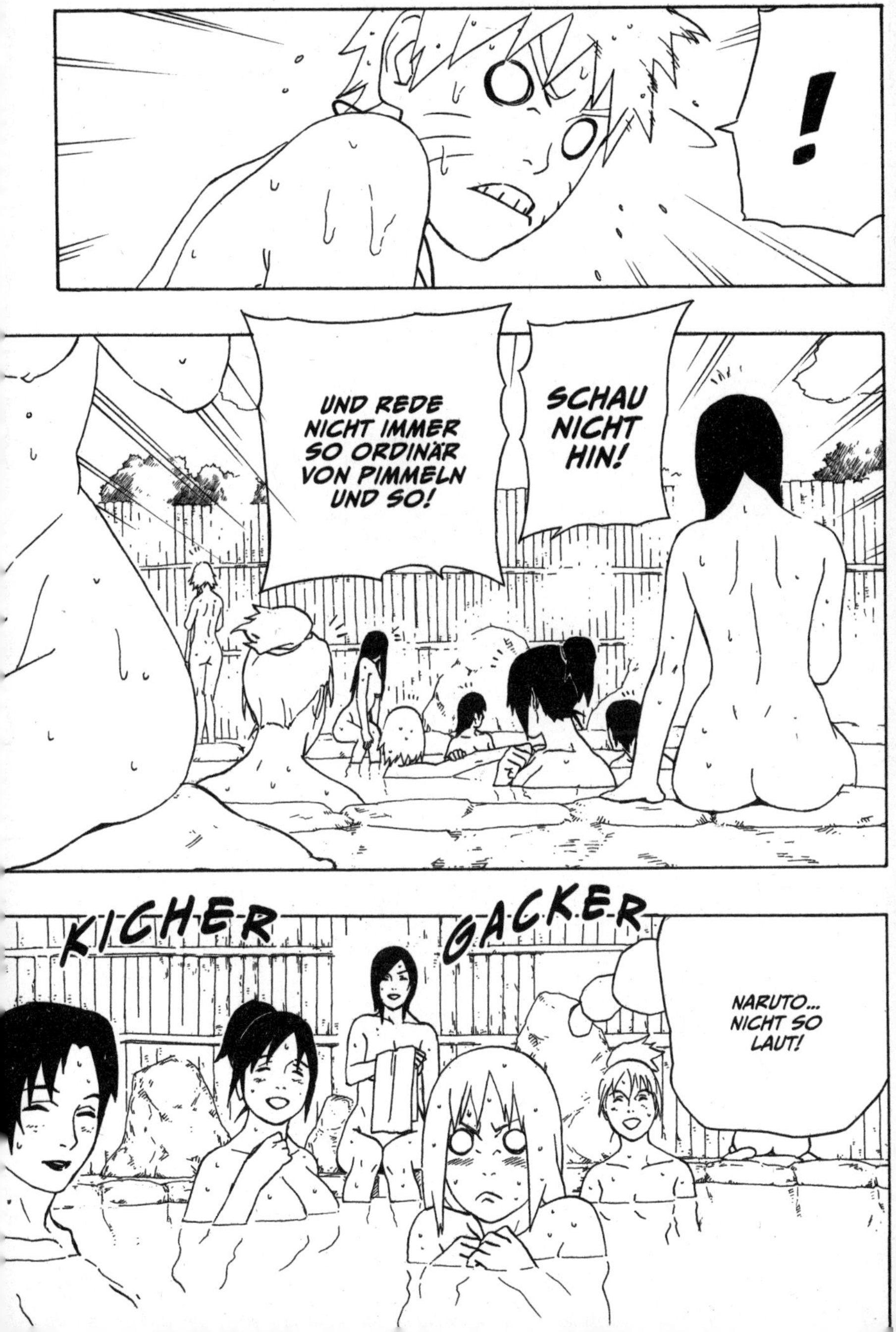
!
SCHAU NICHT HIN!
UND REDE NICHT IMMER SO ORDINÄR VON PIMMELN UND SO!
NARUTO... NICHT SO LAUT!
GACKER
KICHER

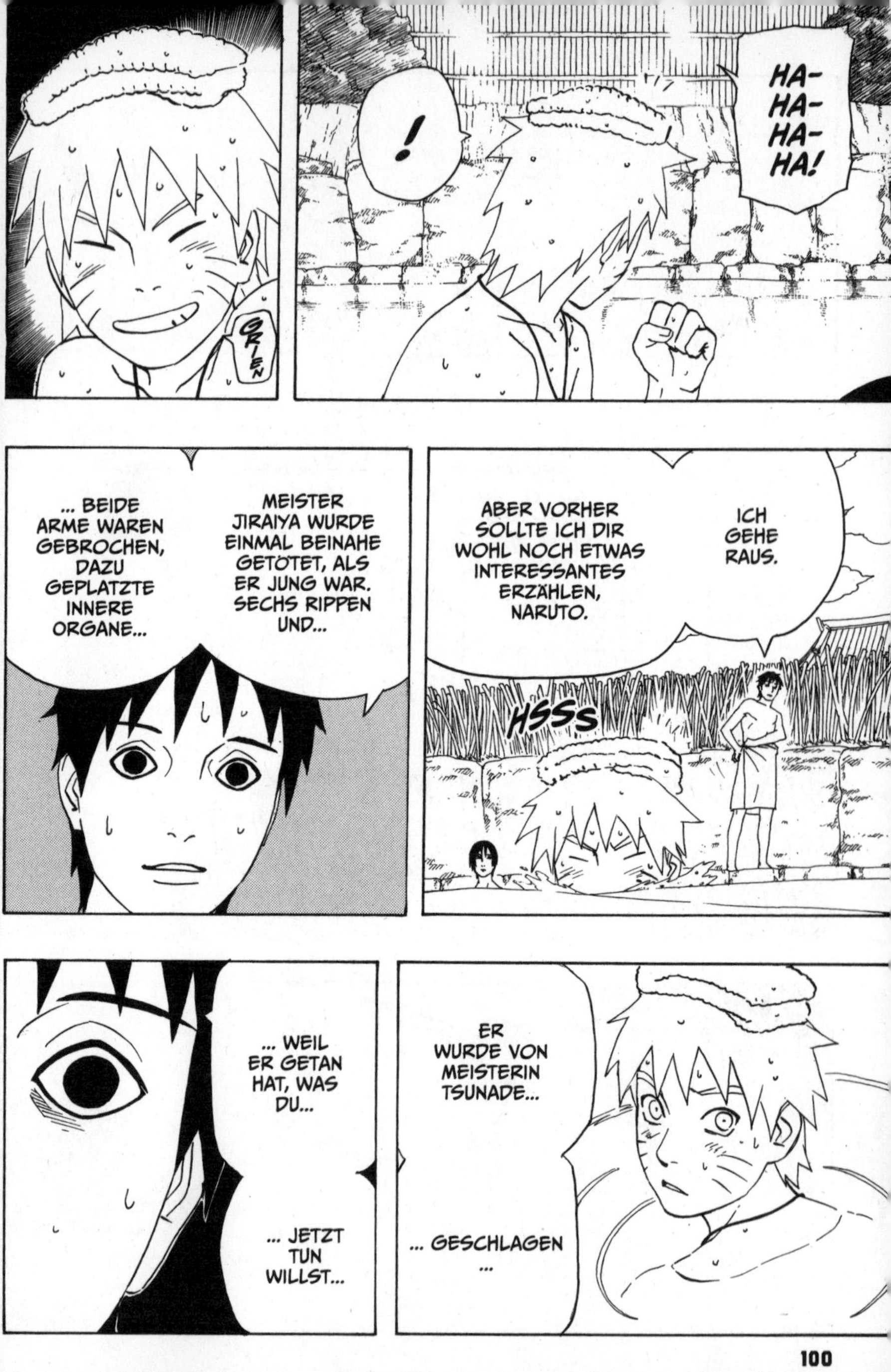
HA-HA-HA-HA!
!
GRIEN
ICH GEHE RAUS.
ABER VORHER SOLLTE ICH DIR WOHL NOCH ETWAS INTERESSANTES ERZÄHLEN, NARUTO.
HSSS
MEISTER JIRAIYA WURDE EINMAL BEINAHE GETÖTET, ALS ER JUNG WAR. SECHS RIPPEN UND...
... BEIDE ARME WAREN GEBROCHEN, DAZU GEPLATZTE INNERE ORGANE...
ER WURDE VON MEISTERIN TSUNADE...
... GESCHLAGEN ...
... WEIL ER GETAN HAT, WAS DU...
... JETZT TUN WILLST...

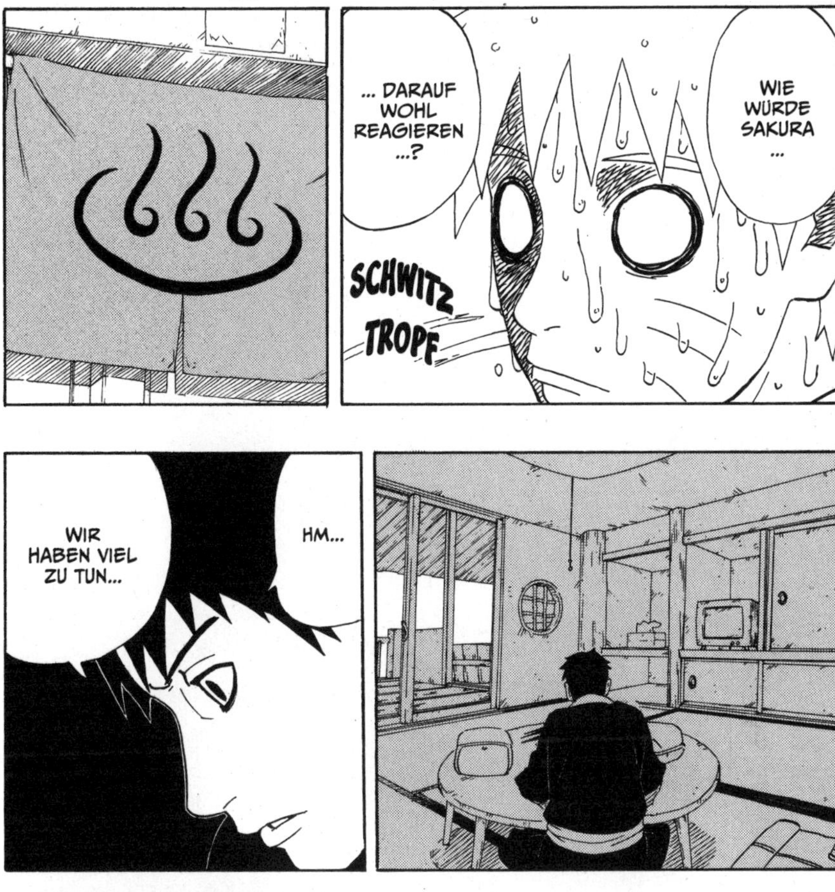
WIE WÜRDE SAKURA ...
... DARAUF WOHL REAGIEREN ...?
SCHWITZ
TROPF
HM...
WIR HABEN VIEL ZU TUN...

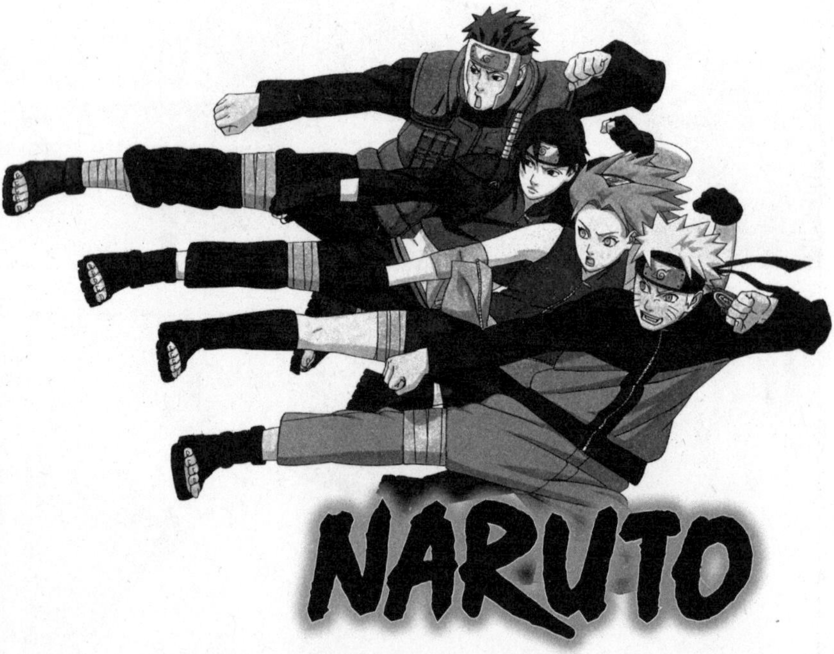
NARUTO

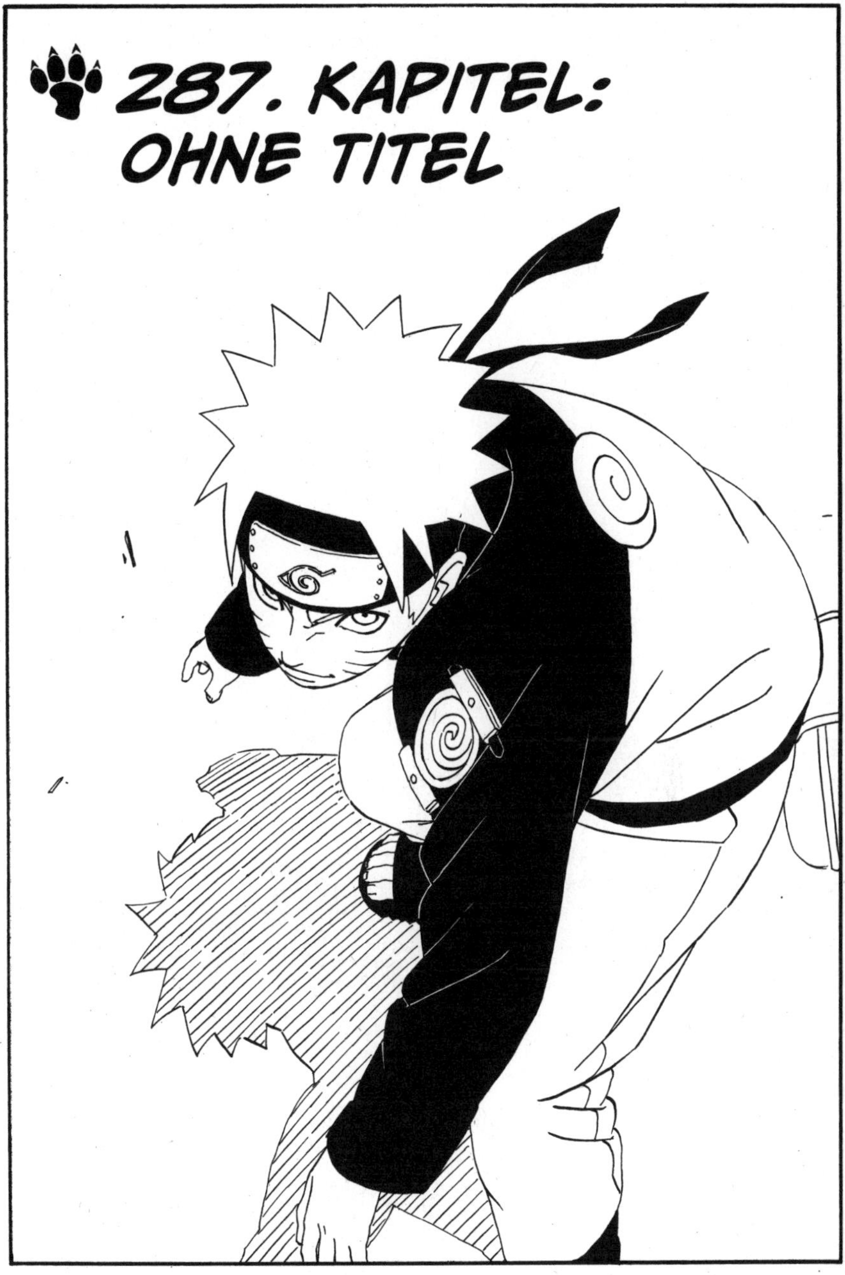
287. Kapitel:
Ohne Titel

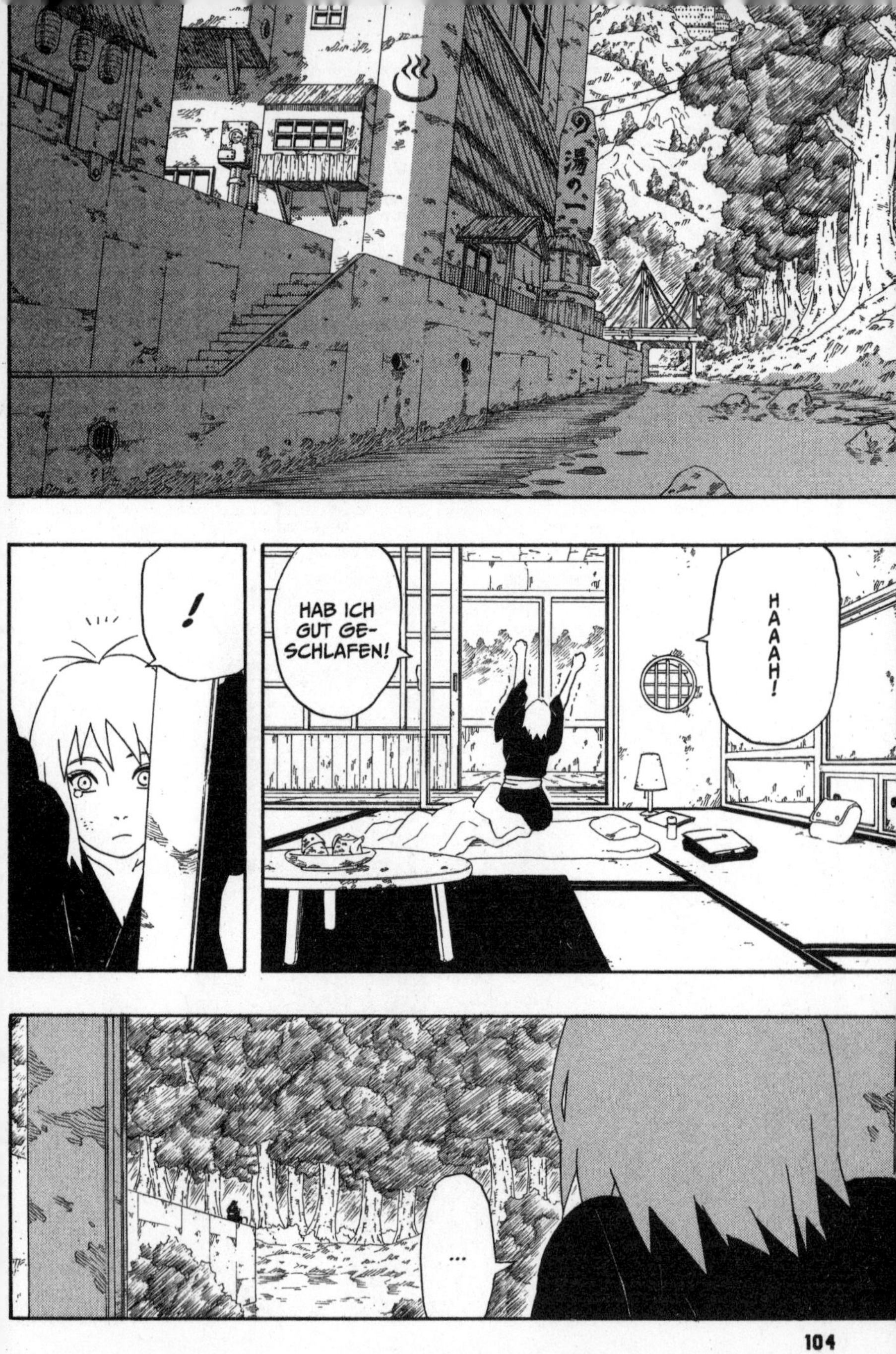
湯の一
HAAAAH!
HAB ICH GUT GE-SCHLAFEN!
!
...

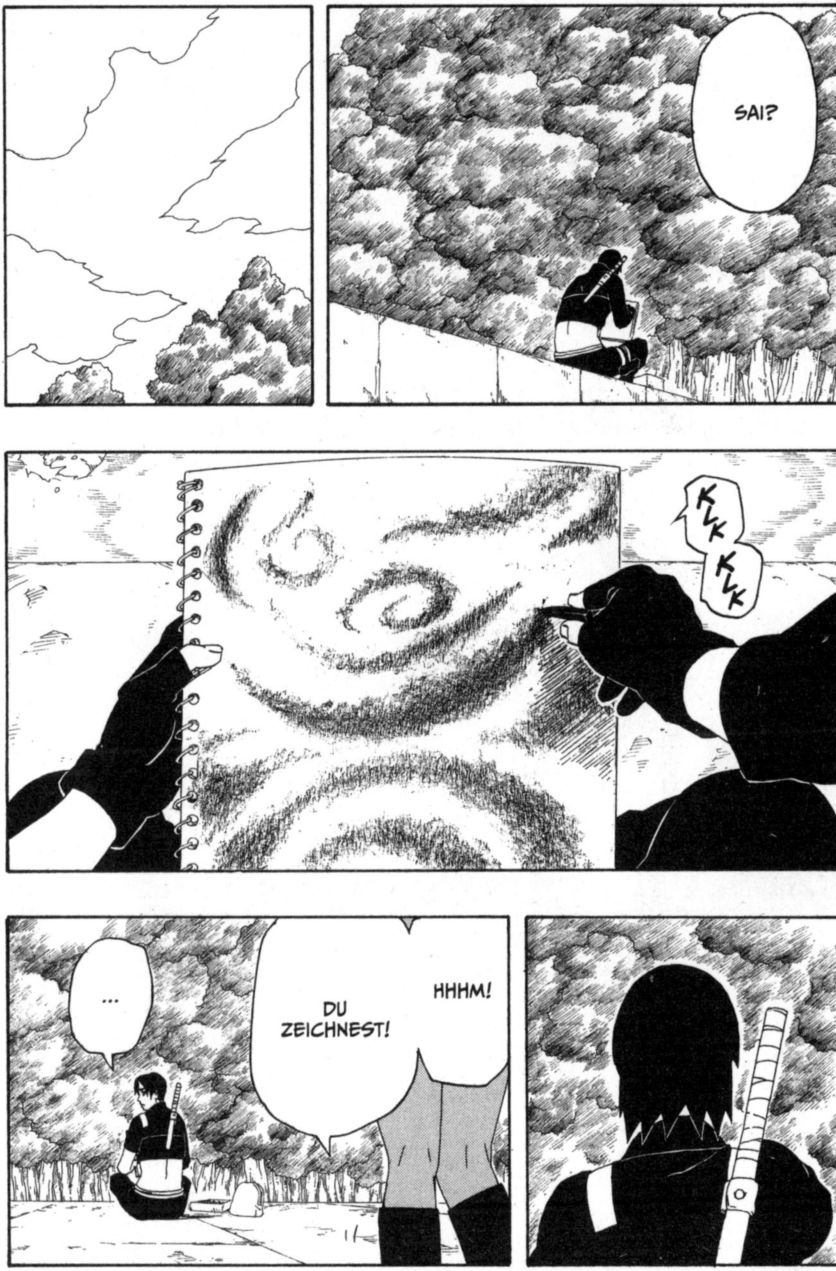
SAI?
KVK KVK
HHHM!
DU ZEICHNEST!
...

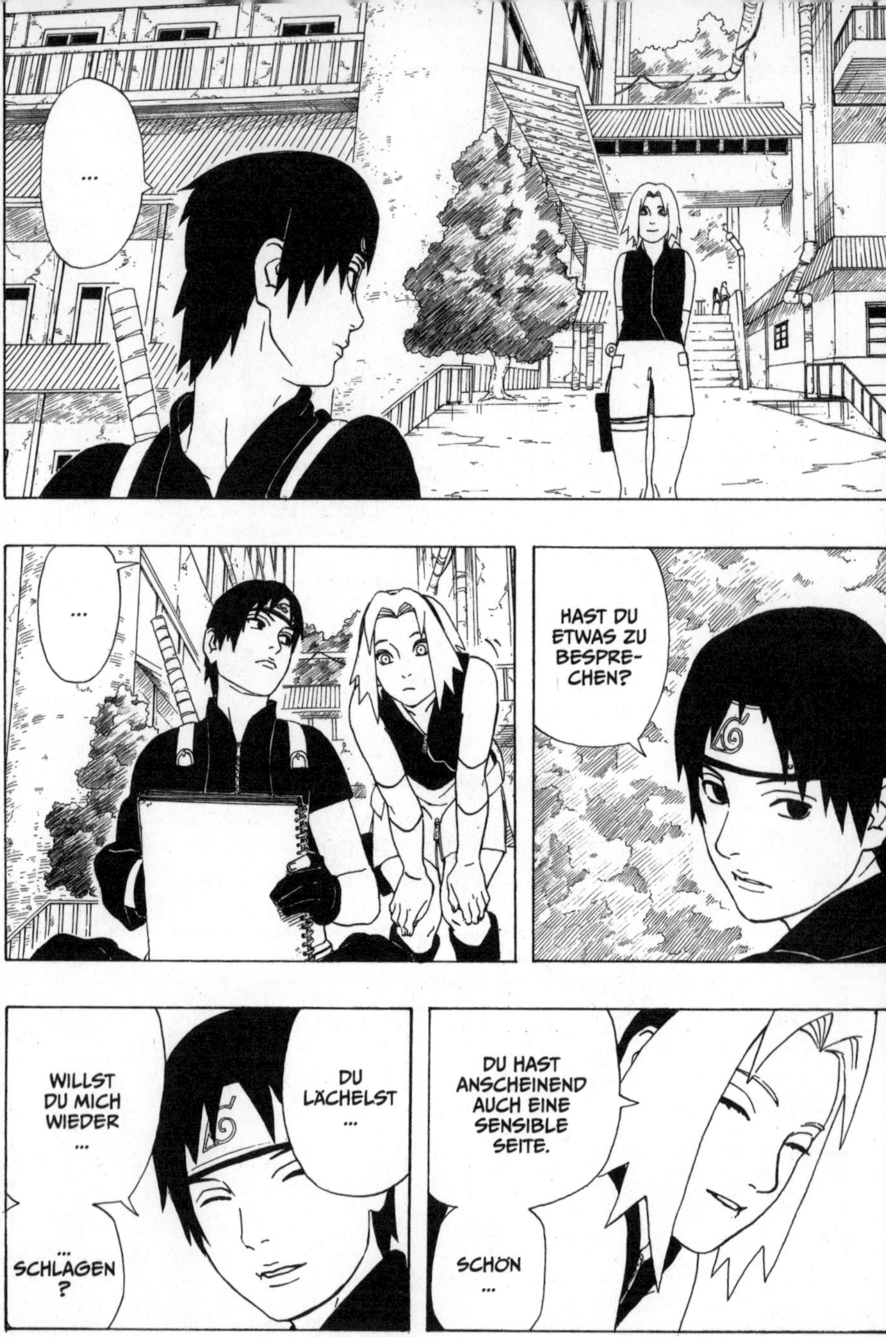
...
HAST DU ETWAS ZU BESPRE-CHEN?
...
DU HAST ANSCHEINEND AUCH EINE SENSIBLE SEITE.
SCHÖN ...
DU LÄCHELST ...
WILLST DU MICH WIEDER ...
... SCHLAGEN ?

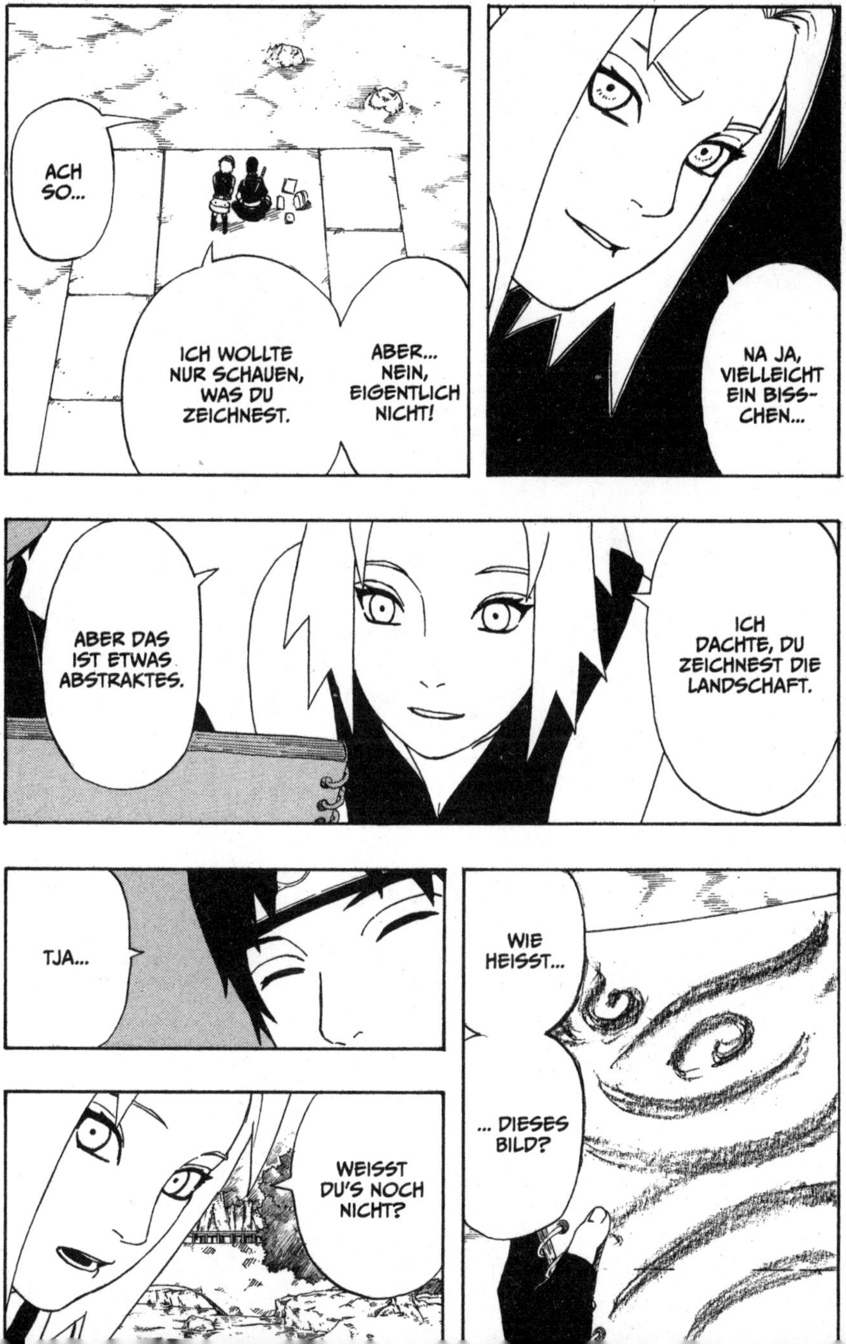
ACH SO...
NA JA, VIELLEICHT EIN BISS-CHEN...
ABER... NEIN, EIGENTLICH NICHT!
ICH WOLLTE NUR SCHAUEN, WAS DU ZEICHNEST.
ICH DACHTE, DU ZEICHNEST DIE LANDSCHAFT.
ABER DAS IST ETWAS ABSTRAKTES.
WIE HEISST...
... DIESES BILD?
TJA...
WEISST DU'S NOCH NICHT?

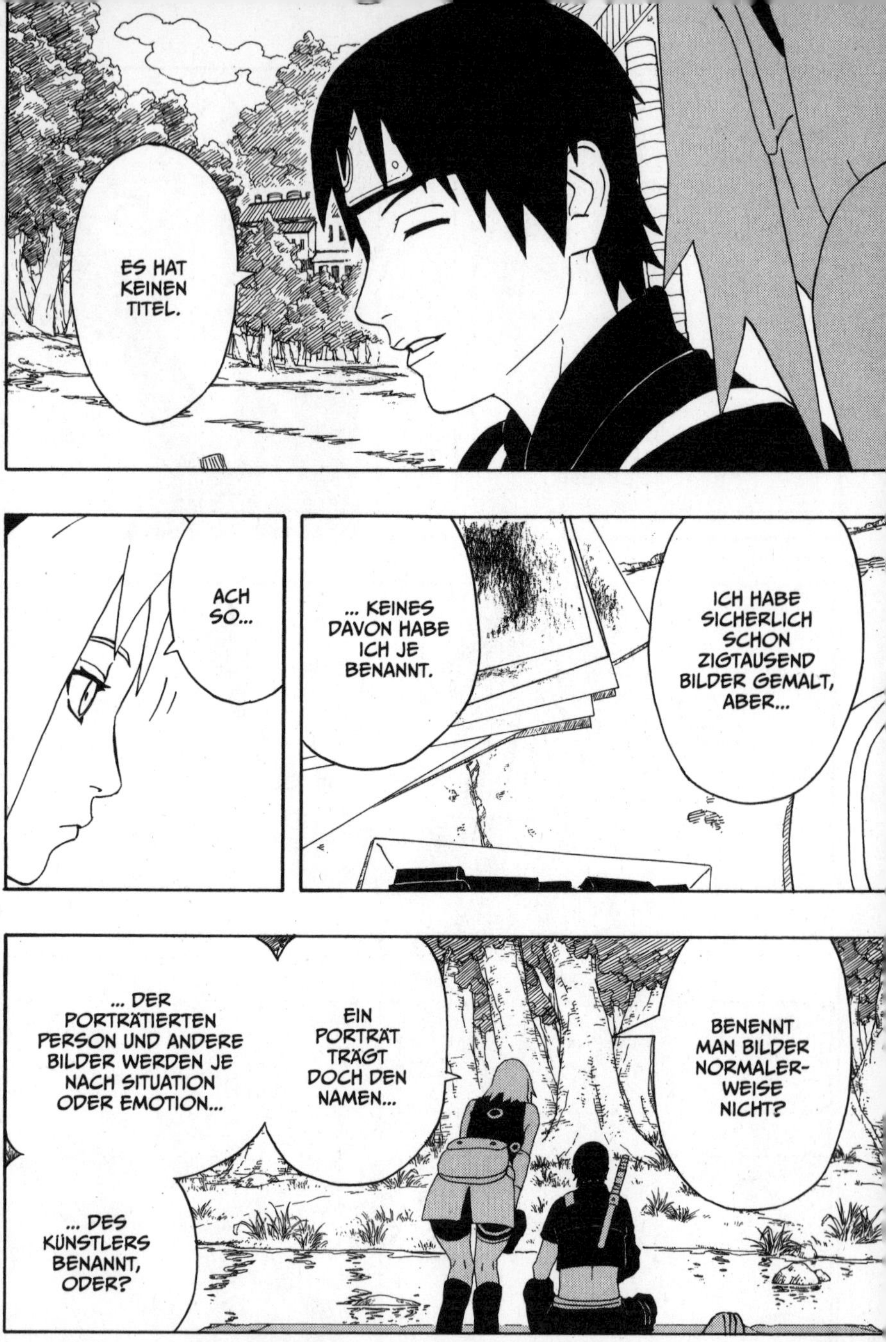
ES HAT KEINEN TITEL.
ICH HABE SICHERLICH SCHON ZIGTAUSEND BILDER GEMALT, ABER...
... KEINES DAVON HABE ICH JE BENANNT.
ACH SO...
BENENNT MAN BILDER NORMALER-WEISE NICHT?
EIN PORTRÄT TRÄGT DOCH DEN NAMEN...
... DER PORTRÄTIERTEN PERSON UND ANDERE BILDER WERDEN JE NACH SITUATION ODER EMOTION...
... DES KÜNSTLERS BENANNT, ODER?

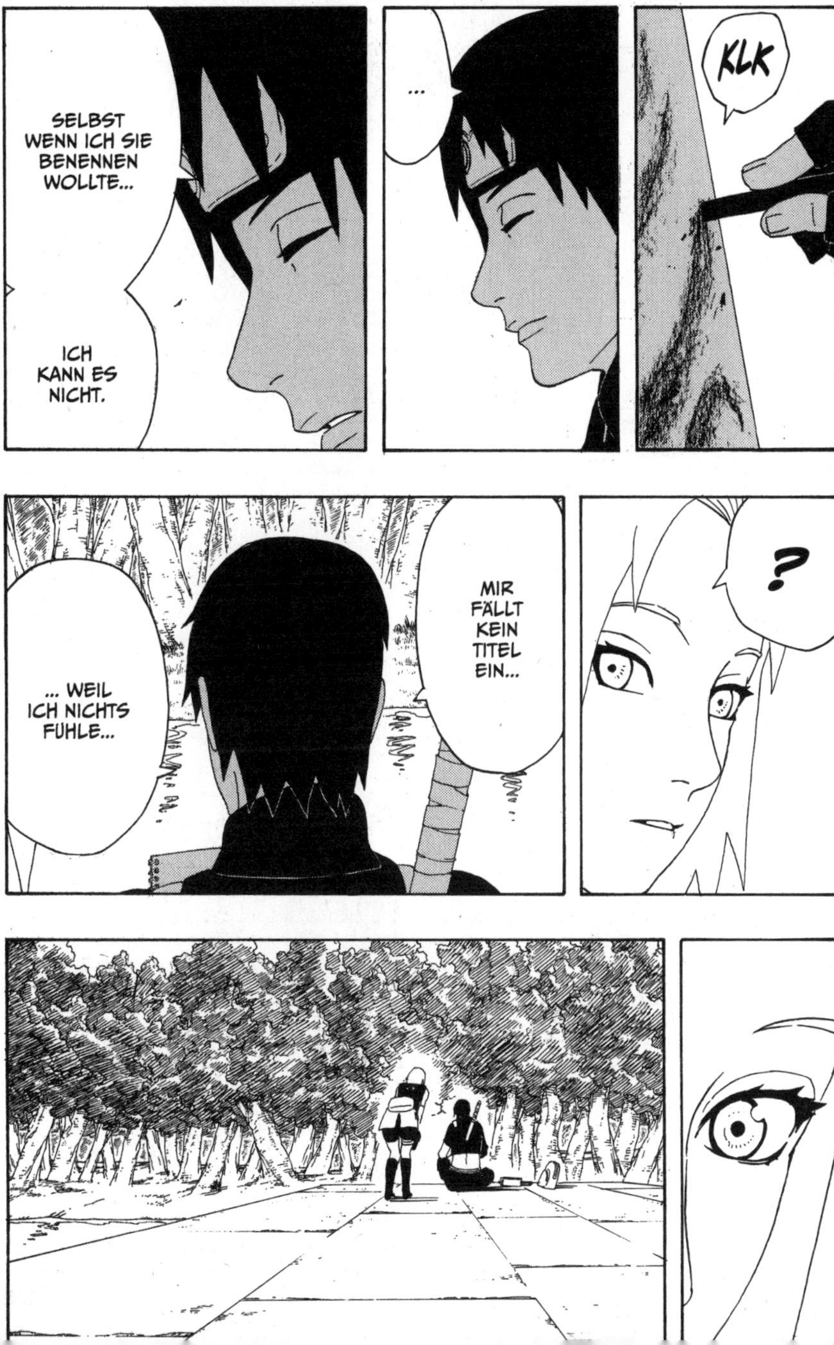
KLK
...
SELBST WENN ICH SIE BENENNEN WOLLTE...
ICH KANN ES NICHT.
?
MIR FÄLLT KEIN TITEL EIN...
... WEIL ICH NICHTS FUHLE...

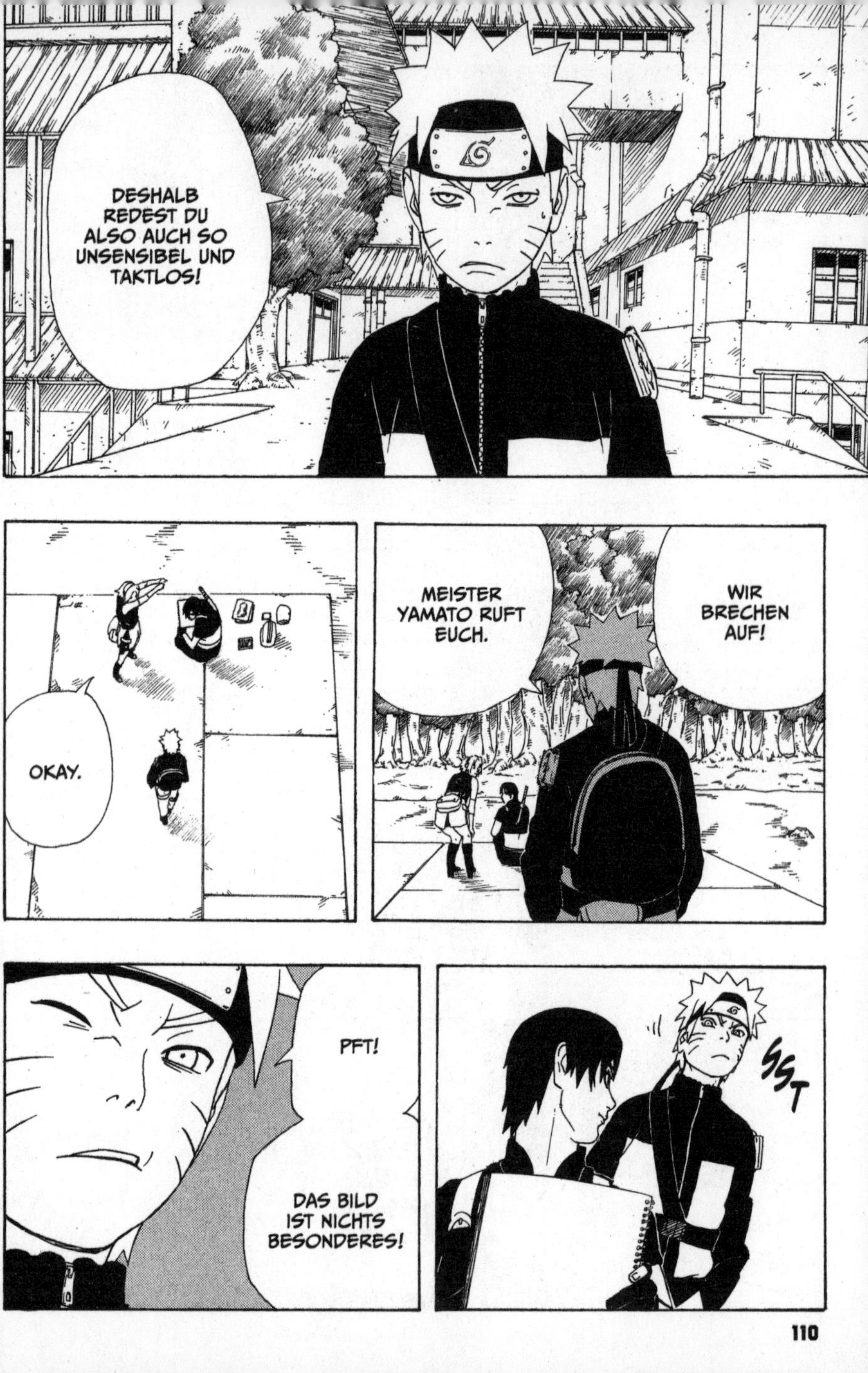
DESHALB REDEST DU ALSO AUCH SO UNSENSIBEL UND TAKTLOS!
WIR BRECHEN AUF!
MEISTER YAMATO RUFT EUCH.
OKAY.
SST
PFT!
DAS BILD IST NICHTS BESONDERES!

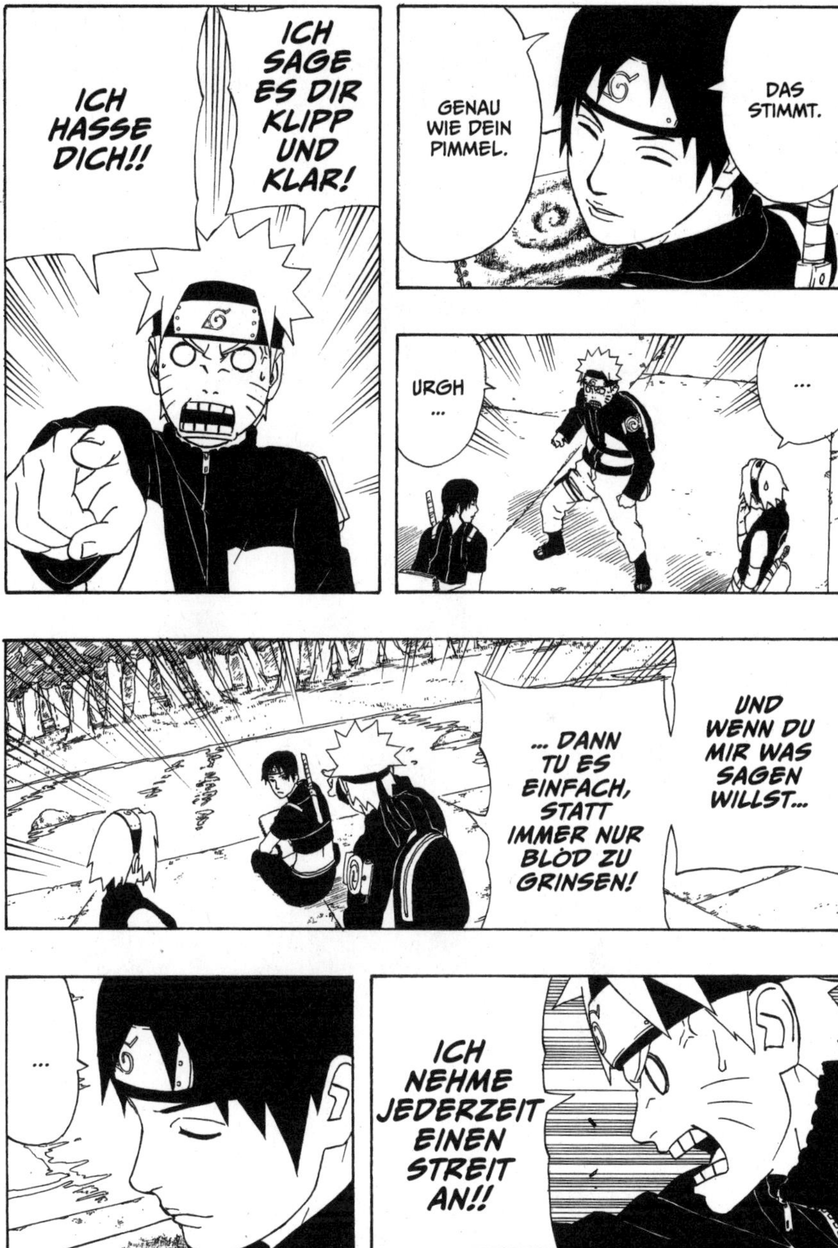
DAS STIMMT.
GENAU WIE DEIN PIMMEL.
...
URGH ...
ICH SAGE ES DIR KLIPP UND KLAR!
ICH HASSE DICH!!
UND WENN DU MIR WAS SAGEN WILLST...
... DANN TU ES EINFACH, STATT IMMER NUR BLÖD ZU GRINSEN!
ICH NEHME JEDERZEIT EINEN STREIT AN!!
...

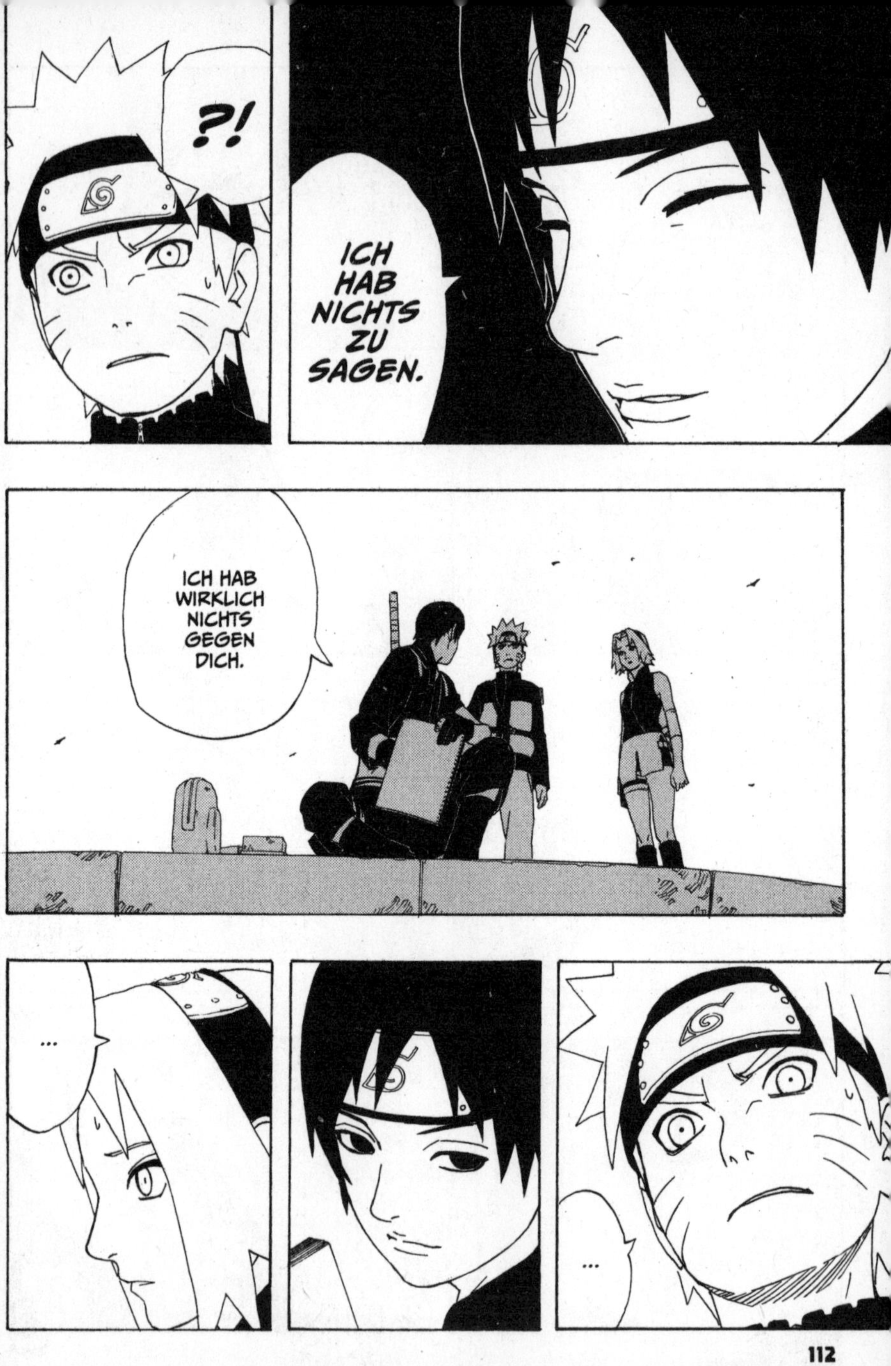
ICH HAB NICHTS ZU SAGEN.
?!
ICH HAB WIRKLICH NICHTS GEGEN DICH.
...
...

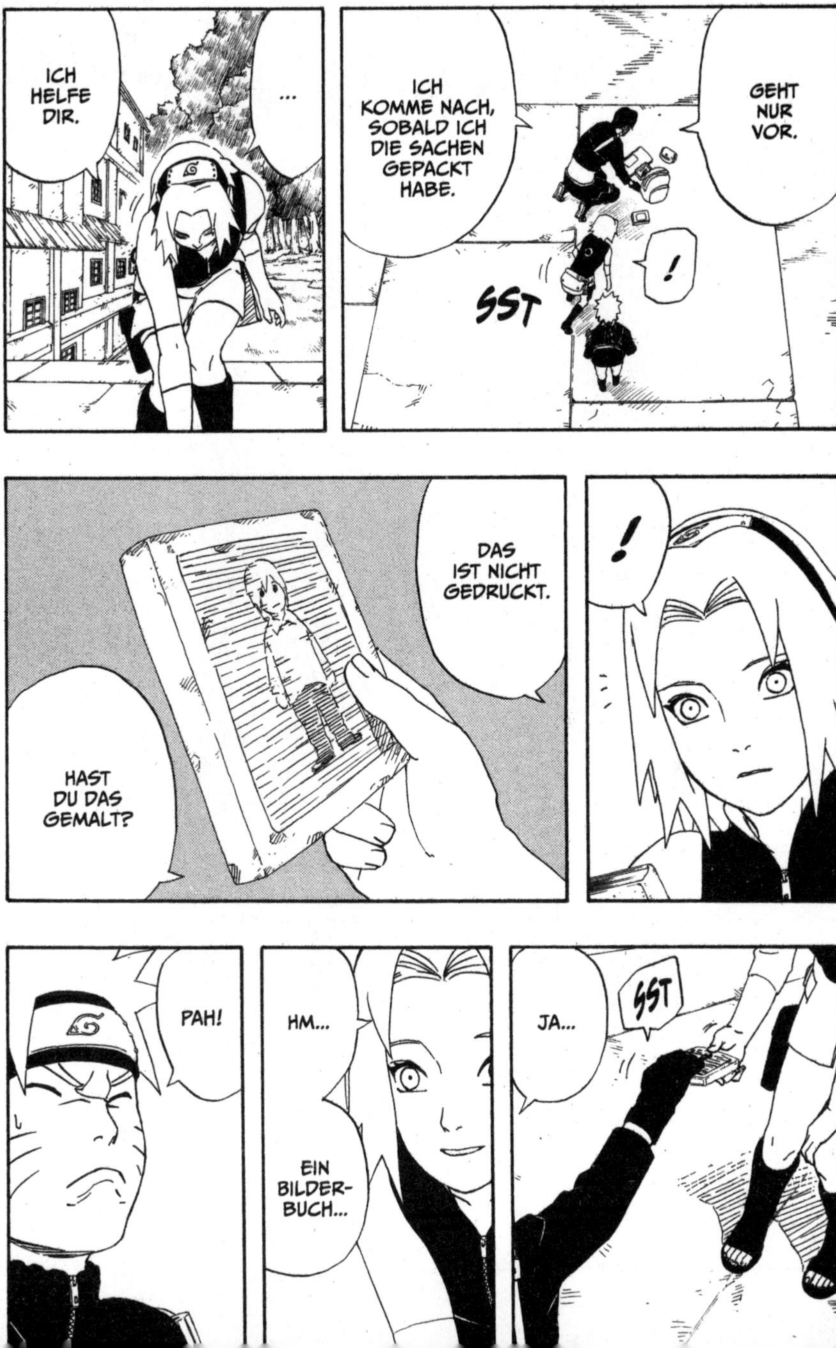
GEHT NUR VOR.
ICH KOMME NACH, SOBALD ICH DIE SACHEN GEPACKT HABE.
!
SST
...
ICH HELFE DIR.
!
DAS IST NICHT GEDRUCKT.
HAST DU DAS GEMALT?
SST
JA...
HM...
EIN BILDER-BUCH...
PAH!

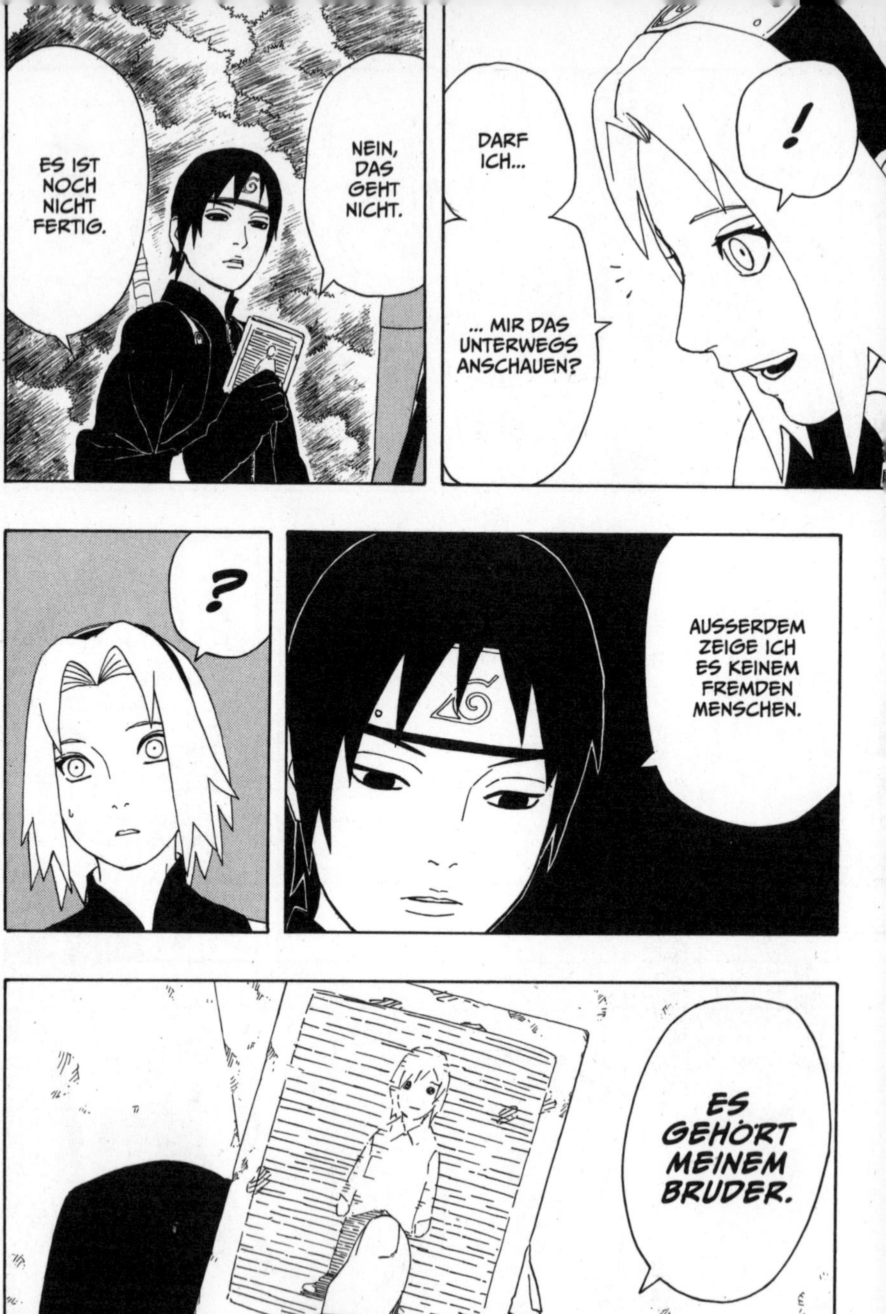
!
DARF ICH...
... MIR DAS UNTERWEGS ANSCHAUEN?
NEIN, DAS GEHT NICHT.
ES IST NOCH NICHT FERTIG.
AUSSERDEM ZEIGE ICH ES KEINEM FREMDEN MENSCHEN.
?
ES GEHÖRT MEINEM BRUDER.

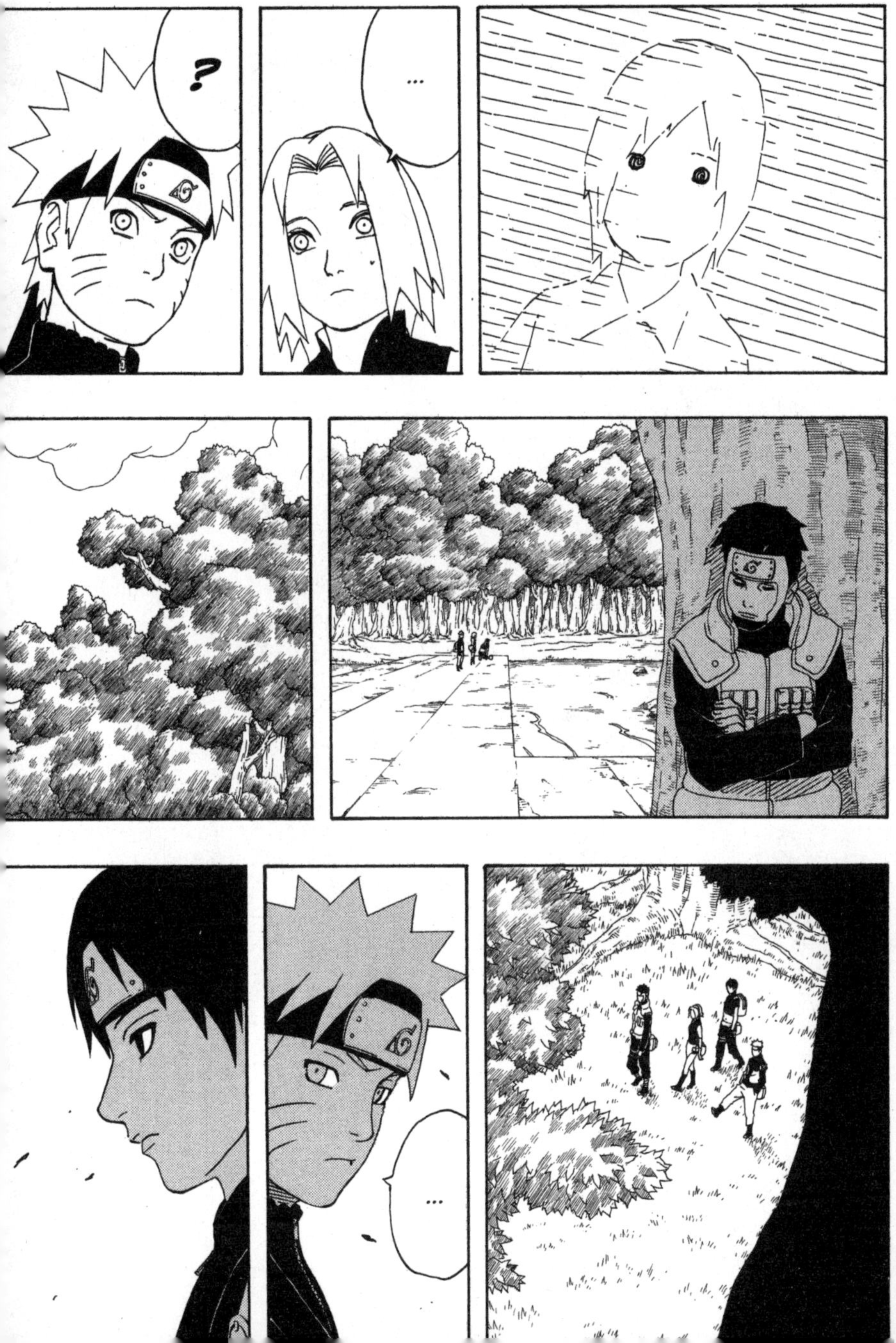

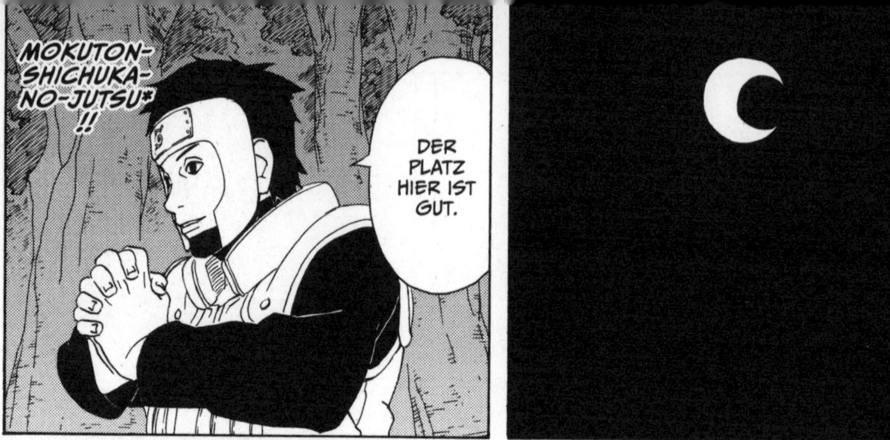

* SHI = VIER, CHU = SÄULE/PFEILER, KA = HAUS

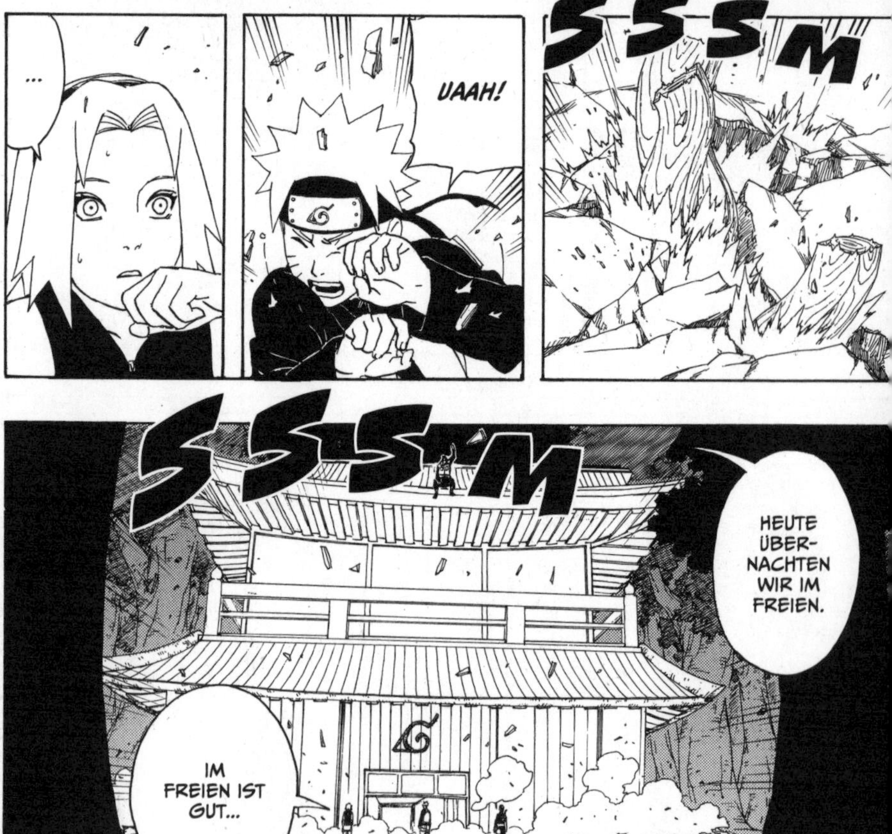

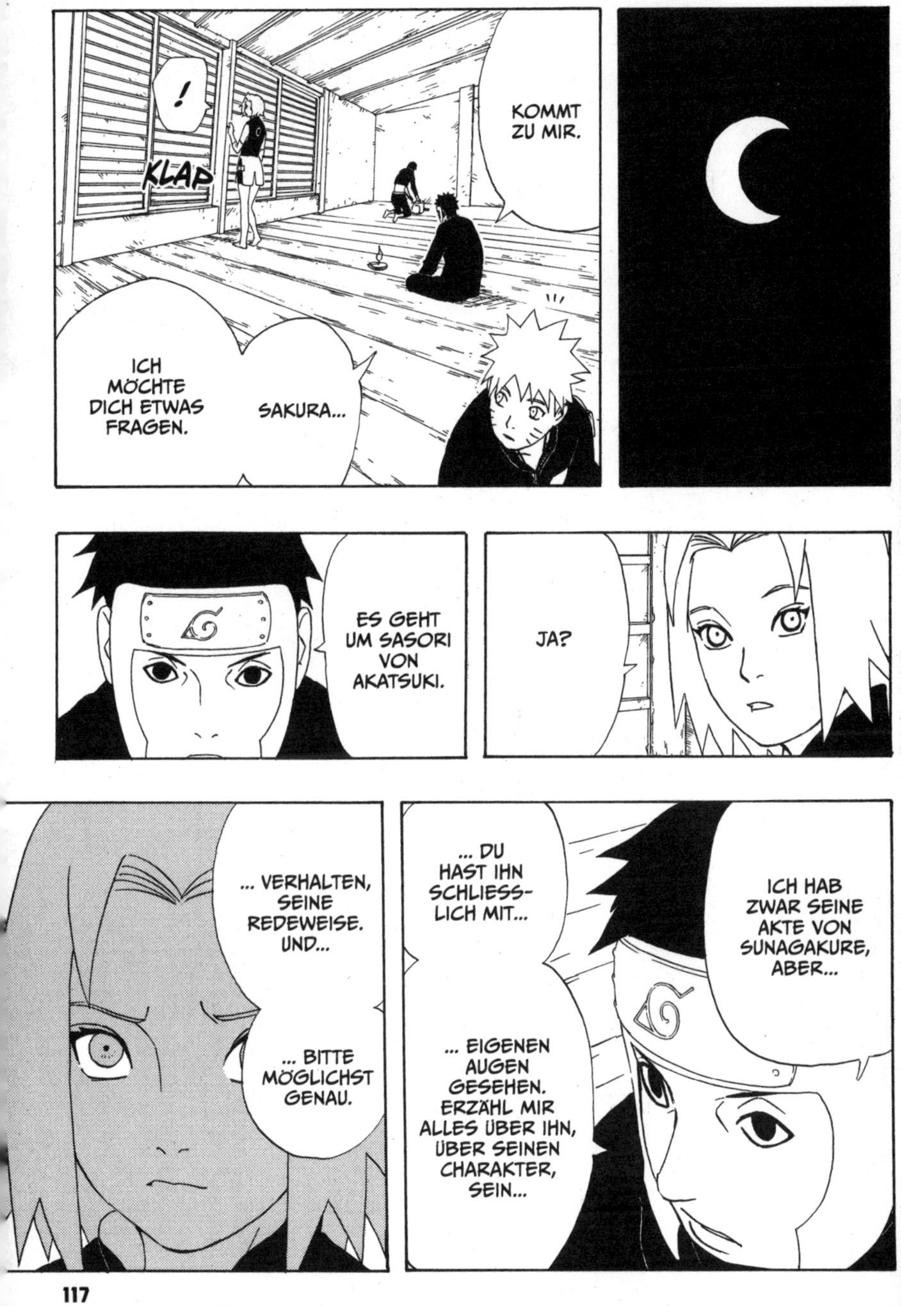
KOMMT ZU MIR.
!
KLAP
SAKURA...
ICH MÖCHTE DICH ETWAS FRAGEN.
JA?
ES GEHT UM SASORI VON AKATSUKI.
ICH HAB ZWAR SEINE AKTE VON SUNAGAKURE, ABER...
... DU HAST IHN SCHLIESS-LICH MIT...
... EIGENEN AUGEN GESEHEN. ERZÄHL MIR ALLES ÜBER IHN, ÜBER SEINEN CHARAKTER, SEIN...
... VERHALTEN, SEINE REDEWEISE. UND...
... BITTE MÖGLICHST GENAU.

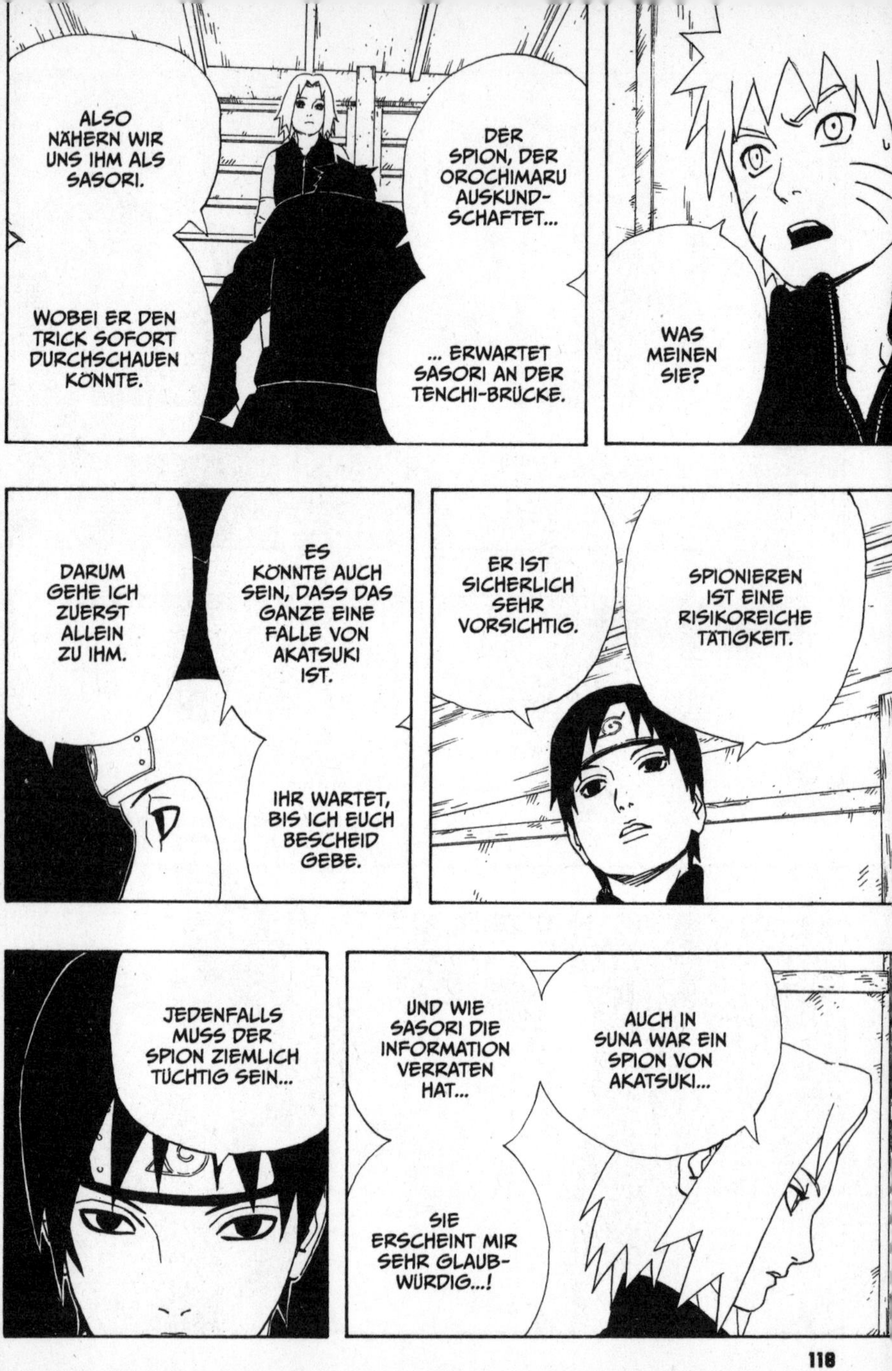
WAS MEINEN SIE?
DER SPION, DER OROCHIMARU AUSKUNDSCHAFTET...
... ERWARTET SASORI AN DER TENCHI-BRÜCKE.
ALSO NÄHERN WIR UNS IHM ALS SASORI.
WOBEI ER DEN TRICK SOFORT DURCHSCHAUEN KÖNNTE.
SPIONIEREN IST EINE RISIKOREICHE TÄTIGKEIT.
ER IST SICHERLICH SEHR VORSICHTIG.
ES KÖNNTE AUCH SEIN, DASS DAS GANZE EINE FALLE VON AKATSUKI IST.
DARUM GEHE ICH ZUERST ALLEIN ZU IHM.
IHR WARTET, BIS ICH EUCH BESCHEID GEBE.
AUCH IN SUNA WAR EIN SPION VON AKATSUKI...
UND WIE SASORI DIE INFORMATION VERRATEN HAT...
SIE ERSCHEINT MIR SEHR GLAUBWÜRDIG...!
JEDENFALLS MUSS DER SPION ZIEMLICH TÜCHTIG SEIN...

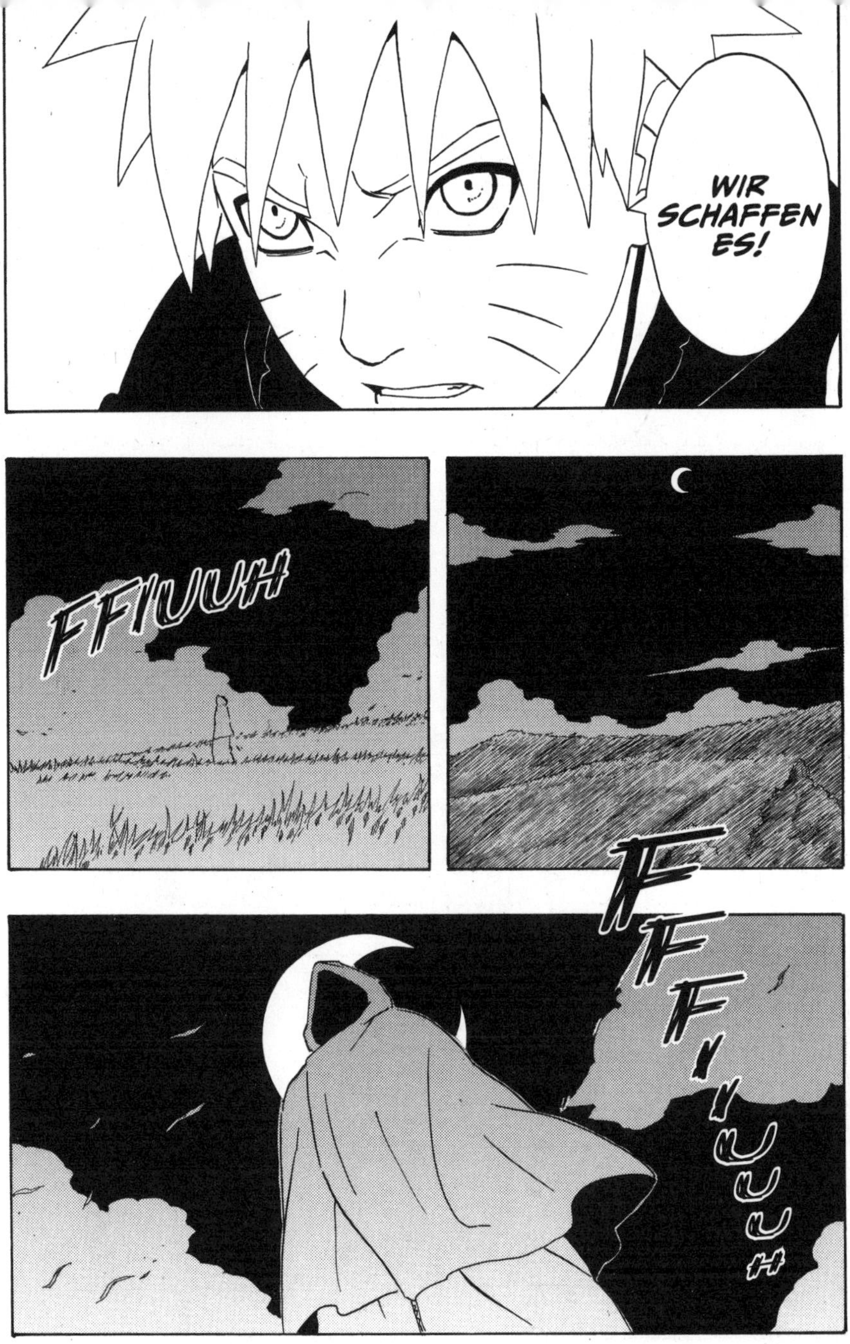
WIR SCHAFFEN ES!
FFIUUH
FFFIIUUUH

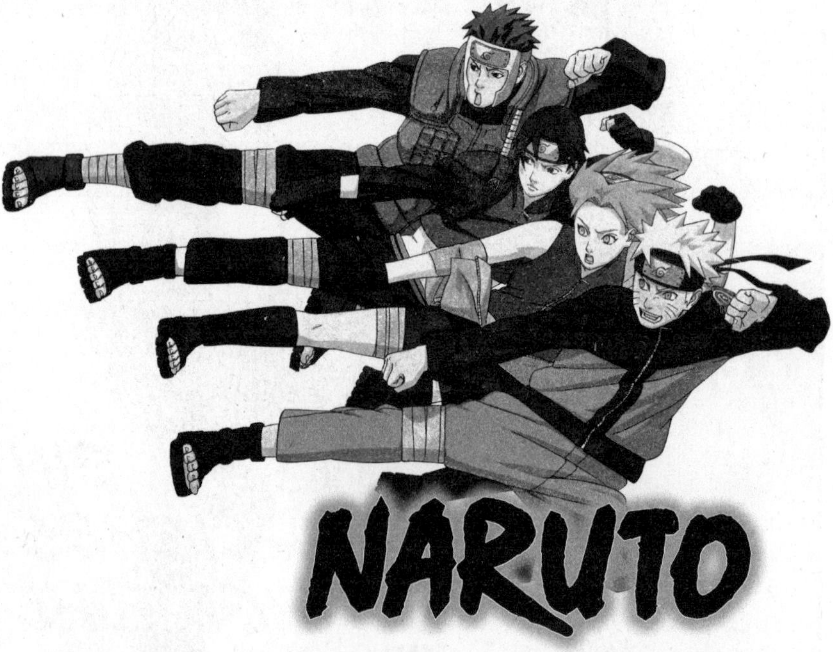
NARUTO

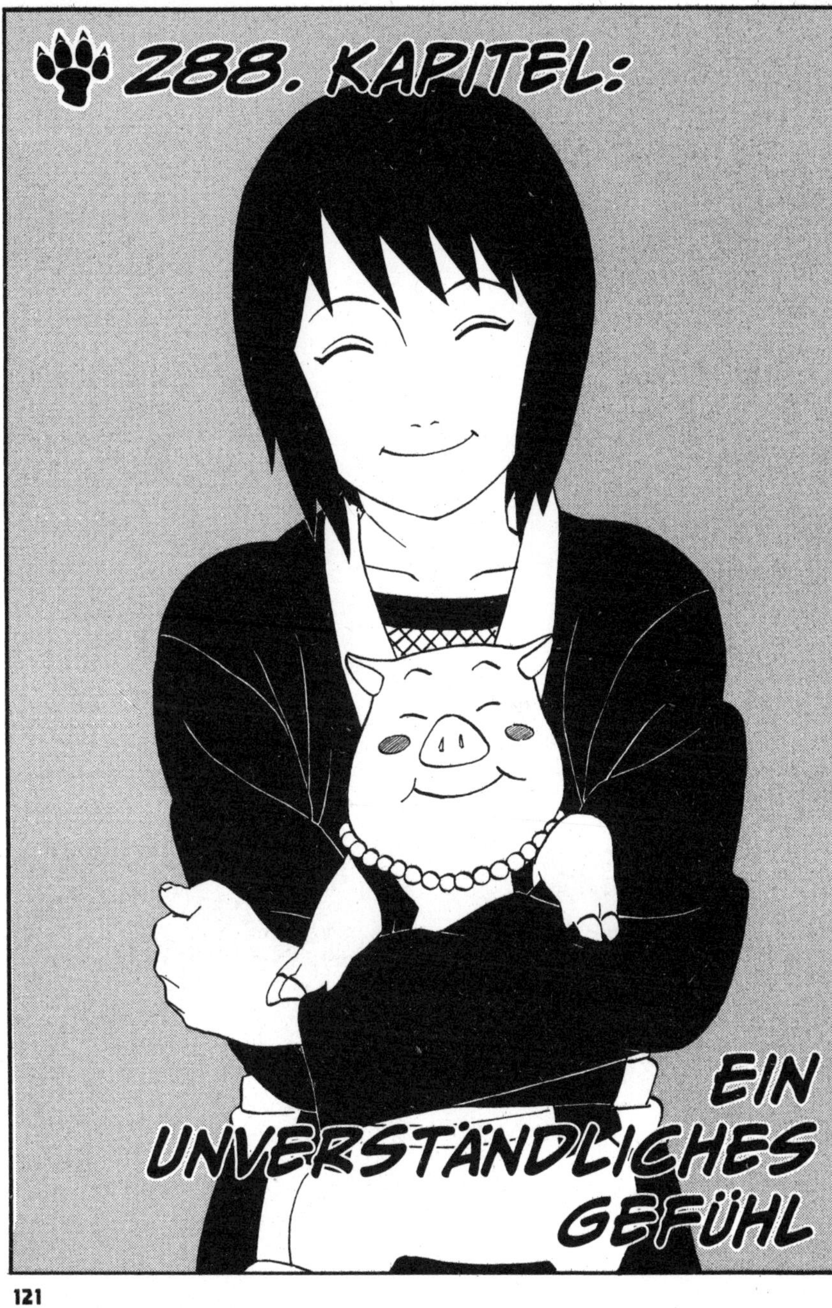
288. KAPITEL:
EIN UNVERSTÄNDLICHES GEFÜHL

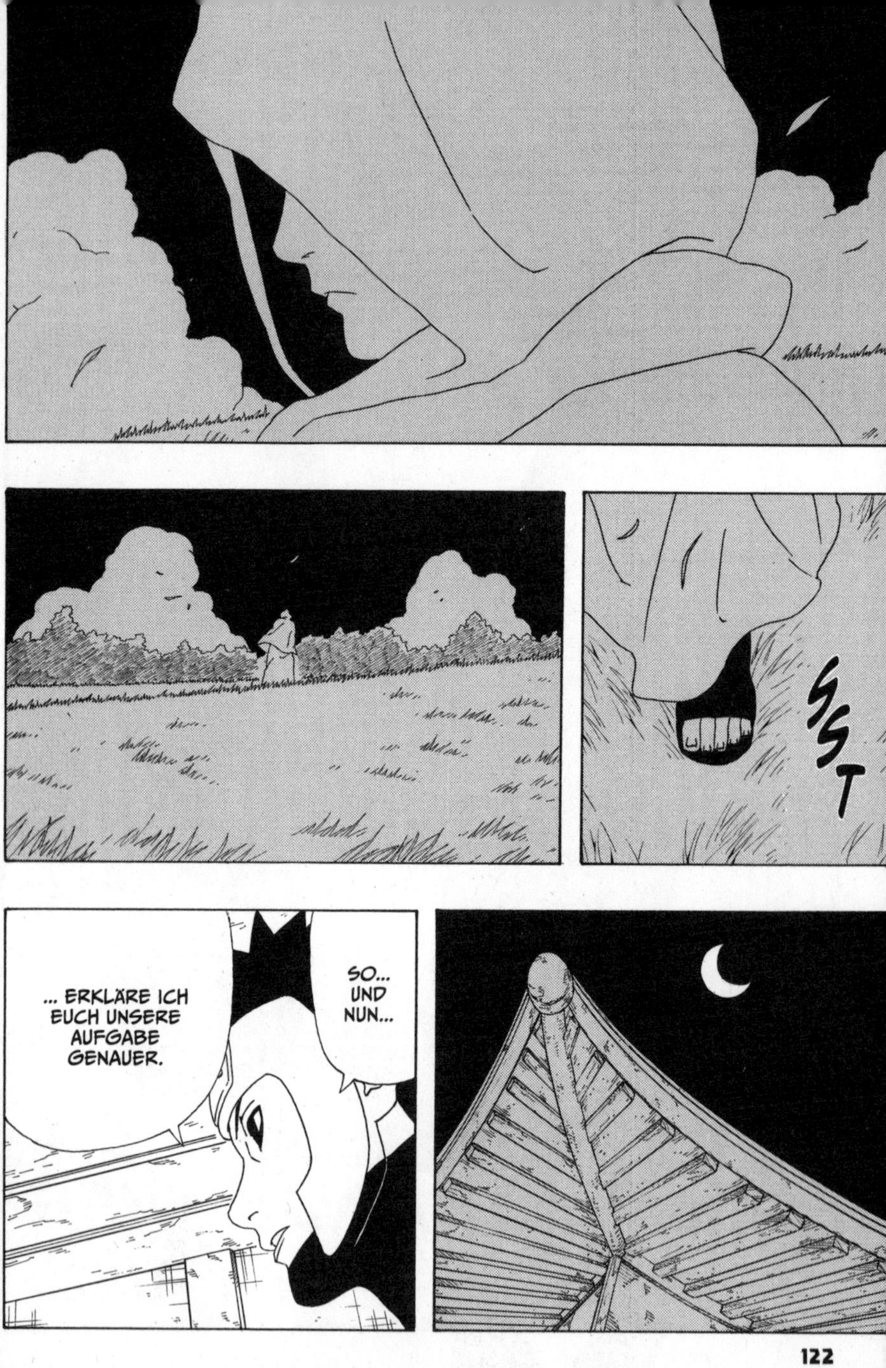

SST
SO... UND NUN...
... ERKLÄRE ICH EUCH UNSERE AUFGABE GENAUER.

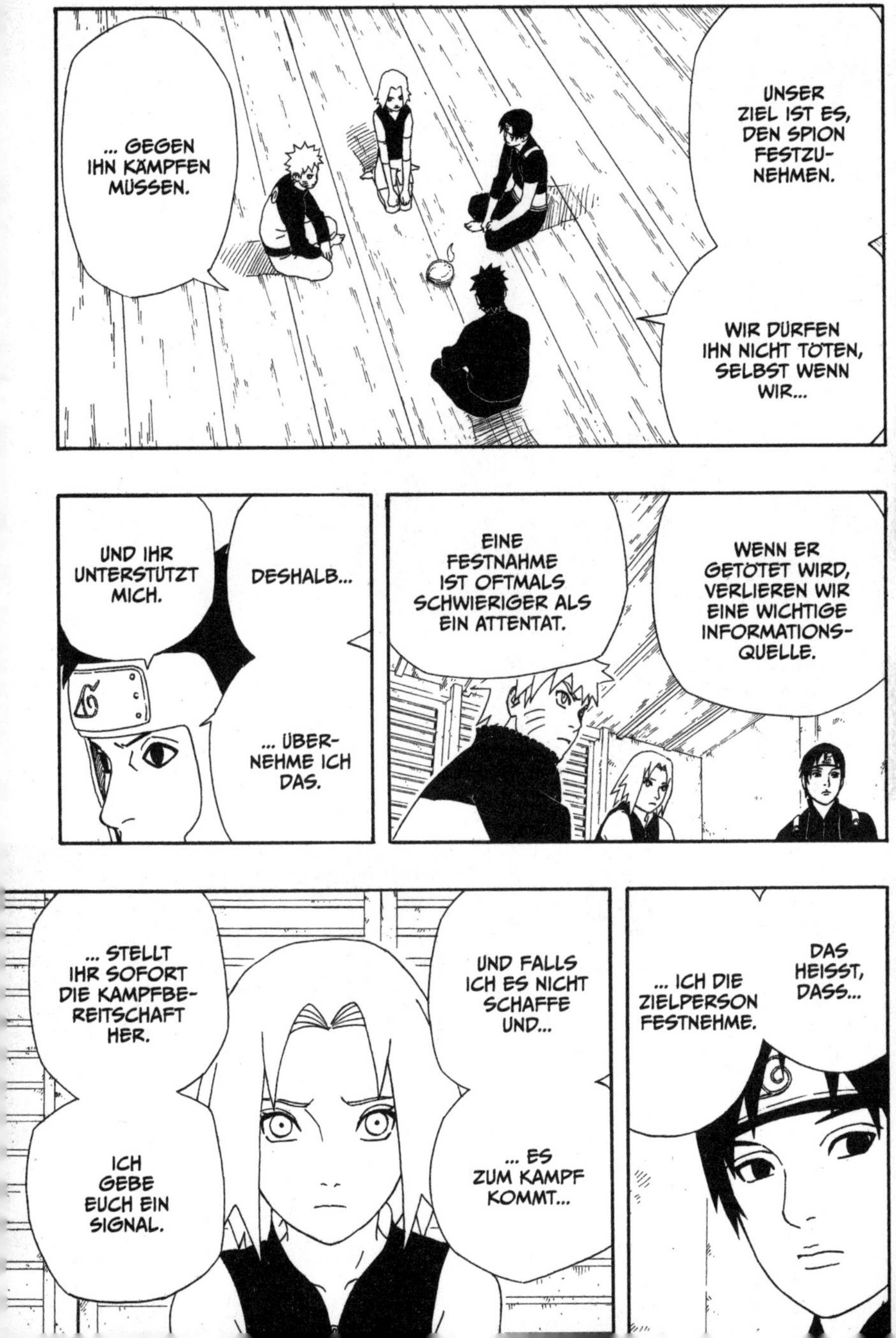
UNSER ZIEL IST ES, DEN SPION FESTZUNEHMEN.
WIR DÜRFEN IHN NICHT TÖTEN, SELBST WENN WIR...
... GEGEN IHN KÄMPFEN MÜSSEN.
WENN ER GETÖTET WIRD, VERLIEREN WIR EINE WICHTIGE INFORMATIONSQUELLE.
EINE FESTNAHME IST OFTMALS SCHWIERIGER ALS EIN ATTENTAT.
DESHALB...
... ÜBERNEHME ICH DAS.
UND IHR UNTERSTÜTZT MICH.
DAS HEISST, DASS...
... ICH DIE ZIELPERSON FESTNEHME.
UND FALLS ICH ES NICHT SCHAFFE UND...
... ES ZUM KAMPF KOMMT...
... STELLT IHR SOFORT DIE KAMPFBEREITSCHAFT HER.
ICH GEBE EUCH EIN SIGNAL.

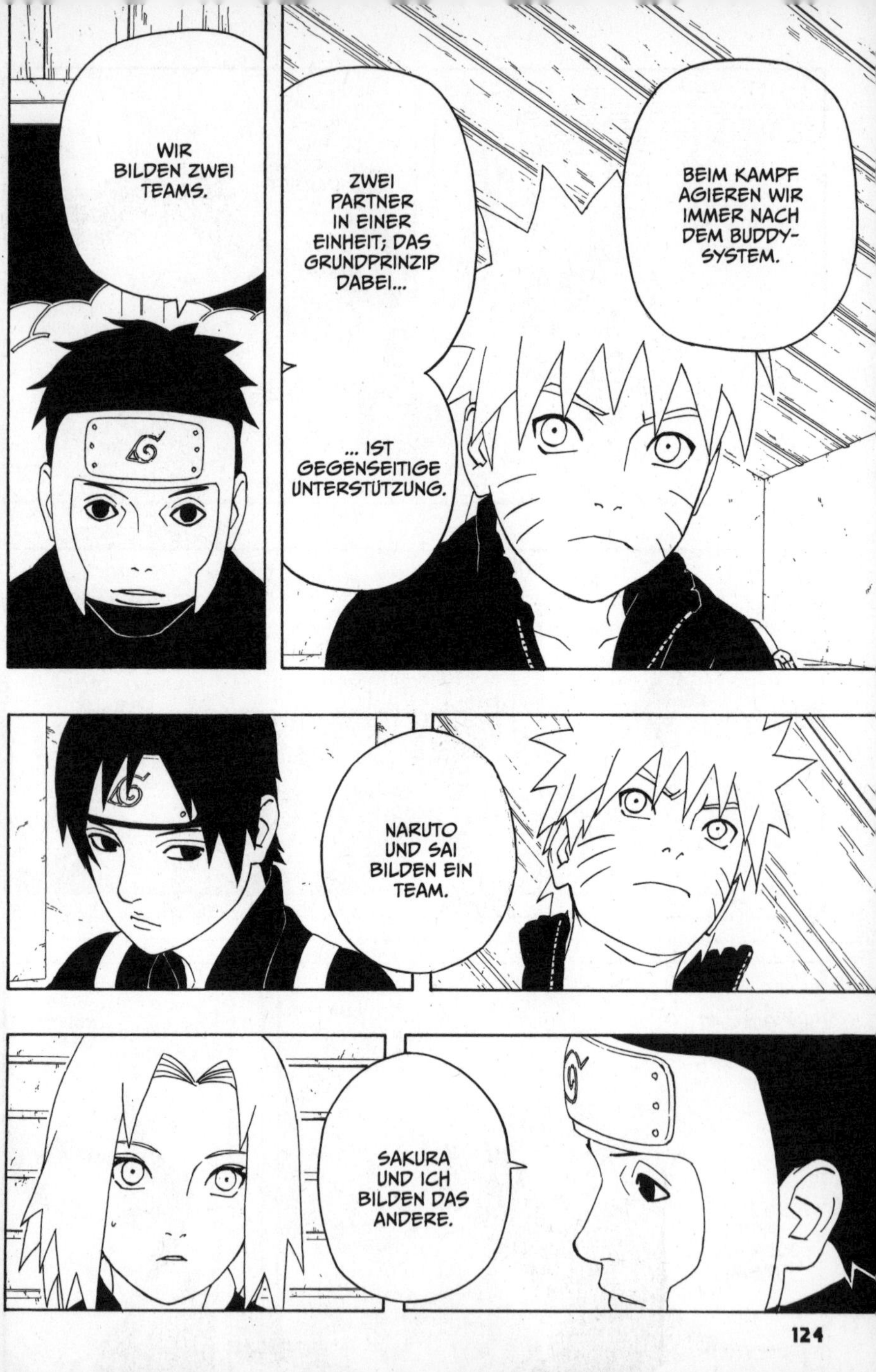
BEIM KAMPF AGIEREN WIR IMMER NACH DEM BUDDY-SYSTEM.
ZWEI PARTNER IN EINER EINHEIT; DAS GRUNDPRINZIP DABEI...
... IST GEGENSEITIGE UNTERSTÜTZUNG.
WIR BILDEN ZWEI TEAMS.
NARUTO UND SAI BILDEN EIN TEAM.
SAKURA UND ICH BILDEN DAS ANDERE.

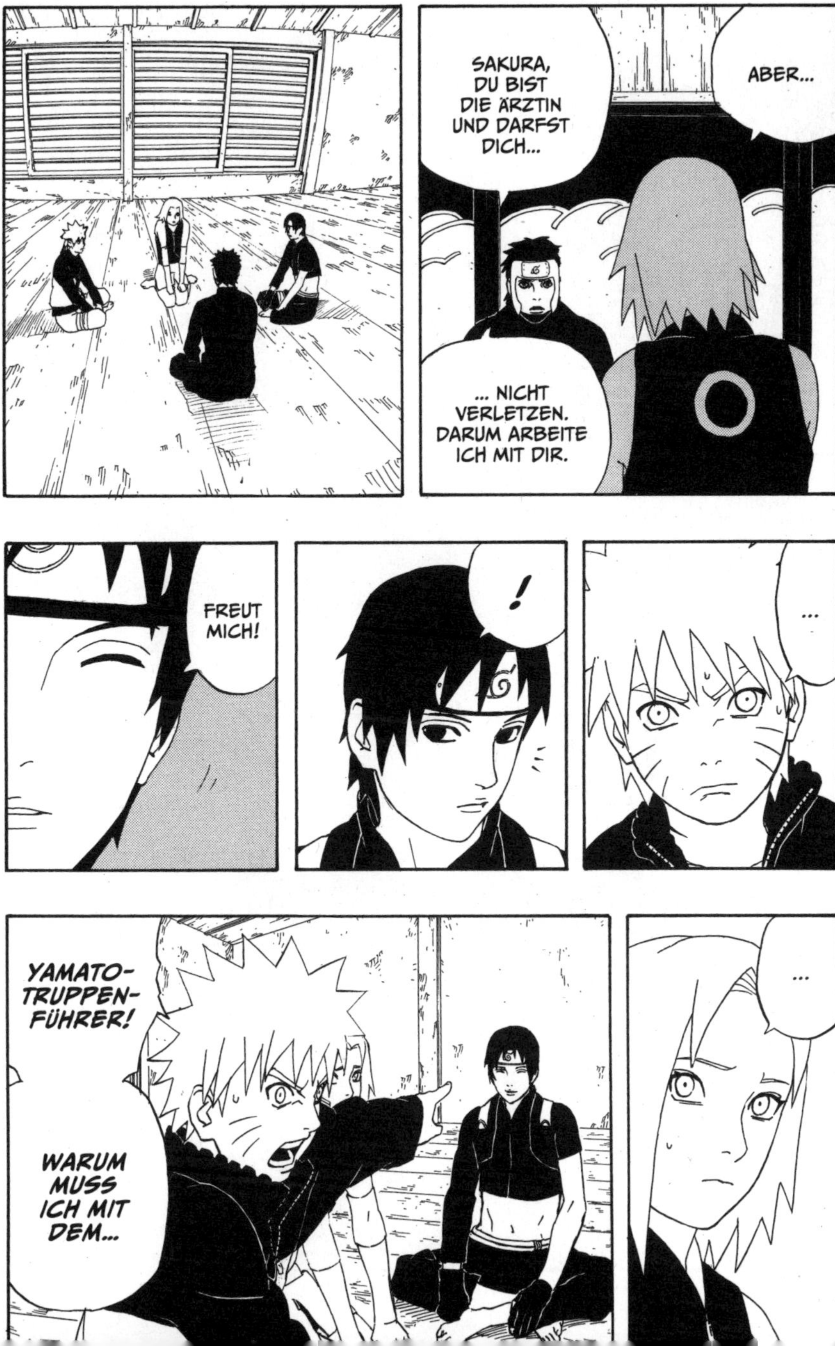
ABER...
SAKURA, DU BIST DIE ÄRZTIN UND DARFST DICH...
... NICHT VERLETZEN. DARUM ARBEITE ICH MIT DIR.
...
!
FREUT MICH!
...
YAMATO-TRUPPENFÜHRER!
WARUM MUSS ICH MIT DEM...

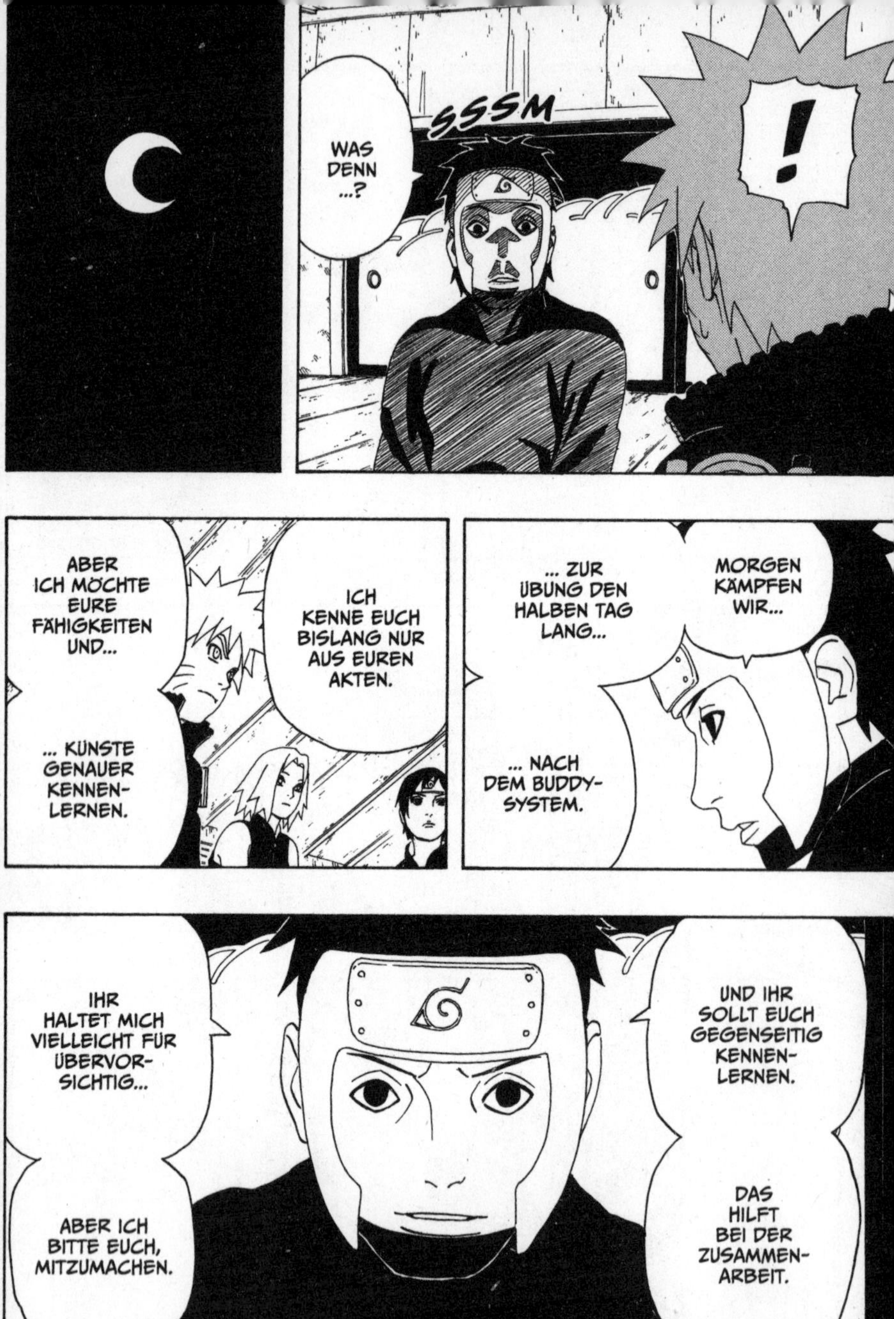
!
SSSM
WAS DENN ...?
MORGEN KÄMPFEN WIR...
... ZUR ÜBUNG DEN HALBEN TAG LANG...
... NACH DEM BUDDY-SYSTEM.
ICH KENNE EUCH BISLANG NUR AUS EUREN AKTEN.
ABER ICH MÖCHTE EURE FÄHIGKEITEN UND...
... KÜNSTE GENAUER KENNEN-LERNEN.
UND IHR SOLLT EUCH GEGENSEITIG KENNEN-LERNEN.
DAS HILFT BEI DER ZUSAMMEN-ARBEIT.
IHR HALTET MICH VIELLEICHT FÜR ÜBERVOR-SICHTIG...
ABER ICH BITTE EUCH, MITZUMACHEN.

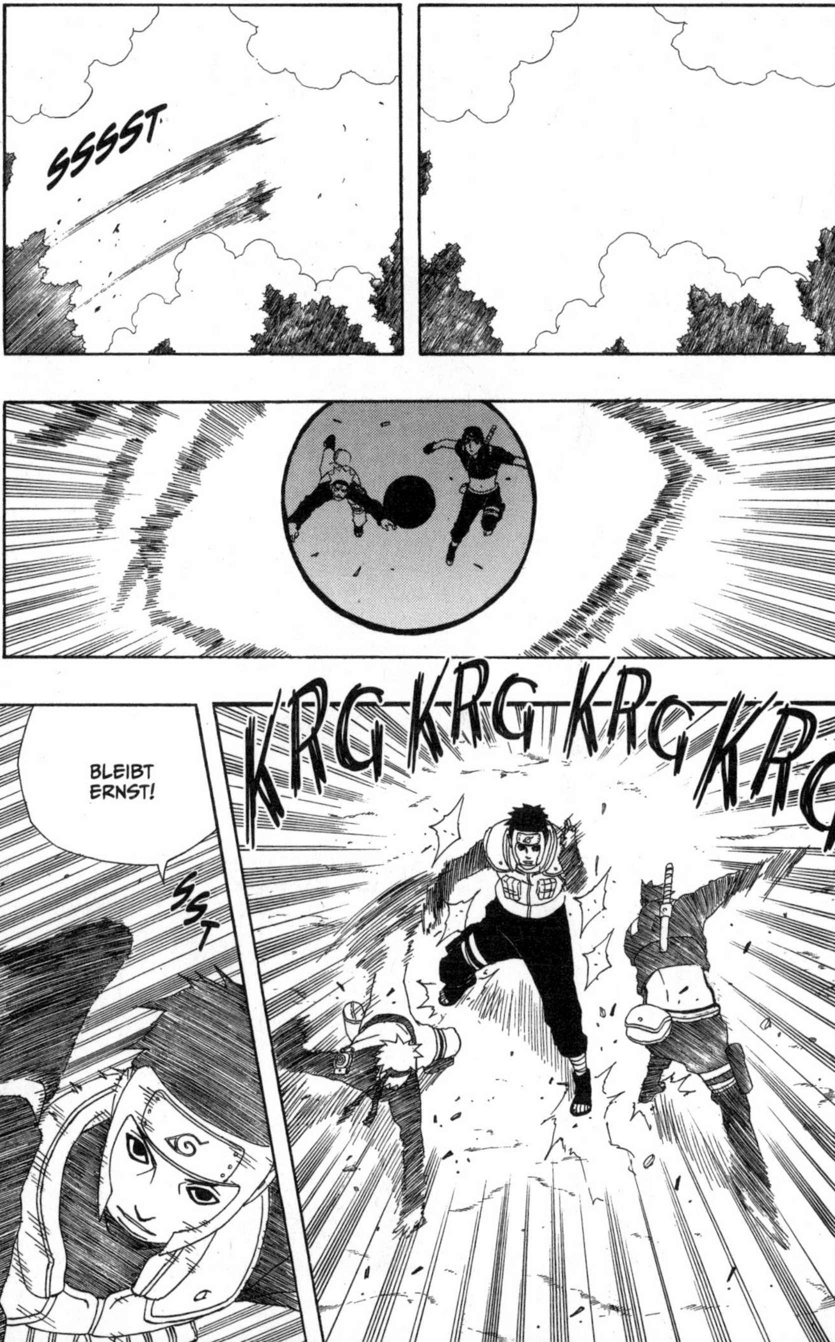
SSSST
BLEIBT ERNST!
SST
KRG KRG KRG KRG

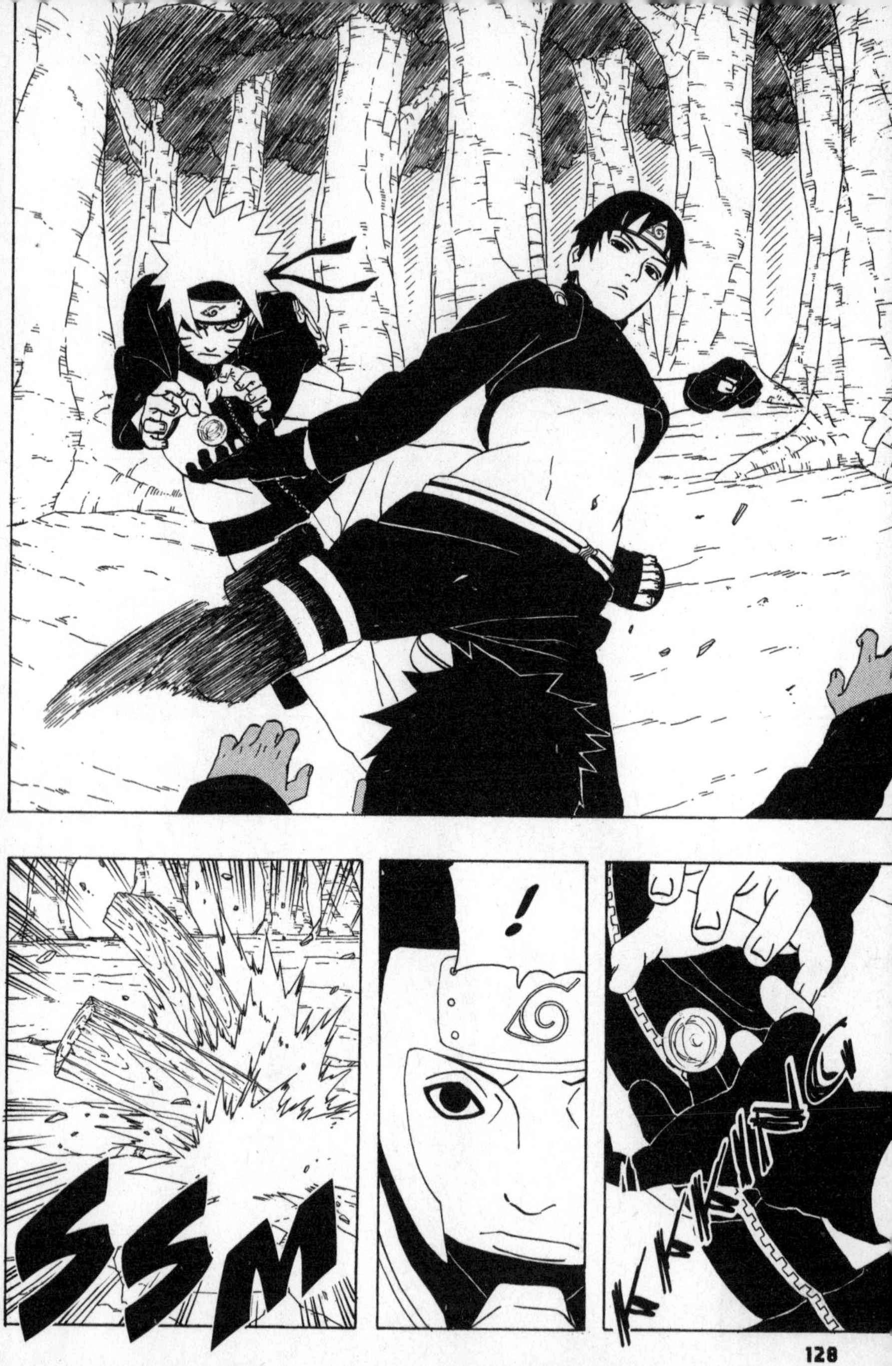
SSM
!
KKKING

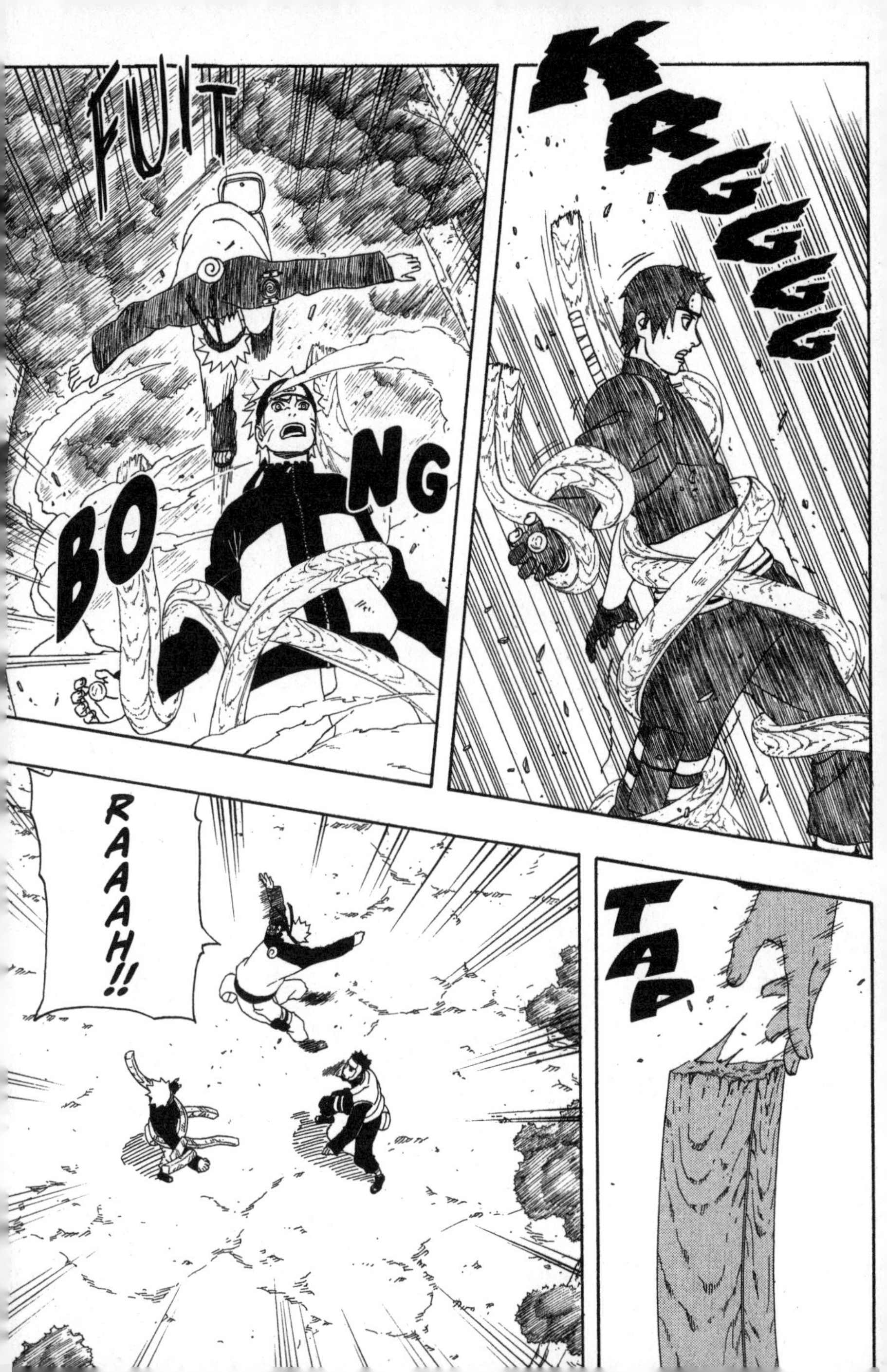
KRGGGG
FUIT
BONG
TAP
RAAAAH!!

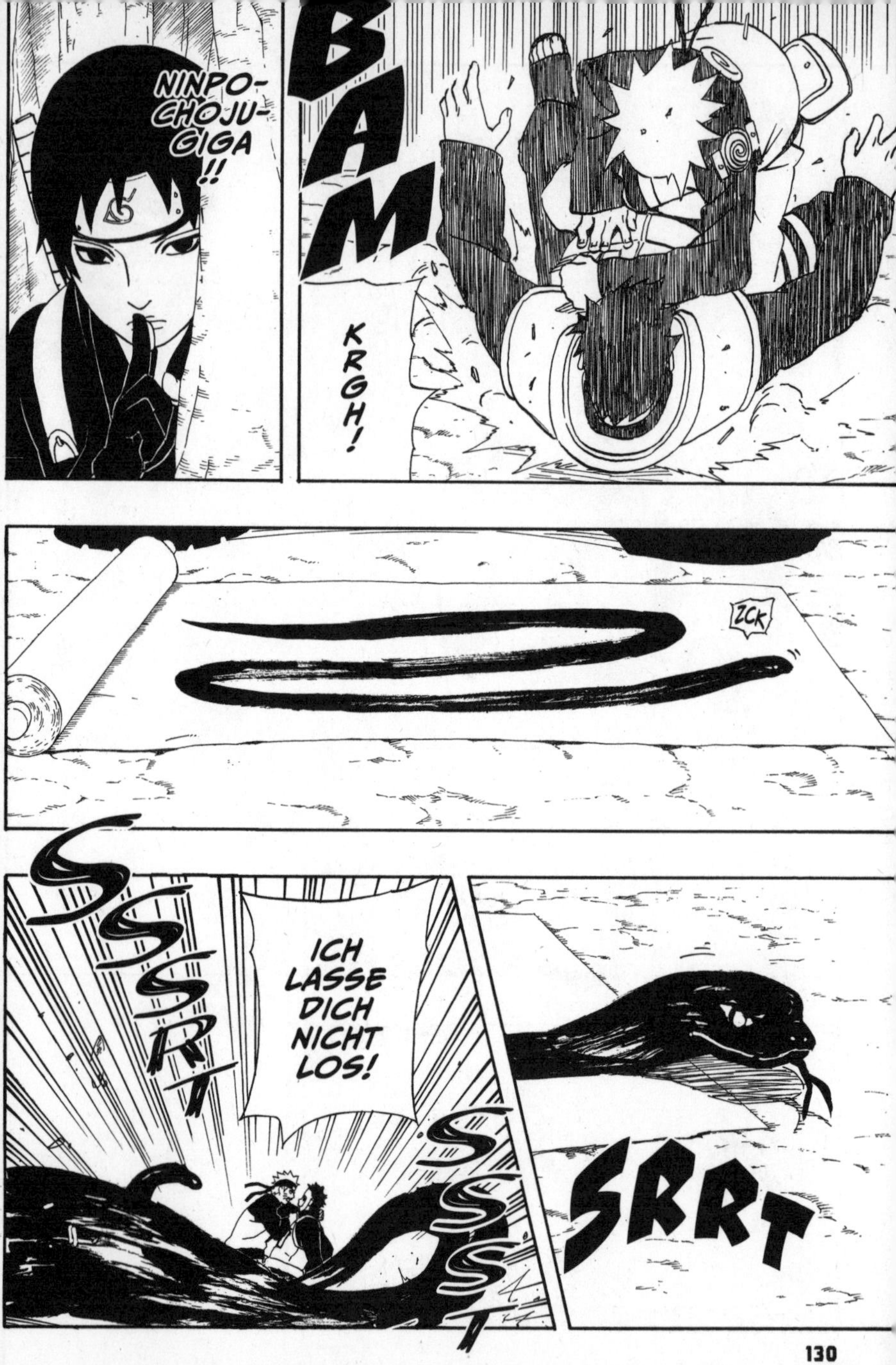
BAM
KRGH!
NINPO-CHOJU-GIGA!!
ZCK
SRRT
SSSRRT
ICH LASSE DICH NICHT LOS!
SSSST

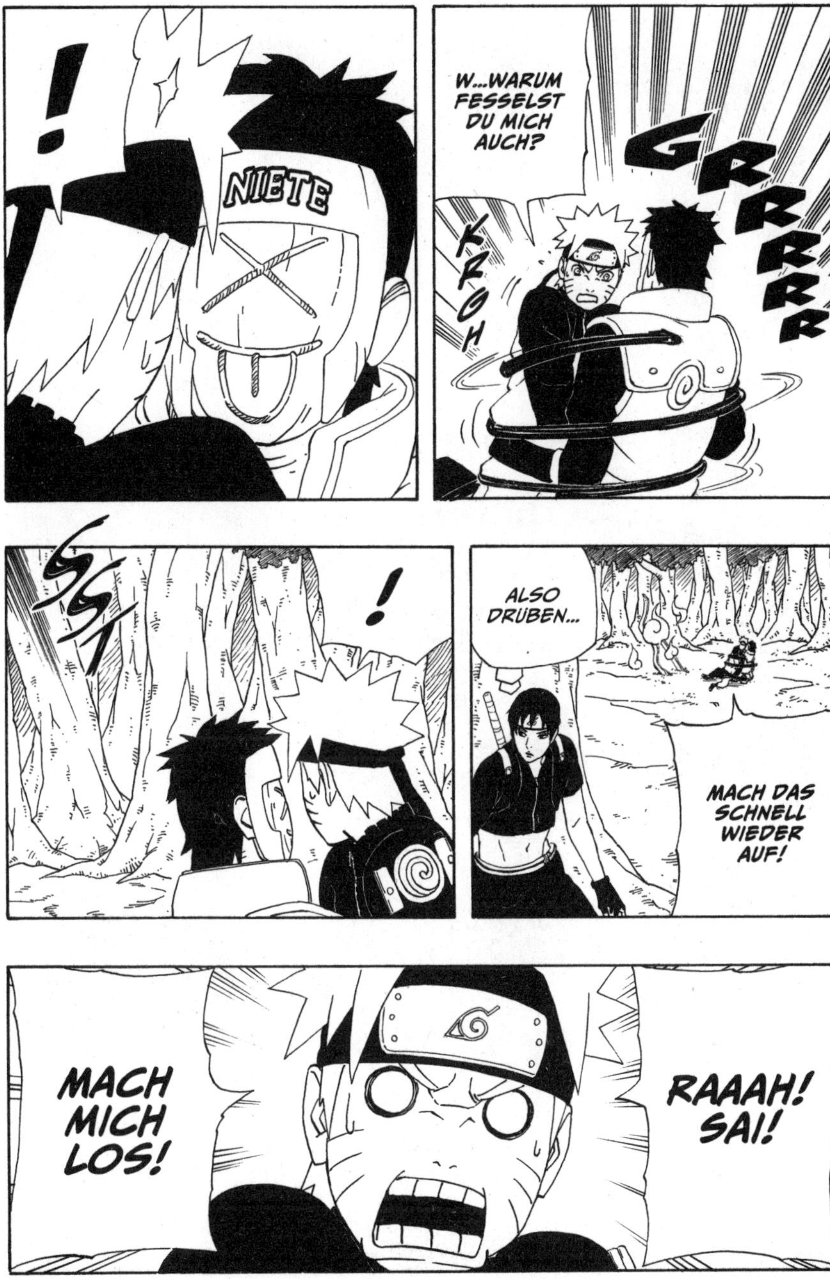
W...WARUM FESSELST DU MICH AUCH?
GRRRRR
KRGH
!
NIETE
ALSO DRÜBEN...
MACH DAS SCHNELL WIEDER AUF!
!
RAAAH! SAI!
MACH MICH LOS!

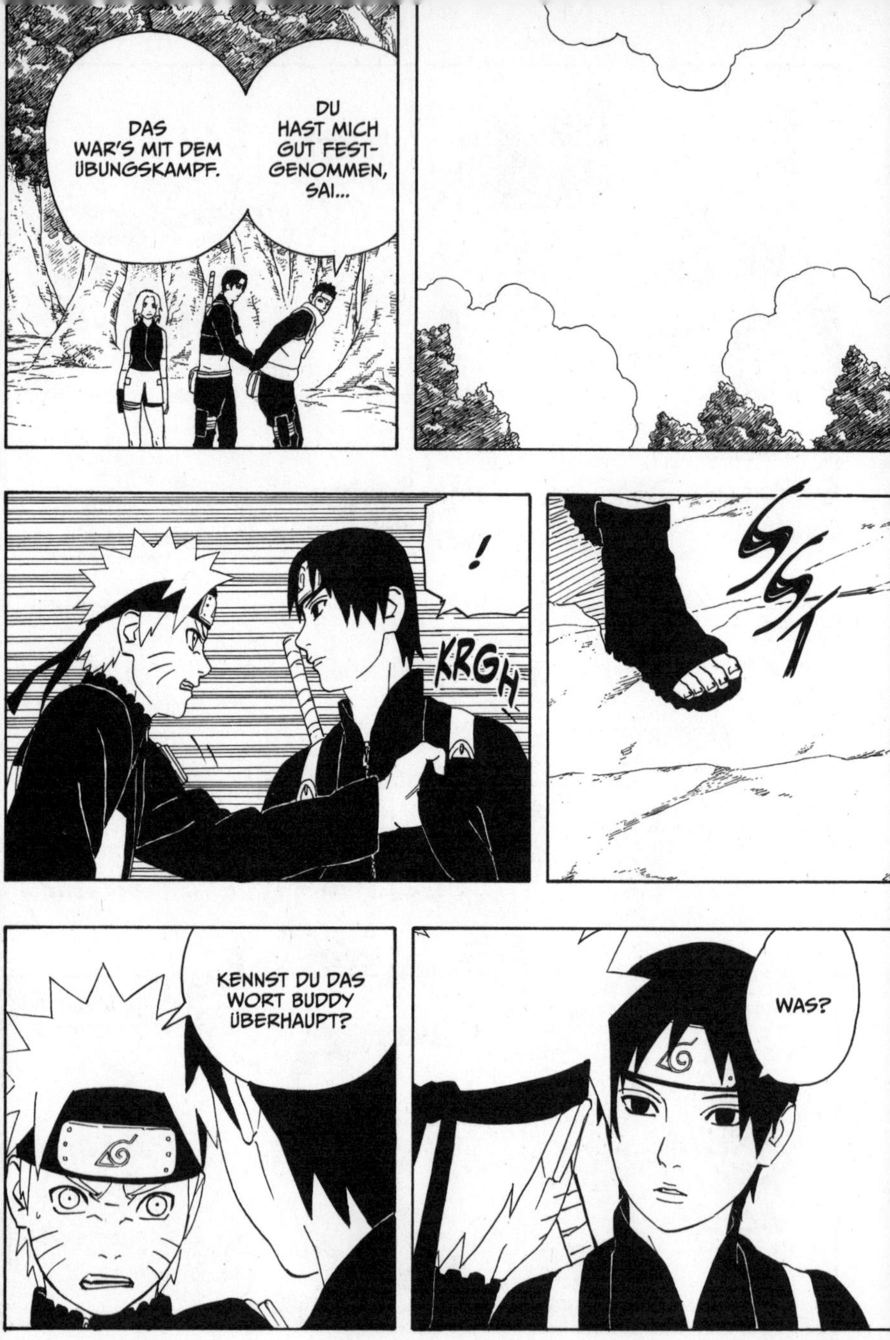
DU HAST MICH GUT FEST-GENOMMEN, SAI...
DAS WAR'S MIT DEM ÜBUNGSKAMPF.
SST
!
KRGH
WAS?
KENNST DU DAS WORT BUDDY ÜBERHAUPT?

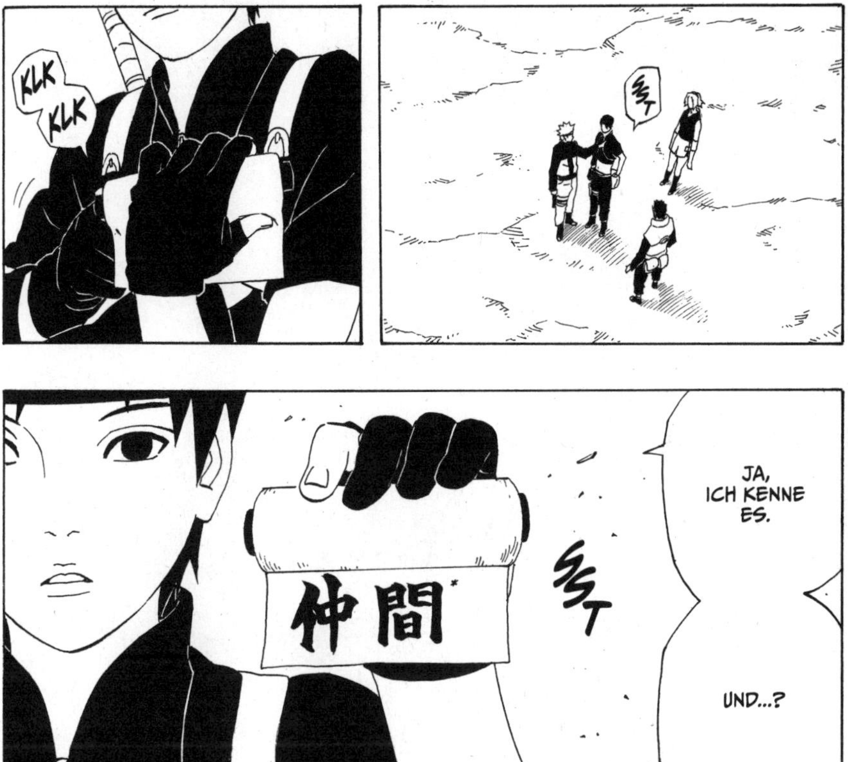

* BUDDY = KAMERAD, KUMPEL

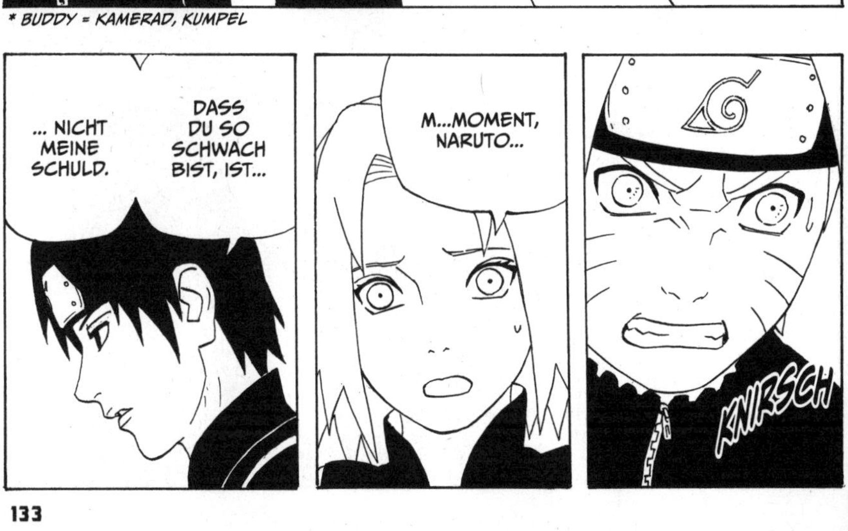

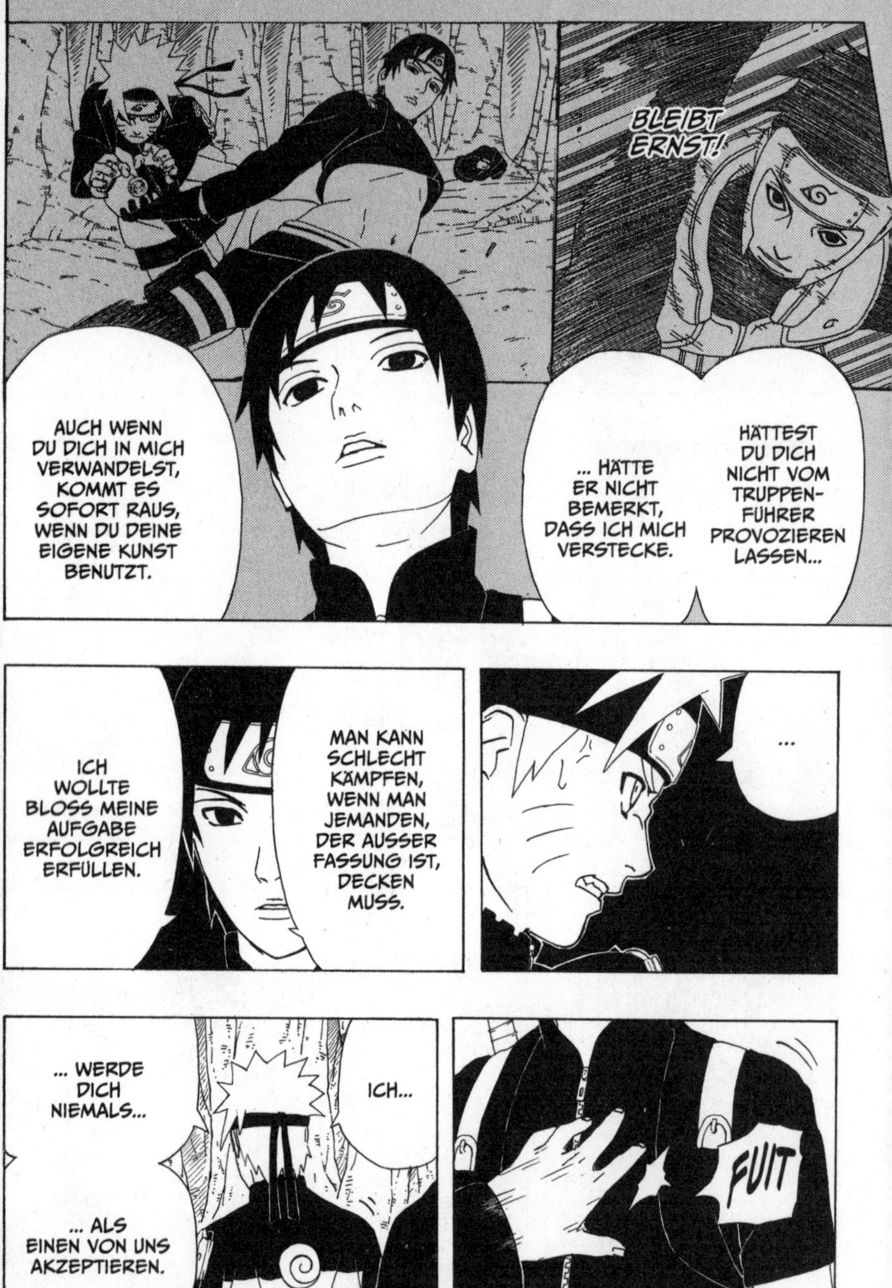
BLEIBT ERNST!
HÄTTEST DU DICH NICHT VOM TRUPPEN-FÜHRER PROVOZIEREN LASSEN...
... HÄTTE ER NICHT BEMERKT, DASS ICH MICH VERSTECKE.
AUCH WENN DU DICH IN MICH VERWANDELST, KOMMT ES SOFORT RAUS, WENN DU DEINE EIGENE KUNST BENUTZT.
...
MAN KANN SCHLECHT KÄMPFEN, WENN MAN JEMANDEN, DER AUSSER FASSUNG IST, DECKEN MUSS.
ICH WOLLTE BLOSS MEINE AUFGABE ERFOLGREICH ERFÜLLEN.
FUIT
ICH...
... WERDE DICH NIEMALS...
... ALS EINEN VON UNS AKZEPTIEREN.

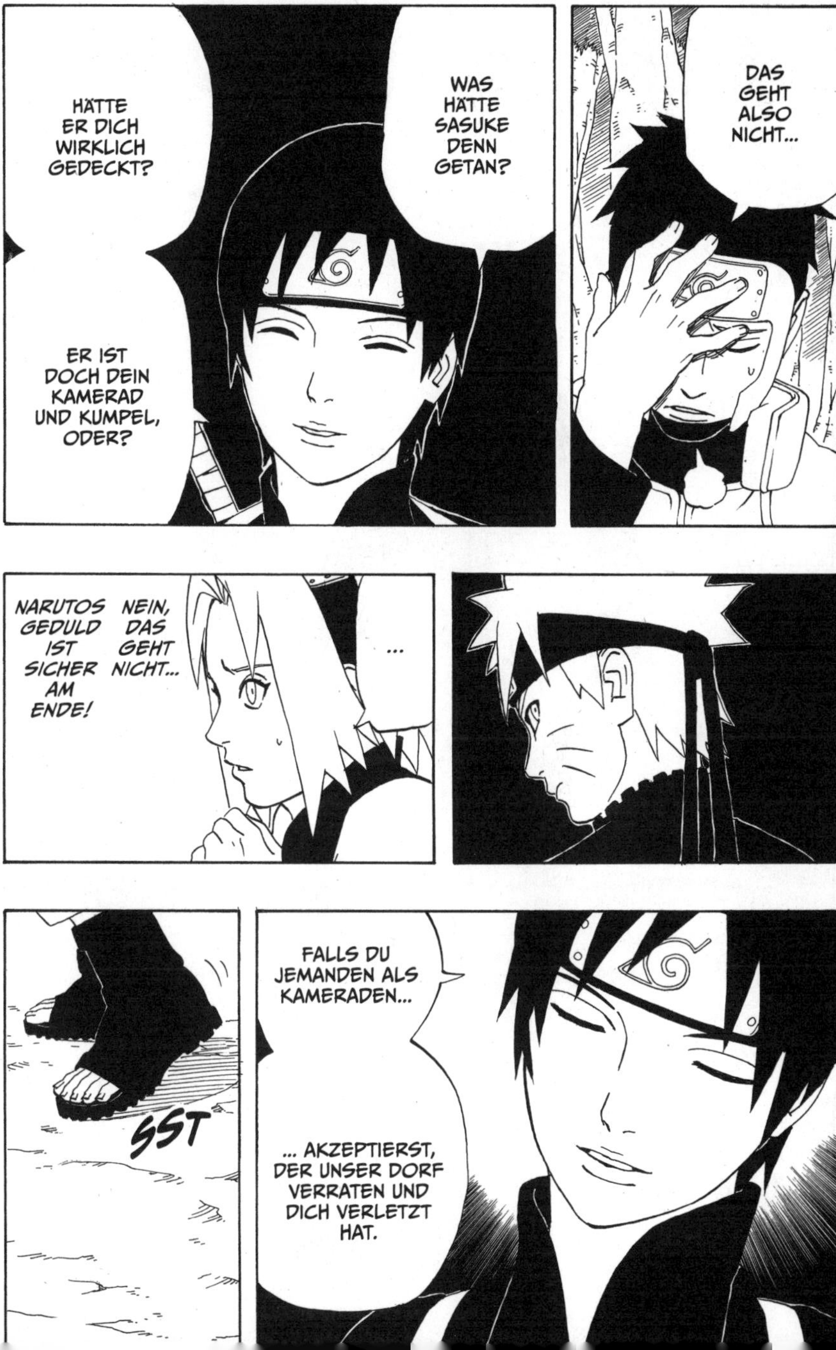
DAS GEHT ALSO NICHT...
WAS HÄTTE SASUKE DENN GETAN?
HÄTTE ER DICH WIRKLICH GEDECKT?
ER IST DOCH DEIN KAMERAD UND KUMPEL, ODER?
...
NEIN, DAS GEHT NICHT...
NARUTOS GEDULD IST SICHER AM ENDE!
FALLS DU JEMANDEN ALS KAMERADEN...
... AKZEPTIERST, DER UNSER DORF VERRATEN UND DICH VERLETZT HAT.
SST

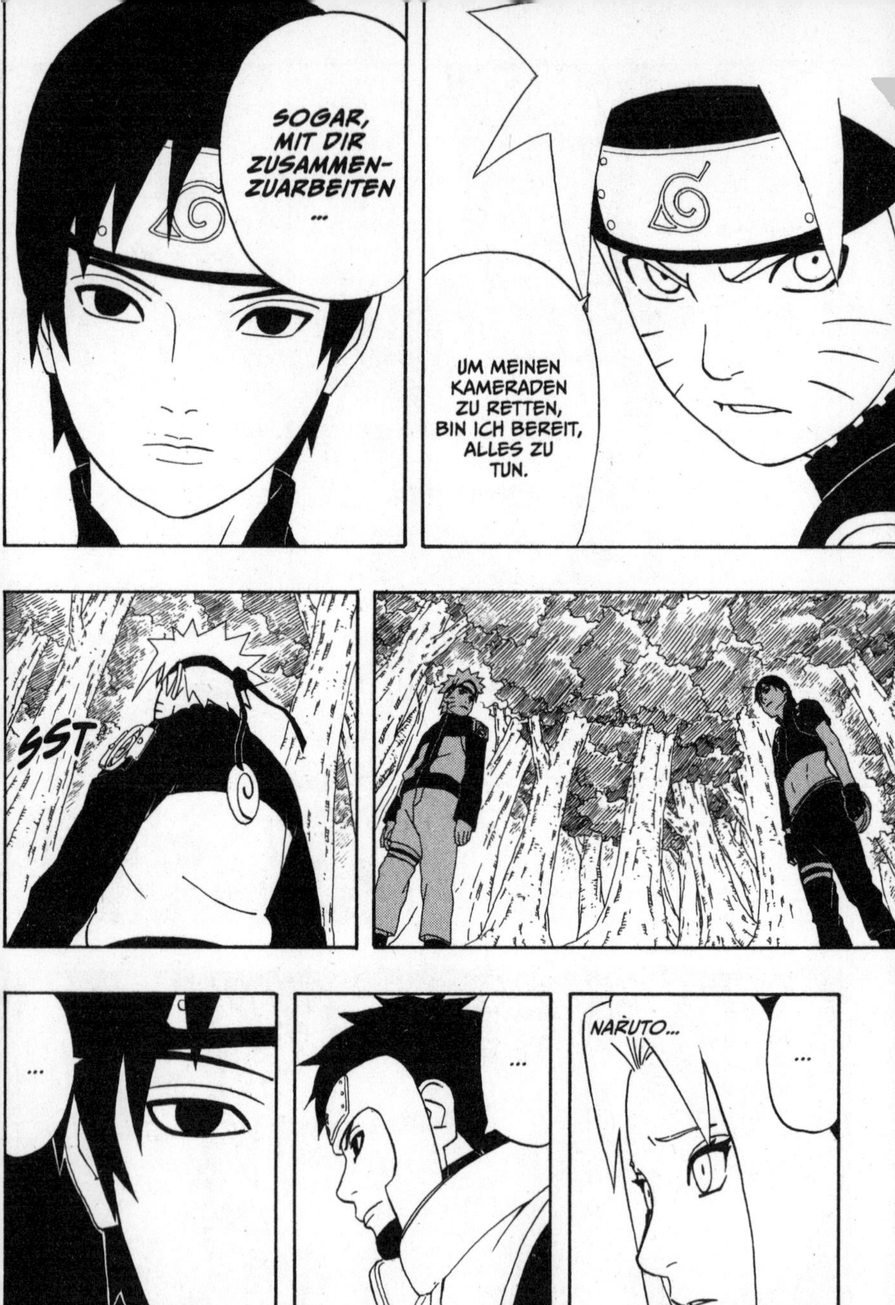
UM MEINEN KAMERADEN ZU RETTEN, BIN ICH BEREIT, ALLES ZU TUN.
SOGAR, MIT DIR ZUSAMMEN-ZUARBEITEN ...
SST
...
NARUTO...
...
...

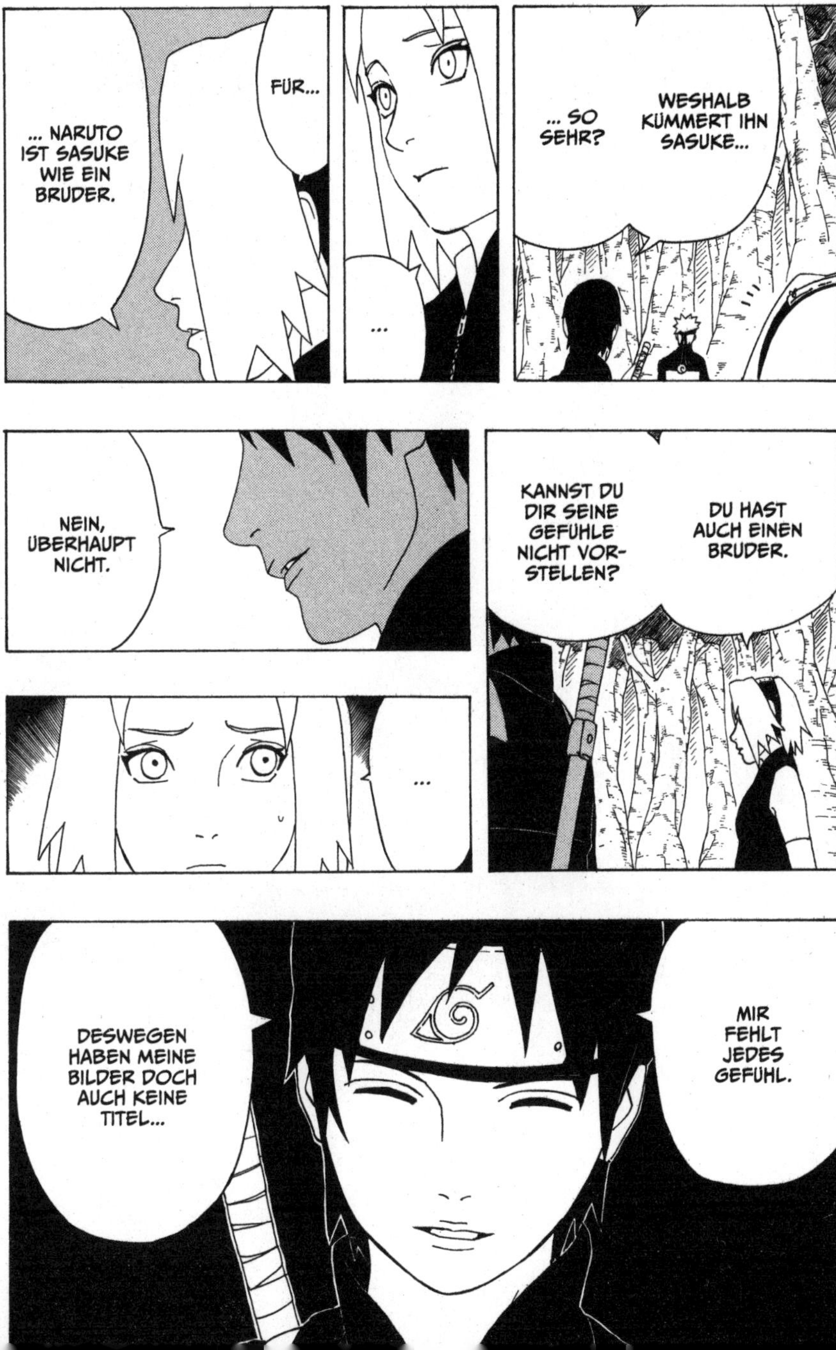
WESHALB KÜMMERT IHN SASUKE...
... SO SEHR?
...
FÜR...
... NARUTO IST SASUKE WIE EIN BRUDER.
DU HAST AUCH EINEN BRUDER.
KANNST DU DIR SEINE GEFÜHLE NICHT VORSTELLEN?
NEIN, ÜBERHAUPT NICHT.
...
MIR FEHLT JEDES GEFÜHL.
DESWEGEN HABEN MEINE BILDER DOCH AUCH KEINE TITEL...

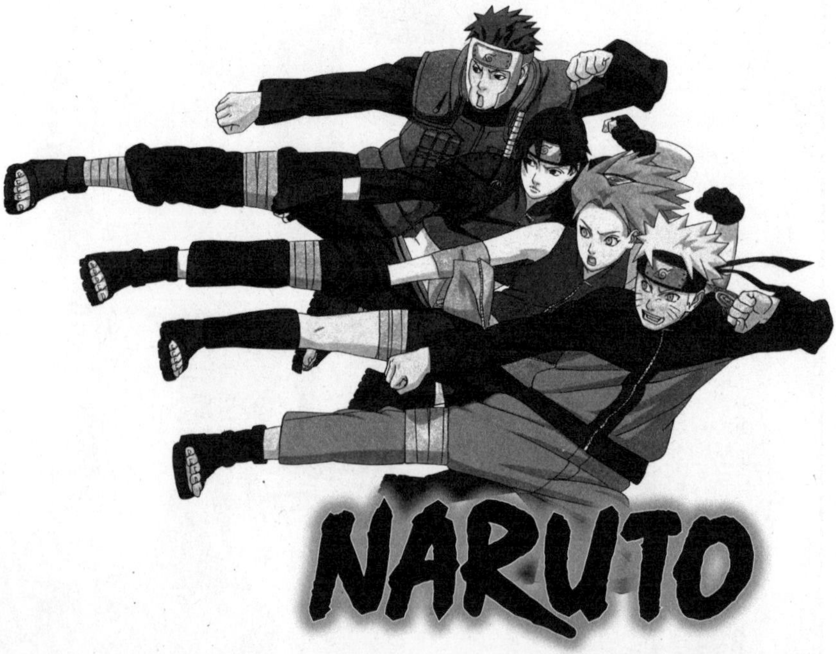
NARUTO

289. KAPITEL:

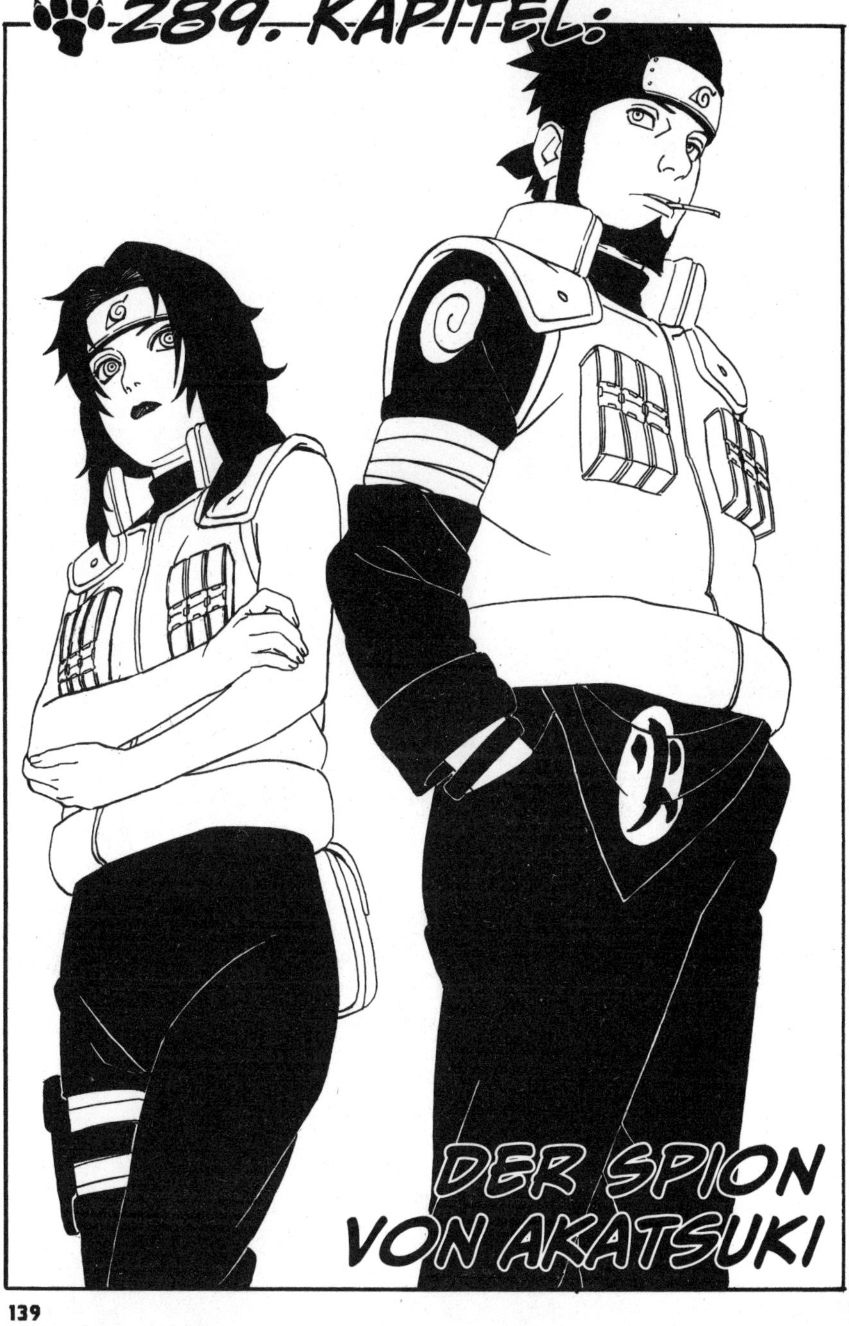

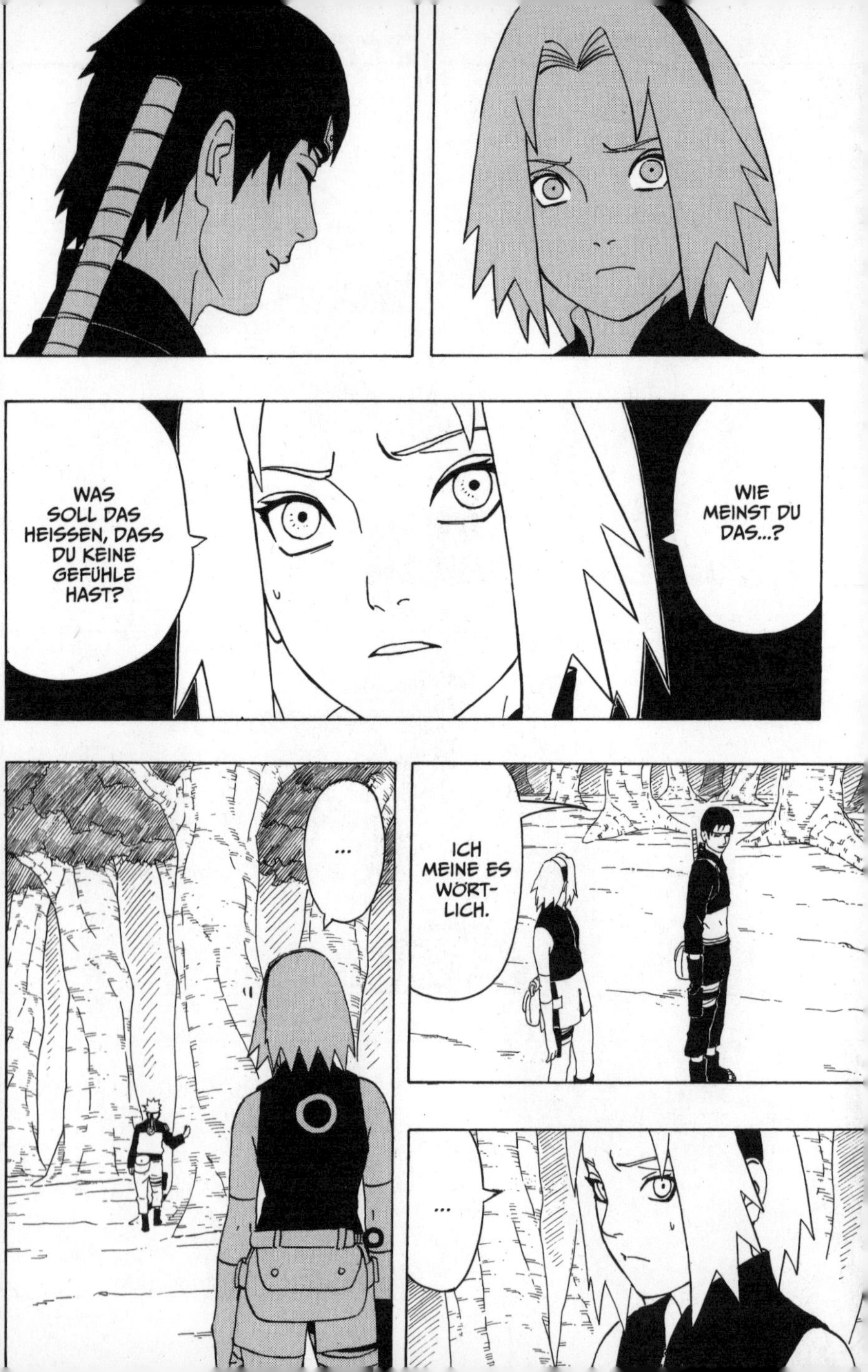

WIE MEINST DU DAS...?
WAS SOLL DAS HEISSEN, DASS DU KEINE GEFÜHLE HAST?
ICH MEINE ES WÖRTLICH.
...
...

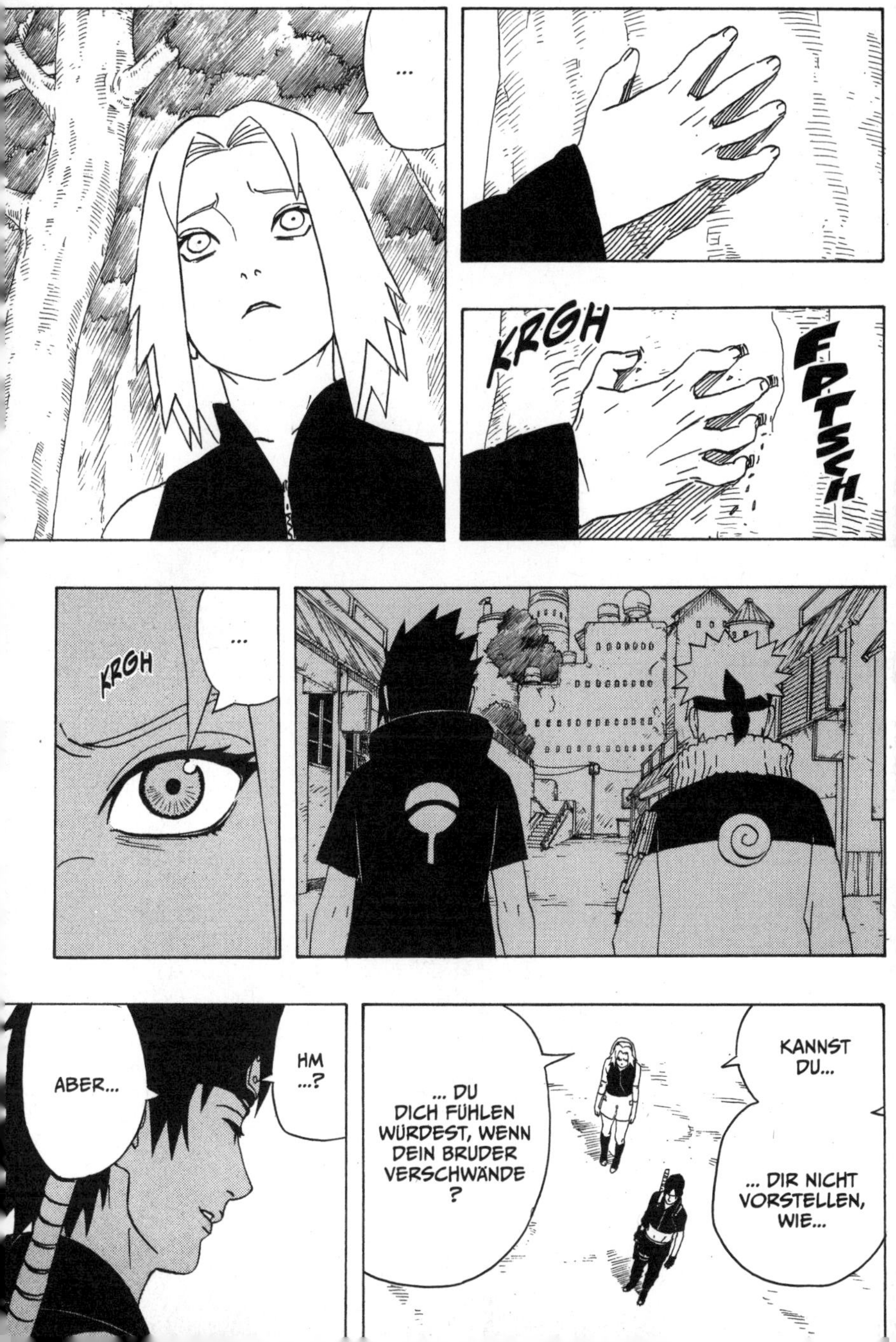
...
KRGH
FPTSCH
...
KRGH
HM ...?
ABER...
KANNST DU...
... DIR NICHT VORSTELLEN, WIE...
... DU DICH FÜHLEN WÜRDEST, WENN DEIN BRUDER VERSCHWÄNDE ?

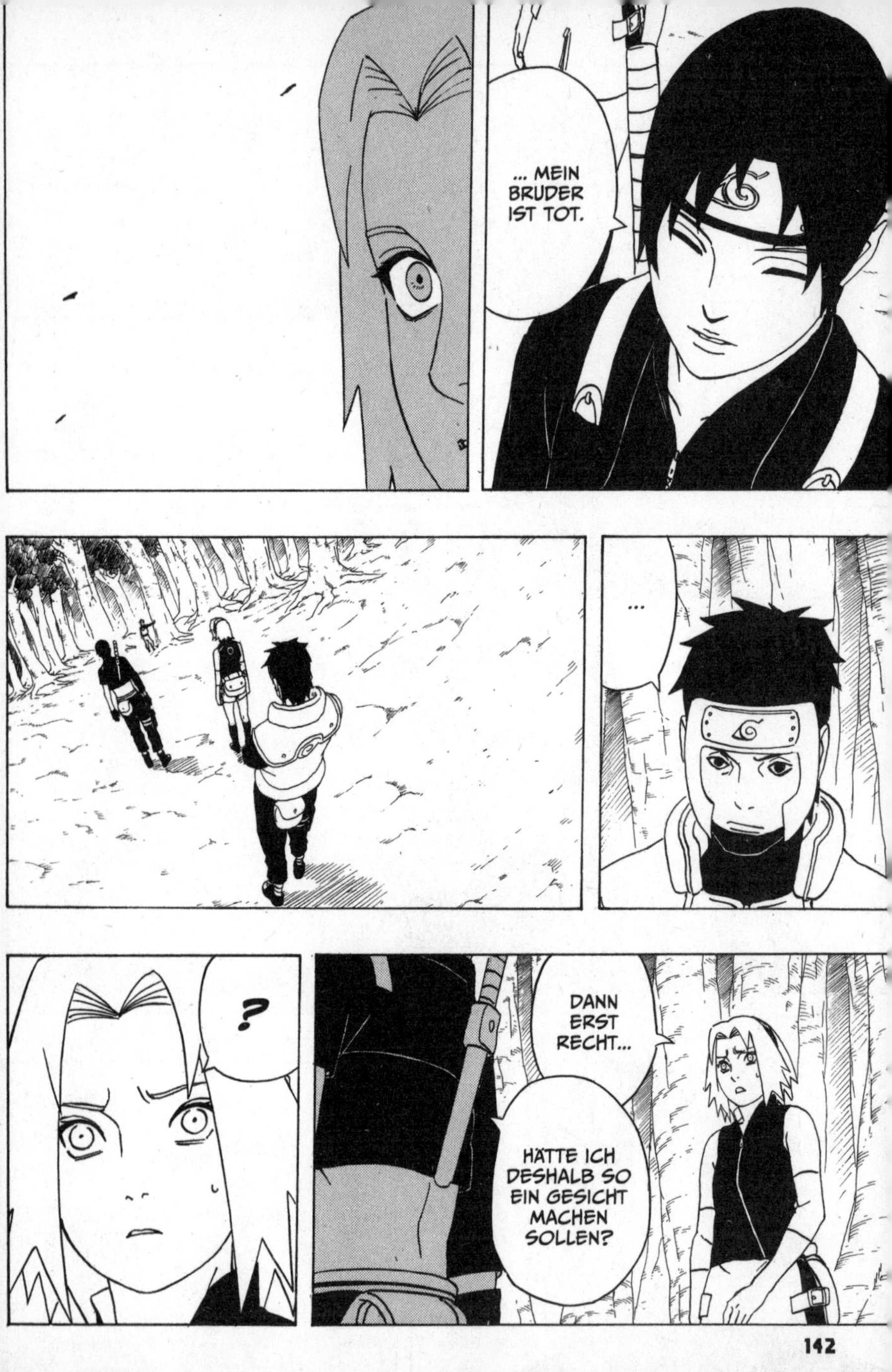
... MEIN BRUDER IST TOT.
...
?
DANN ERST RECHT...
HÄTTE ICH DESHALB SO EIN GESICHT MACHEN SOLLEN?

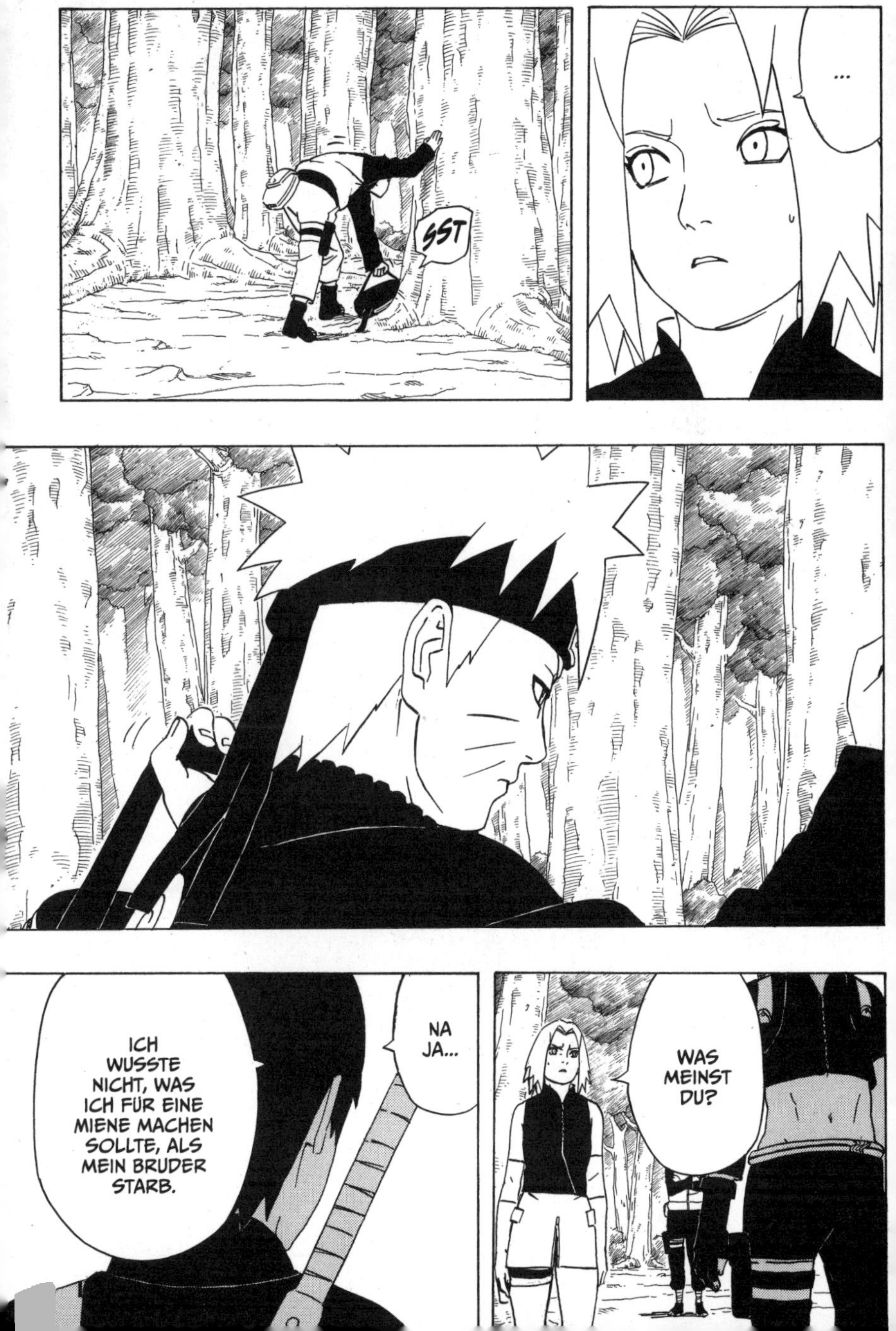
...
SST
WAS MEINST DU?
NA JA...
ICH WUSSTE NICHT, WAS ICH FÜR EINE MIENE MACHEN SOLLTE, ALS MEIN BRUDER STARB.

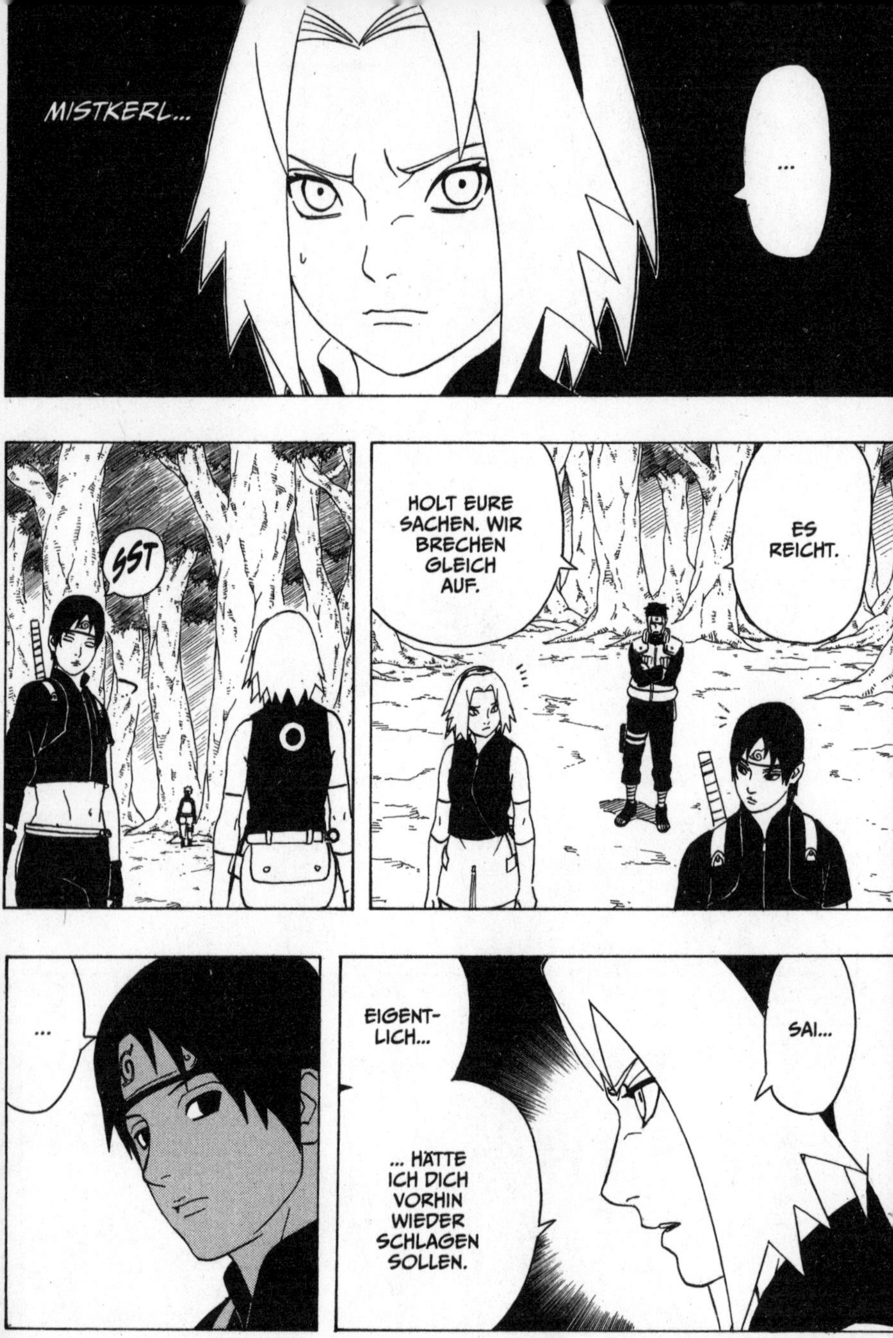
...
MISTKERL...
ES REICHT.
HOLT EURE SACHEN. WIR BRECHEN GLEICH AUF.
SST
SAI...
EIGENT-LICH...
... HÄTTE ICH DICH VORHIN WIEDER SCHLAGEN SOLLEN.
...

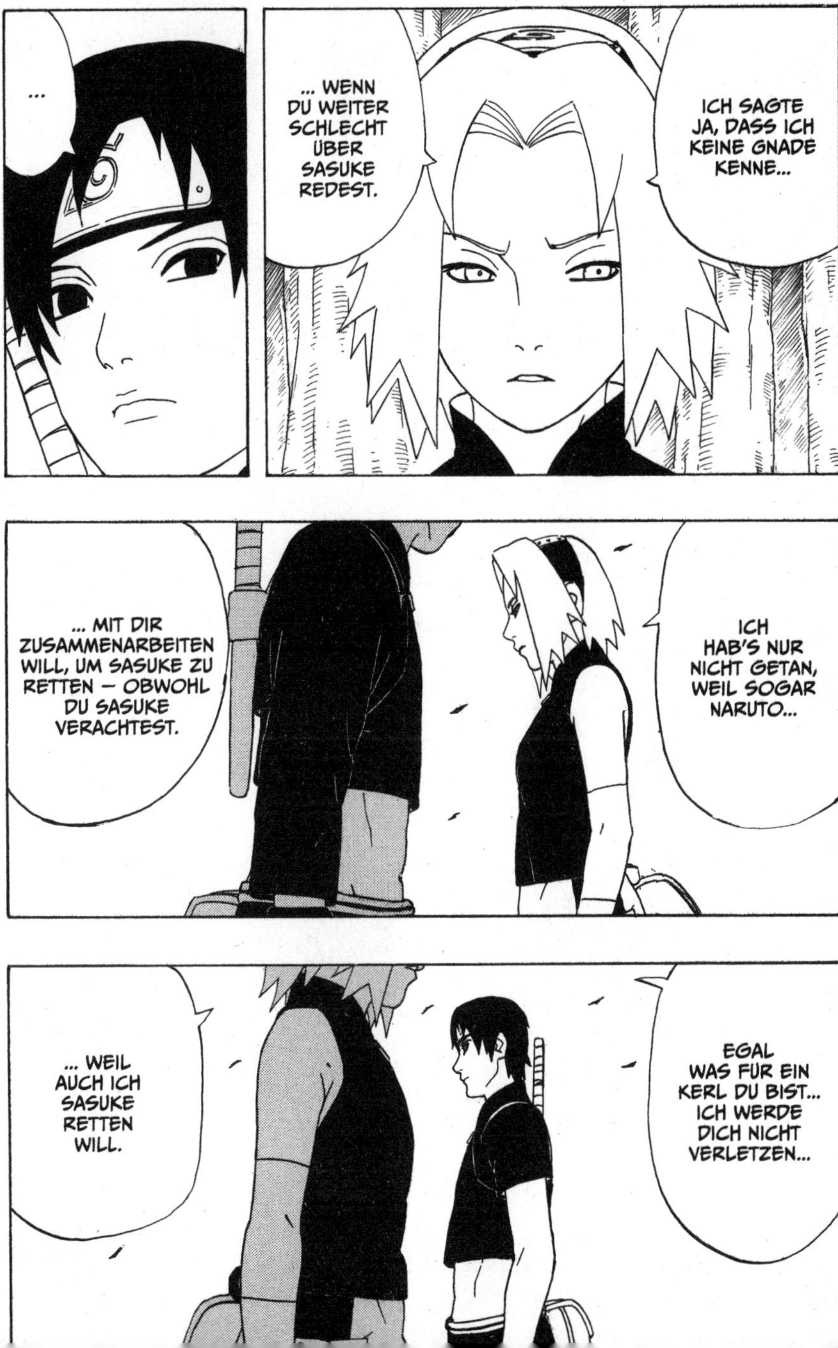
ICH SAGTE JA, DASS ICH KEINE GNADE KENNE...
... WENN DU WEITER SCHLECHT ÜBER SASUKE REDEST.
...
ICH HAB'S NUR NICHT GETAN, WEIL SOGAR NARUTO...
... MIT DIR ZUSAMMENARBEITEN WILL, UM SASUKE ZU RETTEN – OBWOHL DU SASUKE VERACHTEST.
EGAL WAS FÜR EIN KERL DU BIST... ICH WERDE DICH NICHT VERLETZEN...
... WEIL AUCH ICH SASUKE RETTEN WILL.

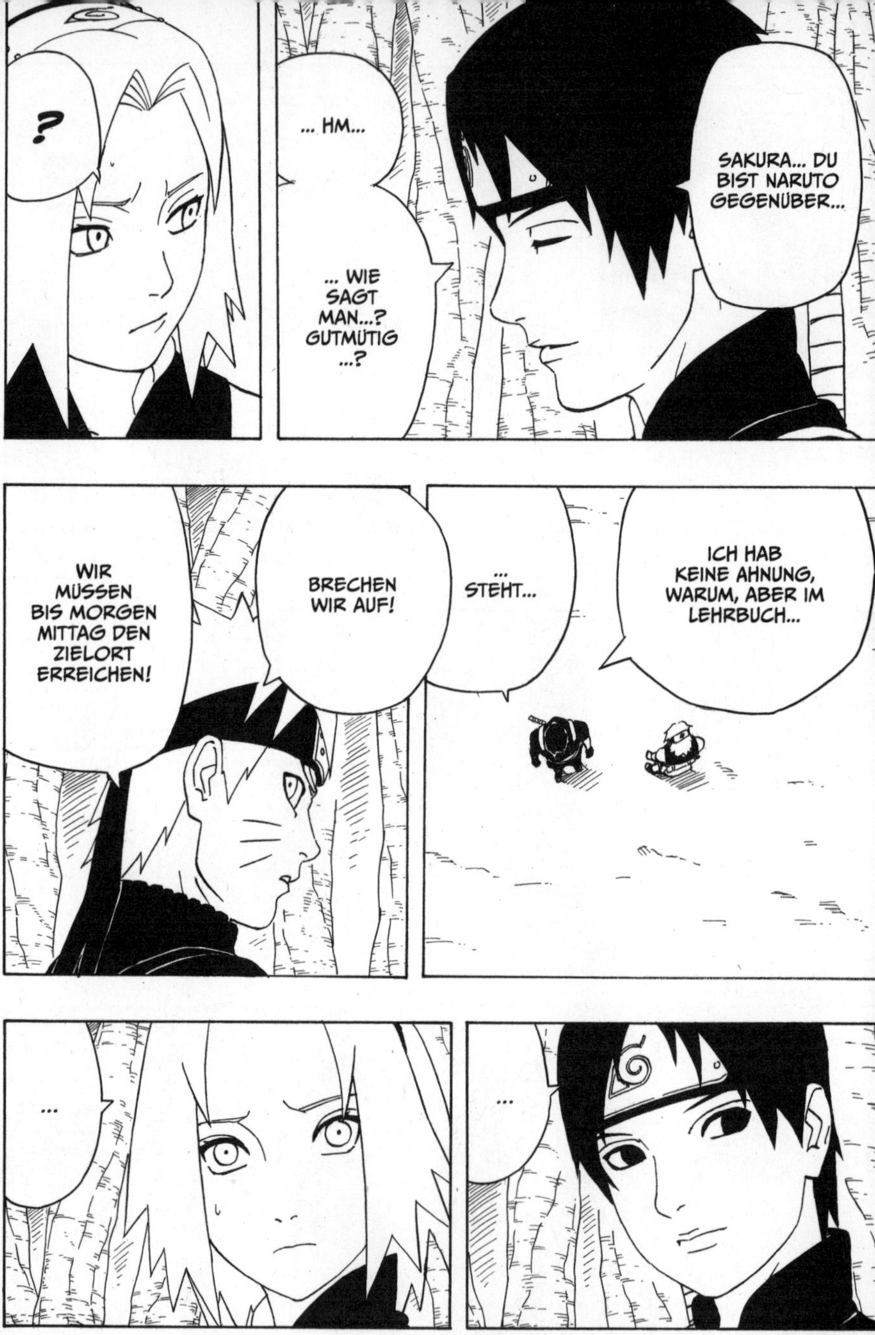

SAKURA... DU BIST NARUTO GEGENÜBER...
... HM...
... WIE SAGT MAN...? GUTMÜTIG ...?
?
ICH HAB KEINE AHNUNG, WARUM, ABER IM LEHRBUCH...
... STEHT...
BRECHEN WIR AUF!
WIR MÜSSEN BIS MORGEN MITTAG DEN ZIELORT ERREICHEN!
...
...

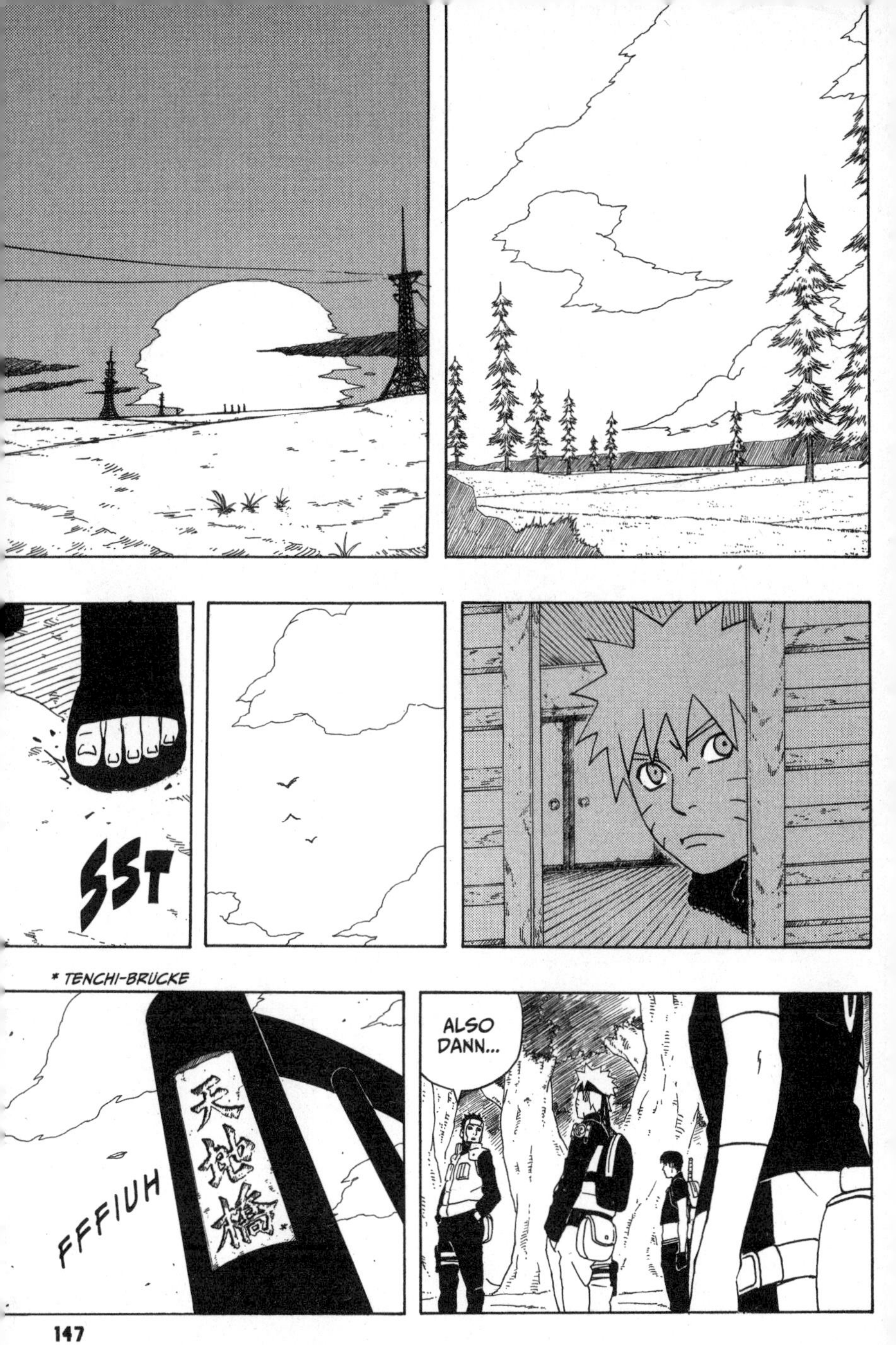
SST
* TENCHI-BRÜCKE
FFFIUH
天地橋
ALSO DANN...

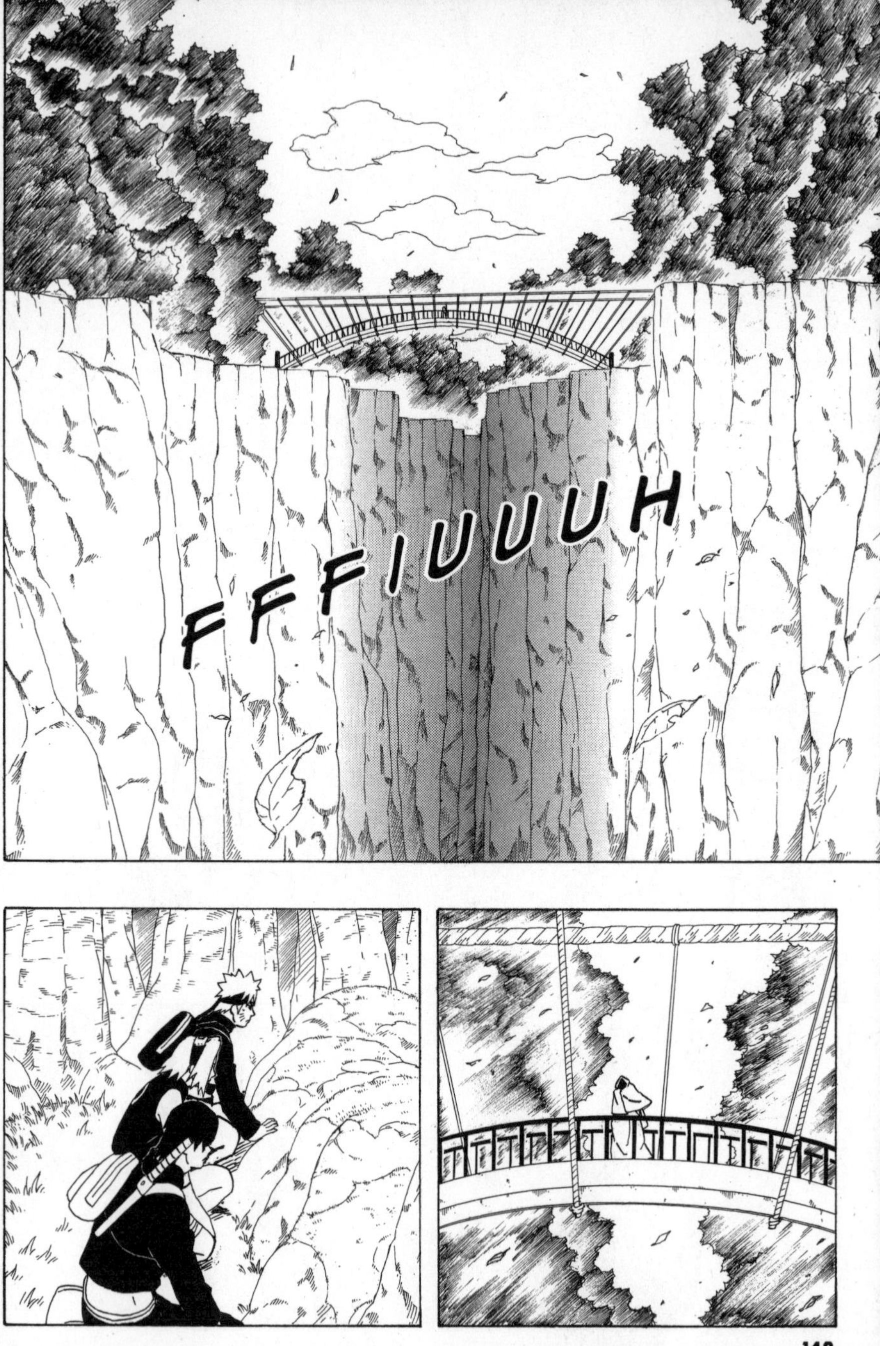
FFFIUUUUH

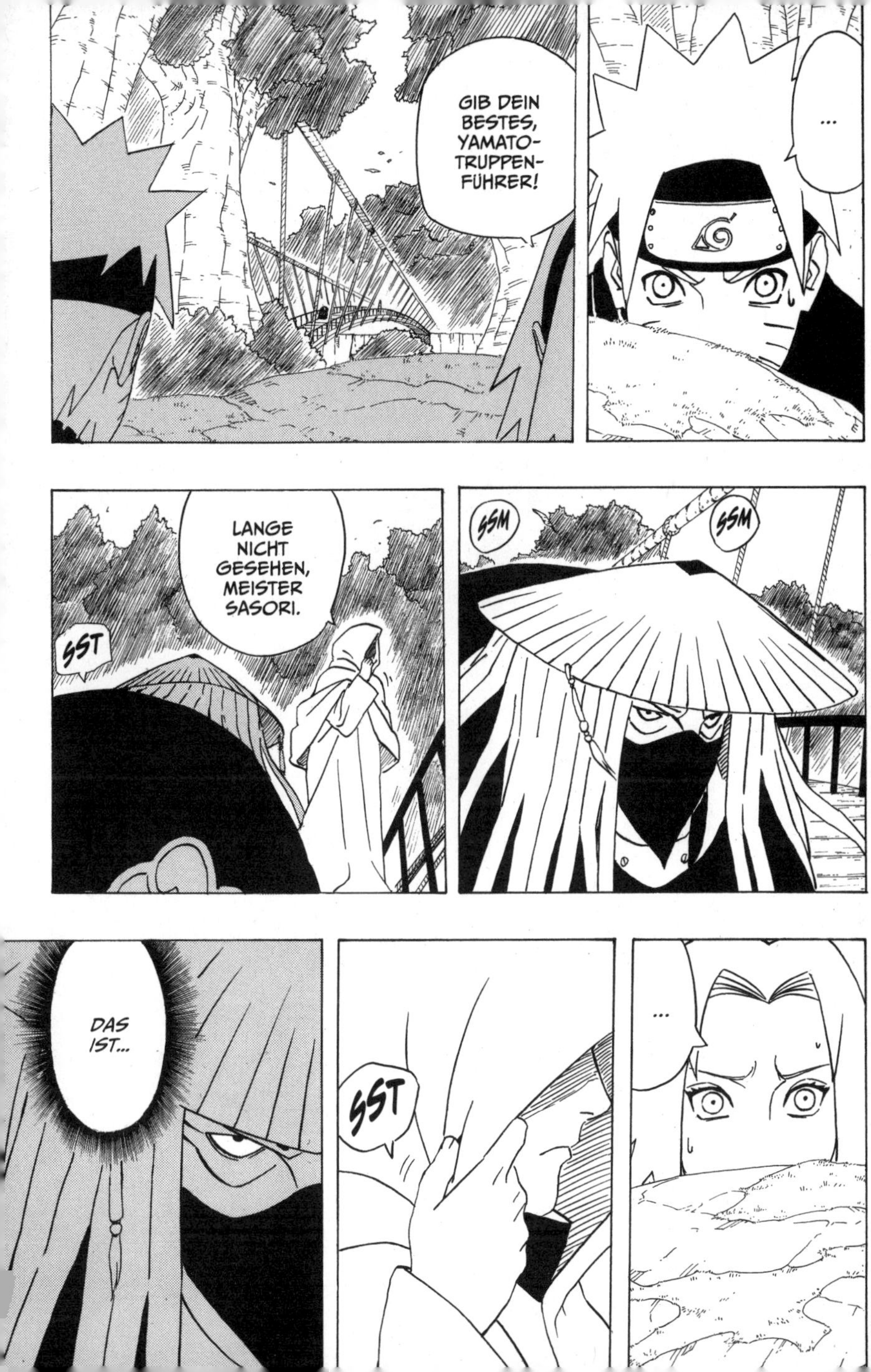
...
GIB DEIN BESTES, YAMATO-TRUPPENFÜHRER!
SSM
SSM
LANGE NICHT GESEHEN, MEISTER SASORI.
SST
...
SST
DAS IST...

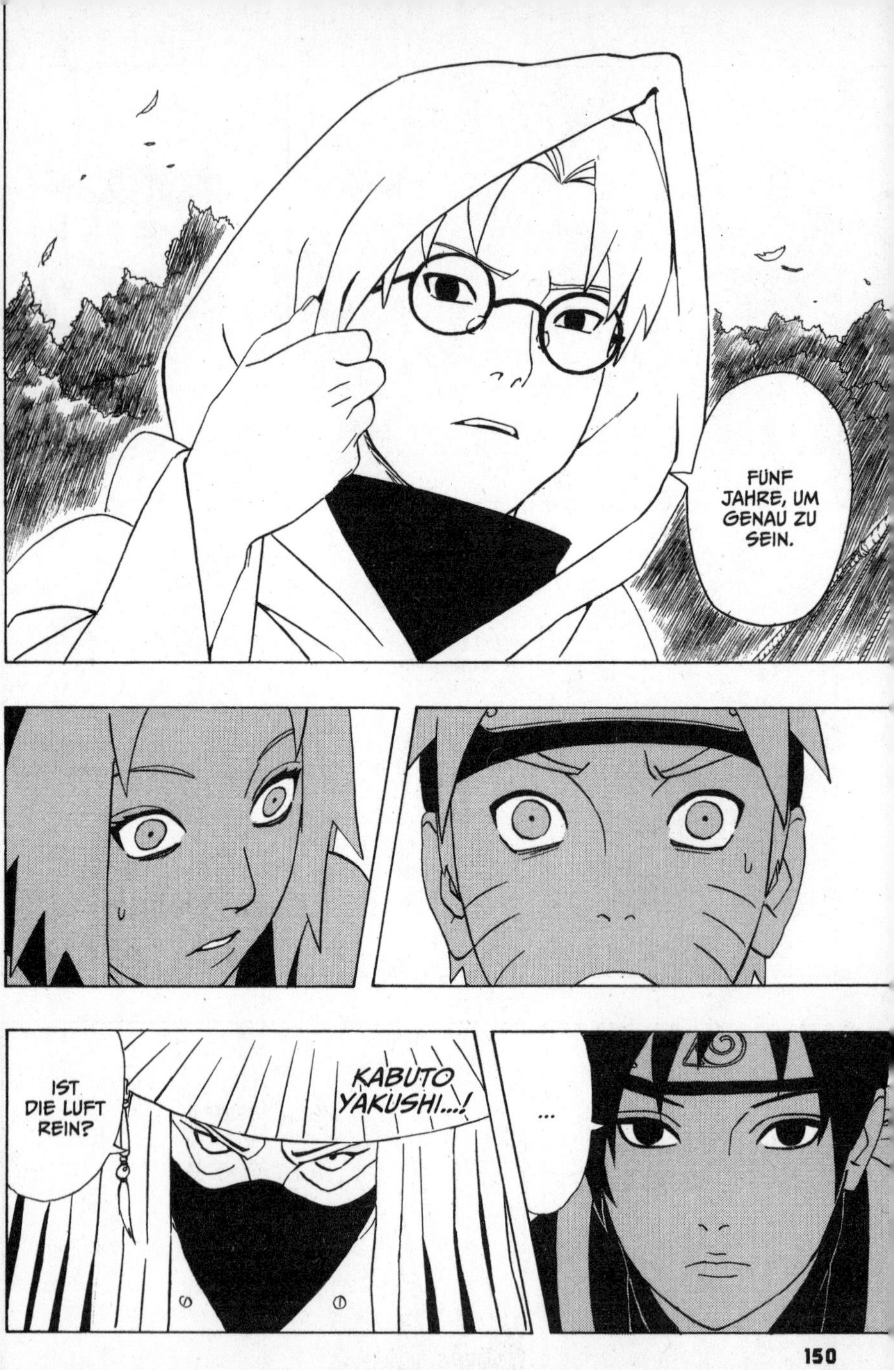
FÜNF JAHRE, UM GENAU ZU SEIN.
...
KABUTO YAKUSHI...!
IST DIE LUFT REIN?

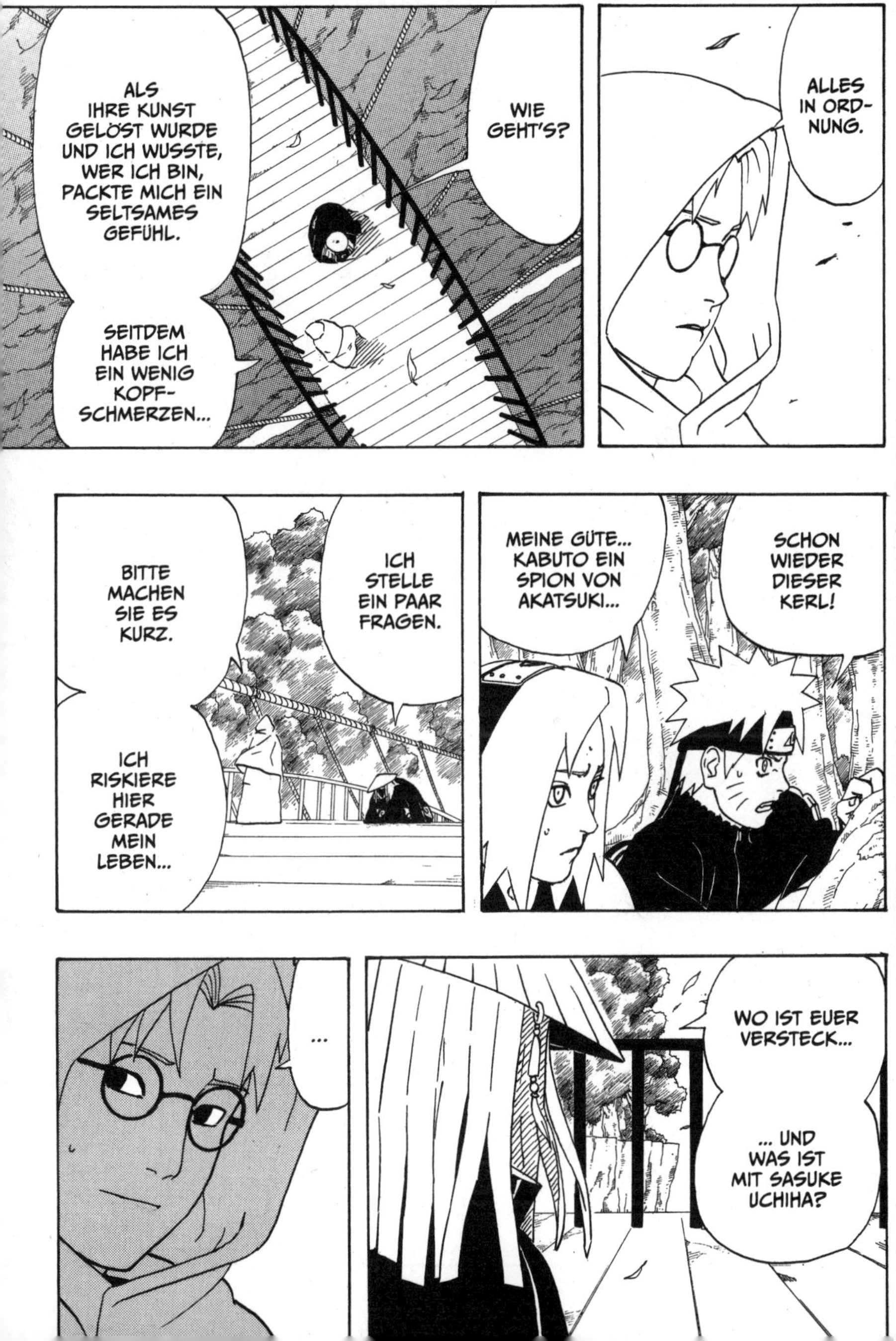

ALLES IN ORDNUNG.
WIE GEHT'S?
ALS IHRE KUNST GELÖST WURDE UND ICH WUSSTE, WER ICH BIN, PACKTE MICH EIN SELTSAMES GEFÜHL.
SEITDEM HABE ICH EIN WENIG KOPF-SCHMERZEN...
SCHON WIEDER DIESER KERL!
MEINE GÜTE... KABUTO EIN SPION VON AKATSUKI...
ICH STELLE EIN PAAR FRAGEN.
BITTE MACHEN SIE ES KURZ.
ICH RISKIERE HIER GERADE MEIN LEBEN...
WO IST EUER VERSTECK...
... UND WAS IST MIT SASUKE UCHIHA?
...

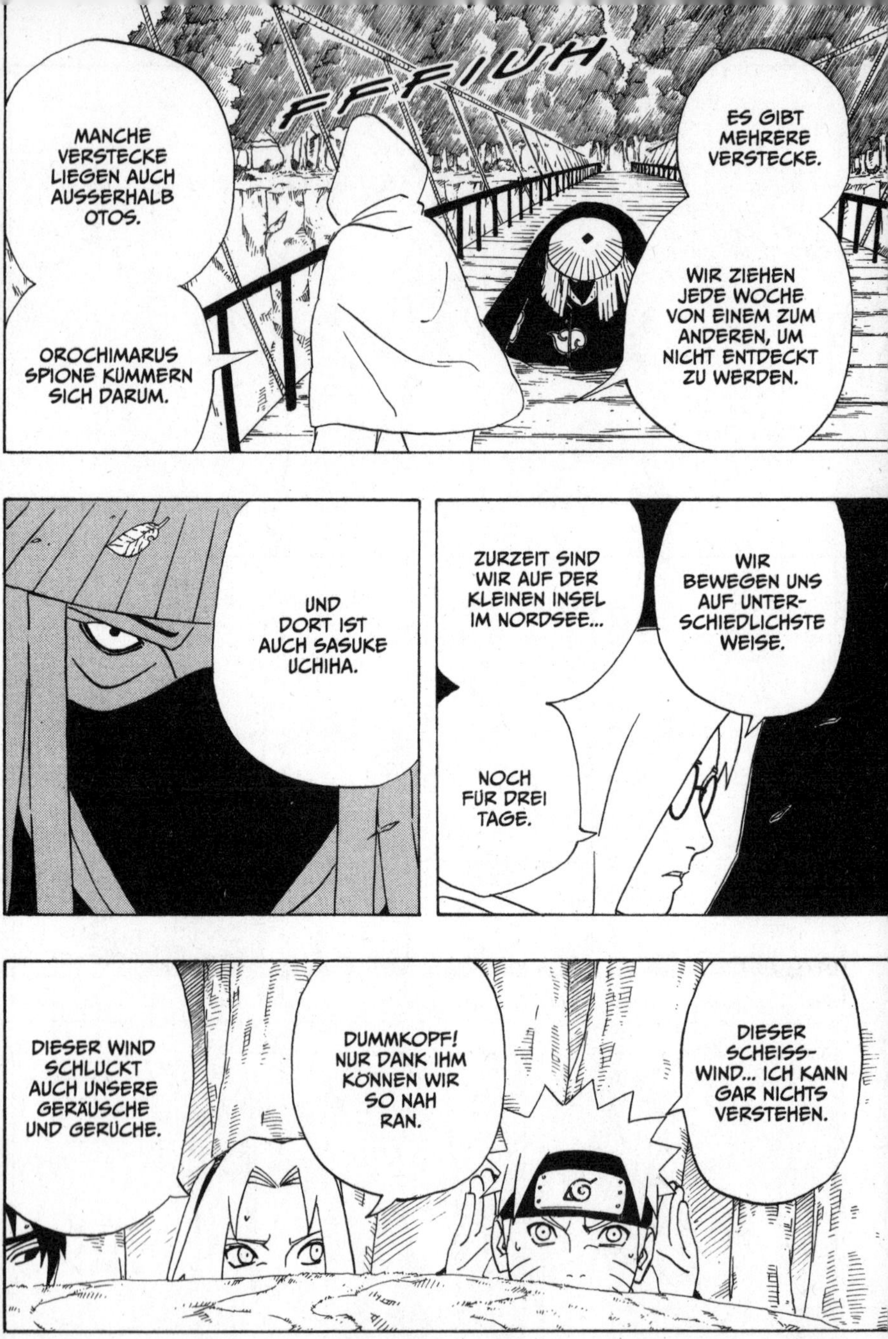
FFFFIUH
ES GIBT MEHRERE VERSTECKE.
WIR ZIEHEN JEDE WOCHE VON EINEM ZUM ANDEREN, UM NICHT ENTDECKT ZU WERDEN.
MANCHE VERSTECKE LIEGEN AUCH AUSSERHALB OTOS.
OROCHIMARUS SPIONE KÜMMERN SICH DARUM.
WIR BEWEGEN UNS AUF UNTER-SCHIEDLICHSTE WEISE.
ZURZEIT SIND WIR AUF DER KLEINEN INSEL IM NORDSEE...
NOCH FÜR DREI TAGE.
UND DORT IST AUCH SASUKE UCHIHA.
DIESER SCHEISS-WIND... ICH KANN GAR NICHTS VERSTEHEN.
DUMMKOPF! NUR DANK IHM KÖNNEN WIR SO NAH RAN.
DIESER WIND SCHLUCKT AUCH UNSERE GERÄUSCHE UND GERÜCHE.

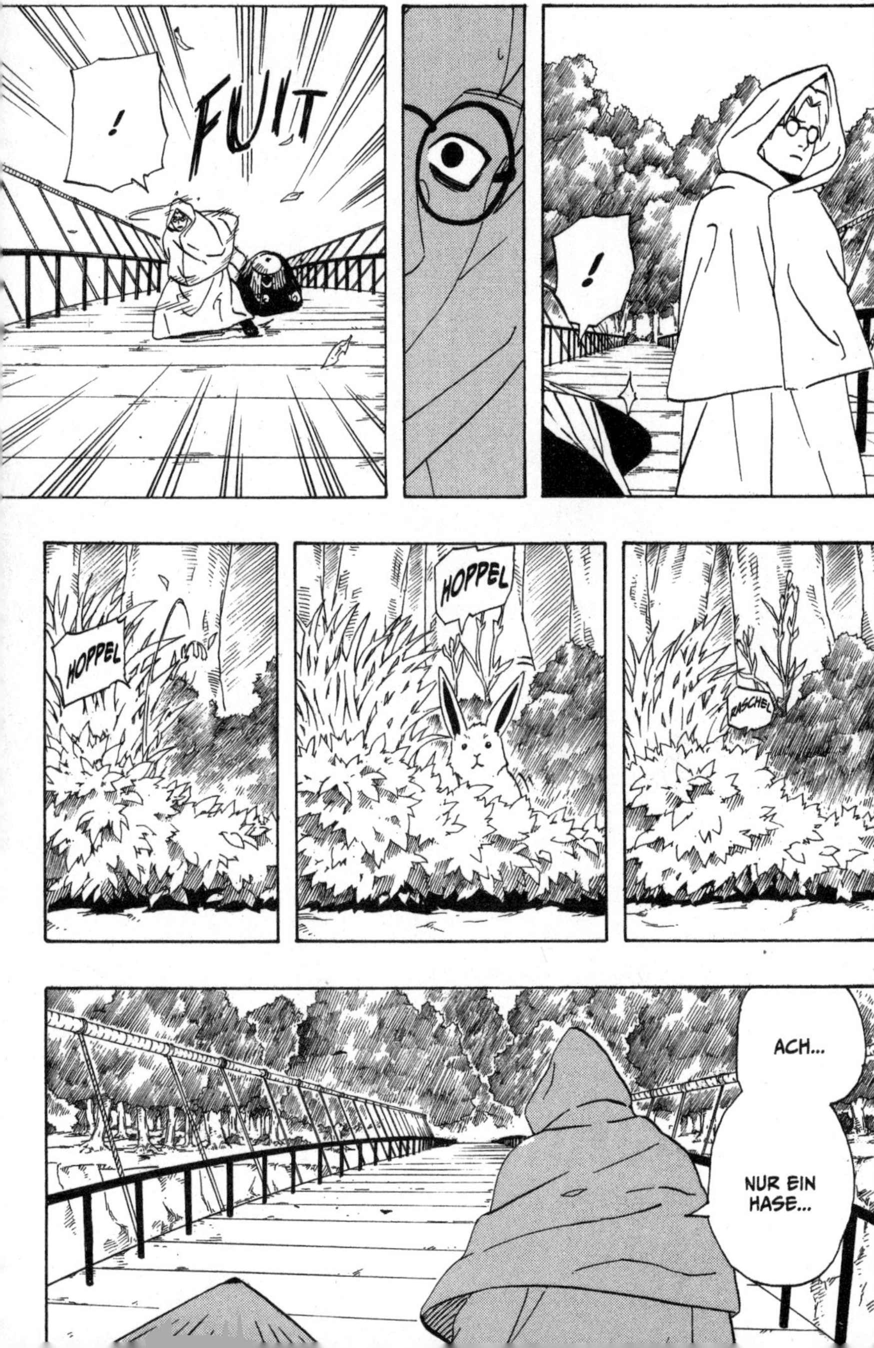

!
FUIT
!
HOPPEL
HOPPEL
RASCHEL
ACH...
NUR EIN HASE...

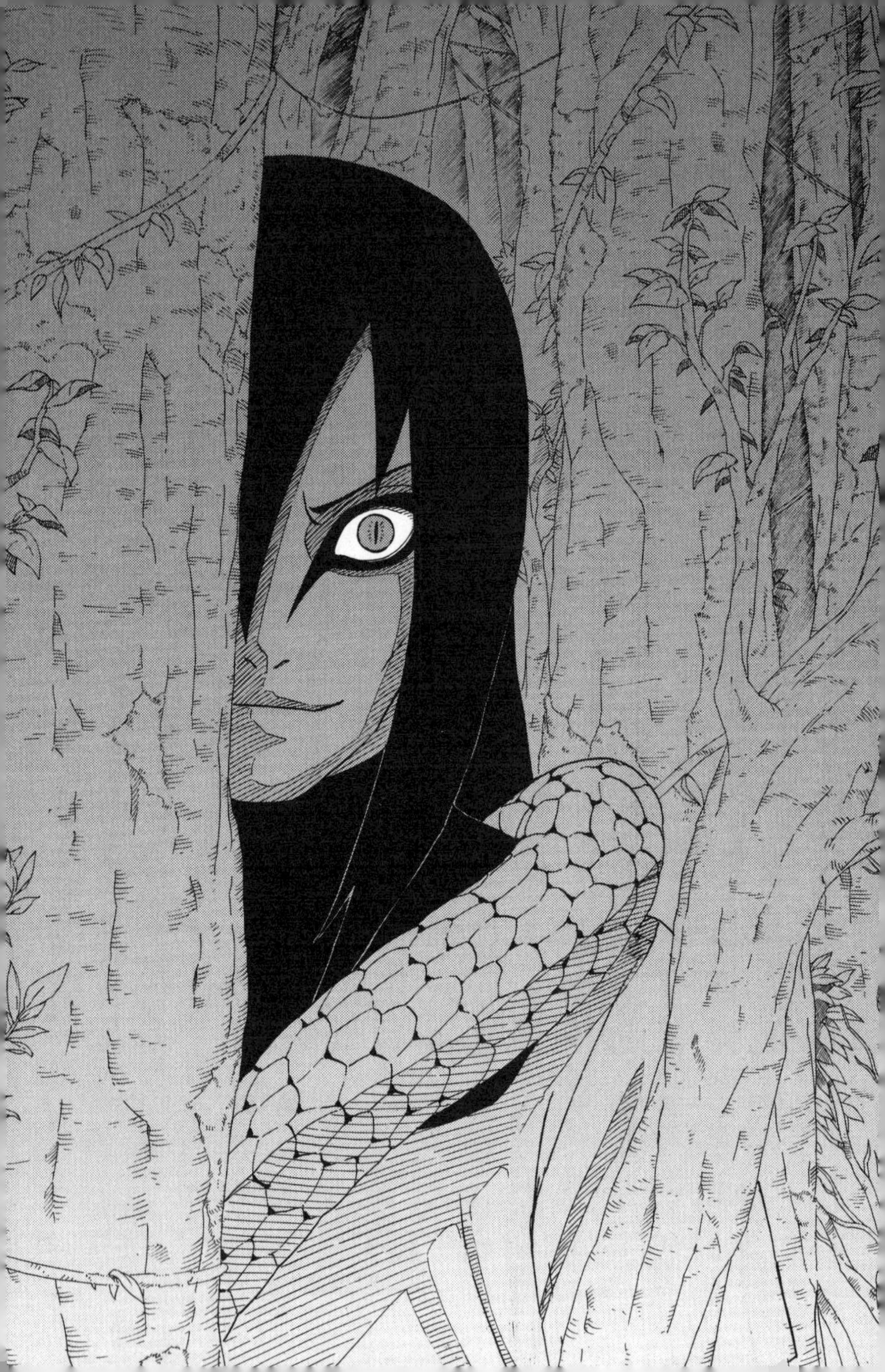

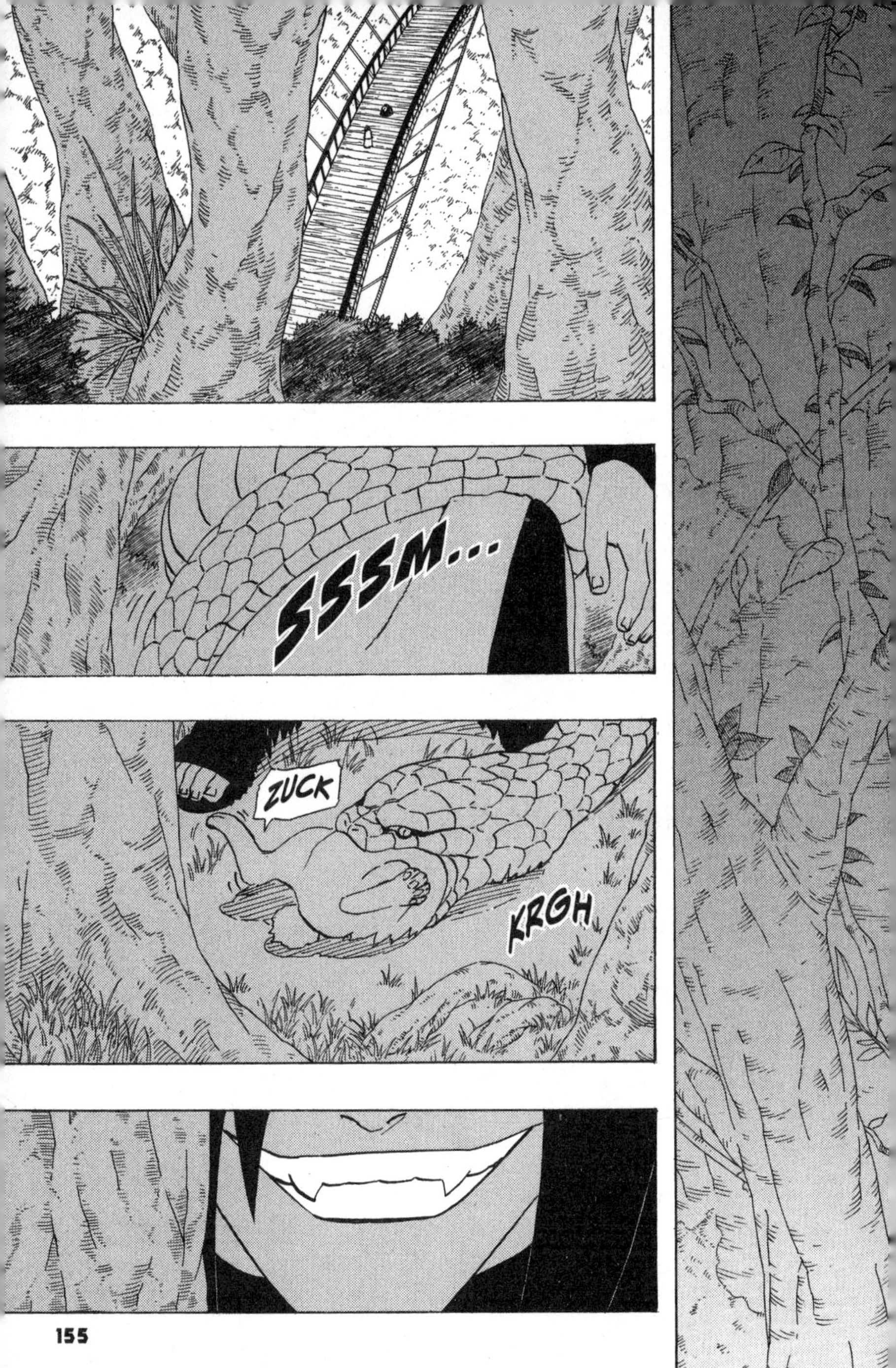
SSSM...
ZUCK
KRGH

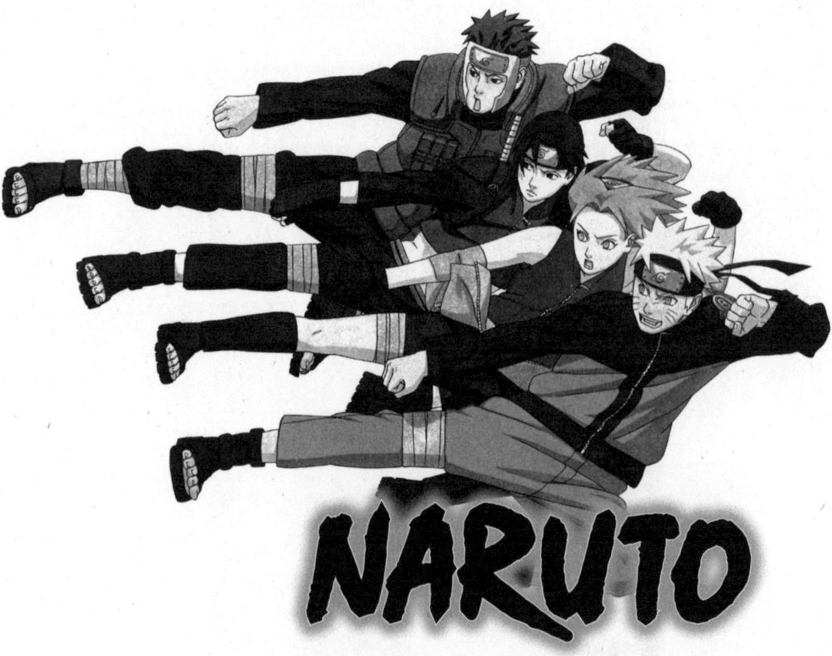

NARUTO

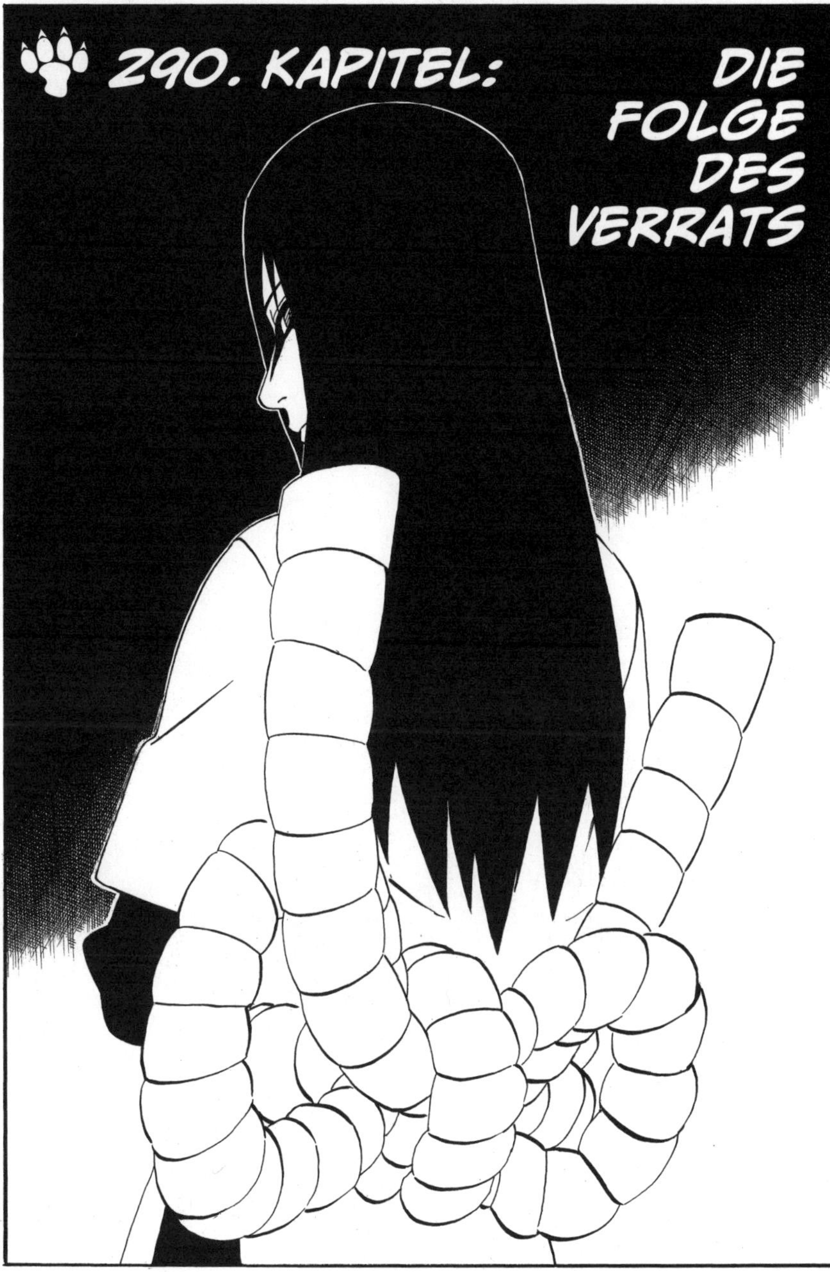
290. KAPITEL:
DIE FOLGE DES VERRATS

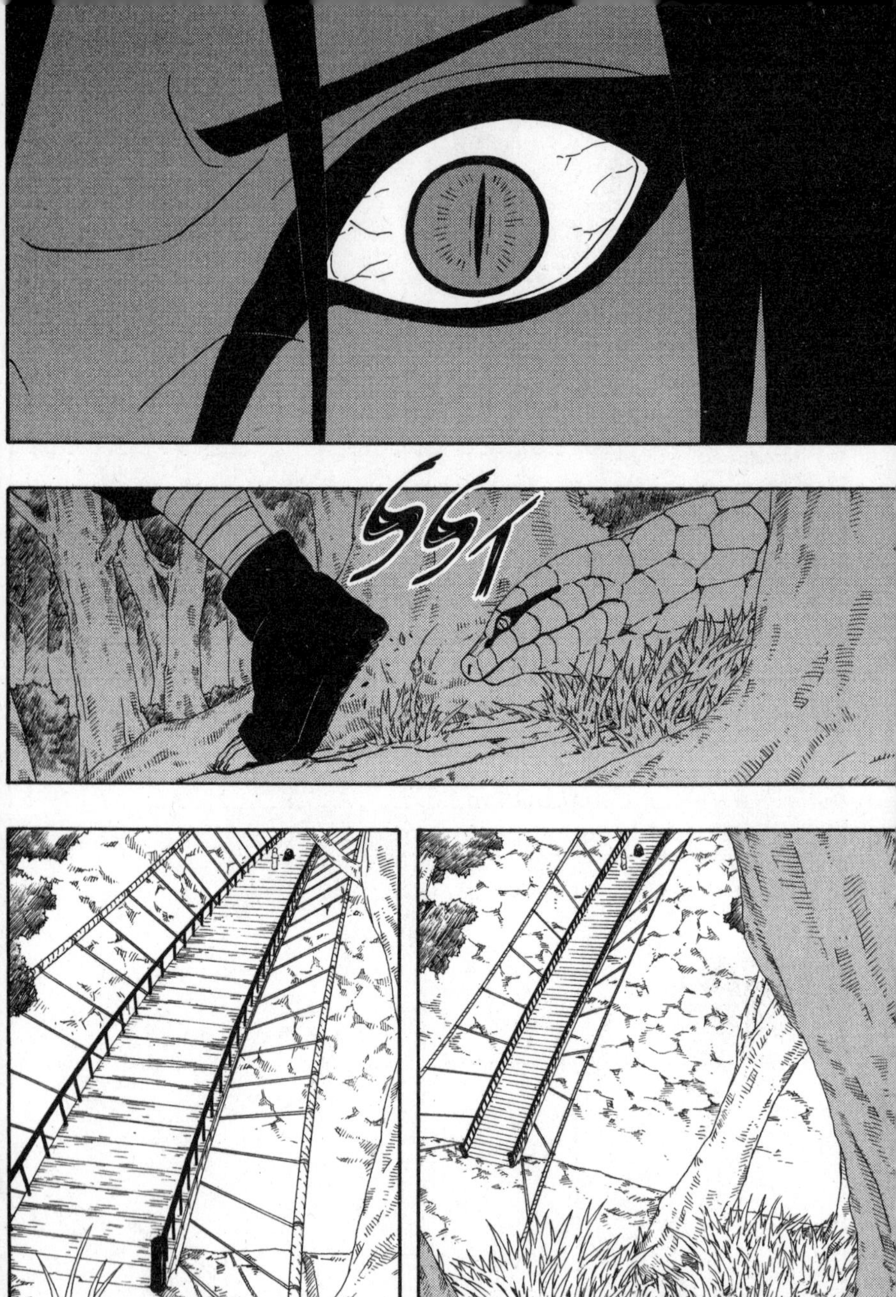
SSS

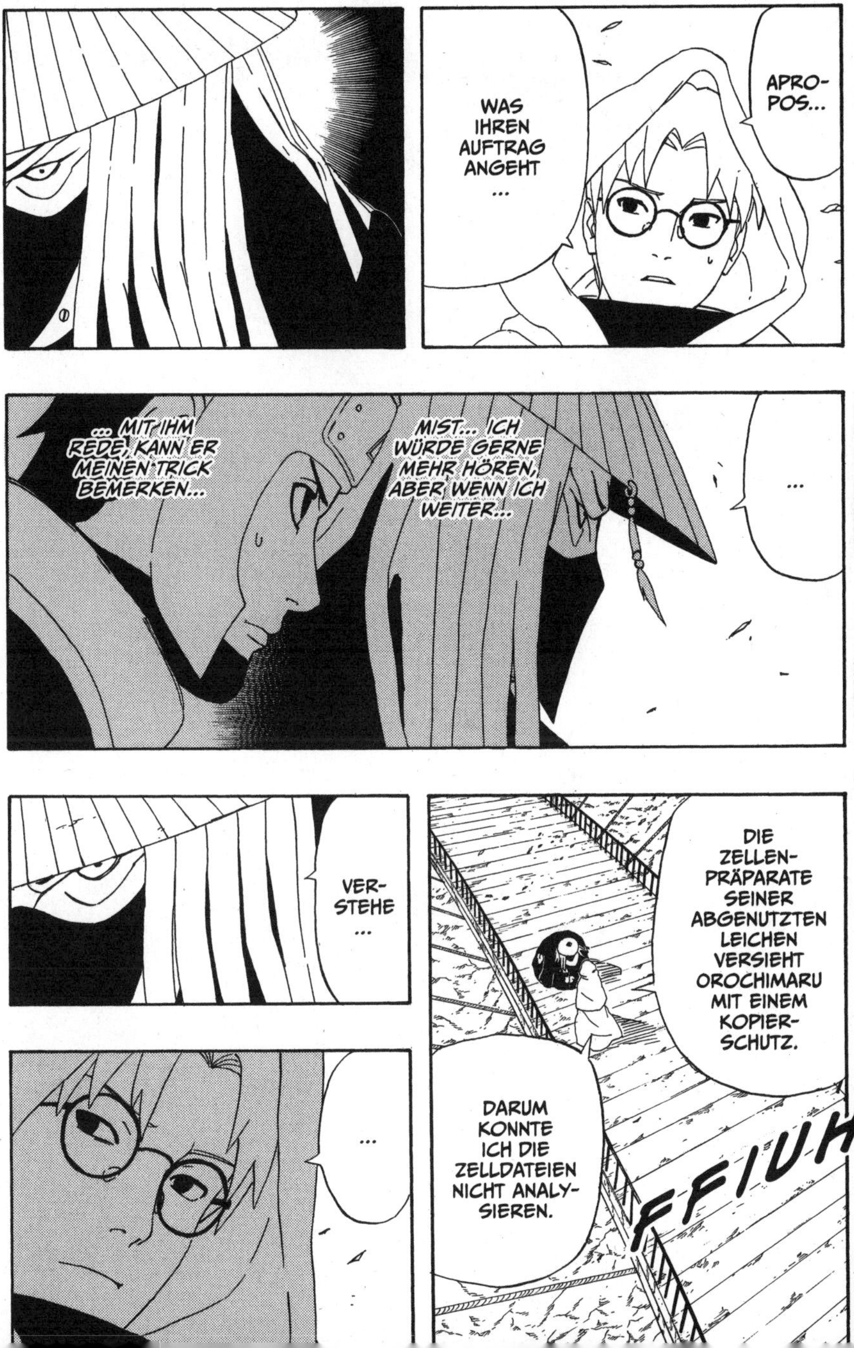
APRO-POS...
WAS IHREN AUFTRAG ANGEHT ...
...
MIST... ICH WÜRDE GERNE MEHR HÖREN, ABER WENN ICH WEITER...
... MIT IHM REDE, KANN ER MEINEN TRICK BEMERKEN...
DIE ZELLEN-PRÄPARATE SEINER ABGENUTZTEN LEICHEN VERSIEHT OROCHIMARU MIT EINEM KOPIER-SCHUTZ.
DARUM KONNTE ICH DIE ZELLDATEIEN NICHT ANALY-SIEREN.
FFIUH
VER-STEHE ...
...

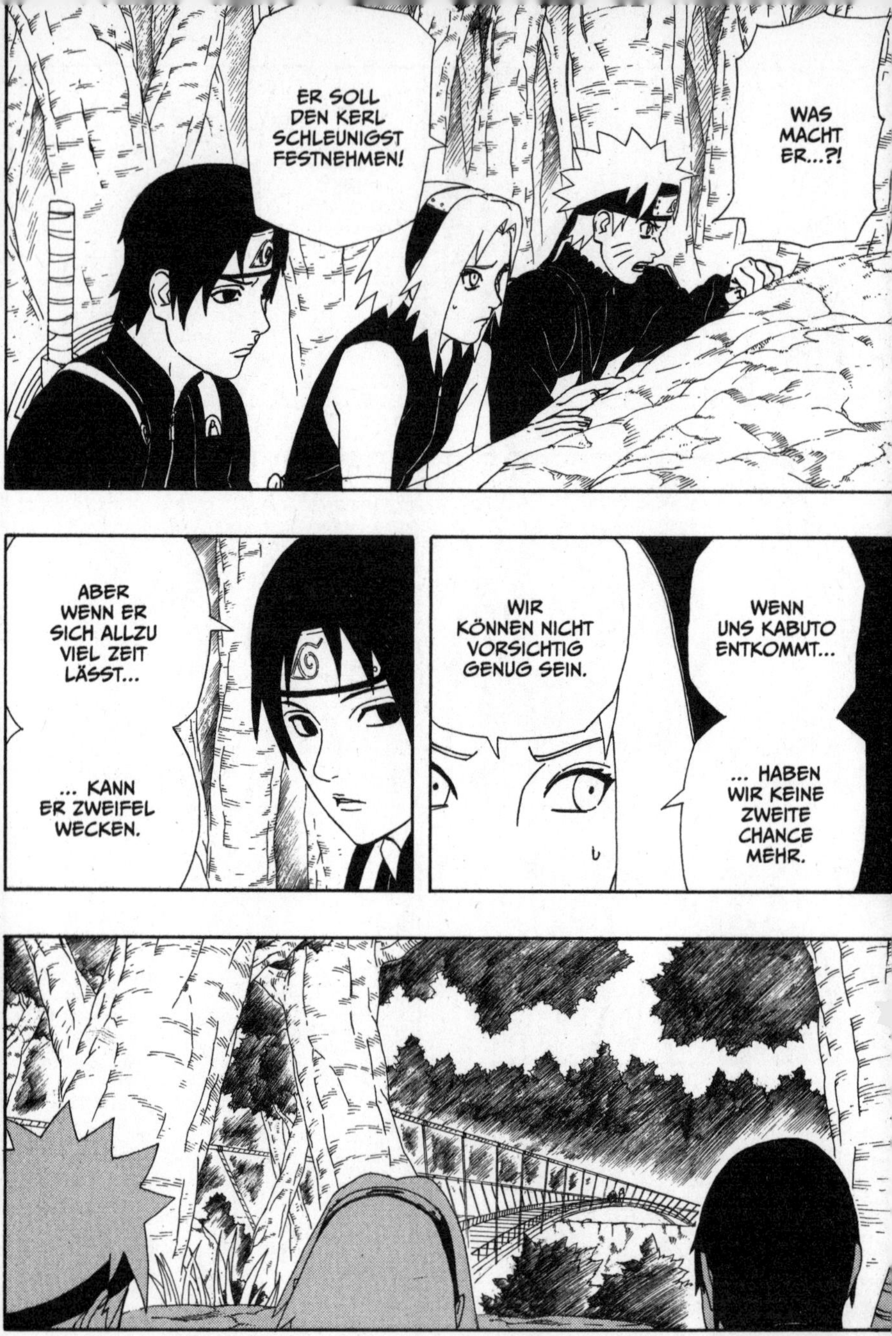
WAS MACHT ER...?!
ER SOLL DEN KERL SCHLEUNIGST FESTNEHMEN!
WENN UNS KABUTO ENTKOMMT...
... HABEN WIR KEINE ZWEITE CHANCE MEHR.
WIR KÖNNEN NICHT VORSICHTIG GENUG SEIN.
ABER WENN ER SICH ALLZU VIEL ZEIT LÄSST...
... KANN ER ZWEIFEL WECKEN.

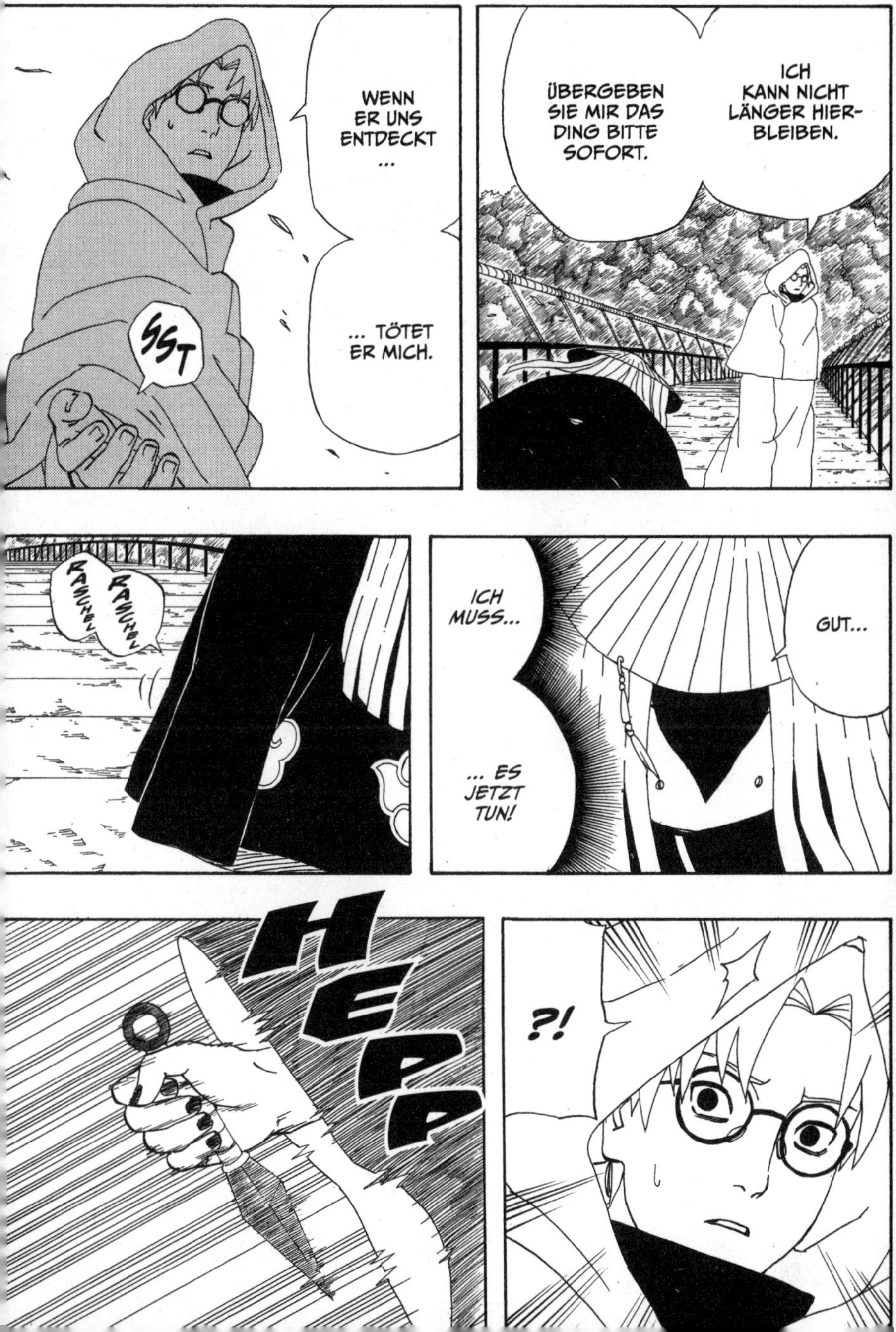
ICH KANN NICHT LÄNGER HIERBLEIBEN.
ÜBERGEBEN SIE MIR DAS DING BITTE SOFORT.
WENN ER UNS ENTDECKT …
… TÖTET ER MICH.
SST
GUT…
ICH MUSS…
… ES JETZT TUN!
RASCHEL RASCHEL
?!
HEPP

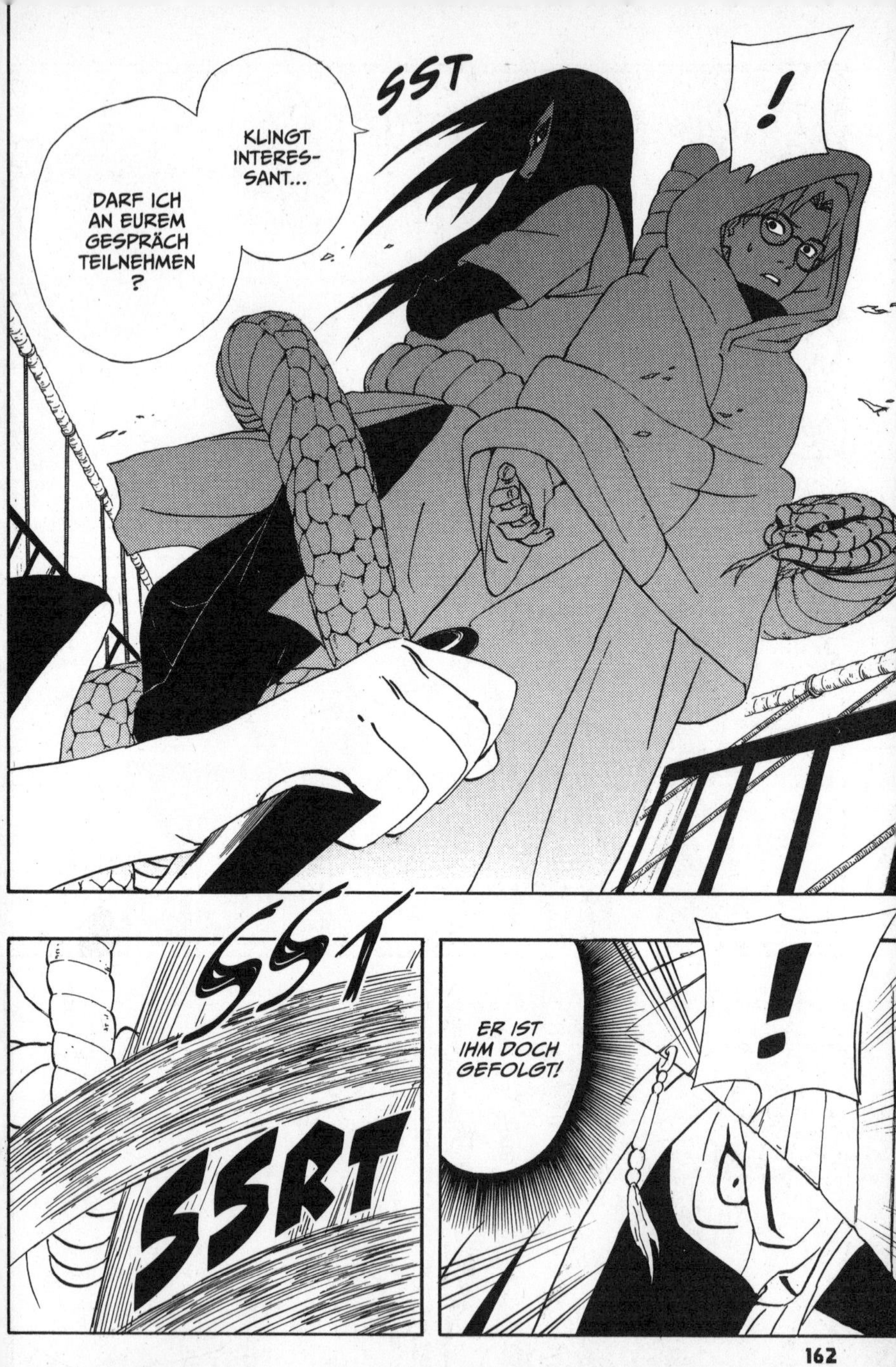

SST
KLINGT INTERES-SANT...
DARF ICH AN EUREM GESPRÄCH TEILNEHMEN ?
!
SST
SSRT
!
ER IST IHM DOCH GEFOLGT!

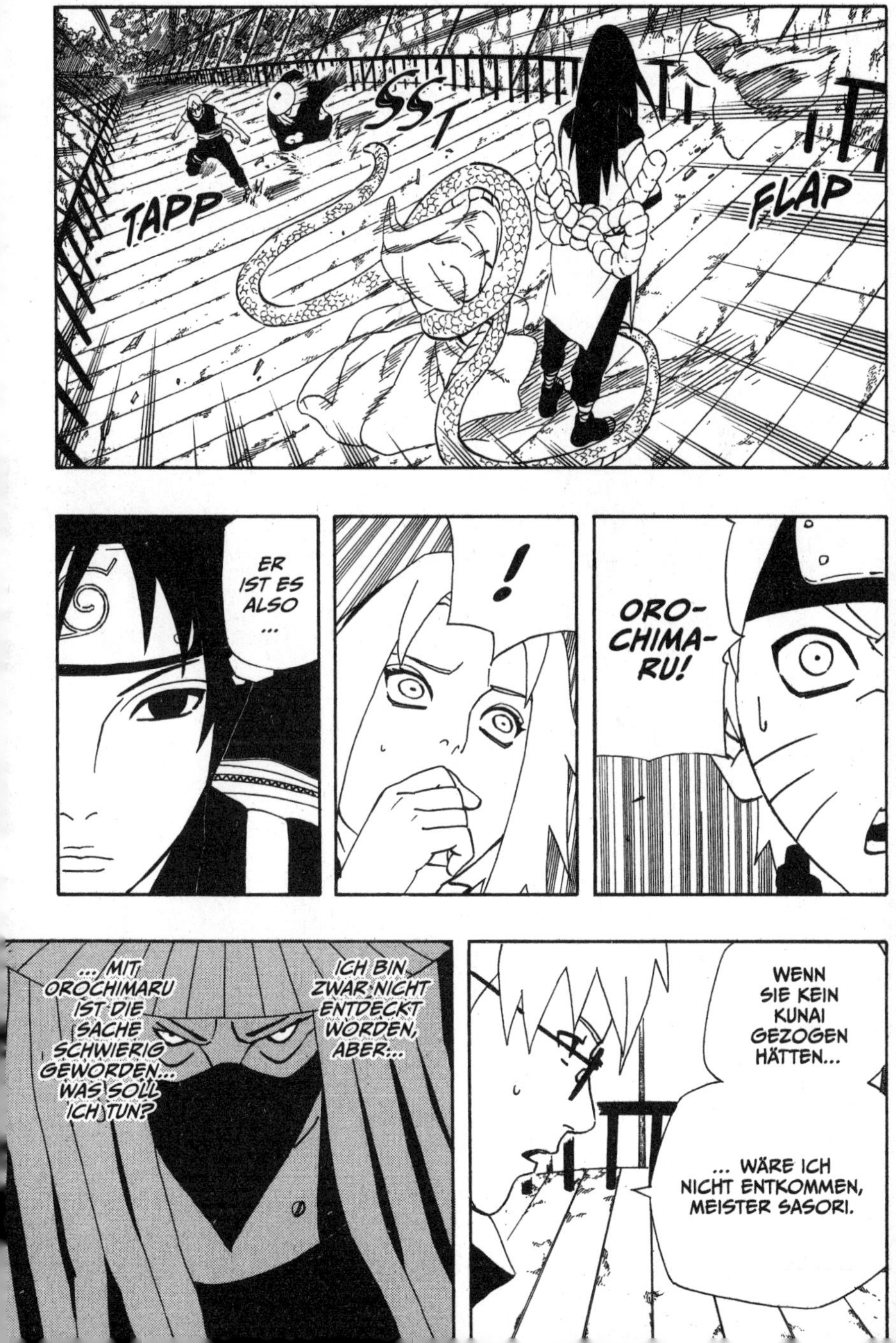
FLAP
SST
TAPP
ORO-CHIMA-RU!
!
ER IST ES ALSO ...
WENN SIE KEIN KUNAI GEZOGEN HÄTTEN...
... WÄRE ICH NICHT ENTKOMMEN, MEISTER SASORI.
ICH BIN ZWAR NICHT ENTDECKT WORDEN, ABER...
... MIT OROCHIMARU IST DIE SACHE SCHWIERIG GEWORDEN... WAS SOLL ICH TUN?

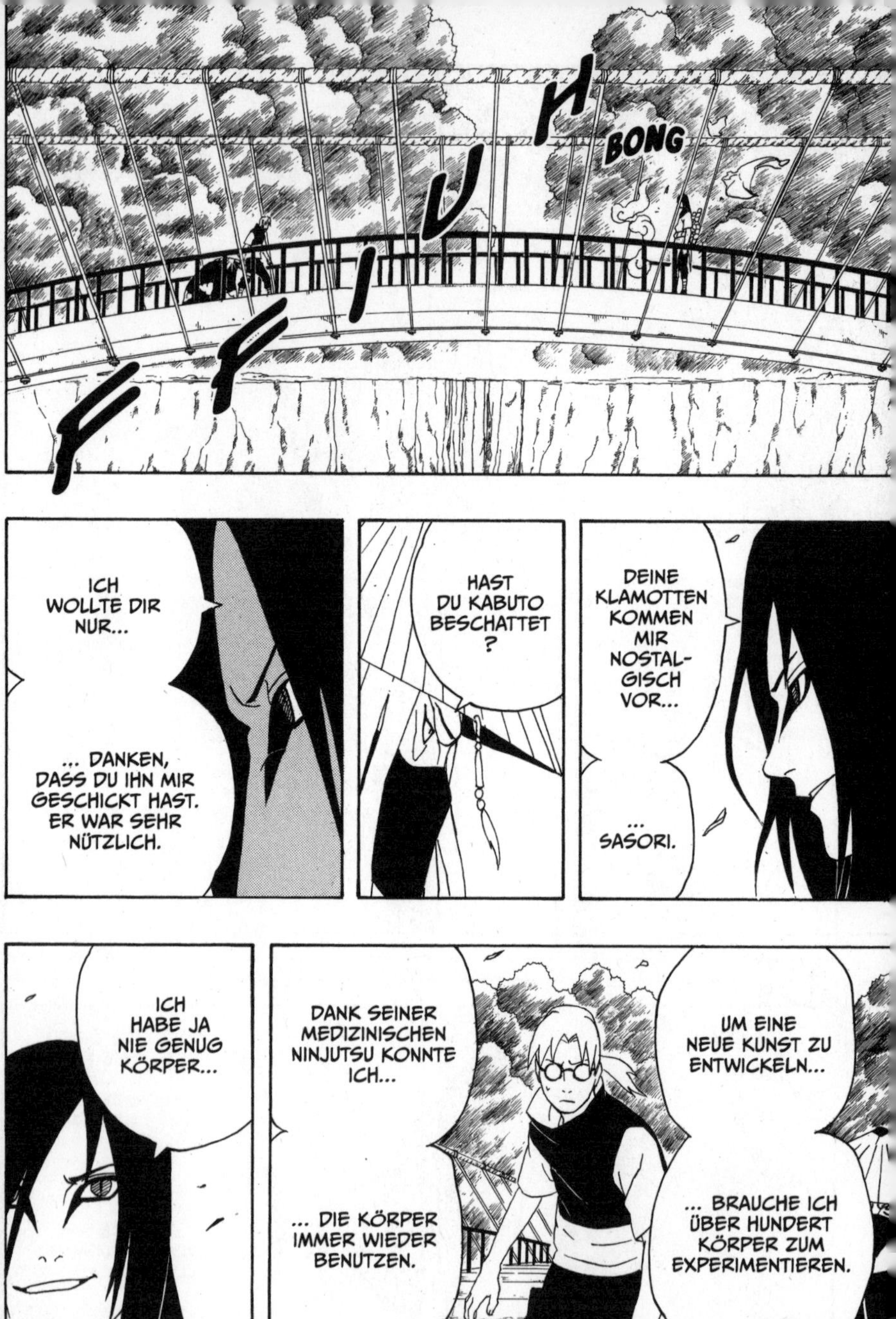

FFFIUH
BONG
DEINE KLAMOTTEN KOMMEN MIR NOSTALGISCH VOR...
... SASORI.
HAST DU KABUTO BESCHATTET?
ICH WOLLTE DIR NUR...
... DANKEN, DASS DU IHN MIR GESCHICKT HAST. ER WAR SEHR NÜTZLICH.
UM EINE NEUE KUNST ZU ENTWICKELN...
... BRAUCHE ICH ÜBER HUNDERT KÖRPER ZUM EXPERIMENTIEREN.
DANK SEINER MEDIZINISCHEN NINJUTSU KONNTE ICH...
... DIE KÖRPER IMMER WIEDER BENUTZEN.
ICH HABE JA NIE GENUG KÖRPER...

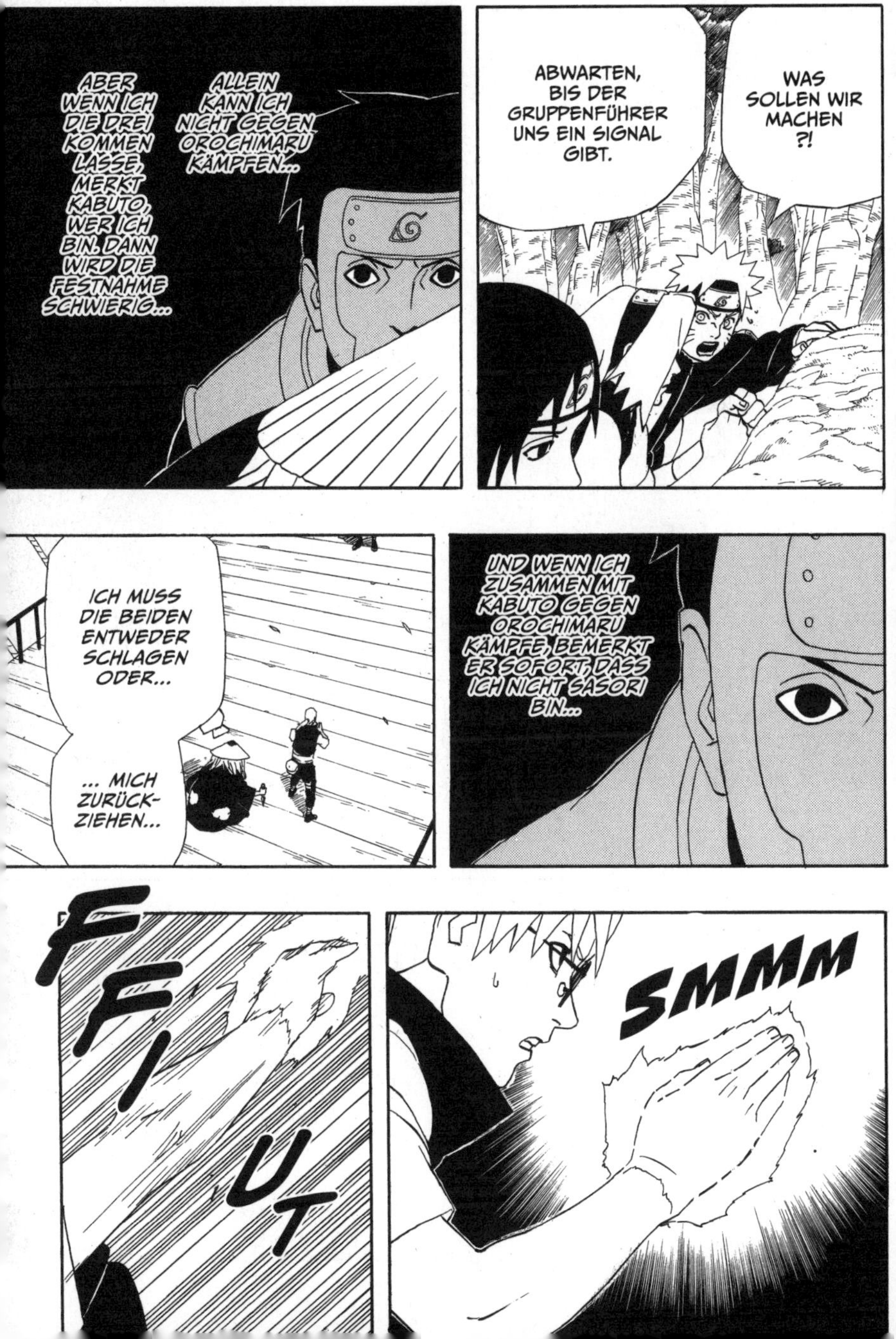
WAS SOLLEN WIR MACHEN ?!
ABWARTEN, BIS DER GRUPPENFÜHRER UNS EIN SIGNAL GIBT.
ALLEIN KANN ICH NICHT GEGEN OROCHIMARU KÄMPFEN...
ABER WENN ICH DIE DREI KOMMEN LASSE, MERKT KABUTO, WER ICH BIN. DANN WIRD DIE FESTNAHME SCHWIERIG...
UND WENN ICH ZUSAMMEN MIT KABUTO GEGEN OROCHIMARU KÄMPFE, BEMERKT ER SOFORT, DASS ICH NICHT SASORI BIN...
ICH MUSS DIE BEIDEN ENTWEDER SCHLAGEN ODER...
... MICH ZURÜCK-ZIEHEN...
SMMM
FFIUT

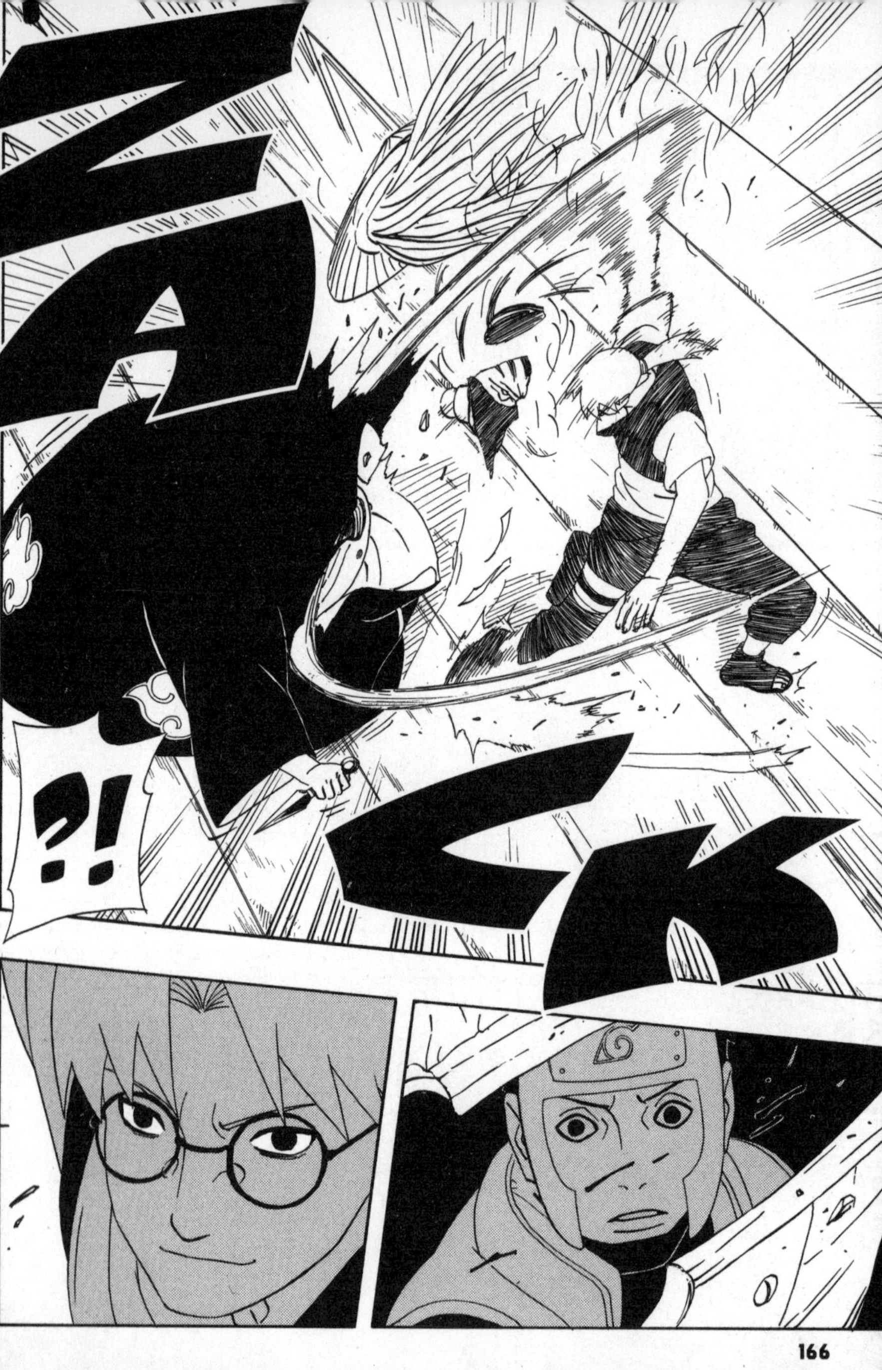

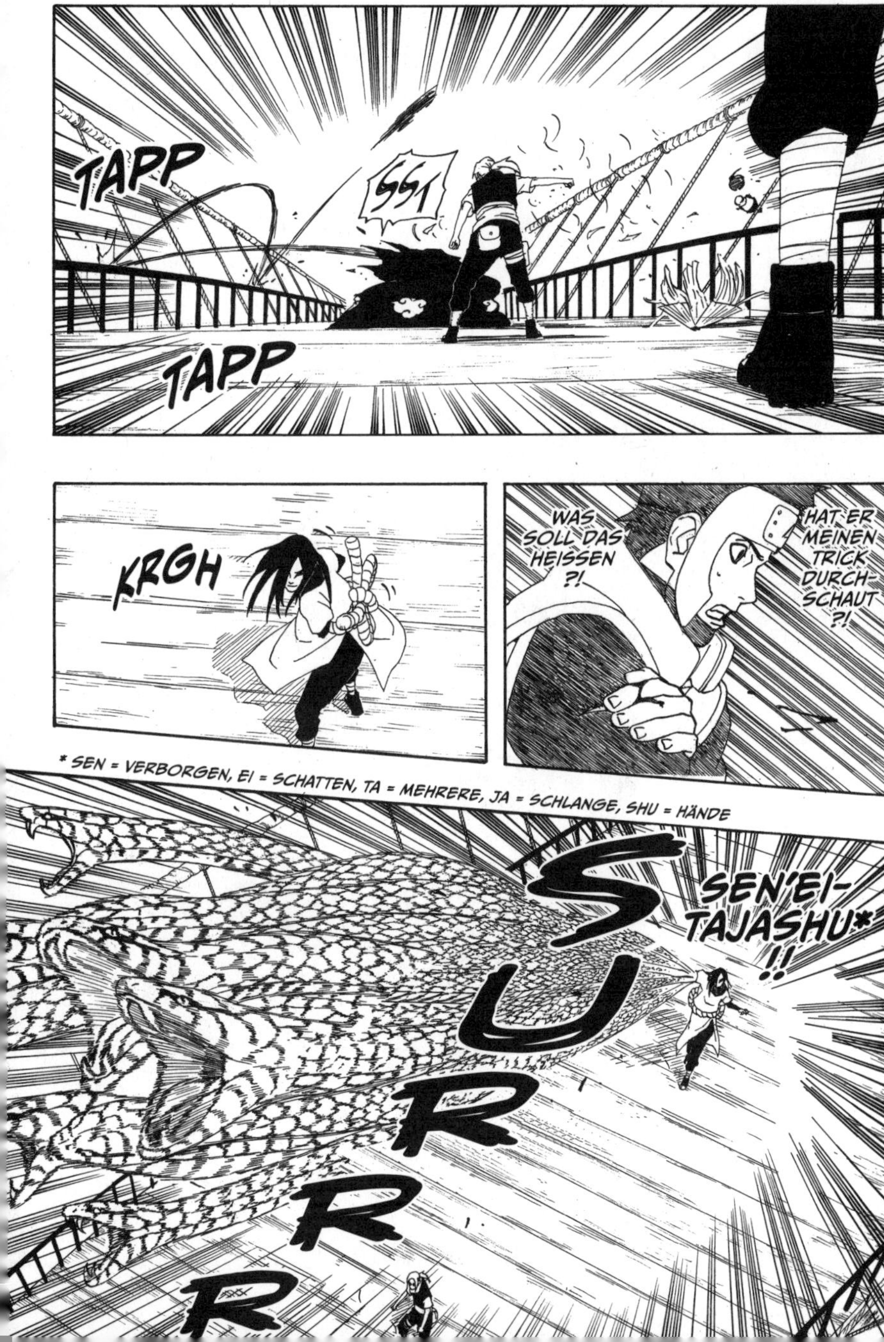
TAPP
TAPP
SS1
KRGH
HAT ER MEINEN TRICK DURCH-SCHAUT ?!
WAS SOLL DAS HEISSEN ?!
* SEN = VERBORGEN, EI = SCHATTEN, TA = MEHRERE, JA = SCHLANGE, SHU = HÄNDE
SEN'EI-TAJASHU* !!
SURRRR

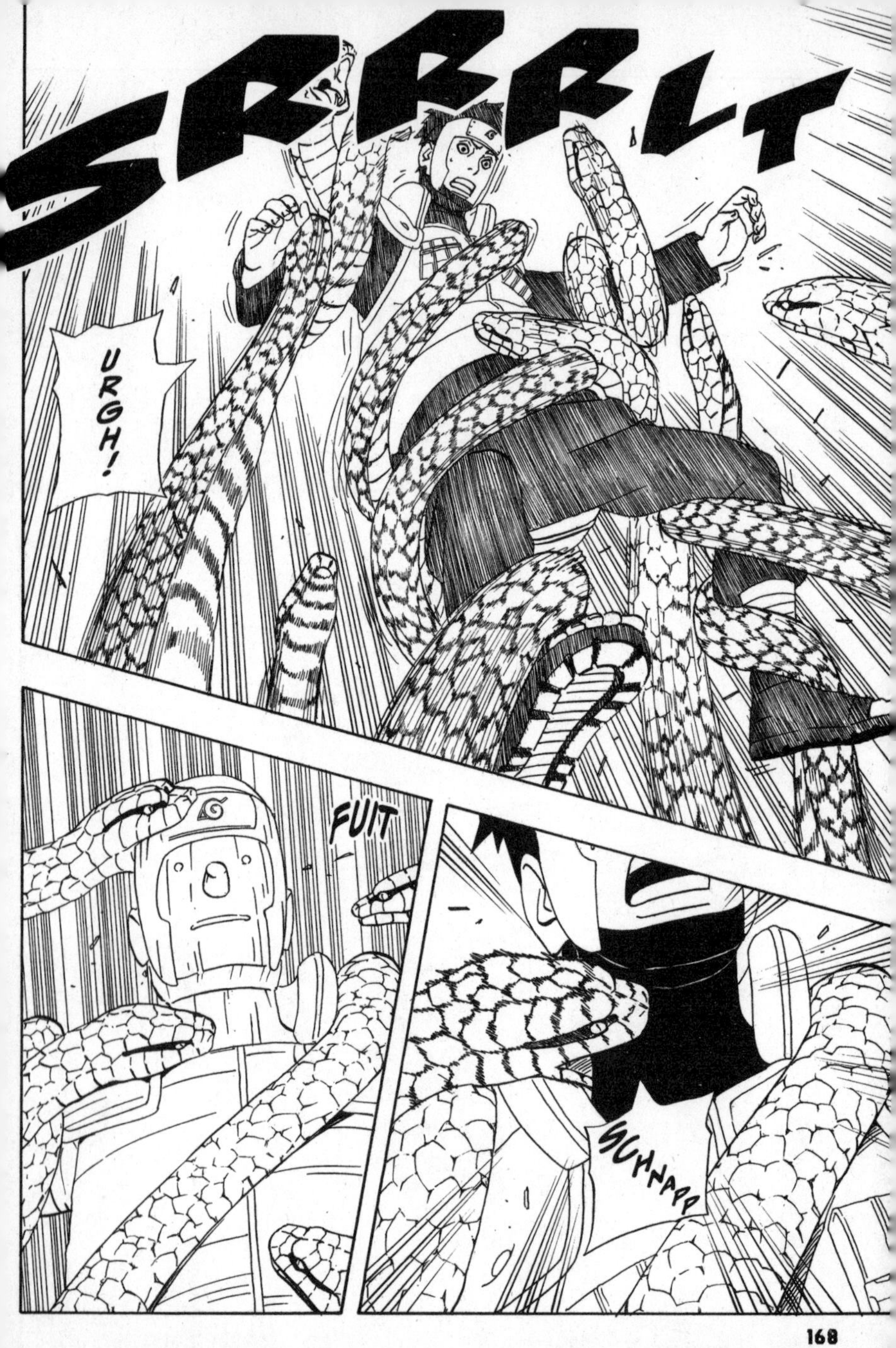
SRRRLT
URGH!
FUIT
SCHNAPP

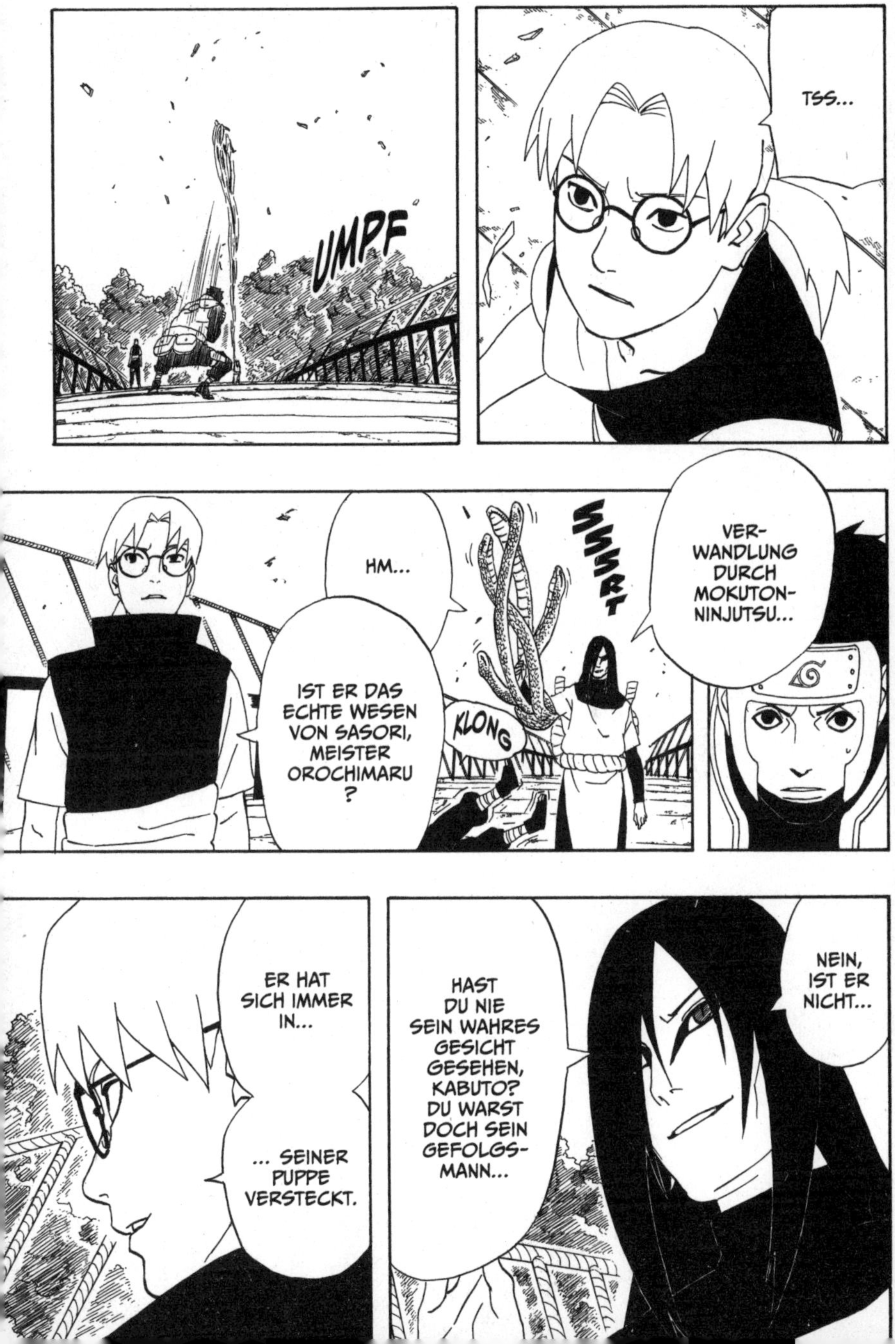
TSS...
UMPF
VER-WANDLUNG DURCH MOKUTON-NINJUTSU...
SSSRT
HM...
KLONG
IST ER DAS ECHTE WESEN VON SASORI, MEISTER OROCHIMARU ?
NEIN, IST ER NICHT...
HAST DU NIE SEIN WAHRES GESICHT GESEHEN, KABUTO? DU WARST DOCH SEIN GEFOLGS-MANN...
ER HAT SICH IMMER IN...
... SEINER PUPPE VERSTECKT.

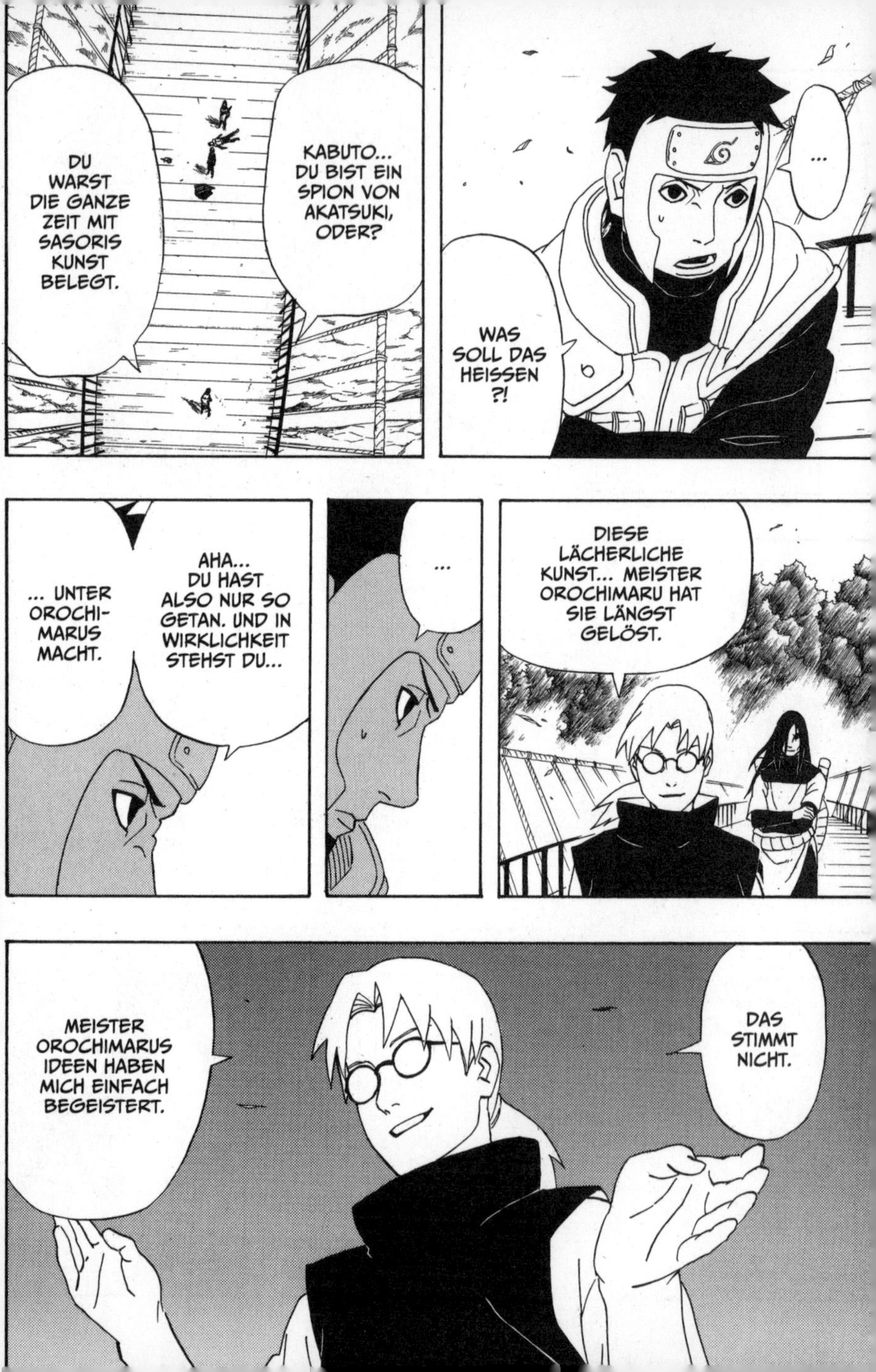
...
WAS SOLL DAS HEISSEN ?!
KABUTO... DU BIST EIN SPION VON AKATSUKI, ODER?
DU WARST DIE GANZE ZEIT MIT SASORIS KUNST BELEGT.
DIESE LÄCHERLICHE KUNST... MEISTER OROCHIMARU HAT SIE LÄNGST GELÖST.
...
AHA... DU HAST ALSO NUR SO GETAN. UND IN WIRKLICHKEIT STEHST DU...
... UNTER OROCHI-MARUS MACHT.
DAS STIMMT NICHT.
MEISTER OROCHIMARUS IDEEN HABEN MICH EINFACH BEGEISTERT.

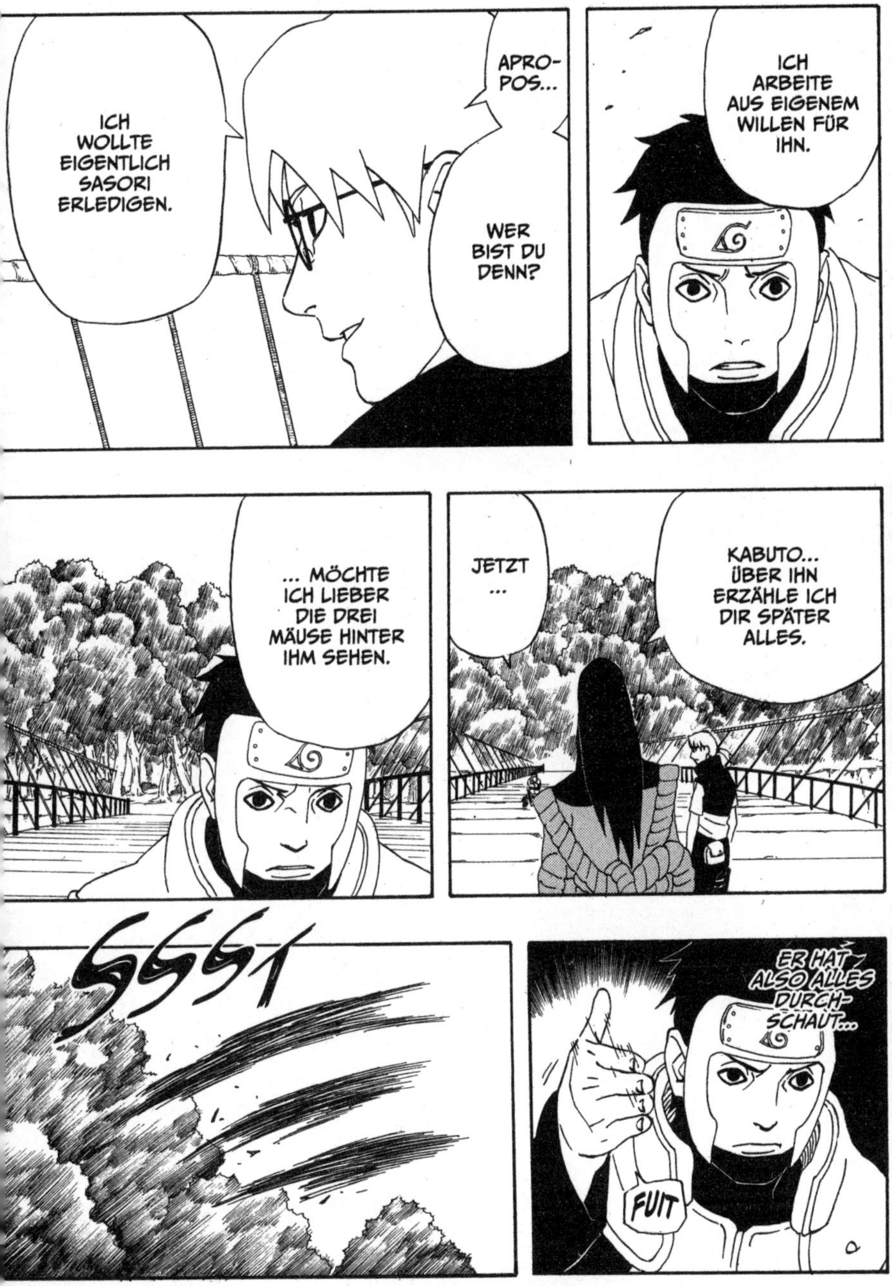
ICH ARBEITE AUS EIGENEM WILLEN FÜR IHN.
APROPOS...
WER BIST DU DENN?
ICH WOLLTE EIGENTLICH SASORI ERLEDIGEN.
KABUTO... ÜBER IHN ERZÄHLE ICH DIR SPÄTER ALLES.
JETZT ...
... MÖCHTE ICH LIEBER DIE DREI MÄUSE HINTER IHM SEHEN.
ER HAT ALSO ALLES DURCH-SCHAUT...
FUIT
SSST

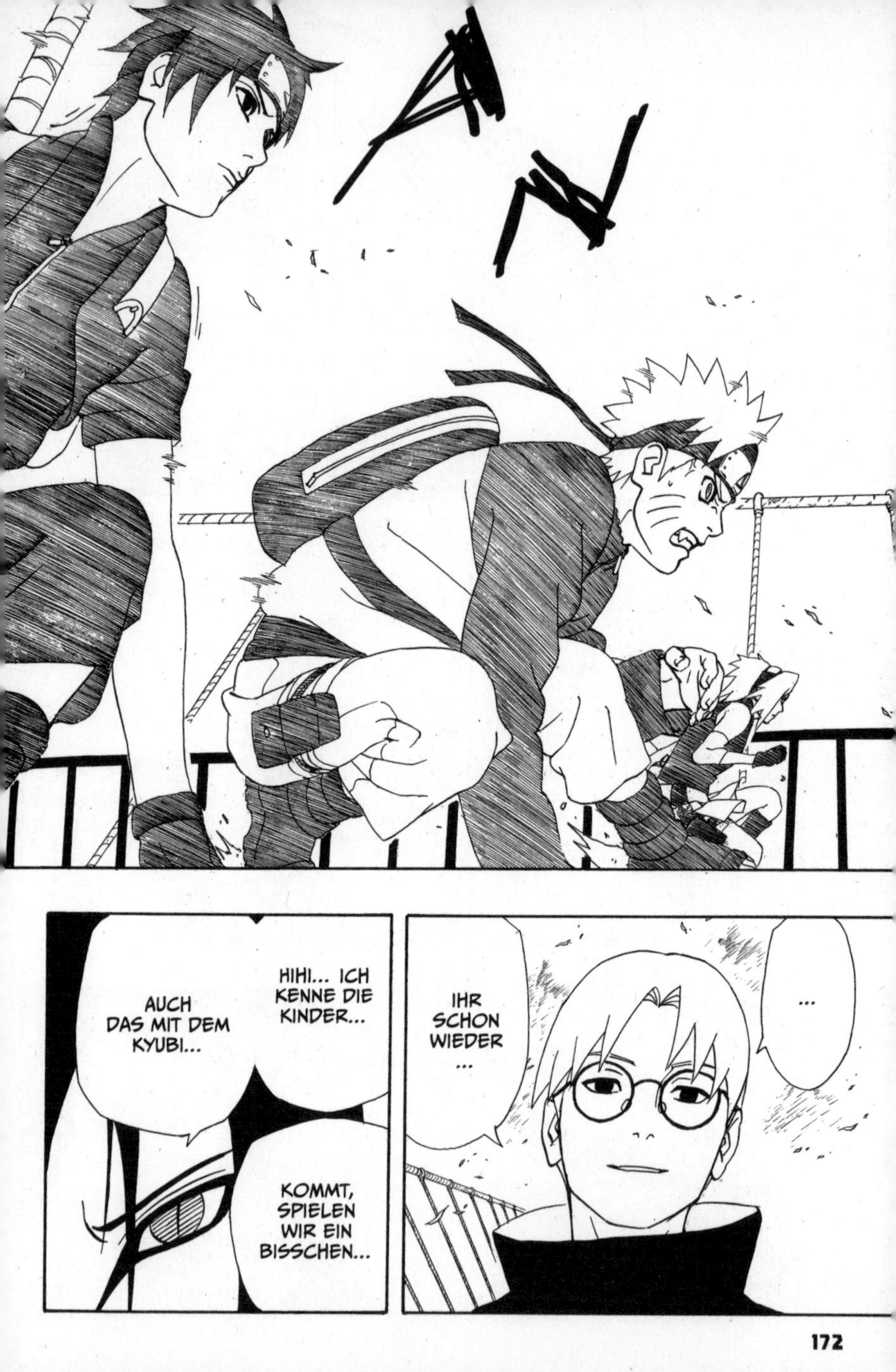
...
IHR SCHON WIEDER ...
HIHI... ICH KENNE DIE KINDER...
AUCH DAS MIT DEM KYUBI...
KOMMT, SPIELEN WIR EIN BISSCHEN...

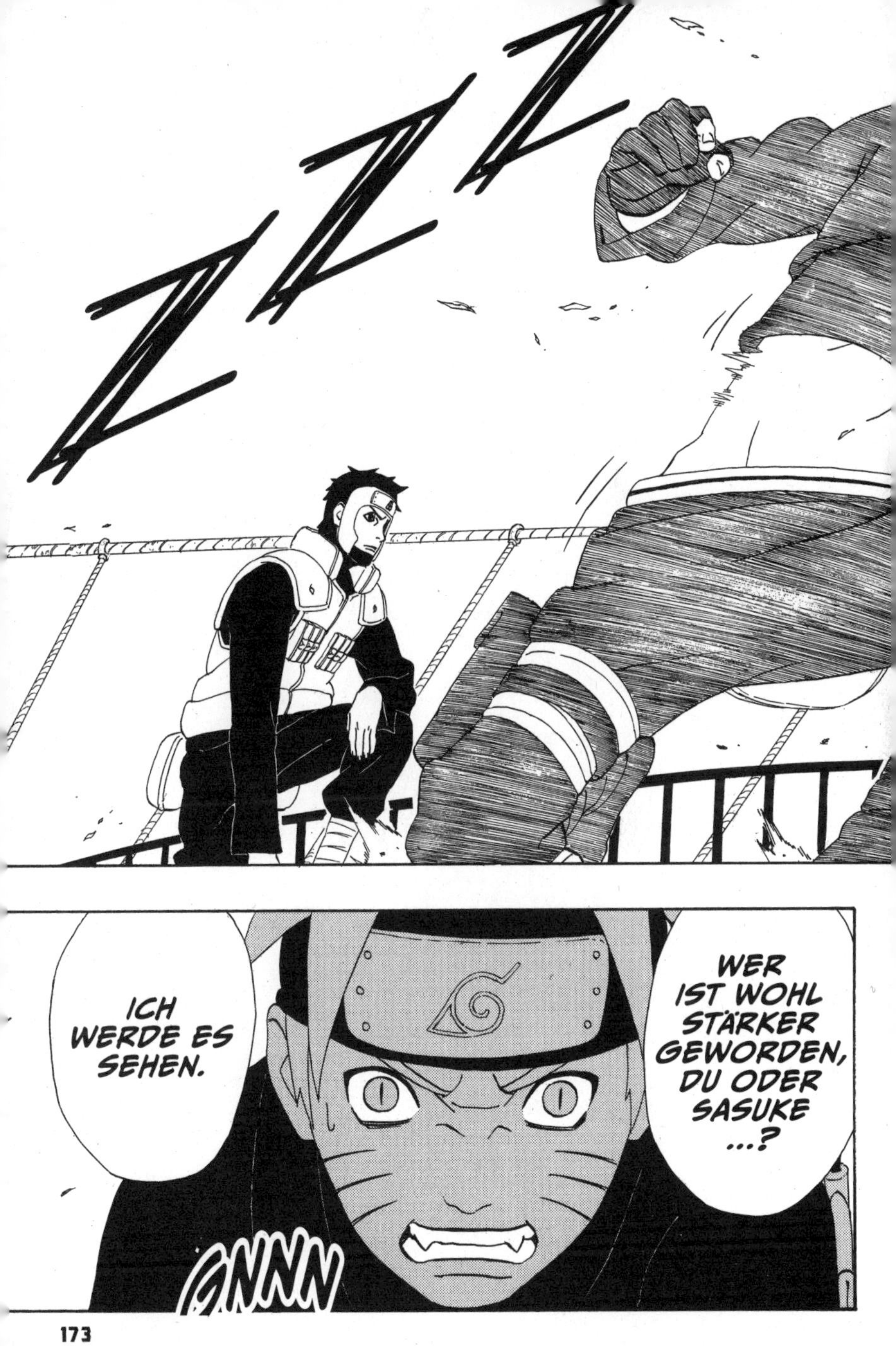
ZZZ
WER IST WOHL STÄRKER GEWORDEN, DU ODER SASUKE ...?
ICH WERDE ES SEHEN.
GNNN

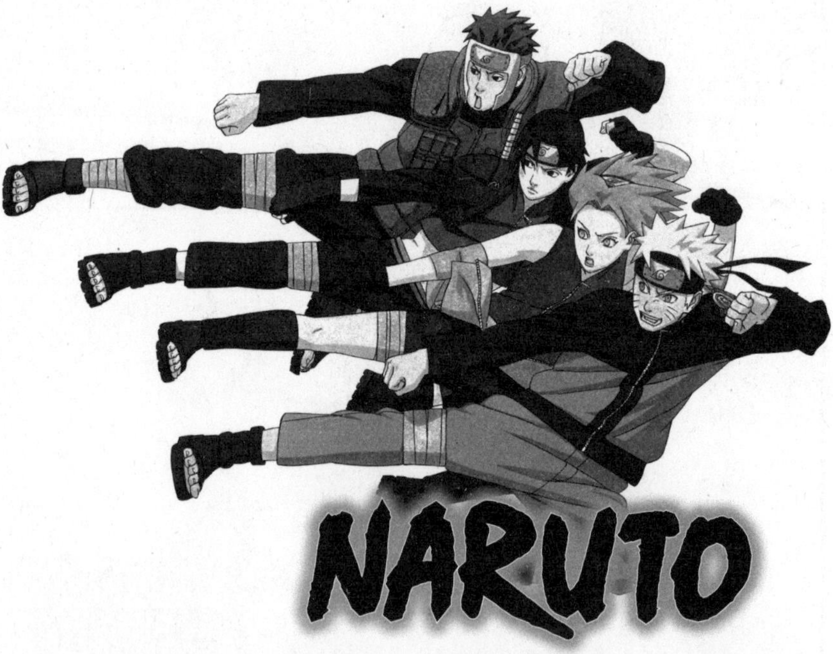

NARUTO

291. Kapitel:

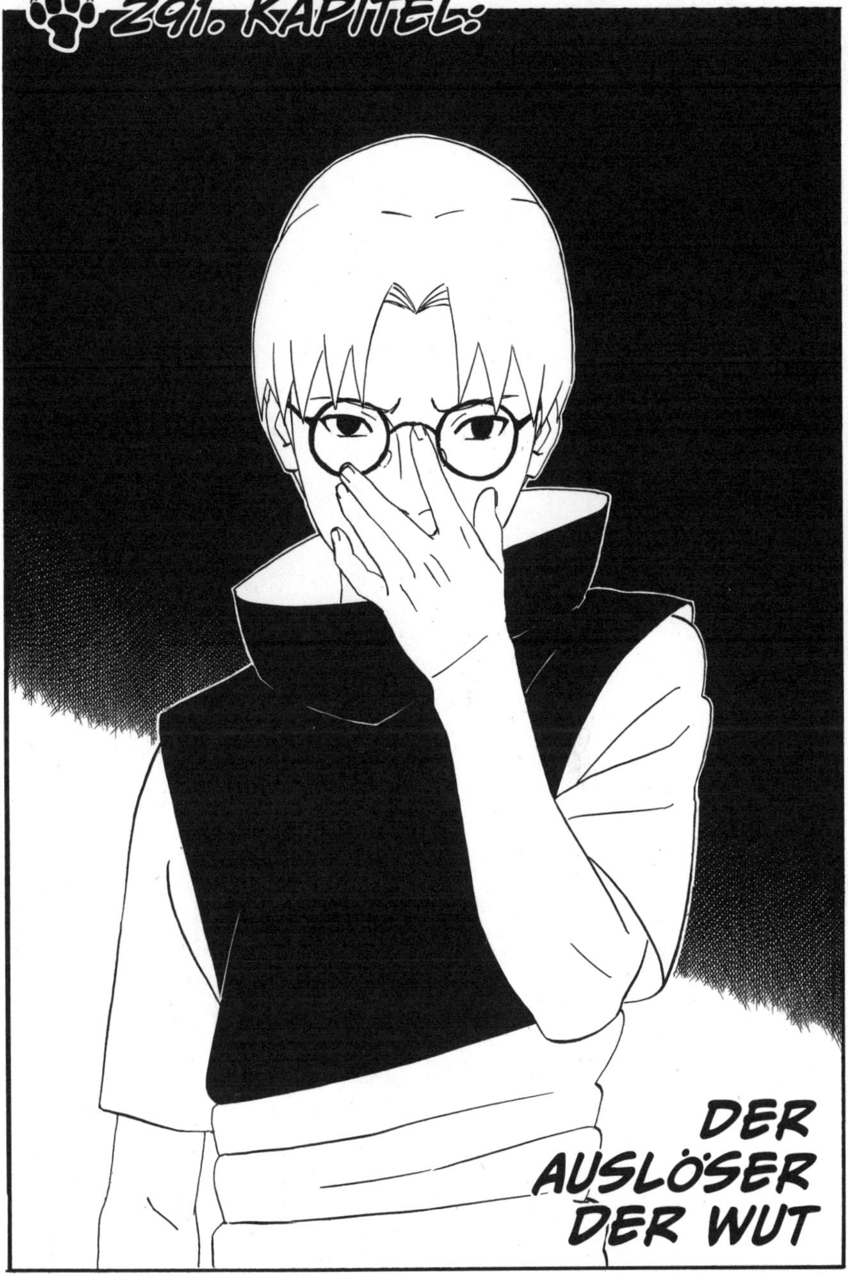

Der Auslöser der Wut

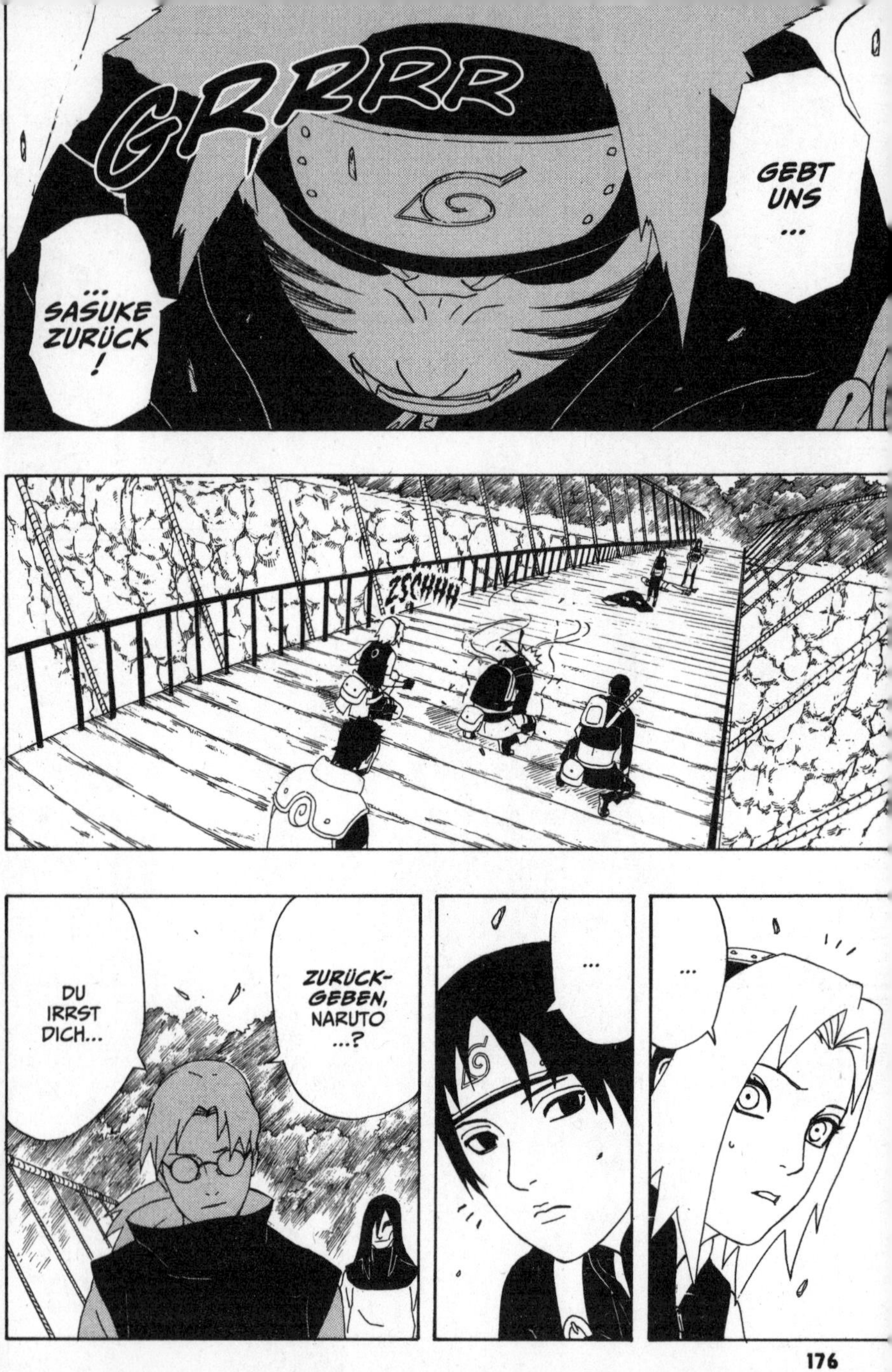
GEBT UNS ...
GRRRR
... SASUKE ZURÜCK !
ZSCHHH
...
...
ZURÜCK-GEBEN, NARUTO ...?
DU IRRST DICH...

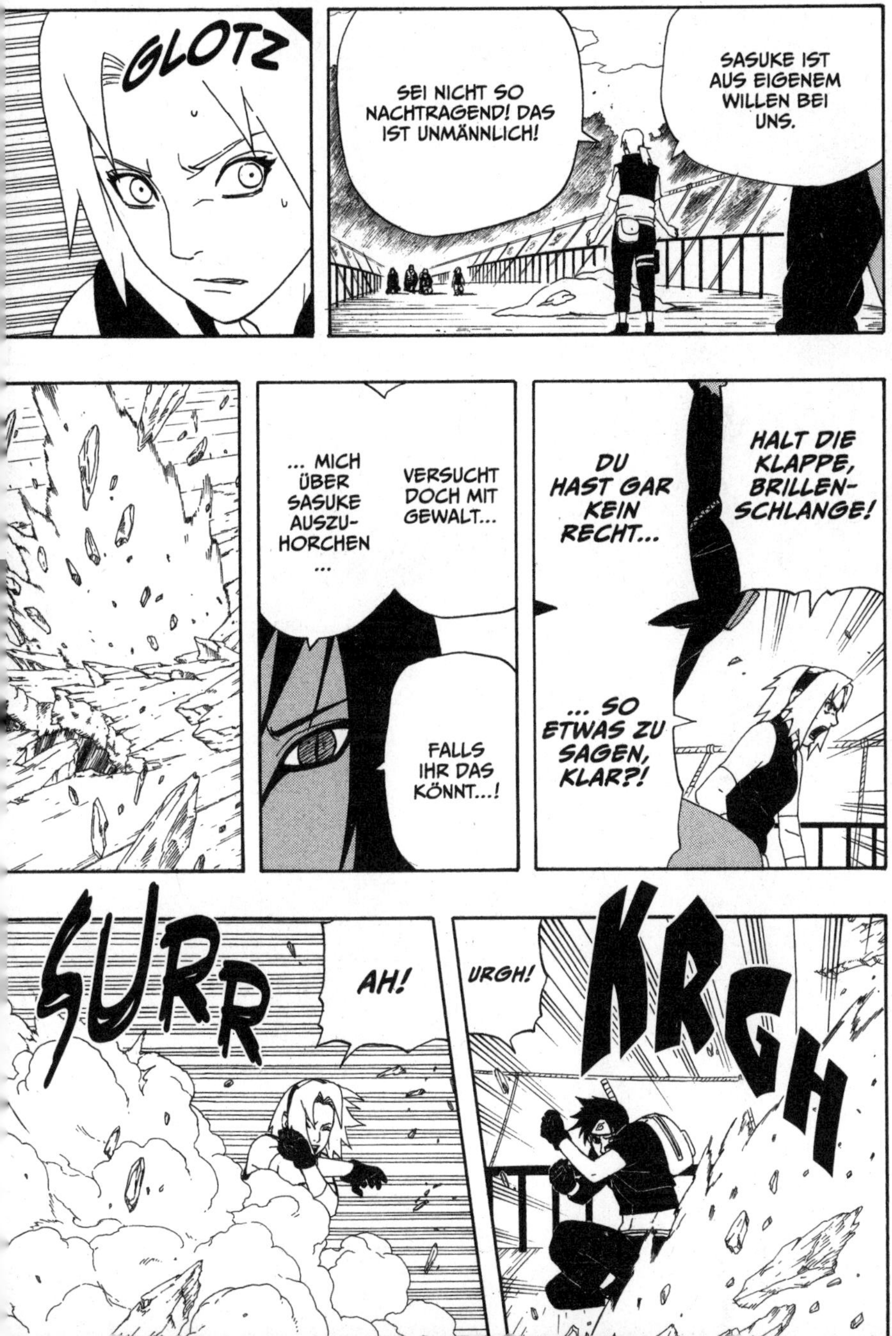
SASUKE IST AUS EIGENEM WILLEN BEI UNS.
SEI NICHT SO NACHTRAGEND! DAS IST UNMÄNNLICH!
GLOTZ
HALT DIE KLAPPE, BRILLEN-SCHLANGE!
DU HAST GAR KEIN RECHT...
... SO ETWAS ZU SAGEN, KLAR?!
VERSUCHT DOCH MIT GEWALT...
... MICH ÜBER SASUKE AUSZU-HORCHEN ...
FALLS IHR DAS KÖNNT...!
URGH!
KRGH
AH!
SURR

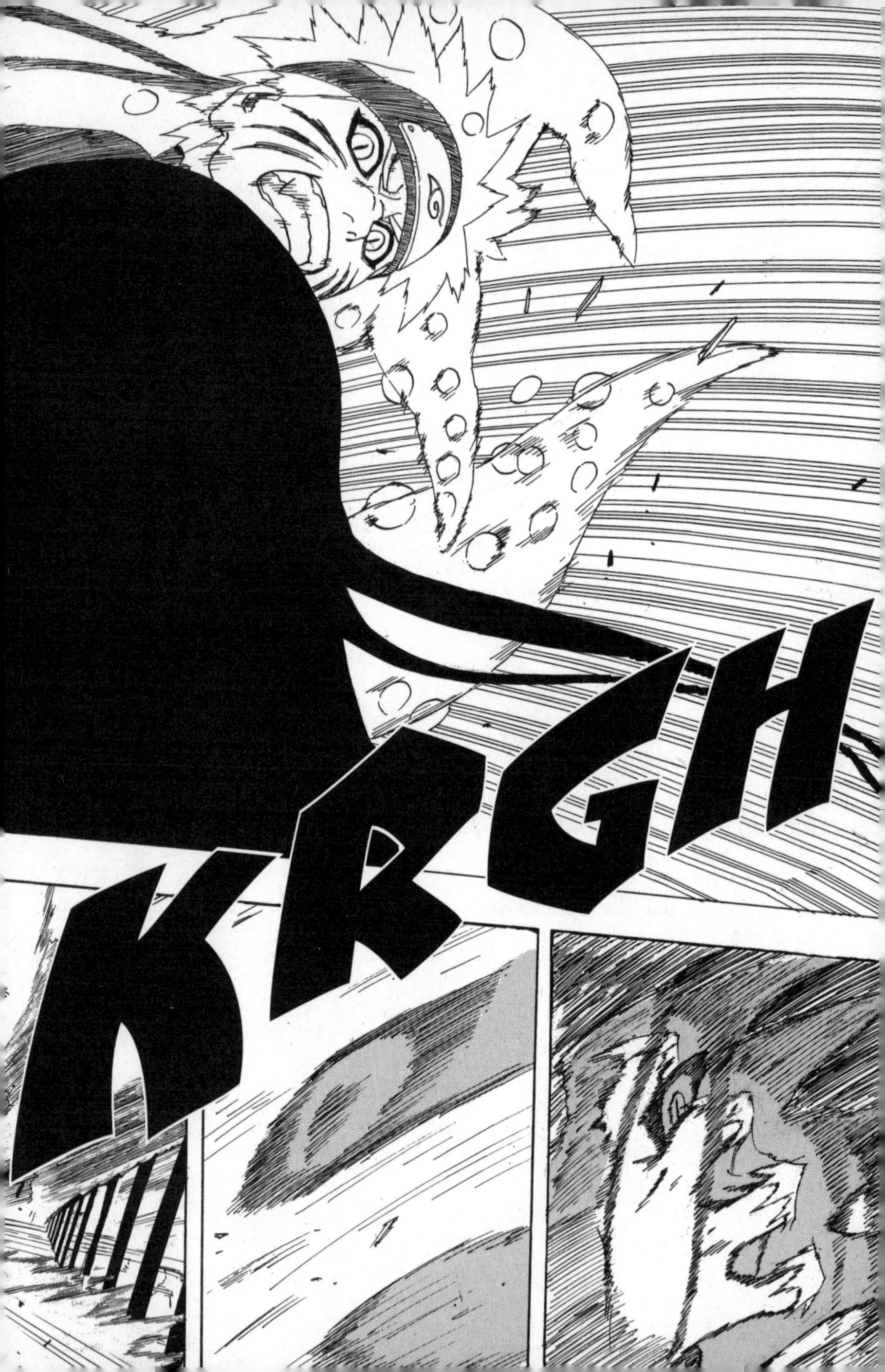
KRGH

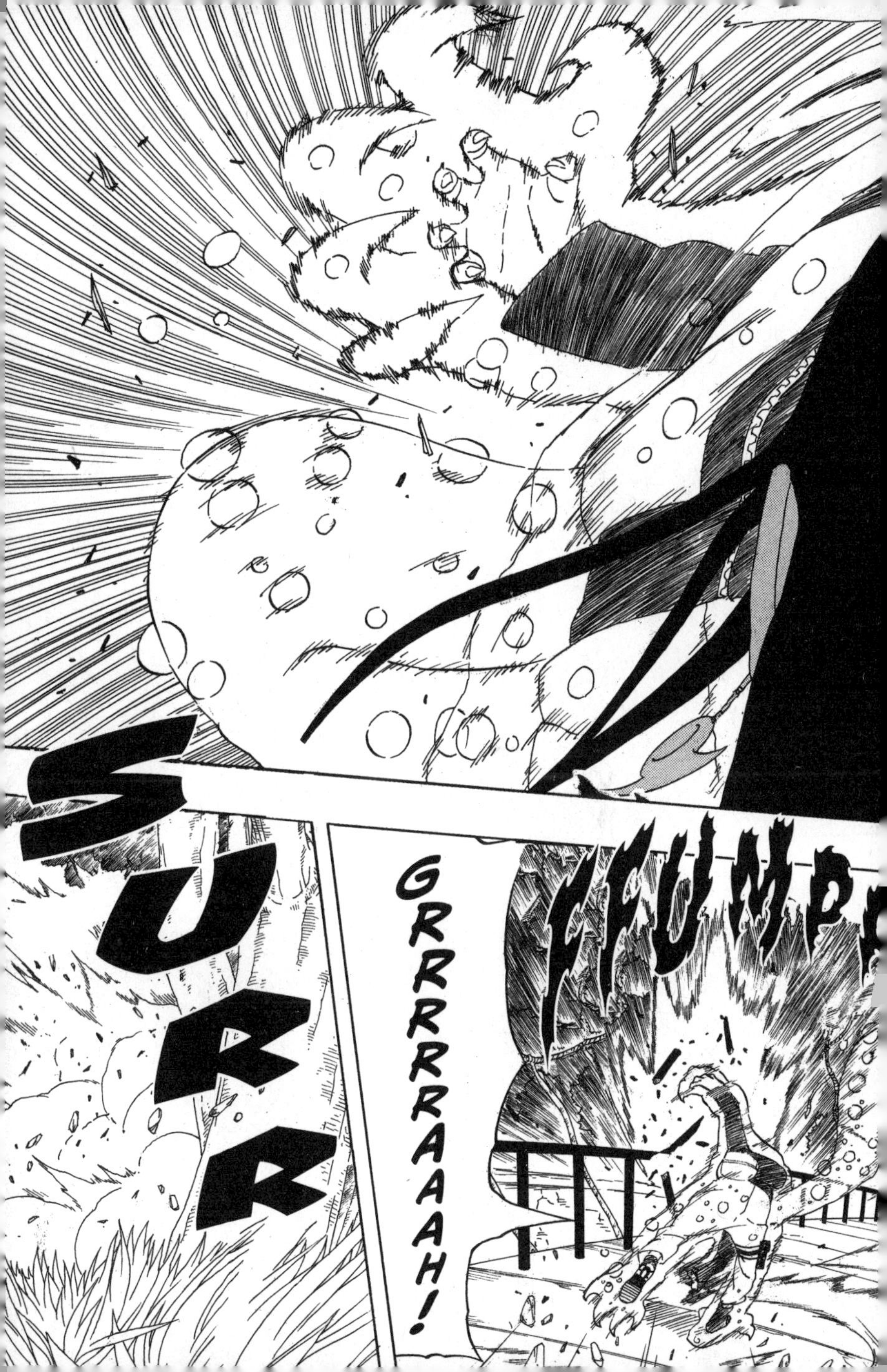
SURR
GRRRRRAAAH!

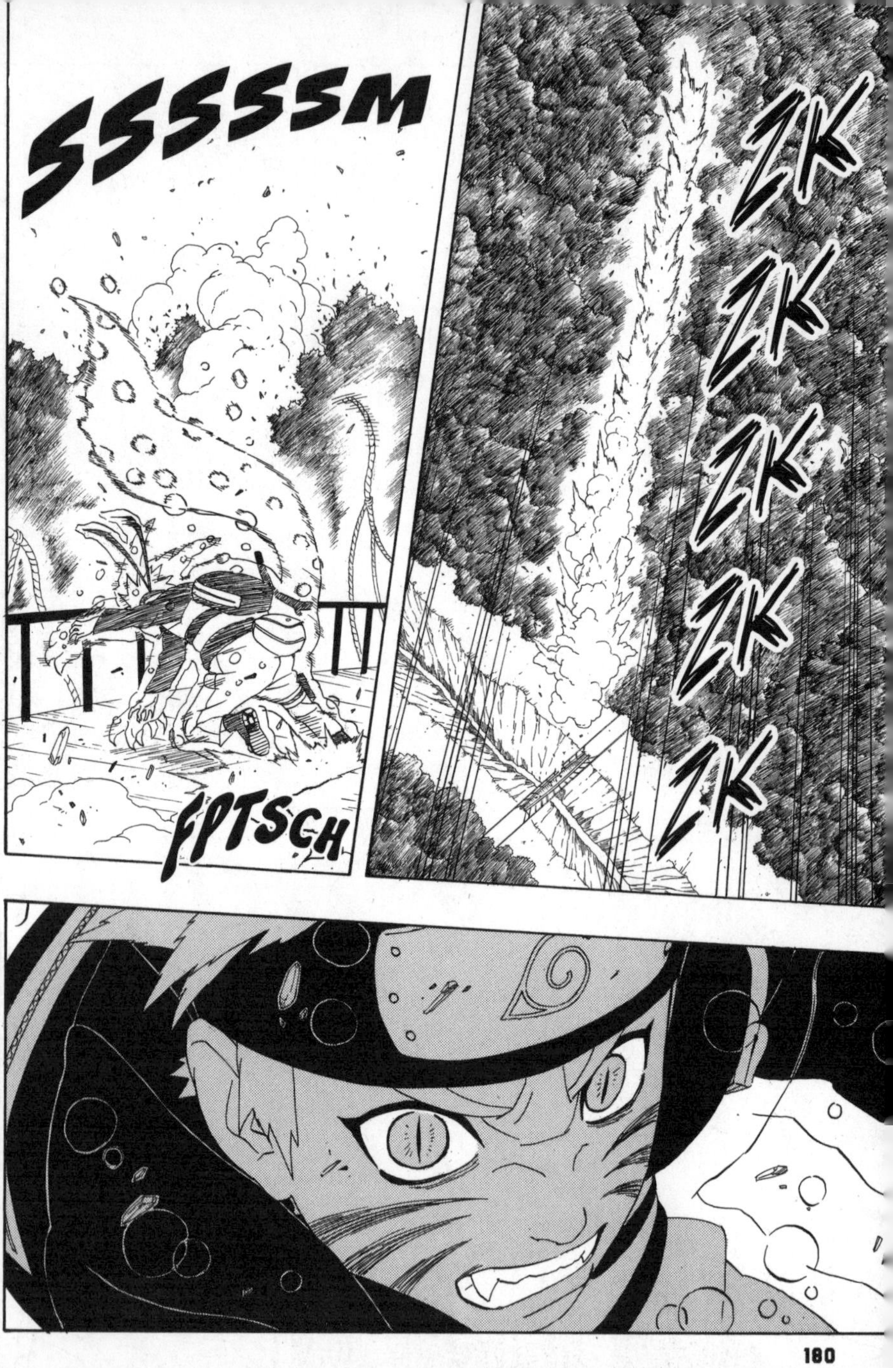
SSSSSM
FPTSCH
ZK ZK ZK ZK ZK ZK

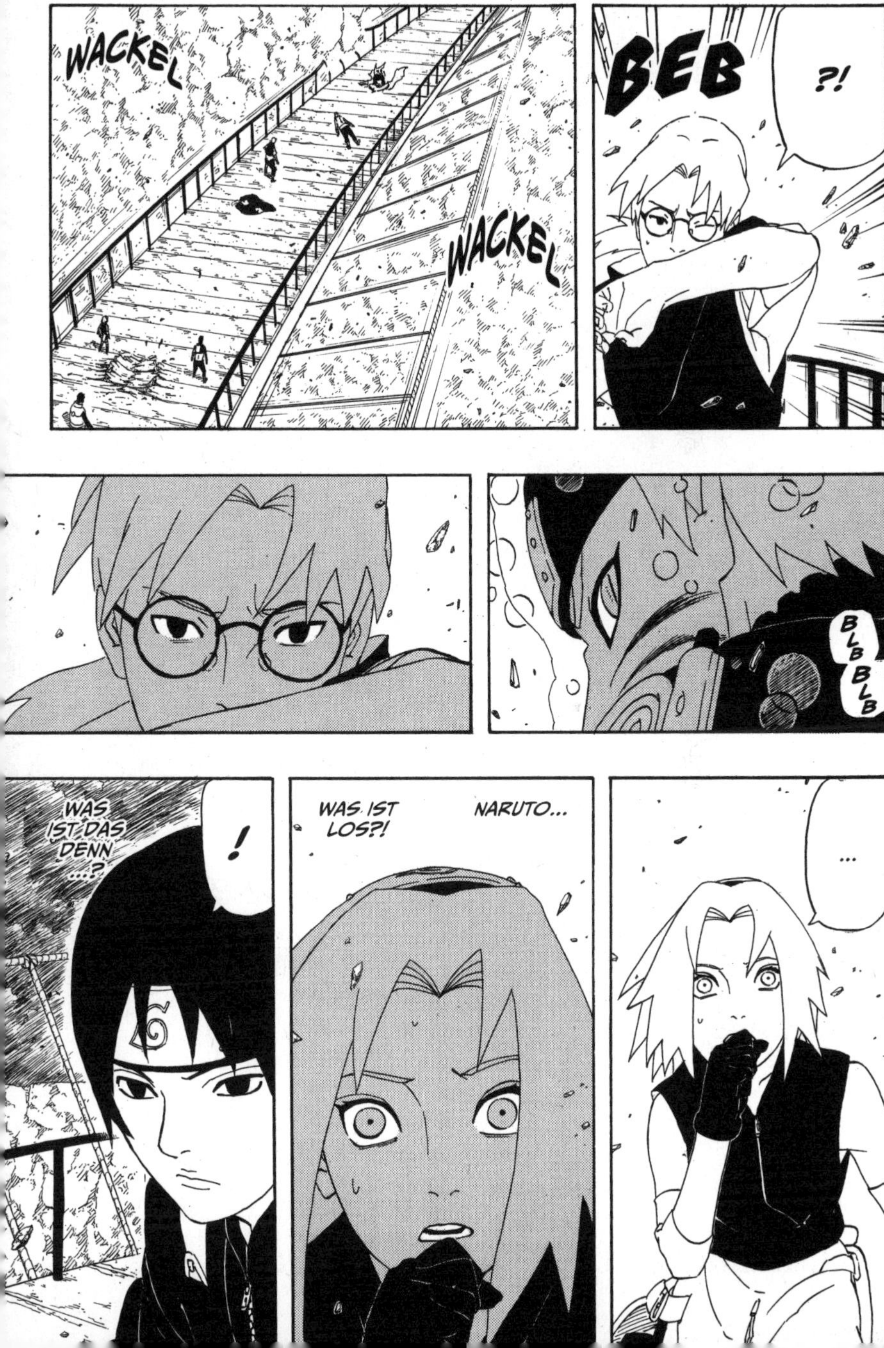
?!
BEB
WACKEL
WACKEL
BLB BLB
...
NARUTO...
WAS IST LOS?!
!
WAS IST DAS DENN ...?

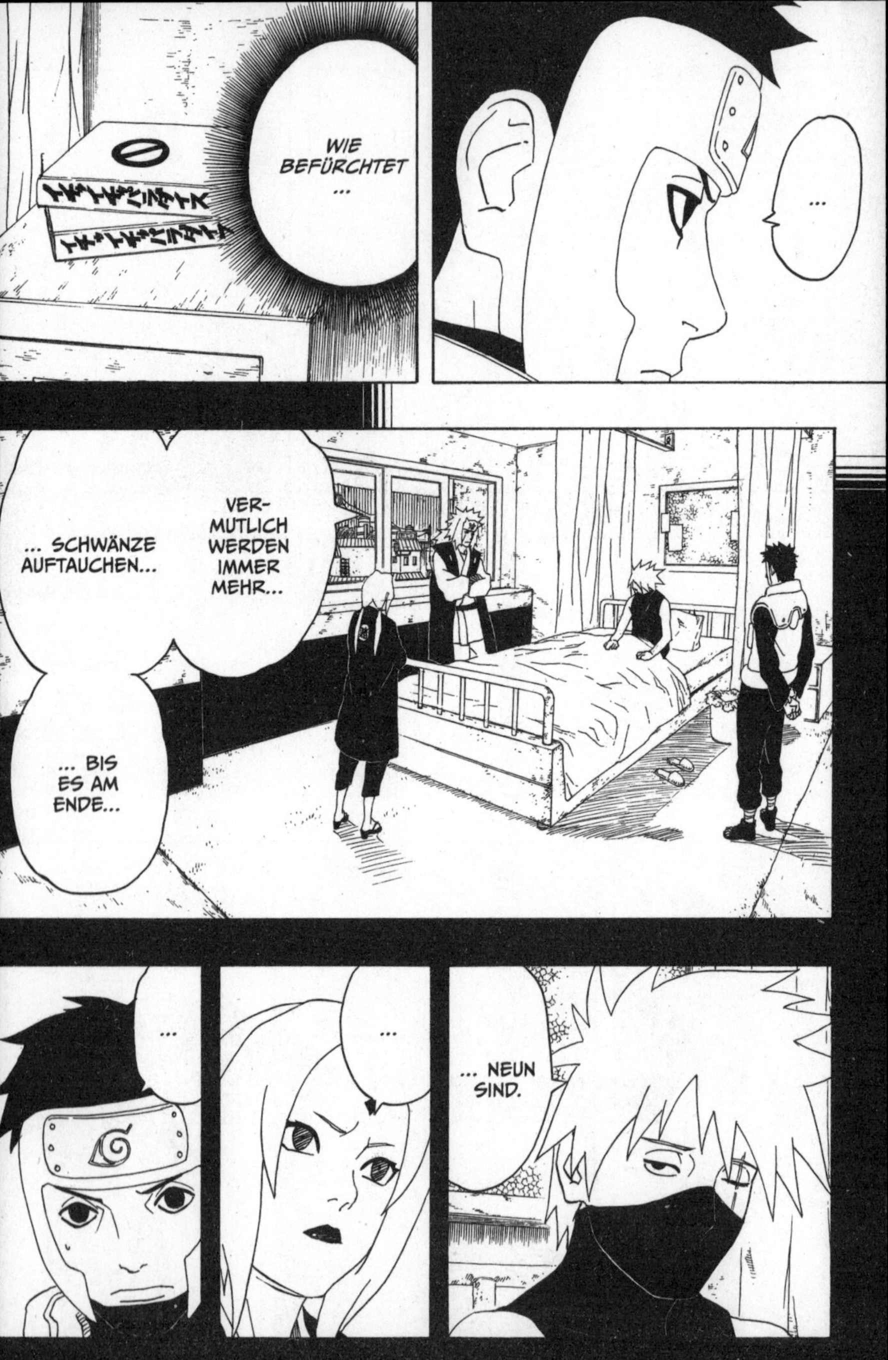
...
WIE BEFÜRCHTET ...
VER-MUTLICH WERDEN IMMER MEHR...
... SCHWÄNZE AUFTAUCHEN...
... BIS ES AM ENDE...
... NEUN SIND.
...
...

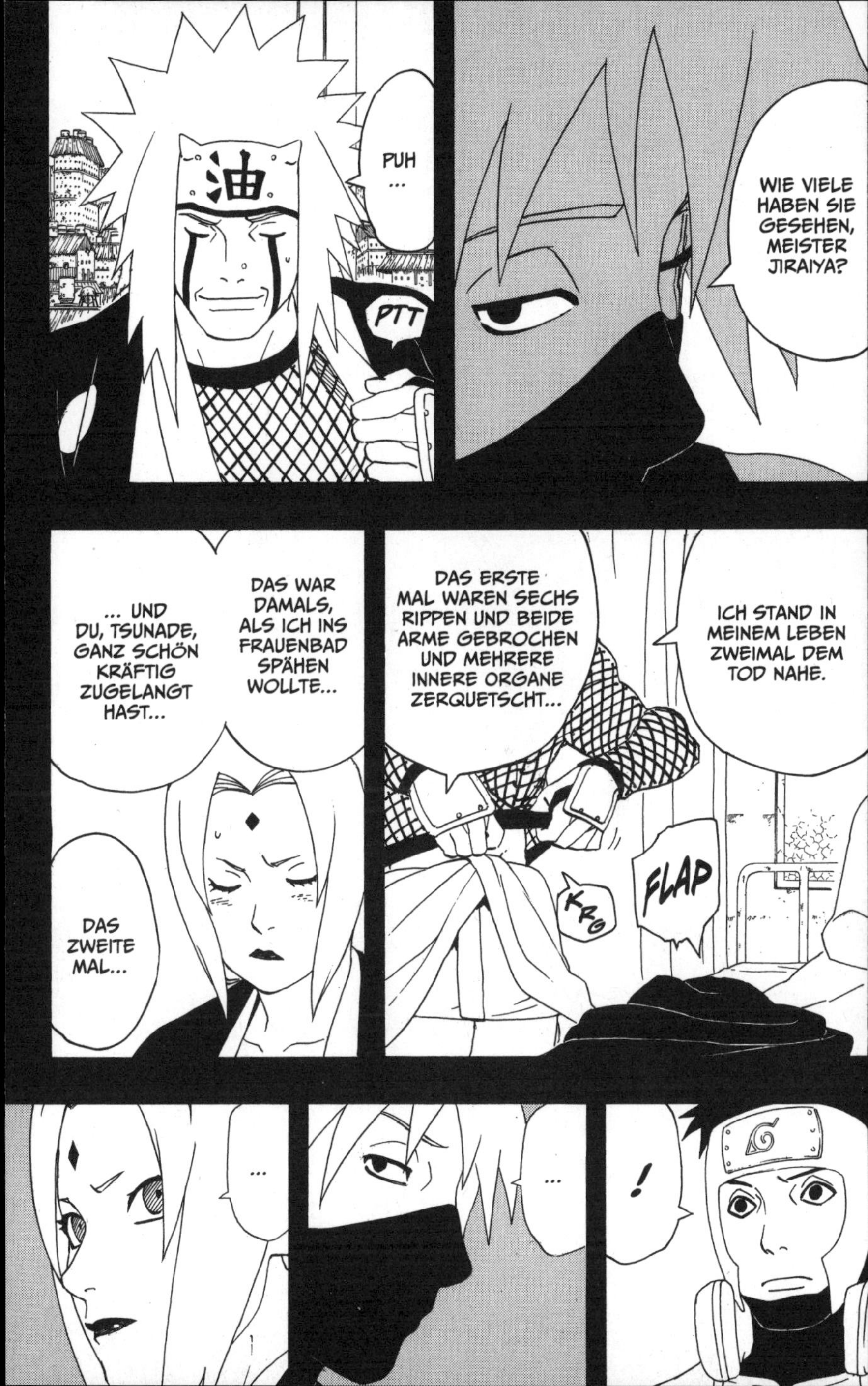
WIE VIELE HABEN SIE GESEHEN, MEISTER JIRAIYA?
PUH ...
PTT
ICH STAND IN MEINEM LEBEN ZWEIMAL DEM TOD NAHE.
FLAP
KRG
DAS ERSTE MAL WAREN SECHS RIPPEN UND BEIDE ARME GEBROCHEN UND MEHRERE INNERE ORGANE ZERQUETSCHT...
DAS WAR DAMALS, ALS ICH INS FRAUENBAD SPÄHEN WOLLTE...
... UND DU, TSUNADE, GANZ SCHÖN KRÄFTIG ZUGELANGT HAST...
DAS ZWEITE MAL...
!
...
...

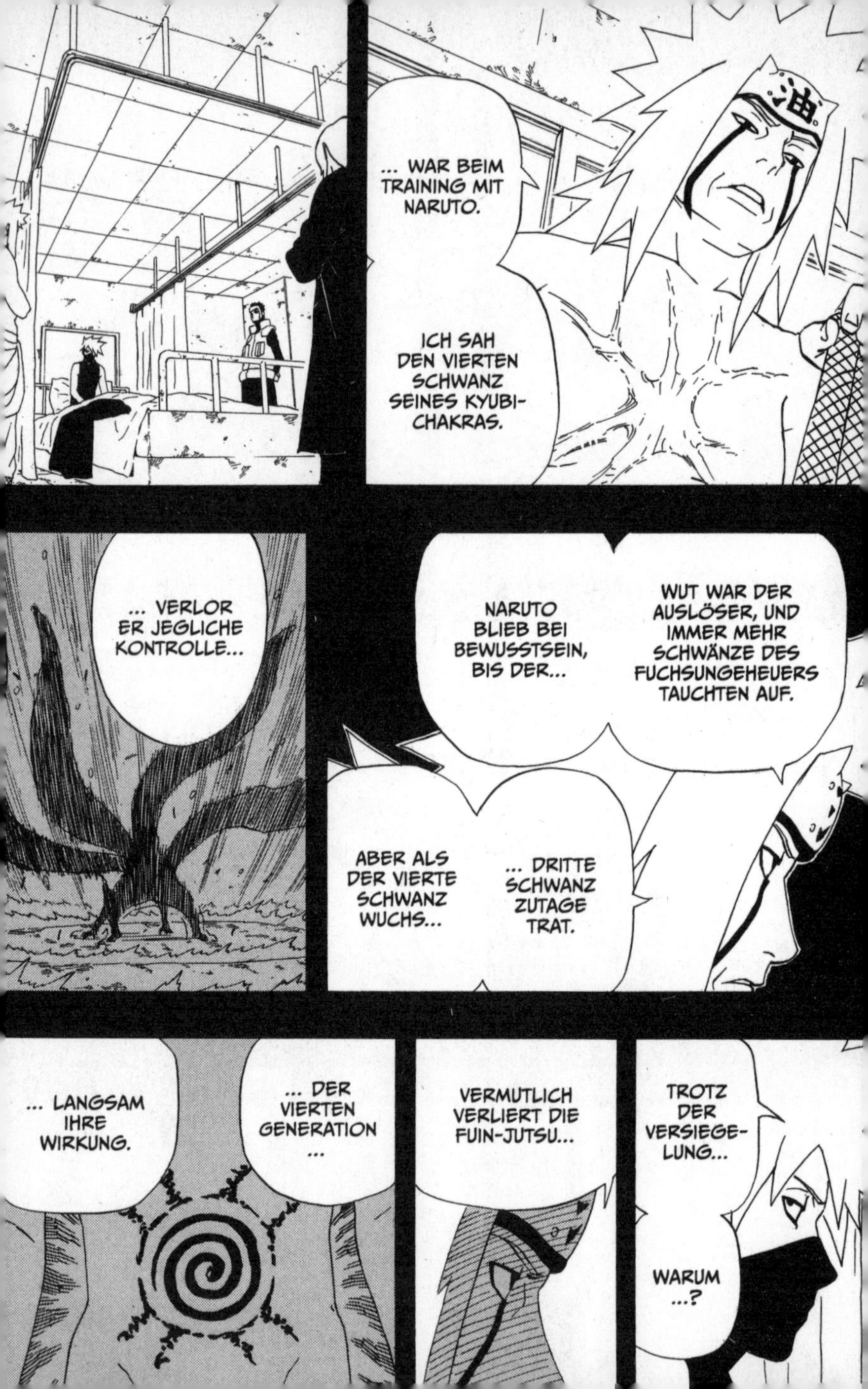
... WAR BEIM TRAINING MIT NARUTO.
ICH SAH DEN VIERTEN SCHWANZ SEINES KYUBI-CHAKRAS.
WUT WAR DER AUSLÖSER, UND IMMER MEHR SCHWÄNZE DES FUCHSUNGEHEUERS TAUCHTEN AUF.
NARUTO BLIEB BEI BEWUSSTSEIN, BIS DER...
... DRITTE SCHWANZ ZUTAGE TRAT.
ABER ALS DER VIERTE SCHWANZ WUCHS...
... VERLOR ER JEGLICHE KONTROLLE...
TROTZ DER VERSIEGE-LUNG...
WARUM ...?
VERMUTLICH VERLIERT DIE FUIN-JUTSU...
... DER VIERTEN GENERATION ...
... LANGSAM IHRE WIRKUNG.

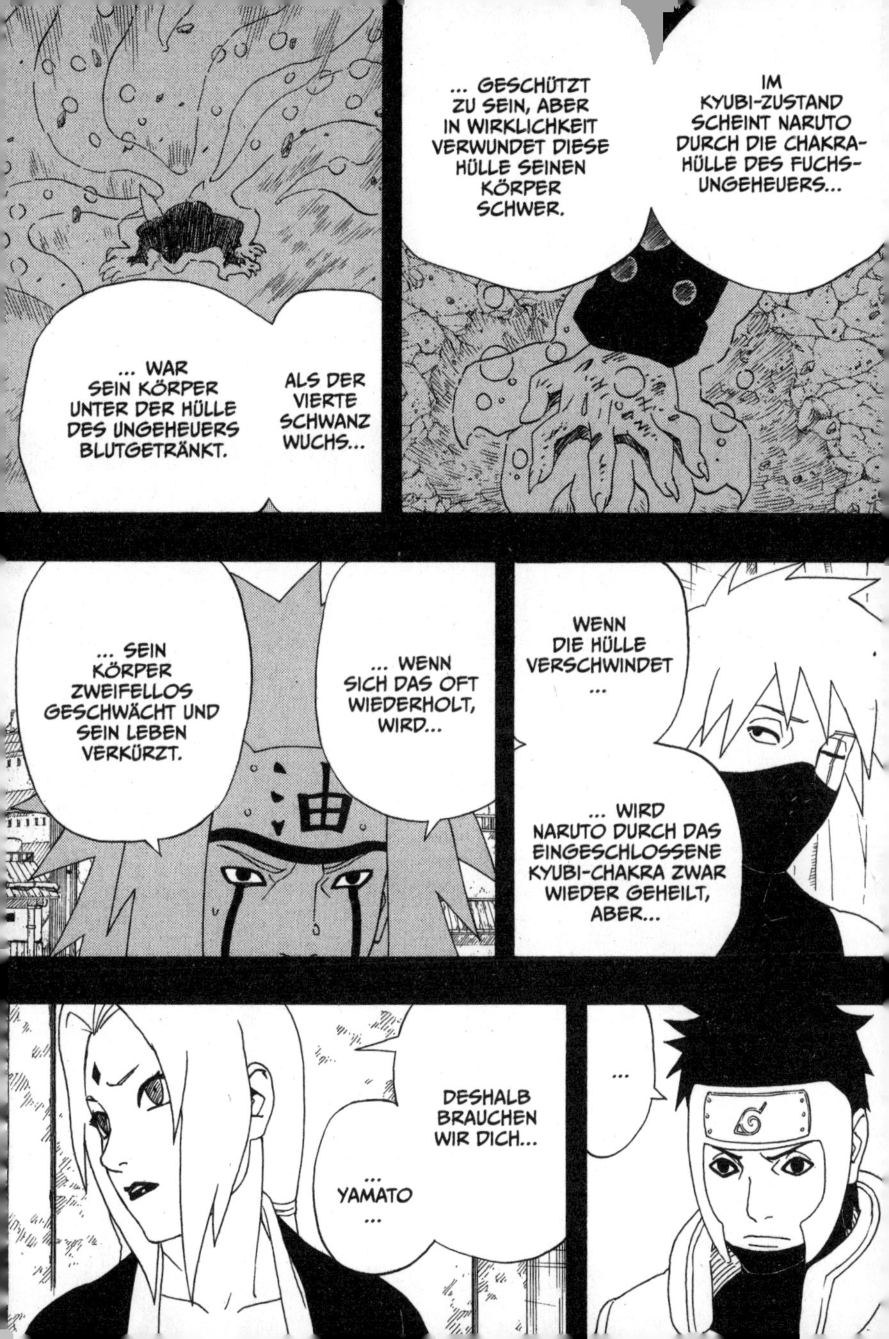
IM KYUBI-ZUSTAND SCHEINT NARUTO DURCH DIE CHAKRA-HÜLLE DES FUCHS-UNGEHEUERS...
... GESCHÜTZT ZU SEIN, ABER IN WIRKLICHKEIT VERWUNDET DIESE HÜLLE SEINEN KÖRPER SCHWER.
ALS DER VIERTE SCHWANZ WUCHS...
... WAR SEIN KÖRPER UNTER DER HÜLLE DES UNGEHEUERS BLUTGETRÄNKT.
WENN DIE HÜLLE VERSCHWINDET ...
... WIRD NARUTO DURCH DAS EINGESCHLOSSENE KYUBI-CHAKRA ZWAR WIEDER GEHEILT, ABER...
... WENN SICH DAS OFT WIEDERHOLT, WIRD...
... SEIN KÖRPER ZWEIFELLOS GESCHWÄCHT UND SEIN LEBEN VERKÜRZT.
...
DESHALB BRAUCHEN WIR DICH...
... YAMATO ...

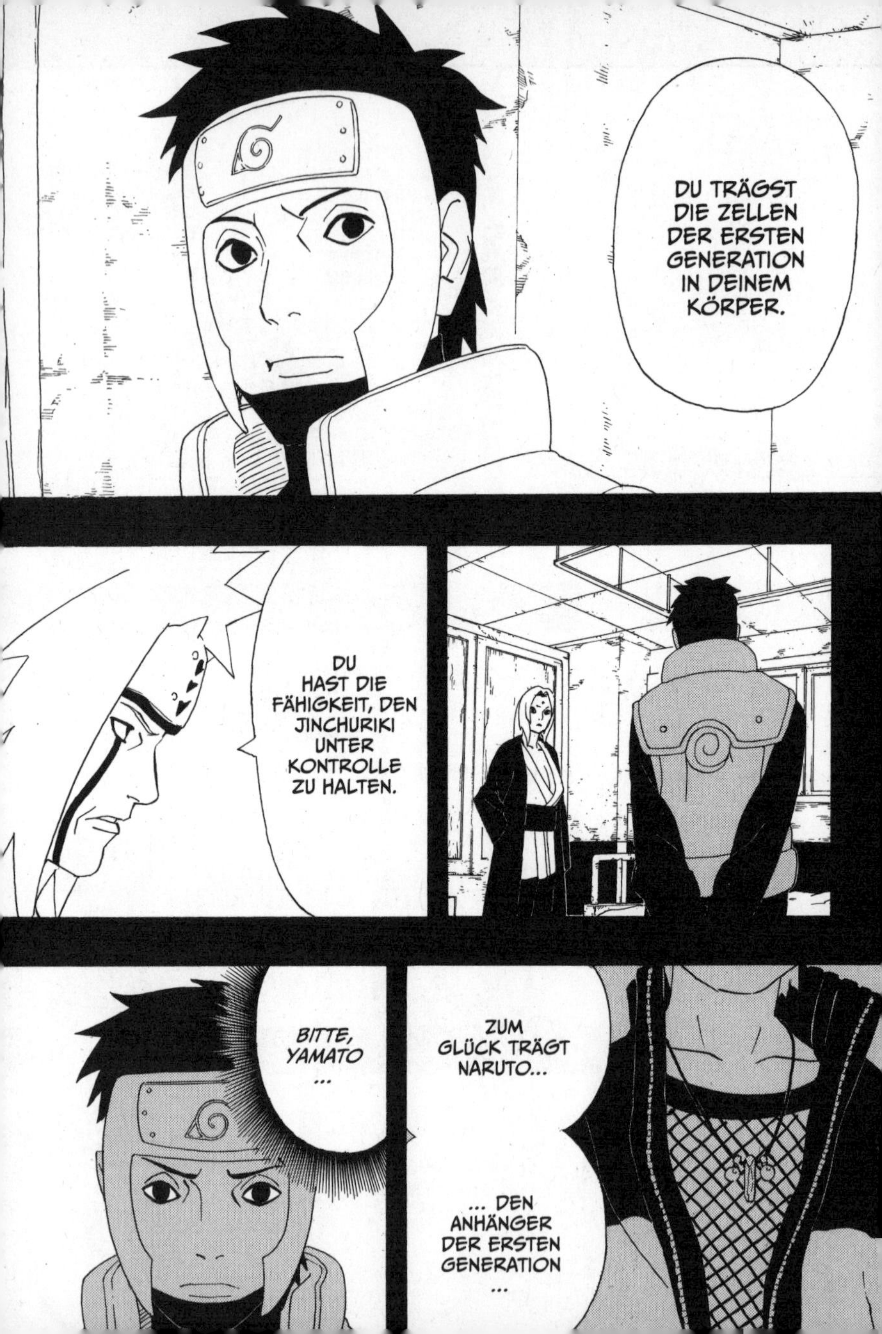
DU TRÄGST DIE ZELLEN DER ERSTEN GENERATION IN DEINEM KÖRPER.
DU HAST DIE FÄHIGKEIT, DEN JINCHURIKI UNTER KONTROLLE ZU HALTEN.
ZUM GLÜCK TRÄGT NARUTO...
... DEN ANHÄNGER DER ERSTEN GENERATION ...
BITTE, YAMATO ...

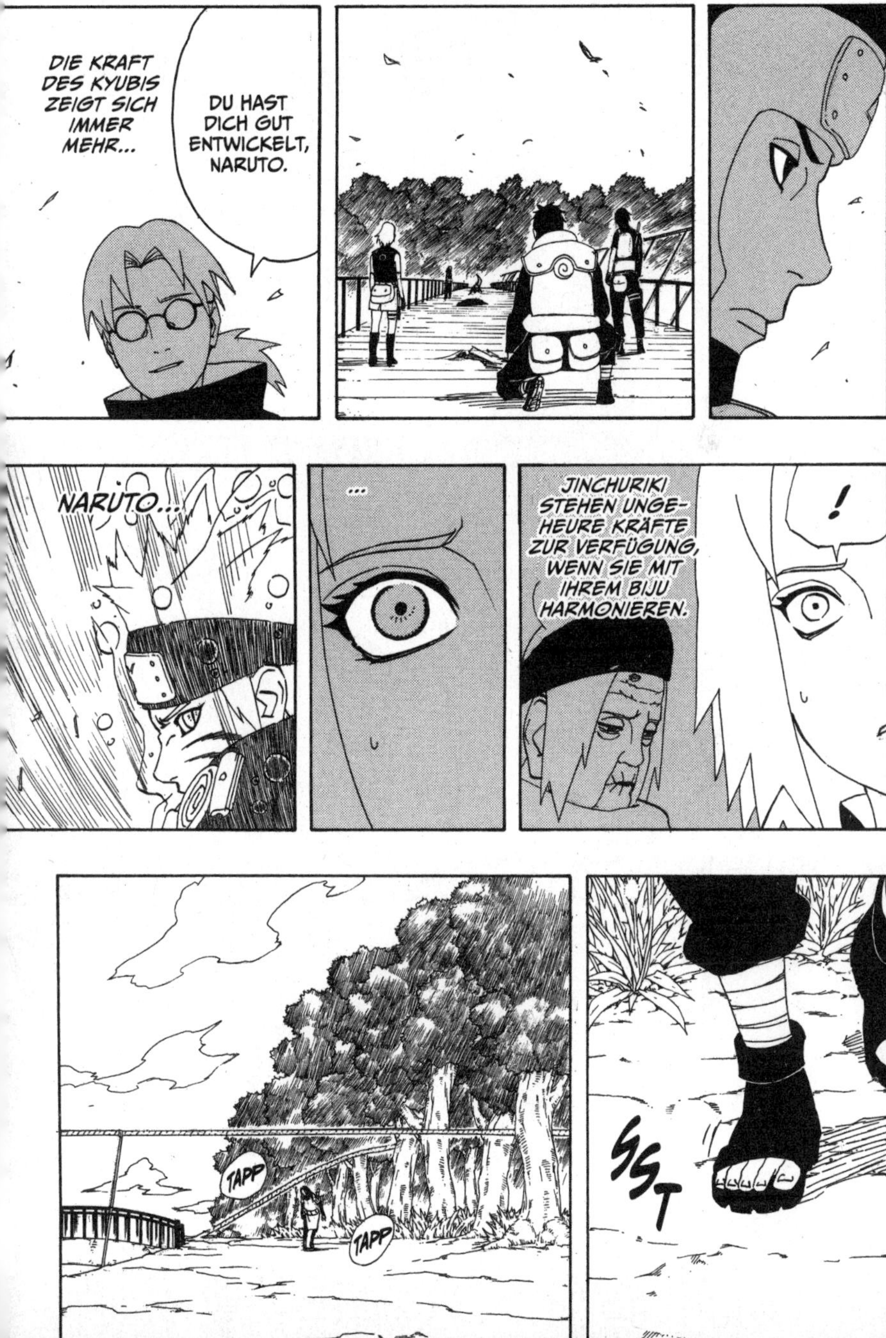
DU HAST DICH GUT ENTWICKELT, NARUTO.
DIE KRAFT DES KYUBIS ZEIGT SICH IMMER MEHR...
JINCHURIKI STEHEN UNGEHEURE KRÄFTE ZUR VERFÜGUNG, WENN SIE MIT IHREM BIJU HARMONIEREN.
!
...
NARUTO...
SST
TAPP
TAPP

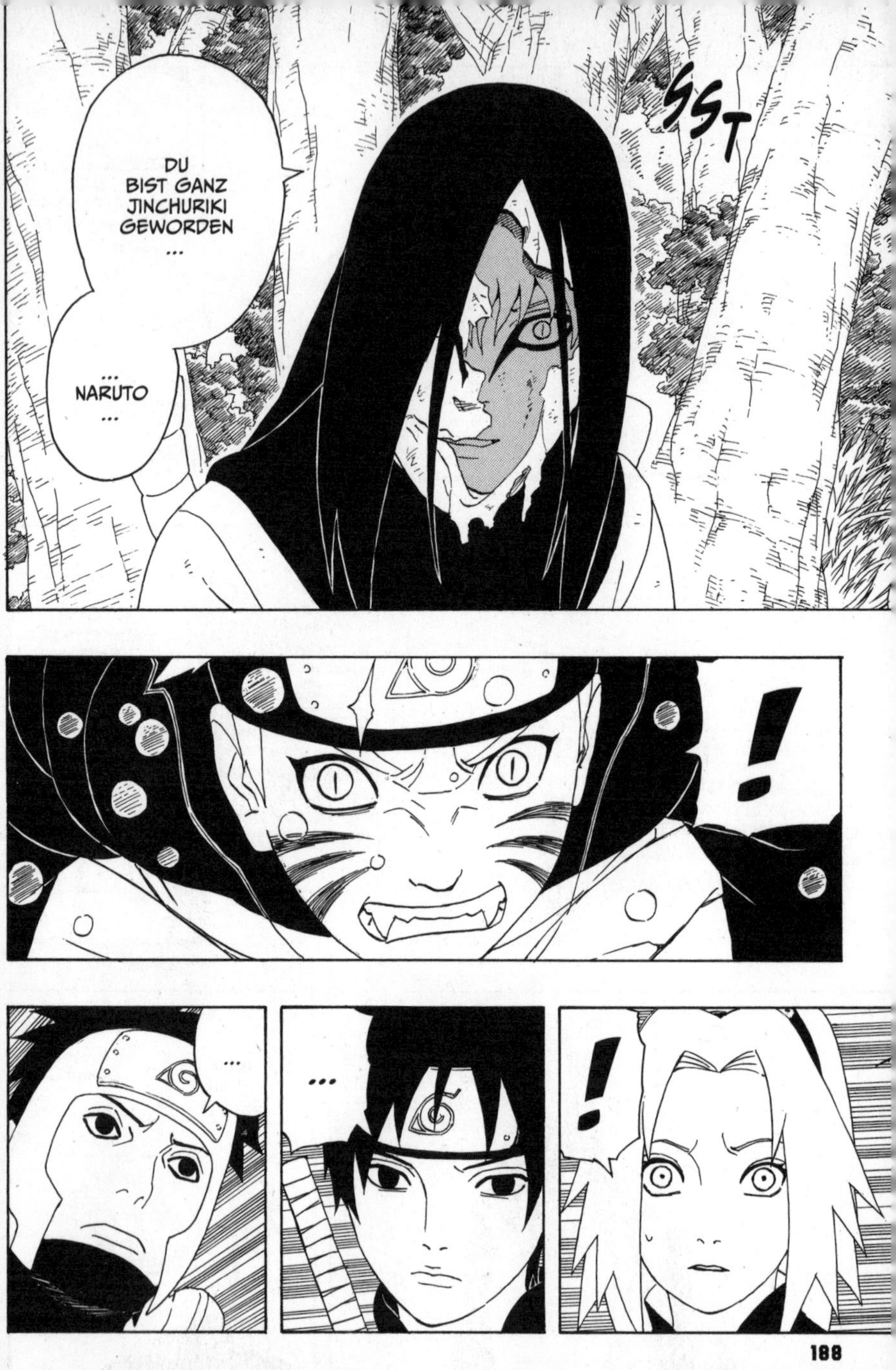
SST
DU BIST GANZ JINCHURIKI GEWORDEN ...
... NARUTO ...
!
...
...
!

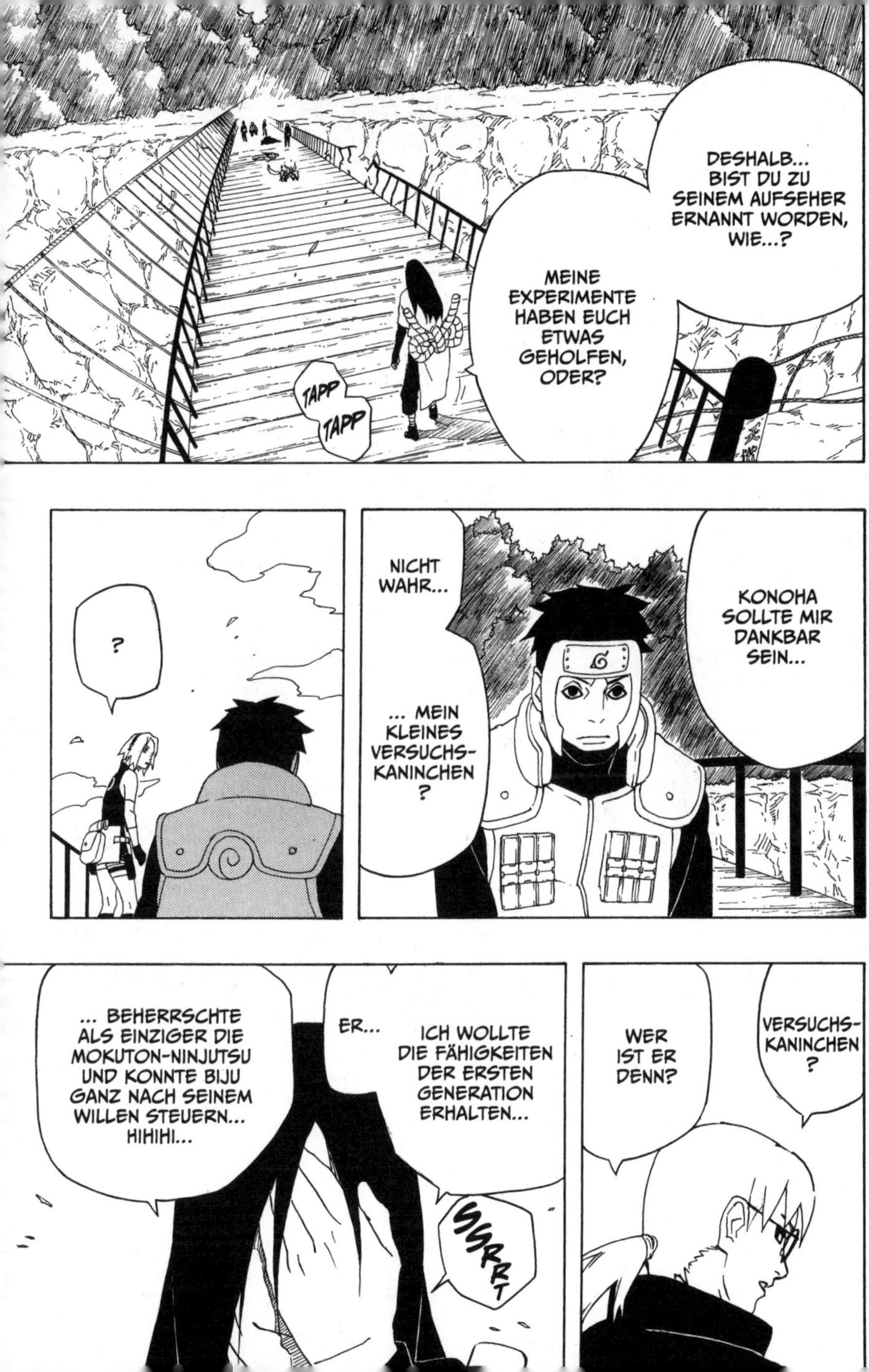
DESHALB... BIST DU ZU SEINEM AUFSEHER ERNANNT WORDEN, WIE...?
MEINE EXPERIMENTE HABEN EUCH ETWAS GEHOLFEN, ODER?
TAPP
TAPP
KONOHA SOLLTE MIR DANKBAR SEIN...
NICHT WAHR...
... MEIN KLEINES VERSUCHS-KANINCHEN ?
?
VERSUCHS-KANINCHEN ?
WER IST ER DENN?
ICH WOLLTE DIE FÄHIGKEITEN DER ERSTEN GENERATION ERHALTEN...
ER...
... BEHERRSCHTE ALS EINZIGER DIE MOKUTON-NINJUTSU UND KONNTE BIJU GANZ NACH SEINEM WILLEN STEUERN... HIHIHI...
SSRRT

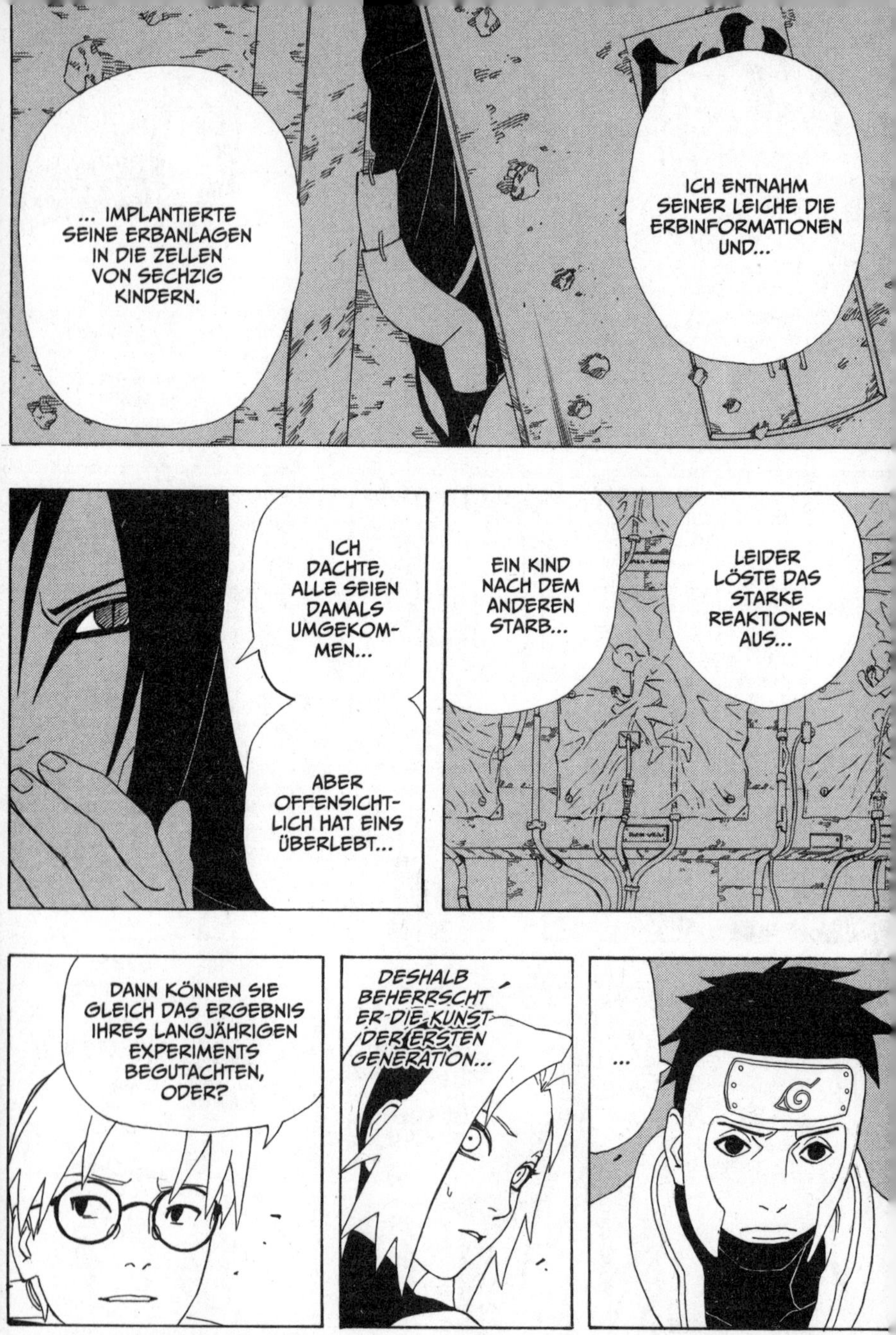
ICH ENTNAHM SEINER LEICHE DIE ERBINFORMATIONEN UND...
... IMPLANTIERTE SEINE ERBANLAGEN IN DIE ZELLEN VON SECHZIG KINDERN.
LEIDER LÖSTE DAS STARKE REAKTIONEN AUS...
EIN KIND NACH DEM ANDEREN STARB...
ICH DACHTE, ALLE SEIEN DAMALS UMGEKOM-MEN...
ABER OFFENSICHT-LICH HAT EINS ÜBERLEBT...
...
DESHALB BEHERRSCHT ER DIE KUNST DER ERSTEN GENERATION...
DANN KÖNNEN SIE GLEICH DAS ERGEBNIS IHRES LANGJÄHRIGEN EXPERIMENTS BEGUTACHTEN, ODER?

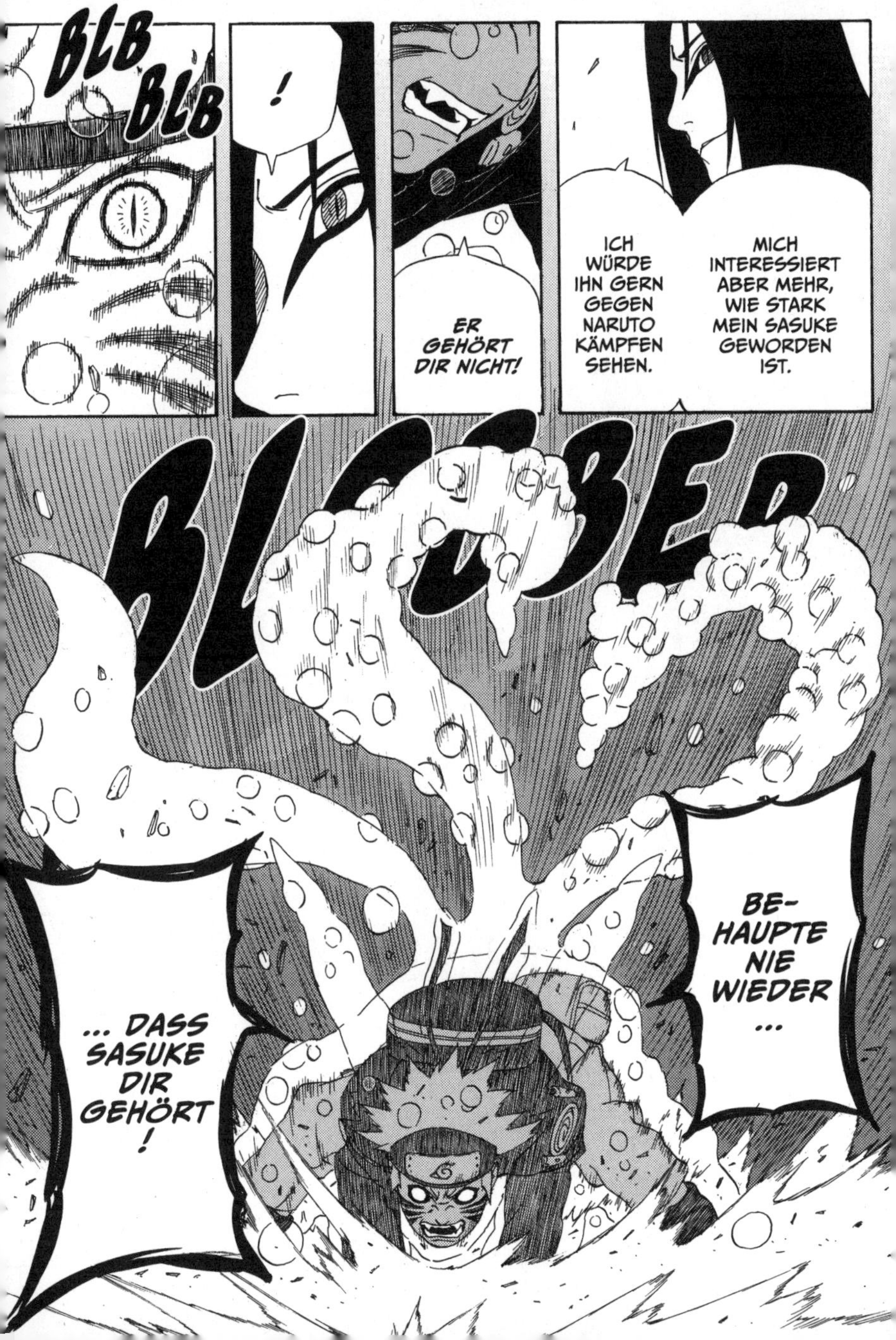
MICH INTERESSIERT ABER MEHR, WIE STARK MEIN SASUKE GEWORDEN IST.
ICH WÜRDE IHN GERN GEGEN NARUTO KÄMPFEN SEHEN.
ER GEHÖRT DIR NICHT!
!
BLB BLB
BLOBBER
BEHAUPTE NIE WIEDER ...
... DASS SASUKE DIR GEHÖRT!

DER DRITTE SCHWANZ

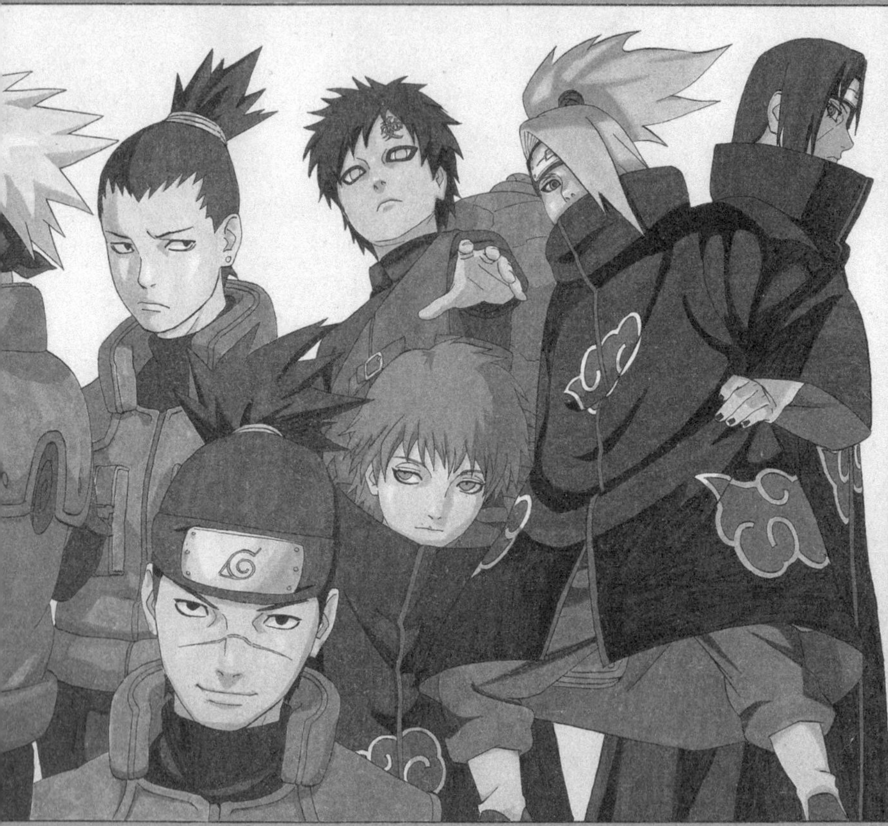

ERGEBNIS DER 6. UMFRAGE! (IN JAPAN!)

13. PLATZ: HINATA HYUGA 1048 STIMMEN	19. PLATZ: KANKURO 519 STIMMEN	25. PLATZ: GENMA SHIRANUI 230 STIMMEN
14. PLATZ: KABUTO YAKUSHI 829 STIMMEN	20. PLATZ: MAITO GAI 503 STIMMEN	26. PLATZ: SHINO ABURAME 226 STIMMEN
15. PLATZ: KIBA INUZUKA 677 STIMMEN	21. PLATZ: ASUMA SARUTOBI 449 STIMMEN	27. PLATZ: HAKU 168 STIMMEN
16. PLATZ: TEMARI 671 STIMMEN	22. PLATZ: TENTEN 395 STIMMEN	28. PLATZ: TAYUYA 164 STIMMEN
17. PLATZ: INO YAMANAKA 662 STIMMEN	23. PLATZ: HAYATE GEKKO 283 STIMMEN	29. PLATZ: TSUNADE 161 STIMMEN
18. PLATZ: ROCK LEE 640 STIMMEN	24. PLATZ: OROCHIMARU 237 STIMMEN	30. PLATZ: KIMIMARO 148 STIMMEN

292. KAPITEL:

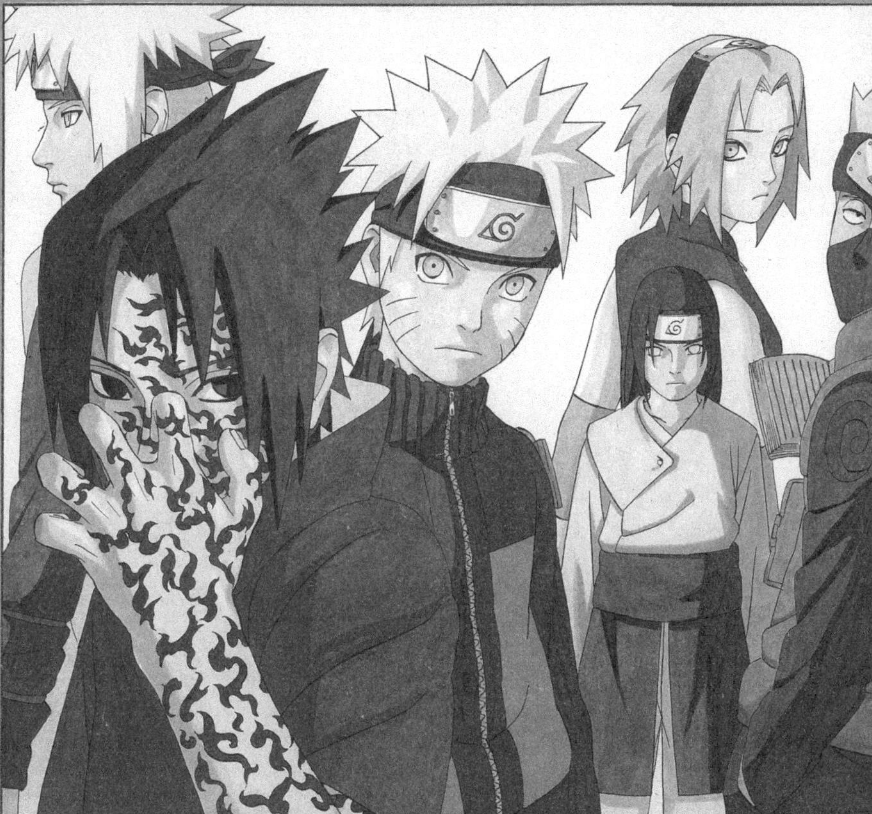

DIE BELIEBTESTEN CHARAKTERE –

1. PLATZ: SASUKE UCHIHA	3242 STIMMEN
2. PLATZ: KAKASHI HATAKE	2916 STIMMEN
3. PLATZ: DEIDARA	2555 STIMMEN
4. PLATZ: NARUTO UZUMAKI	2283 STIMMEN
5. PLATZ: IRUKA UMINO	2232 STIMMEN
6. PLATZ: SASORI	1949 STIMMEN
7. PLATZ: GAARA	1934 STIMMEN
8. PLATZ: NEJI HYUGA	1785 STIMMEN
9. PLATZ: HOKAGE DER VIERTE	1458 STIMMEN
10. PLATZ: SHIKAMARU NARA	1409 STIMMEN
11. PLATZ: ITACHI UCHIHA	1369 STIMMEN
12. PLATZ: SAKURA HARUNO	1359 STIMMEN

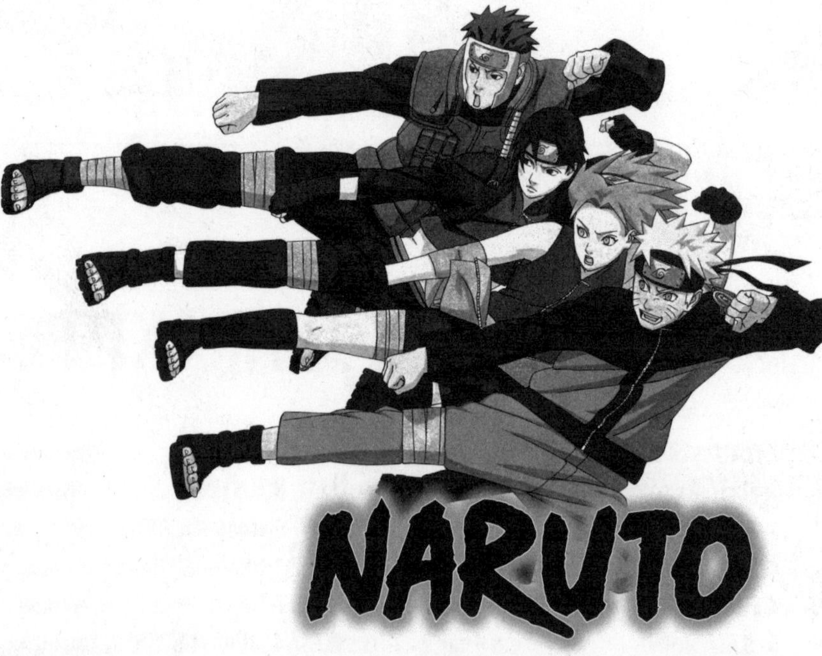

NARUTO

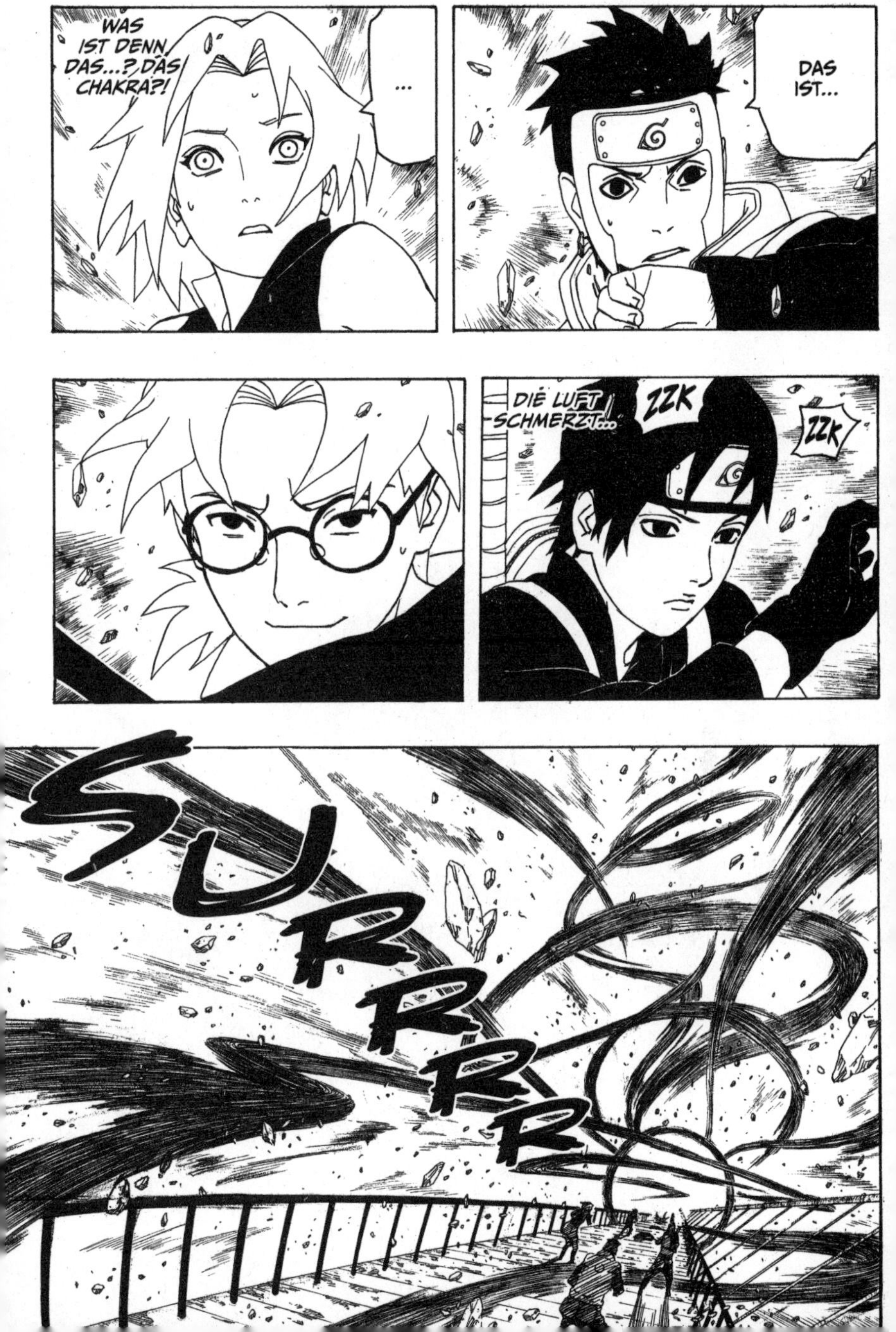
DAS IST...
WAS IST DENN DAS...? DAS CHAKRA?!
...
DIE LUFT SCHMERZT...
ZZK
ZZK
SURRRR

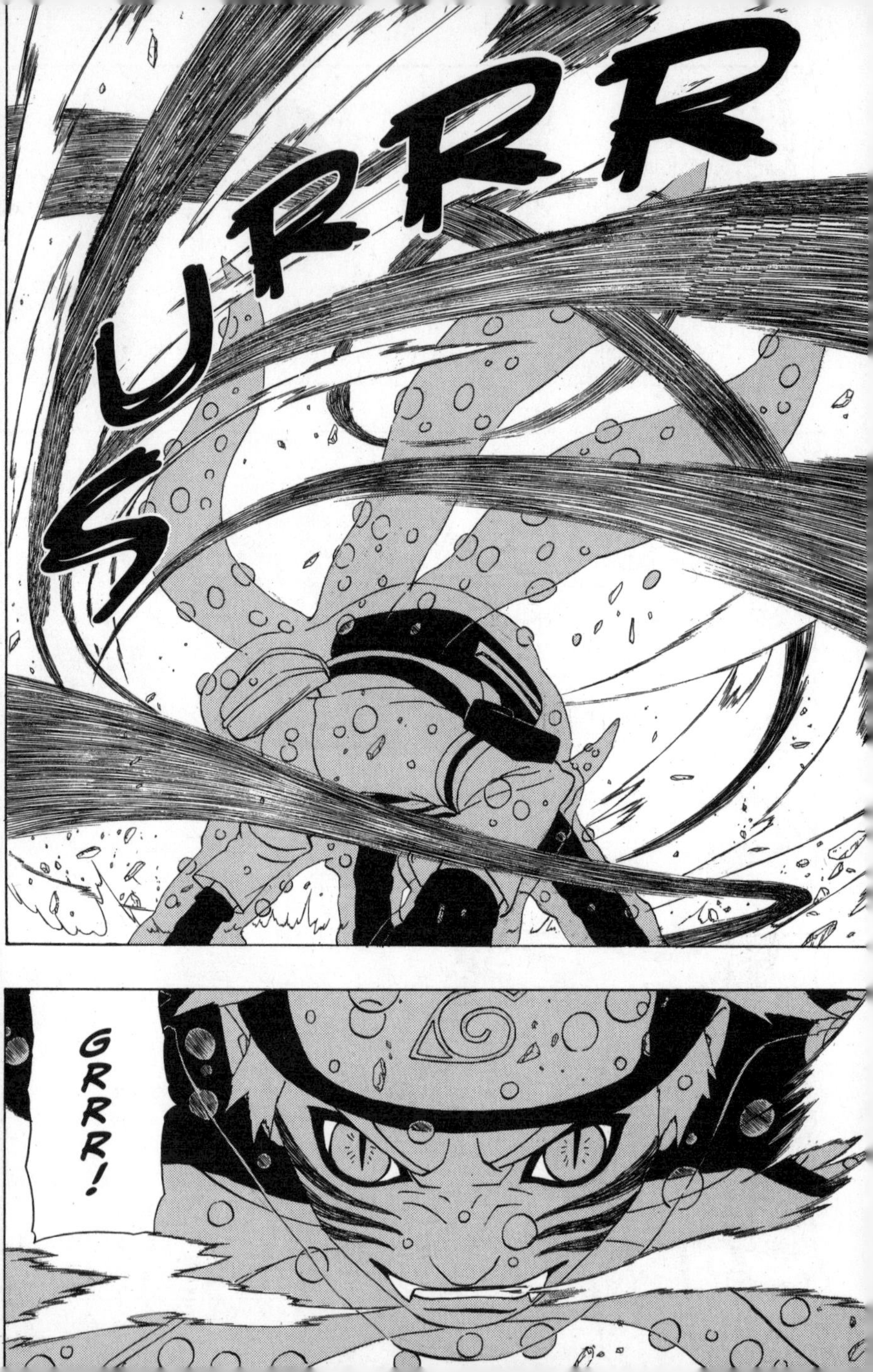
SURRR
GRRR!

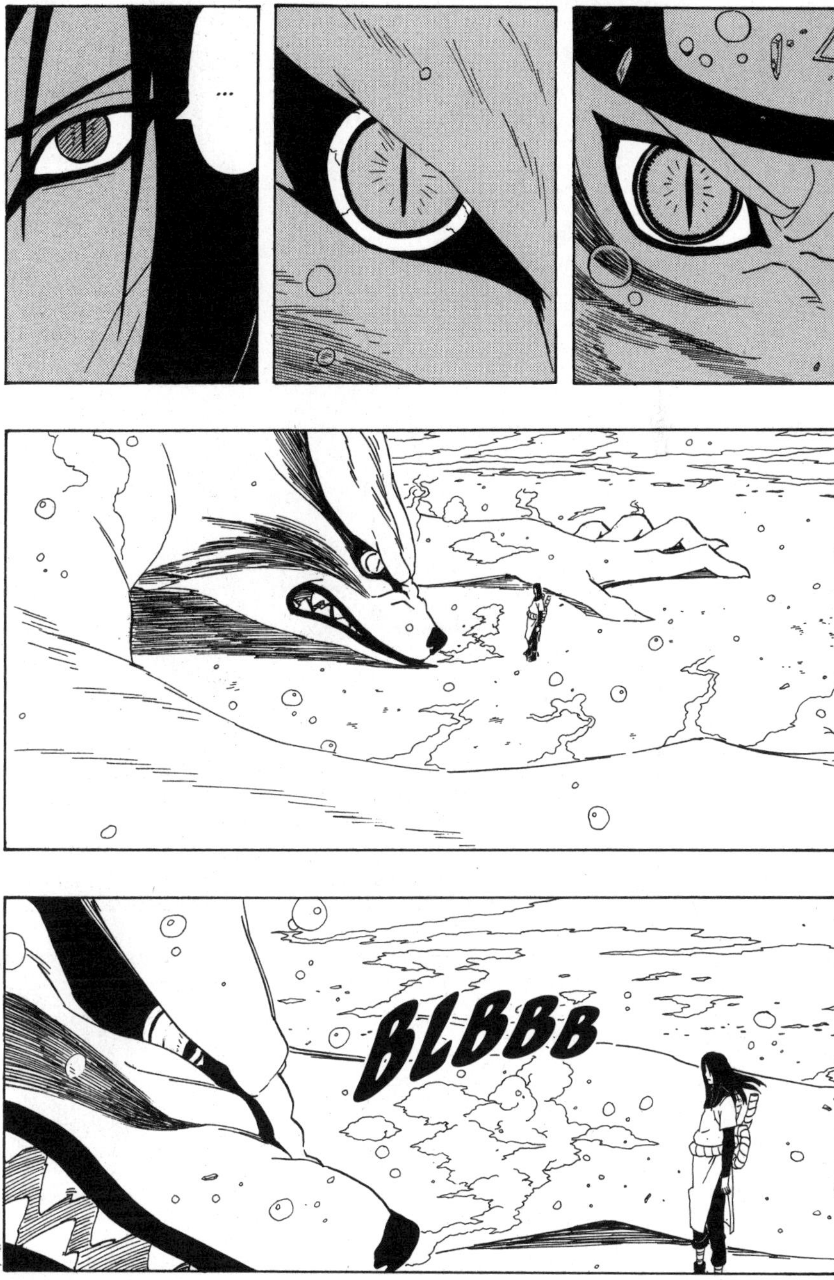
...
BLBBB

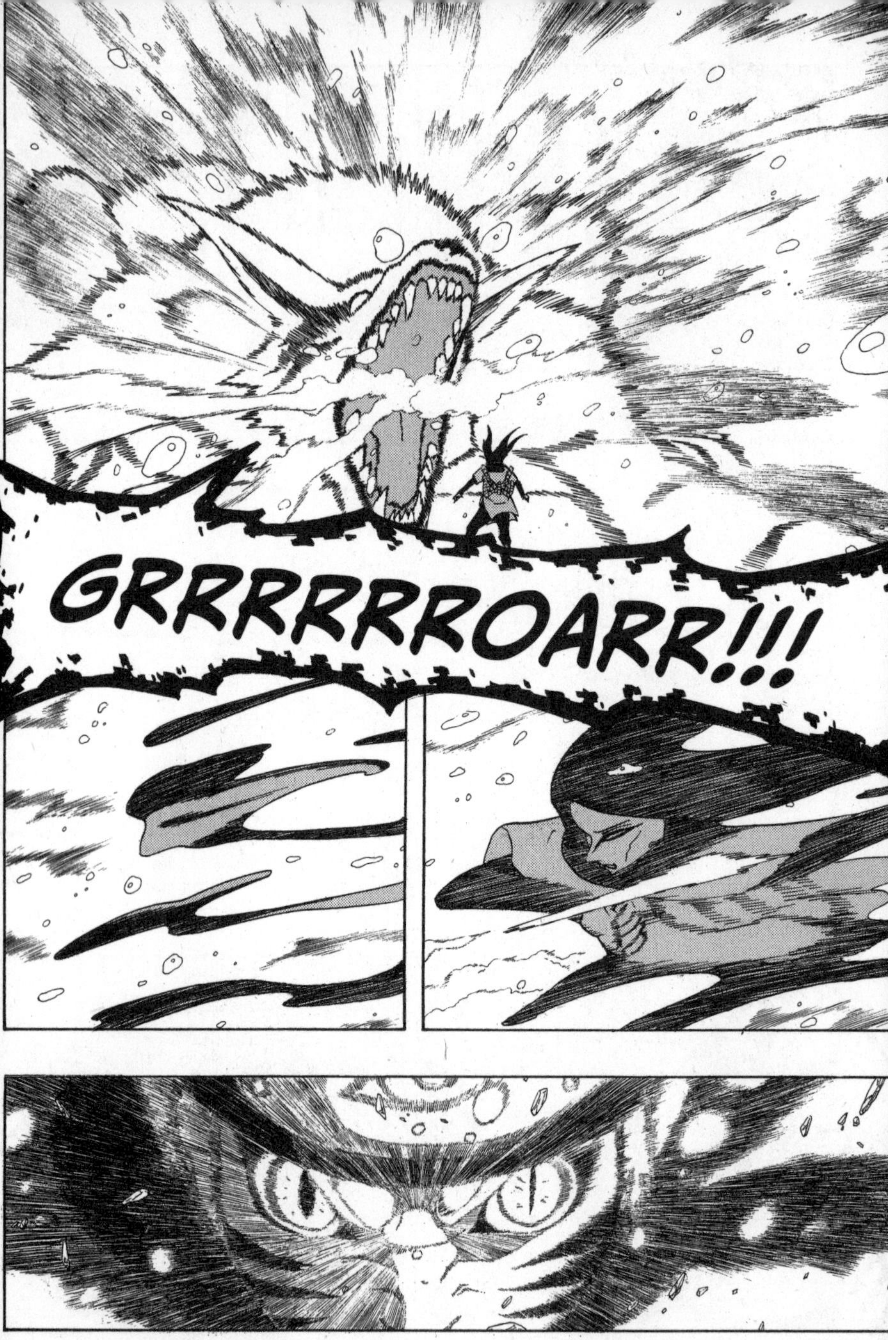
GRRRRRRROARR!!!

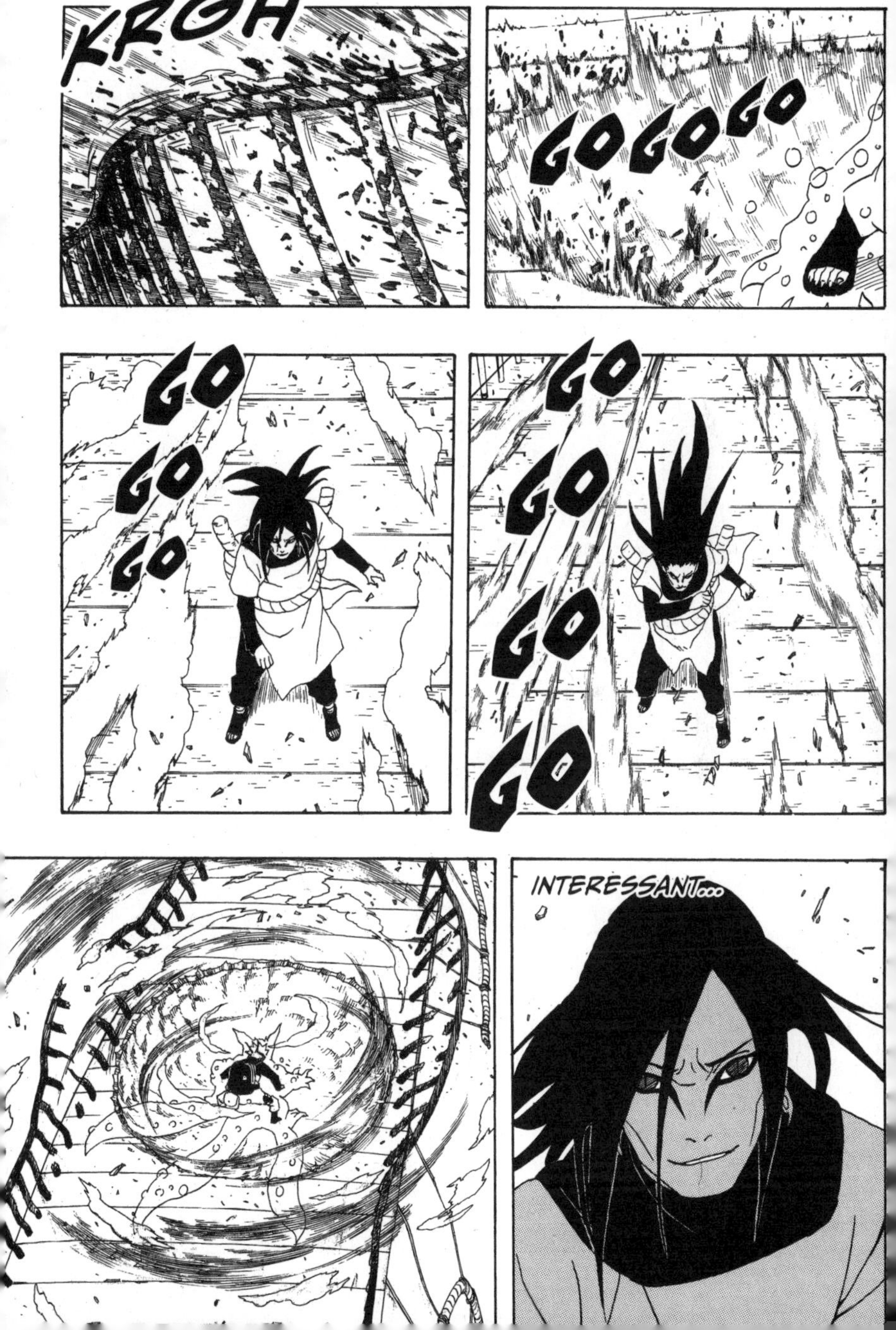
GOGOGO
KRGH
GO
GO
GO
GO
GO
GO
GO
INTERESSANT...

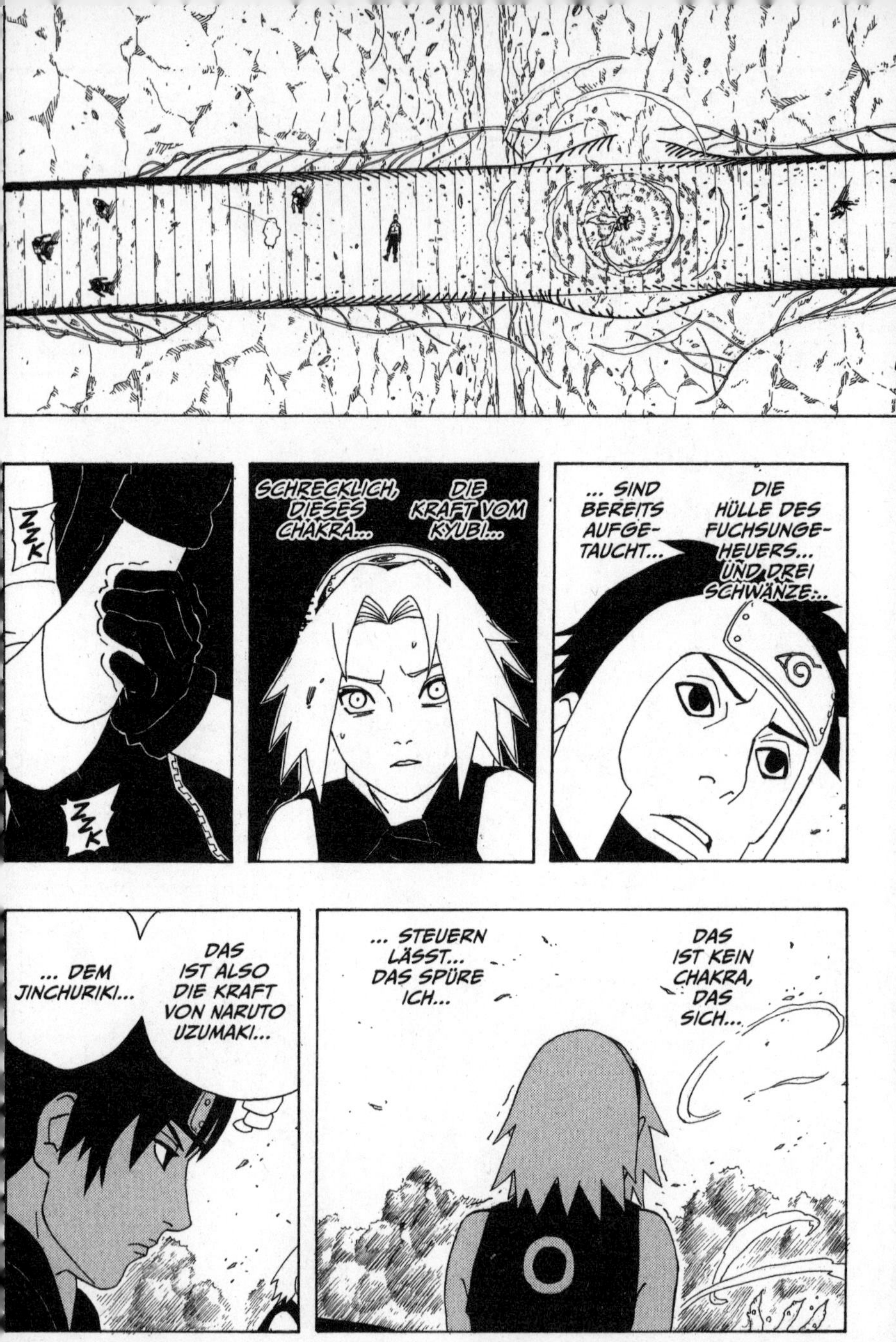
DIE HÜLLE DES FUCHSUNGE-HEUERS... UND DREI SCHWÄNZE...
... SIND BEREITS AUFGE-TAUCHT...
DIE KRAFT VOM KYUBI...
SCHRECKLICH, DIESES CHAKRA...
ZZK
ZZK
DAS IST KEIN CHAKRA, DAS SICH...
... STEUERN LÄSST... DAS SPÜRE ICH...
DAS IST ALSO DIE KRAFT VON NARUTO UZUMAKI...
... DEM JINCHURIKI...

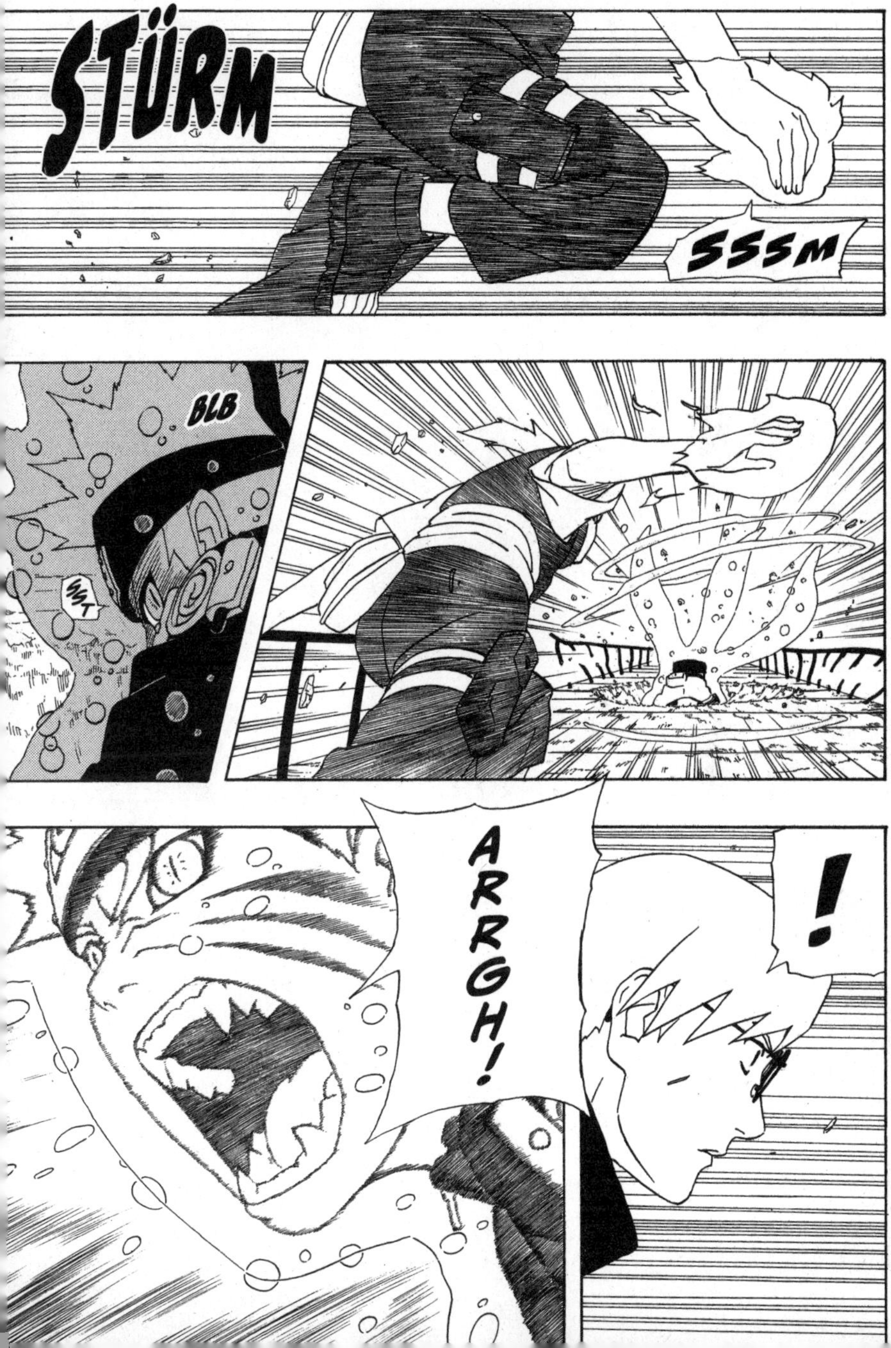
STÜRM
SSSM
BLB
SST
ARRGH!
!

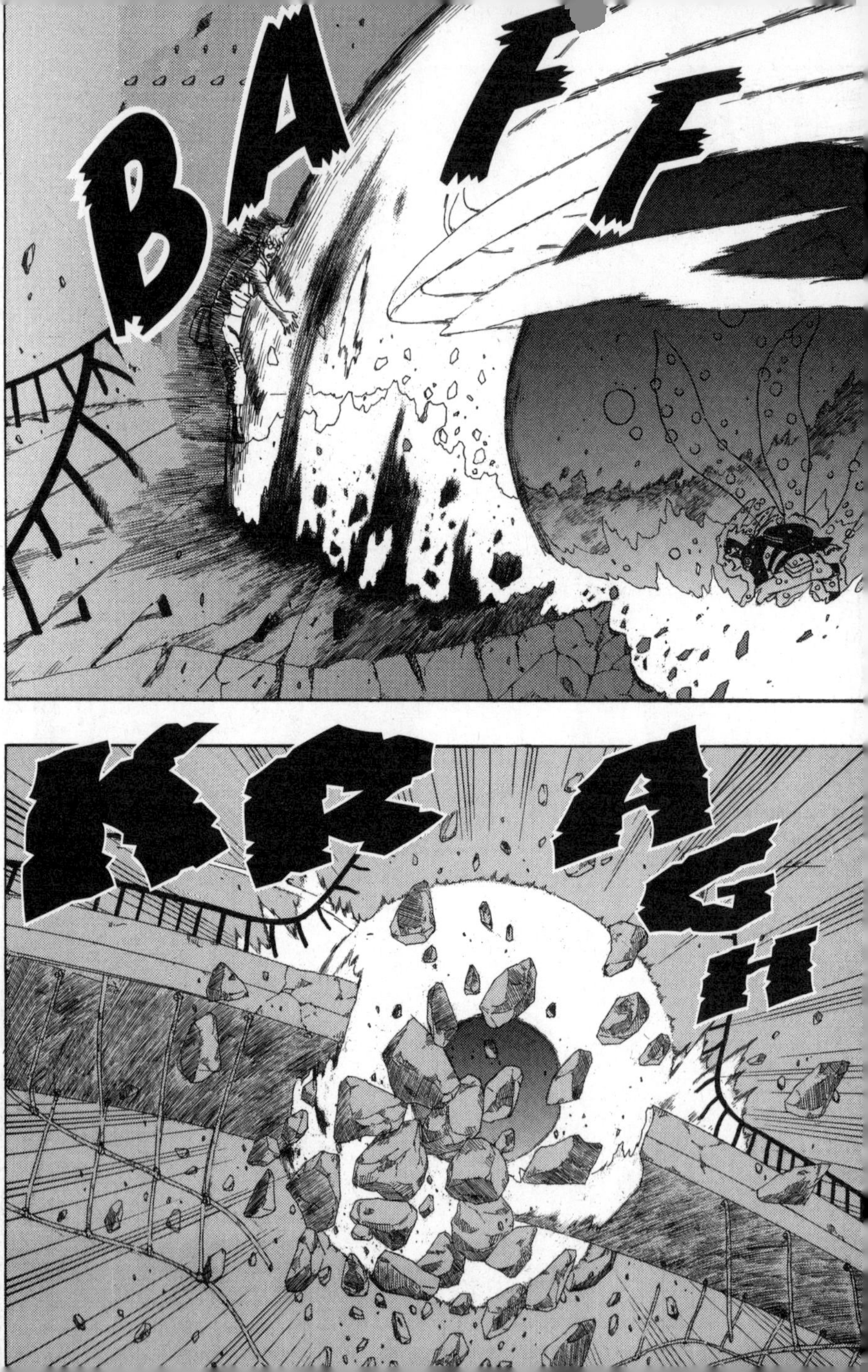
BAFF
KRAGH

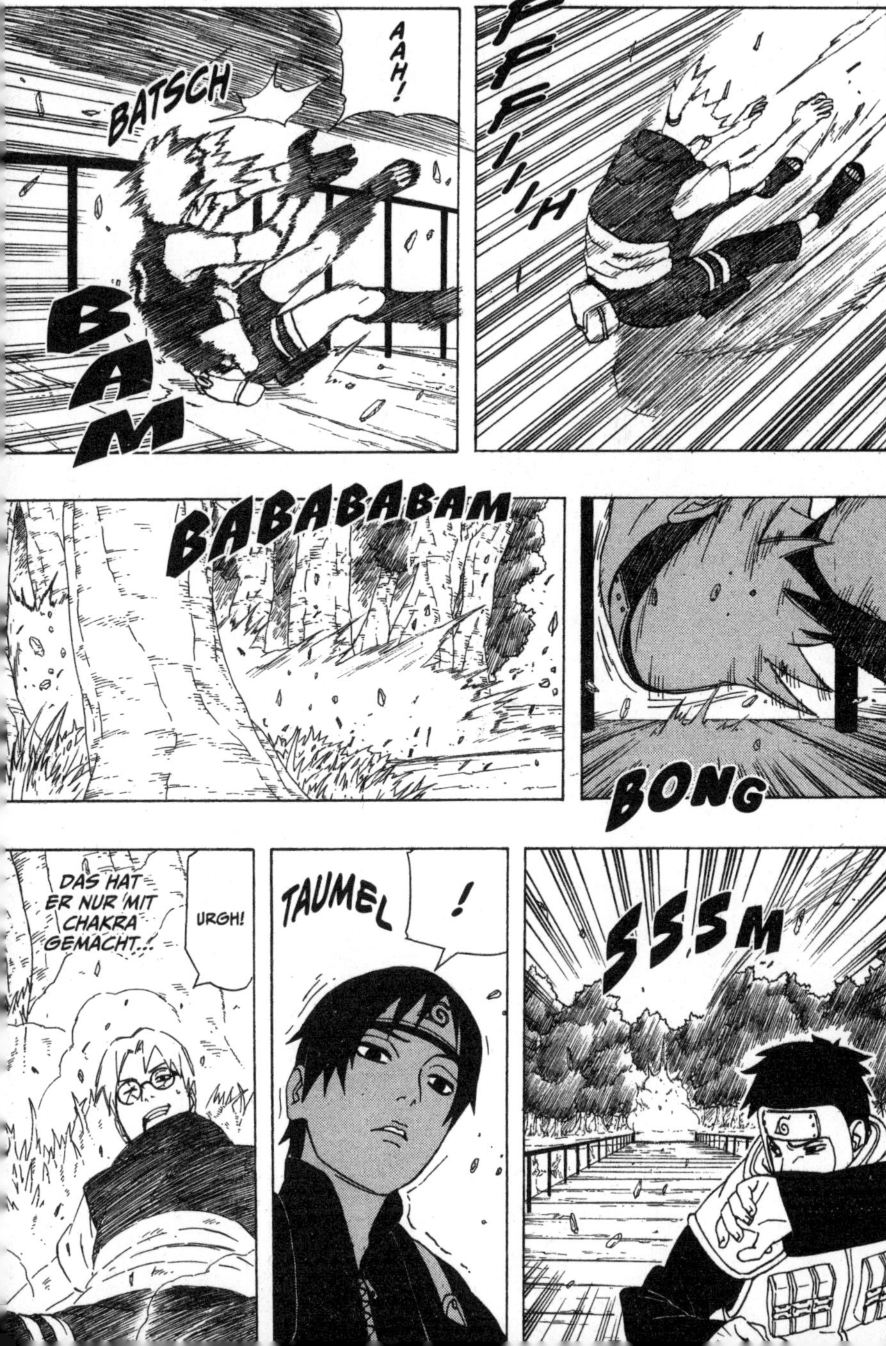
FFFIIIH
BATSCH
AAH!
BAM
BONG
BABABABAM
SSSM
TAUMEL
!
URGH!
DAS HAT ER NUR MIT CHAKRA GEMACHT...!

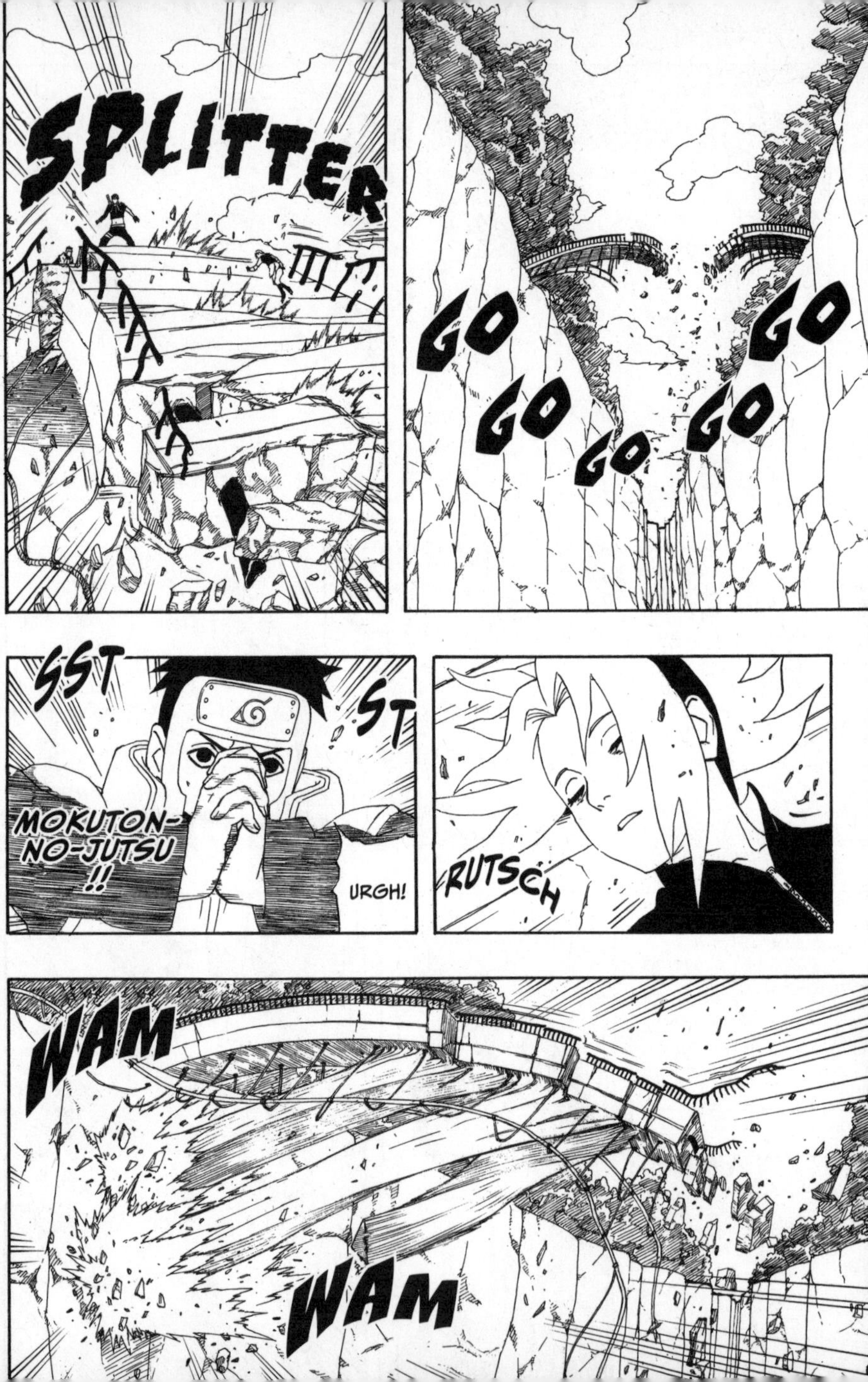
GO GO GO GO GO GO
SPLITTER
ST
SST
MOKUTON-NO-JUTSU !!
URGH!
RUTSCH
WAM
WAM

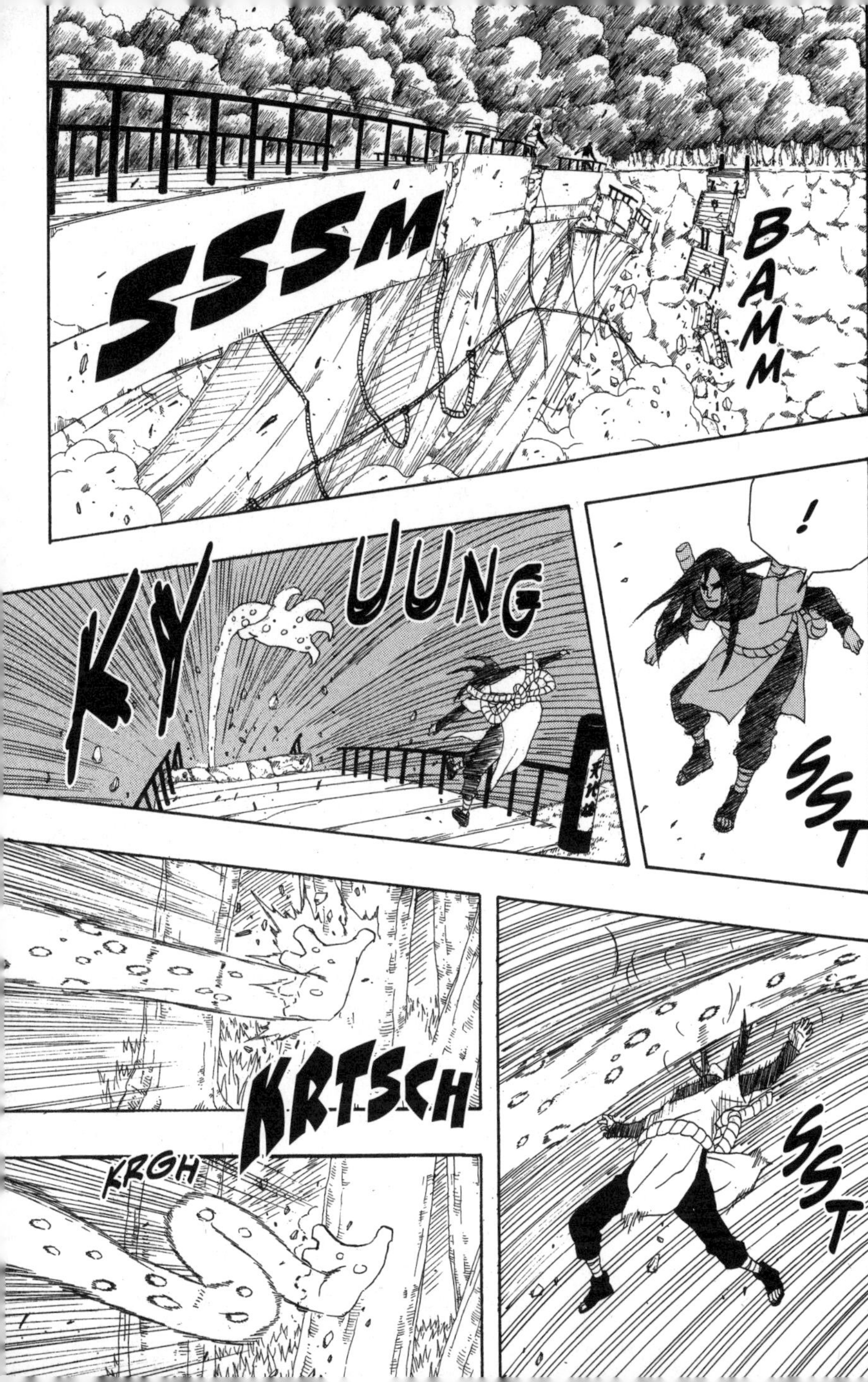
BAMM
SSSM
!
SST
KYUUNG
SST
KRTSCH
KRGH

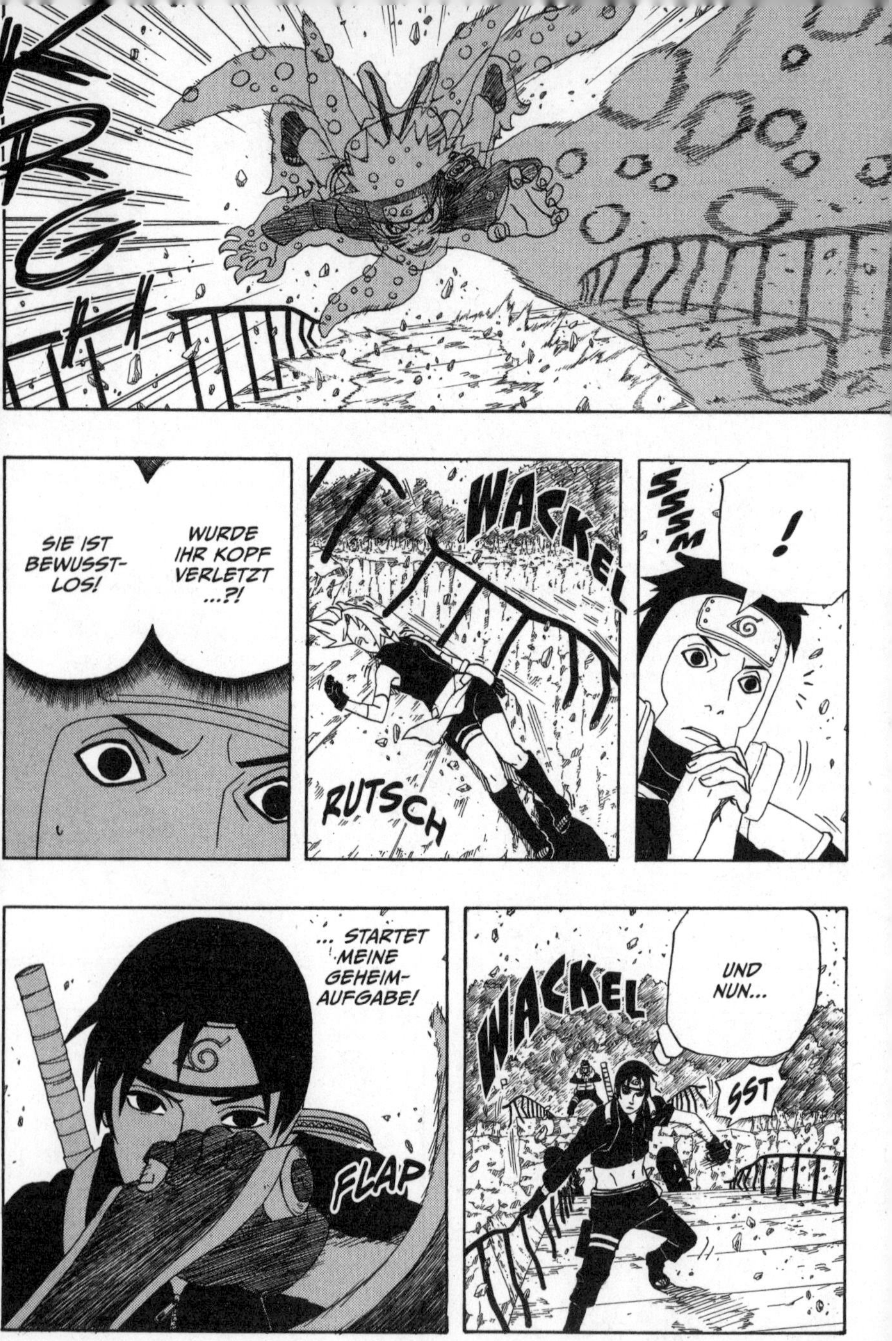
KRGH!!
WACKEL
RUTSCH
SSSM
!
WURDE IHR KOPF VERLETZT ...?!
SIE IST BEWUSSTLOS!
WACKEL
SST
UND NUN...
... STARTET MEINE GEHEIMAUFGABE!
FLAP

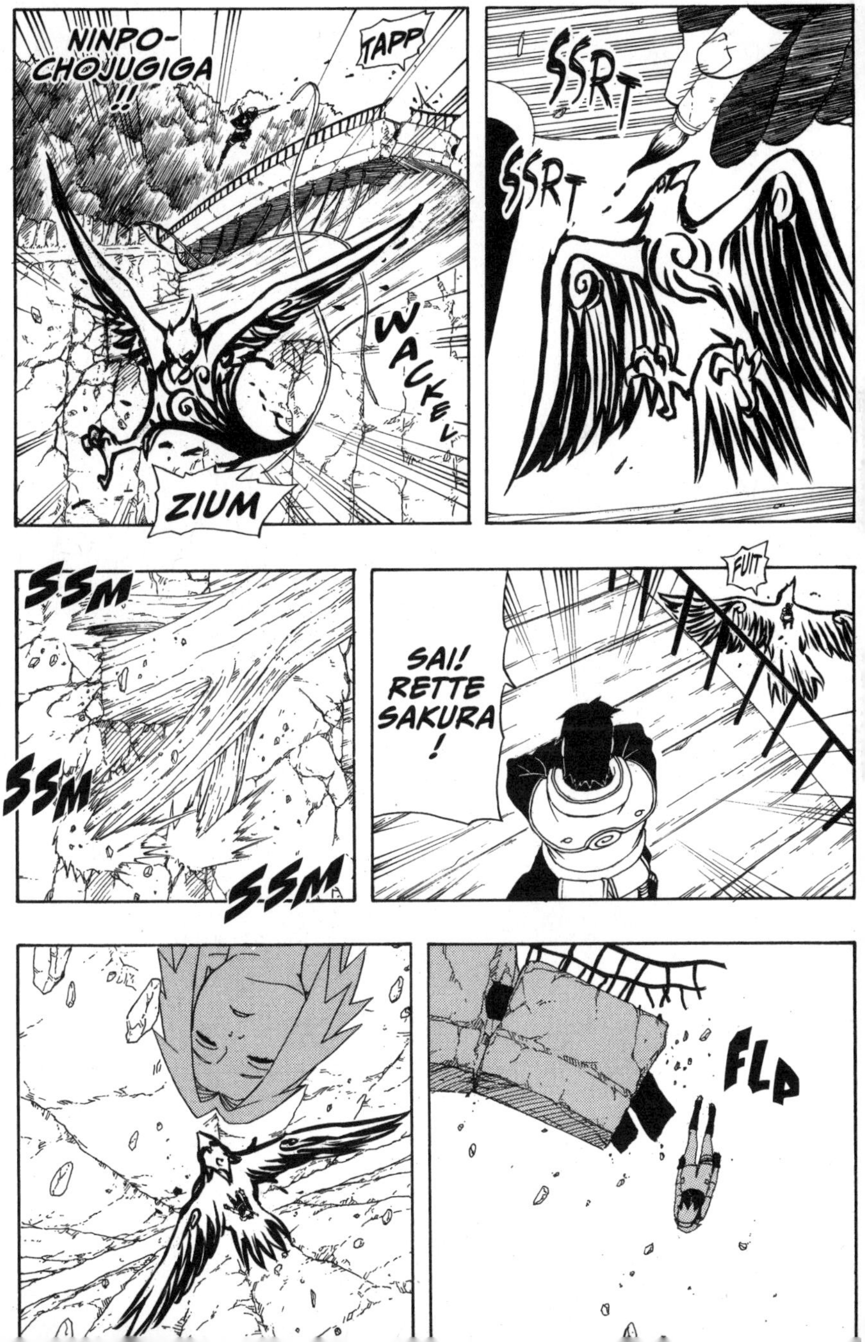
SSRT
SSRT
NINPO-CHOJUGIGA!!
TAPP
WACKEL
ZIUM
FUIT
SAI! RETTE SAKURA!
SSM
SSM
SSM
FLP

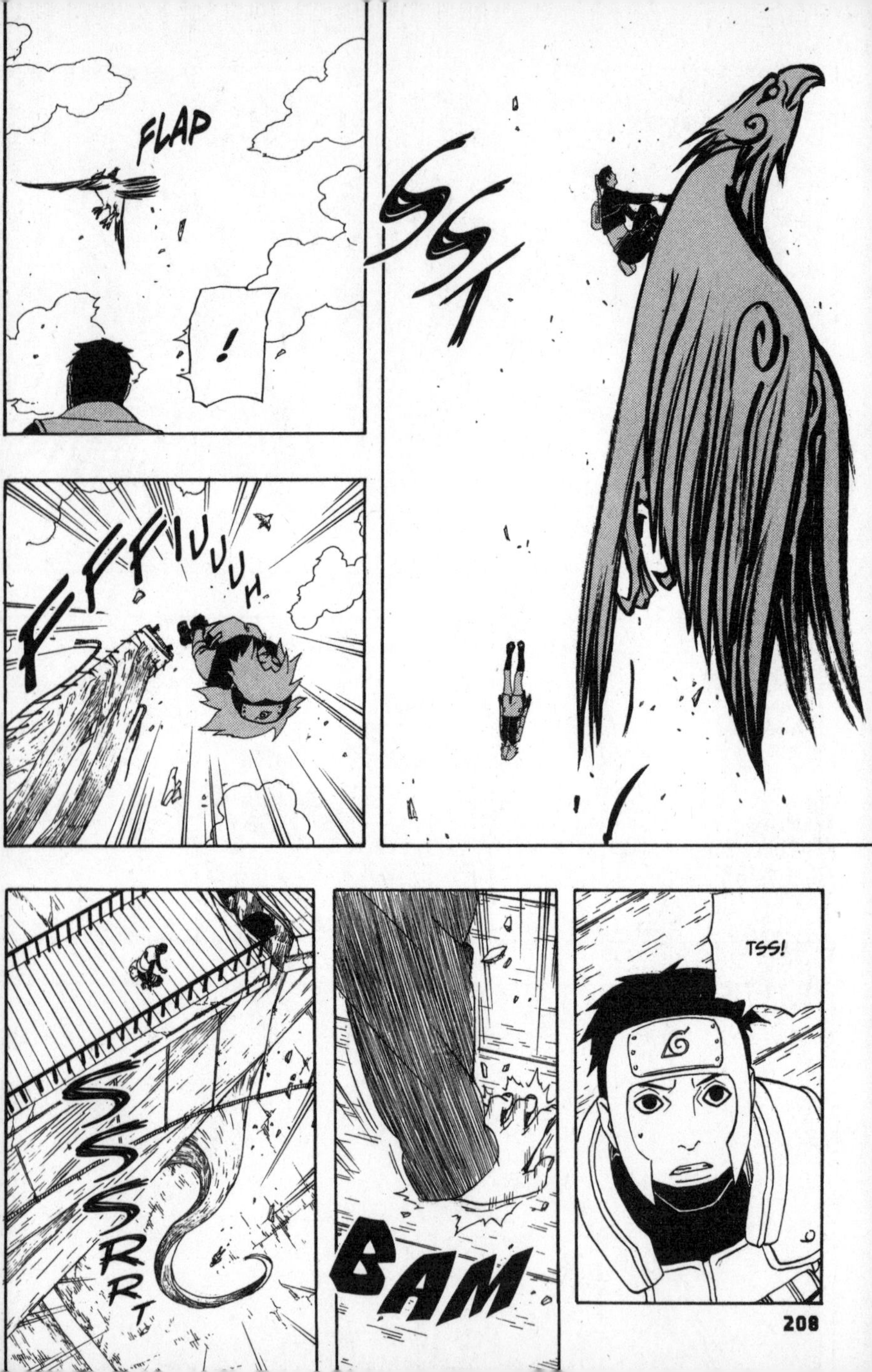
FLAP
!
SSST
FFFIUUUH
SSSRRRT
BAM
TSS!

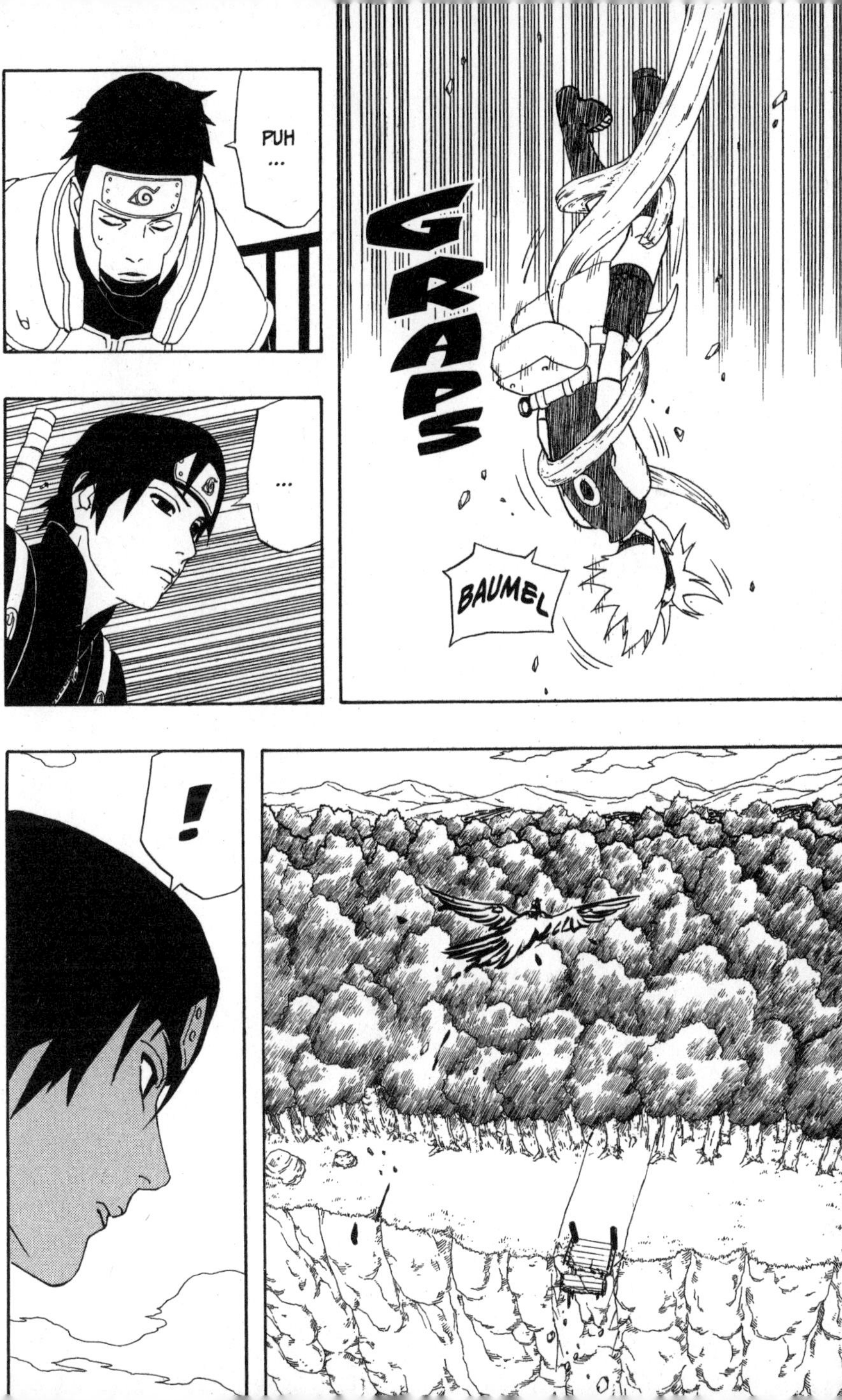
GRAPS
BAUMEL
PUH ...
...
!

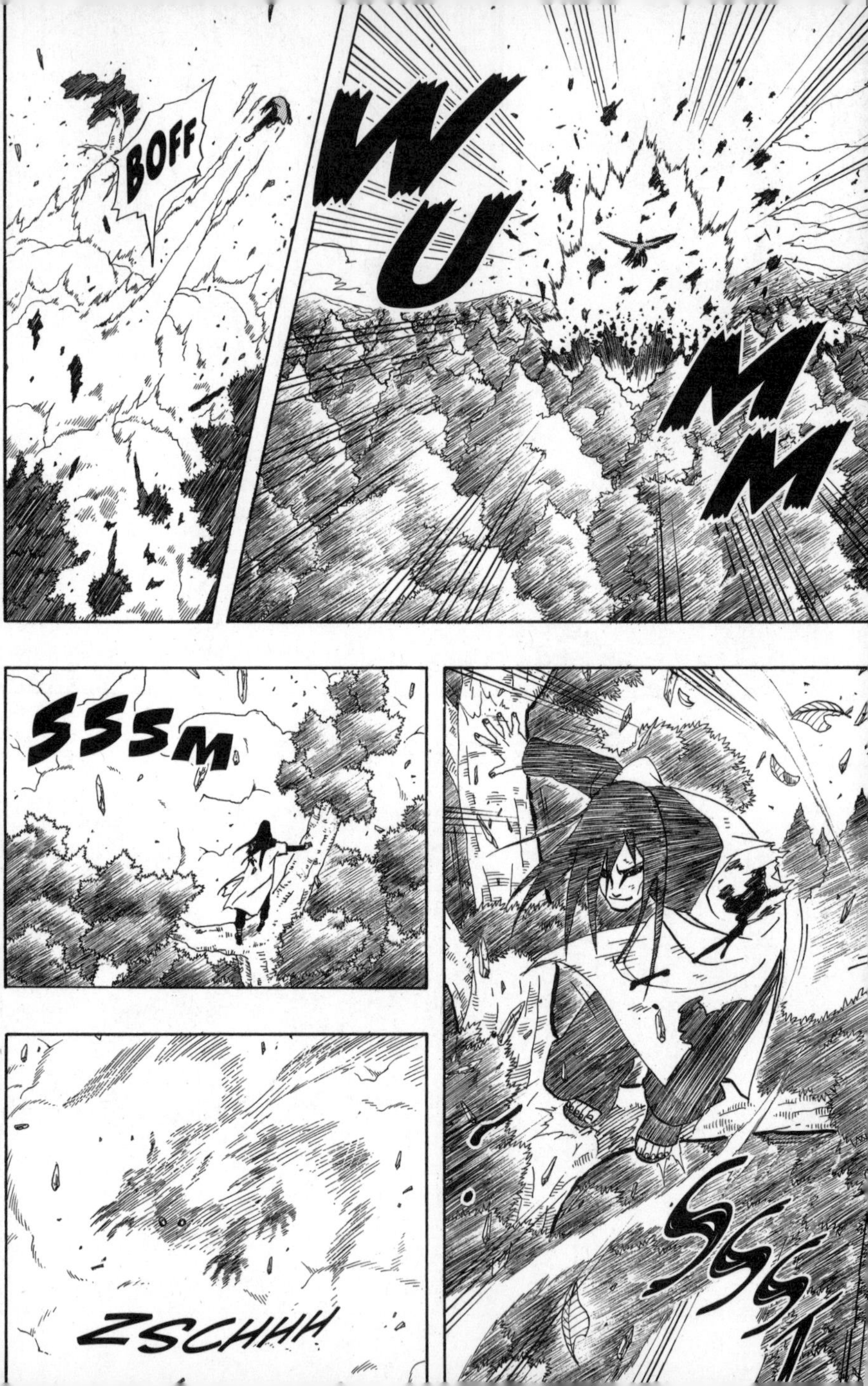
WUMMM
BOFF
SSST
SSSM
ZSCHHH

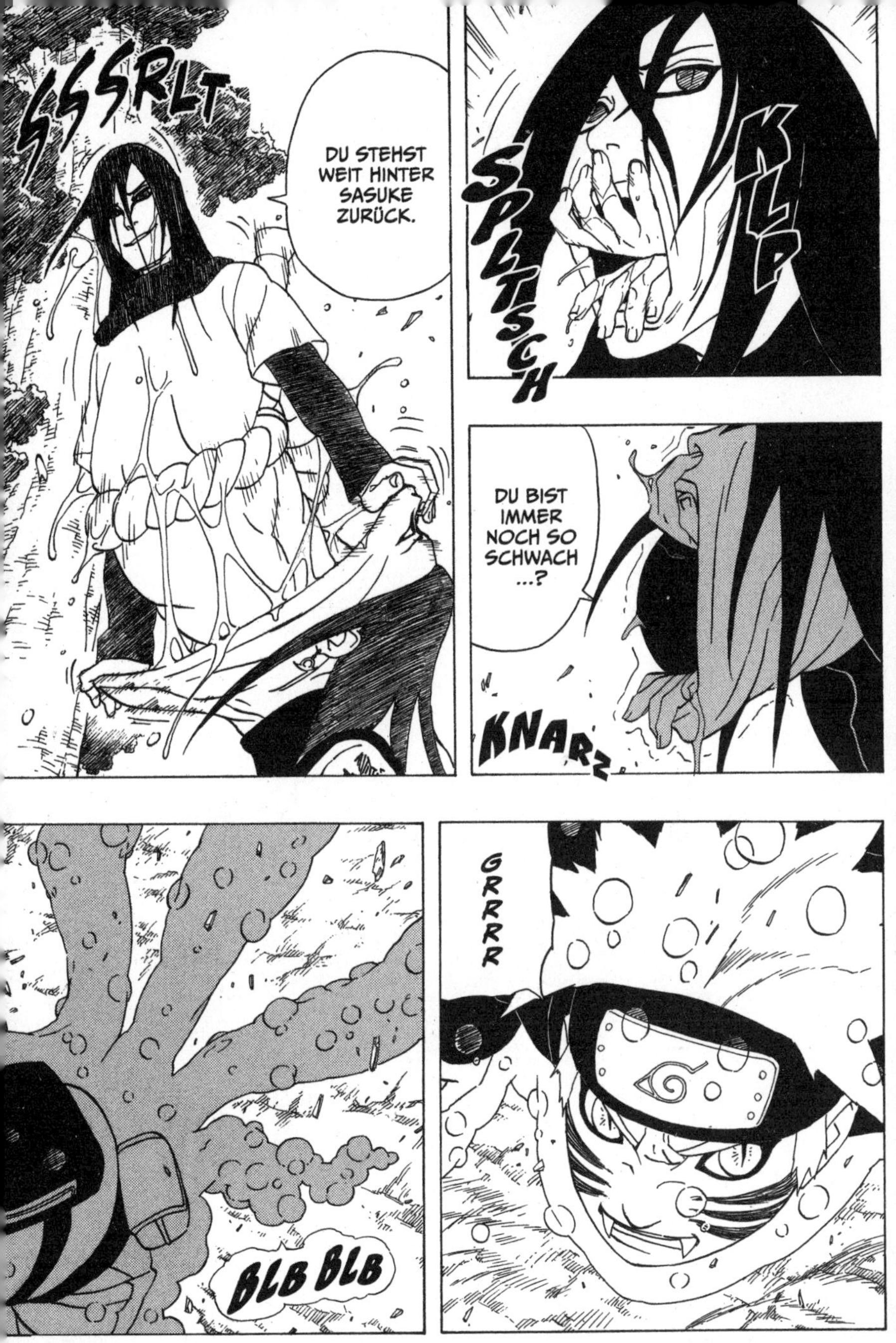
KLP
SPLTSCH
SSSRLT
DU STEHST WEIT HINTER SASUKE ZURÜCK.
DU BIST IMMER NOCH SO SCHWACH ...?
KNARZ
GRRRR
BLB BLB

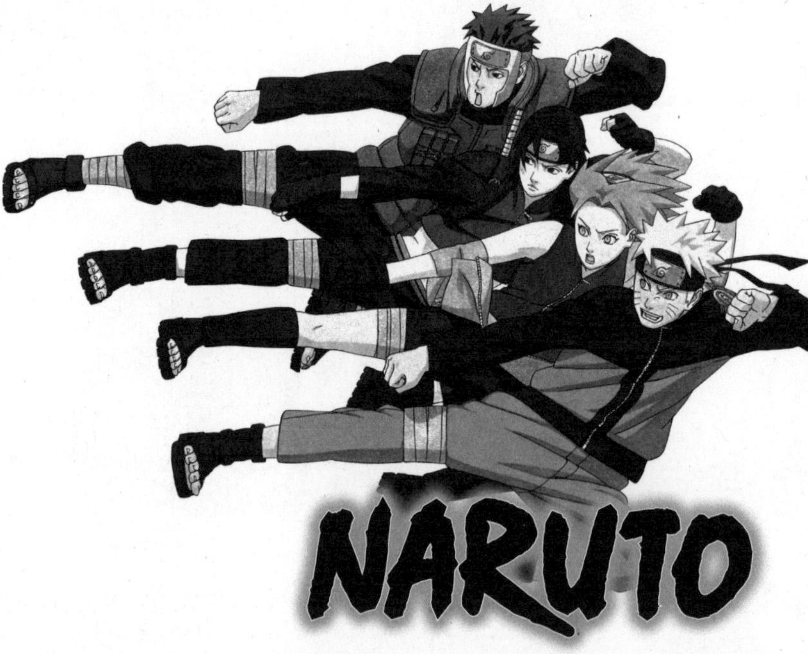
NARUTO

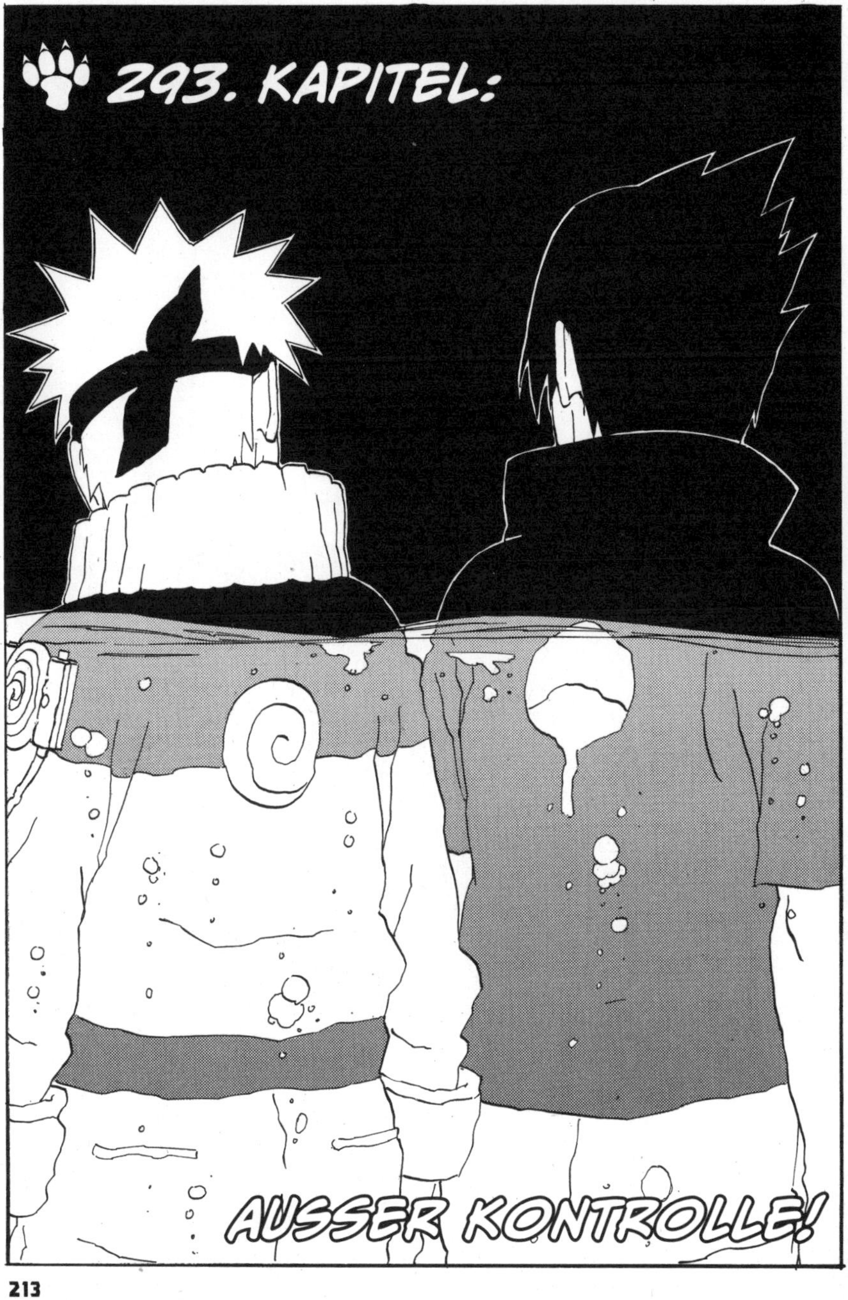
293. KAPITEL:
AUSSER KONTROLLE!

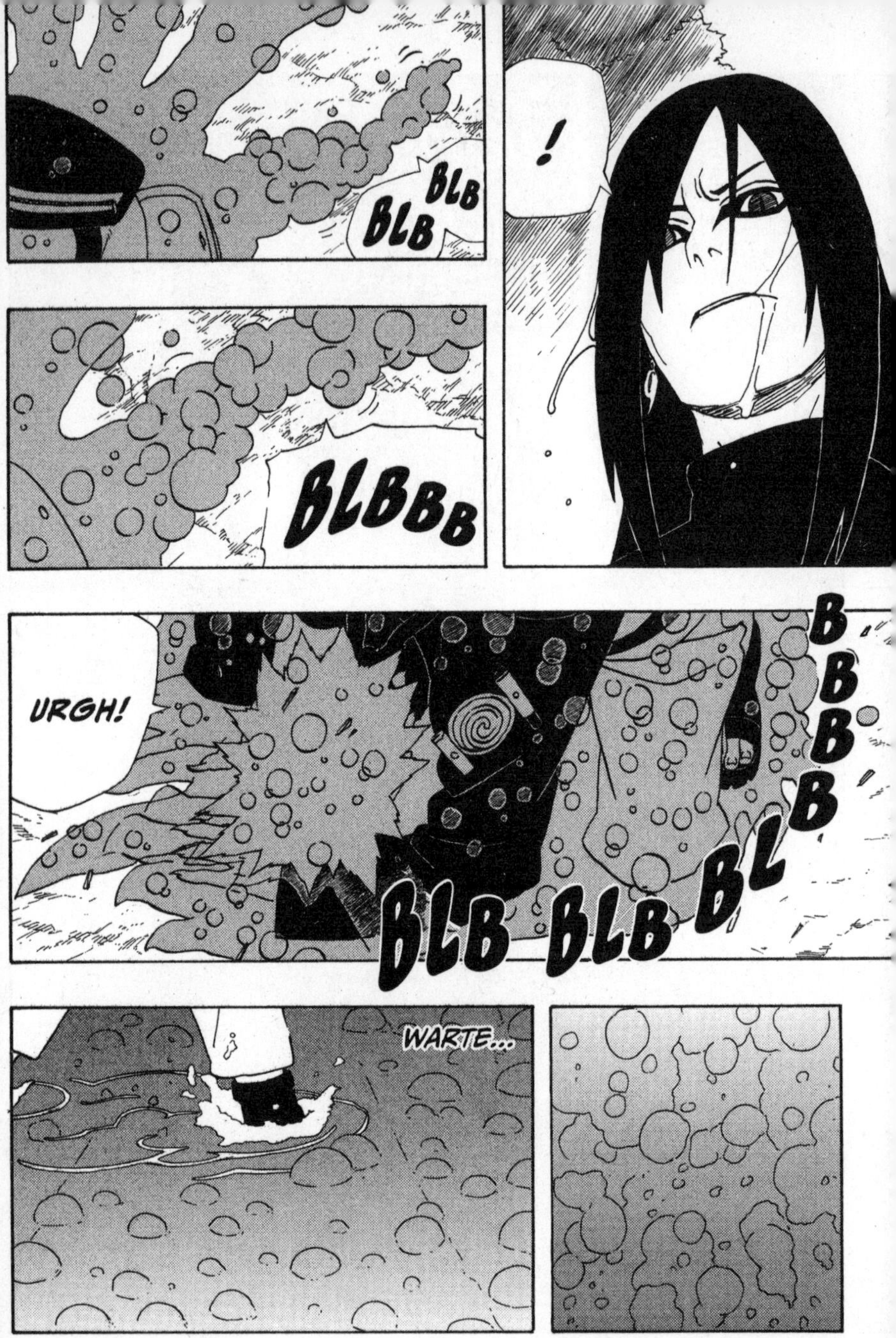
!
BLB
BLB
BLBBB
B B B B
BLB BLB BLB
URGH!
WARTE...

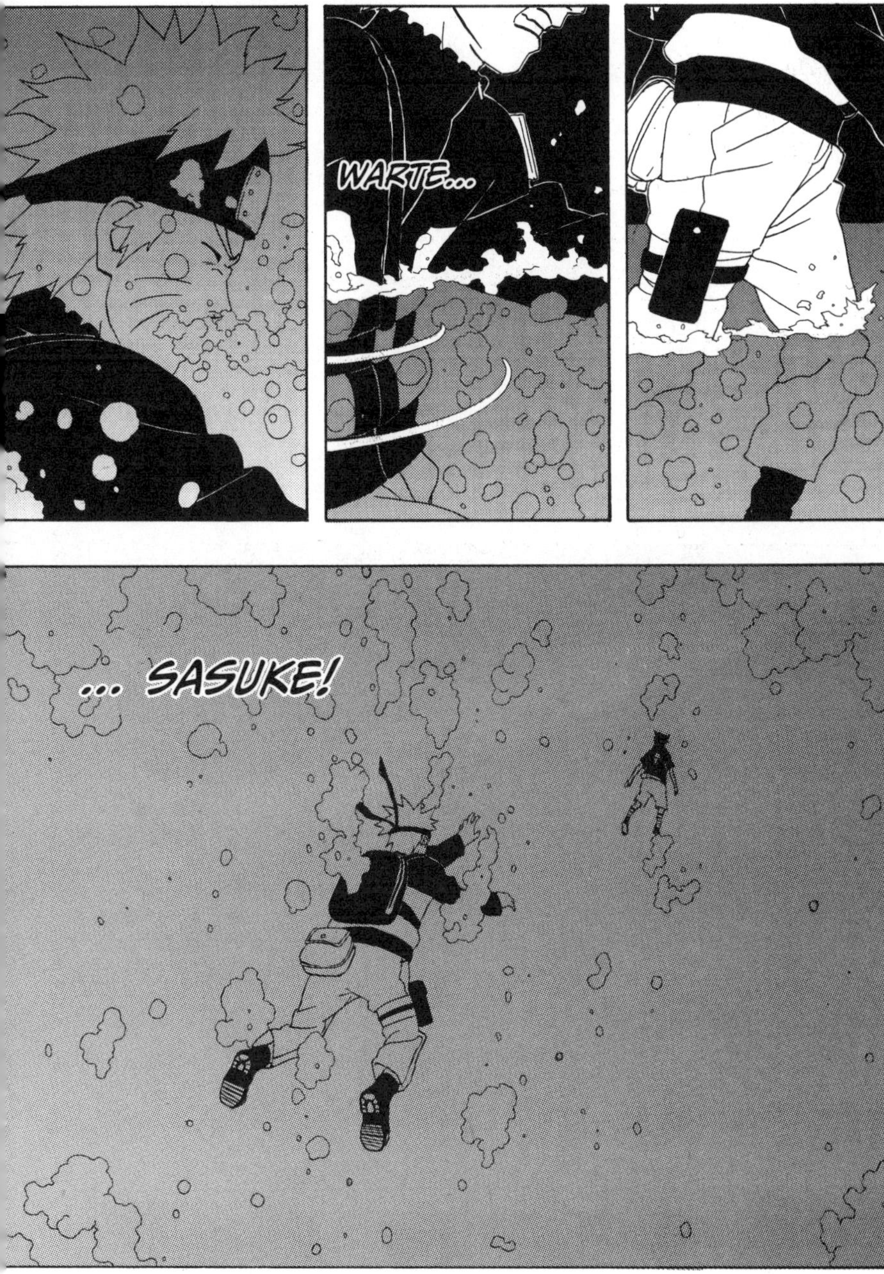
WARTE...
... SASUKE!

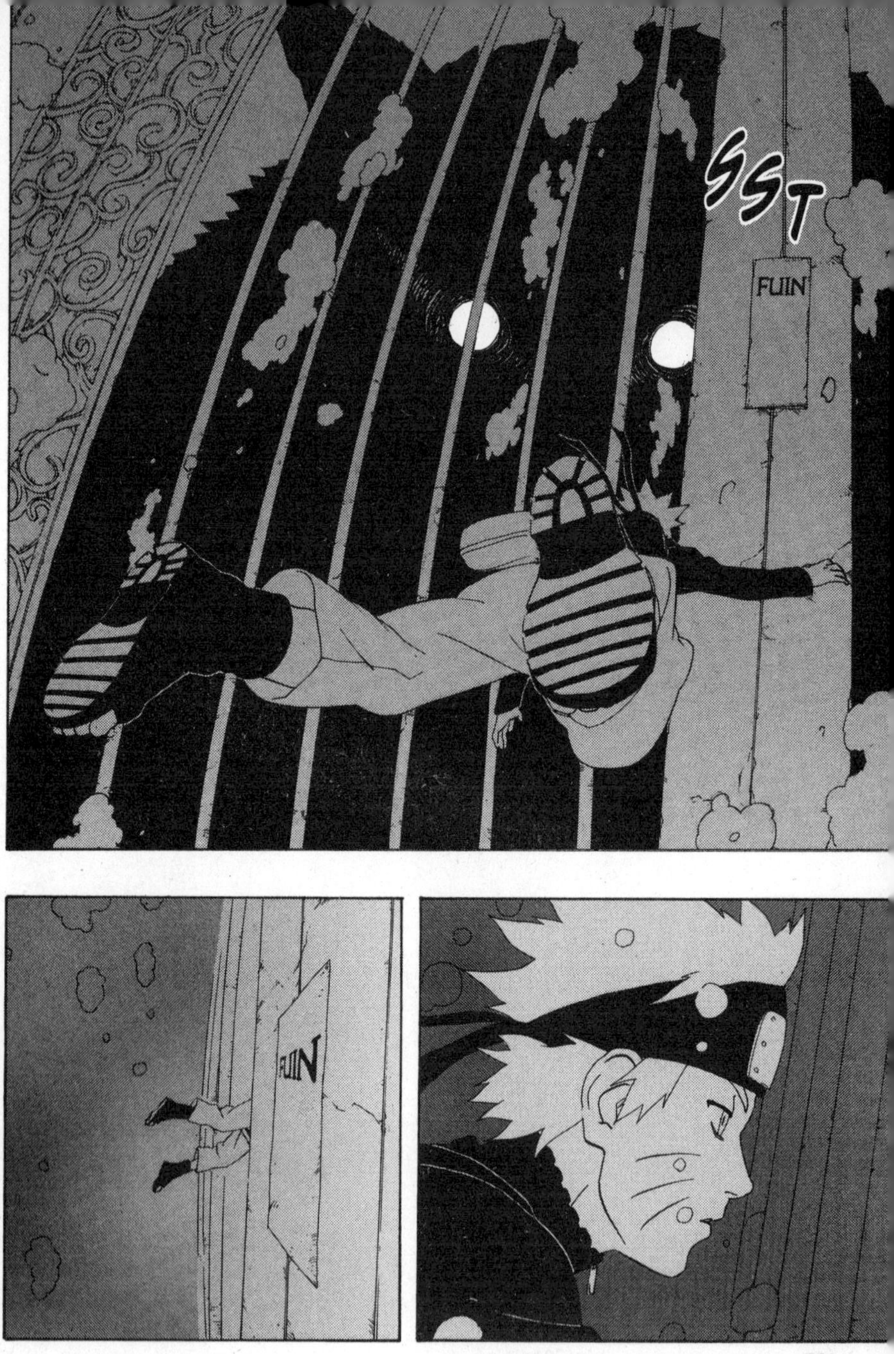
SST
FUIN
FUIN

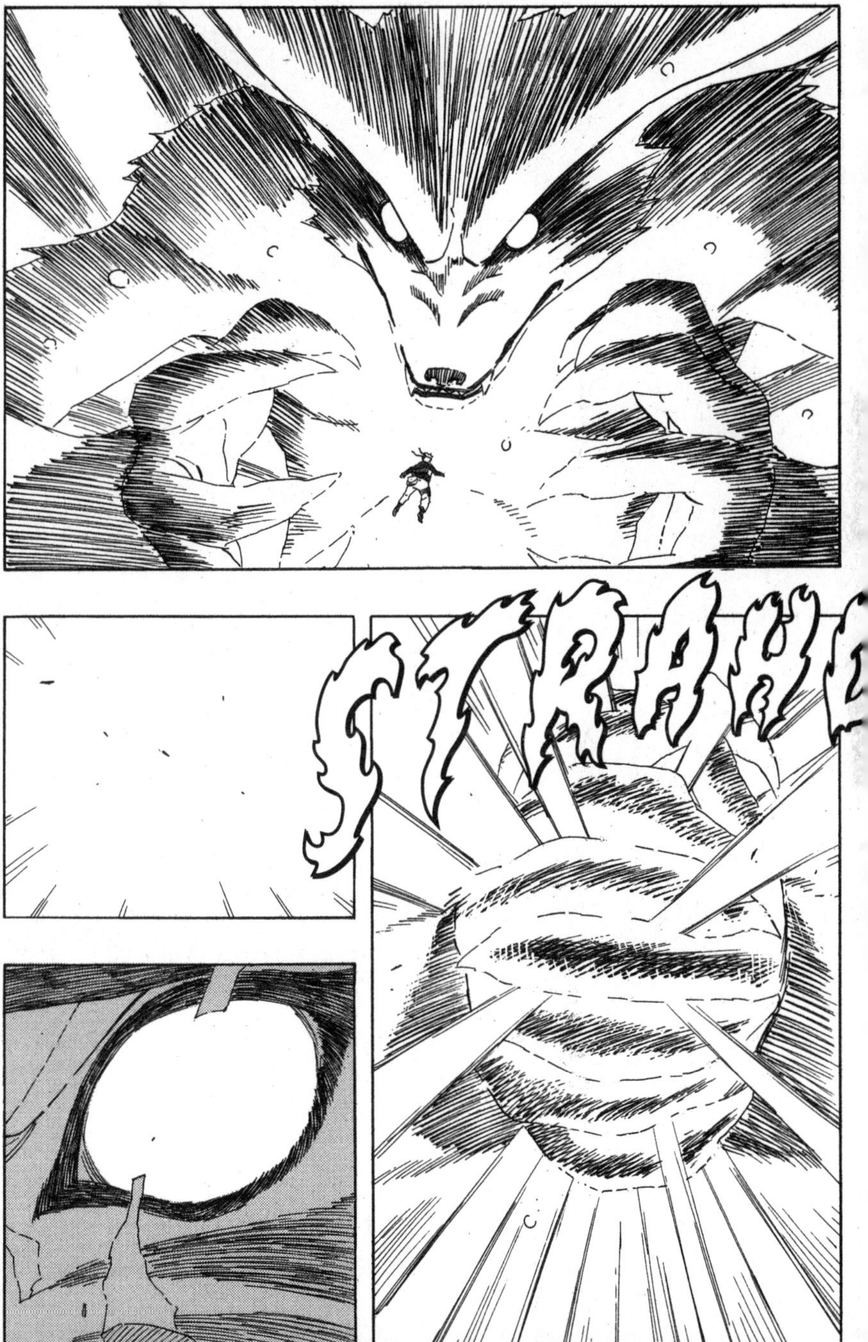

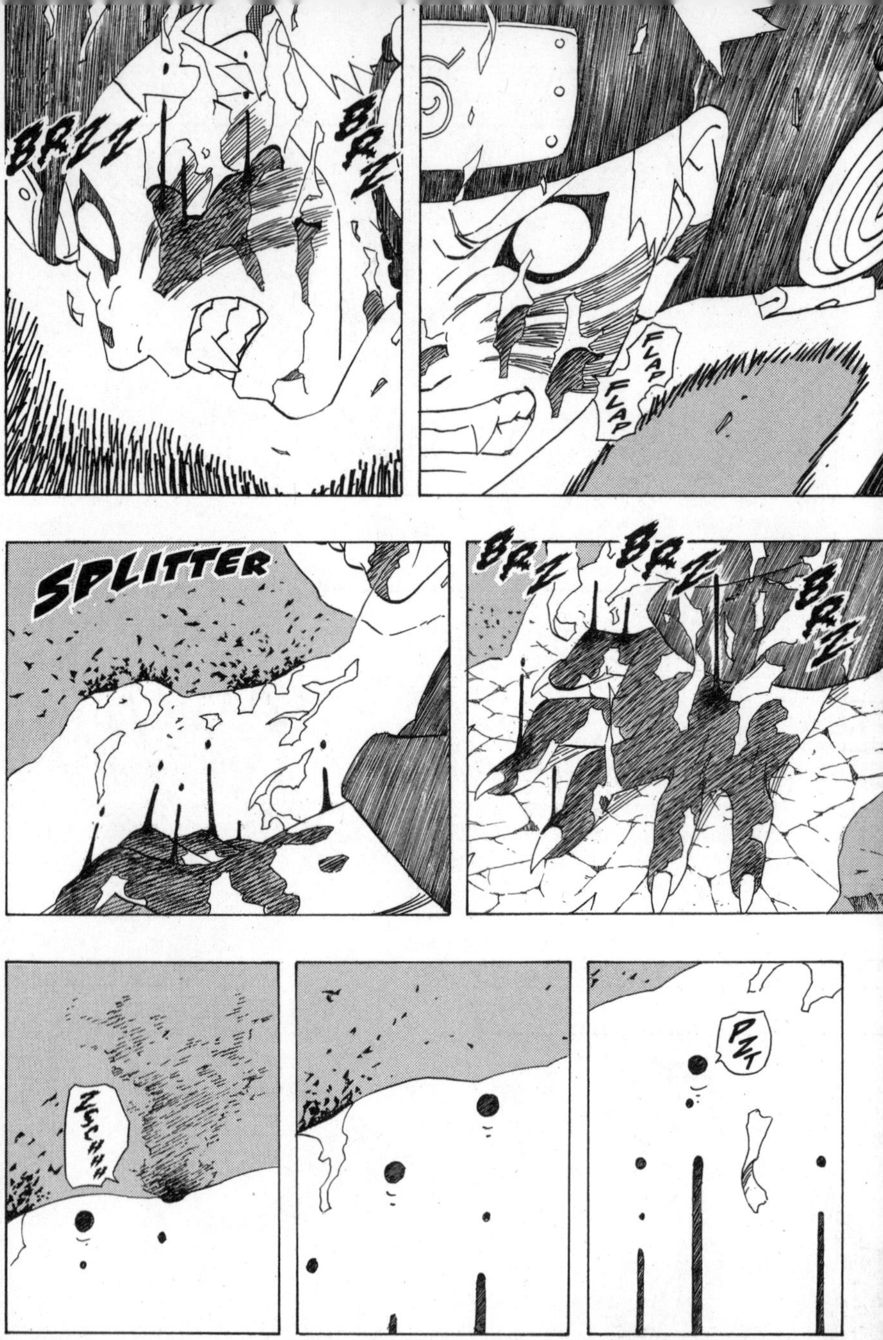
FLAP
FLAP
FLAP
BRZZ
BRZ
BRZ
BRZ
BRZ
SPLITTER
PZT
ZISCHHH

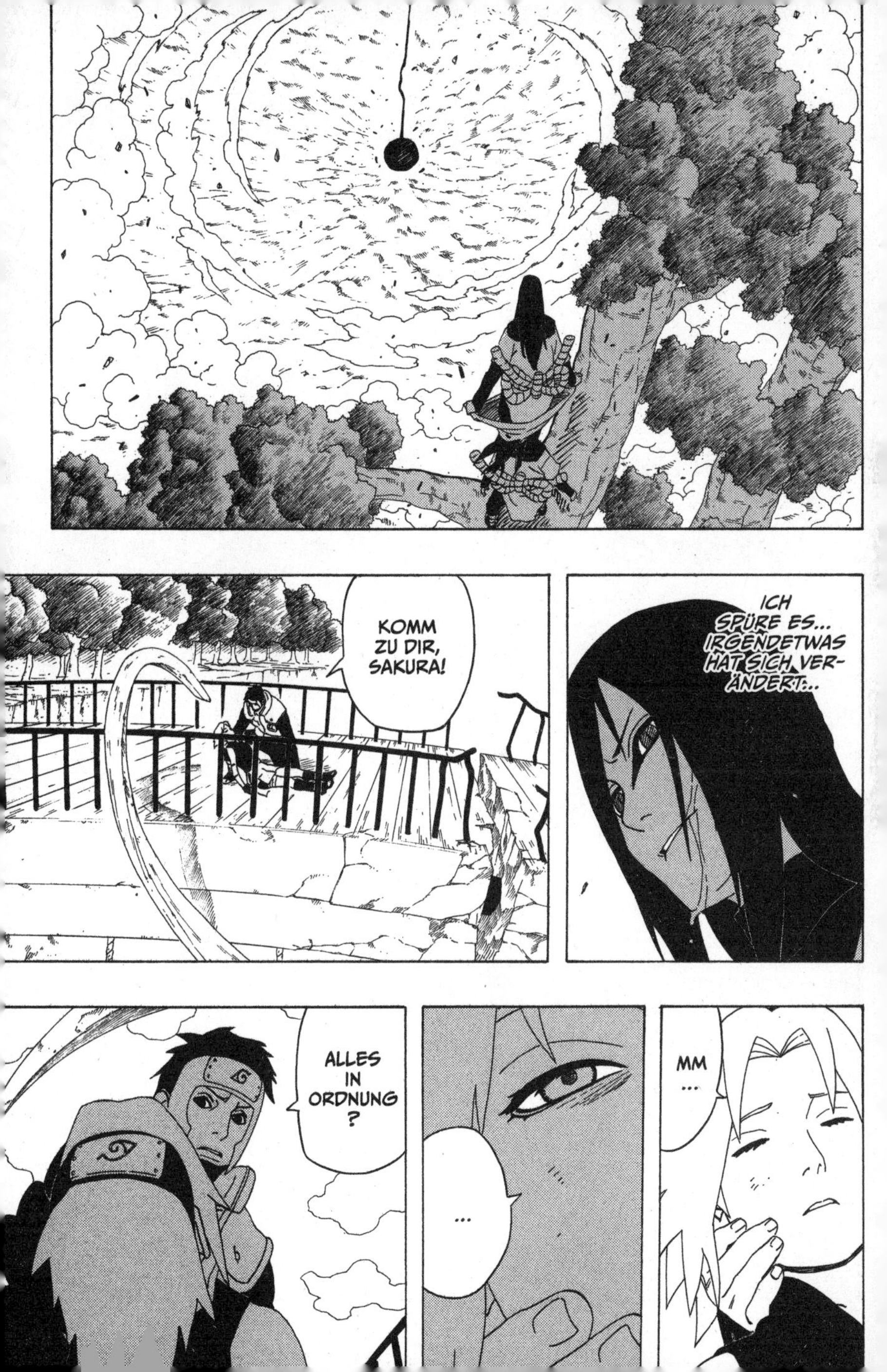
ICH SPÜRE ES... IRGENDETWAS HAT SICH VERÄNDERT...
KOMM ZU DIR, SAKURA!
MM ...
...
ALLES IN ORDNUNG?

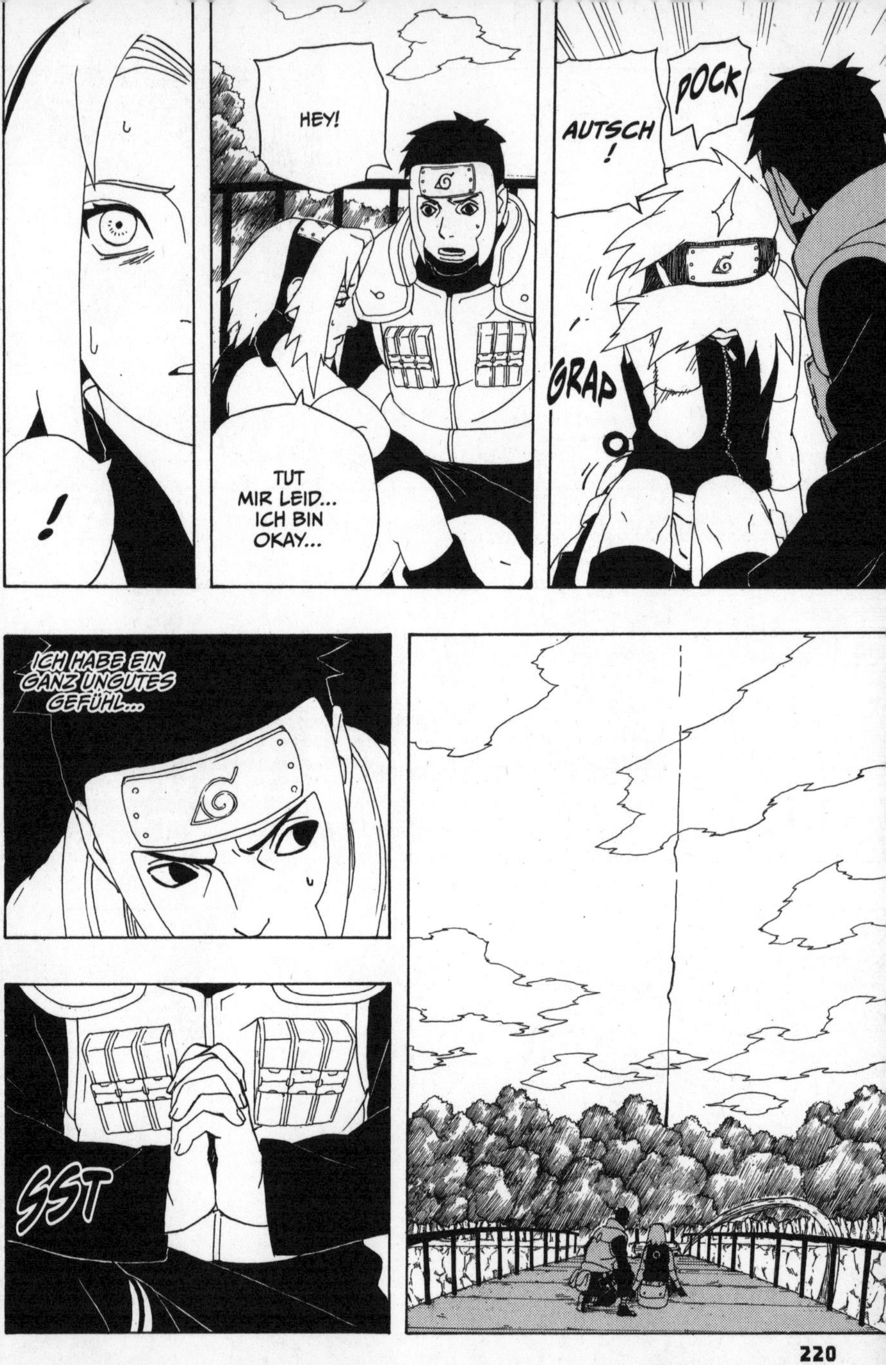

!
HEY!
TUT MIR LEID... ICH BIN OKAY...
POCK
AUTSCH!
GRAP
ICH HABE EIN GANZ UNGUTES GEFÜHL...
SST

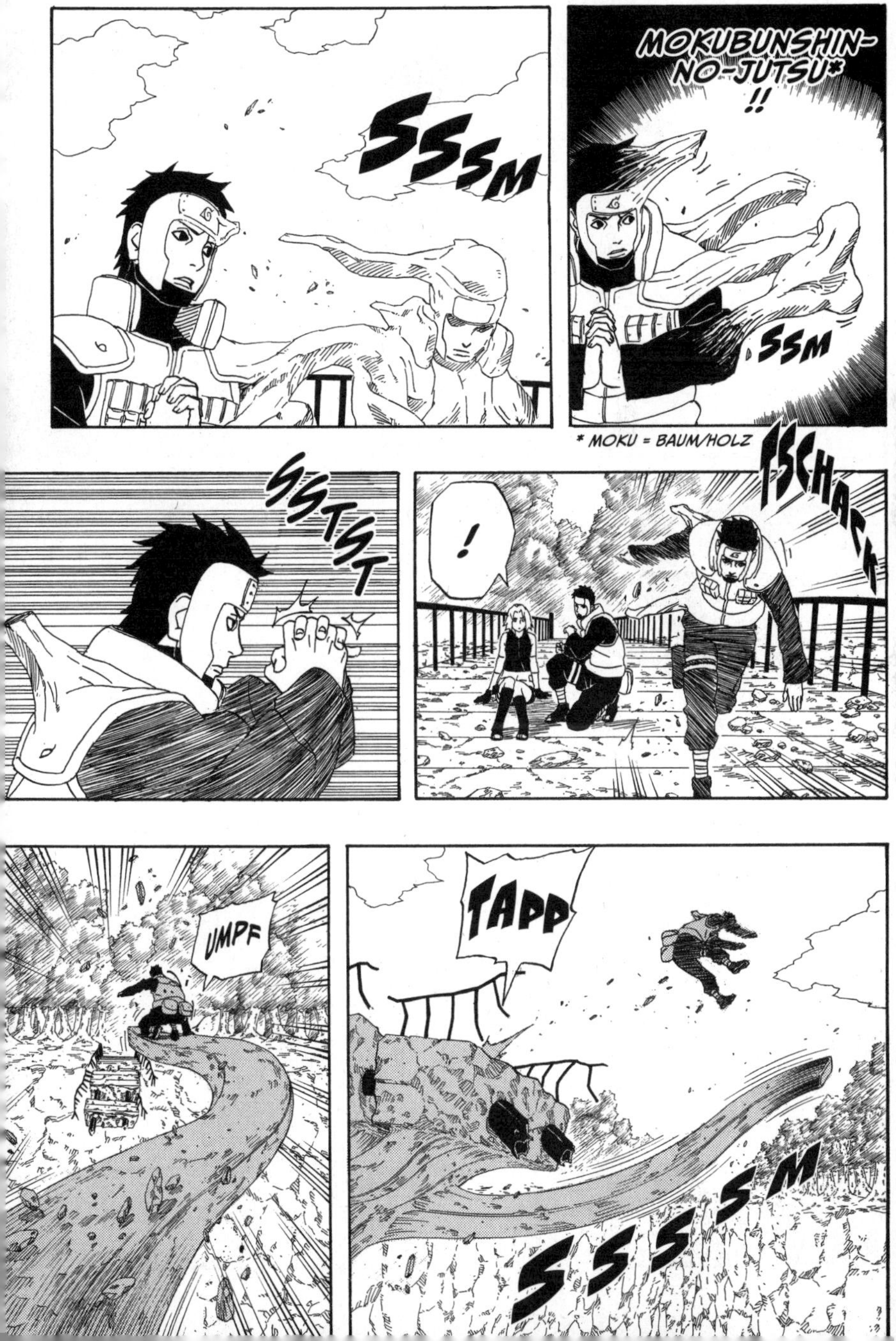
MOKUBUNSHIN-NO-JUTSU* !!
SSM
SSSM
* MOKU = BAUM/HOLZ
!
FSCHACK
SSTST
TAPP
SSSSSM
UMPF

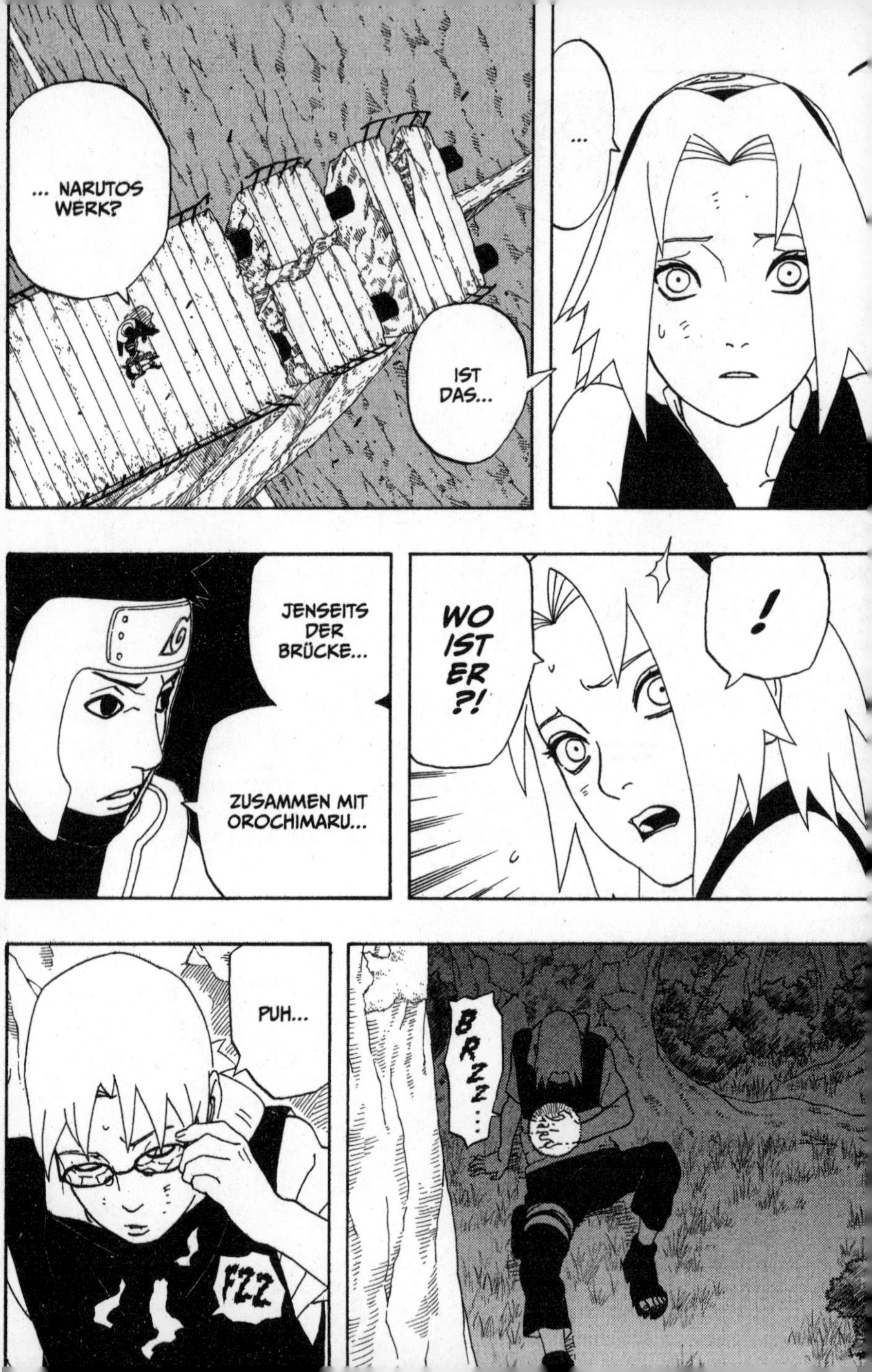
...
IST DAS...
... NARUTOS WERK?
!
WO IST ER ?!
JENSEITS DER BRÜCKE...
ZUSAMMEN MIT OROCHIMARU...
BRZZ...
PUH...
FZZ

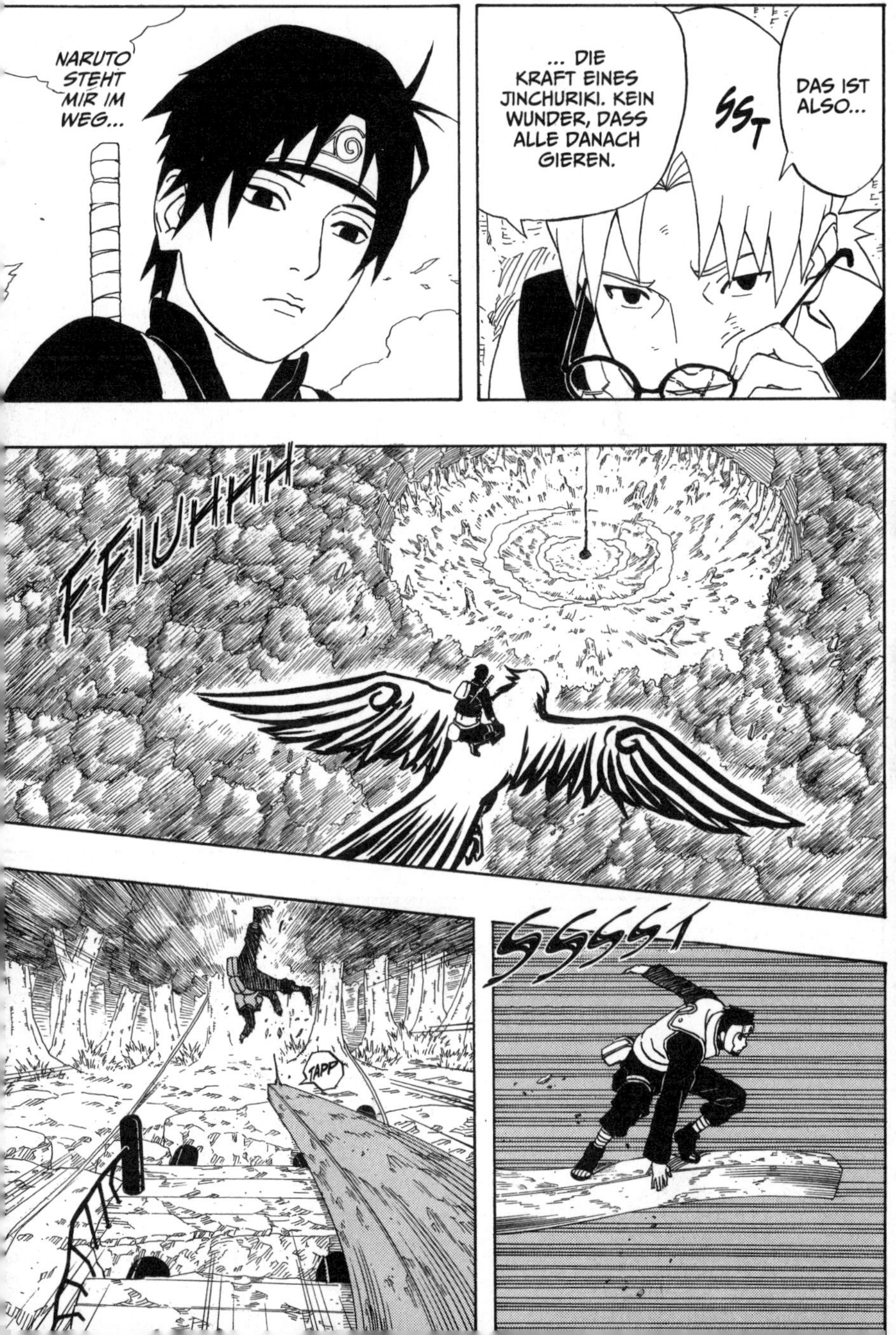
DAS IST ALSO...
SST
... DIE KRAFT EINES JINCHURIKI. KEIN WUNDER, DASS ALLE DANACH GIEREN.
NARUTO STEHT MIR IM WEG...
FFIUHHH
SSSST
TAPP

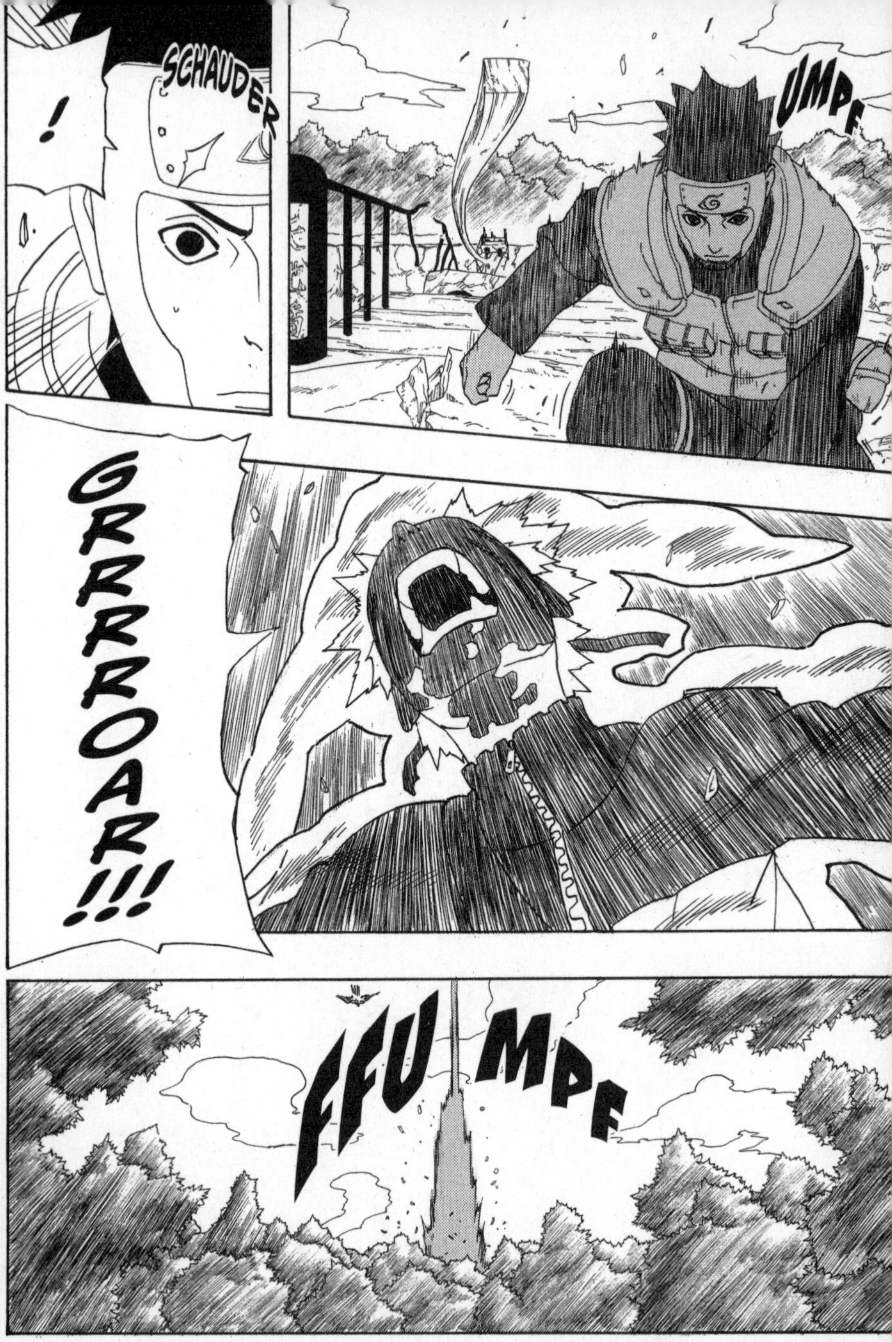
UMPF
SCHAUDER
!
GRRRRROAR!!!
FFUMPF

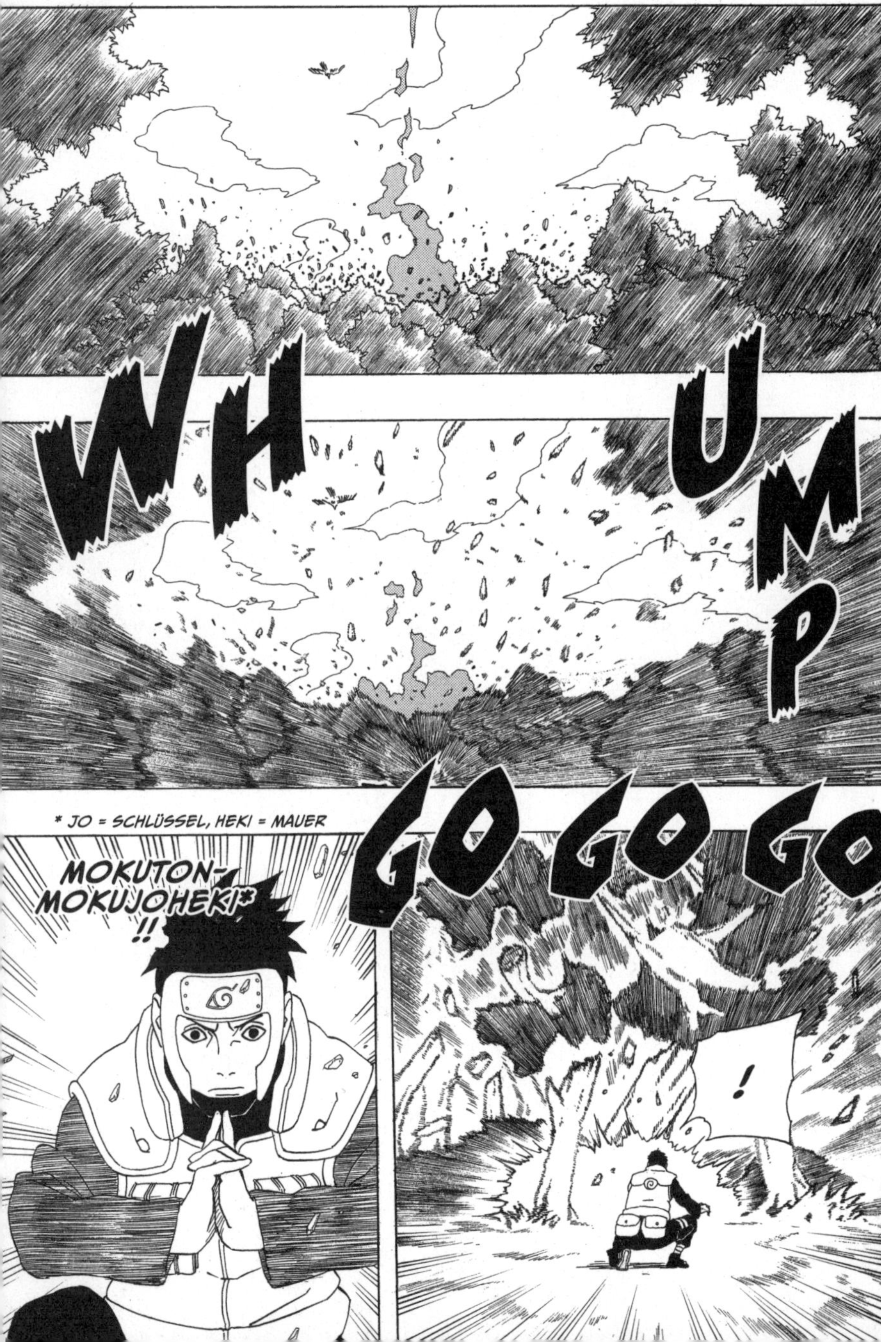
WHUMP
* JO = SCHLÜSSEL, HEKI = MAUER
GO GO GO
MOKUTON-MOKUJOHEKI* !!
!

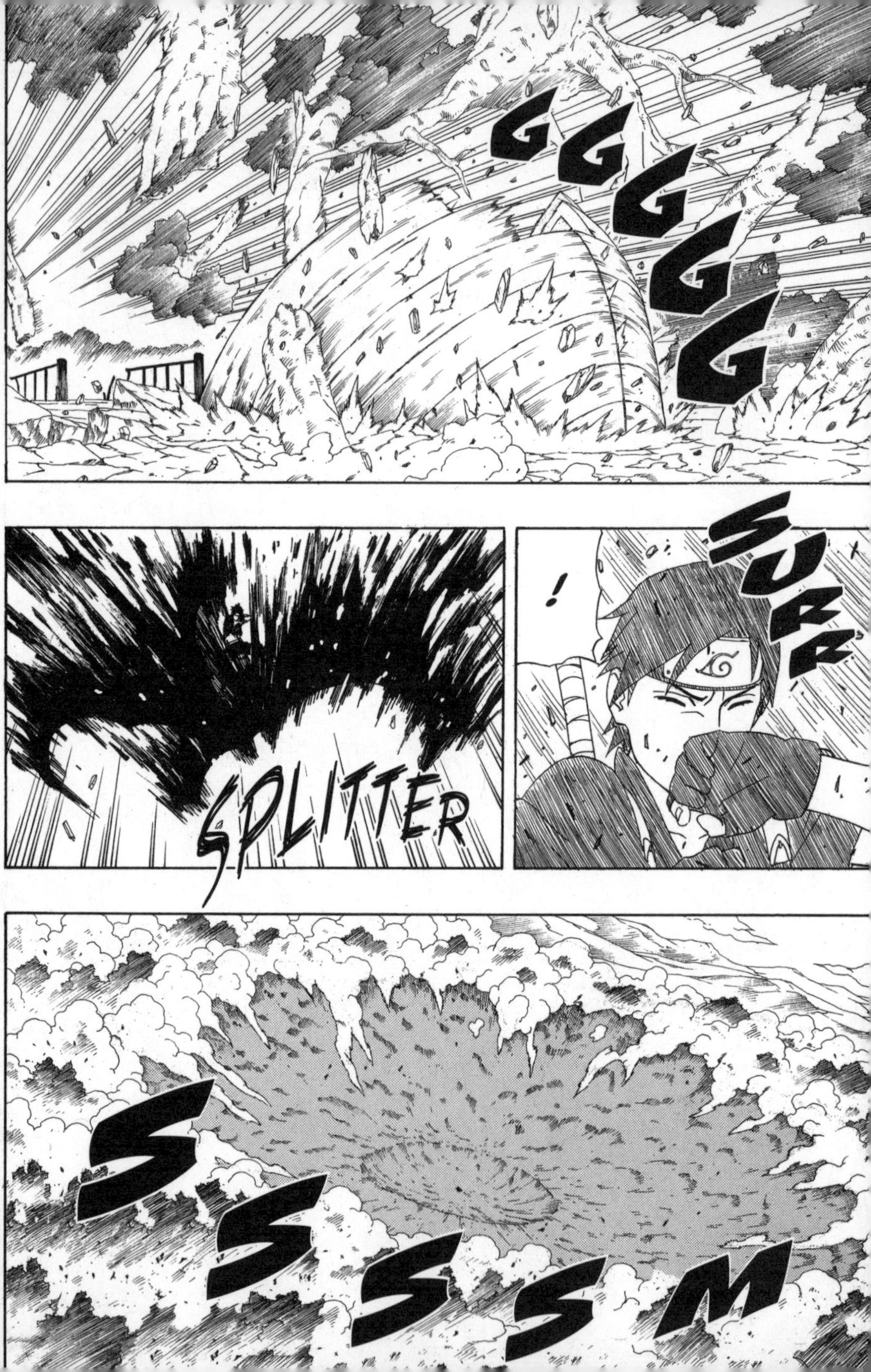
GGGGG
SURR
!
SPLITTER
SSSSM

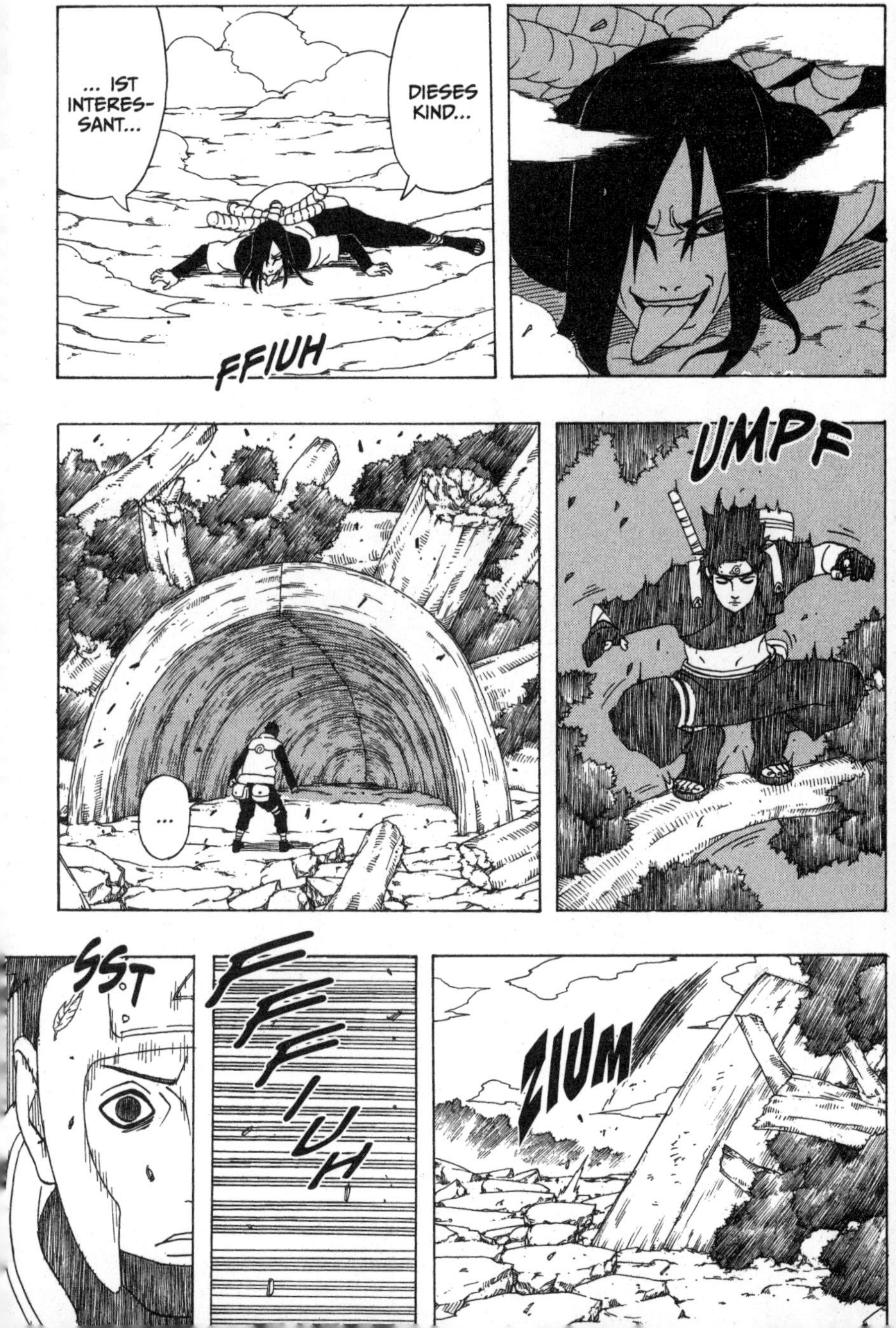
FFIUH
DIESES KIND...
... IST INTERESSANT...
UMPF
...
ZIUM
FFFFIUH
SST

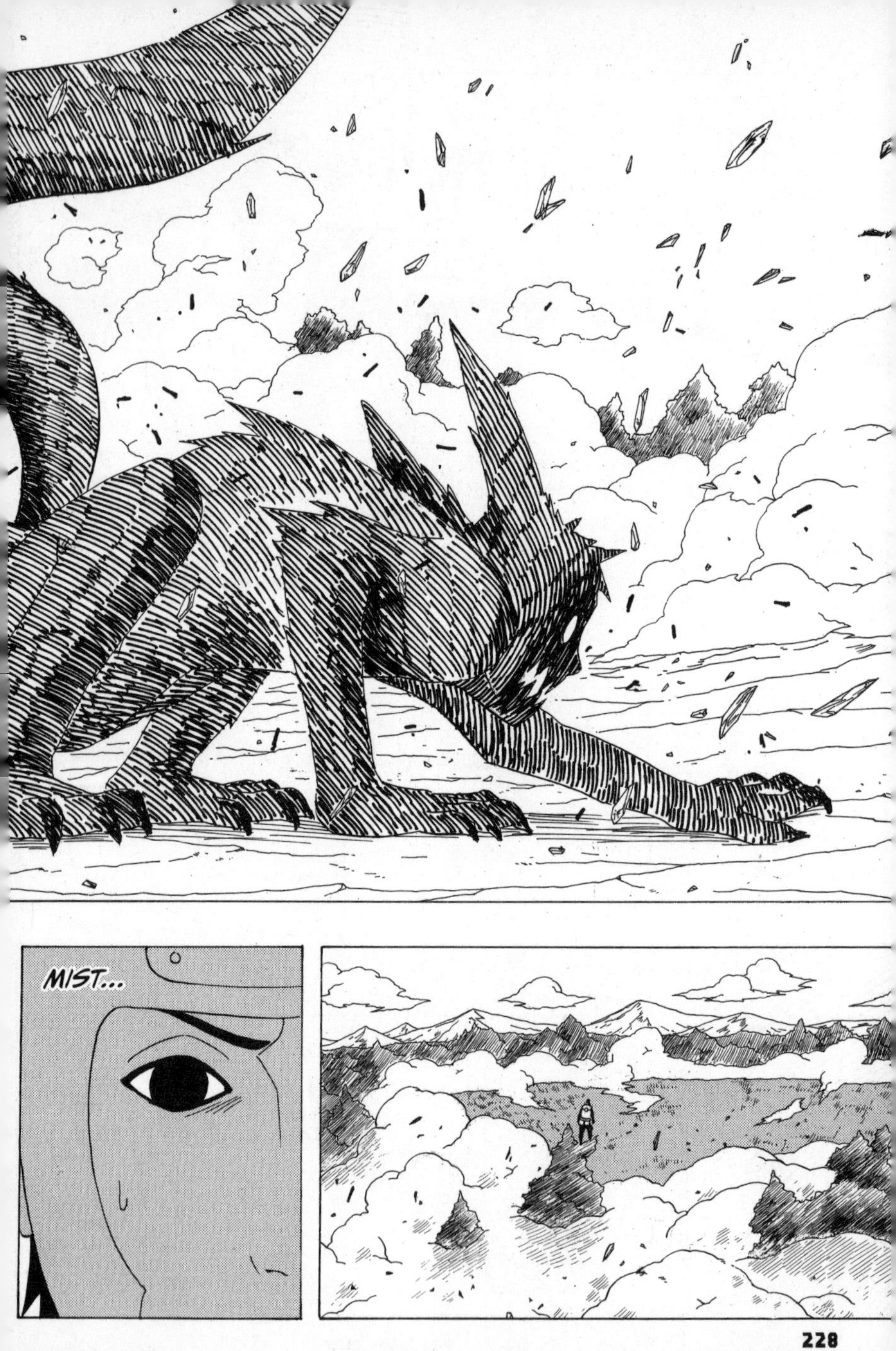
MIST...

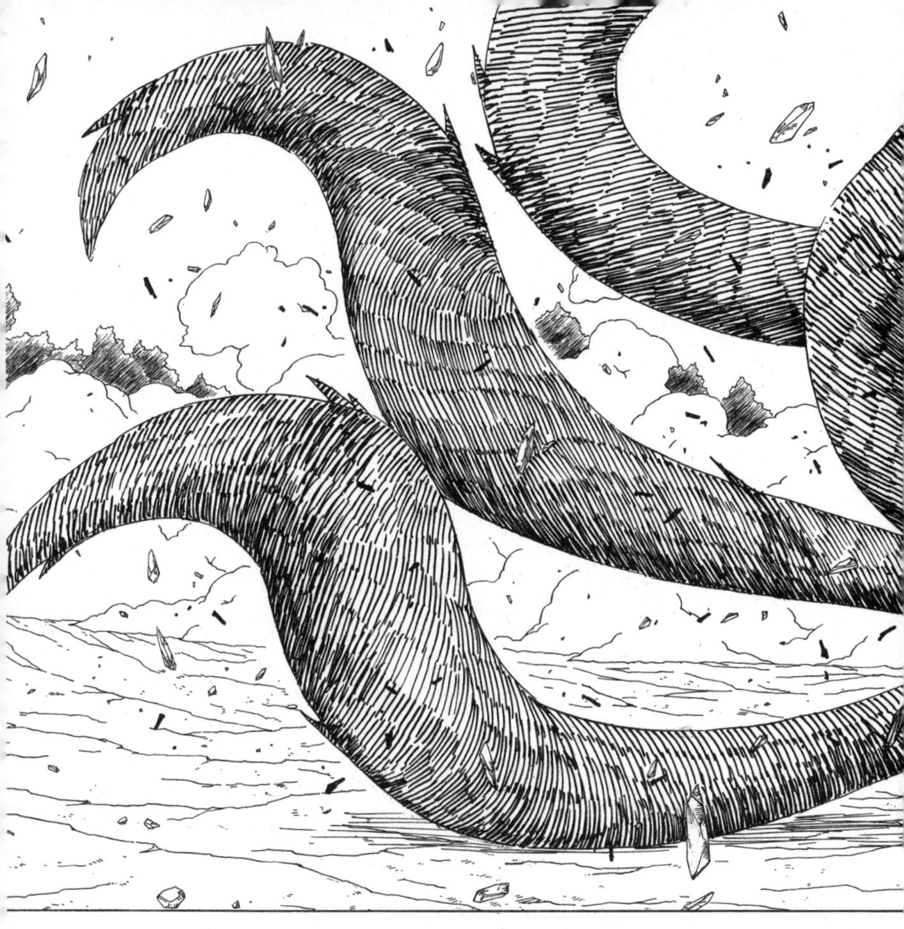

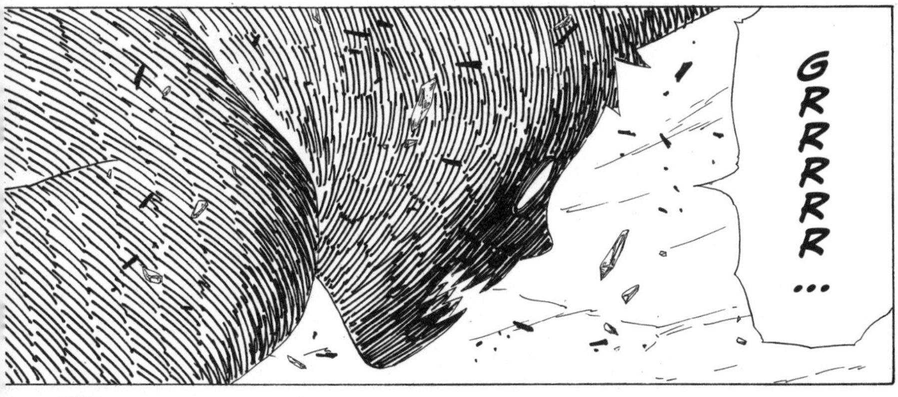
GRRRRR ...

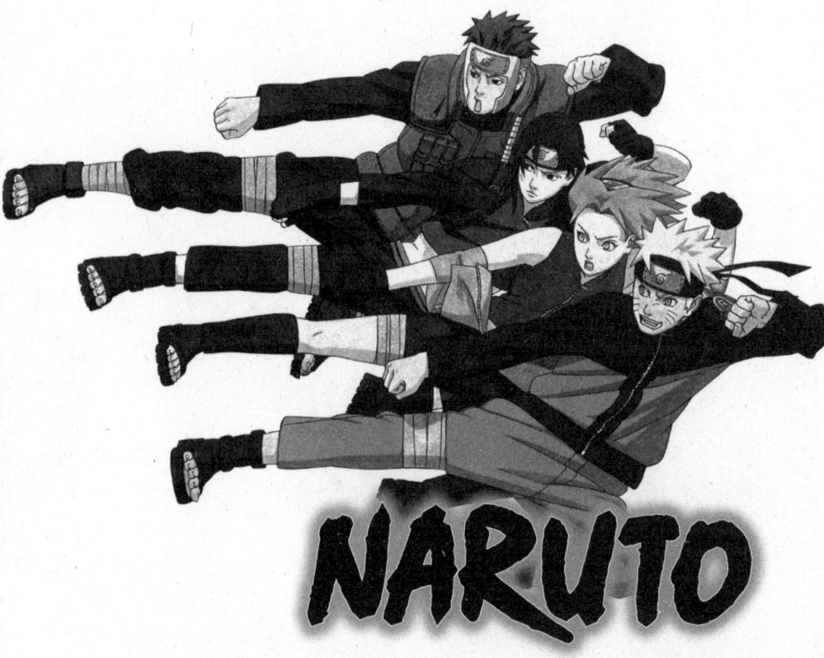
NARUTO

294. Kapitel: Der vierte Schwanz

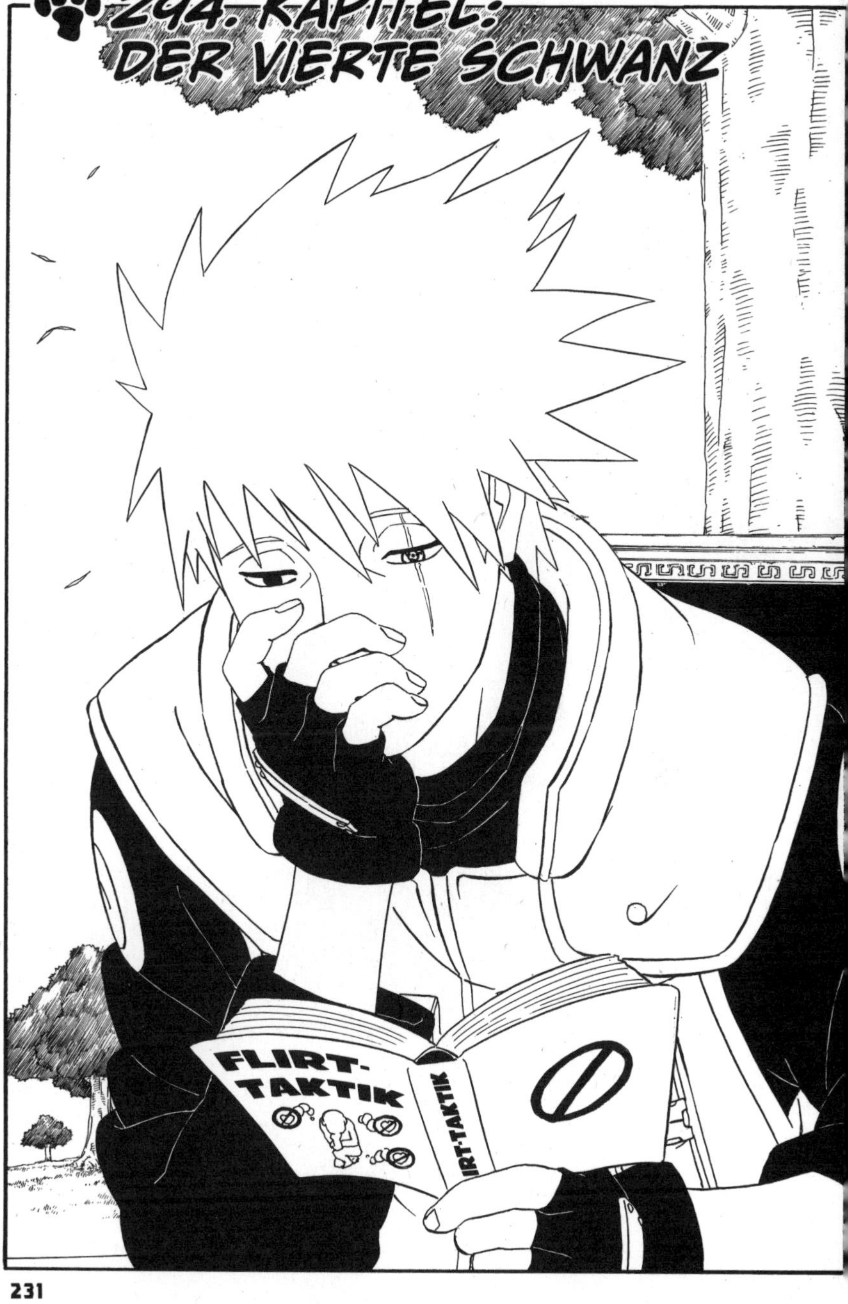

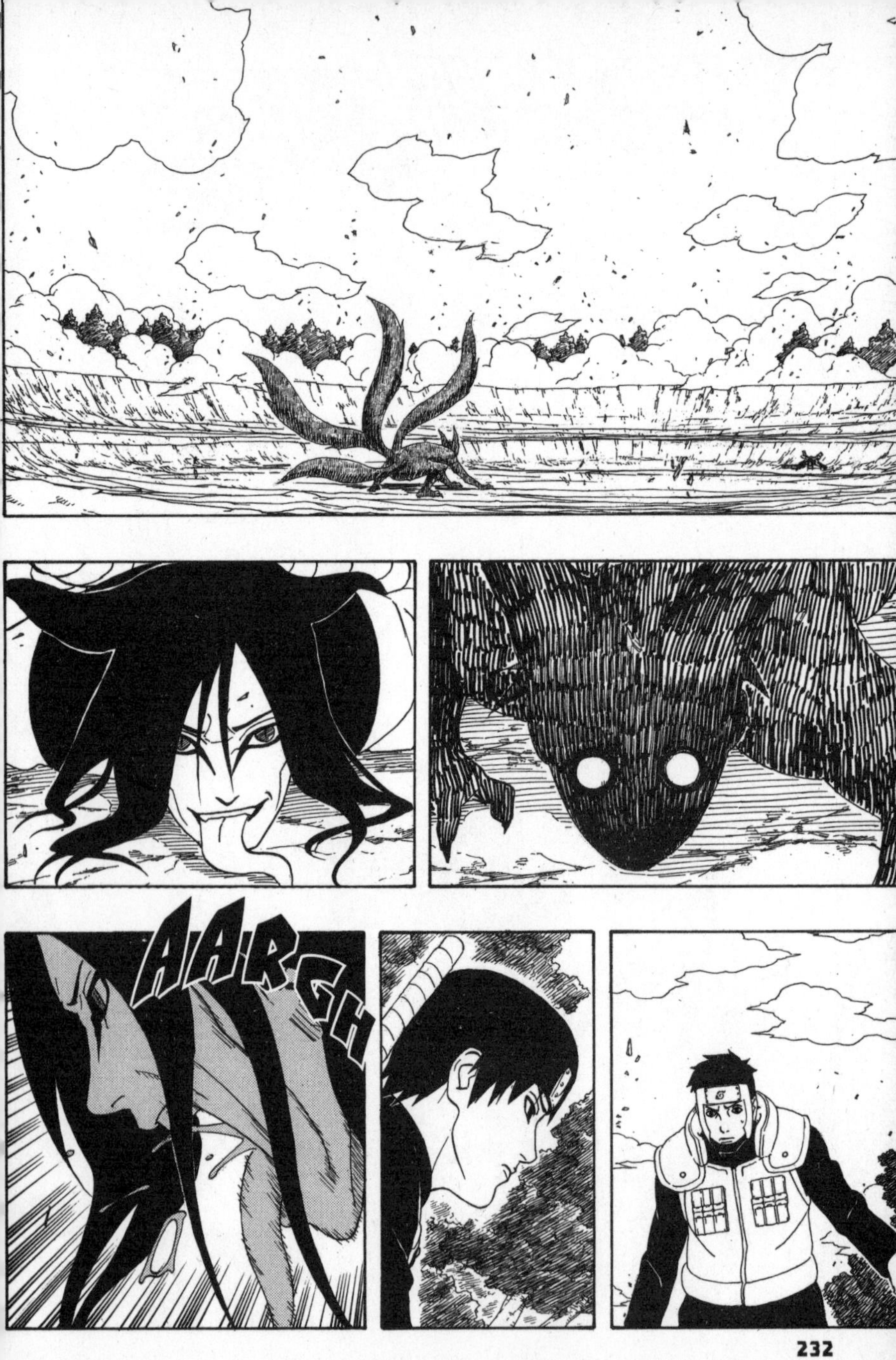
AARGH

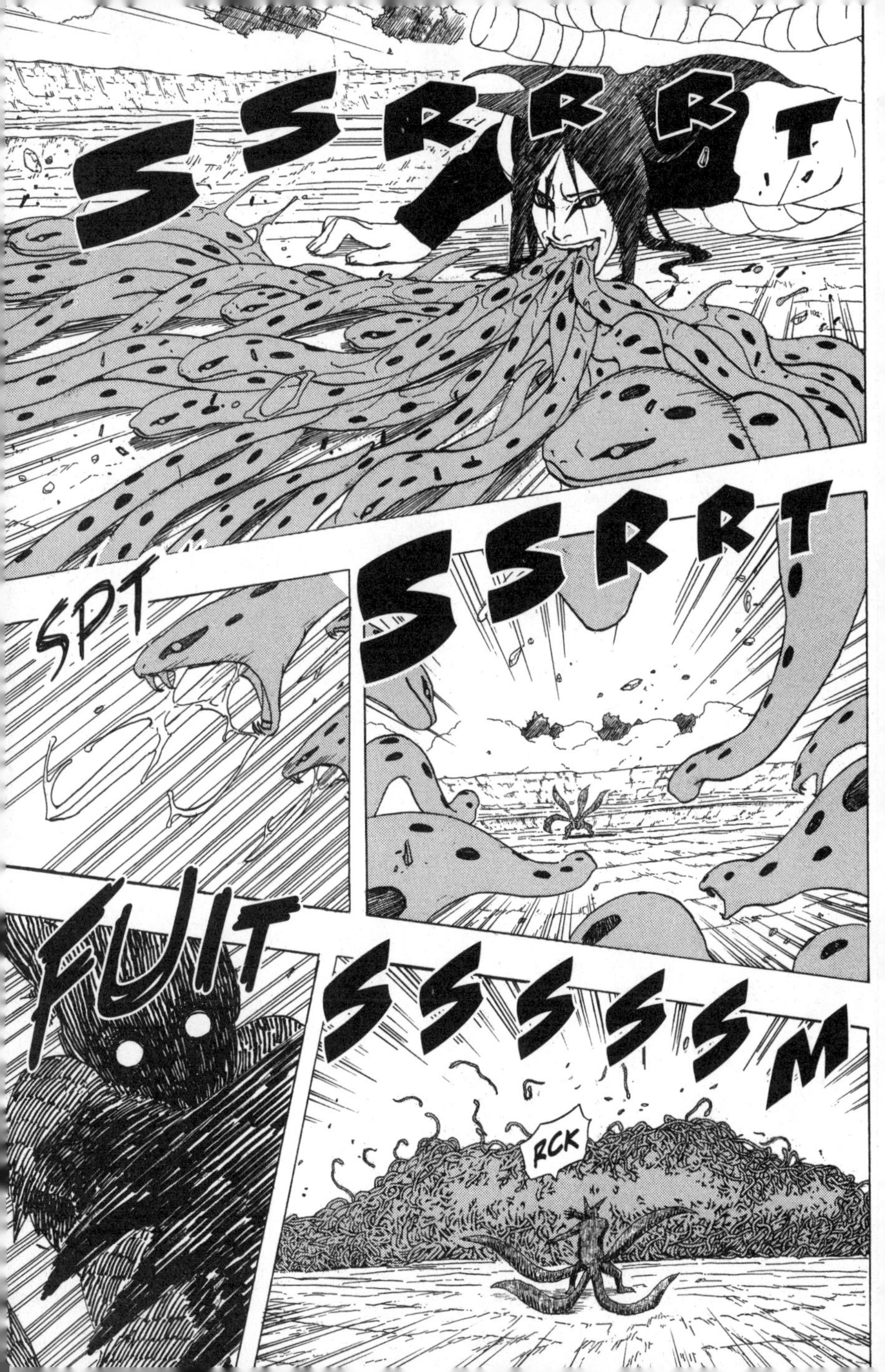
SSRRRT
SPT
SSRRT
FUIT
SSSSSM
RCK

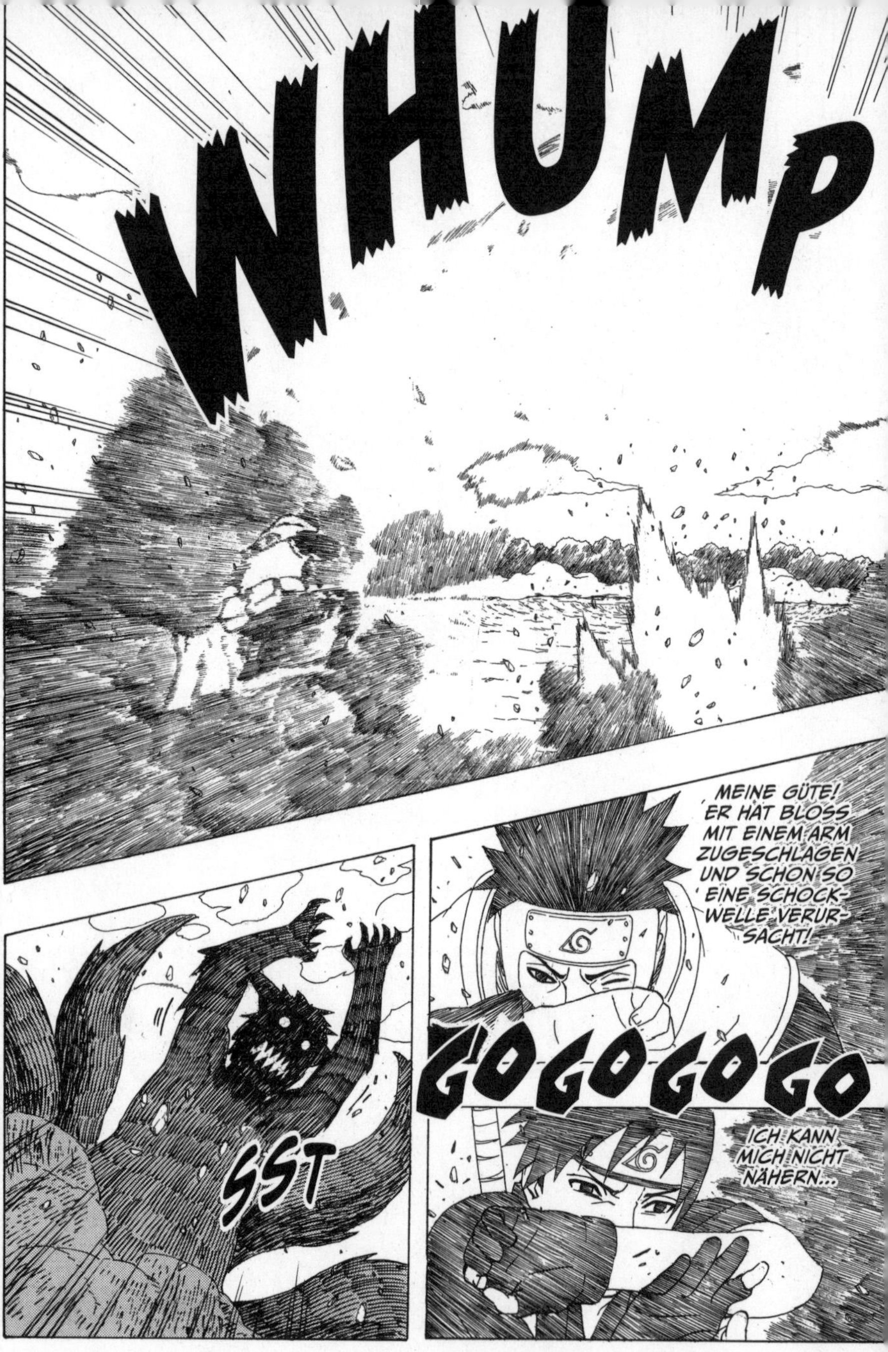
WHUMP
MEINE GÜTE! ER HAT BLOSS MIT EINEM ARM ZUGESCHLAGEN UND SCHON SO EINE SCHOCK-WELLE VERUR-SACHT!
GOGOGOGOGO
SST
ICH KANN MICH NICHT NÄHERN...

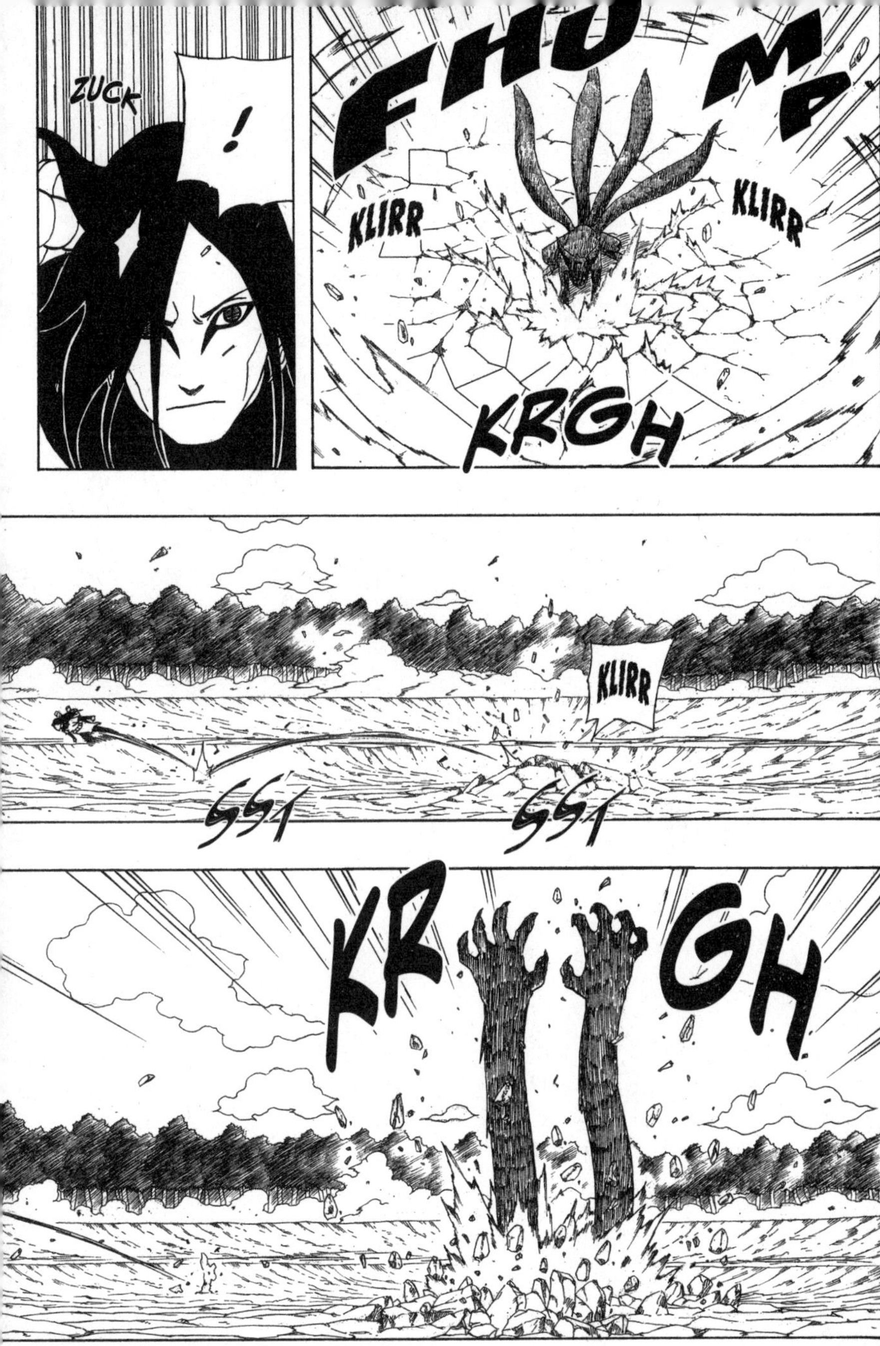

FHUMP
KLIRR
KLIRR
KRGH
ZUCK
!
KLIRR
SSI
SSI
KR GH

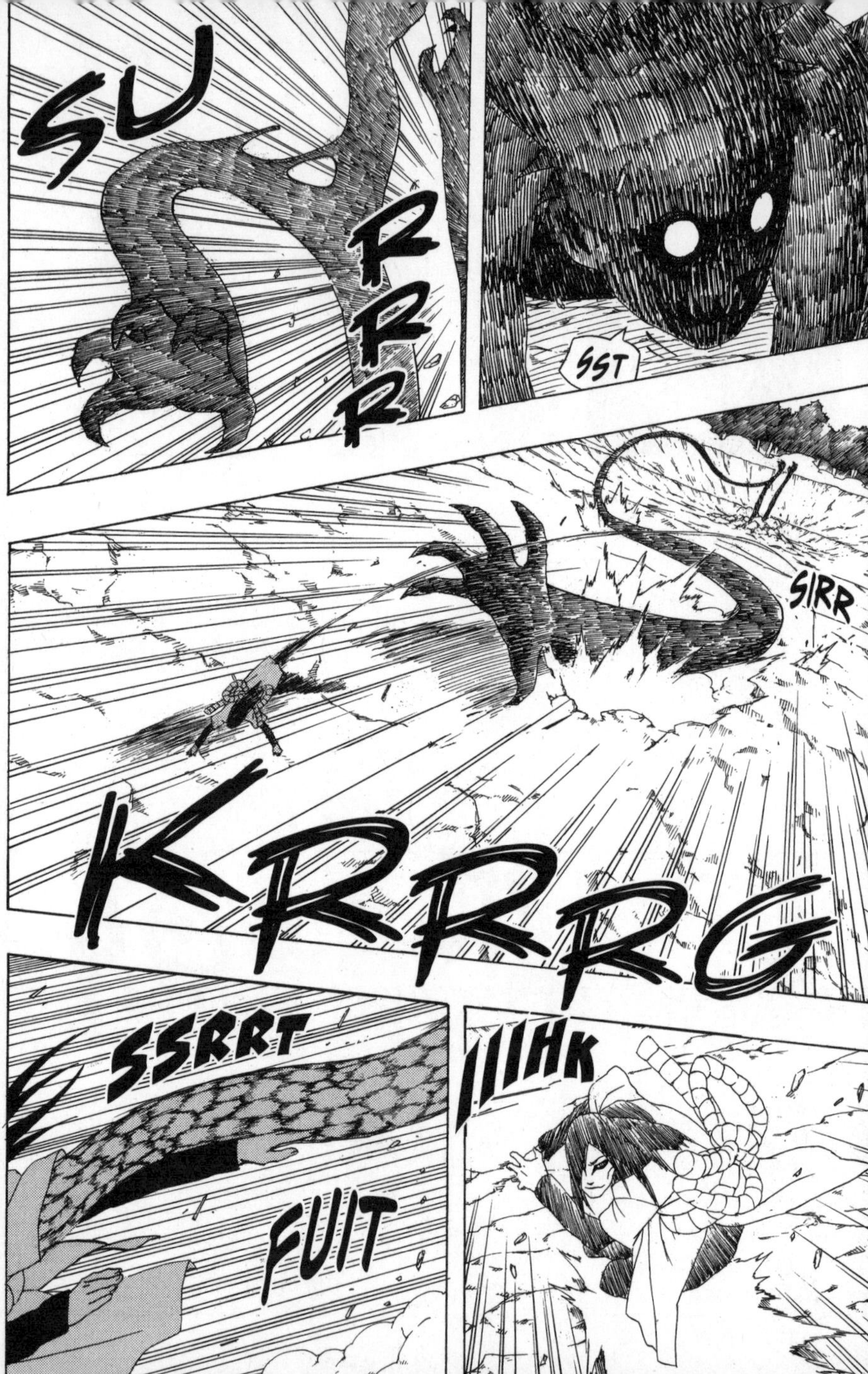
SST
SU
RRR
SIRR
KRRRRG
IIIHK
SSRRT
FUIT

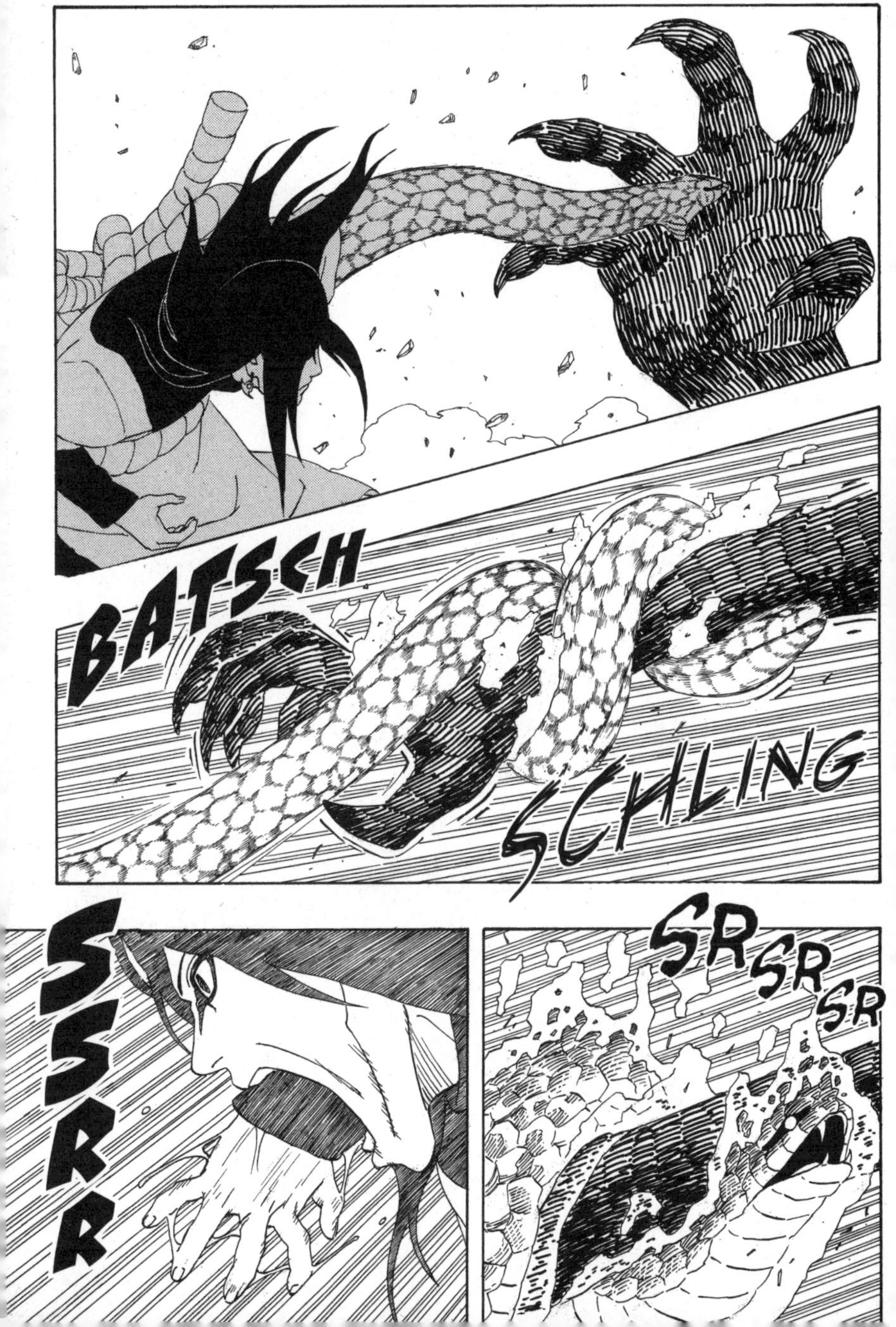
BATSCH
SCHLING
SSRR
SR SR SR

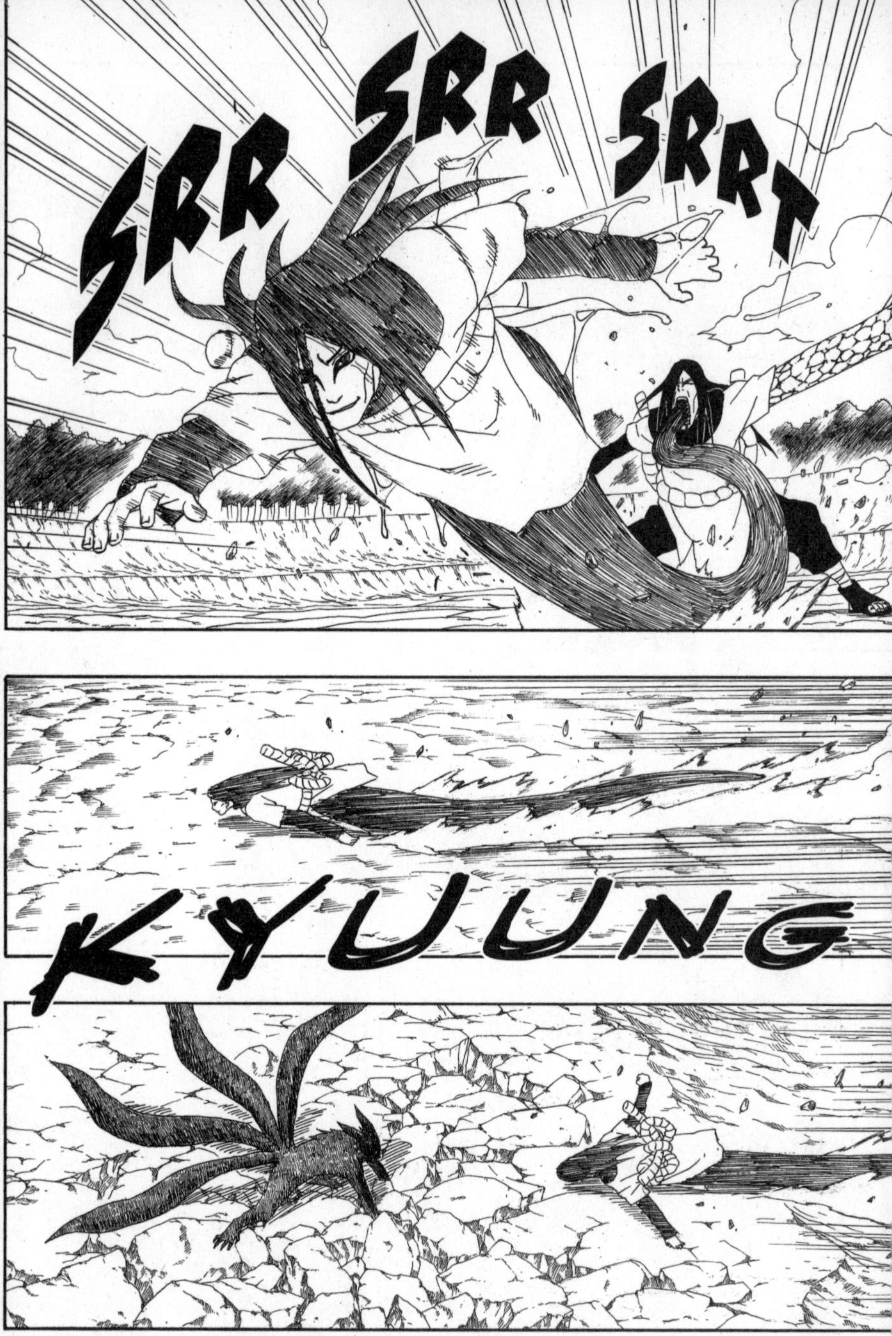
SRR SRR SRRT
KYUUNG

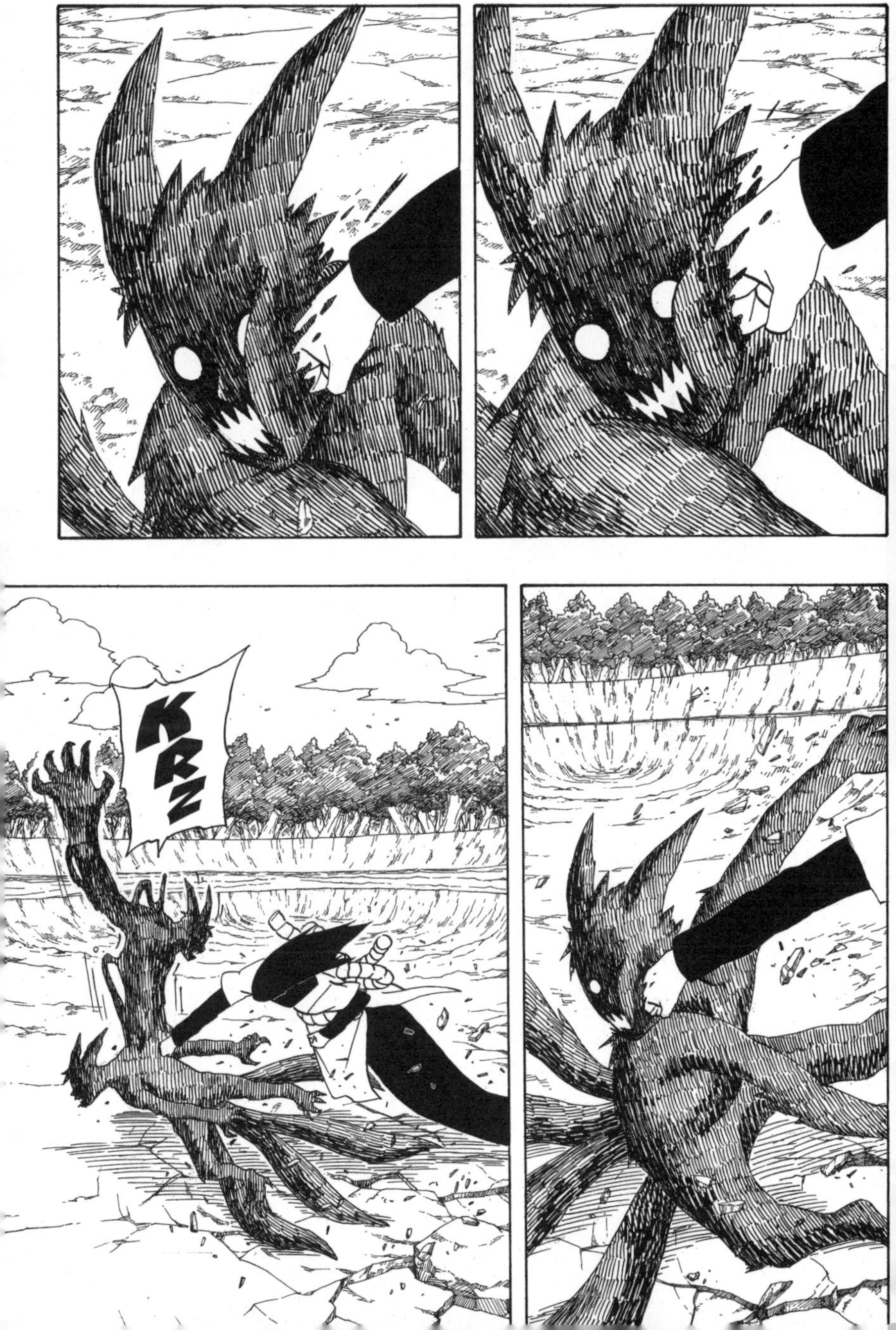
KRZ

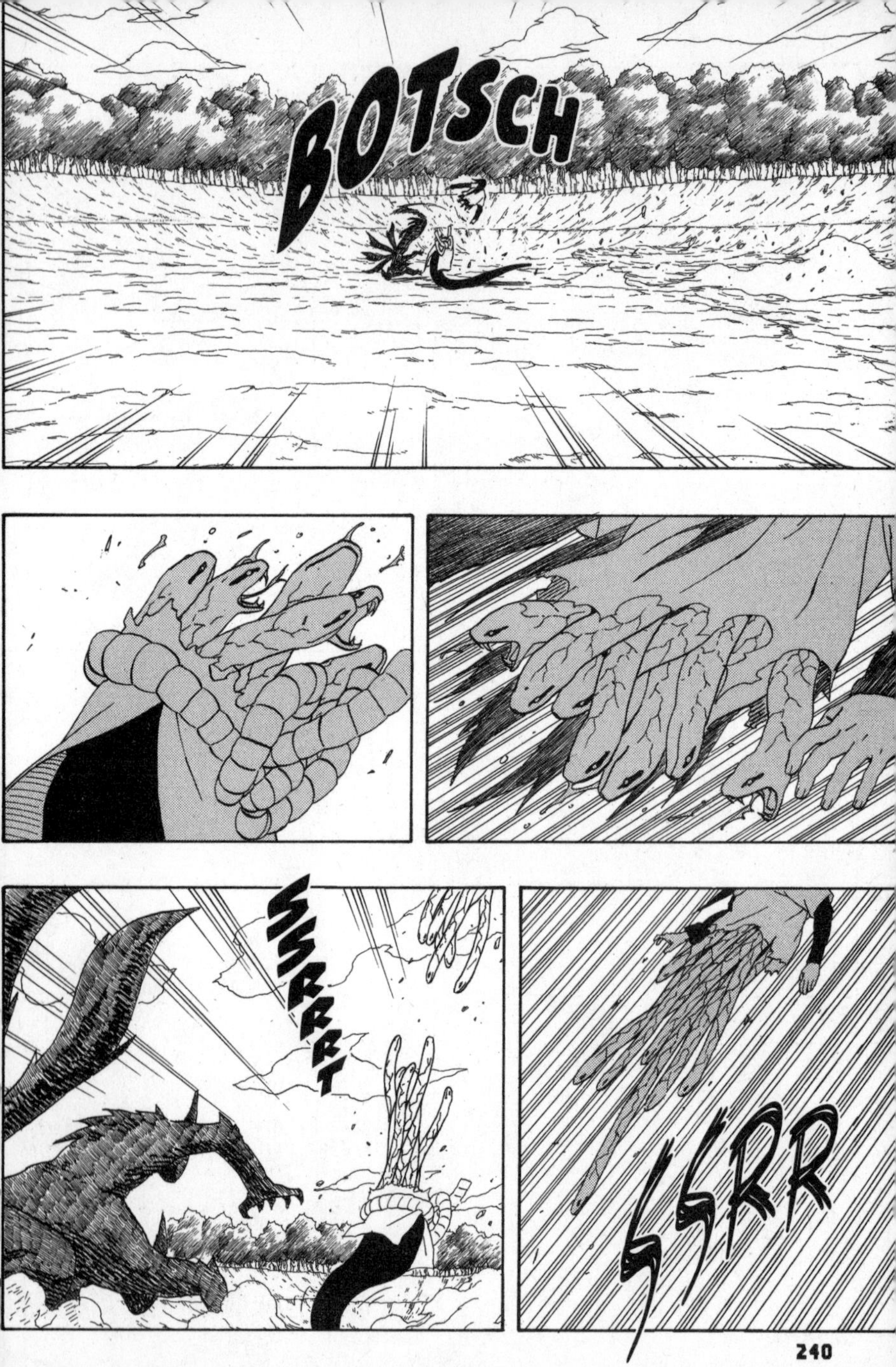
BOTSCH
SSRRRT
SSRR

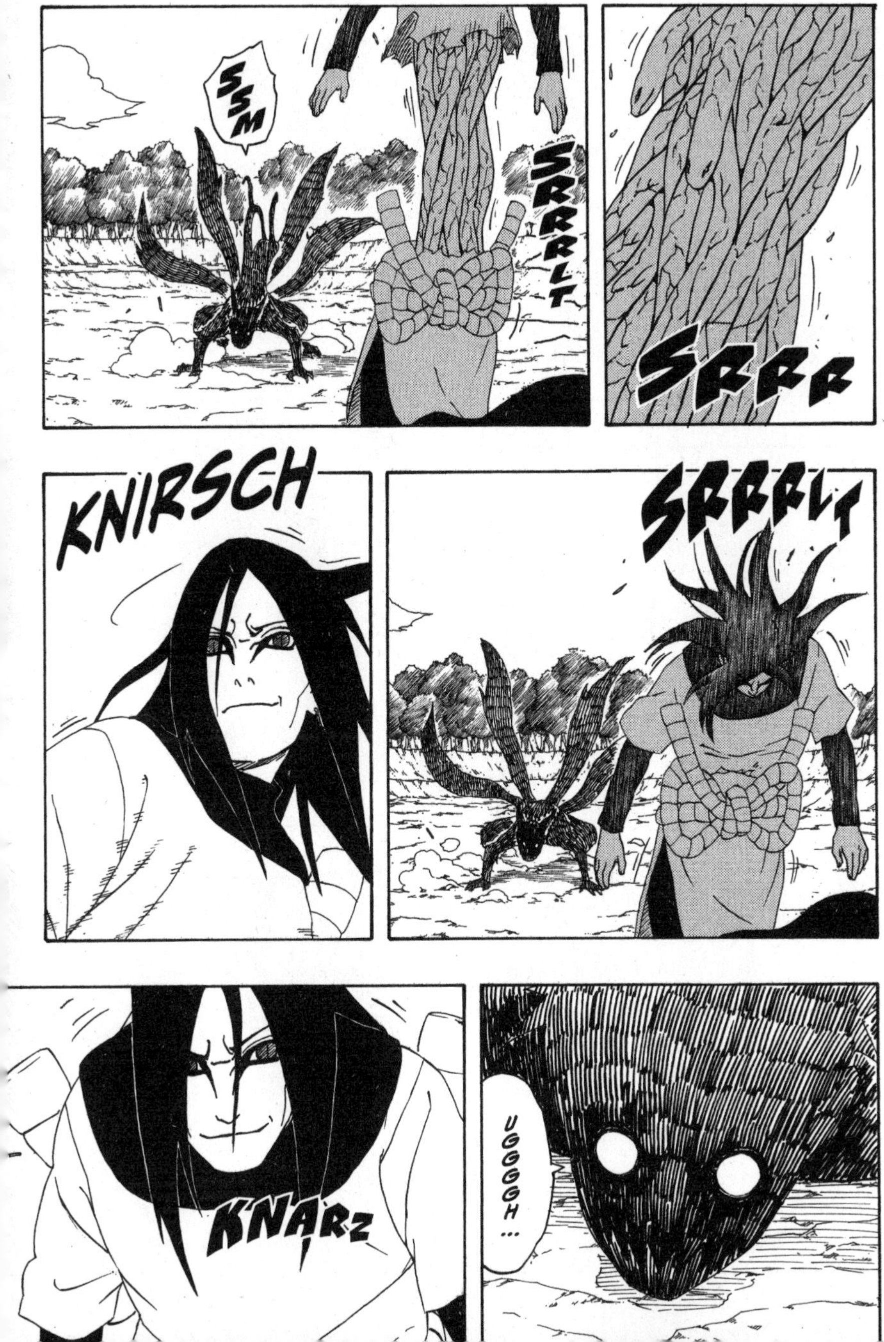
SSM
SRRRLT
SRRR
KNIRSCH
SRRRLT
KNARZ
UGGGGH ...

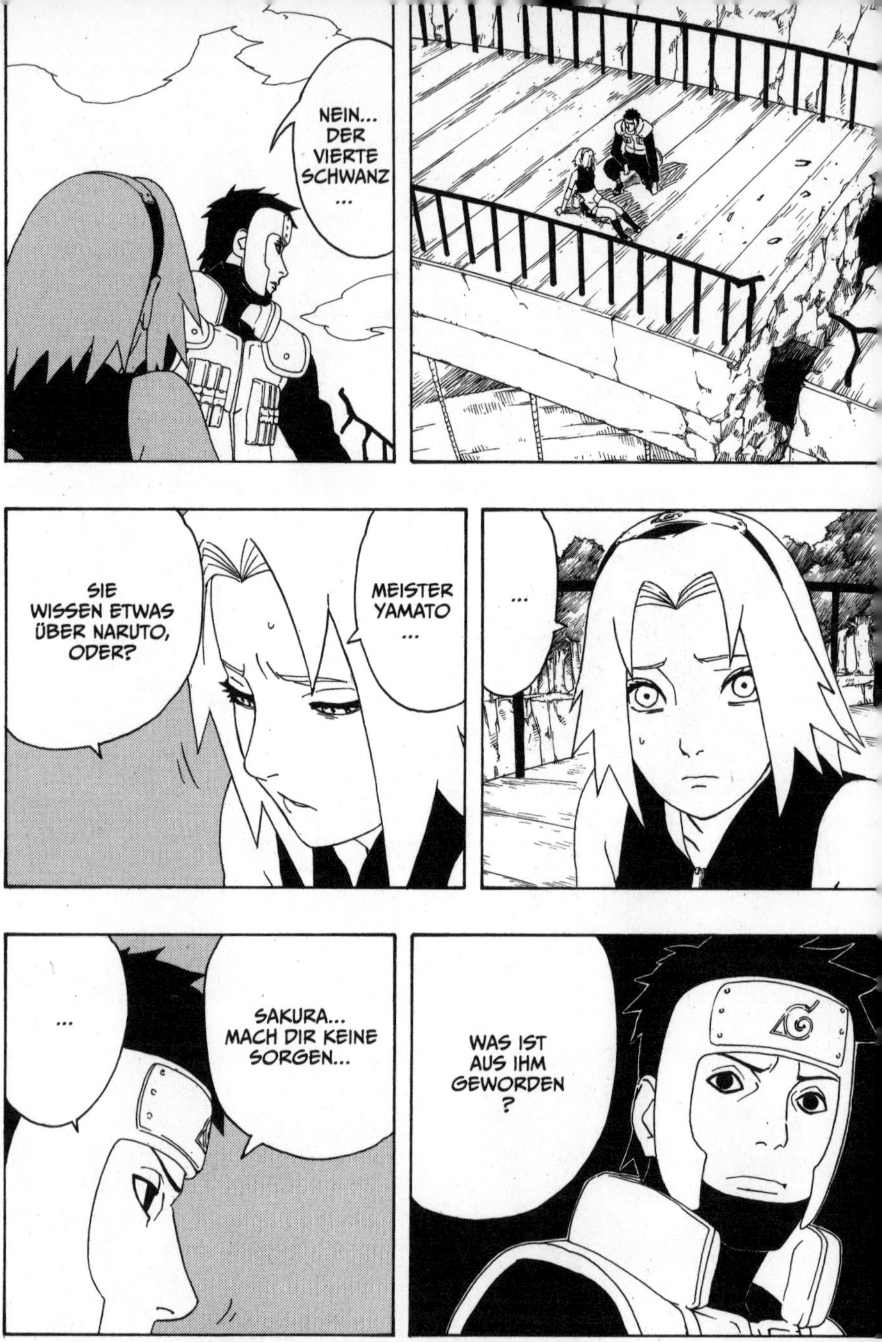
NEIN... DER VIERTE SCHWANZ ...
...
MEISTER YAMATO ...
SIE WISSEN ETWAS ÜBER NARUTO, ODER?
WAS IST AUS IHM GEWORDEN ?
SAKURA... MACH DIR KEINE SORGEN...
...

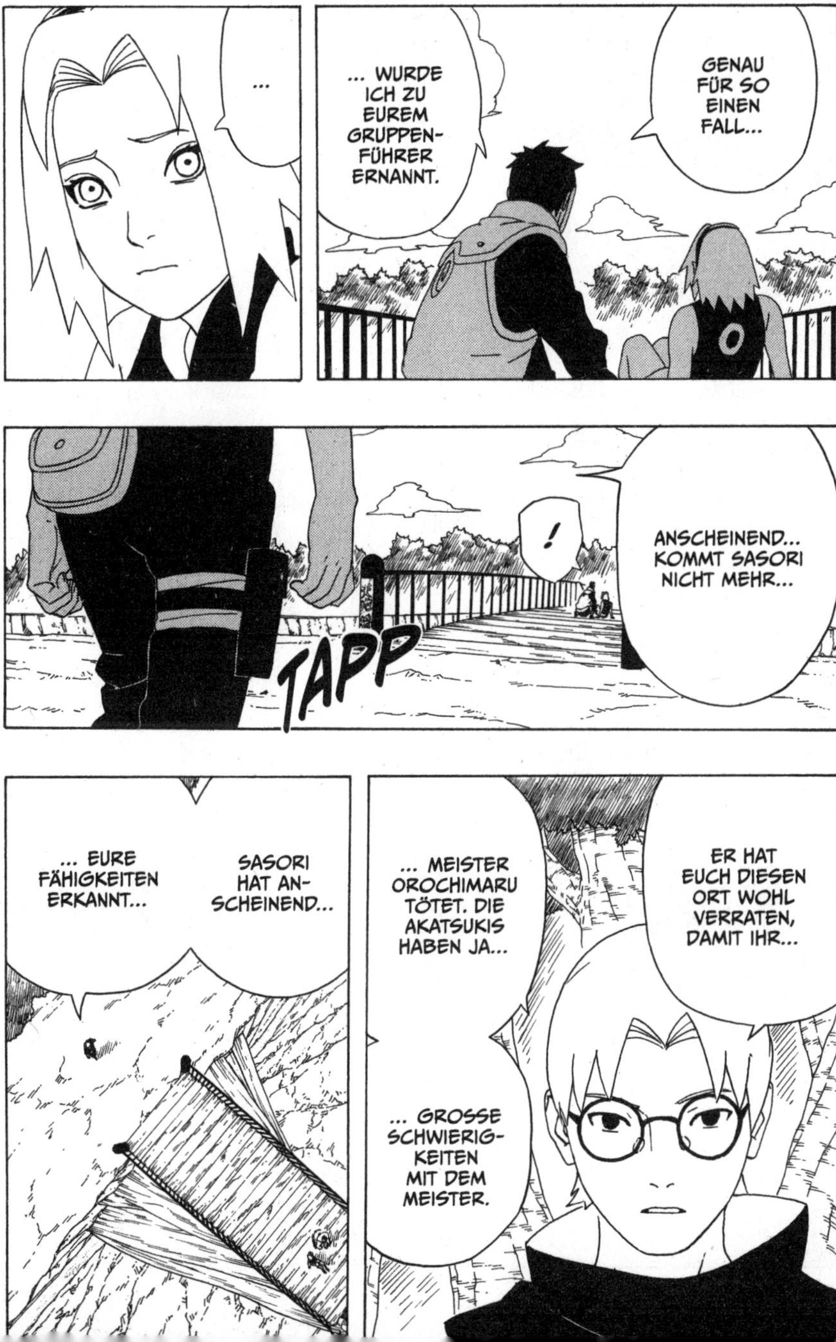
GENAU FÜR SO EINEN FALL...
... WURDE ICH ZU EUREM GRUPPENFÜHRER ERNANNT.
...
ANSCHEINEND... KOMMT SASORI NICHT MEHR...
!
TAPP
ER HAT EUCH DIESEN ORT WOHL VERRATEN, DAMIT IHR...
... MEISTER OROCHIMARU TÖTET. DIE AKATSUKIS HABEN JA...
... GROSSE SCHWIERIGKEITEN MIT DEM MEISTER.
SASORI HAT ANSCHEINEND...
... EURE FÄHIGKEITEN ERKANNT...

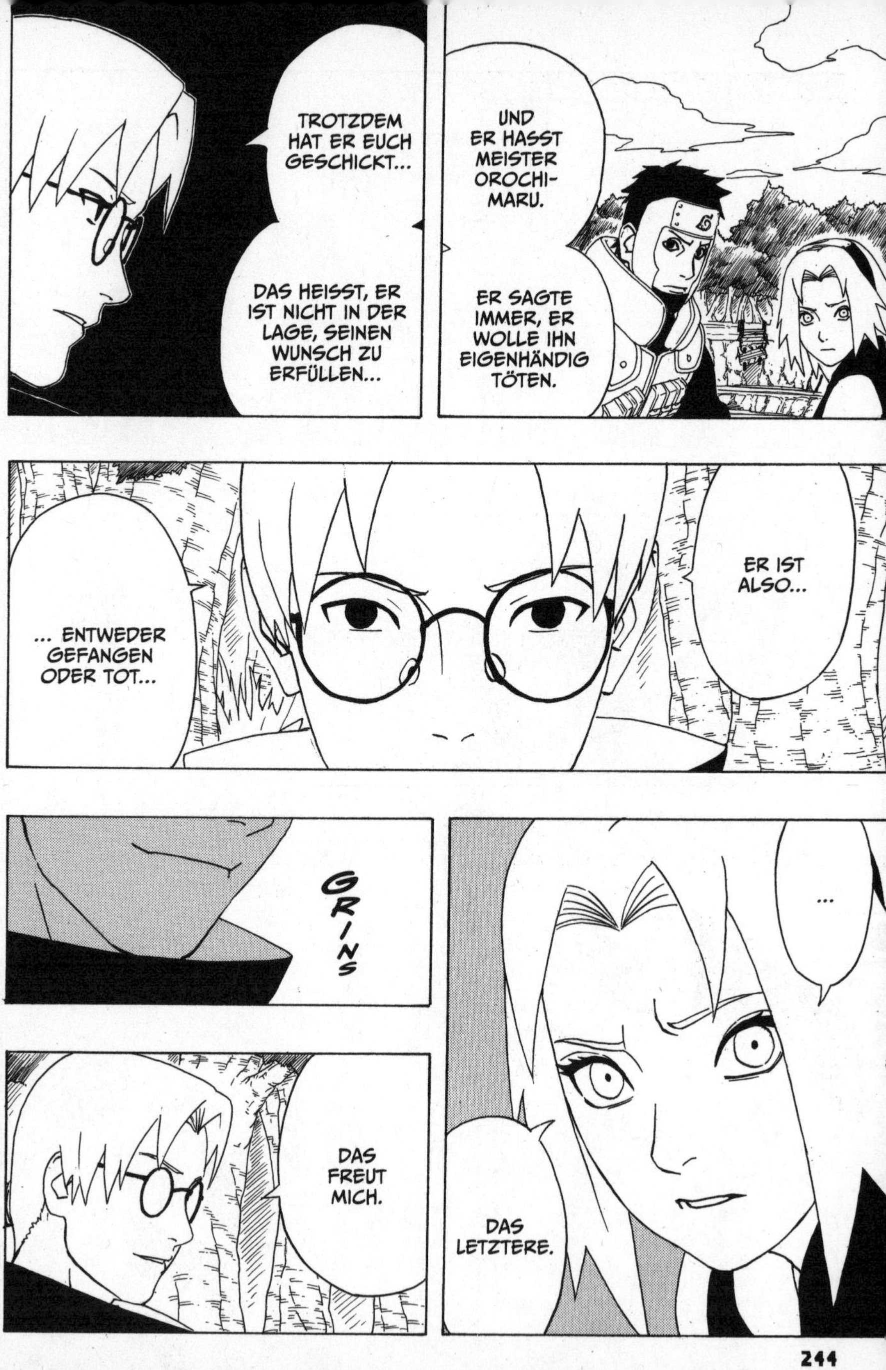
UND ER HASST MEISTER OROCHI-MARU.
ER SAGTE IMMER, ER WOLLE IHN EIGENHÄNDIG TÖTEN.
TROTZDEM HAT ER EUCH GESCHICKT...
DAS HEISST, ER IST NICHT IN DER LAGE, SEINEN WUNSCH ZU ERFÜLLEN...
ER IST ALSO...
... ENTWEDER GEFANGEN ODER TOT...
...
DAS LETZTERE.
GRINS
DAS FREUT MICH.

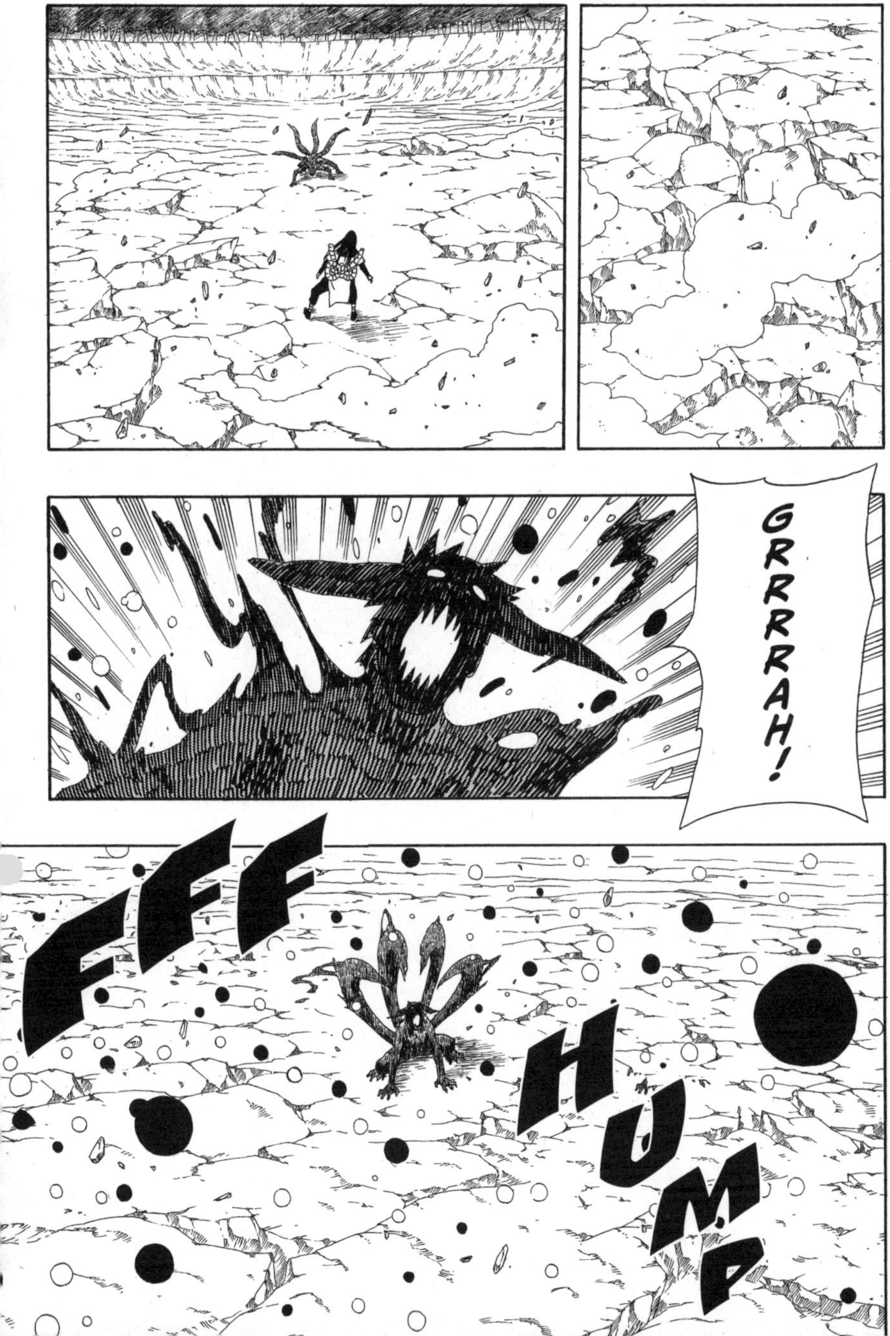

GRRRRAH!
FFF
HUMP

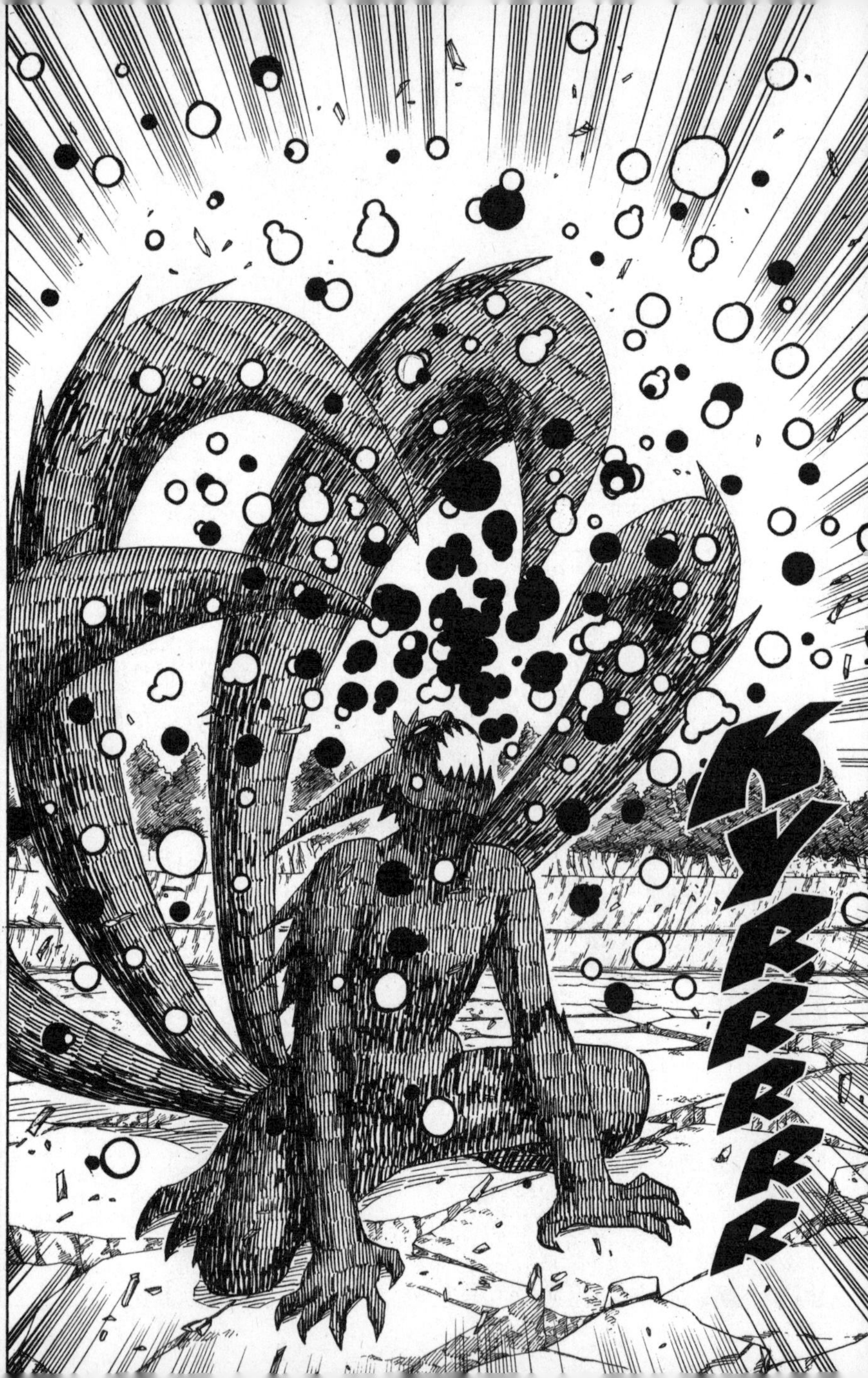
KYRRRRR

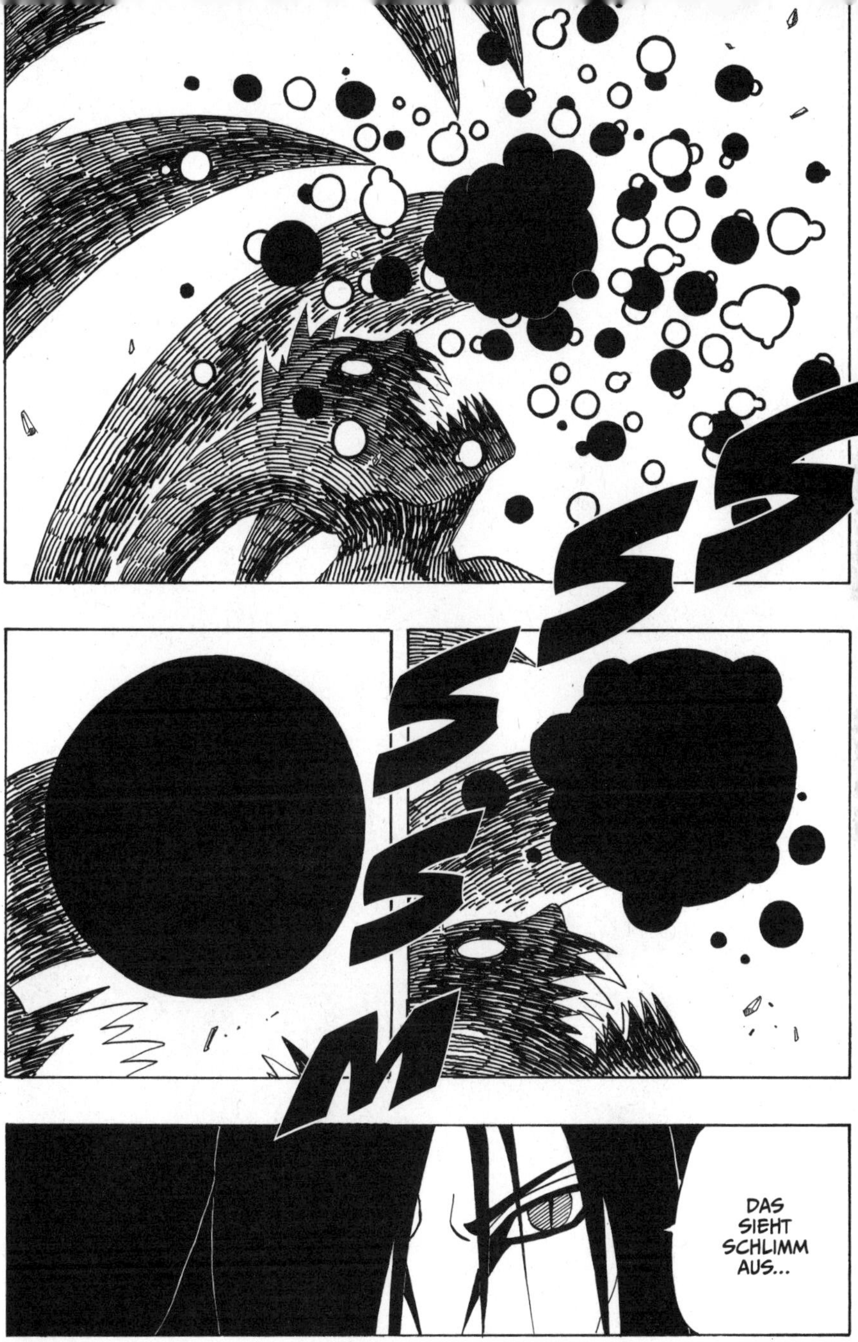
DAS SIEHT SCHLIMM AUS...

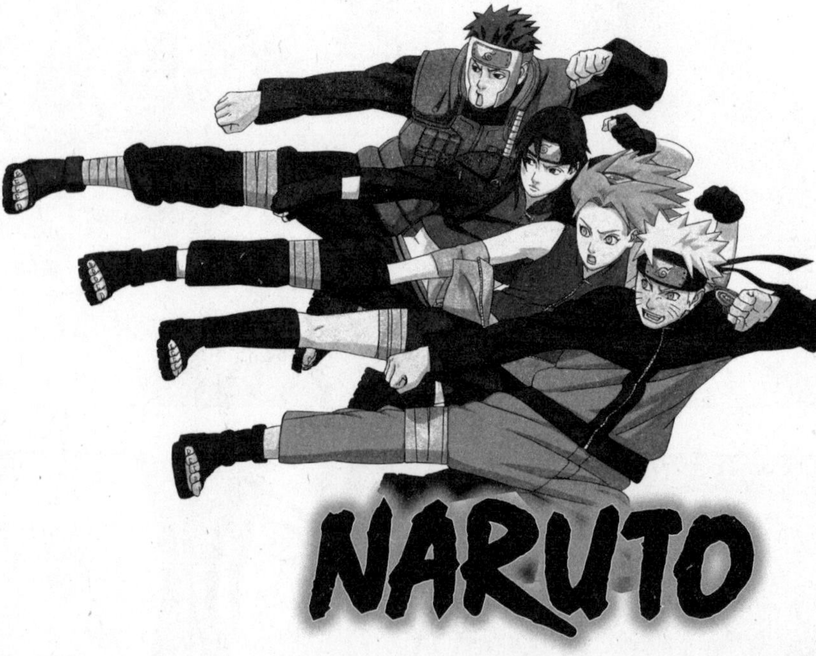

NARUTO

295. Kapitel:

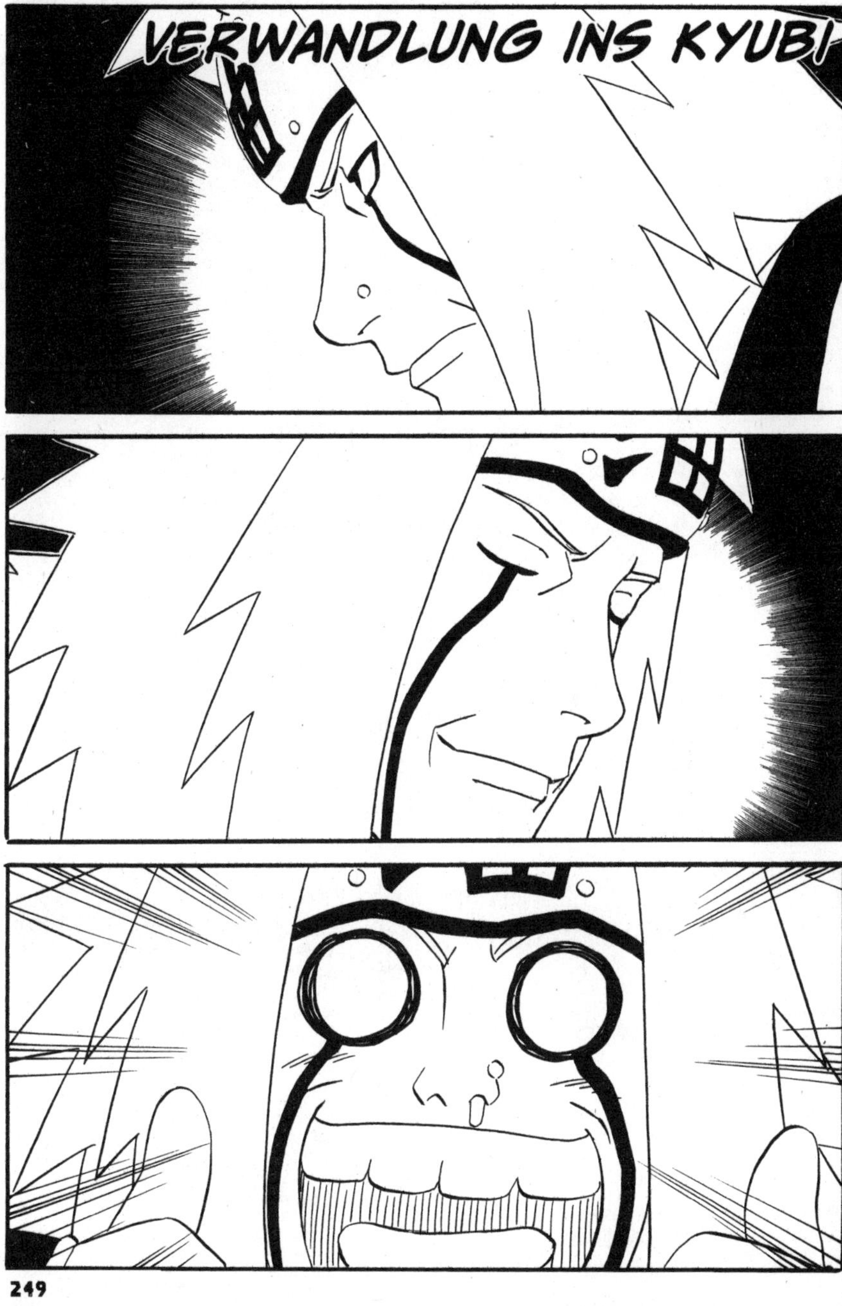

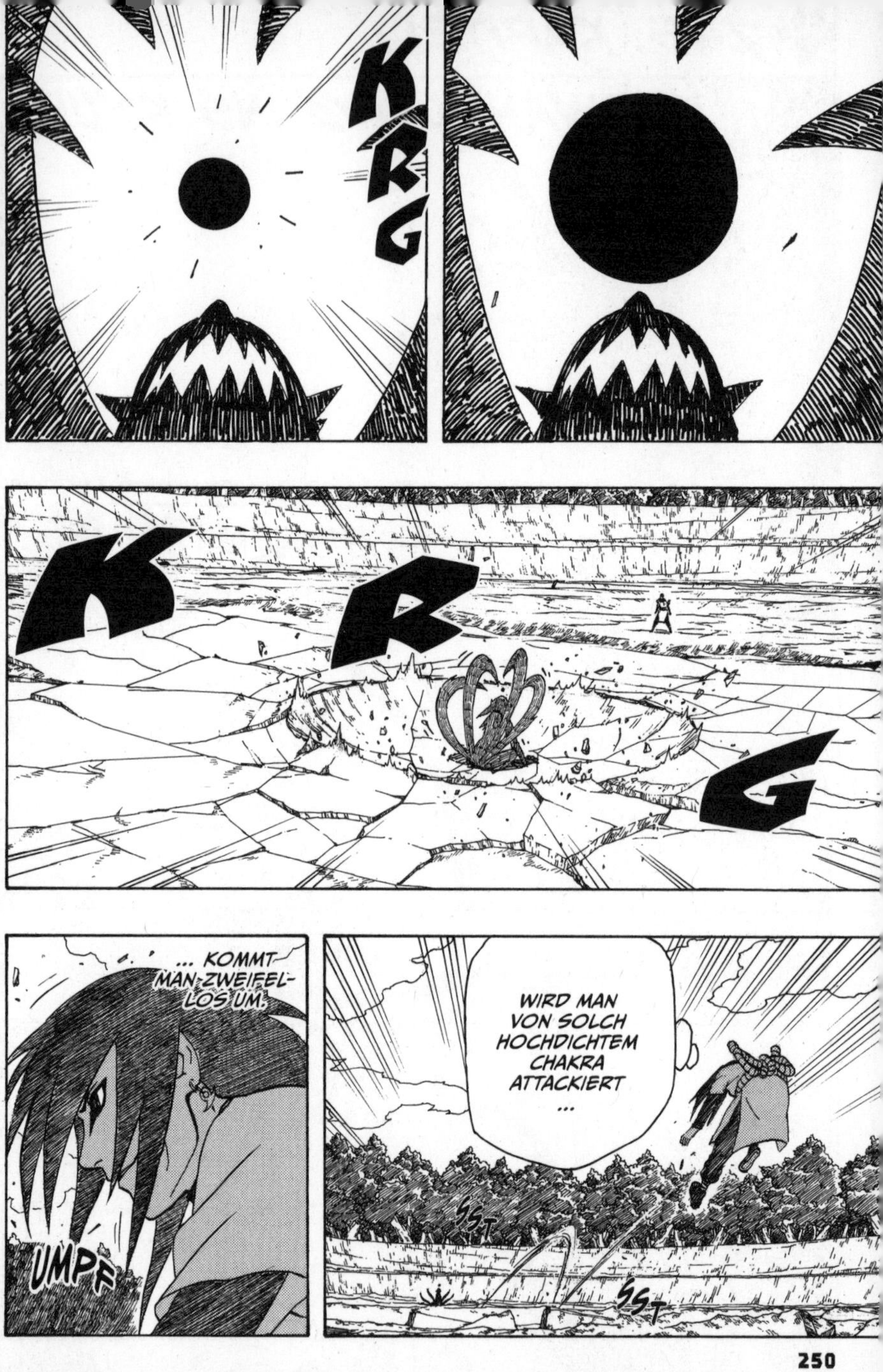
KRG
KRG
WIRD MAN VON SOLCH HOCHDICHTEM CHAKRA ATTACKIERT ...
SST
SST
... KOMMT MAN ZWEIFEL-LOS UM.
UMPF

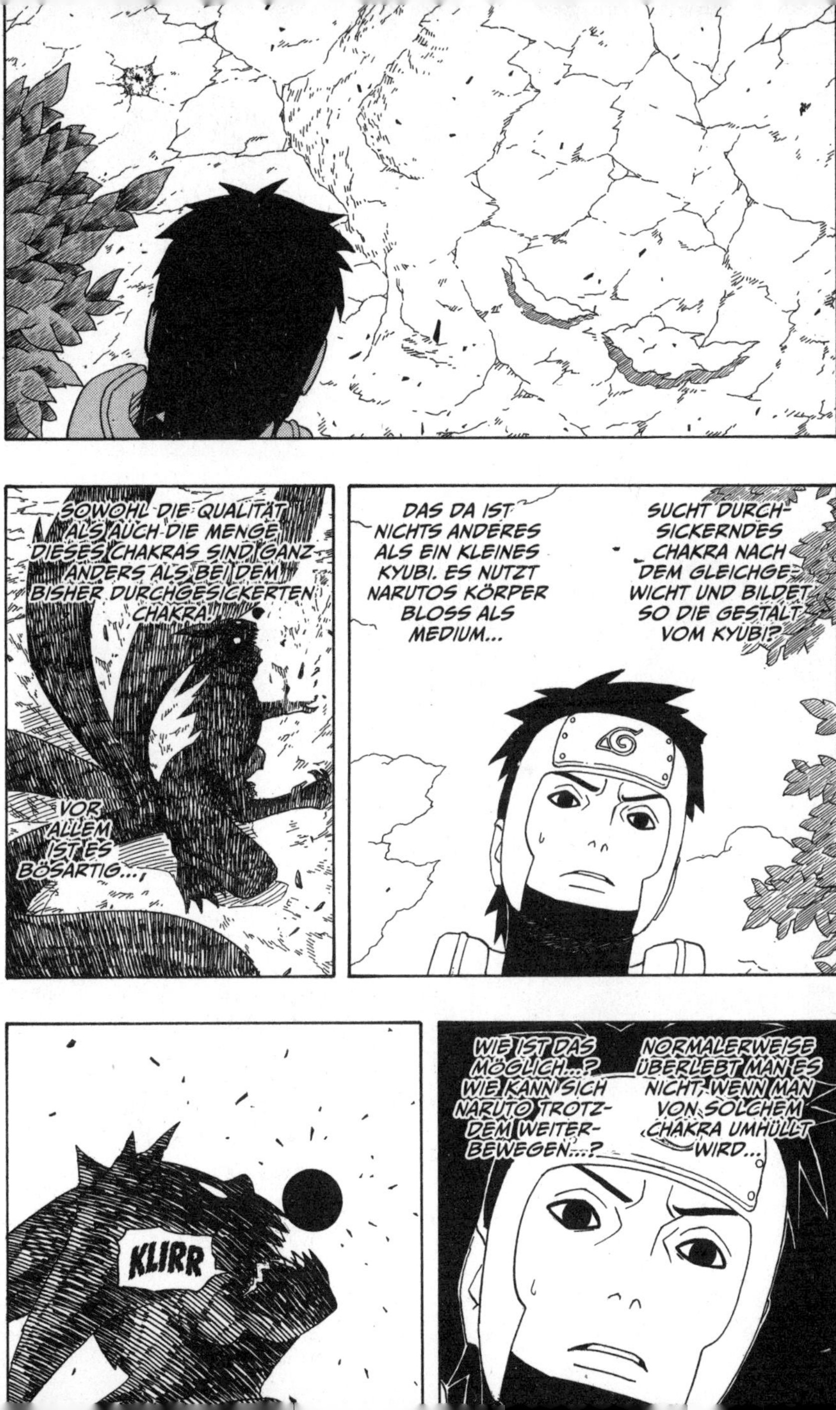

SOWOHL DIE QUALITÄT ALS AUCH DIE MENGE DIESES CHAKRAS SIND GANZ ANDERS ALS BEI DEM BISHER DURCHGESICKERTEN CHAKRA!
VOR ALLEM IST ES BÖSARTIG…!
SUCHT DURCHSICKERNDES CHAKRA NACH DEM GLEICHGEWICHT UND BILDET SO DIE GESTALT VOM KYUBI?
DAS DA IST NICHTS ANDERES ALS EIN KLEINES KYUBI. ES NUTZT NARUTOS KÖRPER BLOSS ALS MEDIUM…
NORMALERWEISE ÜBERLEBT MAN ES NICHT, WENN MAN VON SOLCHEM CHAKRA UMHÜLLT WIRD…
WIE IST DAS MÖGLICH…? WIE KANN SICH NARUTO TROTZDEM WEITERBEWEGEN…?
KLIRR

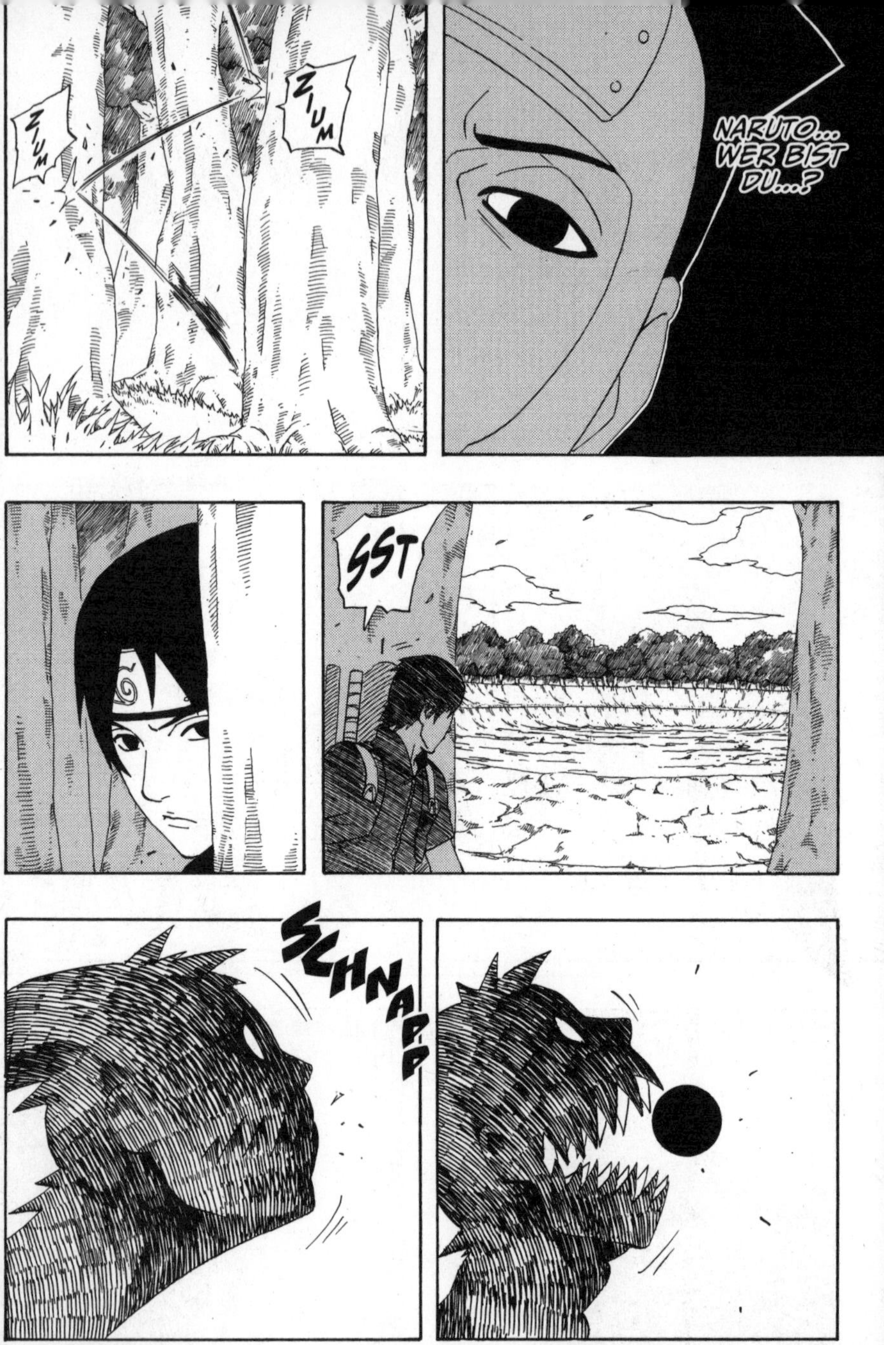
NARUTO... WER BIST DU...?
ZIUM
ZIUM
SST
SCHNAPP

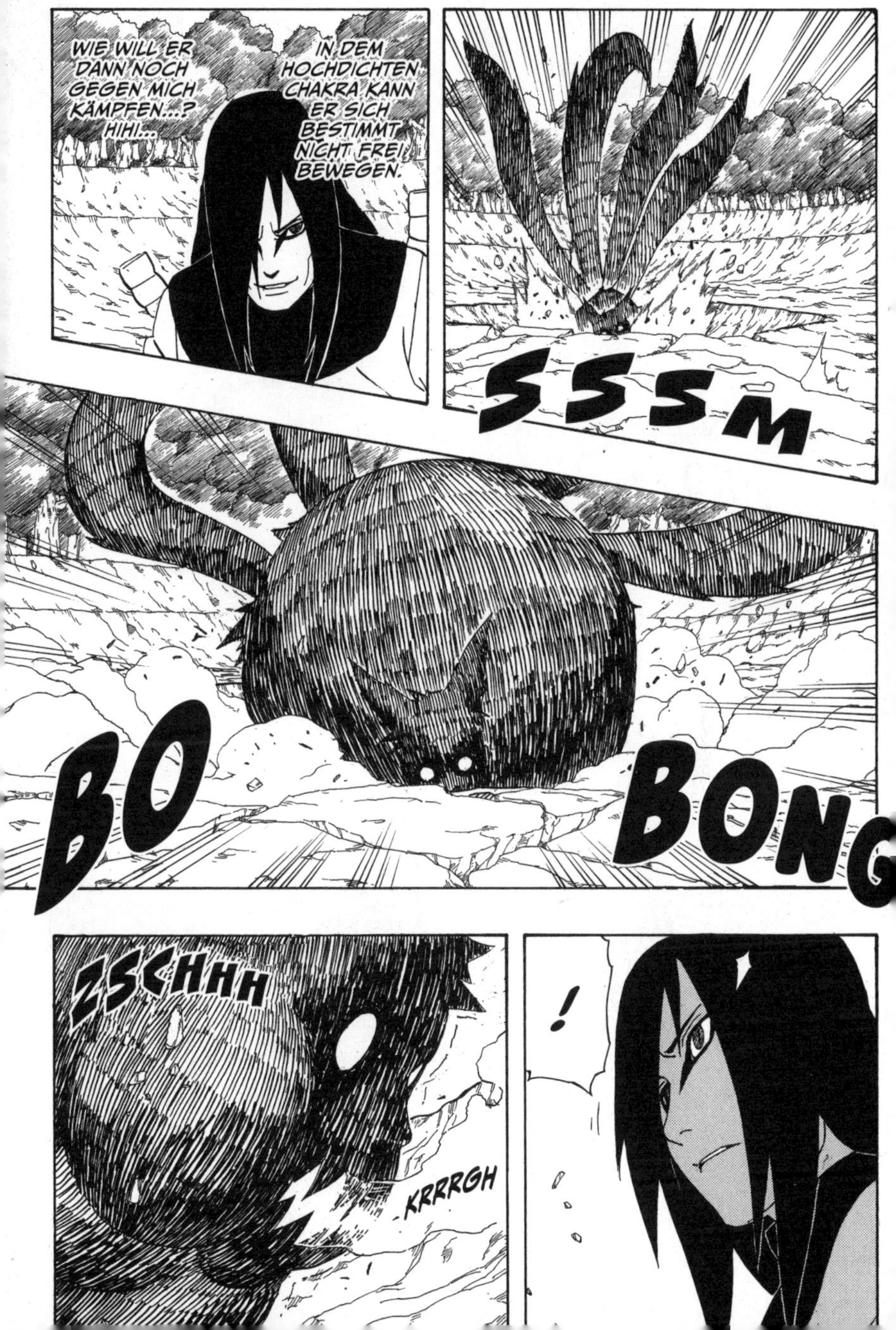
SSSM
IN DEM HOCHDICHTEN CHAKRA KANN ER SICH BESTIMMT NICHT FREI BEWEGEN.
WIE WILL ER DANN NOCH GEGEN MICH KÄMPFEN...? HIHI...
BO
BONG
!
ZSCHHH
KRRRGH

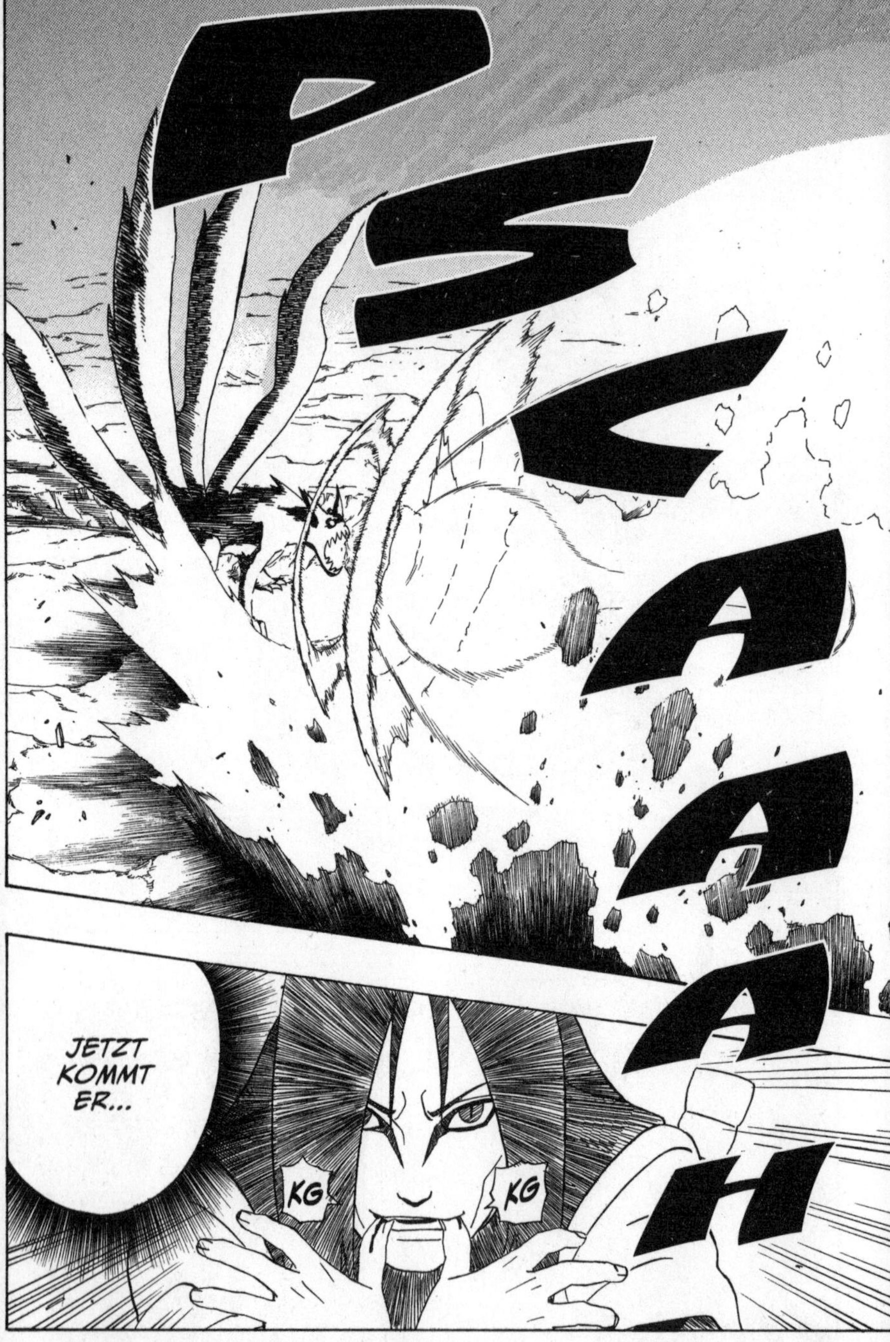
PSCHAAAAAH
JETZT KOMMT ER...
KG
KG

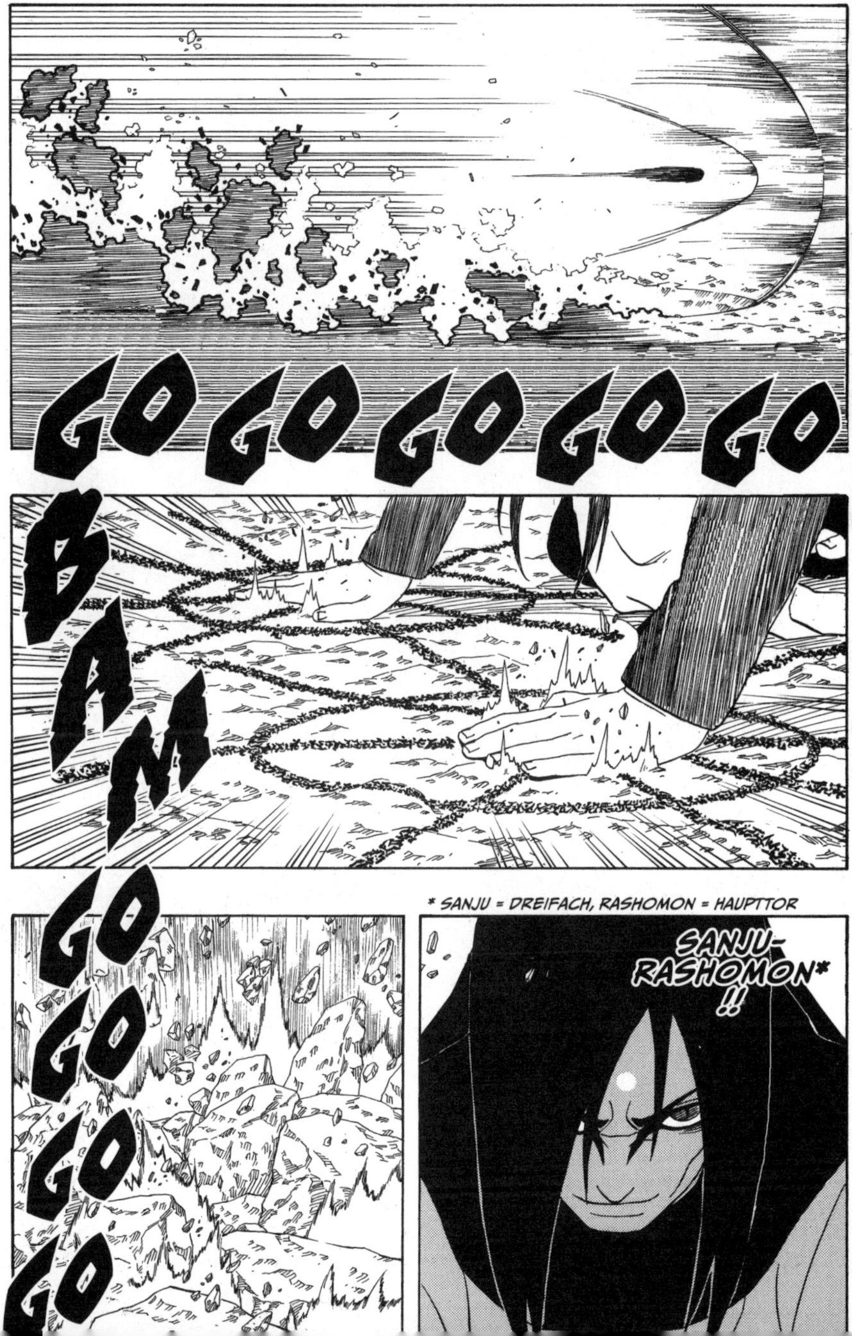

* SANJU = DREIFACH, RASHOMON = HAUPTTOR

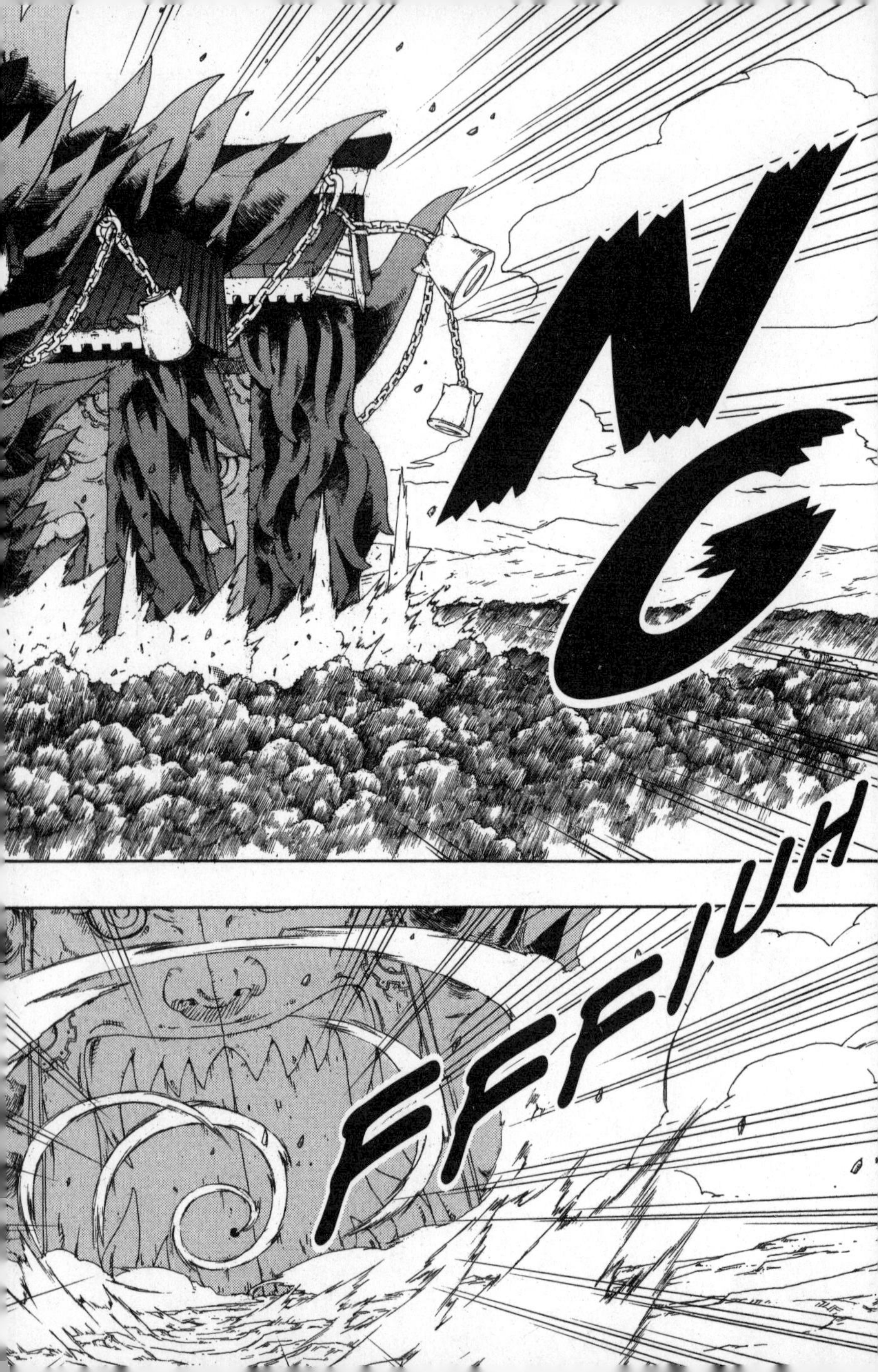
NG
FFFIUH

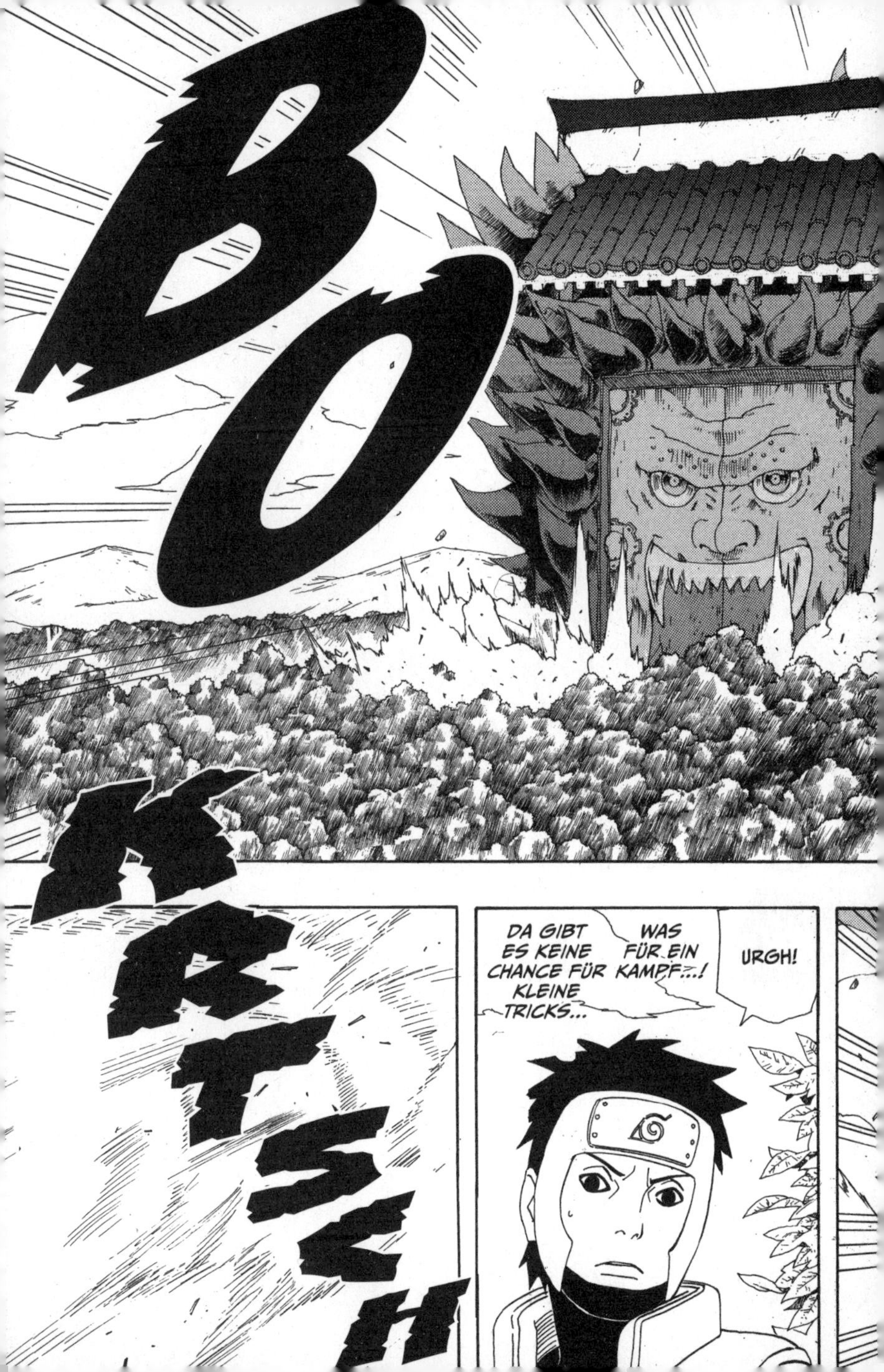
BO
KRATSCH
URGH!
WAS FÜR EIN KAMPF...!
DA GIBT ES KEINE CHANCE FÜR KLEINE TRICKS...

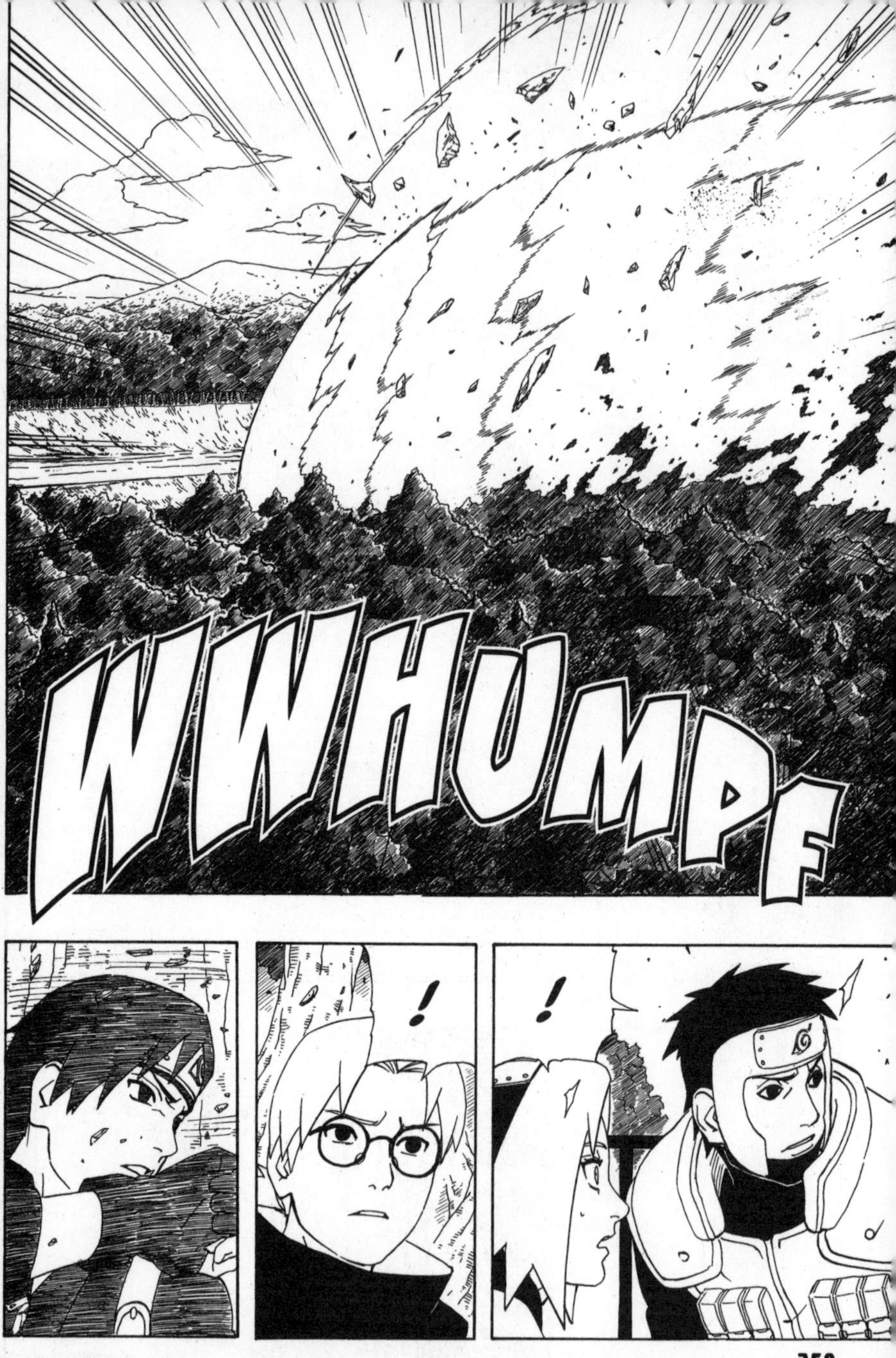
WWHUMPF
!
!

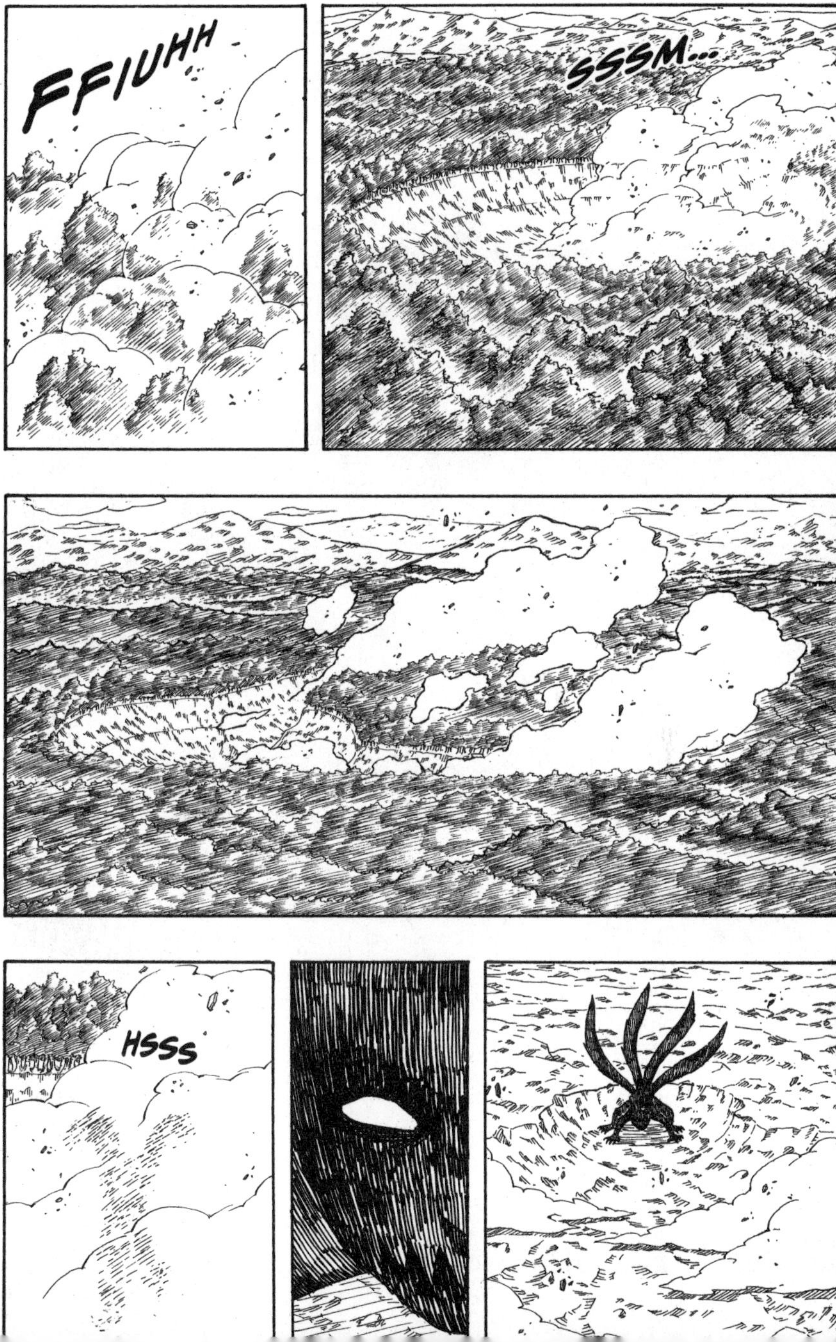

FFIUHH
SSSM...
HSSS

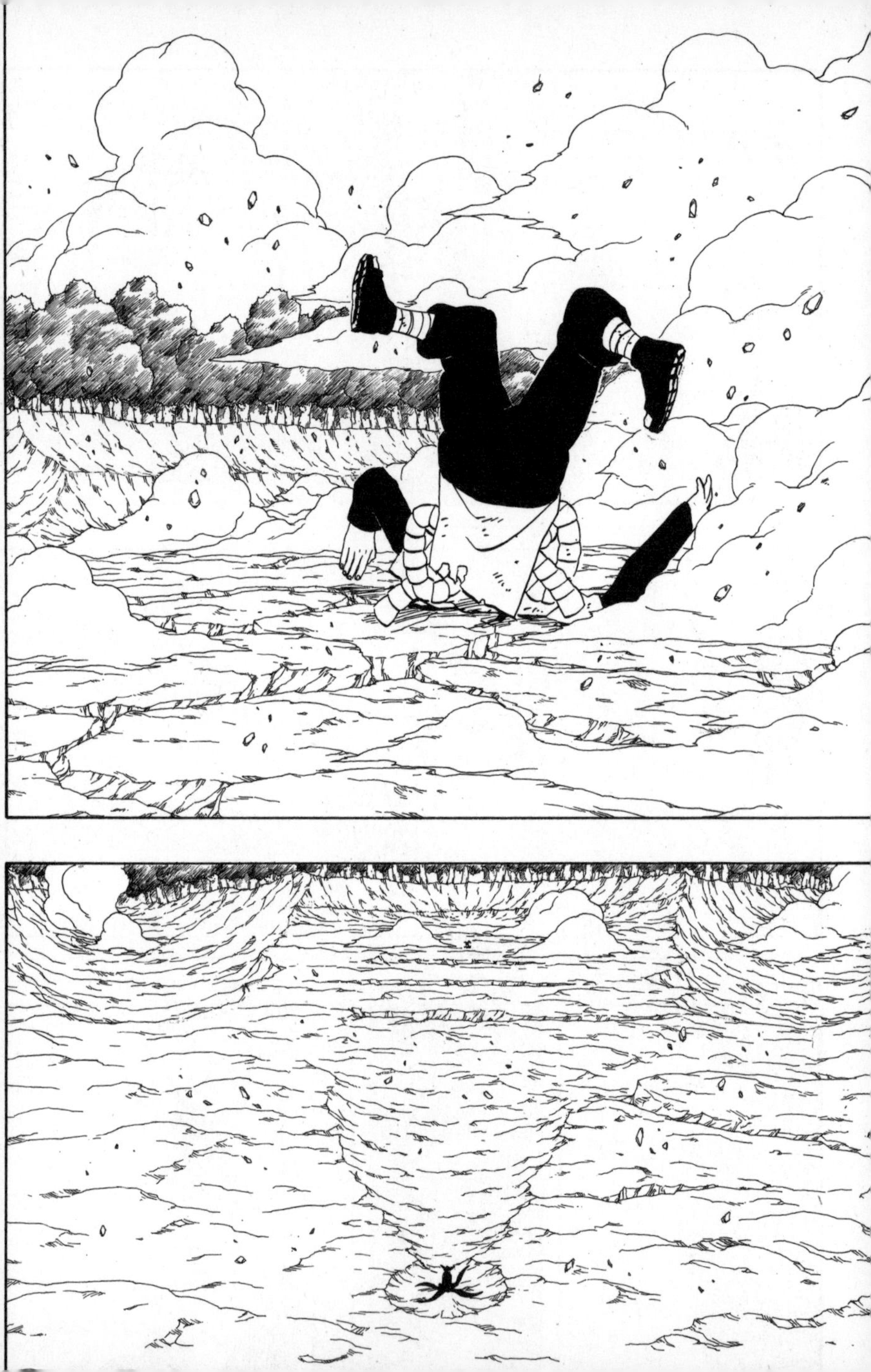

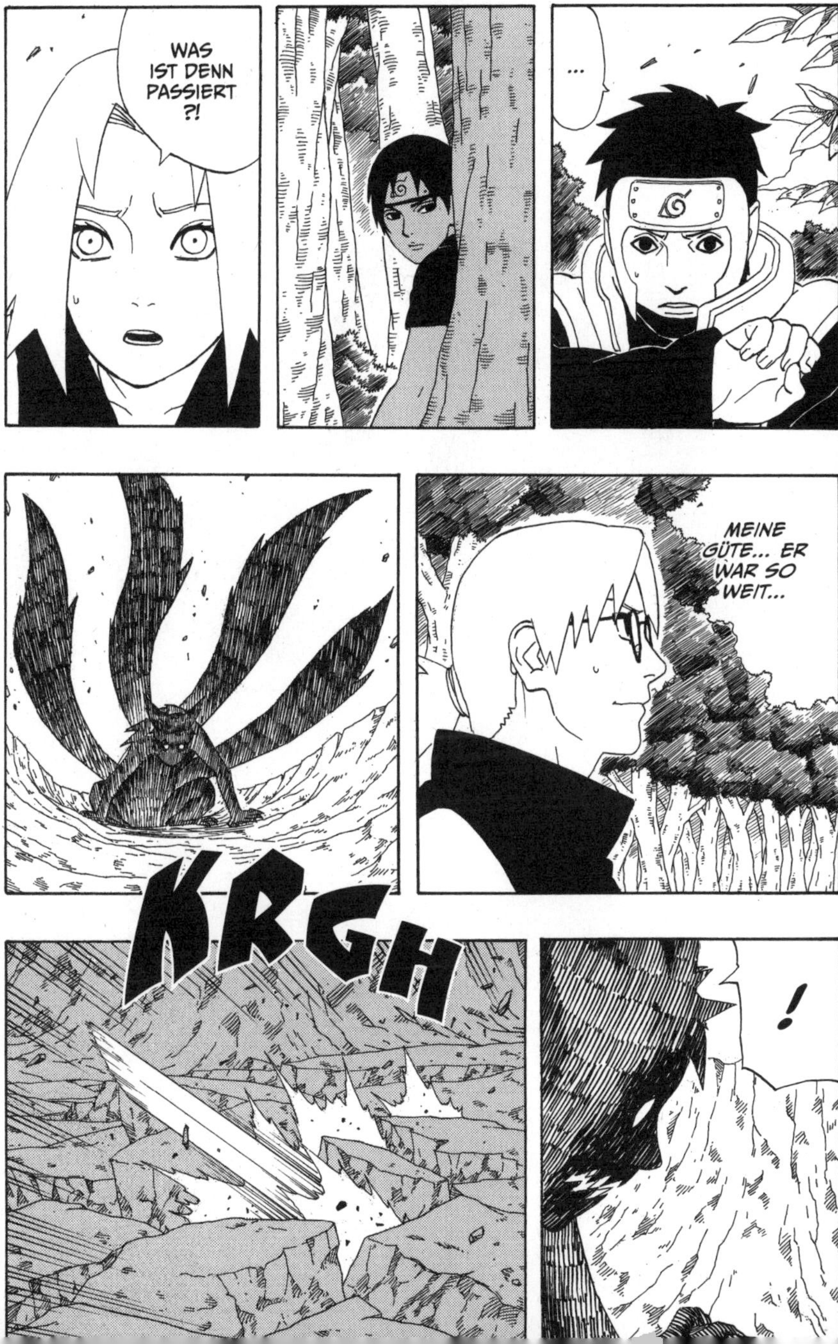
WAS IST DENN PASSIERT ?!
...
MEINE GÜTE... ER WAR SO WEIT...
KRGH
!

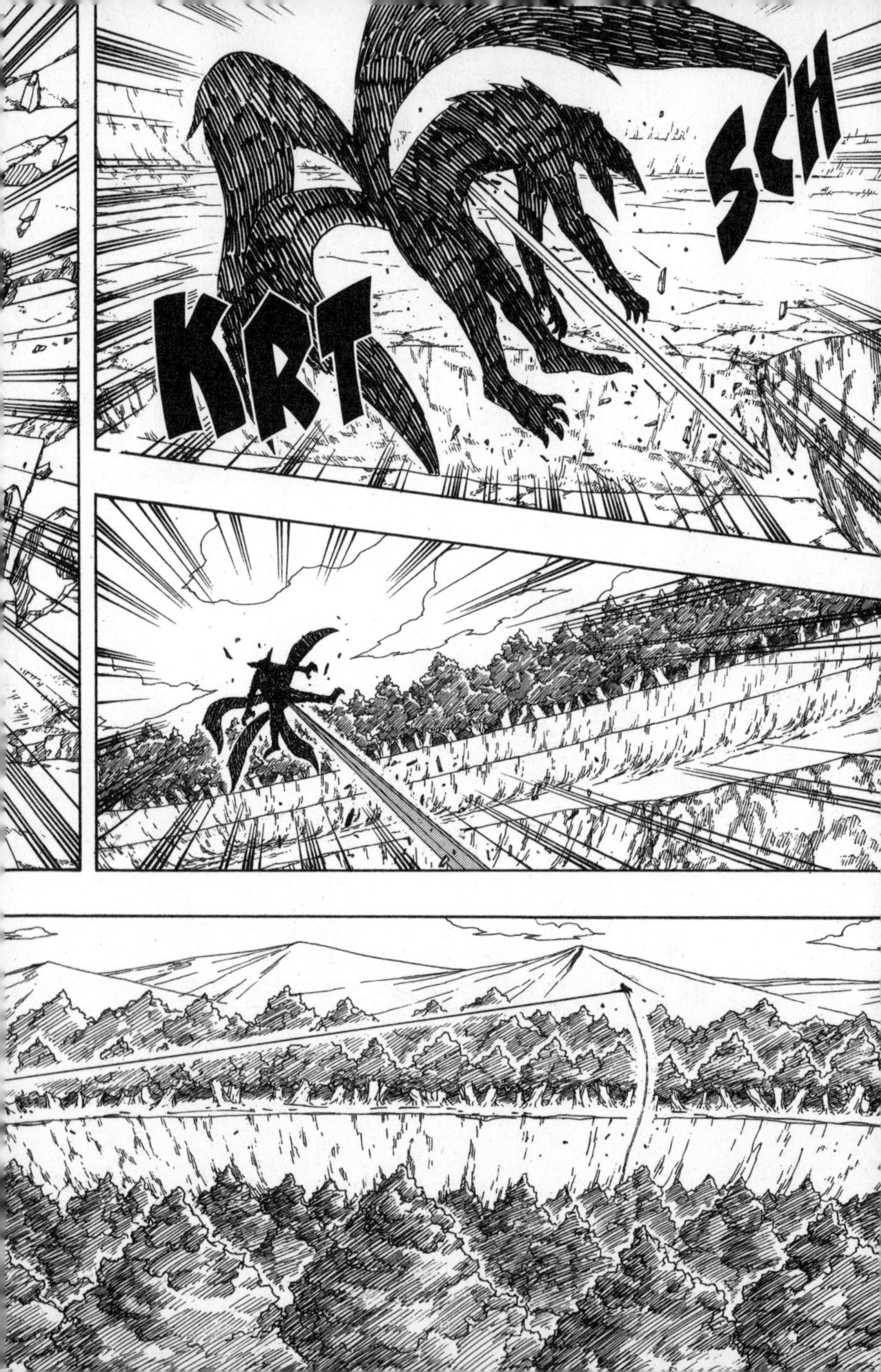
SCH
KRT

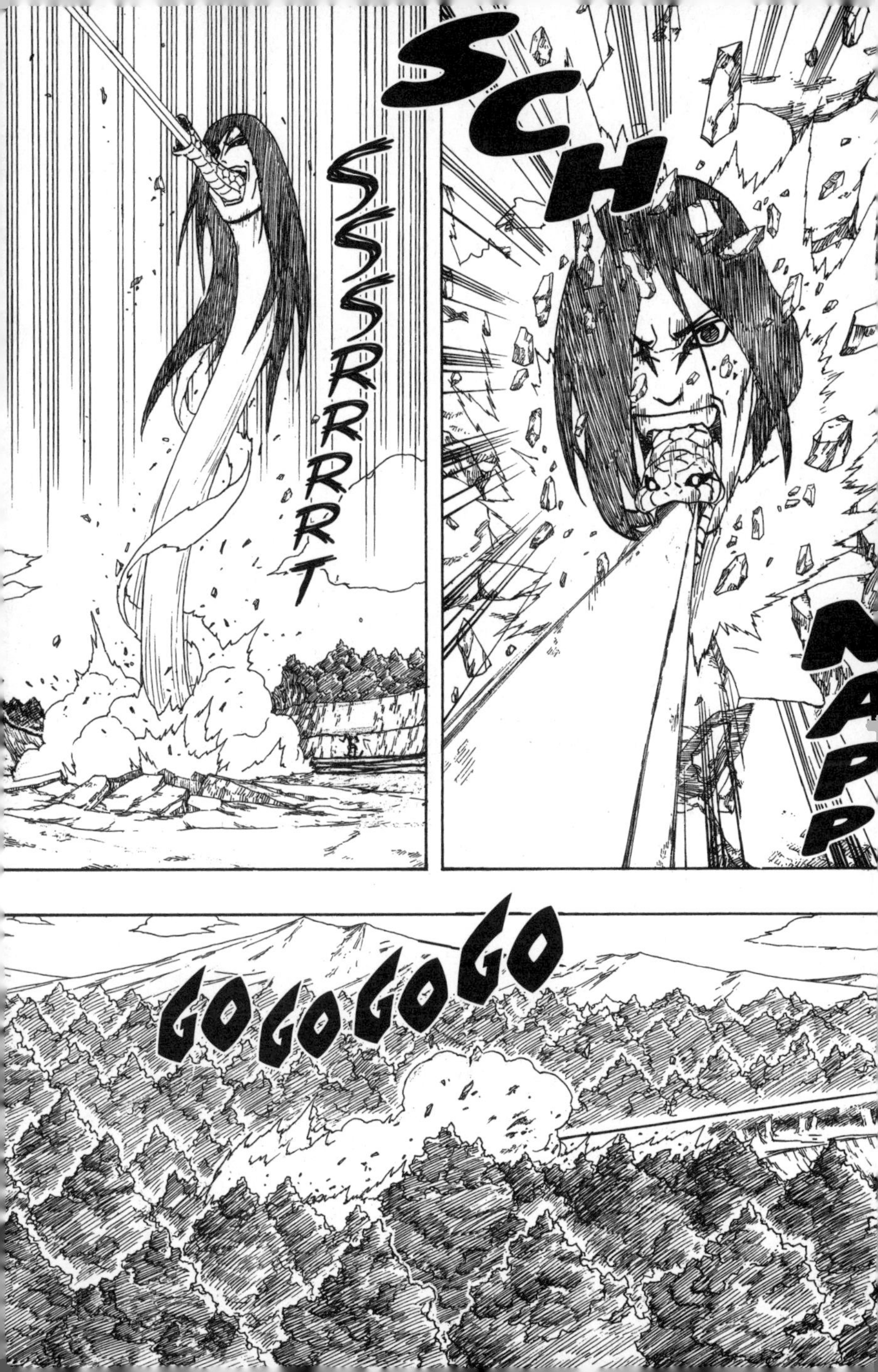
SCH
NAPP
SSSSRRRRT
GOGOGOGO

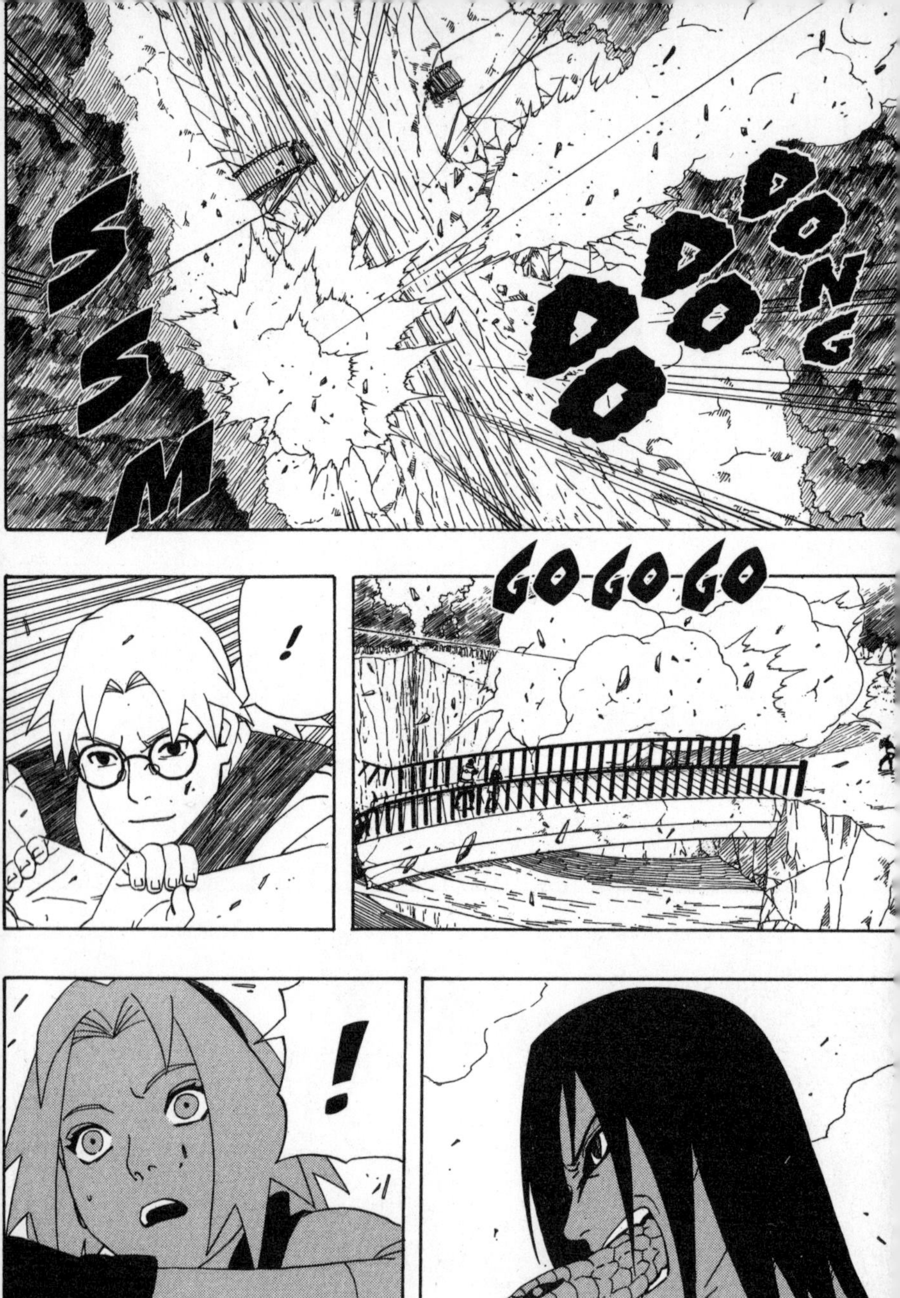
DONG
DO DO DO
SSM
!
GO GO GO
!

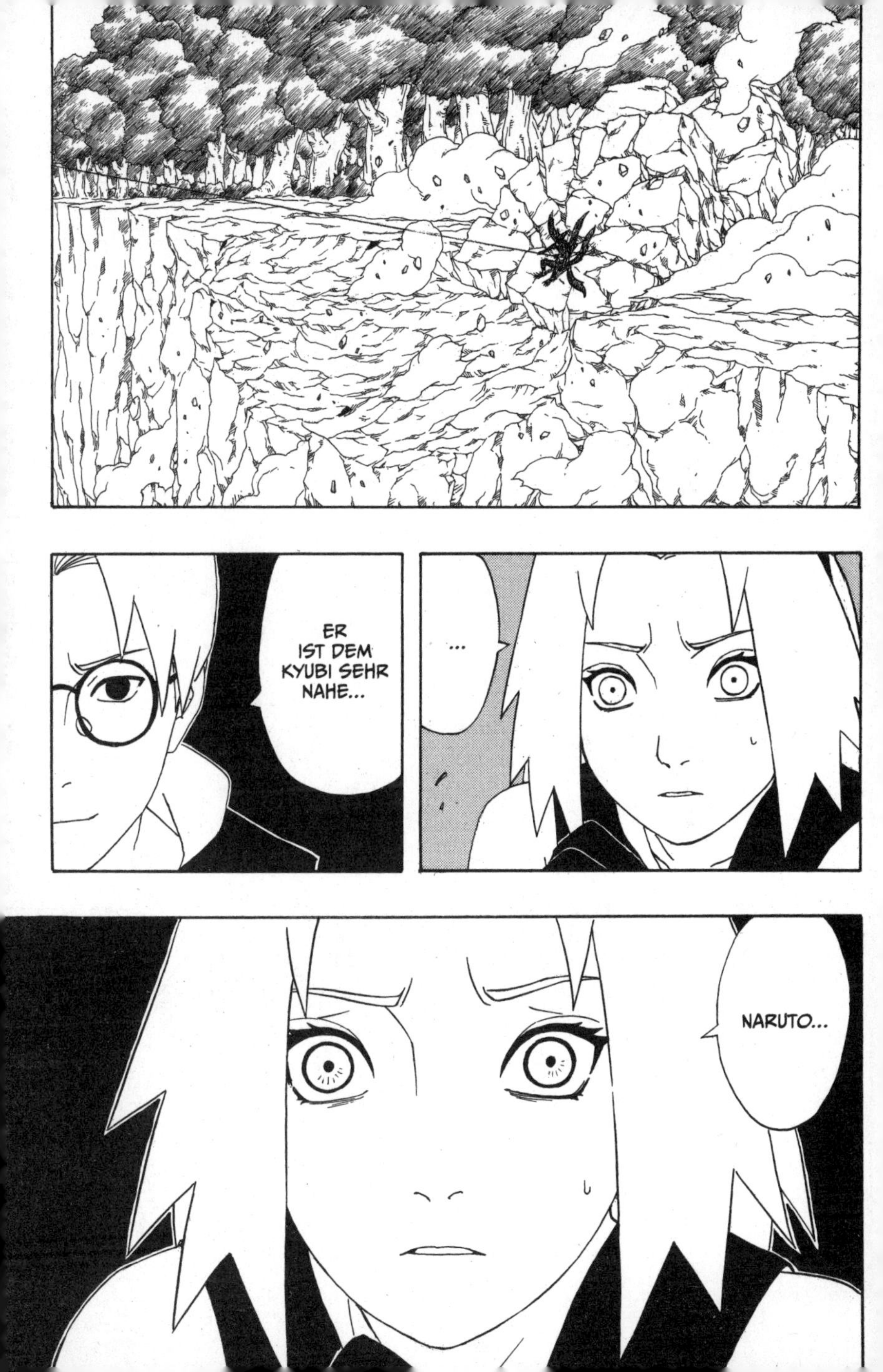
...
ER IST DEM KYUBI SEHR NAHE...
NARUTO...

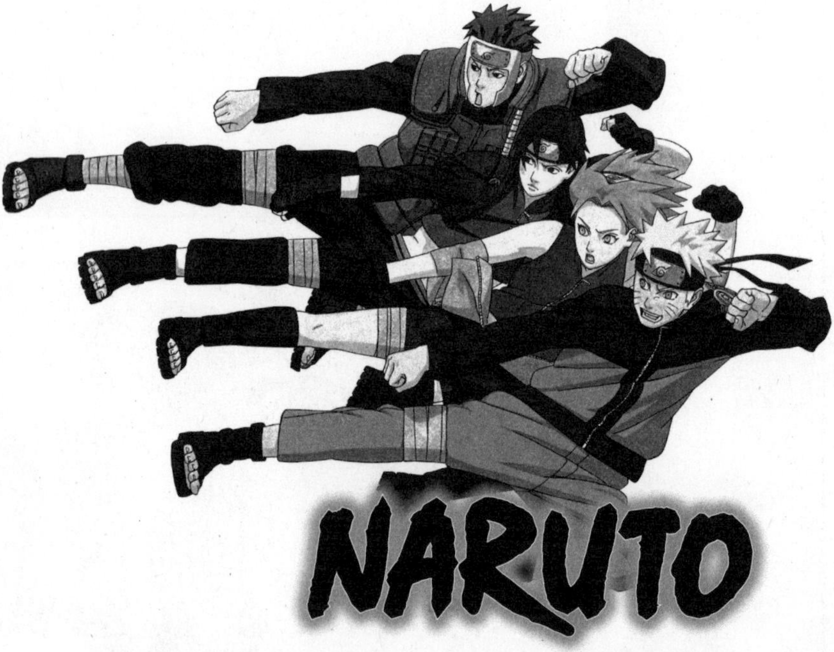
NARUTO

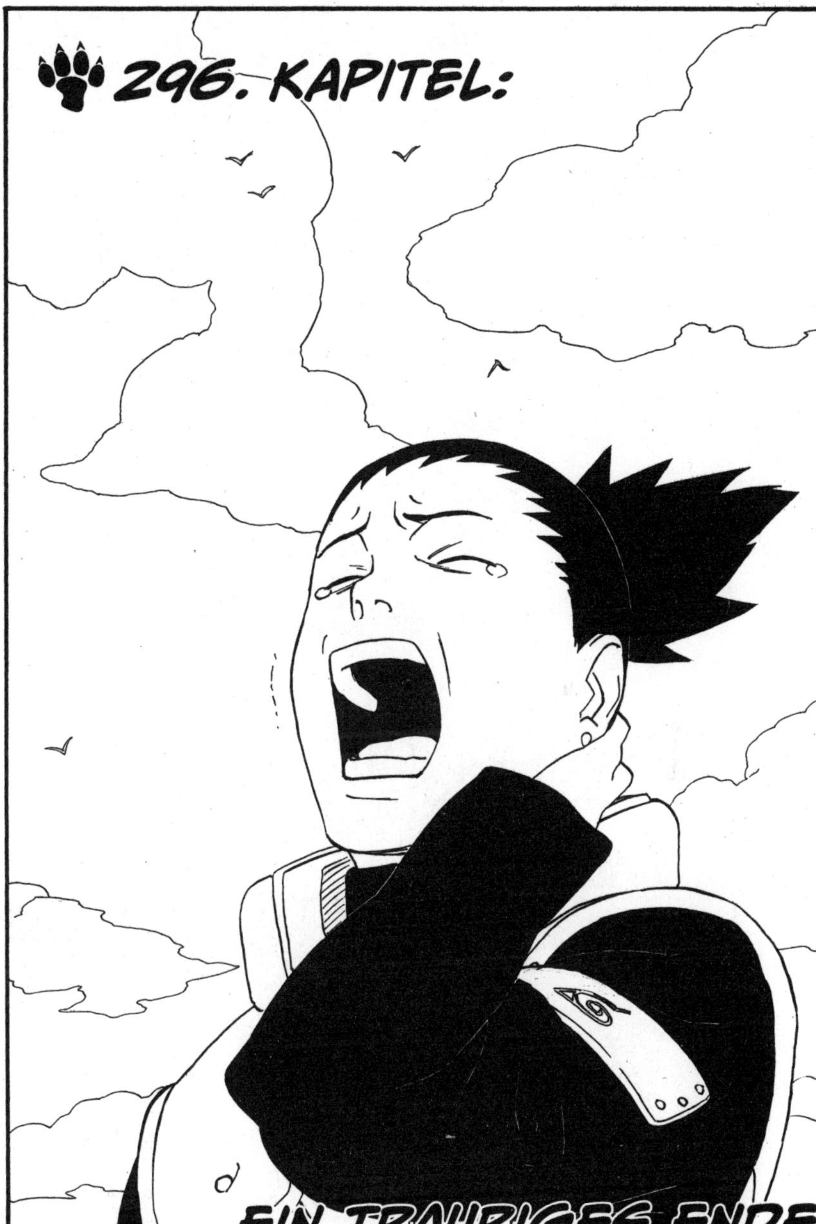
296. KAPITEL:
EIN TRAURIGES ENDE

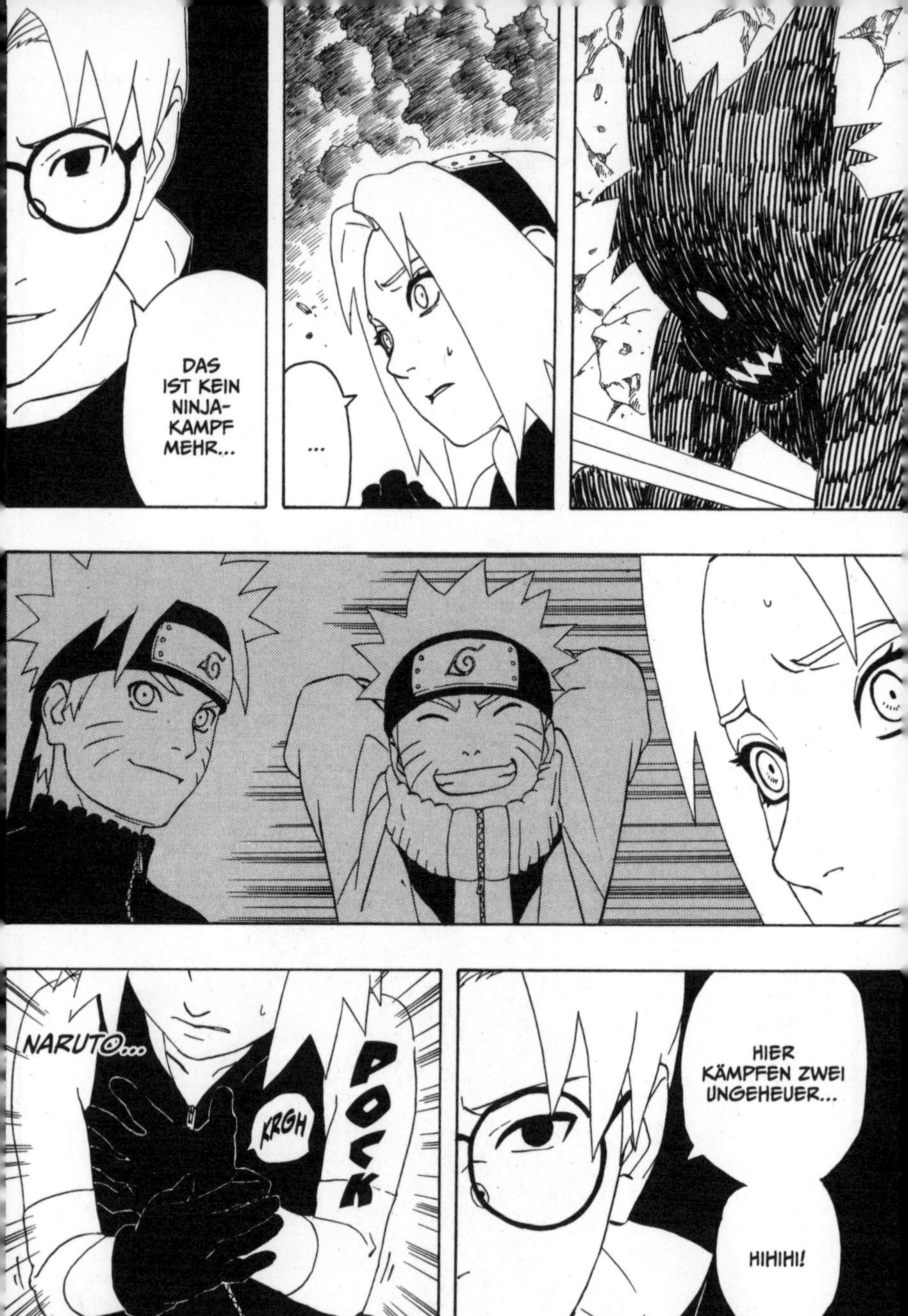
...
DAS IST KEIN NINJA-KAMPF MEHR...
NARUTO...
HIER KÄMPFEN ZWEI UNGEHEUER...
HIHIHI!
POCK
KRGH

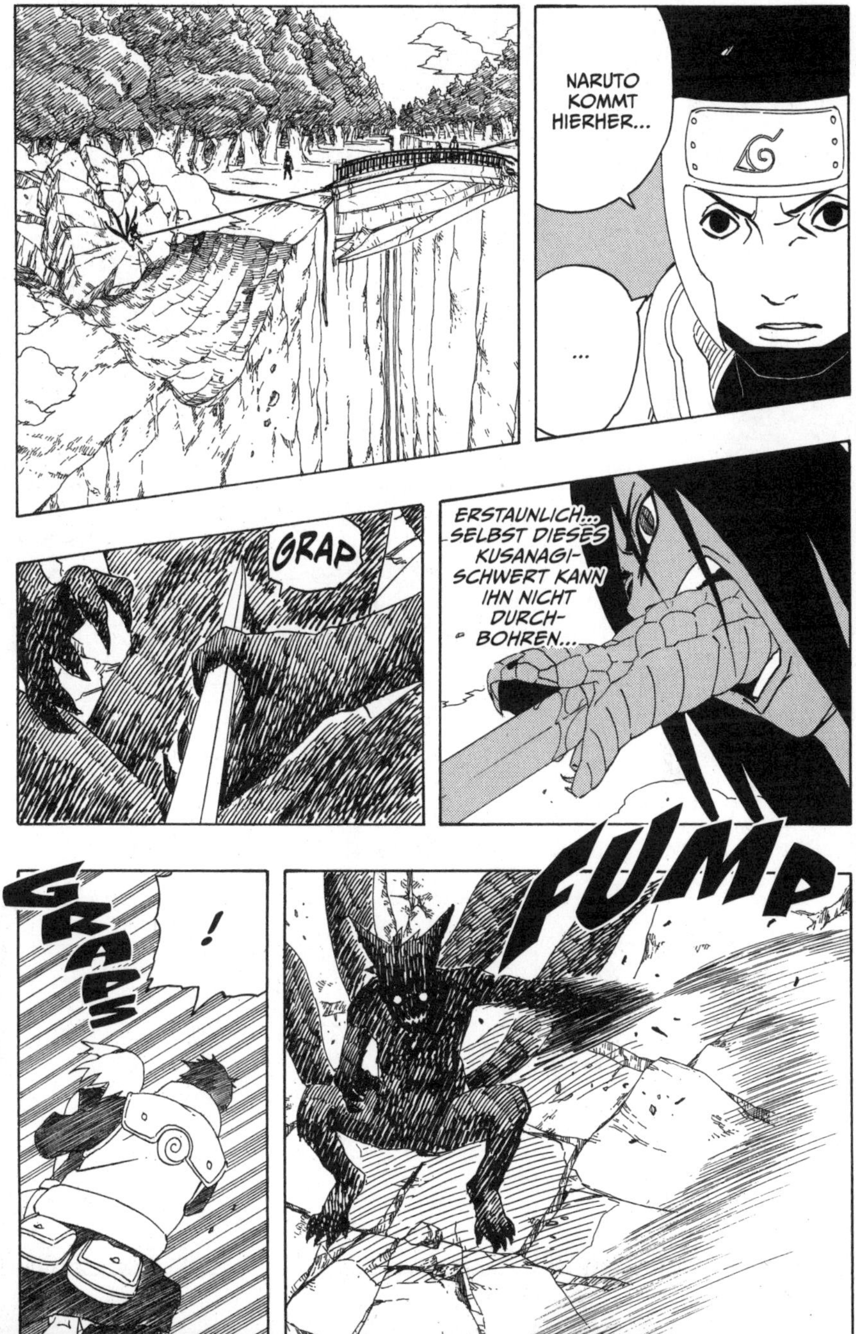
NARUTO KOMMT HIERHER...
...
ERSTAUNLICH... SELBST DIESES KUSANAGI-SCHWERT KANN IHN NICHT DURCH-BOHREN...
GRAP
FUMP
!
GRAPS

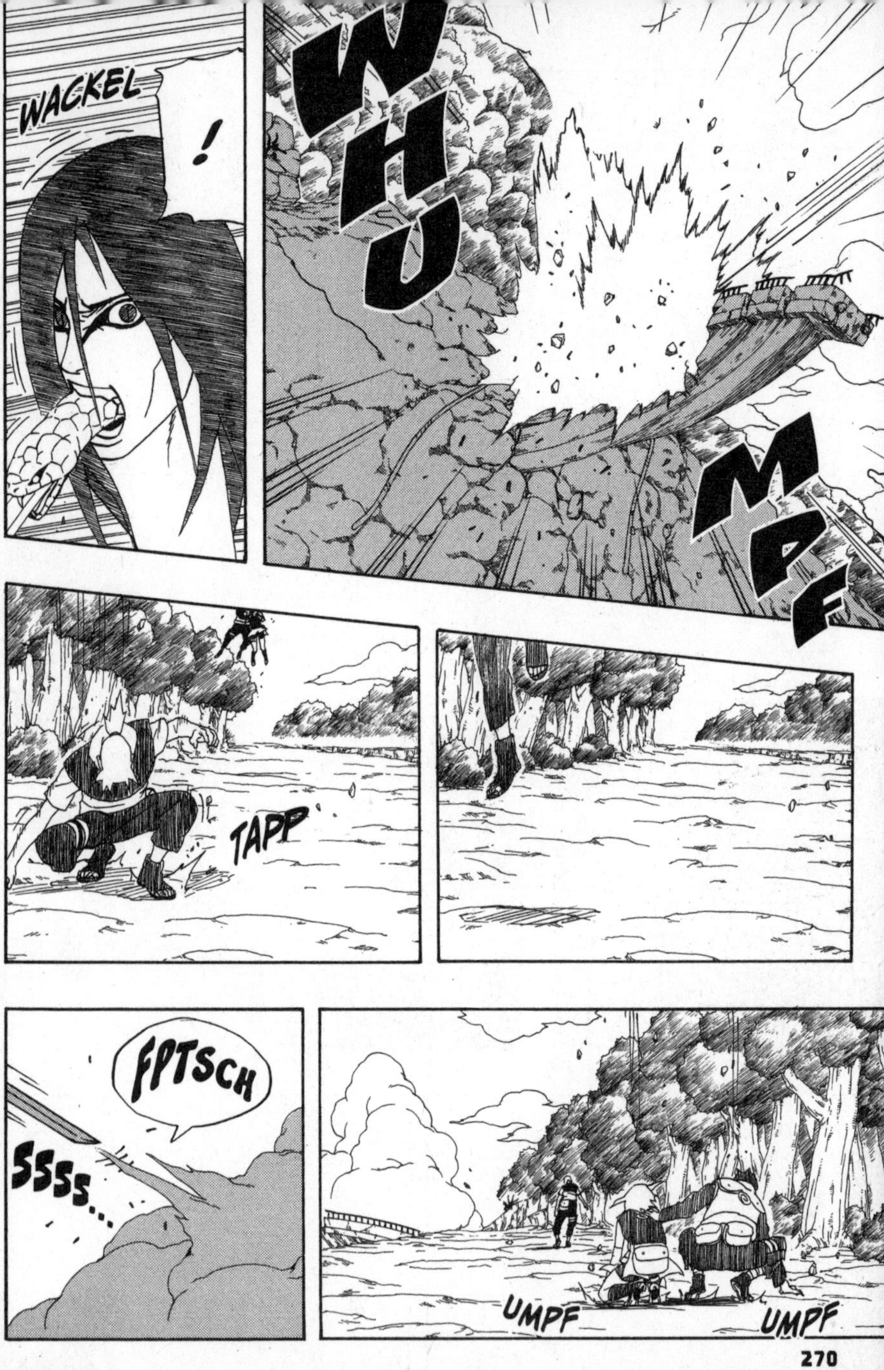
WHU
MPF
WACKEL
!
TAPP
UMPF
UMPF
FPTSCH
SSSS...

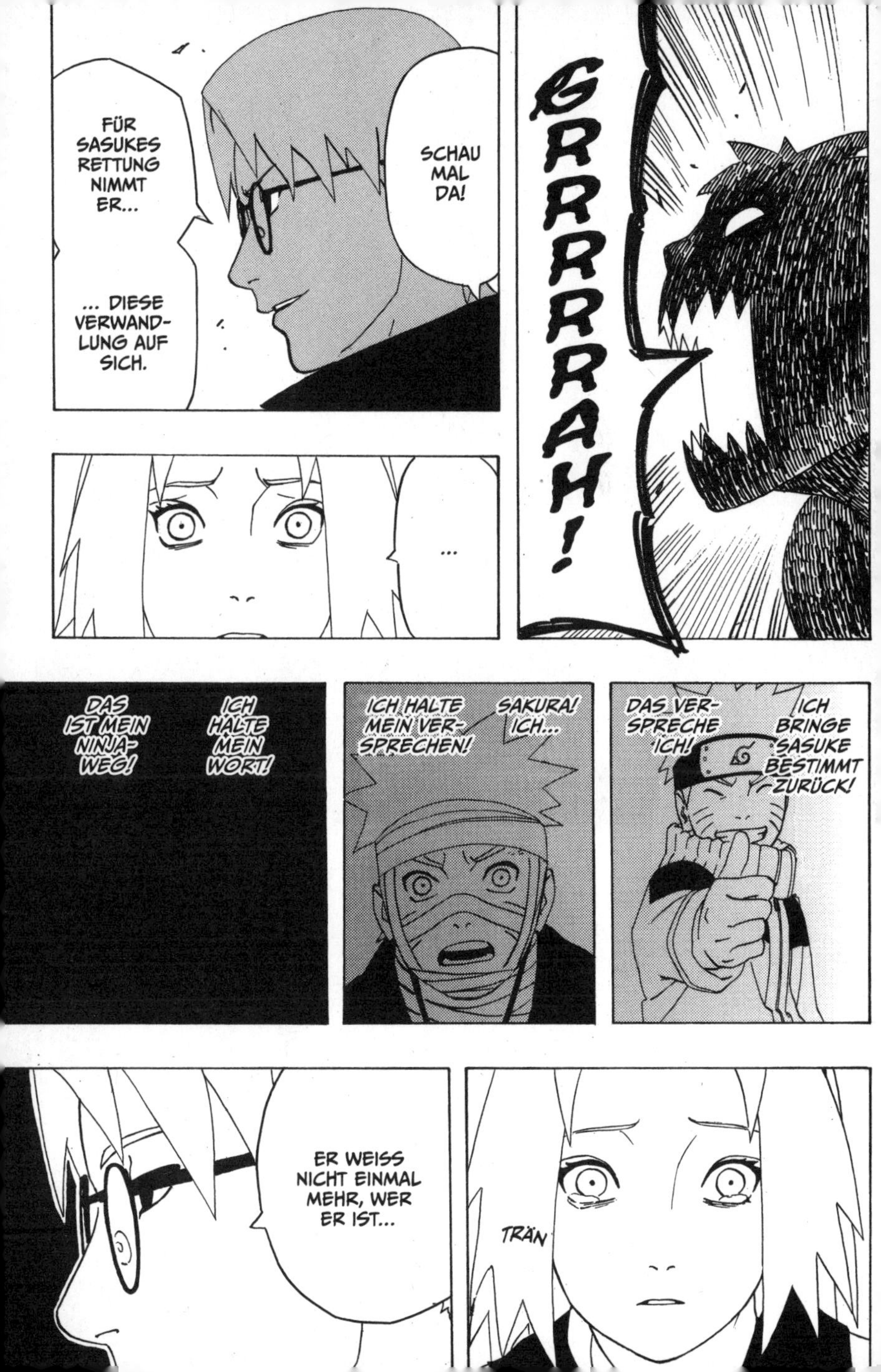
GRRRRRRAH!
SCHAU MAL DA!
FÜR SASUKES RETTUNG NIMMT ER...
... DIESE VERWANDLUNG AUF SICH.
...
ICH BRINGE SASUKE BESTIMMT ZURÜCK!
DAS VERSPRECHE ICH!
SAKURA! ICH...
ICH HALTE MEIN VERSPRECHEN!
ICH HALTE MEIN WORT!
DAS IST MEIN NINJA-WEG!
TRÄN
ER WEISS NICHT EINMAL MEHR, WER ER IST...

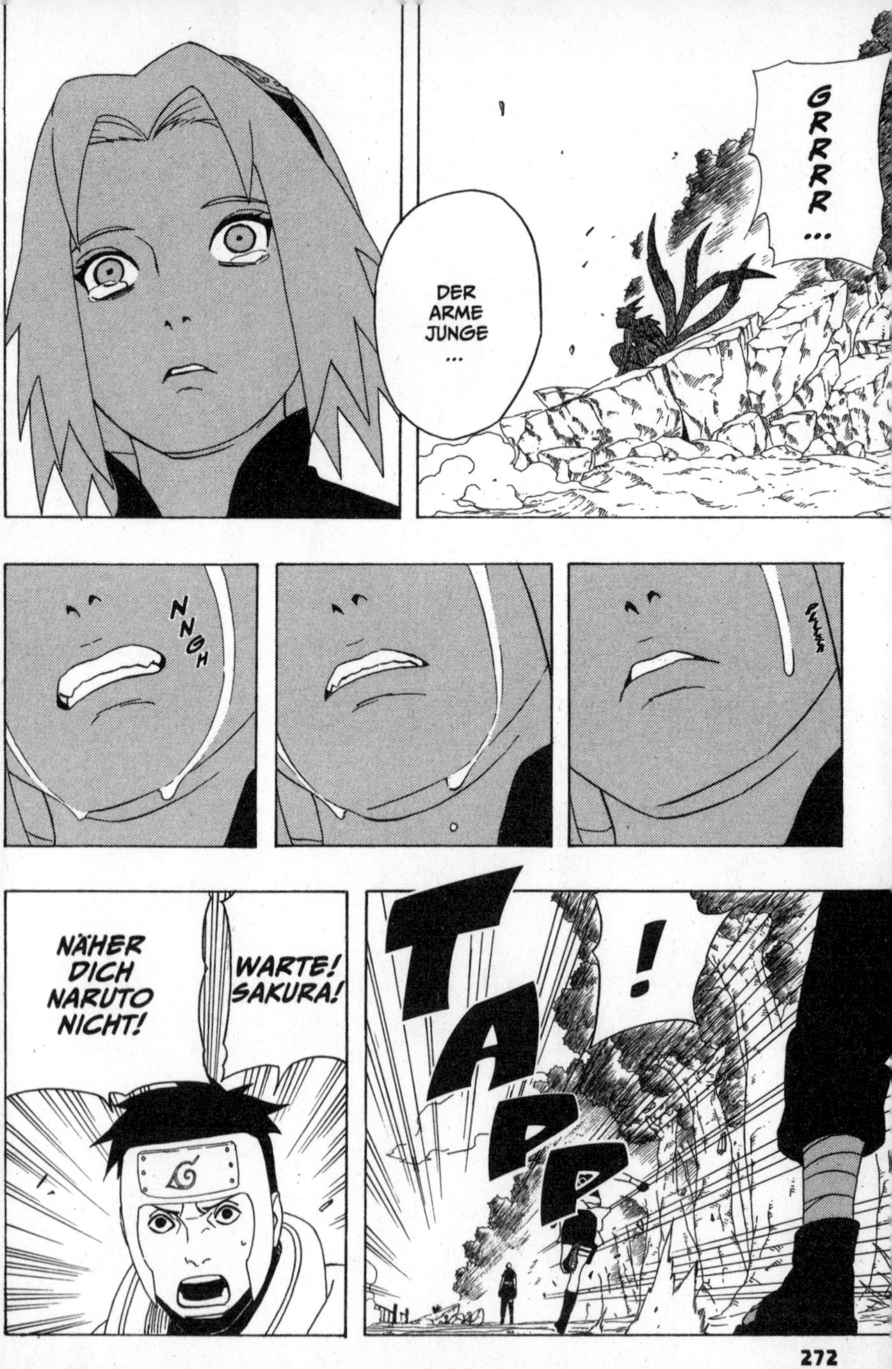
GRRRR ...
DER ARME JUNGE ...
NNGH
TAPP !
WARTE! SAKURA!
NÄHER DICH NARUTO NICHT!

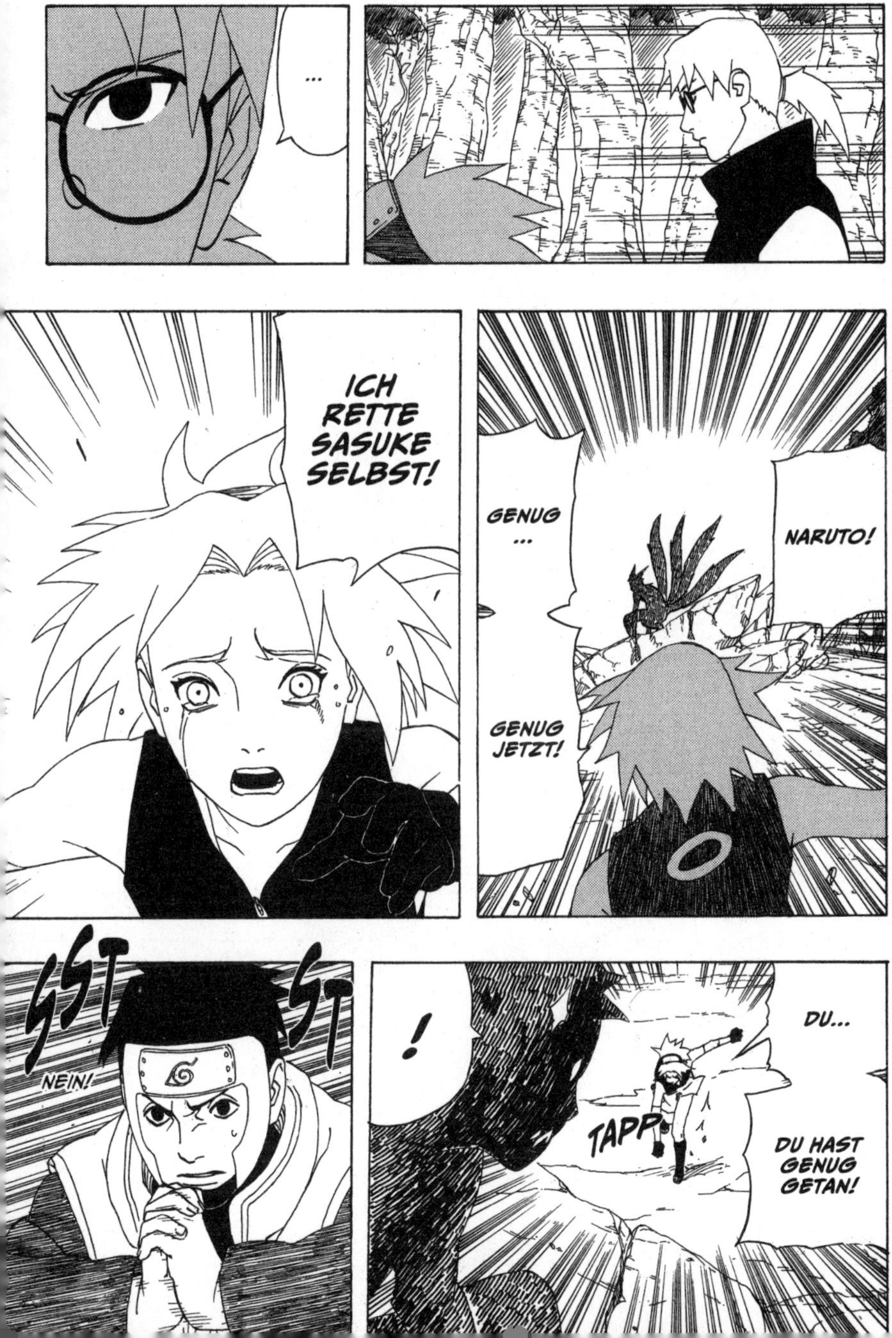
...
ICH RETTE SASUKE SELBST!
NARUTO!
GENUG ...
GENUG JETZT!
DU...
DU HAST GENUG GETAN!
TAPP
!
SST
ST
NEIN!

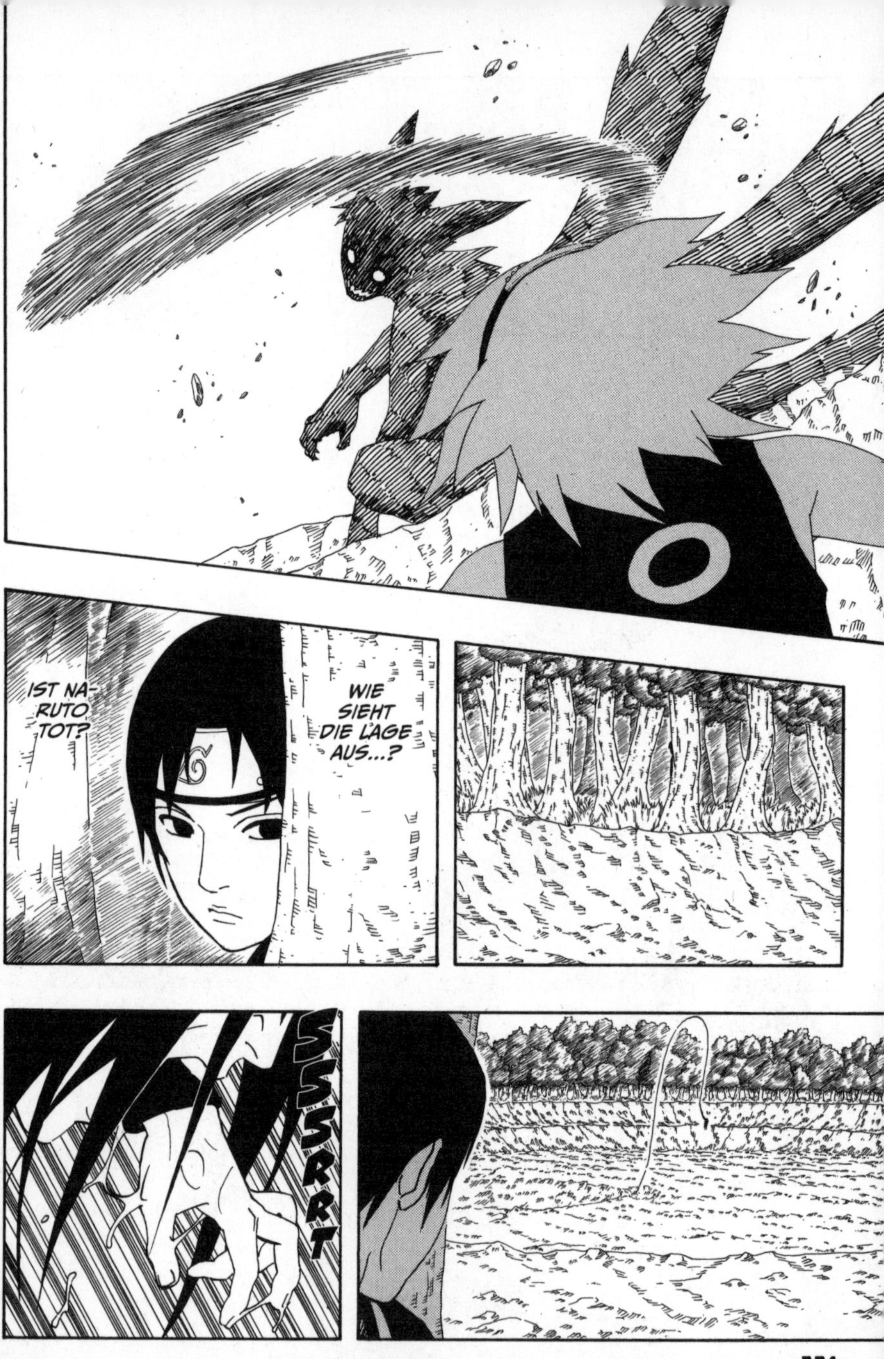
WIE SIEHT DIE LAGE AUS…?
IST NARUTO TOT?
SSSRRT

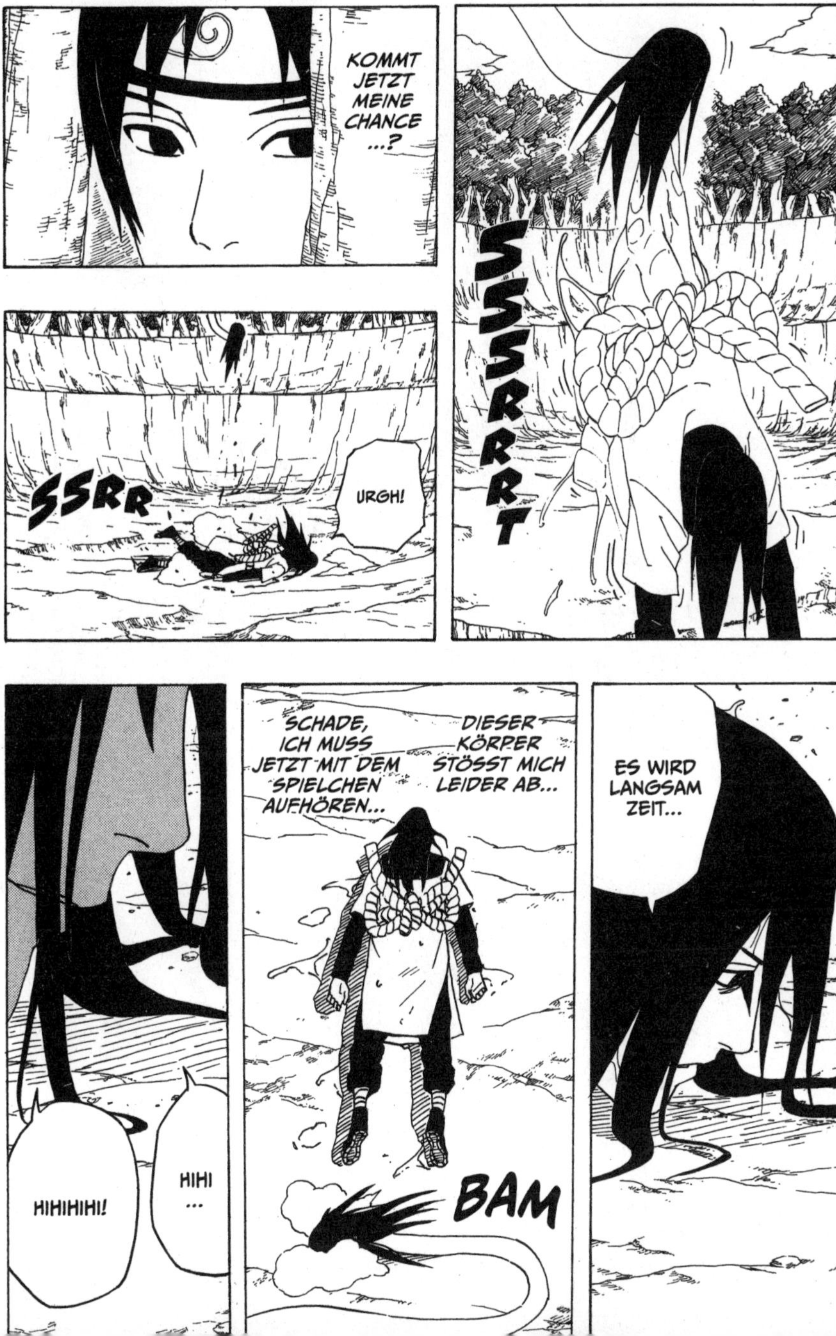

KOMMT JETZT MEINE CHANCE ...?
SSSRRRRT
URGH!
SSRR
ES WIRD LANGSAM ZEIT...
DIESER KÖRPER STÖSST MICH LEIDER AB...
SCHADE, ICH MUSS JETZT MIT DEM SPIELCHEN AUFHÖREN...
BAM
HIHI ...
HIHIHIHI!

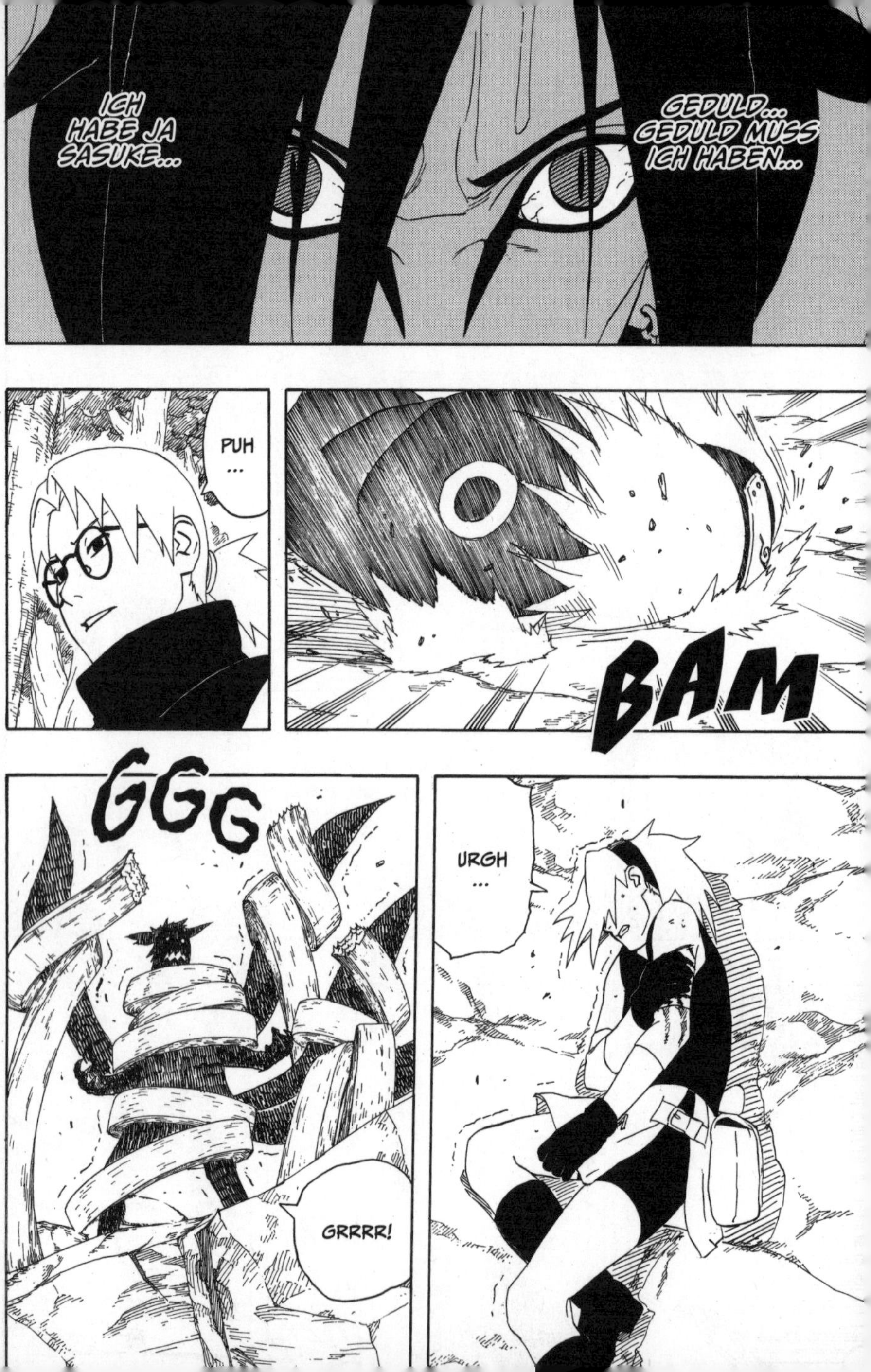
GEDULD... GEDULD MUSS ICH HABEN...
ICH HABE JA SASUKE...
BAM
PUH ...
URGH ...
GGG
GRRRR!

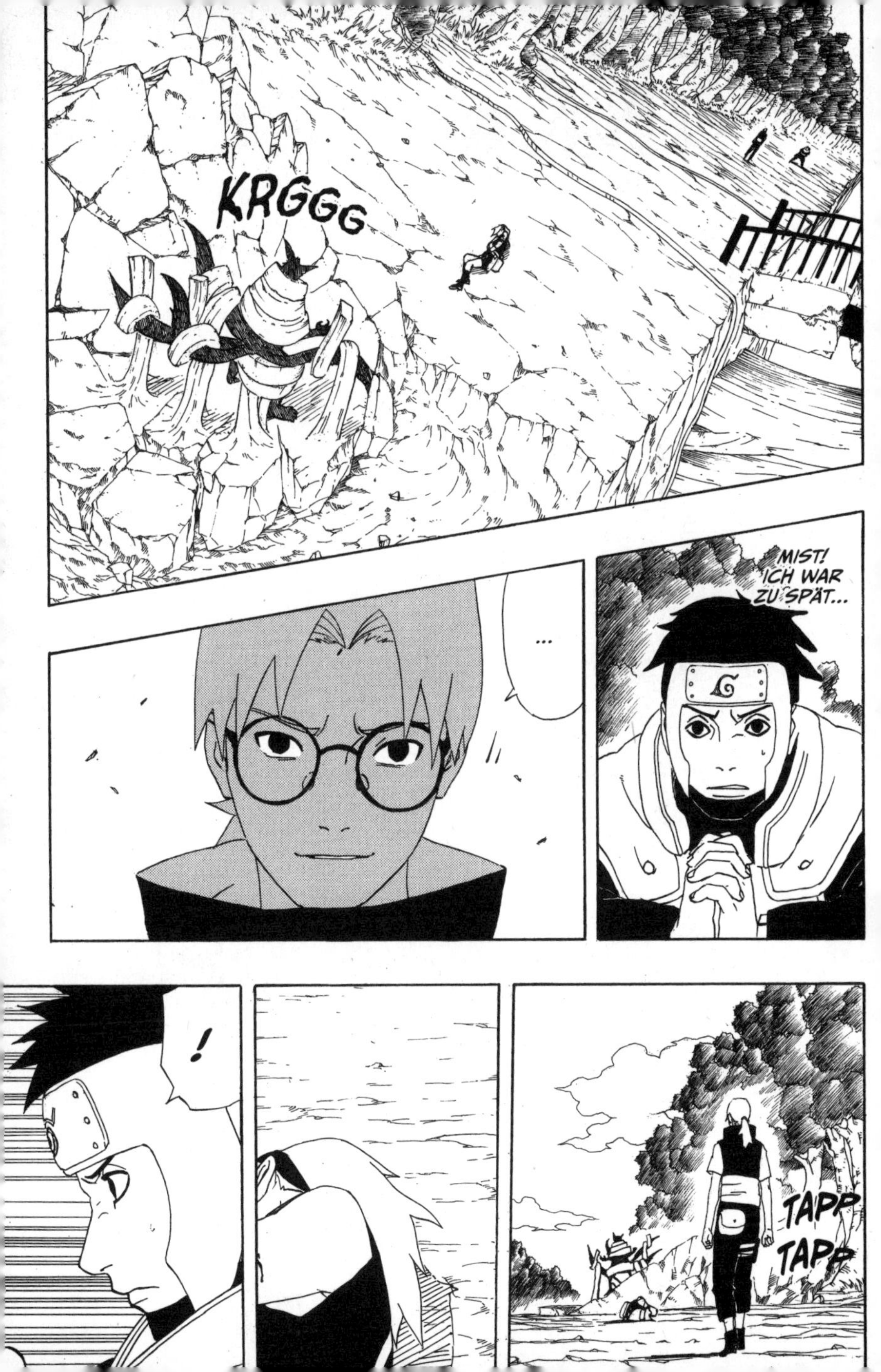
KRGGG
MIST! ICH WAR ZU SPÄT...
...
!
TAPP
TAPP

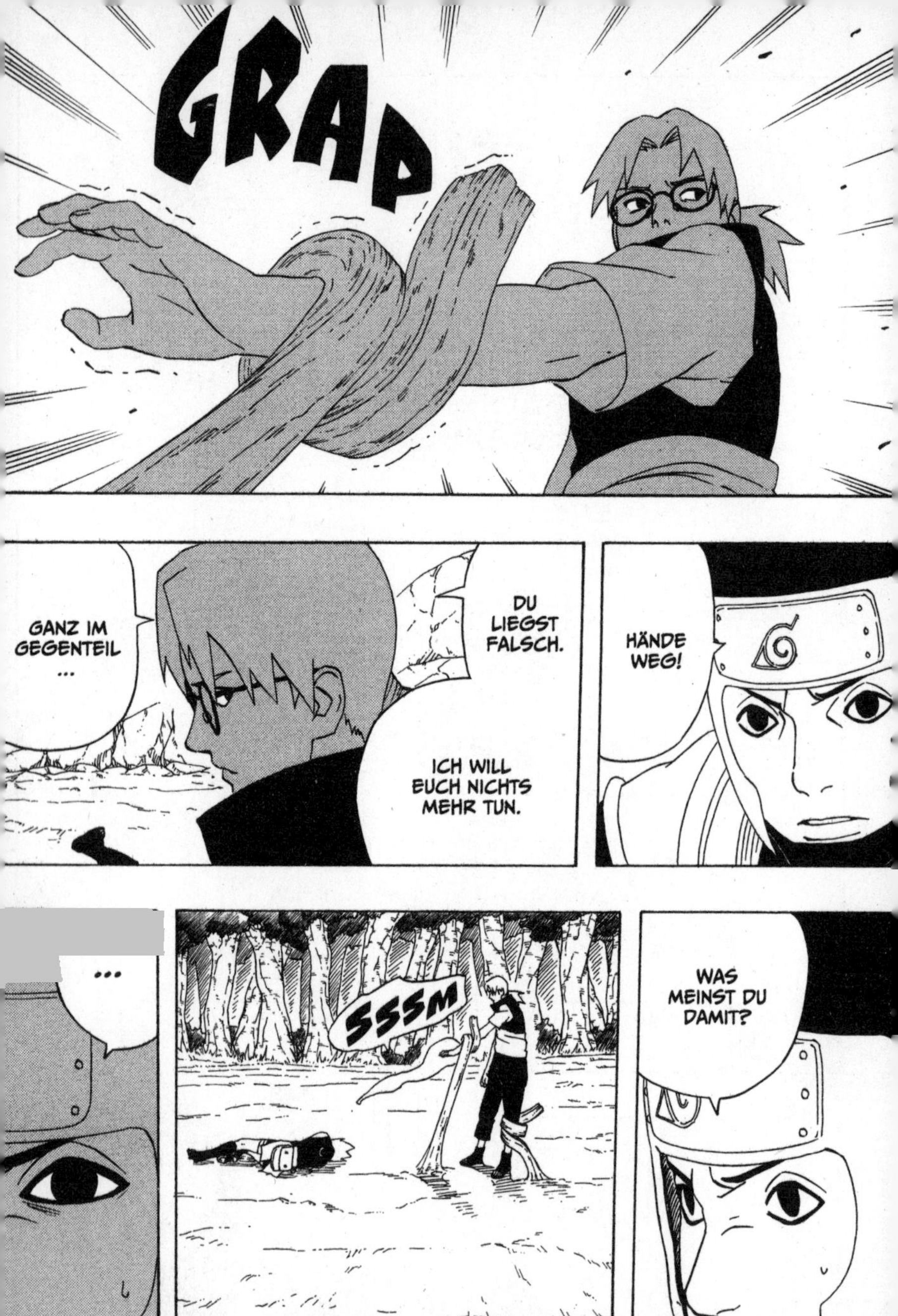
GRAP
HÄNDE WEG!
DU LIEGST FALSCH.
ICH WILL EUCH NICHTS MEHR TUN.
GANZ IM GEGENTEIL ...
WAS MEINST DU DAMIT?
SSSM
...

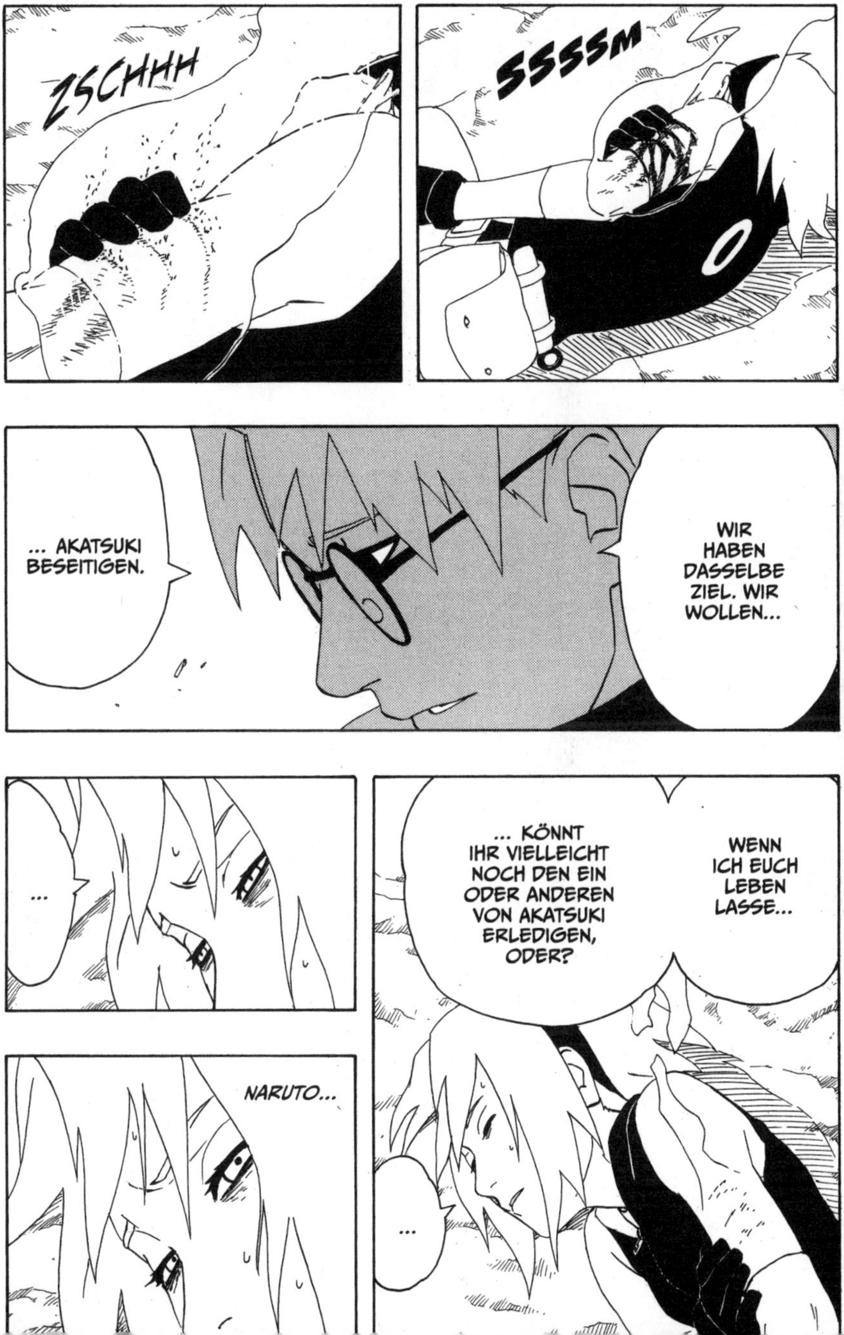
SSSSM
ZSCHHH
WIR HABEN DASSELBE ZIEL. WIR WOLLEN...
... AKATSUKI BESEITIGEN.
WENN ICH EUCH LEBEN LASSE...
... KÖNNT IHR VIELLEICHT NOCH DEN EIN ODER ANDEREN VON AKATSUKI ERLEDIGEN, ODER?
...
...
NARUTO...

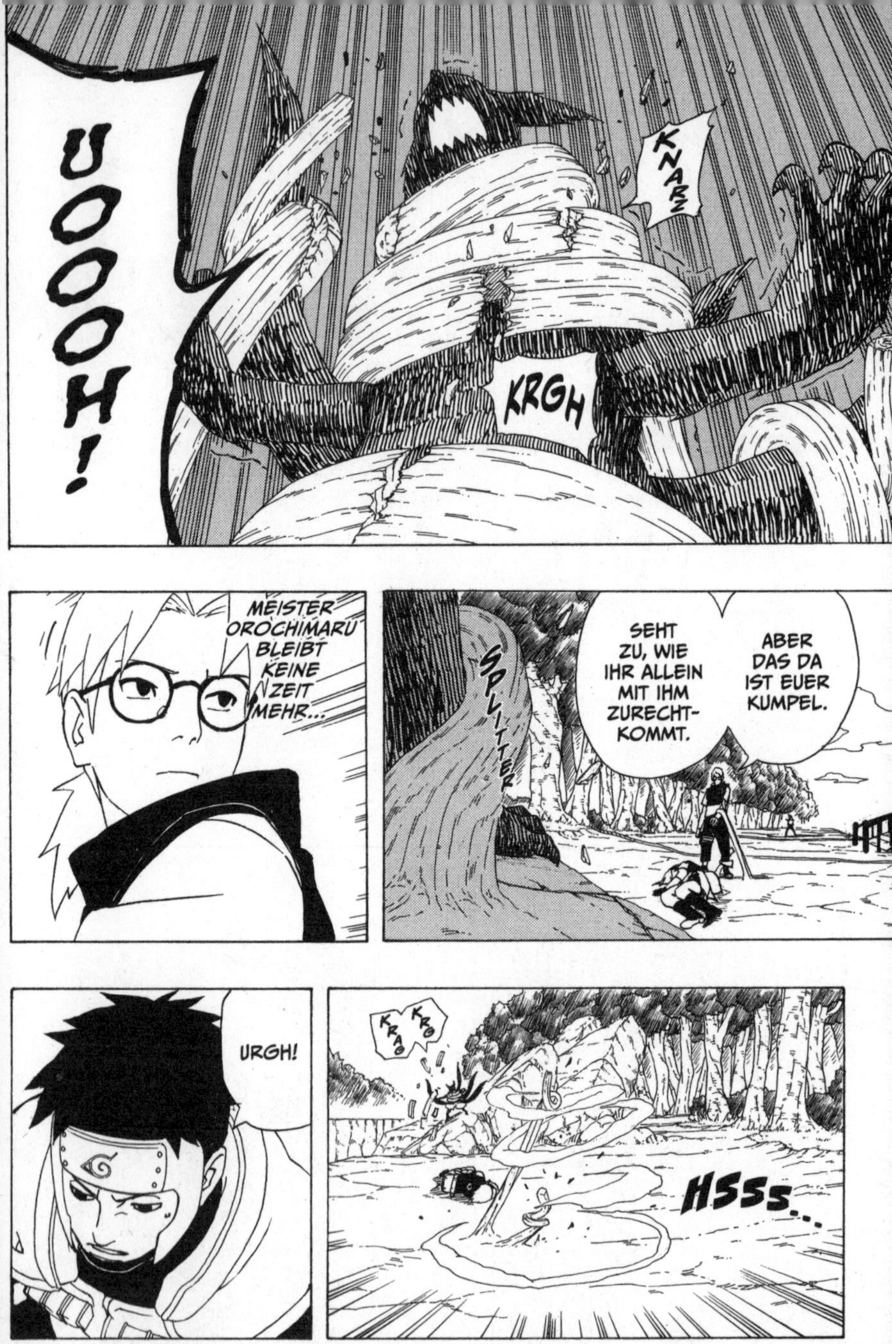
KNARZ
UOOOOH!
KRGH
ABER DAS DA IST EUER KUMPEL.
SEHT ZU, WIE IHR ALLEIN MIT IHM ZURECHT-KOMMT.
SPLITTER
MEISTER OROCHIMARU BLEIBT KEINE ZEIT MEHR...
KRAG
KRAG
HSSS...
URGH!

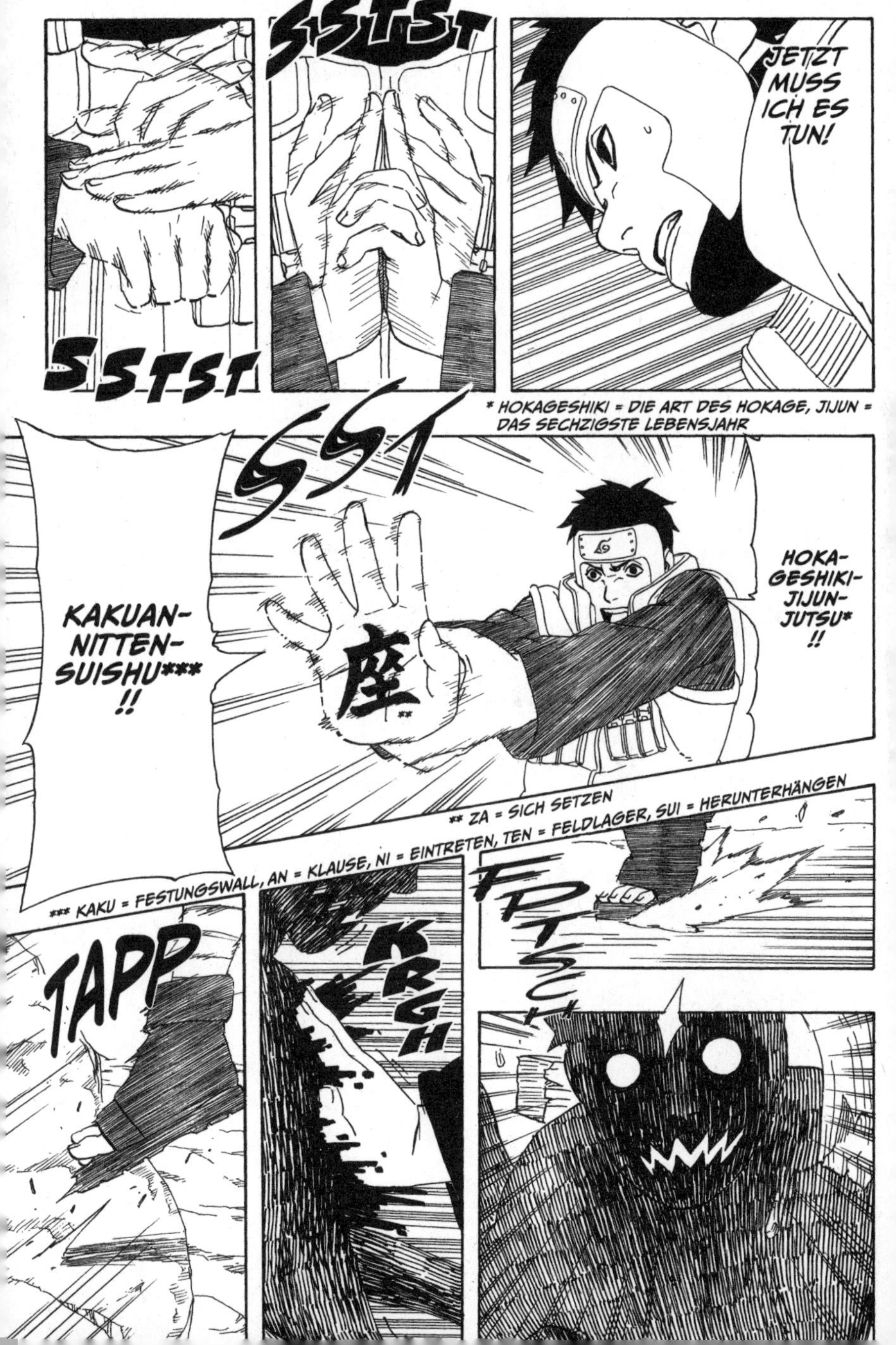
SSTST
SSTST
JETZT MUSS ICH ES TUN!
* HOKAGESHIKI = DIE ART DES HOKAGE, JIJUN = DAS SECHZIGSTE LEBENSJAHR
SST
HOKA-GESHIKI-JIJUN-JUTSU* !!
座**
KAKUAN-NITTEN-SUISHU*** !!
** ZA = SICH SETZEN
*** KAKU = FESTUNGSWALL, AN = KLAUSE, NI = EINTRETEN, TEN = FELDLAGER, SUI = HERUNTERHÄNGEN
TAPP
KRGH
FPTSCH

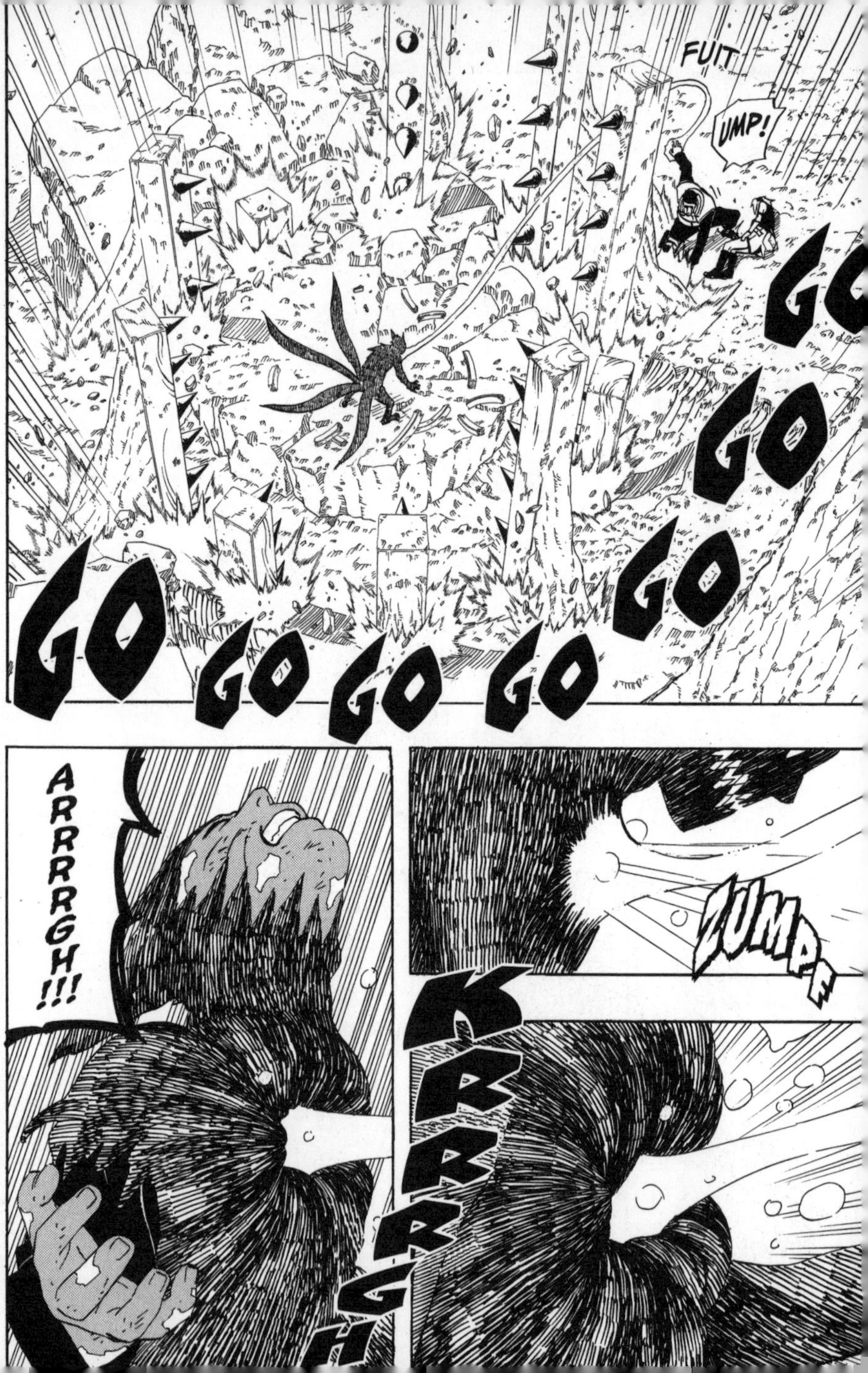
FUIT
UMP!
GO GO GO GO GO GO GO GO
ARRRRRGH!!!
ZUMPE
KRRRRG

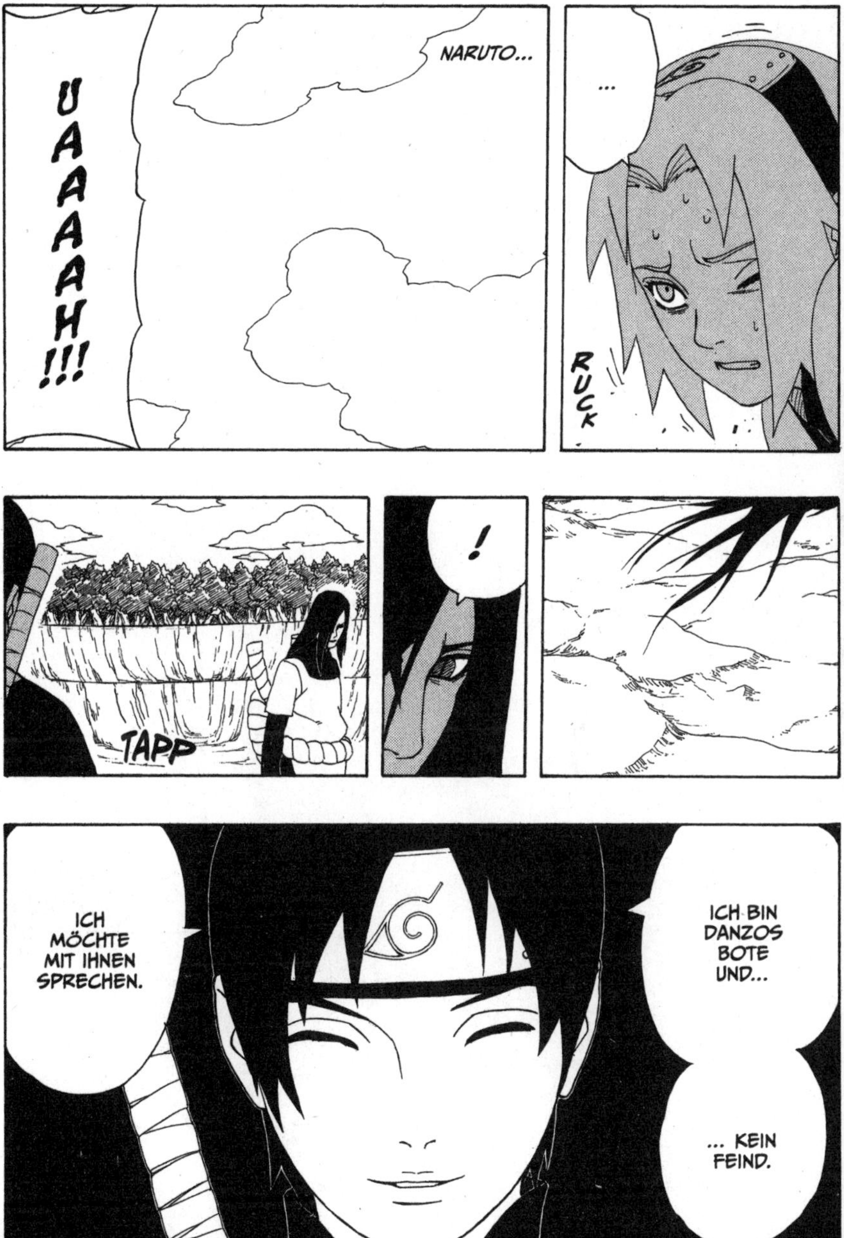
...
RUCK
NARUTO...
UAAAAAH!!!
!
TAPP
ICH BIN DANZOS BOTE UND...
... KEIN FEIND.
ICH MÖCHTE MIT IHNEN SPRECHEN.

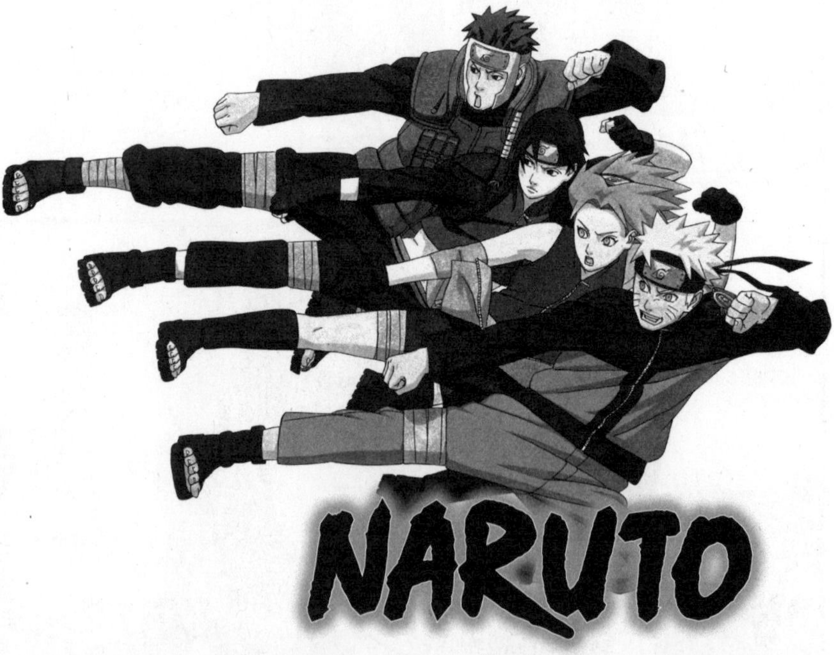
NARUTO

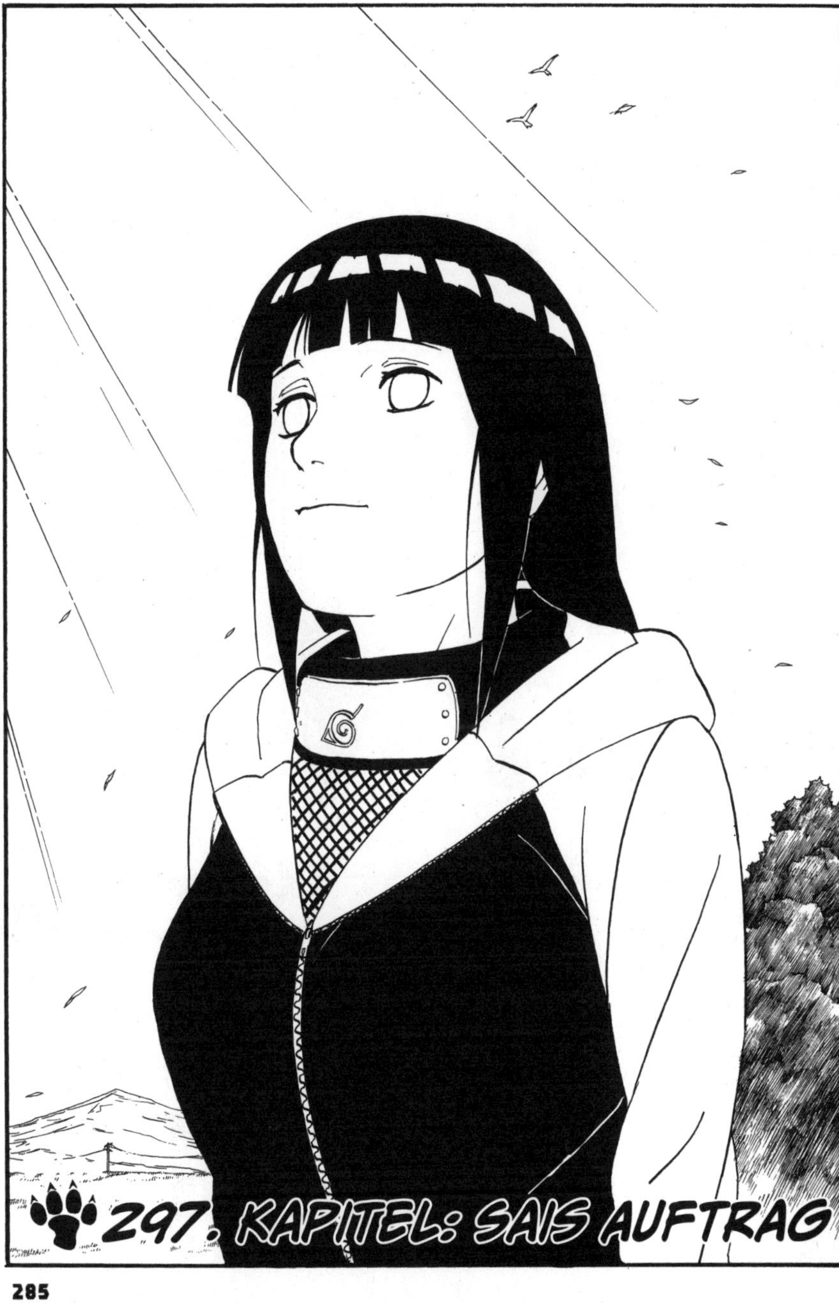
297. KAPITEL: SAIS AUFTRAG

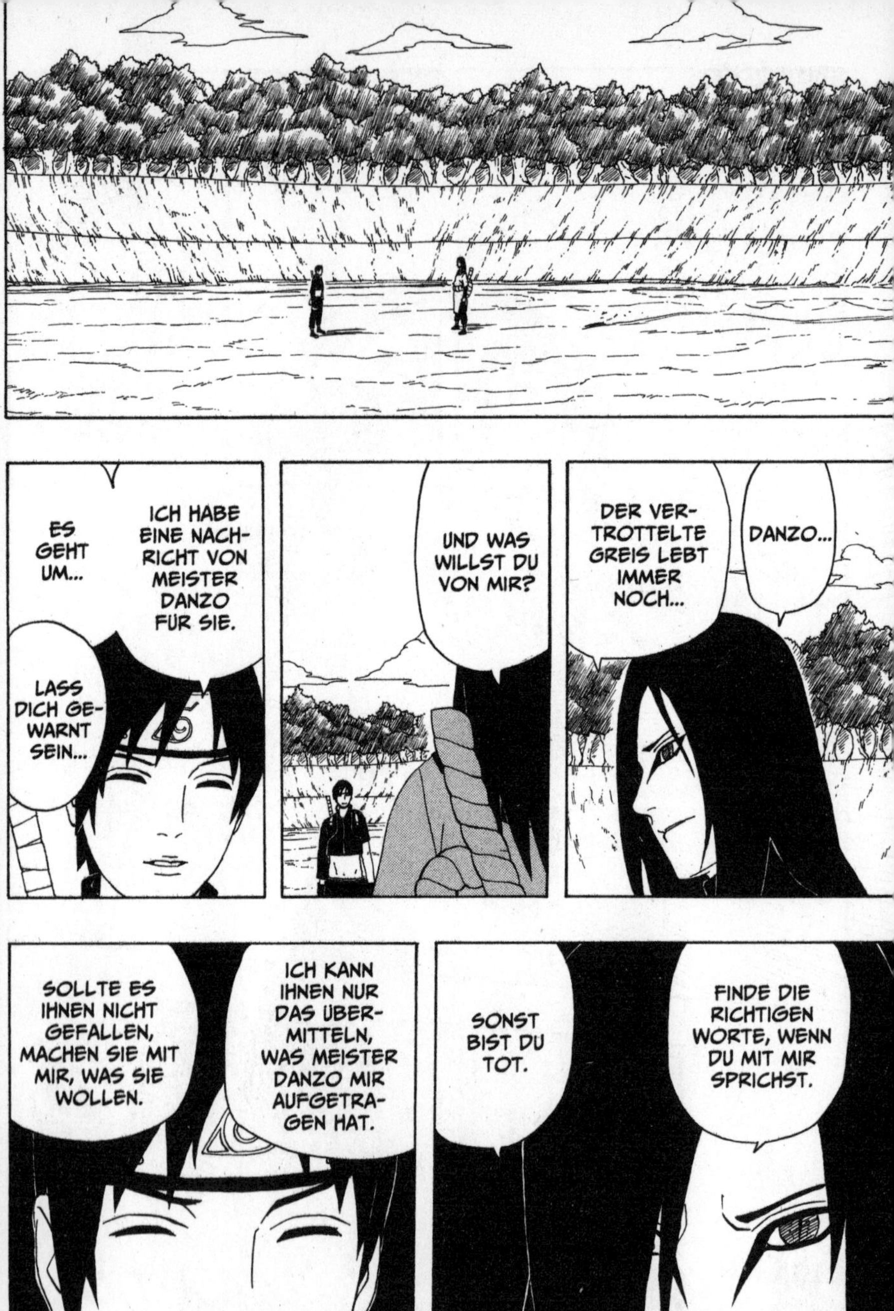
DANZO...
DER VERTROTTELTE GREIS LEBT IMMER NOCH...
UND WAS WILLST DU VON MIR?
ICH HABE EINE NACHRICHT VON MEISTER DANZO FÜR SIE.
ES GEHT UM...
LASS DICH GEWARNT SEIN...
FINDE DIE RICHTIGEN WORTE, WENN DU MIT MIR SPRICHST.
SONST BIST DU TOT.
ICH KANN IHNEN NUR DAS ÜBERMITTELN, WAS MEISTER DANZO MIR AUFGETRAGEN HAT.
SOLLTE ES IHNEN NICHT GEFALLEN, MACHEN SIE MIT MIR, WAS SIE WOLLEN.

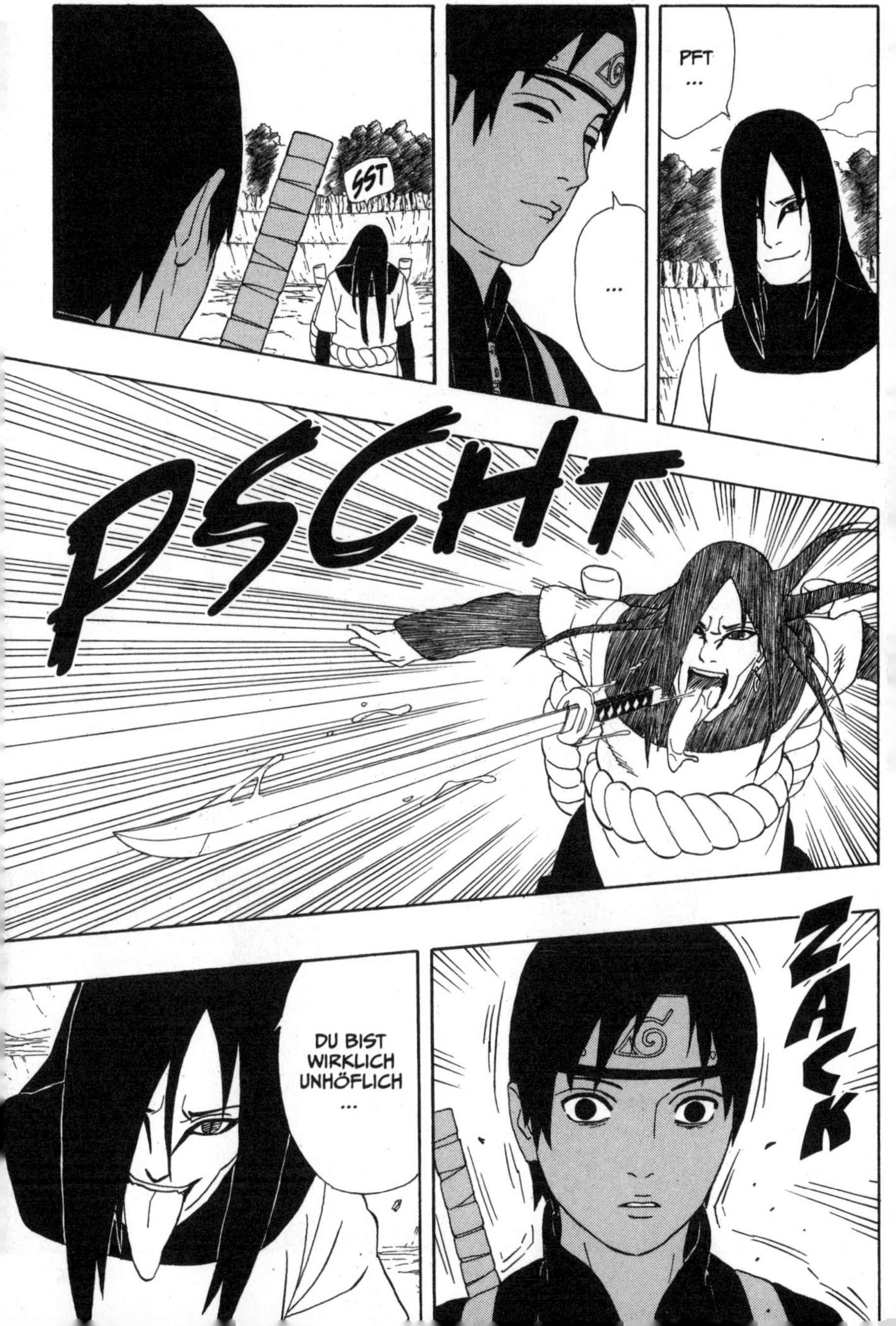
PFT …
…
SST
PSCHT
ZACK
DU BIST WIRKLICH UNHÖFLICH …

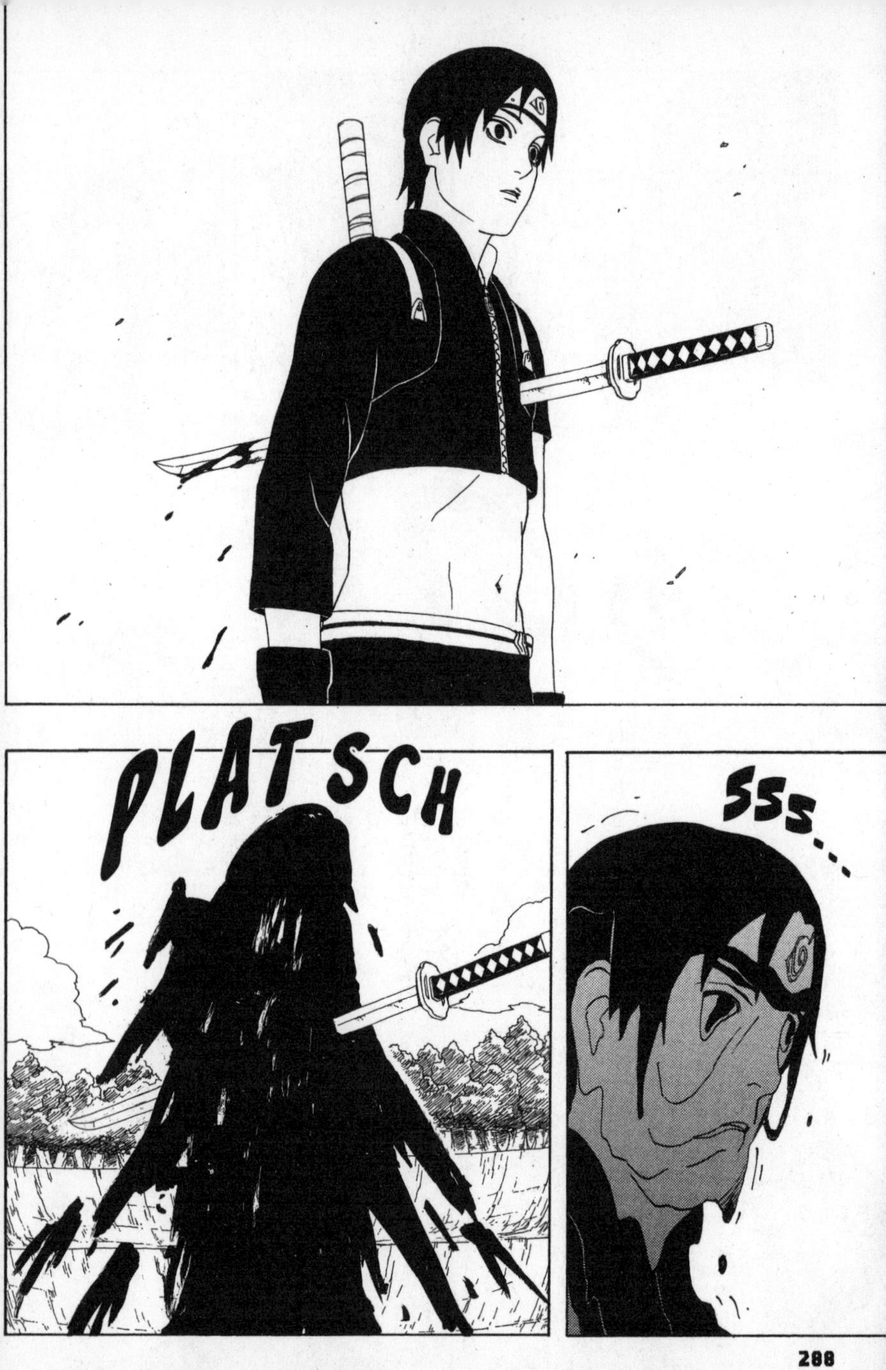
PLATSCH
SSS...

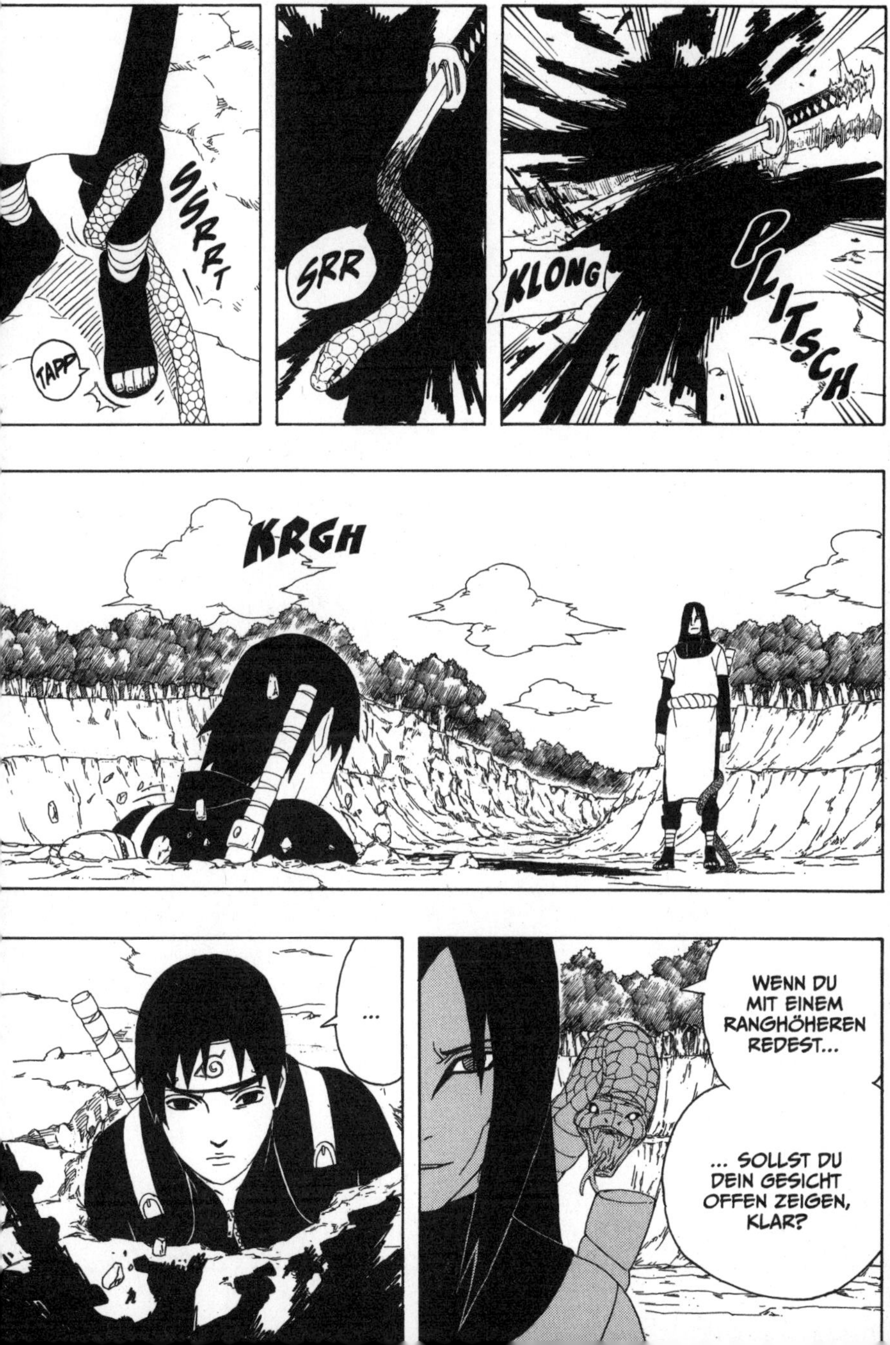
KLONG
PLITSCH
SRR
SSRRT
TAPP
KRGH
WENN DU MIT EINEM RANGHÖHEREN REDEST...
... SOLLST DU DEIN GESICHT OFFEN ZEIGEN, KLAR?
...

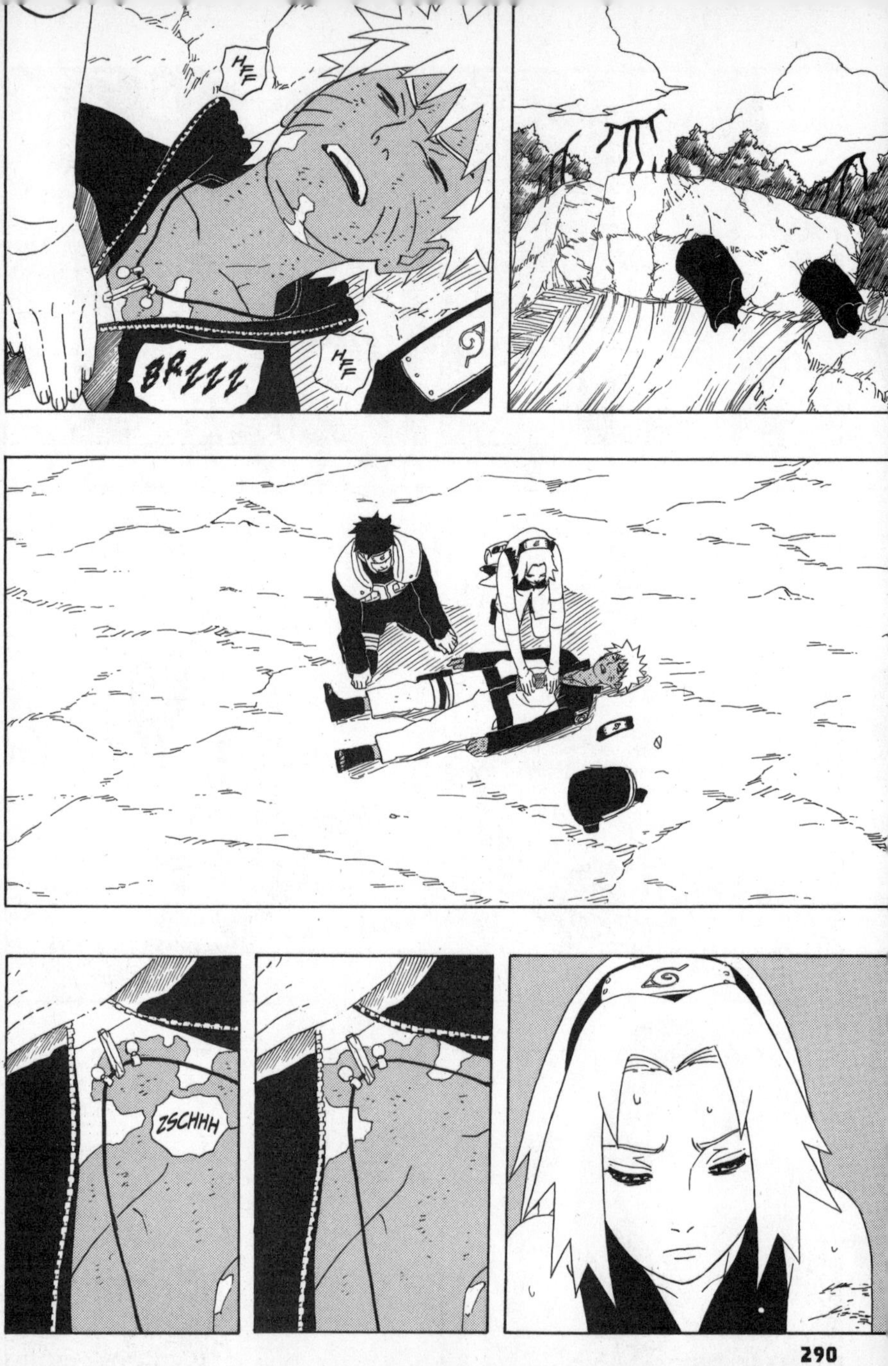
HEF
HEF
BRZZZ
ZSCHHH

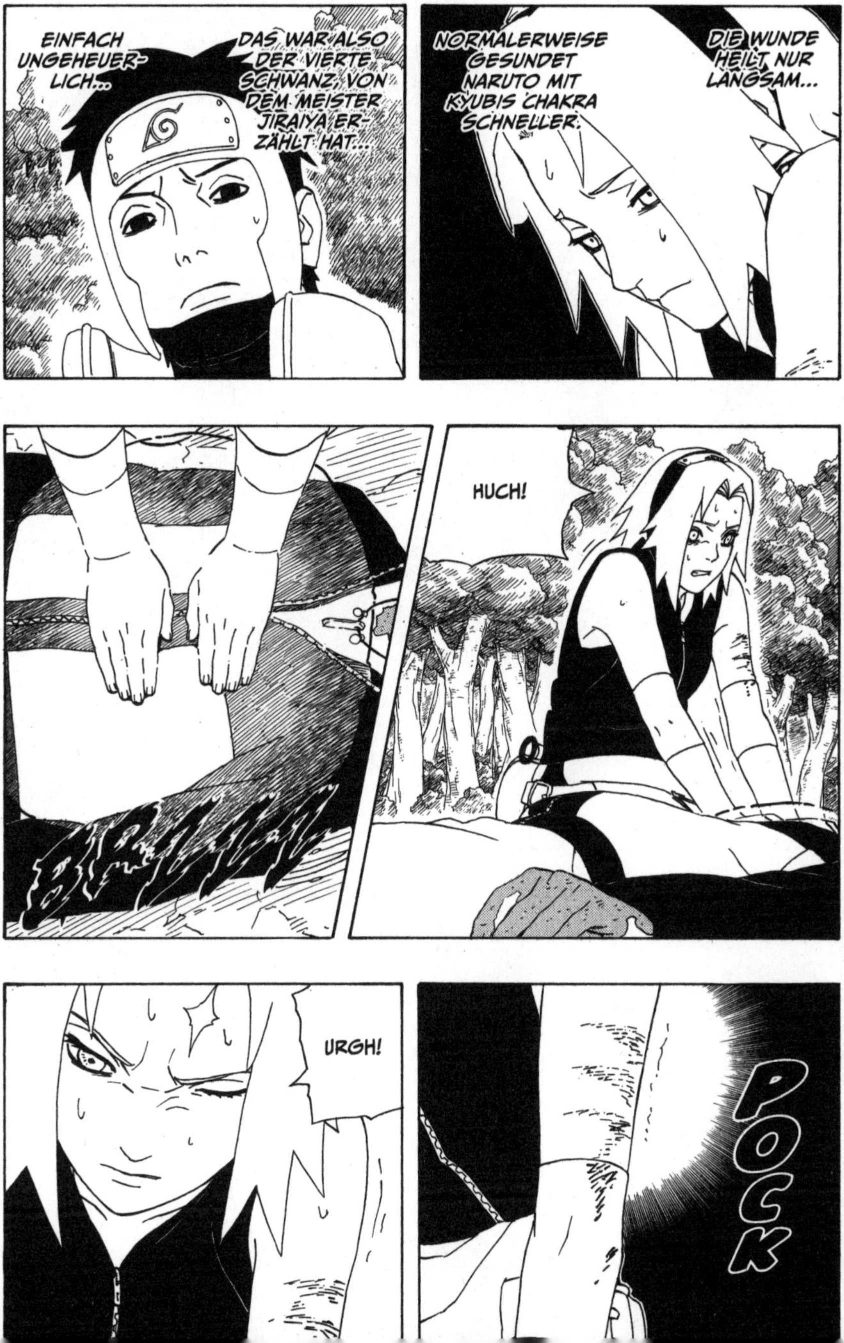
DIE WUNDE HEILT NUR LANGSAM...
NORMALERWEISE GESUNDET NARUTO MIT KYUBIS CHAKRA SCHNELLER.
DAS WAR ALSO DER VIERTE SCHWANZ, VON DEM MEISTER JIRAIYA ERZÄHLT HAT...
EINFACH UNGEHEUERLICH...
HUCH!
POCK
URGH!

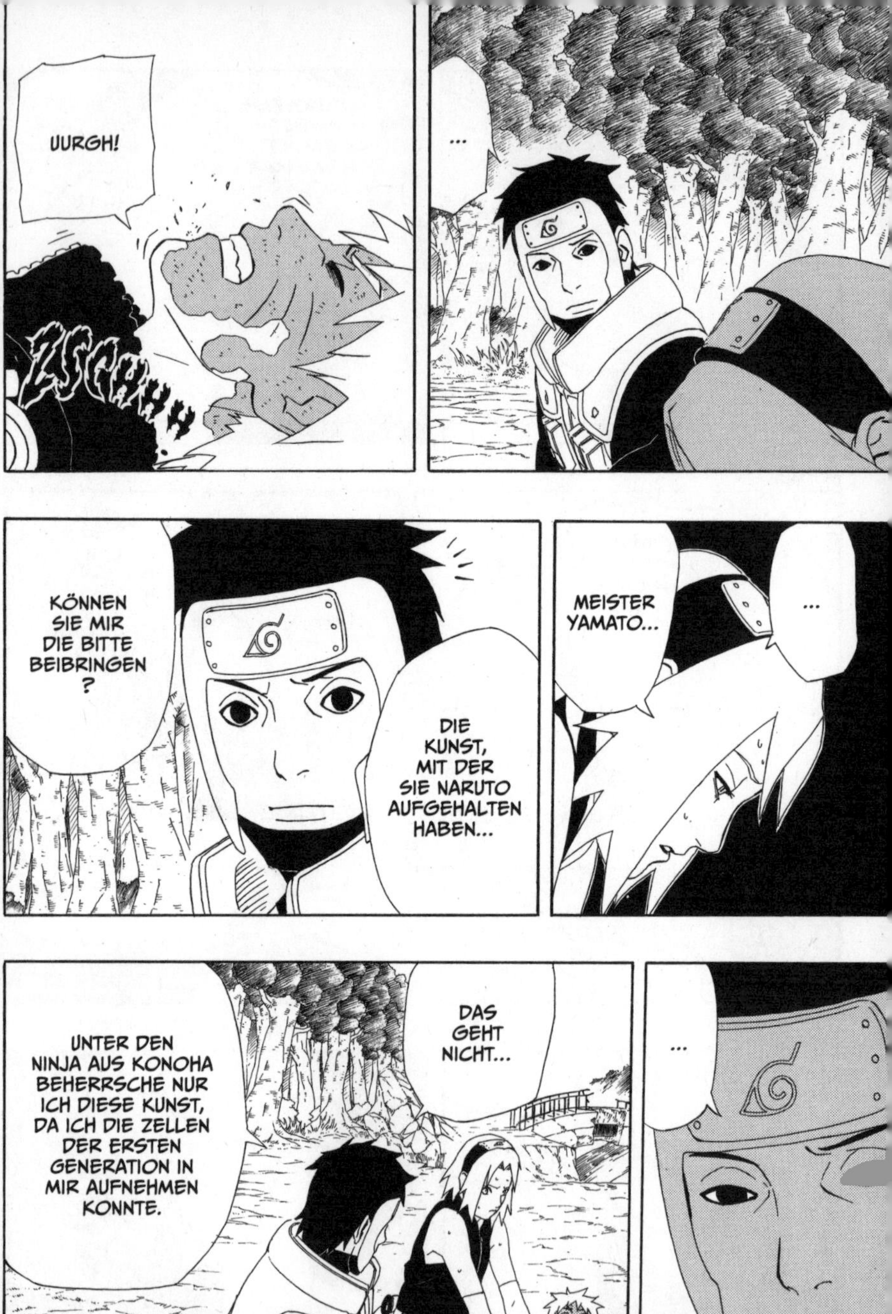
...
UURGH!
ZSCHHH
MEISTER YAMATO...
...
KÖNNEN SIE MIR DIE BITTE BEIBRINGEN?
DIE KUNST, MIT DER SIE NARUTO AUFGEHALTEN HABEN...
...
DAS GEHT NICHT...
UNTER DEN NINJA AUS KONOHA BEHERRSCHE NUR ICH DIESE KUNST, DA ICH DIE ZELLEN DER ERSTEN GENERATION IN MIR AUFNEHMEN KONNTE.

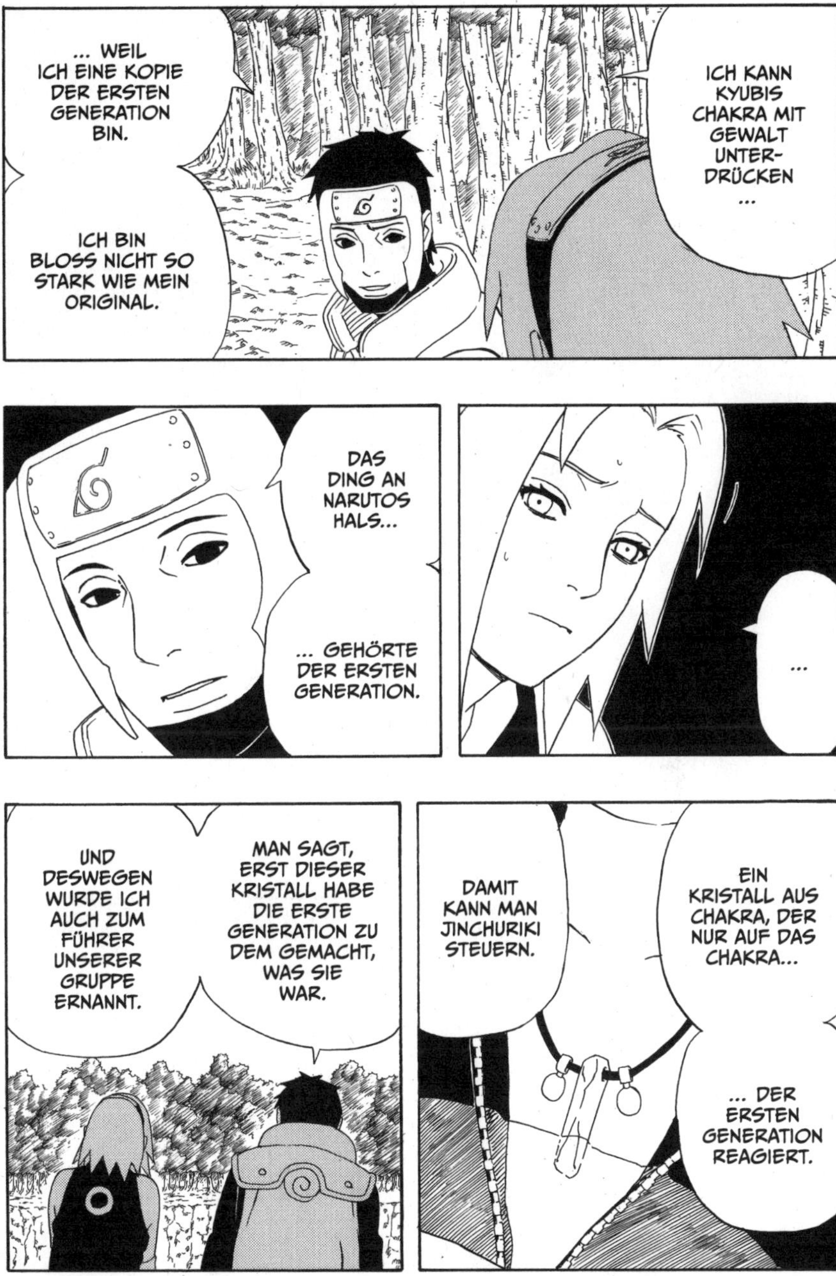
ICH KANN KYUBIS CHAKRA MIT GEWALT UNTERDRÜCKEN ...
... WEIL ICH EINE KOPIE DER ERSTEN GENERATION BIN.
ICH BIN BLOSS NICHT SO STARK WIE MEIN ORIGINAL.
...
DAS DING AN NARUTOS HALS...
... GEHÖRTE DER ERSTEN GENERATION.
EIN KRISTALL AUS CHAKRA, DER NUR AUF DAS CHAKRA...
... DER ERSTEN GENERATION REAGIERT.
DAMIT KANN MAN JINCHURIKI STEUERN.
MAN SAGT, ERST DIESER KRISTALL HABE DIE ERSTE GENERATION ZU DEM GEMACHT, WAS SIE WAR.
UND DESWEGEN WURDE ICH AUCH ZUM FÜHRER UNSERER GRUPPE ERNANNT.

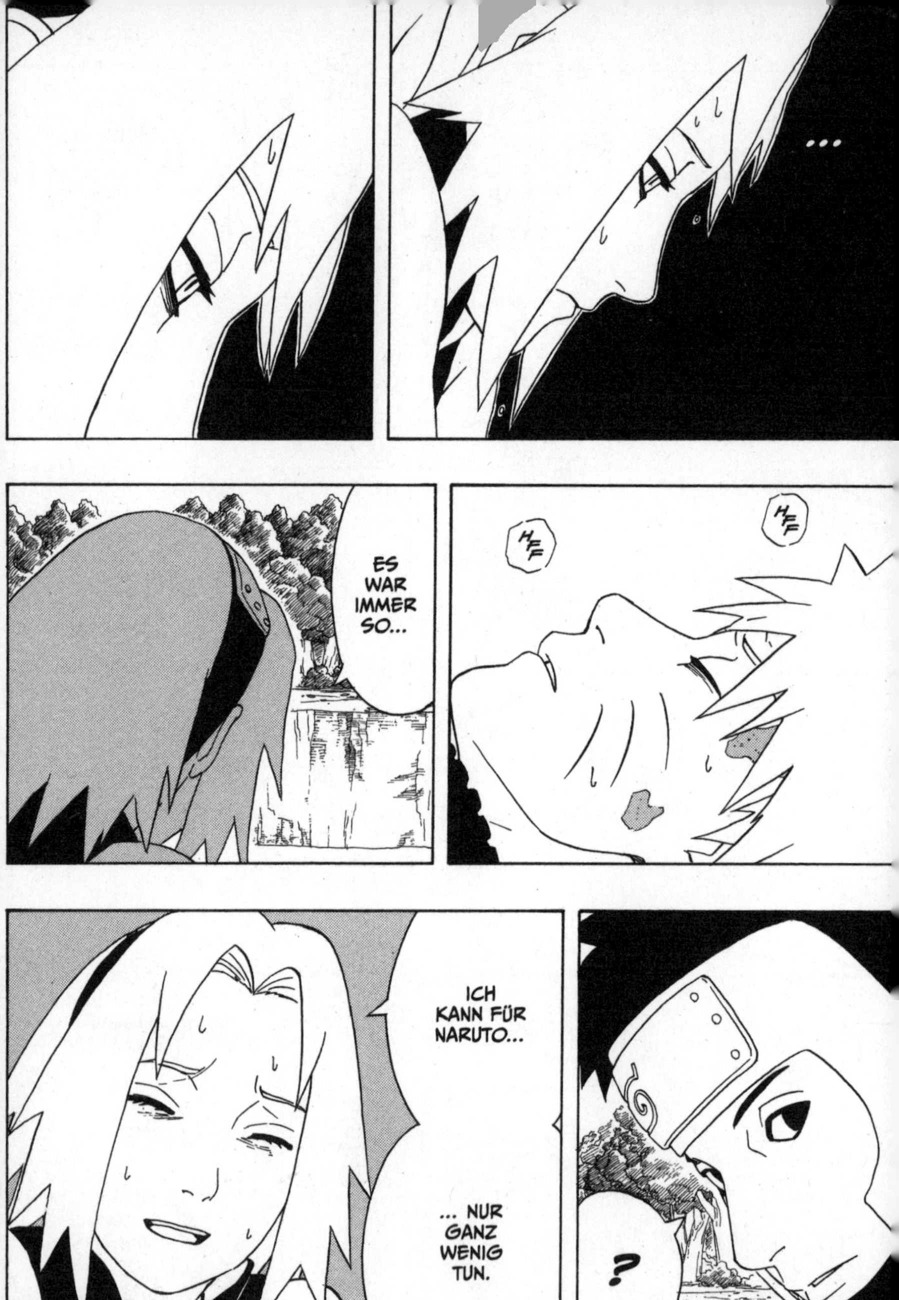
...
ES WAR IMMER SO...
HEF
HEF
ICH KANN FÜR NARUTO...
... NUR GANZ WENIG TUN.
?

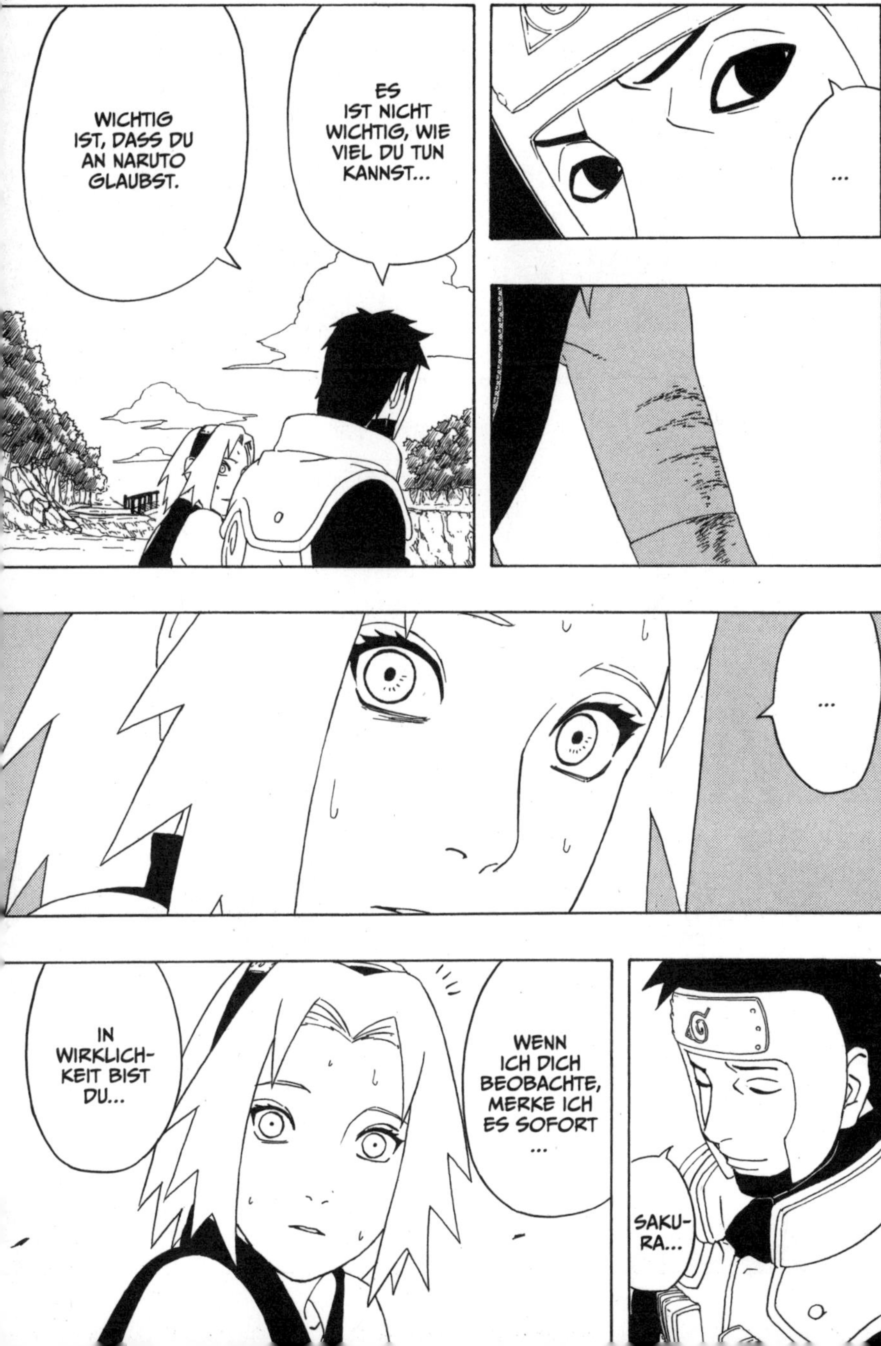
...
ES IST NICHT WICHTIG, WIE VIEL DU TUN KANNST...
WICHTIG IST, DASS DU AN NARUTO GLAUBST.
...
SAKU-RA...
WENN ICH DICH BEOBACHTE, MERKE ICH ES SOFORT ...
IN WIRKLICH-KEIT BIST DU...

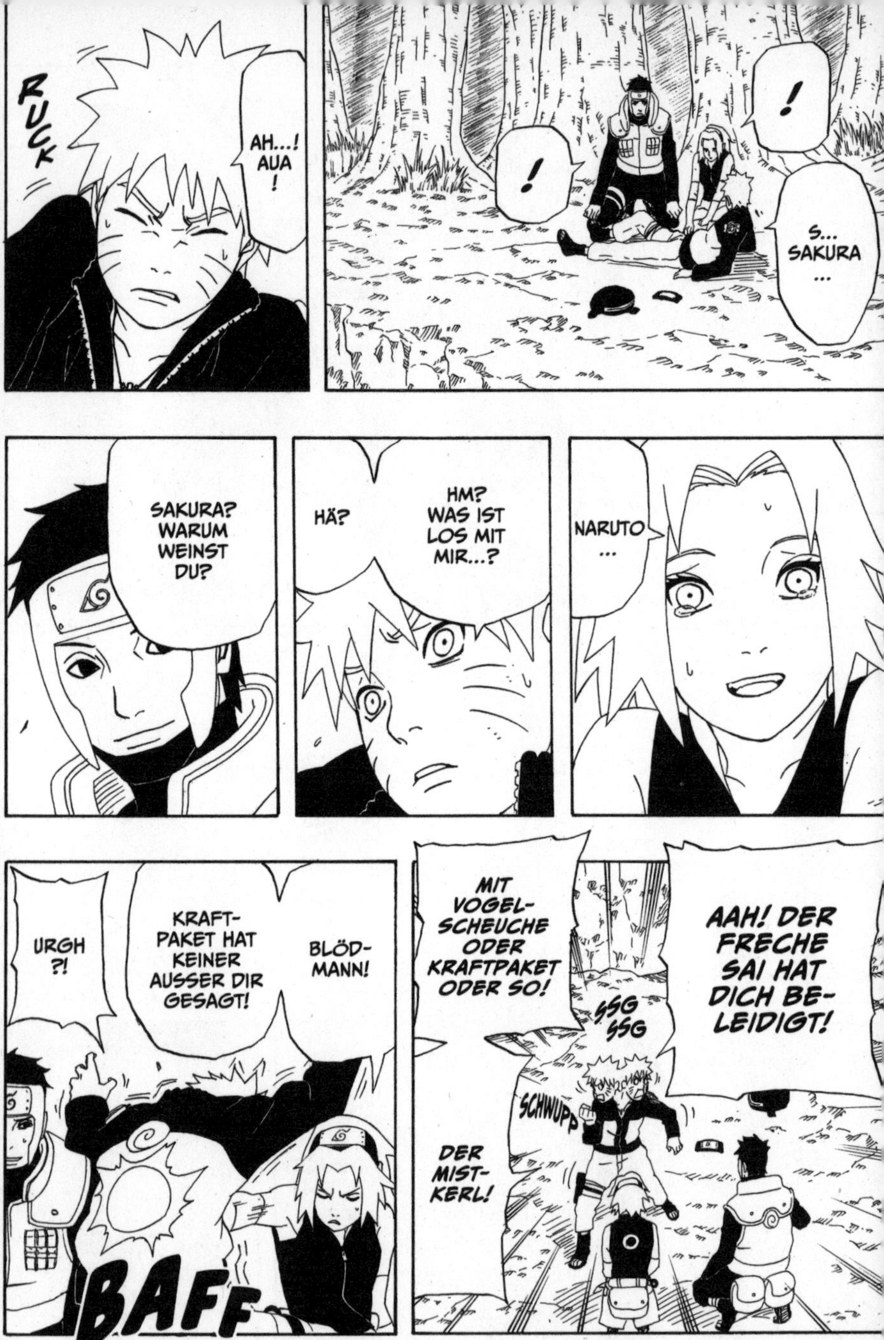
!
S... SAKURA ...
!
AH...! AUA !
RUCK
NARUTO ...
HM? WAS IST LOS MIT MIR...?
HÄ?
SAKURA? WARUM WEINST DU?
AAH! DER FRECHE SAI HAT DICH BELEIDIGT!
MIT VOGELSCHEUCHE ODER KRAFTPAKET ODER SO!
SSG SSG
SCHWUPP
DER MISTKERL!
BLÖDMANN!
KRAFTPAKET HAT KEINER AUSSER DIR GESAGT!
URGH ?!
BAFF

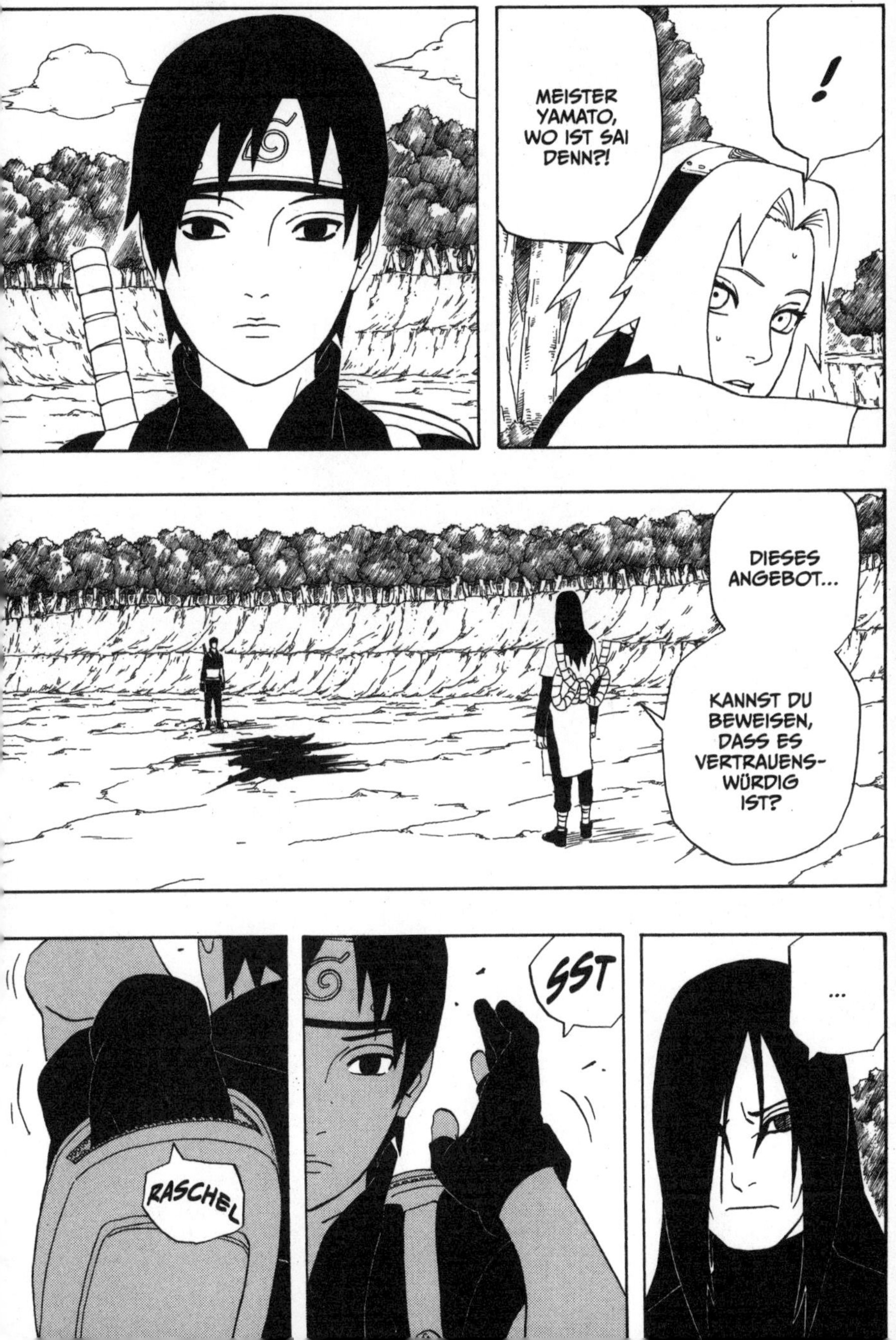
!
MEISTER YAMATO, WO IST SAI DENN?!
DIESES ANGEBOT...
KANNST DU BEWEISEN, DASS ES VERTRAUENSWÜRDIG IST?
...
SST
RASCHEL

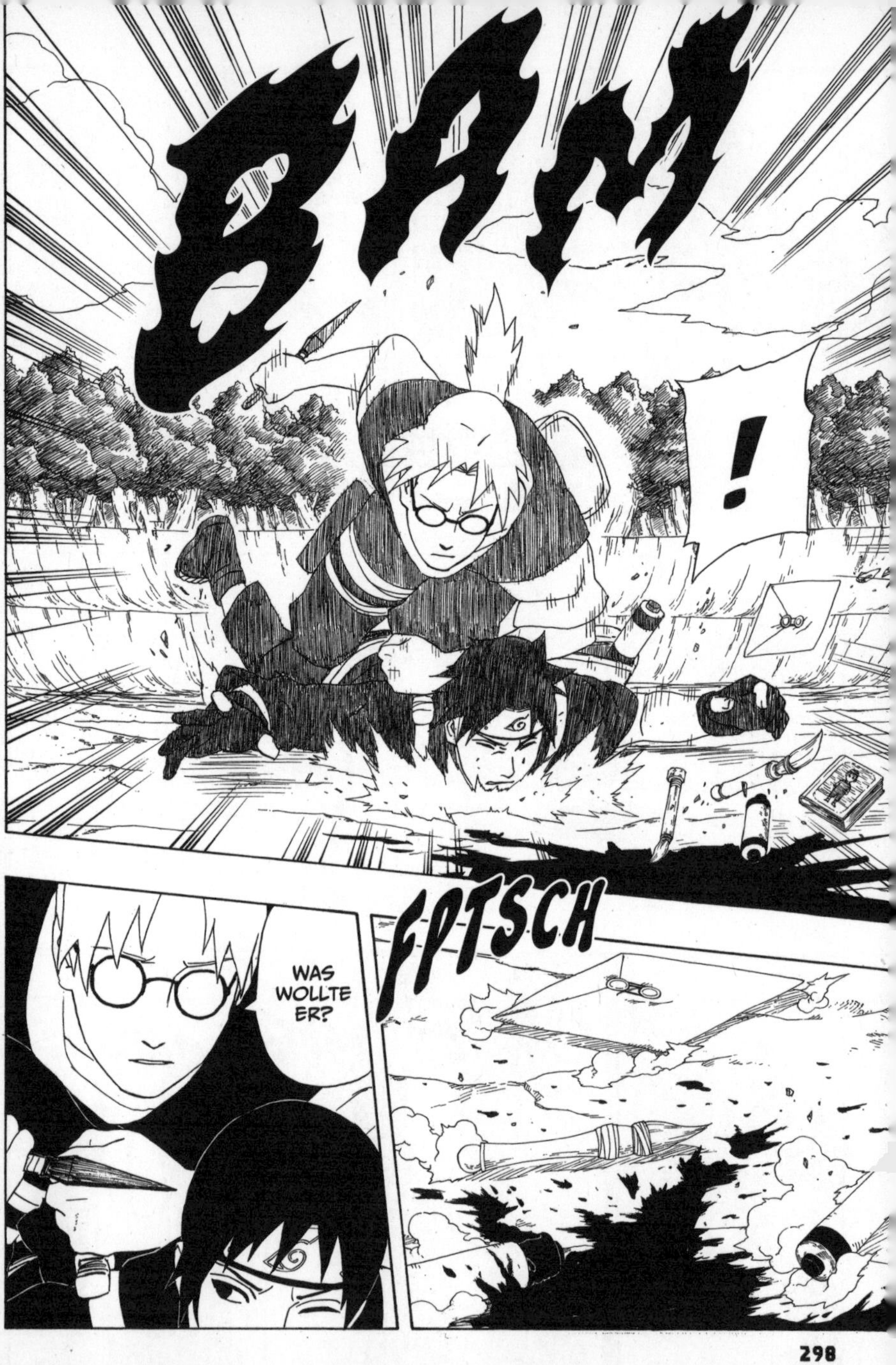
BAM
!
FPTSCH
WAS WOLLTE ER?

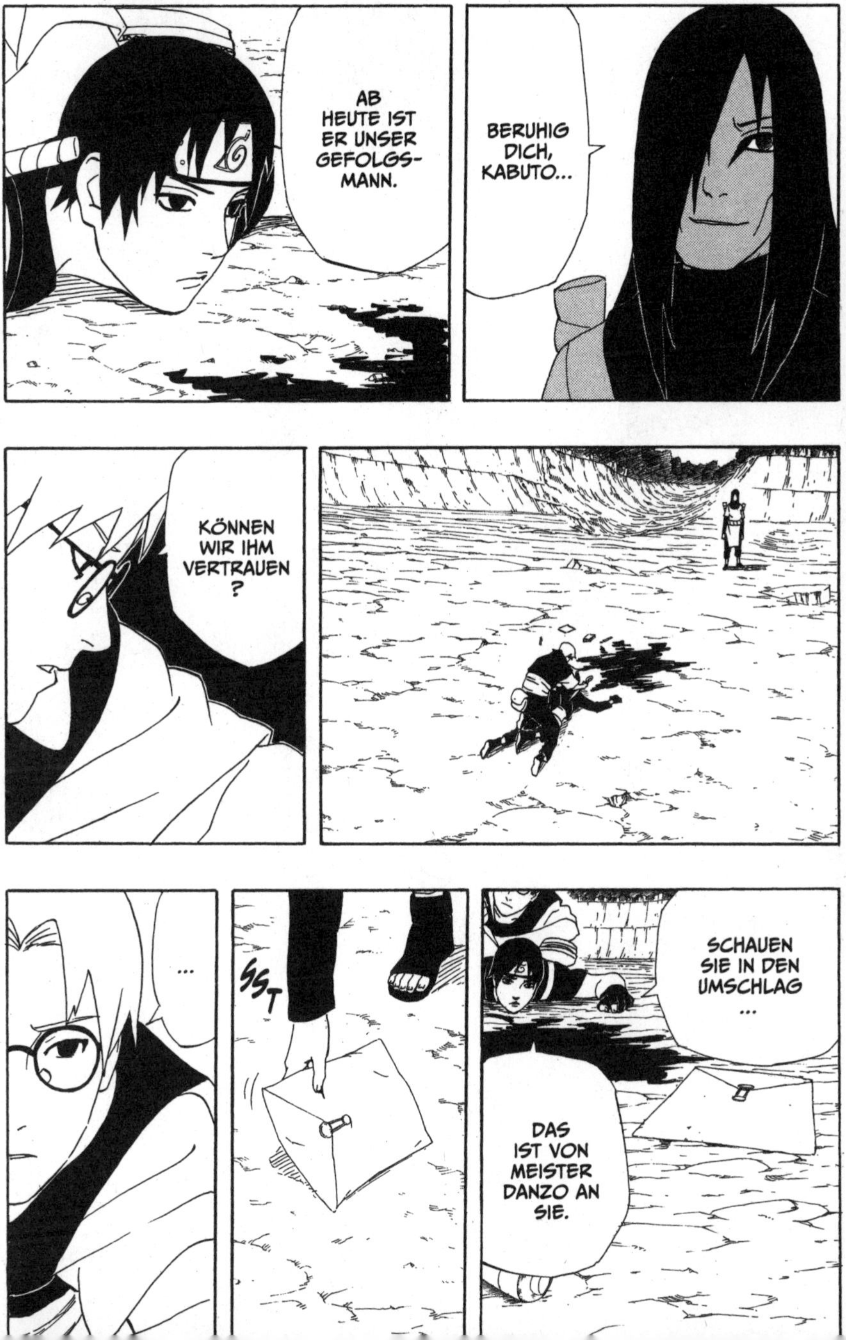
AB HEUTE IST ER UNSER GEFOLGS-MANN.
BERUHIG DICH, KABUTO...
KÖNNEN WIR IHM VERTRAUEN ?
...
SST
SCHAUEN SIE IN DEN UMSCHLAG ...
DAS IST VON MEISTER DANZO AN SIE.

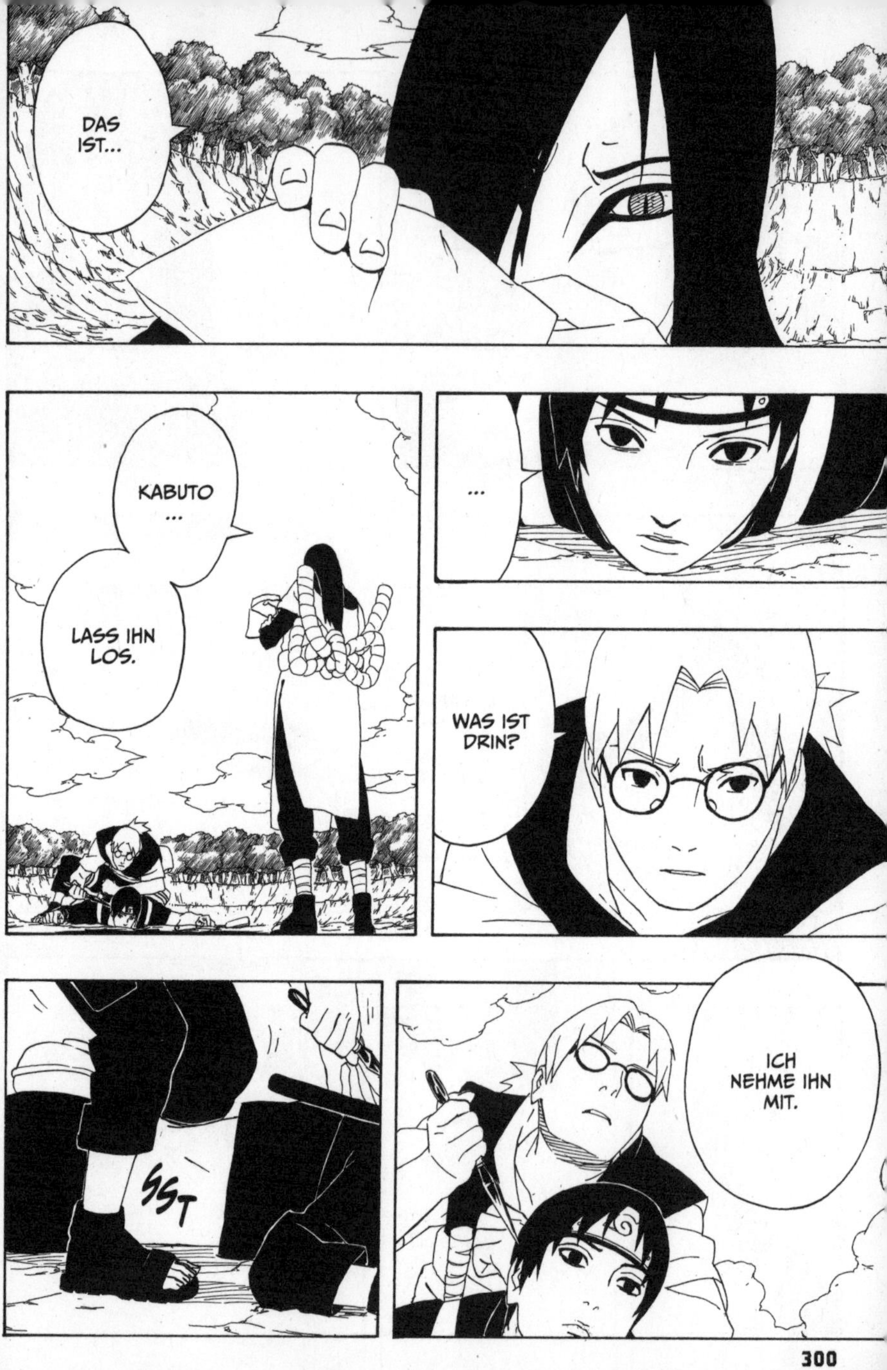
DAS IST...
...
KABUTO ...
LASS IHN LOS.
WAS IST DRIN?
ICH NEHME IHN MIT.
SST

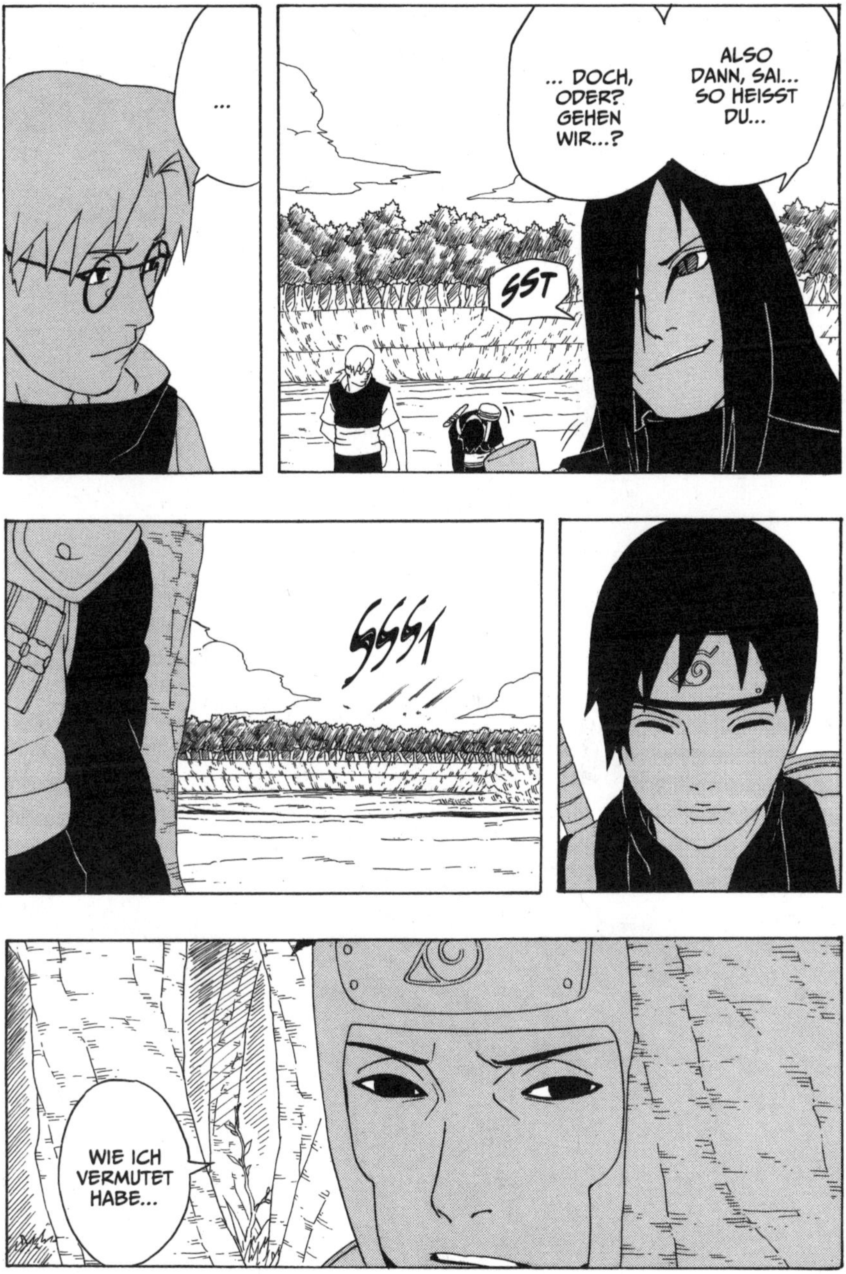
ALSO DANN, SAI... SO HEISST DU...
... DOCH, ODER? GEHEN WIR...?
SST
...
SSSI
WIE ICH VERMUTET HABE...

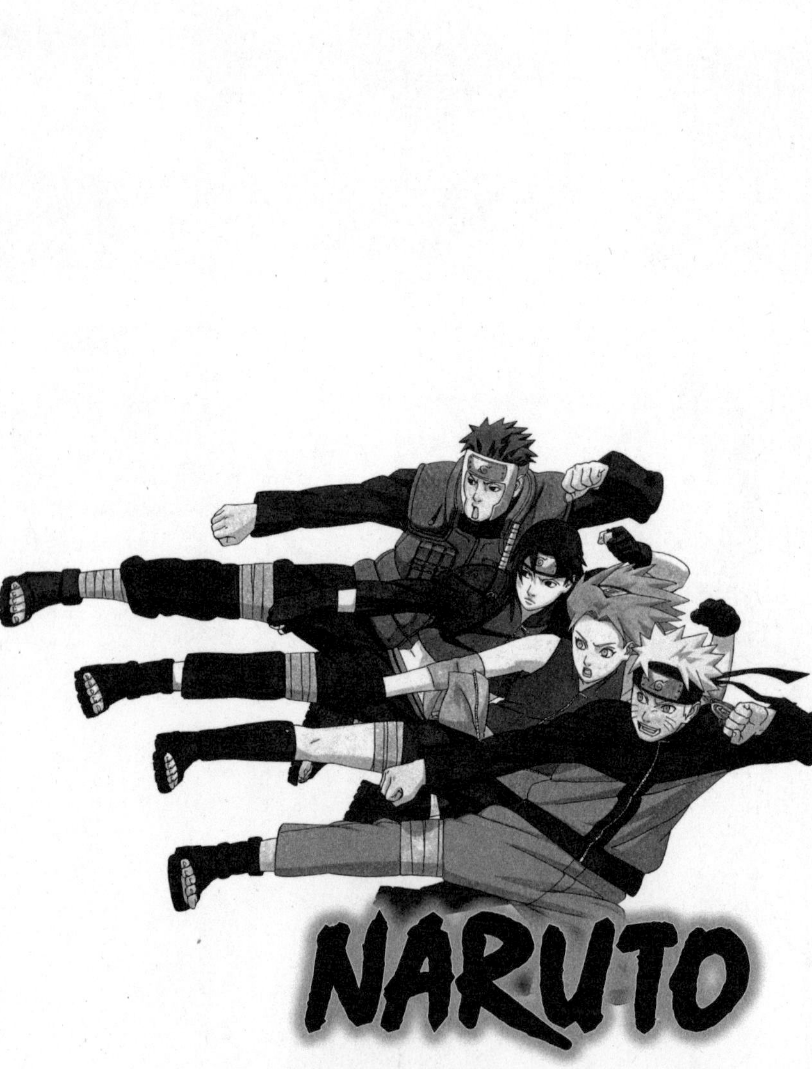

NARUTO

298. Kapitel: Ein Geheimauftrag

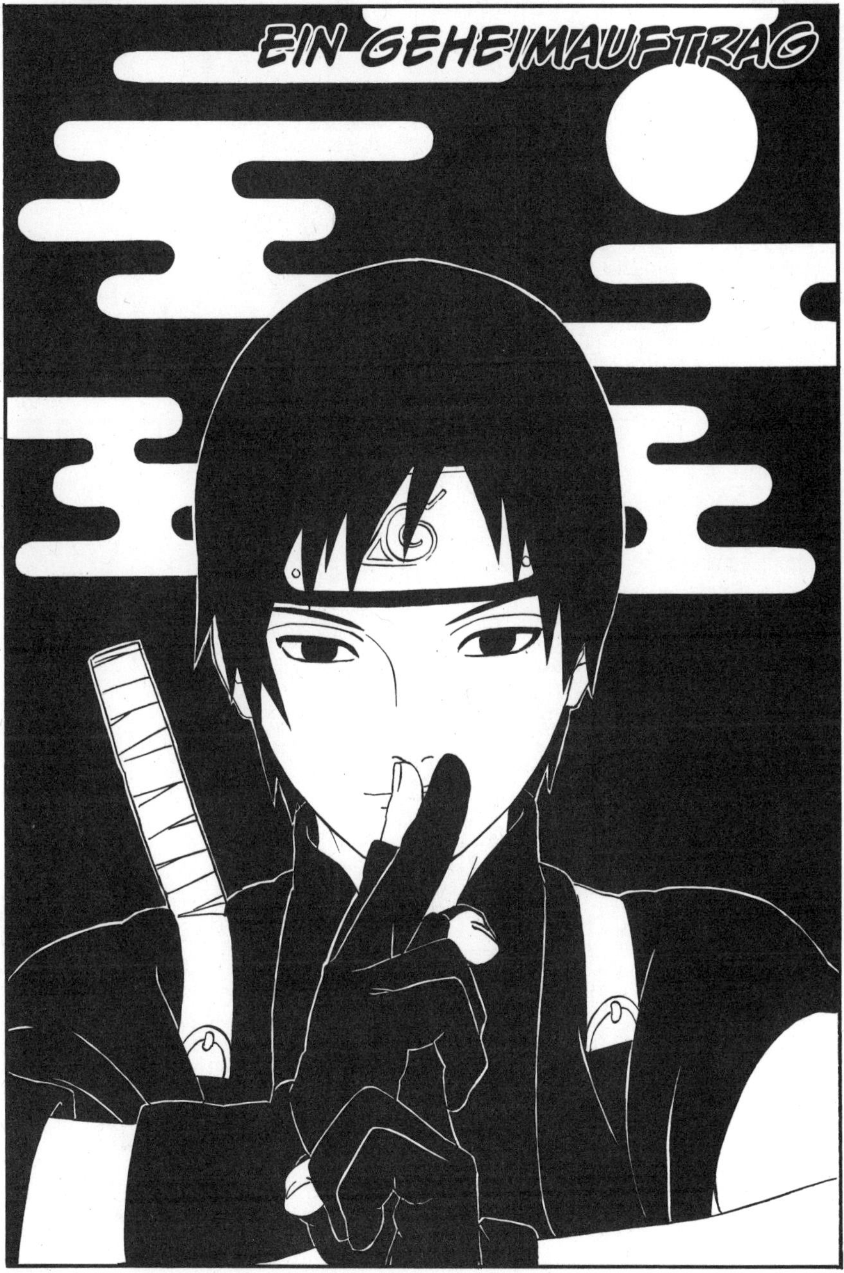

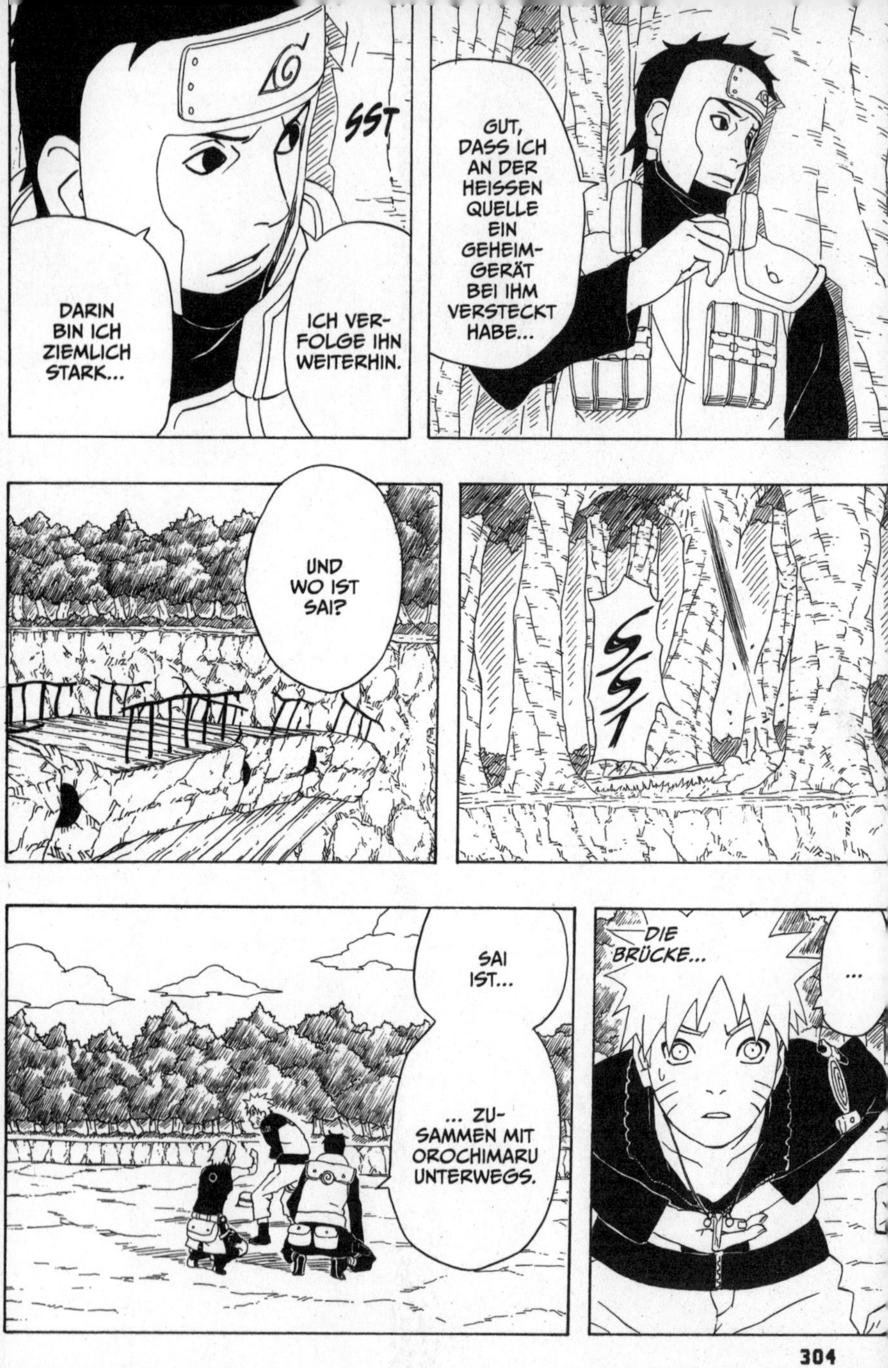
GUT, DASS ICH AN DER HEISSEN QUELLE EIN GEHEIM-GERÄT BEI IHM VERSTECKT HABE...
SST
ICH VER-FOLGE IHN WEITERHIN.
DARIN BIN ICH ZIEMLICH STARK...
SST
UND WO IST SAI?
...
DIE BRÜCKE...
SAI IST...
... ZU-SAMMEN MIT OROCHIMARU UNTERWEGS.

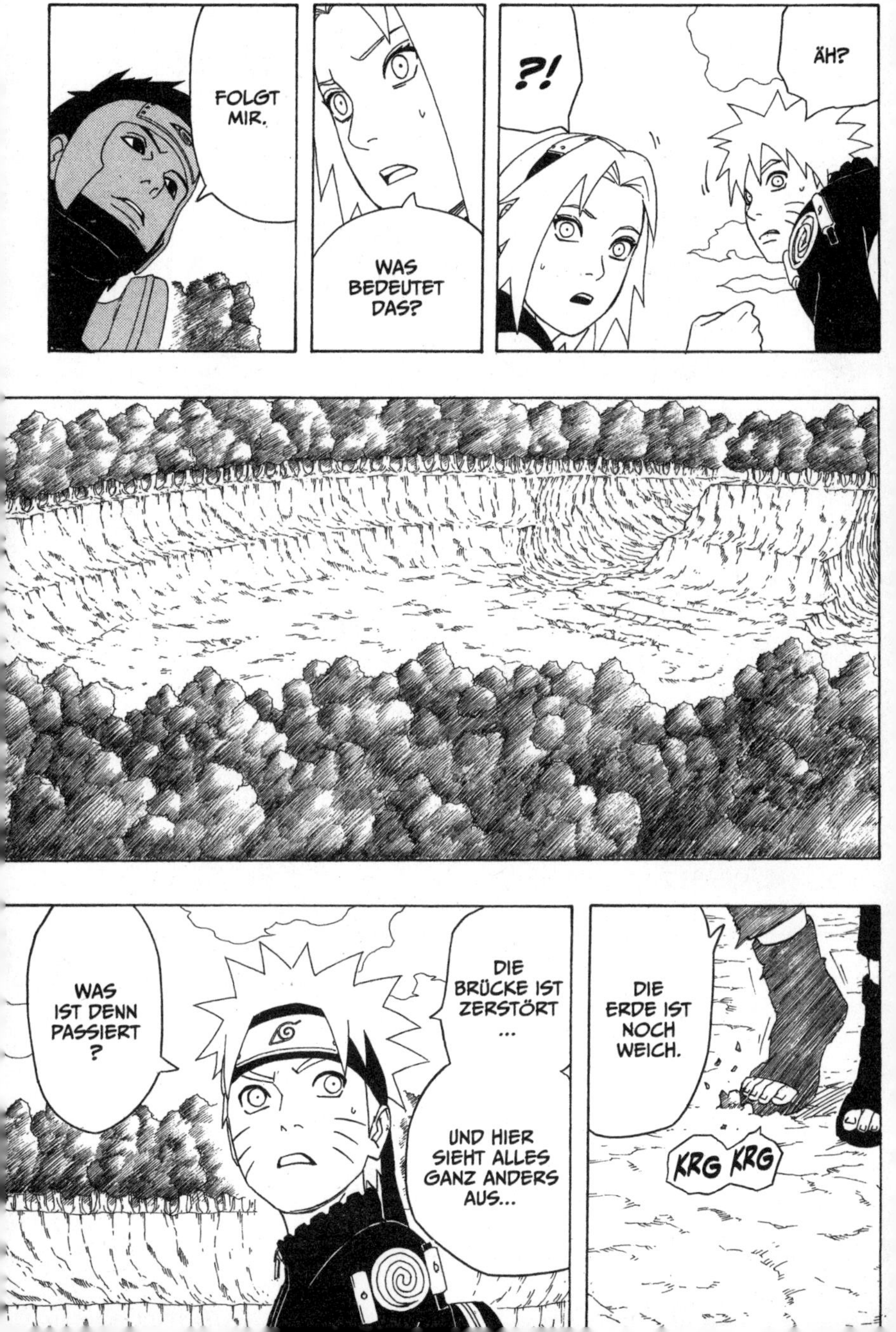
ÄH?
?!
WAS BEDEUTET DAS?
FOLGT MIR.
DIE ERDE IST NOCH WEICH.
KRG KRG
DIE BRÜCKE IST ZERSTÖRT ...
UND HIER SIEHT ALLES GANZ ANDERS AUS...
WAS IST DENN PASSIERT ?

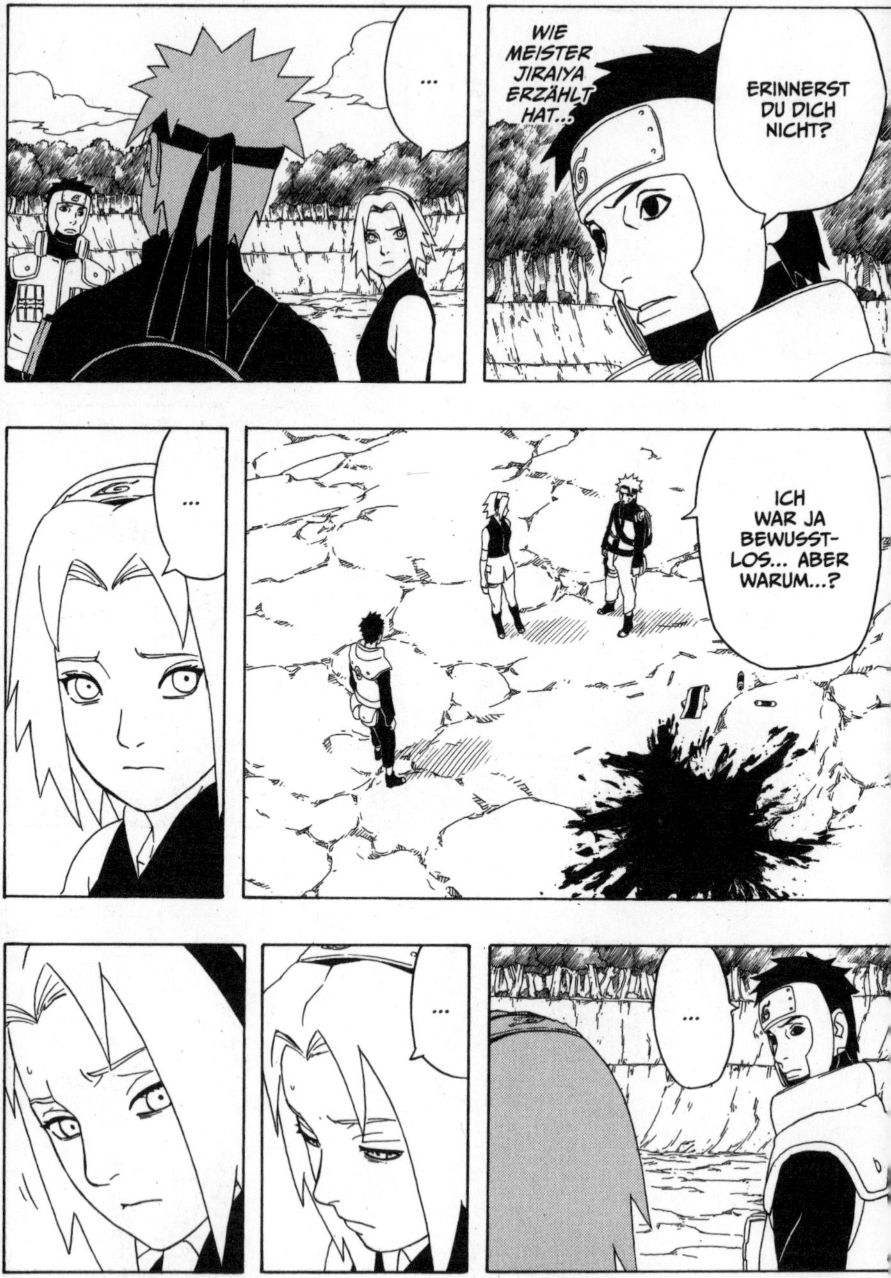
…
ERINNERST DU DICH NICHT?
WIE MEISTER JIRAIYA ERZÄHLT HAT…
ICH WAR JA BEWUSSTLOS… ABER WARUM…?
…
…
…

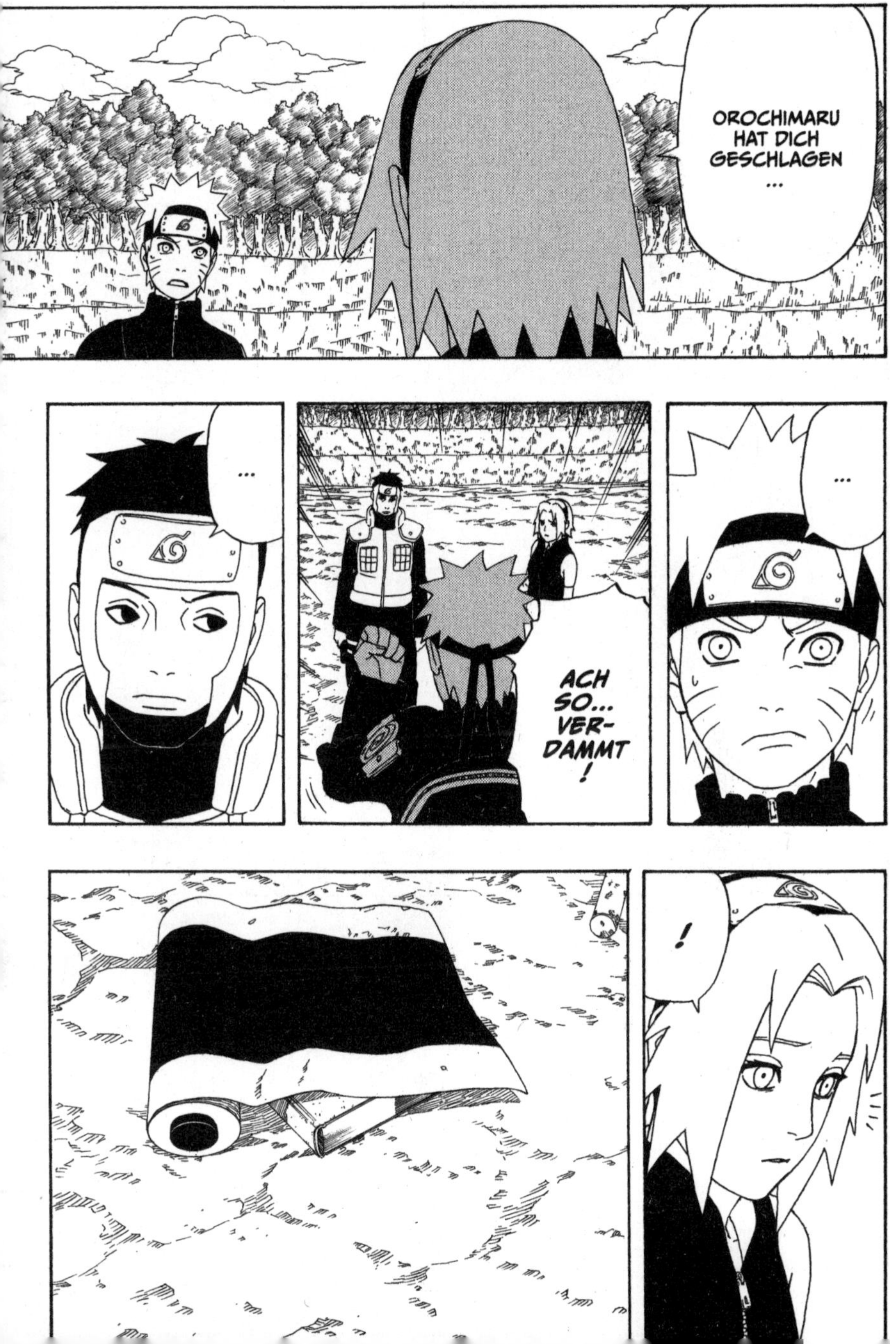
OROCHIMARU HAT DICH GESCHLAGEN …
…
ACH SO… VER-DAMMT!
…
!

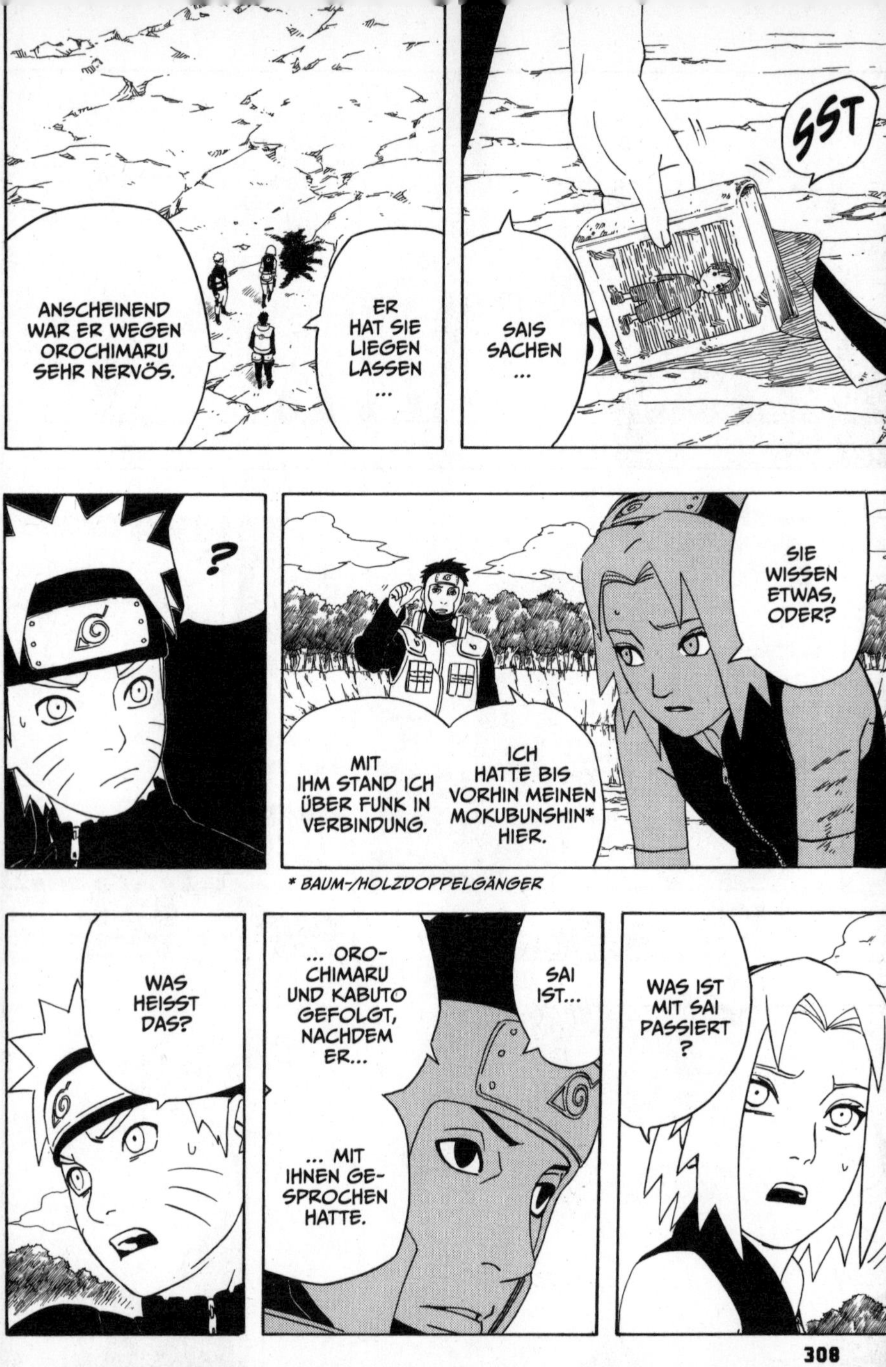

* BAUM-/HOLZDOPPELGÄNGER

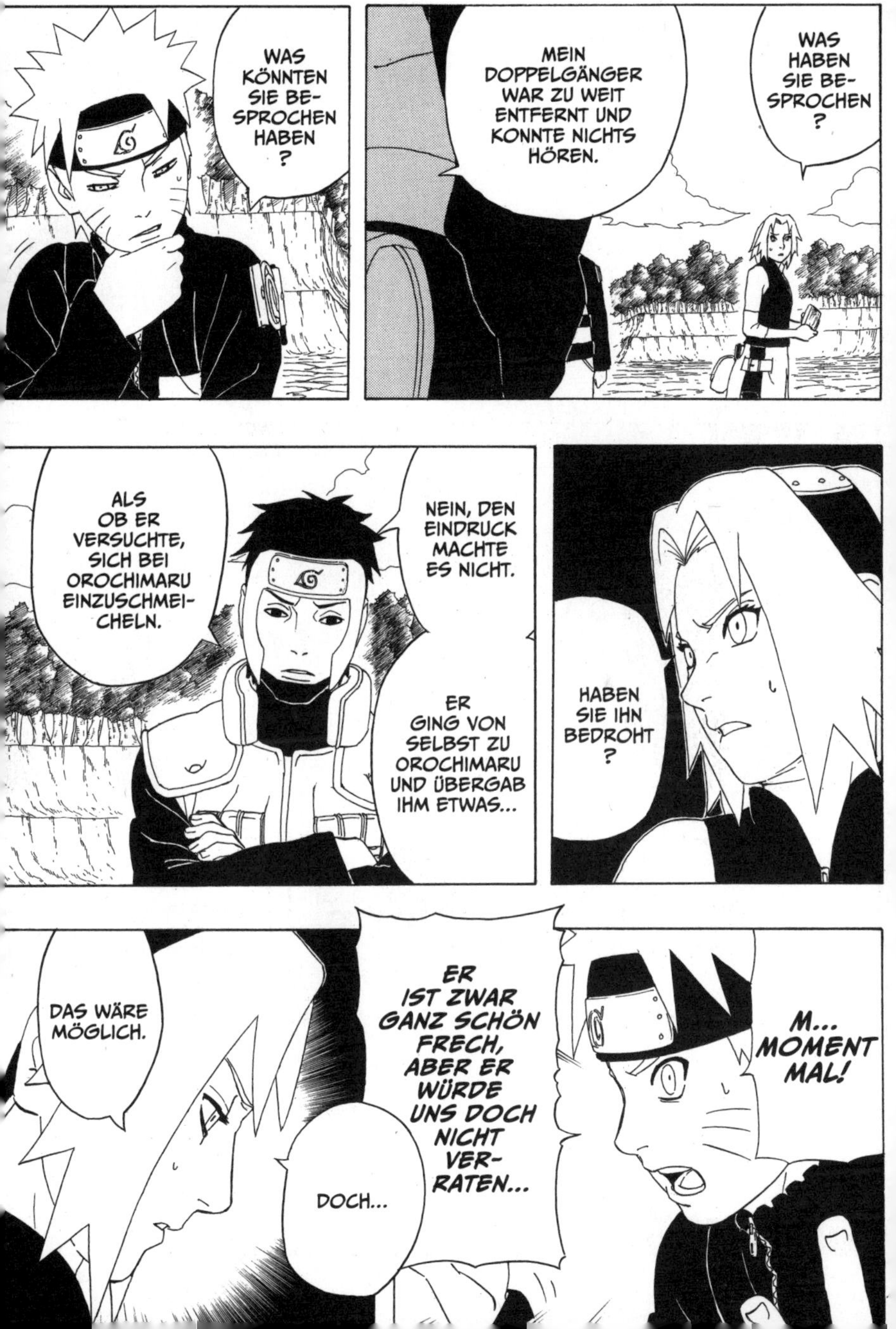
WAS HABEN SIE BE-SPROCHEN?
MEIN DOPPELGÄNGER WAR ZU WEIT ENTFERNT UND KONNTE NICHTS HÖREN.
WAS KÖNNTEN SIE BE-SPROCHEN HABEN?
HABEN SIE IHN BEDROHT?
NEIN, DEN EINDRUCK MACHTE ES NICHT.
ER GING VON SELBST ZU OROCHIMARU UND ÜBERGAB IHM ETWAS...
ALS OB ER VERSUCHTE, SICH BEI OROCHIMARU EINZUSCHMEI-CHELN.
M... MOMENT MAL!
ER IST ZWAR GANZ SCHÖN FRECH, ABER ER WÜRDE UNS DOCH NICHT VER-RATEN...
DOCH...
DAS WÄRE MÖGLICH.

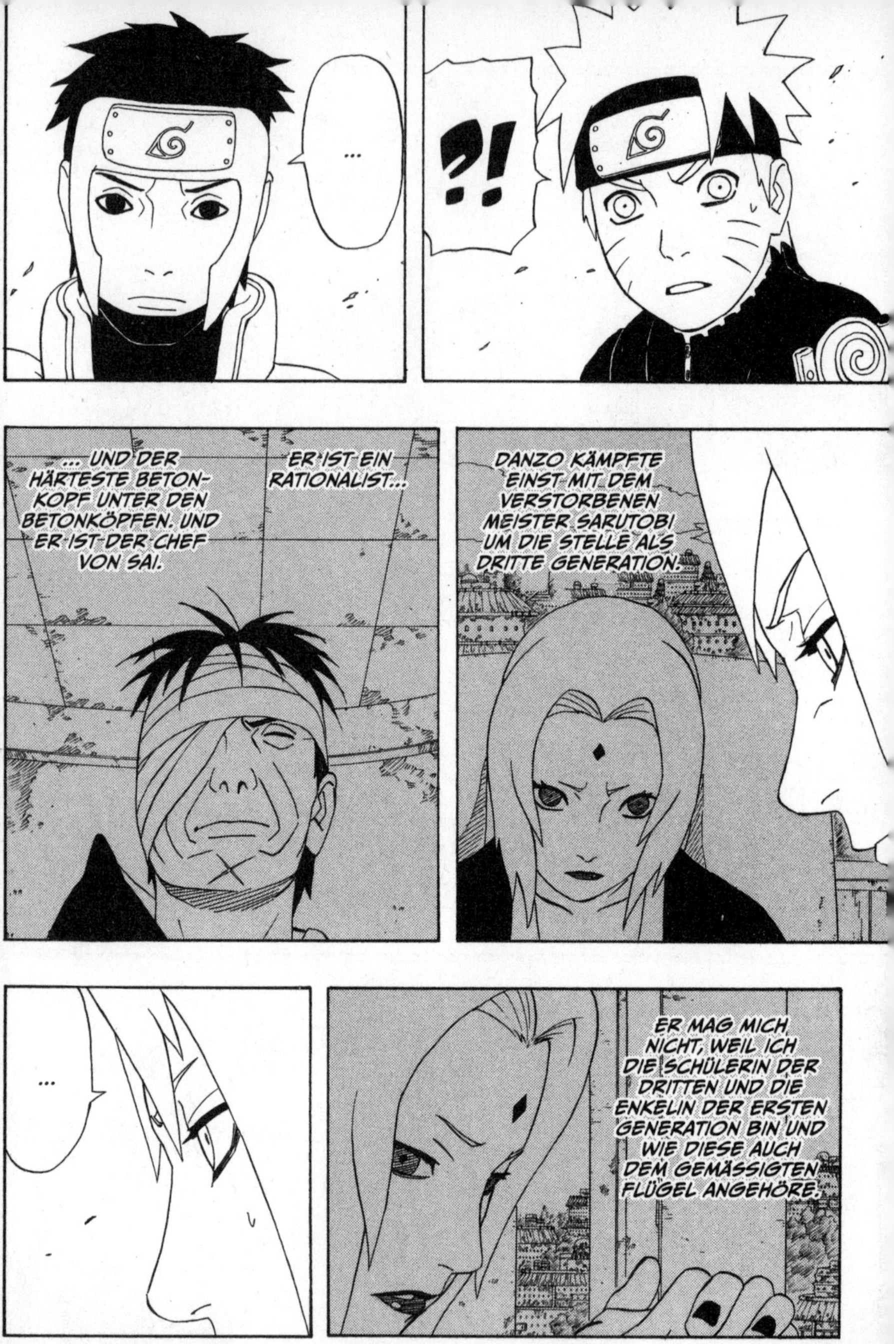
...
?!
ER IST EIN RATIONALIST...
... UND DER HÄRTESTE BETON-KOPF UNTER DEN BETONKÖPFEN. UND ER IST DER CHEF VON SAI.
DANZO KÄMPFTE EINST MIT DEM VERSTORBENEN MEISTER SARUTOBI UM DIE STELLE ALS DRITTE GENERATION.
ER MAG MICH NICHT, WEIL ICH DIE SCHÜLERIN DER DRITTEN UND DIE ENKELIN DER ERSTEN GENERATION BIN UND WIE DIESE AUCH DEM GEMÄSSIGTEN FLÜGEL ANGEHÖRE.
...

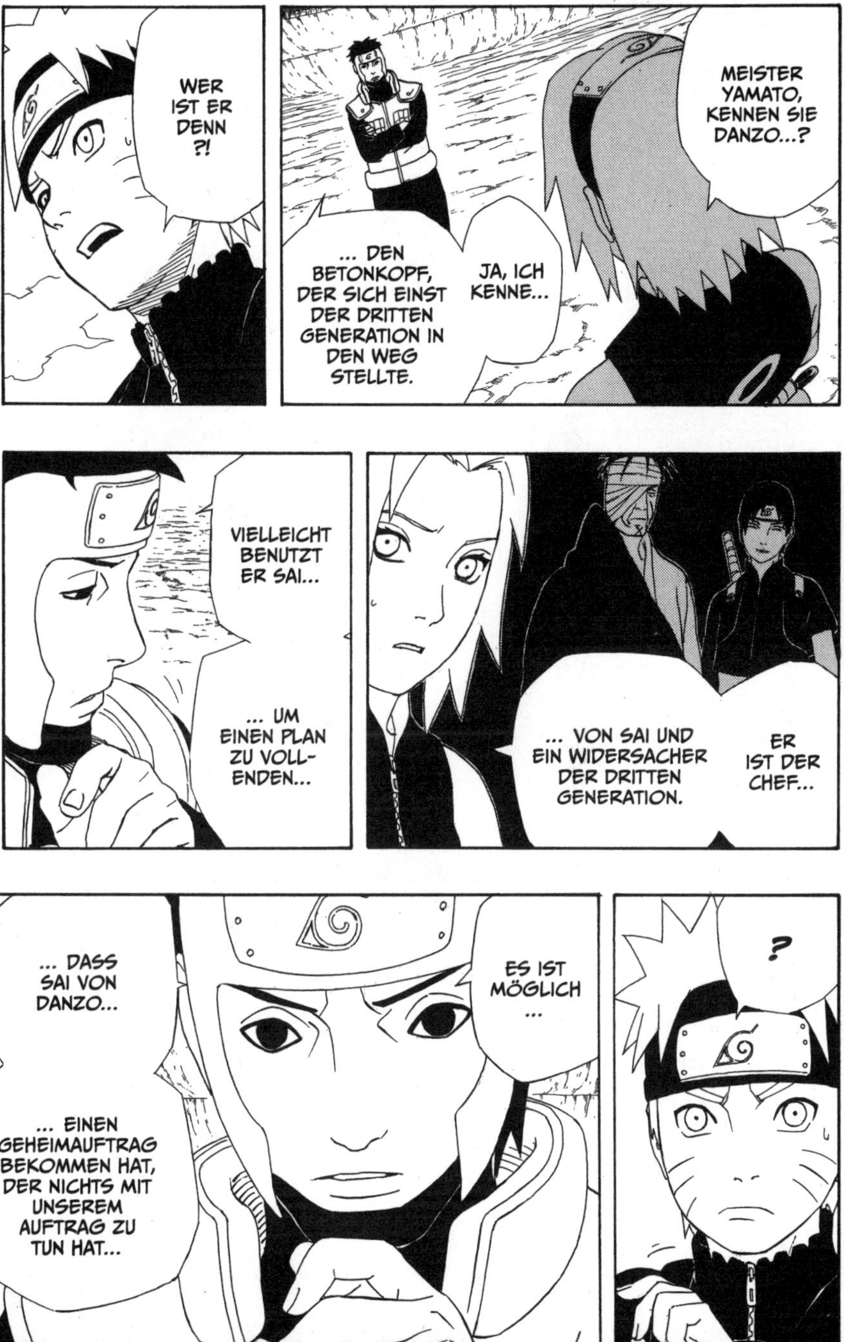
MEISTER YAMATO, KENNEN SIE DANZO...?
JA, ICH KENNE...
... DEN BETONKOPF, DER SICH EINST DER DRITTEN GENERATION IN DEN WEG STELLTE.
WER IST ER DENN ?!
ER IST DER CHEF...
... VON SAI UND EIN WIDERSACHER DER DRITTEN GENERATION.
VIELLEICHT BENUTZT ER SAI...
... UM EINEN PLAN ZU VOLL-ENDEN...
?
ES IST MÖGLICH ...
... DASS SAI VON DANZO...
... EINEN GEHEIMAUFTRAG BEKOMMEN HAT, DER NICHTS MIT UNSEREM AUFTRAG ZU TUN HAT...

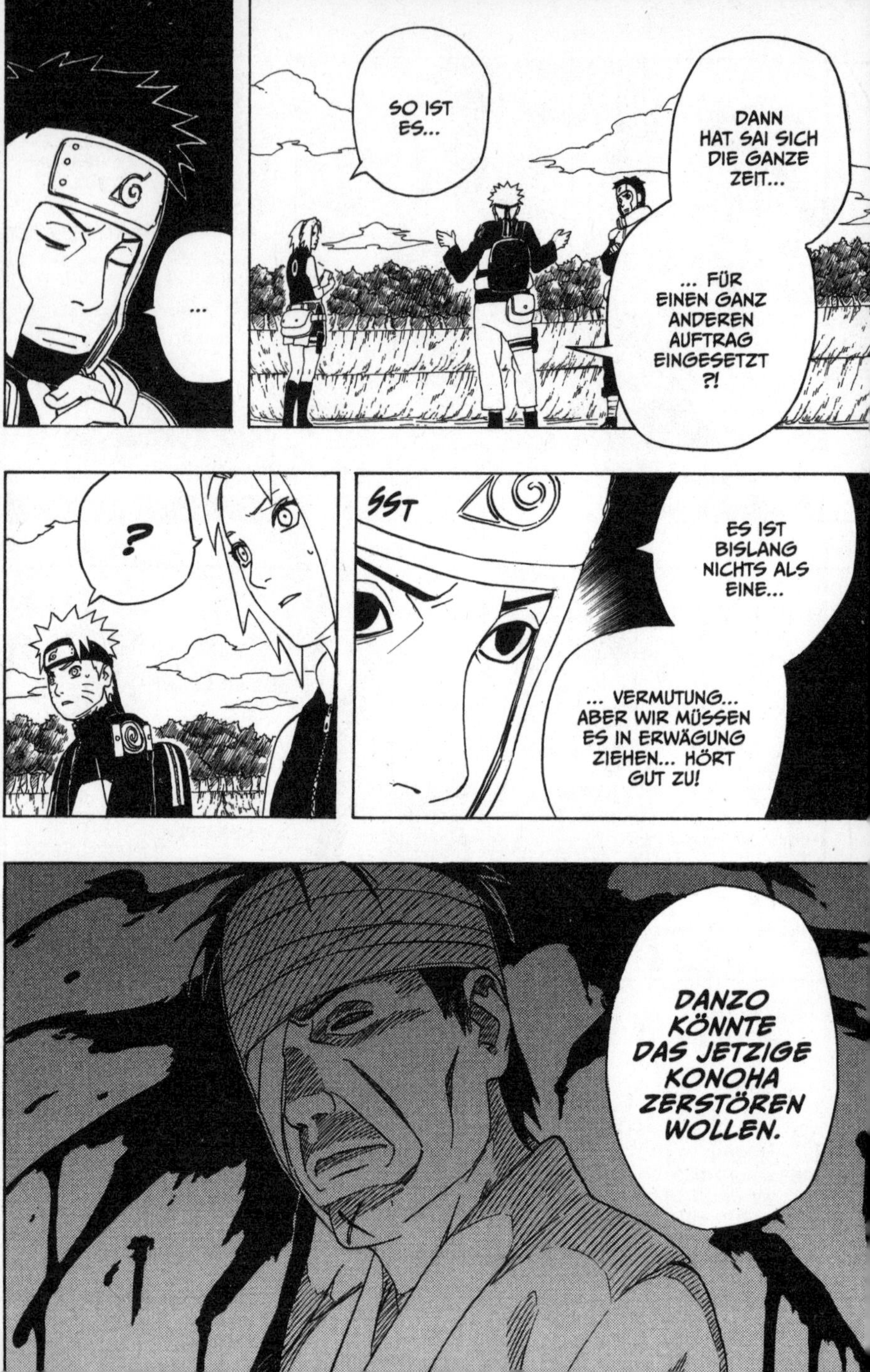
DANN HAT SAI SICH DIE GANZE ZEIT...
... FÜR EINEN GANZ ANDEREN AUFTRAG EINGESETZT ?!
SO IST ES...
...
ES IST BISLANG NICHTS ALS EINE...
... VERMUTUNG... ABER WIR MÜSSEN ES IN ERWÄGUNG ZIEHEN... HÖRT GUT ZU!
SST
?
DANZO KÖNNTE DAS JETZIGE KONOHA ZERSTÖREN WOLLEN.

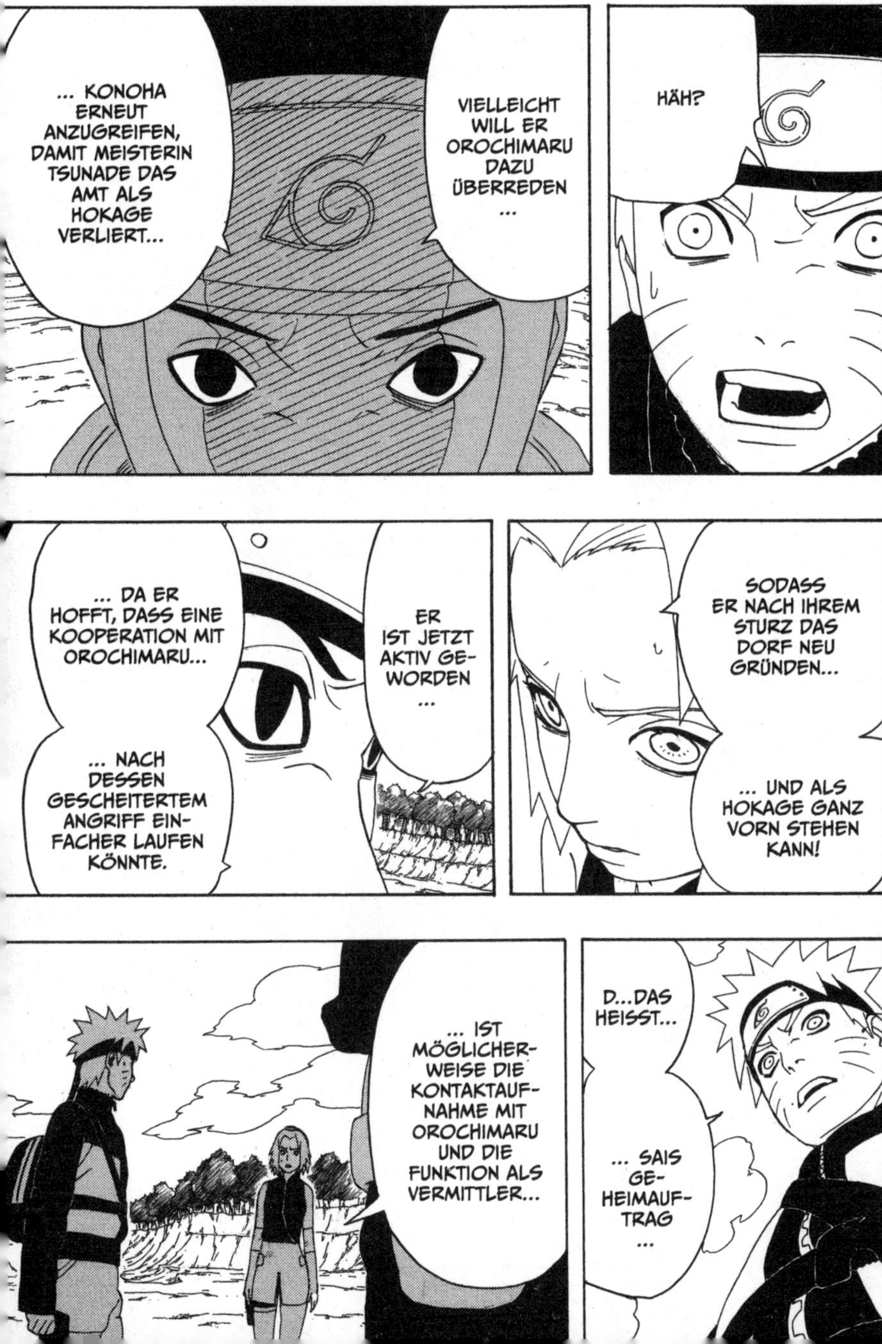
HÄH?
VIELLEICHT WILL ER OROCHIMARU DAZU ÜBERREDEN ...
... KONOHA ERNEUT ANZUGREIFEN, DAMIT MEISTERIN TSUNADE DAS AMT ALS HOKAGE VERLIERT...
SODASS ER NACH IHREM STURZ DAS DORF NEU GRÜNDEN...
... UND ALS HOKAGE GANZ VORN STEHEN KANN!
ER IST JETZT AKTIV GE-WORDEN ...
... DA ER HOFFT, DASS EINE KOOPERATION MIT OROCHIMARU...
... NACH DESSEN GESCHEITERTEM ANGRIFF EIN-FACHER LAUFEN KÖNNTE.
D...DAS HEISST...
... SAIS GE-HEIMAUF-TRAG ...
... IST MÖGLICHER-WEISE DIE KONTAKTAUF-NAHME MIT OROCHIMARU UND DIE FUNKTION ALS VERMITTLER...

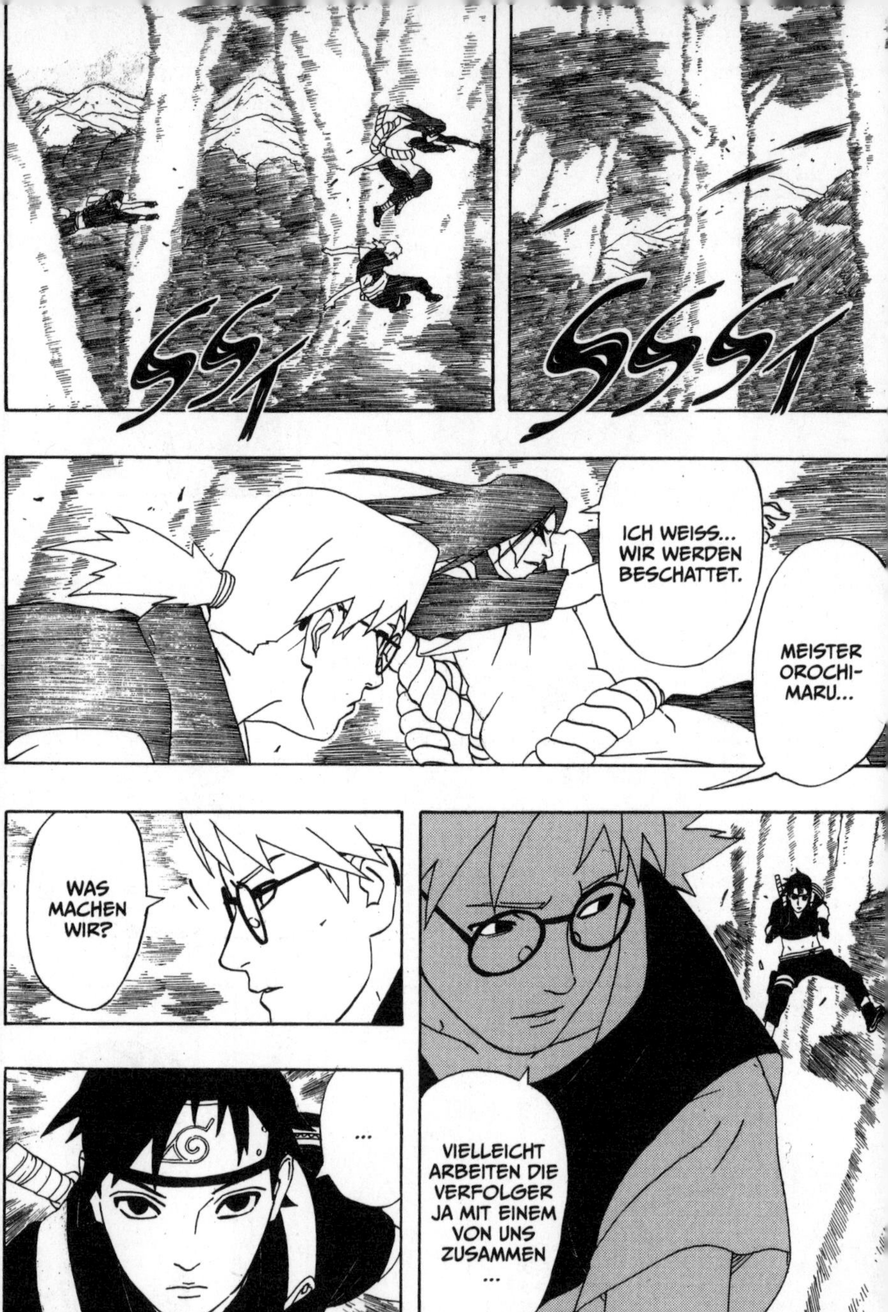
SSSI
SSSSI
MEISTER OROCHI-MARU...
ICH WEISS... WIR WERDEN BESCHATTET.
VIELLEICHT ARBEITEN DIE VERFOLGER JA MIT EINEM VON UNS ZUSAMMEN ...
WAS MACHEN WIR?
...

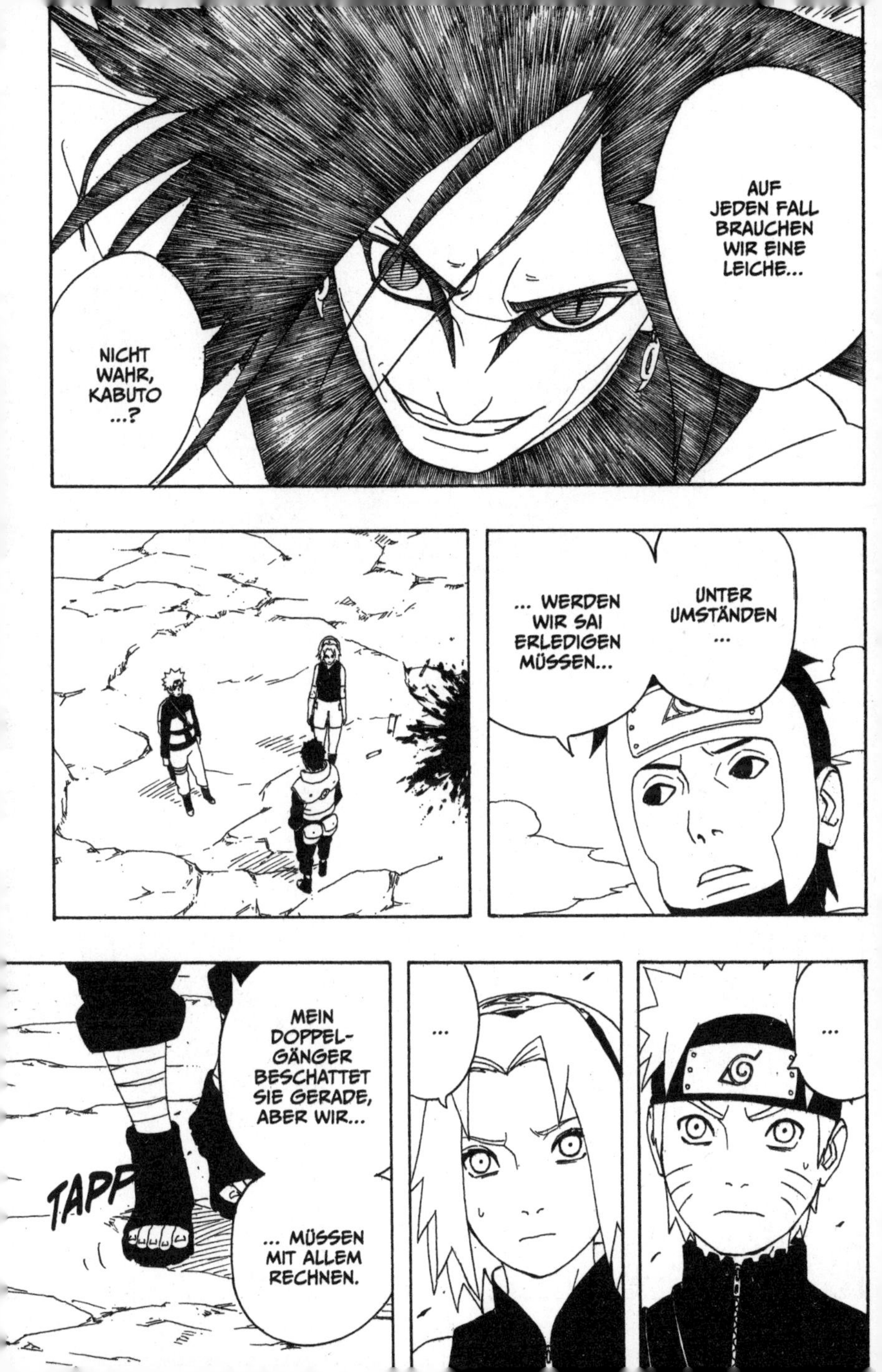
AUF JEDEN FALL BRAUCHEN WIR EINE LEICHE...
NICHT WAHR, KABUTO ...?
UNTER UMSTÄNDEN ...
... WERDEN WIR SAI ERLEDIGEN MÜSSEN...
...
...
MEIN DOPPEL-GÄNGER BESCHATTET SIE GERADE, ABER WIR...
... MÜSSEN MIT ALLEM RECHNEN.
TAPP

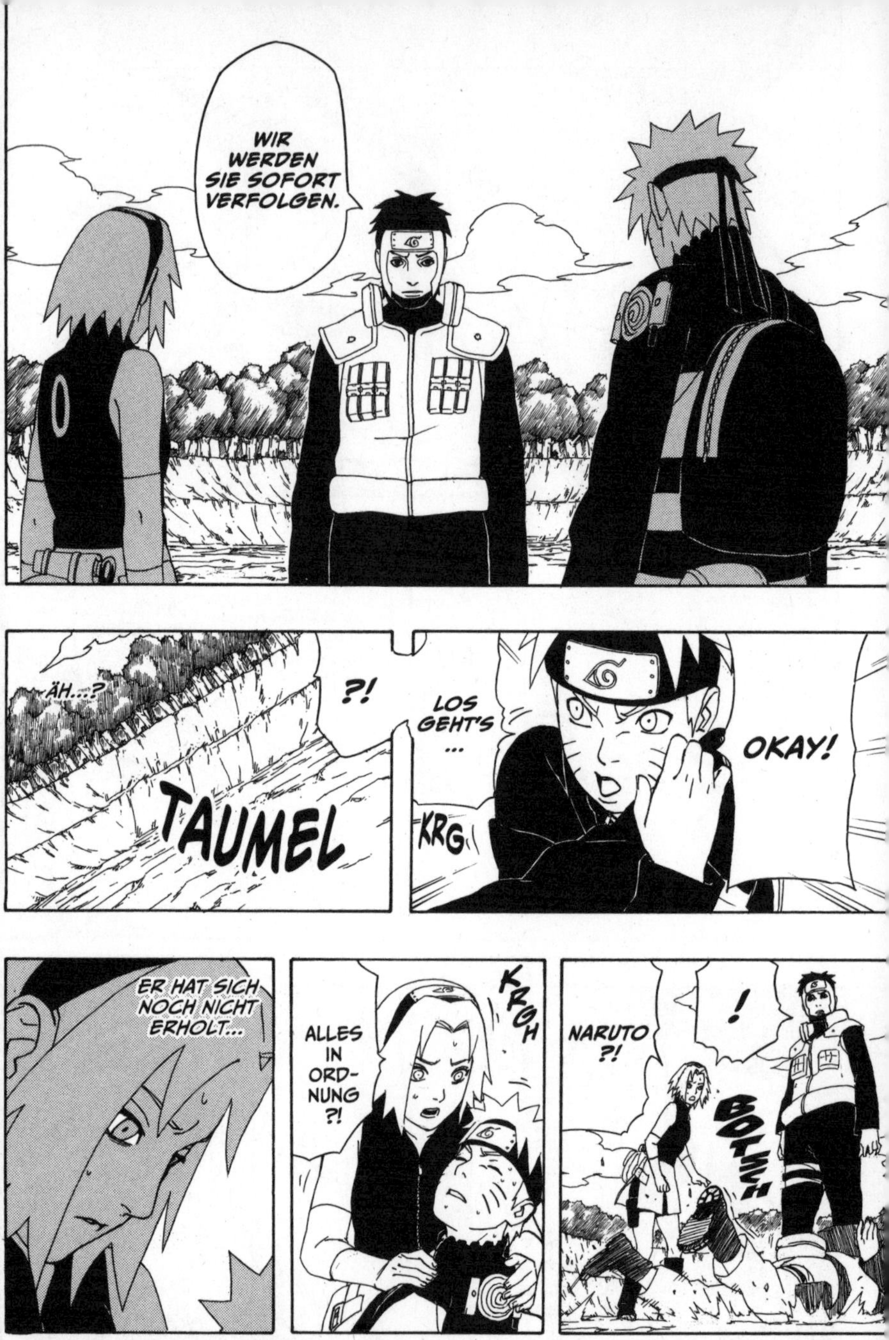
WIR WERDEN SIE SOFORT VERFOLGEN.
OKAY!
LOS GEHT'S ...
KRG
?!
ÄH...?
TAUMEL
!
NARUTO ?!
BOTSCH
KRGH
ALLES IN ORDNUNG ?!
ER HAT SICH NOCH NICHT ERHOLT...

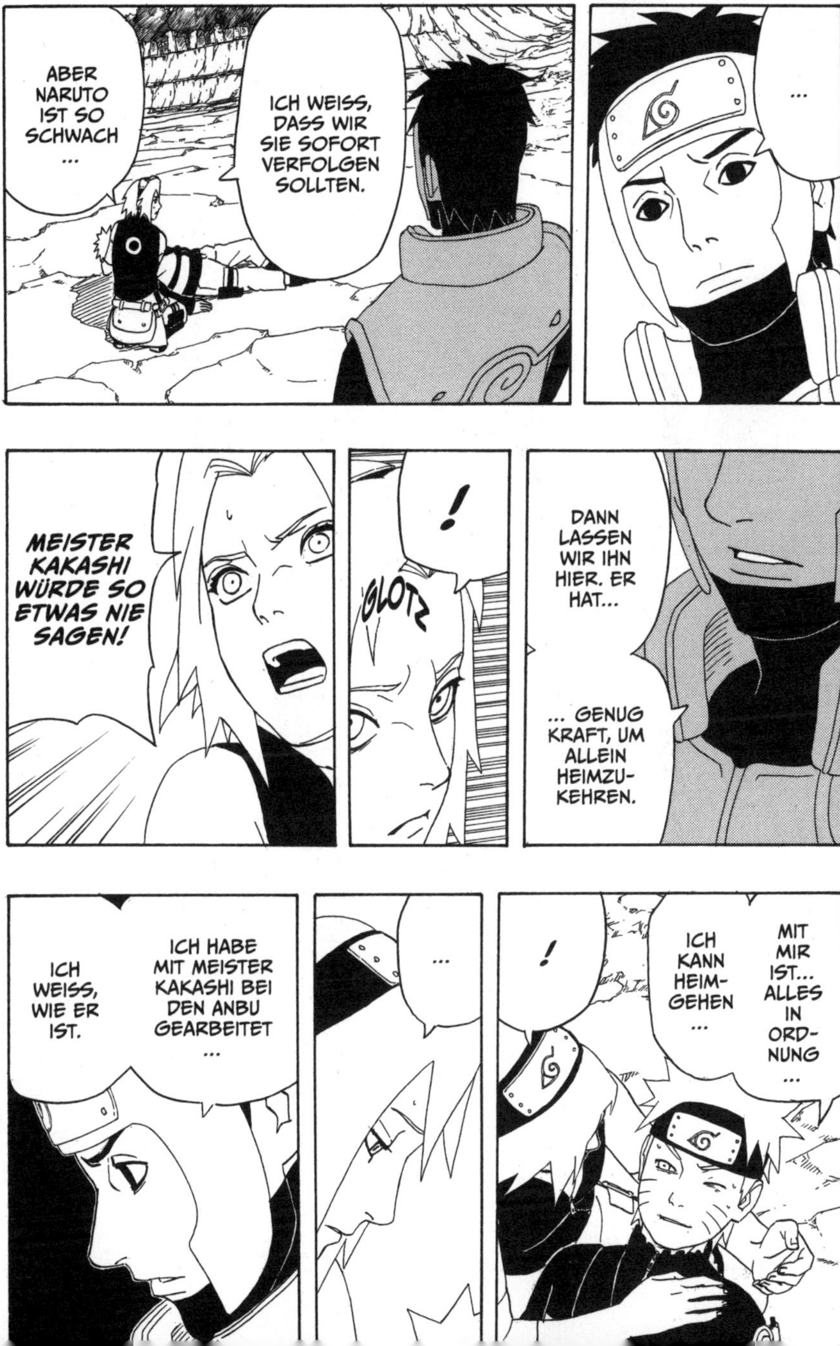
...
ICH WEISS, DASS WIR SIE SOFORT VERFOLGEN SOLLTEN.
ABER NARUTO IST SO SCHWACH ...
DANN LASSEN WIR IHN HIER. ER HAT...
... GENUG KRAFT, UM ALLEIN HEIMZUKEHREN.
!
GLOTZ
MEISTER KAKASHI WÜRDE SO ETWAS NIE SAGEN!
MIT MIR IST... ALLES IN ORDNUNG ...
ICH KANN HEIMGEHEN ...
!
...
ICH HABE MIT MEISTER KAKASHI BEI DEN ANBU GEARBEITET ...
ICH WEISS, WIE ER IST.

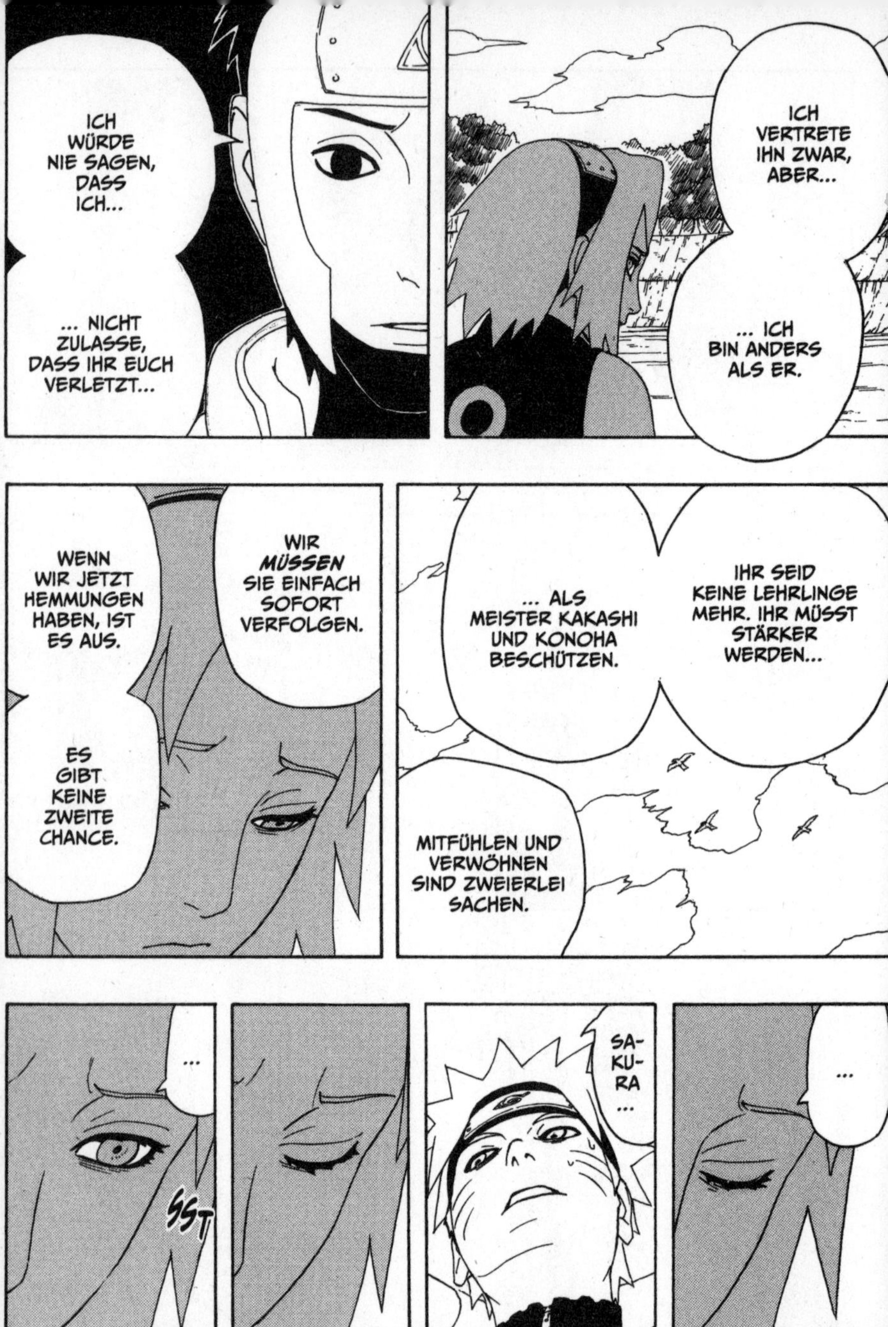
ICH VERTRETE IHN ZWAR, ABER...
... ICH BIN ANDERS ALS ER.
ICH WÜRDE NIE SAGEN, DASS ICH...
... NICHT ZULASSE, DASS IHR EUCH VERLETZT...
IHR SEID KEINE LEHRLINGE MEHR. IHR MÜSST STÄRKER WERDEN...
... ALS MEISTER KAKASHI UND KONOHA BESCHÜTZEN.
MITFÜHLEN UND VERWÖHNEN SIND ZWEIERLEI SACHEN.
WIR *MÜSSEN* SIE EINFACH SOFORT VERFOLGEN.
WENN WIR JETZT HEMMUNGEN HABEN, IST ES AUS.
ES GIBT KEINE ZWEITE CHANCE.
...
SA-KU-RA...
...
SST

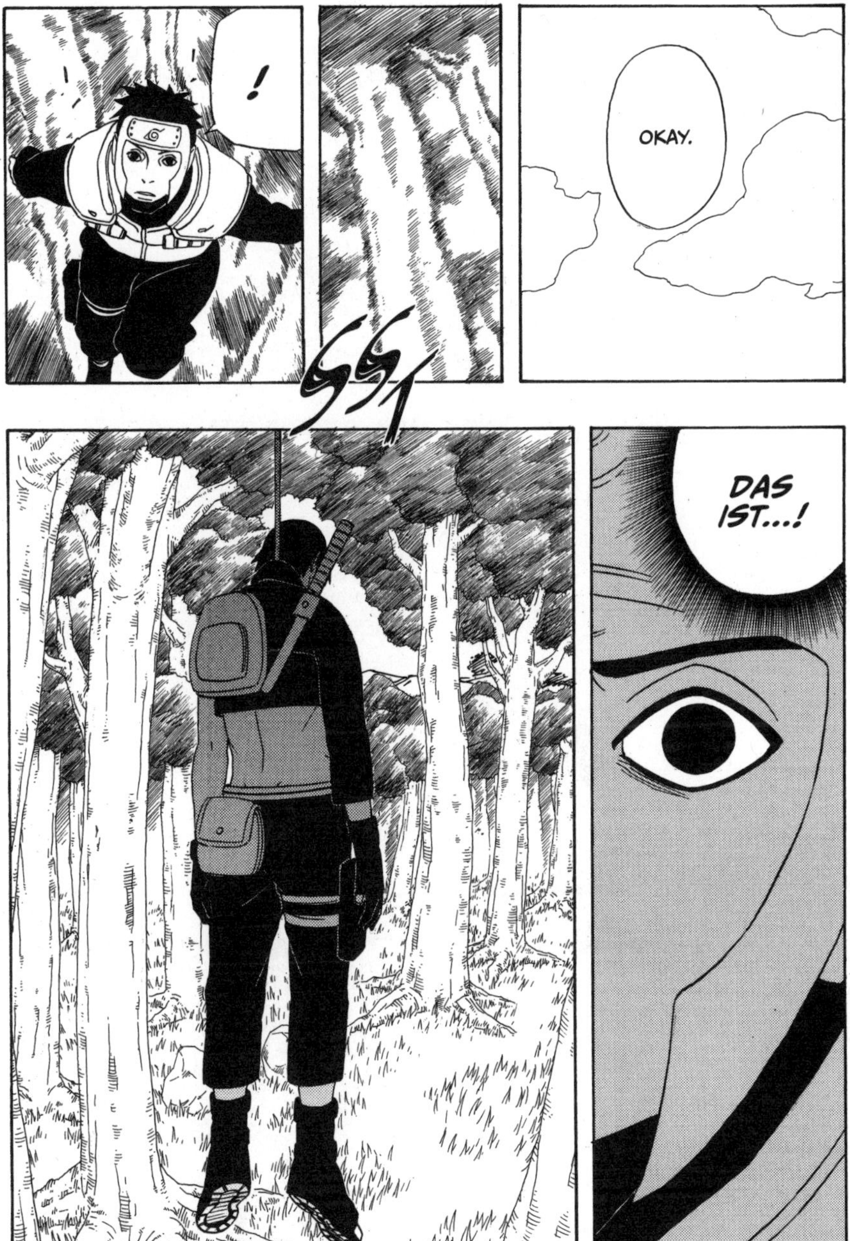
!
OKAY.
DAS IST...!

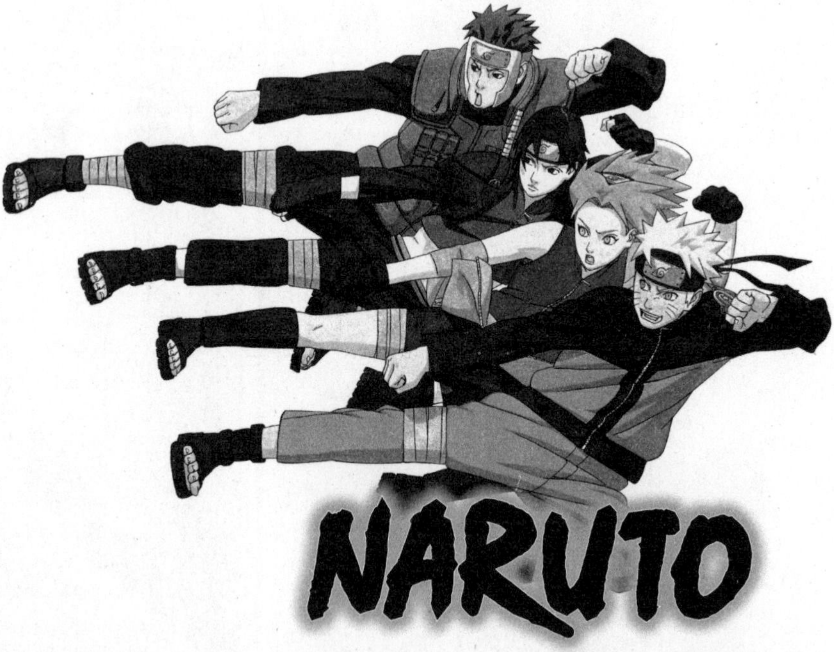
NARUTO

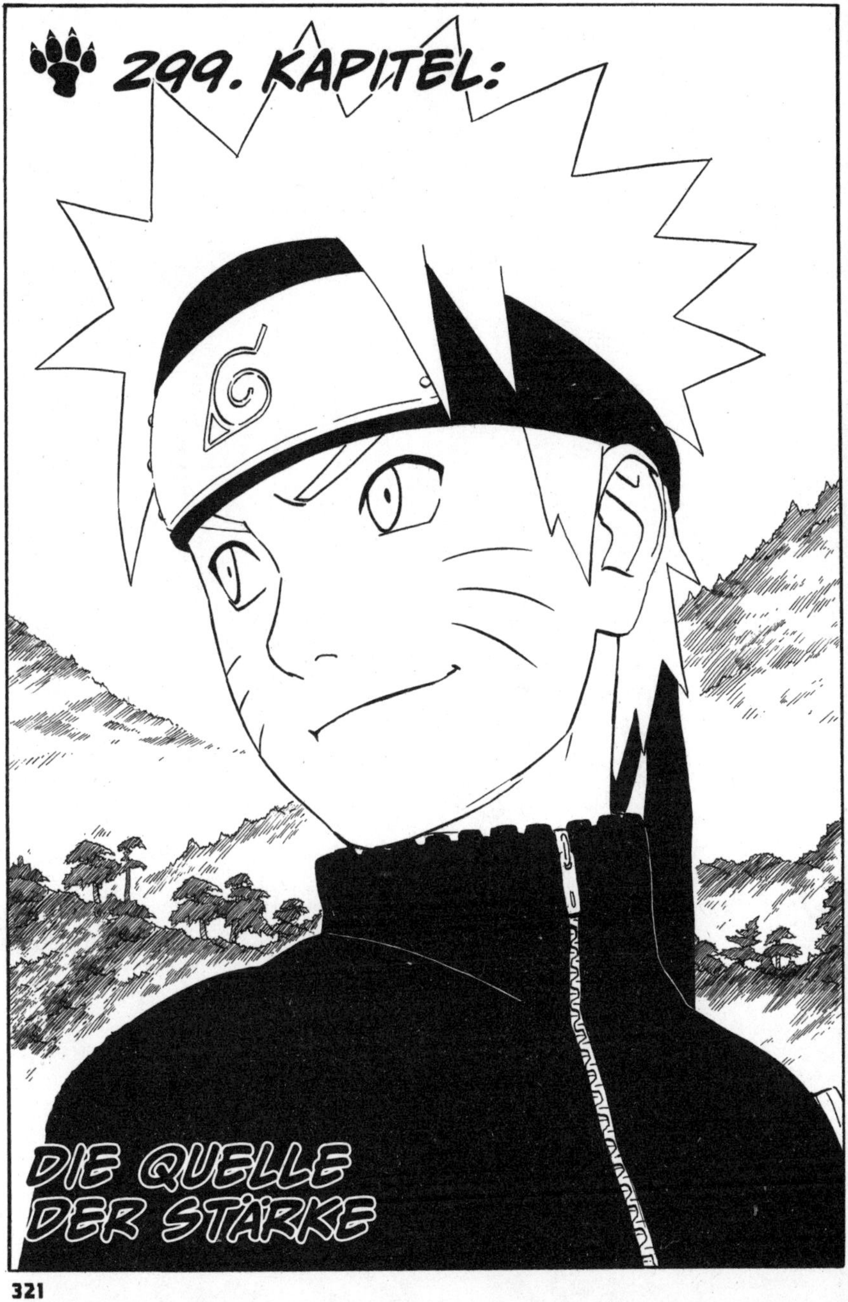
299. KAPITEL:
DIE QUELLE
DER STÄRKE

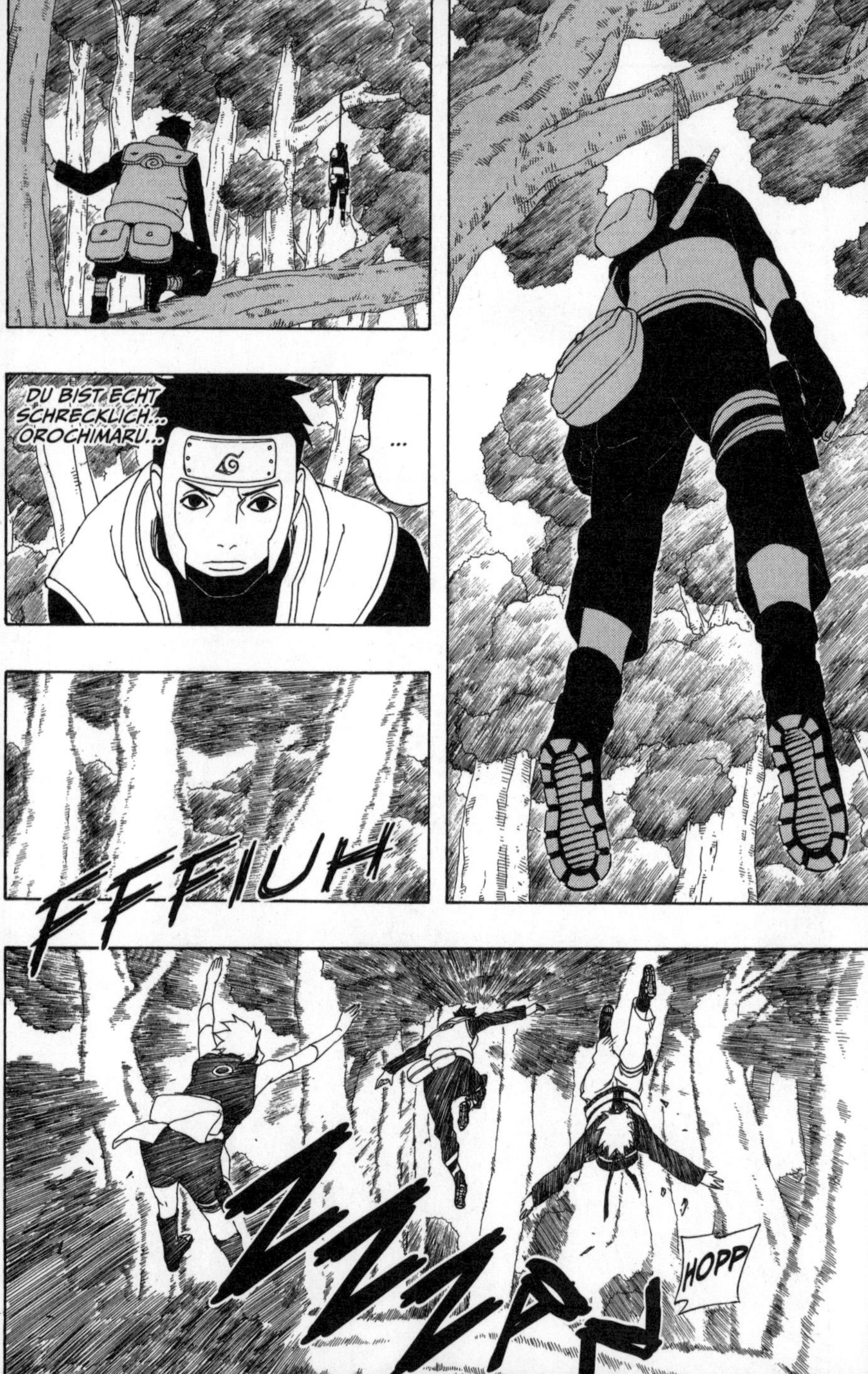
DU BIST ECHT SCHRECKLICH... OROCHIMARU...
...
FFFIUH
HOPP
WUMP

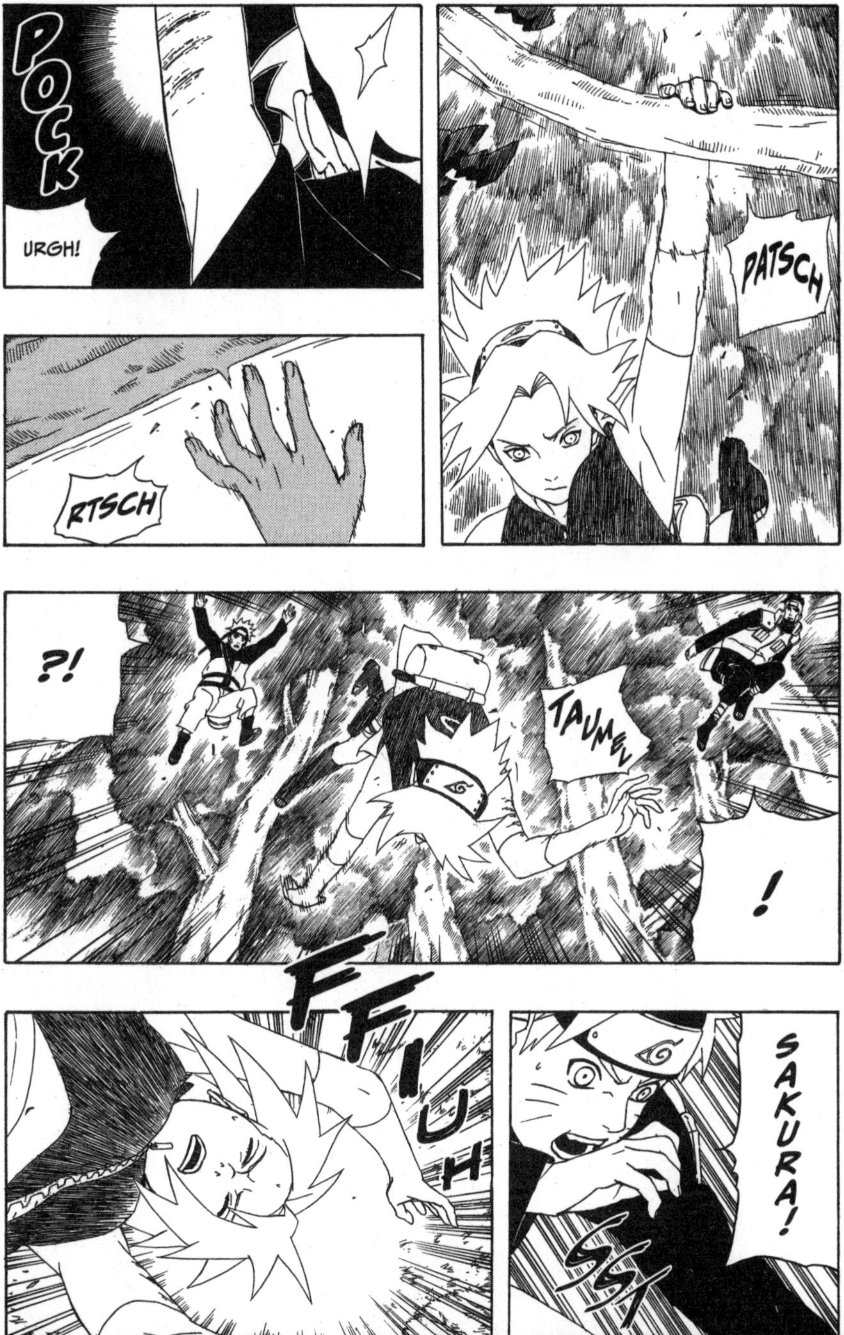

PATSCH
POCK
URGH!
RTSCH
!
TAUMEL
?!
SAKURA!
SSSK
FFIUH

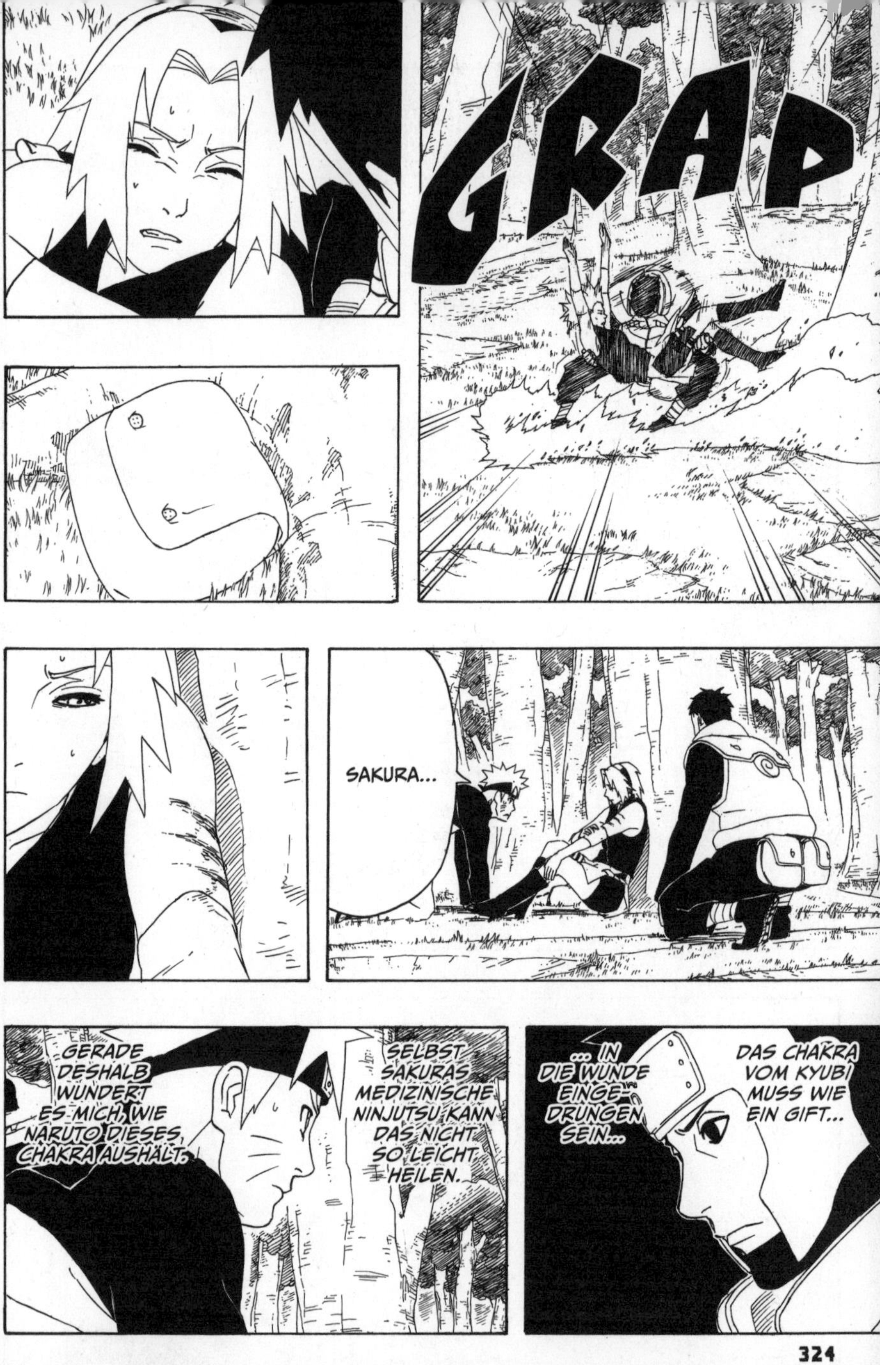
GRAP
SAKURA...
DAS CHAKRA VOM KYUBI MUSS WIE EIN GIFT...
... IN DIE WUNDE EINGE-DRUNGEN SEIN...
SELBST SAKURAS MEDIZINISCHE NINJUTSU KANN DAS NICHT SO LEICHT HEILEN.
GERADE DESHALB WUNDERT ES MICH, WIE NARUTO DIESES CHAKRA AUSHÄLT.

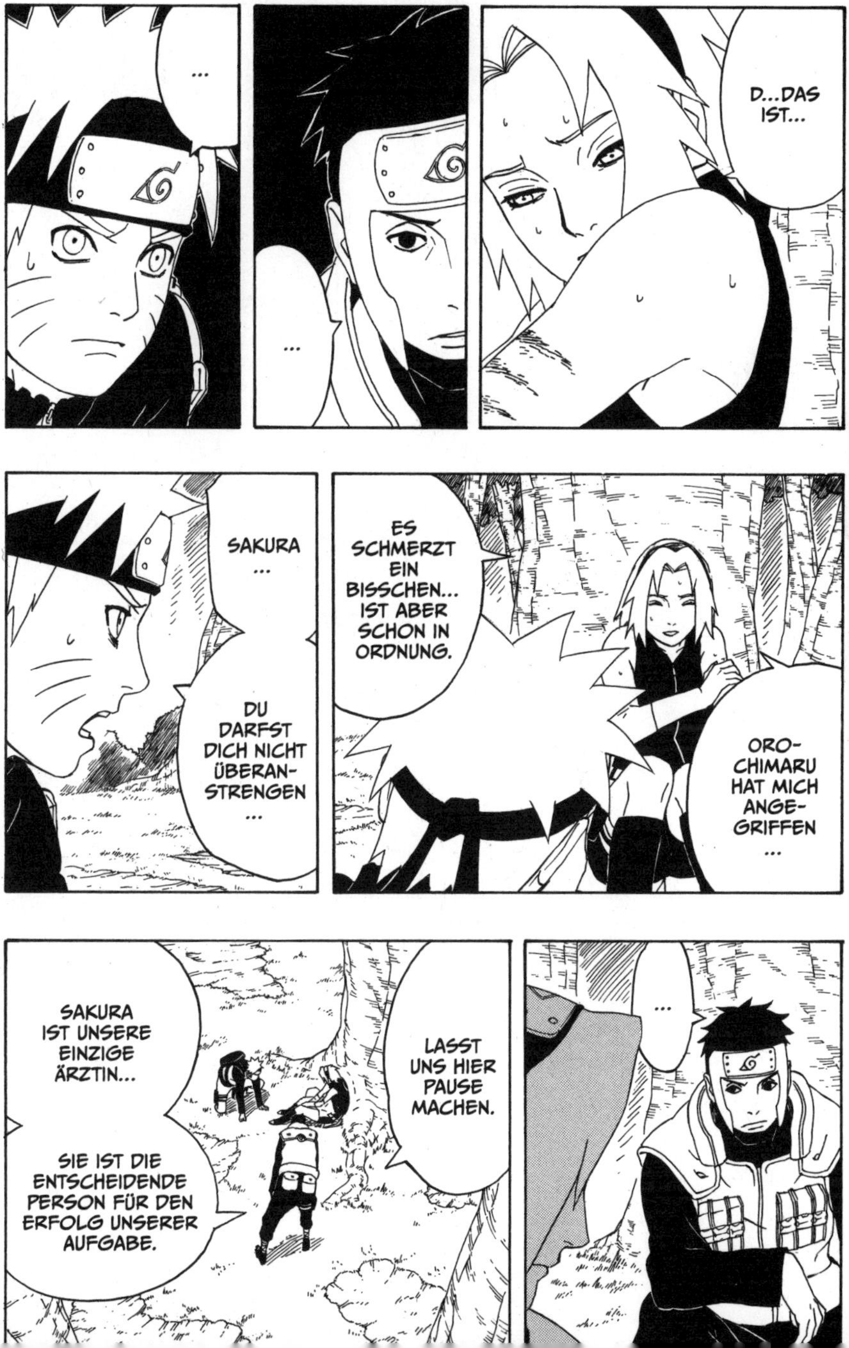
D...DAS IST...
...
...
ES SCHMERZT EIN BISSCHEN... IST ABER SCHON IN ORDNUNG.
SAKURA ...
OROCHIMARU HAT MICH ANGEGRIFFEN ...
DU DARFST DICH NICHT ÜBERANSTRENGEN ...
...
LASST UNS HIER PAUSE MACHEN.
SAKURA IST UNSERE EINZIGE ÄRZTIN...
SIE IST DIE ENTSCHEIDENDE PERSON FÜR DEN ERFOLG UNSERER AUFGABE.

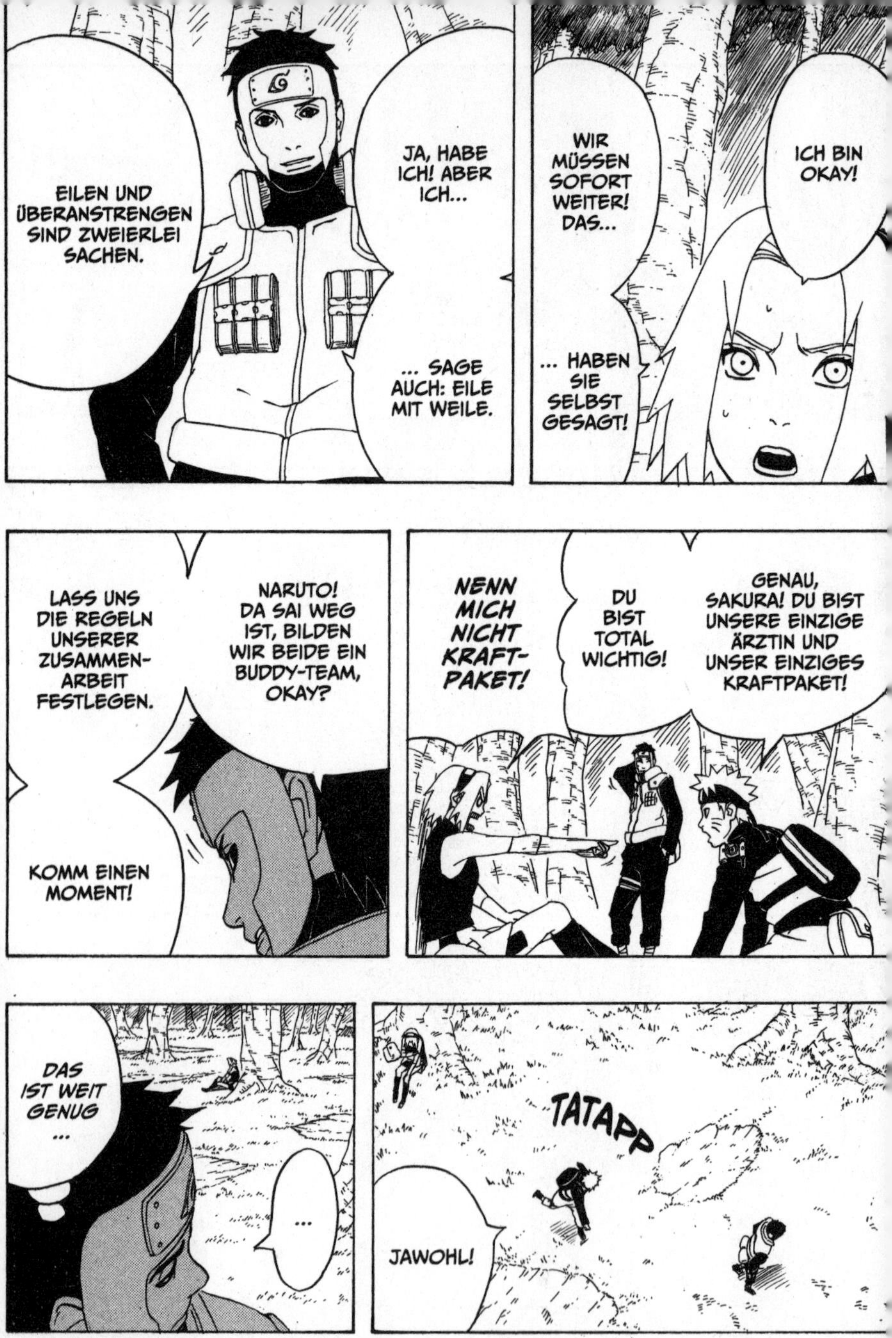
ICH BIN OKAY!
WIR MÜSSEN SOFORT WEITER! DAS...
... HABEN SIE SELBST GESAGT!
JA, HABE ICH! ABER ICH...
... SAGE AUCH: EILE MIT WEILE.
EILEN UND ÜBERANSTRENGEN SIND ZWEIERLEI SACHEN.
GENAU, SAKURA! DU BIST UNSERE EINZIGE ÄRZTIN UND UNSER EINZIGES KRAFTPAKET!
DU BIST TOTAL WICHTIG!
NENN MICH NICHT KRAFT-PAKET!
NARUTO! DA SAI WEG IST, BILDEN WIR BEIDE EIN BUDDY-TEAM, OKAY?
LASS UNS DIE REGELN UNSERER ZUSAMMEN-ARBEIT FESTLEGEN.
KOMM EINEN MOMENT!
TATAPP
JAWOHL!
...
DAS IST WEIT GENUG ...

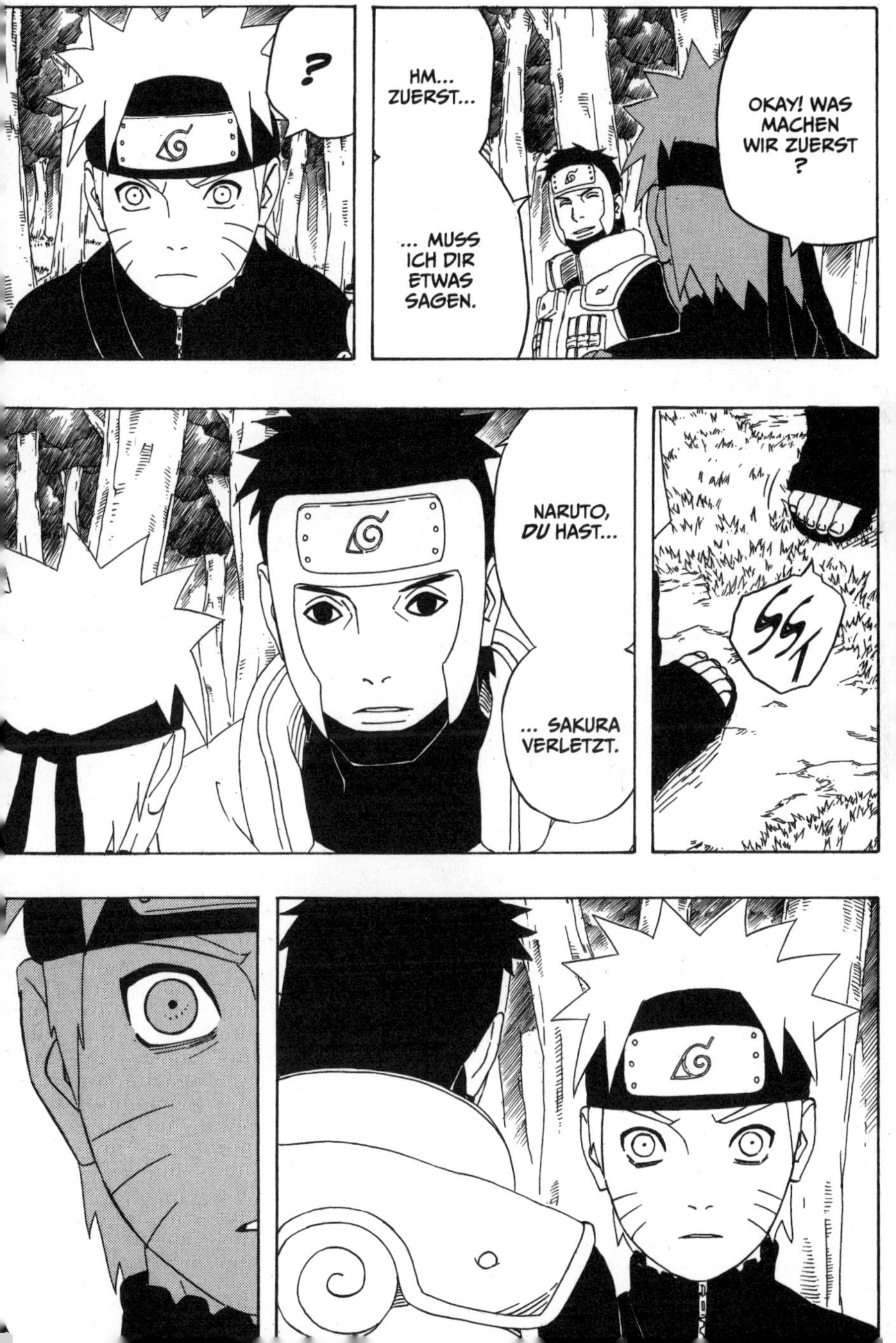

OKAY! WAS MACHEN WIR ZUERST ?
HM... ZUERST...
... MUSS ICH DIR ETWAS SAGEN.
?
NARUTO, DU HAST...
... SAKURA VERLETZT.
SST

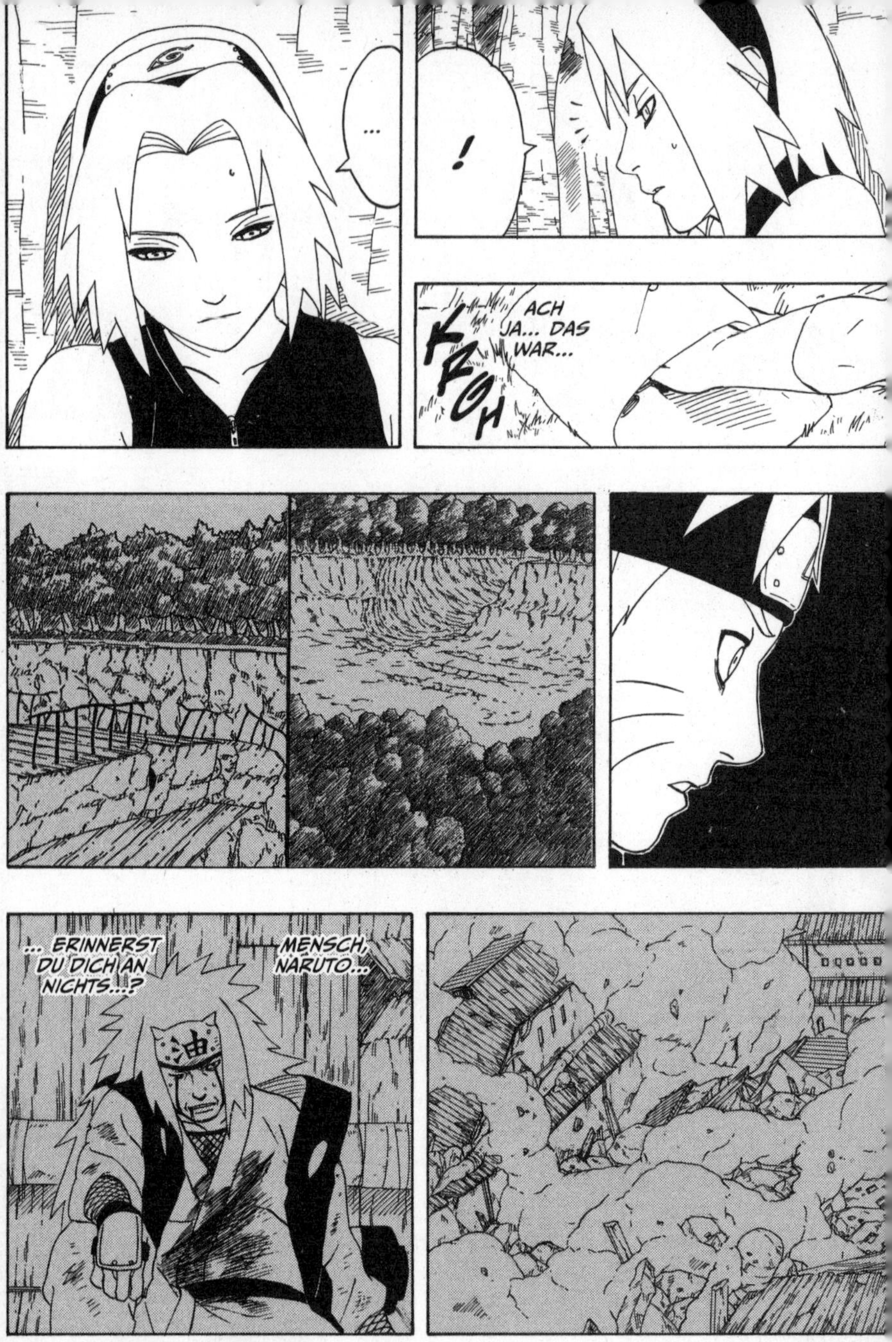

!
...
ACH JA... DAS WAR...
KRRGH
MENSCH, NARUTO...
... ERINNERST DU DICH AN NICHTS...?

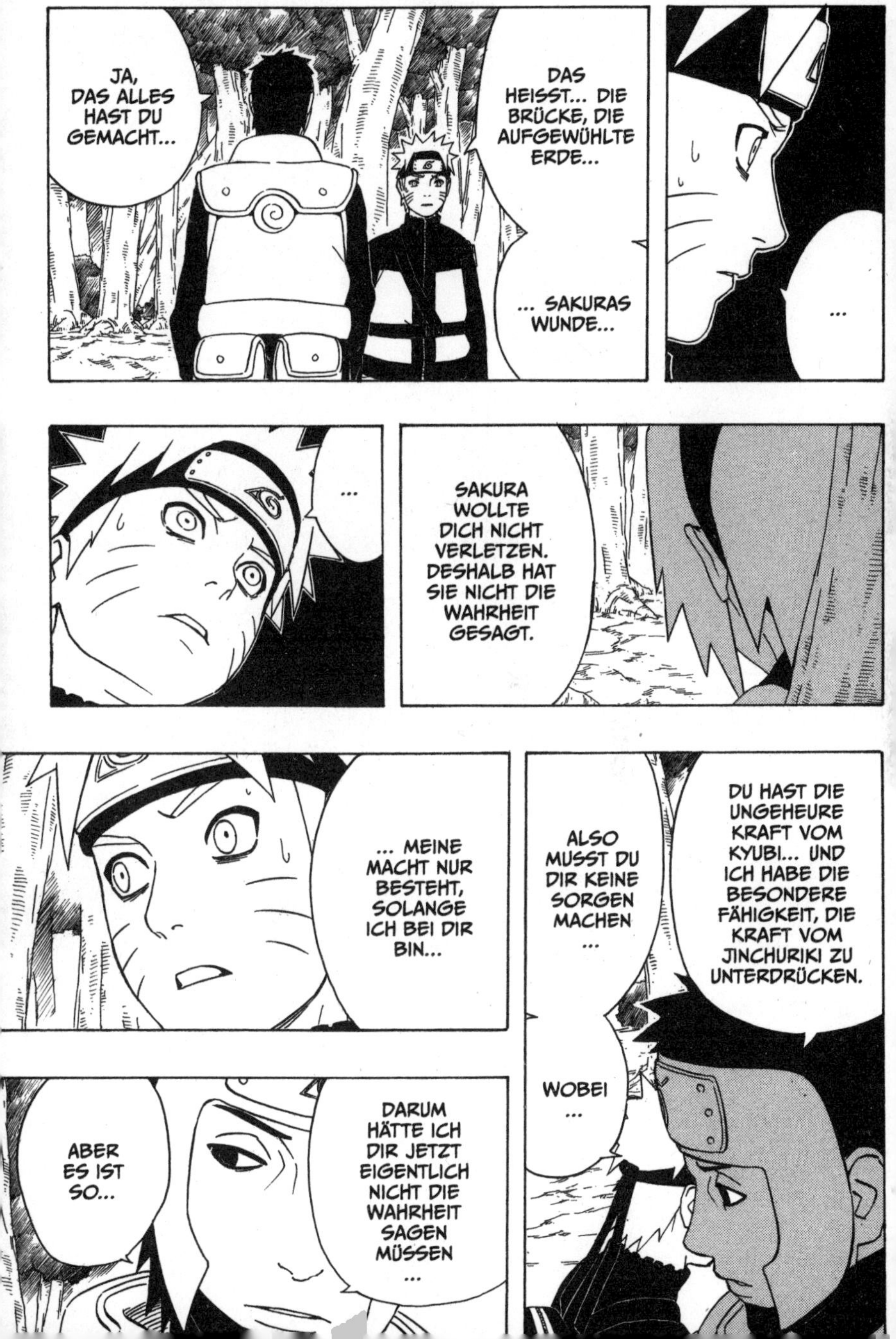
...
DAS HEISST... DIE BRÜCKE, DIE AUFGEWÜHLTE ERDE...
... SAKURAS WUNDE...
JA, DAS ALLES HAST DU GEMACHT...
SAKURA WOLLTE DICH NICHT VERLETZEN. DESHALB HAT SIE NICHT DIE WAHRHEIT GESAGT.
...
DU HAST DIE UNGEHEURE KRAFT VOM KYUBI... UND ICH HABE DIE BESONDERE FÄHIGKEIT, DIE KRAFT VOM JINCHURIKI ZU UNTERDRÜCKEN.
ALSO MUSST DU DIR KEINE SORGEN MACHEN ...
WOBEI ...
... MEINE MACHT NUR BESTEHT, SOLANGE ICH BEI DIR BIN...
DARUM HÄTTE ICH DIR JETZT EIGENTLICH NICHT DIE WAHRHEIT SAGEN MÜSSEN ...
ABER ES IST SO...

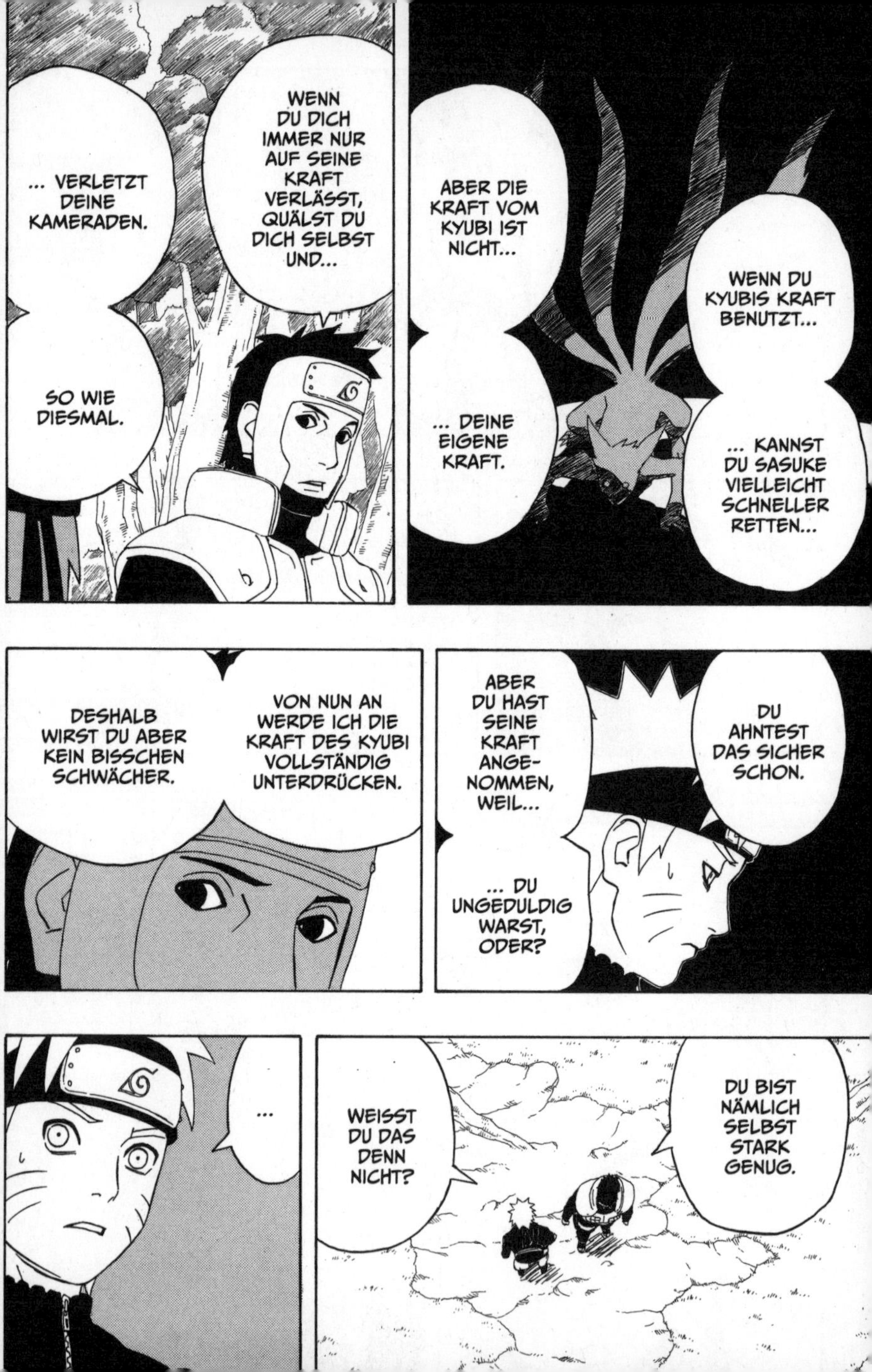
WENN DU KYUBIS KRAFT BENUTZT...
... KANNST DU SASUKE VIELLEICHT SCHNELLER RETTEN...
ABER DIE KRAFT VOM KYUBI IST NICHT...
... DEINE EIGENE KRAFT.
WENN DU DICH IMMER NUR AUF SEINE KRAFT VERLÄSST, QUÄLST DU DICH SELBST UND...
... VERLETZT DEINE KAMERADEN.
SO WIE DIESMAL.
DU AHNTEST DAS SICHER SCHON.
ABER DU HAST SEINE KRAFT ANGE-NOMMEN, WEIL...
... DU UNGEDULDIG WARST, ODER?
VON NUN AN WERDE ICH DIE KRAFT DES KYUBI VOLLSTÄNDIG UNTERDRÜCKEN.
DESHALB WIRST DU ABER KEIN BISSCHEN SCHWÄCHER.
DU BIST NÄMLICH SELBST STARK GENUG.
WEISST DU DAS DENN NICHT?
...

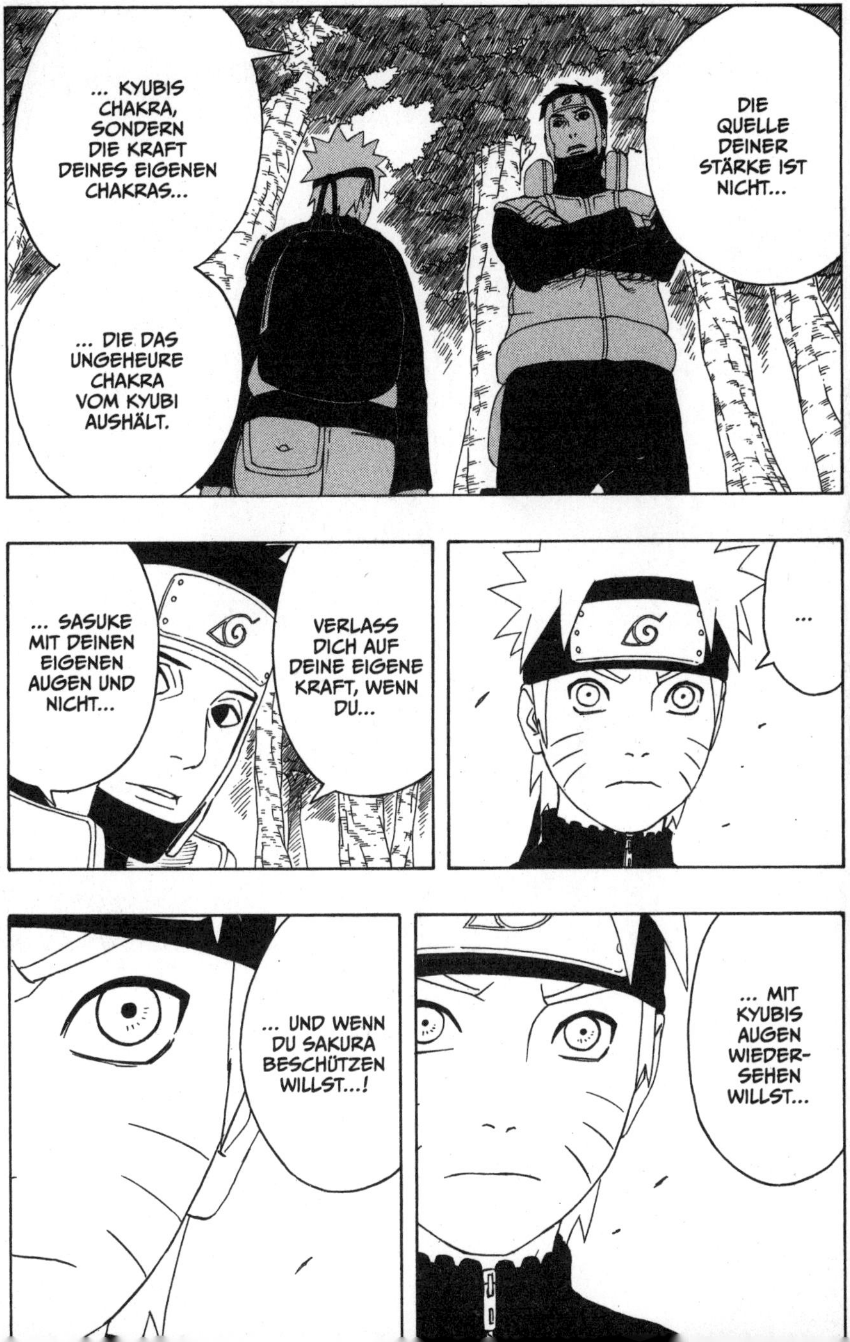
DIE QUELLE DEINER STÄRKE IST NICHT...
... KYUBIS CHAKRA, SONDERN DIE KRAFT DEINES EIGENEN CHAKRAS...
... DIE DAS UNGEHEURE CHAKRA VOM KYUBI AUSHÄLT.
...
VERLASS DICH AUF DEINE EIGENE KRAFT, WENN DU...
... SASUKE MIT DEINEN EIGENEN AUGEN UND NICHT...
... MIT KYUBIS AUGEN WIEDER-SEHEN WILLST...
... UND WENN DU SAKURA BESCHÜTZEN WILLST...!

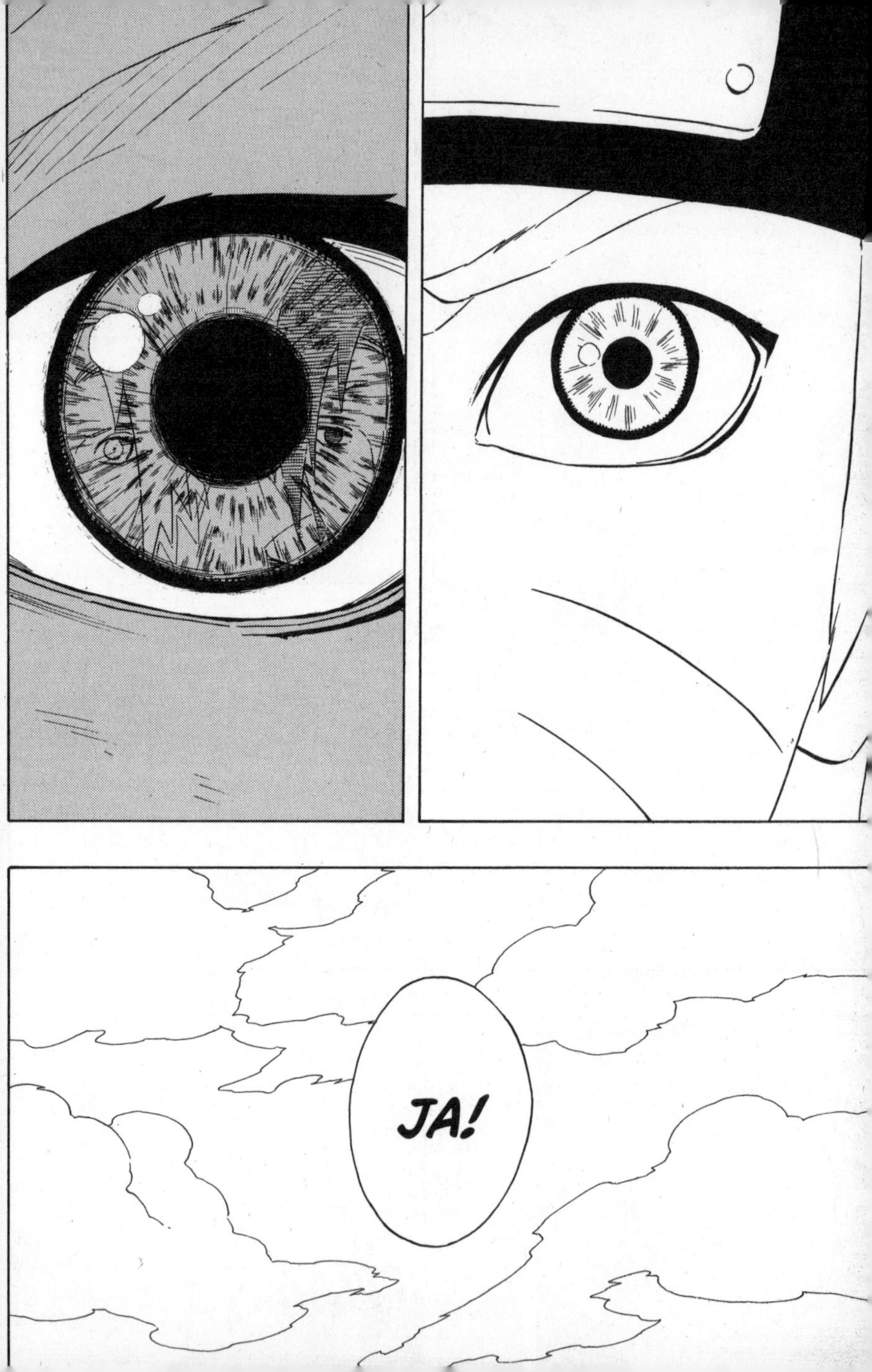
JA!

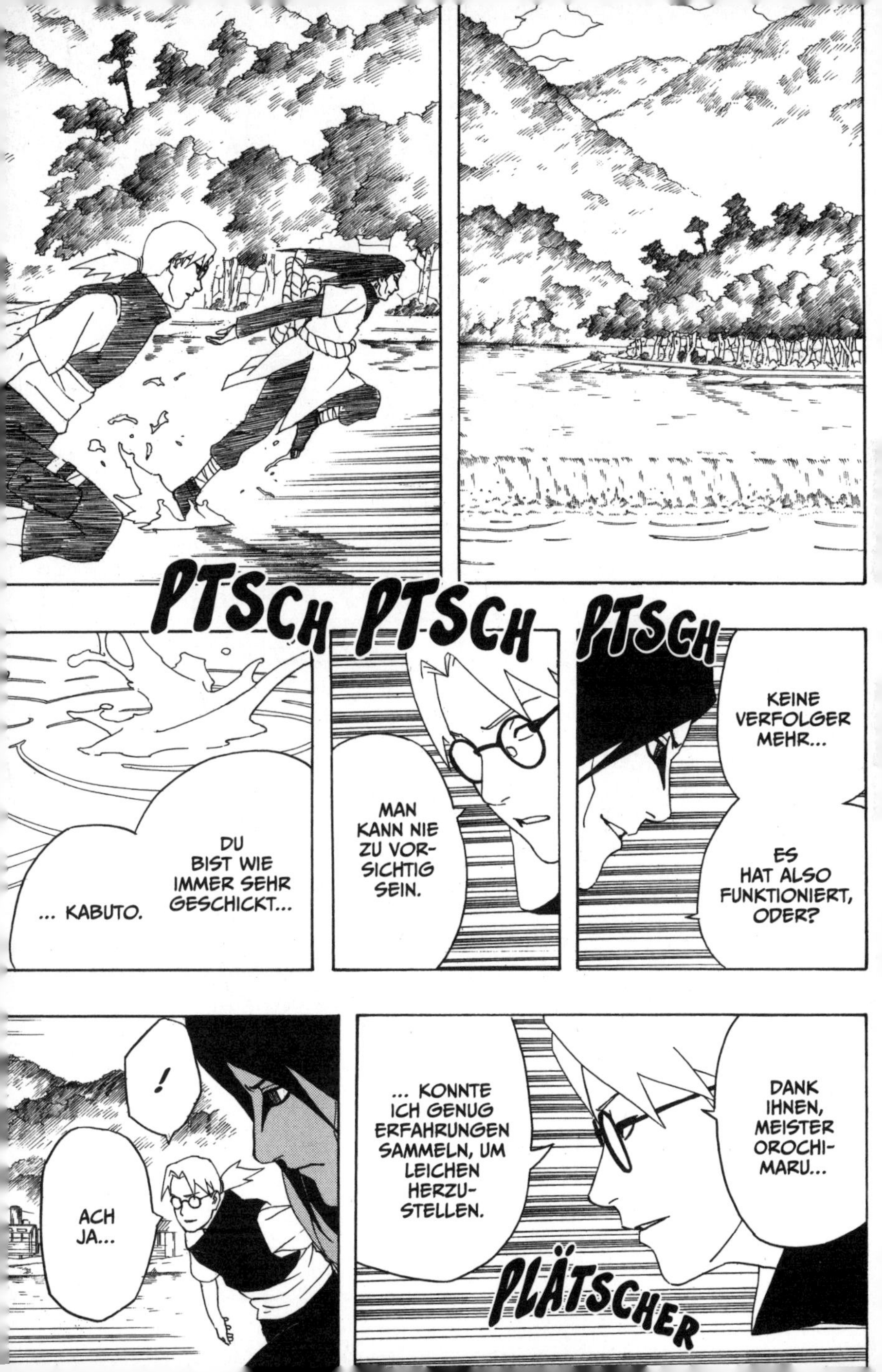
PTSCH PTSCH PTSCH
KEINE VERFOLGER MEHR...
ES HAT ALSO FUNKTIONIERT, ODER?
MAN KANN NIE ZU VORSICHTIG SEIN.
DU BIST WIE IMMER SEHR GESCHICKT...
... KABUTO.
DANK IHNEN, MEISTER OROCHIMARU...
... KONNTE ICH GENUG ERFAHRUNGEN SAMMELN, UM LEICHEN HERZUSTELLEN.
PLÄTSCHER
!
ACH JA...

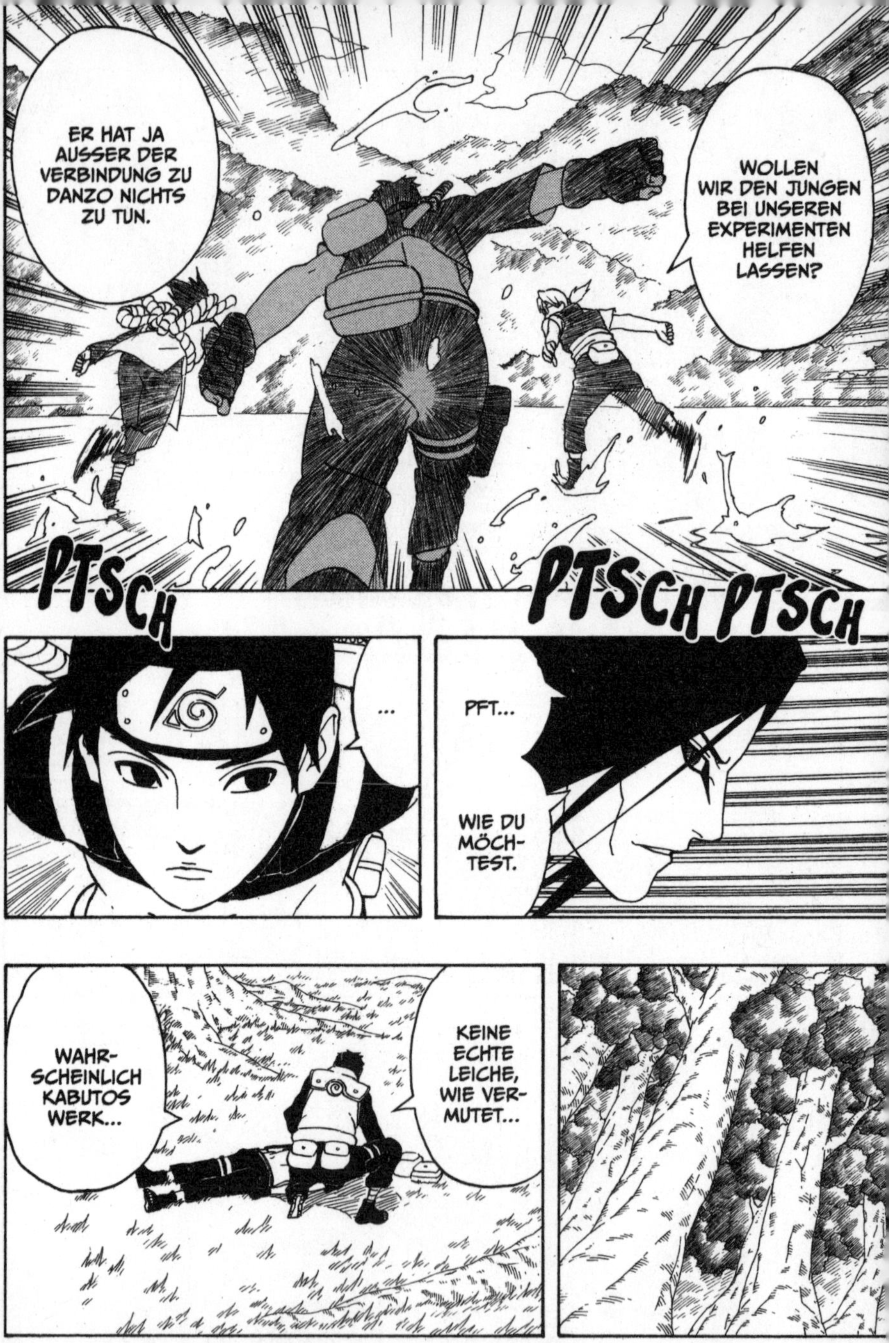
WOLLEN WIR DEN JUNGEN BEI UNSEREN EXPERIMENTEN HELFEN LASSEN?
ER HAT JA AUSSER DER VERBINDUNG ZU DANZO NICHTS ZU TUN.
PTSCH PTSCH
PTSCH
PFT...
WIE DU MÖCH-TEST.
...
KEINE ECHTE LEICHE, WIE VER-MUTET...
WAHR-SCHEINLICH KABUTOS WERK...

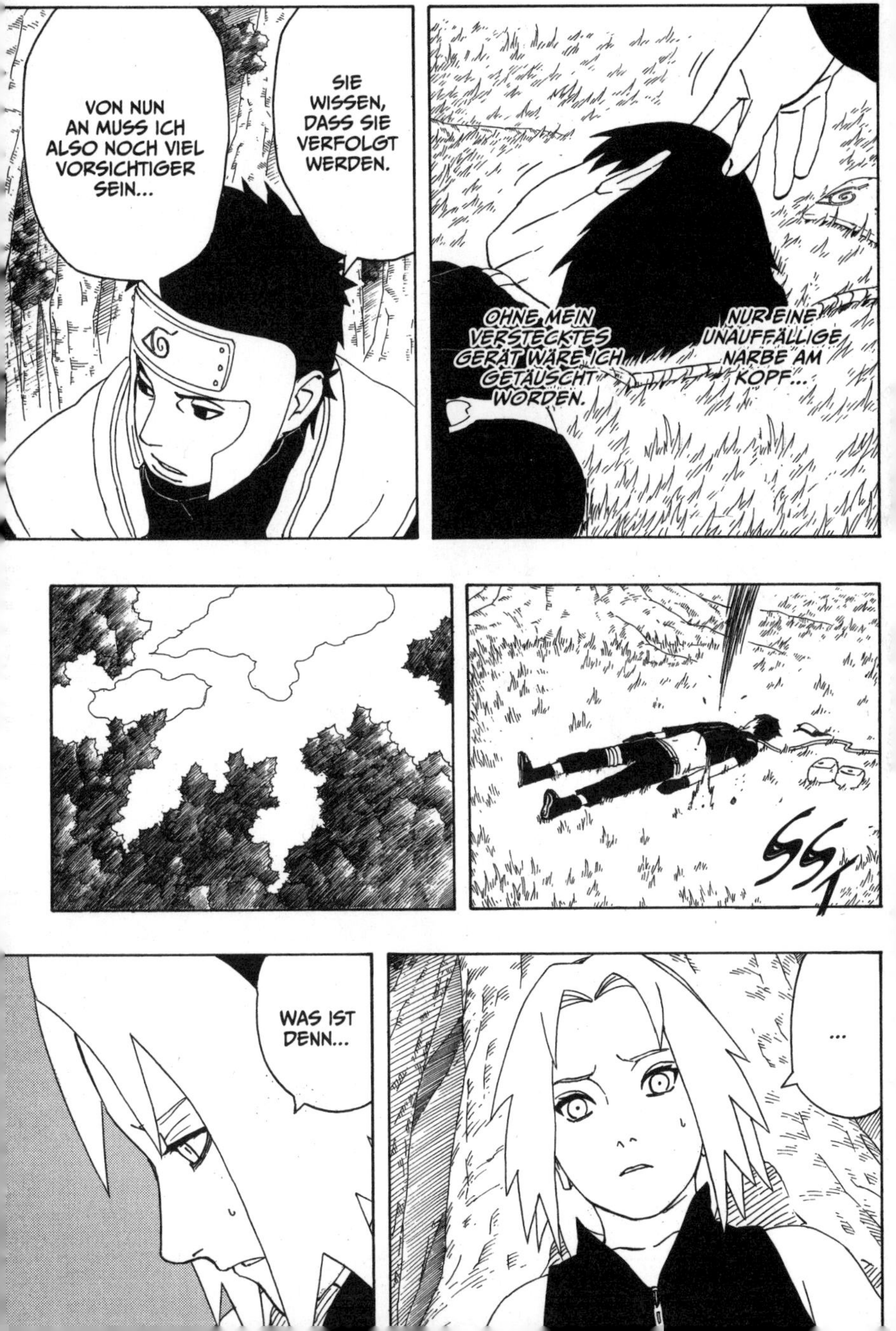
SIE WISSEN, DASS SIE VERFOLGT WERDEN.
VON NUN AN MUSS ICH ALSO NOCH VIEL VORSICHTIGER SEIN...
NUR EINE UNAUFFÄLLIGE NARBE AM KOPF...
OHNE MEIN VERSTECKTES GERÄT WÄRE ICH GETÄUSCHT WORDEN.
SST
...
WAS IST DENN...

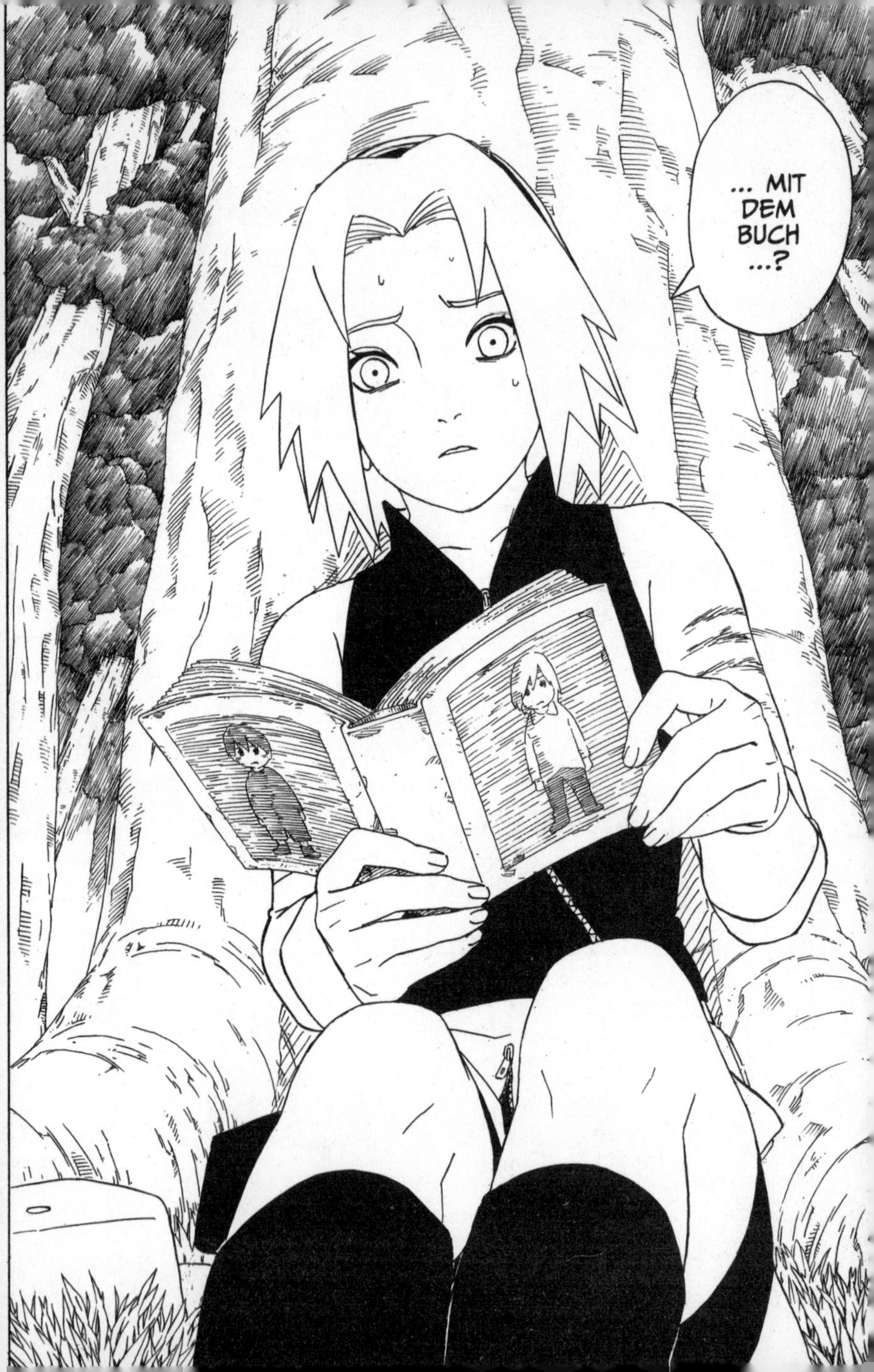
... MIT DEM BUCH ...?

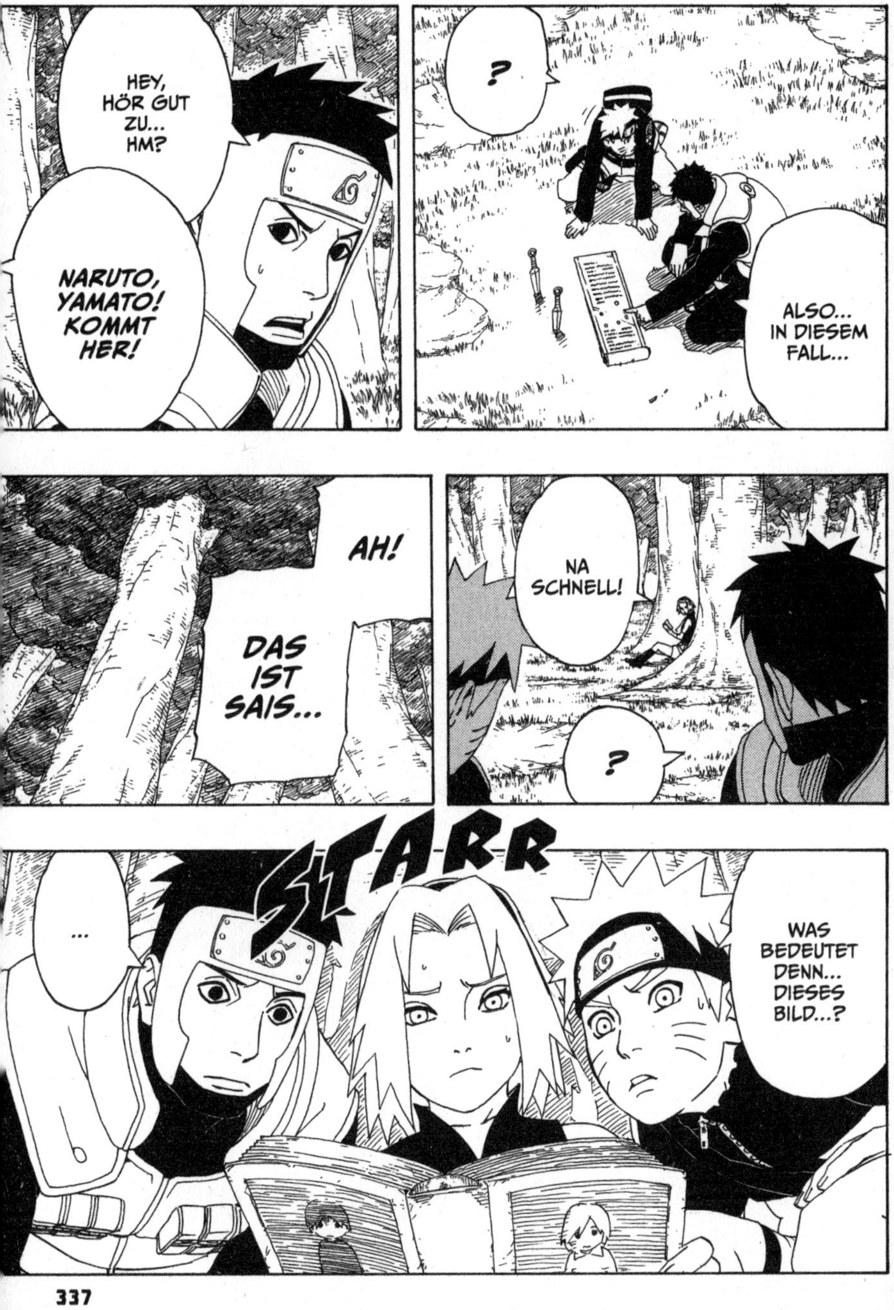
?
ALSO... IN DIESEM FALL...
HEY, HÖR GUT ZU... HM?
NARUTO, YAMATO! KOMMT HER!
NA SCHNELL!
?
AH!
DAS IST SAIS...
STARR
WAS BEDEUTET DENN... DIESES BILD...?
...

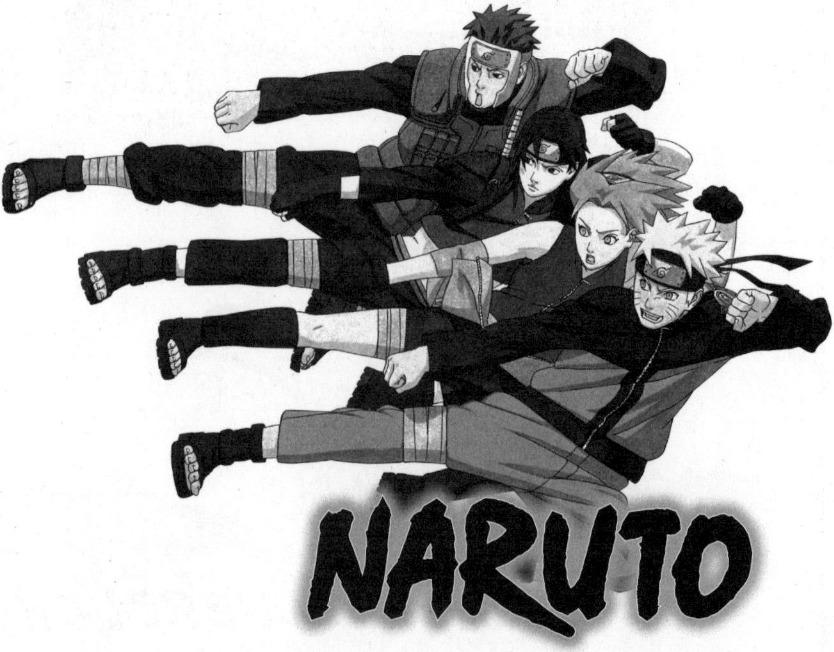
NARUTO

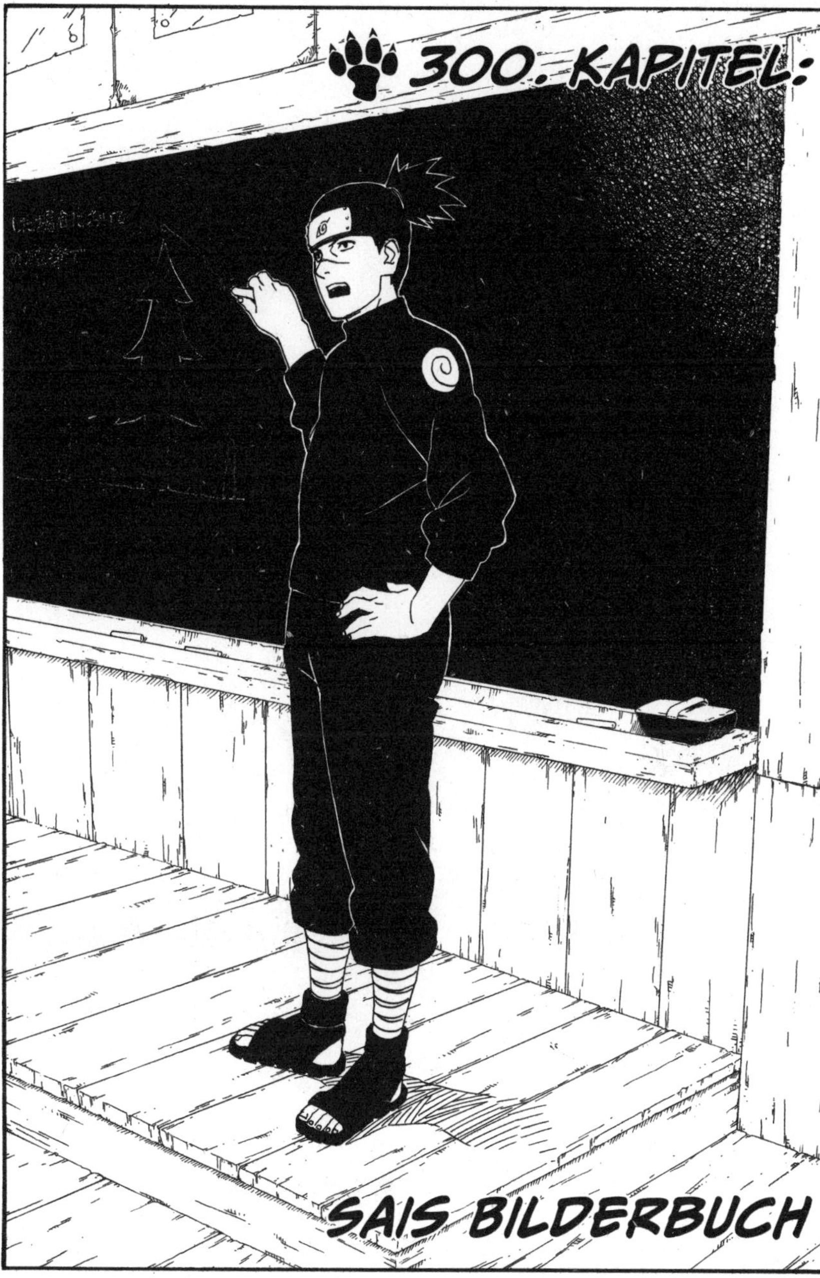
300. Kapitel:
Sais Bilderbuch

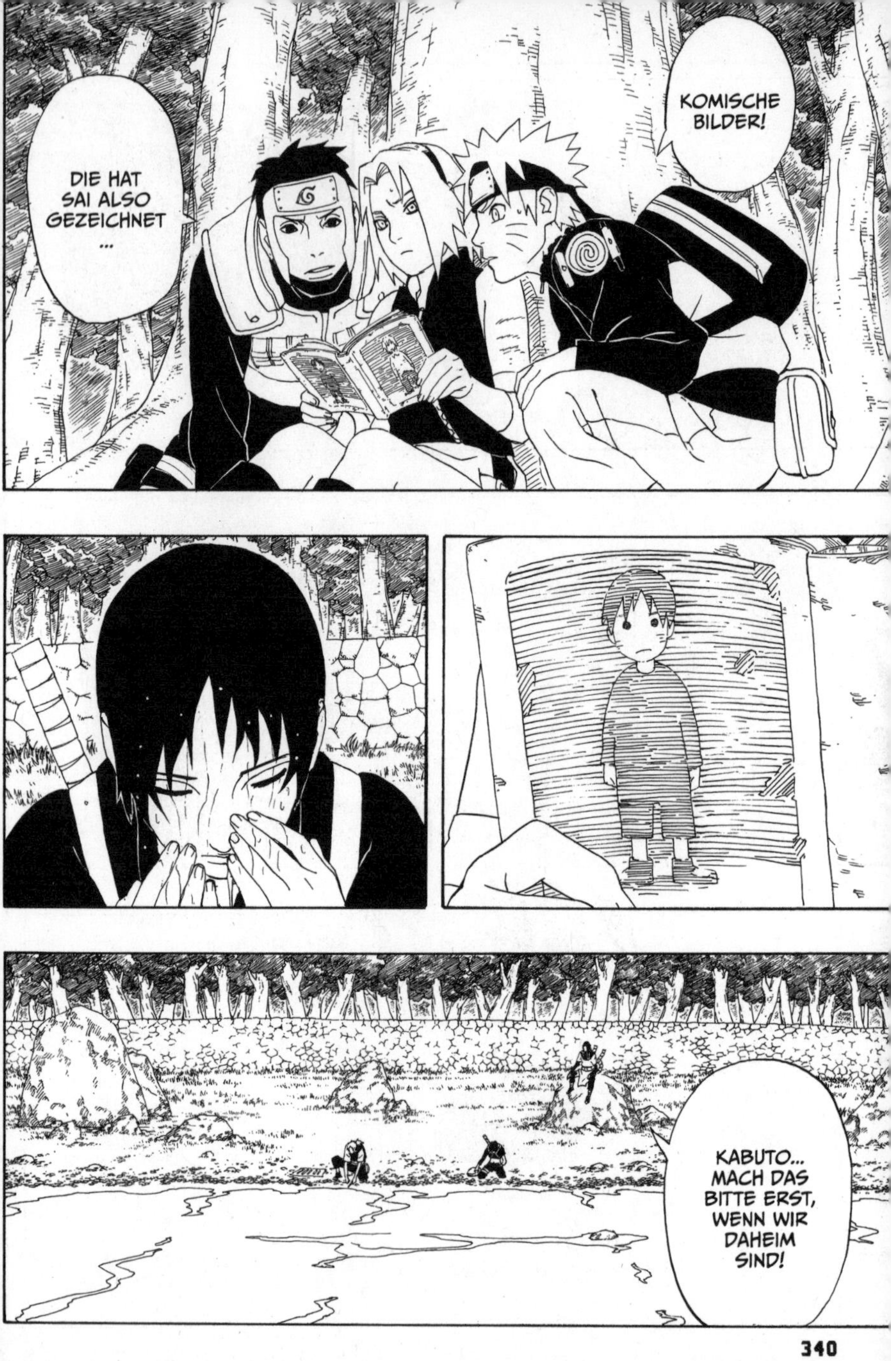
KOMISCHE BILDER!
DIE HAT SAI ALSO GEZEICHNET ...
KABUTO... MACH DAS BITTE ERST, WENN WIR DAHEIM SIND!

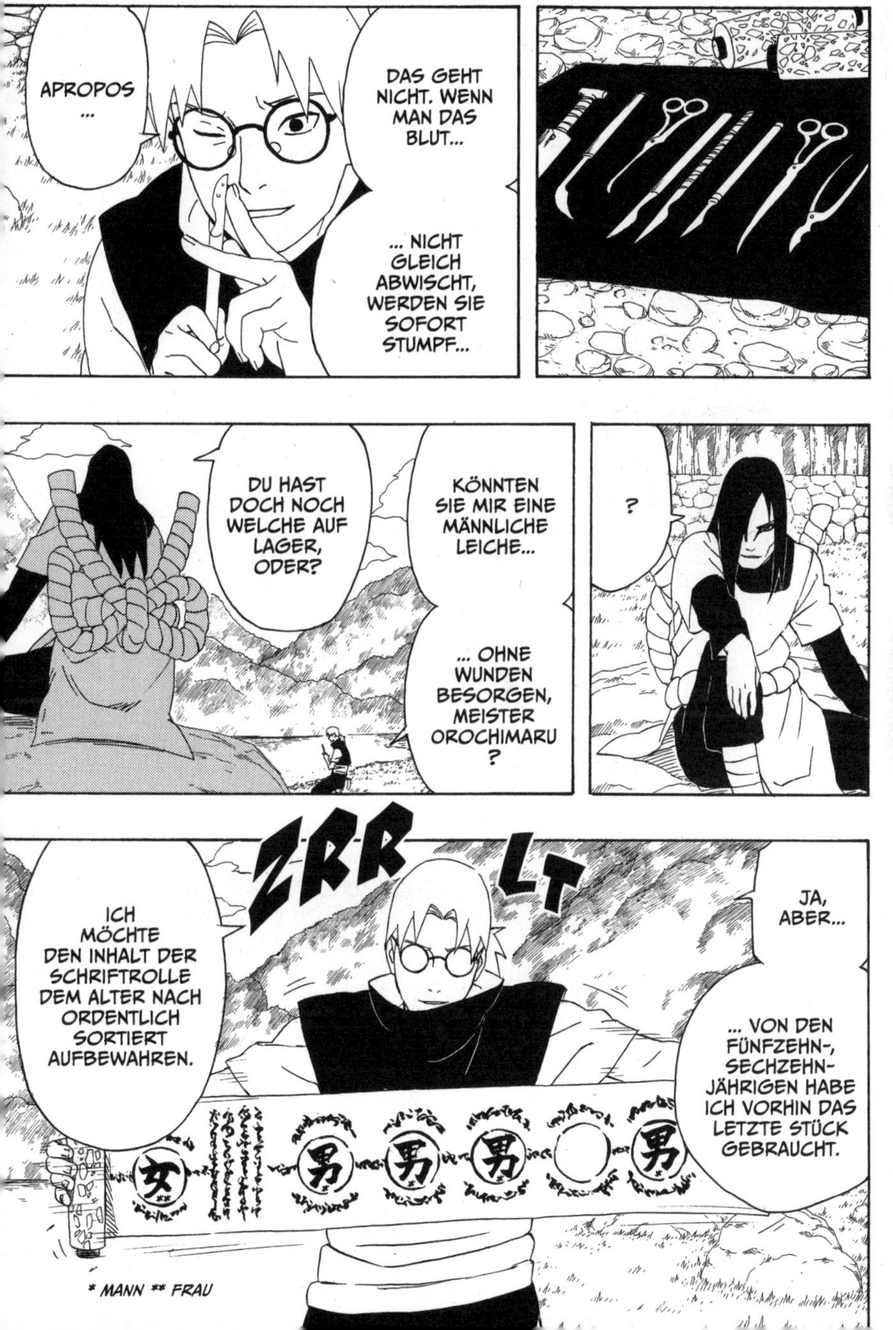
DAS GEHT NICHT. WENN MAN DAS BLUT...
... NICHT GLEICH ABWISCHT, WERDEN SIE SOFORT STUMPF...
APROPOS ...
?
KÖNNTEN SIE MIR EINE MÄNNLICHE LEICHE...
... OHNE WUNDEN BESORGEN, MEISTER OROCHIMARU ?
DU HAST DOCH NOCH WELCHE AUF LAGER, ODER?
ZRRLT
JA, ABER...
... VON DEN FÜNFZEHN-, SECHZEHNJÄHRIGEN HABE ICH VORHIN DAS LETZTE STÜCK GEBRAUCHT.
男
男
男
男
女
ICH MÖCHTE DEN INHALT DER SCHRIFTROLLE DEM ALTER NACH ORDENTLICH SORTIERT AUFBEWAHREN.

* MANN ** FRAU

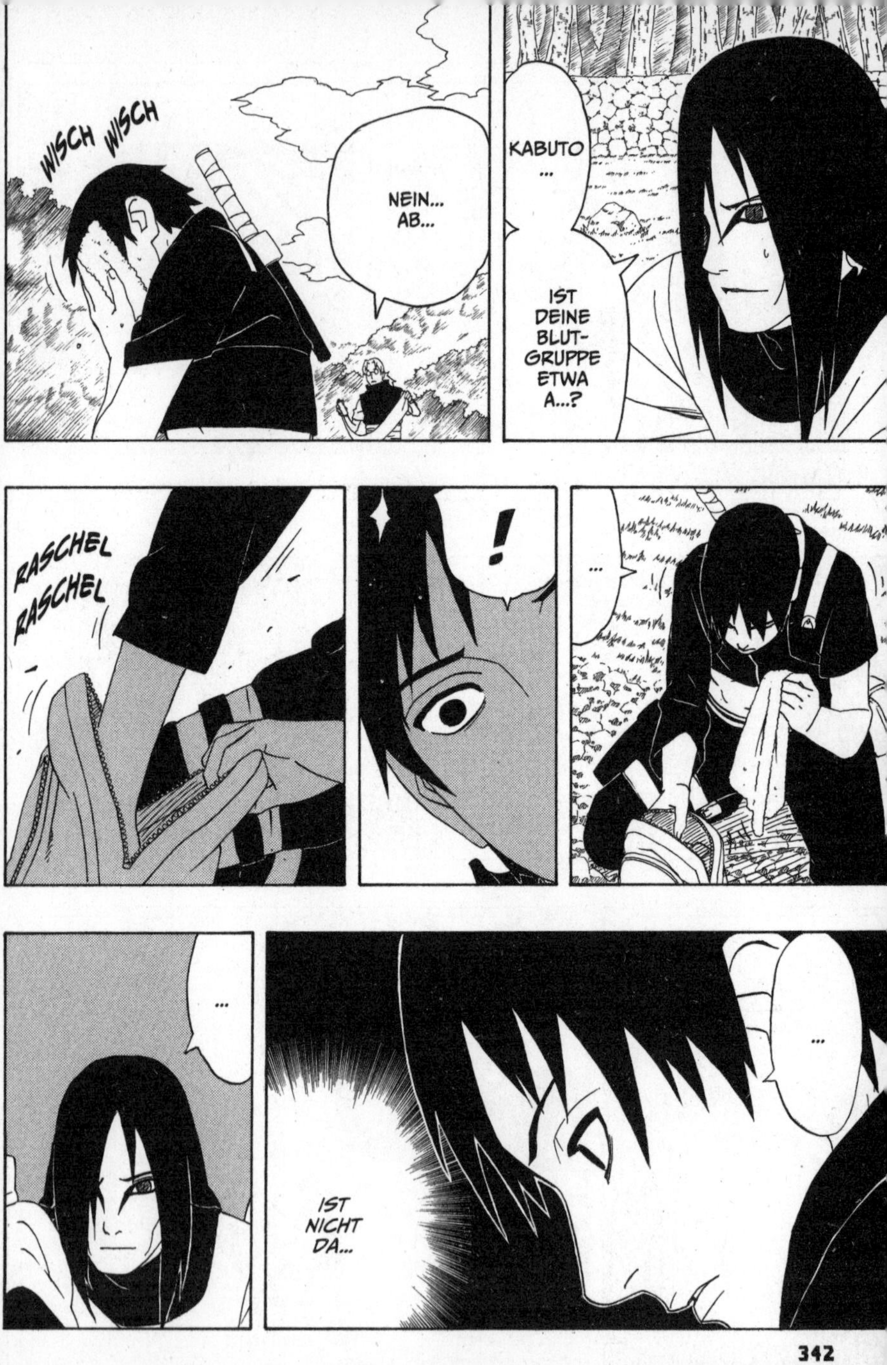

KABUTO ...
IST DEINE BLUT-GRUPPE ETWA A...?
WISCH WISCH
NEIN... AB...
...
!
RASCHEL RASCHEL
...
IST NICHT DA...
...

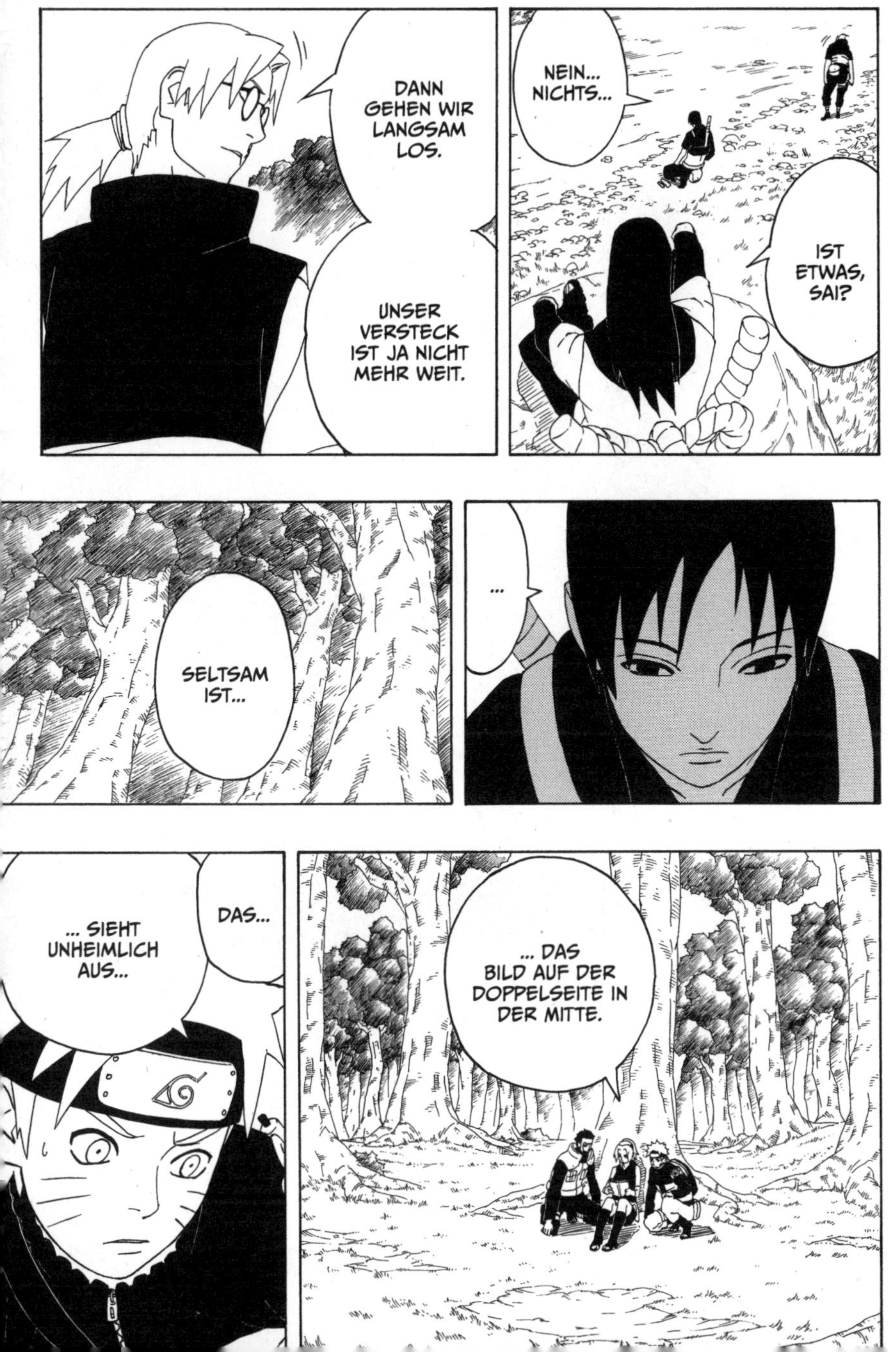
IST ETWAS, SAI?
NEIN... NICHTS...
DANN GEHEN WIR LANGSAM LOS.
UNSER VERSTECK IST JA NICHT MEHR WEIT.
...
SELTSAM IST...
... DAS BILD AUF DER DOPPELSEITE IN DER MITTE.
DAS...
... SIEHT UNHEIMLICH AUS...

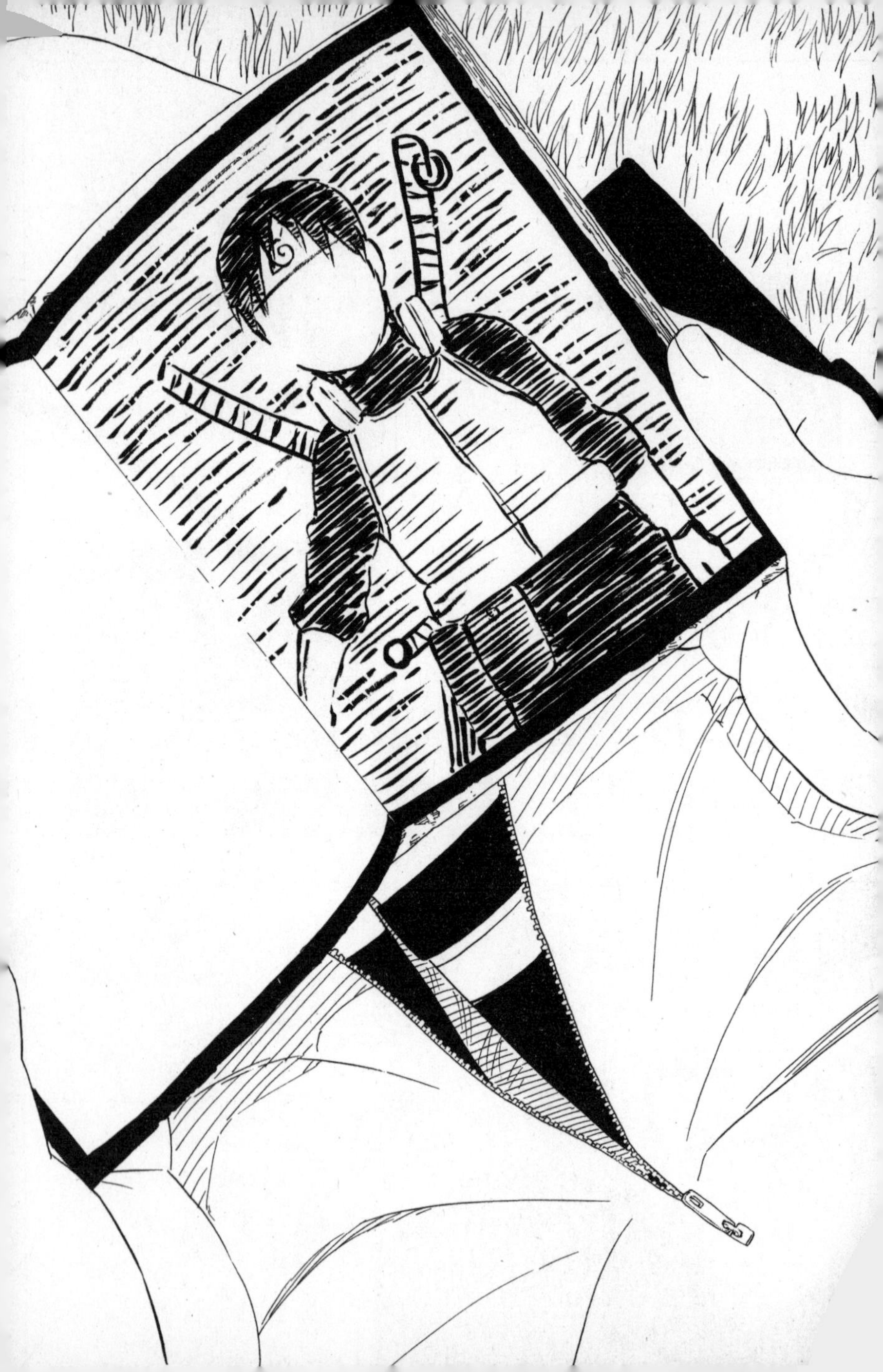

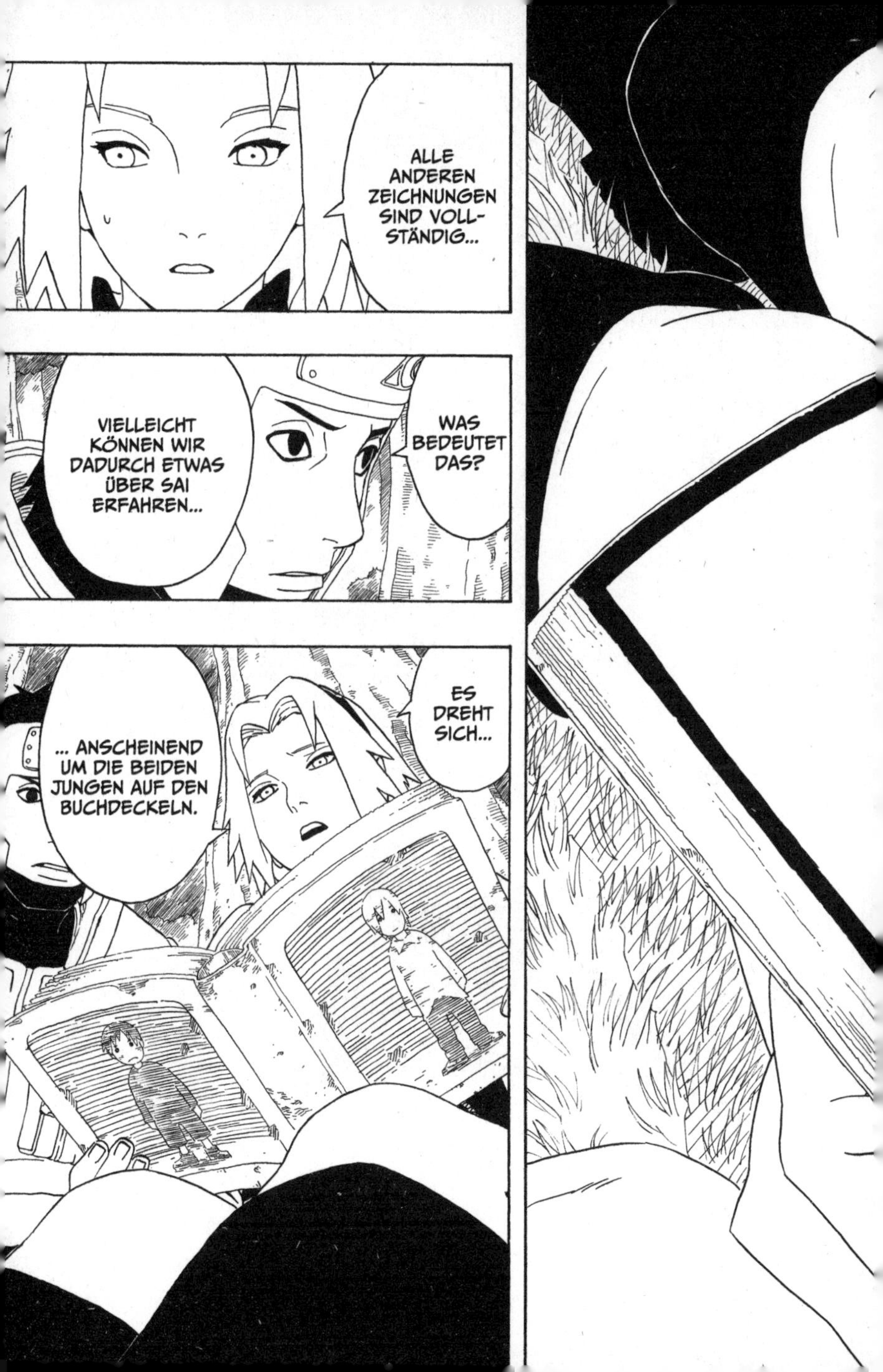
ALLE ANDEREN ZEICHNUNGEN SIND VOLLSTÄNDIG...
WAS BEDEUTET DAS?
VIELLEICHT KÖNNEN WIR DADURCH ETWAS ÜBER SAI ERFAHREN...
ES DREHT SICH...
... ANSCHEINEND UM DIE BEIDEN JUNGEN AUF DEN BUCHDECKELN.

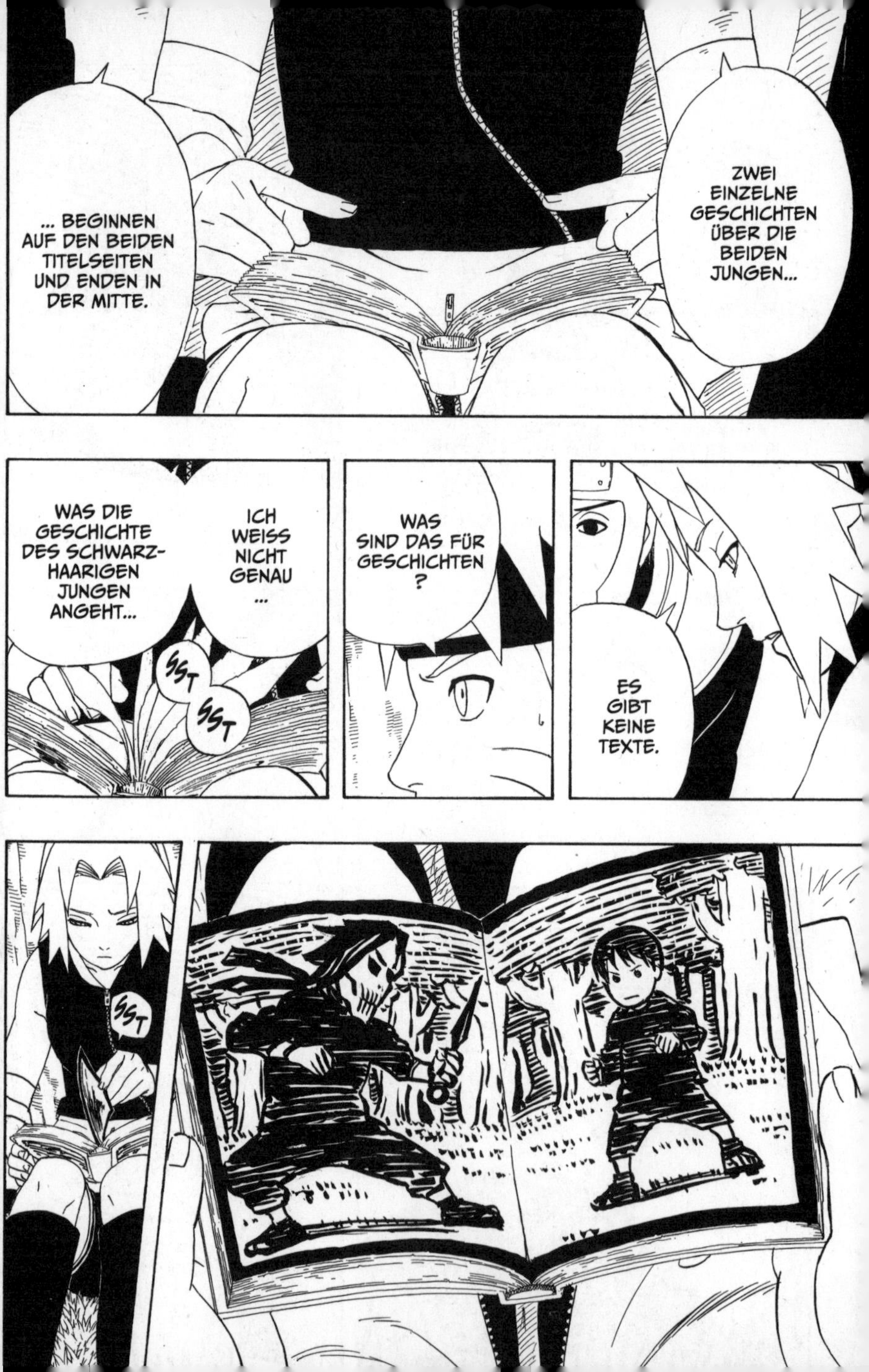
ZWEI EINZELNE GESCHICHTEN ÜBER DIE BEIDEN JUNGEN...
... BEGINNEN AUF DEN BEIDEN TITELSEITEN UND ENDEN IN DER MITTE.
ES GIBT KEINE TEXTE.
WAS SIND DAS FÜR GESCHICHTEN ?
ICH WEISS NICHT GENAU ...
WAS DIE GESCHICHTE DES SCHWARZ-HAARIGEN JUNGEN ANGEHT...
SST
SST
SST

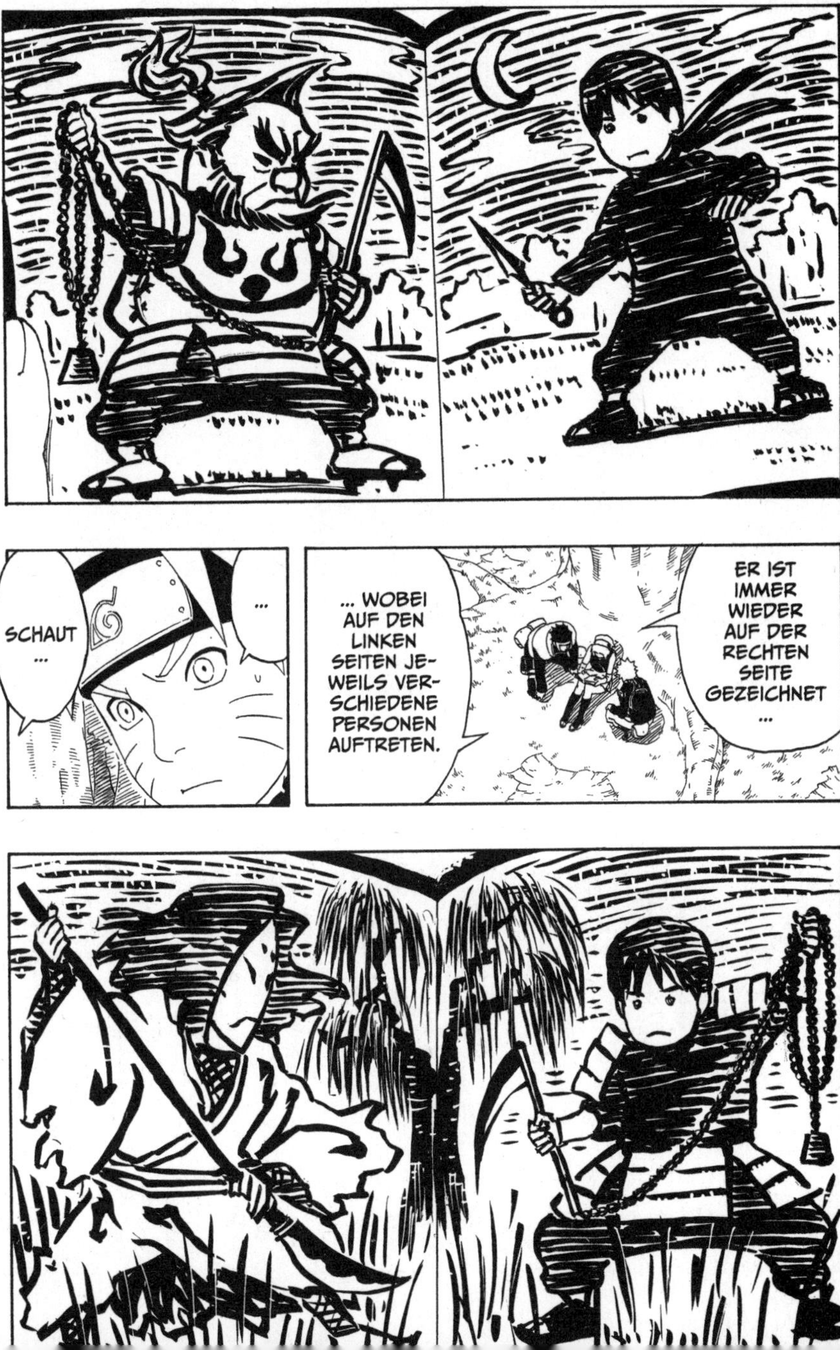
ER IST IMMER WIEDER AUF DER RECHTEN SEITE GEZEICHNET ...
... WOBEI AUF DEN LINKEN SEITEN JE-WEILS VER-SCHIEDENE PERSONEN AUFTRETEN.
...
SCHAUT ...

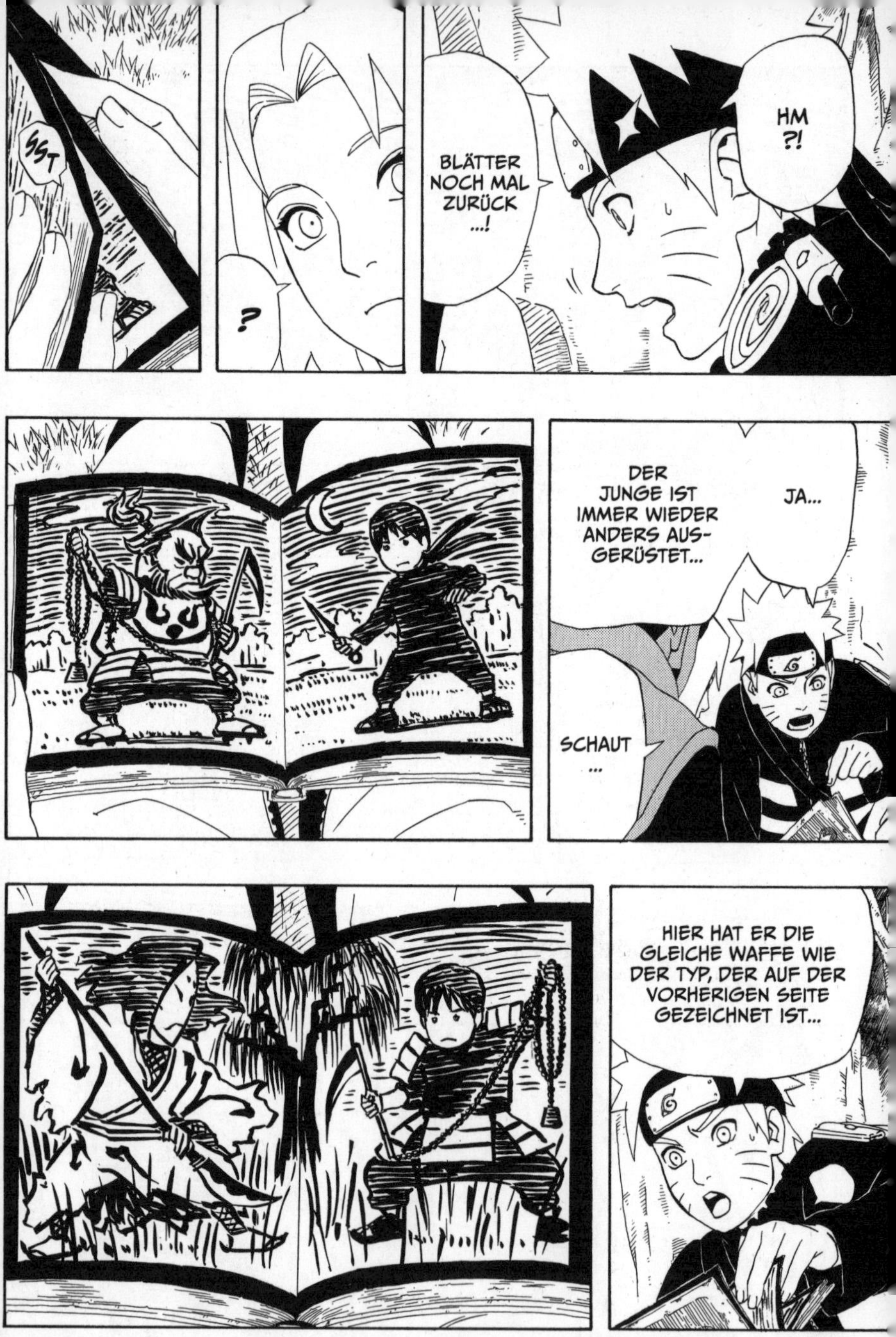
HM ?!
BLÄTTER NOCH MAL ZURÜCK ...!
?
SST
JA...
DER JUNGE IST IMMER WIEDER ANDERS AUS-GERÜSTET...
SCHAUT ...
HIER HAT ER DIE GLEICHE WAFFE WIE DER TYP, DER AUF DER VORHERIGEN SEITE GEZEICHNET IST...

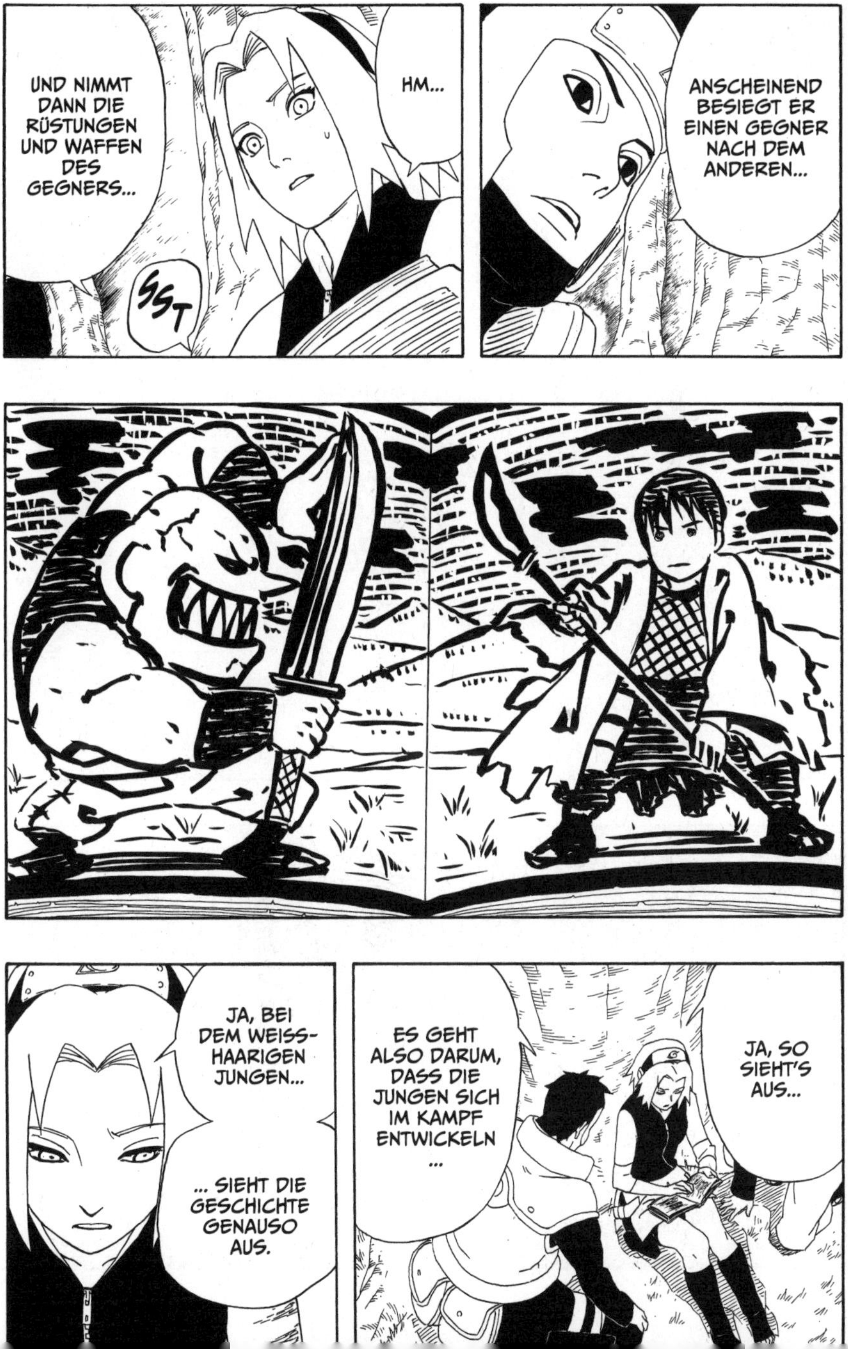
ANSCHEINEND BESIEGT ER EINEN GEGNER NACH DEM ANDEREN...
HM...
UND NIMMT DANN DIE RÜSTUNGEN UND WAFFEN DES GEGNERS...
SST
ES GEHT ALSO DARUM, DASS DIE JUNGEN SICH IM KAMPF ENTWICKELN ...
JA, SO SIEHT'S AUS...
JA, BEI DEM WEISS-HAARIGEN JUNGEN...
... SIEHT DIE GESCHICHTE GENAUSO AUS.

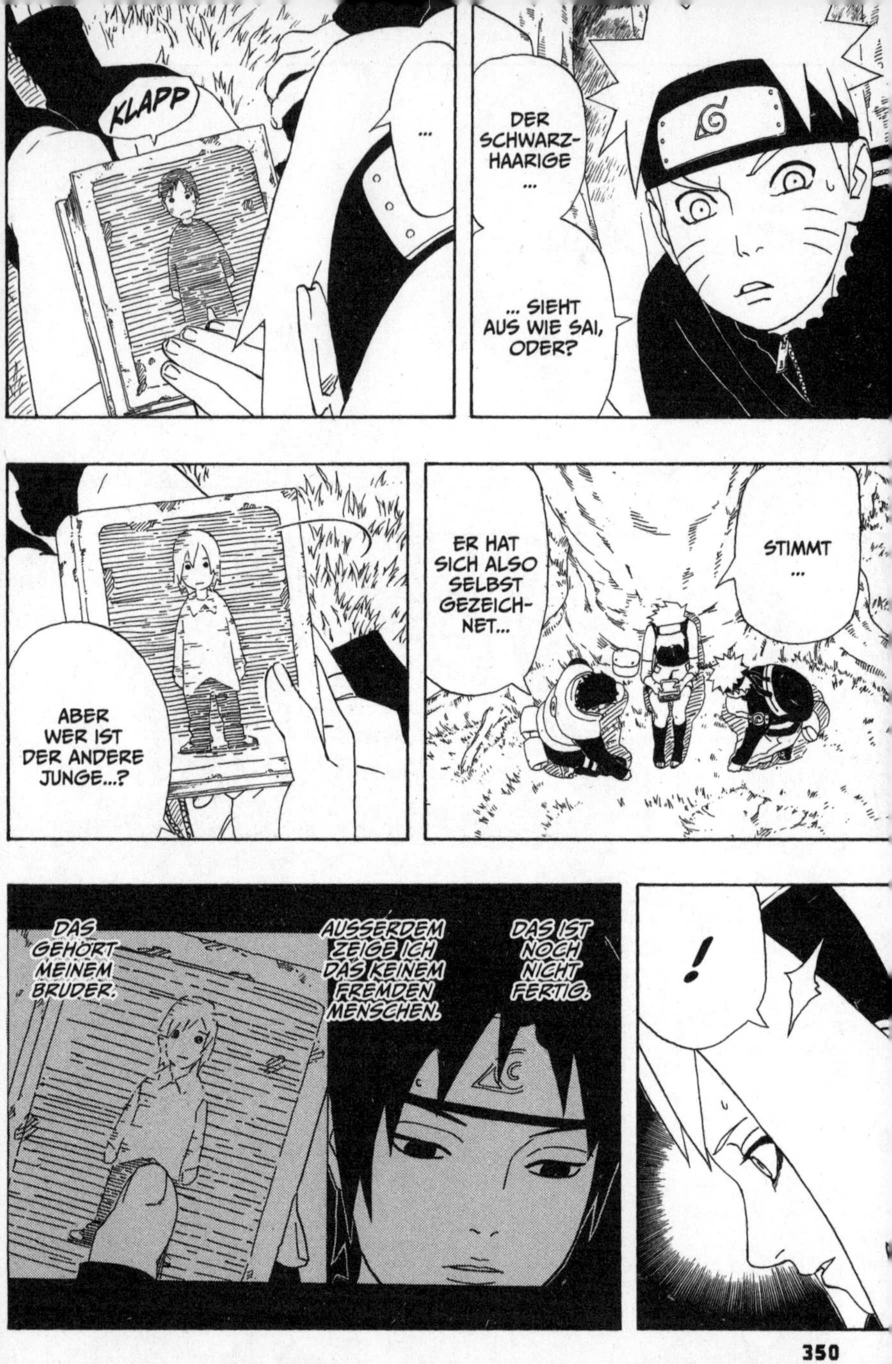
DER SCHWARZ-HAARIGE ...
... SIEHT AUS WIE SAI, ODER?
...
KLAPP
STIMMT ...
ER HAT SICH ALSO SELBST GEZEICH-NET...
ABER WER IST DER ANDERE JUNGE...?
!
DAS IST NOCH NICHT FERTIG.
AUSSERDEM ZEIGE ICH DAS KEINEM FREMDEN MENSCHEN.
DAS GEHÖRT MEINEM BRUDER.

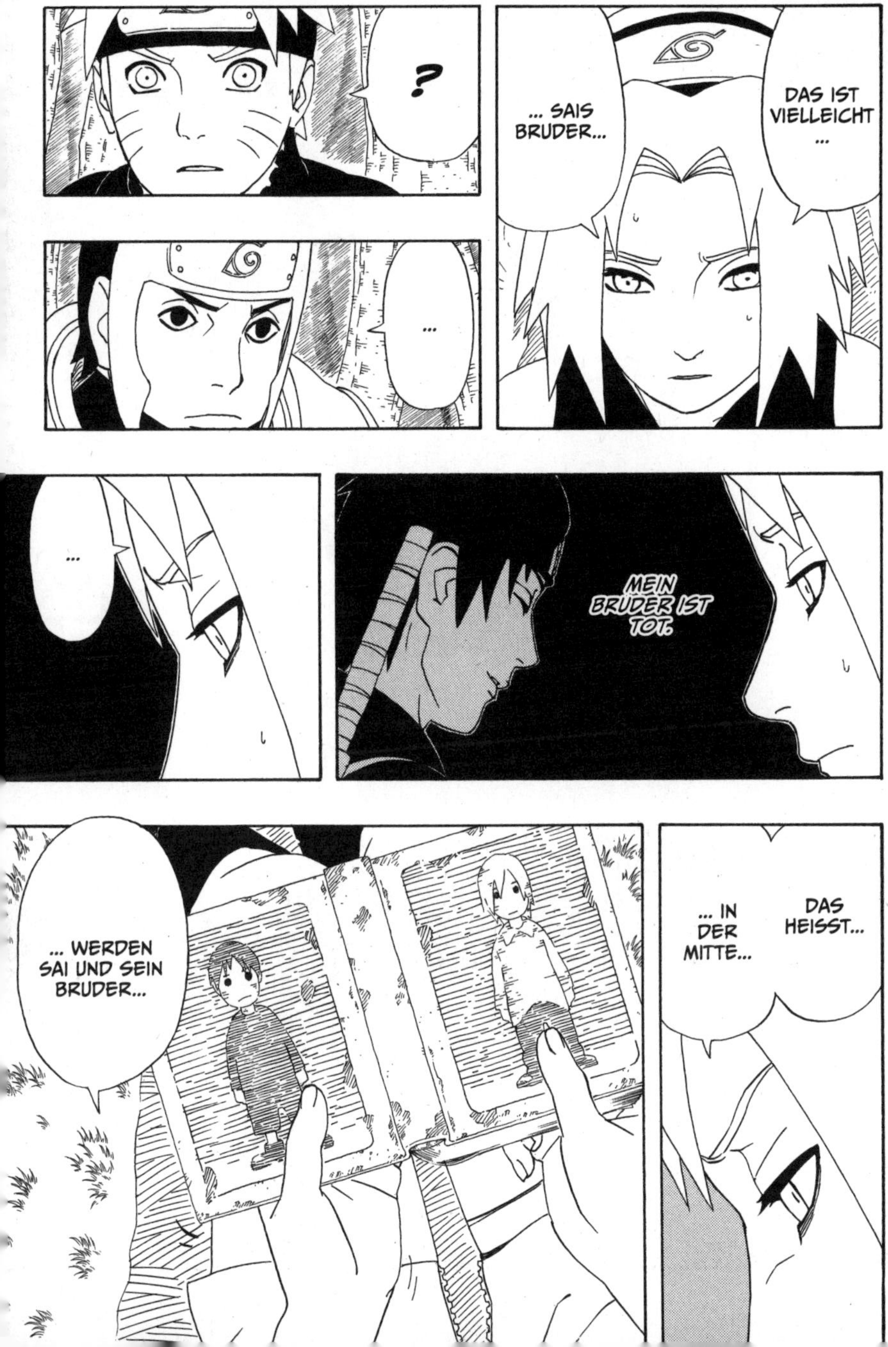
DAS IST VIELLEICHT ...
... SAIS BRUDER...
?
...
...
MEIN BRUDER IST TOT.
DAS HEISST...
... IN DER MITTE...
... WERDEN SAI UND SEIN BRUDER...

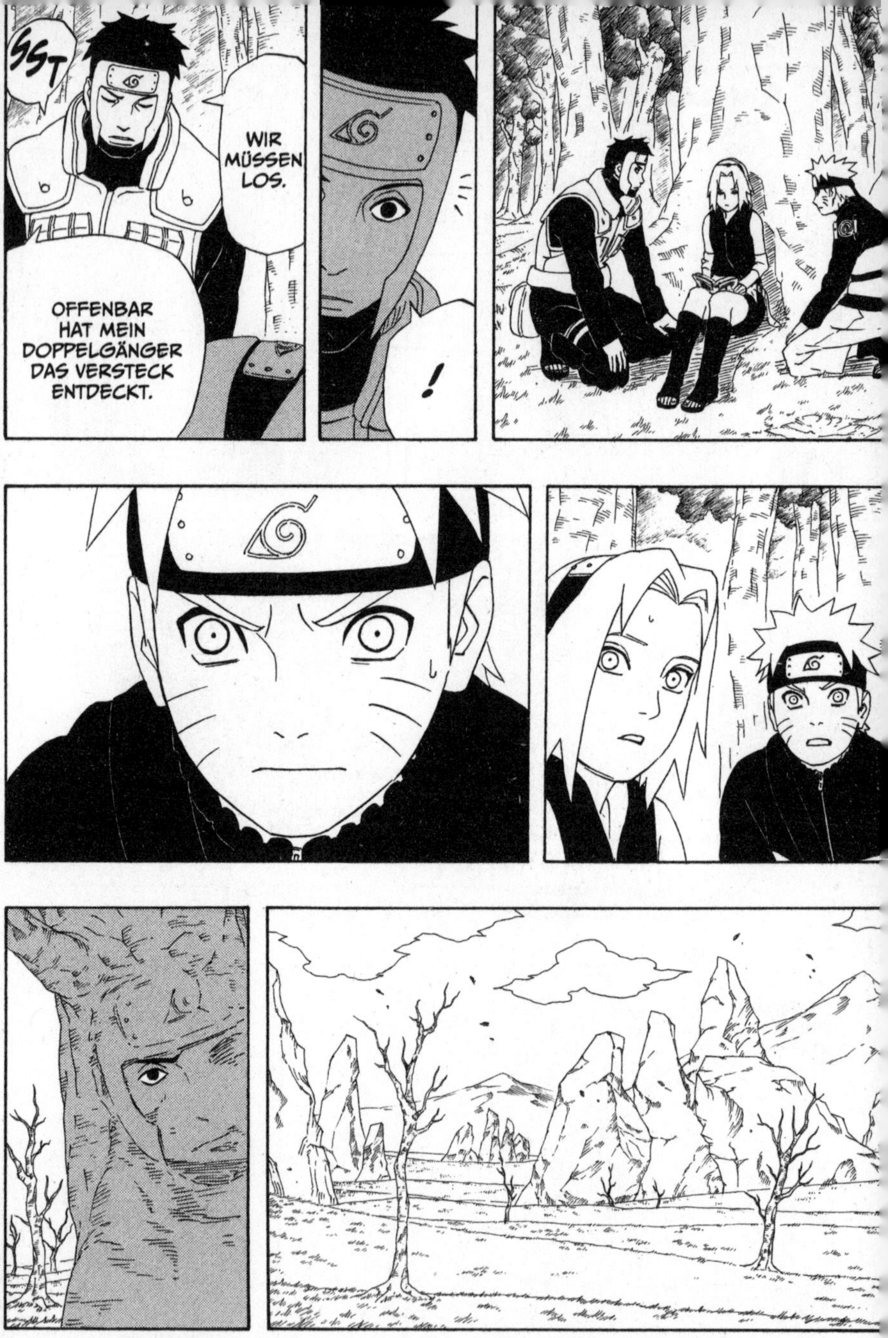
!
WIR MÜSSEN LOS.
OFFENBAR HAT MEIN DOPPELGÄNGER DAS VERSTECK ENTDECKT.
SST

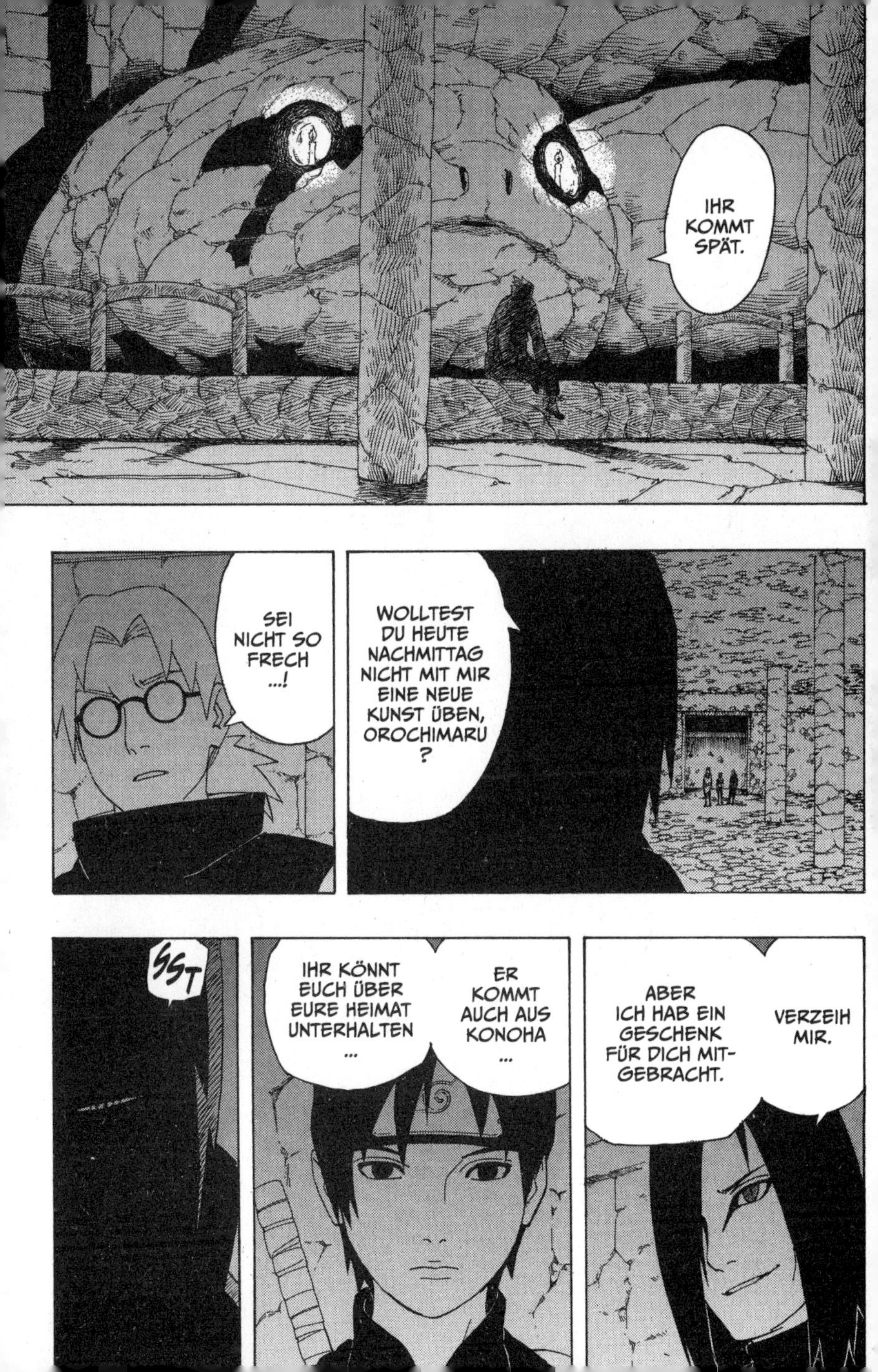
IHR KOMMT SPÄT.
WOLLTEST DU HEUTE NACHMITTAG NICHT MIT MIR EINE NEUE KUNST ÜBEN, OROCHIMARU ?
SEI NICHT SO FRECH ...!
VERZEIH MIR.
ABER ICH HAB EIN GESCHENK FÜR DICH MIT-GEBRACHT.
ER KOMMT AUCH AUS KONOHA ...
IHR KÖNNT EUCH ÜBER EURE HEIMAT UNTERHALTEN ...
SST

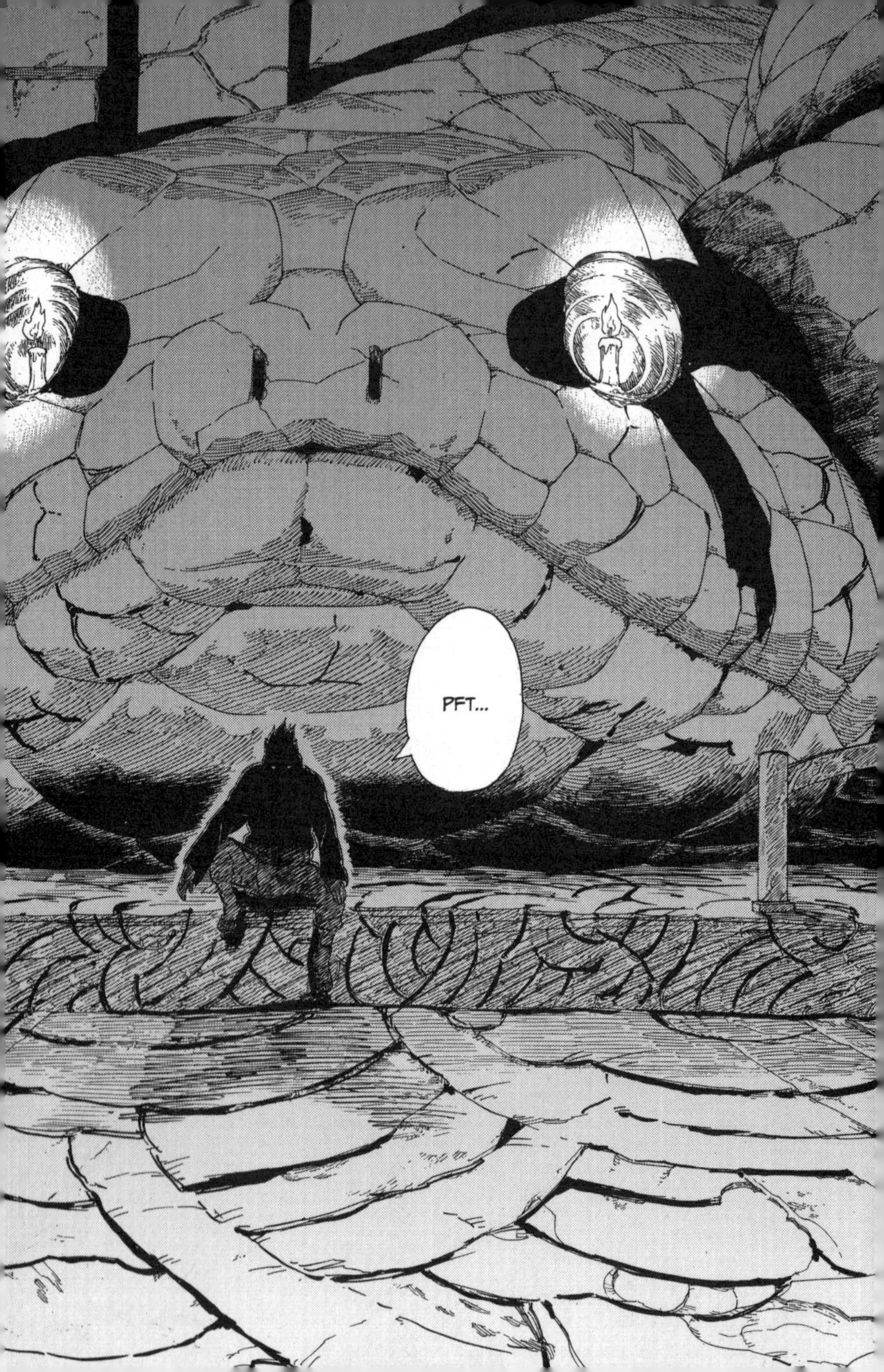
PFT...

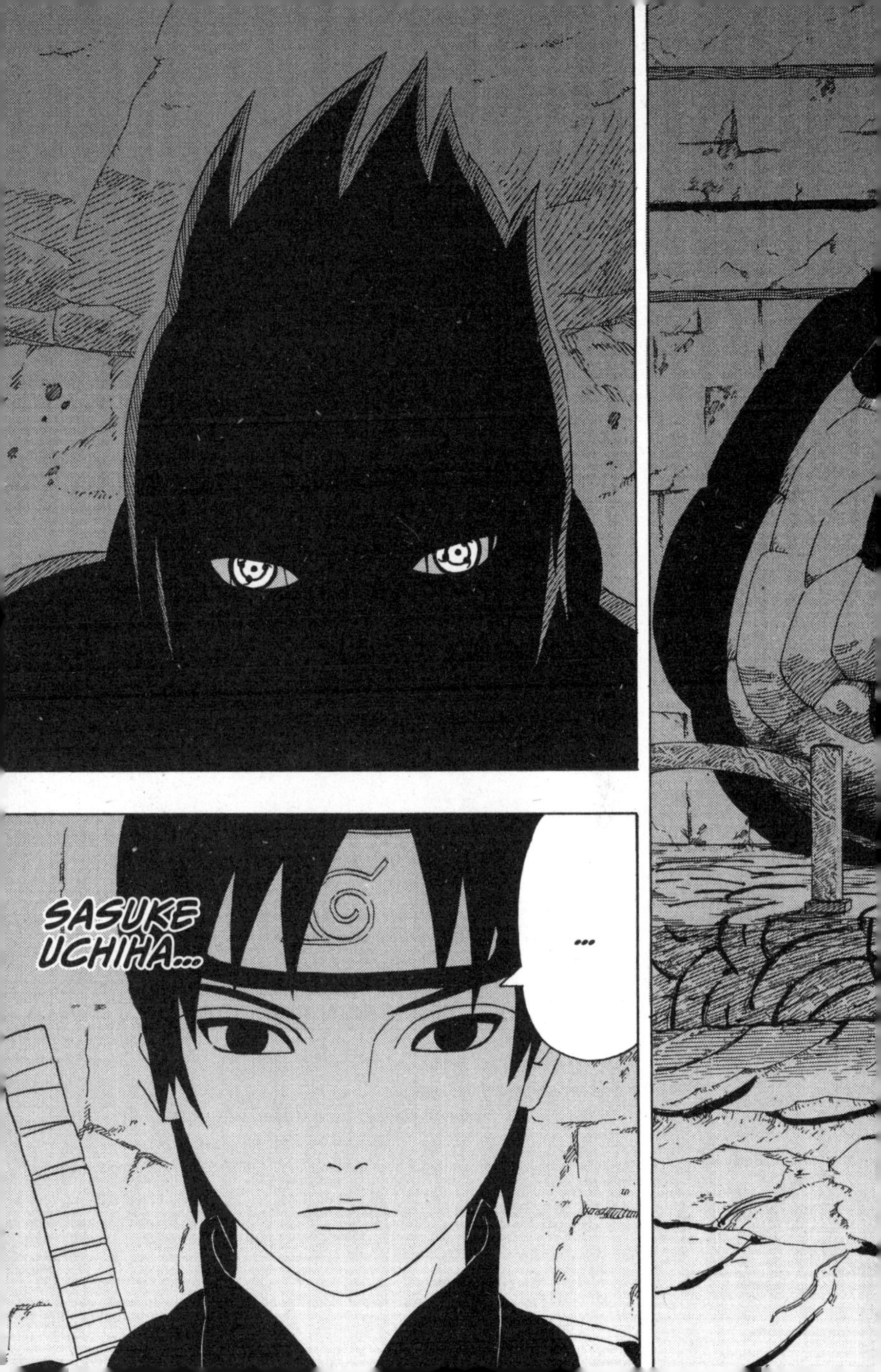
SASUKE UCHIHA...
...

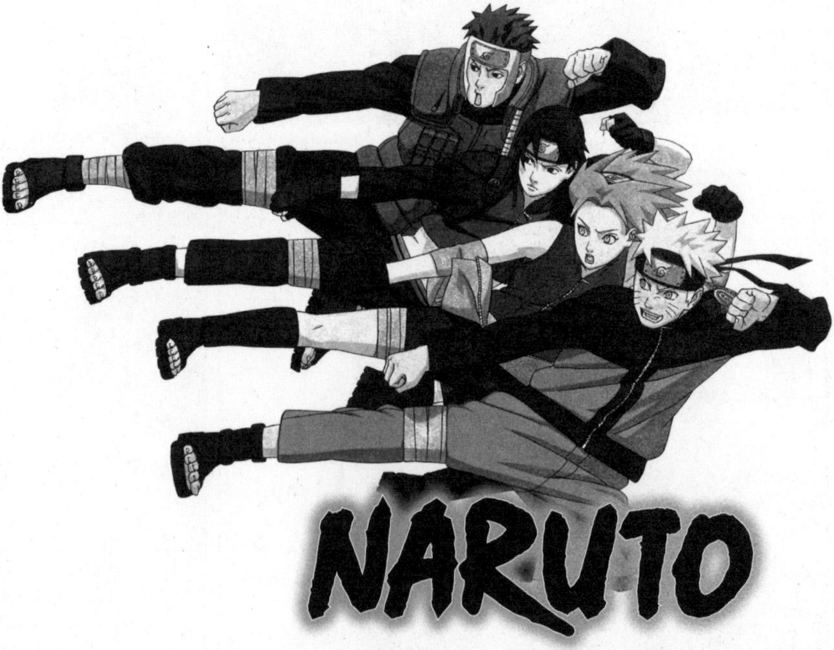
NARUTO

301. Kapitel:

Sai und Sasuke

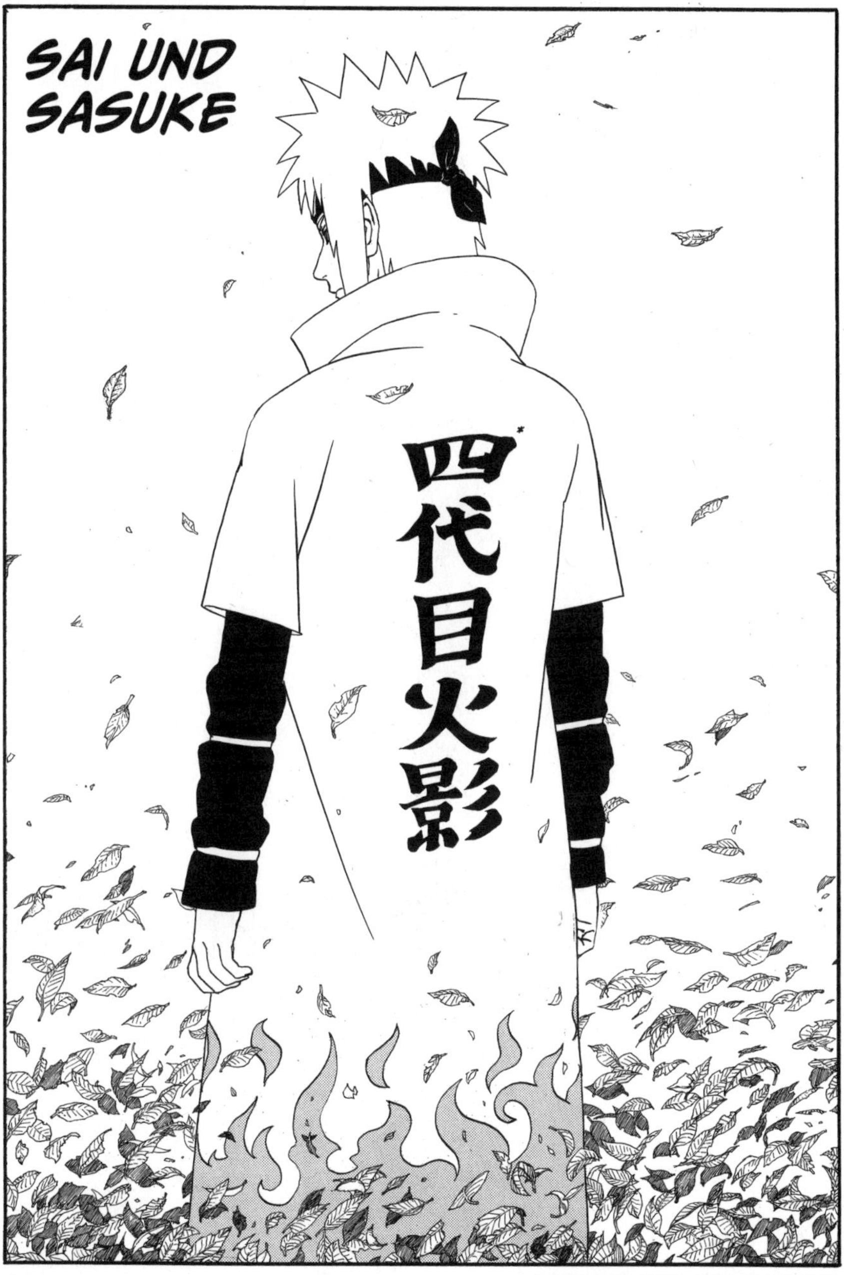

* Hokage der vierten Generation

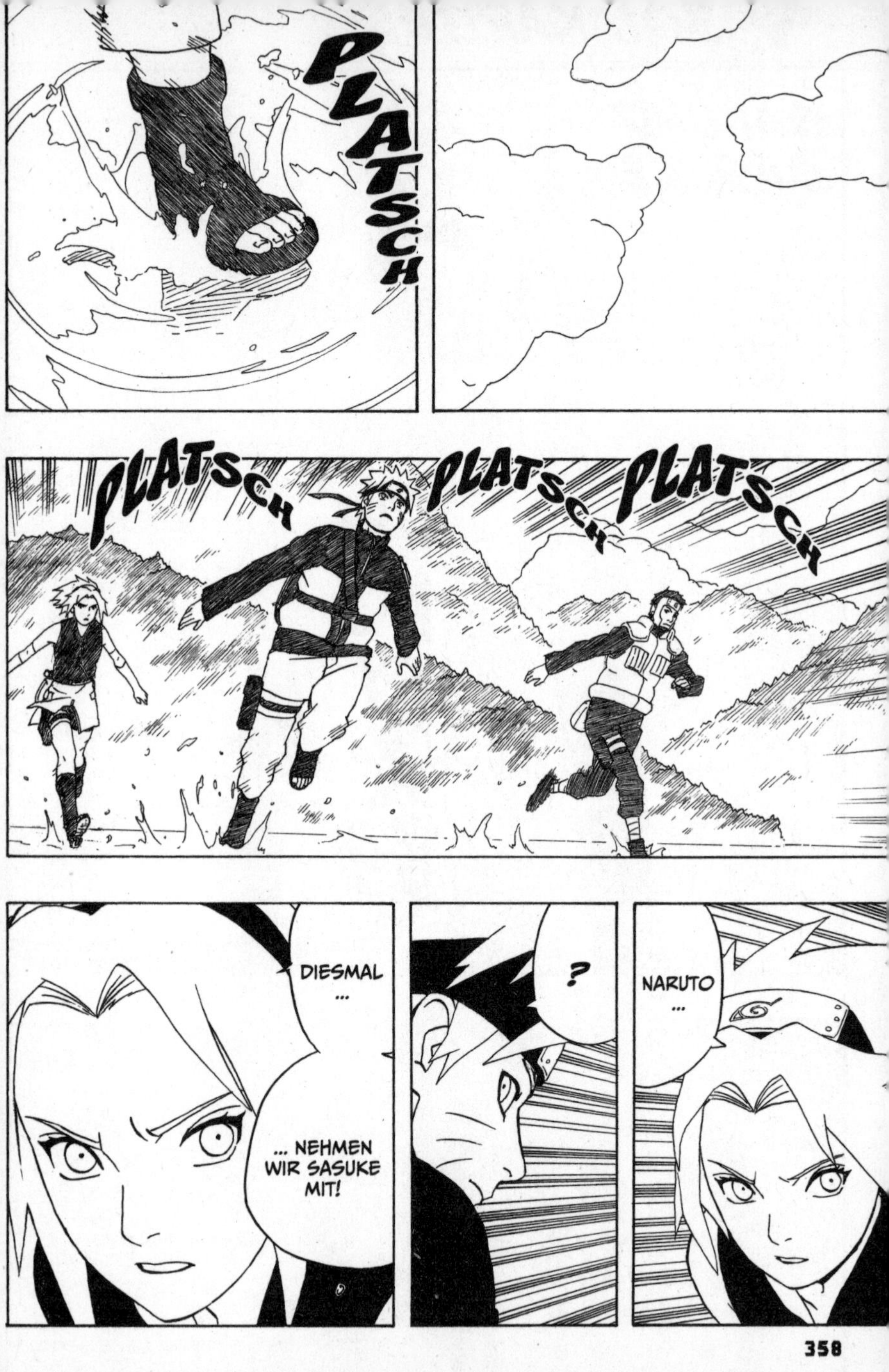

PLATSCH
PLATSCH
PLATSCH
PLATSCH
NARUTO ...
?
DIESMAL ...
... NEHMEN WIR SASUKE MIT!

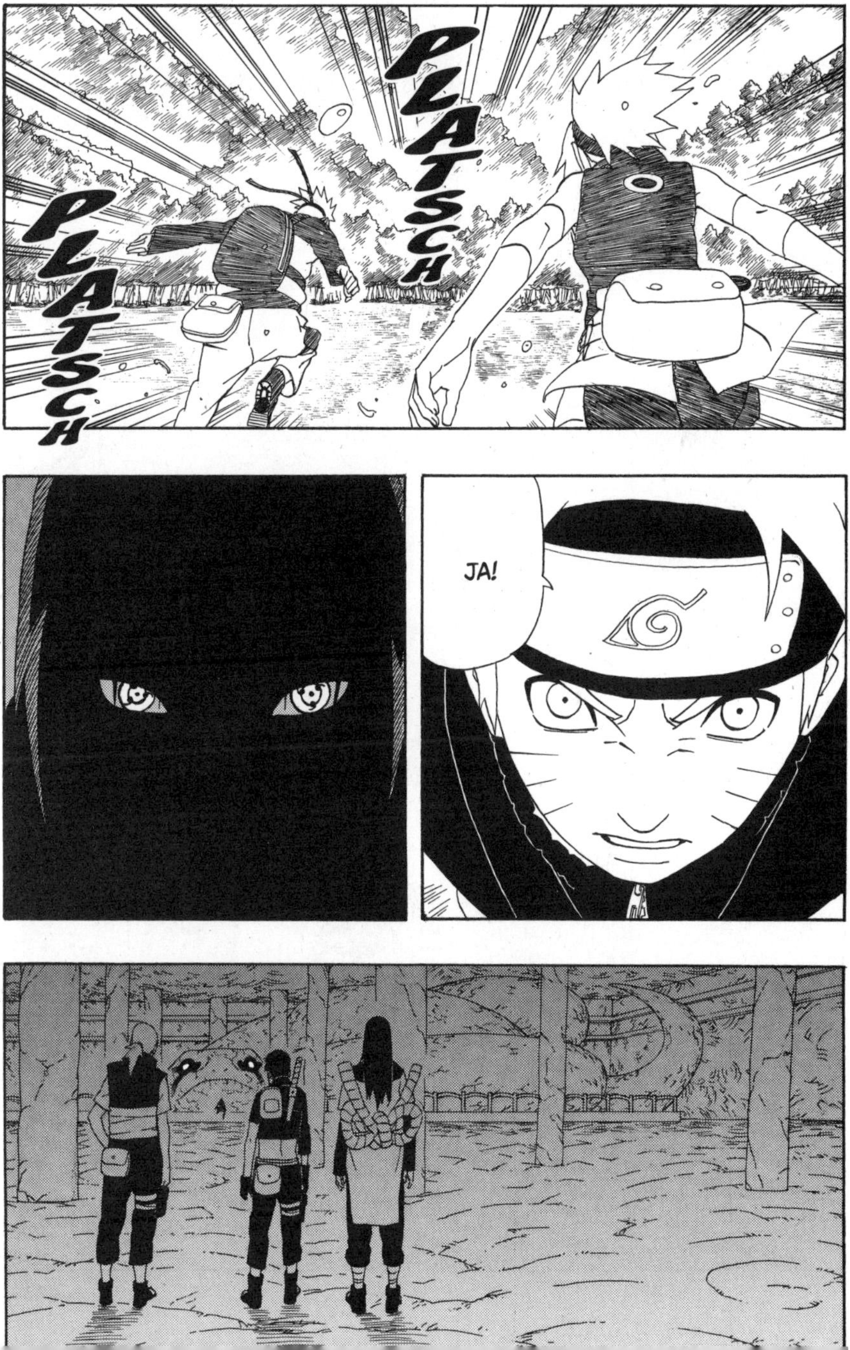

PLATSCH
PLATSCH
JA!

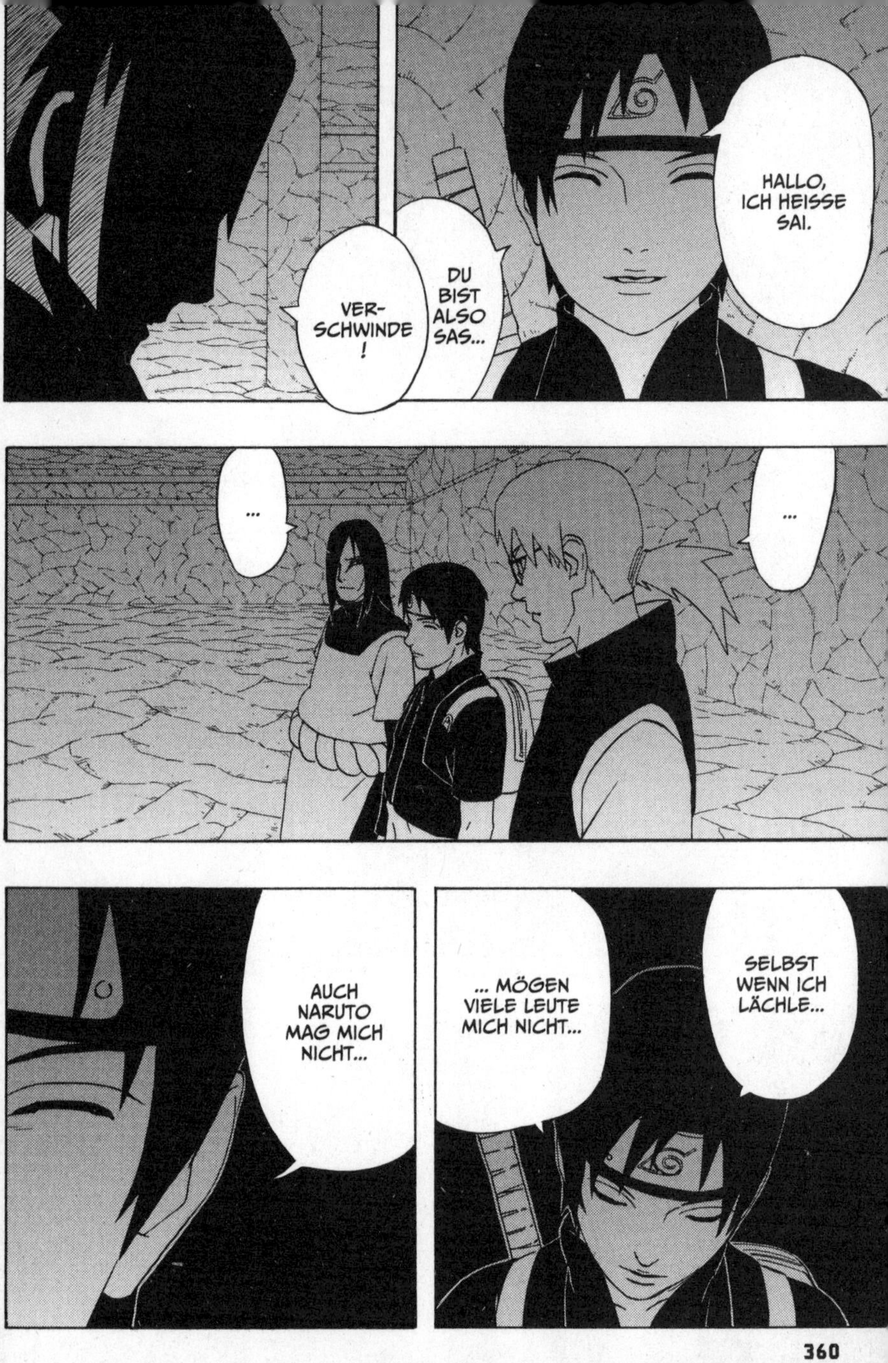
HALLO, ICH HEISSE SAI.
DU BIST ALSO SAS...
VER-SCHWINDE!
...
...
SELBST WENN ICH LÄCHLE...
... MÖGEN VIELE LEUTE MICH NICHT...
AUCH NARUTO MAG MICH NICHT...

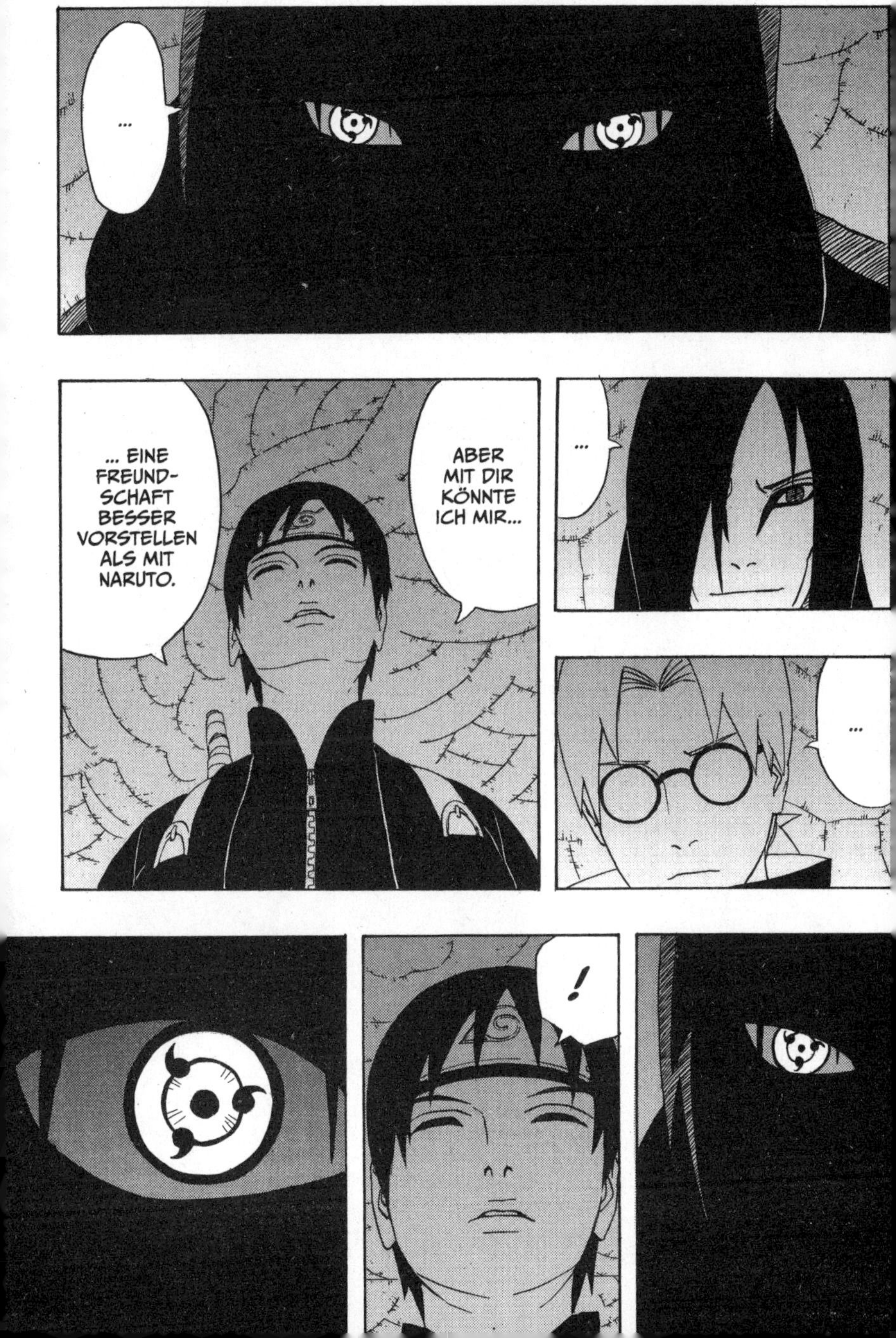
...
...
...
ABER MIT DIR KÖNNTE ICH MIR...
... EINE FREUNDSCHAFT BESSER VORSTELLEN ALS MIT NARUTO.
!

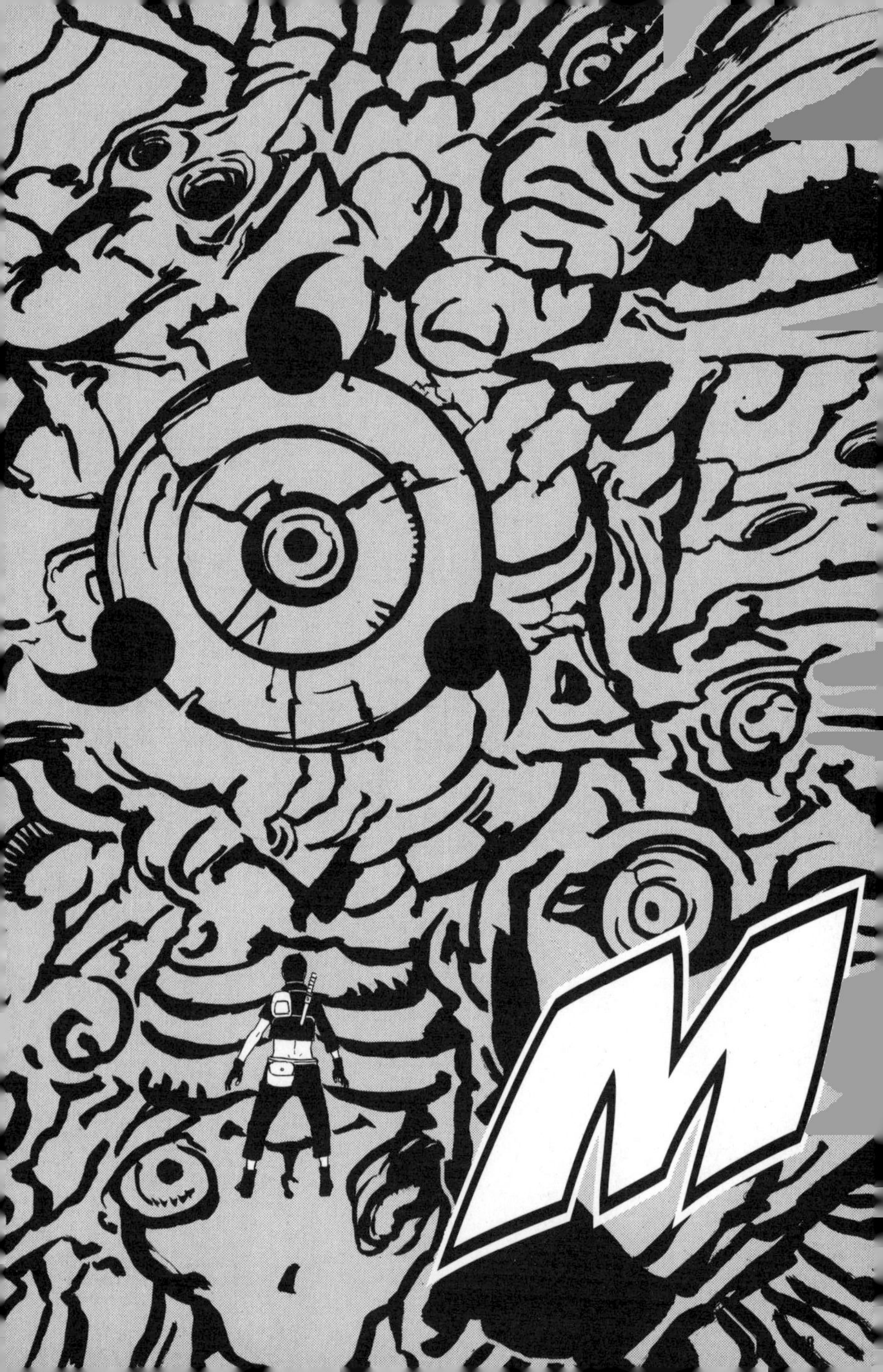
M

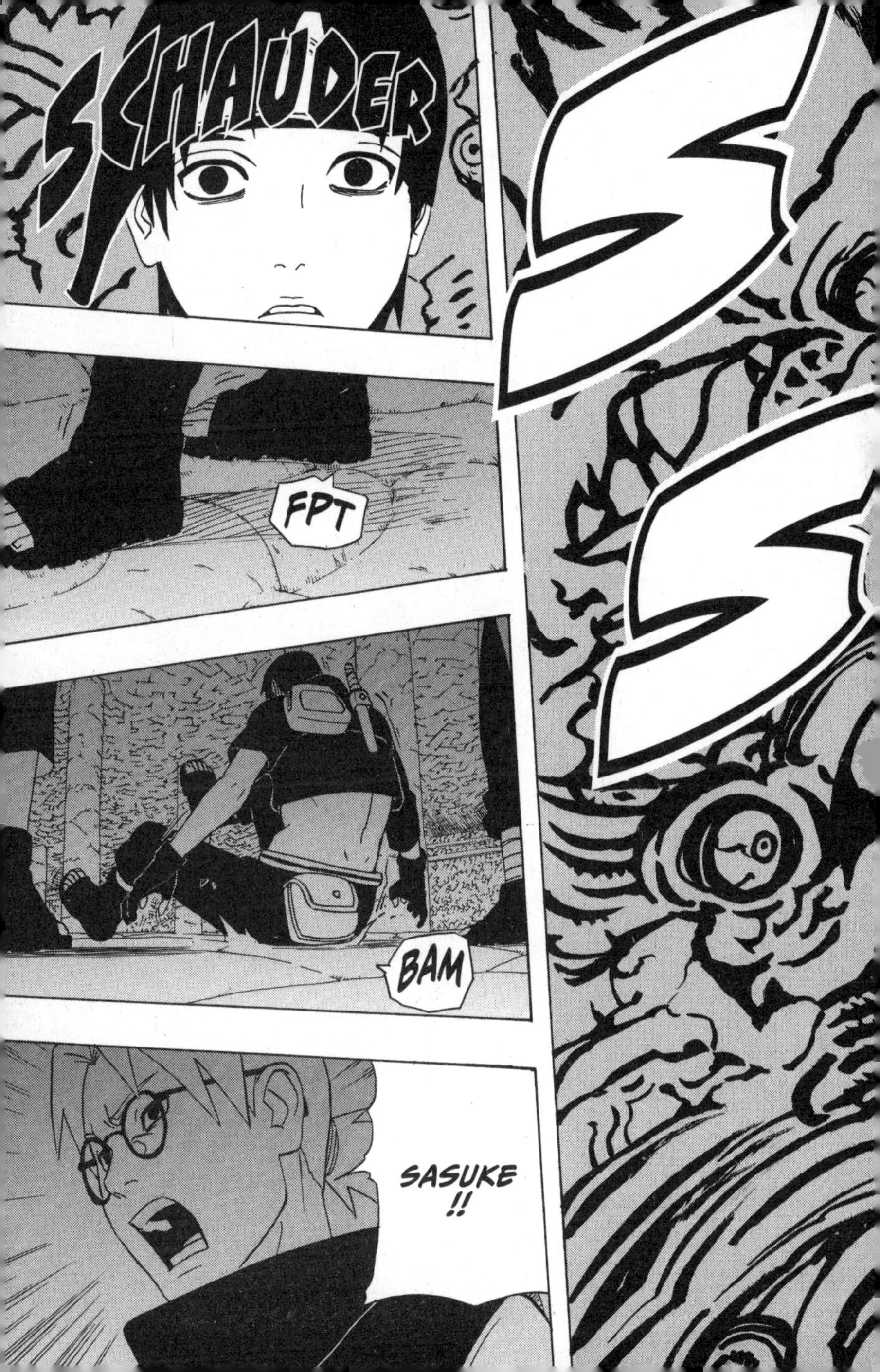
SCHAUDER
S
S
FPT
BAM
SASUKE !!

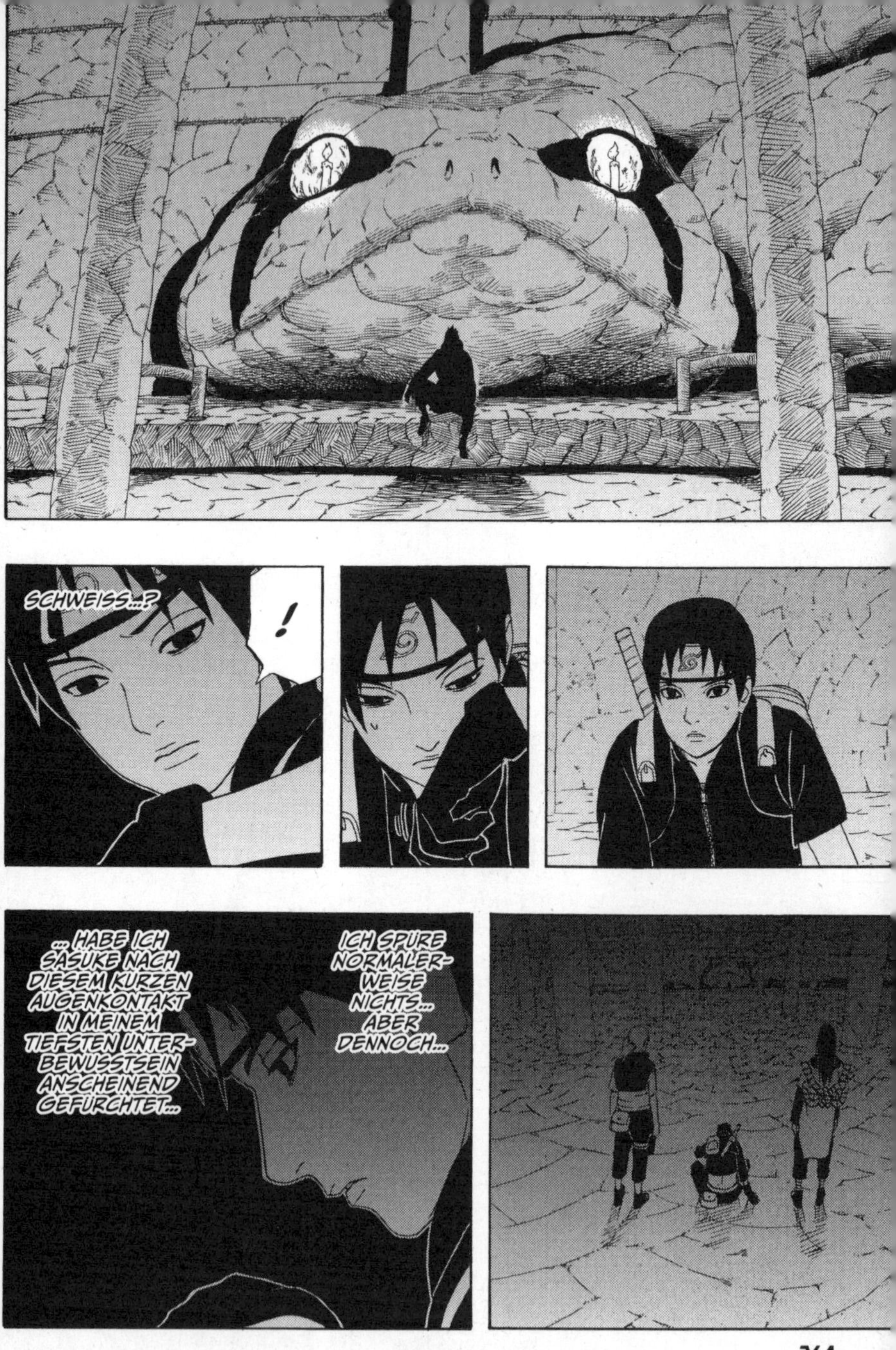
!
SCHWEISS...?
ICH SPÜRE NORMALERWEISE NICHTS... ABER DENNOCH...
... HABE ICH SASUKE NACH DIESEM KURZEN AUGENKONTAKT IN MEINEM TIEFSTEN UNTERBEWUSSTSEIN ANSCHEINEND GEFÜRCHTET...

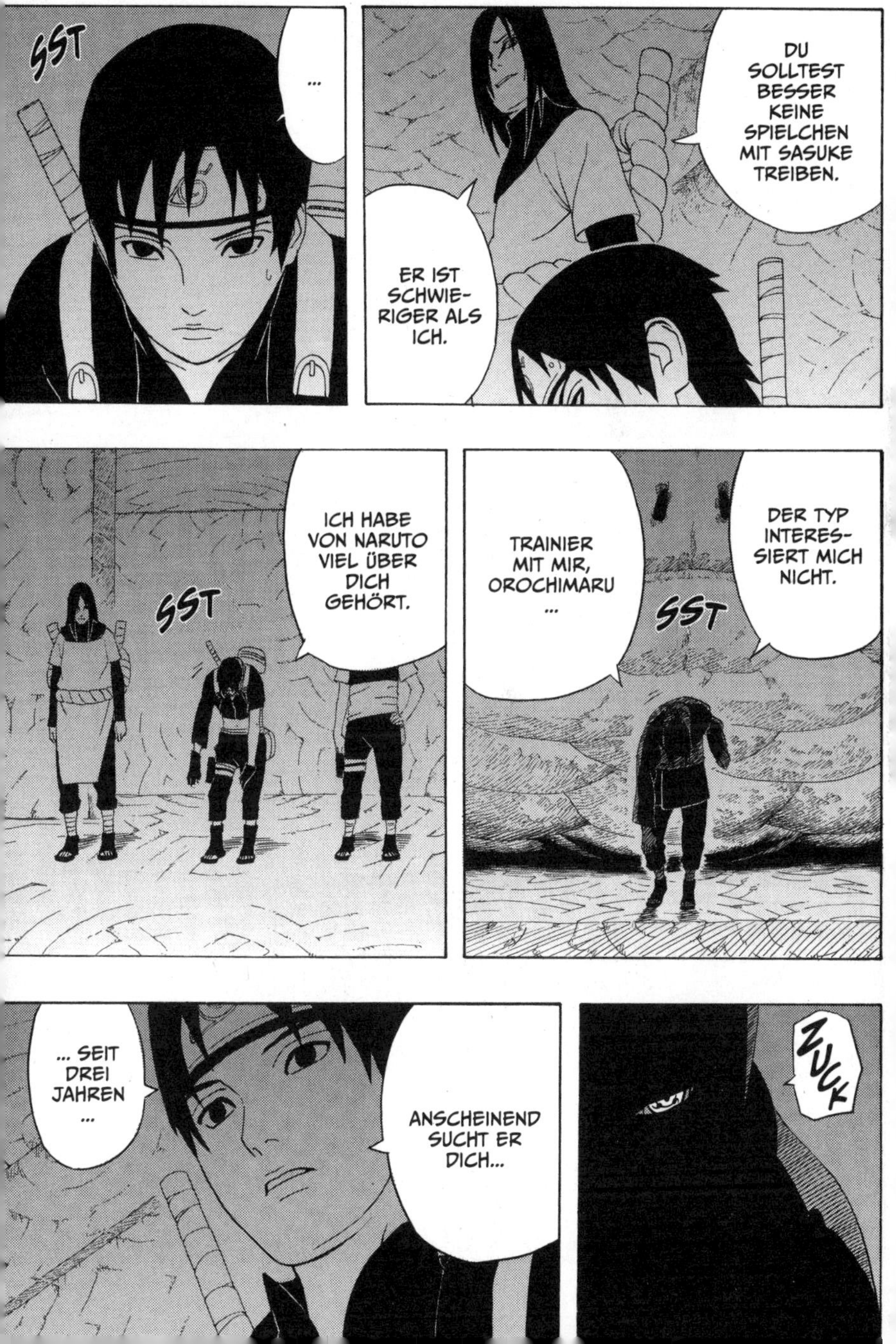
DU SOLLTEST BESSER KEINE SPIELCHEN MIT SASUKE TREIBEN.
ER IST SCHWIERIGER ALS ICH.
SST
...
DER TYP INTERESSIERT MICH NICHT.
TRAINIER MIT MIR, OROCHIMARU ...
SST
ICH HABE VON NARUTO VIEL ÜBER DICH GEHÖRT.
SST
ZUCK
ANSCHEINEND SUCHT ER DICH...
... SEIT DREI JAHREN ...

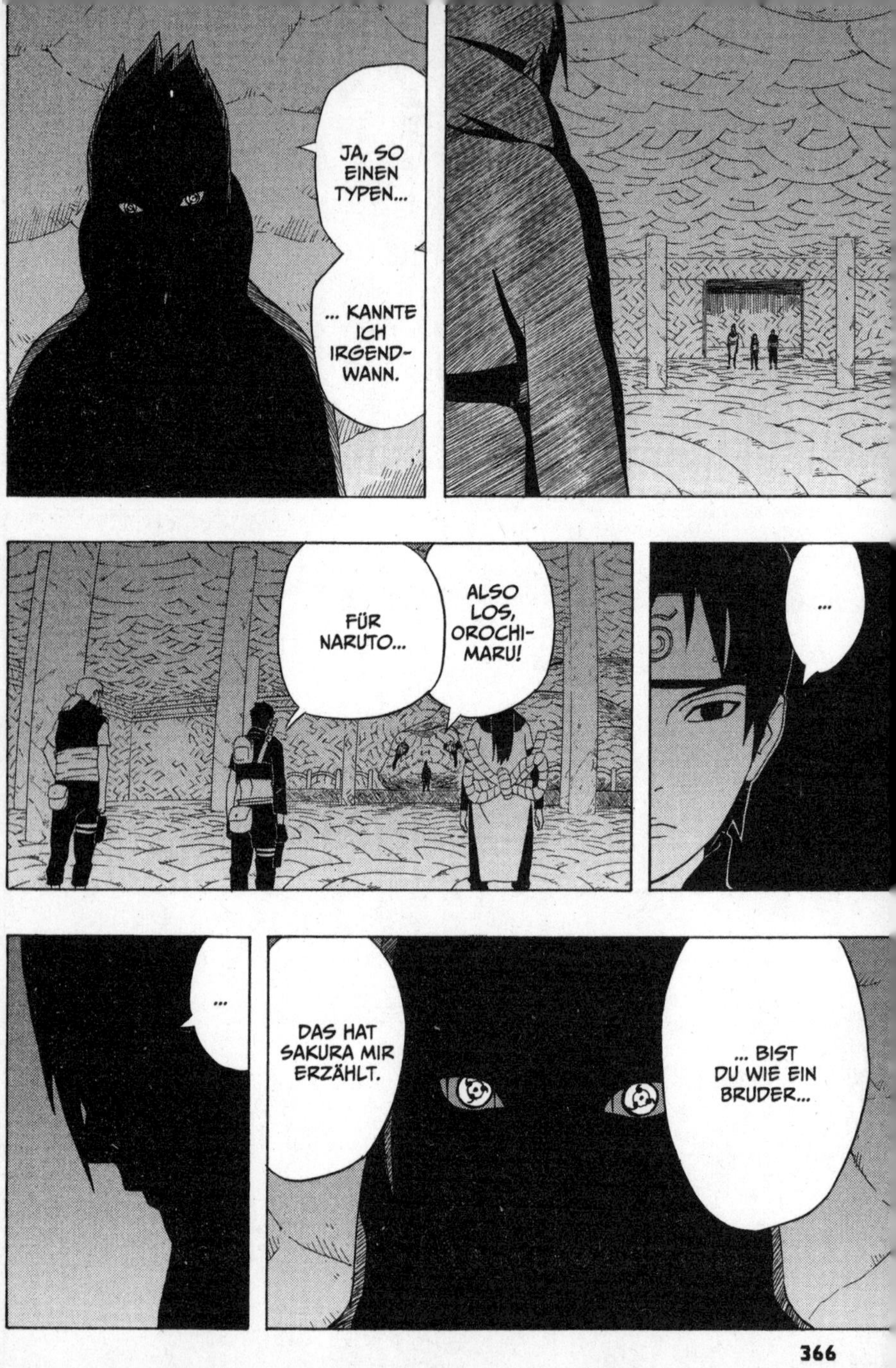
JA, SO EINEN TYPEN...
... KANNTE ICH IRGEND-WANN.
...
ALSO LOS, OROCHI-MARU!
FÜR NARUTO...
... BIST DU WIE EIN BRUDER...
DAS HAT SAKURA MIR ERZÄHLT.
...

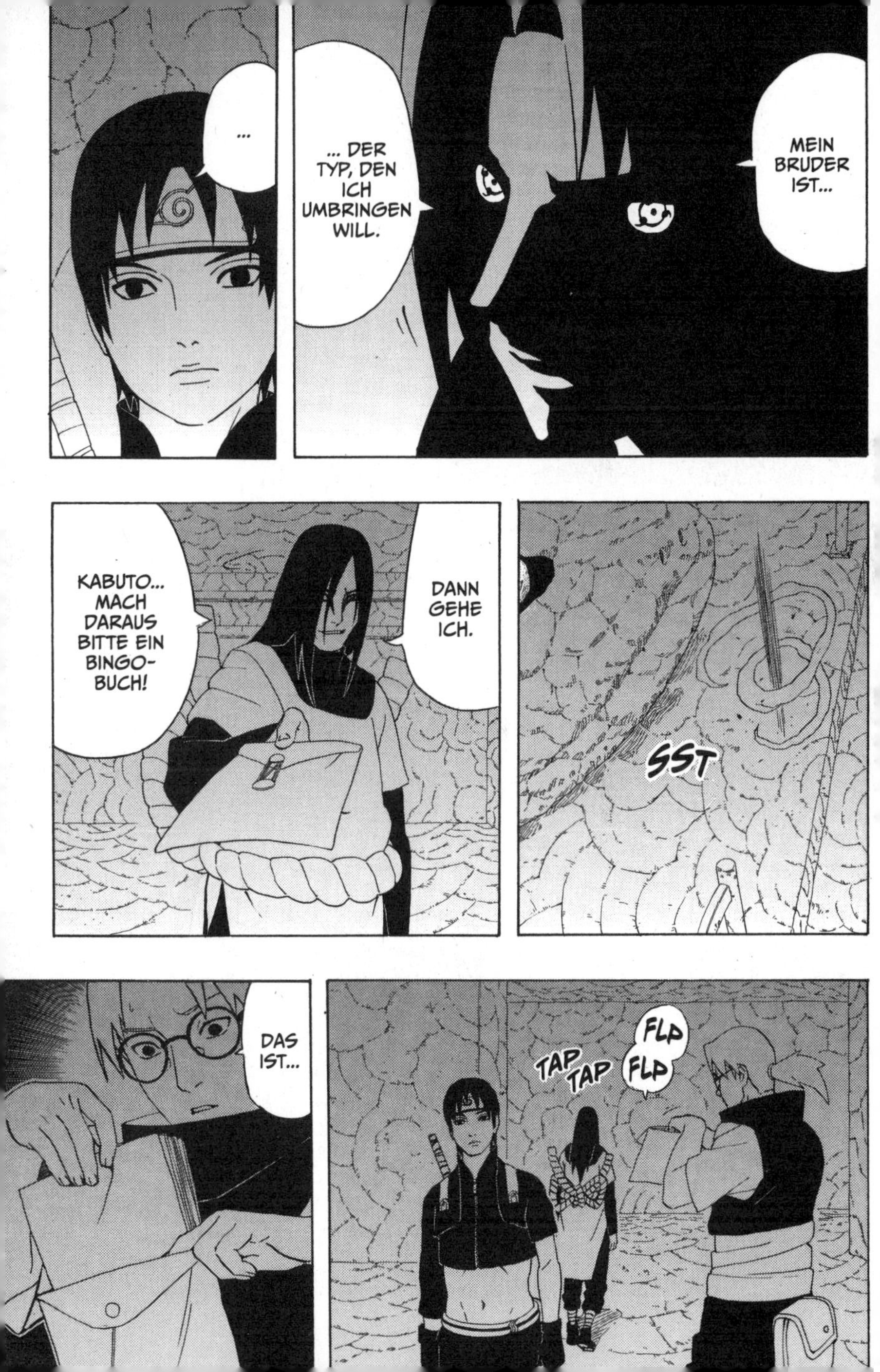
MEIN BRUDER IST...
... DER TYP, DEN ICH UMBRINGEN WILL.
...
SST
DANN GEHE ICH.
KABUTO... MACH DARAUS BITTE EIN BINGO-BUCH!
FLP FLP
TAP TAP
DAS IST...

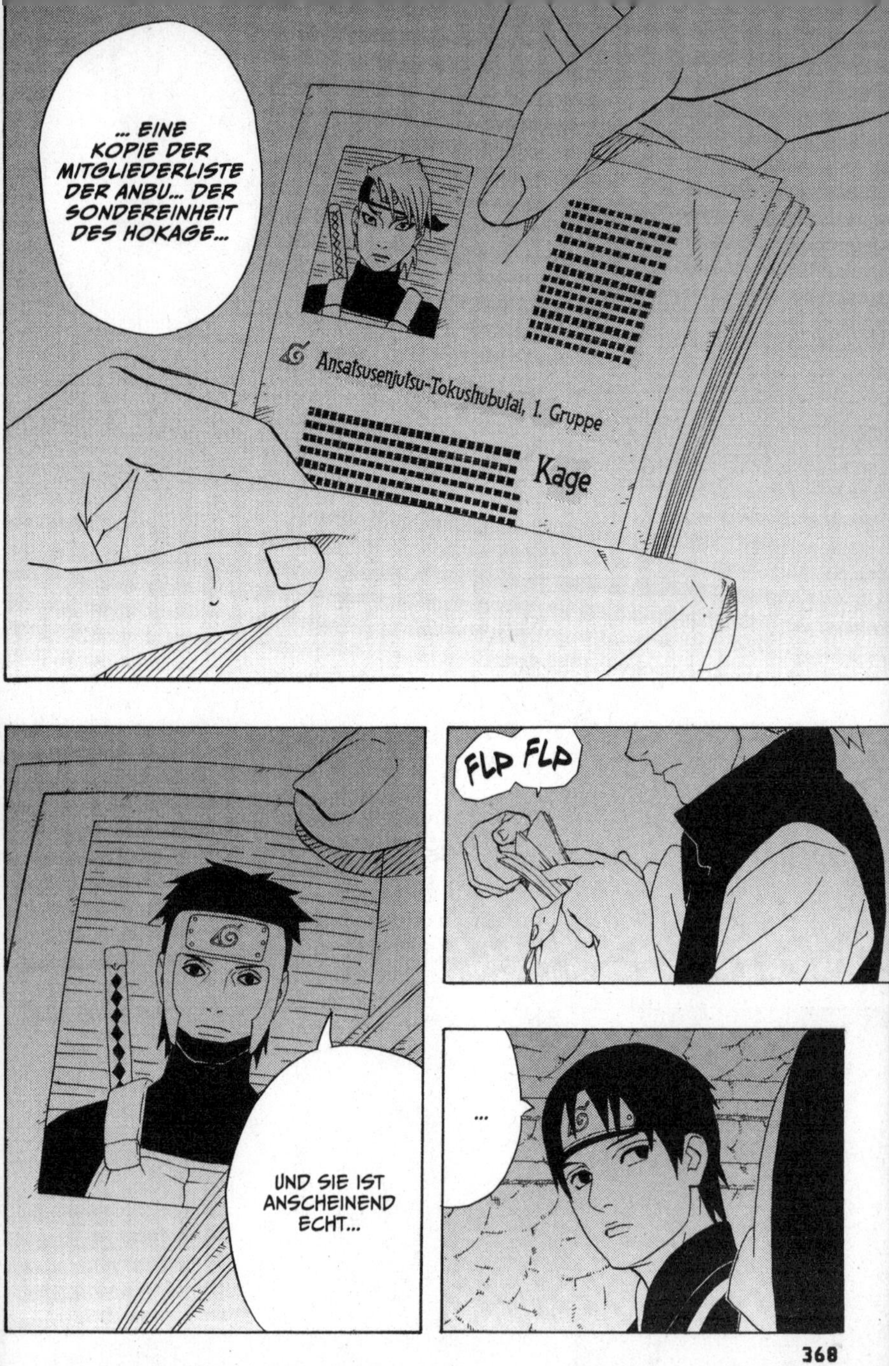
... EINE KOPIE DER MITGLIEDERLISTE DER ANBU... DER SONDEREINHEIT DES HOKAGE...
Ansatsusenjutsu-Tokushubutai, 1. Gruppe
Kage
FLP FLP
...
UND SIE IST ANSCHEINEND ECHT...

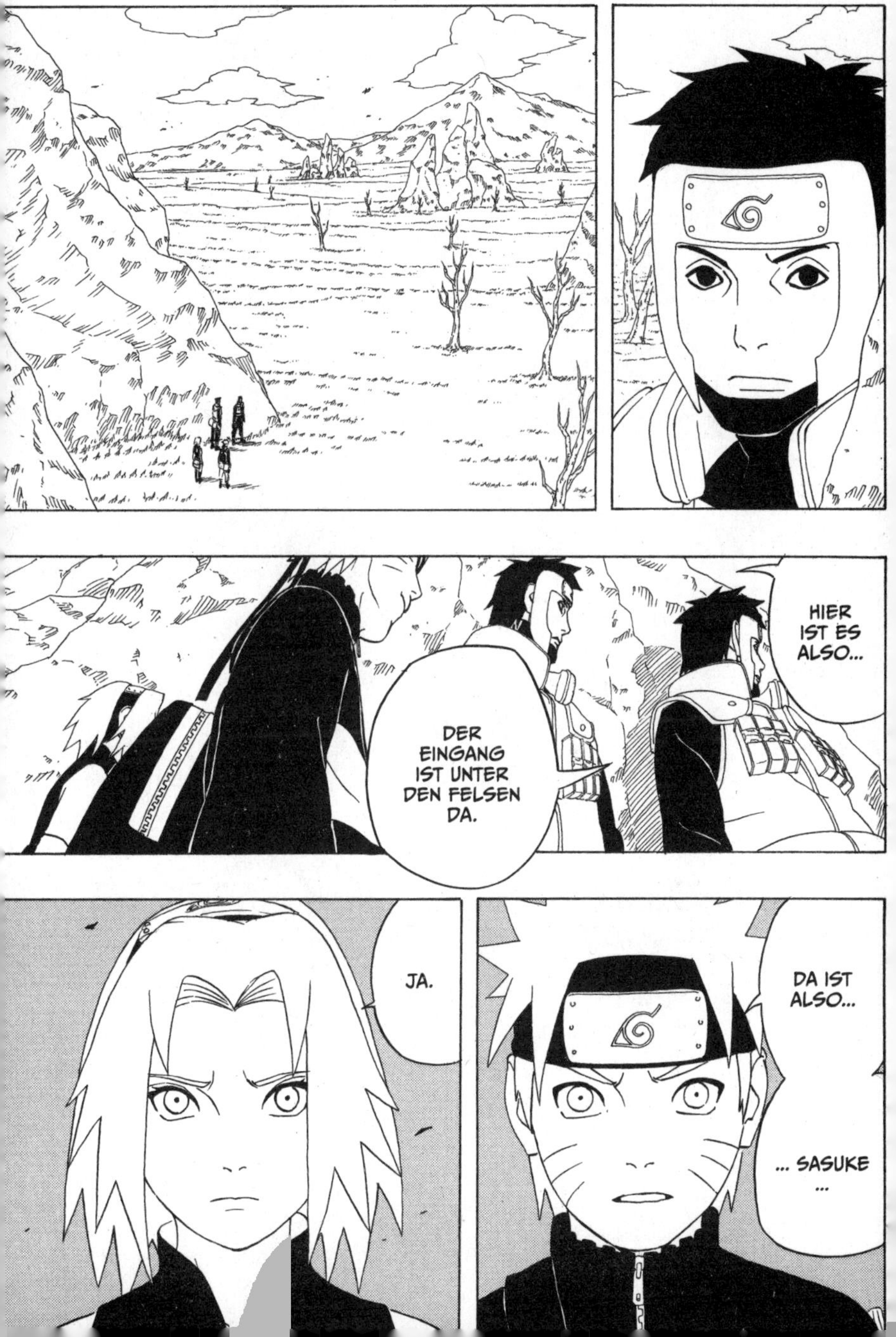
HIER IST ES ALSO...
DER EINGANG IST UNTER DEN FELSEN DA.
DA IST ALSO...
... SASUKE ...
JA.

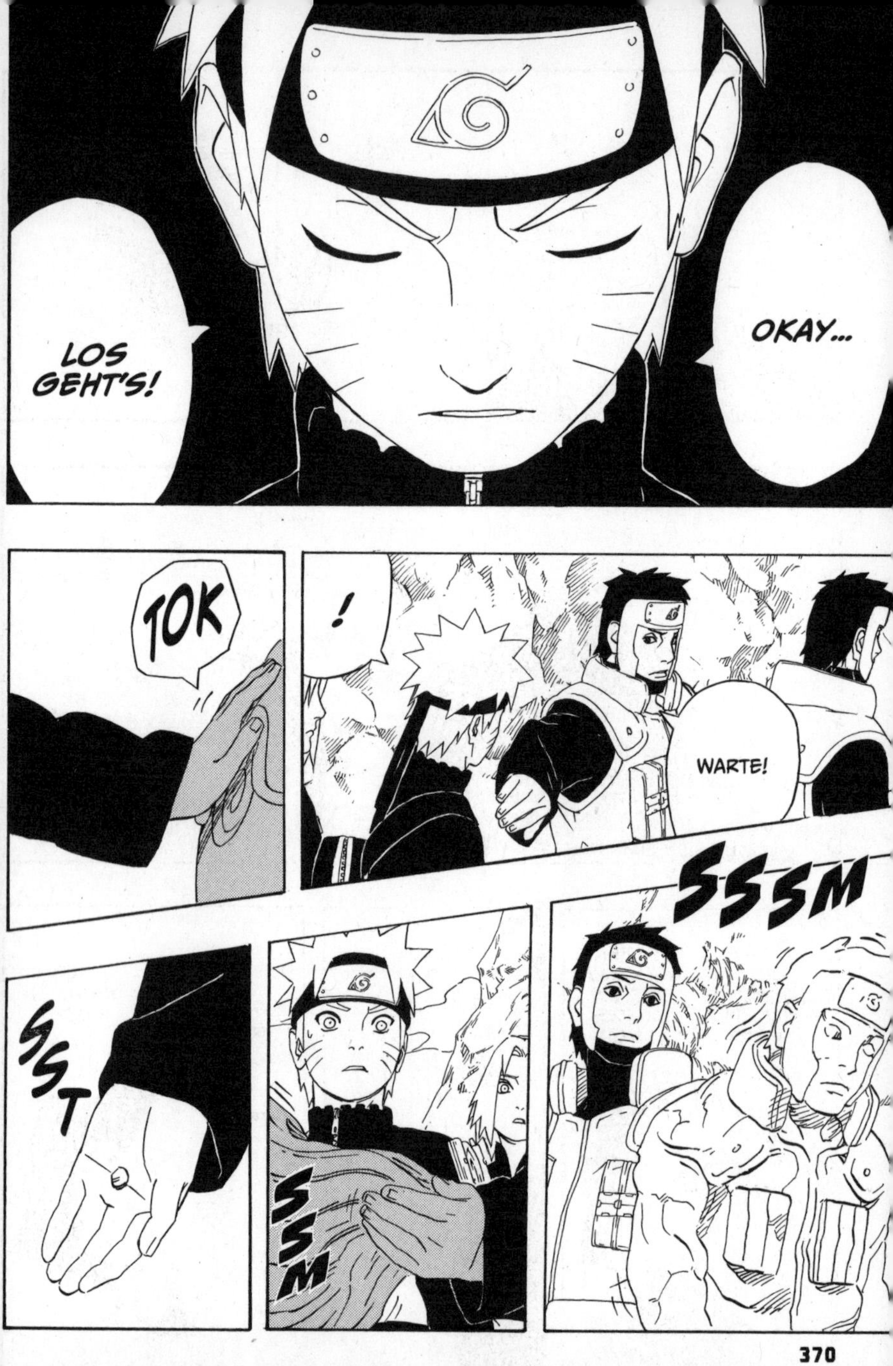
OKAY...
LOS GEHT'S!
!
WARTE!
TOK
SSSM
SSM
SST

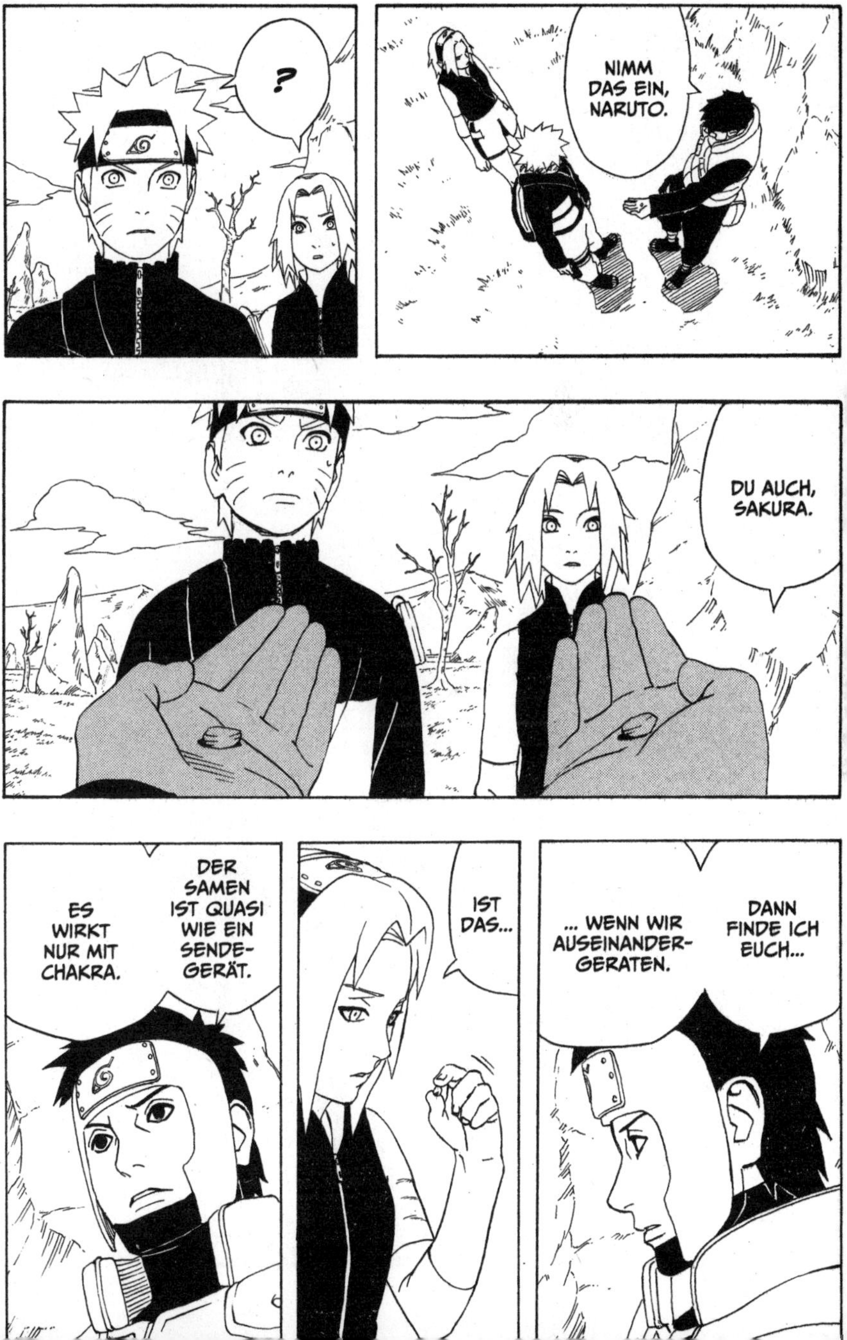
NIMM DAS EIN, NARUTO.
?
DU AUCH, SAKURA.
DANN FINDE ICH EUCH...
... WENN WIR AUSEINANDER-GERATEN.
IST DAS...
DER SAMEN IST QUASI WIE EIN SENDE-GERÄT.
ES WIRKT NUR MIT CHAKRA.

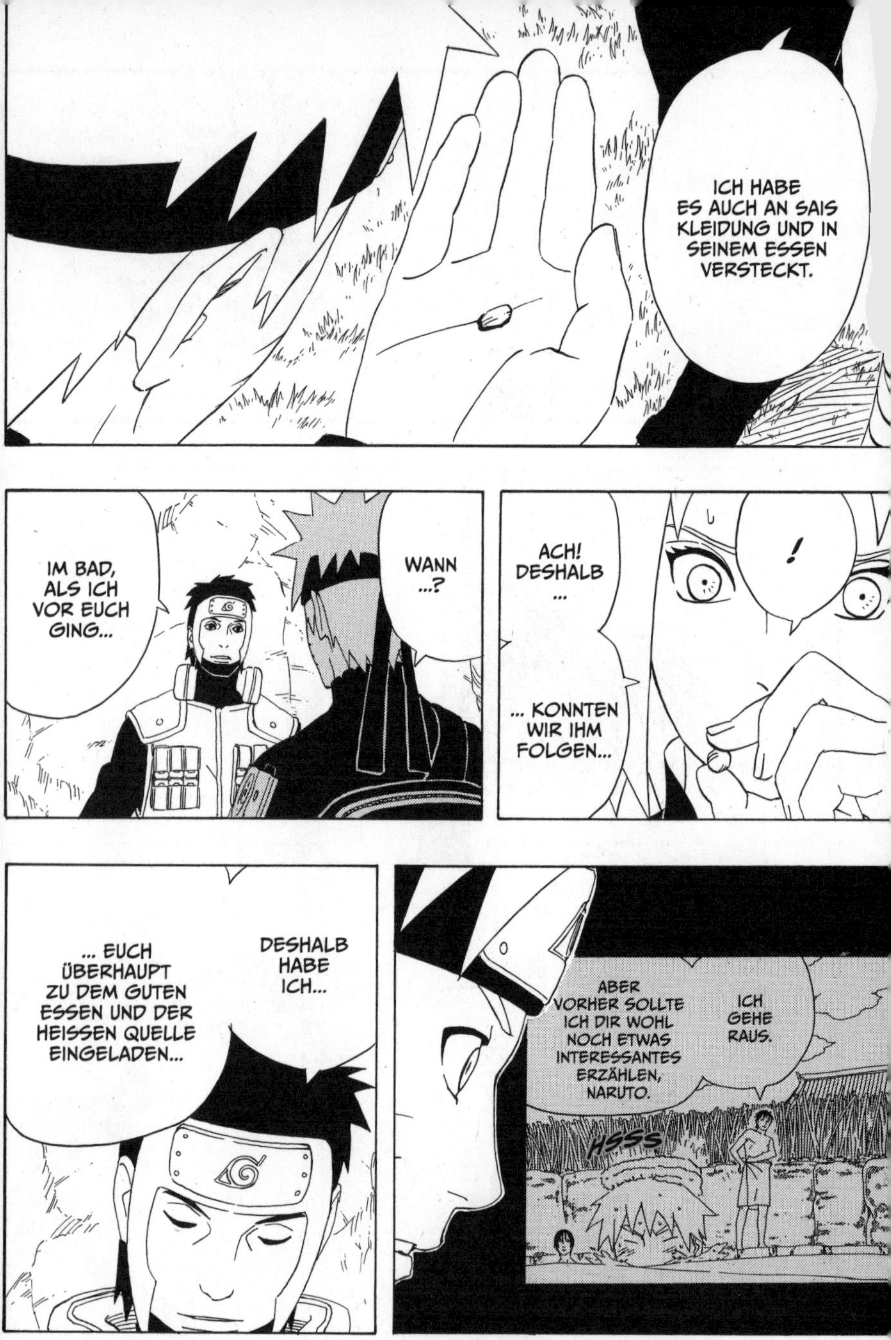

ICH HABE ES AUCH AN SAIS KLEIDUNG UND IN SEINEM ESSEN VERSTECKT.
!
ACH! DESHALB ...
... KONNTEN WIR IHM FOLGEN...
WANN ...?
IM BAD, ALS ICH VOR EUCH GING...
ICH GEHE RAUS.
ABER VORHER SOLLTE ICH DIR WOHL NOCH ETWAS INTERESSANTES ERZÄHLEN, NARUTO.
HSSS
DESHALB HABE ICH...
... EUCH ÜBERHAUPT ZU DEM GUTEN ESSEN UND DER HEISSEN QUELLE EINGELADEN...

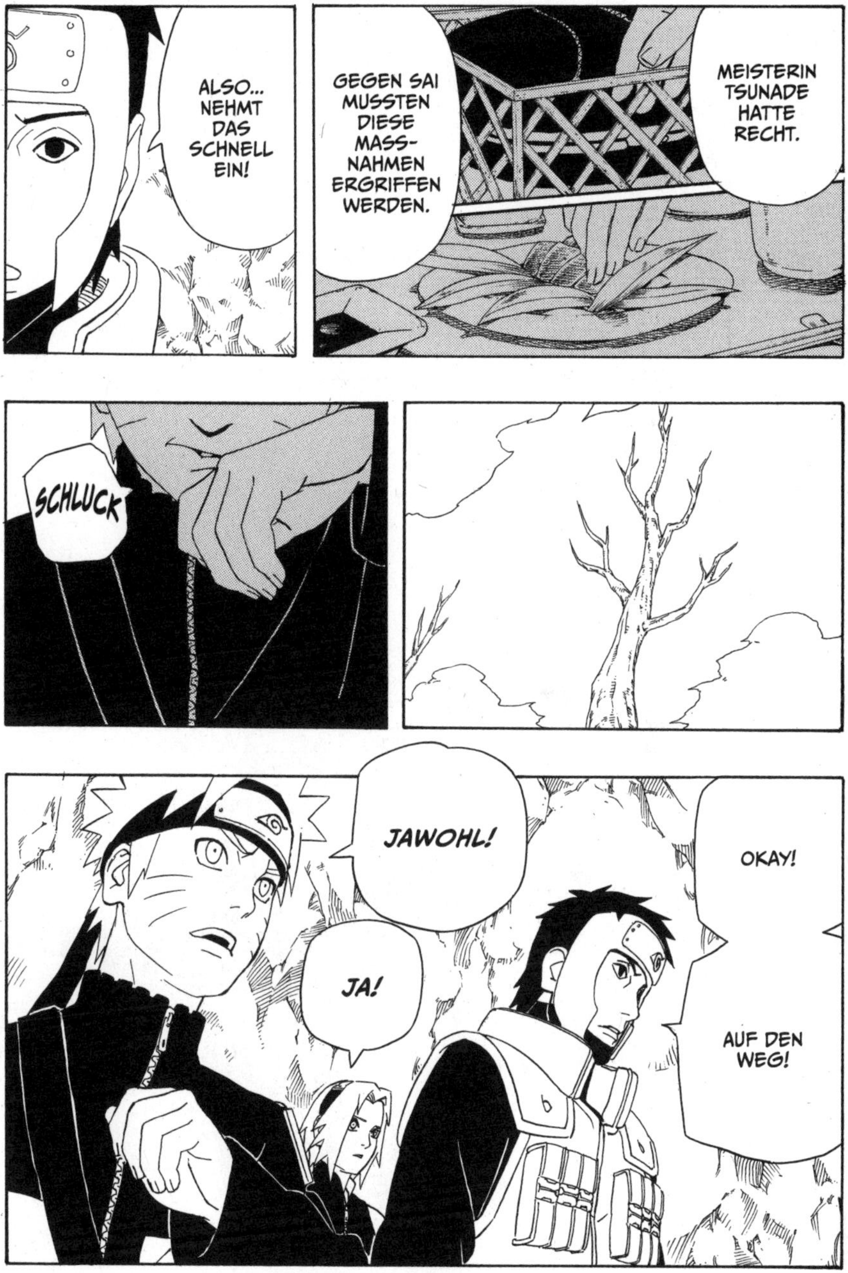
MEISTERIN TSUNADE HATTE RECHT.
GEGEN SAI MUSSTEN DIESE MASS-NAHMEN ERGRIFFEN WERDEN.
ALSO... NEHMT DAS SCHNELL EIN!
SCHLUCK
OKAY!
AUF DEN WEG!
JAWOHL!
JA!

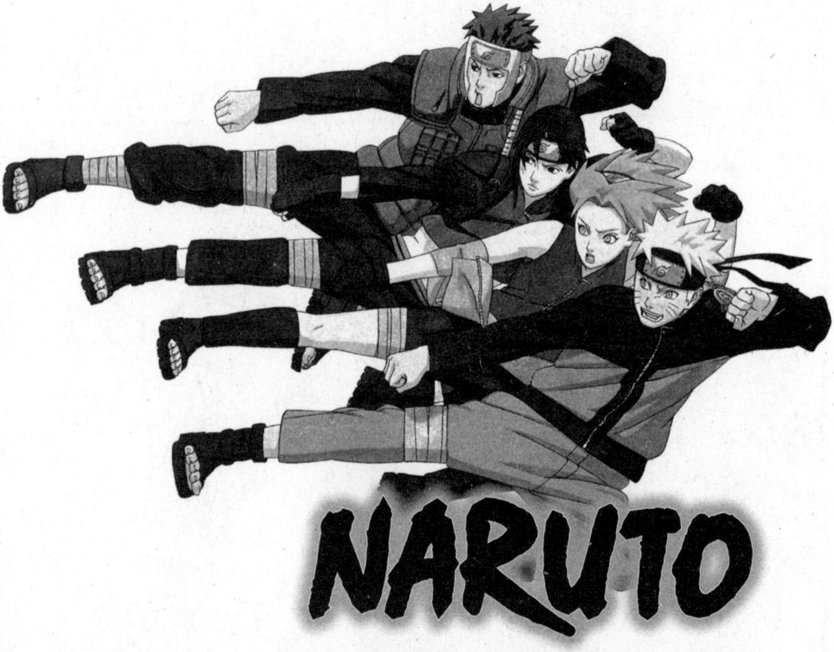
NARUTO

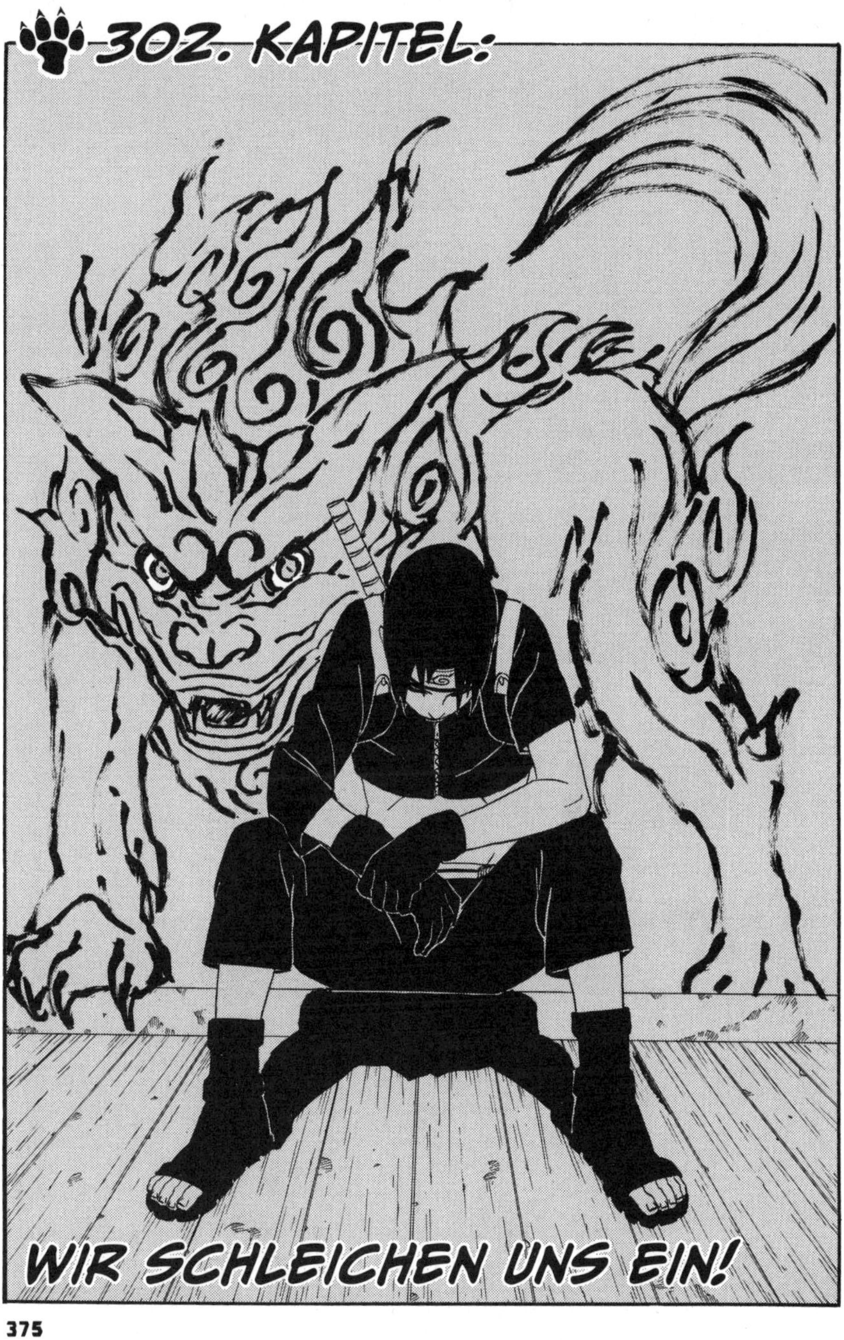
302. Kapitel:
Wir schleichen uns ein!

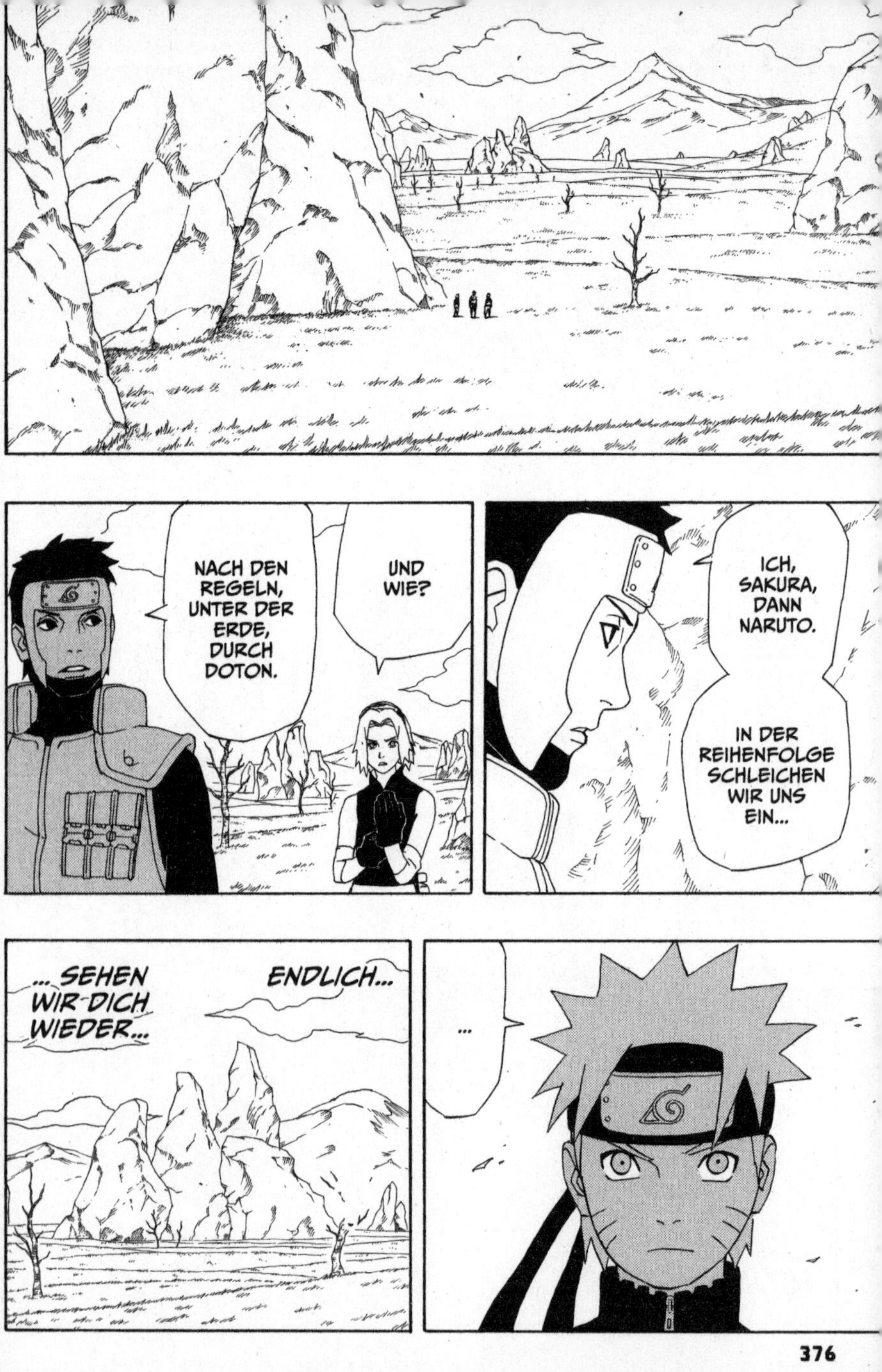
UND WIE?
NACH DEN REGELN, UNTER DER ERDE, DURCH DOTON.
ICH, SAKURA, DANN NARUTO.
IN DER REIHENFOLGE SCHLEICHEN WIR UNS EIN...
...
ENDLICH...
...SEHEN WIR DICH WIEDER...

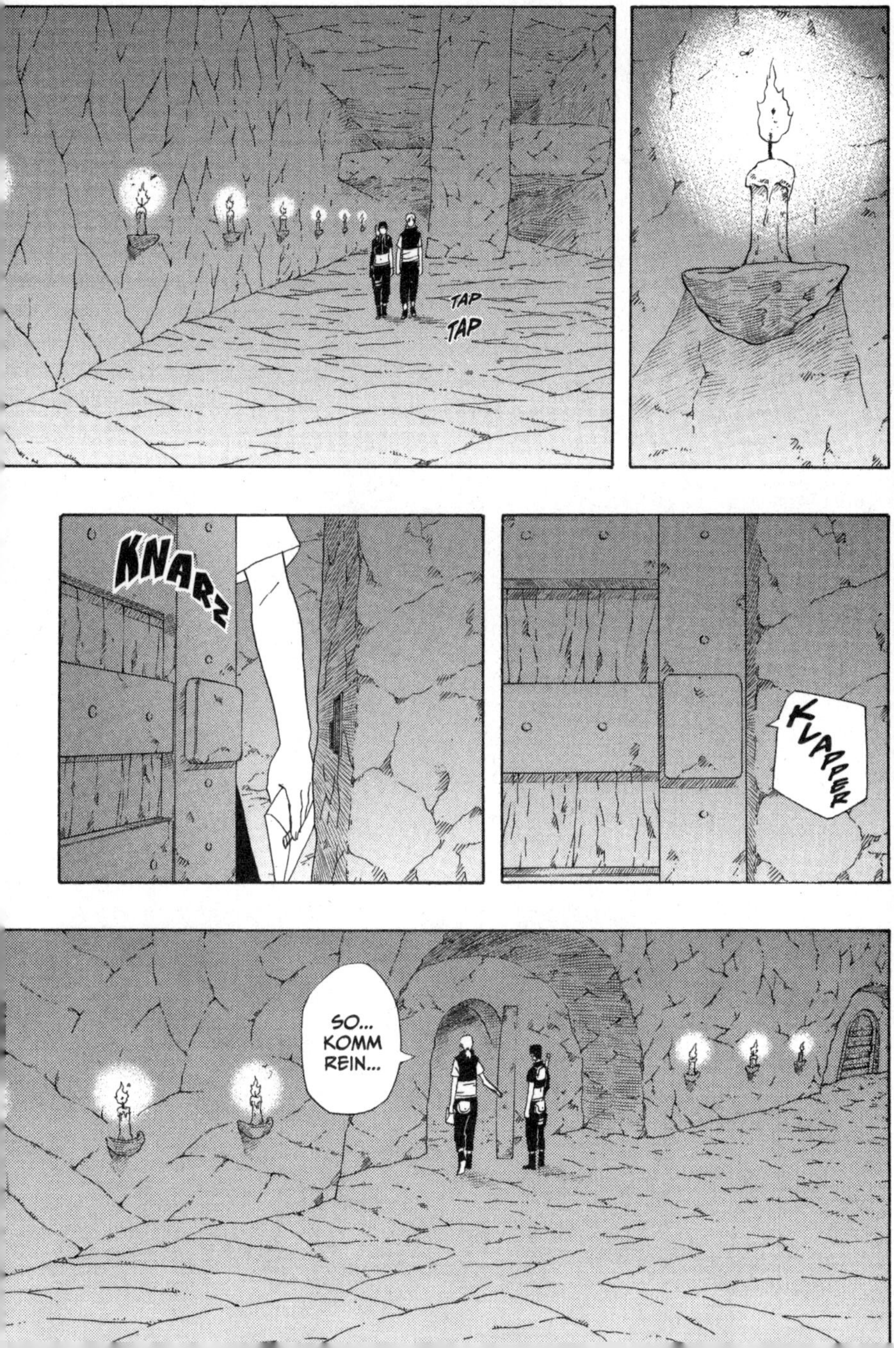
TAP
TAP
KNARZ
KLAPPER
SO... KOMM REIN...

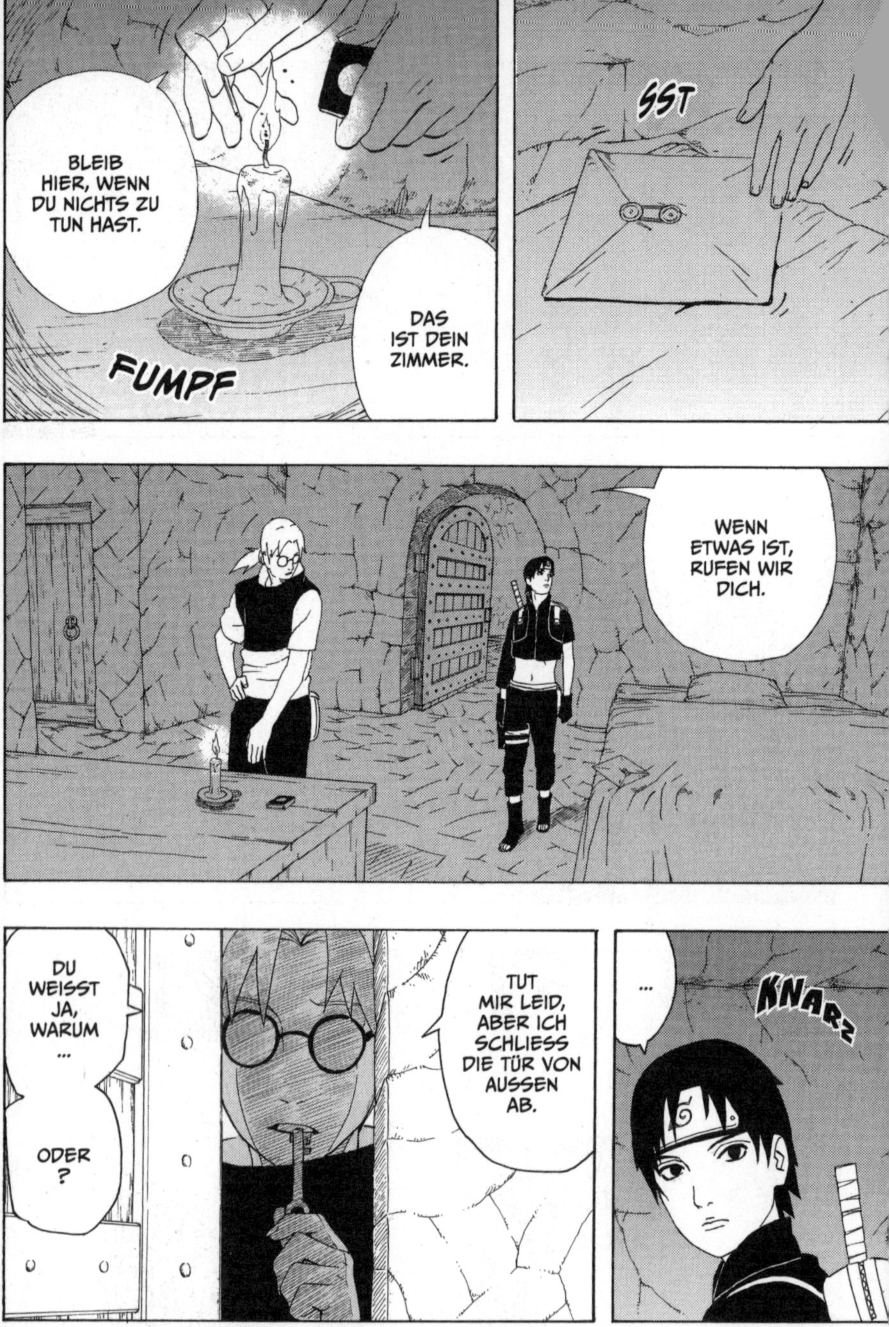
SST
DAS IST DEIN ZIMMER.
BLEIB HIER, WENN DU NICHTS ZU TUN HAST.
FUMPF
WENN ETWAS IST, RUFEN WIR DICH.
KNARZ
...
TUT MIR LEID, ABER ICH SCHLIESS DIE TÜR VON AUSSEN AB.
DU WEISST JA, WARUM ...
ODER ?

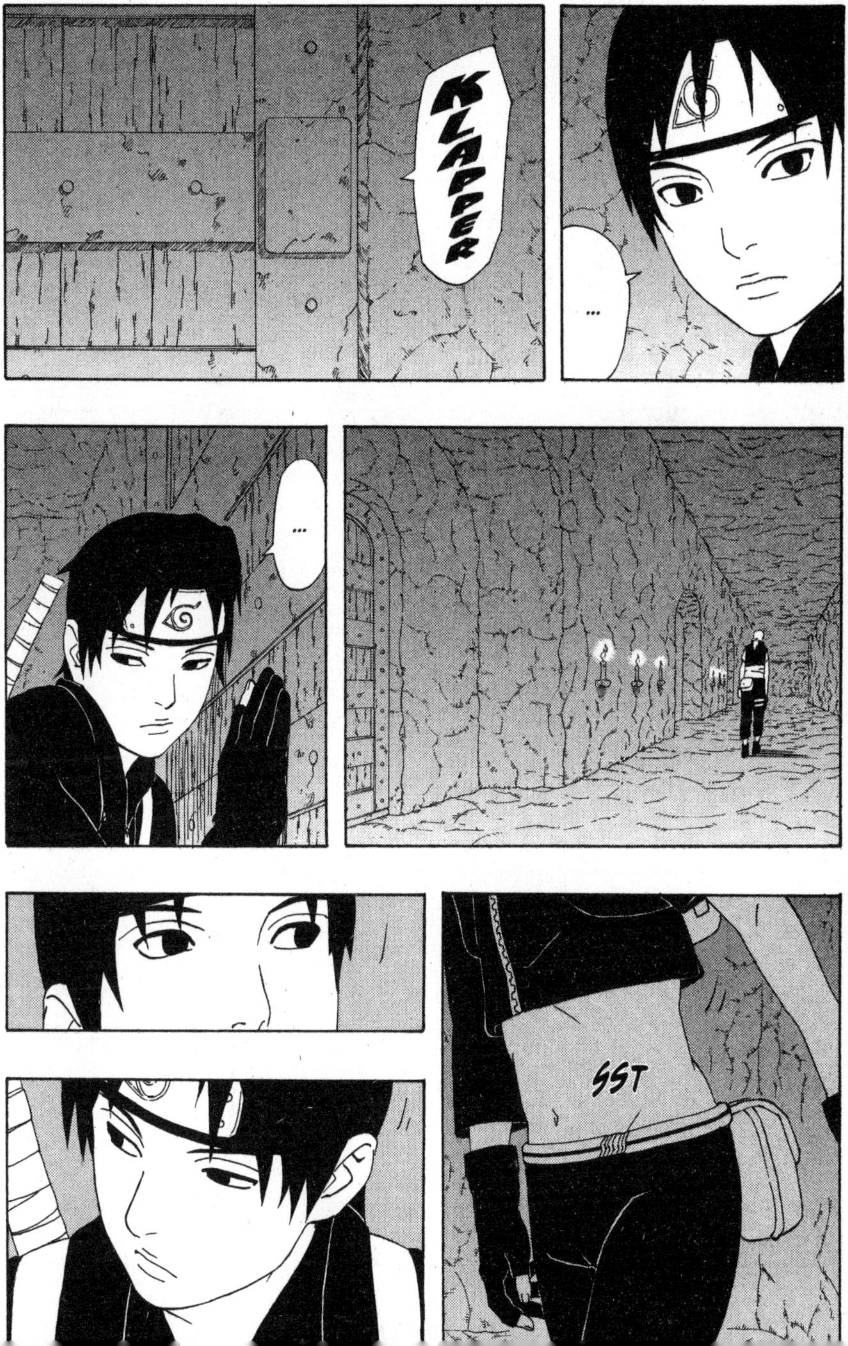
...
KLAPPER
...
SST

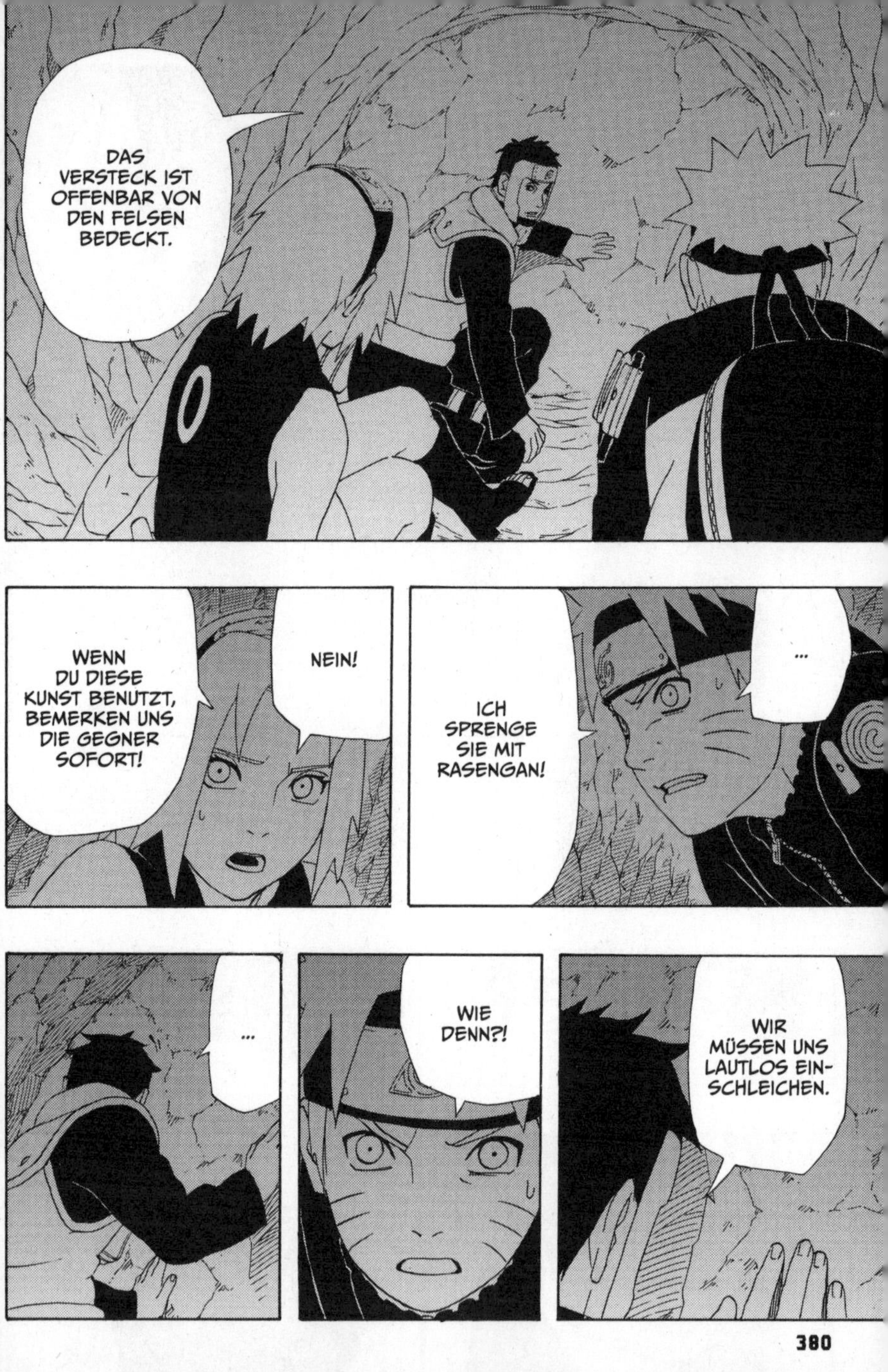
DAS VERSTECK IST OFFENBAR VON DEN FELSEN BEDECKT.
...
ICH SPRENGE SIE MIT RASENGAN!
NEIN!
WENN DU DIESE KUNST BENUTZT, BEMERKEN UNS DIE GEGNER SOFORT!
WIR MÜSSEN UNS LAUTLOS EIN-SCHLEICHEN.
WIE DENN?!
...

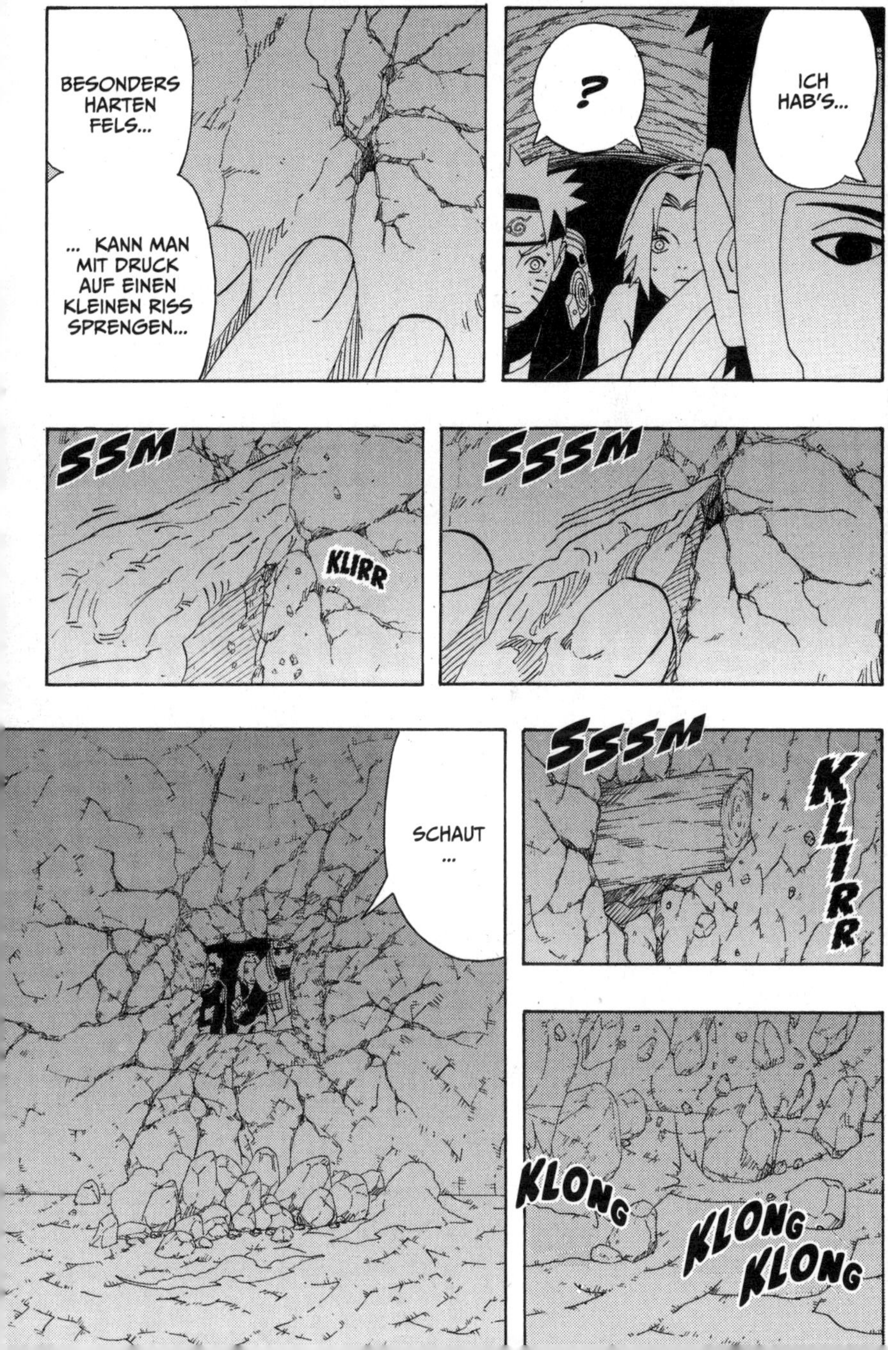
ICH HAB'S...
?
BESONDERS HARTEN FELS...
... KANN MAN MIT DRUCK AUF EINEN KLEINEN RISS SPRENGEN...
SSSM
SSM
KLIRR
SSSM
KLIRR
SCHAUT ...
KLONG
KLONG
KLONG

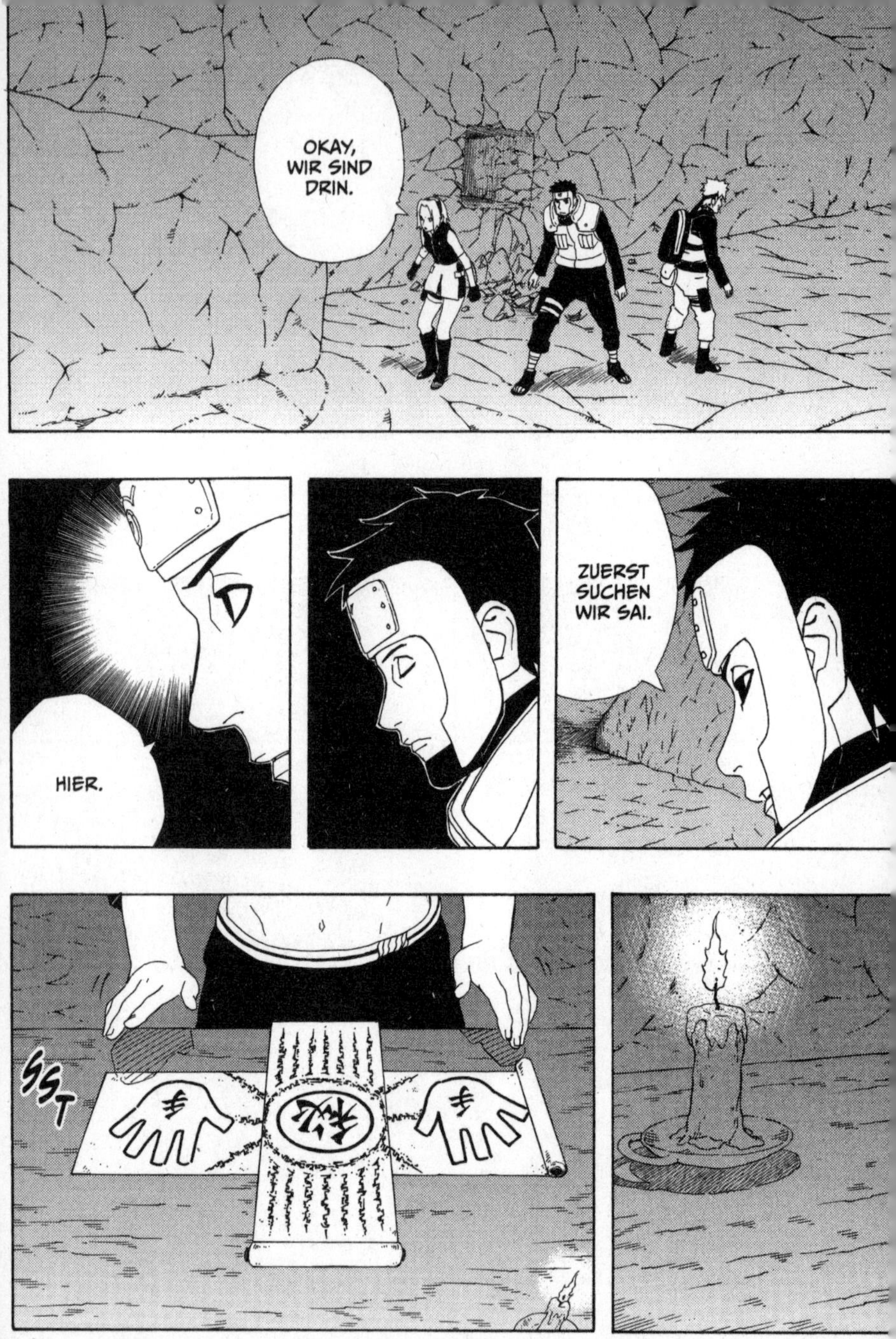

OKAY, WIR SIND DRIN.
ZUERST SUCHEN WIR SAI.
HIER.
SST

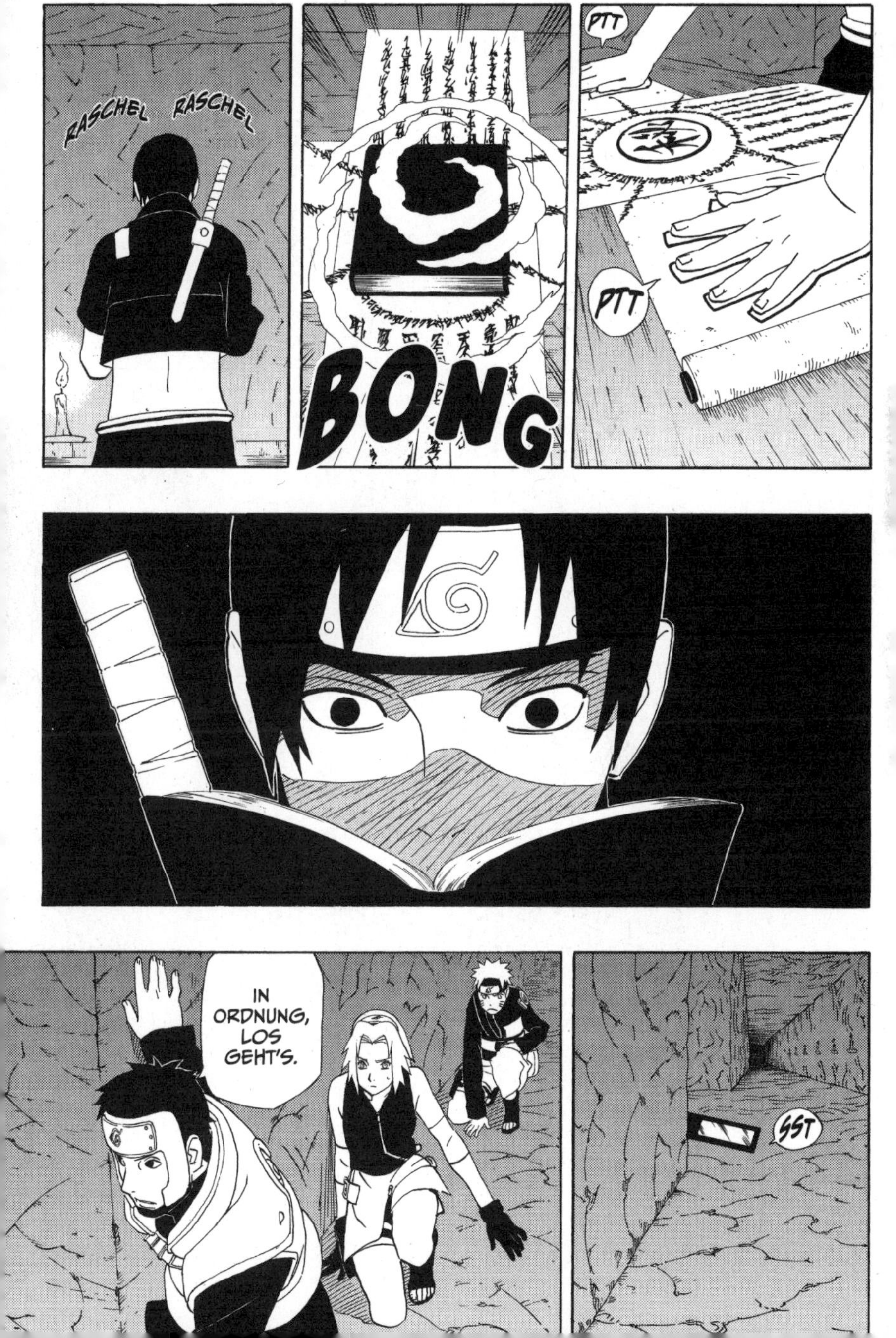
RASCHEL RASCHEL
BONG
PTT
PTT
IN ORDNUNG, LOS GEHT'S.
SST

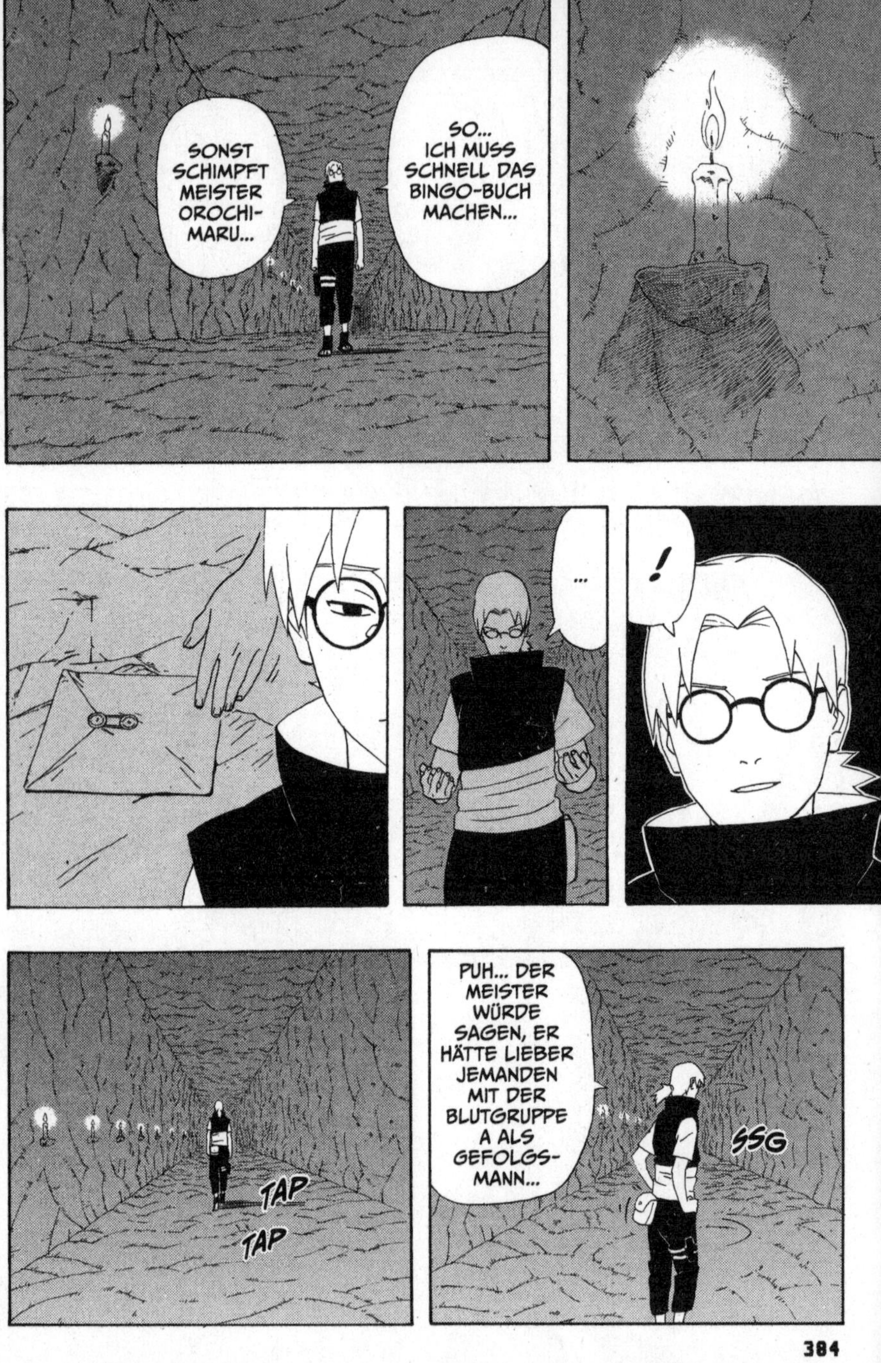
SO...
ICH MUSS SCHNELL DAS BINGO-BUCH MACHEN...
SONST SCHIMPFT MEISTER OROCHI-MARU...
!
...
PUH... DER MEISTER WÜRDE SAGEN, ER HÄTTE LIEBER JEMANDEN MIT DER BLUTGRUPPE A ALS GEFOLGS-MANN...
SSG
TAP
TAP

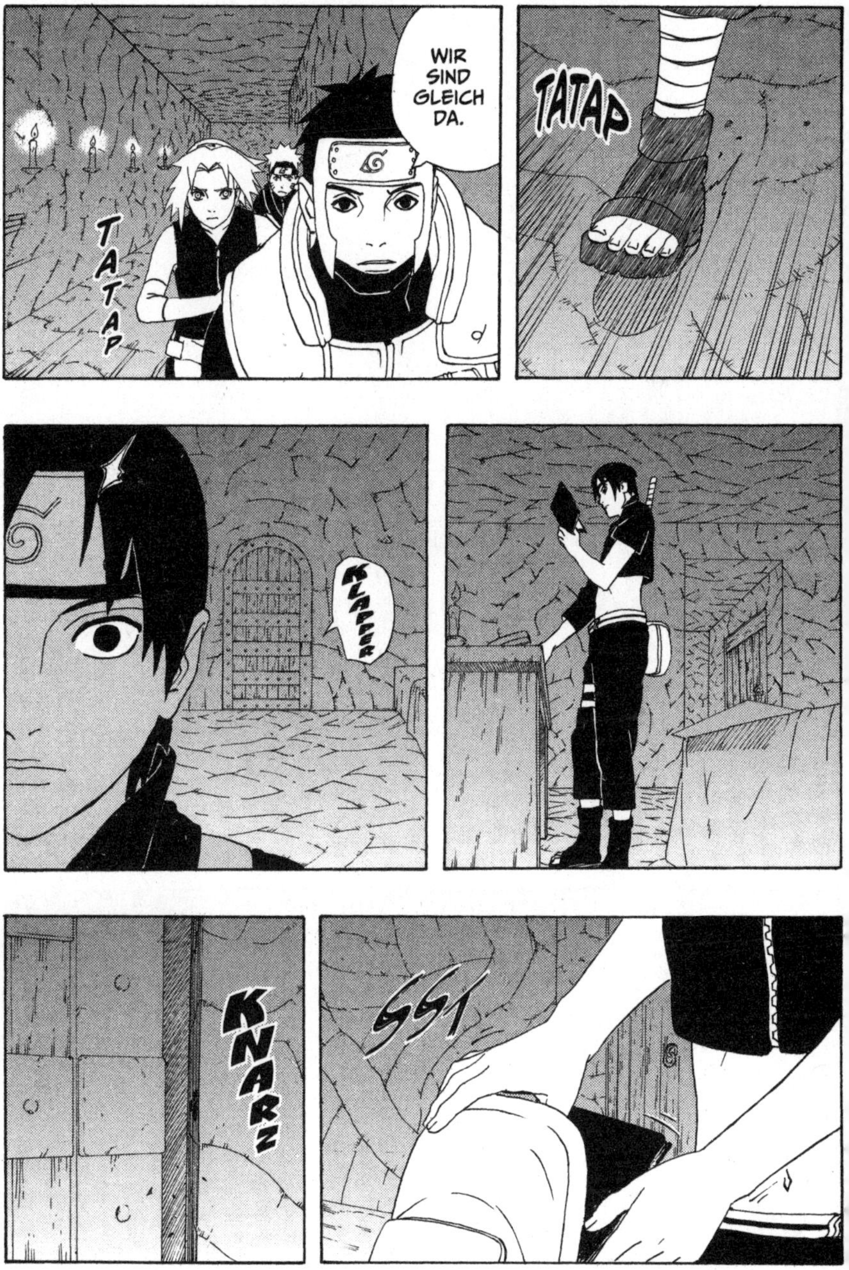
WIR SIND GLEICH DA.
TATAP
TATAP
KLAPPER
KNARZ
SST

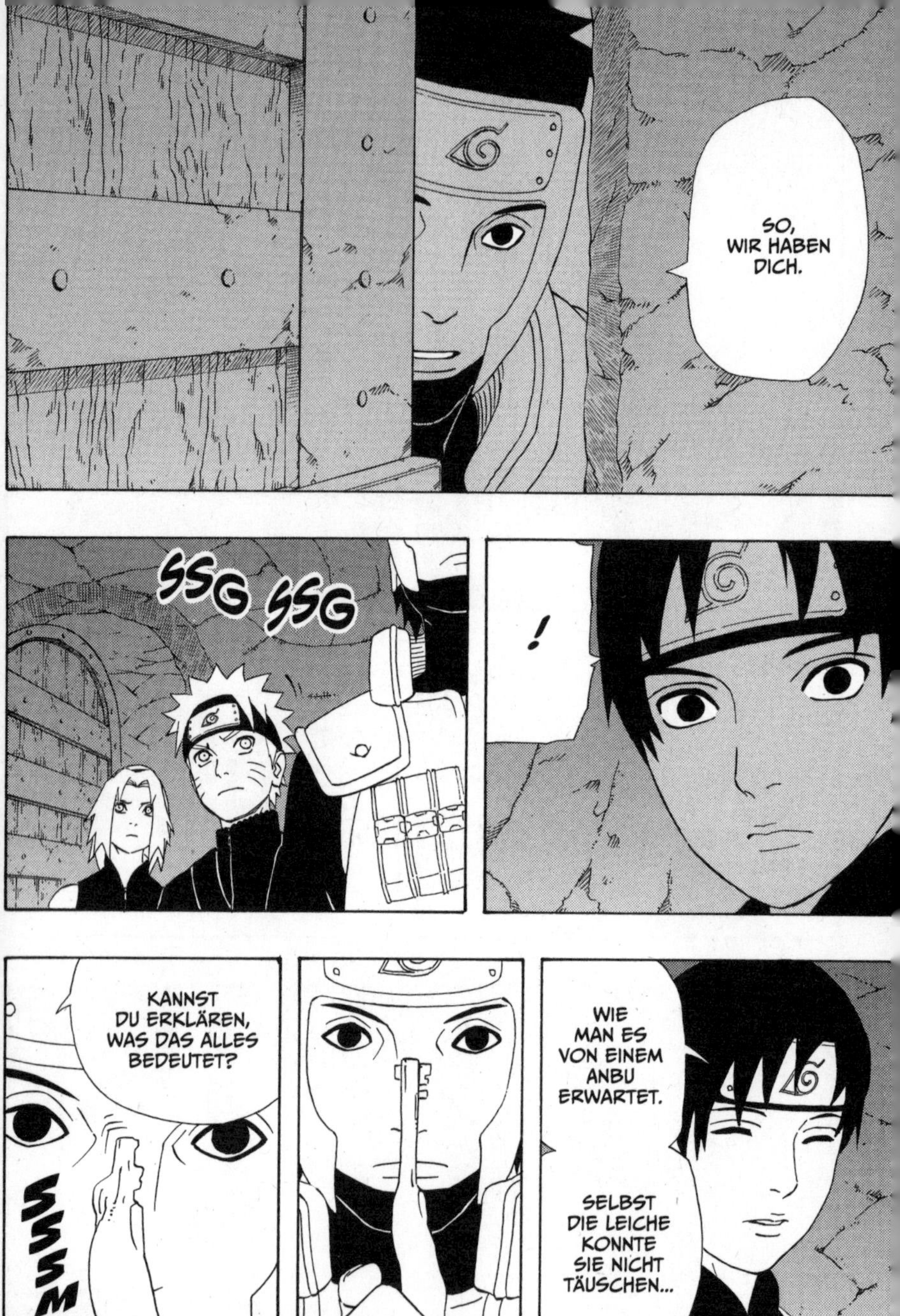
SO, WIR HABEN DICH.
SSG SSG
!
KANNST DU ERKLÄREN, WAS DAS ALLES BEDEUTET?
SSSM
WIE MAN ES VON EINEM ANBU ERWARTET.
SELBST DIE LEICHE KONNTE SIE NICHT TÄUSCHEN...

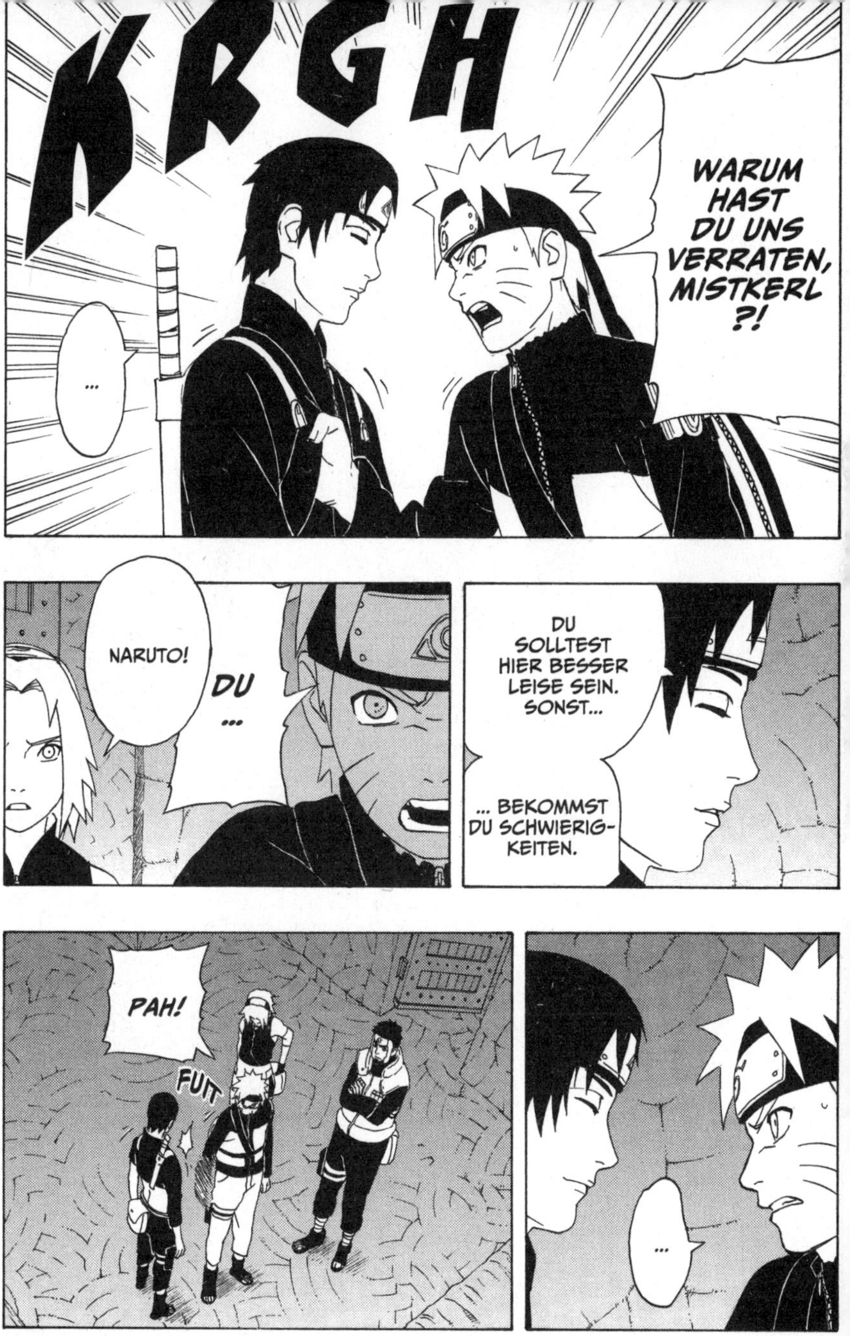
KRGH
WARUM HAST DU UNS VERRATEN, MISTKERL ?!
...
NARUTO!
DU ...
DU SOLLTEST HIER BESSER LEISE SEIN. SONST...
... BEKOMMST DU SCHWIERIG-KEITEN.
...
PAH!
FUIT

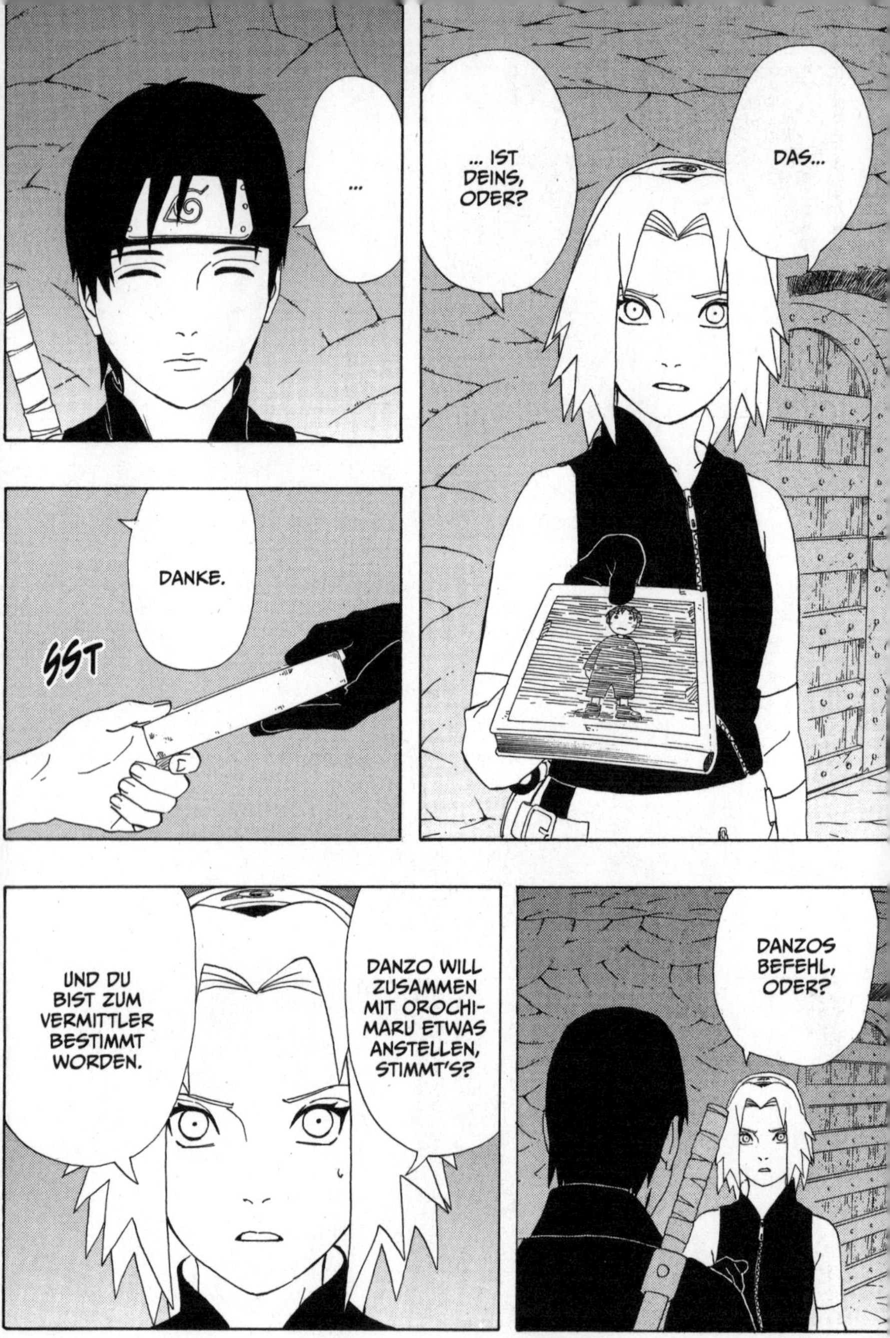
DAS...
... IST DEINS, ODER?
...
DANKE.
SST
DANZOS BEFEHL, ODER?
DANZO WILL ZUSAMMEN MIT OROCHI-MARU ETWAS ANSTELLEN, STIMMT'S?
UND DU BIST ZUM VERMITTLER BESTIMMT WORDEN.

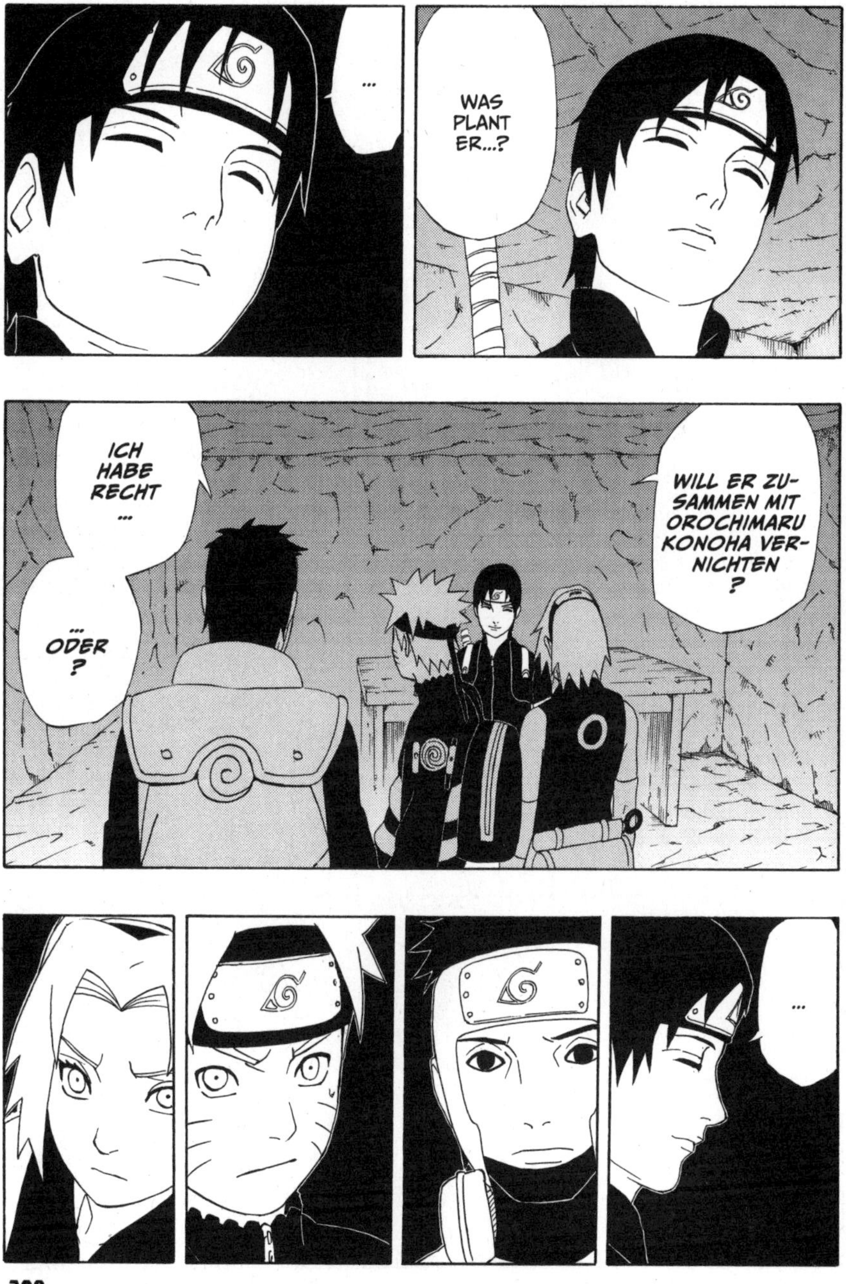
...
WAS PLANT ER...?
ICH HABE RECHT ...
... ODER ?
WILL ER ZUSAMMEN MIT OROCHIMARU KONOHA VERNICHTEN ?
...

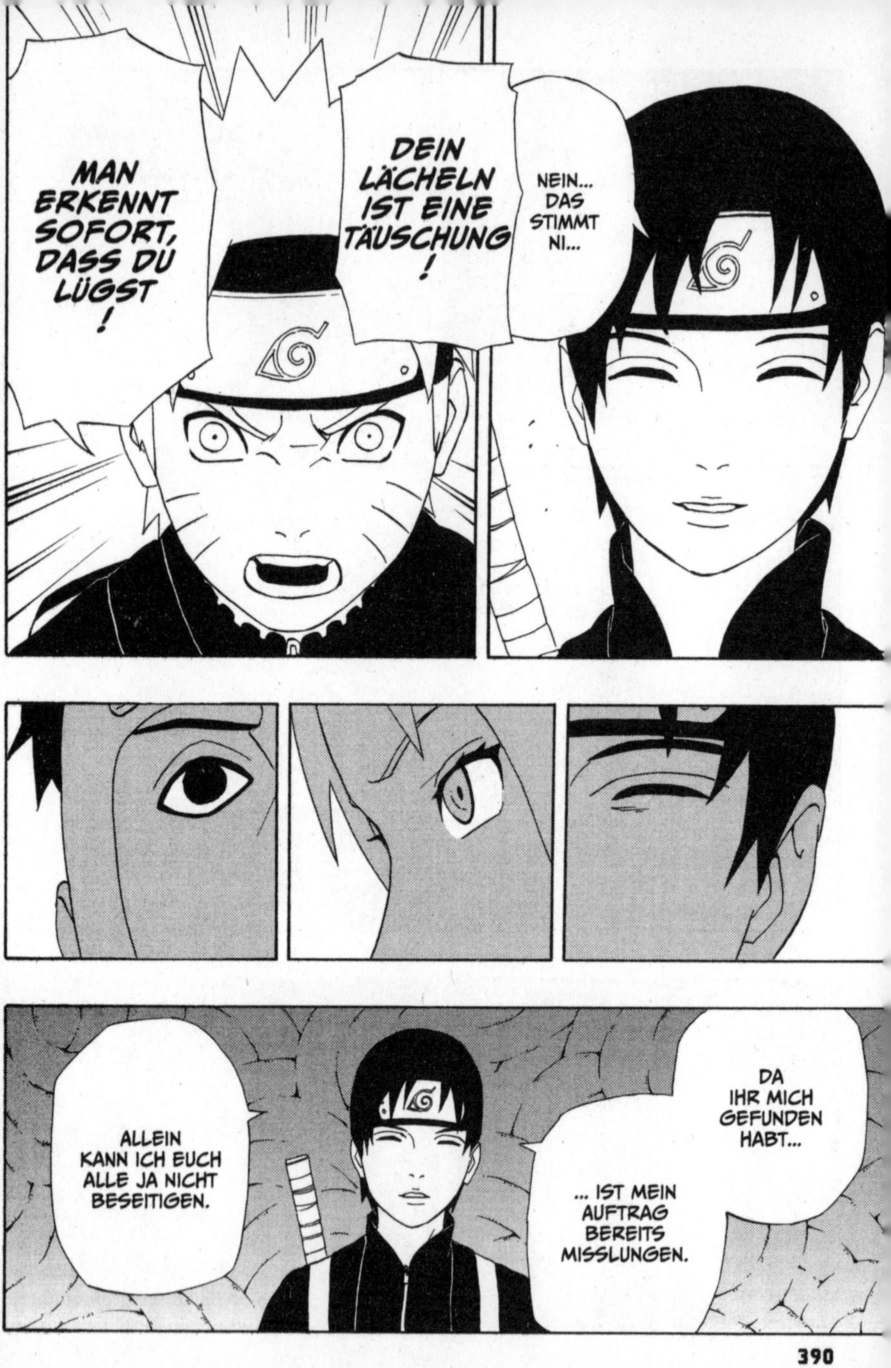
NEIN... DAS STIMMT NI...
DEIN LÄCHELN IST EINE TÄUSCHUNG!
MAN ERKENNT SOFORT, DASS DU LÜGST!
DA IHR MICH GEFUNDEN HABT...
... IST MEIN AUFTRAG BEREITS MISSLUNGEN.
ALLEIN KANN ICH EUCH ALLE JA NICHT BESEITIGEN.

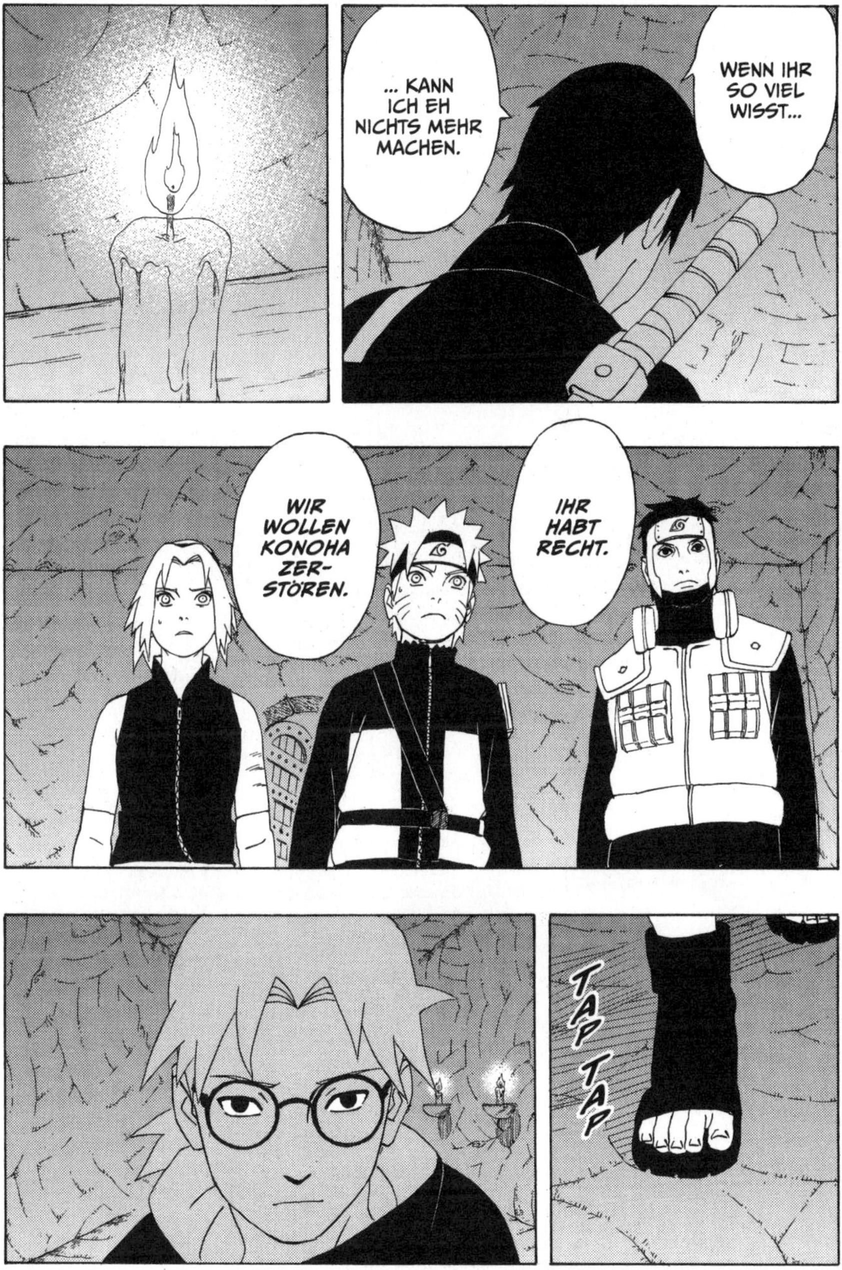
WENN IHR SO VIEL WISST...
... KANN ICH EH NICHTS MEHR MACHEN.
IHR HABT RECHT.
WIR WOLLEN KONOHA ZER-STÖREN.
TAP TAP

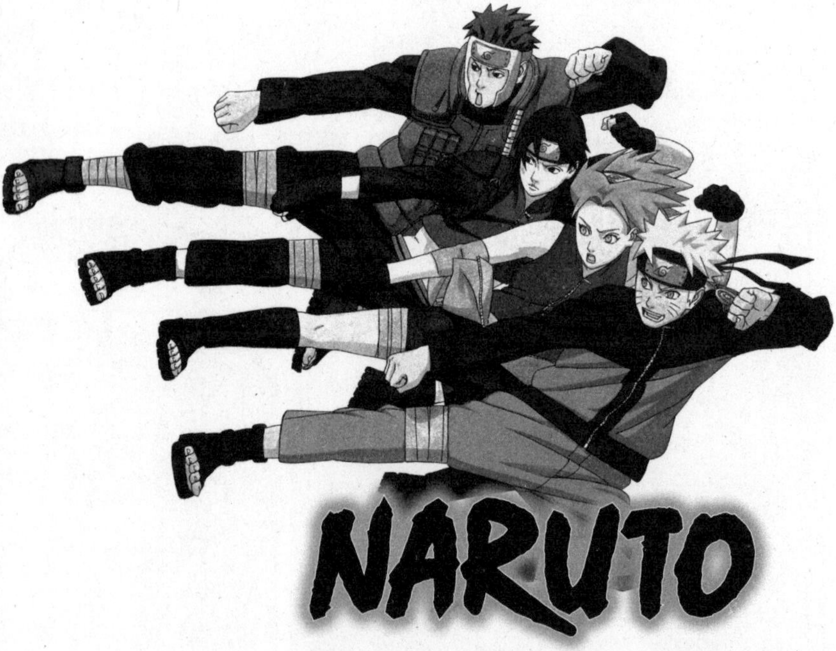
NARUTO

303. Kapitel: Sais Verrat

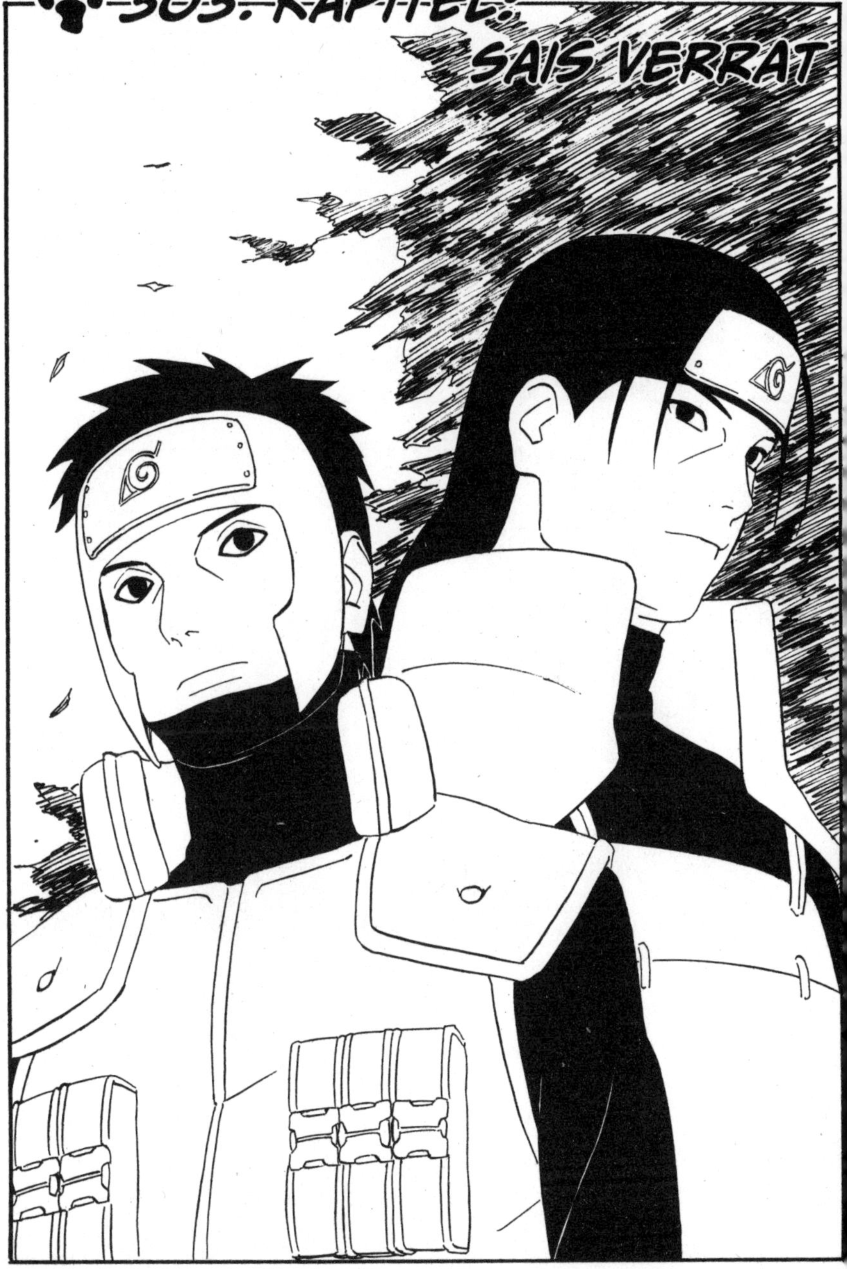

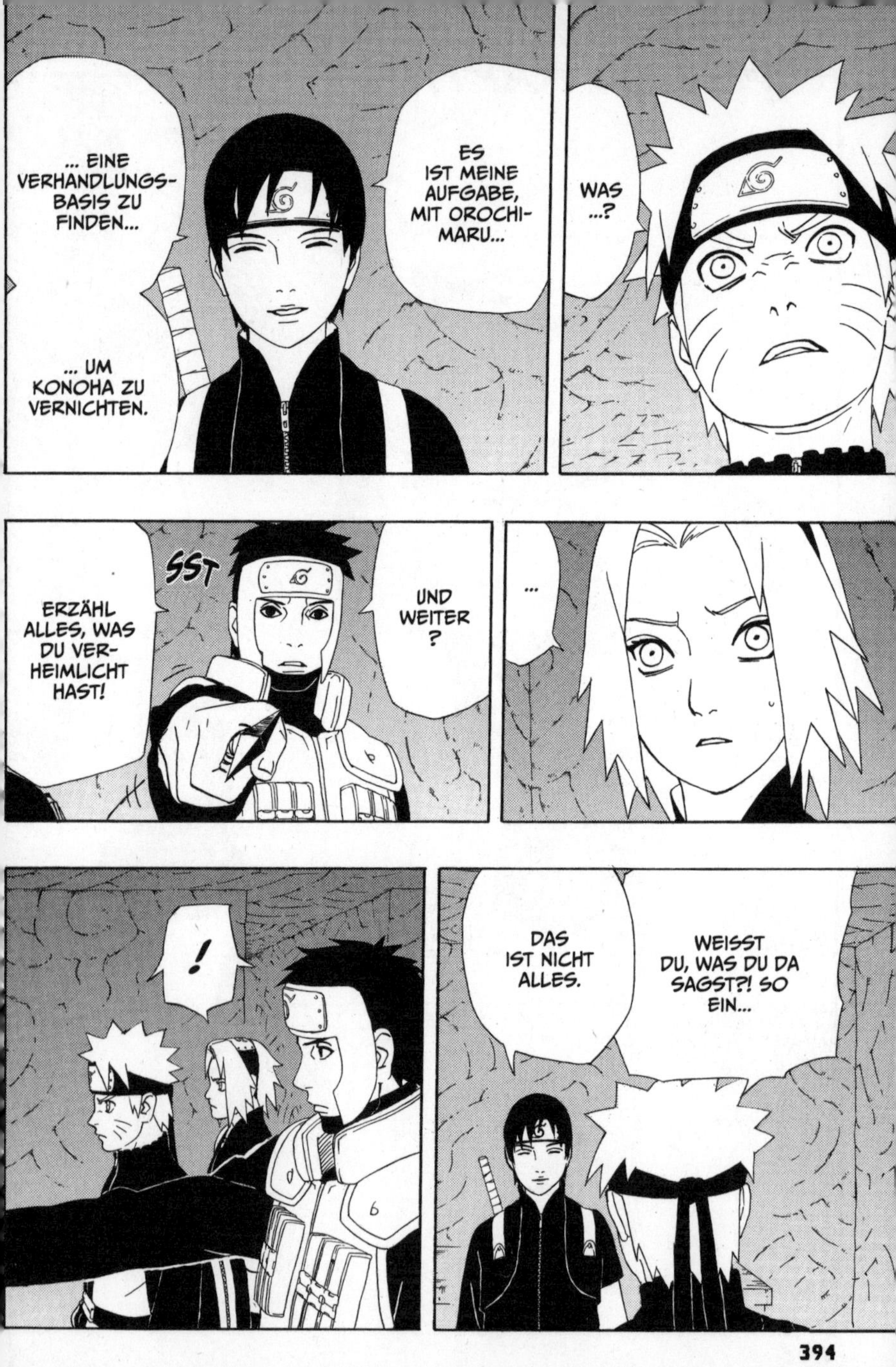
WAS ...?
ES IST MEINE AUFGABE, MIT OROCHI-MARU...
... EINE VERHANDLUNGS-BASIS ZU FINDEN...
... UM KONOHA ZU VERNICHTEN.
...
UND WEITER ?
SST
ERZÄHL ALLES, WAS DU VER-HEIMLICHT HAST!
WEISST DU, WAS DU DA SAGST?! SO EIN...
DAS IST NICHT ALLES.
!

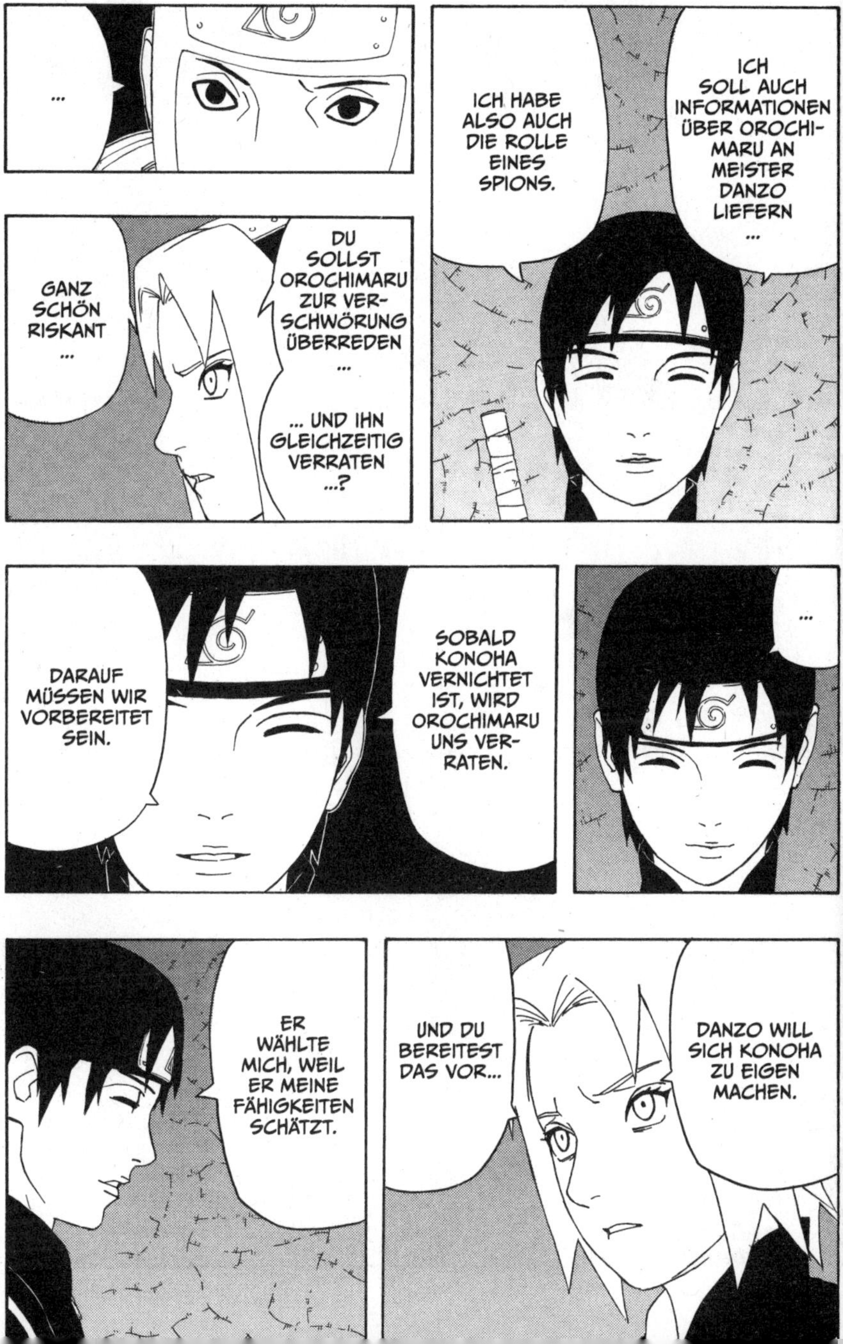

ICH SOLL AUCH INFORMATIONEN ÜBER OROCHI-MARU AN MEISTER DANZO LIEFERN ...
ICH HABE ALSO AUCH DIE ROLLE EINES SPIONS.
...
DU SOLLST OROCHIMARU ZUR VER-SCHWÖRUNG ÜBERREDEN ...
... UND IHN GLEICHZEITIG VERRATEN ...?
GANZ SCHÖN RISKANT ...
...
SOBALD KONOHA VERNICHTET IST, WIRD OROCHIMARU UNS VER-RATEN.
DARAUF MÜSSEN WIR VORBEREITET SEIN.
DANZO WILL SICH KONOHA ZU EIGEN MACHEN.
UND DU BEREITEST DAS VOR...
ER WÄHLTE MICH, WEIL ER MEINE FÄHIGKEITEN SCHÄTZT.

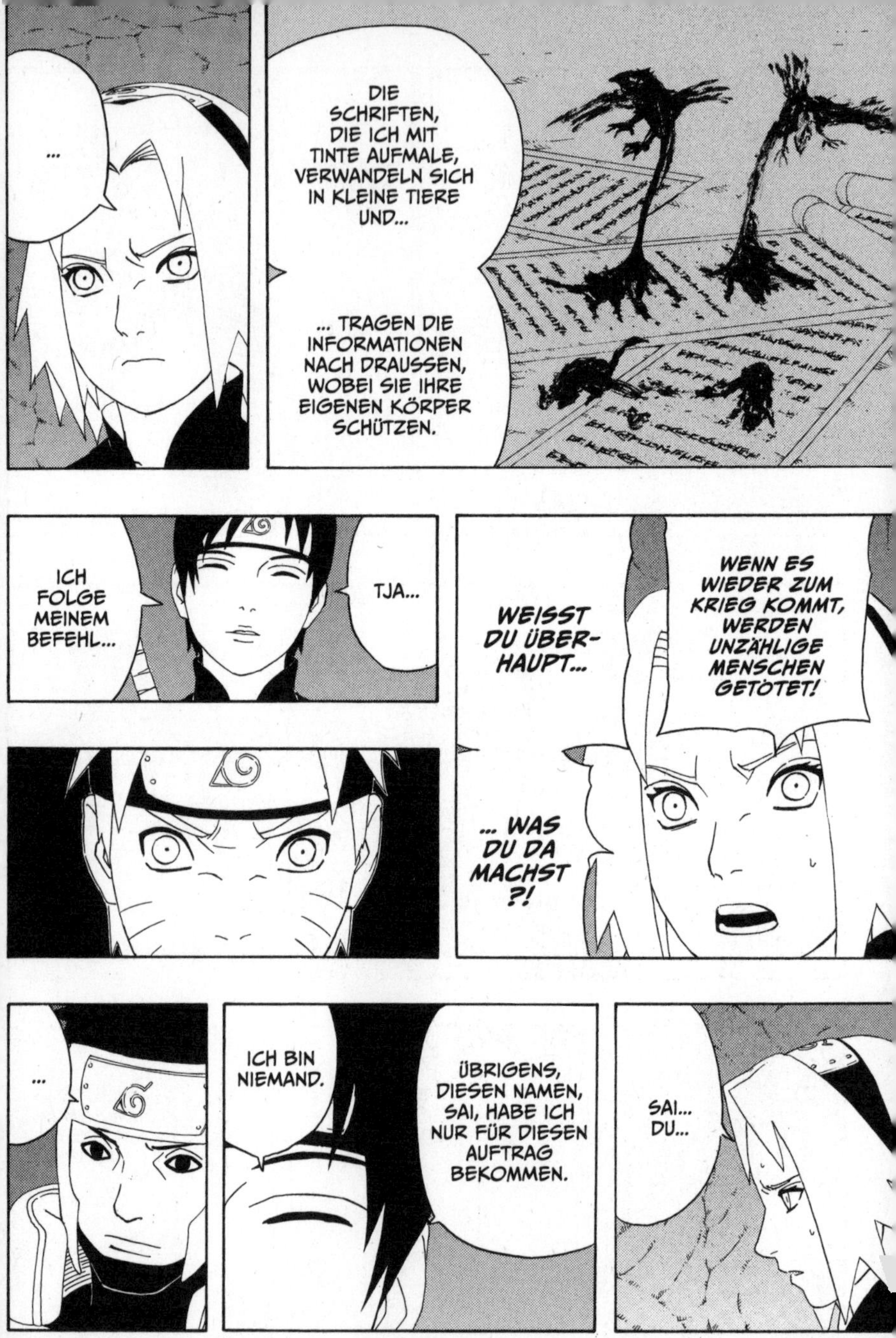
DIE SCHRIFTEN, DIE ICH MIT TINTE AUFMALE, VERWANDELN SICH IN KLEINE TIERE UND...
... TRAGEN DIE INFORMATIONEN NACH DRAUSSEN, WOBEI SIE IHRE EIGENEN KÖRPER SCHÜTZEN.
...
WENN ES WIEDER ZUM KRIEG KOMMT, WERDEN UNZÄHLIGE MENSCHEN GETÖTET!
WEISST DU ÜBERHAUPT...
... WAS DU DA MACHST ?!
TJA...
ICH FOLGE MEINEM BEFEHL...
SAI... DU...
ÜBRIGENS, DIESEN NAMEN, SAI, HABE ICH NUR FÜR DIESEN AUFTRAG BEKOMMEN.
ICH BIN NIEMAND.
...

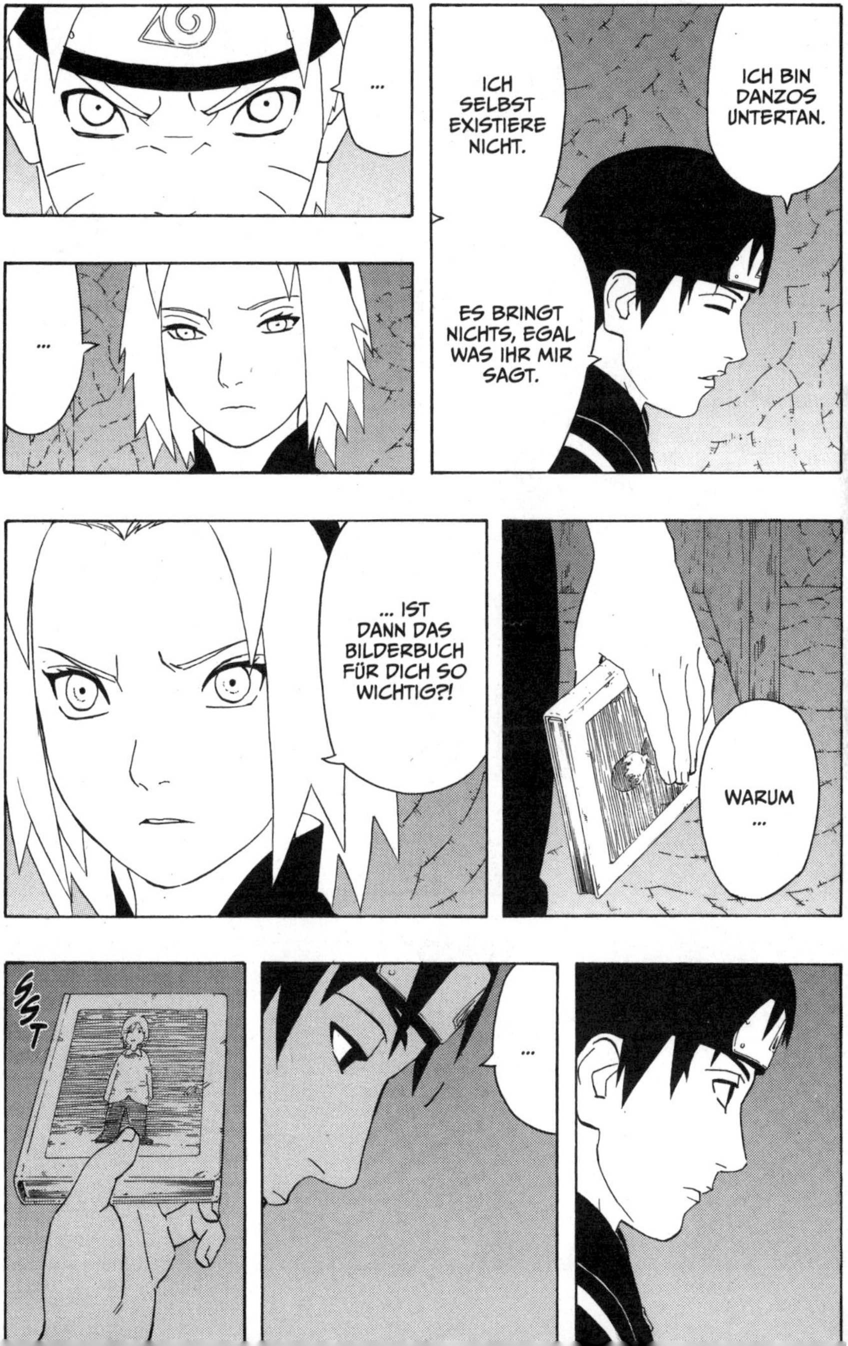
ICH BIN DANZOS UNTERTAN.
ICH SELBST EXISTIERE NICHT.
ES BRINGT NICHTS, EGAL WAS IHR MIR SAGT.
...
...
WARUM ...
... IST DANN DAS BILDERBUCH FÜR DICH SO WICHTIG?!
...
SST

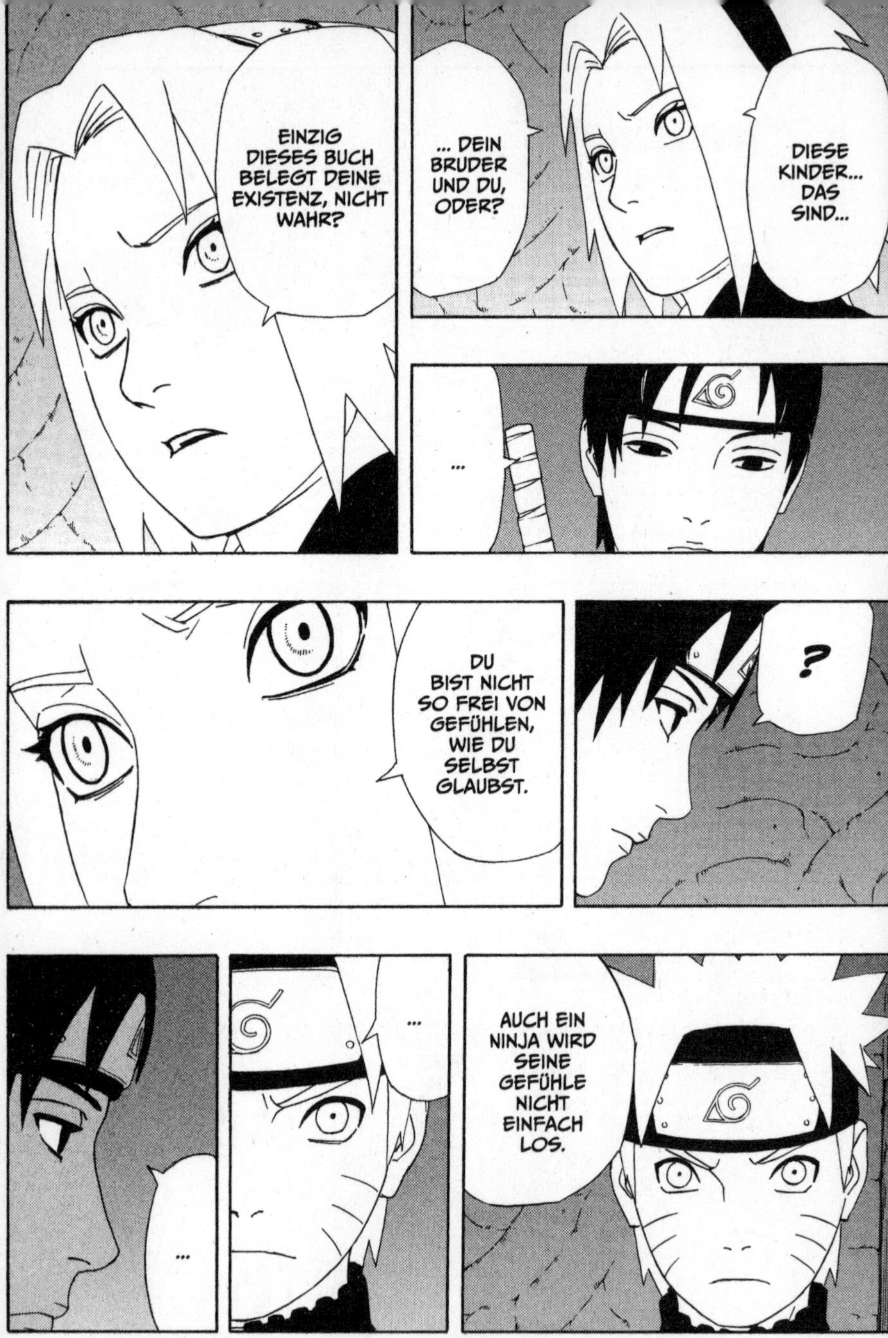
DIESE KINDER... DAS SIND...
... DEIN BRUDER UND DU, ODER?
...
EINZIG DIESES BUCH BELEGT DEINE EXISTENZ, NICHT WAHR?
?
DU BIST NICHT SO FREI VON GEFÜHLEN, WIE DU SELBST GLAUBST.
AUCH EIN NINJA WIRD SEINE GEFÜHLE NICHT EINFACH LOS.
...
...

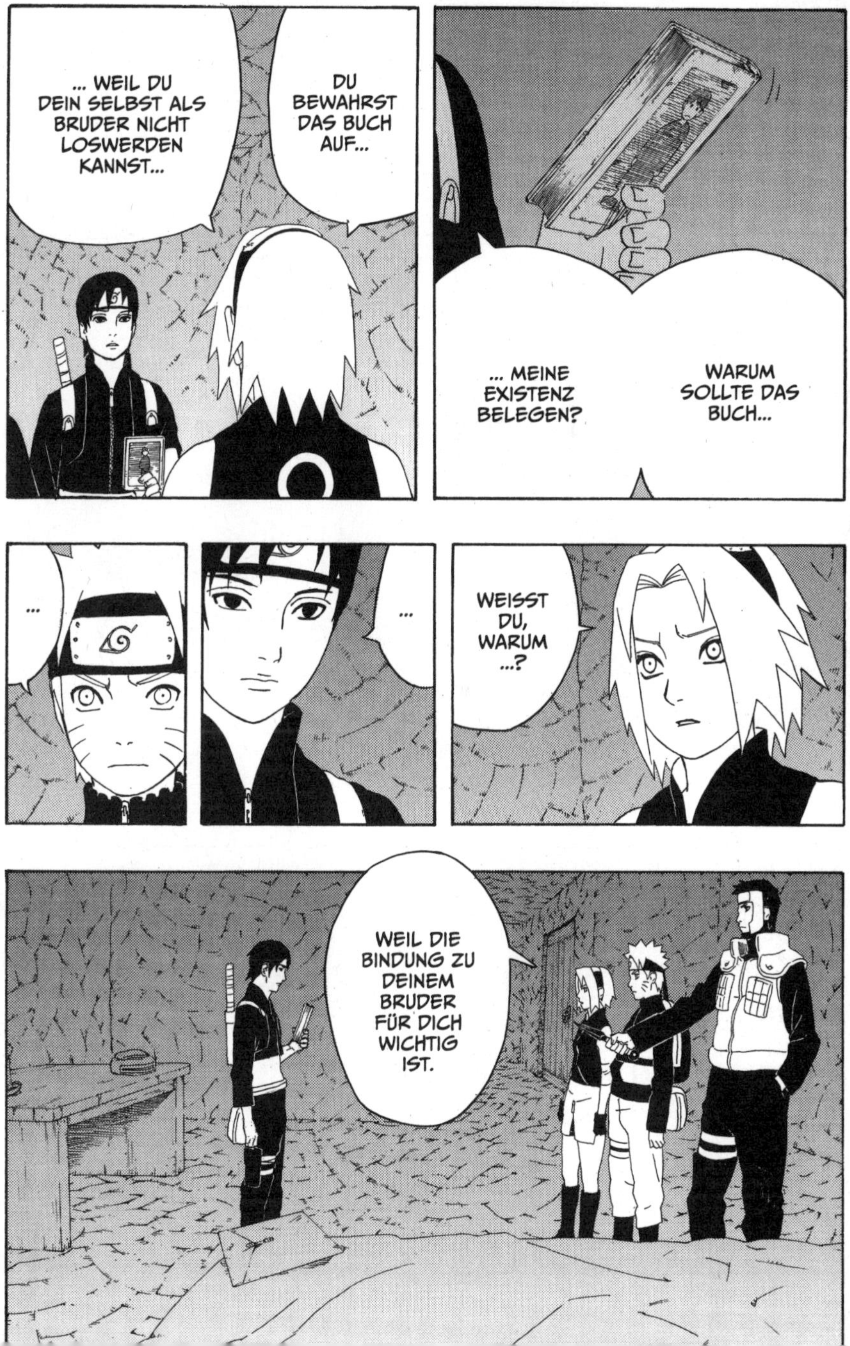
WARUM SOLLTE DAS BUCH...
... MEINE EXISTENZ BELEGEN?
DU BEWAHRST DAS BUCH AUF...
... WEIL DU DEIN SELBST ALS BRUDER NICHT LOSWERDEN KANNST...
WEISST DU, WARUM ...?
...
...
WEIL DIE BINDUNG ZU DEINEM BRUDER FÜR DICH WICHTIG IST.

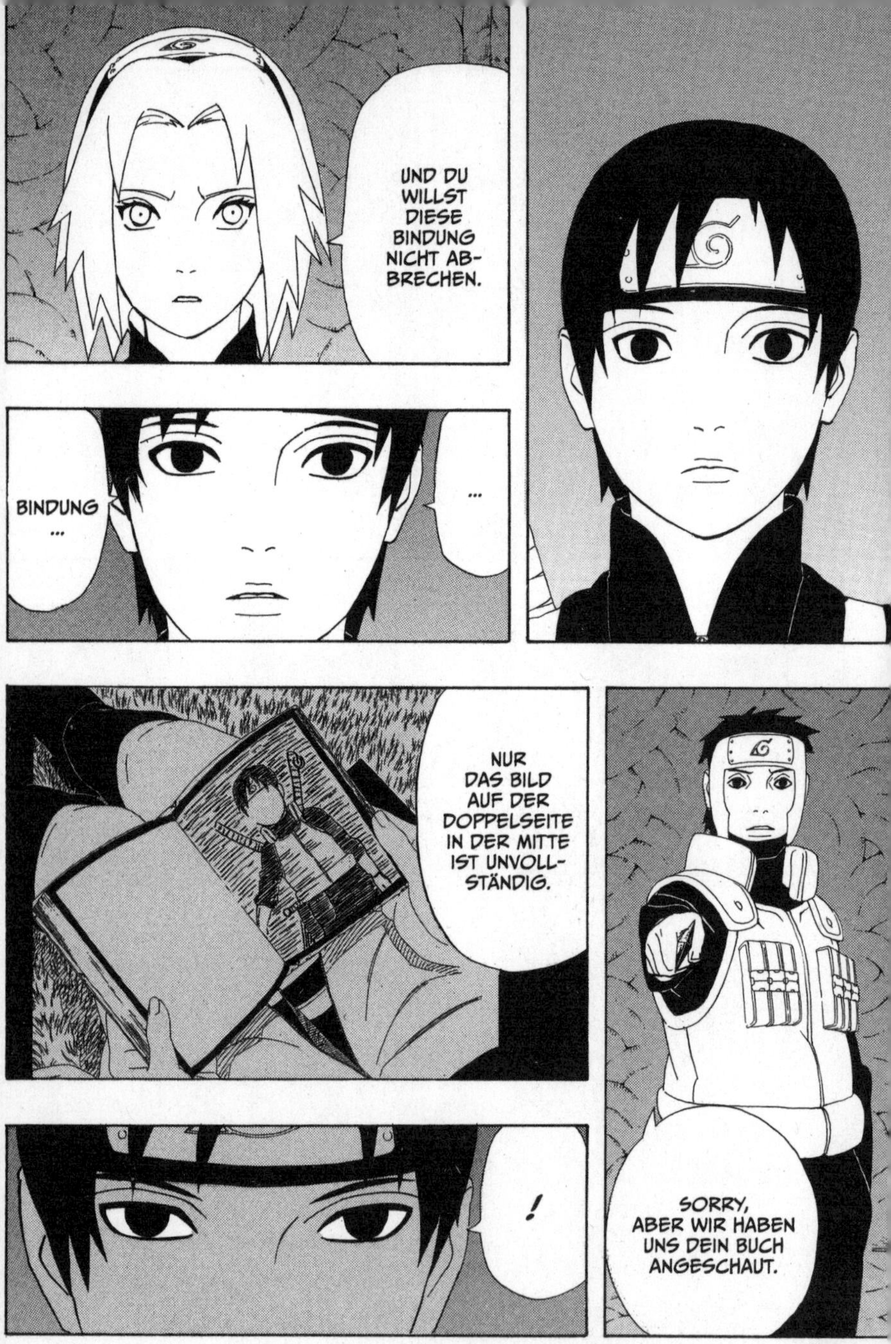
UND DU WILLST DIESE BINDUNG NICHT ABBRECHEN.
...
BINDUNG ...
SORRY, ABER WIR HABEN UNS DEIN BUCH ANGESCHAUT.
NUR DAS BILD AUF DER DOPPELSEITE IN DER MITTE IST UNVOLLSTÄNDIG.
!

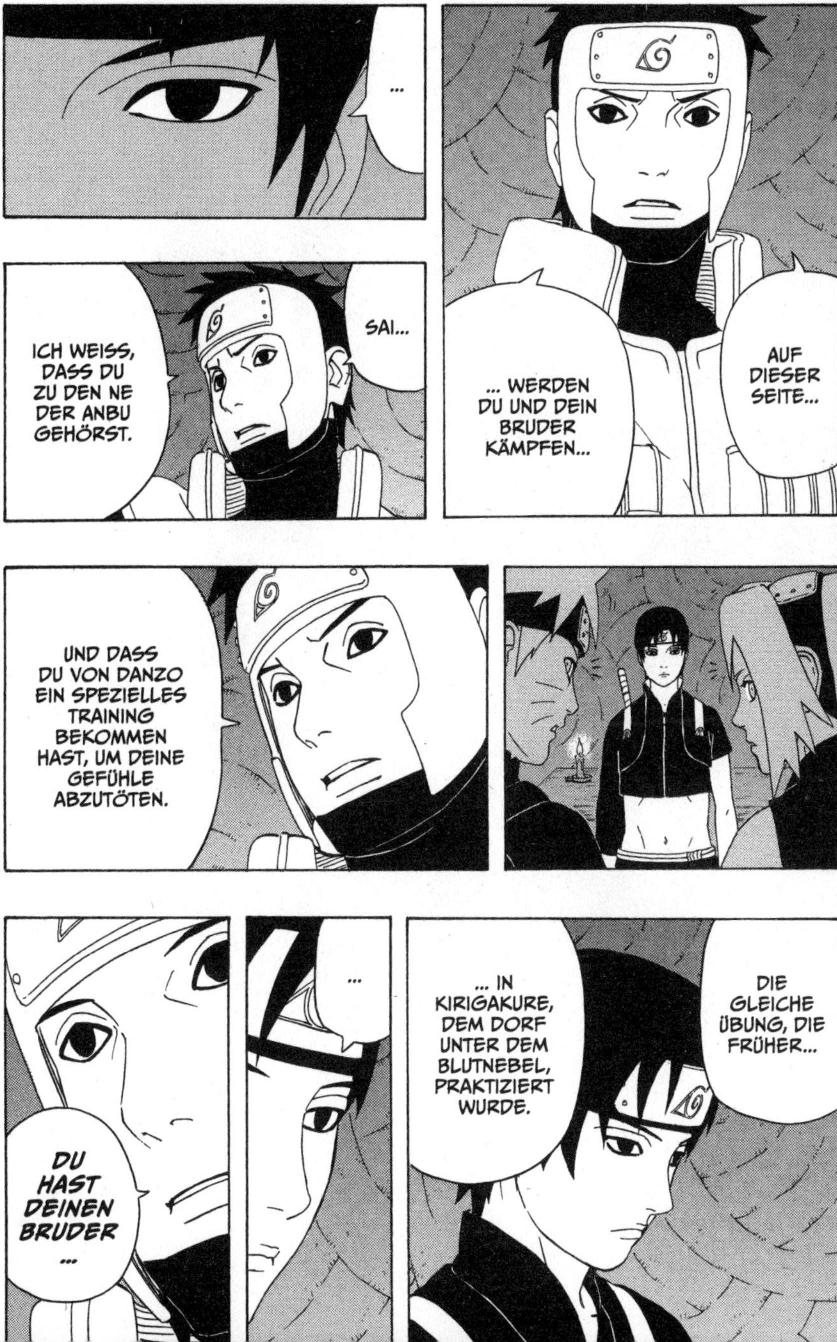
AUF DIESER SEITE...
... WERDEN DU UND DEIN BRUDER KÄMPFEN...
...
SAI...
ICH WEISS, DASS DU ZU DEN NE DER ANBU GEHÖRST.
UND DASS DU VON DANZO EIN SPEZIELLES TRAINING BEKOMMEN HAST, UM DEINE GEFÜHLE ABZUTÖTEN.
DIE GLEICHE ÜBUNG, DIE FRÜHER...
... IN KIRIGAKURE, DEM DORF UNTER DEM BLUTNEBEL, PRAKTIZIERT WURDE.
...
DU HAST DEINEN BRUDER ...

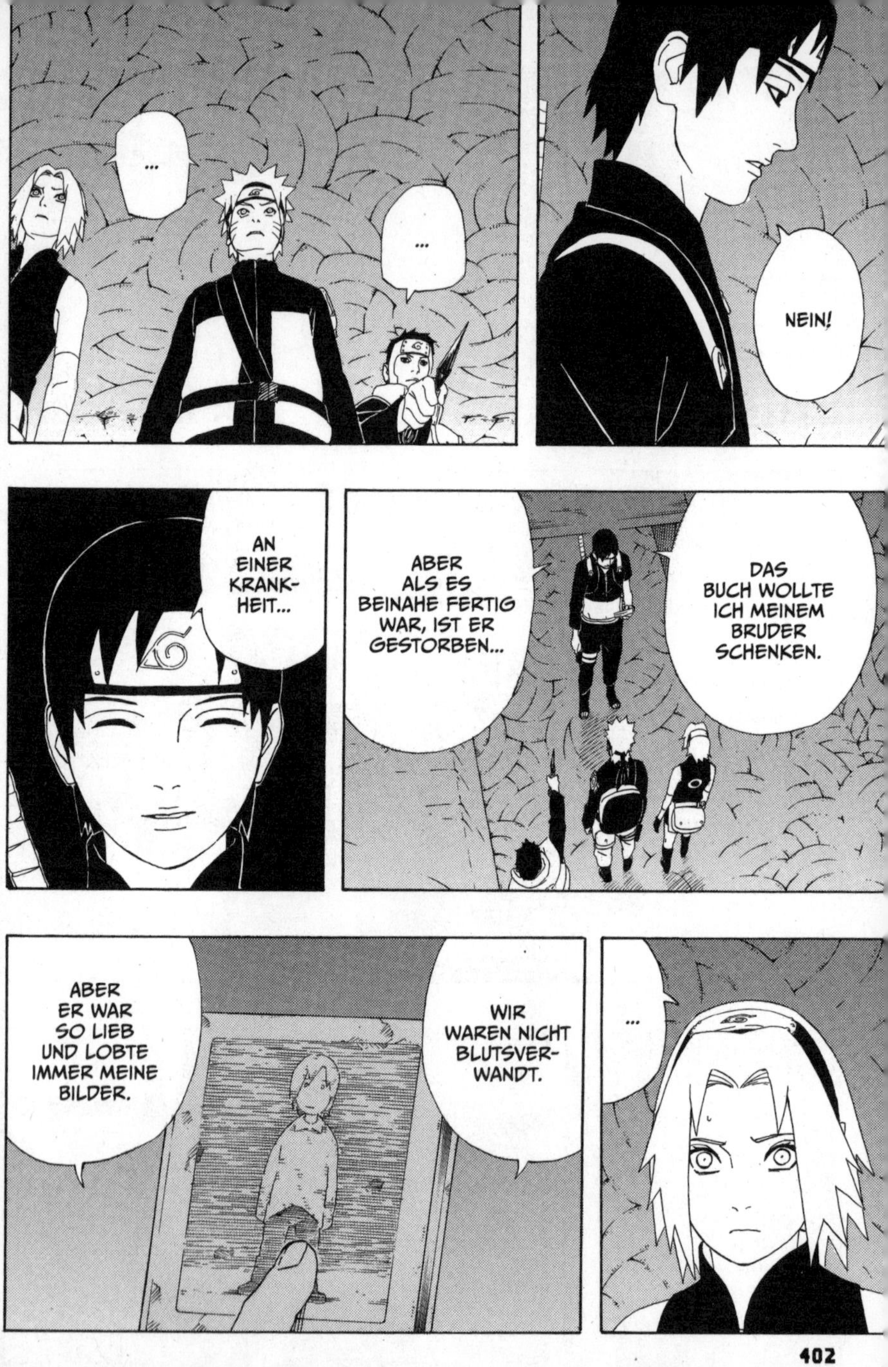
NEIN!
...
...
DAS BUCH WOLLTE ICH MEINEM BRUDER SCHENKEN.
ABER ALS ES BEINAHE FERTIG WAR, IST ER GESTORBEN...
AN EINER KRANKHEIT...
...
WIR WAREN NICHT BLUTSVERWANDT.
ABER ER WAR SO LIEB UND LOBTE IMMER MEINE BILDER.

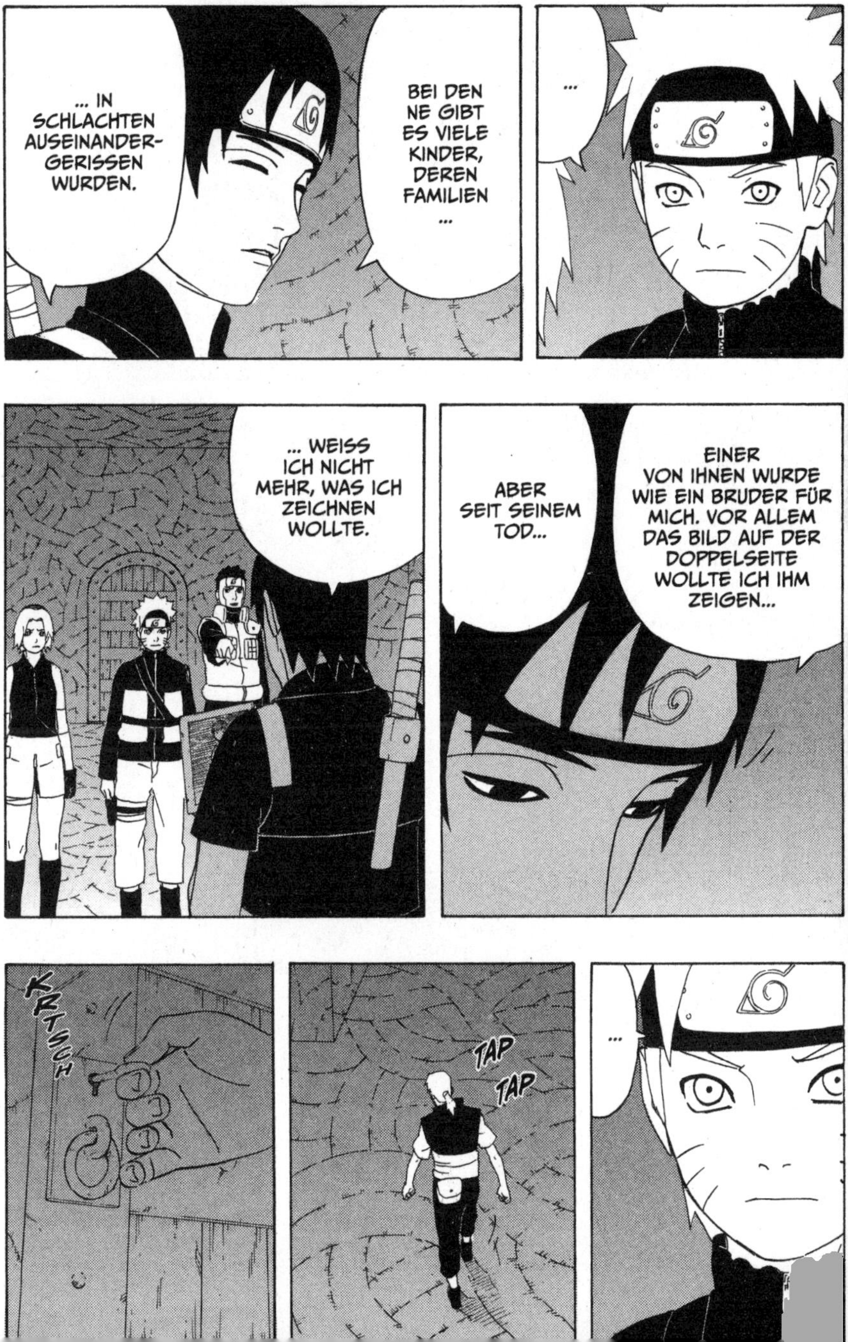
...
BEI DEN NE GIBT ES VIELE KINDER, DEREN FAMILIEN ...
... IN SCHLACHTEN AUSEINANDER-GERISSEN WURDEN.
EINER VON IHNEN WURDE WIE EIN BRUDER FÜR MICH. VOR ALLEM DAS BILD AUF DER DOPPELSEITE WOLLTE ICH IHM ZEIGEN...
ABER SEIT SEINEM TOD...
... WEISS ICH NICHT MEHR, WAS ICH ZEICHNEN WOLLTE.
...
TAP
TAP
KRTSCH

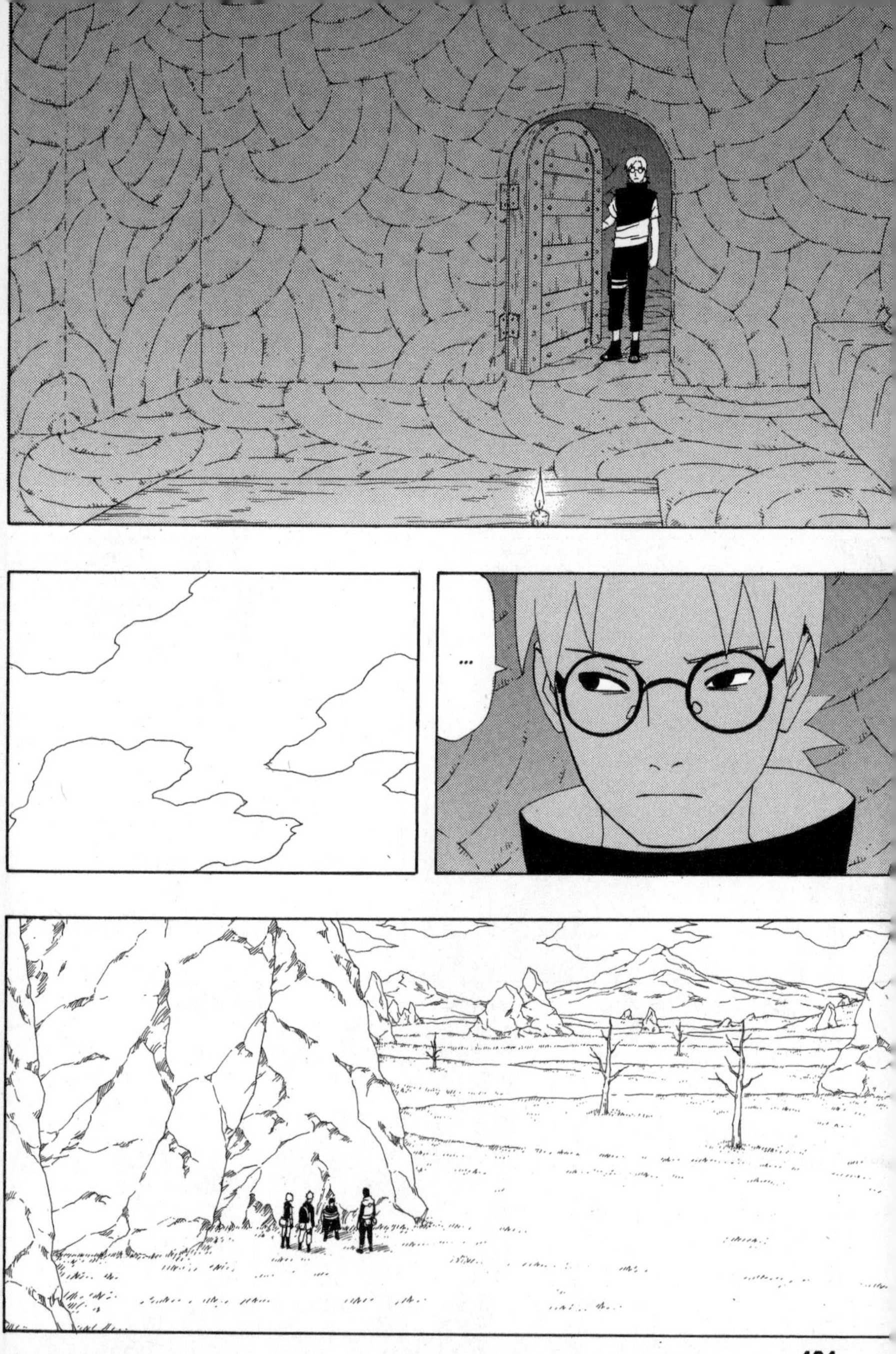

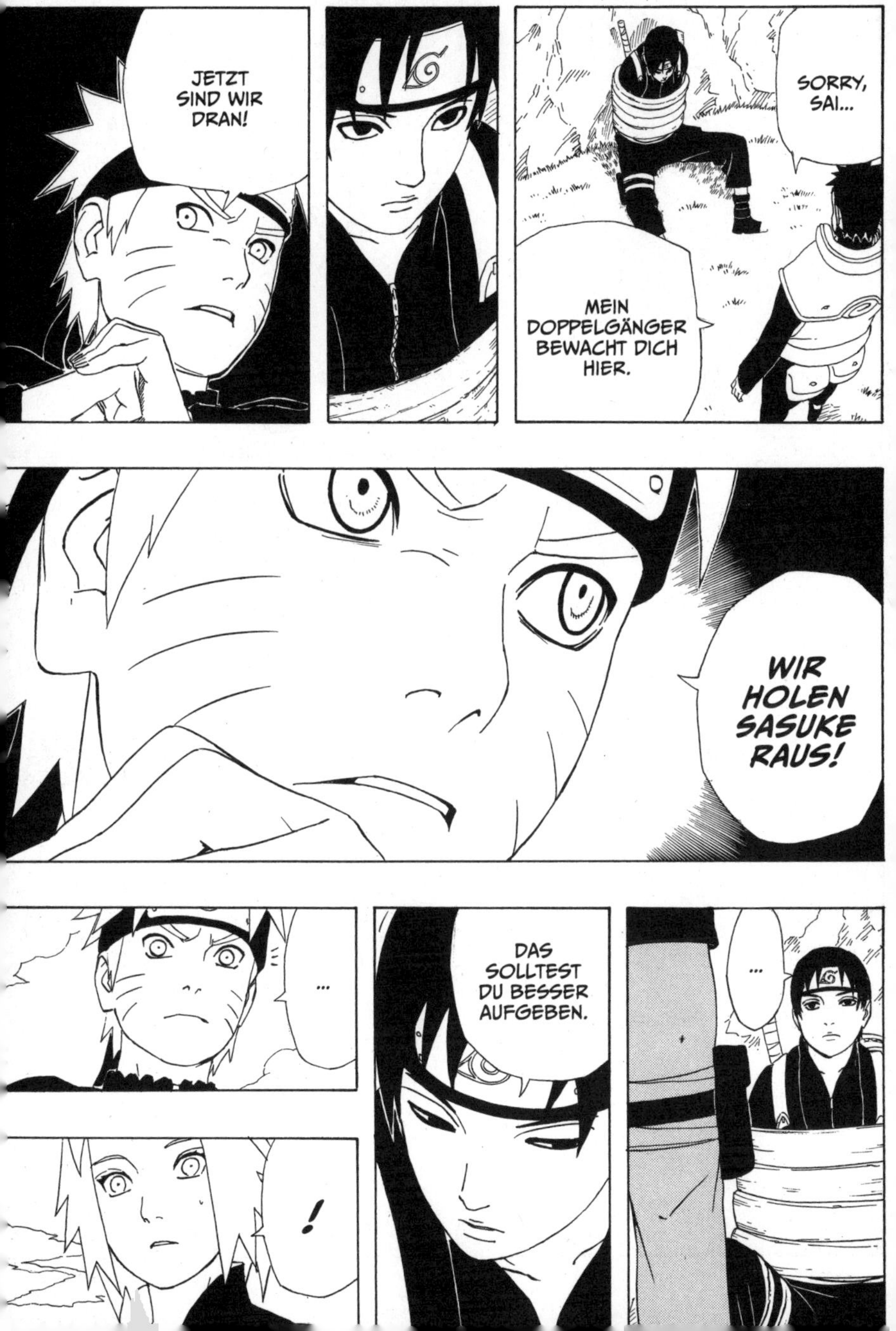
SORRY, SAI...
MEIN DOPPELGÄNGER BEWACHT DICH HIER.
JETZT SIND WIR DRAN!
WIR HOLEN SASUKE RAUS!
...
DAS SOLLTEST DU BESSER AUFGEBEN.
...
!

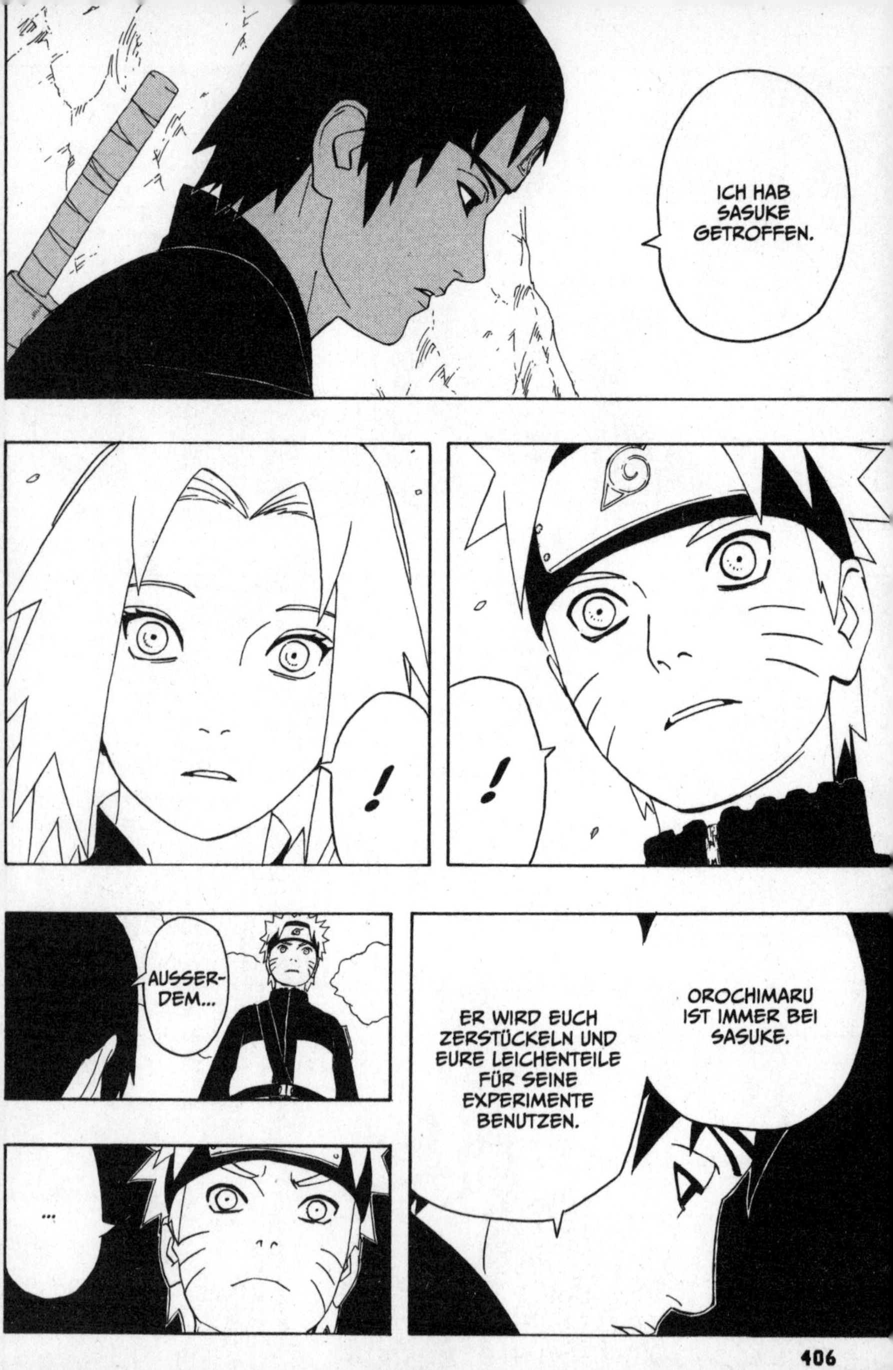
ICH HAB SASUKE GETROFFEN.
!
!
AUSSER-DEM...
OROCHIMARU IST IMMER BEI SASUKE.
ER WIRD EUCH ZERSTÜCKELN UND EURE LEICHENTEILE FÜR SEINE EXPERIMENTE BENUTZEN.
...

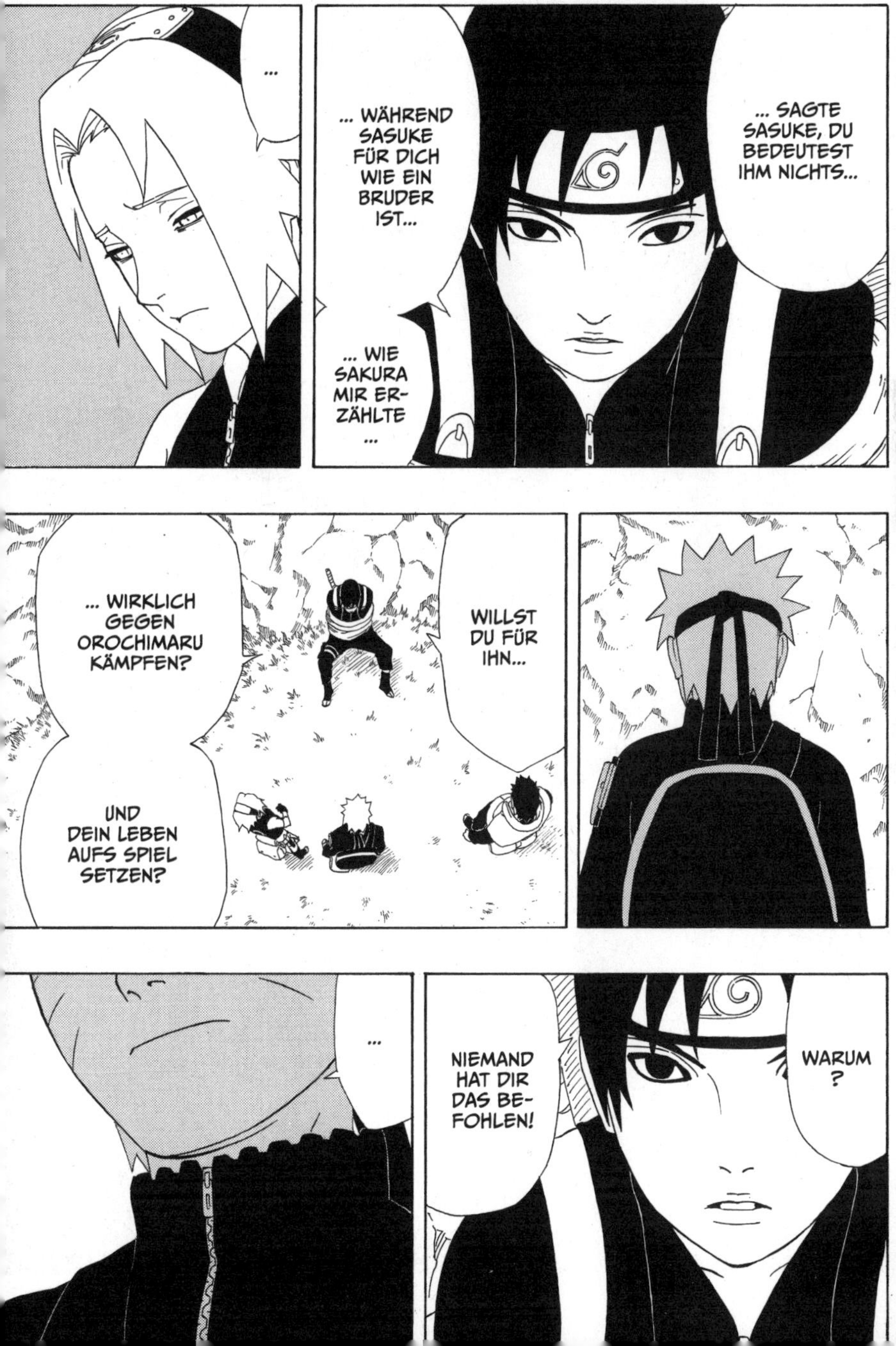
... WÄHREND SASUKE FÜR DICH WIE EIN BRUDER IST...
... SAGTE SASUKE, DU BEDEUTEST IHM NICHTS...
... WIE SAKURA MIR ERZÄHLTE ...
...
WILLST DU FÜR IHN...
... WIRKLICH GEGEN OROCHIMARU KÄMPFEN?
UND DEIN LEBEN AUFS SPIEL SETZEN?
WARUM?
NIEMAND HAT DIR DAS BEFOHLEN!
...

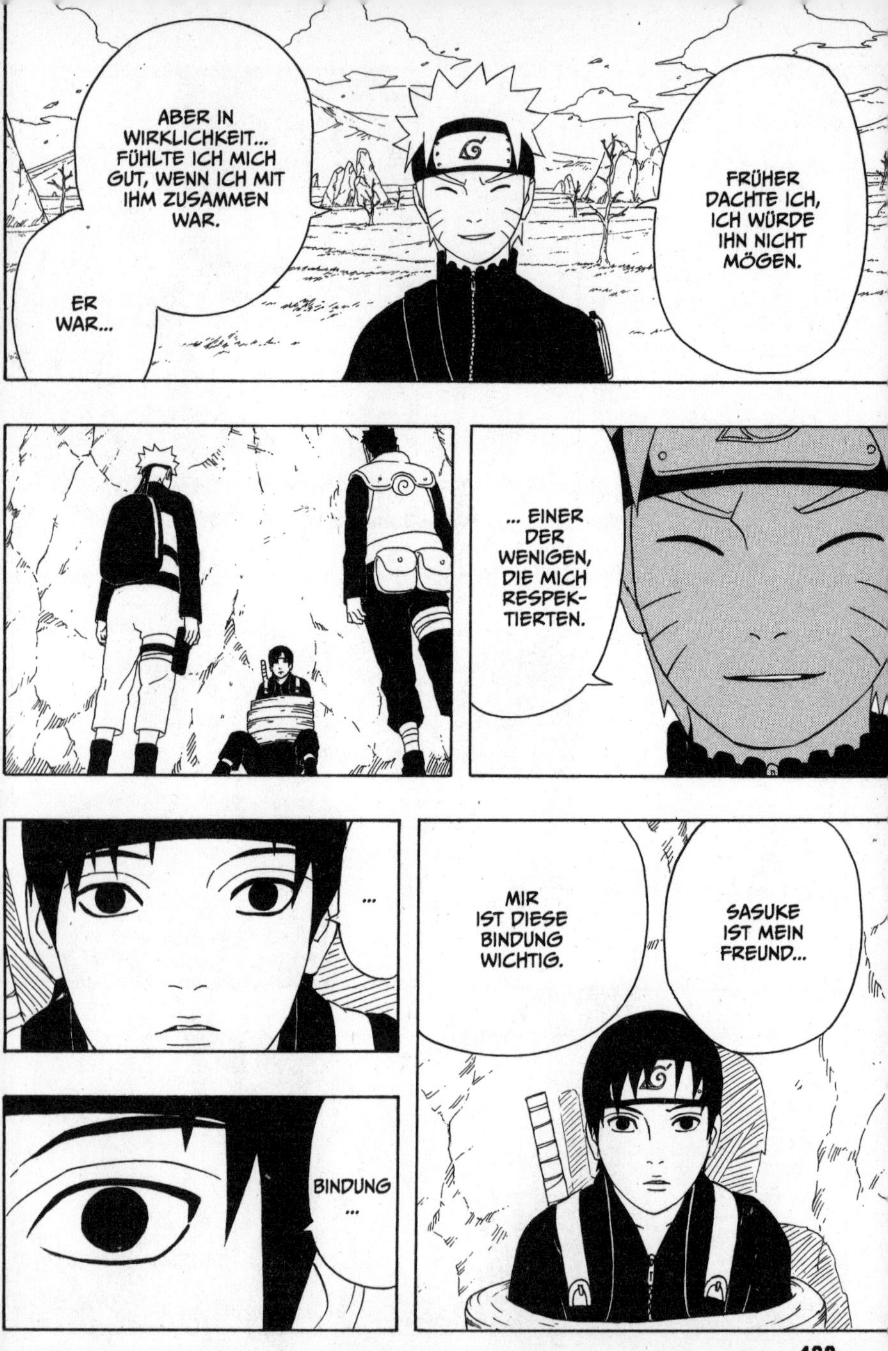
FRÜHER DACHTE ICH, ICH WÜRDE IHN NICHT MÖGEN.
ABER IN WIRKLICHKEIT... FÜHLTE ICH MICH GUT, WENN ICH MIT IHM ZUSAMMEN WAR.
ER WAR...
... EINER DER WENIGEN, DIE MICH RESPEKTIERTEN.
SASUKE IST MEIN FREUND...
MIR IST DIESE BINDUNG WICHTIG.
...
BINDUNG ...

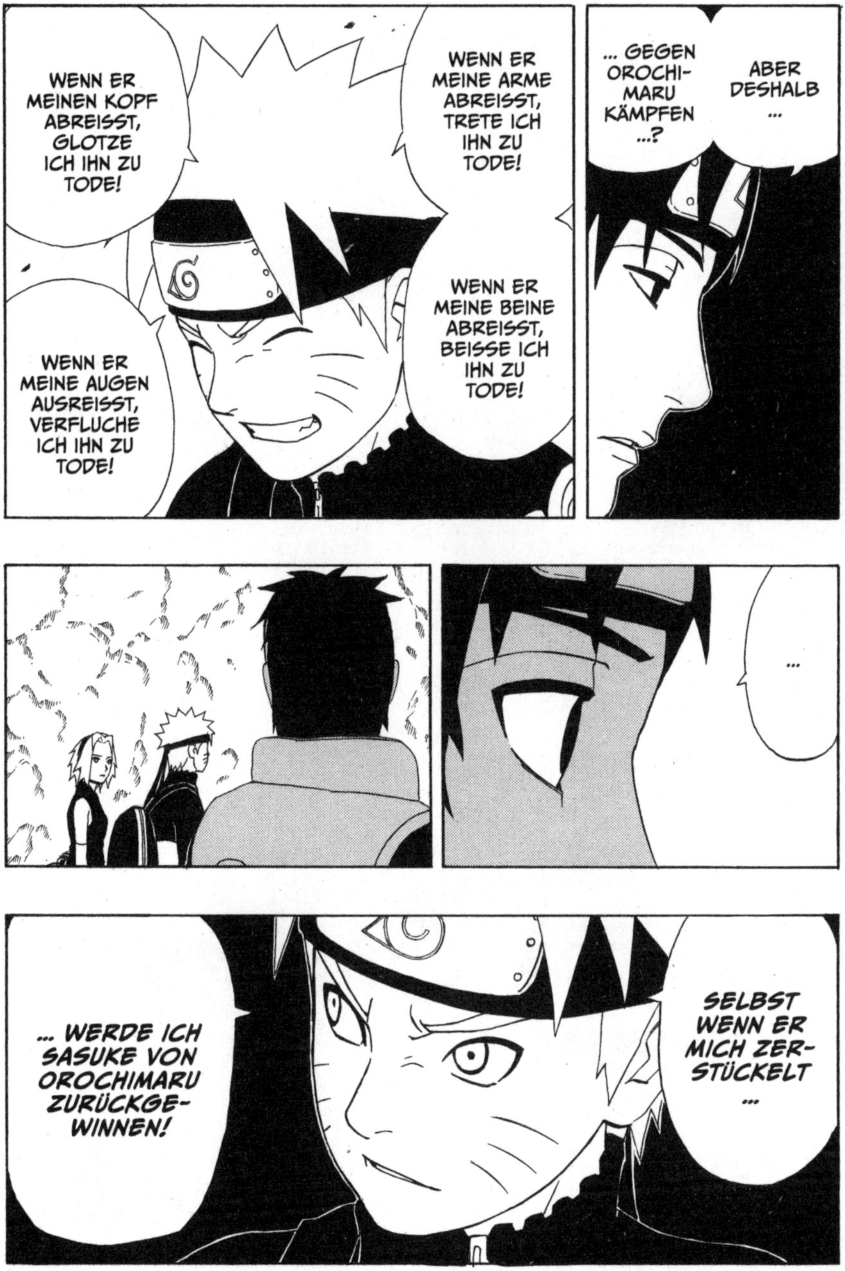
ABER DESHALB ...
... GEGEN OROCHI-MARU KÄMPFEN ...?
WENN ER MEINE ARME ABREISST, TRETE ICH IHN ZU TODE!
WENN ER MEINEN KOPF ABREISST, GLOTZE ICH IHN ZU TODE!
WENN ER MEINE BEINE ABREISST, BEISSE ICH IHN ZU TODE!
WENN ER MEINE AUGEN AUSREISST, VERFLUCHE ICH IHN ZU TODE!
...
SELBST WENN ER MICH ZER-STÜCKELT ...
... WERDE ICH SASUKE VON OROCHIMARU ZURÜCKGE-WINNEN!

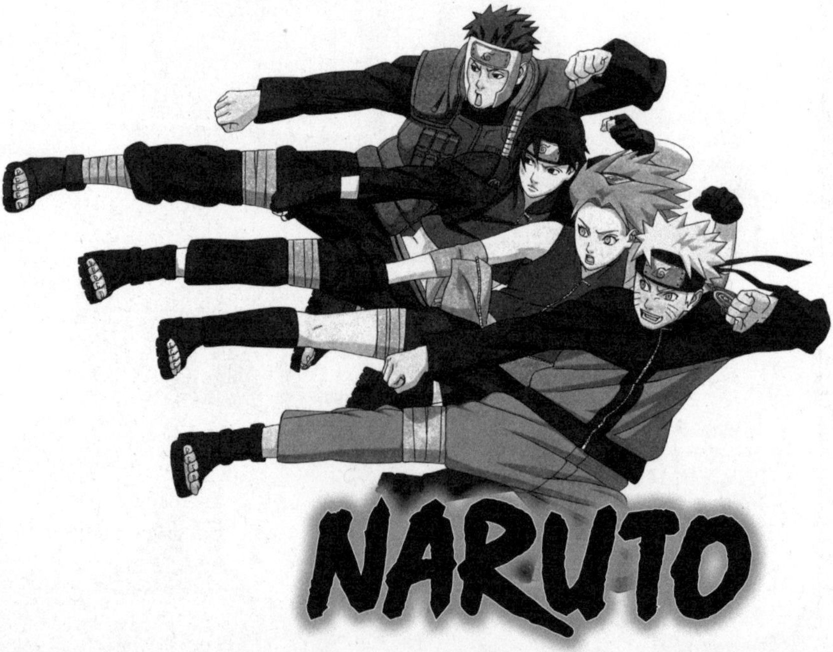
NARUTO

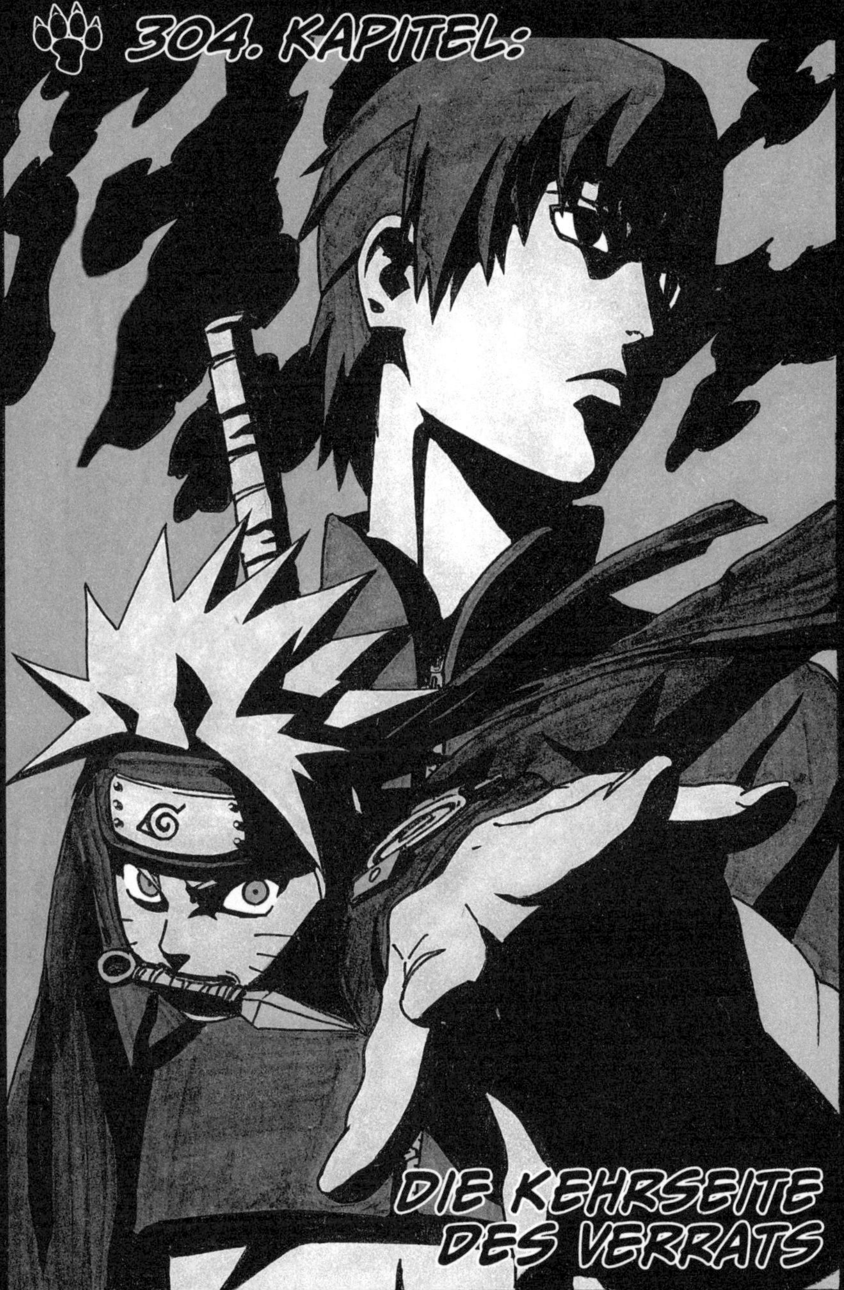
304. KAPITEL:
DIE KEHRSEITE DES VERRATS

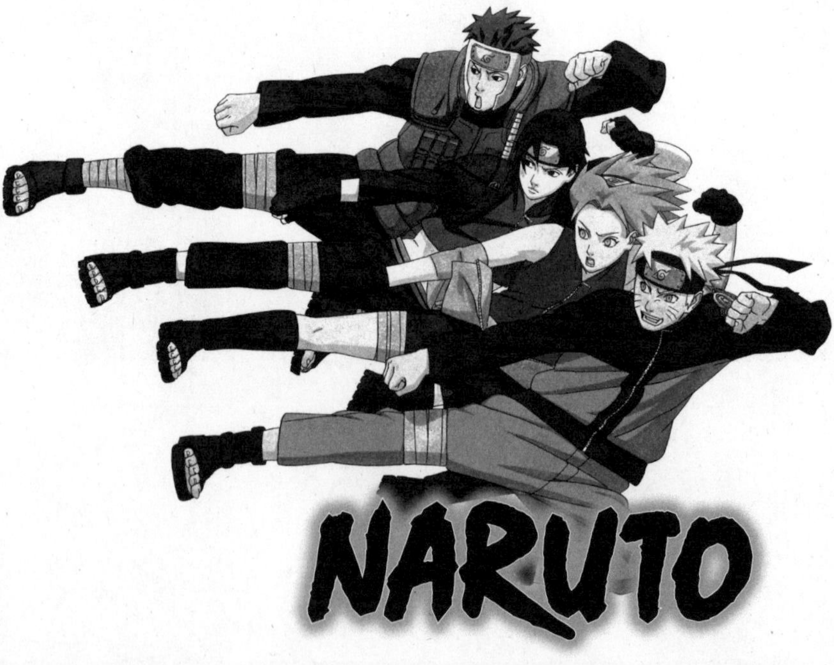
NARUTO

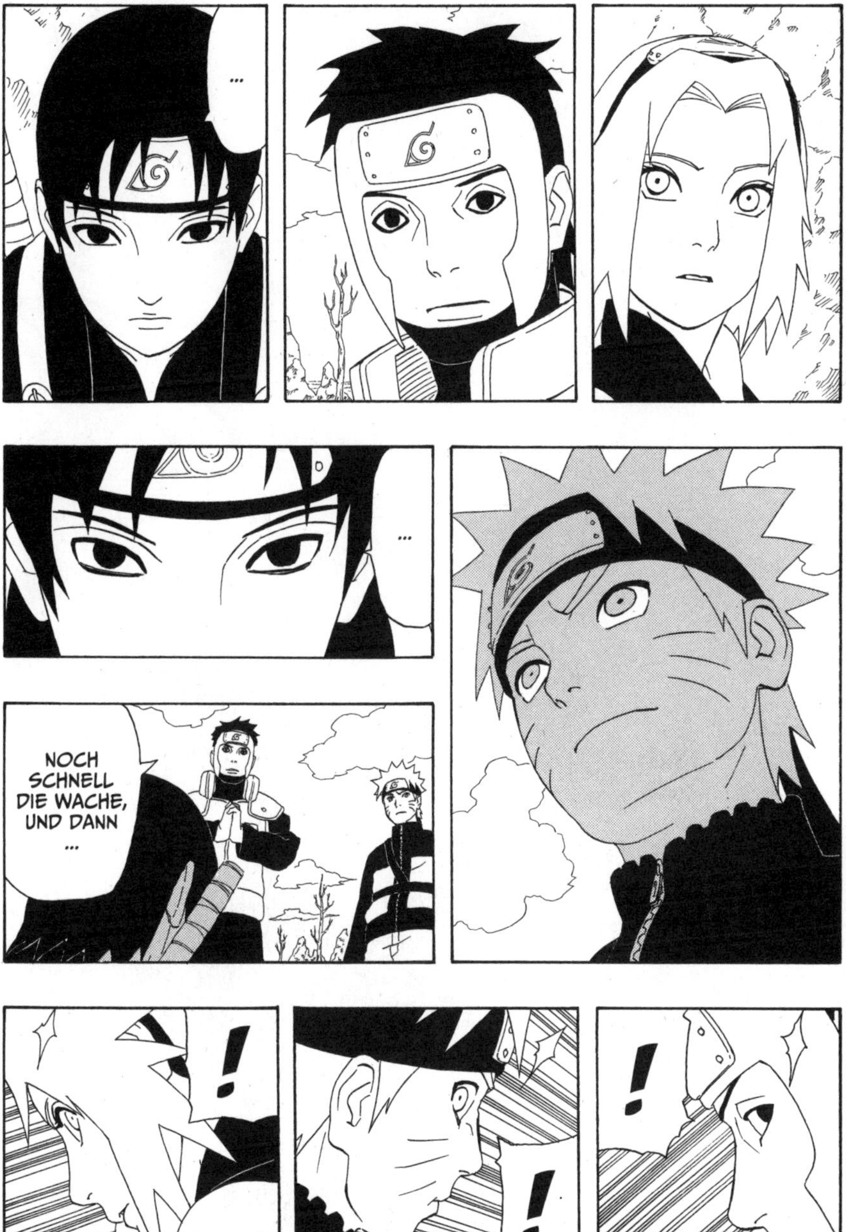
...
...
NOCH SCHNELL DIE WACHE, UND DANN ...
!
!
!

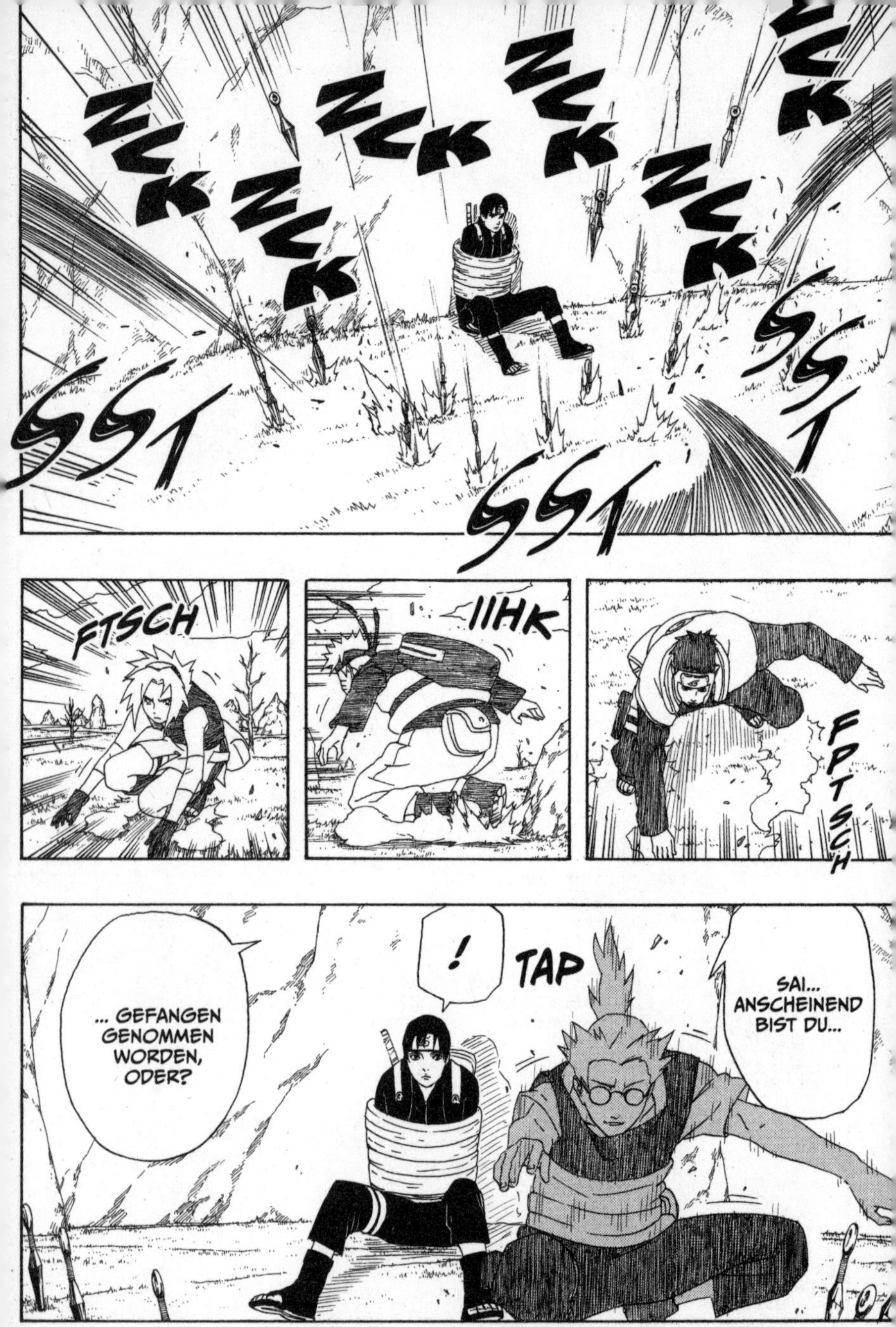

ZCK
ZCK
ZCK
ZCK
ZCK
ZCK
ZCK
SST
SST
SST
FPTSCH
IIHK
FTSCH
SAI... ANSCHEINEND BIST DU...
TAP
!
... GEFANGEN GENOMMEN WORDEN, ODER?

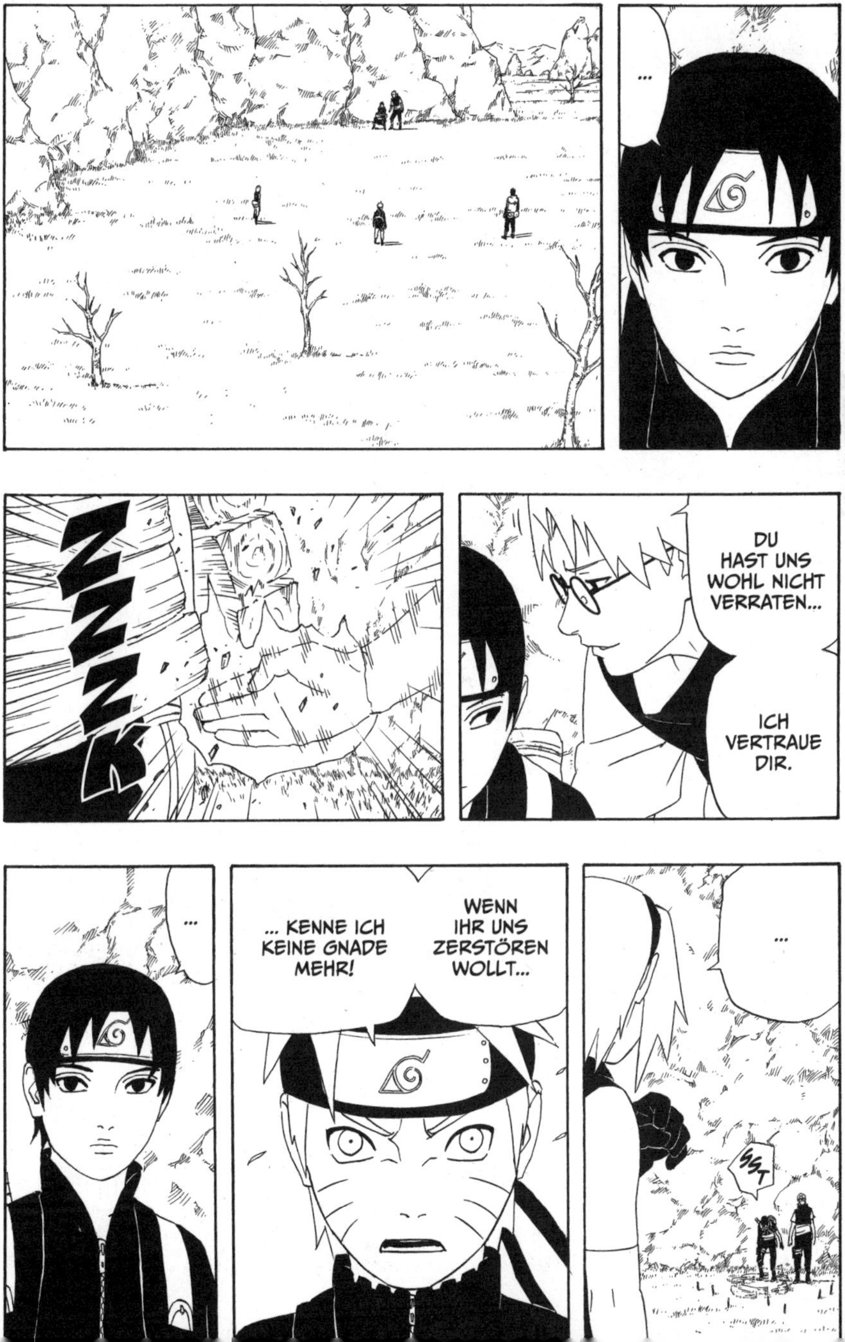
...
DU HAST UNS WOHL NICHT VERRATEN...
ICH VERTRAUE DIR.
ZNNNK
...
SST
WENN IHR UNS ZERSTÖREN WOLLT...
... KENNE ICH KEINE GNADE MEHR!
...

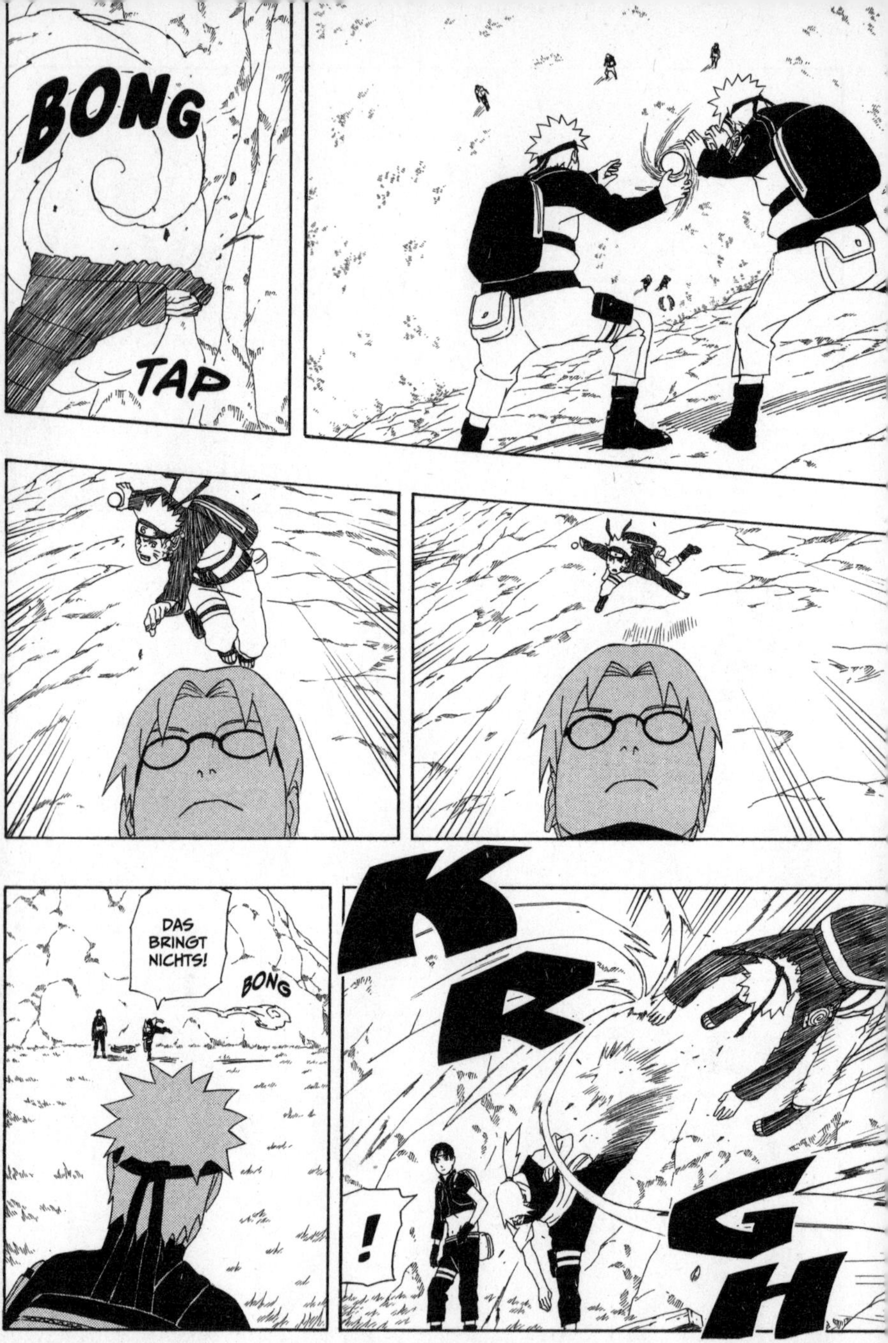
BONG
TAP
DAS BRINGT NICHTS!
BONG
!
KRGH

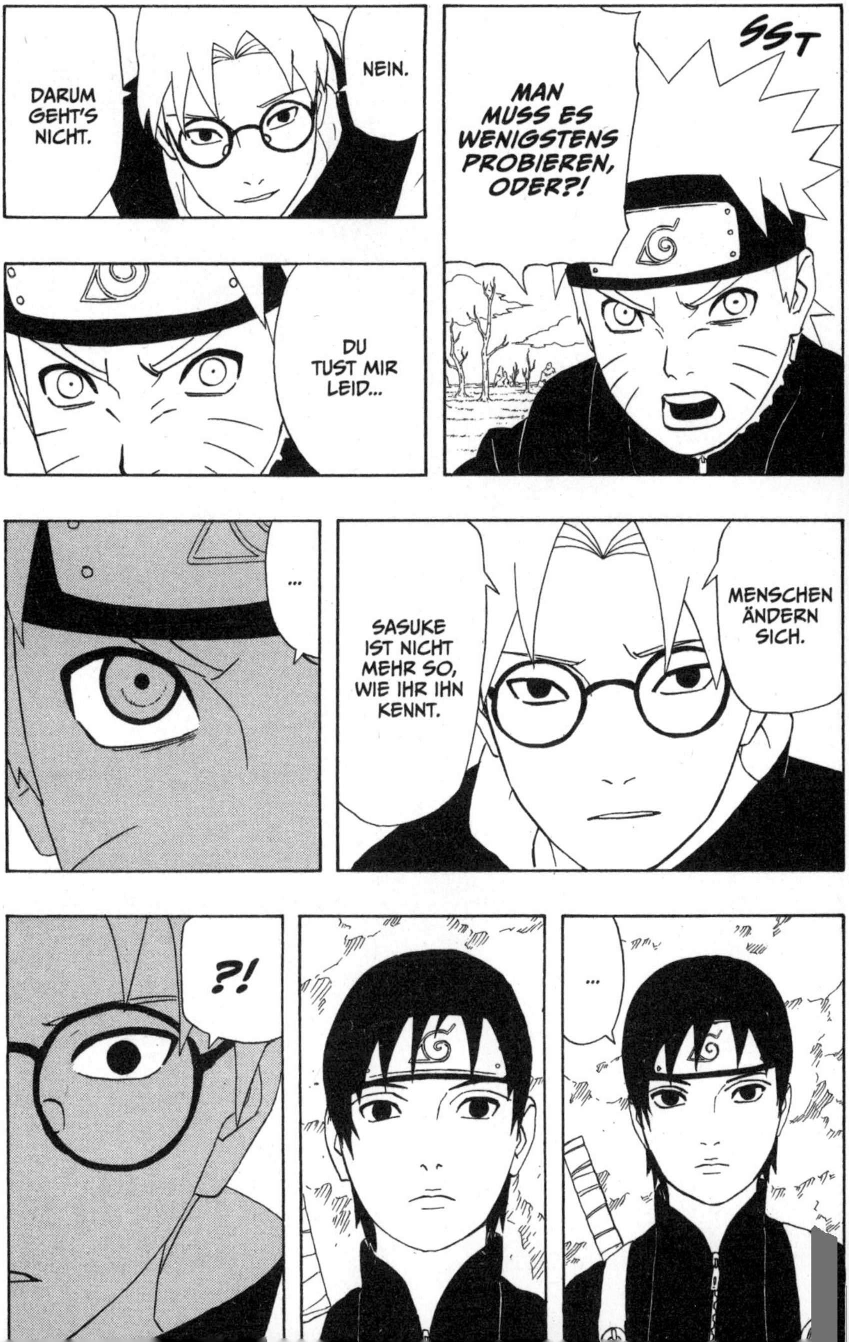
SST
MAN MUSS ES WENIGSTENS PROBIEREN, ODER?!
NEIN.
DARUM GEHT'S NICHT.
DU TUST MIR LEID...
MENSCHEN ÄNDERN SICH.
SASUKE IST NICHT MEHR SO, WIE IHR IHN KENNT.
...
...
?!

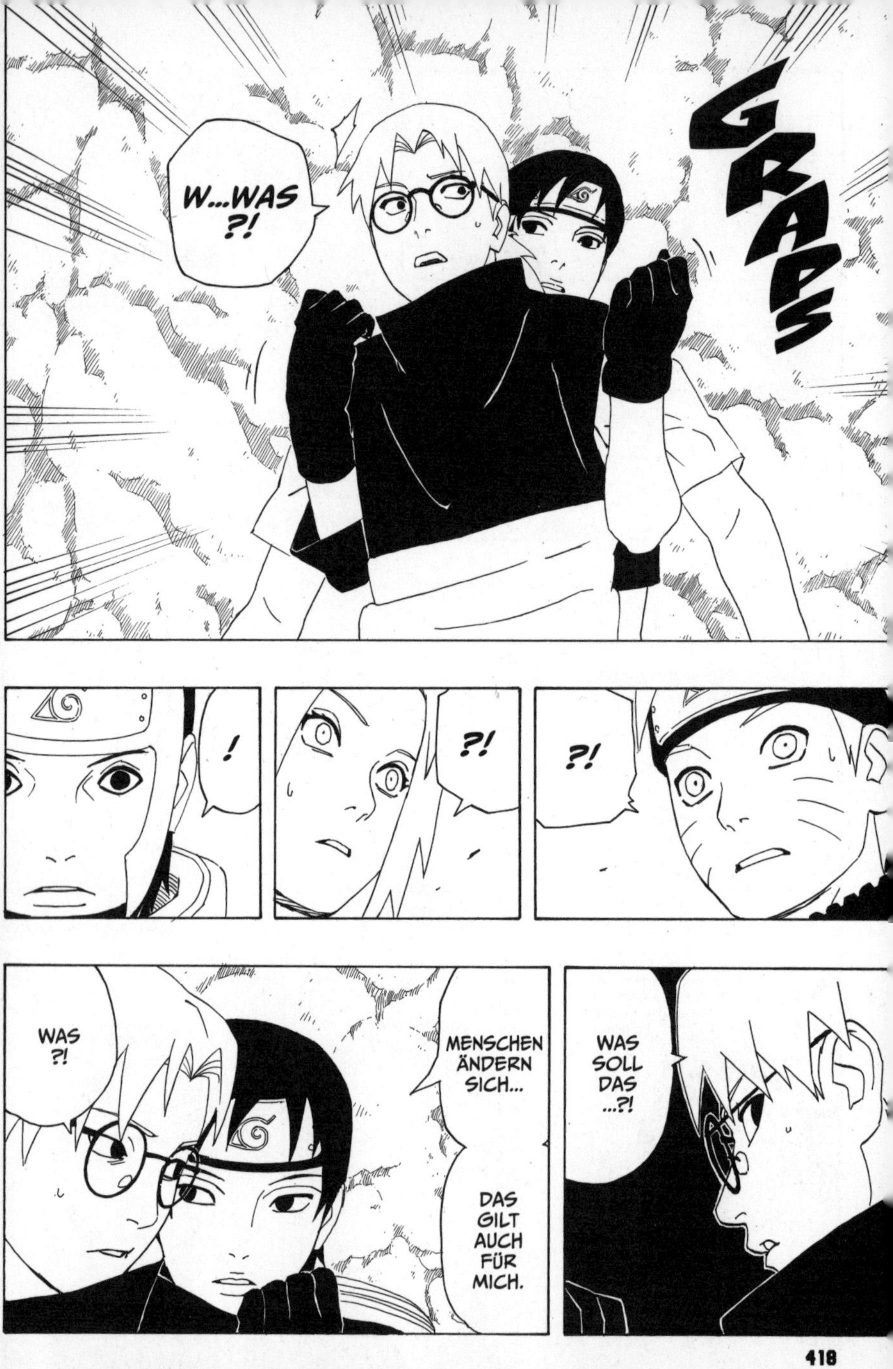
GRAPS
W...WAS ?!
?!
?!
!
WAS SOLL DAS ...?!
MENSCHEN ÄNDERN SICH...
DAS GILT AUCH FÜR MICH.
WAS ?!

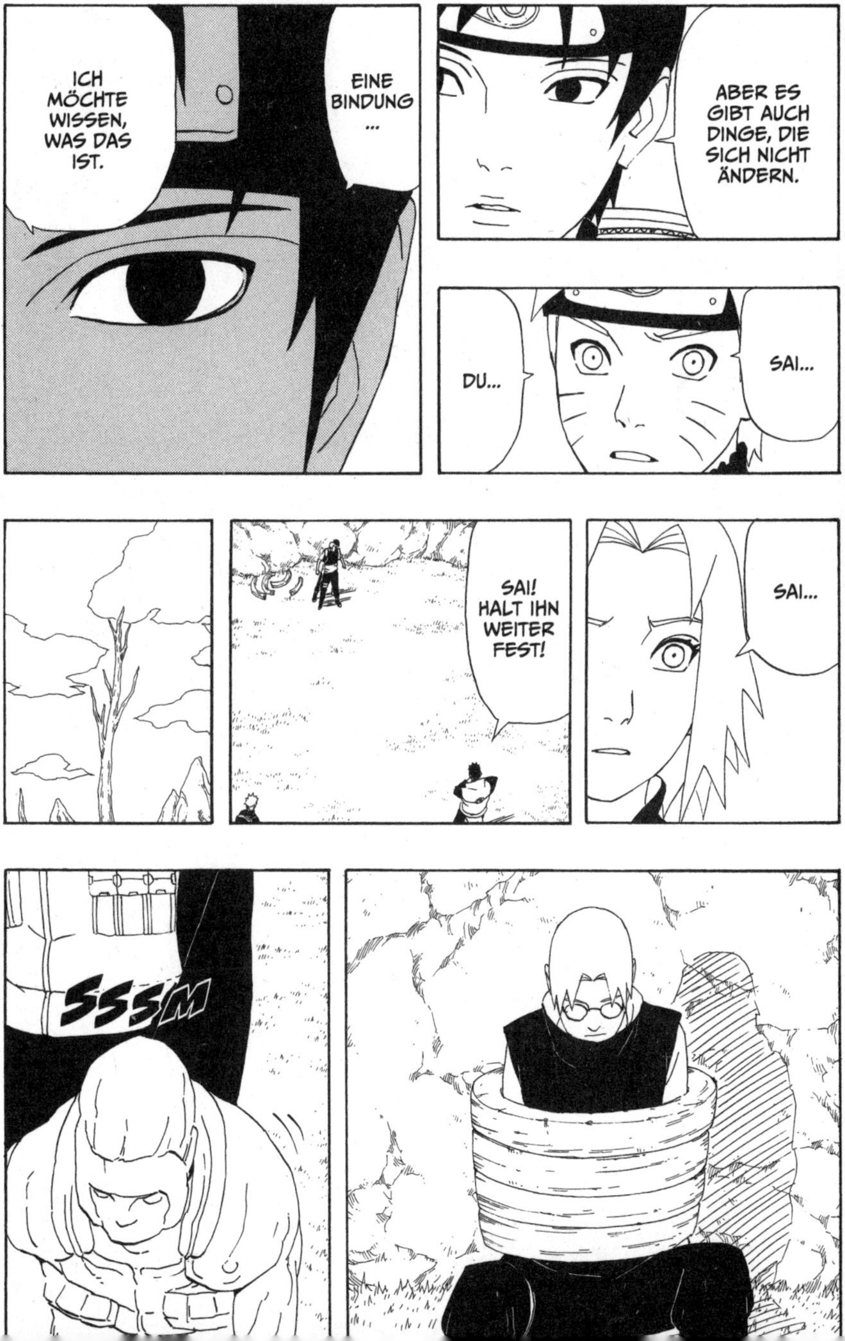
ABER ES GIBT AUCH DINGE, DIE SICH NICHT ÄNDERN.
EINE BINDUNG ...
ICH MÖCHTE WISSEN, WAS DAS IST.
SAI...
DU...
SAI...
SAI! HALT IHN WEITER FEST!
SSSM

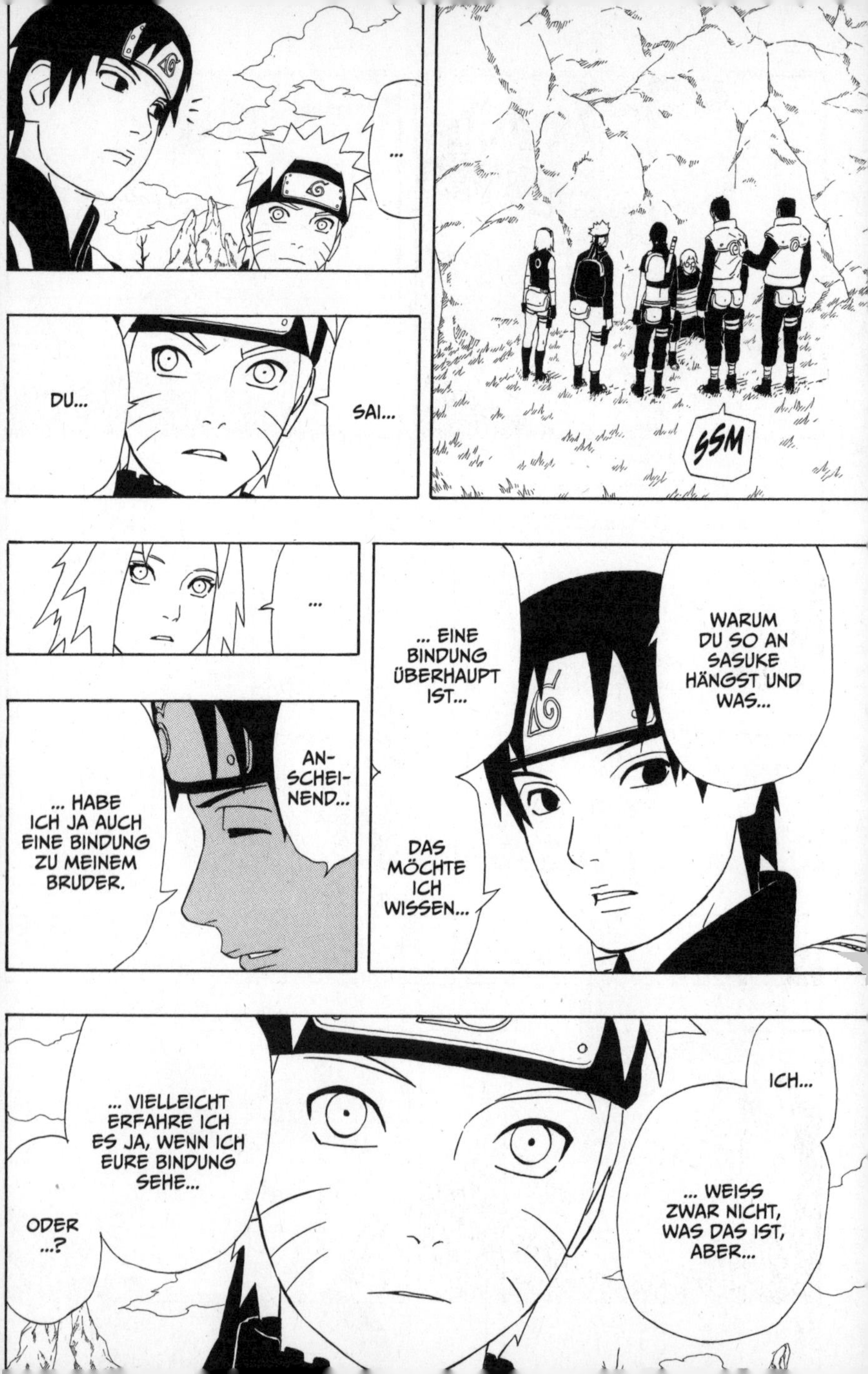
SSM
...
SAI...
DU...
WARUM DU SO AN SASUKE HÄNGST UND WAS...
... EINE BINDUNG ÜBERHAUPT IST...
DAS MÖCHTE ICH WISSEN...
...
ANSCHEINEND...
... HABE ICH JA AUCH EINE BINDUNG ZU MEINEM BRUDER.
ICH...
... WEISS ZWAR NICHT, WAS DAS IST, ABER...
... VIELLEICHT ERFAHRE ICH ES JA, WENN ICH EURE BINDUNG SEHE...
ODER ...?

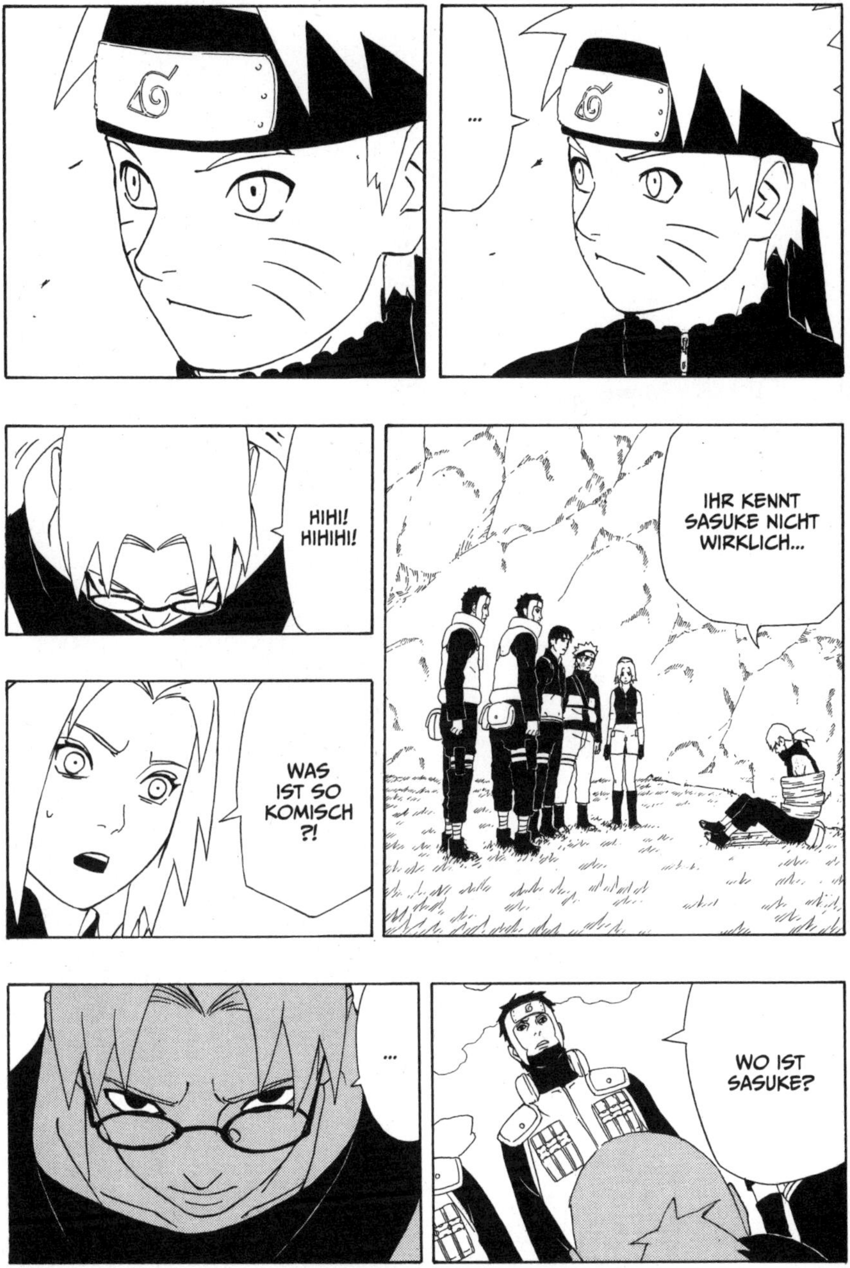
...
IHR KENNT SASUKE NICHT WIRKLICH...
HIHI! HIHIHI!
WAS IST SO KOMISCH ?!
WO IST SASUKE?
...

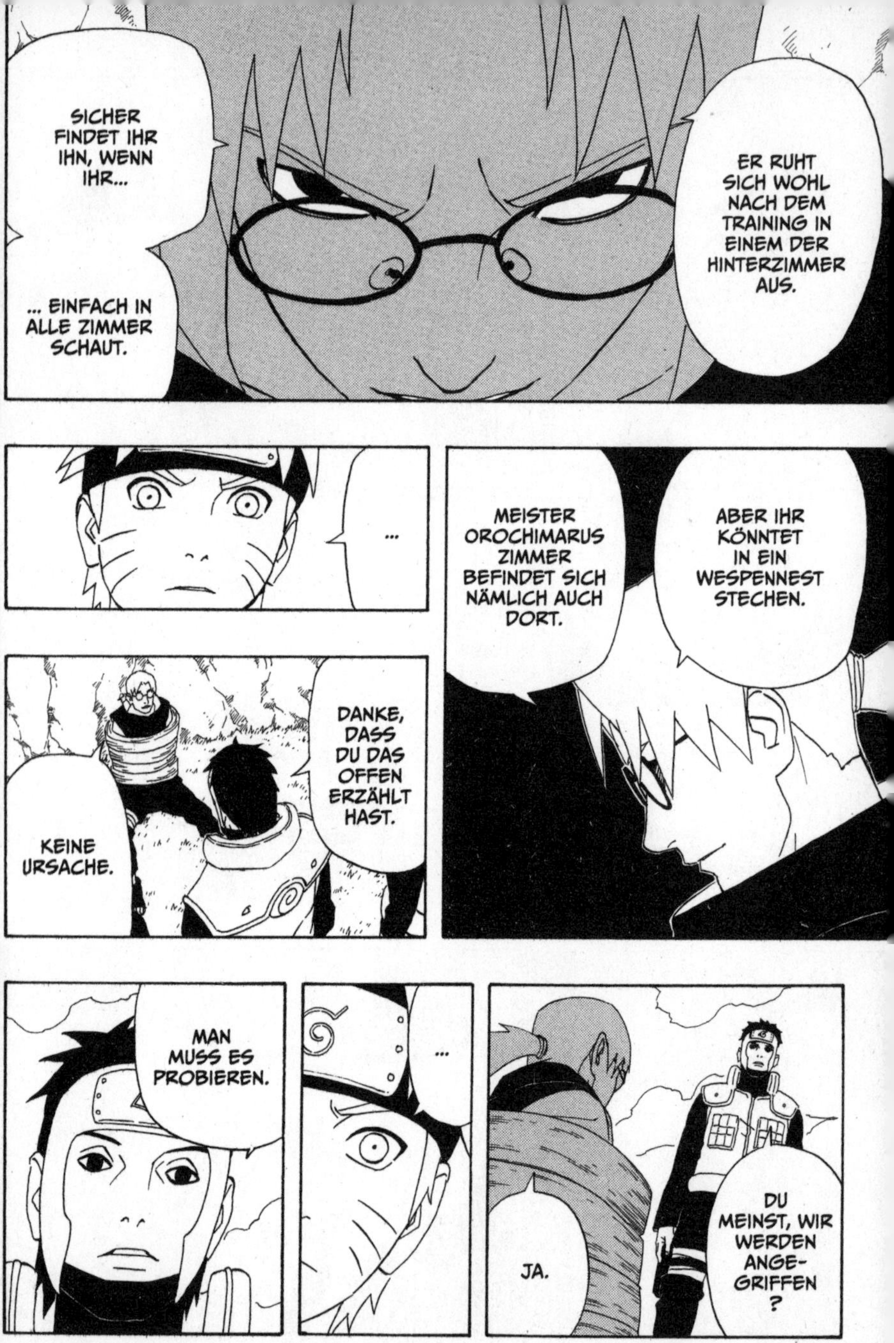

ER RUHT SICH WOHL NACH DEM TRAINING IN EINEM DER HINTERZIMMER AUS.
SICHER FINDET IHR IHN, WENN IHR...
... EINFACH IN ALLE ZIMMER SCHAUT.
ABER IHR KÖNNTET IN EIN WESPENNEST STECHEN.
MEISTER OROCHIMARUS ZIMMER BEFINDET SICH NÄMLICH AUCH DORT.
...
DANKE, DASS DU DAS OFFEN ERZÄHLT HAST.
KEINE URSACHE.
DU MEINST, WIR WERDEN ANGE-GRIFFEN?
JA.
...
MAN MUSS ES PROBIEREN.

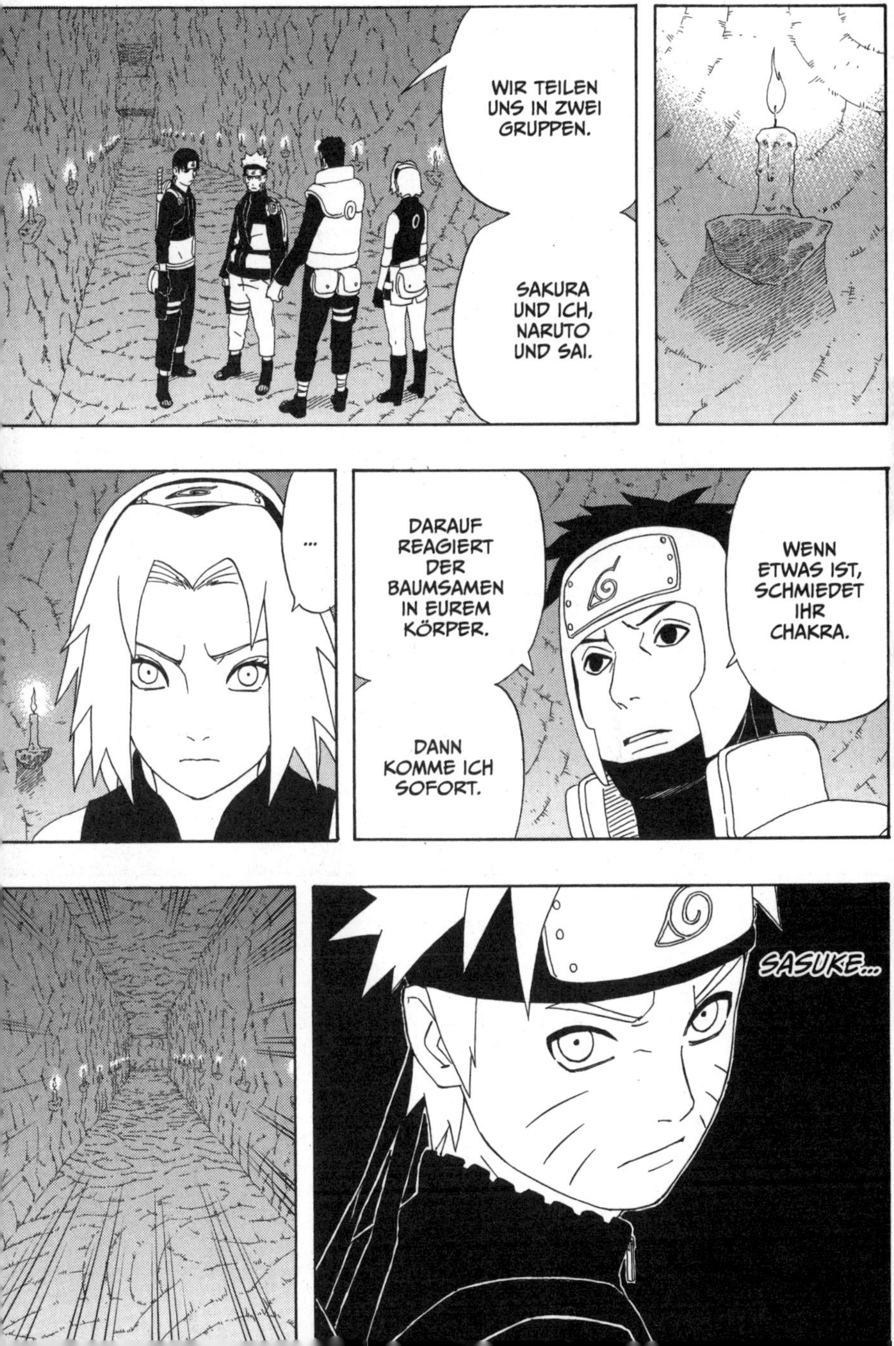
WIR TEILEN UNS IN ZWEI GRUPPEN.
SAKURA UND ICH, NARUTO UND SAI.
WENN ETWAS IST, SCHMIEDET IHR CHAKRA.
DARAUF REAGIERT DER BAUMSAMEN IN EUREM KÖRPER.
DANN KOMME ICH SOFORT.
...
SASUKE...

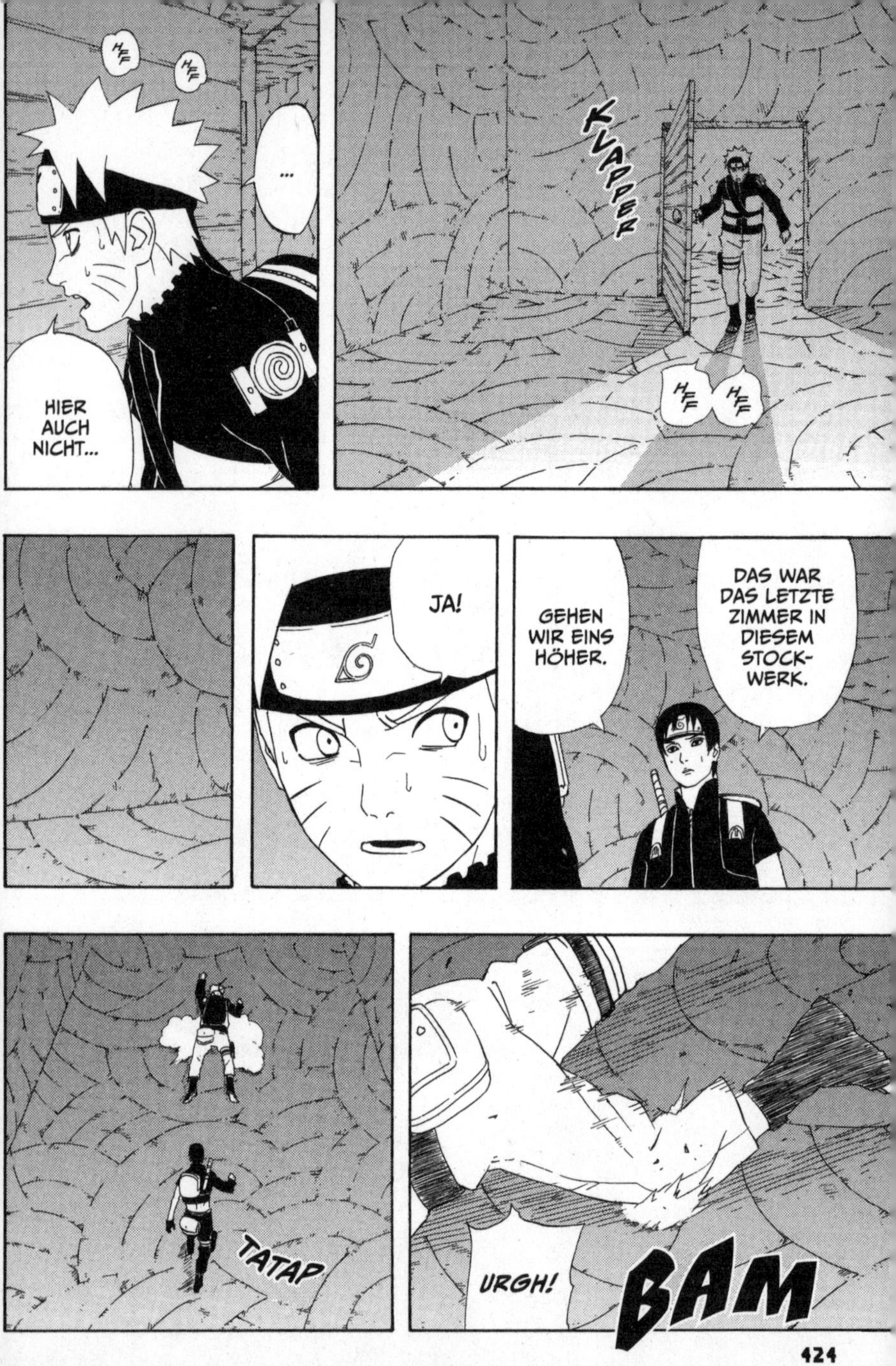
KLAPPER
HEF HEF
HEF HEF
...
HIER AUCH NICHT...
DAS WAR DAS LETZTE ZIMMER IN DIESEM STOCK-WERK.
GEHEN WIR EINS HÖHER.
JA!
BAM
URGH!
TATAP

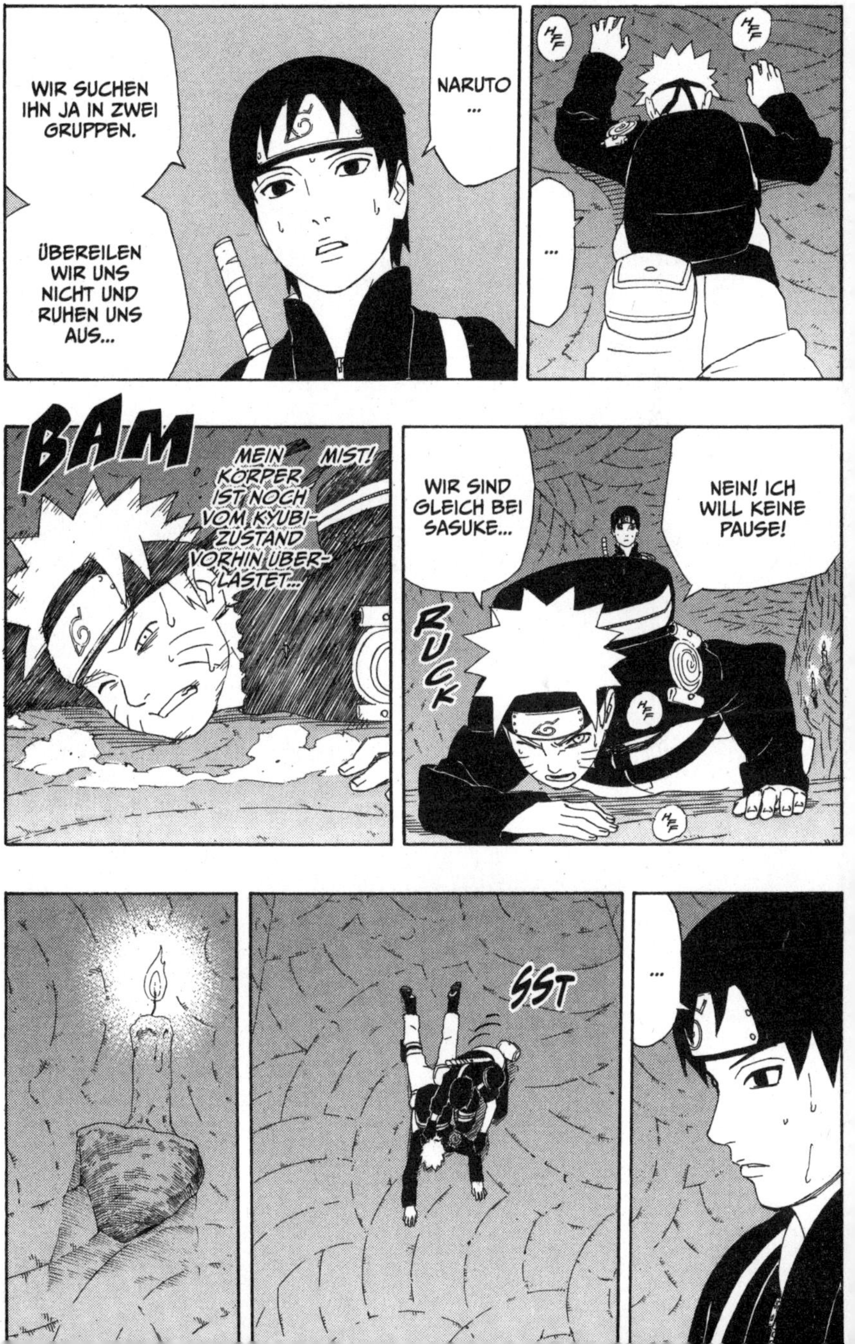
HEF
HEF
...
NARUTO ...
WIR SUCHEN IHN JA IN ZWEI GRUPPEN.
ÜBEREILEN WIR UNS NICHT UND RUHEN UNS AUS...
NEIN! ICH WILL KEINE PAUSE!
WIR SIND GLEICH BEI SASUKE...
RUCK
HEF
HEF
BAM
MIST!
MEIN KÖRPER IST NOCH VOM KYUBI-ZUSTAND VORHIN ÜBERLASTET...
...
SST

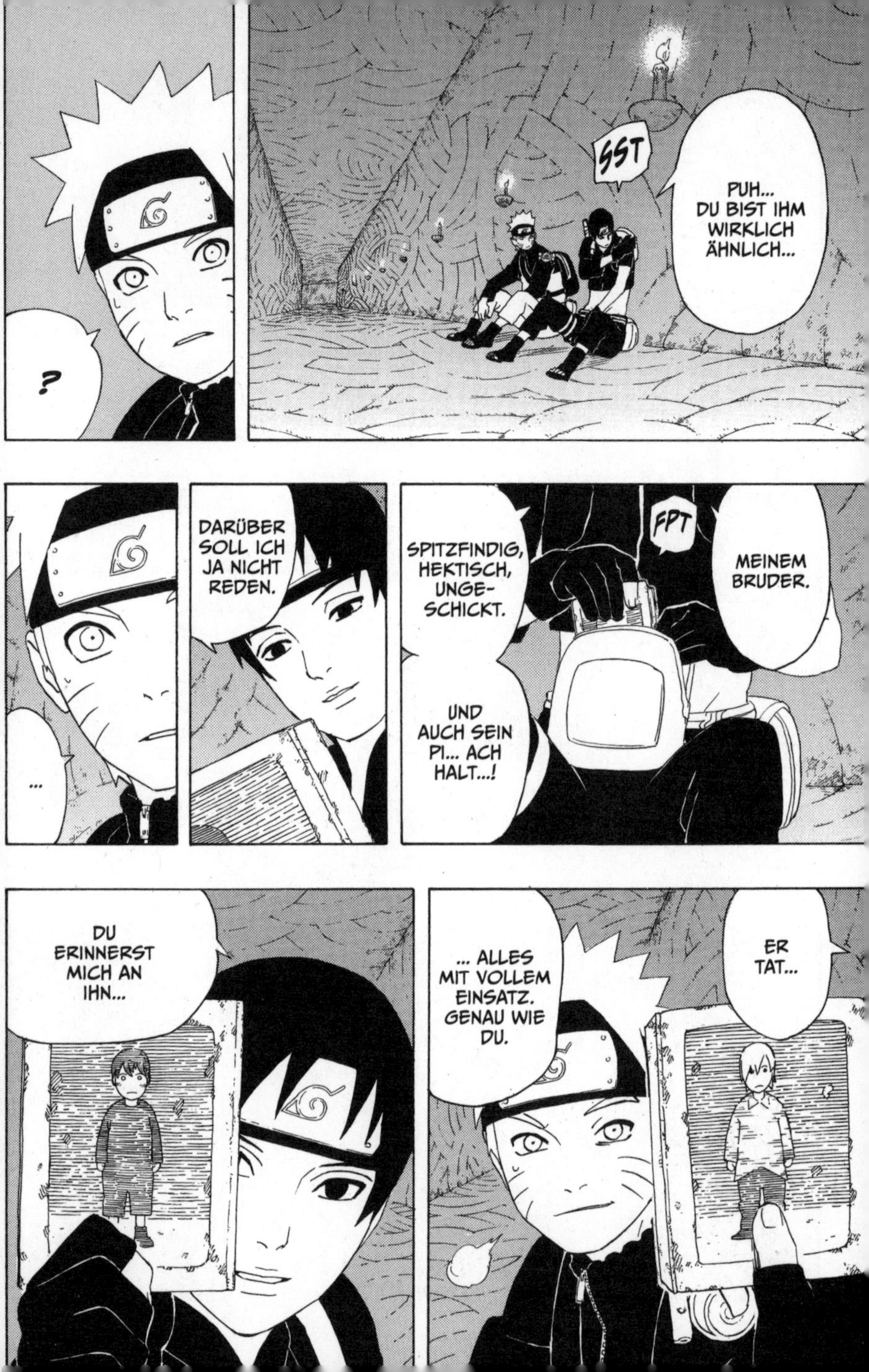
PUH... DU BIST IHM WIRKLICH ÄHNLICH...
SST
?
MEINEM BRUDER.
FPT
SPITZFINDIG, HEKTISCH, UNGE-SCHICKT.
UND AUCH SEIN PI... ACH HALT...!
DARÜBER SOLL ICH JA NICHT REDEN.
...
ER TAT...
... ALLES MIT VOLLEM EINSATZ. GENAU WIE DU.
DU ERINNERST MICH AN IHN...

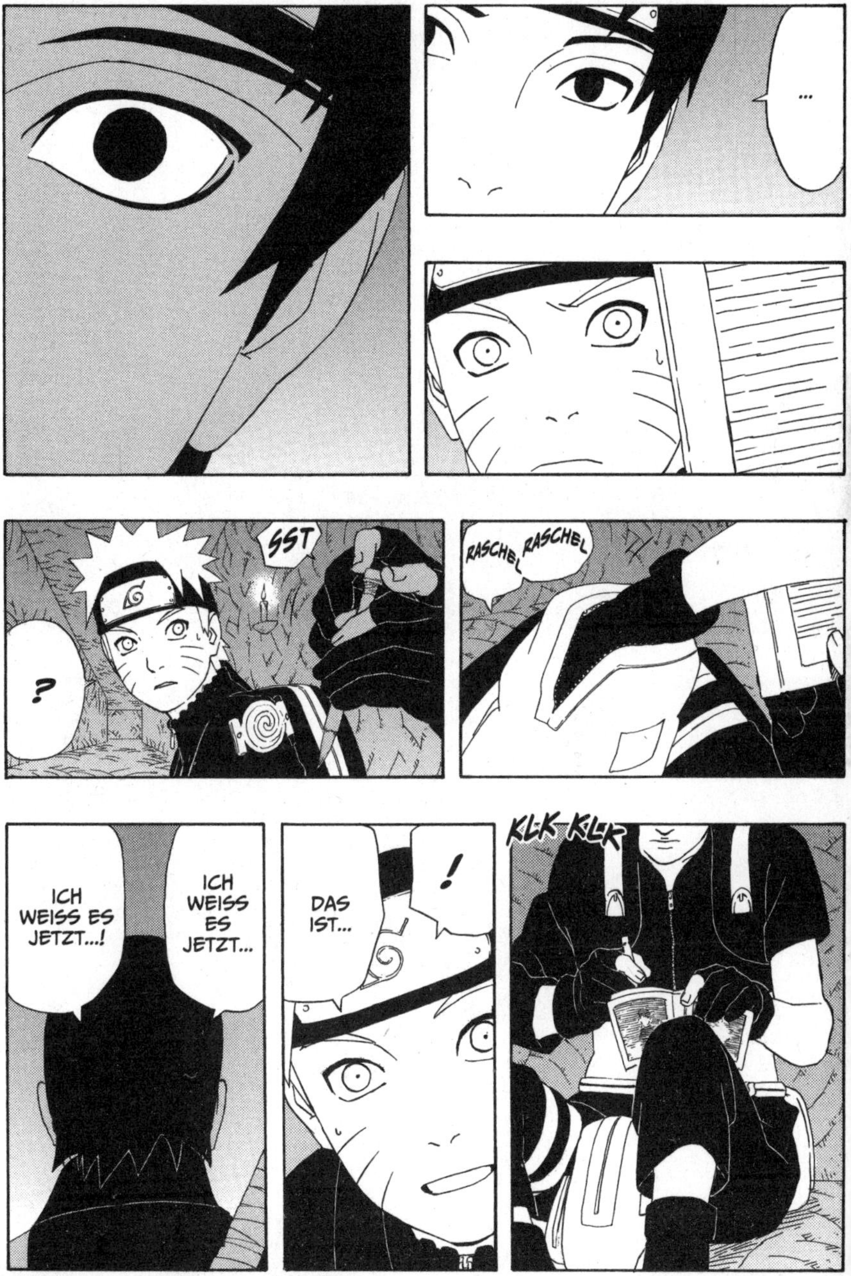
...
RASCHEL RASCHEL
SST
?
KLK KLK
!
DAS IST...
ICH WEISS ES JETZT...
ICH WEISS ES JETZT...!

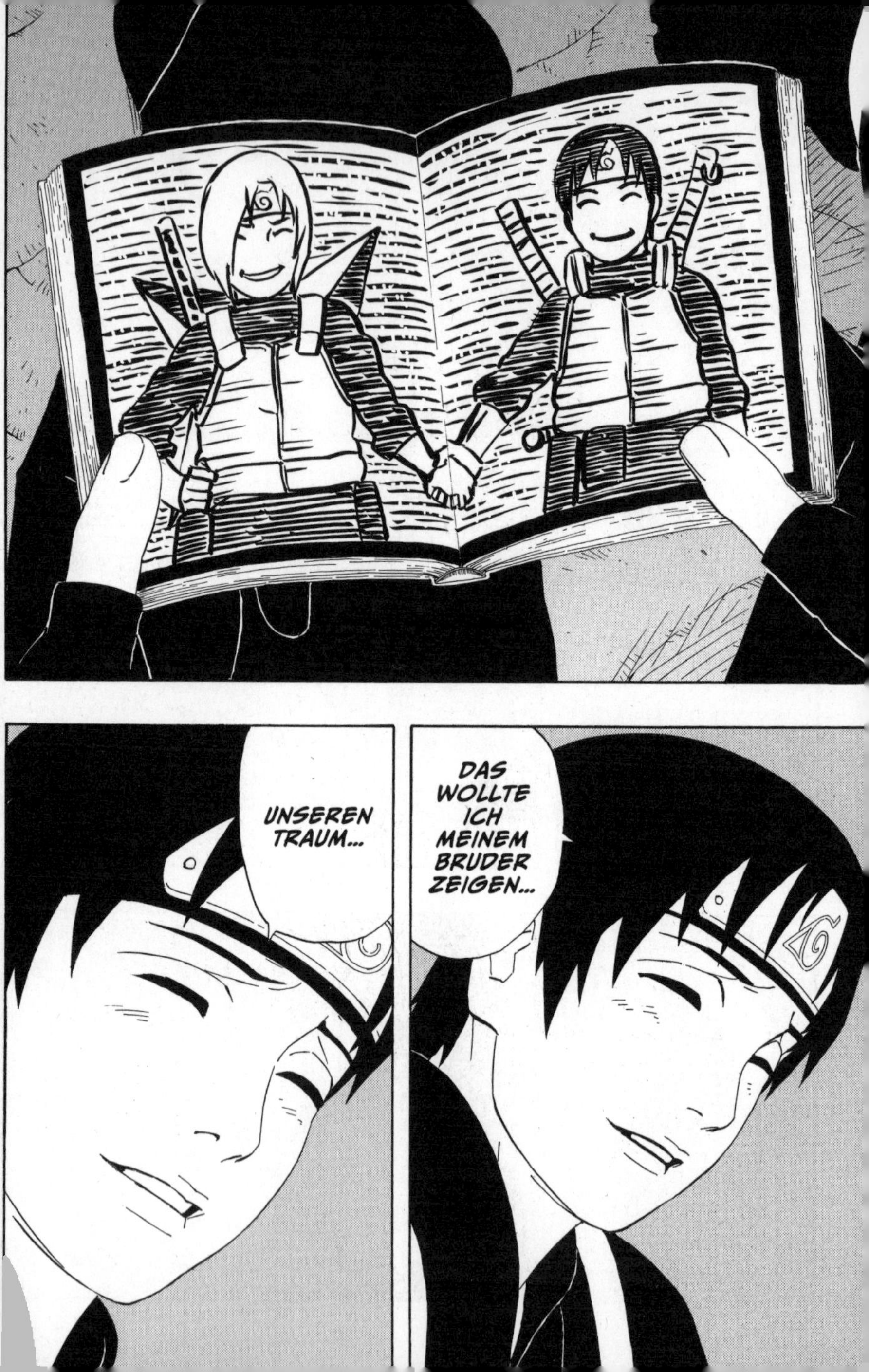
DAS WOLLTE ICH MEINEM BRUDER ZEIGEN...
UNSEREN TRAUM...

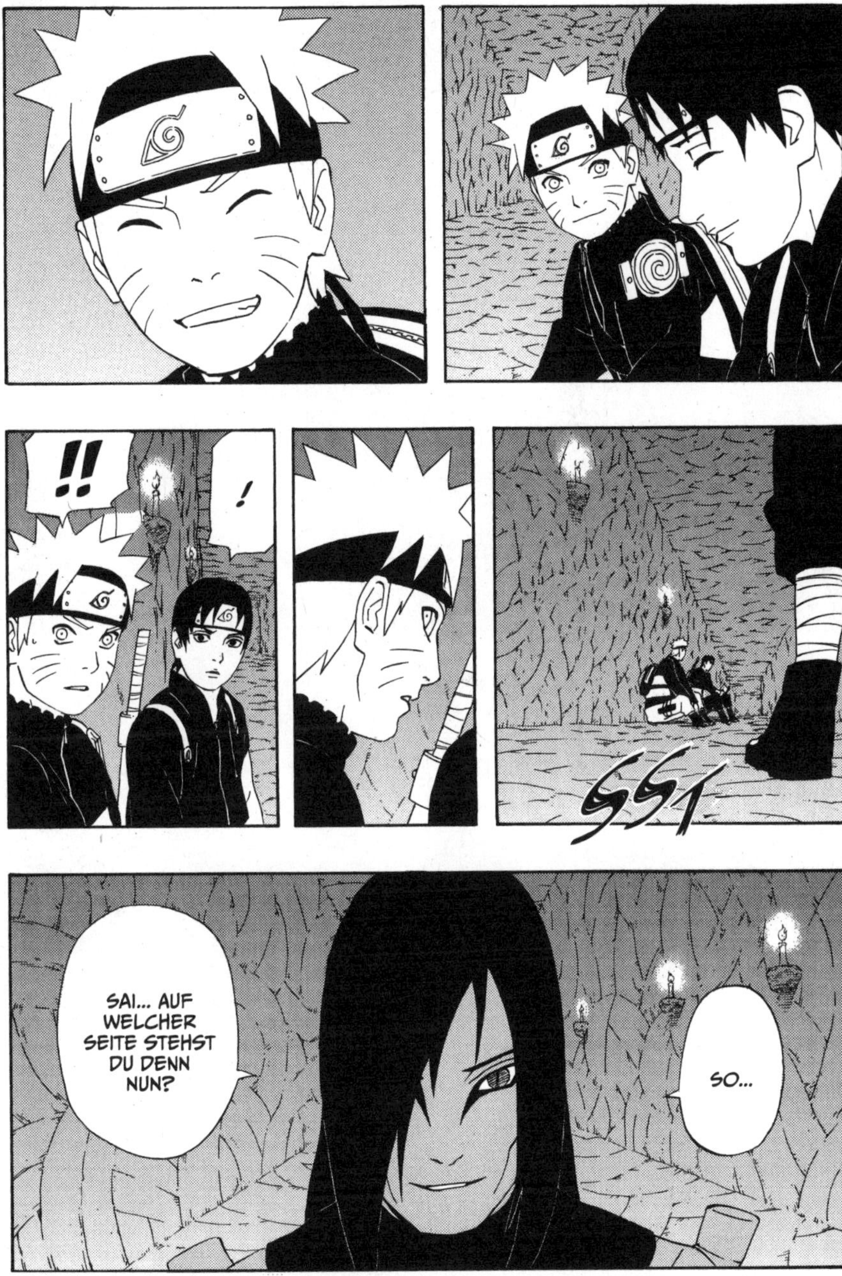
!!
!
SST
SO...
SAI... AUF WELCHER SEITE STEHST DU DENN NUN?

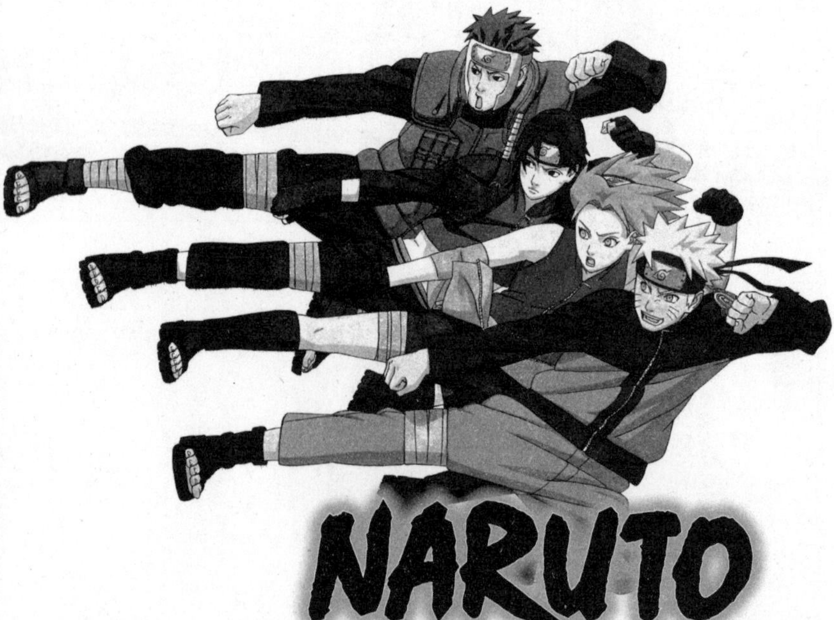
NARUTO

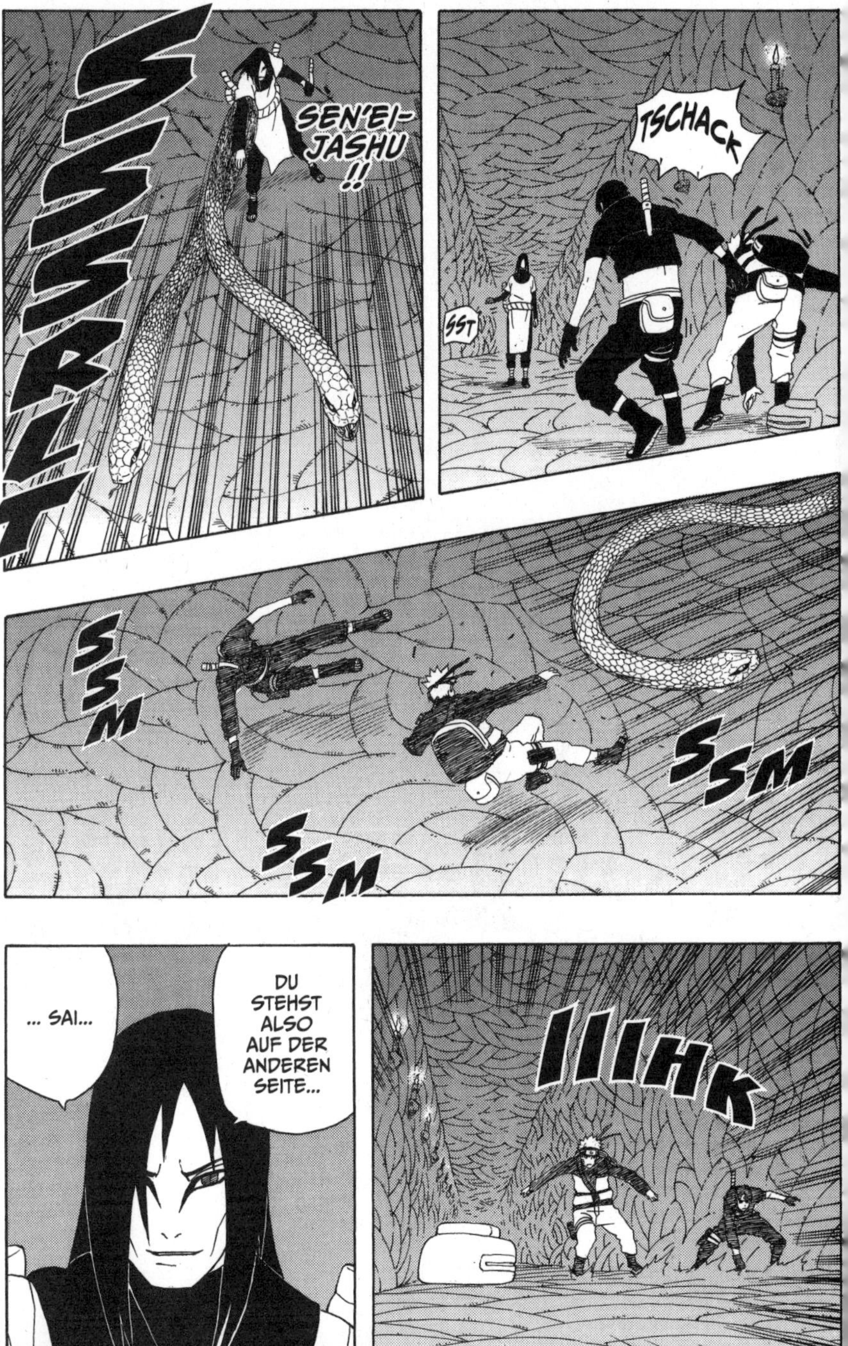
TSCHACK
SST
SEN'EI-JASHU!!
SSM
SSM
SSM
IIIHK
DU STEHST ALSO AUF DER ANDEREN SEITE...
... SAI...

305. Kapitel: Die Bindung schützen

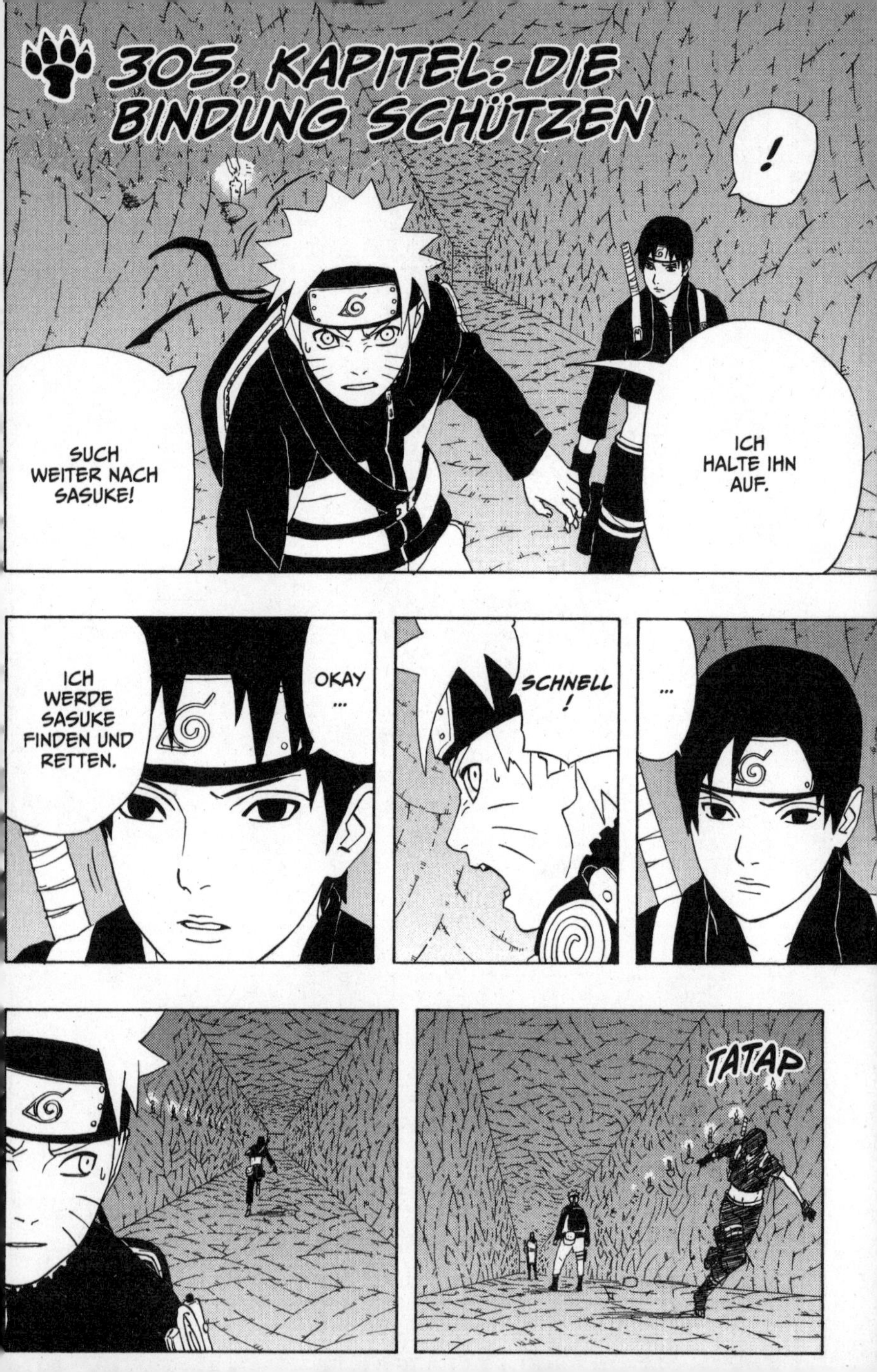

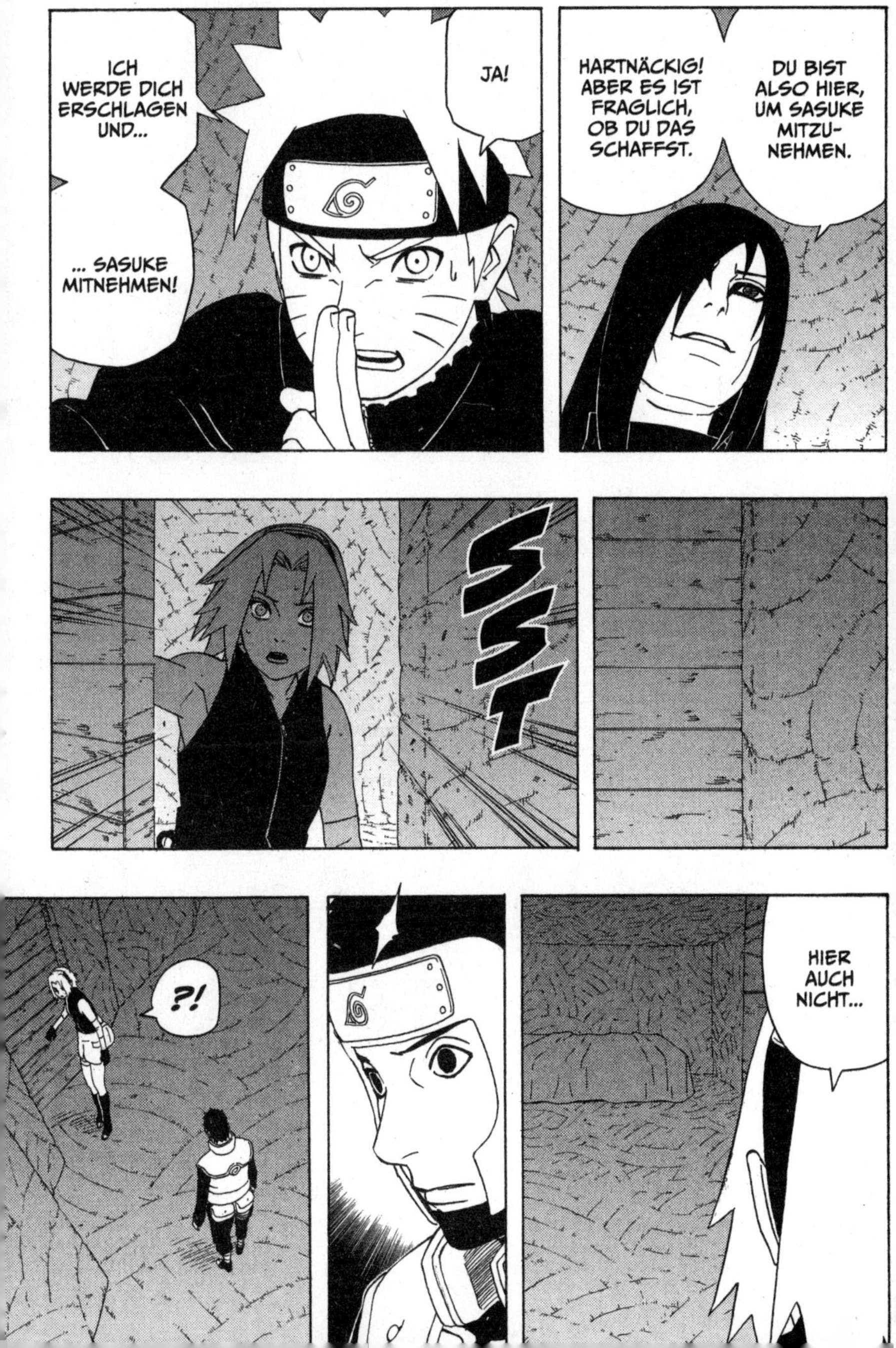
DU BIST ALSO HIER, UM SASUKE MITZU-NEHMEN.
HARTNÄCKIG! ABER ES IST FRAGLICH, OB DU DAS SCHAFFST.
JA!
ICH WERDE DICH ERSCHLAGEN UND...
... SASUKE MITNEHMEN!
SST
HIER AUCH NICHT...
?!

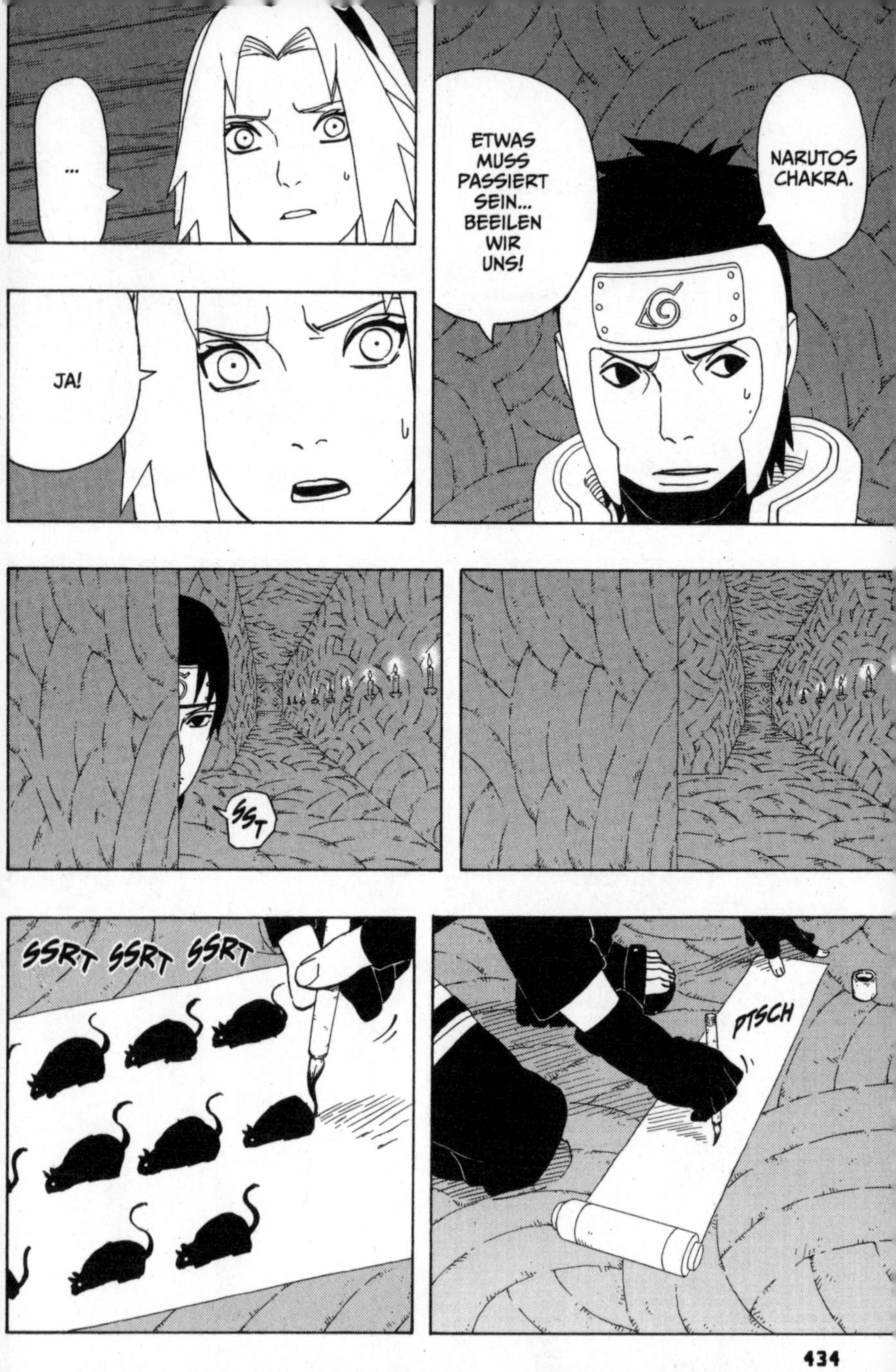
NARUTOS CHAKRA.
ETWAS MUSS PASSIERT SEIN... BEEILEN WIR UNS!
...
JA!
SST
PTSCH
SSRT SSRT SSRT

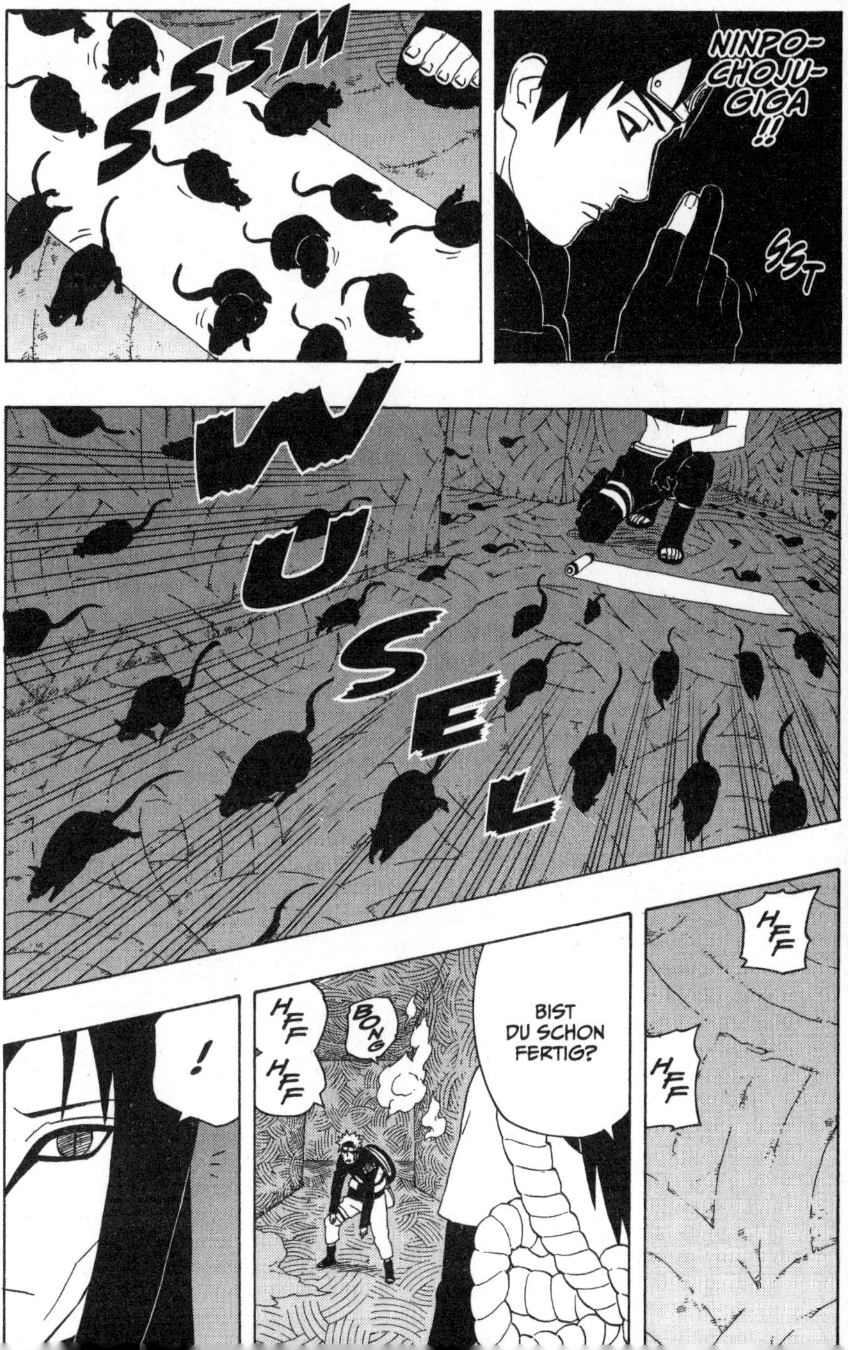
NINPO-CHOJU-GIGA!!
SST
SSSM
WUSEL
HFF
BIST DU SCHON FERTIG?
HFF
HFF
BONG
HFF
!

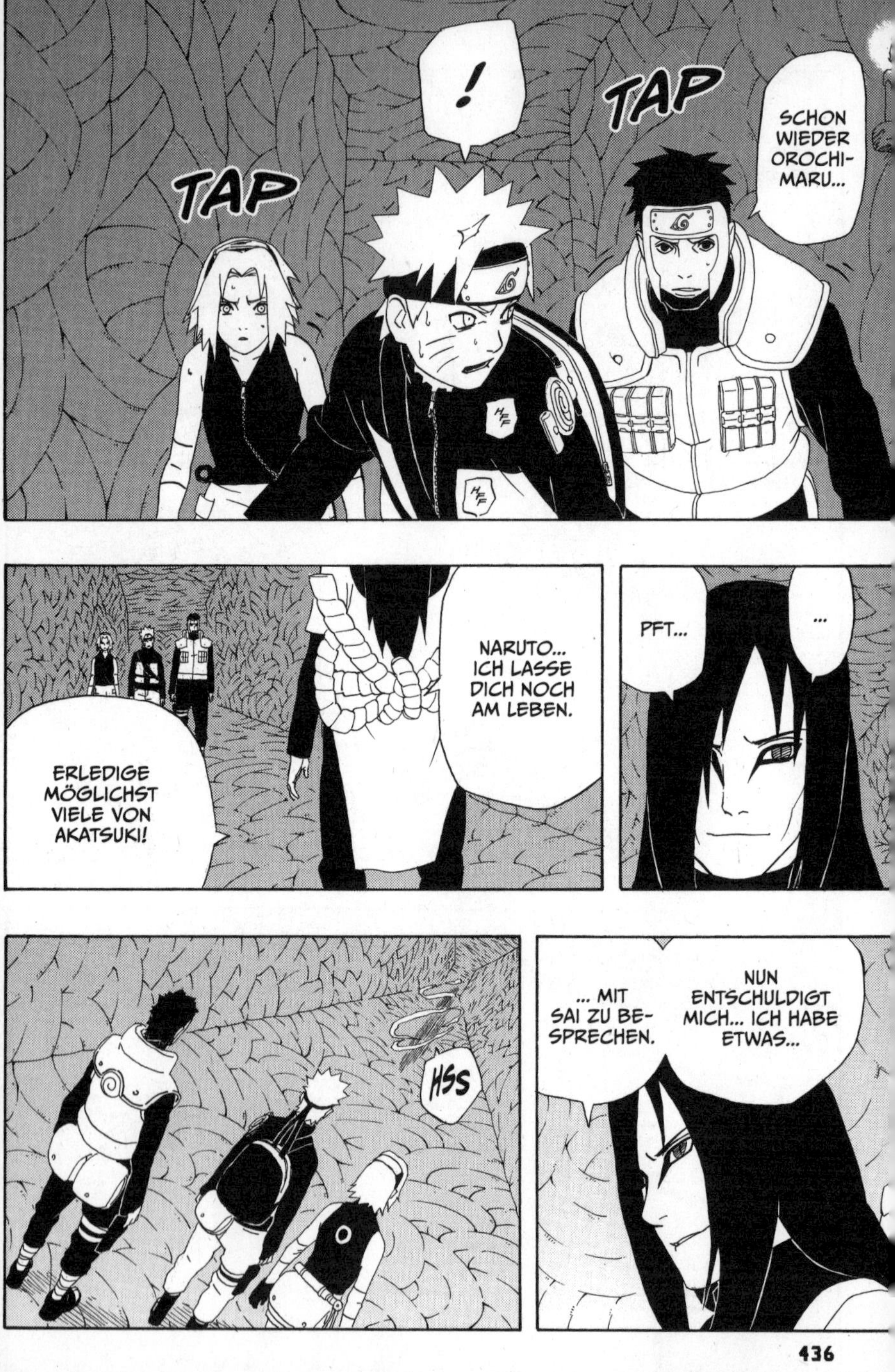
SCHON WIEDER OROCHI-MARU...
TAP
!
TAP
...
PFT...
NARUTO... ICH LASSE DICH NOCH AM LEBEN.
ERLEDIGE MÖGLICHST VIELE VON AKATSUKI!
NUN ENTSCHULDIGT MICH... ICH HABE ETWAS...
... MIT SAI ZU BE-SPRECHEN.
HSS

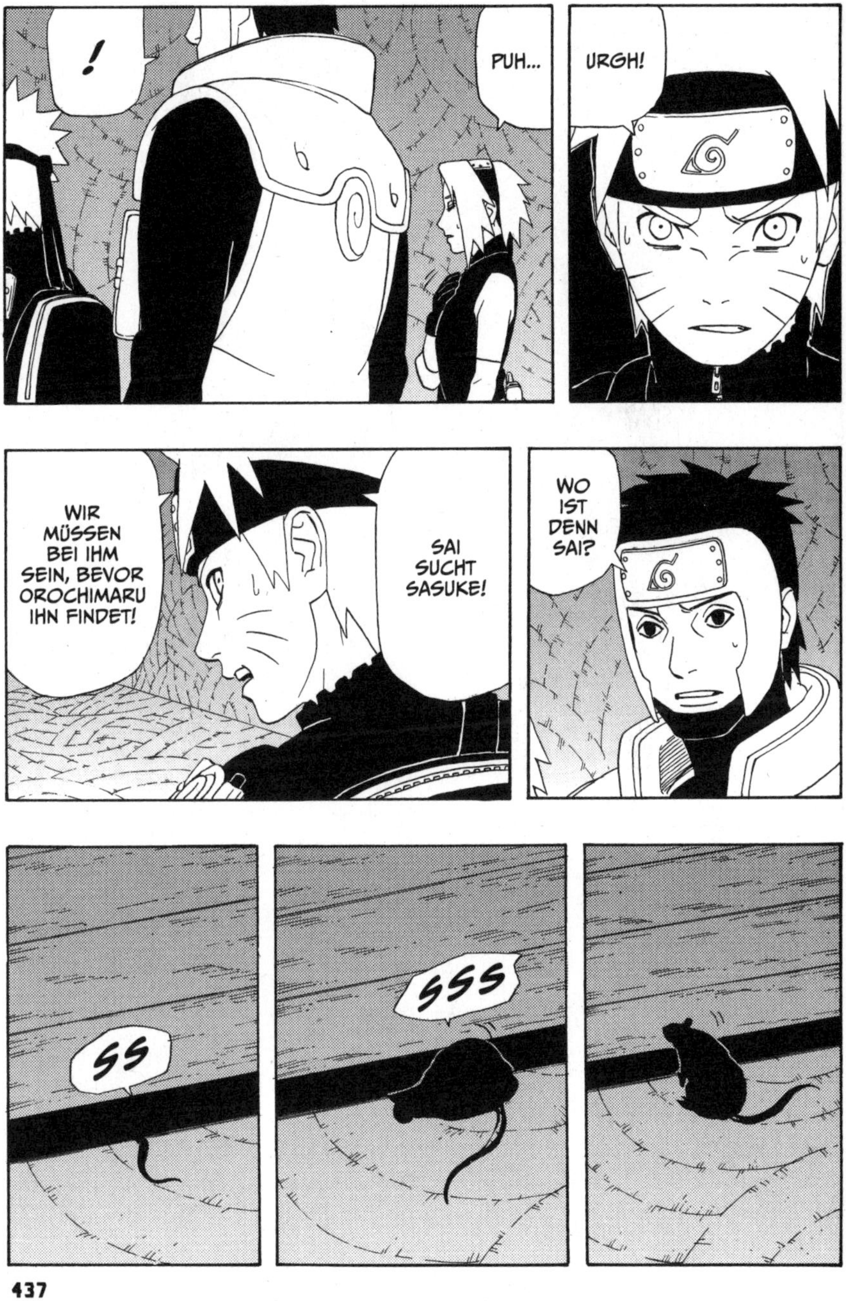
URGH!
PUH...
!
WO IST DENN SAI?
SAI SUCHT SASUKE!
WIR MÜSSEN BEI IHM SEIN, BEVOR OROCHIMARU IHN FINDET!
SSS
SS

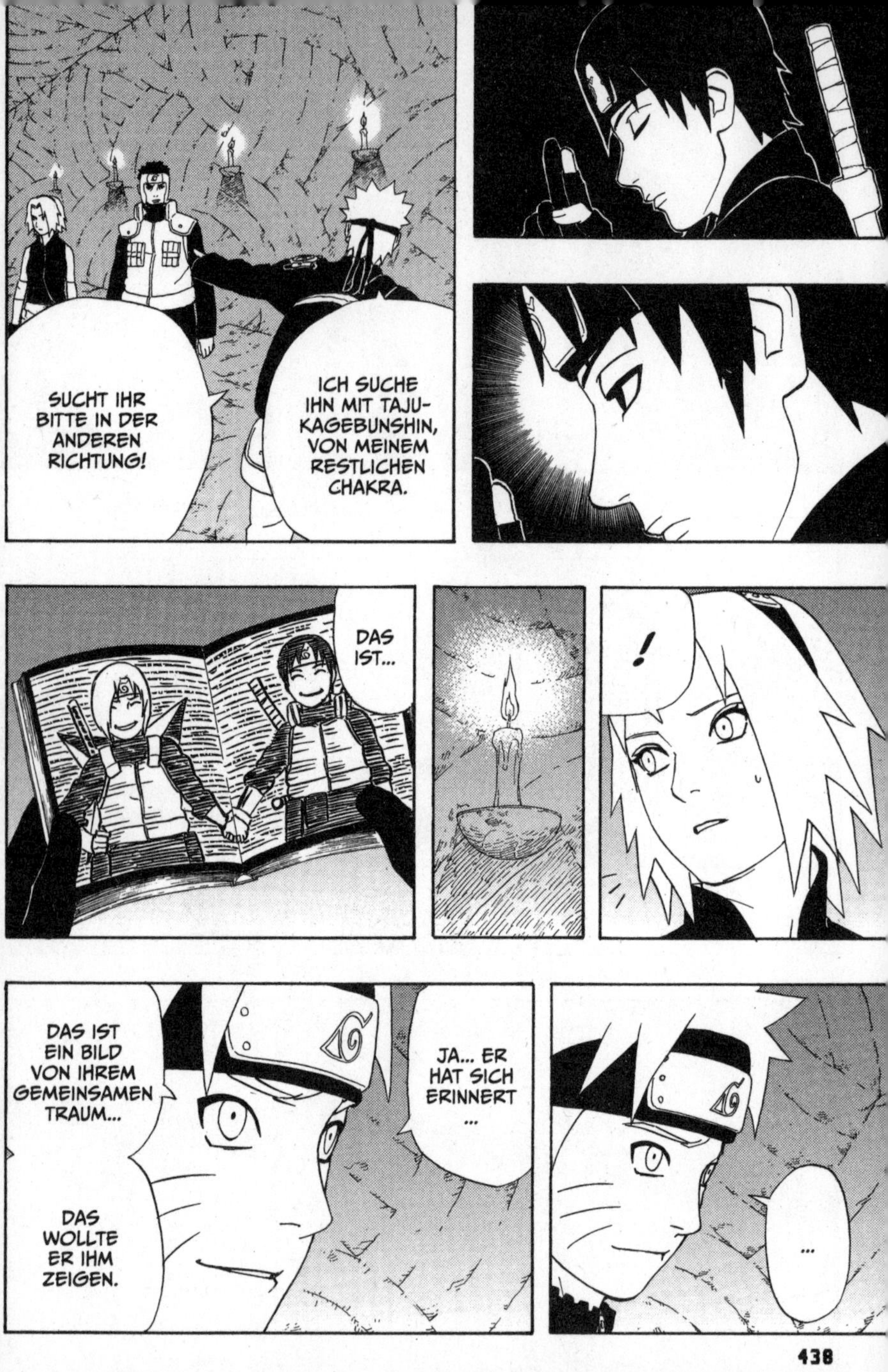
ICH SUCHE IHN MIT TAJU-KAGEBUNSHIN, VON MEINEM RESTLICHEN CHAKRA.
SUCHT IHR BITTE IN DER ANDEREN RICHTUNG!
!
DAS IST...
JA... ER HAT SICH ERINNERT ...
DAS IST EIN BILD VON IHREM GEMEINSAMEN TRAUM...
DAS WOLLTE ER IHM ZEIGEN.
...

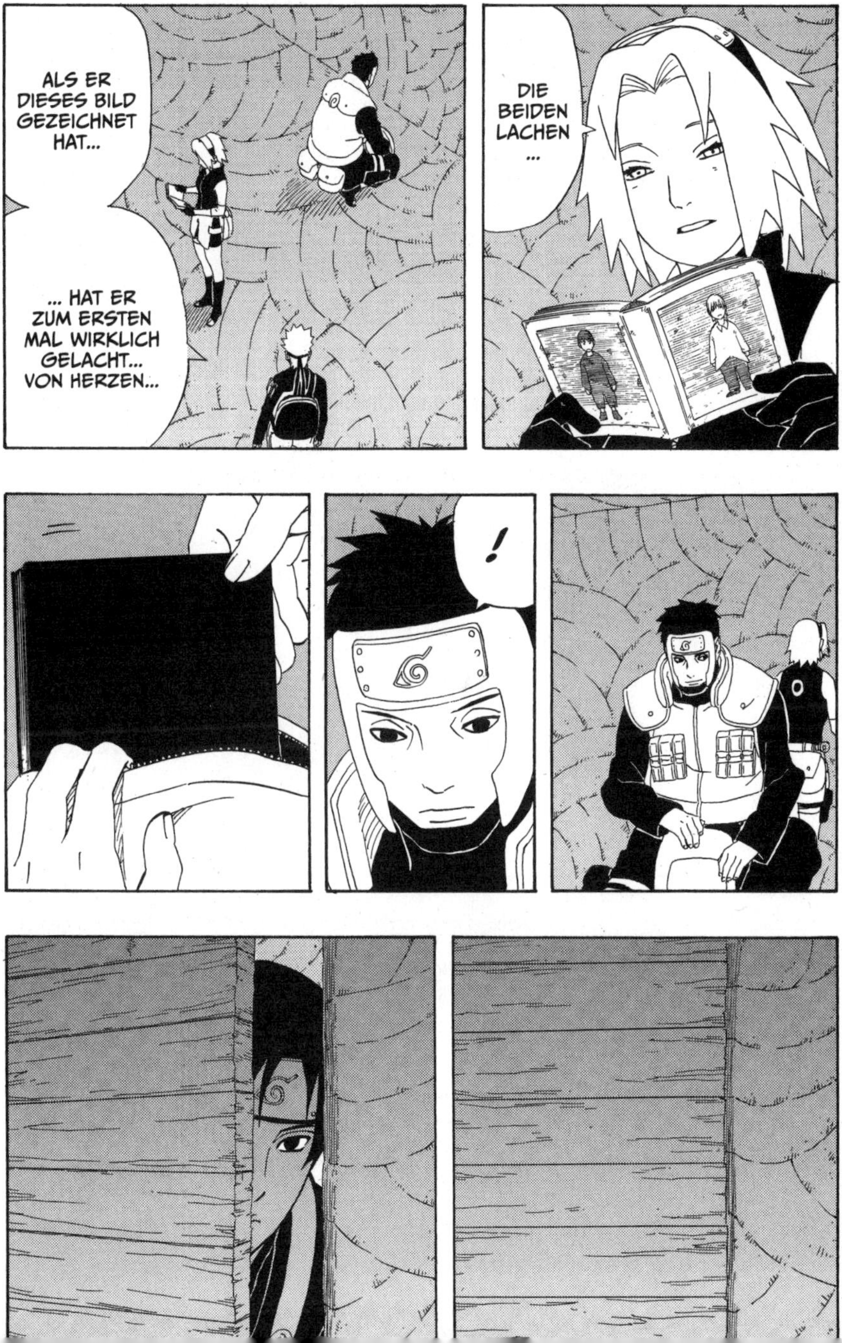
DIE BEIDEN LACHEN ...
ALS ER DIESES BILD GEZEICHNET HAT...
... HAT ER ZUM ERSTEN MAL WIRKLICH GELACHT... VON HERZEN...
!

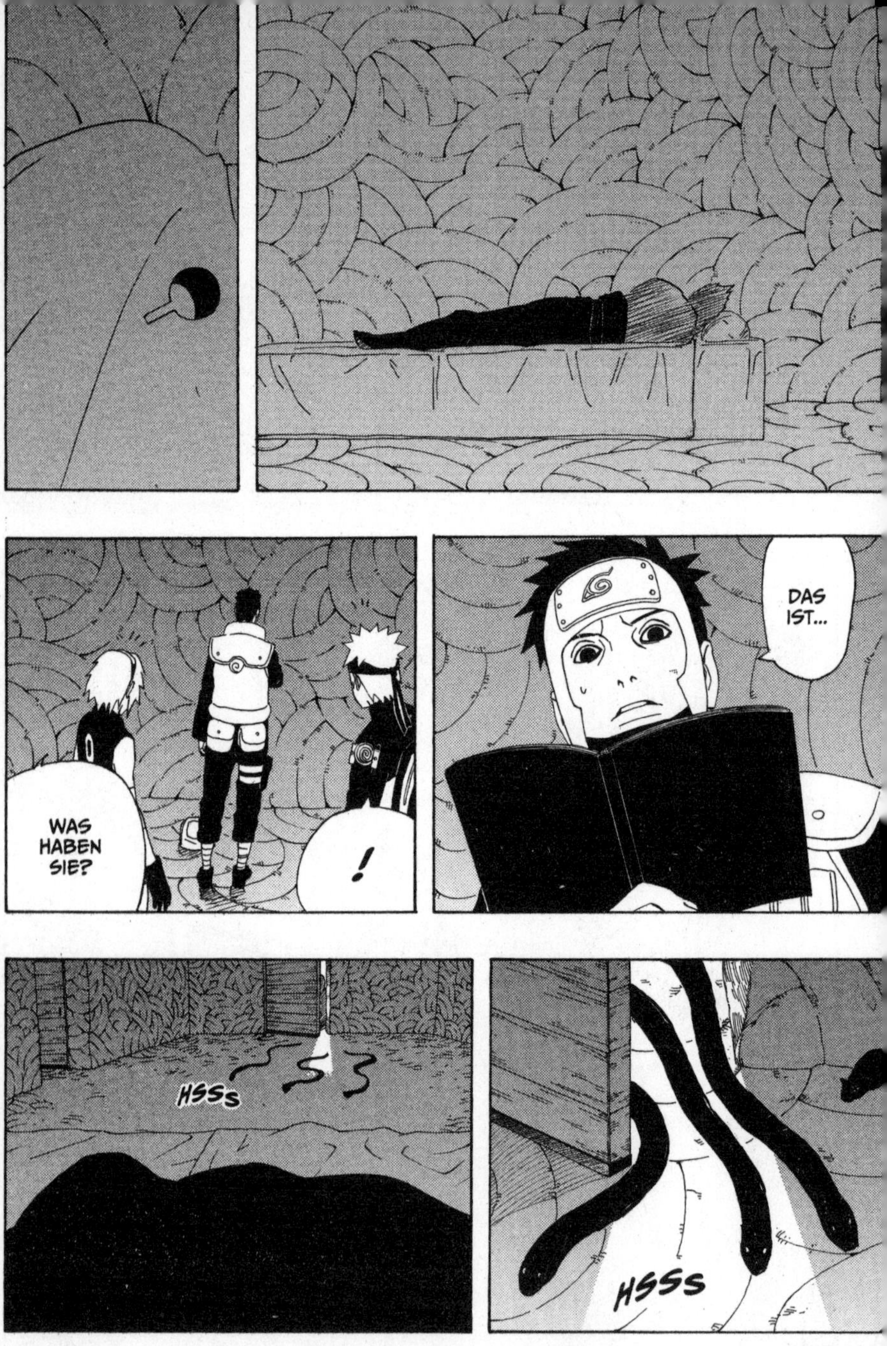
DAS IST...
WAS HABEN SIE?
!
HSSS
HSSS

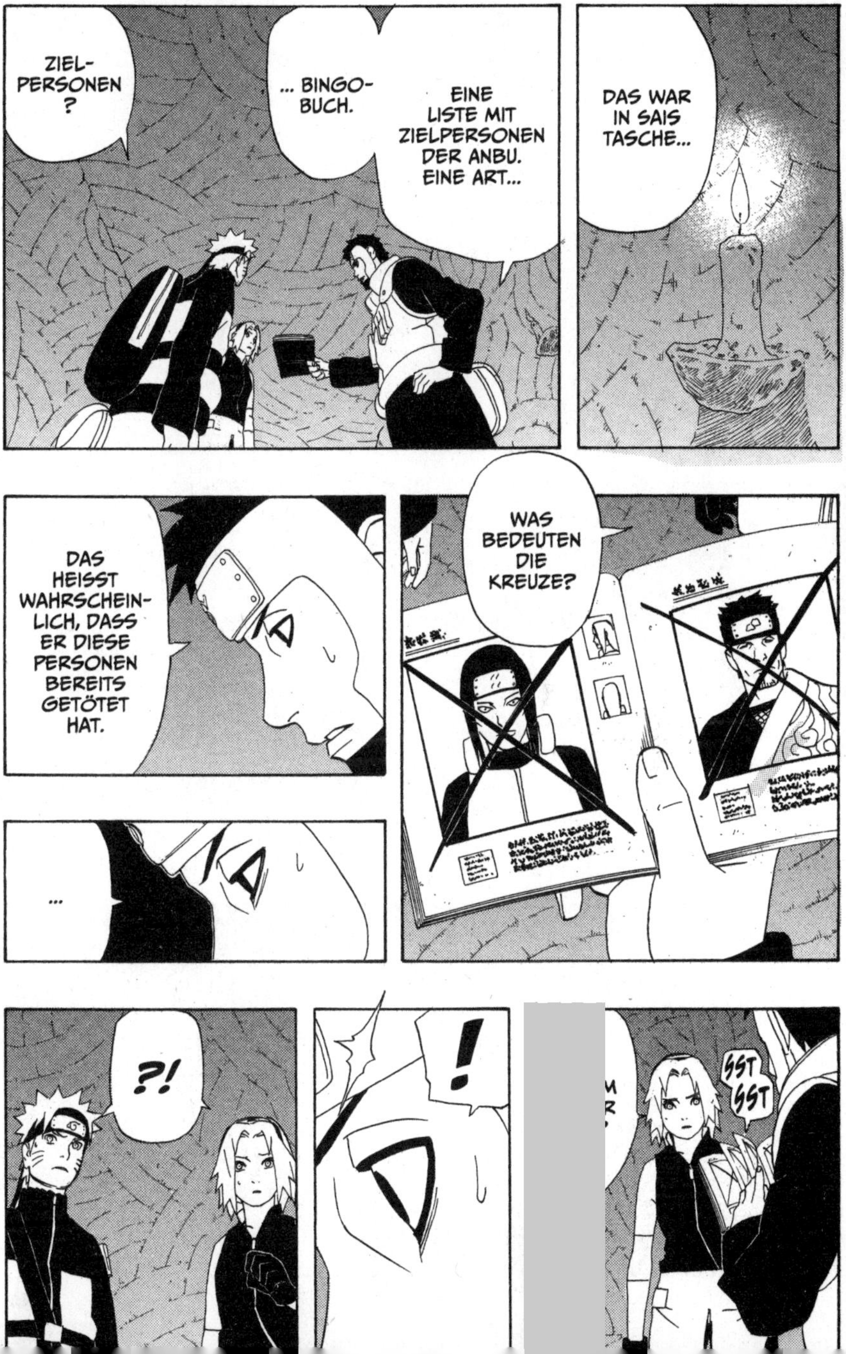
DAS WAR IN SAIS TASCHE...
EINE LISTE MIT ZIELPERSONEN DER ANBU. EINE ART...
... BINGO-BUCH.
ZIEL-PERSONEN ?
WAS BEDEUTEN DIE KREUZE?
DAS HEISST WAHRSCHEIN-LICH, DASS ER DIESE PERSONEN BEREITS GETÖTET HAT.
...
SST SST
!
?!

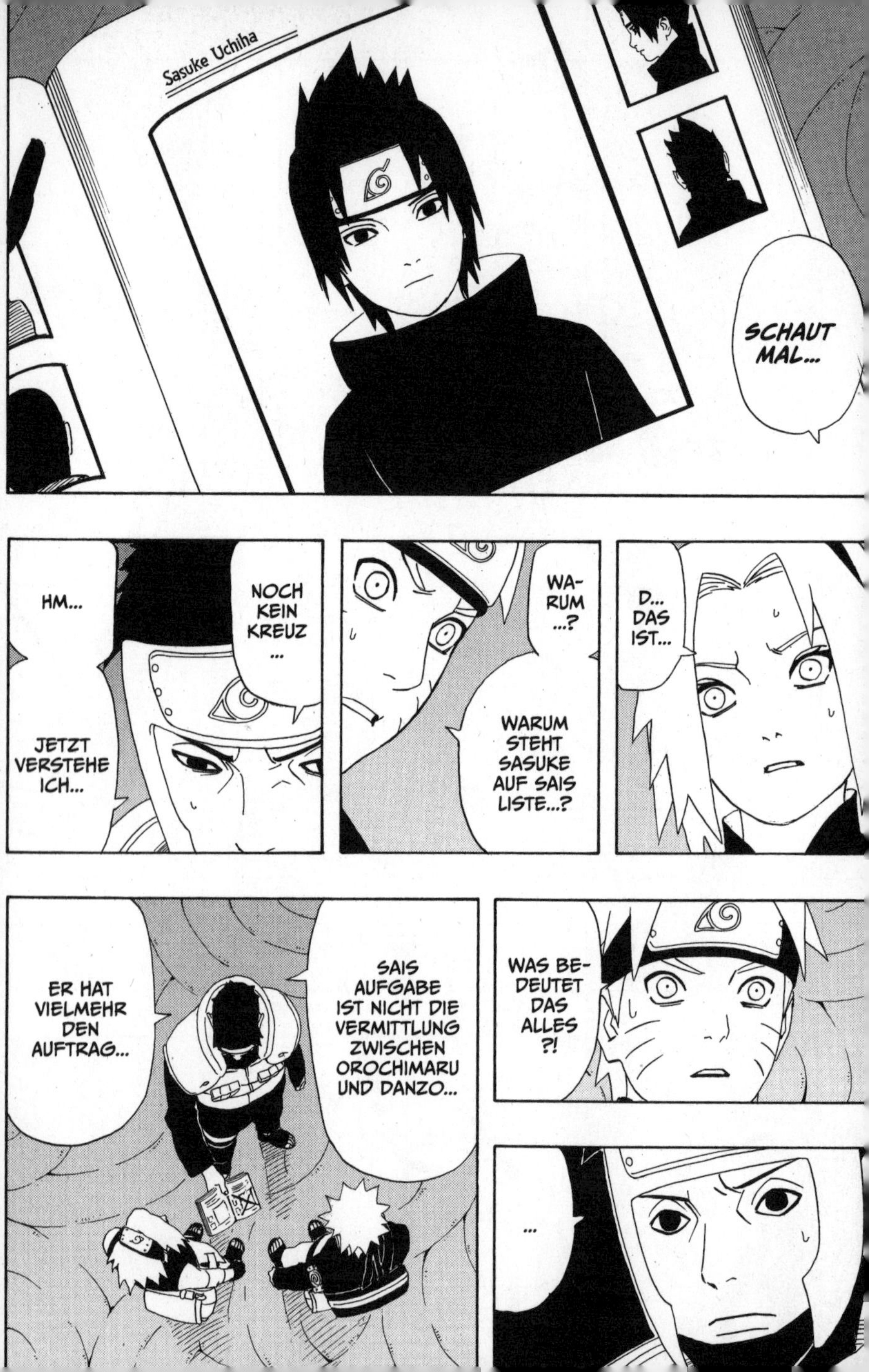
Sasuke Uchiha
SCHAUT MAL...
D... DAS IST...
WA-RUM ...?
WARUM STEHT SASUKE AUF SAIS LISTE...?
NOCH KEIN KREUZ ...
HM...
JETZT VERSTEHE ICH...
WAS BE-DEUTET DAS ALLES ?!
SAIS AUFGABE IST NICHT DIE VERMITTLUNG ZWISCHEN OROCHIMARU UND DANZO...
ER HAT VIELMEHR DEN AUFTRAG...
...

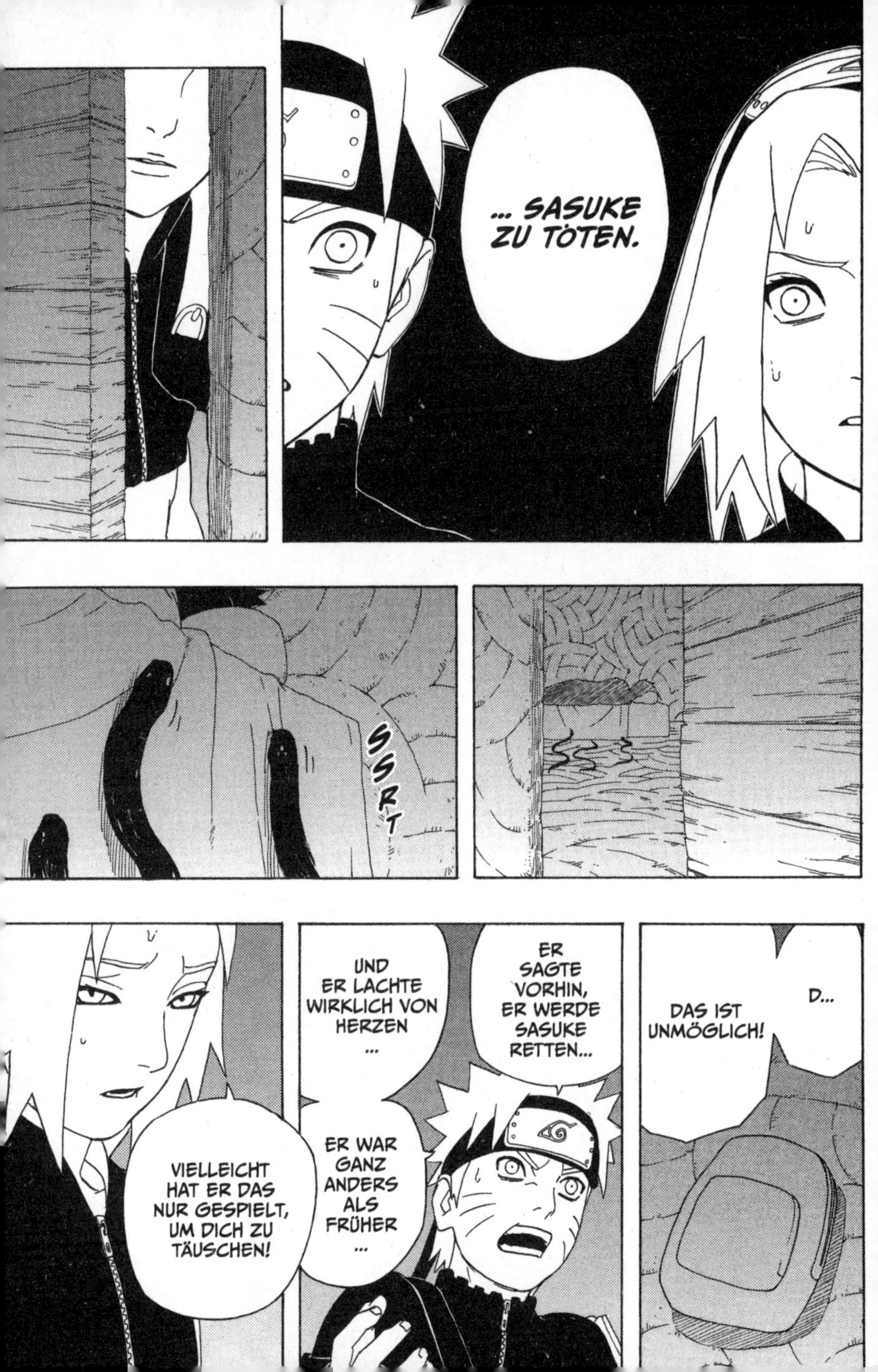
... SASUKE ZU TÖTEN.
SSRT
D...
DAS IST UNMÖGLICH!
ER SAGTE VORHIN, ER WERDE SASUKE RETTEN...
UND ER LACHTE WIRKLICH VON HERZEN ...
ER WAR GANZ ANDERS ALS FRÜHER ...
VIELLEICHT HAT ER DAS NUR GESPIELT, UM DICH ZU TÄUSCHEN!

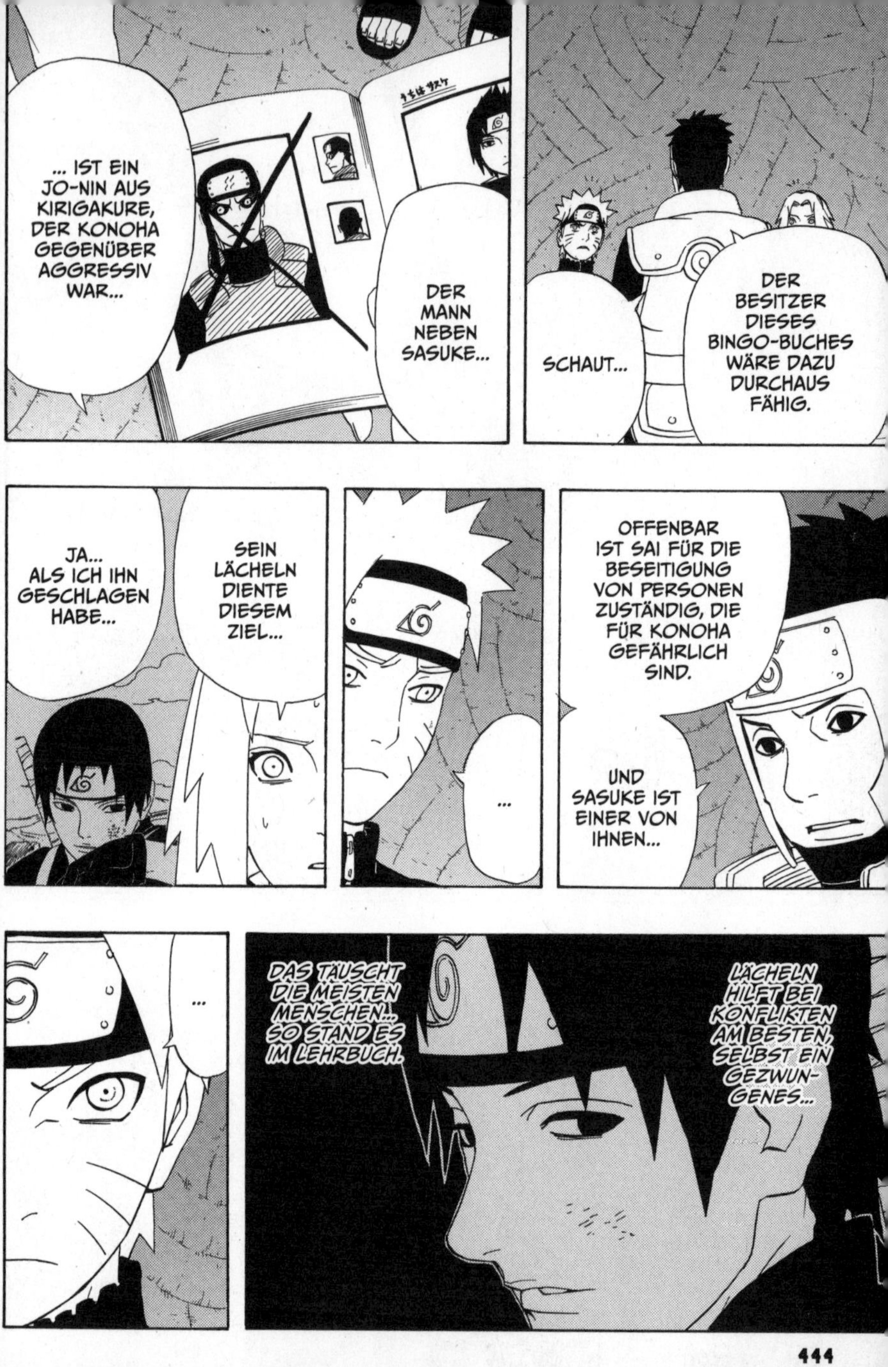
DER BESITZER DIESES BINGO-BUCHES WÄRE DAZU DURCHAUS FÄHIG.
SCHAUT...
DER MANN NEBEN SASUKE...
... IST EIN JO-NIN AUS KIRIGAKURE, DER KONOHA GEGENÜBER AGGRESSIV WAR...
OFFENBAR IST SAI FÜR DIE BESEITIGUNG VON PERSONEN ZUSTÄNDIG, DIE FÜR KONOHA GEFÄHRLICH SIND.
UND SASUKE IST EINER VON IHNEN...
...
SEIN LÄCHELN DIENTE DIESEM ZIEL...
JA... ALS ICH IHN GESCHLAGEN HABE...
LÄCHELN HILFT BEI KONFLIKTEN AM BESTEN, SELBST EIN GEZWUNGENES...
DAS TÄUSCHT DIE MEISTEN MENSCHEN... SO STAND ES IM LEHRBUCH.
...

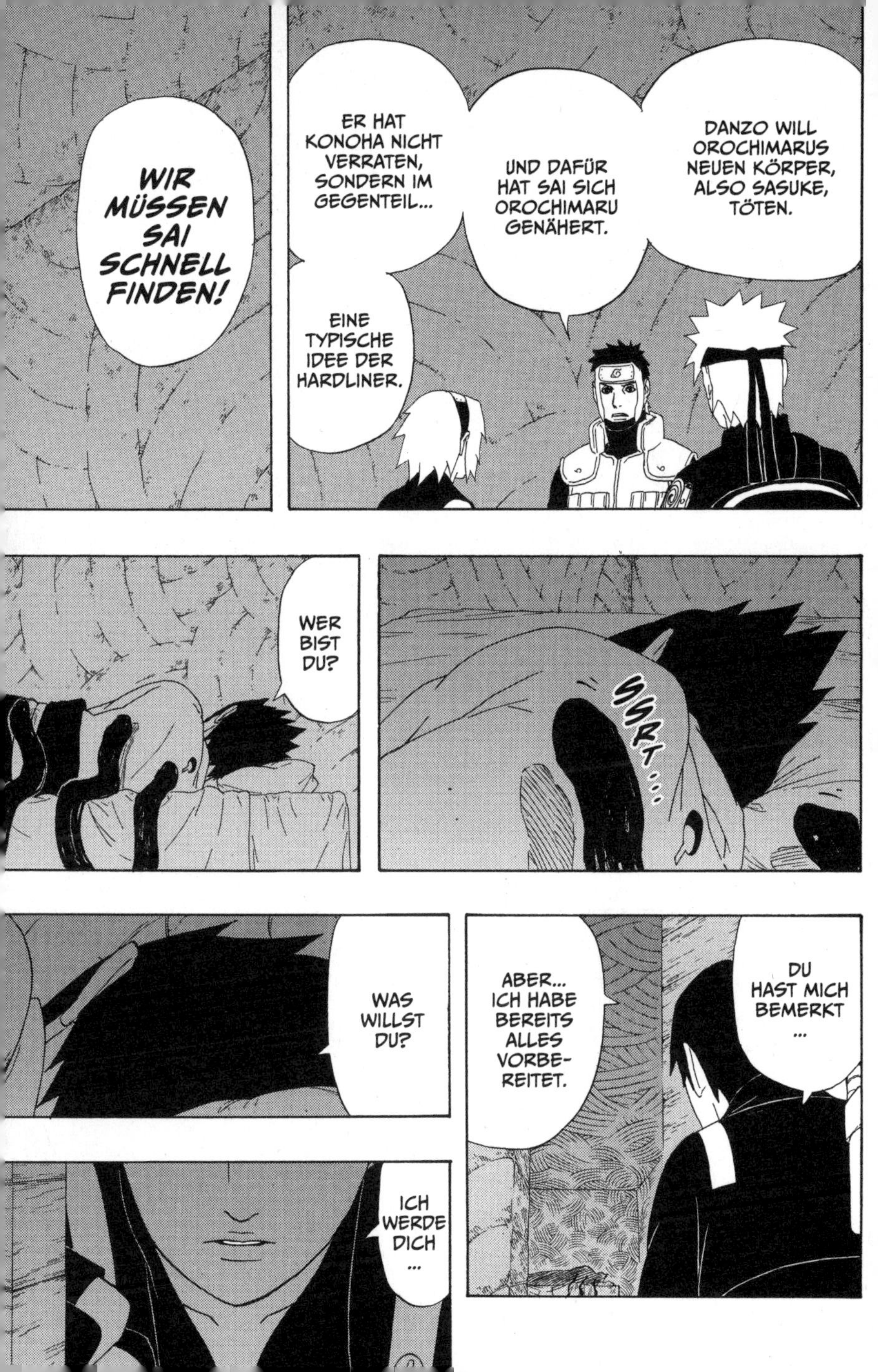
DANZO WILL OROCHIMARUS NEUEN KÖRPER, ALSO SASUKE, TÖTEN.
UND DAFÜR HAT SAI SICH OROCHIMARU GENÄHERT.
ER HAT KONOHA NICHT VERRATEN, SONDERN IM GEGENTEIL...
EINE TYPISCHE IDEE DER HARDLINER.
WIR MÜSSEN SAI SCHNELL FINDEN!
SSRT...
WER BIST DU?
DU HAST MICH BEMERKT ...
ABER... ICH HABE BEREITS ALLES VORBEREITET.
WAS WILLST DU?
ICH WERDE DICH ...

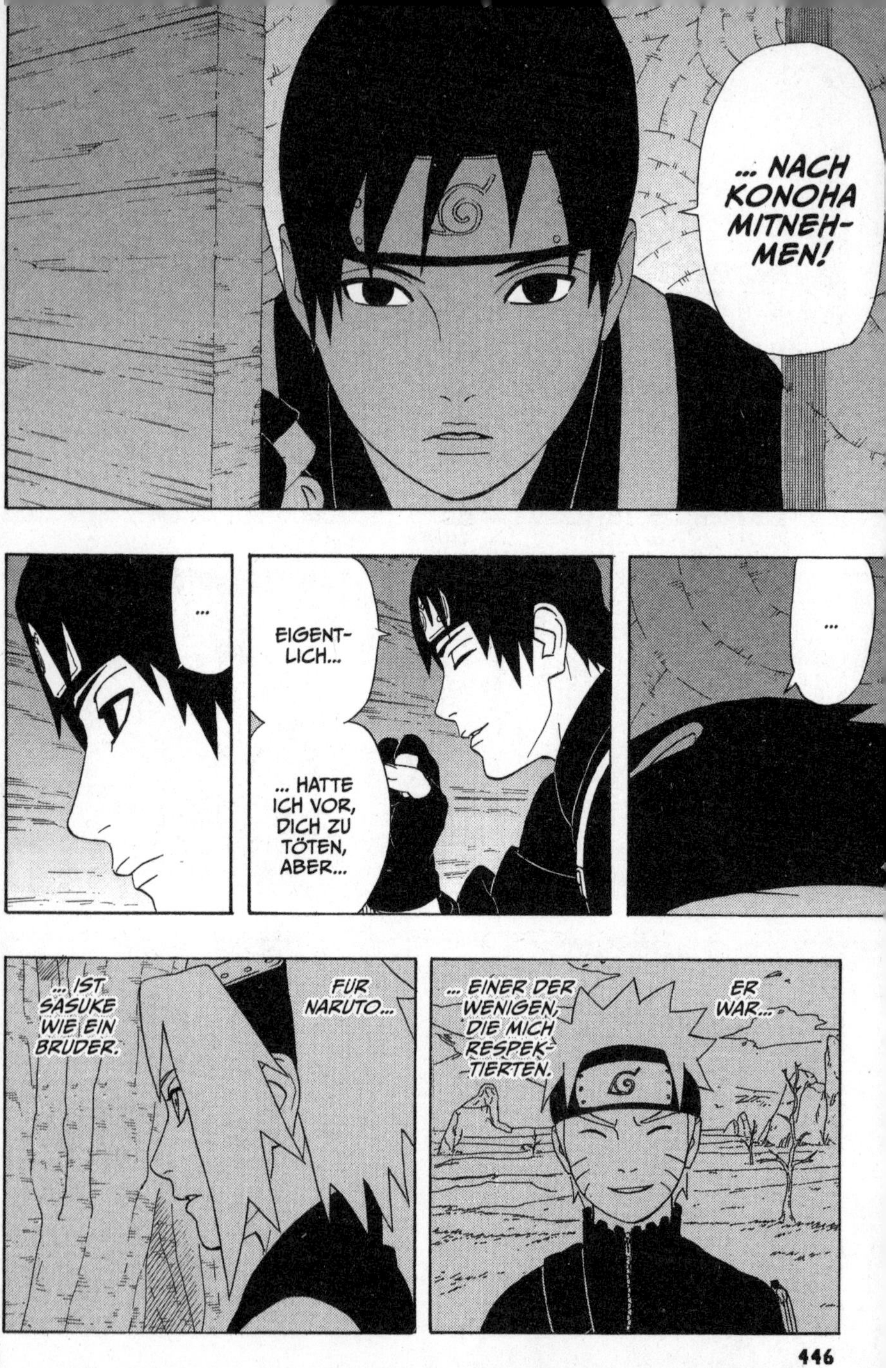
... NACH KONOHA MITNEHMEN!
...
EIGENTLICH...
... HATTE ICH VOR, DICH ZU TÖTEN, ABER...
...
ER WAR...
... EINER DER WENIGEN, DIE MICH RESPEKTIERTEN.
FÜR NARUTO...
... IST SASUKE WIE EIN BRUDER.

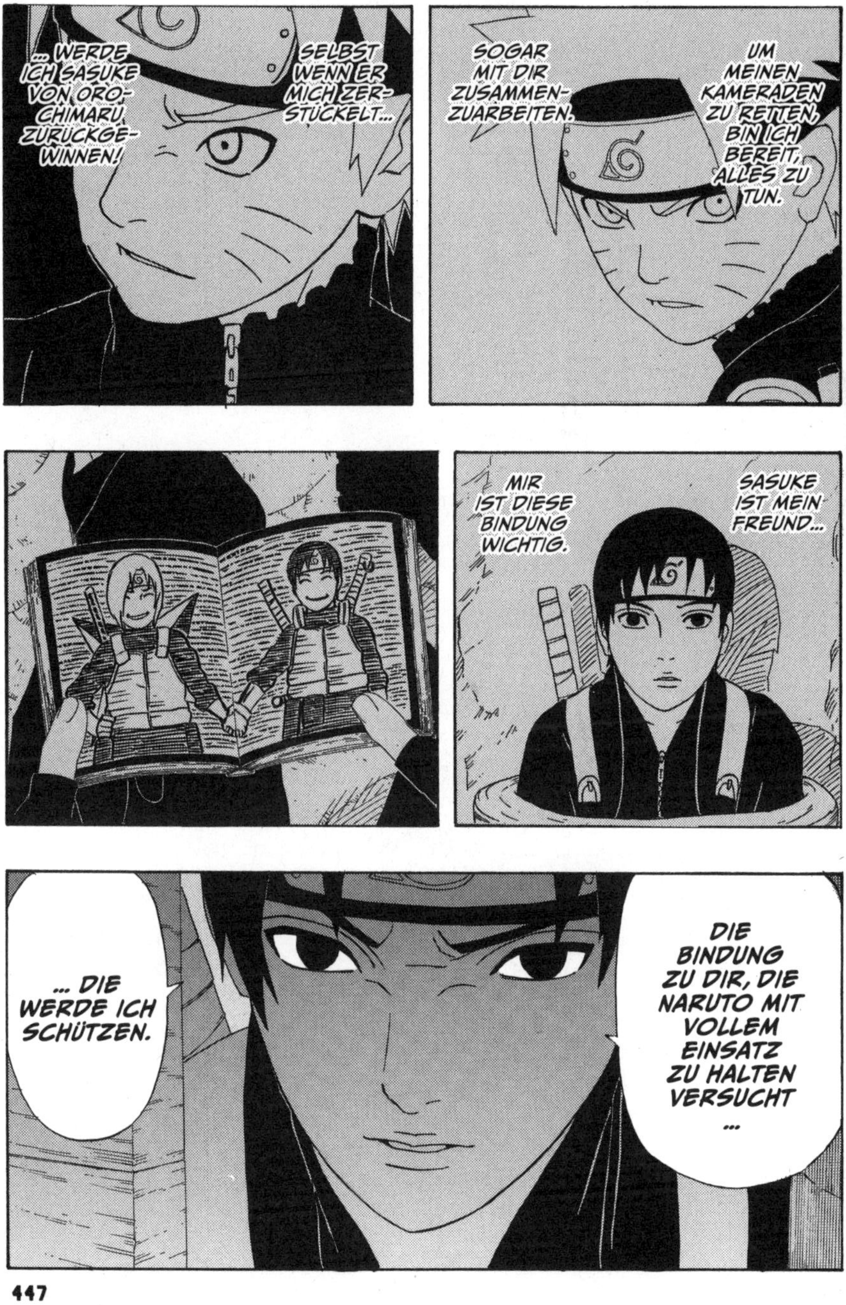
UM MEINEN KAMERADEN ZU RETTEN, BIN ICH BEREIT, ALLES ZU TUN.
SOGAR MIT DIR ZUSAMMEN-ZUARBEITEN.
SELBST WENN ER MICH ZER-STÜCKELT...
... WERDE ICH SASUKE VON ORO-CHIMARU ZURÜCKGE-WINNEN!
SASUKE IST MEIN FREUND...
MIR IST DIESE BINDUNG WICHTIG.
DIE BINDUNG ZU DIR, DIE NARUTO MIT VOLLEM EINSATZ ZU HALTEN VERSUCHT ...
... DIE WERDE ICH SCHÜTZEN.

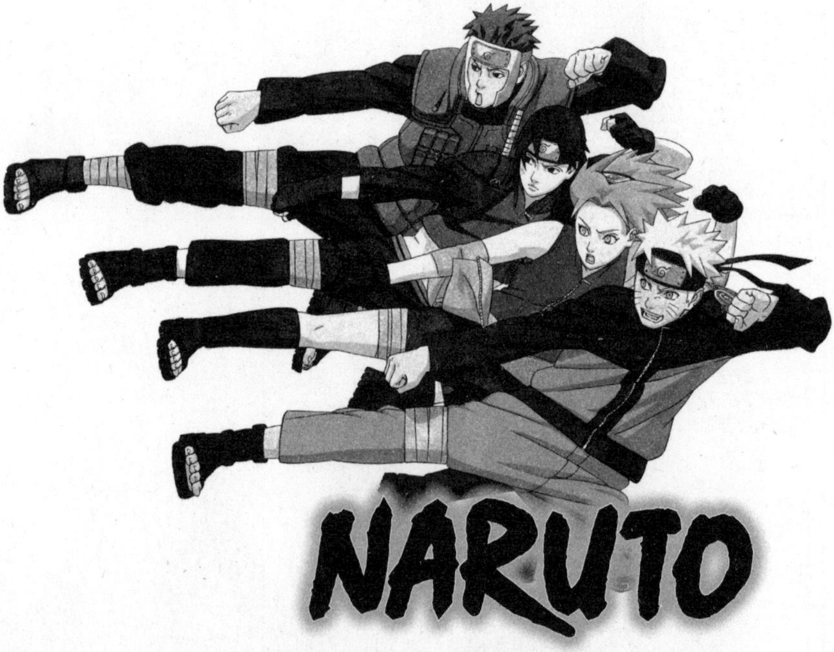
NARUTO

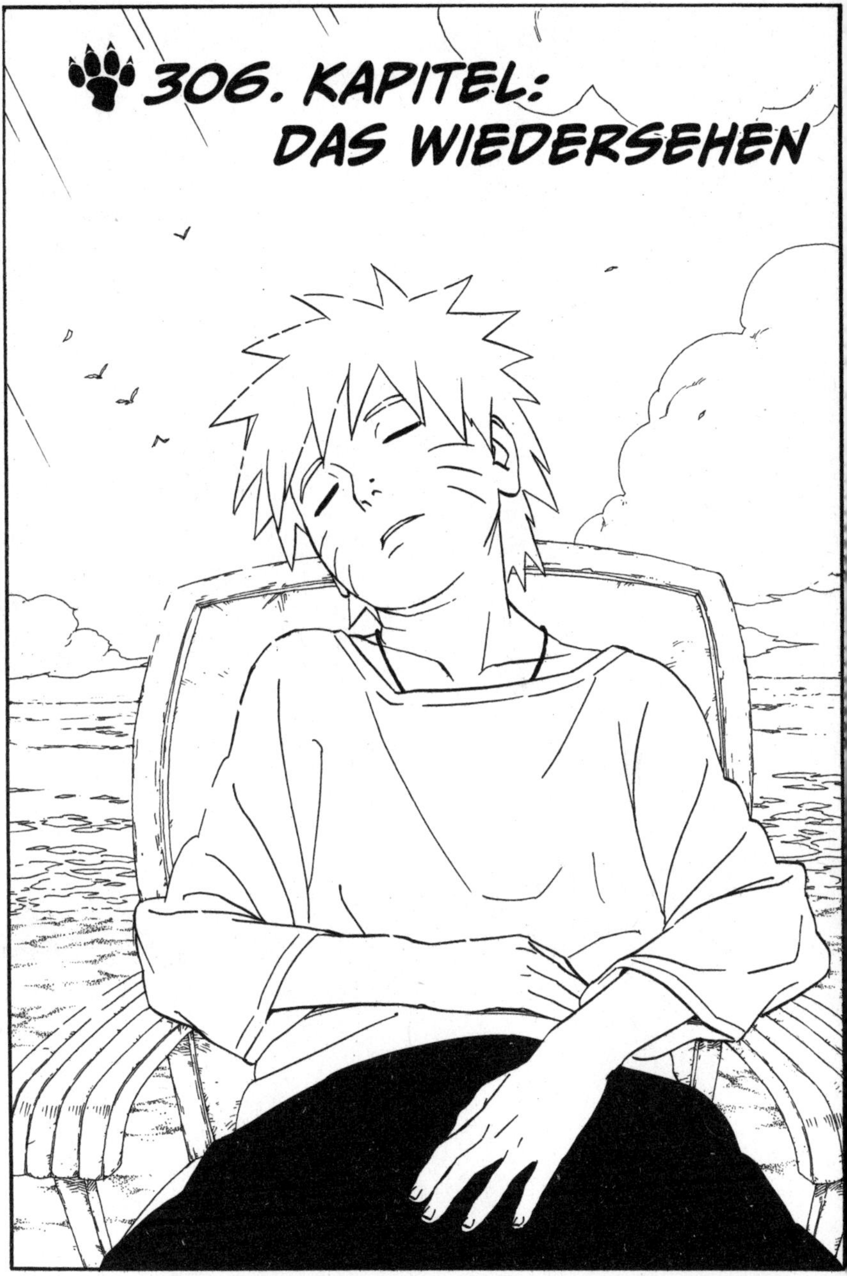
306. Kapitel:
Das Wiedersehen

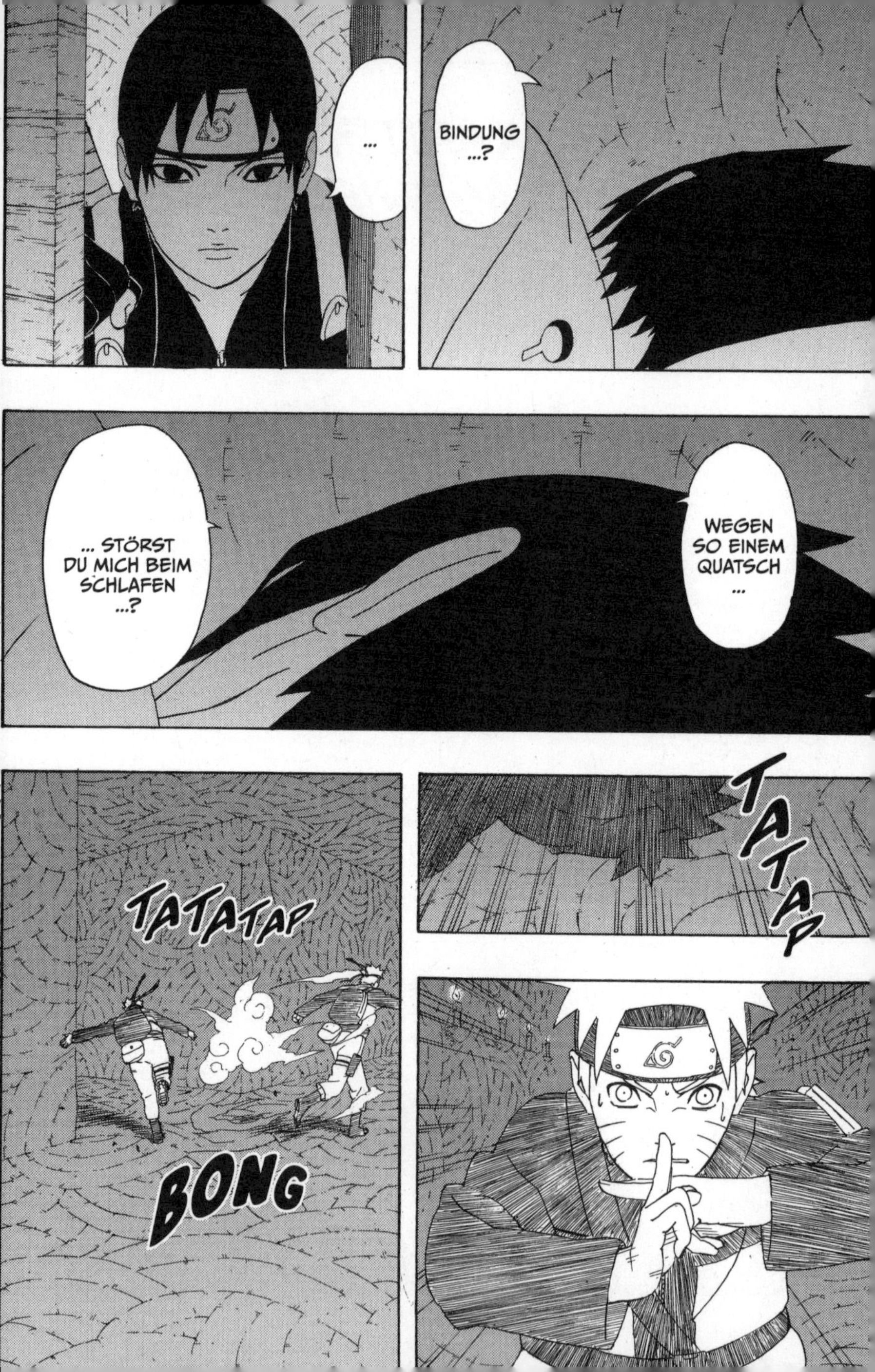
BINDUNG ...?
...
WEGEN SO EINEM QUATSCH ...
... STÖRST DU MICH BEIM SCHLAFEN ...?
TATAP
TATATAP
BONG

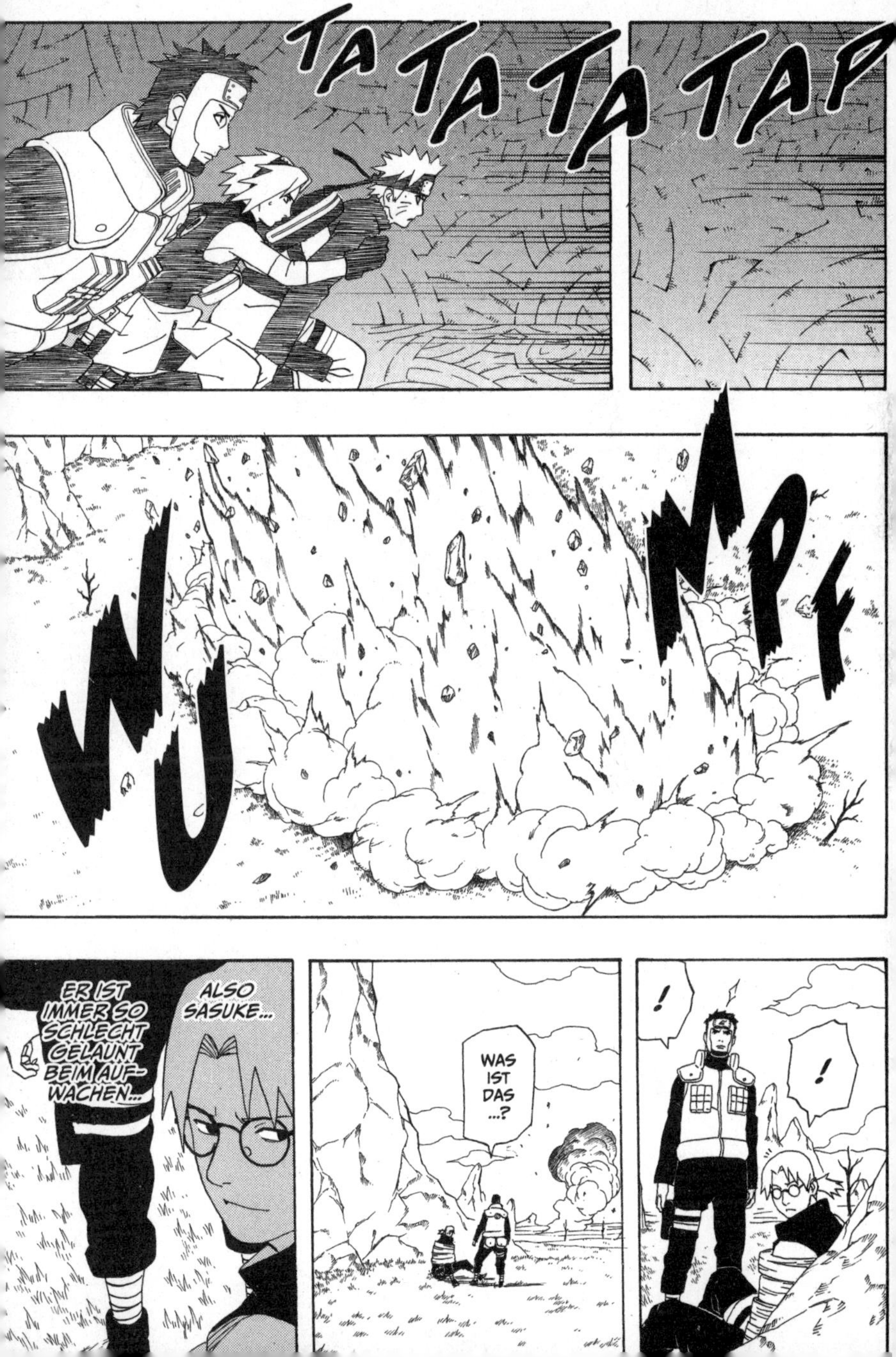
TA TA TA TA TAP
WUMPF
!
!
WAS IST DAS ...?
ALSO SASUKE...
ER IST IMMER SO SCHLECHT GELAUNT BEIM AUF-WACHEN...

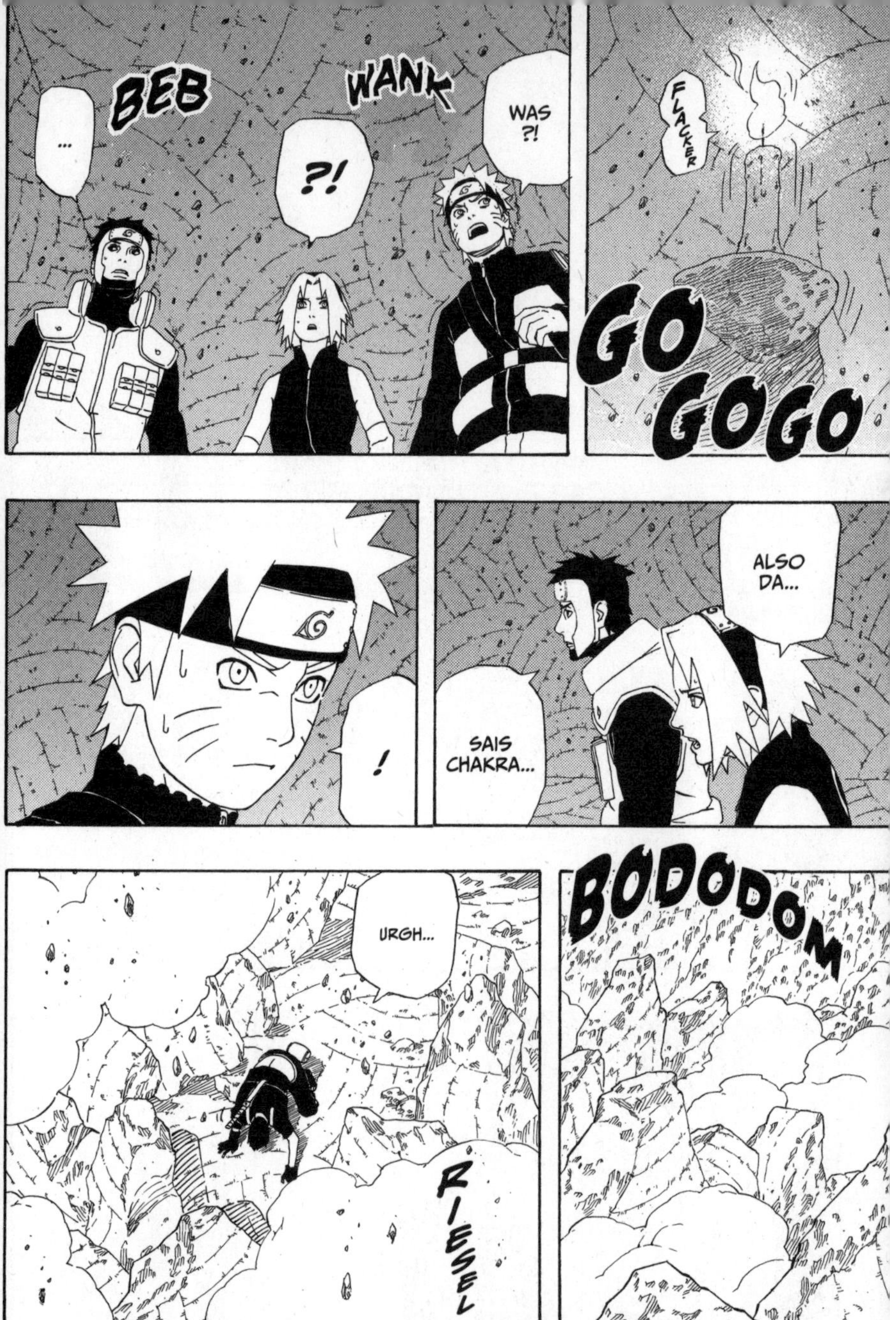
FLACKER
GO GOGO
WAS ?!
WANK
?!
BEB
...
ALSO DA...
SAIS CHAKRA...
!
BODODOM
URGH...
RIESEL

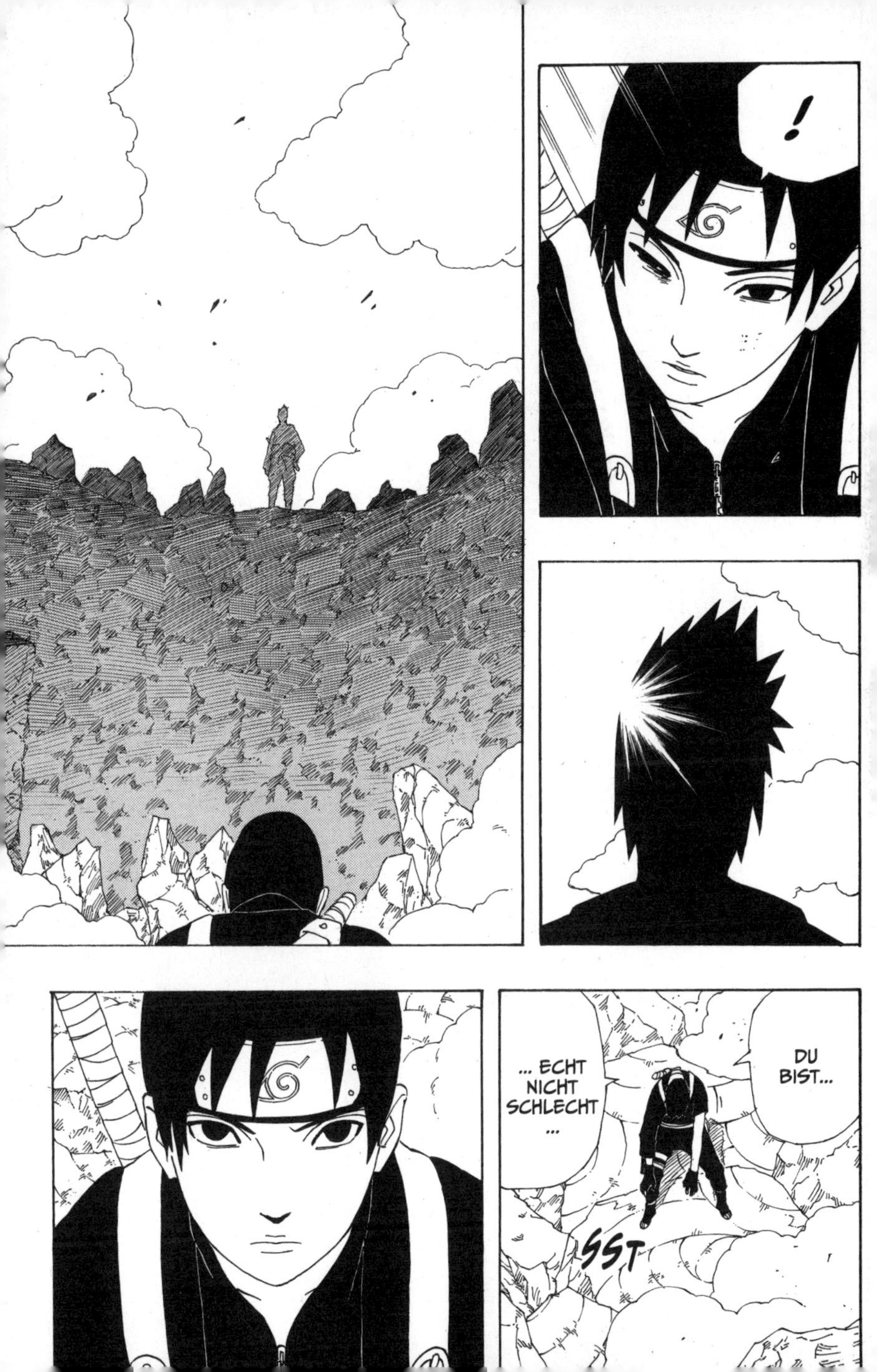
!
DU BIST...
... ECHT NICHT SCHLECHT ...
SST

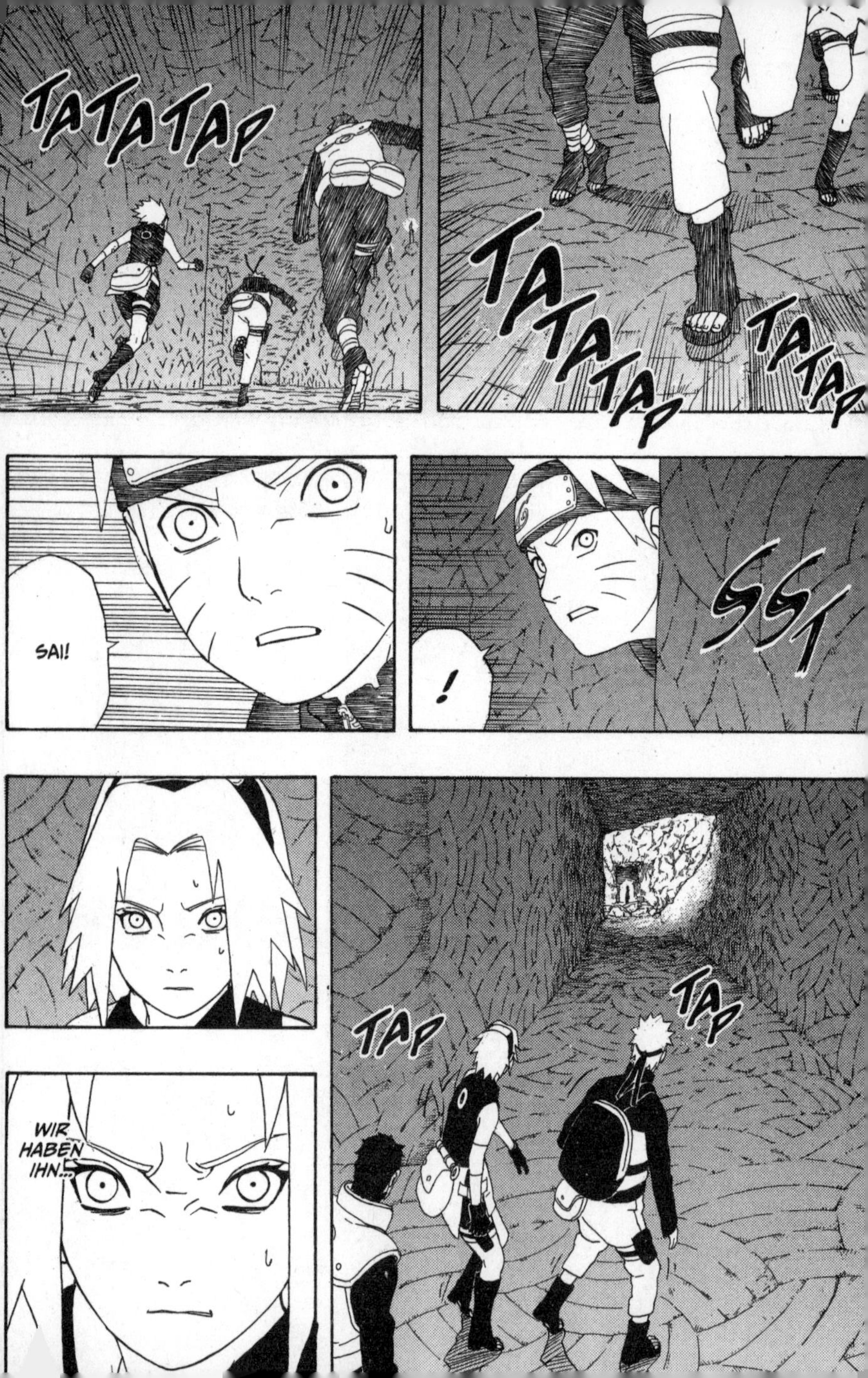

TATATAP
TATATAP
TATATAP
SSST
!
SAI!
TAP
TAP
WIR HABEN IHN...

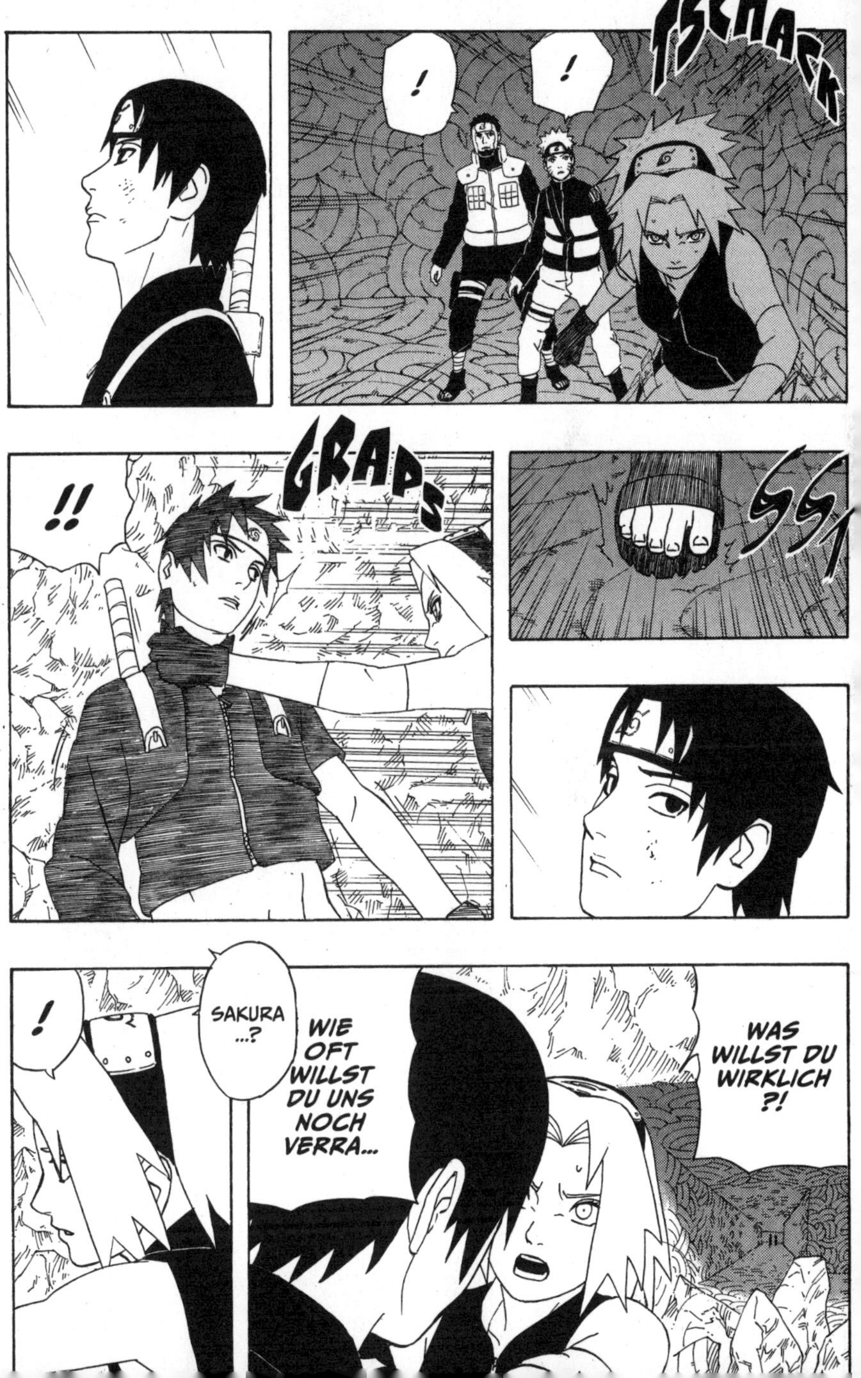
TSCHACK
!
!
SSI
GRAPS
!!
WAS WILLST DU WIRKLICH ?!
WIE OFT WILLST DU UNS NOCH VERRA...
SAKURA ...?
!

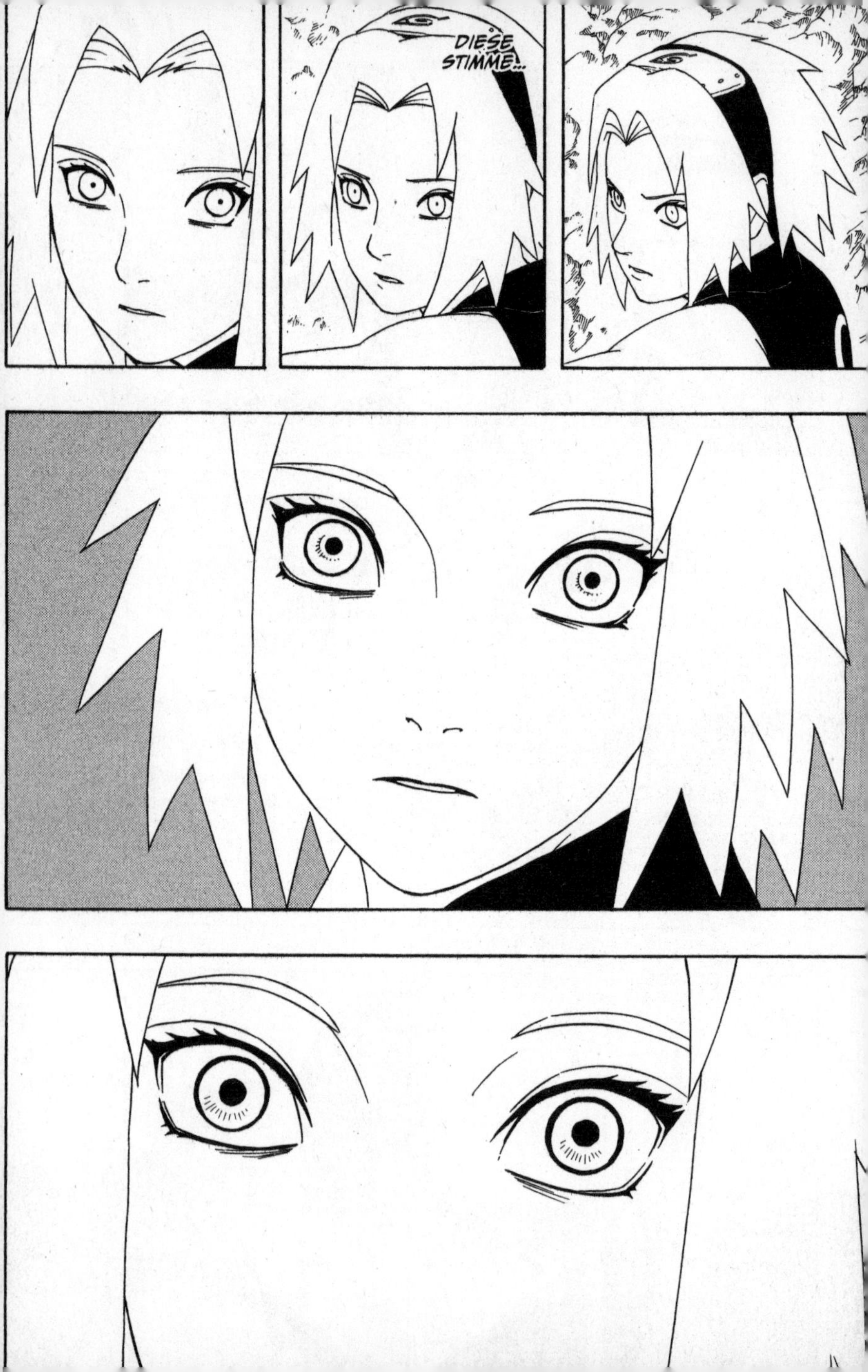
DIESE STIMME...

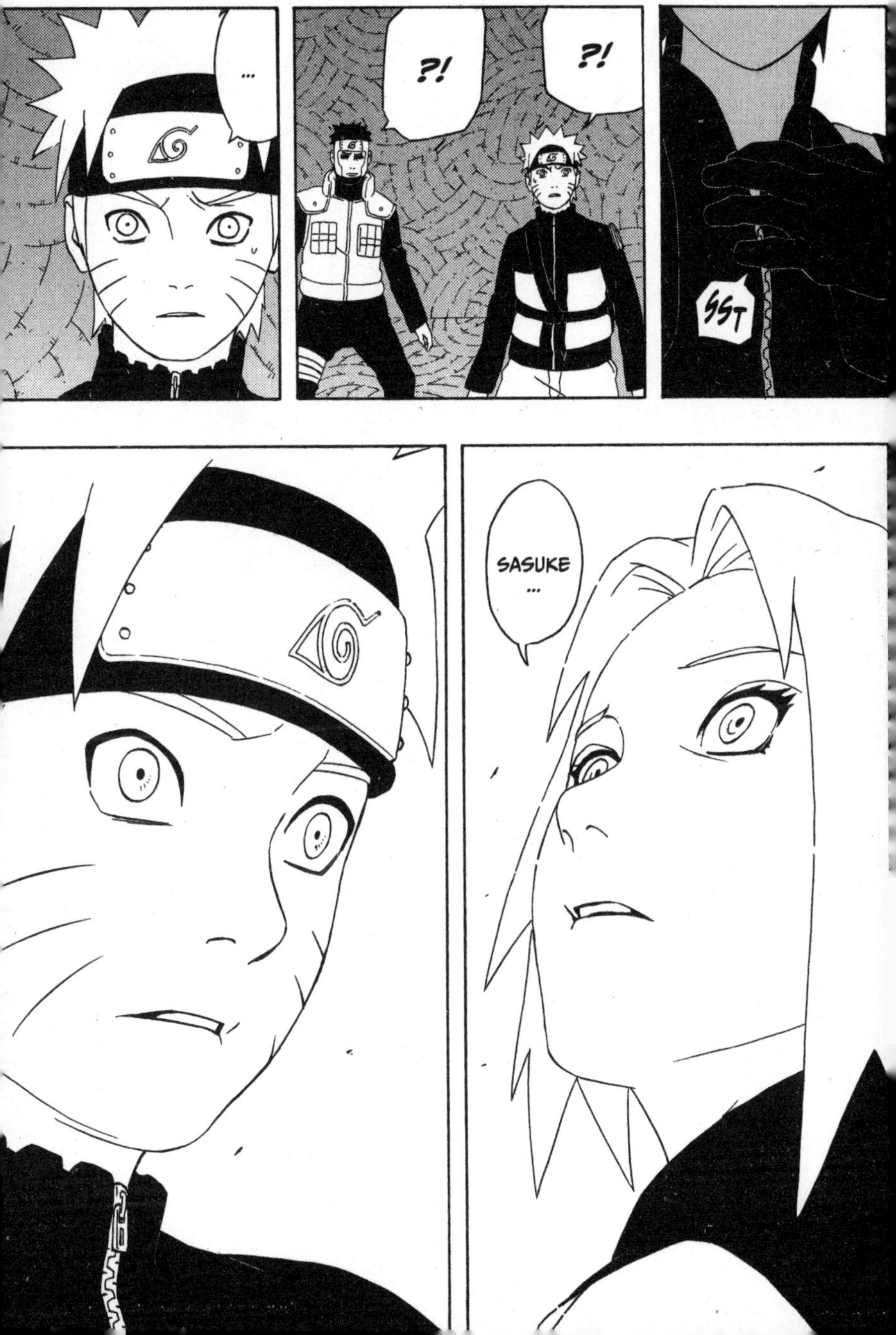
SST
?!
?!
...
SASUKE ...

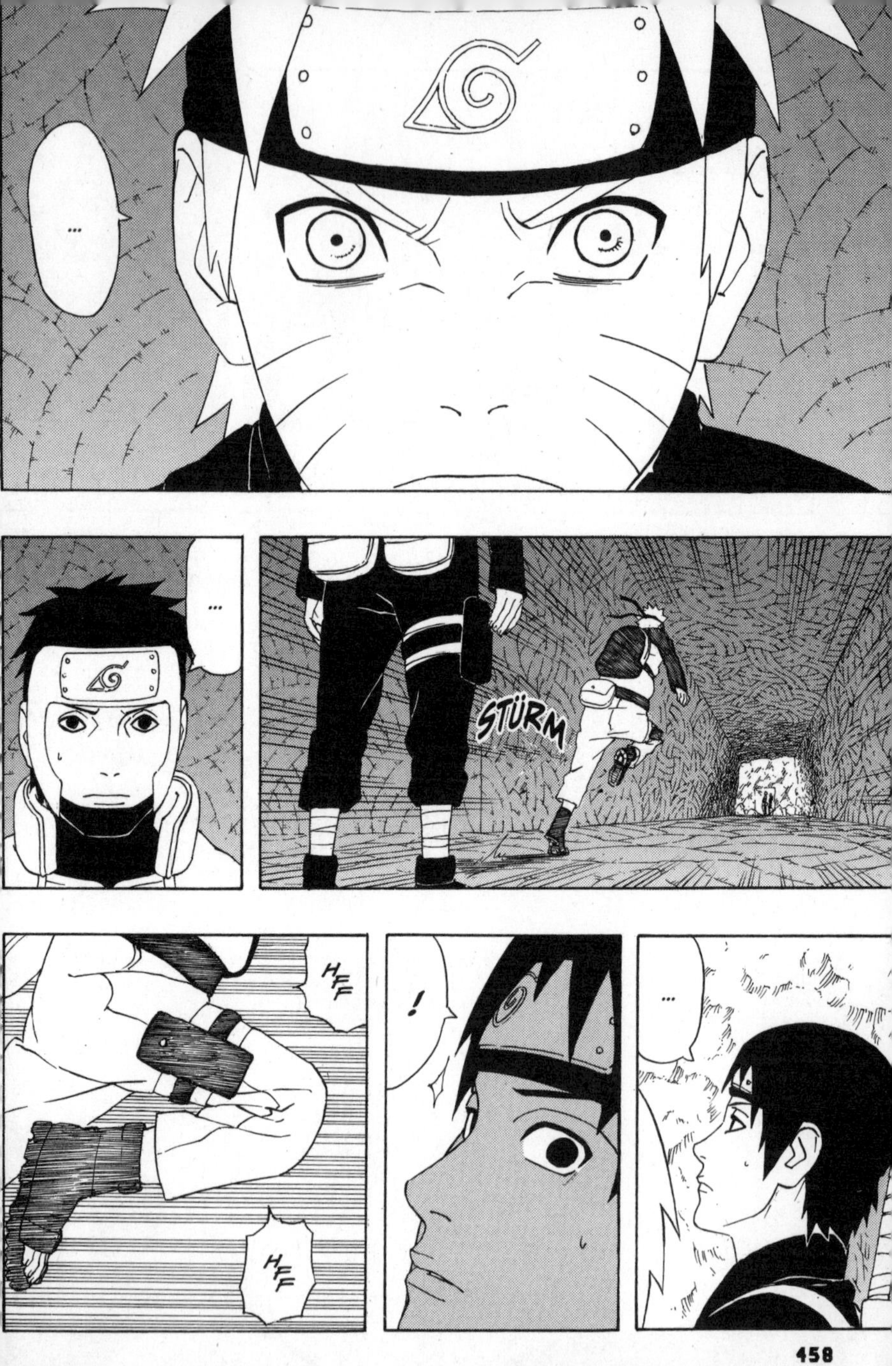
...
...
STÜRM
HFF
HFF
!
...

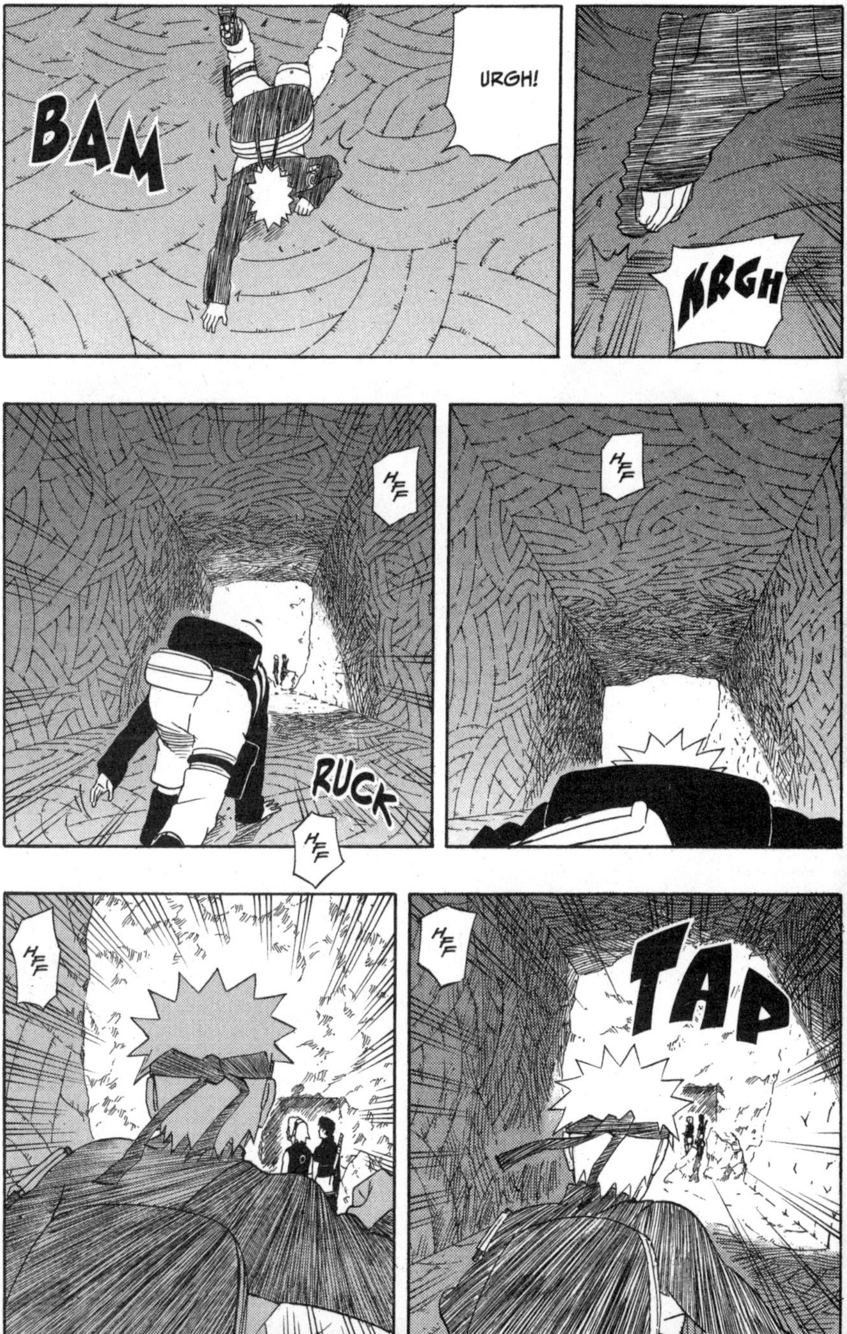
URGH!
BAM
KRGH
HFF
RUCK
HFF
HFF
HFF
TAP
HFF

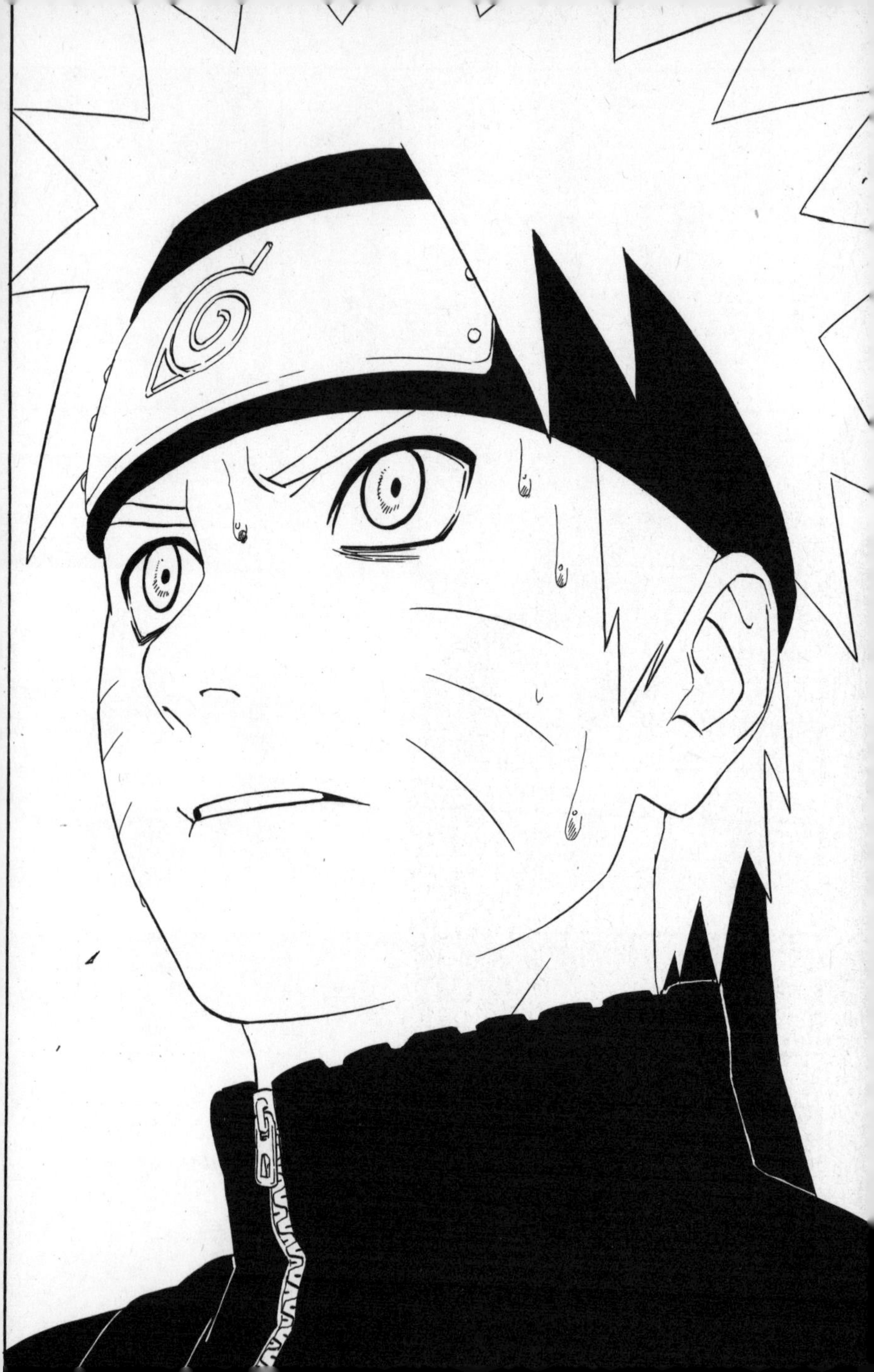

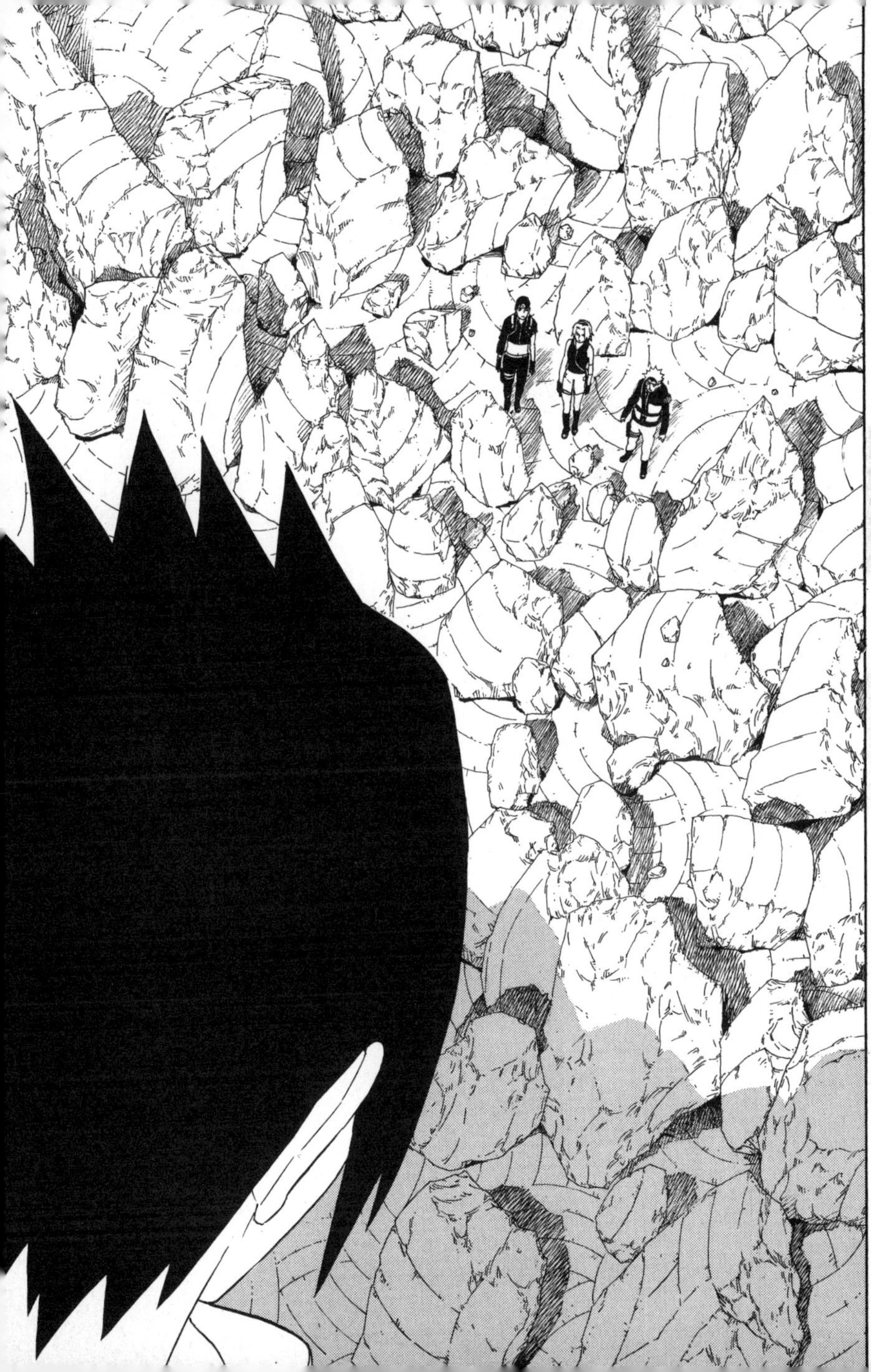

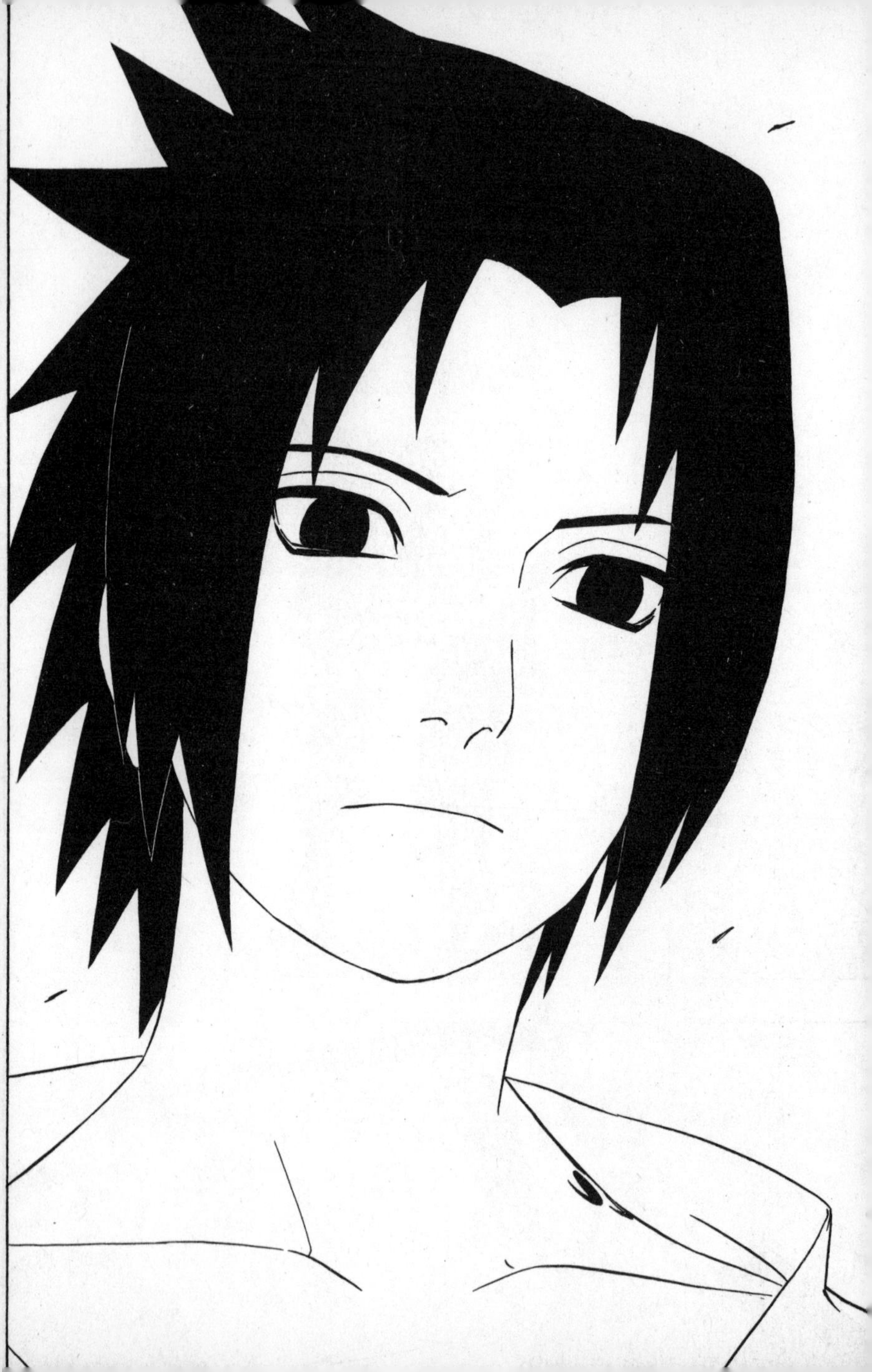

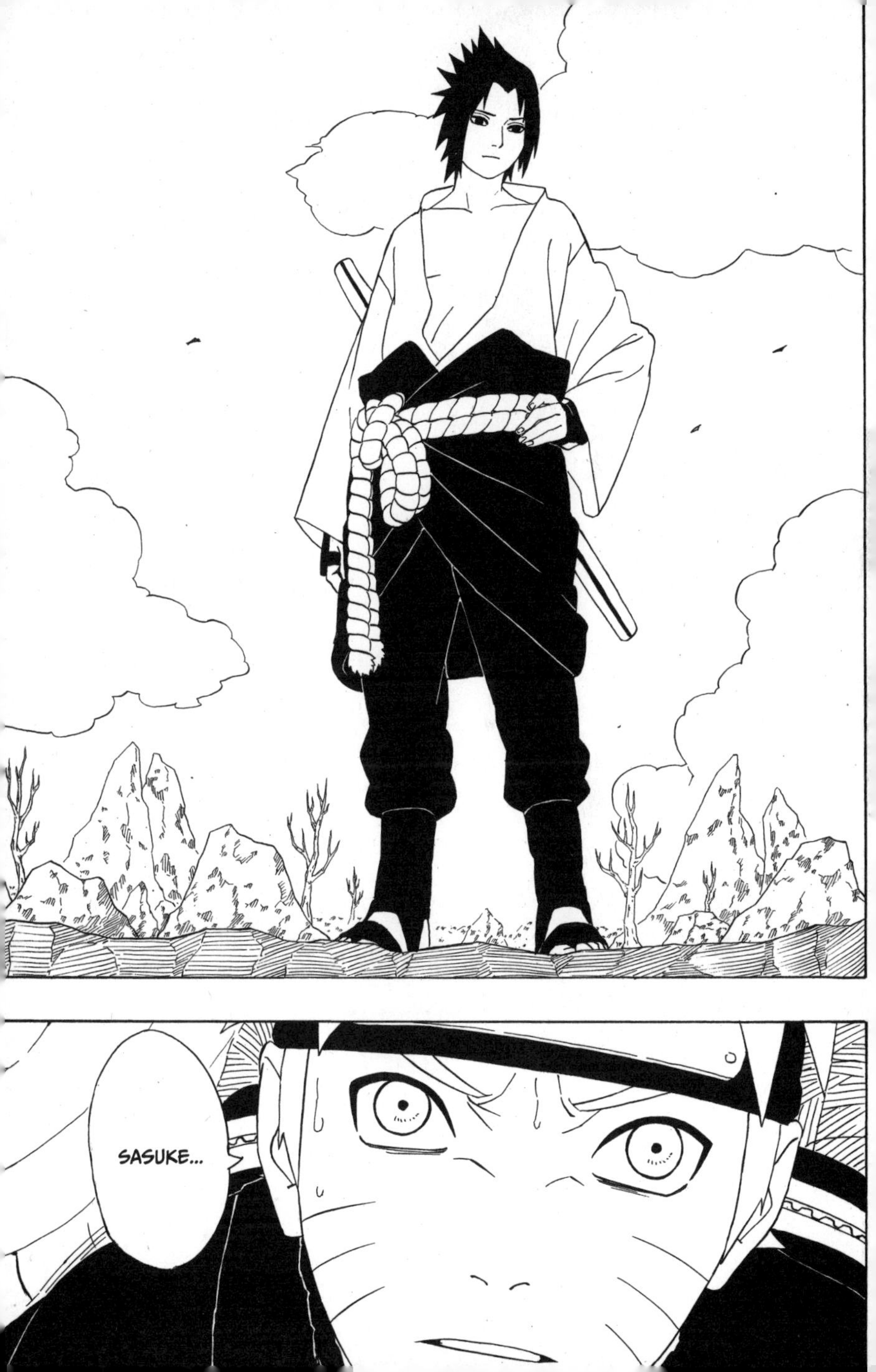
SASUKE...

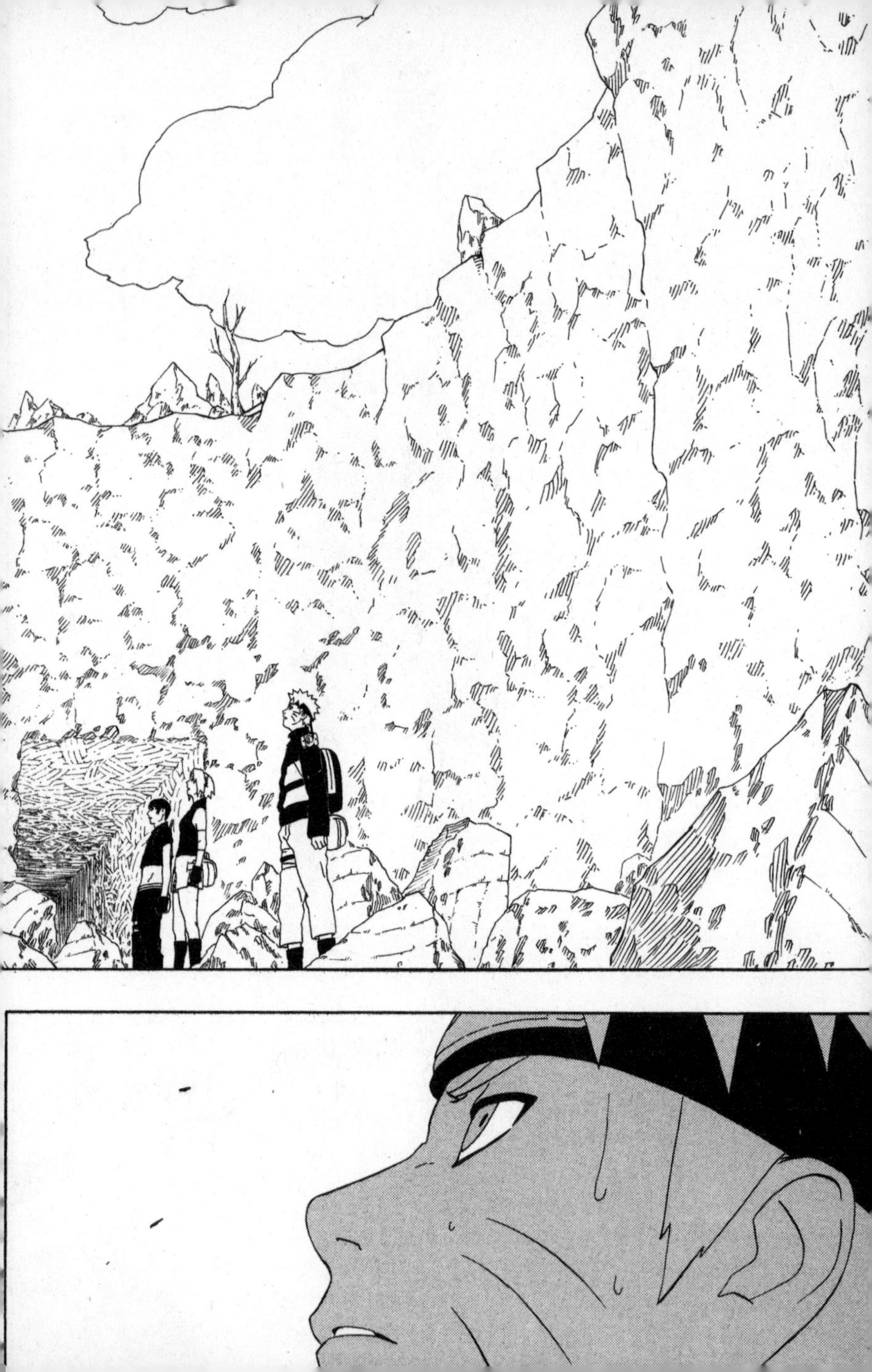

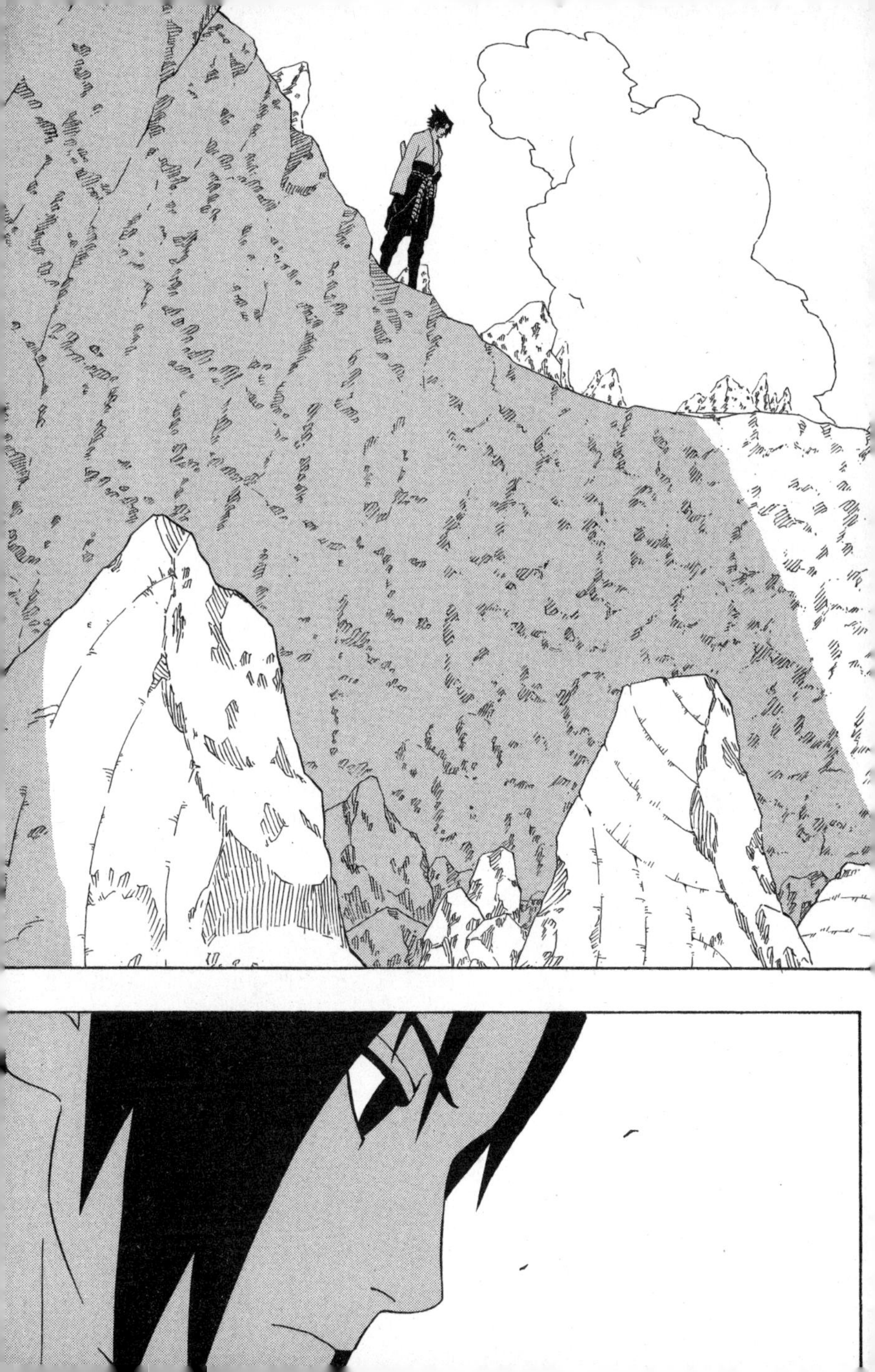

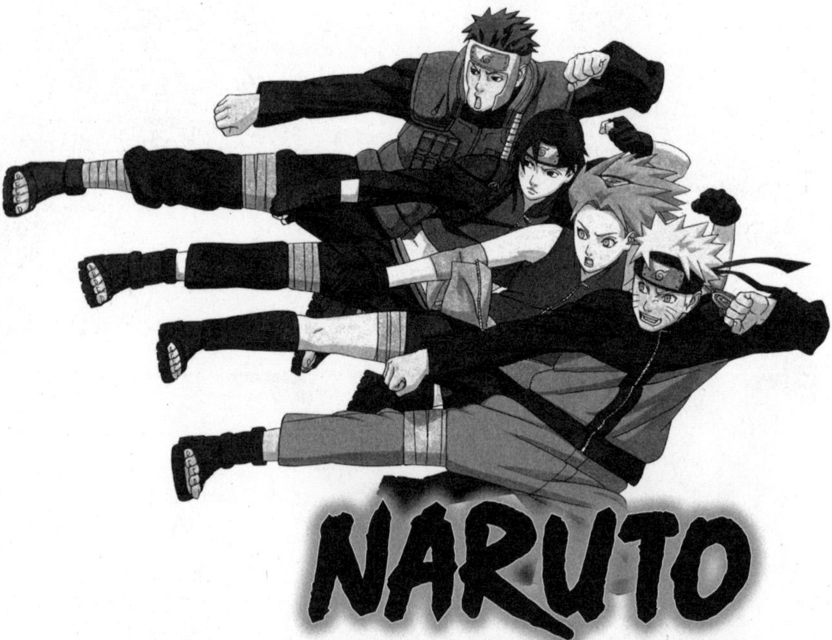
NARUTO

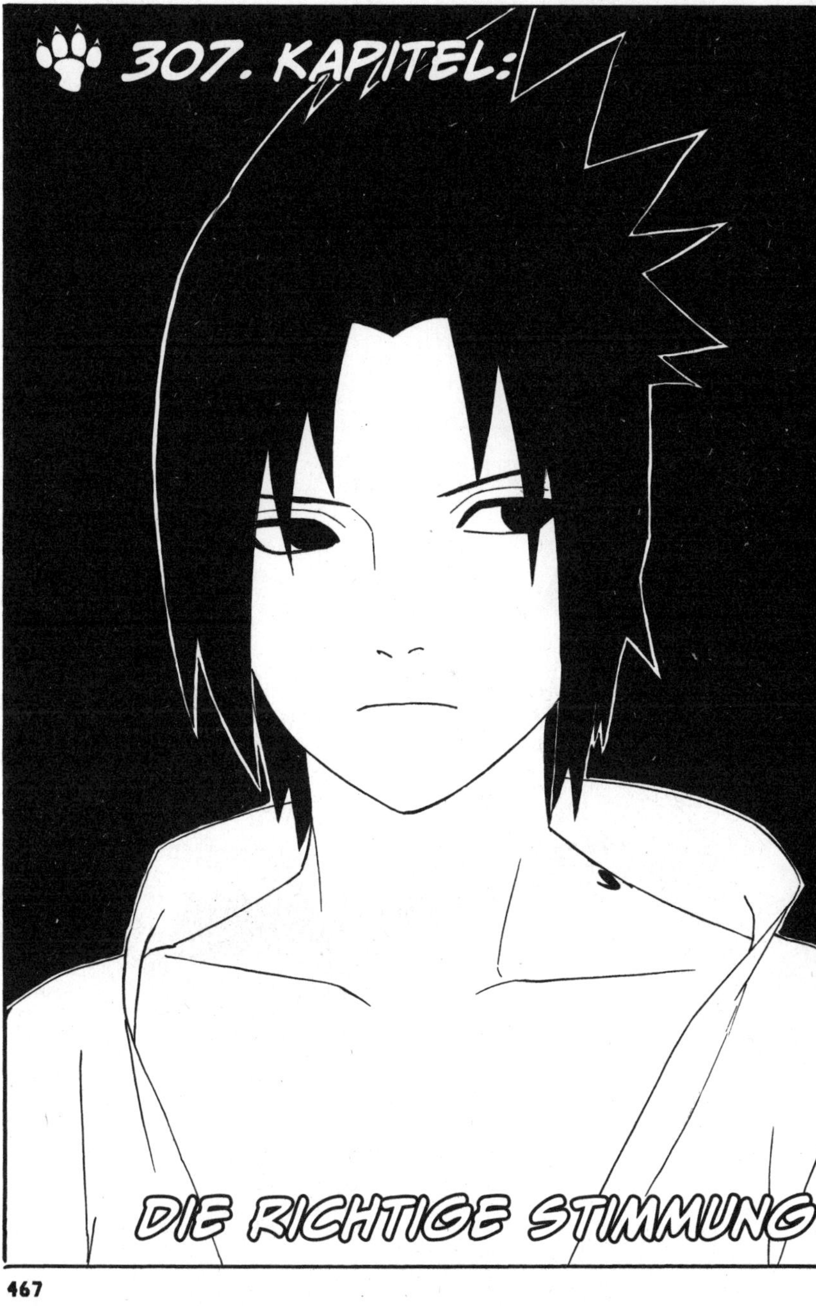
307. KAPITEL:
DIE RICHTIGE STIMMUNG

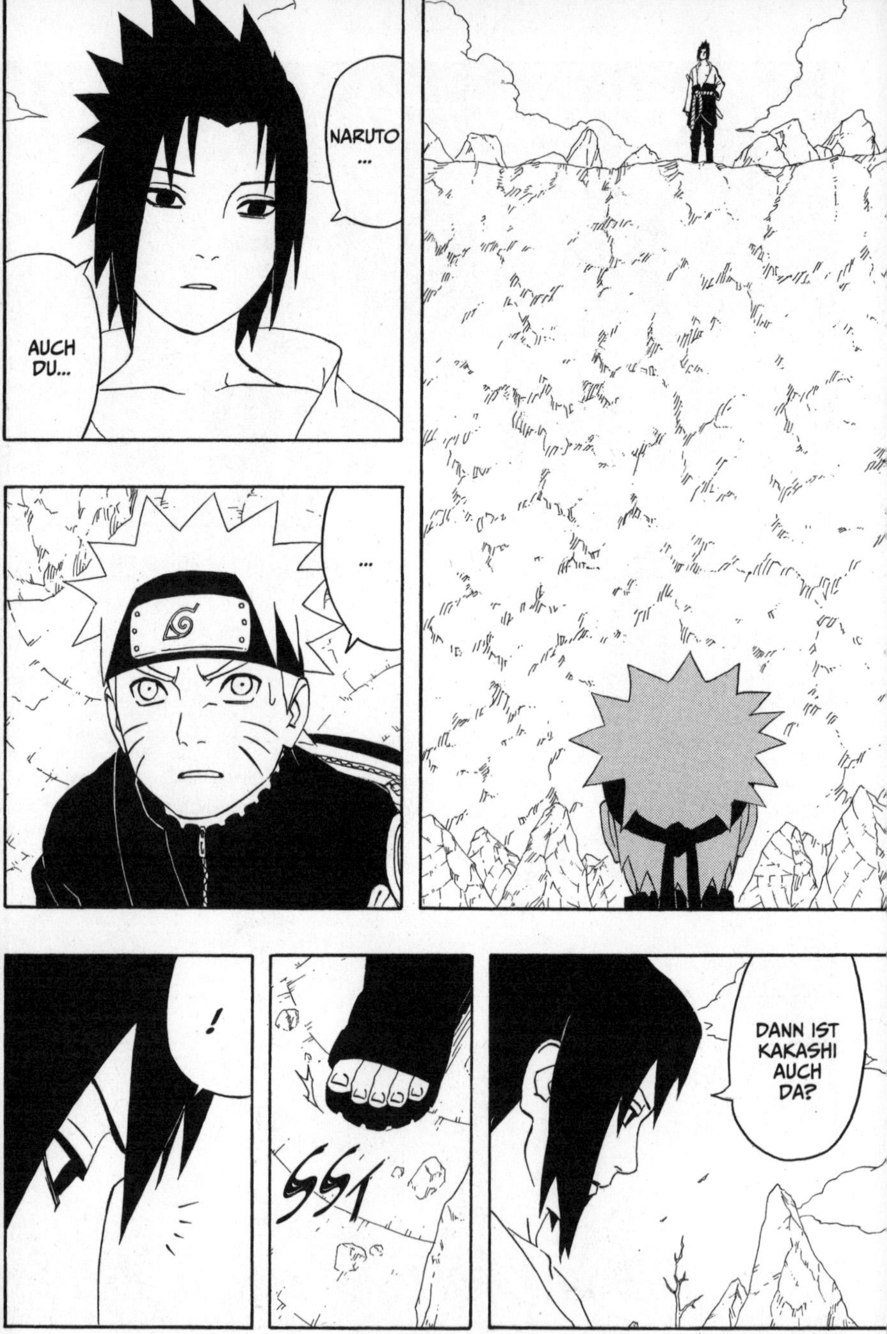
NARUTO ...
AUCH DU...
...
DANN IST KAKASHI AUCH DA?
!
SS1

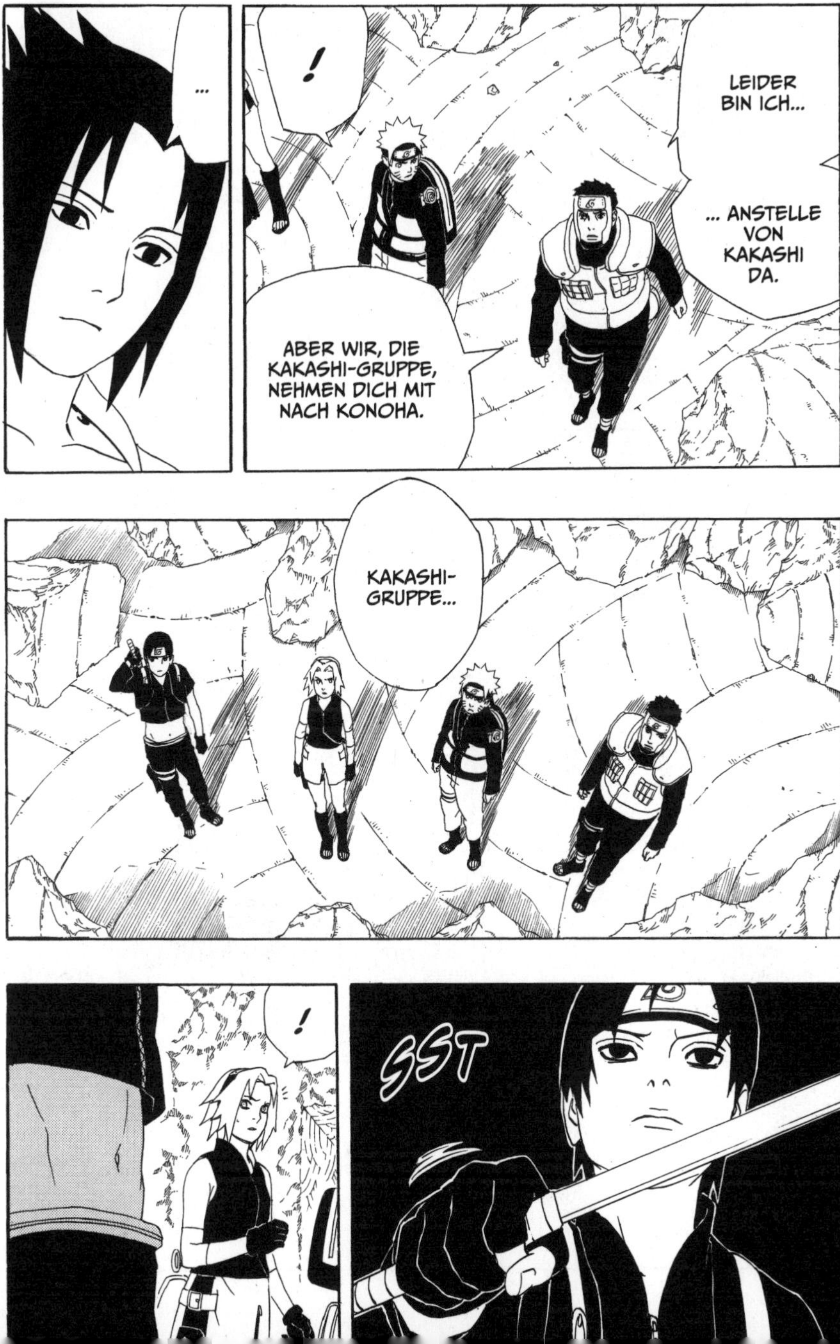

LEIDER BIN ICH...
... ANSTELLE VON KAKASHI DA.
!
ABER WIR, DIE KAKASHI-GRUPPE, NEHMEN DICH MIT NACH KONOHA.
...
KAKASHI-GRUPPE...
SST
!

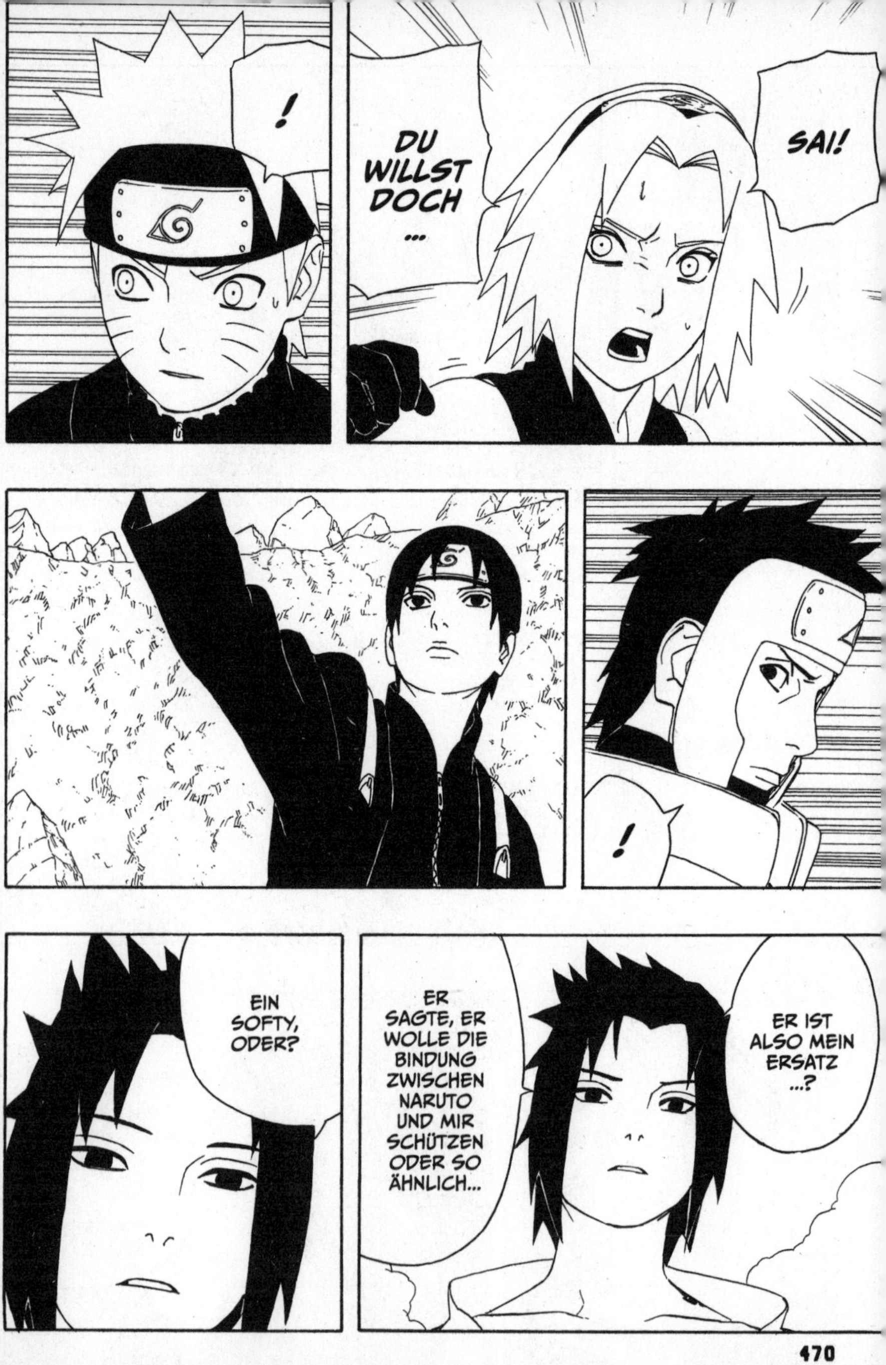
SAI!
DU WILLST DOCH ...
!
!
ER IST ALSO MEIN ERSATZ ...?
ER SAGTE, ER WOLLE DIE BINDUNG ZWISCHEN NARUTO UND MIR SCHÜTZEN ODER SO ÄHNLICH...
EIN SOFTY, ODER?

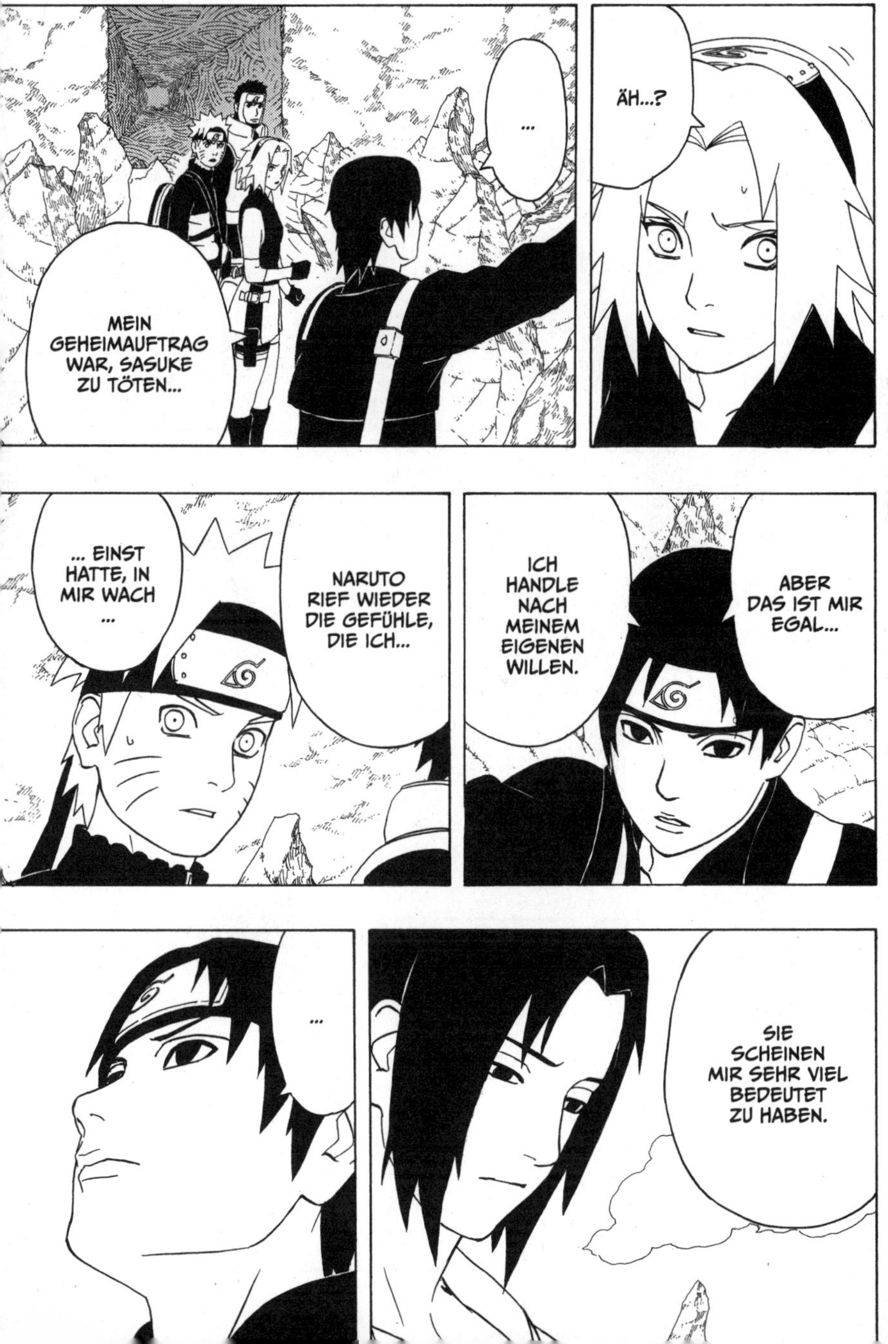
ÄH...?
...
MEIN GEHEIMAUFTRAG WAR, SASUKE ZU TÖTEN...
ABER DAS IST MIR EGAL...
ICH HANDLE NACH MEINEM EIGENEN WILLEN.
NARUTO RIEF WIEDER DIE GEFÜHLE, DIE ICH...
... EINST HATTE, IN MIR WACH ...
SIE SCHEINEN MIR SEHR VIEL BEDEUTET ZU HABEN.
...

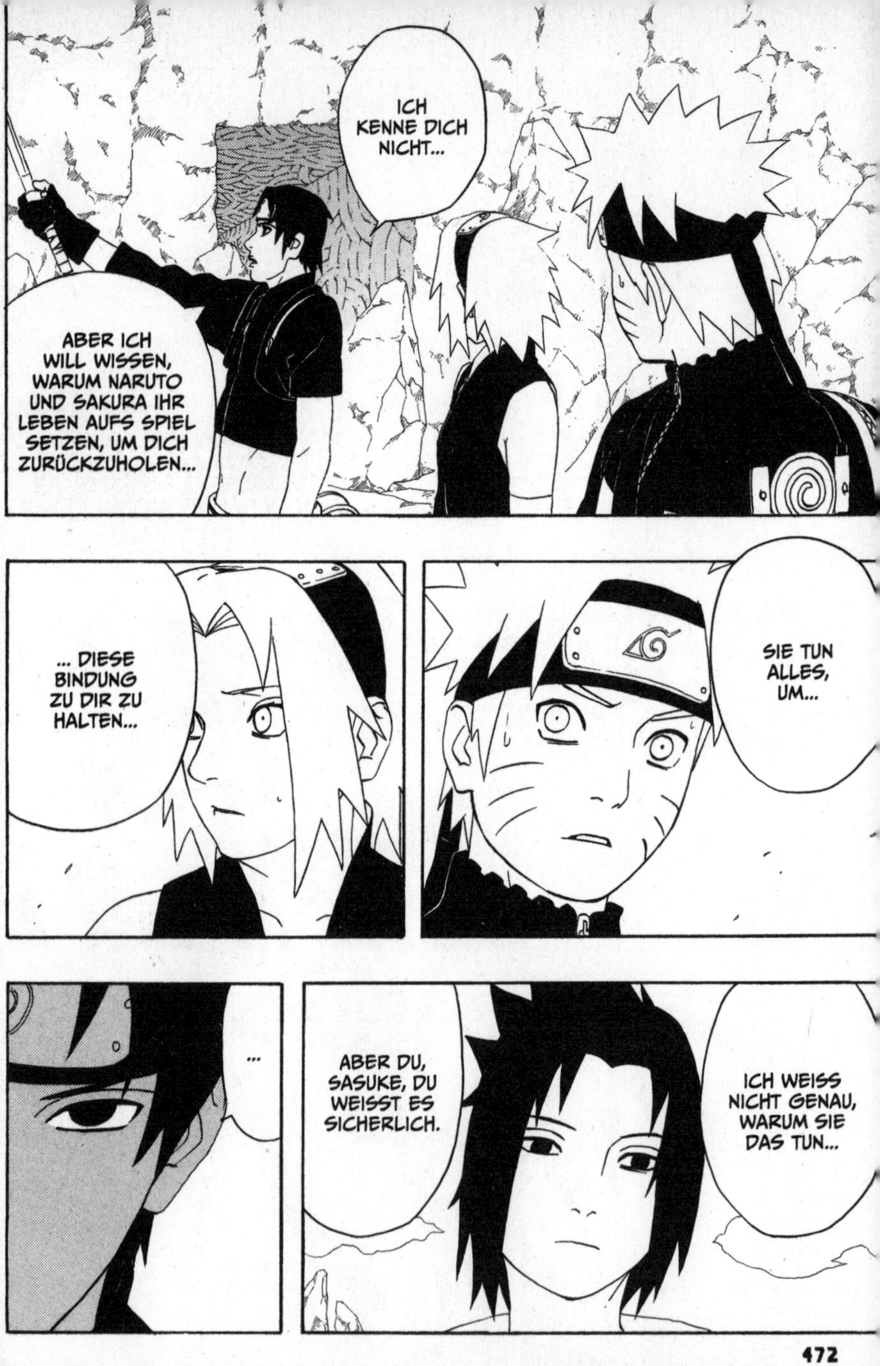
ICH KENNE DICH NICHT...
ABER ICH WILL WISSEN, WARUM NARUTO UND SAKURA IHR LEBEN AUFS SPIEL SETZEN, UM DICH ZURÜCKZUHOLEN...
SIE TUN ALLES, UM...
... DIESE BINDUNG ZU DIR ZU HALTEN...
ICH WEISS NICHT GENAU, WARUM SIE DAS TUN...
ABER DU, SASUKE, DU WEISST ES SICHERLICH.
...

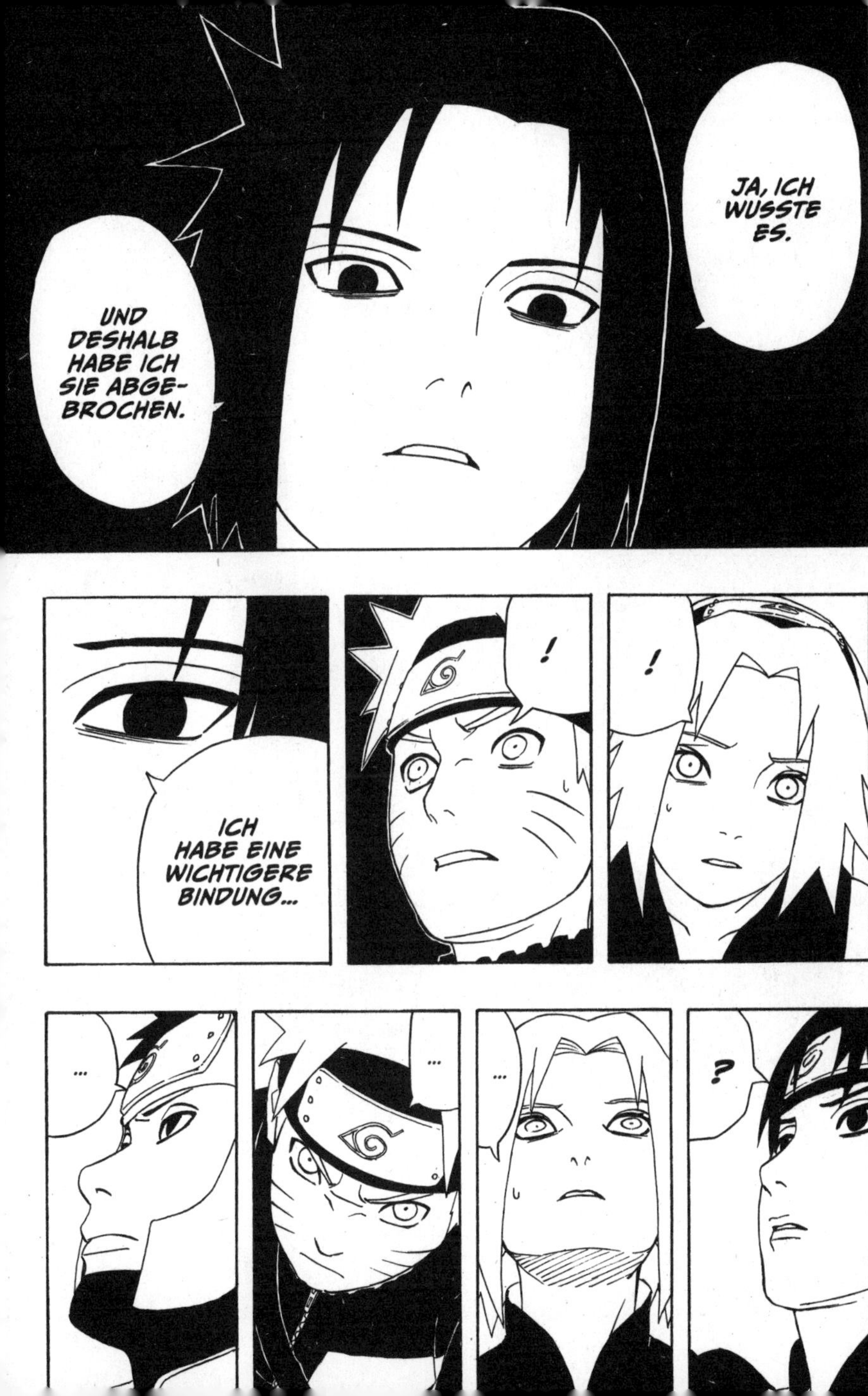
JA, ICH WUSSTE ES.
UND DESHALB HABE ICH SIE ABGE-BROCHEN.
!
!
ICH HABE EINE WICHTIGERE BINDUNG...
?
...
...
...

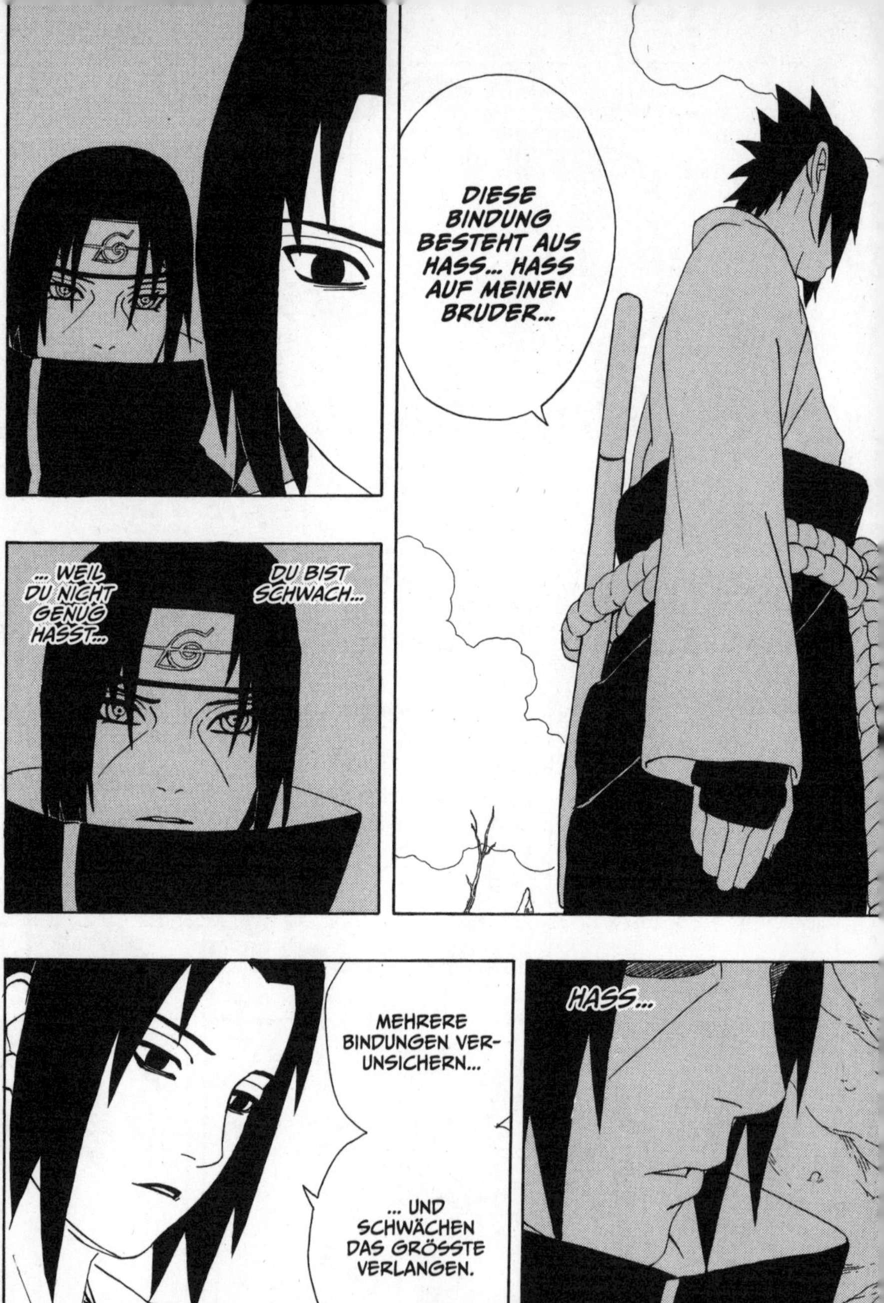
DIESE BINDUNG BESTEHT AUS HASS... HASS AUF MEINEN BRUDER...
DU BIST SCHWACH...
... WEIL DU NICHT GENUG HASST...
HASS...
MEHRERE BINDUNGEN VER-UNSICHERN...
... UND SCHWÄCHEN DAS GRÖSSTE VERLANGEN.

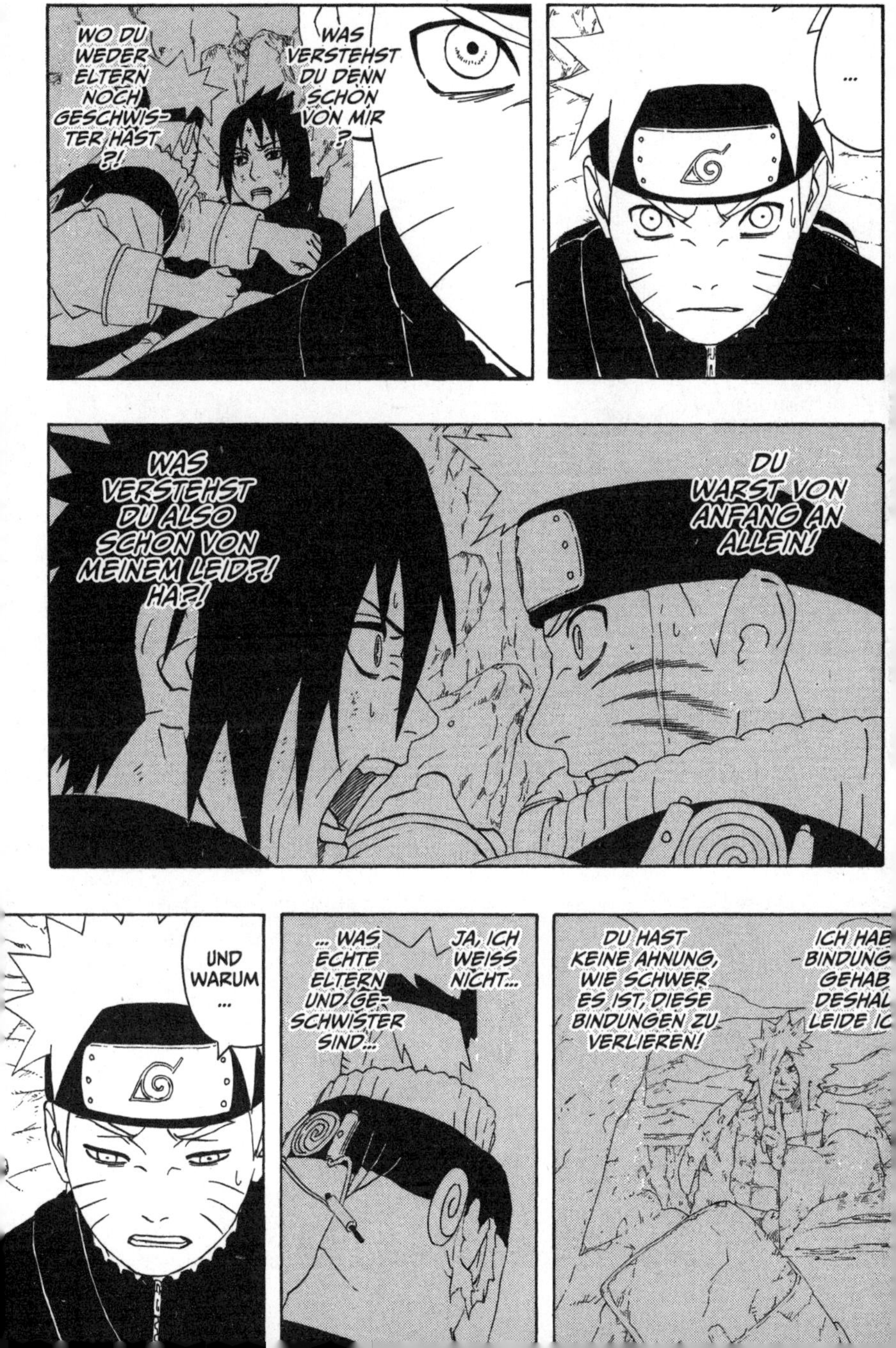
...
WAS VERSTEHST DU DENN SCHON VON MIR?
WO DU WEDER ELTERN NOCH GESCHWISTER HAST?!
DU WARST VON ANFANG AN ALLEIN!
WAS VERSTEHST DU ALSO SCHON VON MEINEM LEID?! HA?!
ICH HAB BINDUNG GEHAB DESHAL LEIDE IC
DU HAST KEINE AHNUNG, WIE SCHWER ES IST, DIESE BINDUNGEN ZU VERLIEREN!
JA, ICH WEISS NICHT...
... WAS ECHTE ELTERN UND GESCHWISTER SIND...
UND WARUM ...

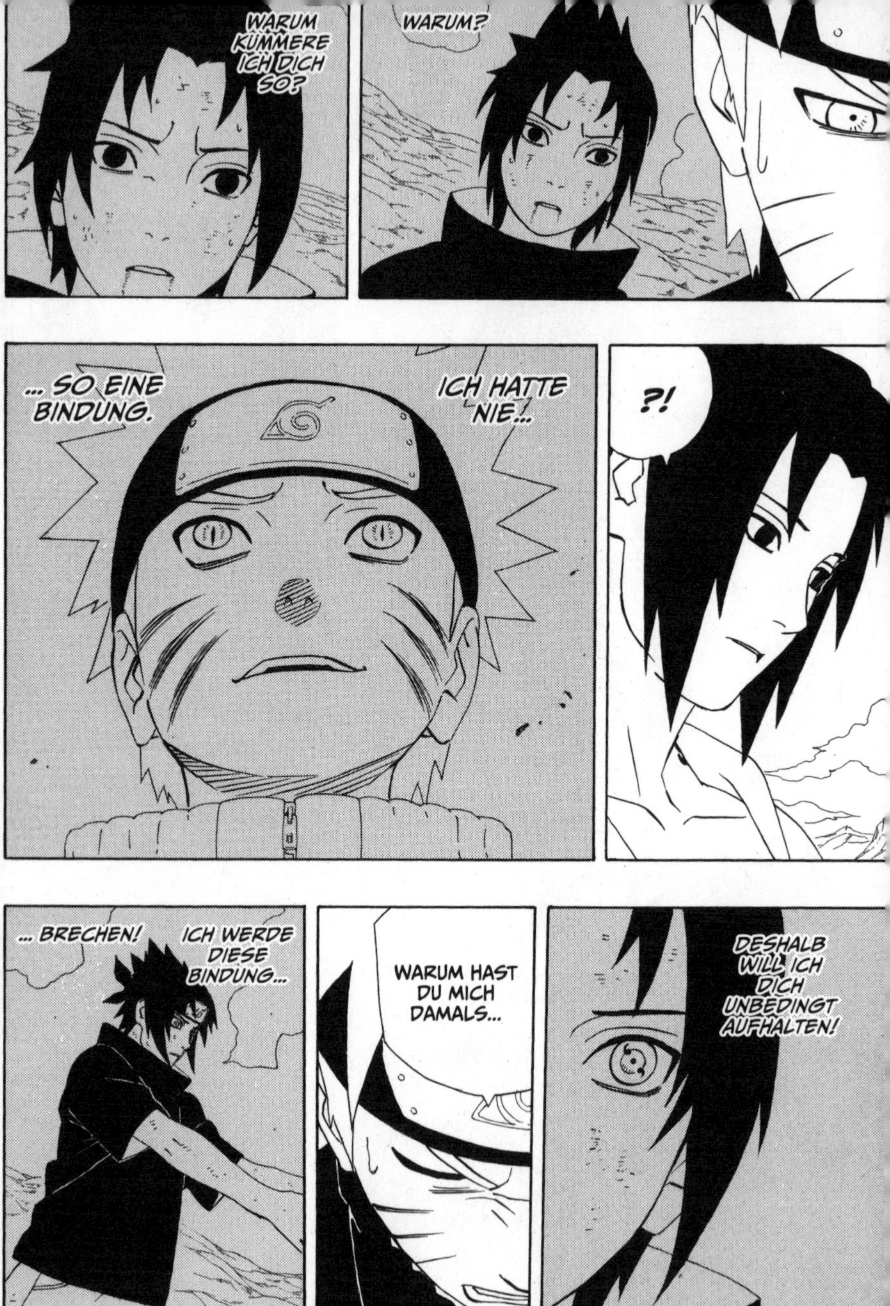
WARUM?
WARUM KÜMMERE ICH DICH SO?
?!
ICH HATTE NIE...
... SO EINE BINDUNG.
DESHALB WILL ICH DICH UNBEDINGT AUFHALTEN!
WARUM HAST DU MICH DAMALS...
ICH WERDE DIESE BINDUNG...
... BRECHEN!

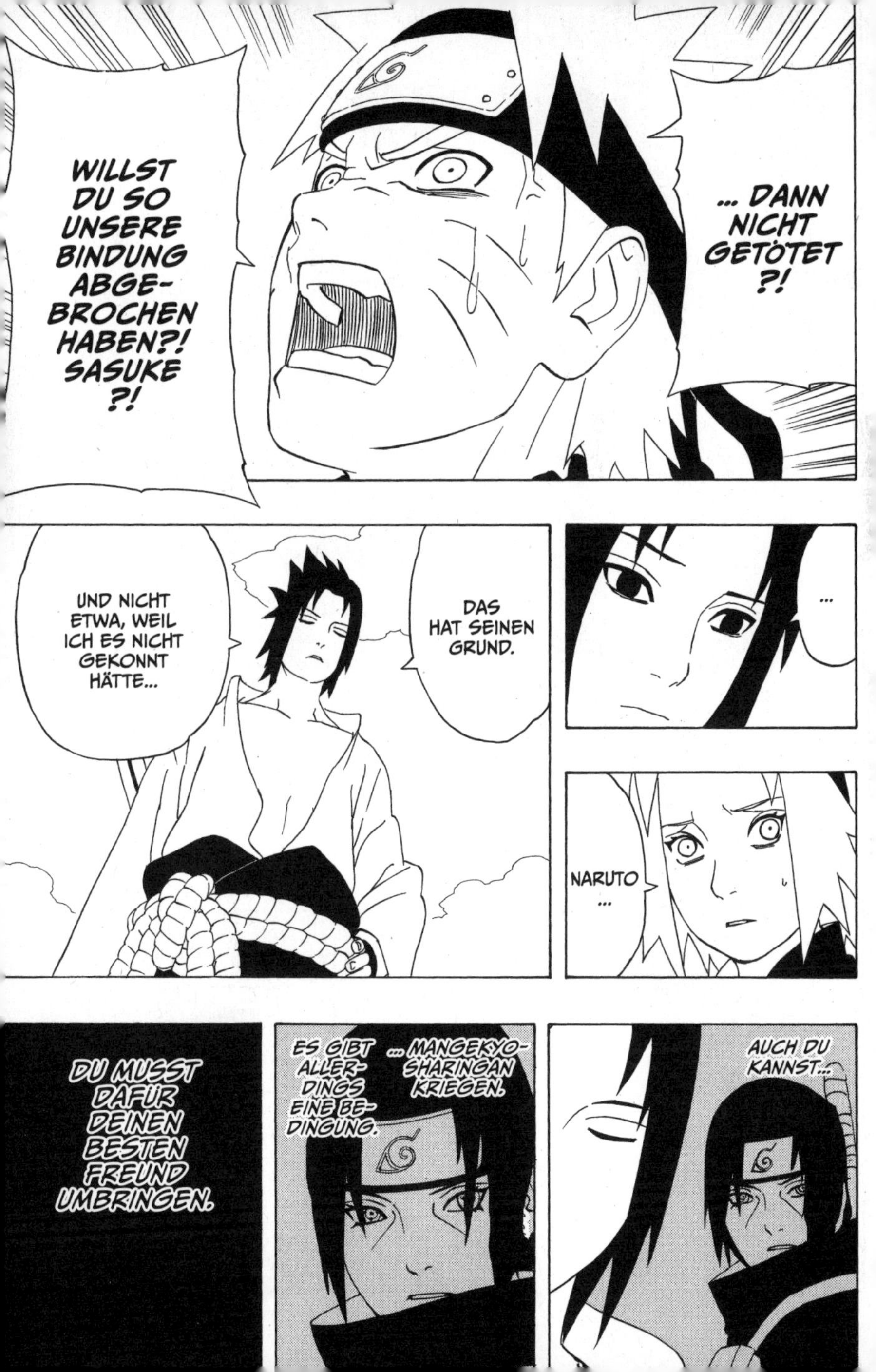
... DANN NICHT GETÖTET ?!
WILLST DU SO UNSERE BINDUNG ABGE-BROCHEN HABEN?! SASUKE ?!
...
DAS HAT SEINEN GRUND.
UND NICHT ETWA, WEIL ICH ES NICHT GEKONNT HÄTTE...
NARUTO ...
AUCH DU KANNST...
... MANGEKYO-SHARINGAN KRIEGEN.
ES GIBT ALLER-DINGS EINE BE-DINGUNG.
DU MUSST DAFÜR DEINEN BESTEN FREUND UMBRINGEN.

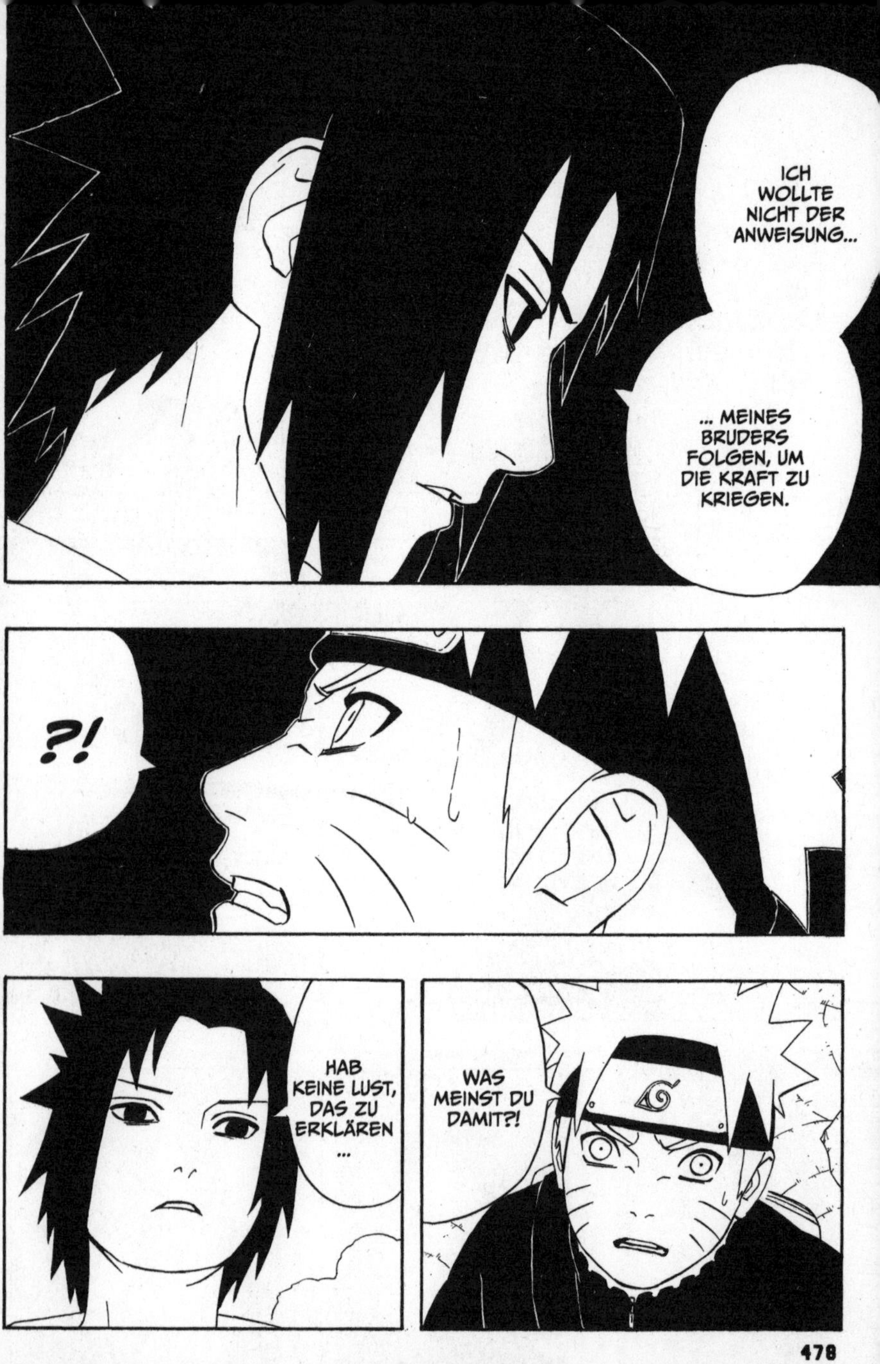
ICH WOLLTE NICHT DER ANWEISUNG...
... MEINES BRUDERS FOLGEN, UM DIE KRAFT ZU KRIEGEN.
?!
WAS MEINST DU DAMIT?!
HAB KEINE LUST, DAS ZU ERKLÄREN ...

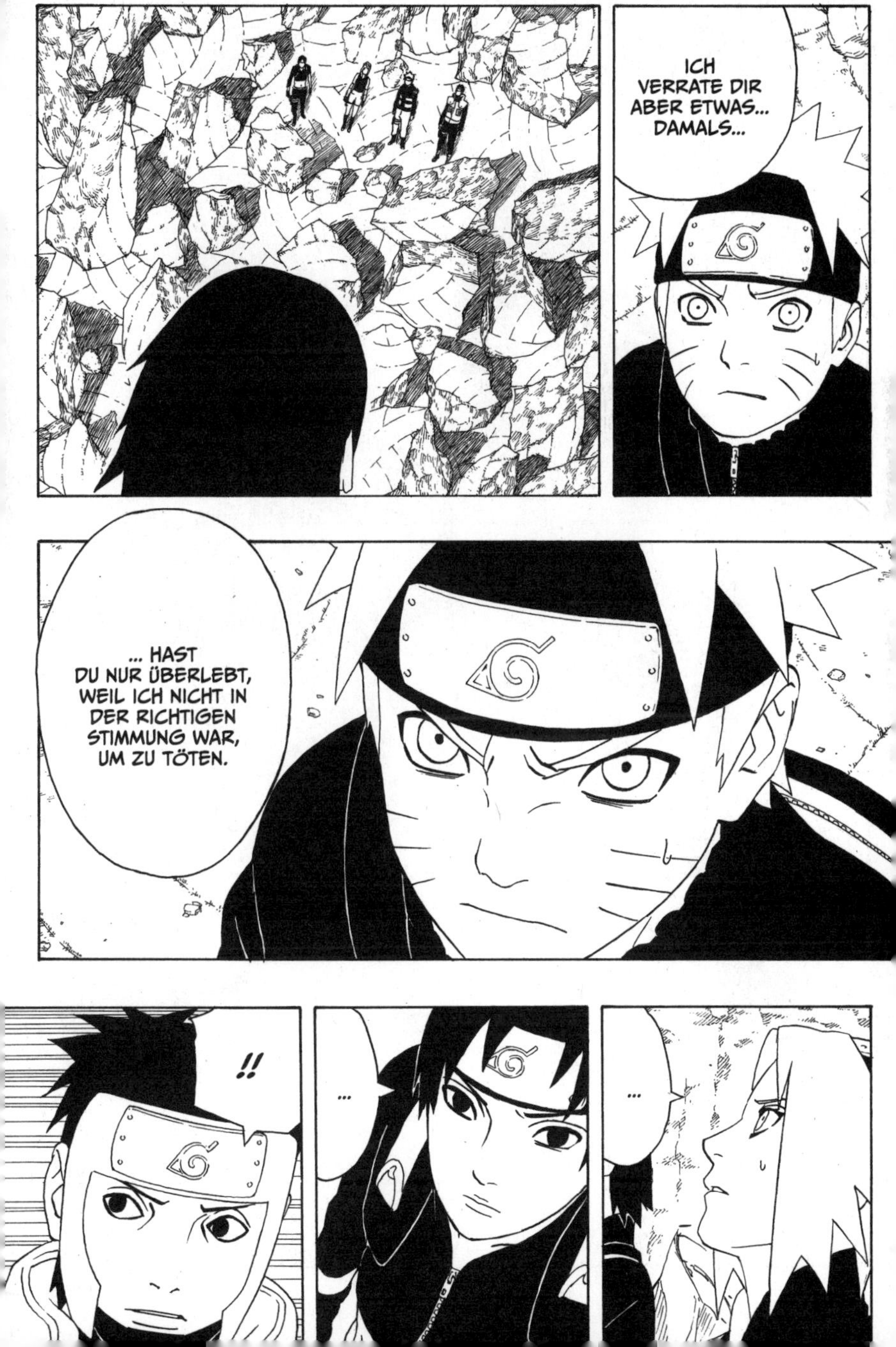
ICH VERRATE DIR ABER ETWAS... DAMALS...
... HAST DU NUR ÜBERLEBT, WEIL ICH NICHT IN DER RICHTIGEN STIMMUNG WAR, UM ZU TÖTEN.
!!
...
...

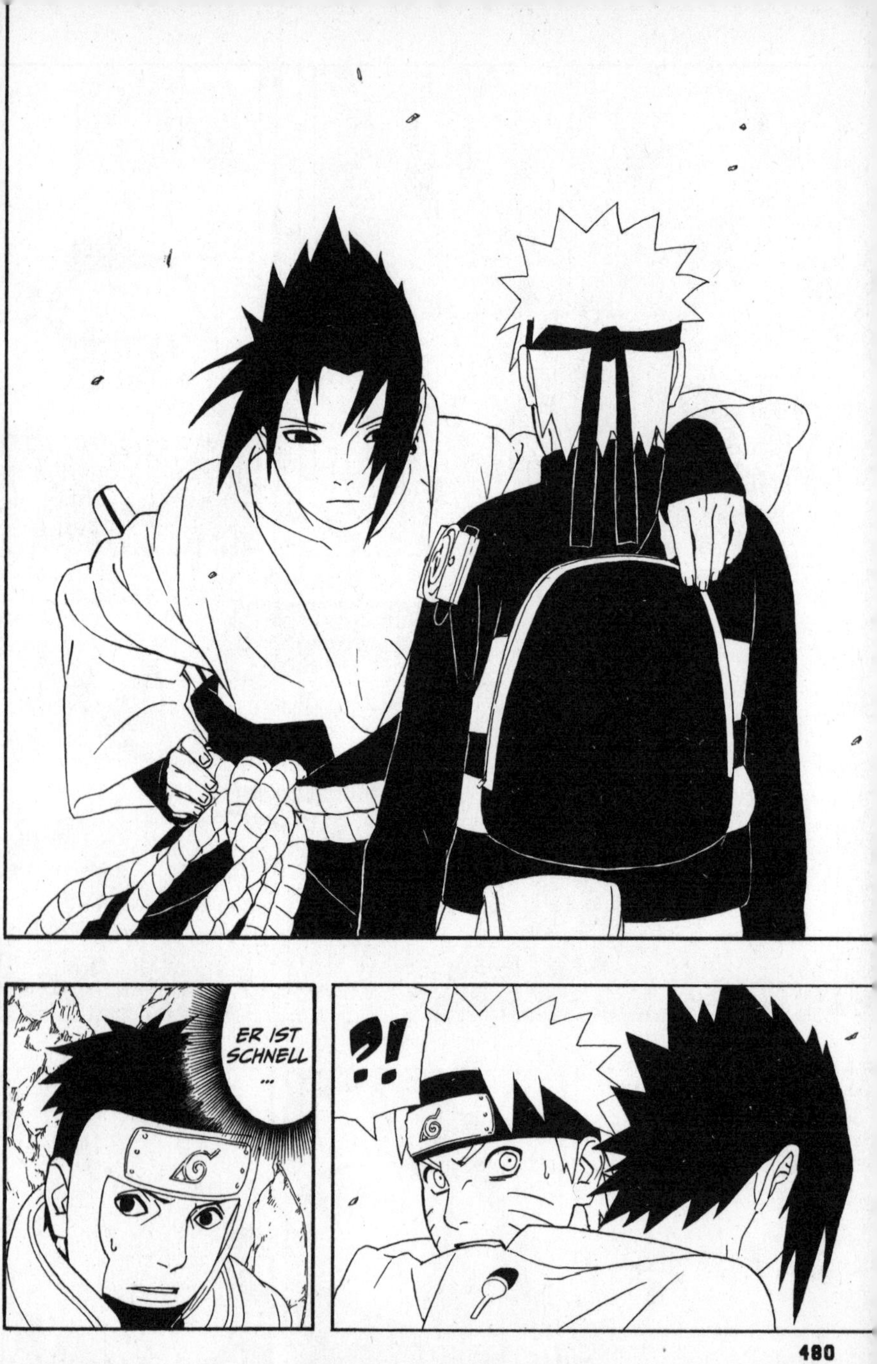
ER IST SCHNELL ...
?!

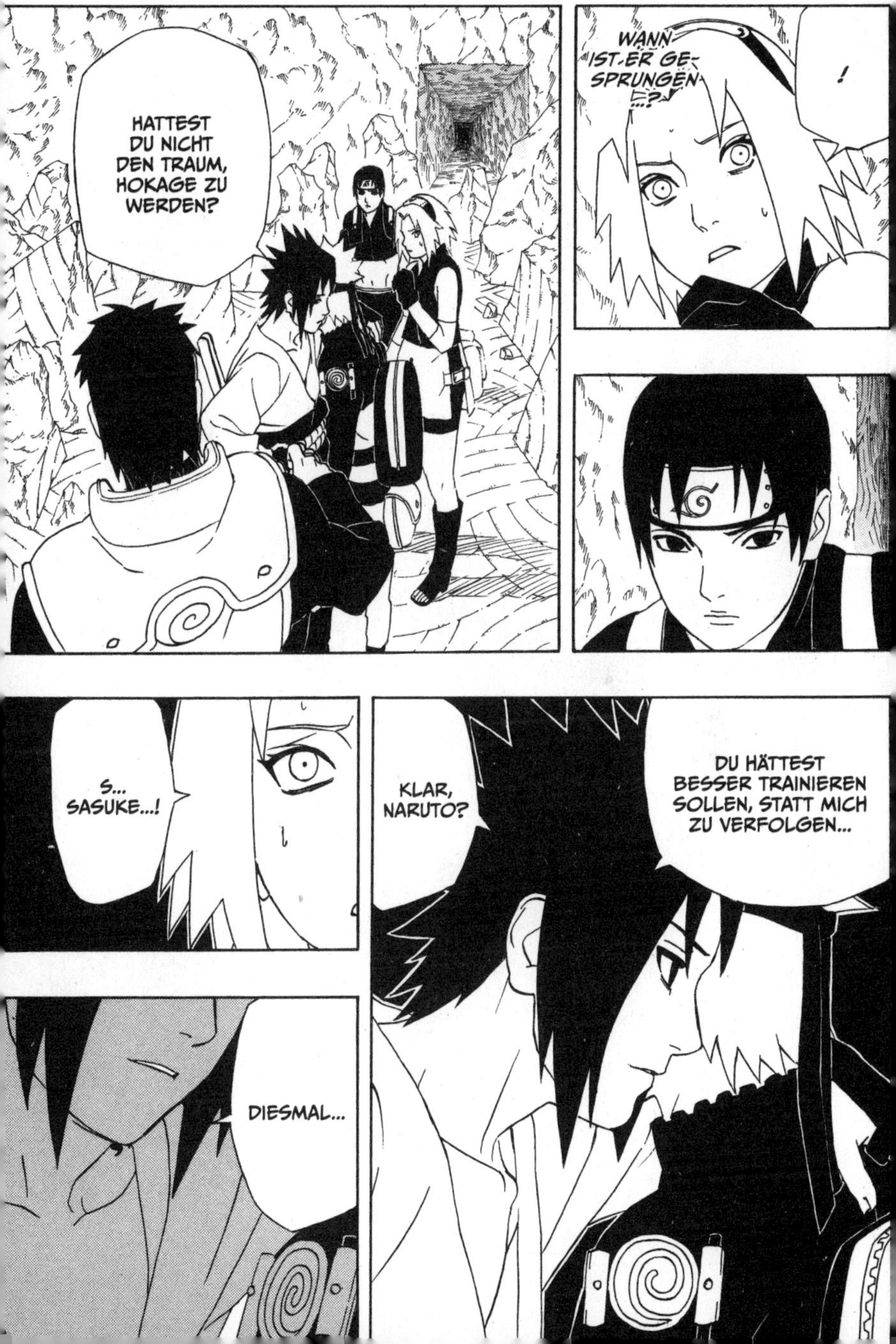
!
WANN IST ER GESPRUNGEN...?
HATTEST DU NICHT DEN TRAUM, HOKAGE ZU WERDEN?
DU HÄTTEST BESSER TRAINIEREN SOLLEN, STATT MICH ZU VERFOLGEN...
KLAR, NARUTO?
S... SASUKE...!
DIESMAL...

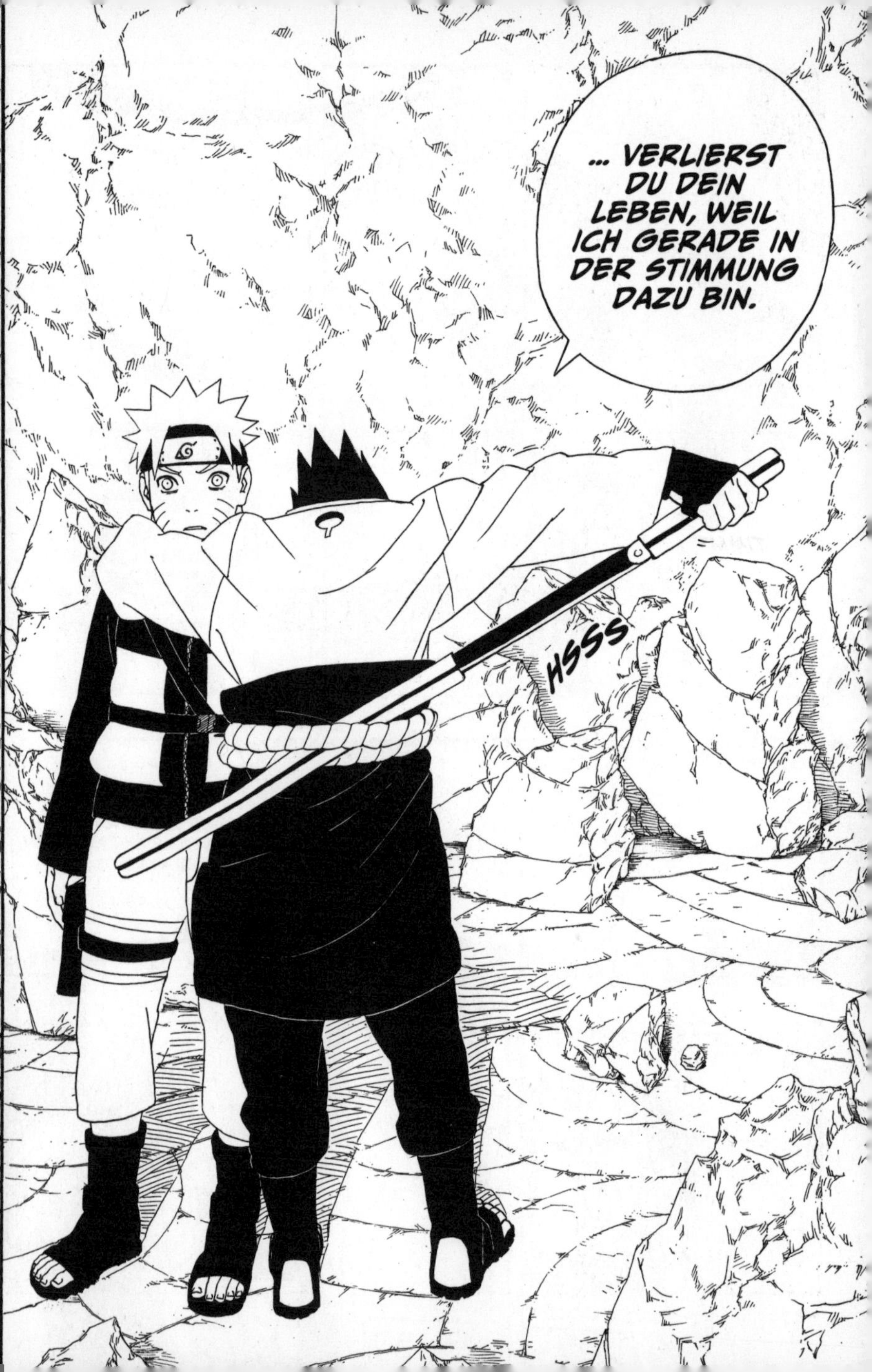
... VERLIERST DU DEIN LEBEN, WEIL ICH GERADE IN DER STIMMUNG DAZU BIN.
HSSS

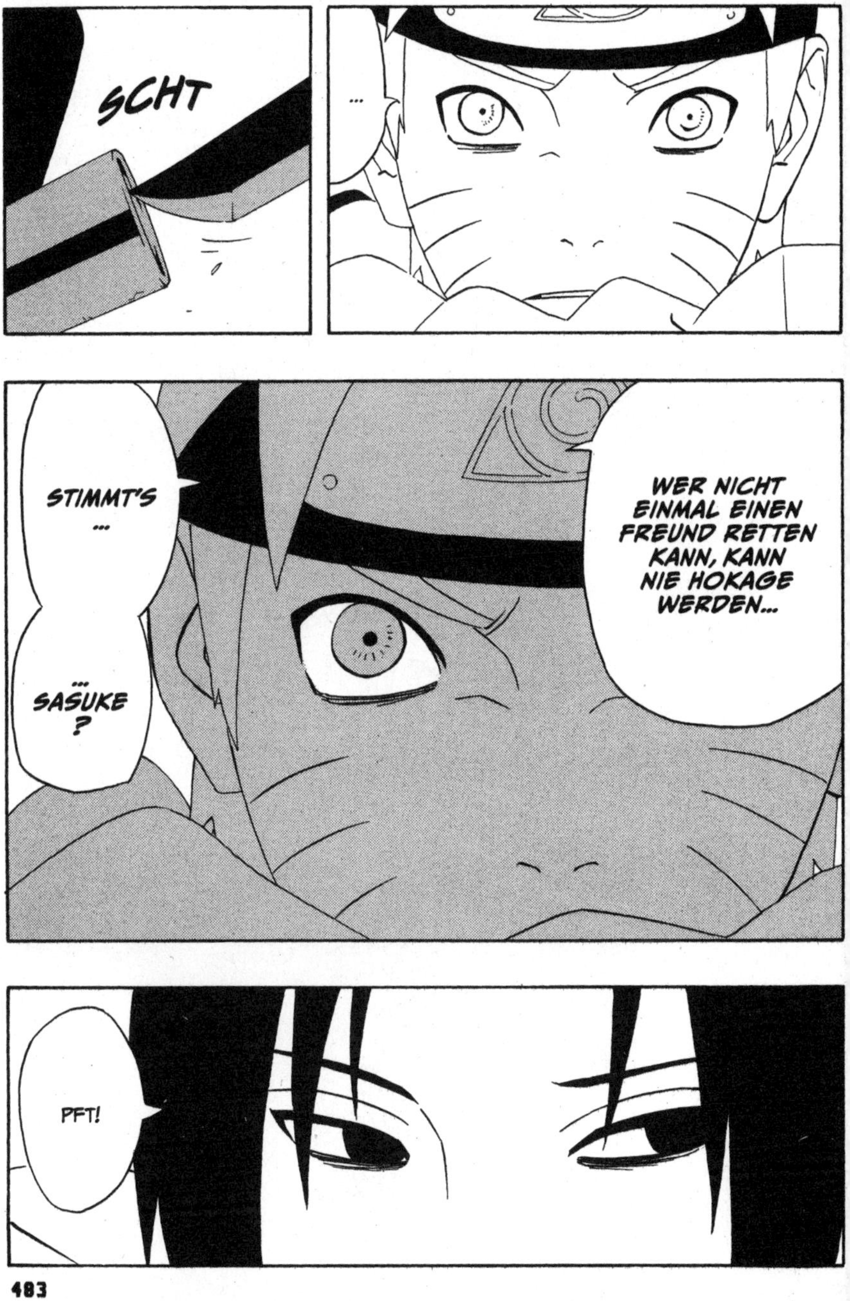
...
SCHT
WER NICHT EINMAL EINEN FREUND RETTEN KANN, KANN NIE HOKAGE WERDEN...
STIMMT'S ...
... SASUKE ?
PFT!

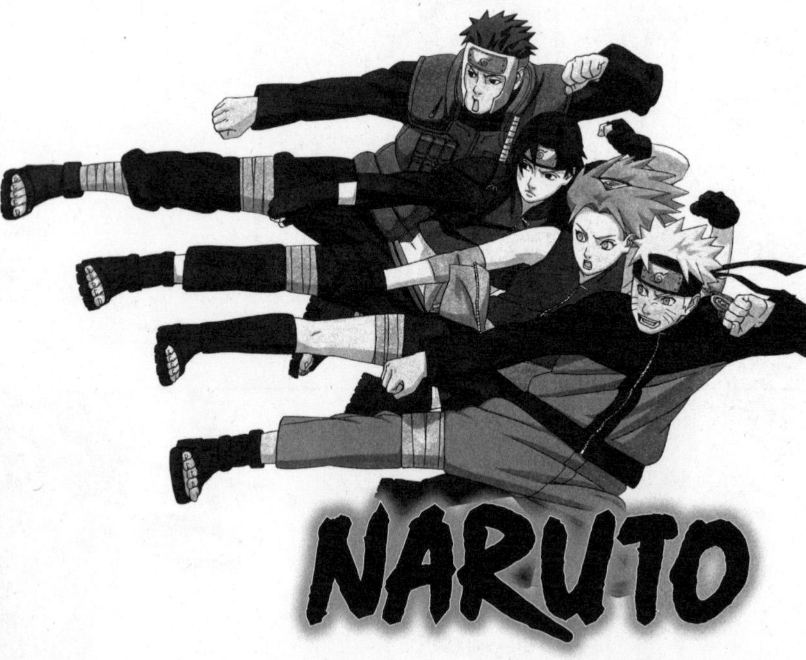

NARUTO

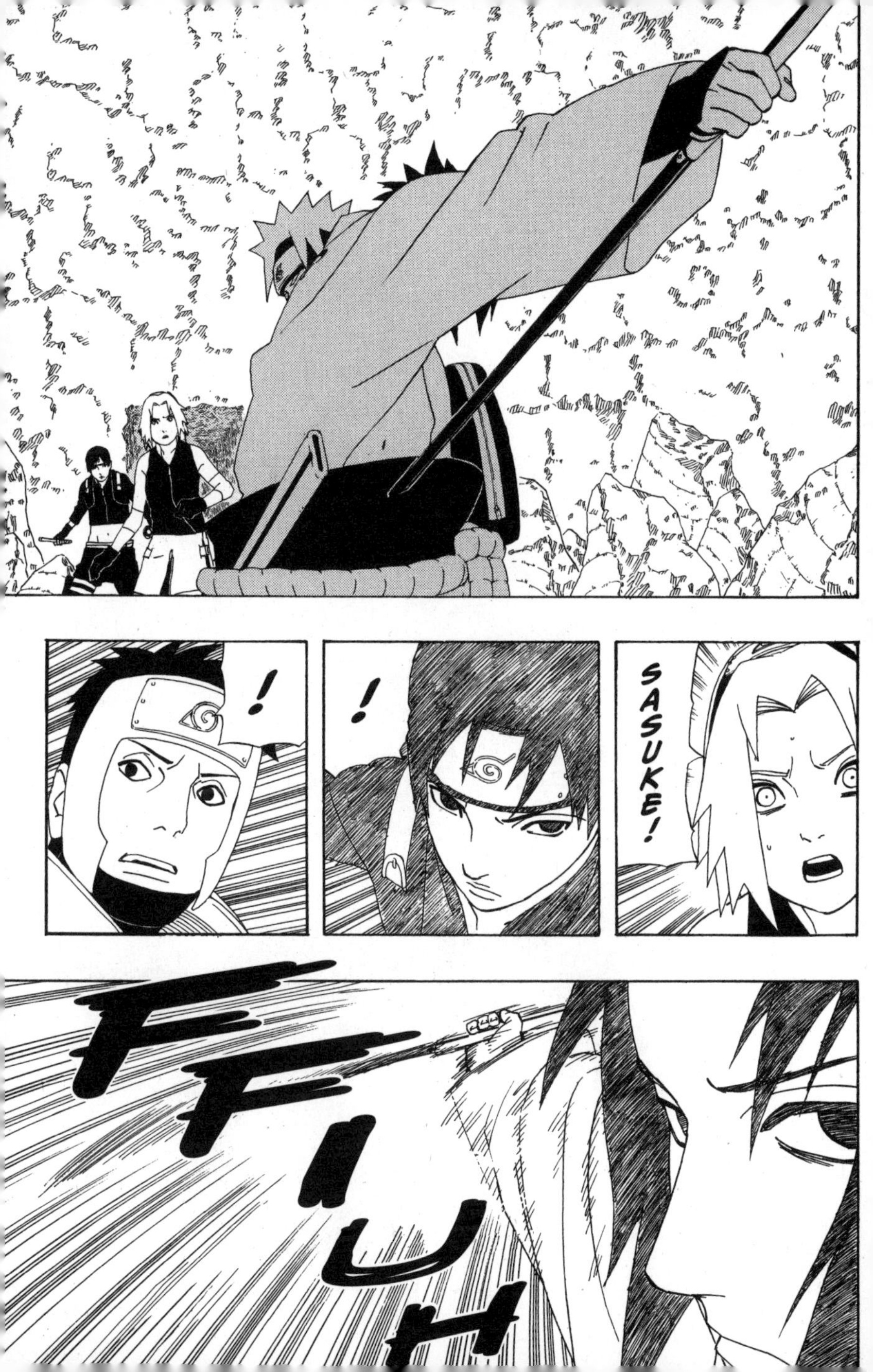
SASUKE!
!
!
FFIUH

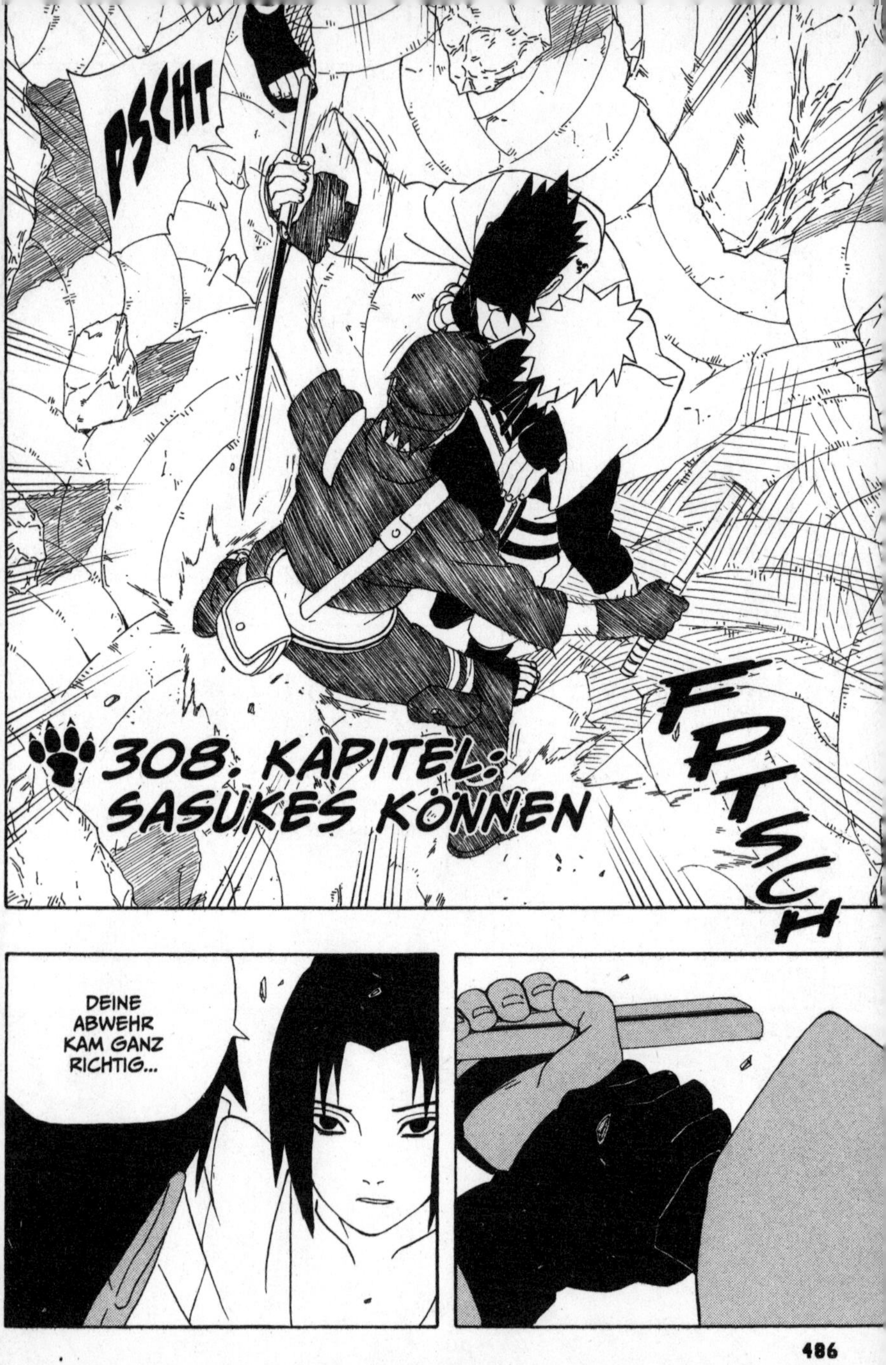
PSCHT
308. KAPITEL: SASUKES KÖNNEN
FPTSCH
DEINE ABWEHR KAM GANZ RICHTIG...

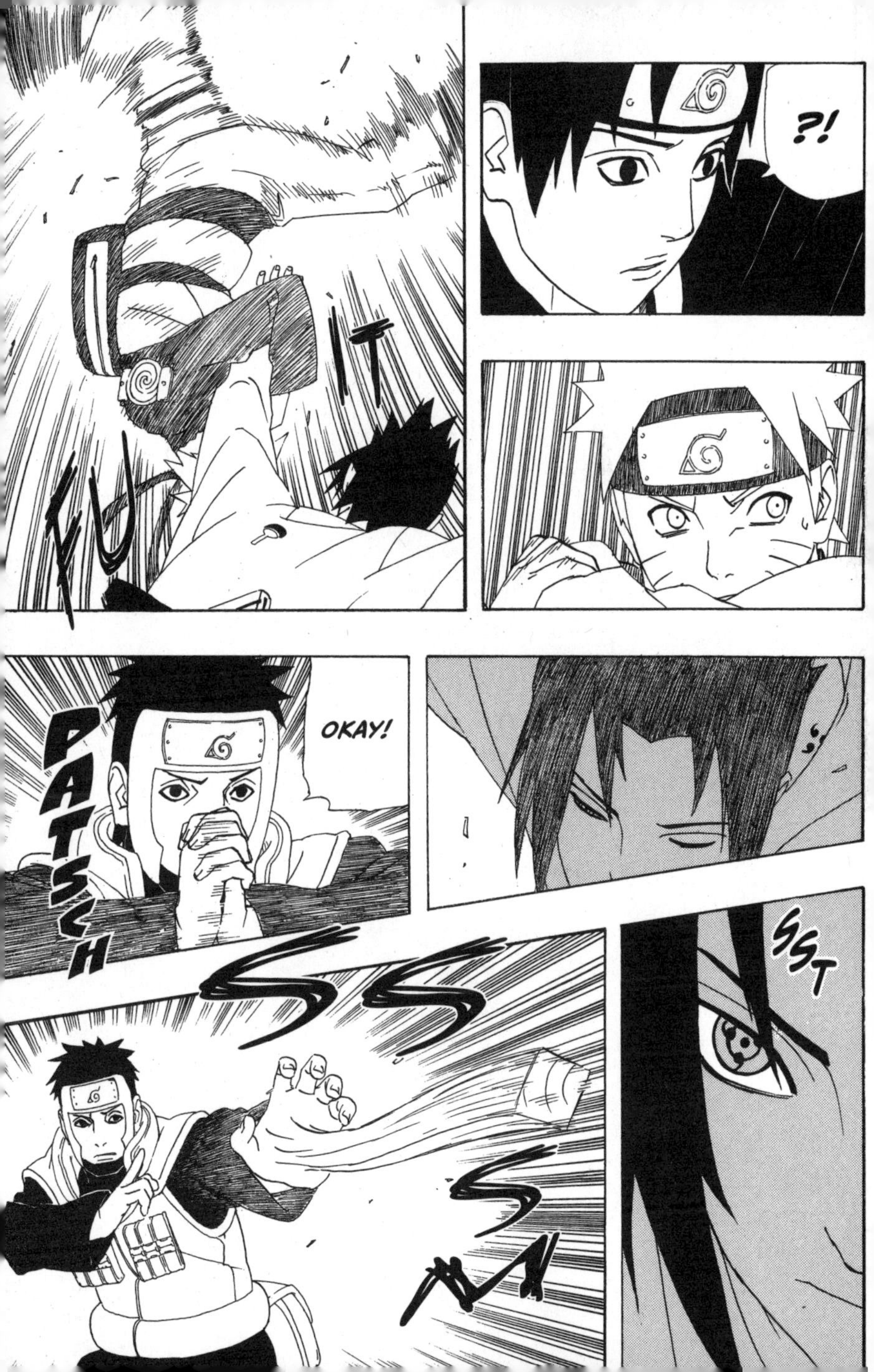

?!
FLIIT
OKAY!
PATSCH
SST
SSS
SWI

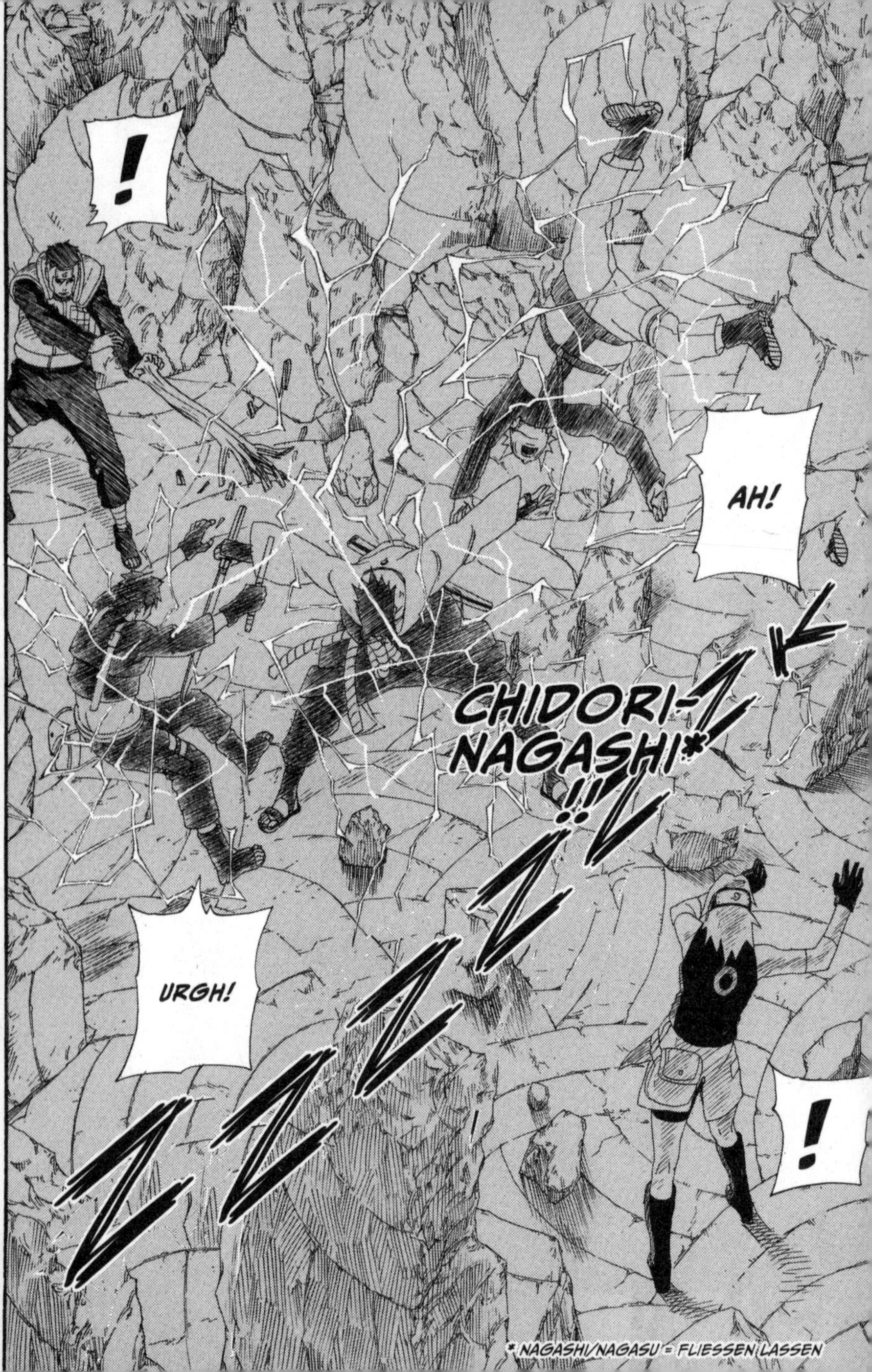
!
AH!
CHIDORI-NAGASHI*!!
URGH!
!
* NAGASHI/NAGASU = FLIESSEN LASSEN

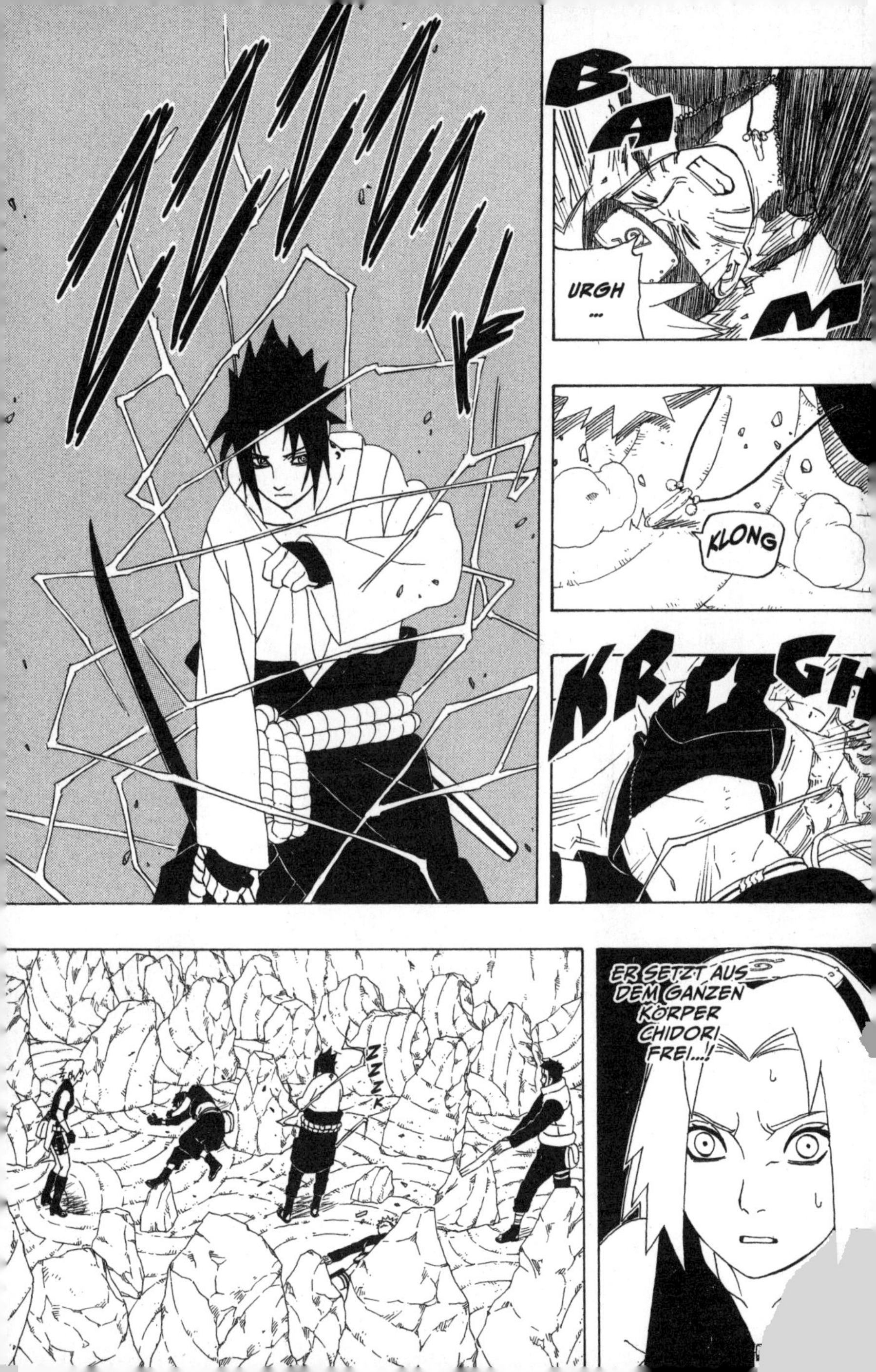
BAM
URGH ...
KLONG
ER SETZT AUS DEM GANZEN KÖRPER CHIDORI FREI...!!
ZZZK

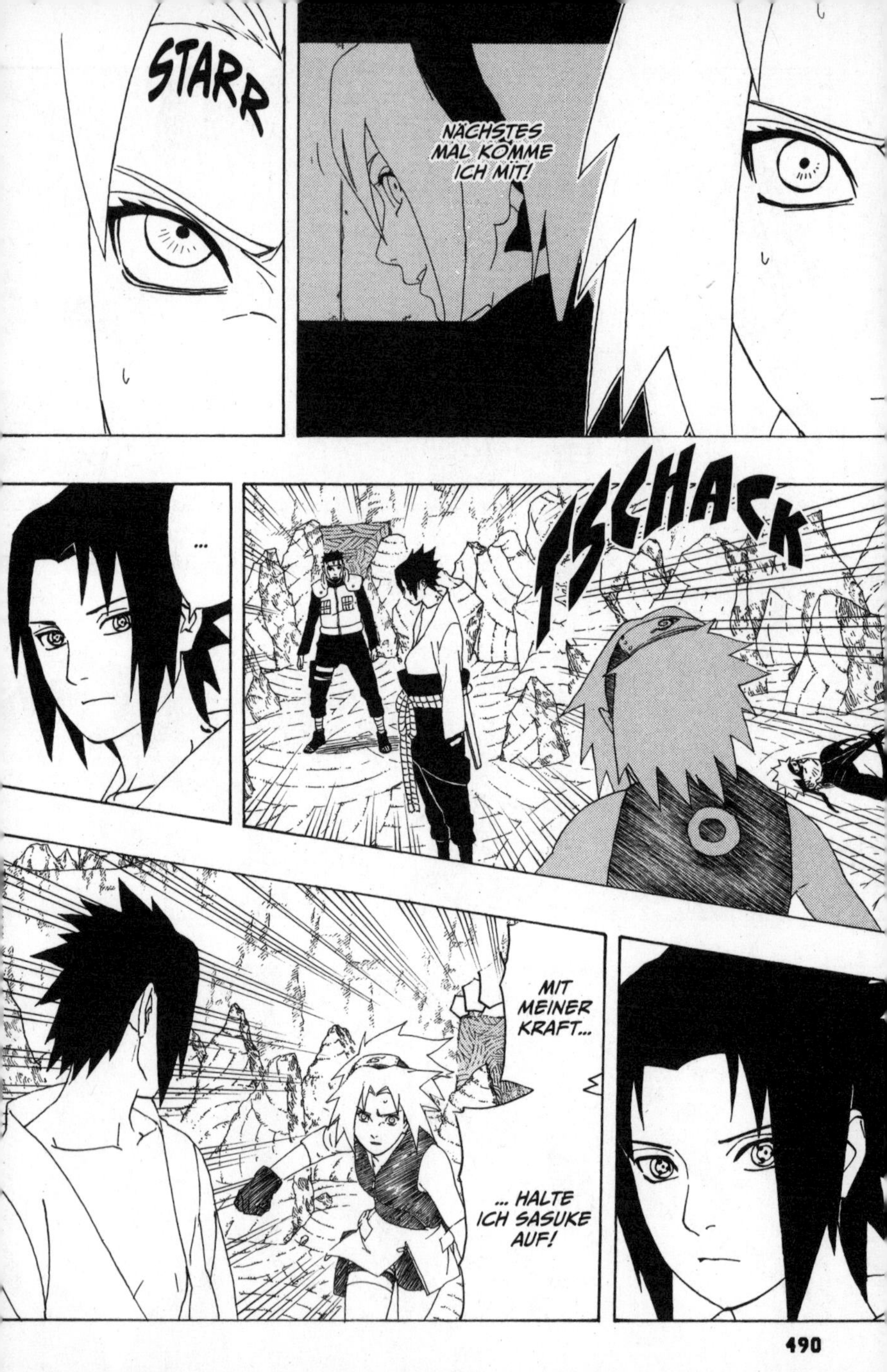

NÄCHSTES MAL KOMME ICH MIT!
STARR
TSCHACK
...
MIT MEINER KRAFT...
... HALTE ICH SASUKE AUF!

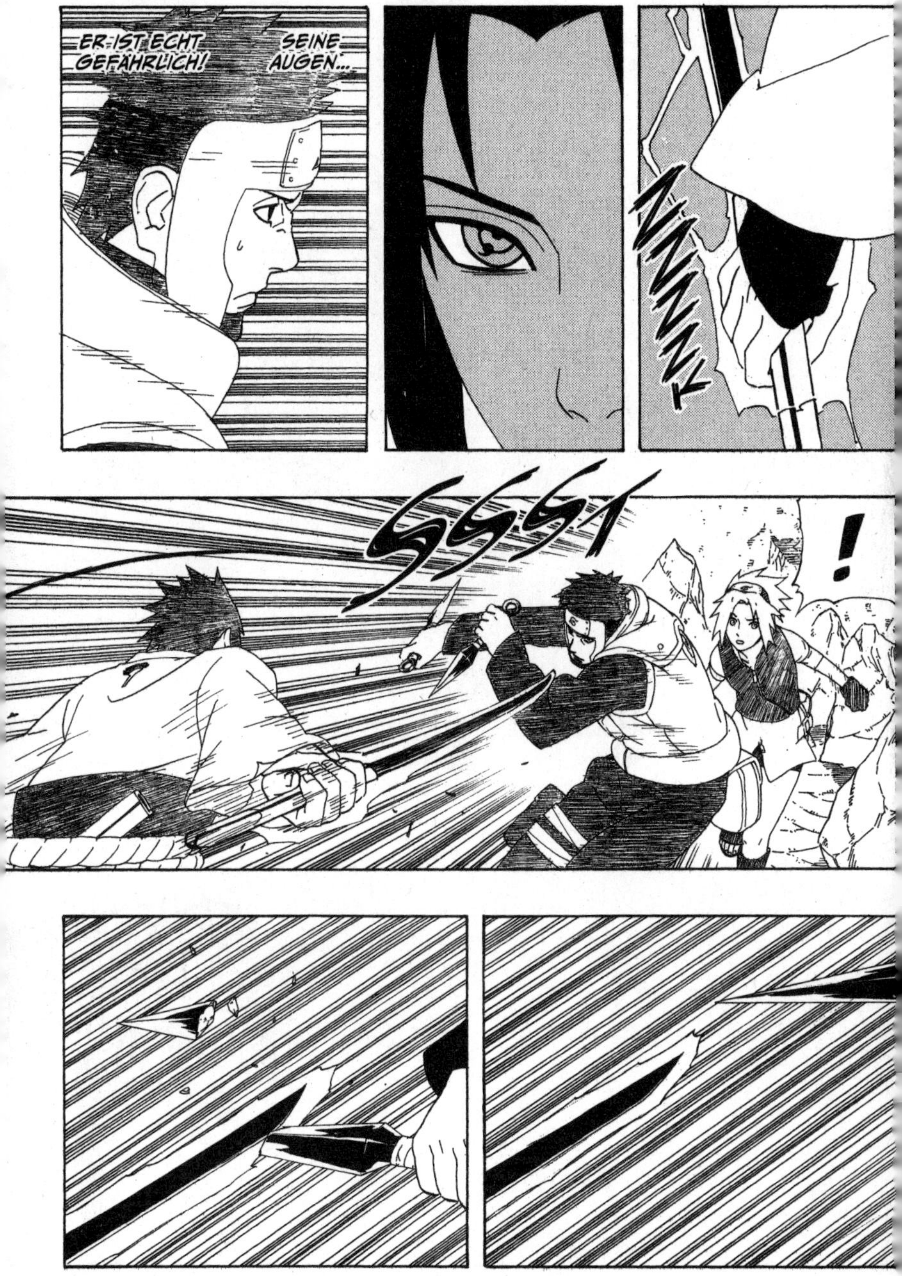

SEINE AUGEN...
ER IST ECHT GEFÄHRLICH!
ZZZZZK
SSSST
!

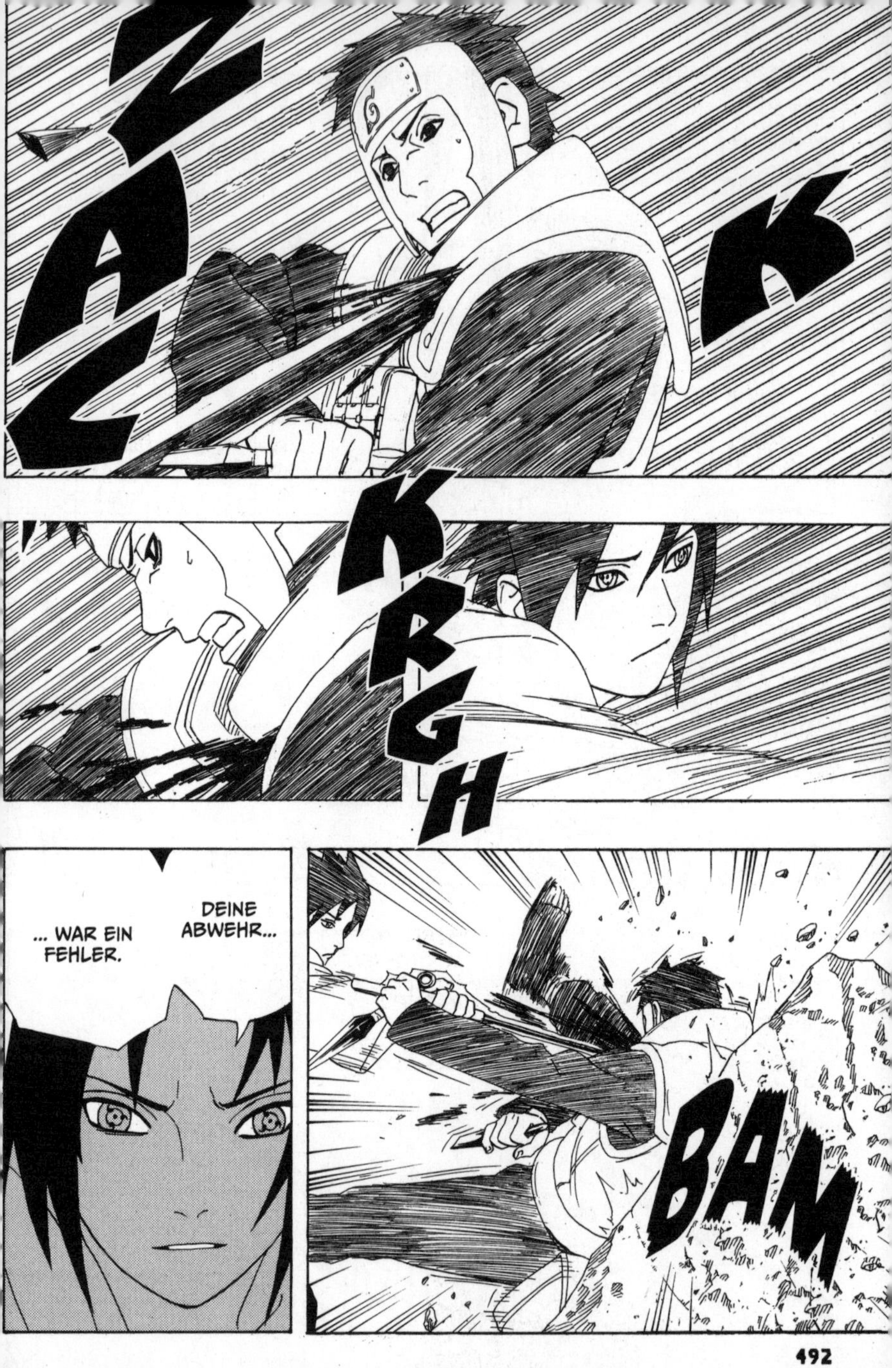
ZACK
KRGH
DEINE ABWEHR...
... WAR EIN FEHLER.
BAM

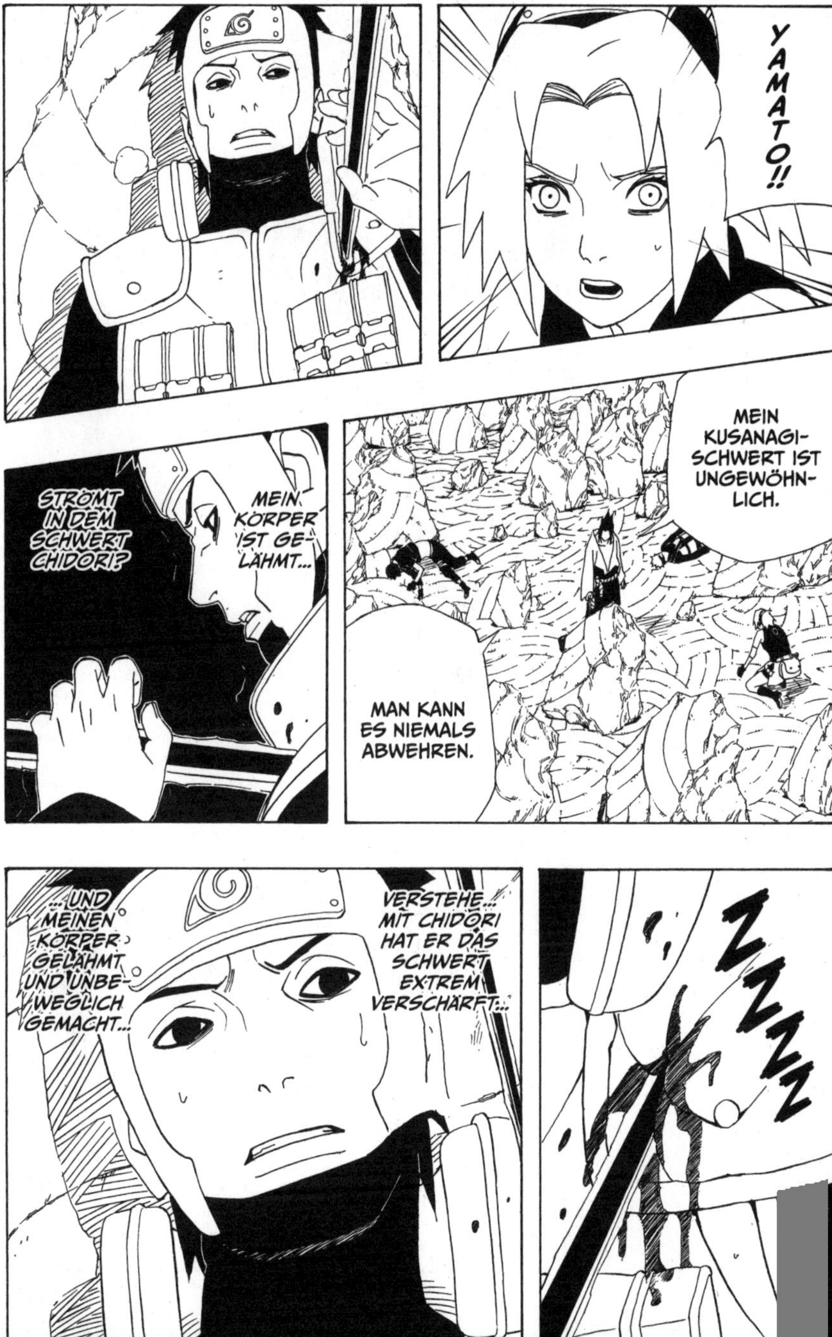
YAMATO!!
MEIN KUSANAGI-SCHWERT IST UNGEWÖHNLICH.
MAN KANN ES NIEMALS ABWEHREN.
MEIN KÖRPER IST GELÄHMT...
STRÖMT IN DEM SCHWERT CHIDORI?
ZZZZ
VERSTEHE... MIT CHIDORI HAT ER DAS SCHWERT EXTREM VERSCHÄRFT...
...UND MEINEN KÖRPER GELÄHMT UND UNBEWEGLICH GEMACHT...

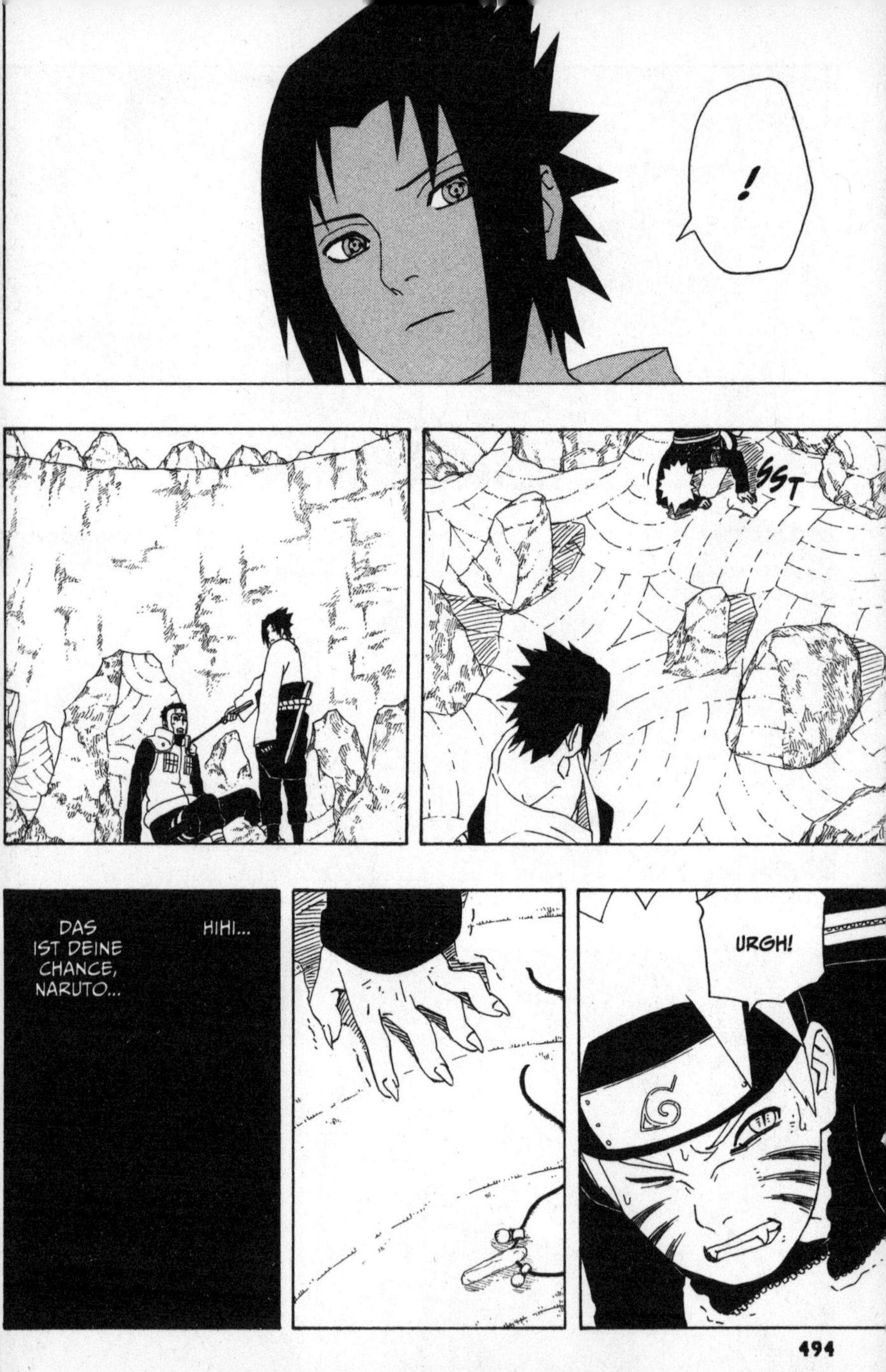
!
SST
URGH!
HIHI...
DAS IST DEINE CHANCE, NARUTO...

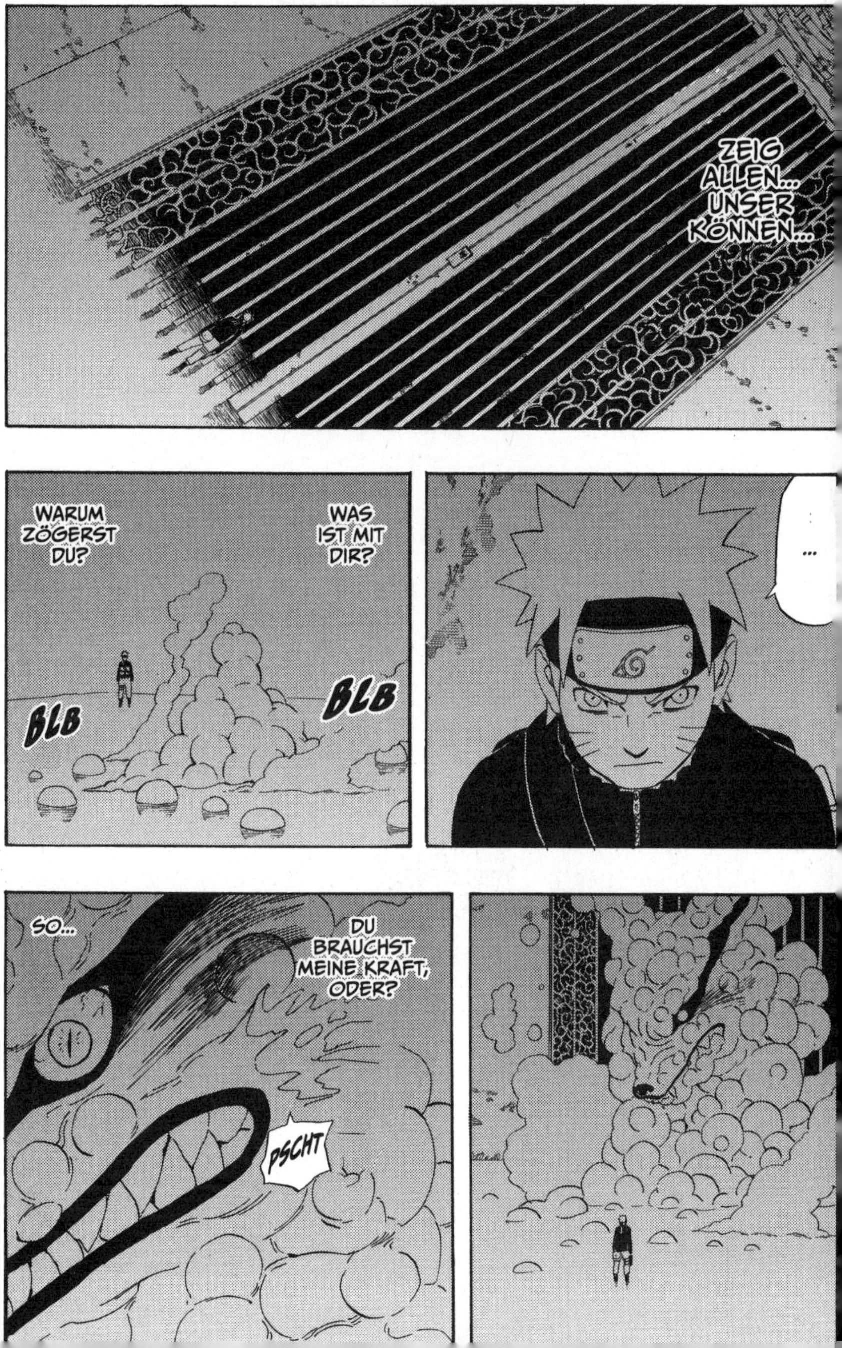

ZEIG ALLEN... UNSER KÖNNEN...
...
WAS IST MIT DIR?
BLB
WARUM ZÖGERST DU?
BLB
DU BRAUCHST MEINE KRAFT, ODER?
SO...
PSCHT

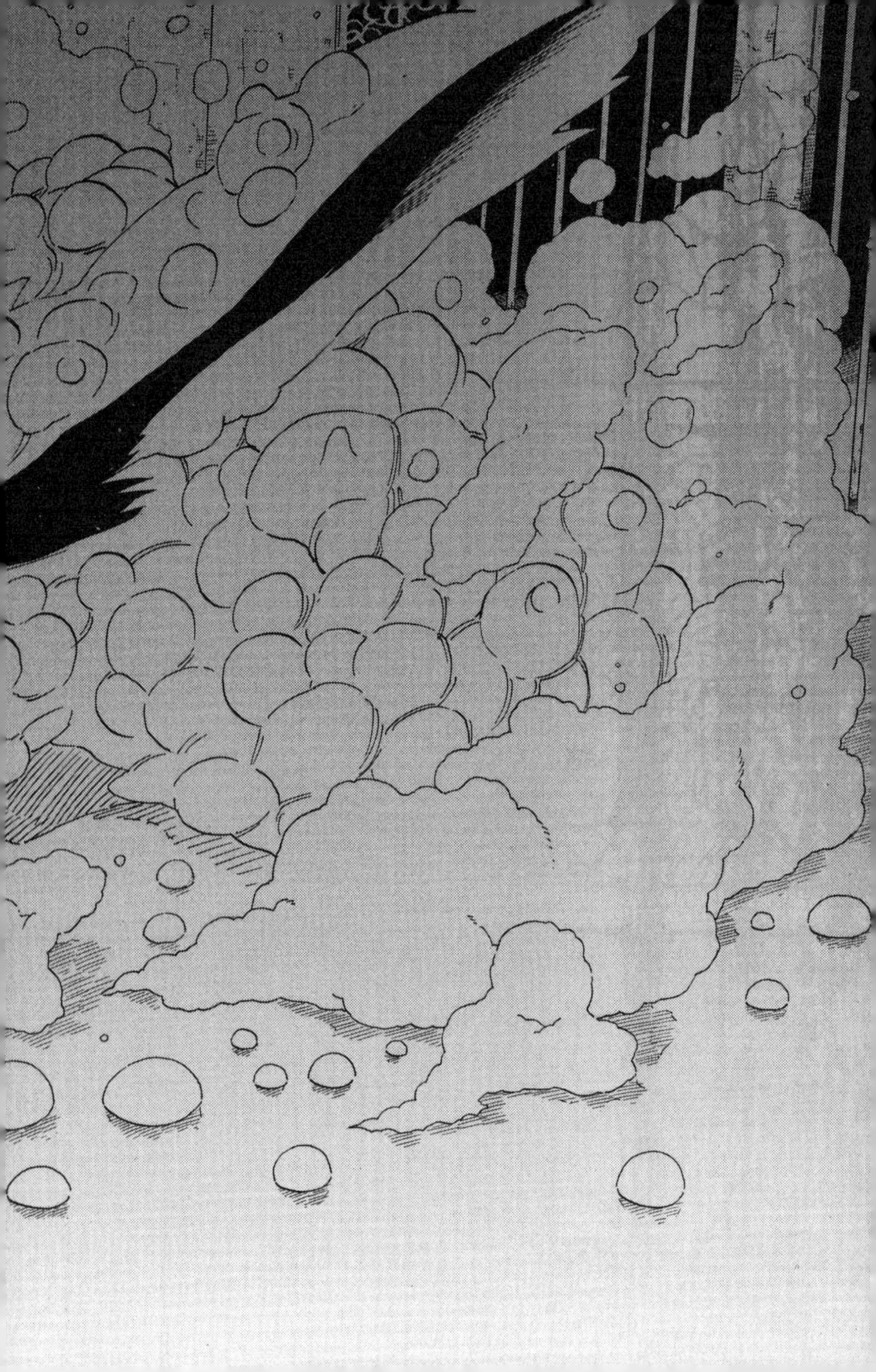

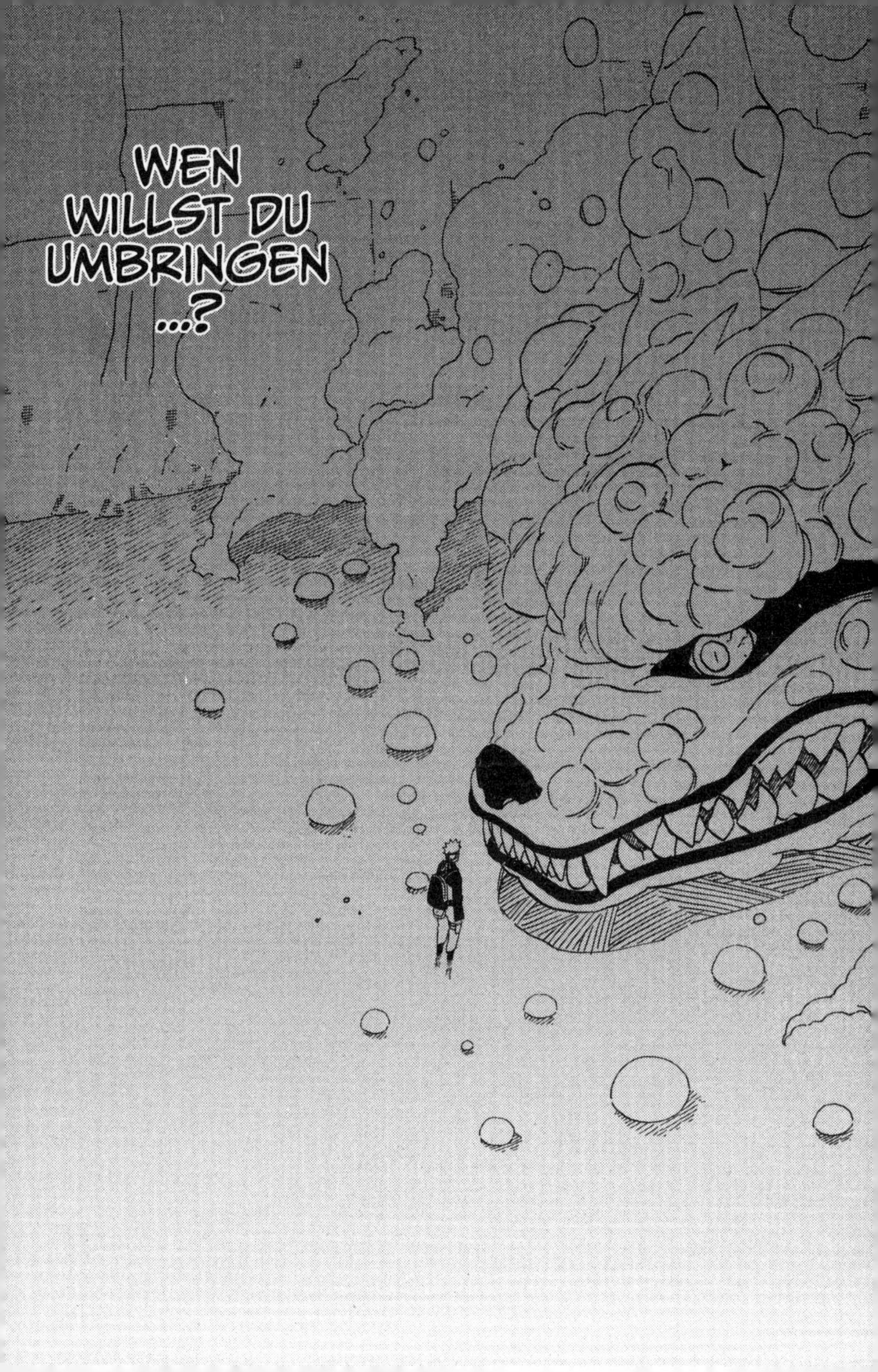
WEN WILLST DU UMBRINGEN ...?

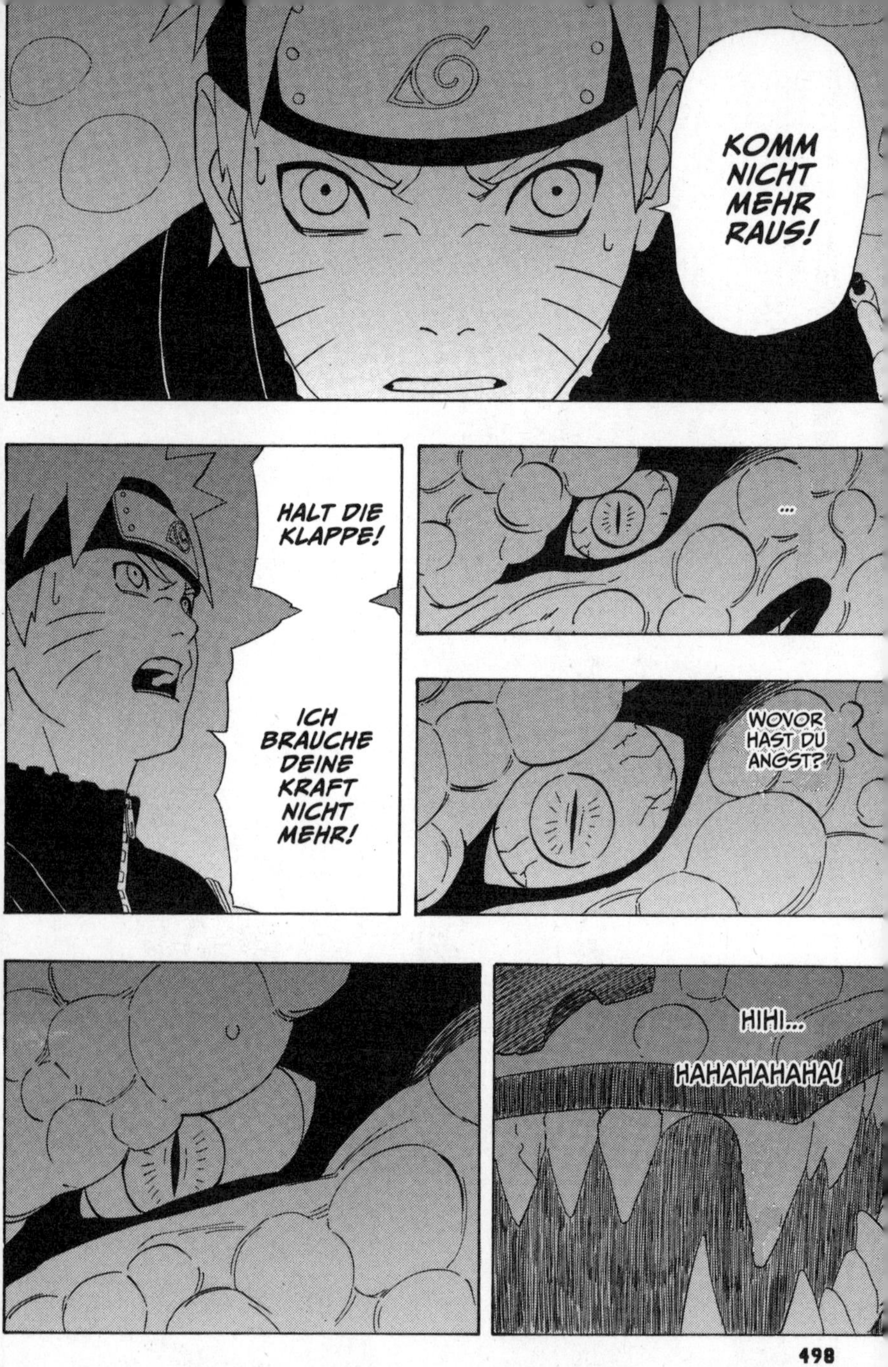
KOMM NICHT MEHR RAUS!
HALT DIE KLAPPE!
ICH BRAUCHE DEINE KRAFT NICHT MEHR!
...
WOVOR HAST DU ANGST?
HIHI...
HAHAHAHAHA!

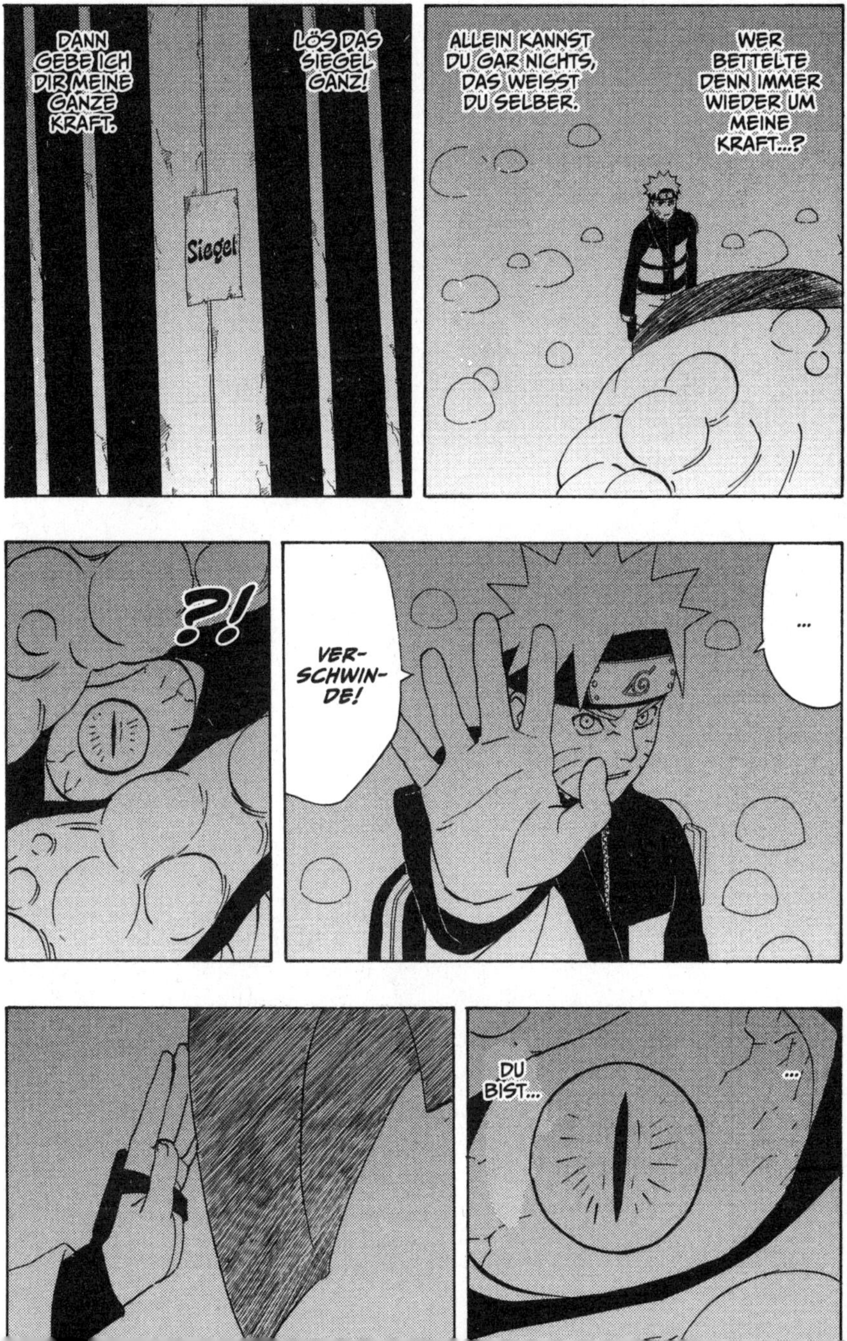
WER BETTELTE DENN IMMER WIEDER UM MEINE KRAFT...?
ALLEIN KANNST DU GAR NICHTS, DAS WEISST DU SELBER.
LÖS DAS SIEGEL GANZ!
DANN GEBE ICH DIR MEINE GANZE KRAFT.
Siegel
...
VER-SCHWIN-DE!
?!
...
DU BIST...

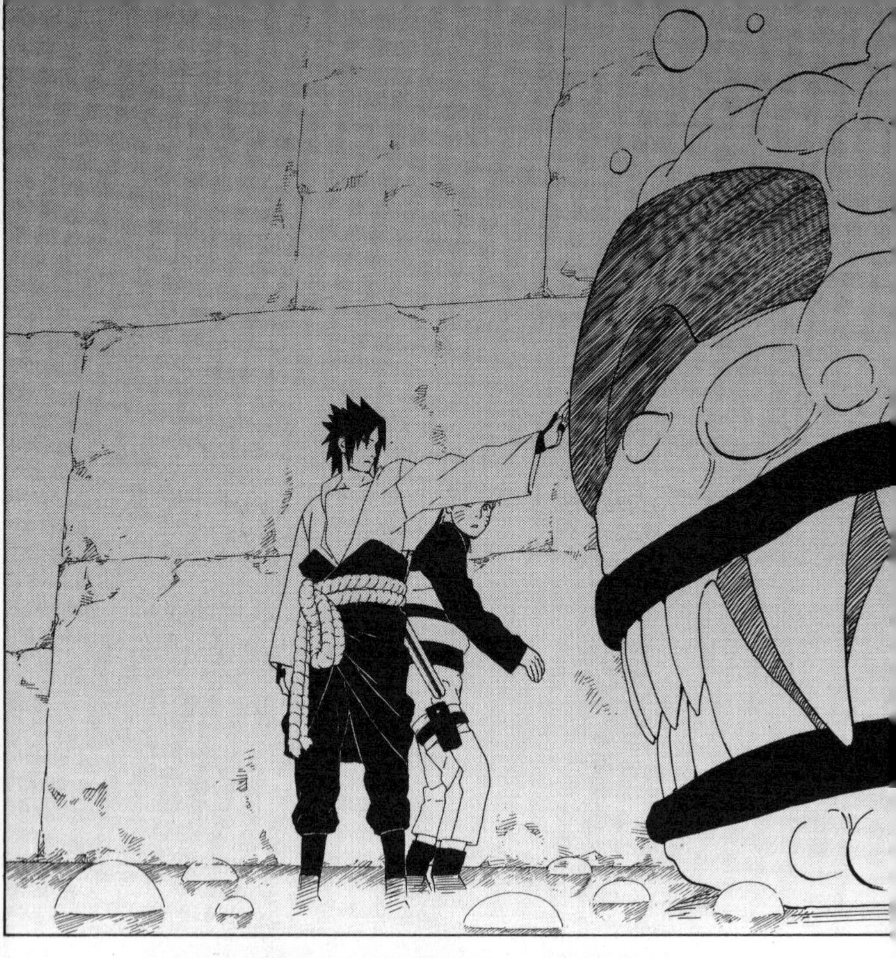

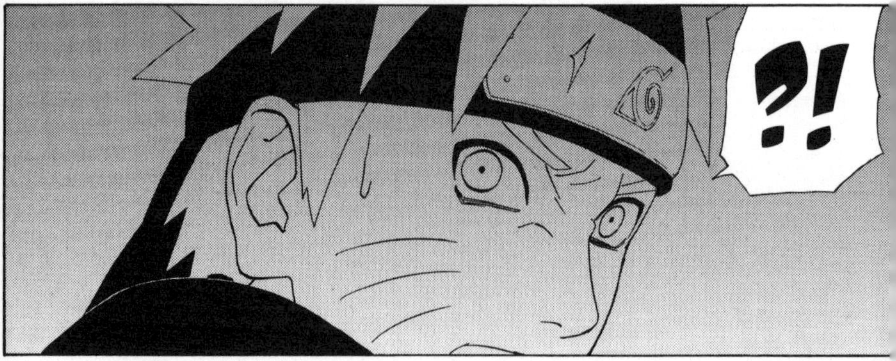

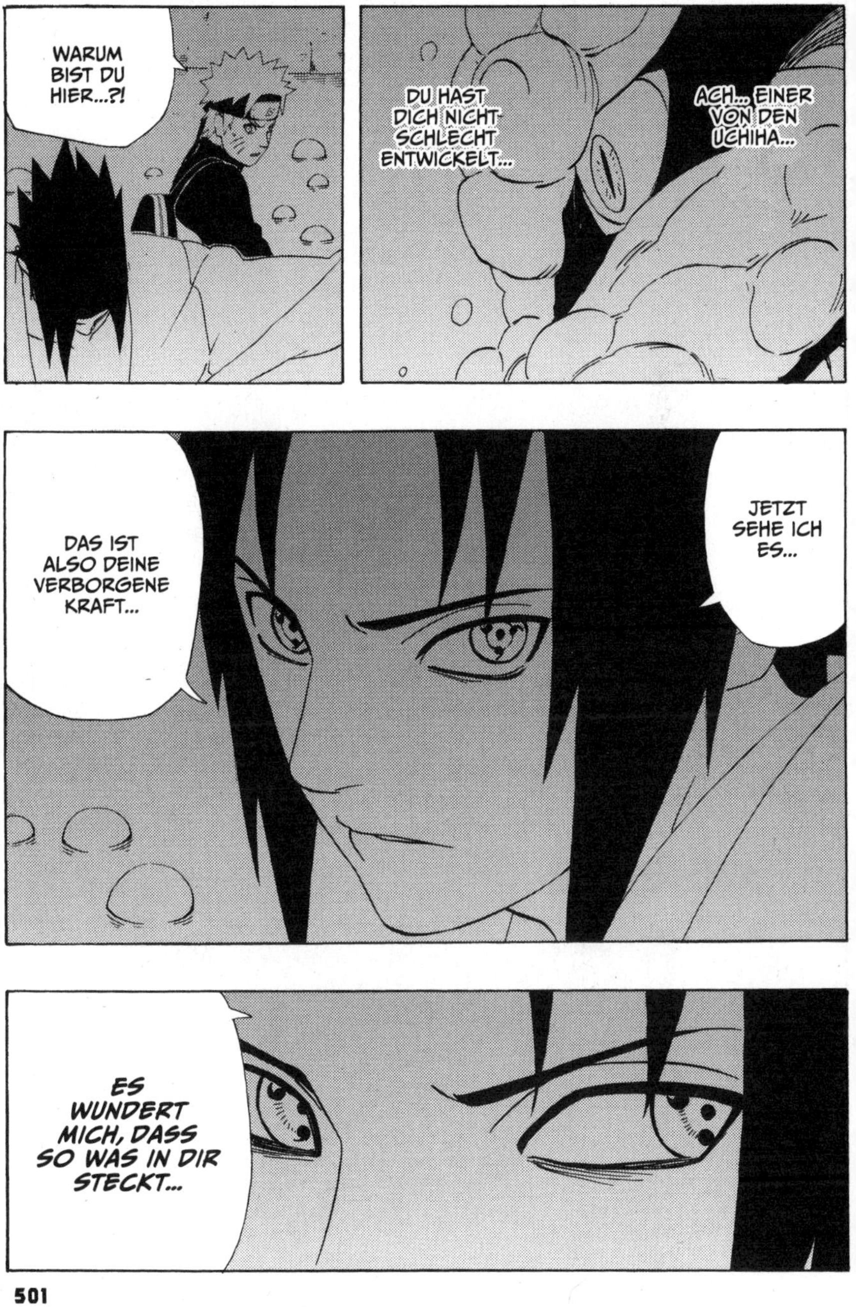
ACH... EINER VON DEN UCHIHA...
DU HAST DICH NICHT SCHLECHT ENTWICKELT...
WARUM BIST DU HIER...?!
JETZT SEHE ICH ES...
DAS IST ALSO DEINE VERBORGENE KRAFT...
ES WUNDERT MICH, DASS SO WAS IN DIR STECKT...

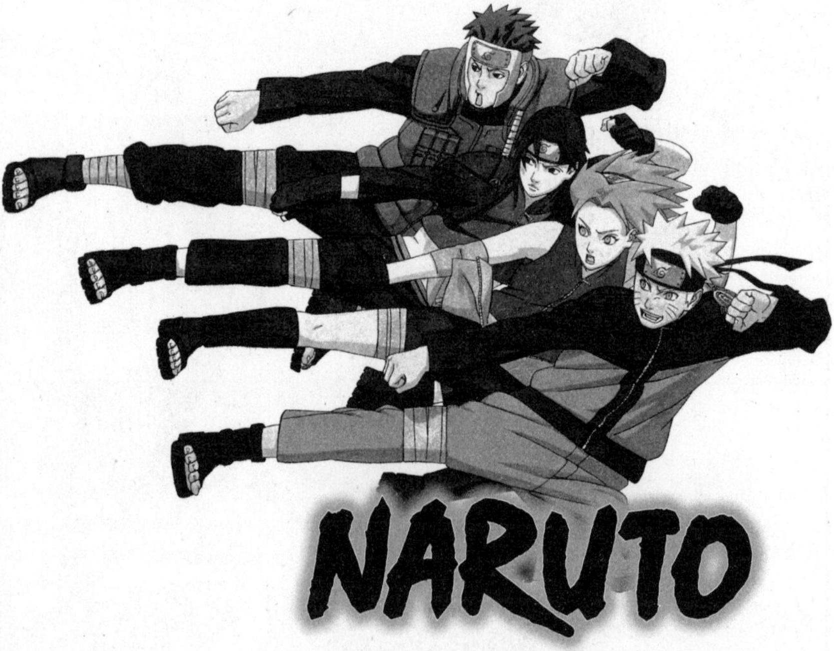

NARUTO

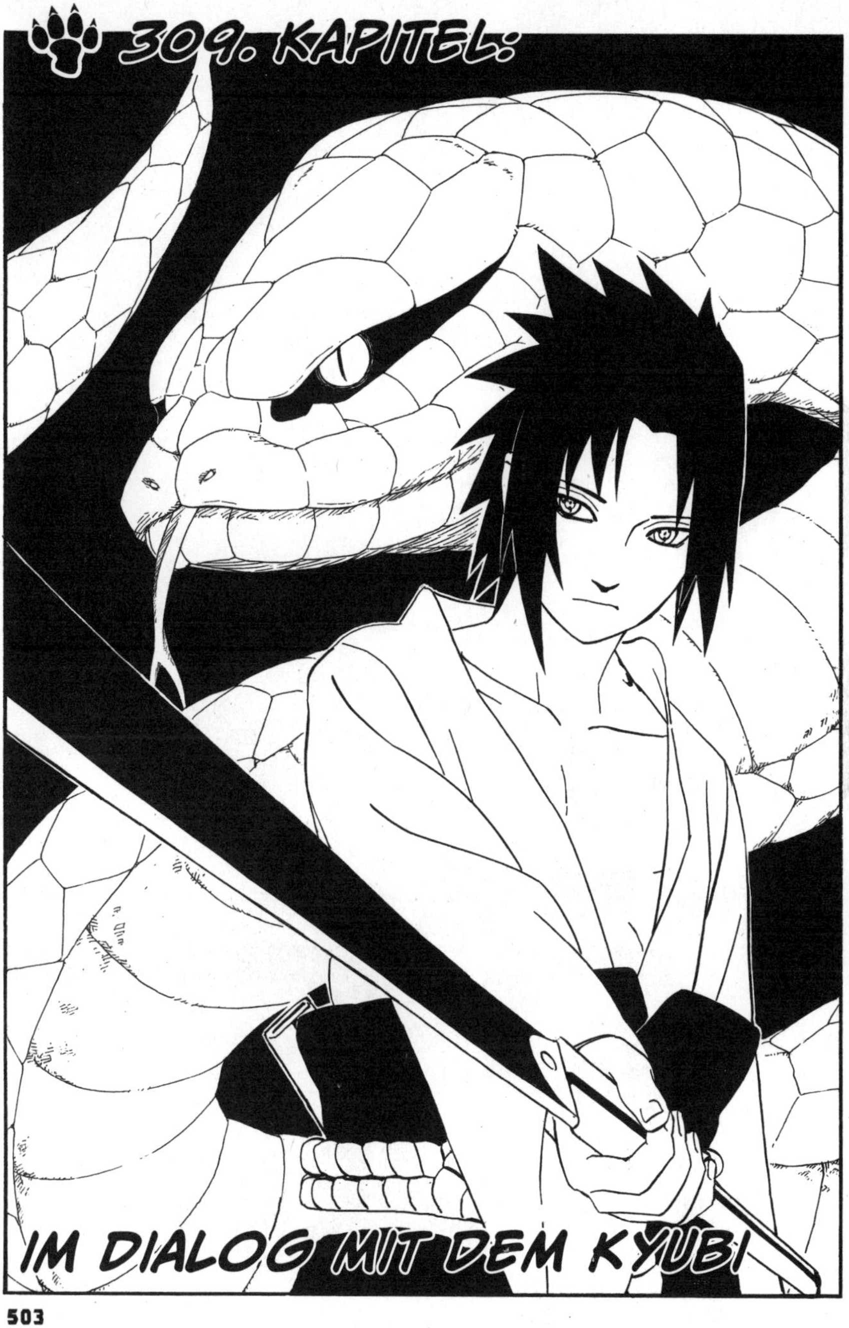
309. KAPITEL:
IM DIALOG MIT DEM KYUBI

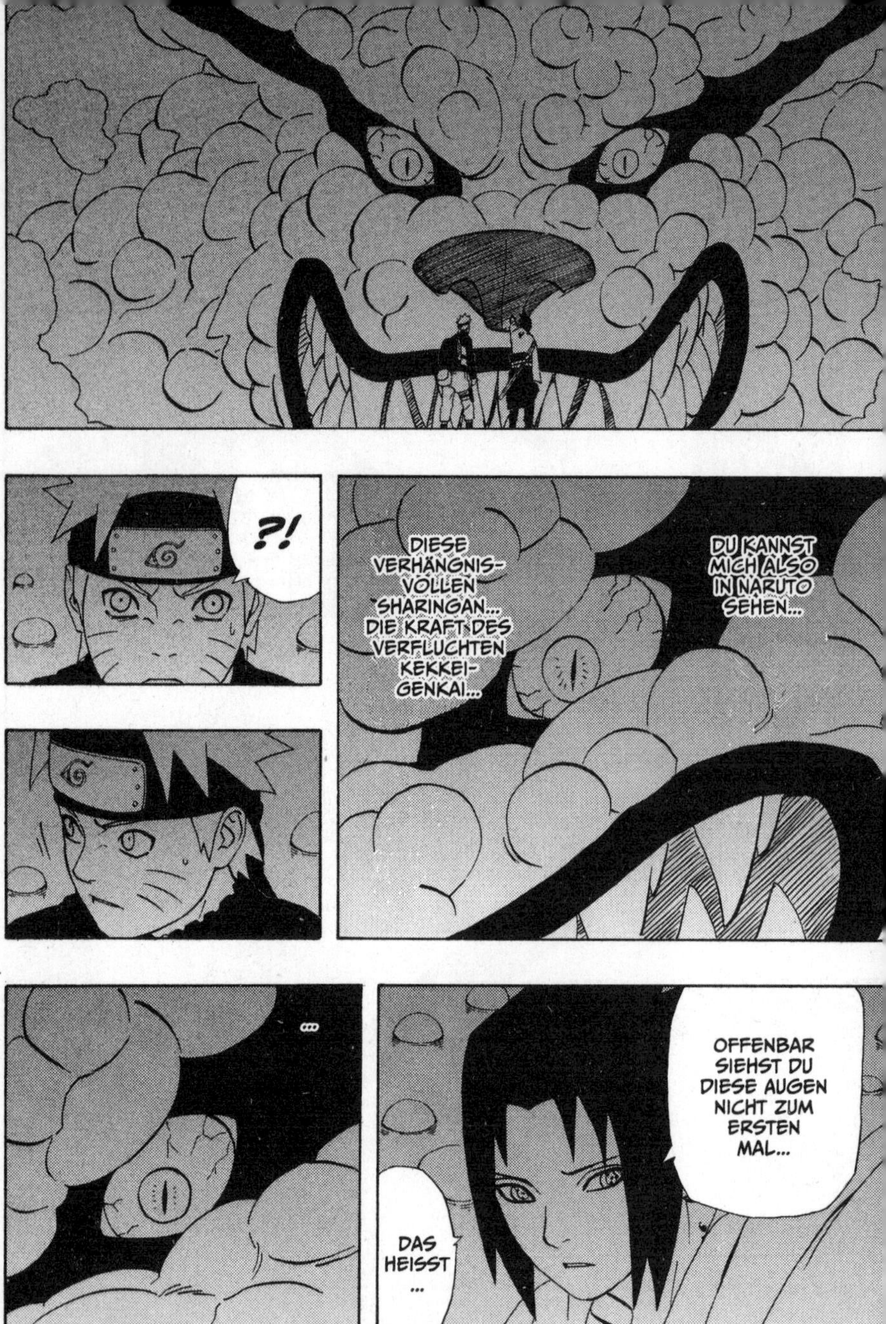
DU KANNST MICH ALSO IN NARUTO SEHEN...
DIESE VERHÄNGNIS-VOLLEN SHARINGAN... DIE KRAFT DES VERFLUCHTEN KEKKEI-GENKAI...
?!
OFFENBAR SIEHST DU DIESE AUGEN NICHT ZUM ERSTEN MAL...
DAS HEISST ...
...

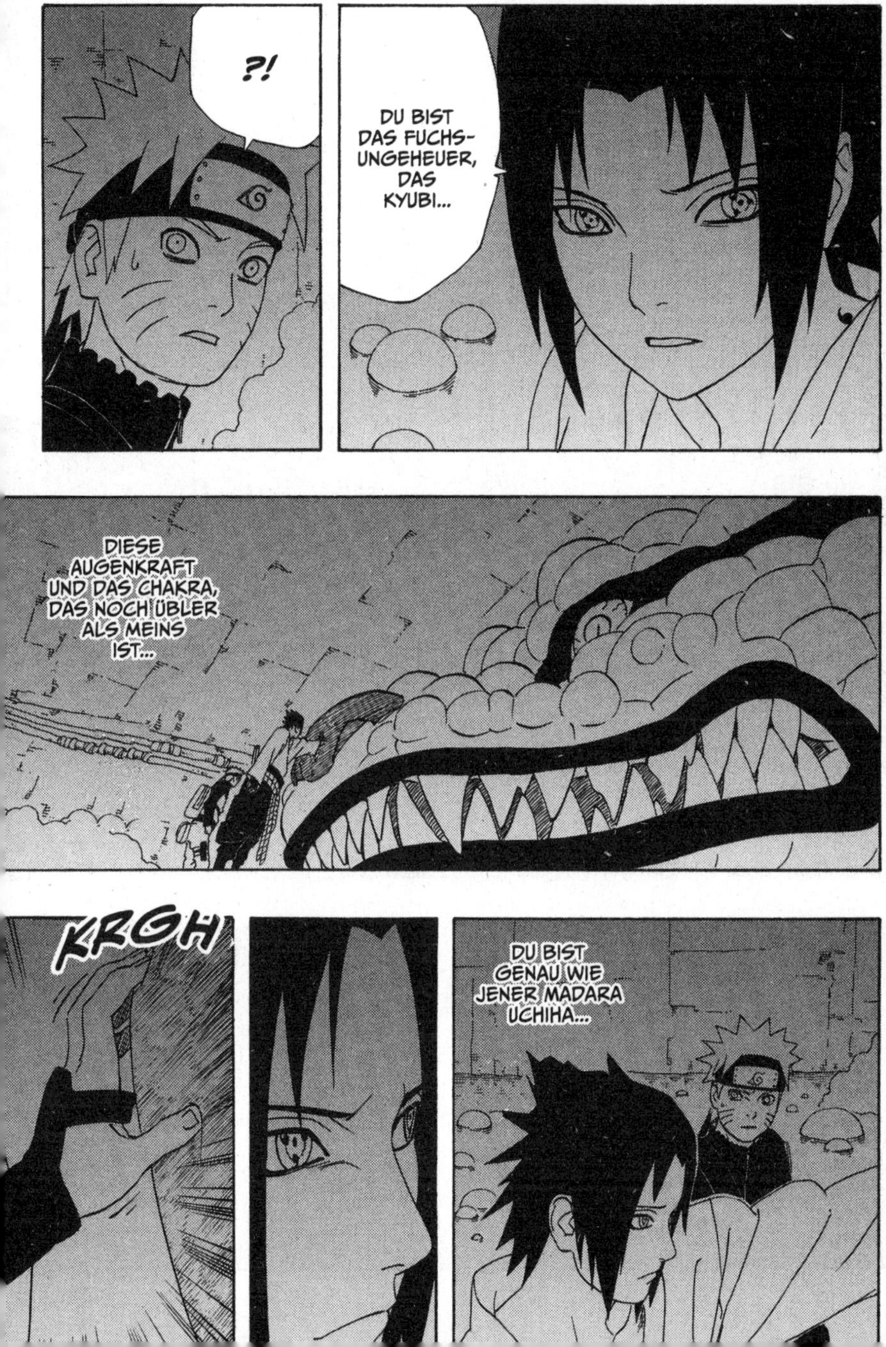
DU BIST DAS FUCHS-UNGEHEUER, DAS KYUBI...
?!
DIESE AUGENKRAFT UND DAS CHAKRA, DAS NOCH ÜBLER ALS MEINS IST...
KRGH
DU BIST GENAU WIE JENER MADARA UCHIHA...

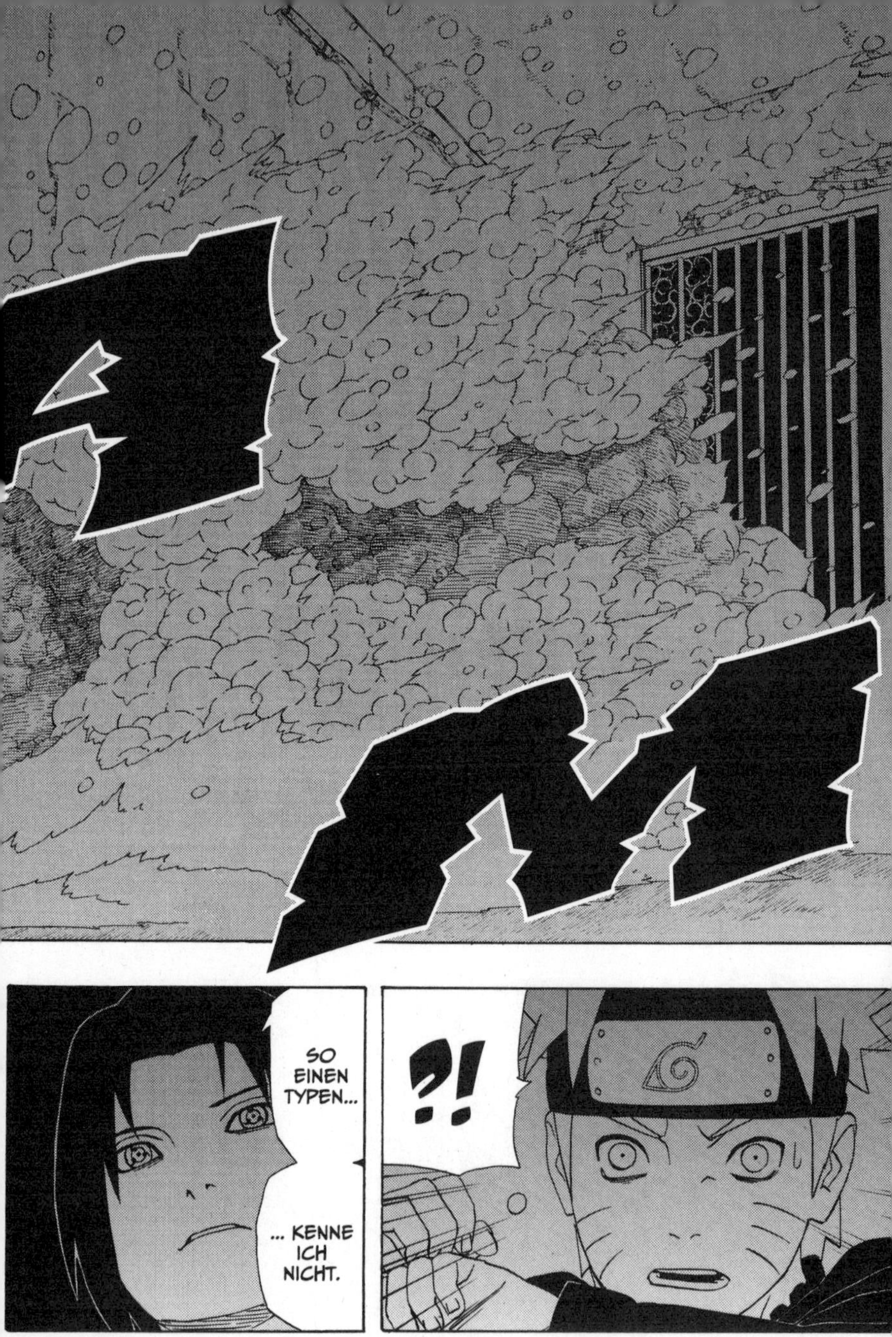
?!
SO EINEN TYPEN...
... KENNE ICH NICHT.

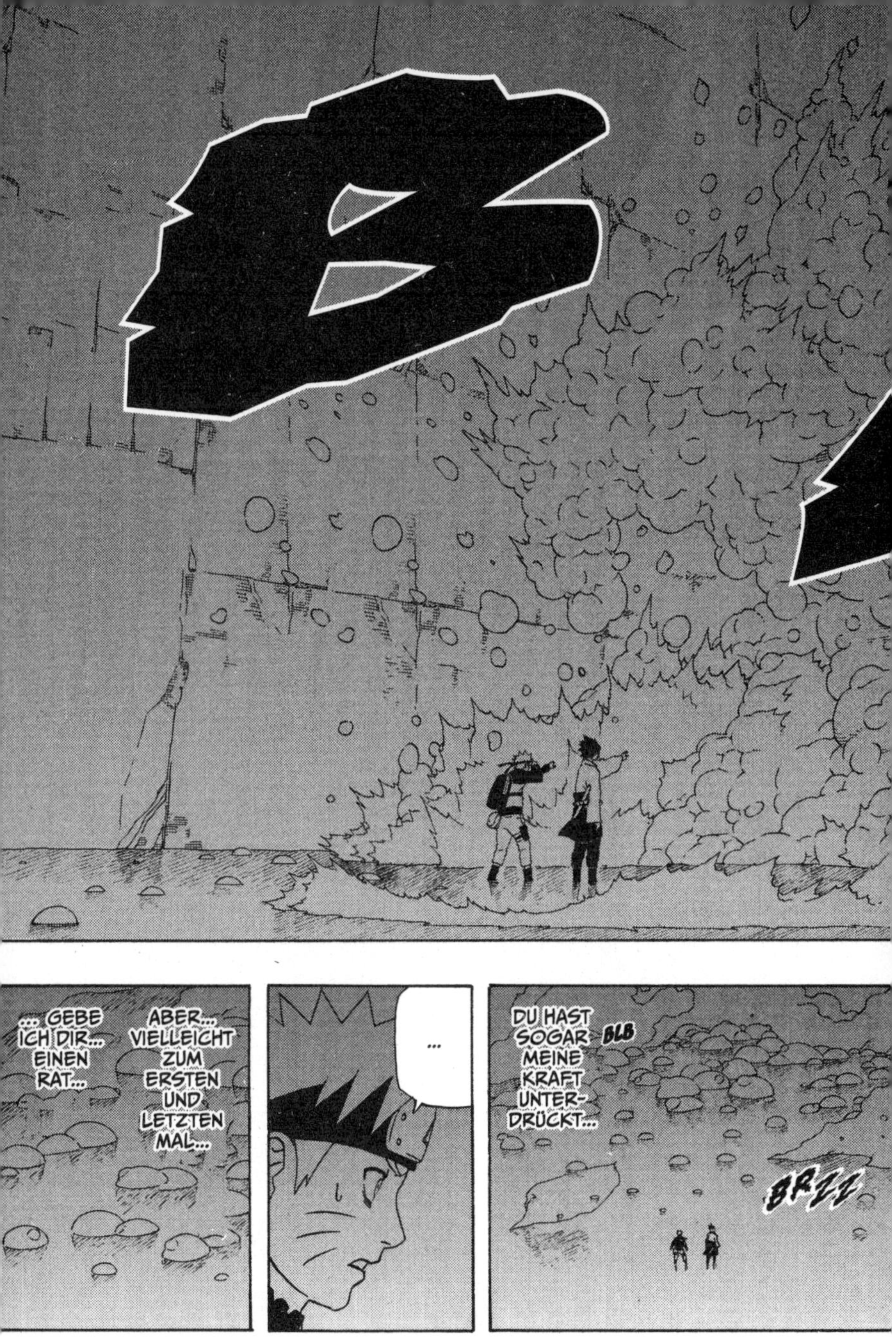
DU HAST SOGAR MEINE KRAFT UNTER-DRÜCKT...
BLB
BRZZ
...
ABER... VIELLEICHT ZUM ERSTEN UND LETZTEN MAL...
... GEBE ICH DIR... EINEN RAT...

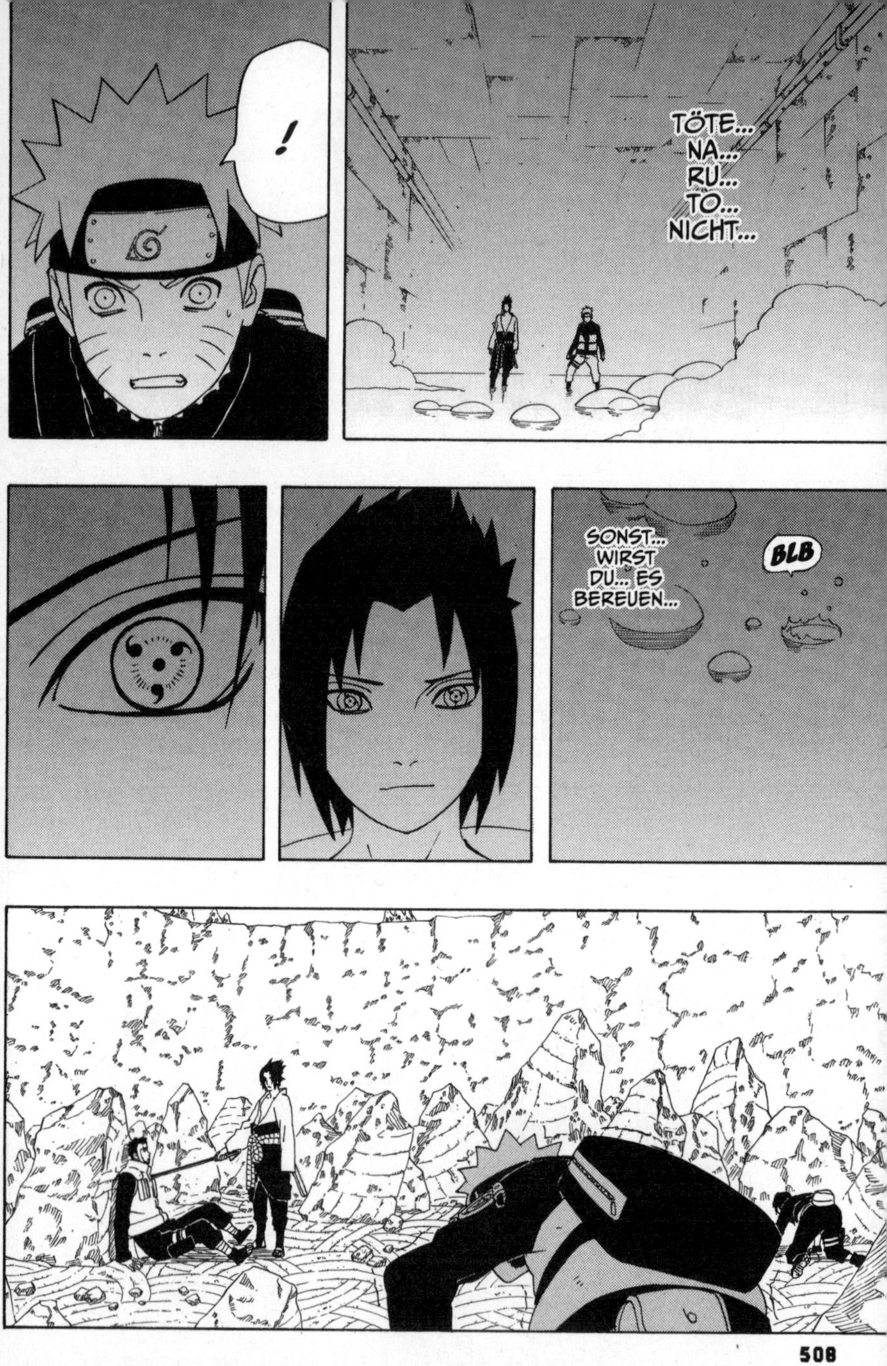
!
TÖTE... NA... RU... TO... NICHT...
BLB
SONST... WIRST DU... ES BEREUEN...

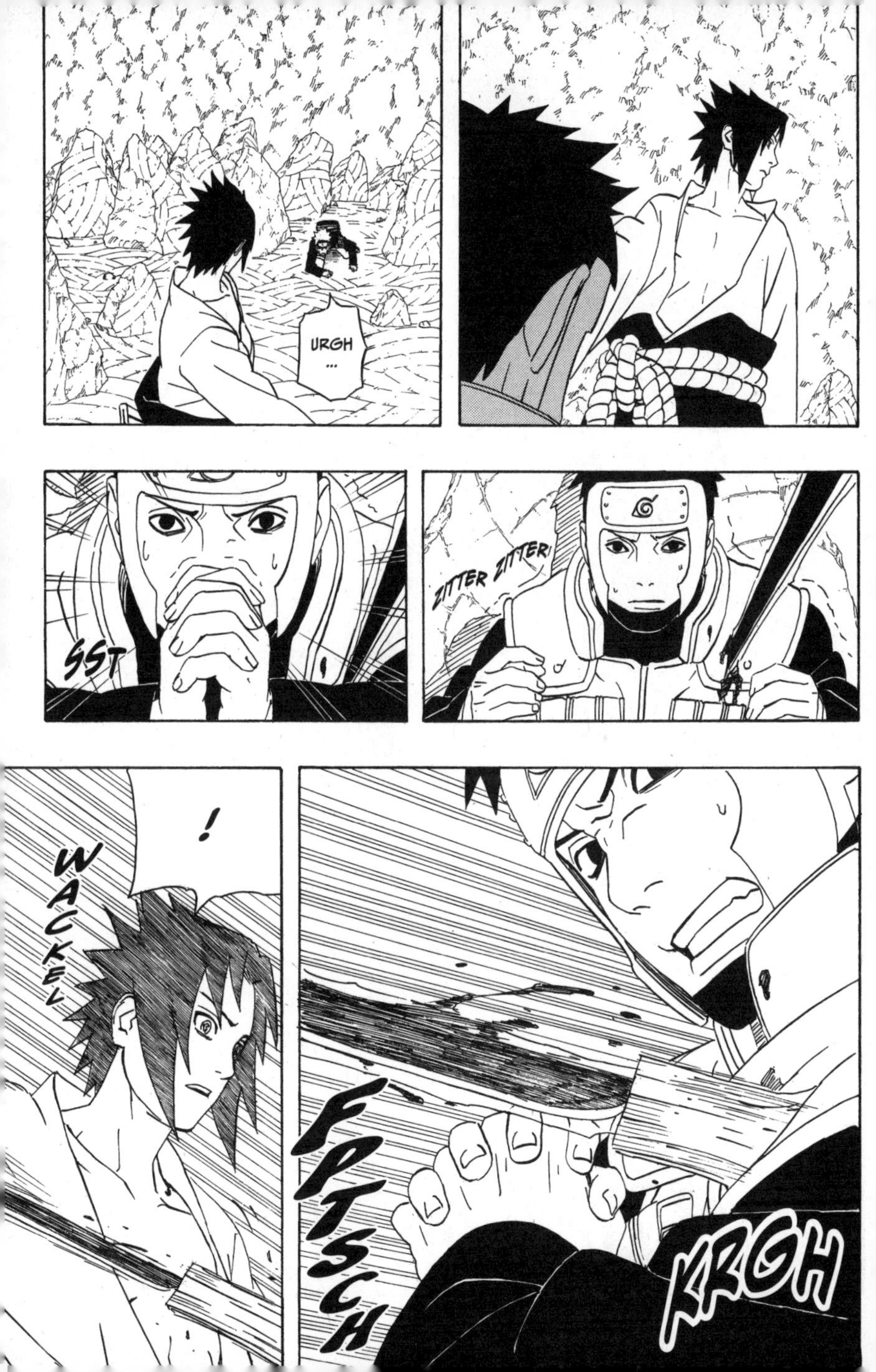
URGH …
SST
ZITTER ZITTER
!
WACKEL
KRGH
FPTSCH

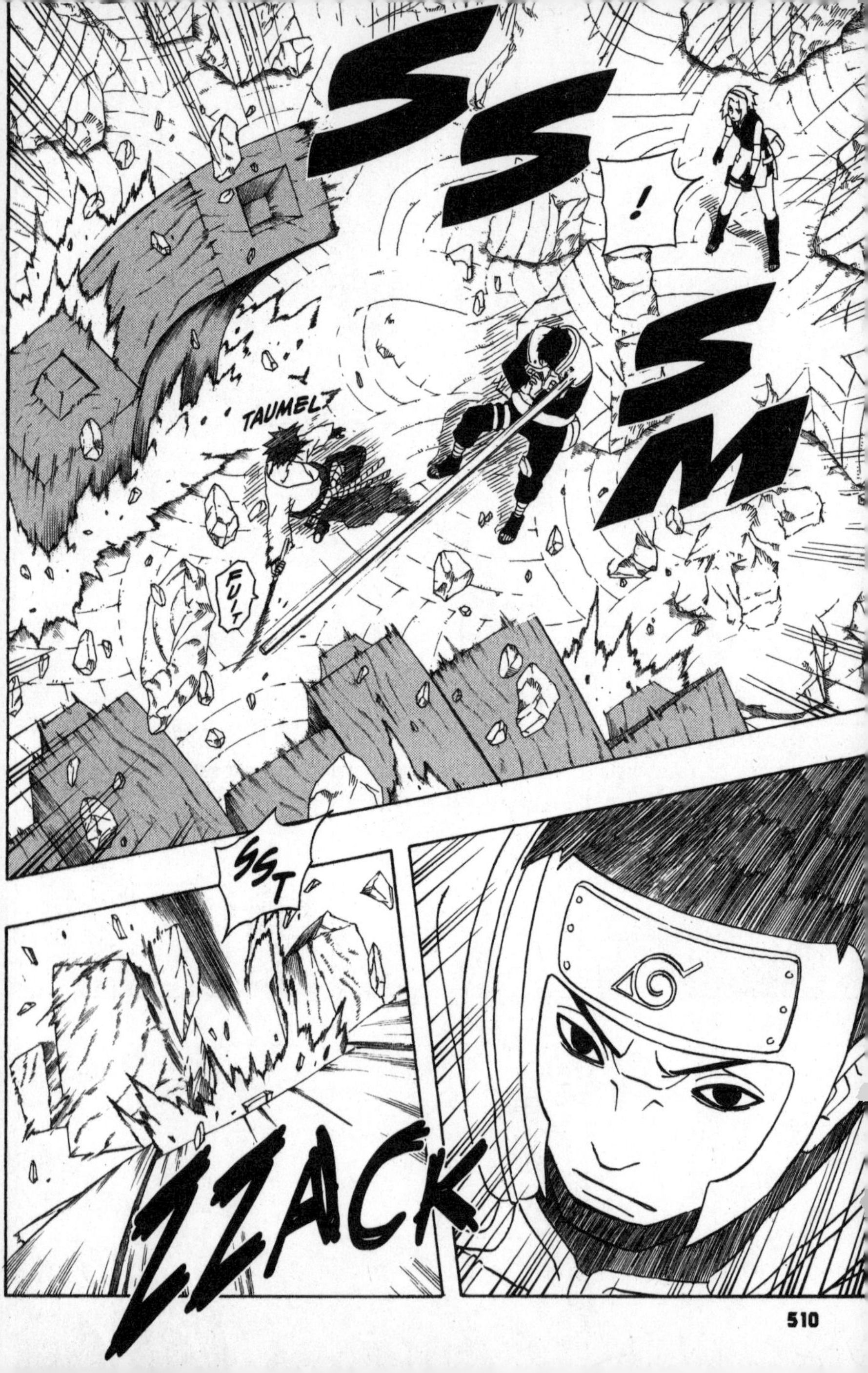
SS
!
SM
TAUMEL
FUIT
SST
ZZACK

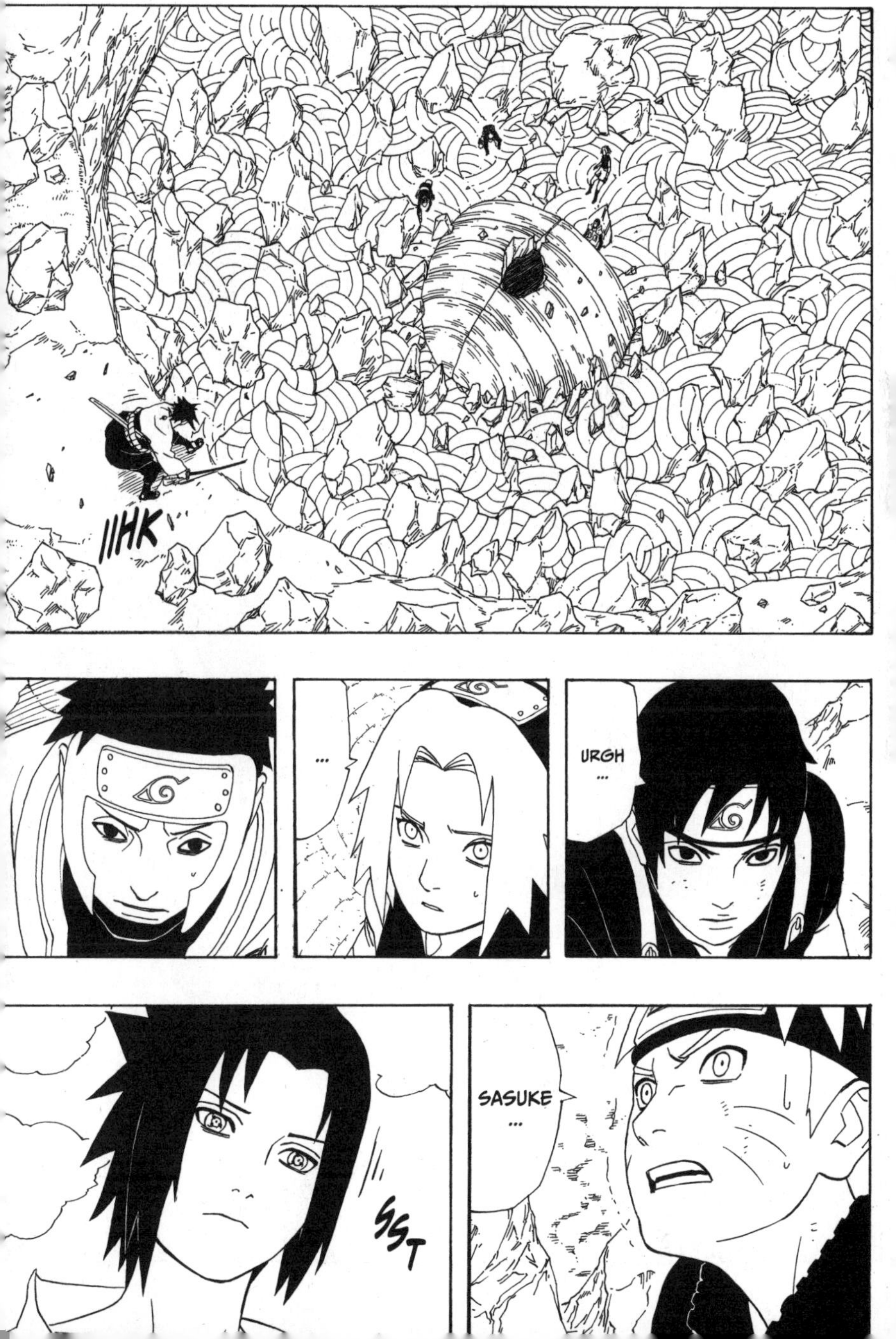

IIHK
...
URGH ...
SASUKE ...
SST

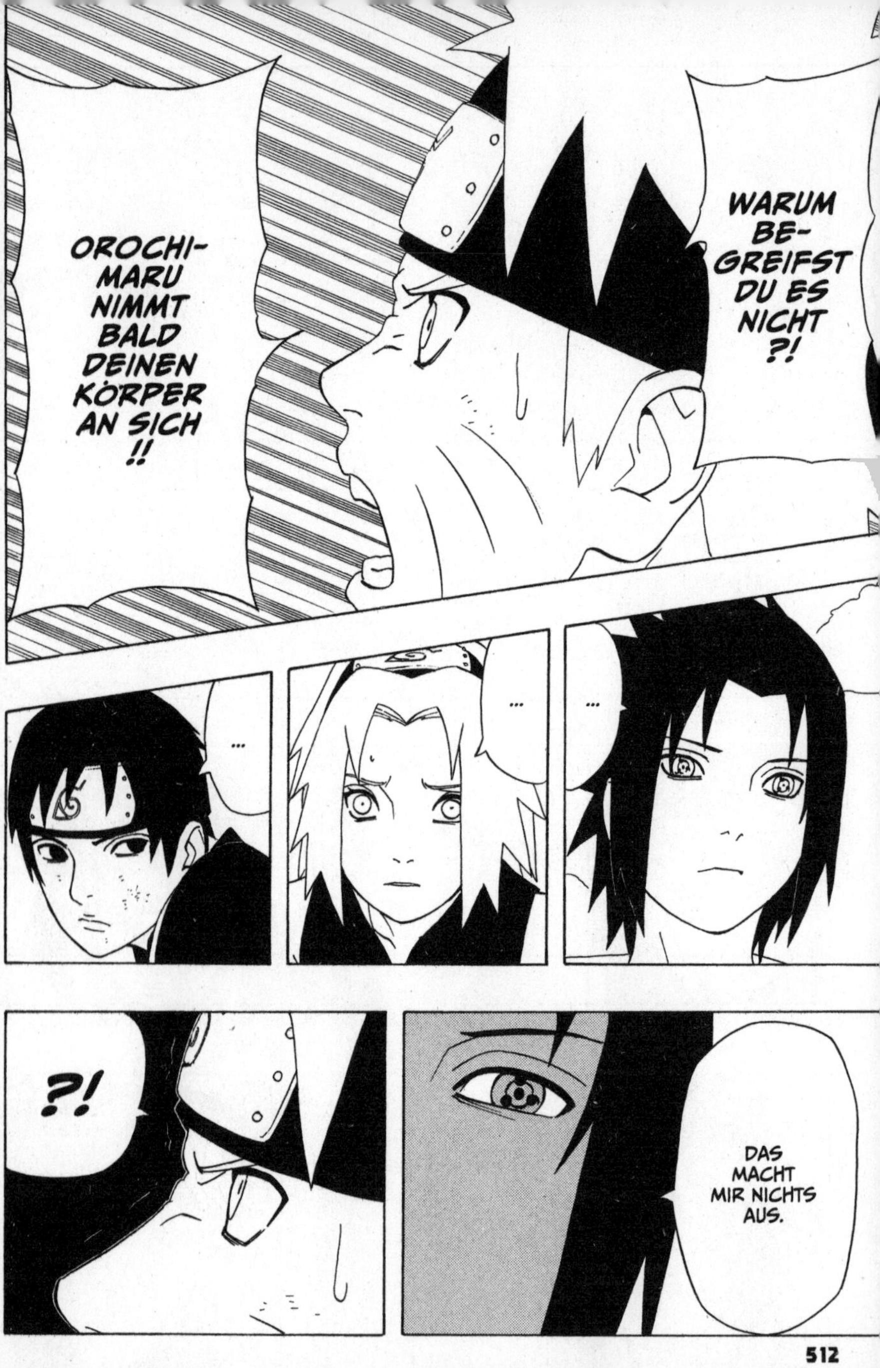
WARUM BE-GREIFST DU ES NICHT ?!
OROCHI-MARU NIMMT BALD DEINEN KÖRPER AN SICH !!
...
...
...
DAS MACHT MIR NICHTS AUS.
?!

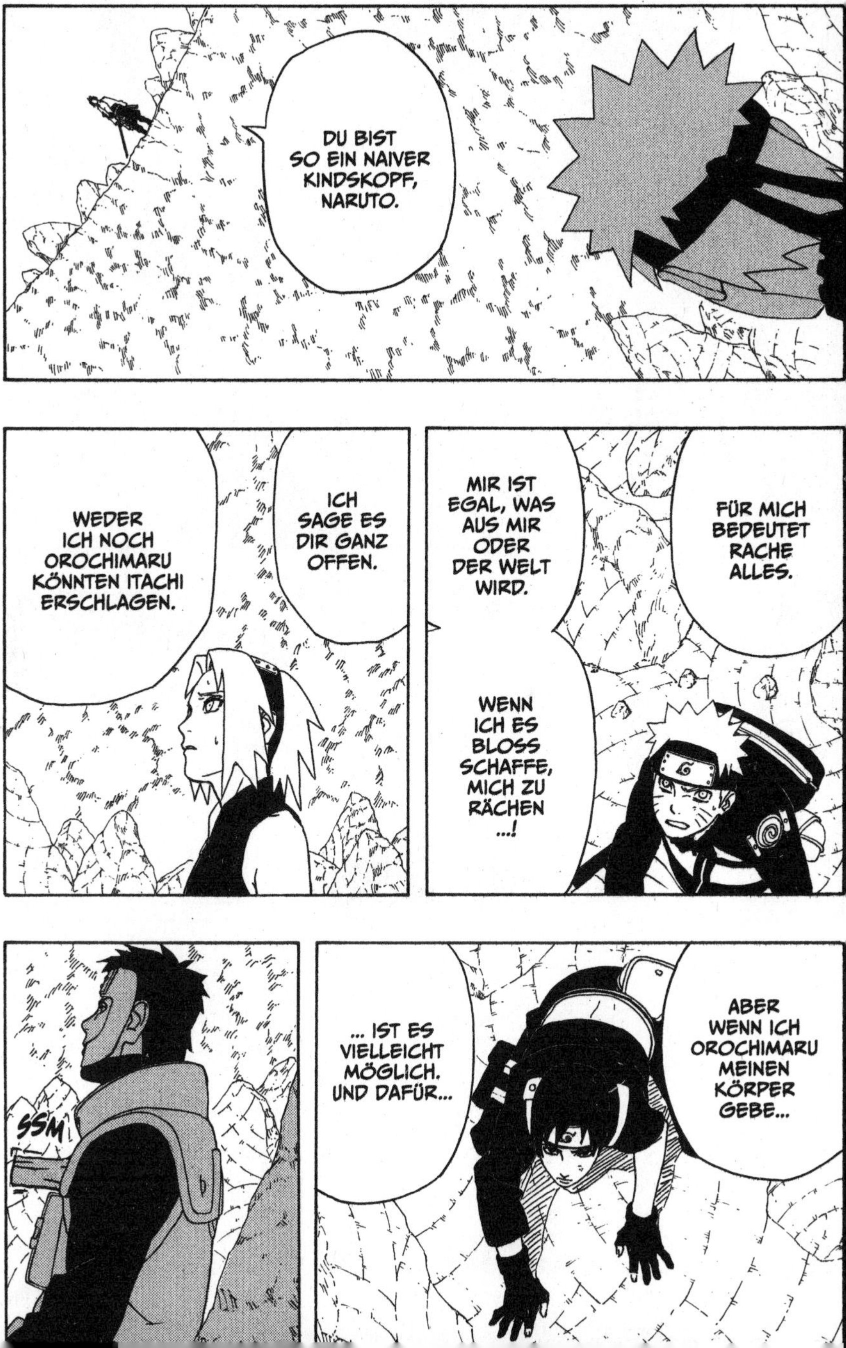
DU BIST SO EIN NAIVER KINDSKOPF, NARUTO.
FÜR MICH BEDEUTET RACHE ALLES.
MIR IST EGAL, WAS AUS MIR ODER DER WELT WIRD.
WENN ICH ES BLOSS SCHAFFE, MICH ZU RÄCHEN ...!
ICH SAGE ES DIR GANZ OFFEN.
WEDER ICH NOCH OROCHIMARU KÖNNTEN ITACHI ERSCHLAGEN.
ABER WENN ICH OROCHIMARU MEINEN KÖRPER GEBE...
... IST ES VIELLEICHT MÖGLICH. UND DAFÜR...
SSM

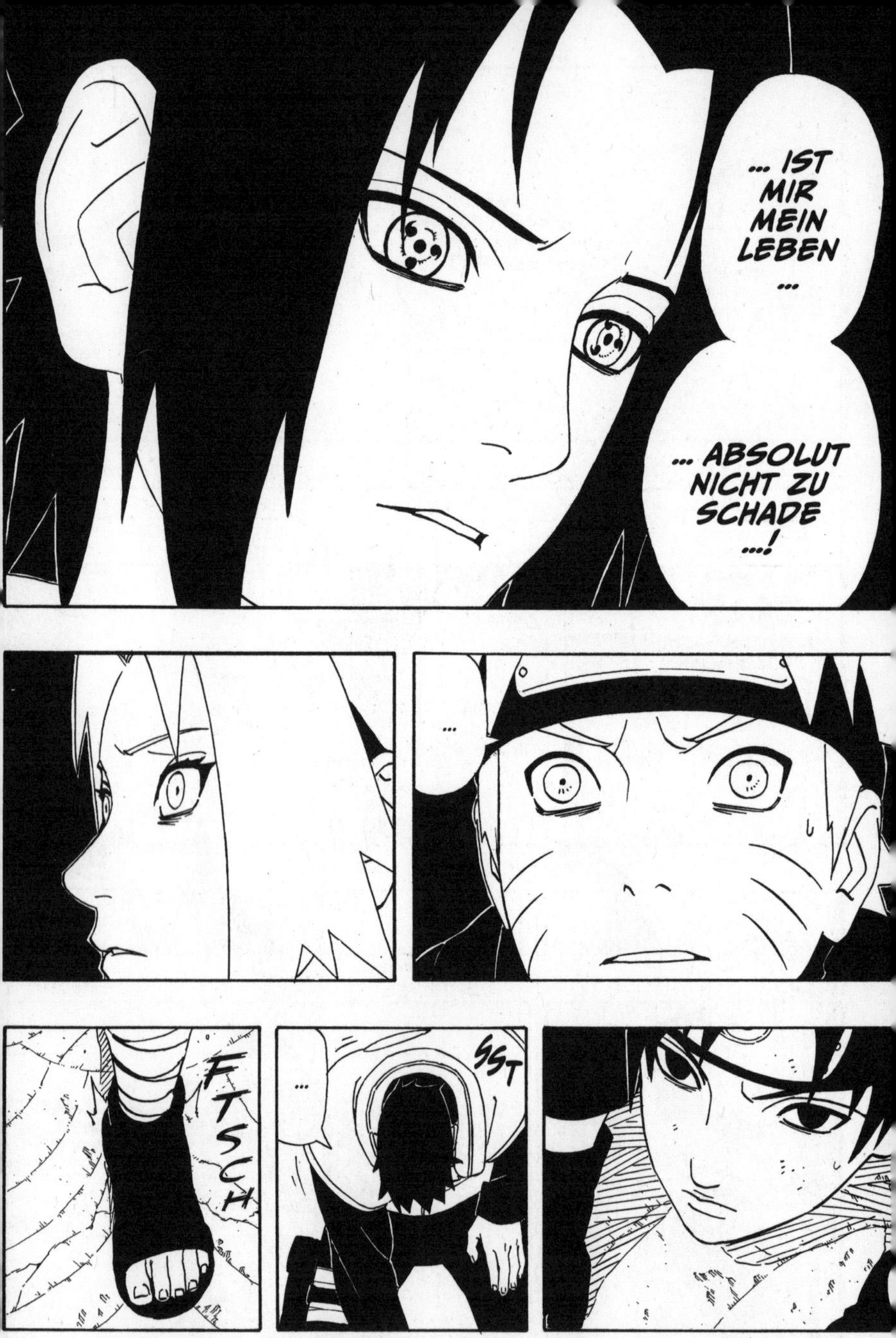
... IST MIR MEIN LEBEN ...
... ABSOLUT NICHT ZU SCHADE ...!
...
SST
...
FTSCH

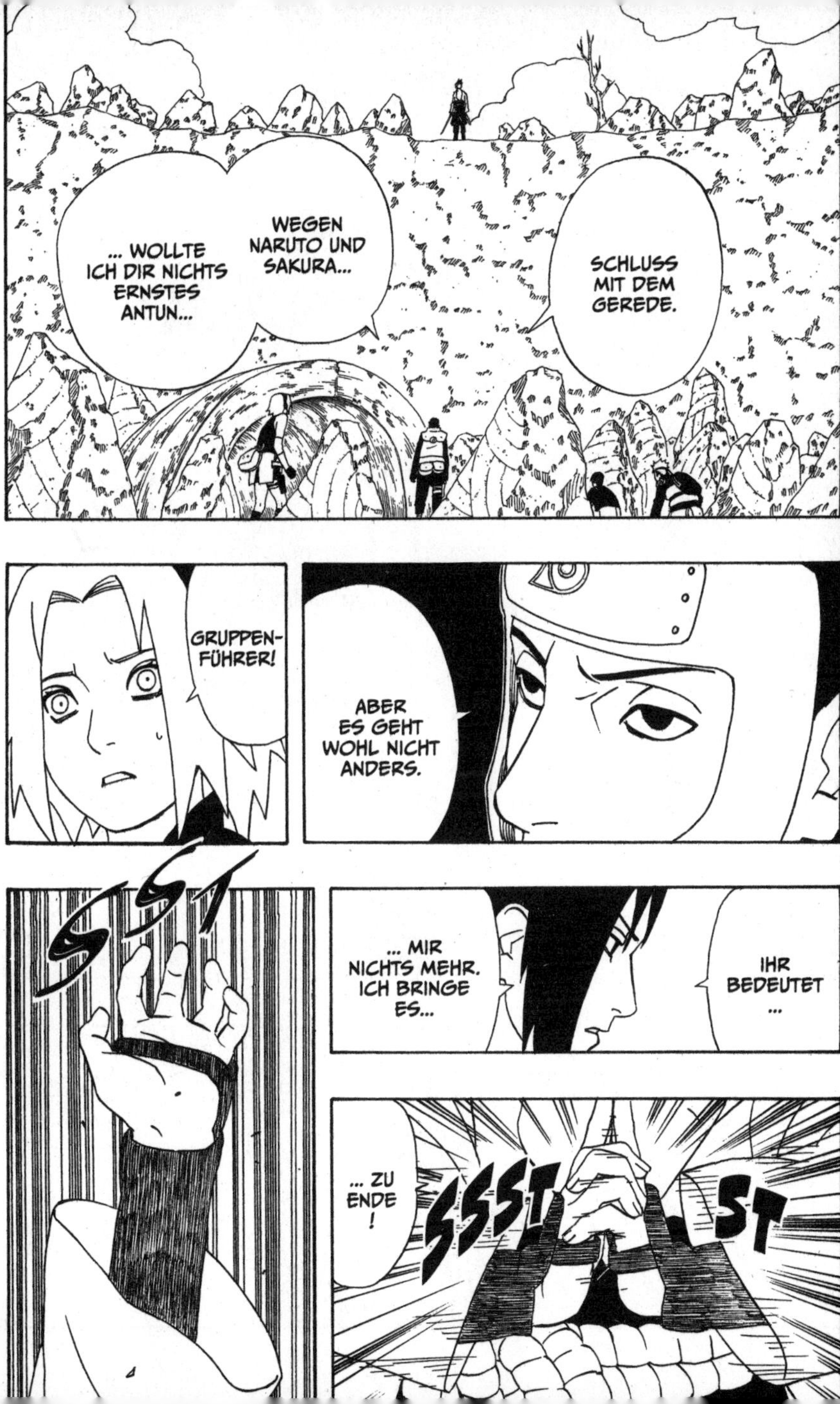
SCHLUSS MIT DEM GEREDE.
WEGEN NARUTO UND SAKURA...
... WOLLTE ICH DIR NICHTS ERNSTES ANTUN...
ABER ES GEHT WOHL NICHT ANDERS.
GRUPPEN-FÜHRER!
IHR BEDEUTET ...
... MIR NICHTS MEHR. ICH BRINGE ES...
ST
SSST
... ZU ENDE !
SST

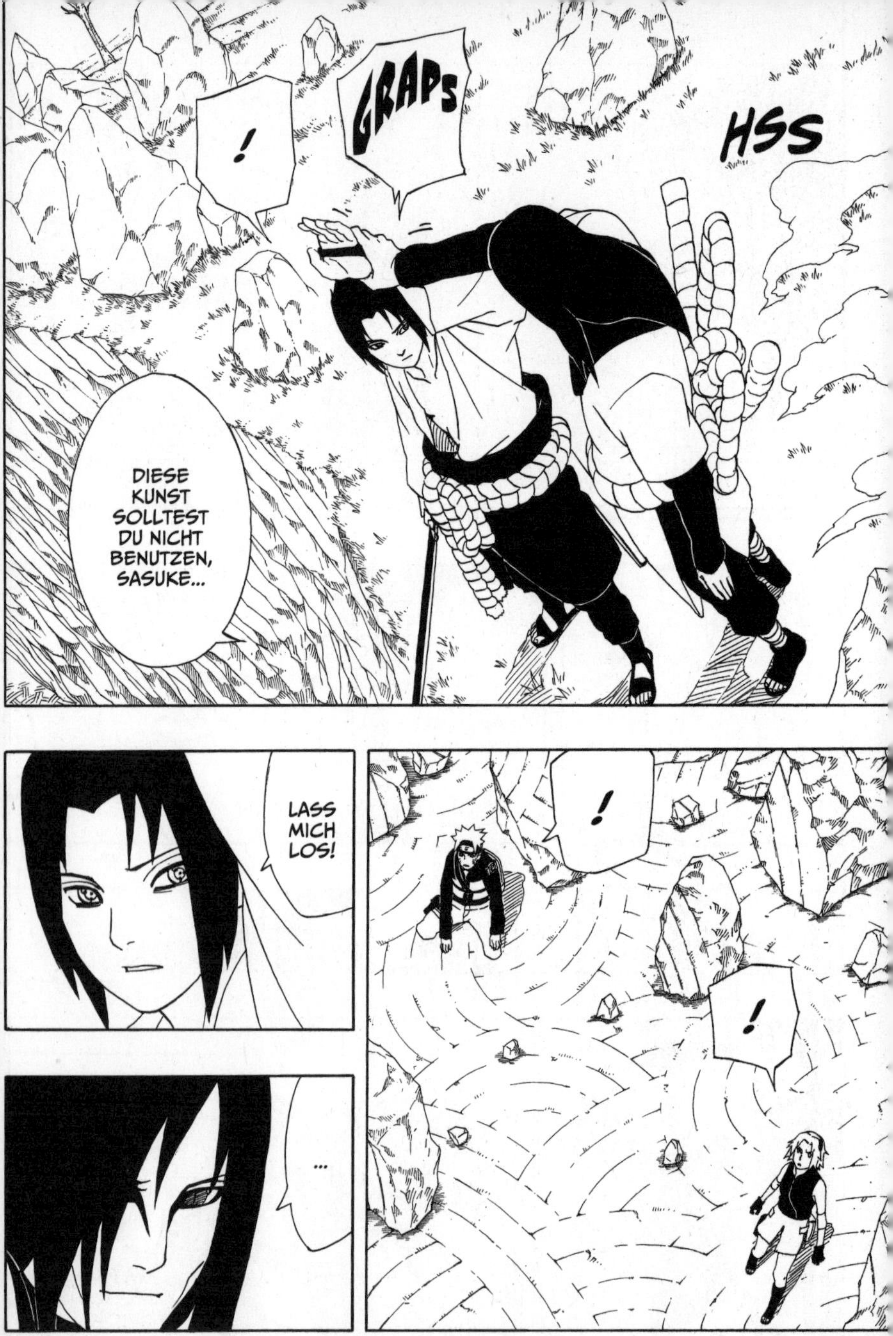
HSS
GRAPS
!
DIESE KUNST SOLLTEST DU NICHT BENUTZEN, SASUKE...
!
!
LASS MICH LOS!
...

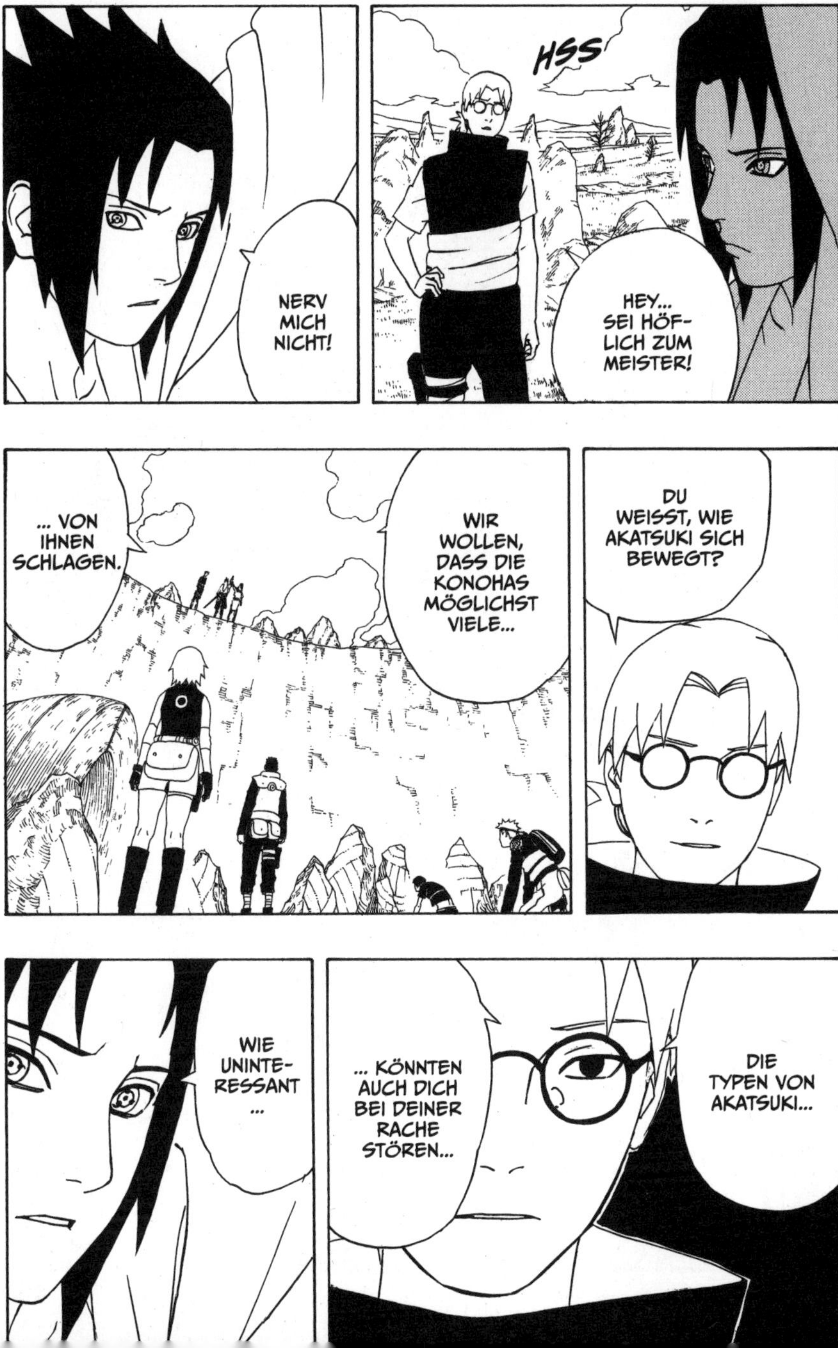
HEY... SEI HÖF-LICH ZUM MEISTER!
HSS
NERV MICH NICHT!
DU WEISST, WIE AKATSUKI SICH BEWEGT?
WIR WOLLEN, DASS DIE KONOHAS MÖGLICHST VIELE...
... VON IHNEN SCHLAGEN.
DIE TYPEN VON AKATSUKI...
... KÖNNTEN AUCH DICH BEI DEINER RACHE STÖREN...
WIE UNINTE-RESSANT ...

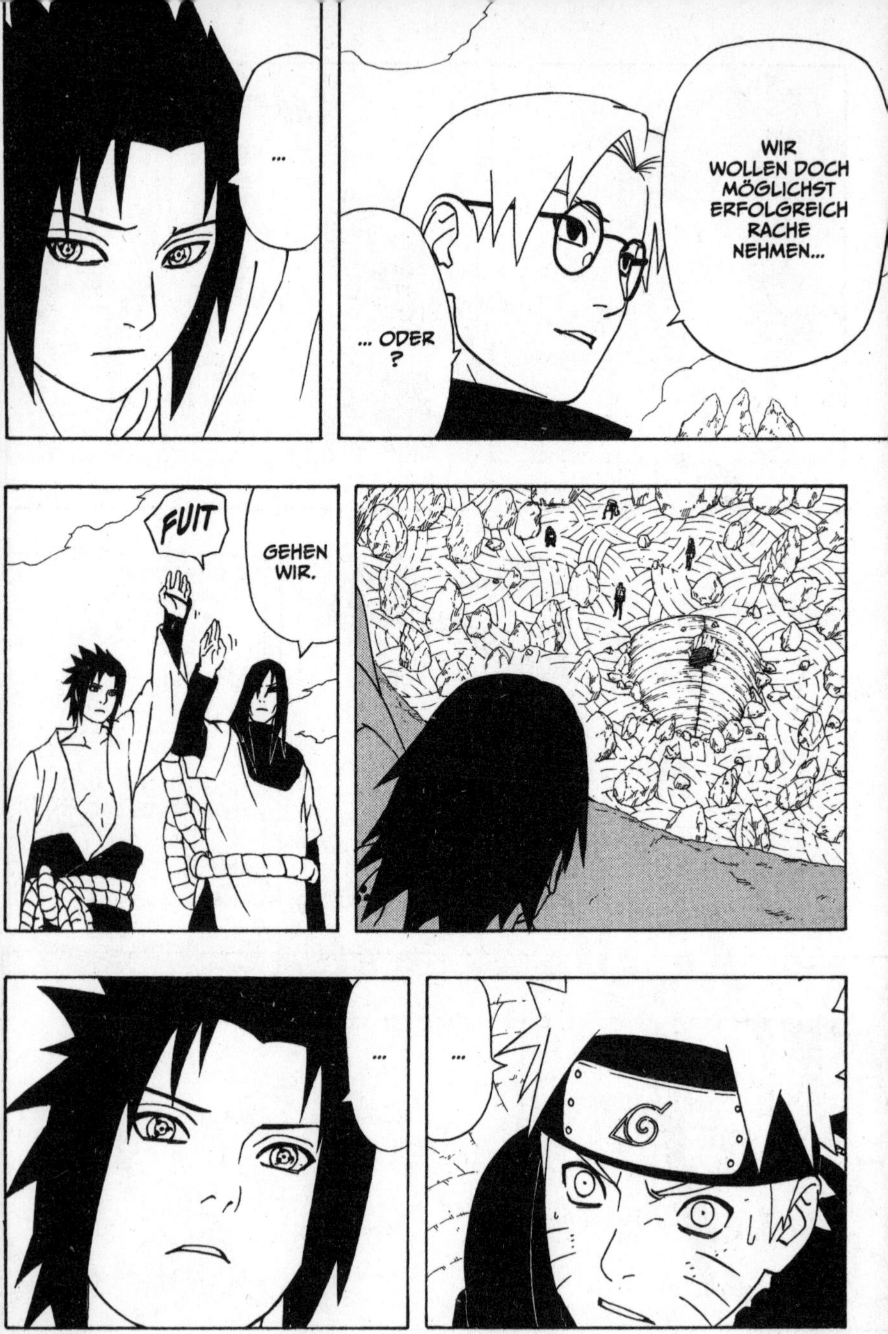
WIR WOLLEN DOCH MÖGLICHST ERFOLGREICH RACHE NEHMEN...
... ODER ?
...
GEHEN WIR.
FUIT
...
...

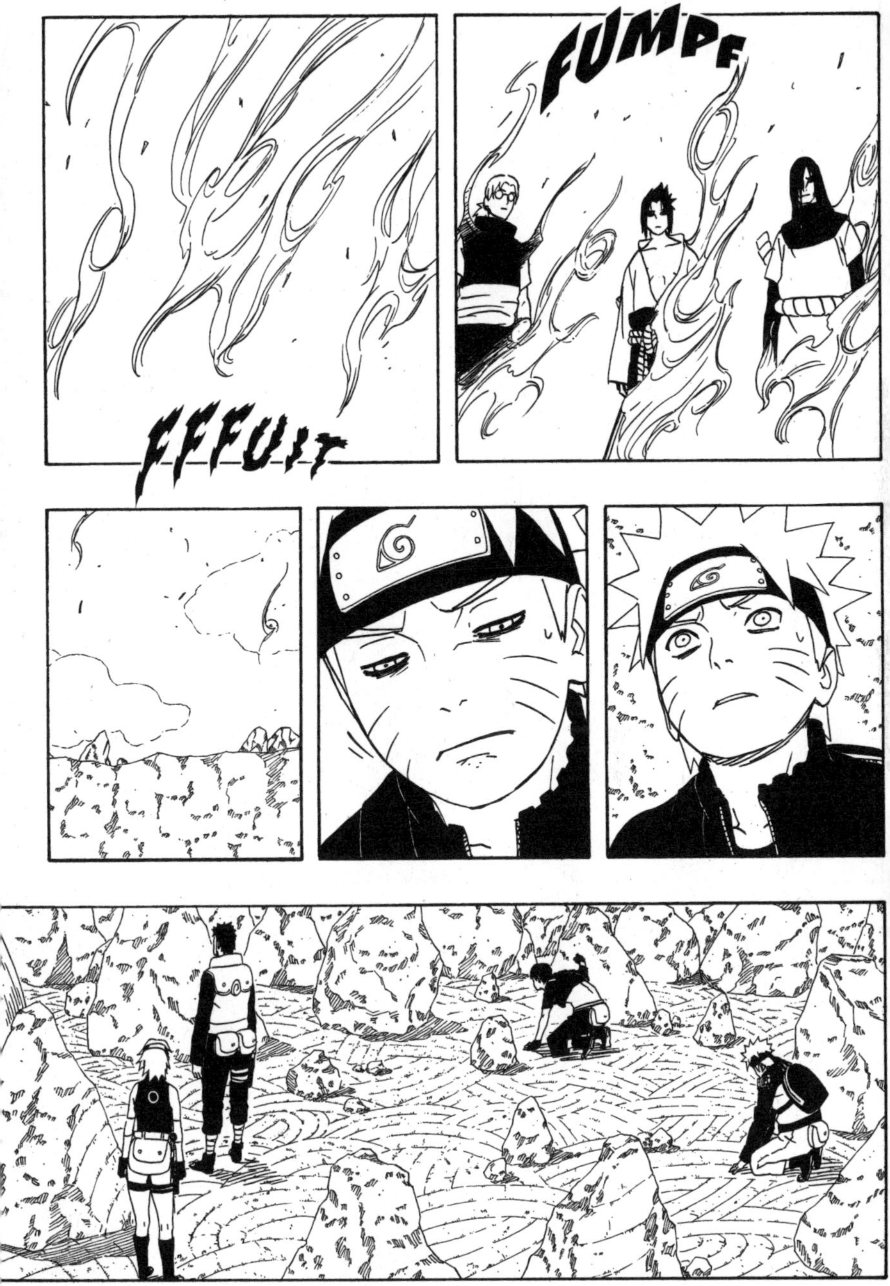
FUMPF
FFFUIT

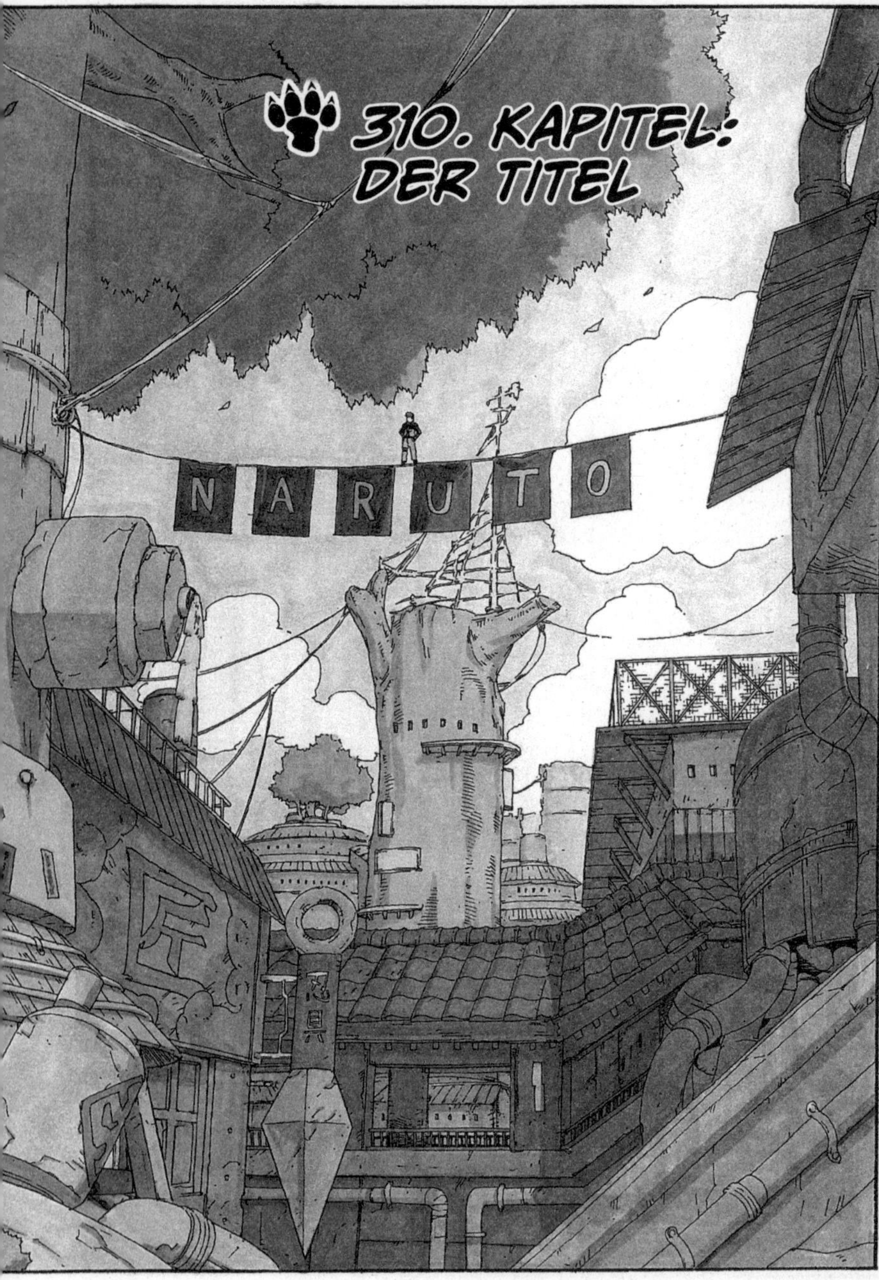
310. KAPITEL:
DER TITEL
NARUTO

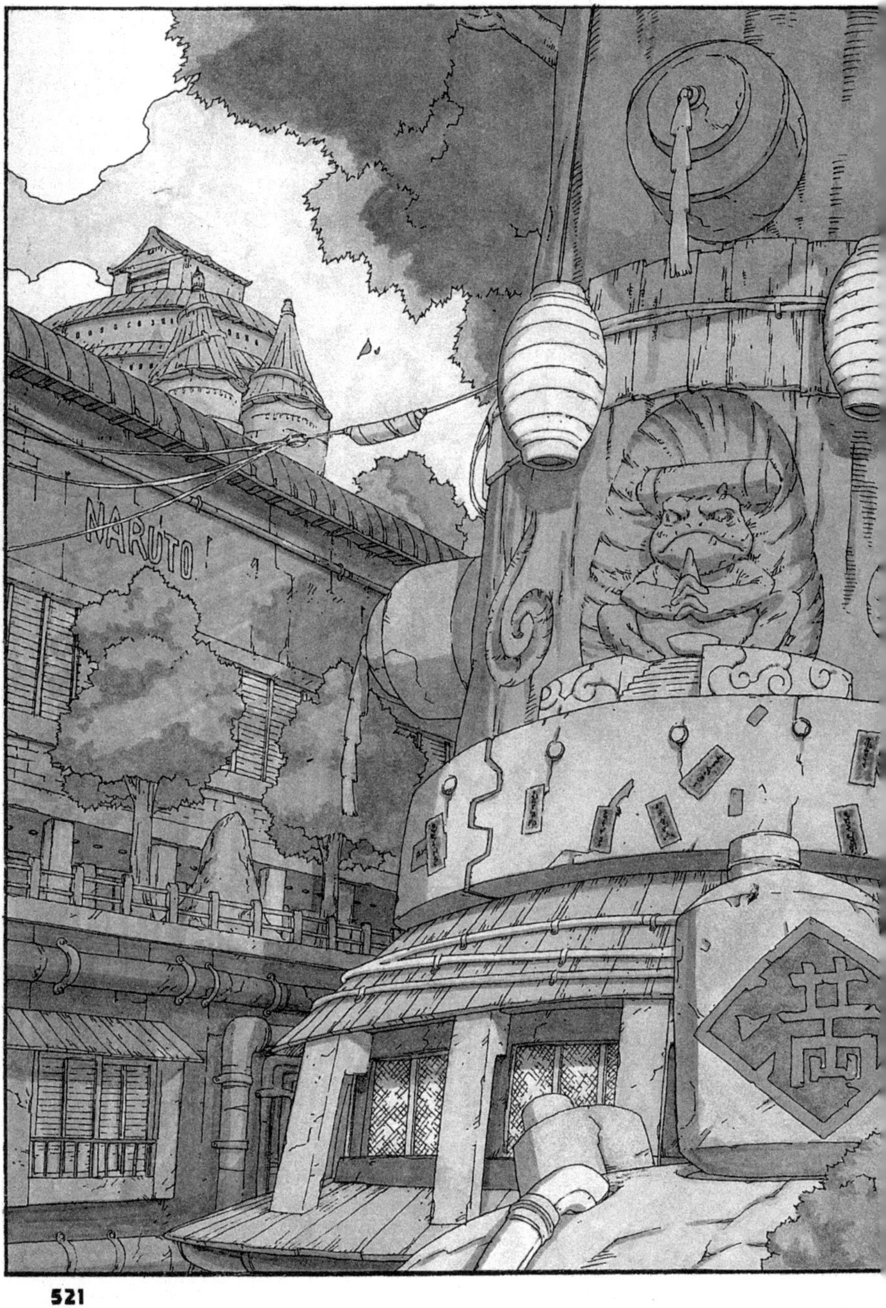
NARUTO

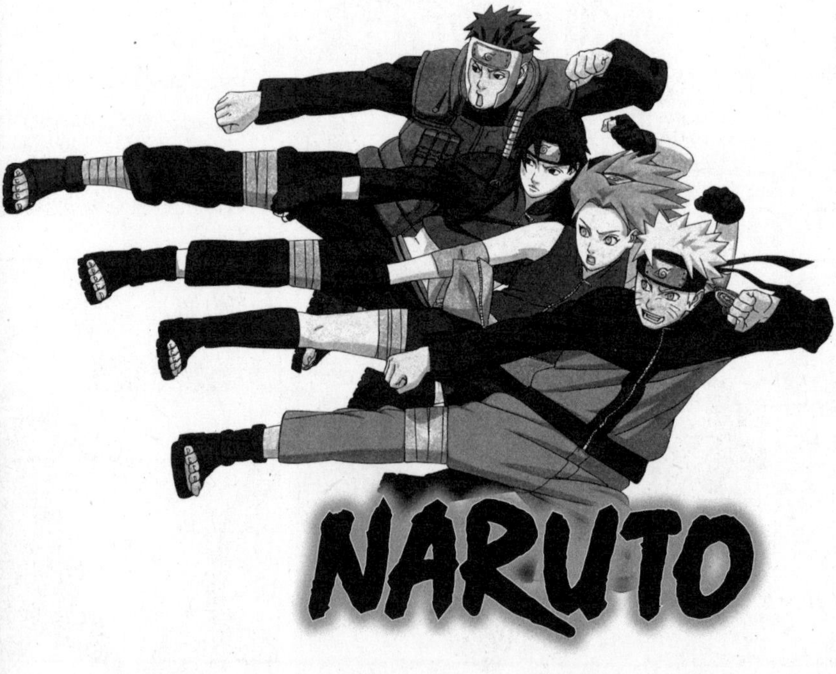
NARUTO

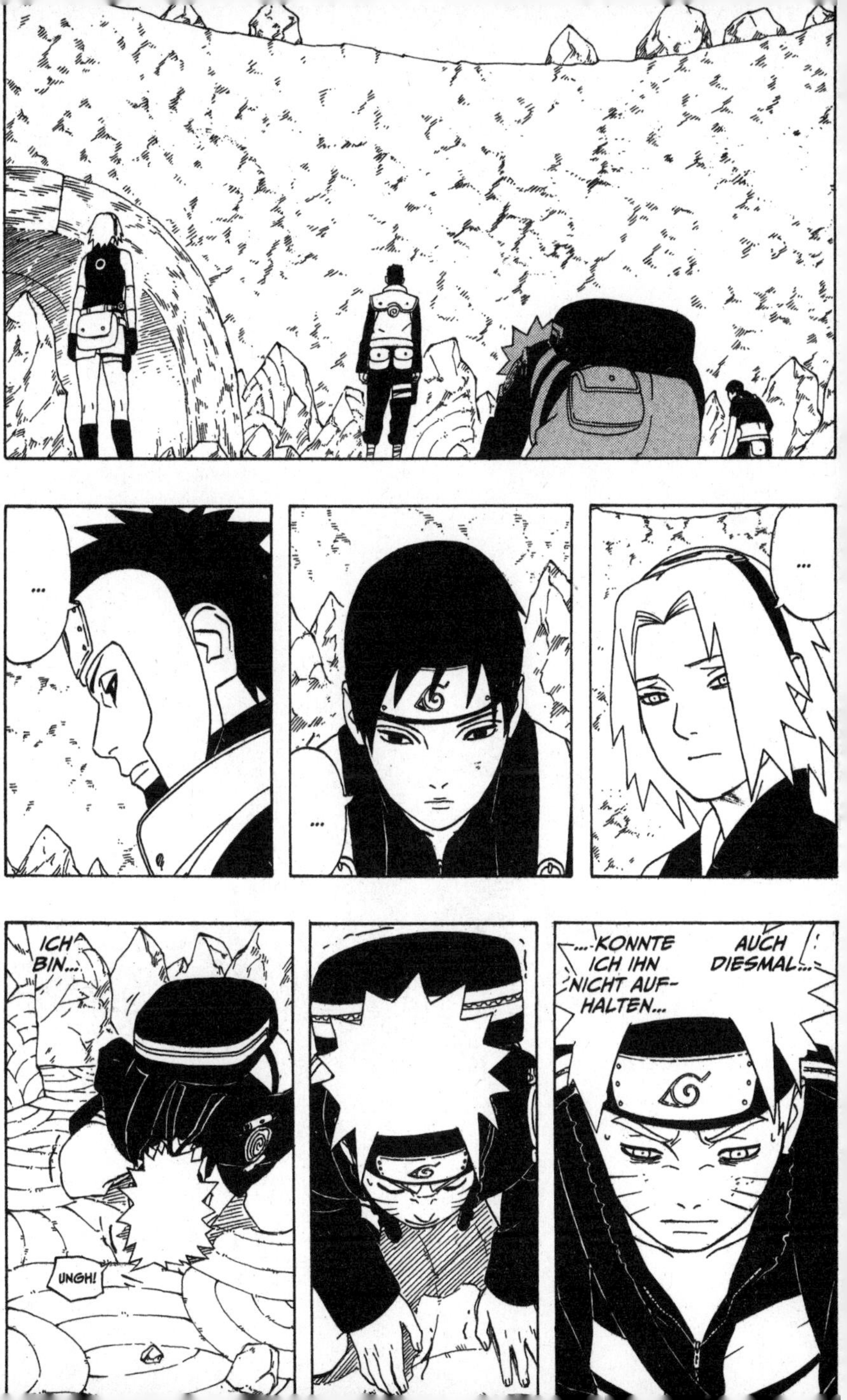
...
...
...
AUCH DIESMAL...
...KONNTE ICH IHN NICHT AUFHALTEN...
ICH BIN...
UNGH!

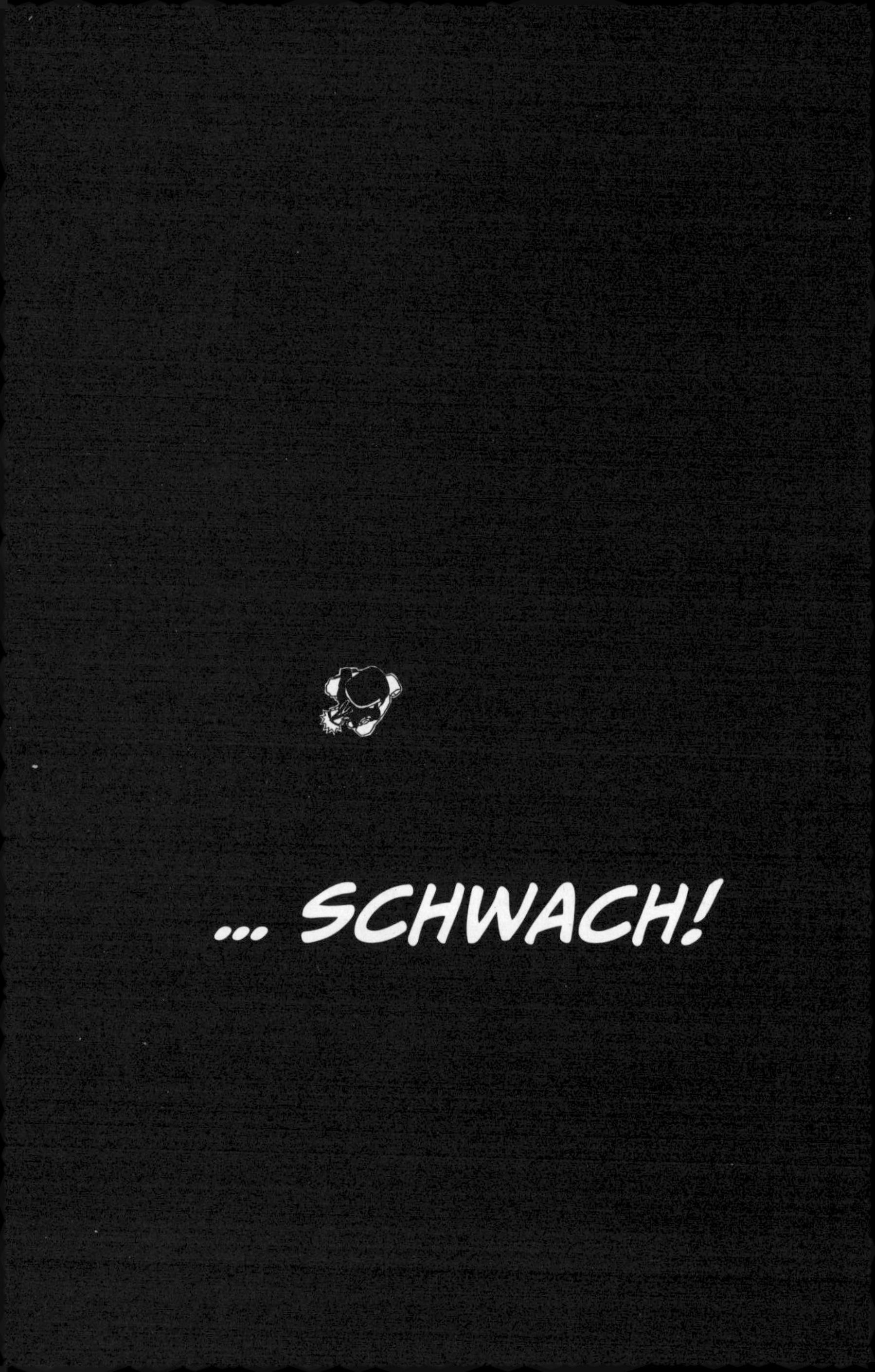
... SCHWACH!

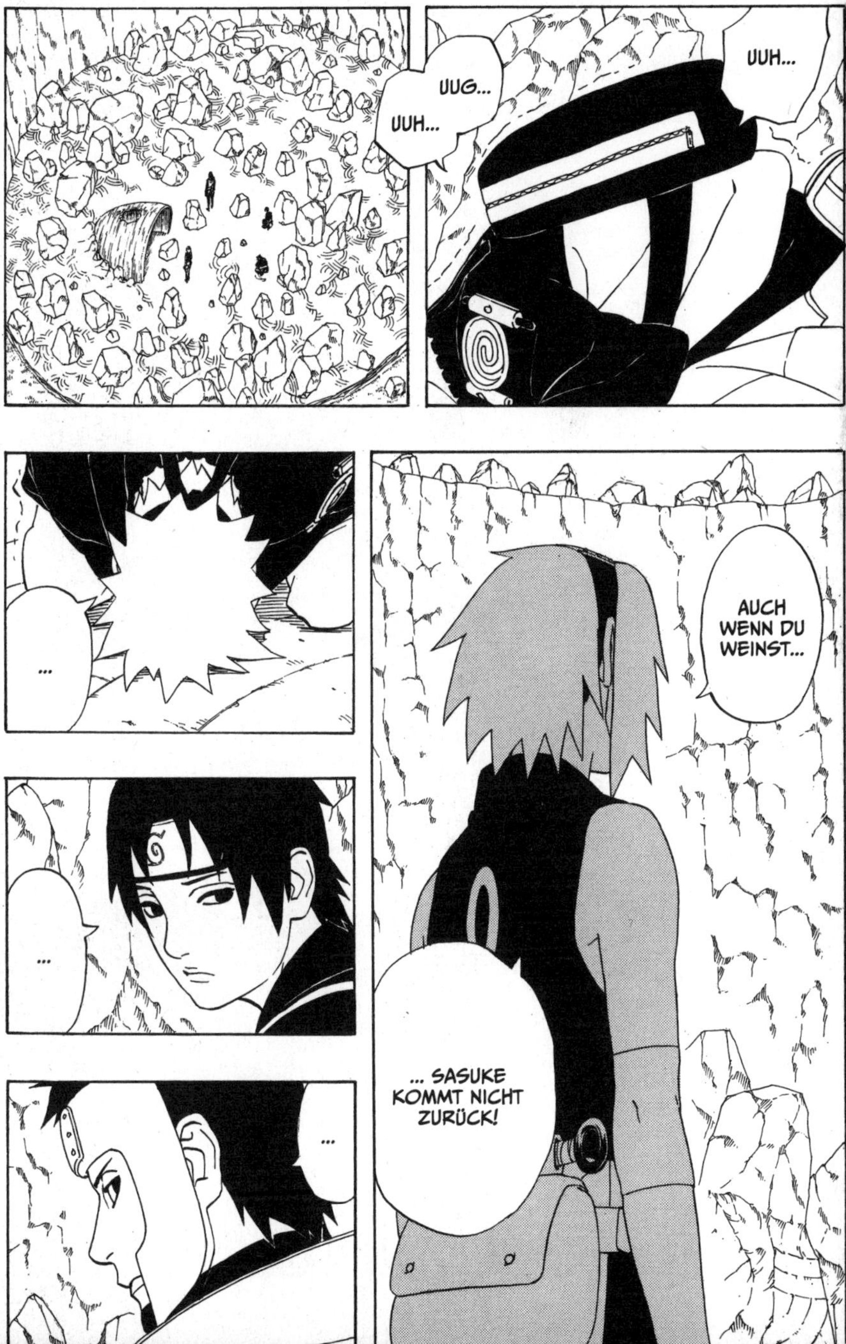
UUH...
UUG... UUH...
AUCH WENN DU WEINST...
... SASUKE KOMMT NICHT ZURÜCK!
...
...
...

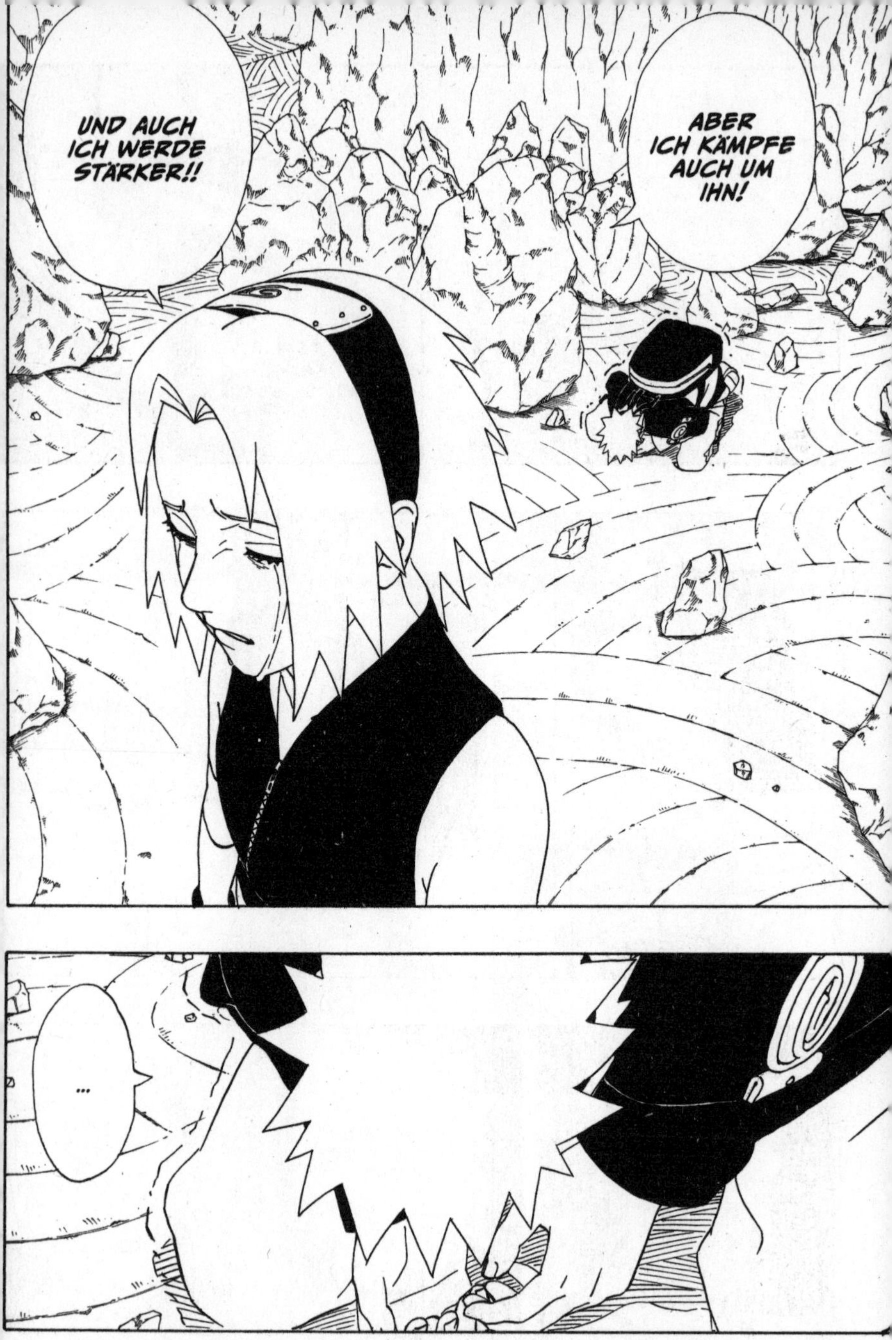
ABER ICH KÄMPFE AUCH UM IHN!
UND AUCH ICH WERDE STÄRKER!!
...

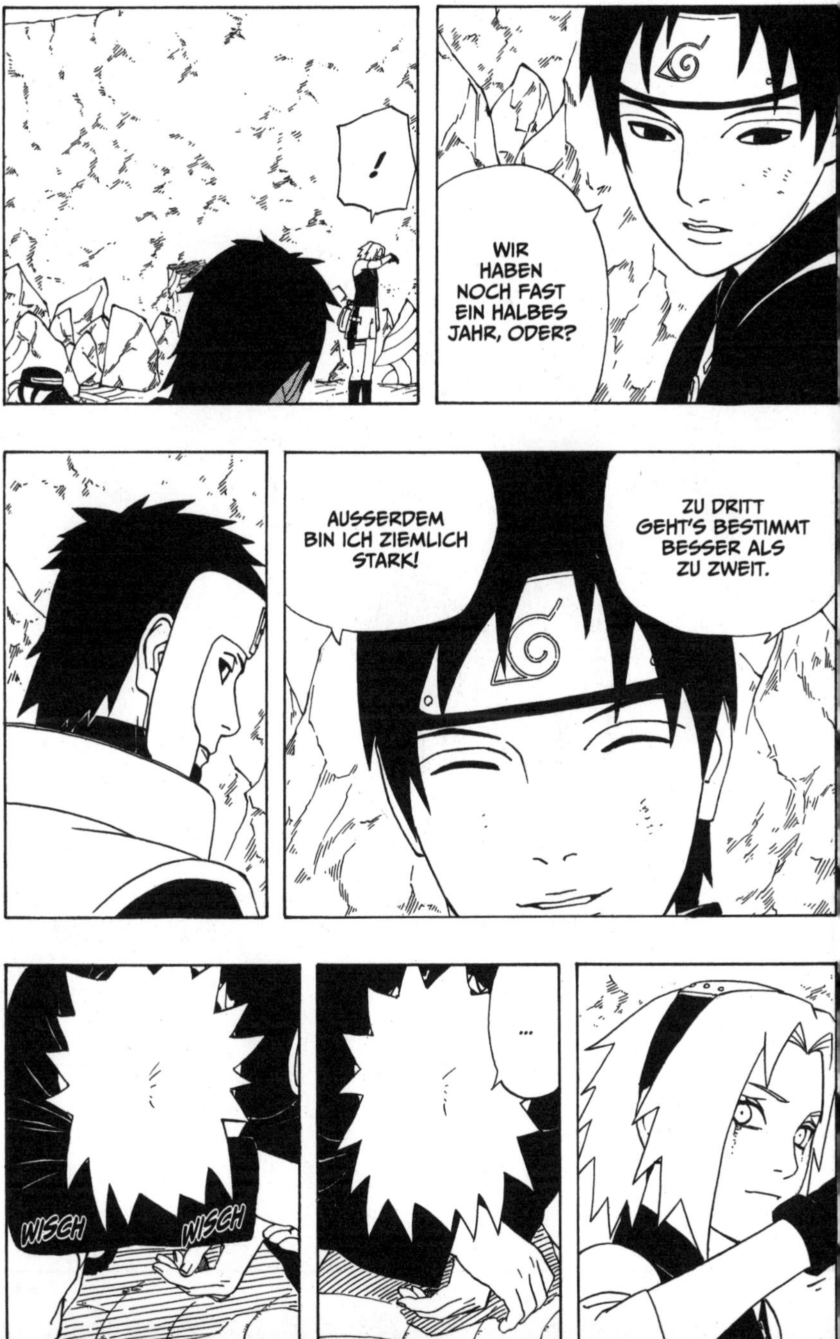
WIR HABEN NOCH FAST EIN HALBES JAHR, ODER?
!
ZU DRITT GEHT'S BESTIMMT BESSER ALS ZU ZWEIT.
AUSSERDEM BIN ICH ZIEMLICH STARK!
...
WISCH
WISCH

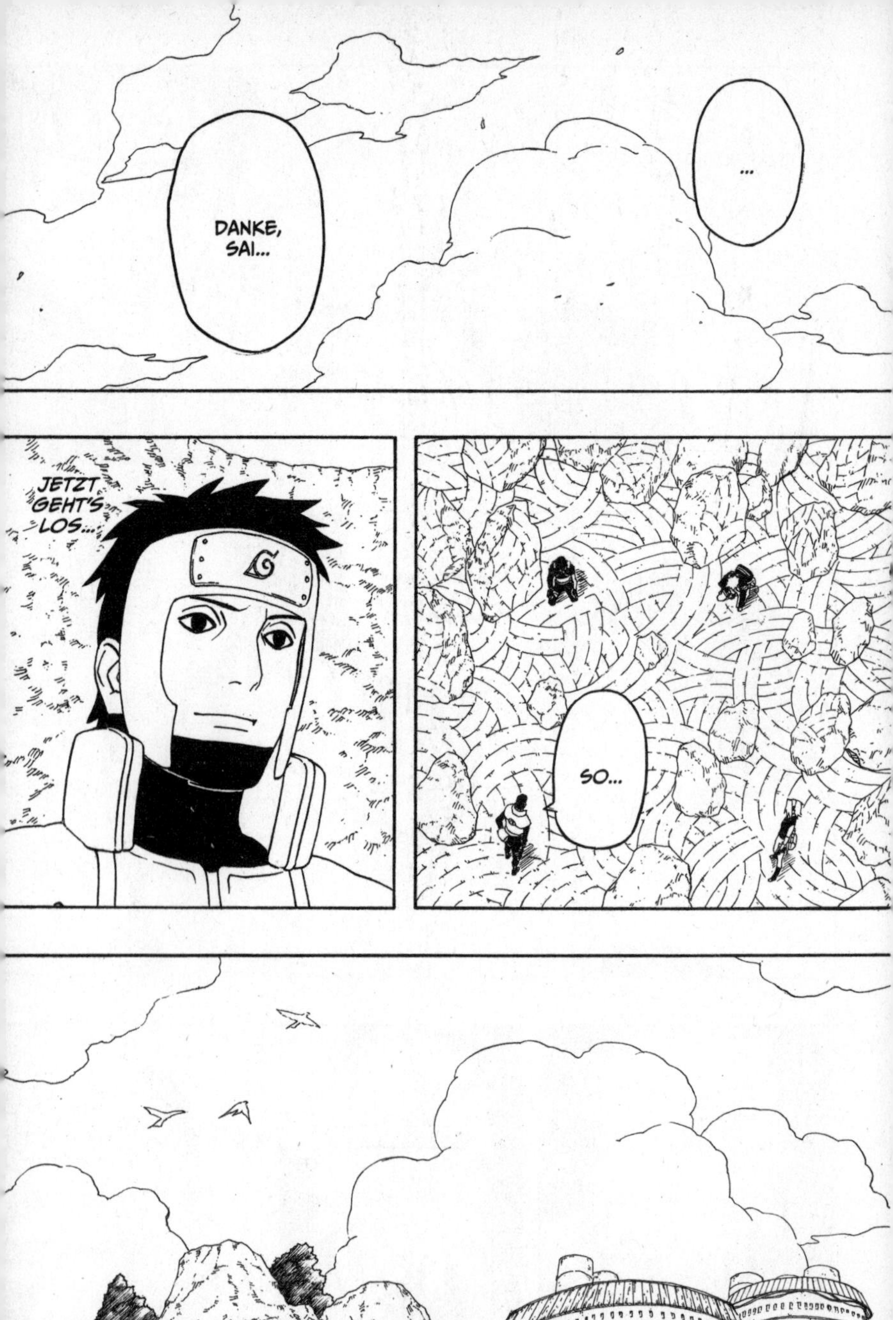
...
DANKE, SAI...
SO...
JETZT GEHT'S LOS...

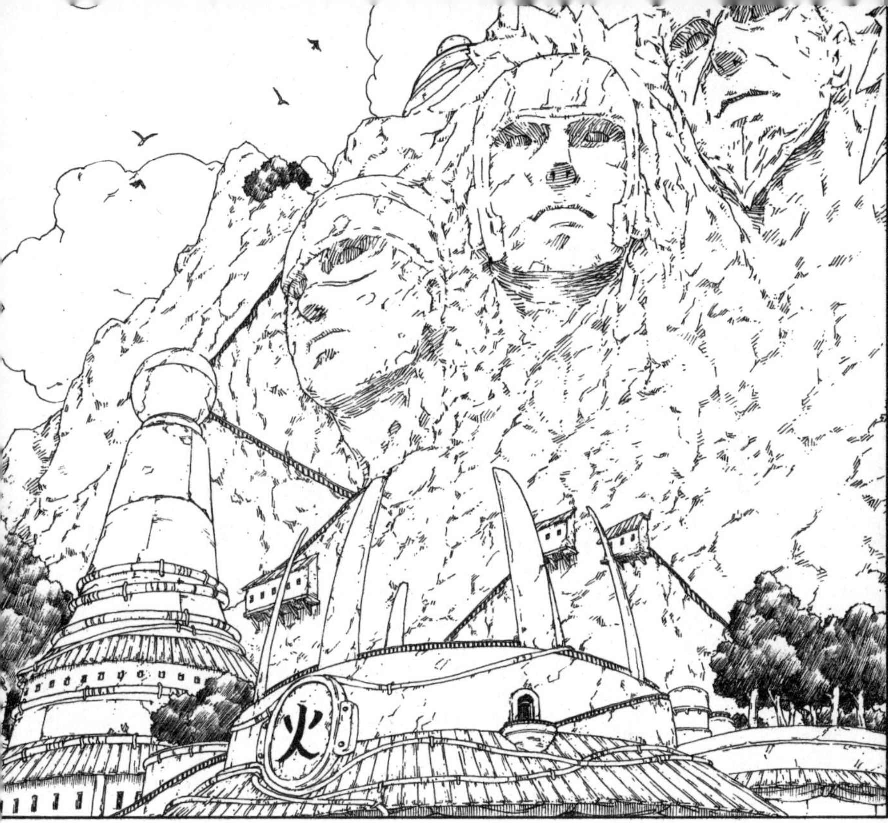

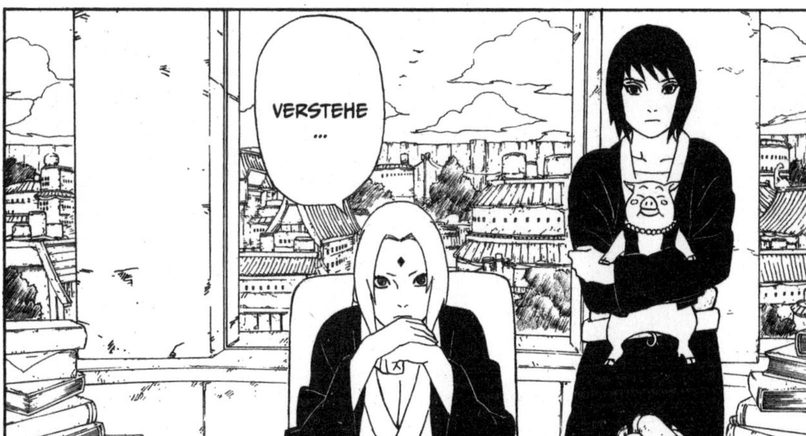
VERSTEHE ...

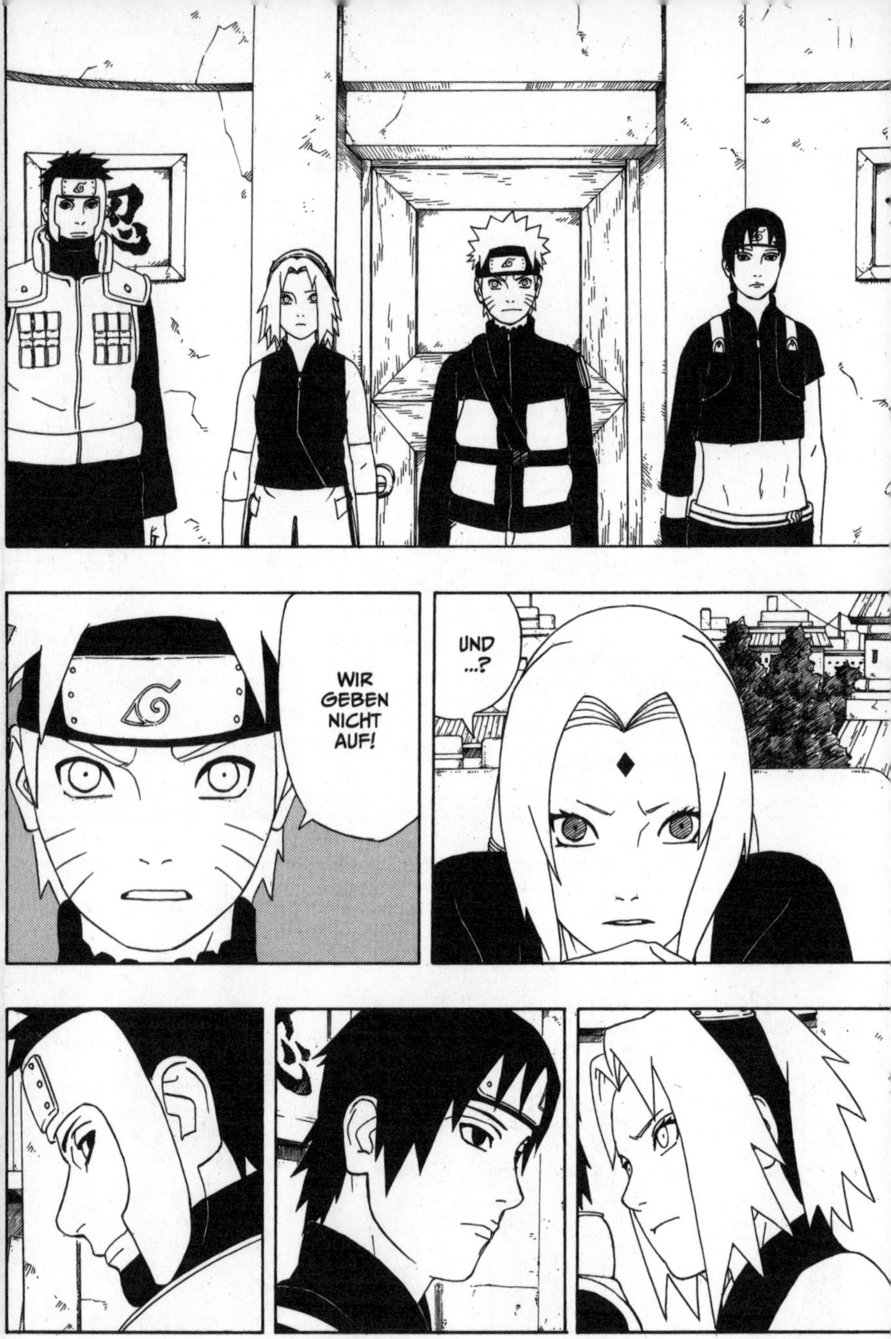
UND ...?
WIR GEBEN NICHT AUF!

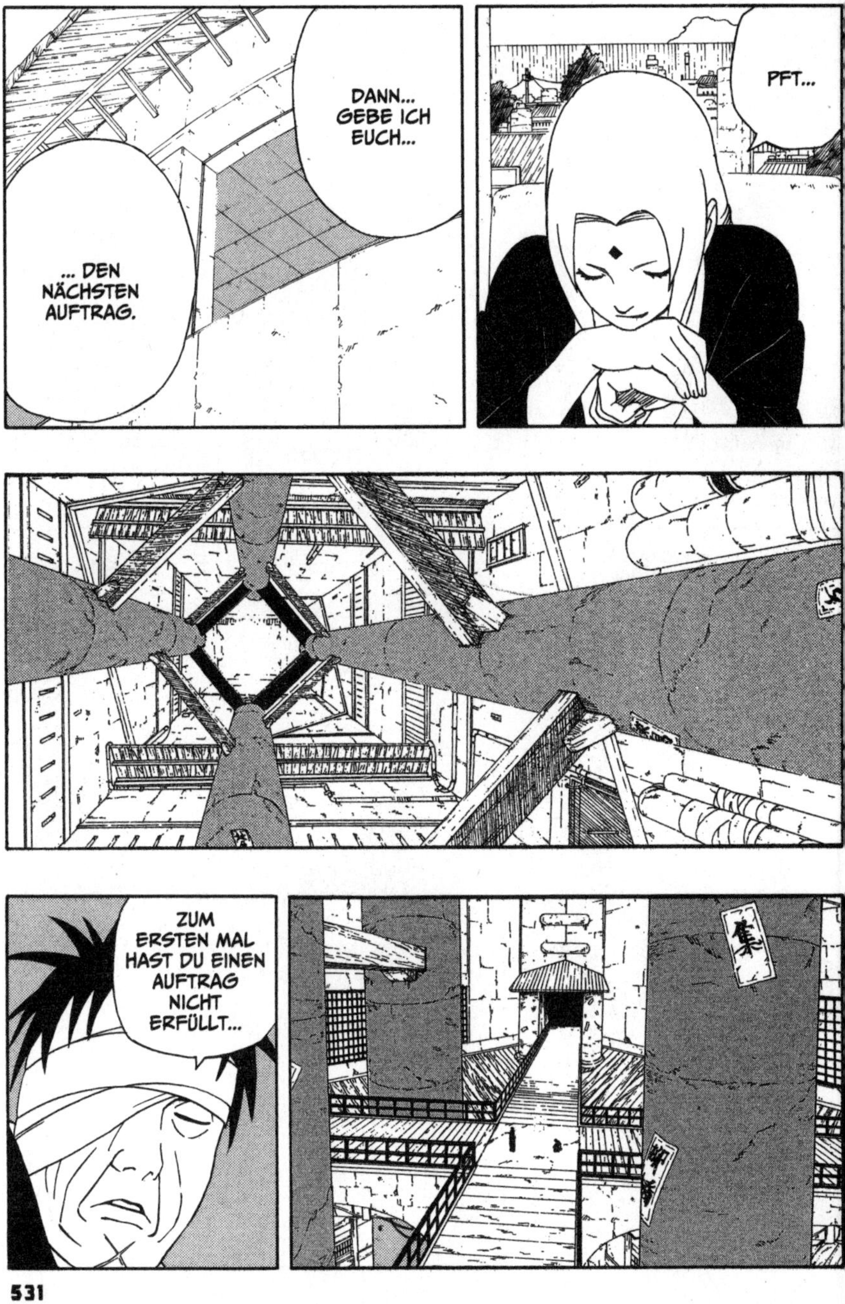
PFT...
DANN... GEBE ICH EUCH...
... DEN NÄCHSTEN AUFTRAG.
ZUM ERSTEN MAL HAST DU EINEN AUFTRAG NICHT ERFÜLLT...

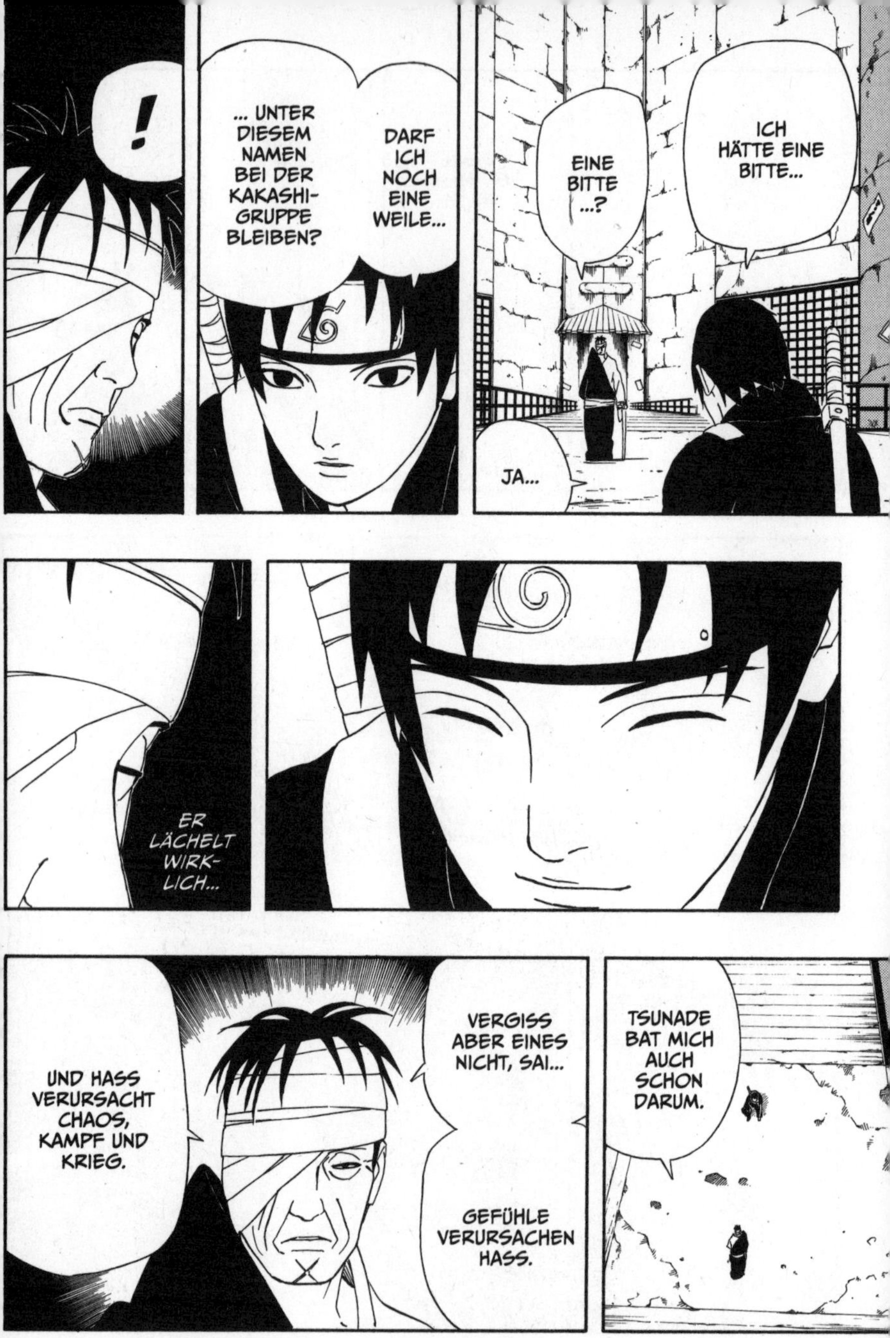
ICH HÄTTE EINE BITTE...
EINE BITTE ...?
JA...
DARF ICH NOCH EINE WEILE...
... UNTER DIESEM NAMEN BEI DER KAKASHI-GRUPPE BLEIBEN?
!
ER LÄCHELT WIRKLICH...
TSUNADE BAT MICH AUCH SCHON DARUM.
VERGISS ABER EINES NICHT, SAI...
GEFÜHLE VERURSACHEN HASS.
UND HASS VERURSACHT CHAOS, KAMPF UND KRIEG.

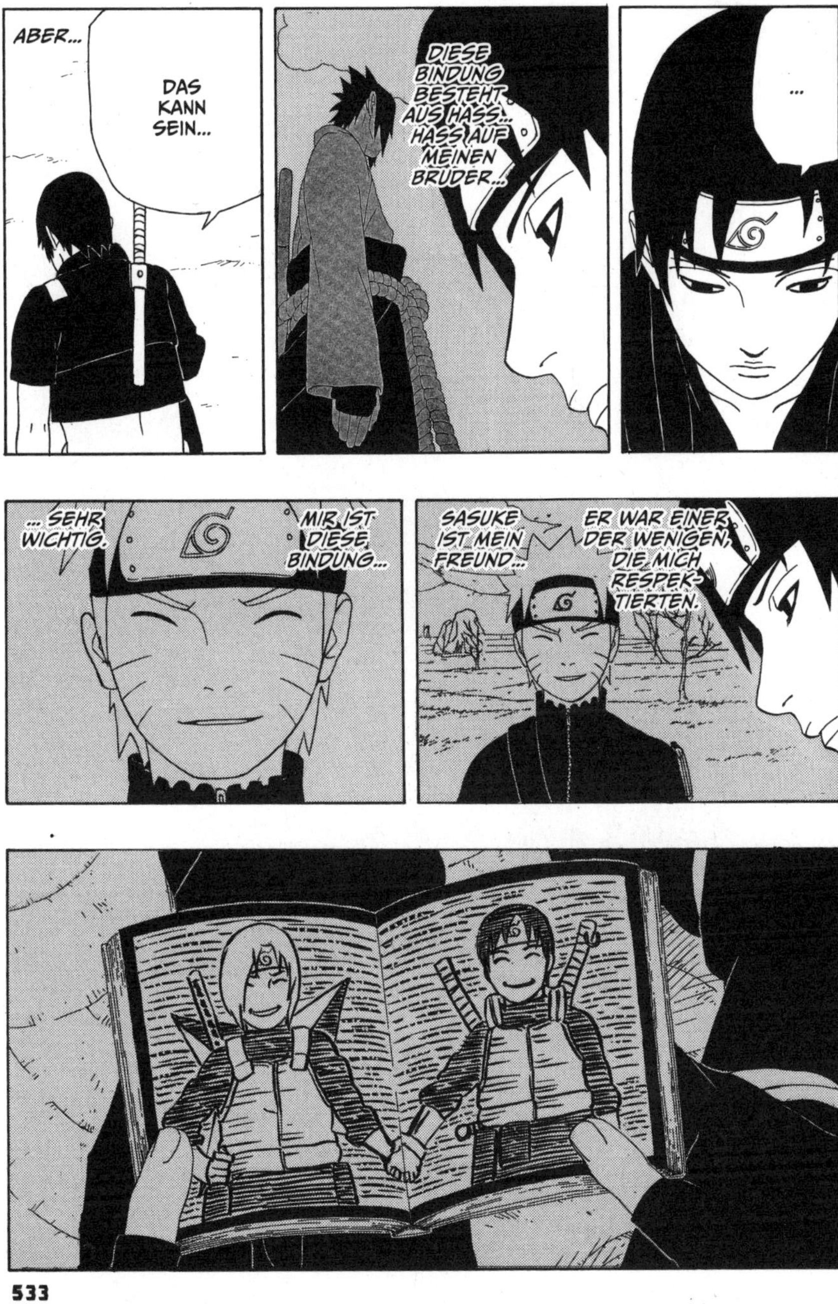
...
DIESE BINDUNG BESTEHT AUS HASS... HASS AUF MEINEN BRUDER...
ABER...
DAS KANN SEIN...
ER WAR EINER DER WENIGEN, DIE MICH RESPEKTIERTEN.
SASUKE IST MEIN FREUND...
MIR IST DIESE BINDUNG...
... SEHR WICHTIG.

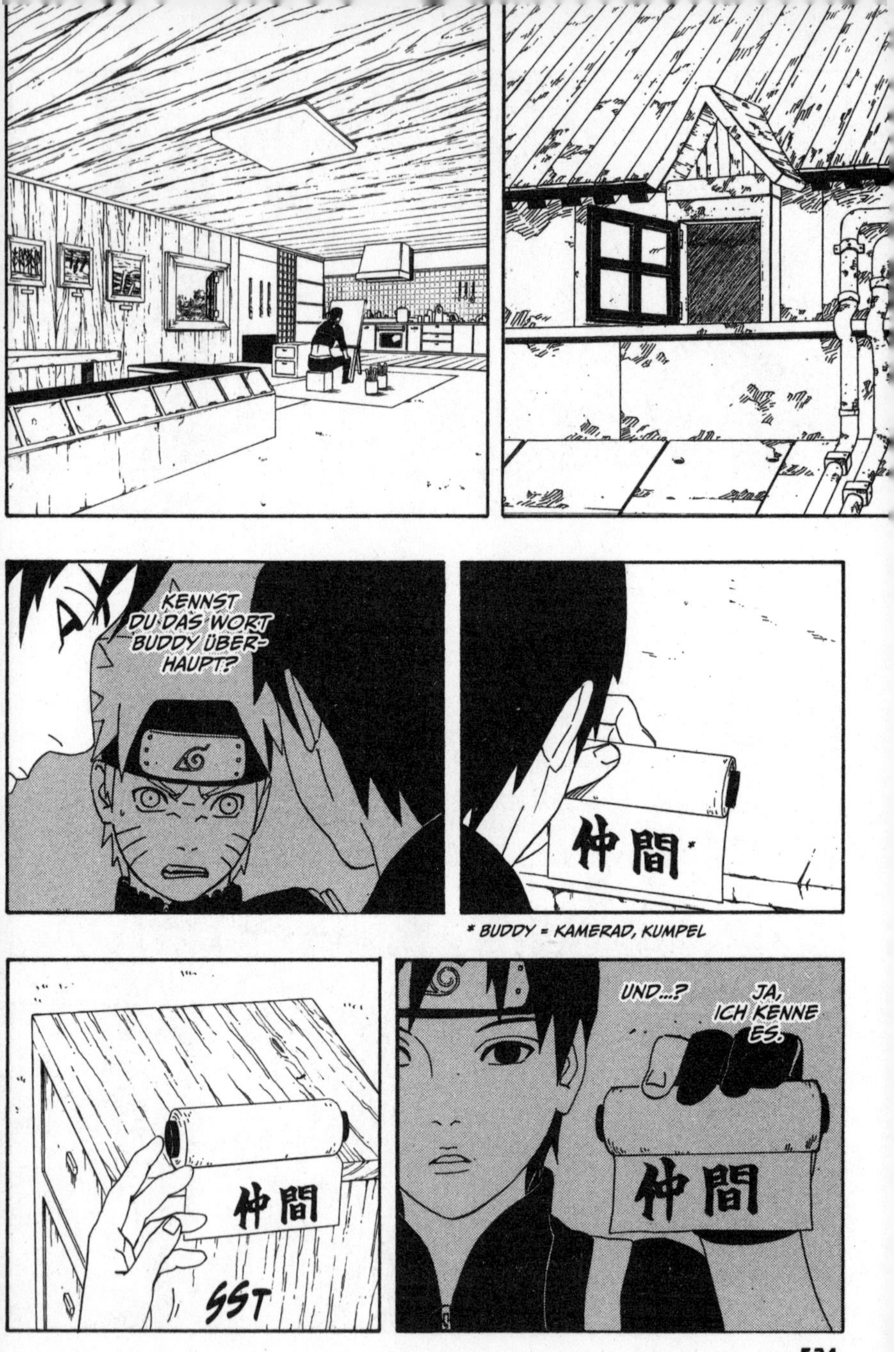
KENNST DU DAS WORT BUDDY ÜBER-HAUPT?
仲間*
* BUDDY = KAMERAD, KUMPEL
JA, ICH KENNE ES.
UND...?
仲間
SST
仲間

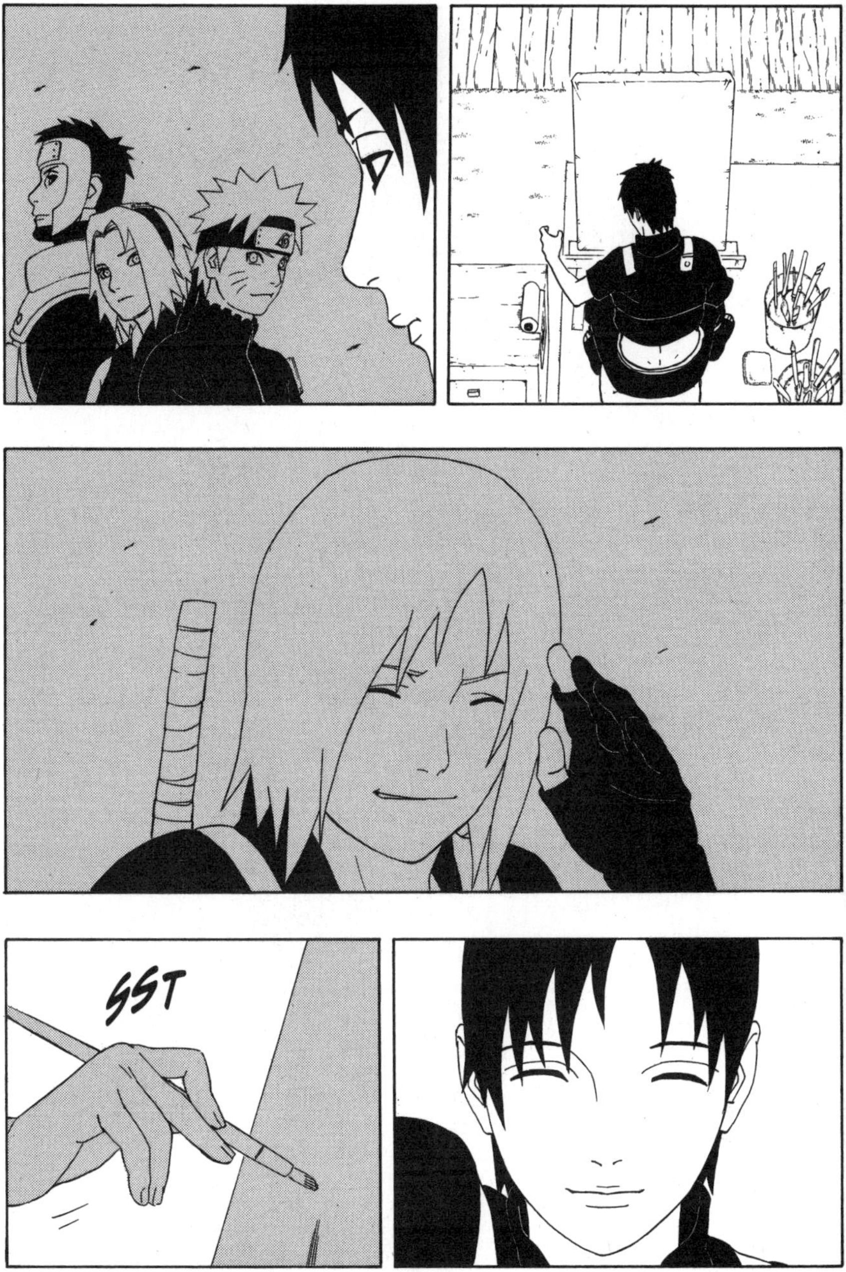
SST

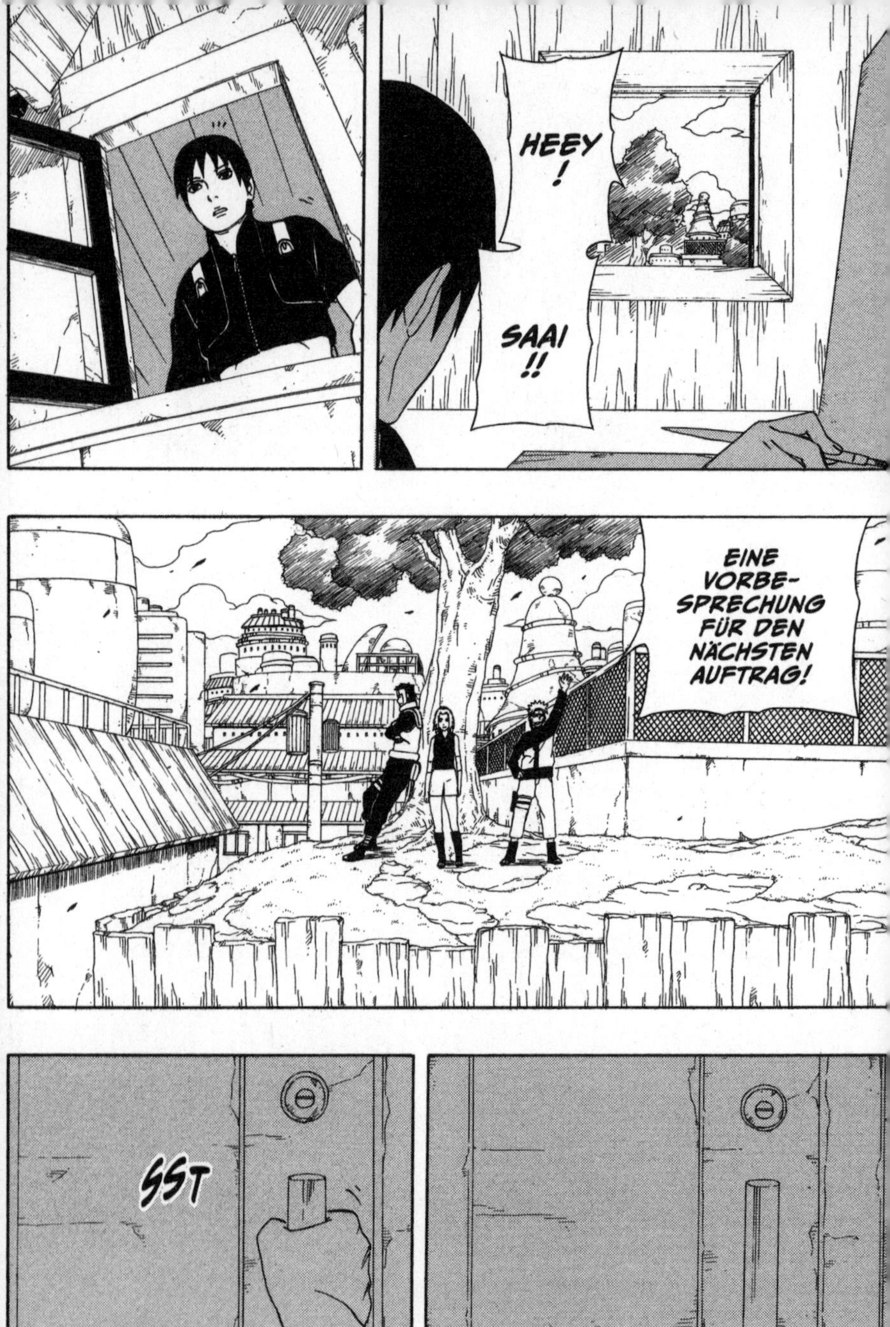
HEEY!
SAAI!!
EINE VORBE-SPRECHUNG FÜR DEN NÄCHSTEN AUFTRAG!
SST

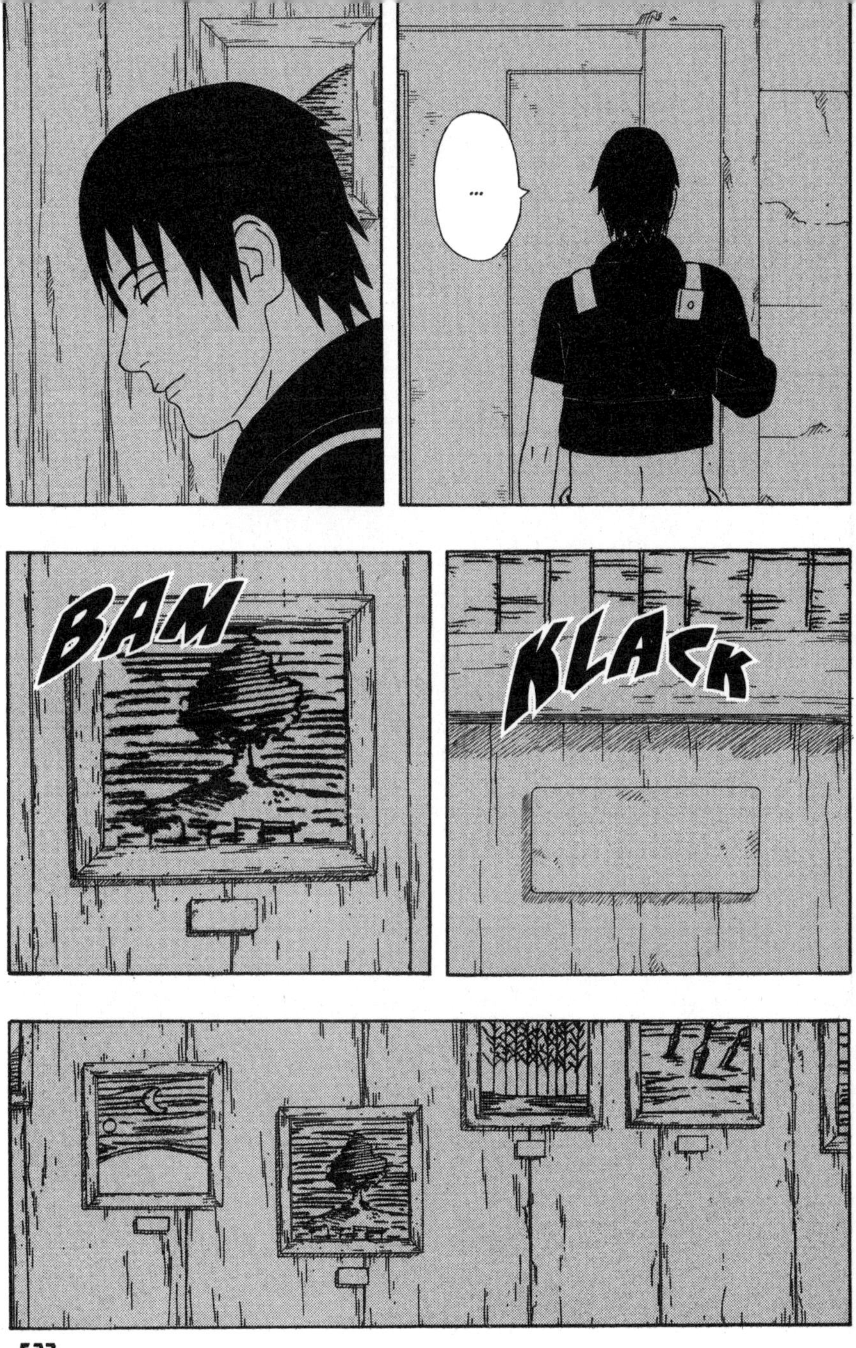
...
BAM
KLACK

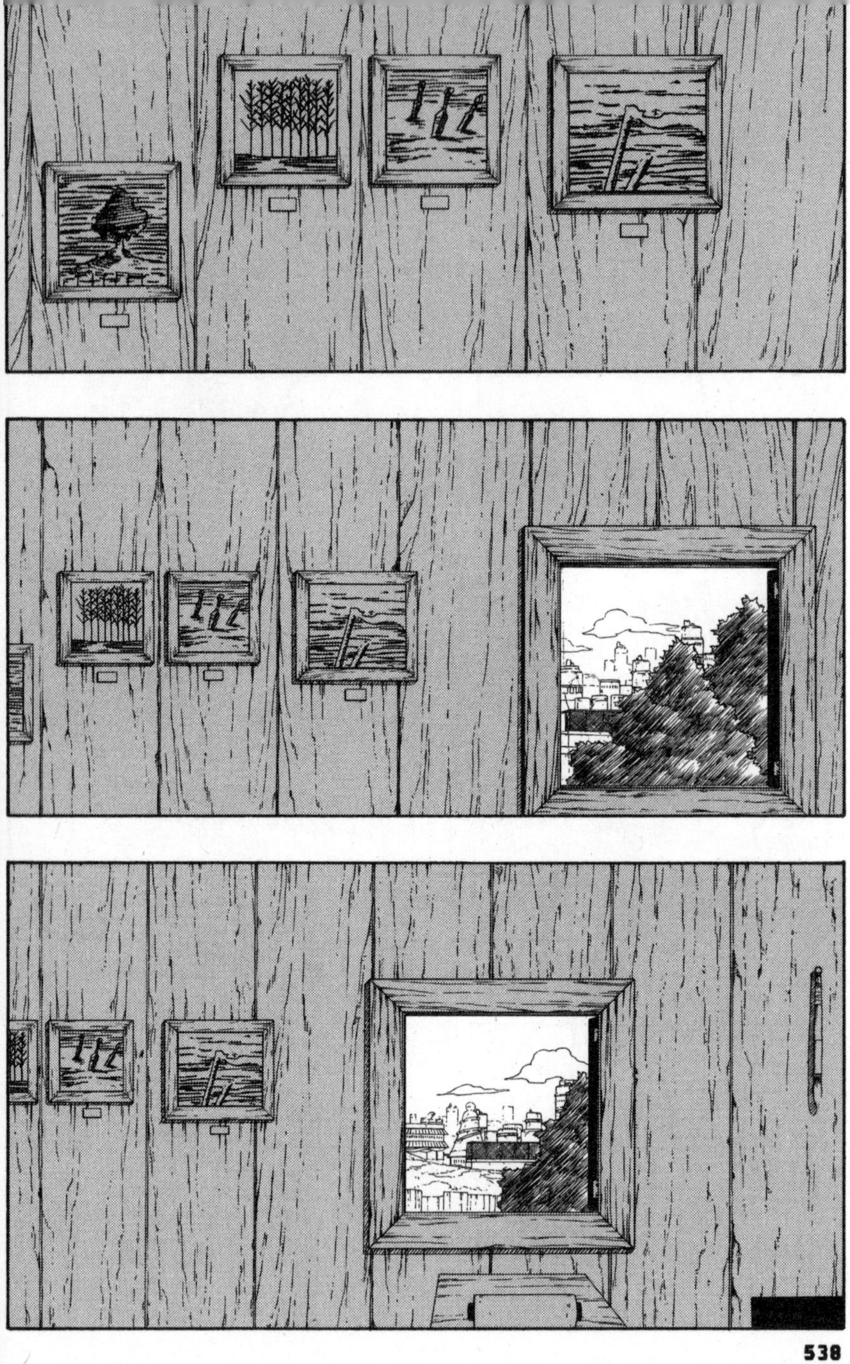

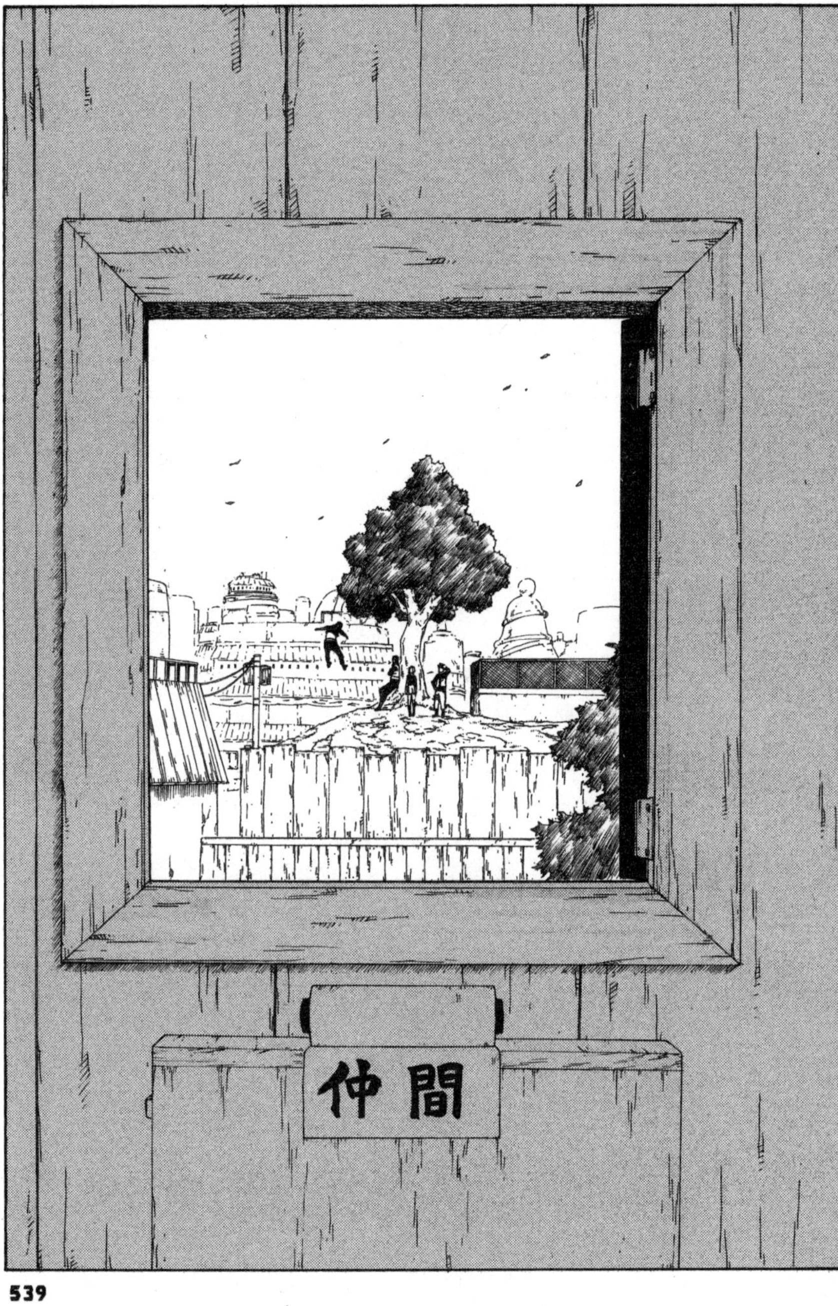
仲間

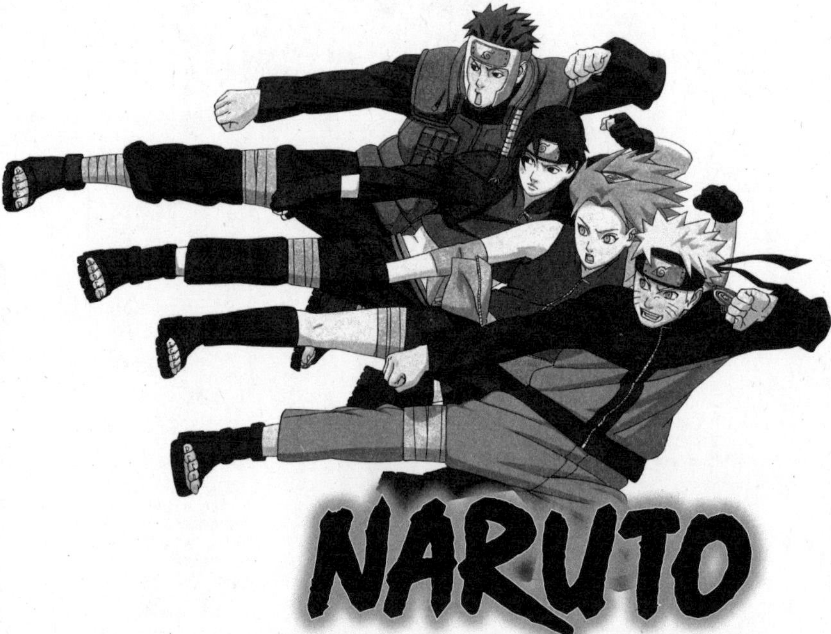

NARUTO

311. Kapitel: Ein Spitzname

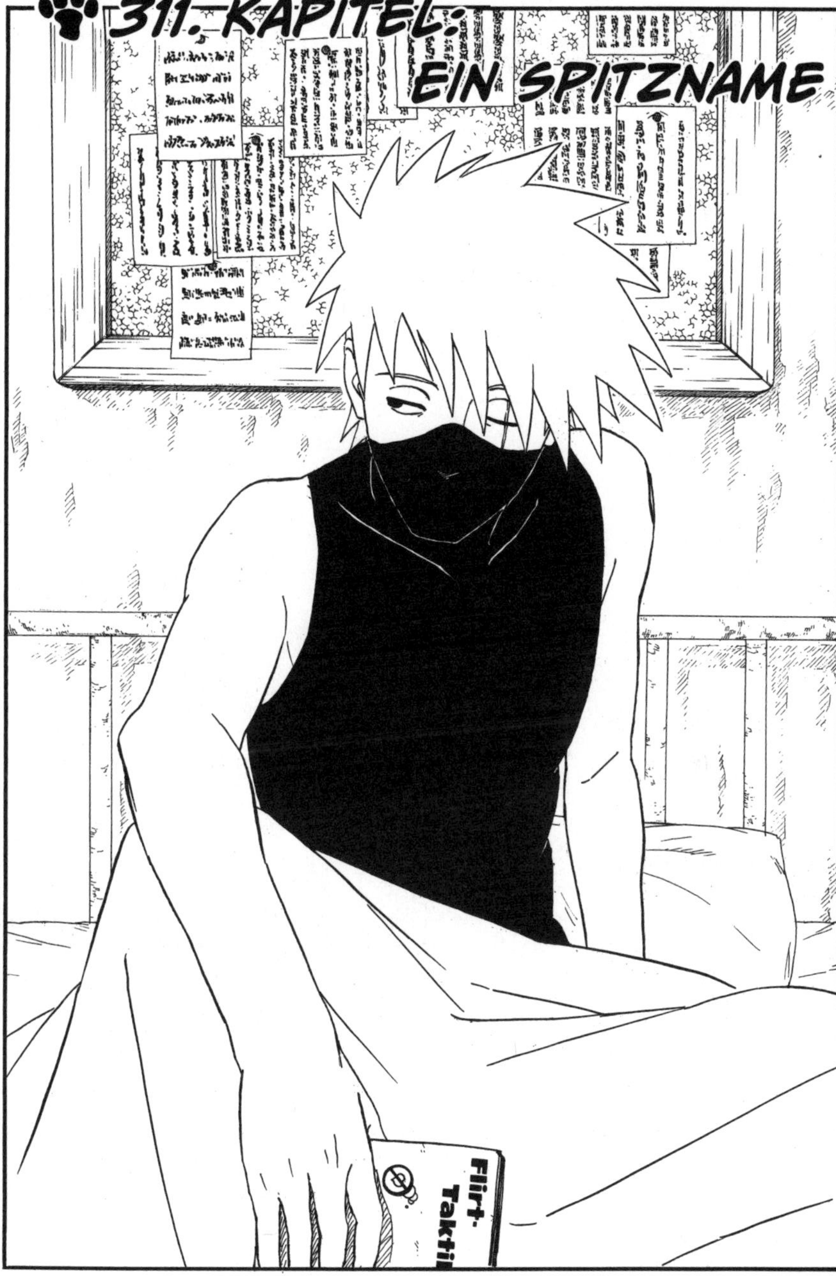

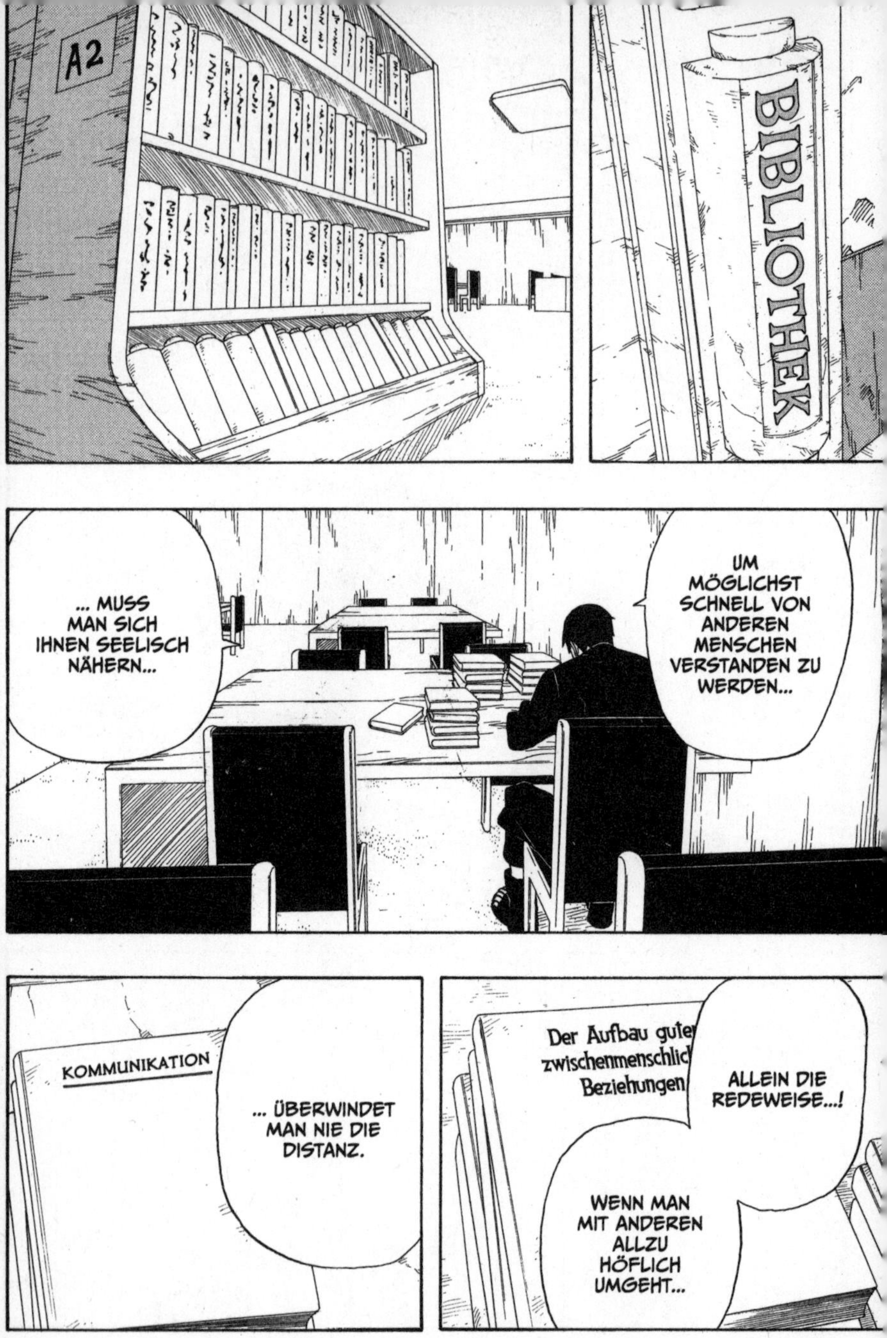
BIBLIOTHEK
A2
UM MÖGLICHST SCHNELL VON ANDEREN MENSCHEN VERSTANDEN ZU WERDEN...
... MUSS MAN SICH IHNEN SEELISCH NÄHERN...
Der Aufbau guter
zwischenmenschlic
Beziehungen
ALLEIN DIE REDEWEISE...!
WENN MAN MIT ANDEREN ALLZU HÖFLICH UMGEHT...
KOMMUNIKATION
... ÜBERWINDET MAN NIE DIE DISTANZ.

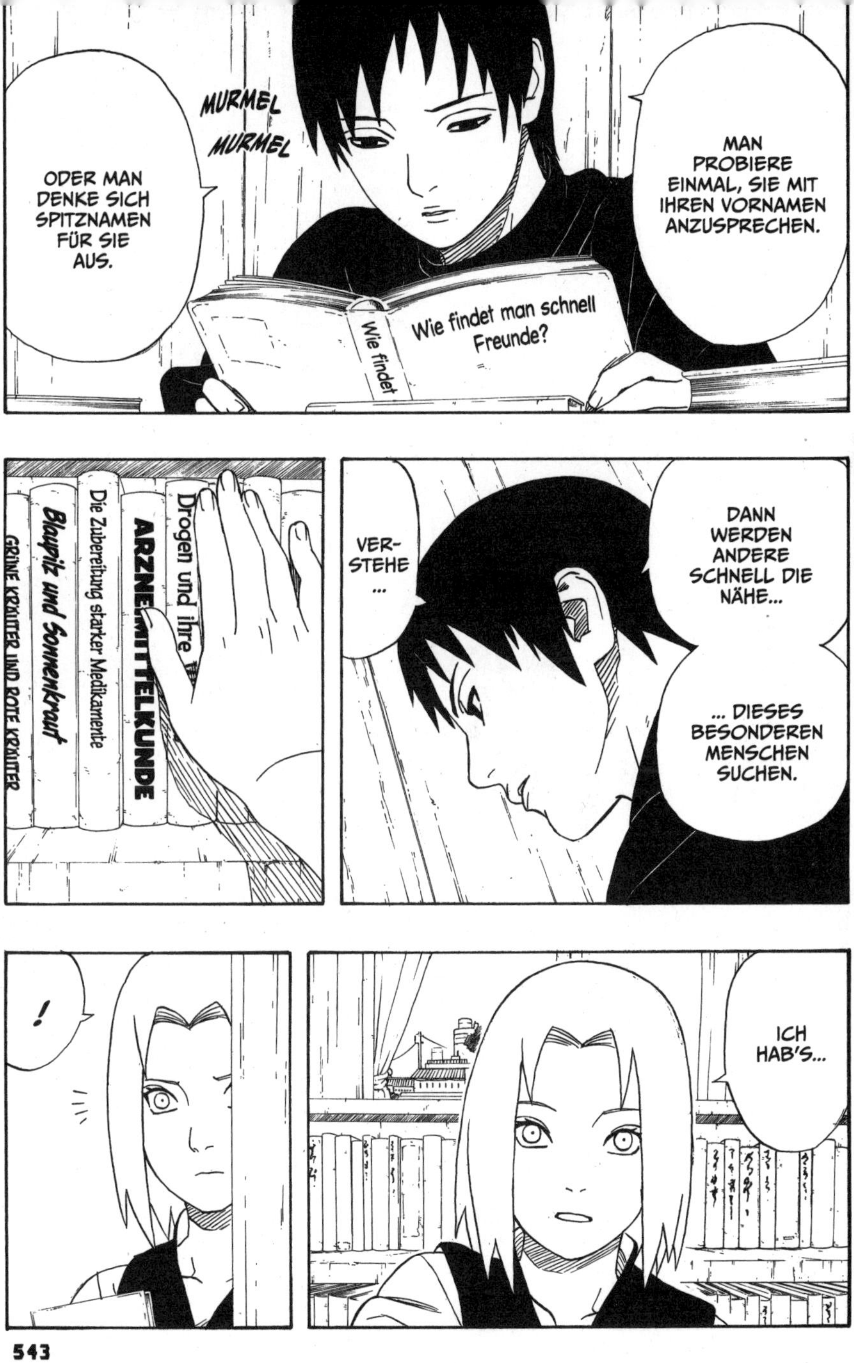
MAN PROBIERE EINMAL, SIE MIT IHREN VORNAMEN ANZUSPRECHEN.
MURMEL
MURMEL
ODER MAN DENKE SICH SPITZNAMEN FÜR SIE AUS.
Wie findet man schnell Freunde?
Wie findet
DANN WERDEN ANDERE SCHNELL DIE NÄHE...
... DIESES BESONDEREN MENSCHEN SUCHEN.
VER-STEHE ...
Drogen und ihre
ARZNE MITTELKUNDE
Die Zubereitung starker Medikamente
Blaupilz und Sonnenkraut
GRÜNE KRÄUTER UND ROTE KRÄUTER
ICH HAB'S...
!

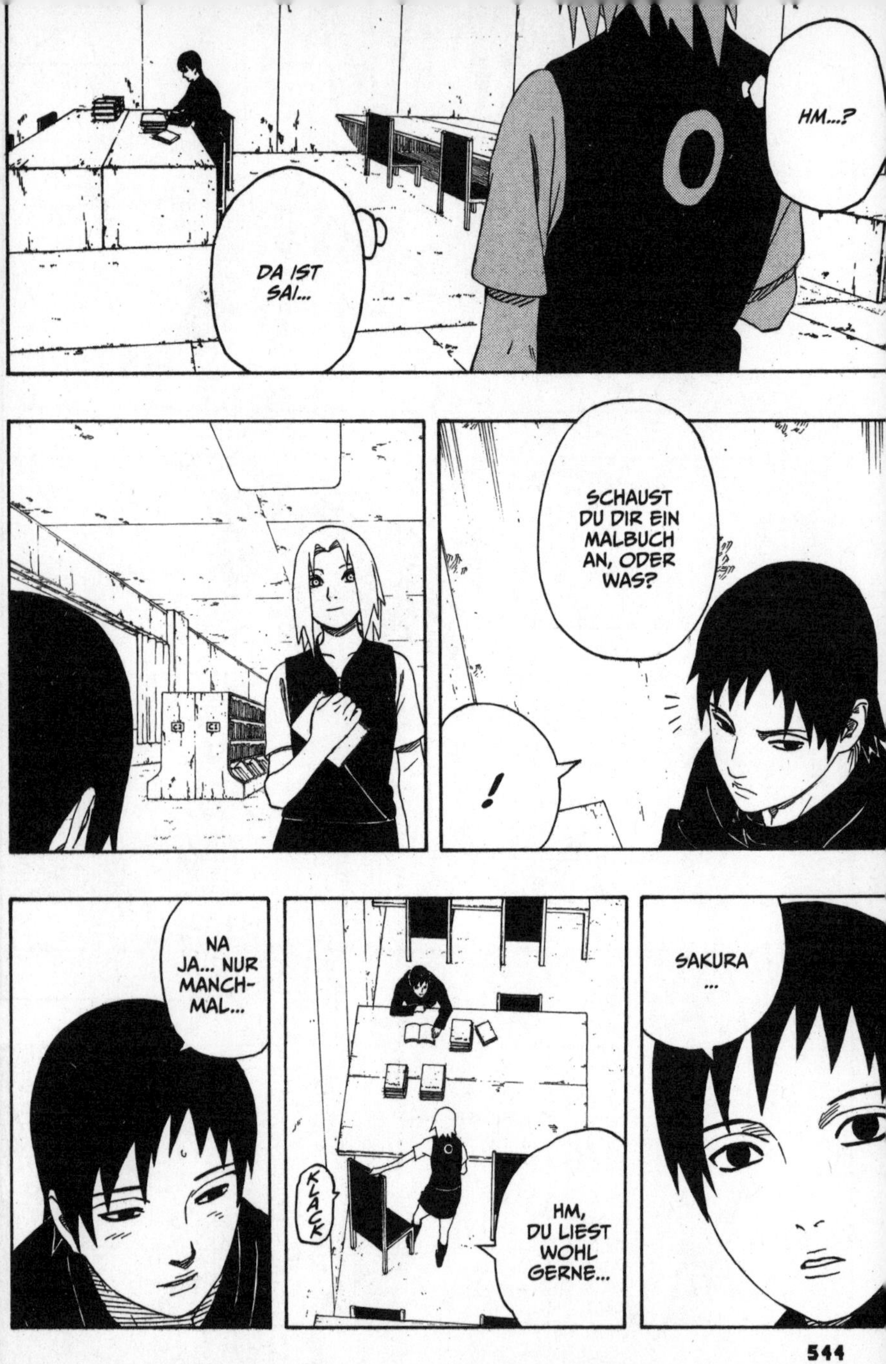
HM...?
DA IST SAI...
SCHAUST DU DIR EIN MALBUCH AN, ODER WAS?
!
SAKURA ...
HM, DU LIEST WOHL GERNE...
KLACK
NA JA... NUR MANCH-MAL...

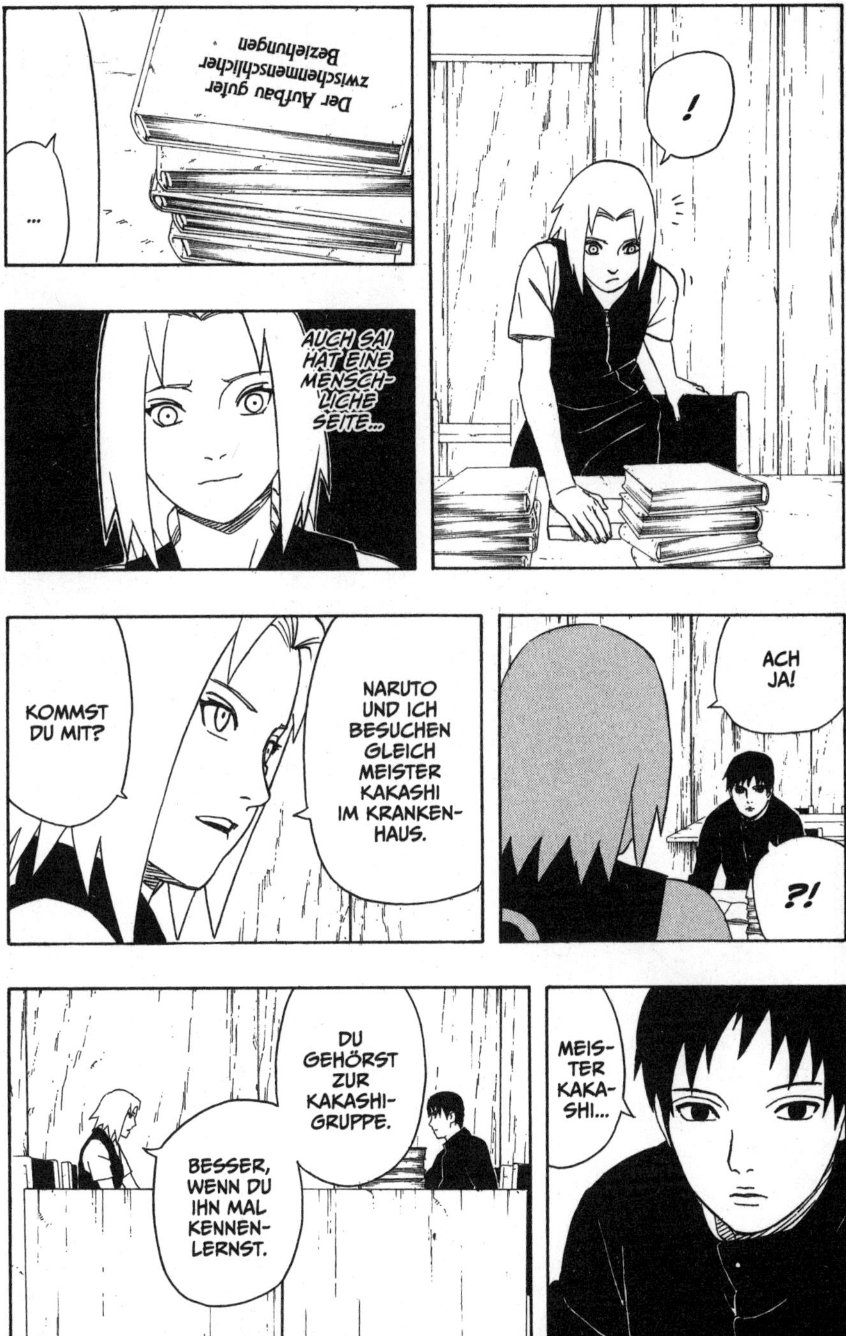
!
Der Aufbau guter zwischenmenschlicher Beziehungen
...
AUCH SAI HAT EINE MENSCHLICHE SEITE...
ACH JA!
?!
NARUTO UND ICH BESUCHEN GLEICH MEISTER KAKASHI IM KRANKENHAUS.
KOMMST DU MIT?
MEISTER KAKASHI...
DU GEHÖRST ZUR KAKASHI-GRUPPE.
BESSER, WENN DU IHN MAL KENNENLERNST.

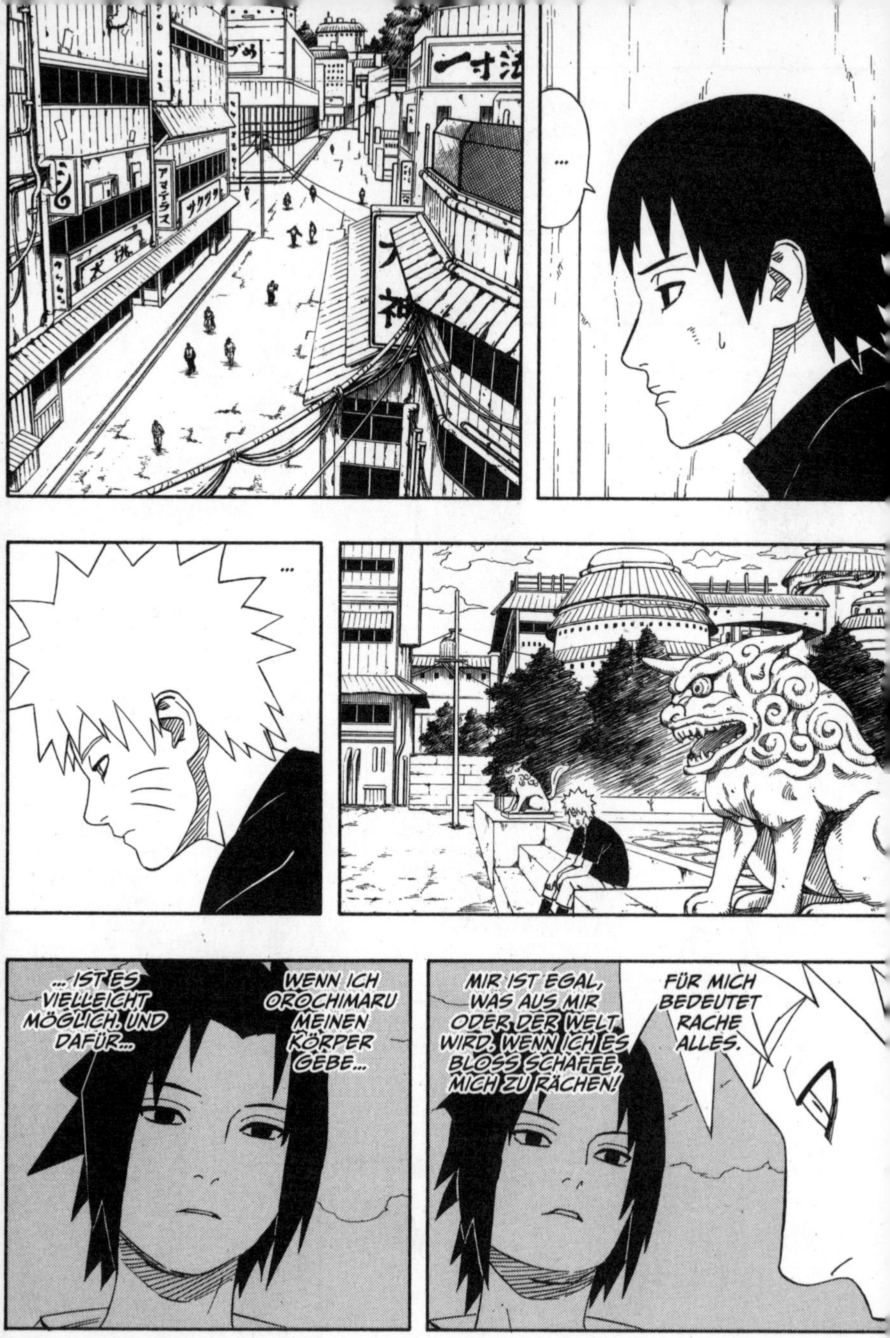
...
...
FÜR MICH BEDEUTET RACHE ALLES.
MIR IST EGAL, WAS AUS MIR ODER DER WELT WIRD, WENN ICH ES BLOSS SCHAFFE, MICH ZU RÄCHEN!
WENN ICH OROCHIMARU MEINEN KÖRPER GEBE...
...IST ES VIELLEICHT MÖGLICH. UND DAFÜR...

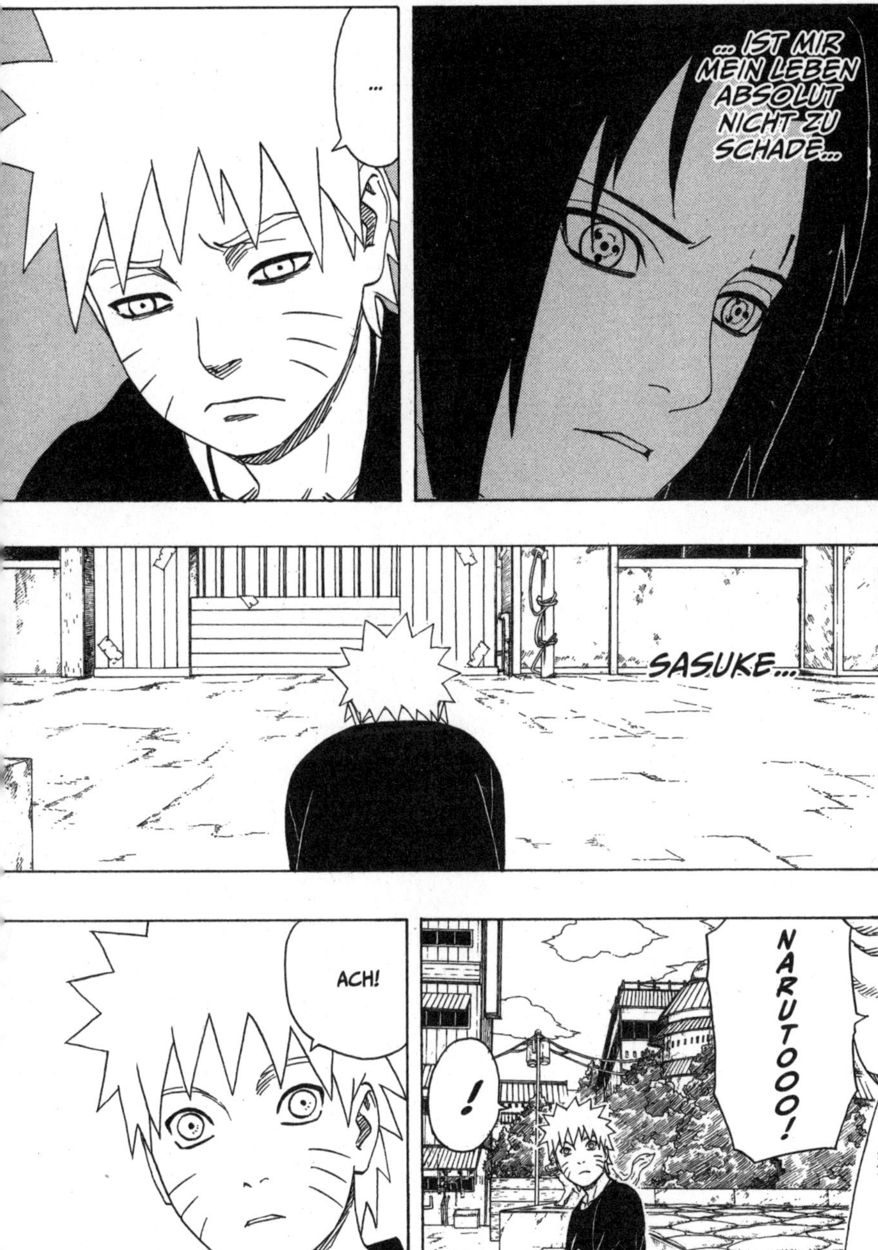
...
... IST MIR MEIN LEBEN ABSOLUT NICHT ZU SCHADE...
SASUKE...
NARUTOOO!
!
ACH!

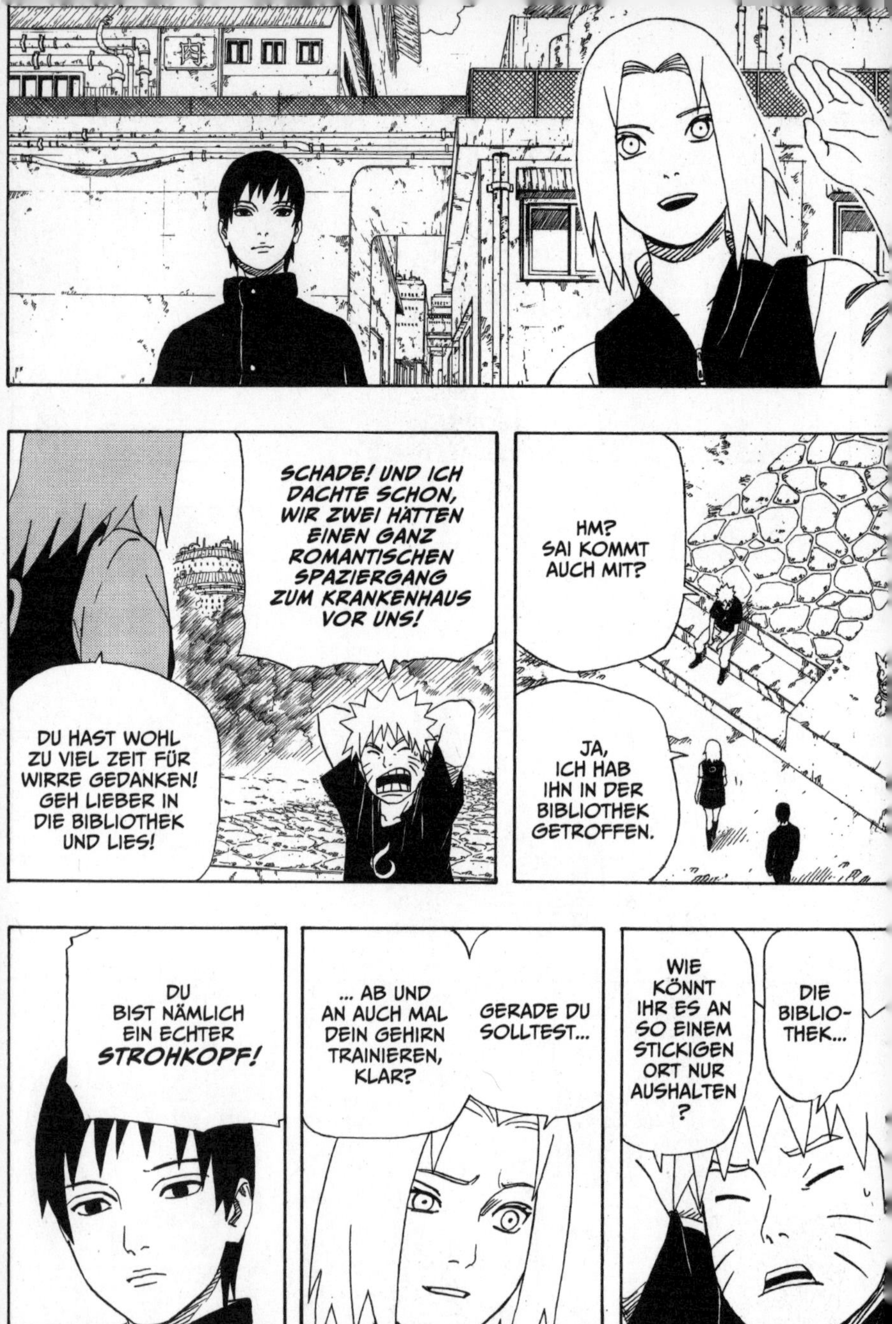
HM? SAI KOMMT AUCH MIT?
JA, ICH HAB IHN IN DER BIBLIOTHEK GETROFFEN.
SCHADE! UND ICH DACHTE SCHON, WIR ZWEI HÄTTEN EINEN GANZ ROMANTISCHEN SPAZIERGANG ZUM KRANKENHAUS VOR UNS!
DU HAST WOHL ZU VIEL ZEIT FÜR WIRRE GEDANKEN! GEH LIEBER IN DIE BIBLIOTHEK UND LIES!
DIE BIBLIOTHEK...
WIE KÖNNT IHR ES AN SO EINEM STICKIGEN ORT NUR AUSHALTEN ?
GERADE DU SOLLTEST...
... AB UND AN AUCH MAL DEIN GEHIRN TRAINIEREN, KLAR?
DU BIST NÄMLICH EIN ECHTER STROHKOPF!

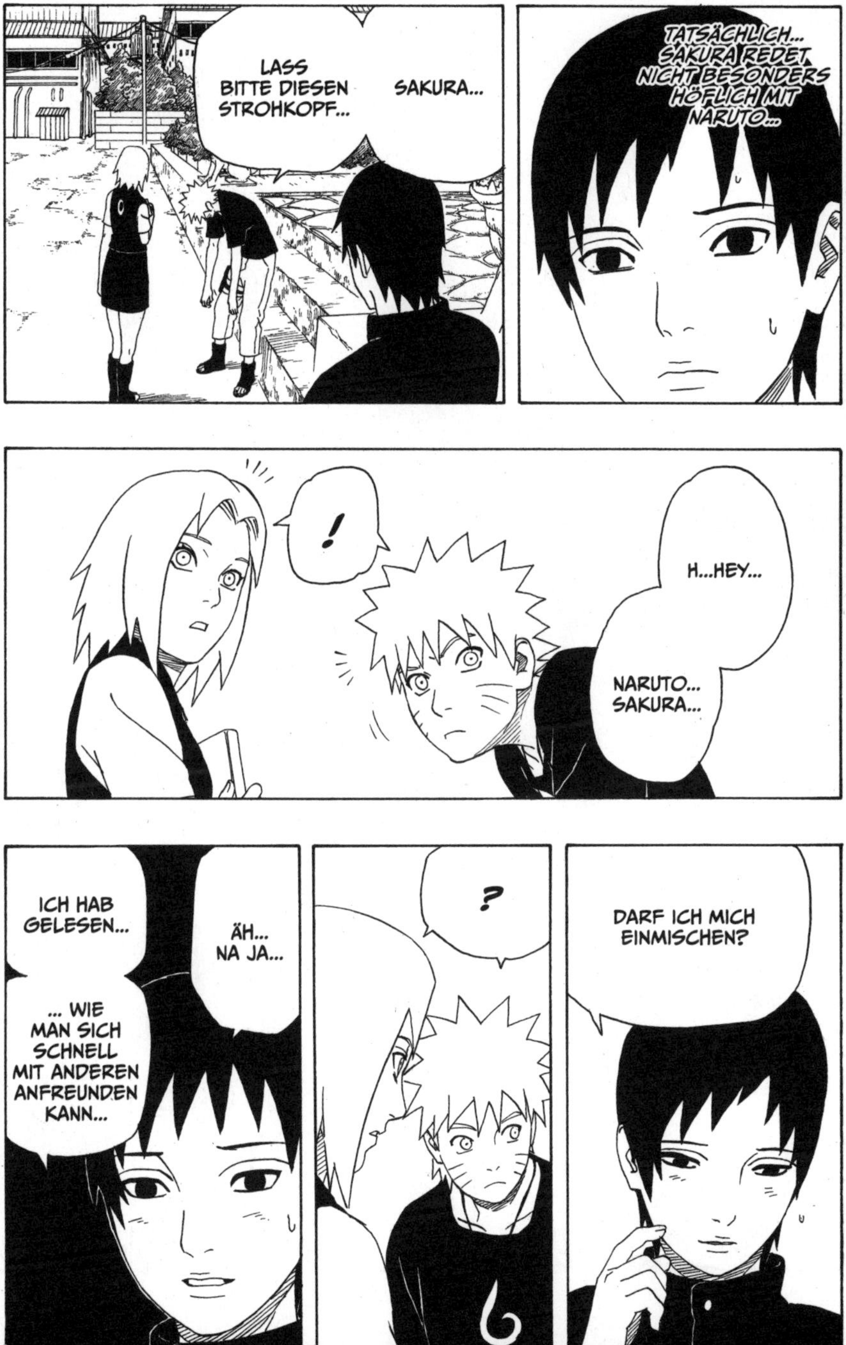
TATSÄCHLICH... SAKURA REDET NICHT BESONDERS HÖFLICH MIT NARUTO...
SAKURA...
LASS BITTE DIESEN STROHKOPF...
H...HEY...
NARUTO... SAKURA...
!
DARF ICH MICH EINMISCHEN?
?
ÄH... NA JA...
ICH HAB GELESEN...
... WIE MAN SICH SCHNELL MIT ANDEREN ANFREUNDEN KANN...

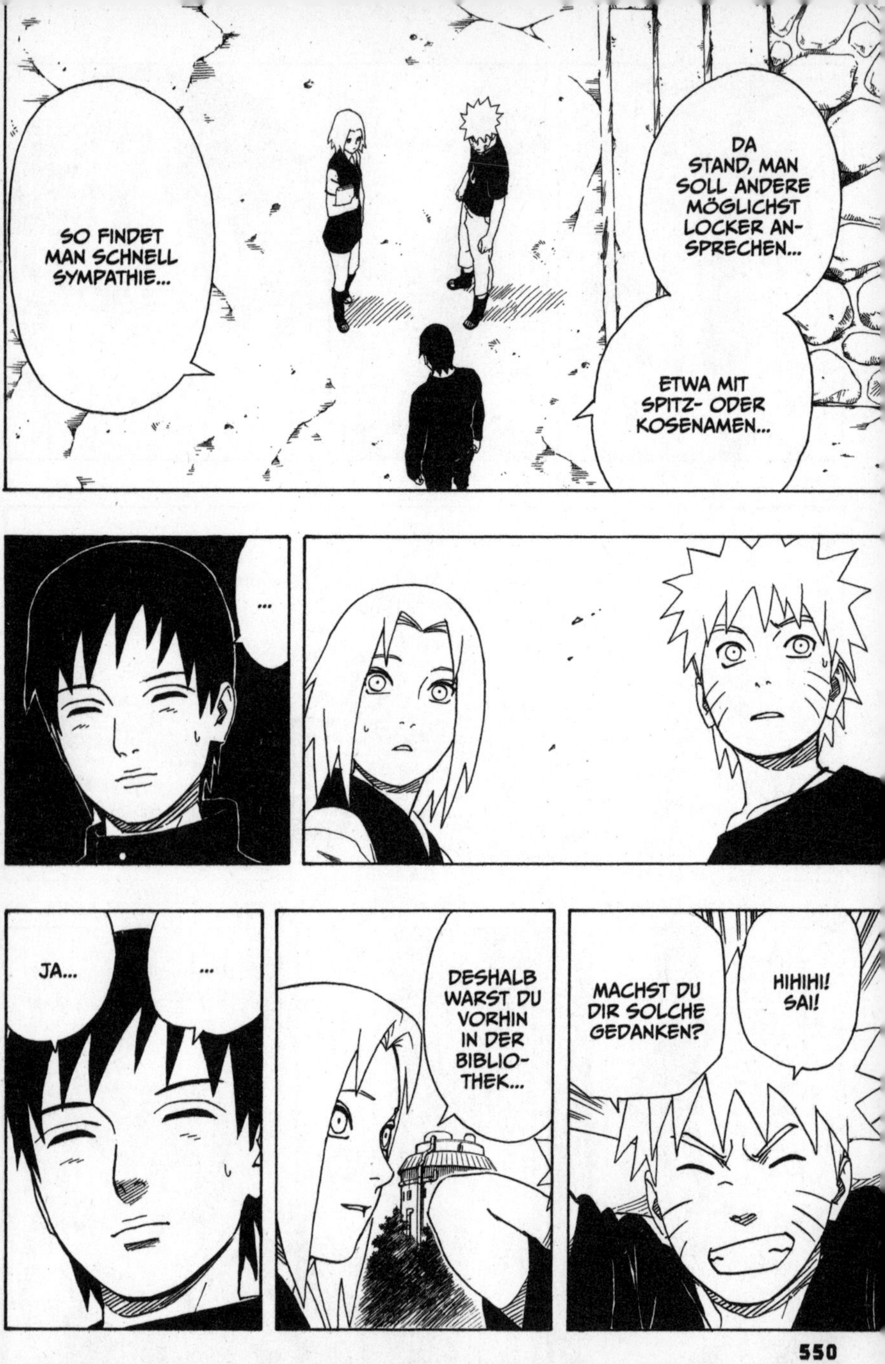
DA STAND, MAN SOLL ANDERE MÖGLICHST LOCKER ANSPRECHEN...
ETWA MIT SPITZ- ODER KOSENAMEN...
SO FINDET MAN SCHNELL SYMPATHIE...
...
HIHIHI! SAI!
MACHST DU DIR SOLCHE GEDANKEN?
DESHALB WARST DU VORHIN IN DER BIBLIOTHEK...
...
JA...

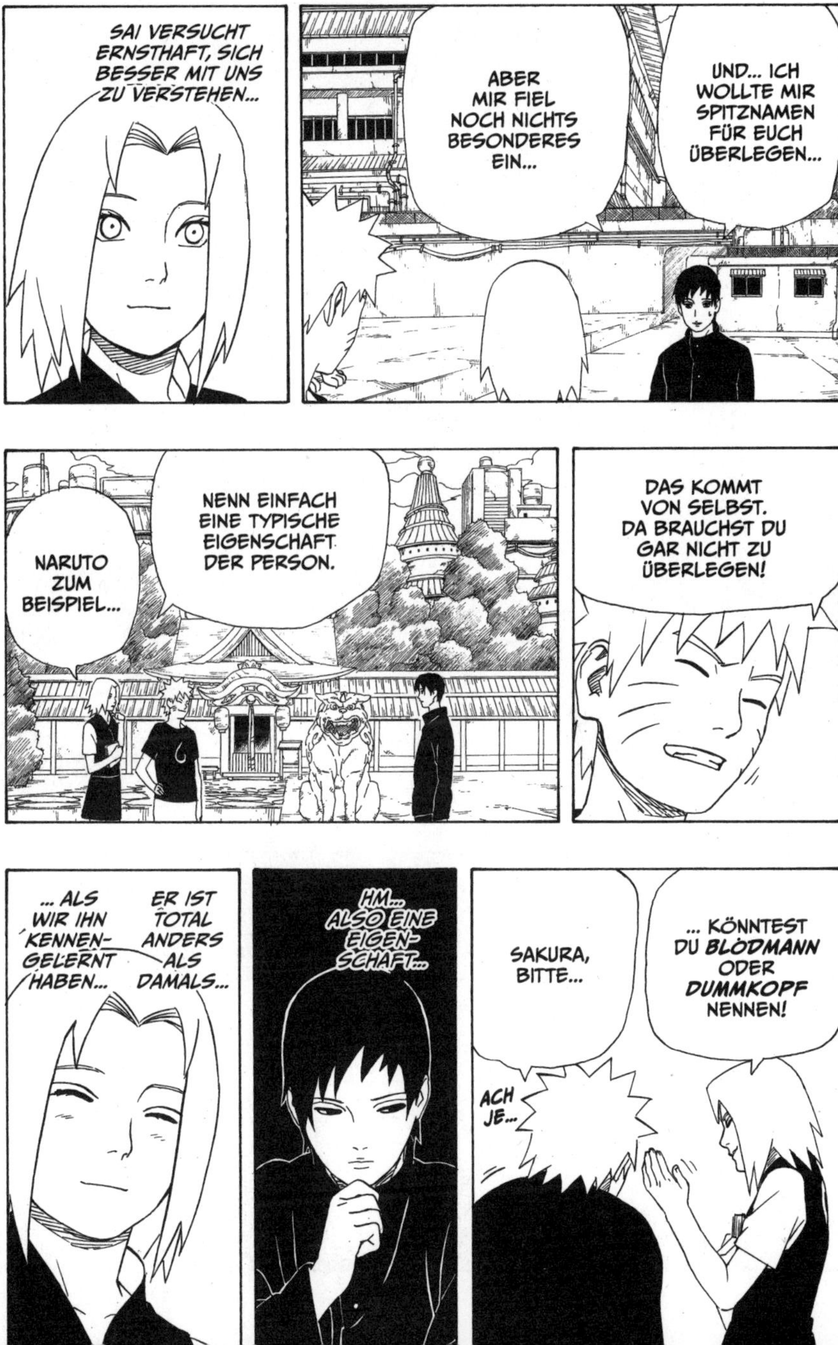

UND... ICH WOLLTE MIR SPITZNAMEN FÜR EUCH ÜBERLEGEN...
ABER MIR FIEL NOCH NICHTS BESONDERES EIN...
SAI VERSUCHT ERNSTHAFT, SICH BESSER MIT UNS ZU VERSTEHEN...
DAS KOMMT VON SELBST. DA BRAUCHST DU GAR NICHT ZU ÜBERLEGEN!
NENN EINFACH EINE TYPISCHE EIGENSCHAFT DER PERSON.
NARUTO ZUM BEISPIEL...
... KÖNNTEST DU **BLÖDMANN** ODER **DUMMKOPF** NENNEN!
SAKURA, BITTE...
ACH JE...
HM... ALSO EINE EIGENSCHAFT...
ER IST TOTAL ANDERS ALS DAMALS...
... ALS WIR IHN KENNENGELERNT HABEN...

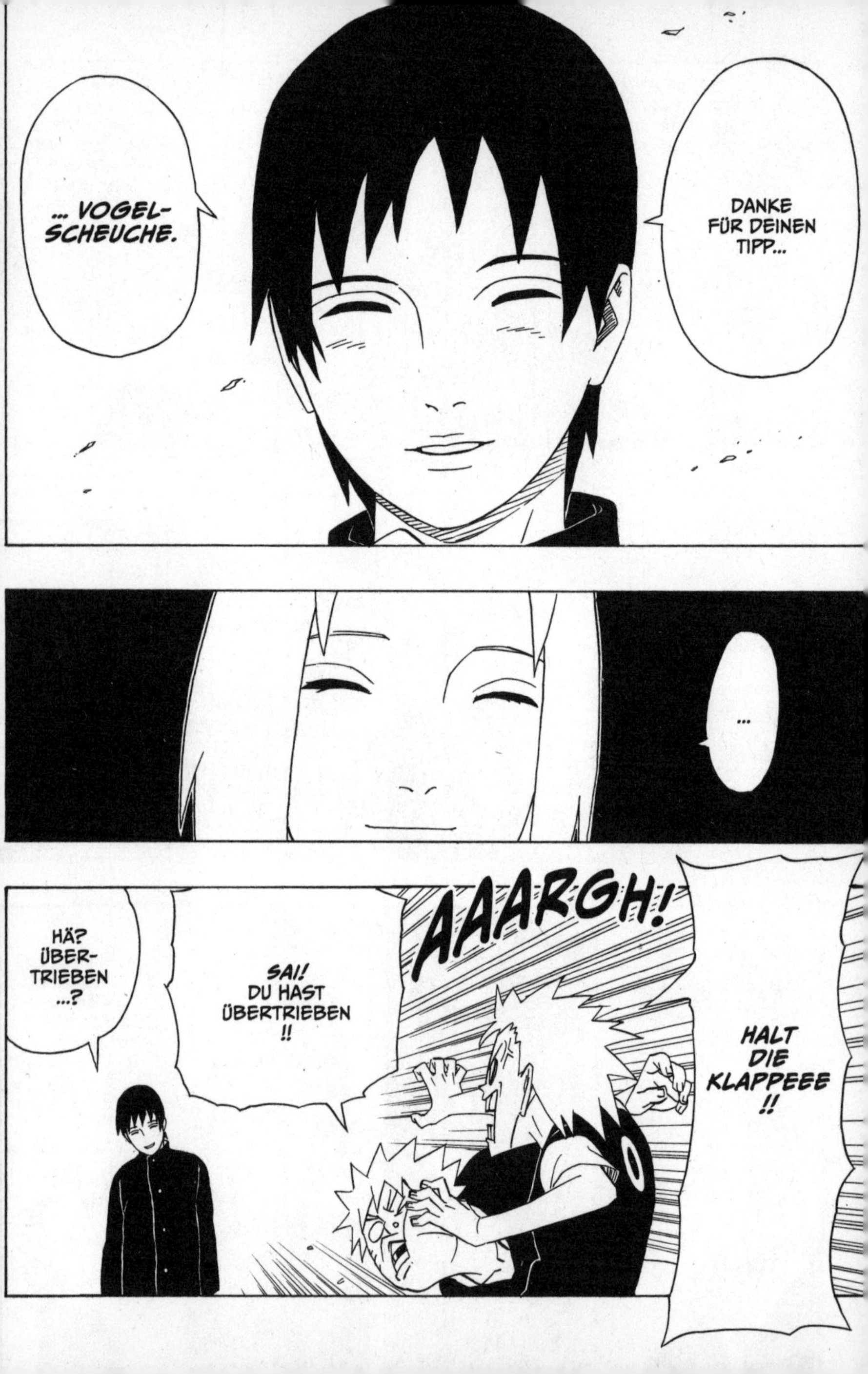
DANKE FÜR DEINEN TIPP...
... VOGEL-SCHEUCHE.
...
HALT DIE KLAPPEEE !!
AAARGH!
SAI! DU HAST ÜBERTRIEBEN !!
HÄ? ÜBER-TRIEBEN ...?

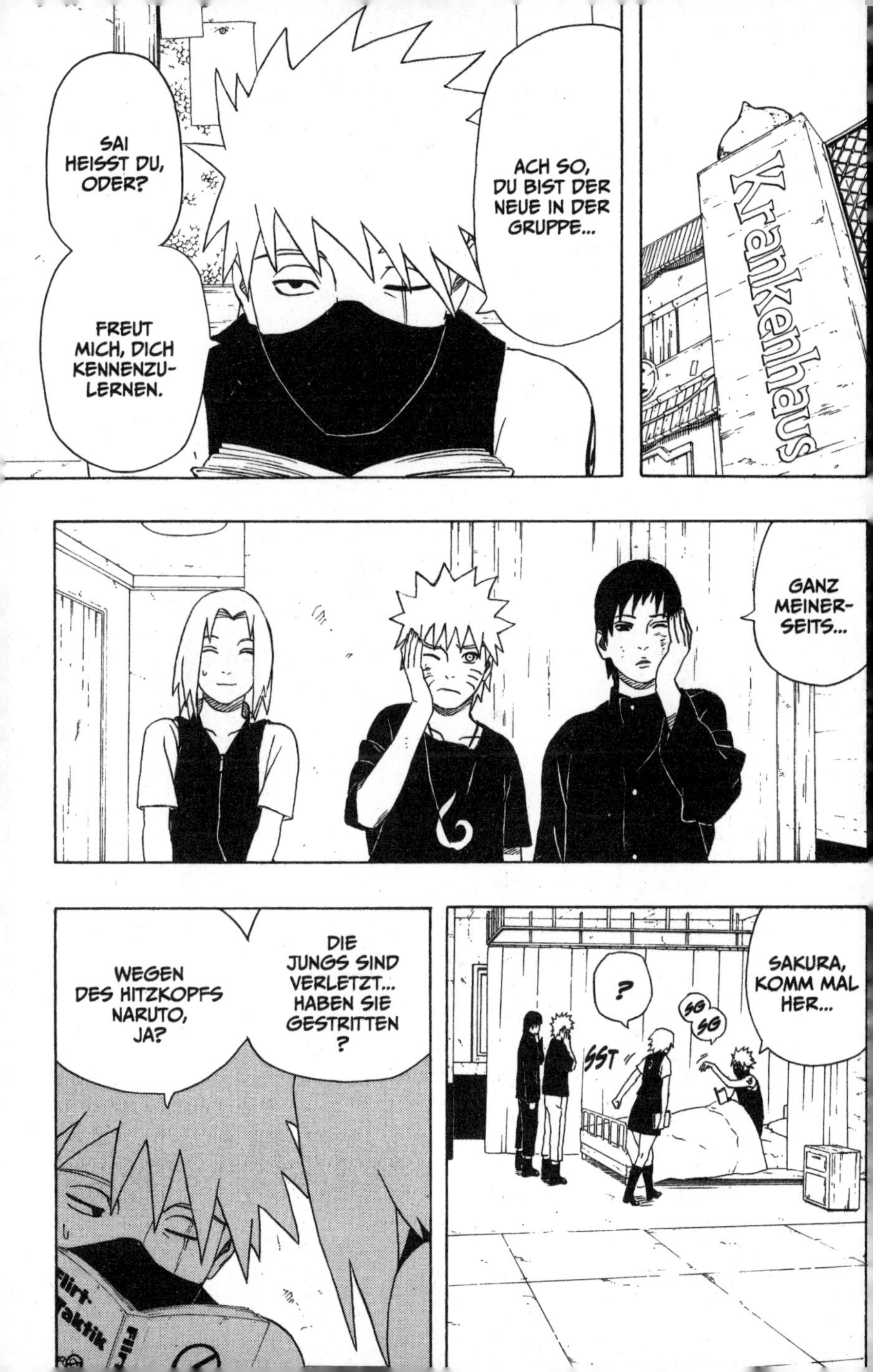
Krankenhaus
ACH SO, DU BIST DER NEUE IN DER GRUPPE...
SAI HEISST DU, ODER?
FREUT MICH, DICH KENNENZU-LERNEN.
GANZ MEINER-SEITS...
SAKURA, KOMM MAL HER...
SG SG
?
SST
DIE JUNGS SIND VERLETZT... HABEN SIE GESTRITTEN ?
WEGEN DES HITZKOPFS NARUTO, JA?
Flirt-Taktik

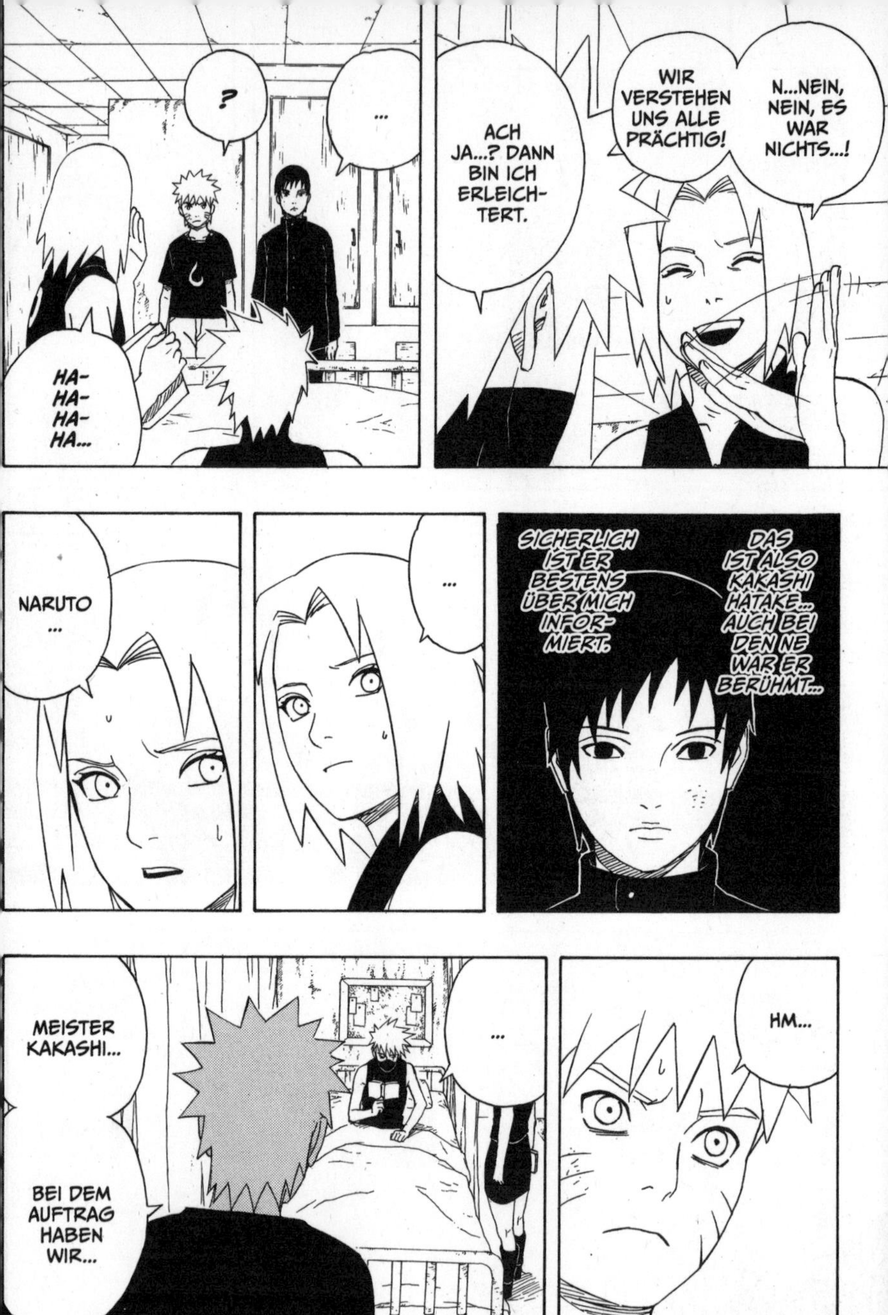
N...NEIN, NEIN, ES WAR NICHTS...!
WIR VERSTEHEN UNS ALLE PRÄCHTIG!
ACH JA...? DANN BIN ICH ERLEICHTERT.
...
?
HA-HA-HA-HA...
DAS IST ALSO KAKASHI HATAKE... AUCH BEI DEN NE WAR ER BERÜHMT...
SICHERLICH IST ER BESTENS ÜBER MICH INFORMIERT.
...
NARUTO ...
HM...
...
MEISTER KAKASHI...
BEI DEM AUFTRAG HABEN WIR...

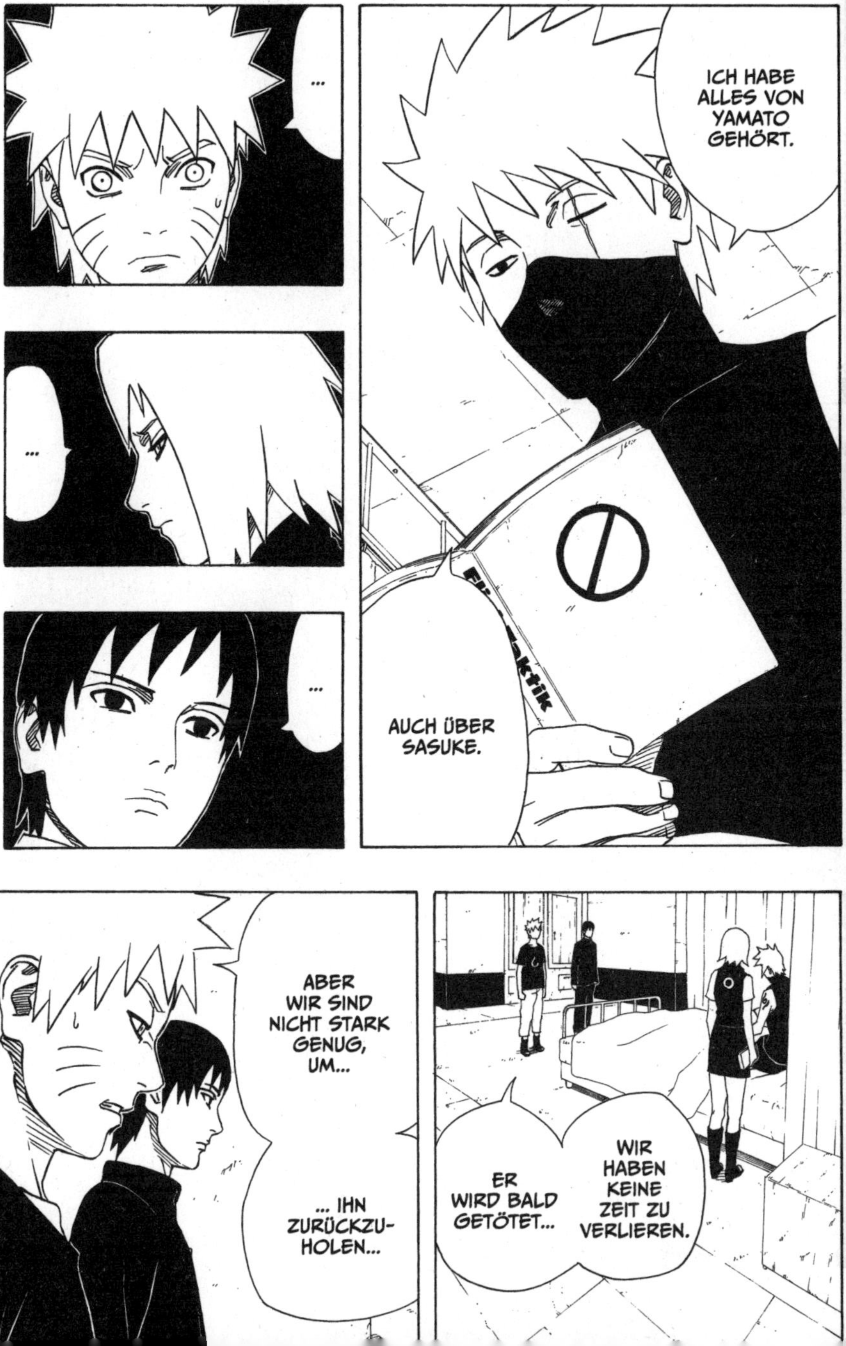
ICH HABE ALLES VON YAMATO GEHÖRT.
AUCH ÜBER SASUKE.
...
...
...
WIR HABEN KEINE ZEIT ZU VERLIEREN.
ER WIRD BALD GETÖTET...
ABER WIR SIND NICHT STARK GENUG, UM...
... IHN ZURÜCKZUHOLEN...

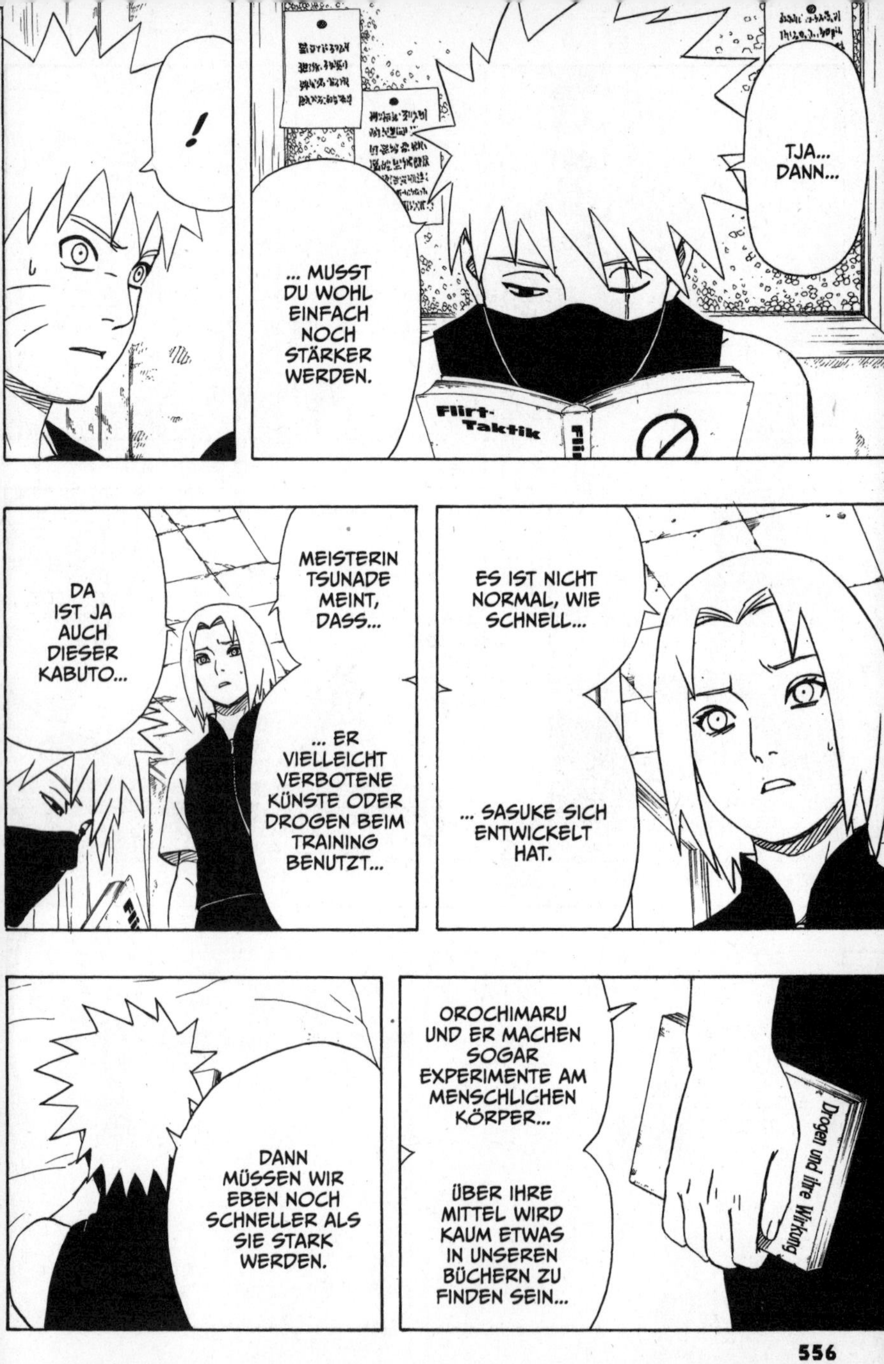
TJA... DANN...
... MUSST DU WOHL EINFACH NOCH STÄRKER WERDEN.
Flirt-Taktik
!
ES IST NICHT NORMAL, WIE SCHNELL...
... SASUKE SICH ENTWICKELT HAT.
MEISTERIN TSUNADE MEINT, DASS...
... ER VIELLEICHT VERBOTENE KÜNSTE ODER DROGEN BEIM TRAINING BENUTZT...
DA IST JA AUCH DIESER KABUTO...
OROCHIMARU UND ER MACHEN SOGAR EXPERIMENTE AM MENSCHLICHEN KÖRPER...
ÜBER IHRE MITTEL WIRD KAUM ETWAS IN UNSEREN BÜCHERN ZU FINDEN SEIN...
Drogen und ihre Wirkung
DANN MÜSSEN WIR EBEN NOCH SCHNELLER ALS SIE STARK WERDEN.

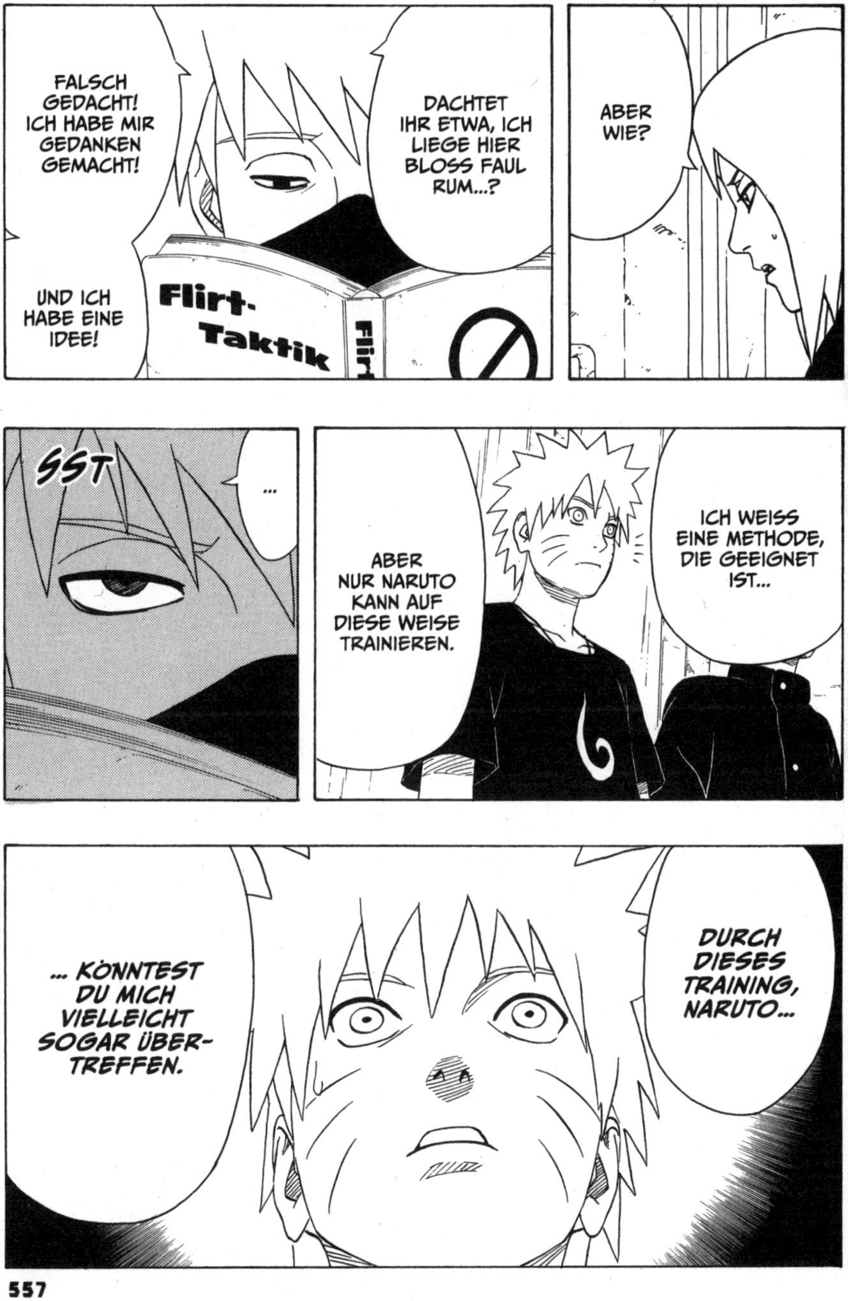
ABER WIE?
DACHTET IHR ETWA, ICH LIEGE HIER BLOSS FAUL RUM...?
FALSCH GEDACHT! ICH HABE MIR GEDANKEN GEMACHT!
UND ICH HABE EINE IDEE!
Flirt-Taktik
Flirt
ICH WEISS EINE METHODE, DIE GEEIGNET IST...
ABER NUR NARUTO KANN AUF DIESE WEISE TRAINIEREN.
SST
...
DURCH DIESES TRAINING, NARUTO...
... KÖNNTEST DU MICH VIELLEICHT SOGAR ÜBER-TREFFEN.

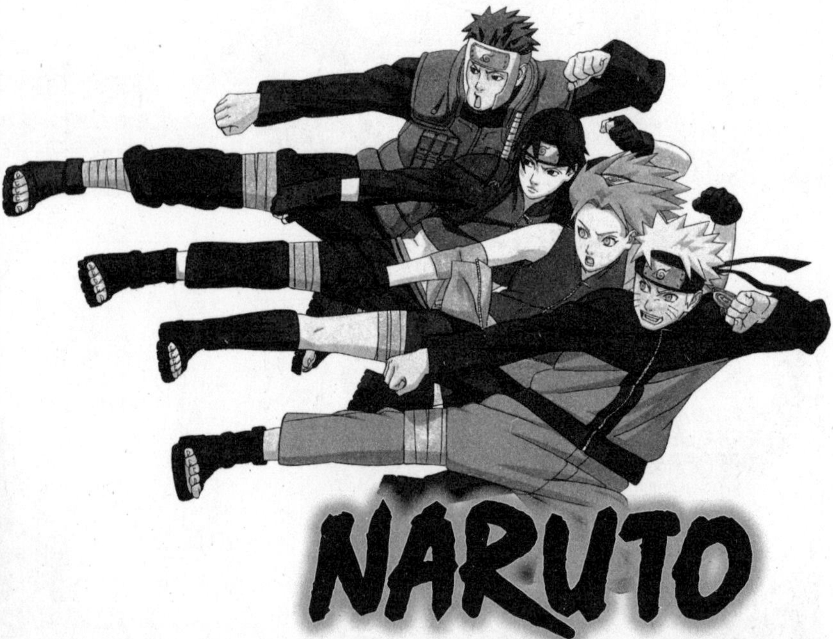

NARUTO

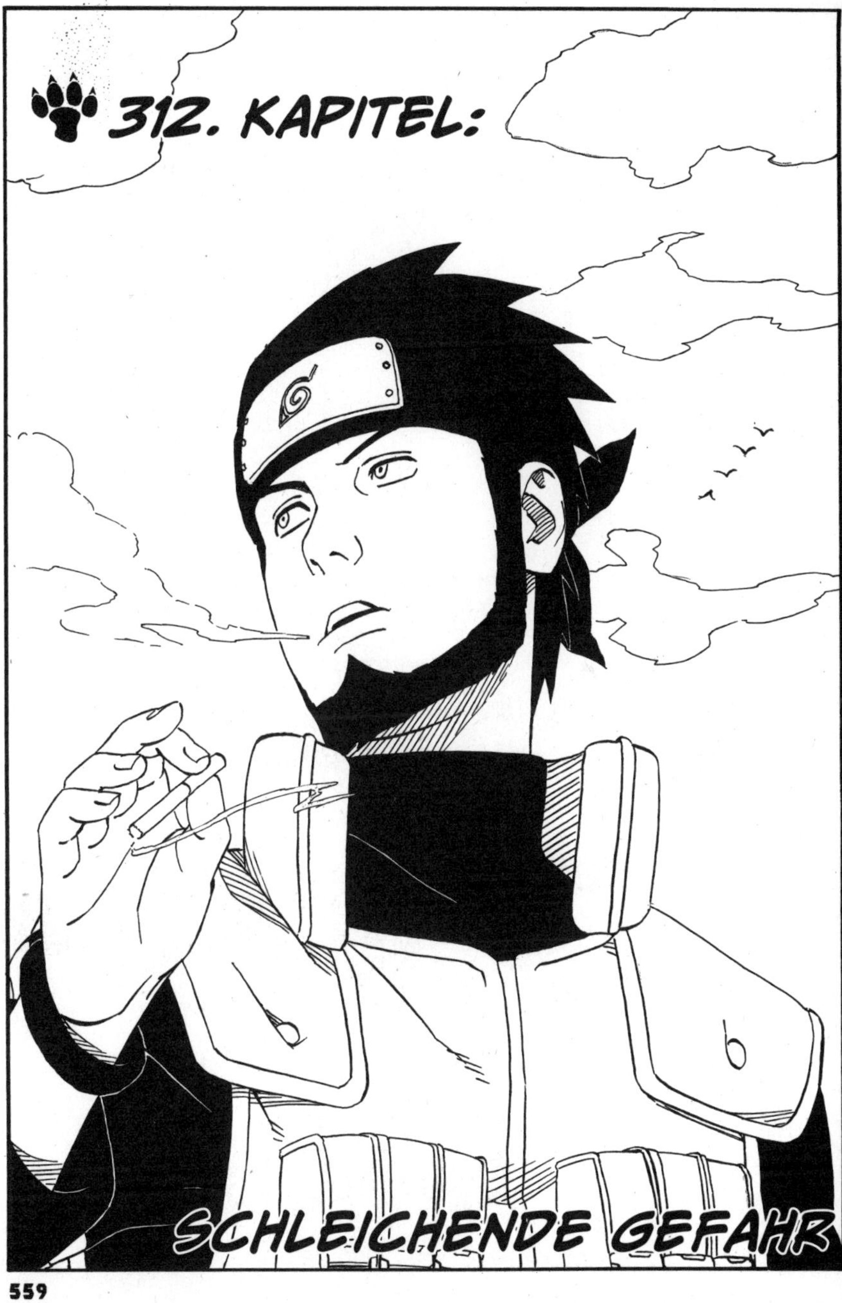
312. KAPITEL:
SCHLEICHENDE GEFAHR

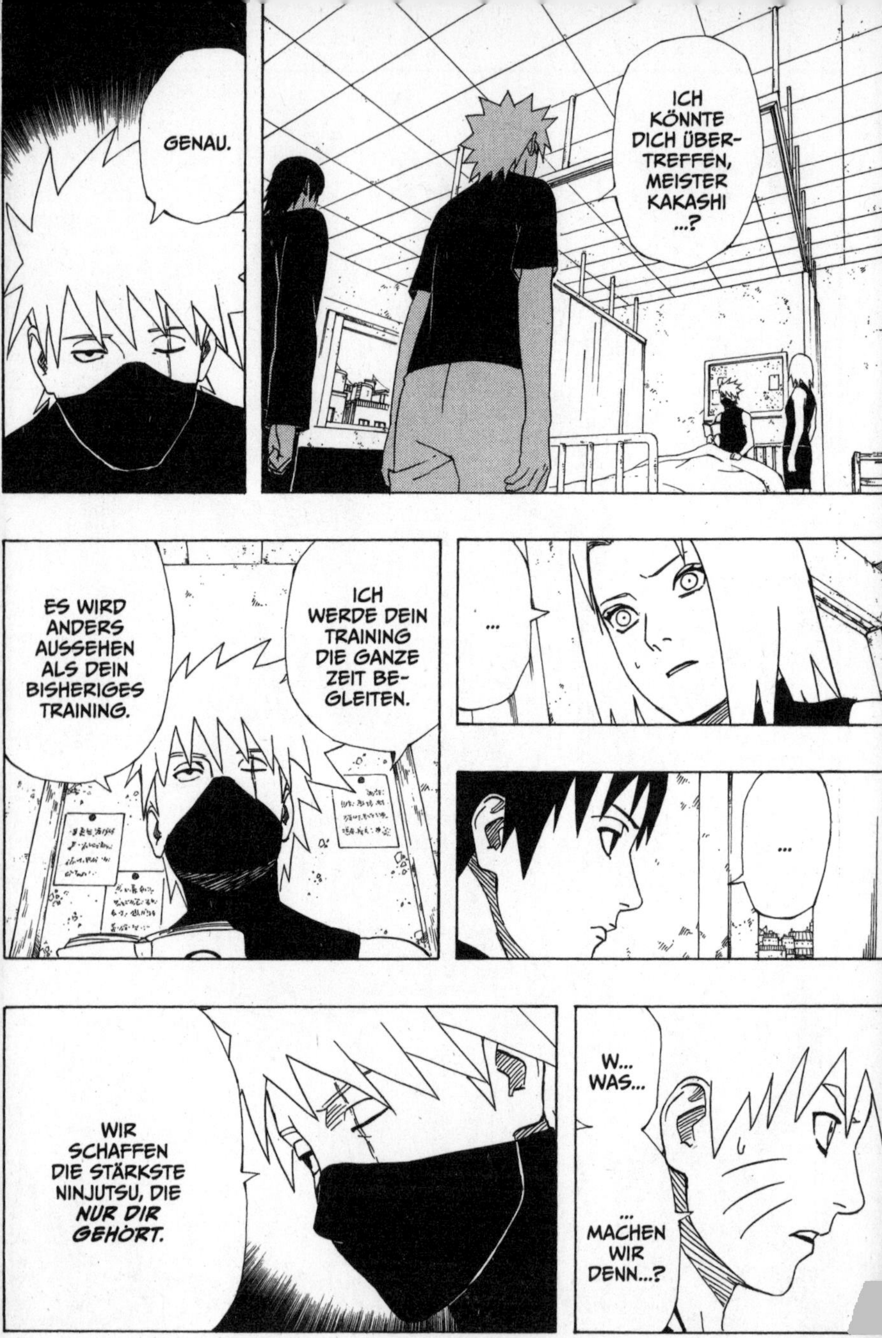

ICH KÖNNTE DICH ÜBERTREFFEN, MEISTER KAKASHI …?
GENAU.
…
…
ICH WERDE DEIN TRAINING DIE GANZE ZEIT BEGLEITEN.
ES WIRD ANDERS AUSSEHEN ALS DEIN BISHERIGES TRAINING.
W… WAS…
… MACHEN WIR DENN…?
WIR SCHAFFEN DIE STÄRKSTE NINJUTSU, DIE *NUR DIR GEHÖRT.*

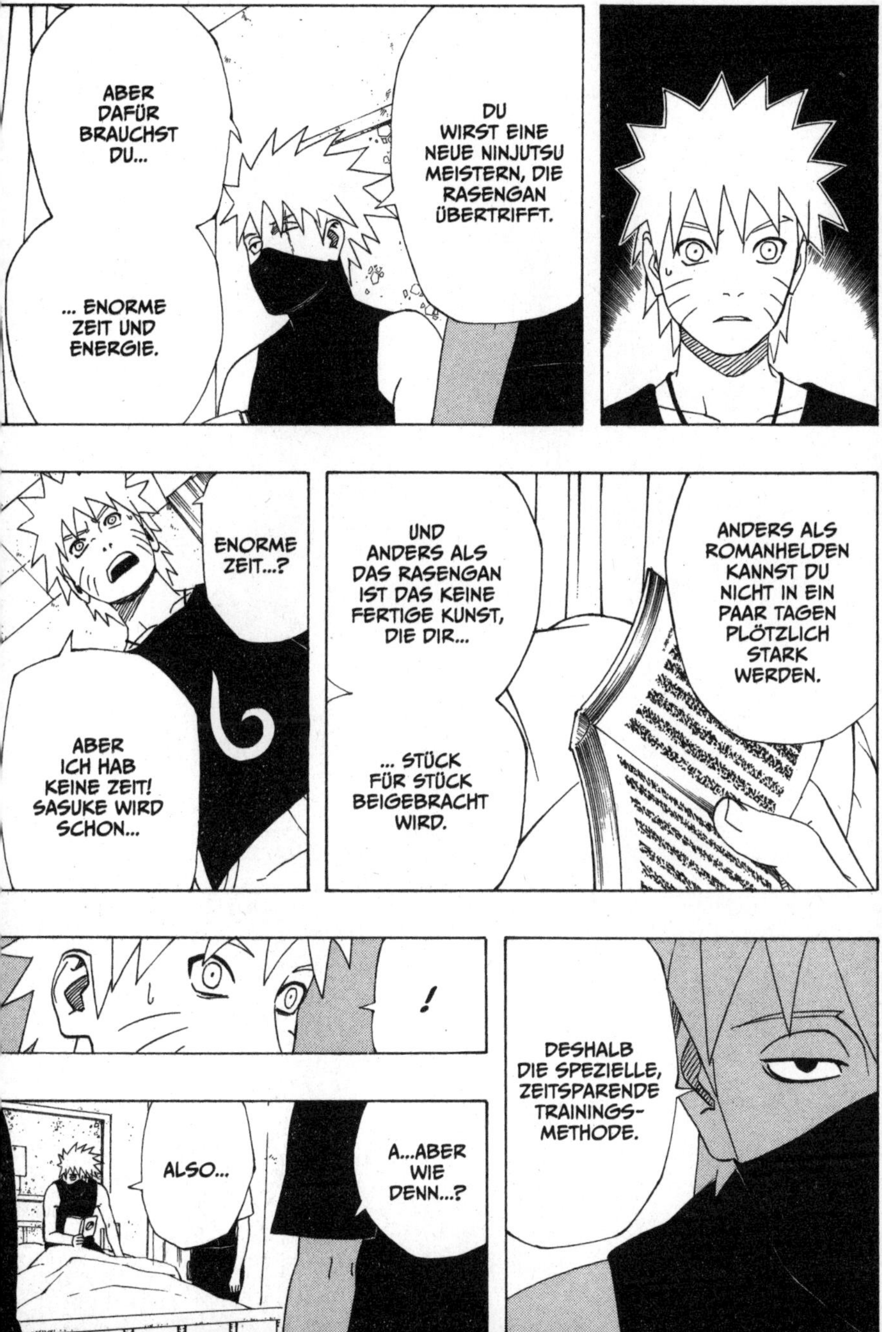
DU WIRST EINE NEUE NINJUTSU MEISTERN, DIE RASENGAN ÜBERTRIFFT.
ABER DAFÜR BRAUCHST DU...
... ENORME ZEIT UND ENERGIE.
ENORME ZEIT...?
ABER ICH HAB KEINE ZEIT! SASUKE WIRD SCHON...
UND ANDERS ALS DAS RASENGAN IST DAS KEINE FERTIGE KUNST, DIE DIR...
... STÜCK FÜR STÜCK BEIGEBRACHT WIRD.
ANDERS ALS ROMANHELDEN KANNST DU NICHT IN EIN PAAR TAGEN PLÖTZLICH STARK WERDEN.
!
DESHALB DIE SPEZIELLE, ZEITSPARENDE TRAININGS-METHODE.
ALSO...
A...ABER WIE DENN...?

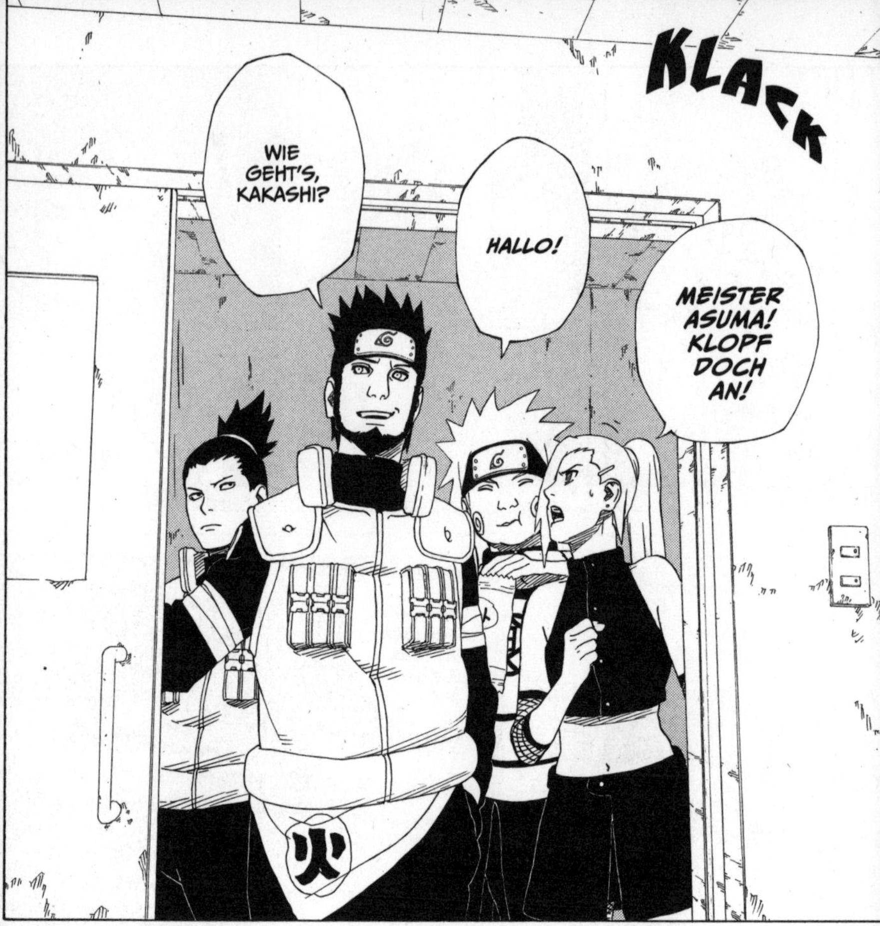
KLACK
MEISTER ASUMA! KLOPF DOCH AN!
HALLO!
WIE GEHT'S, KAKASHI?

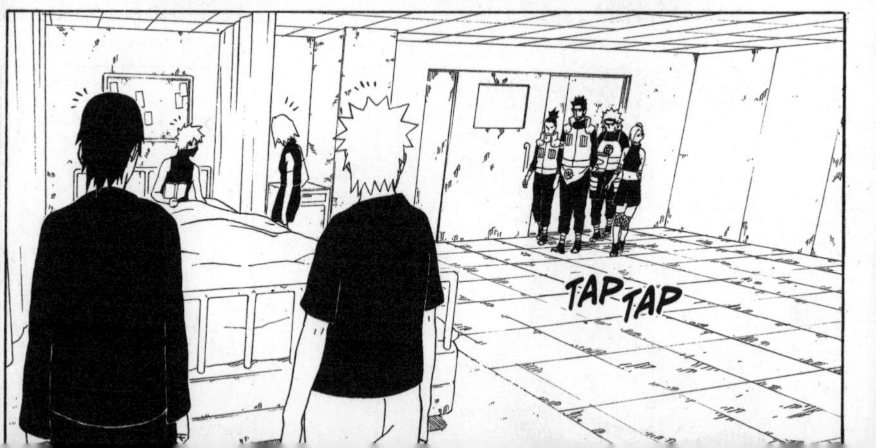
TAP TAP

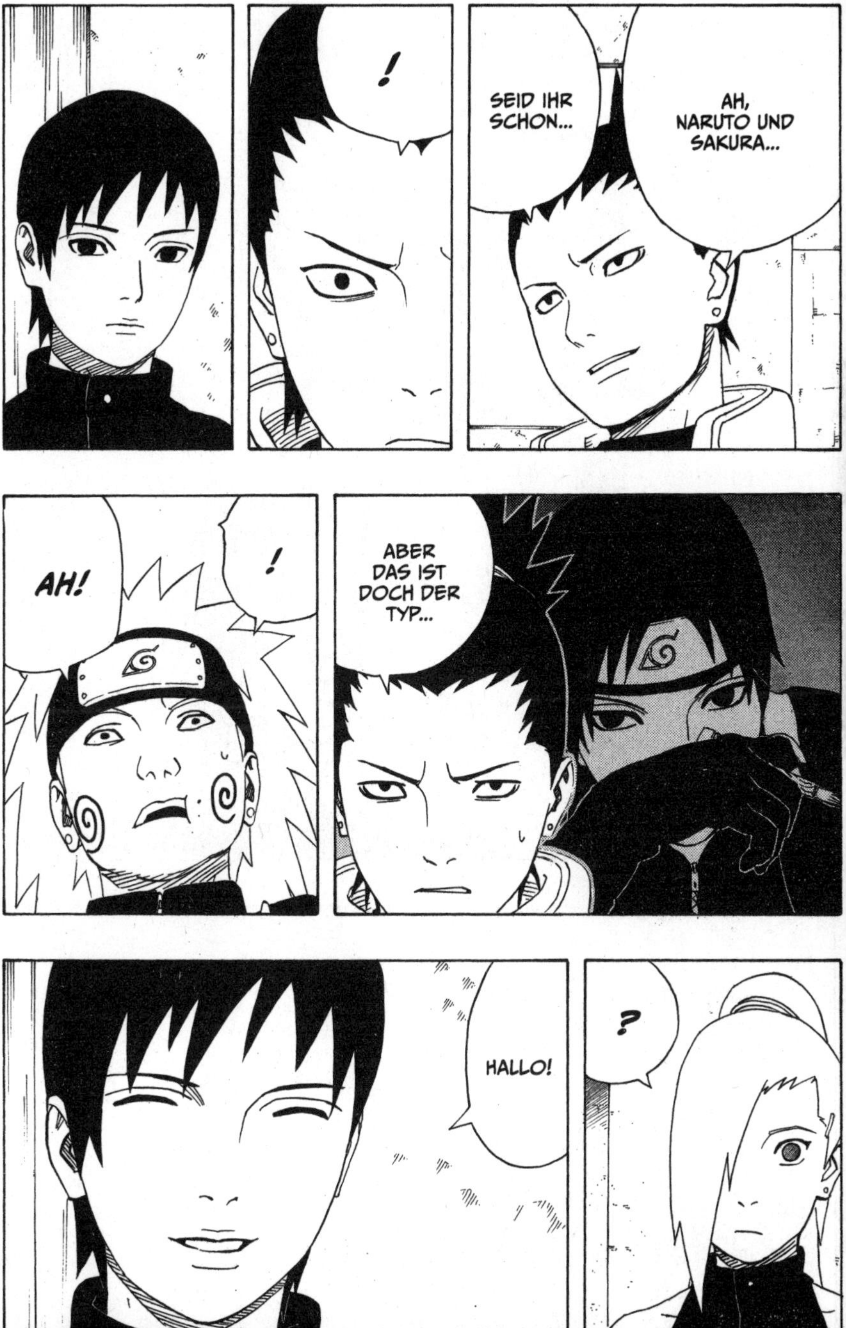
AH, NARUTO UND SAKURA...
SEID IHR SCHON...
!
ABER DAS IST DOCH DER TYP...
!
AH!
?
HALLO!

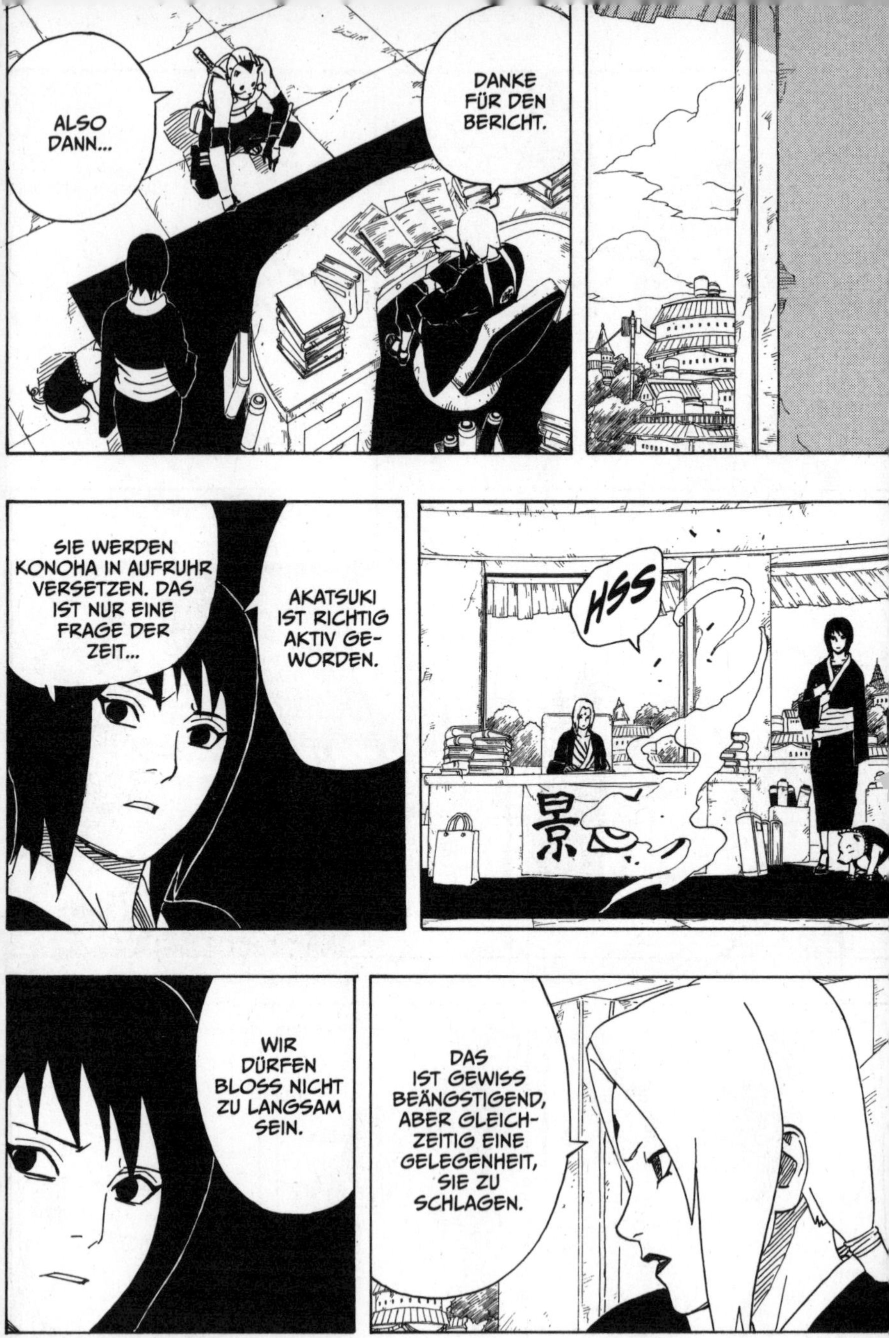
DANKE FÜR DEN BERICHT.
ALSO DANN...
HSS
AKATSUKI IST RICHTIG AKTIV GEWORDEN.
SIE WERDEN KONOHA IN AUFRUHR VERSETZEN. DAS IST NUR EINE FRAGE DER ZEIT...
DAS IST GEWISS BEÄNGSTIGEND, ABER GLEICHZEITIG EINE GELEGENHEIT, SIE ZU SCHLAGEN.
WIR DÜRFEN BLOSS NICHT ZU LANGSAM SEIN.

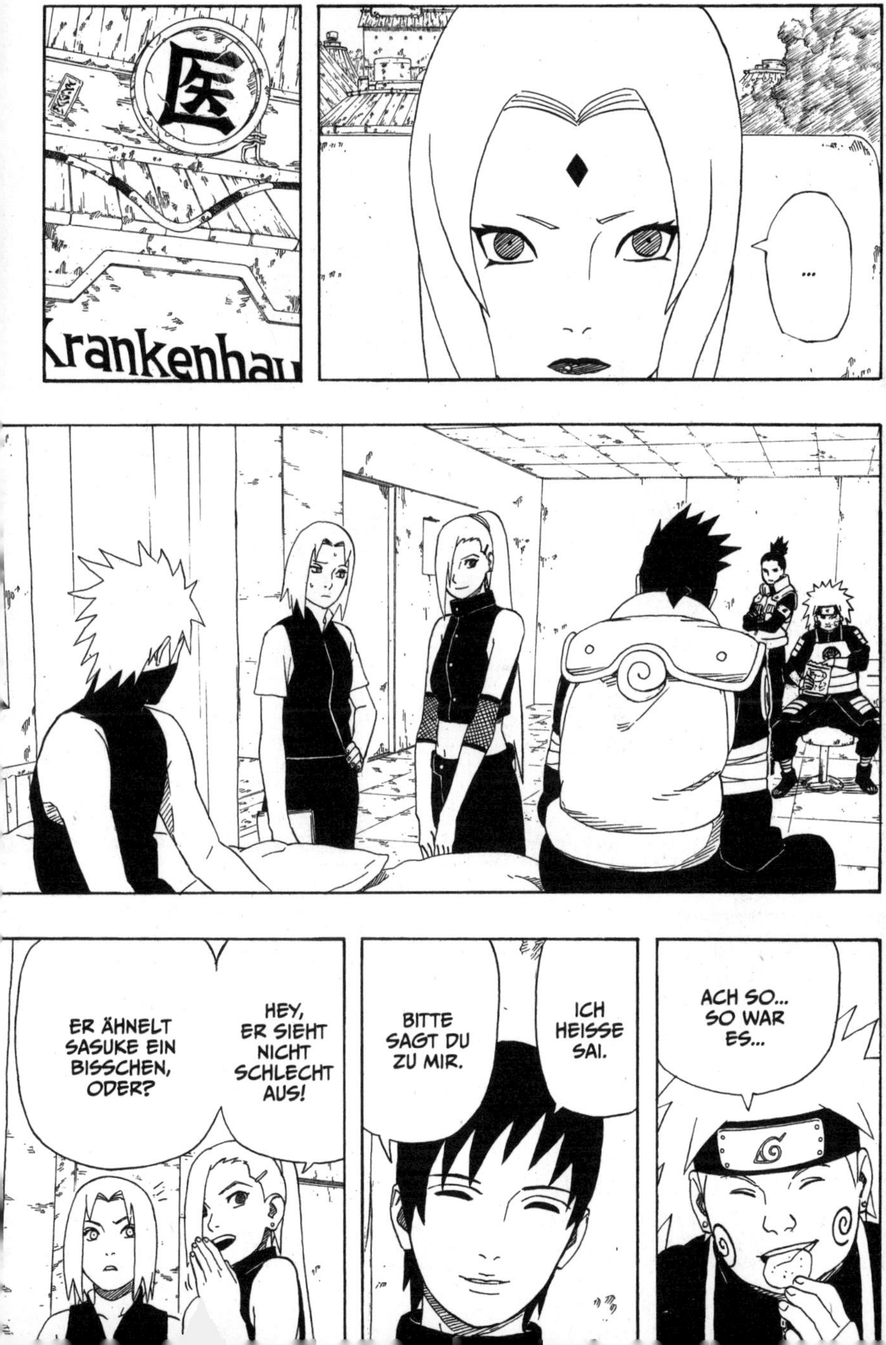
…
Krankenhau
ACH SO… SO WAR ES…
ICH HEISSE SAI.
BITTE SAGT DU ZU MIR.
HEY, ER SIEHT NICHT SCHLECHT AUS!
ER ÄHNELT SASUKE EIN BISSCHEN, ODER?

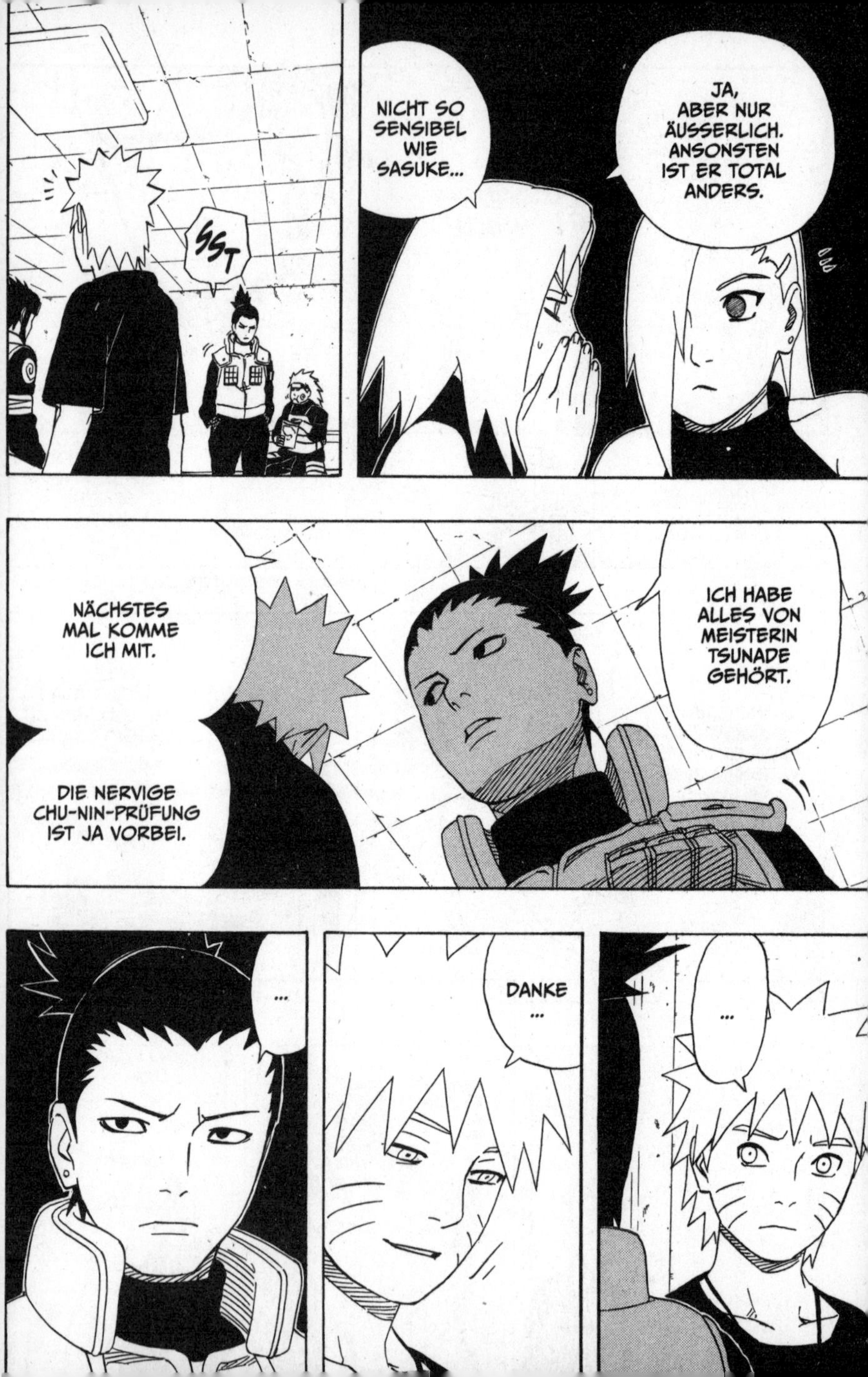
JA, ABER NUR ÄUSSERLICH. ANSONSTEN IST ER TOTAL ANDERS.
NICHT SO SENSIBEL WIE SASUKE...
SST
ICH HABE ALLES VON MEISTERIN TSUNADE GEHÖRT.
NÄCHSTES MAL KOMME ICH MIT.
DIE NERVIGE CHU-NIN-PRÜFUNG IST JA VORBEI.
...
DANKE ...
...

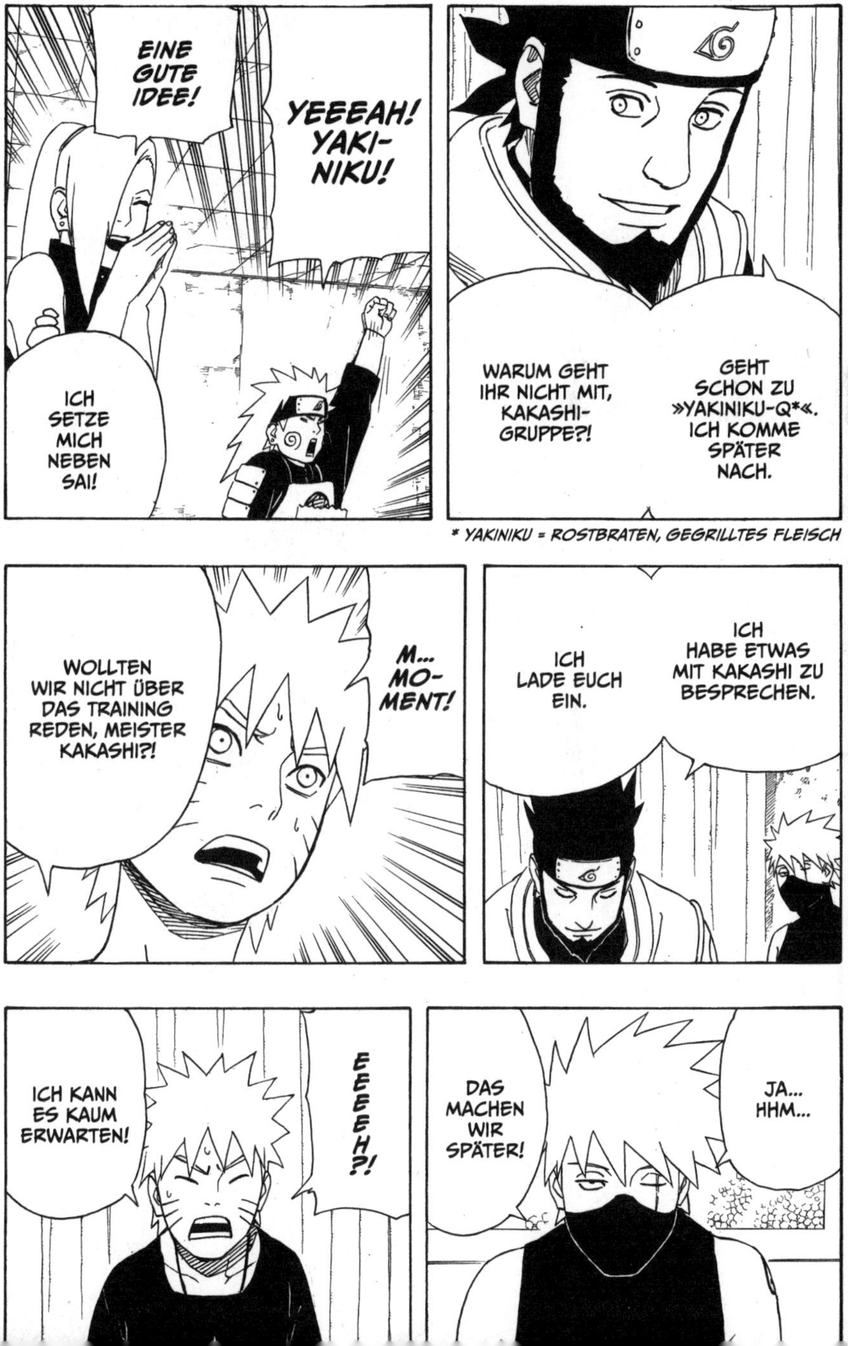
GEHT SCHON ZU »YAKINIKU-Q*«. ICH KOMME SPÄTER NACH.
WARUM GEHT IHR NICHT MIT, KAKASHI-GRUPPE?!
YEEEAH! YAKI-NIKU!
EINE GUTE IDEE!
ICH SETZE MICH NEBEN SAI!
* YAKINIKU = ROSTBRATEN, GEGRILLTES FLEISCH
ICH HABE ETWAS MIT KAKASHI ZU BESPRECHEN.
ICH LADE EUCH EIN.
M... MO-MENT!
WOLLTEN WIR NICHT ÜBER DAS TRAINING REDEN, MEISTER KAKASHI?!
JA... HHM...
DAS MACHEN WIR SPÄTER!
EEEEEH?!
ICH KANN ES KAUM ERWARTEN!

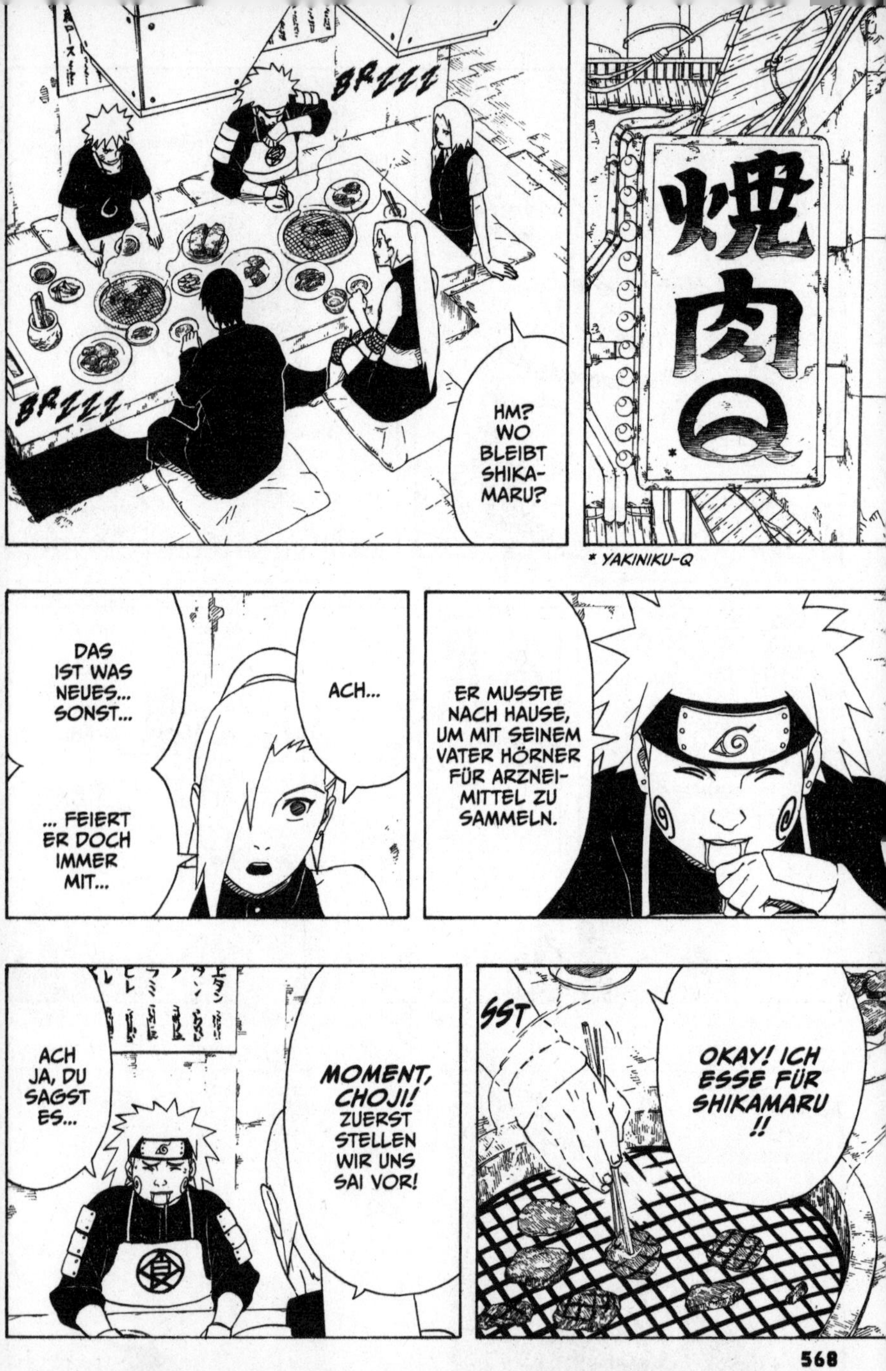
焼肉Q
BRZZZ
BRZZZ
HM? WO BLEIBT SHIKA-MARU?
* YAKINIKU-Q
ER MUSSTE NACH HAUSE, UM MIT SEINEM VATER HÖRNER FÜR ARZNEI-MITTEL ZU SAMMELN.
ACH...
DAS IST WAS NEUES... SONST...
... FEIERT ER DOCH IMMER MIT...
SST
OKAY! ICH ESSE FÜR SHIKAMARU !!
MOMENT, CHOJI! ZUERST STELLEN WIR UNS SAI VOR!
ACH JA, DU SAGST ES...

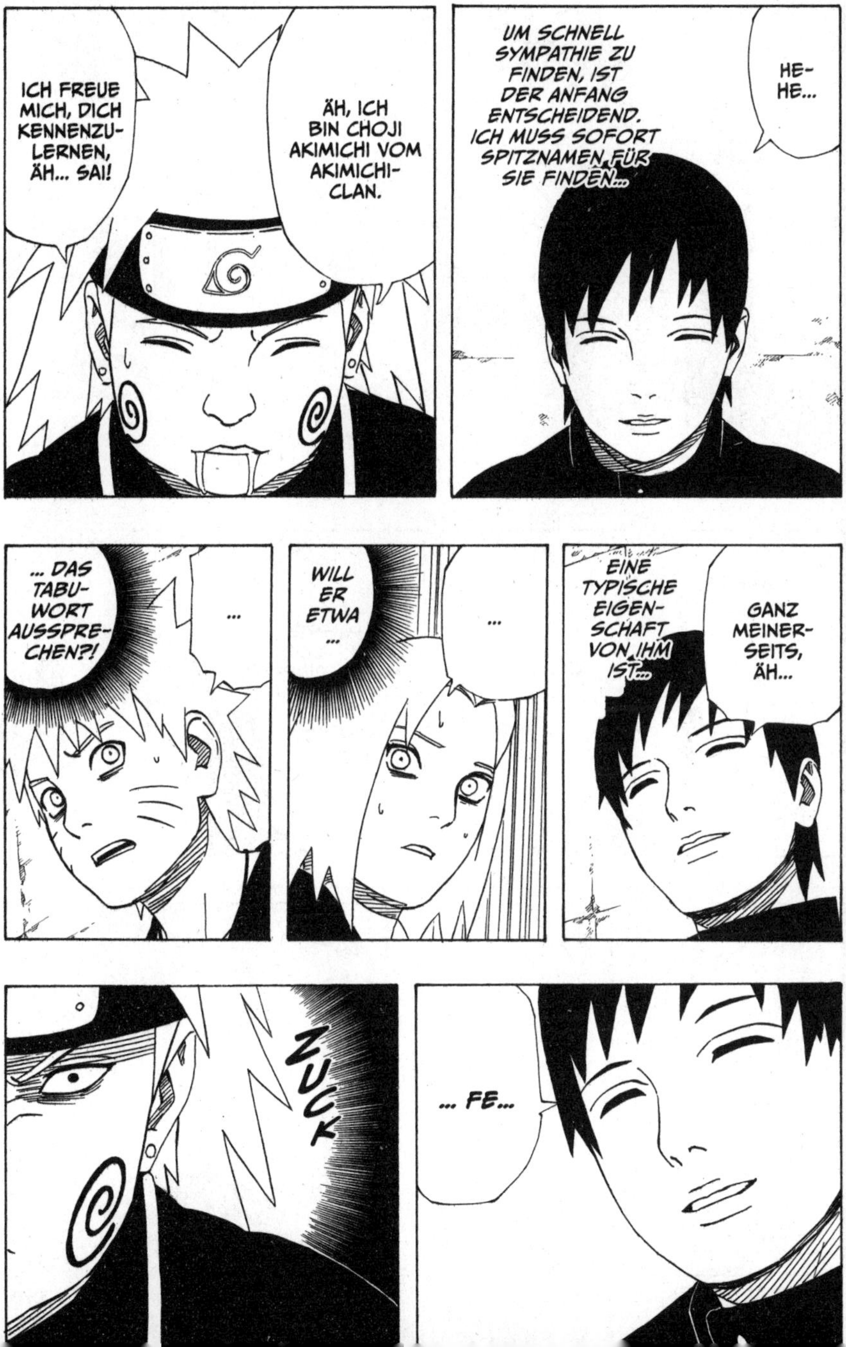
HEHE...
UM SCHNELL SYMPATHIE ZU FINDEN, IST DER ANFANG ENTSCHEIDEND. ICH MUSS SOFORT SPITZNAMEN FÜR SIE FINDEN...
ÄH, ICH BIN CHOJI AKIMICHI VOM AKIMICHI-CLAN.
ICH FREUE MICH, DICH KENNENZULERNEN, ÄH... SAI!
GANZ MEINERSEITS, ÄH...
EINE TYPISCHE EIGENSCHAFT VON IHM IST...
...
WILL ER ETWA ...
...
... DAS TABUWORT AUSSPRECHEN?!
... FE...
ZUCK

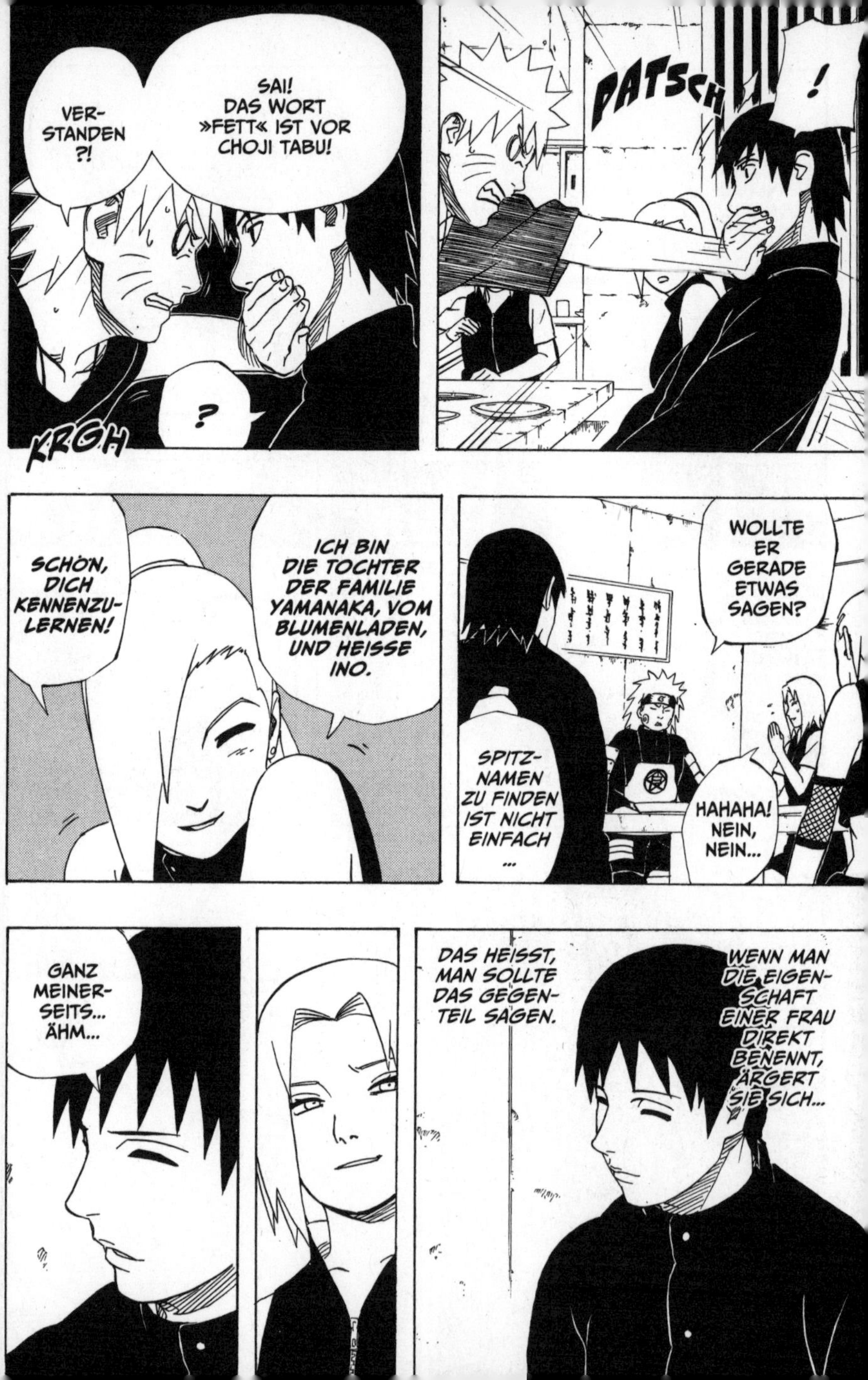
PATSCH
!
SAI! DAS WORT »FETT« IST VOR CHOJI TABU!
VERSTANDEN ?!
?
KRGH
WOLLTE ER GERADE ETWAS SAGEN?
HAHAHA! NEIN, NEIN...
SPITZNAMEN ZU FINDEN IST NICHT EINFACH ...
ICH BIN DIE TOCHTER DER FAMILIE YAMANAKA, VOM BLUMENLADEN, UND HEISSE INO.
SCHÖN, DICH KENNENZULERNEN!
WENN MAN DIE EIGENSCHAFT EINER FRAU DIREKT BENENNT, ÄRGERT SIE SICH...
DAS HEISST, MAN SOLLTE DAS GEGENTEIL SAGEN.
GANZ MEINERSEITS... ÄHM...

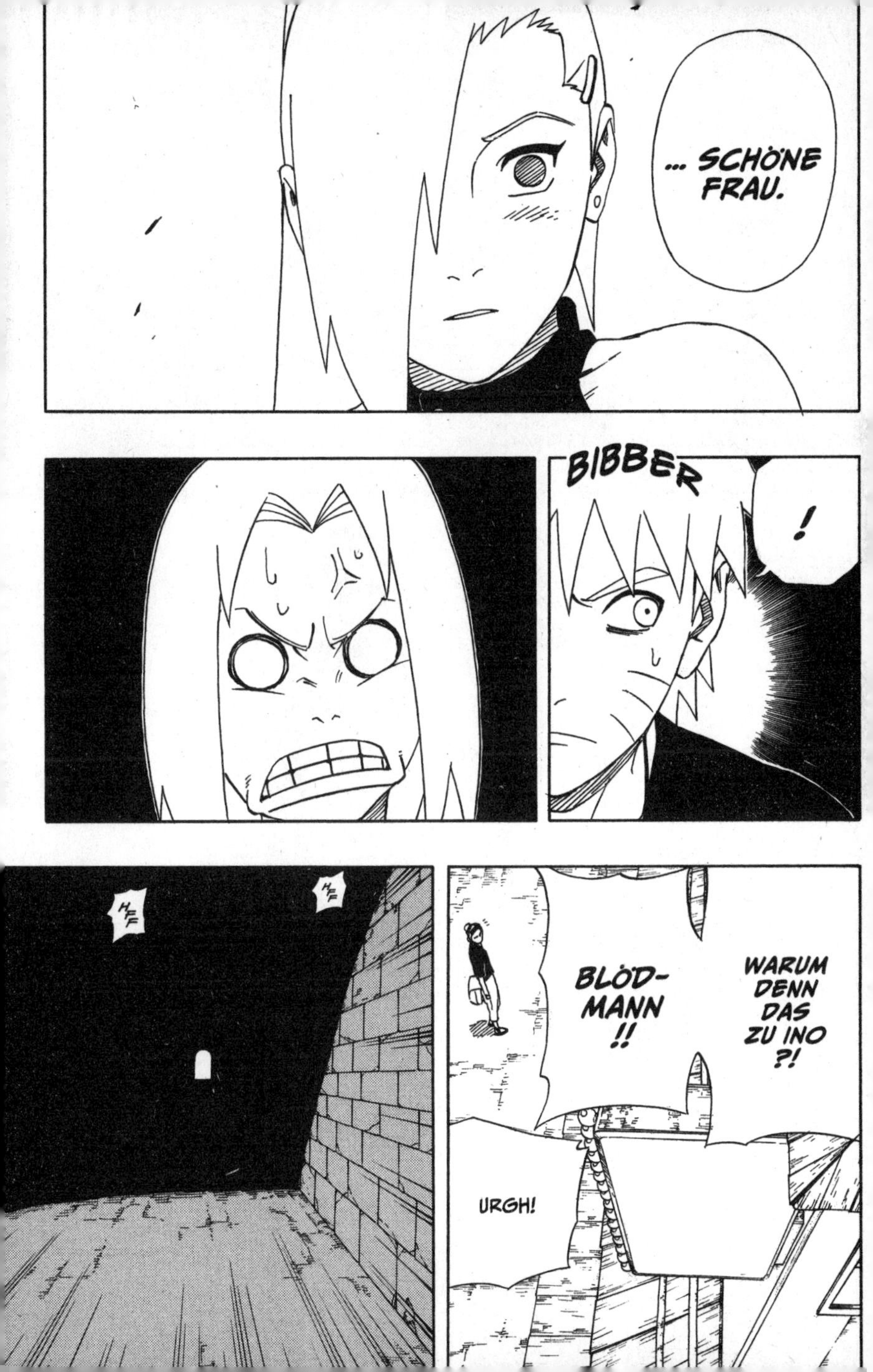
... SCHÖNE FRAU.
BIBBER
!
WARUM DENN DAS ZU INO ?!
BLÖD-MANN !!
URGH!
HEF
HEF

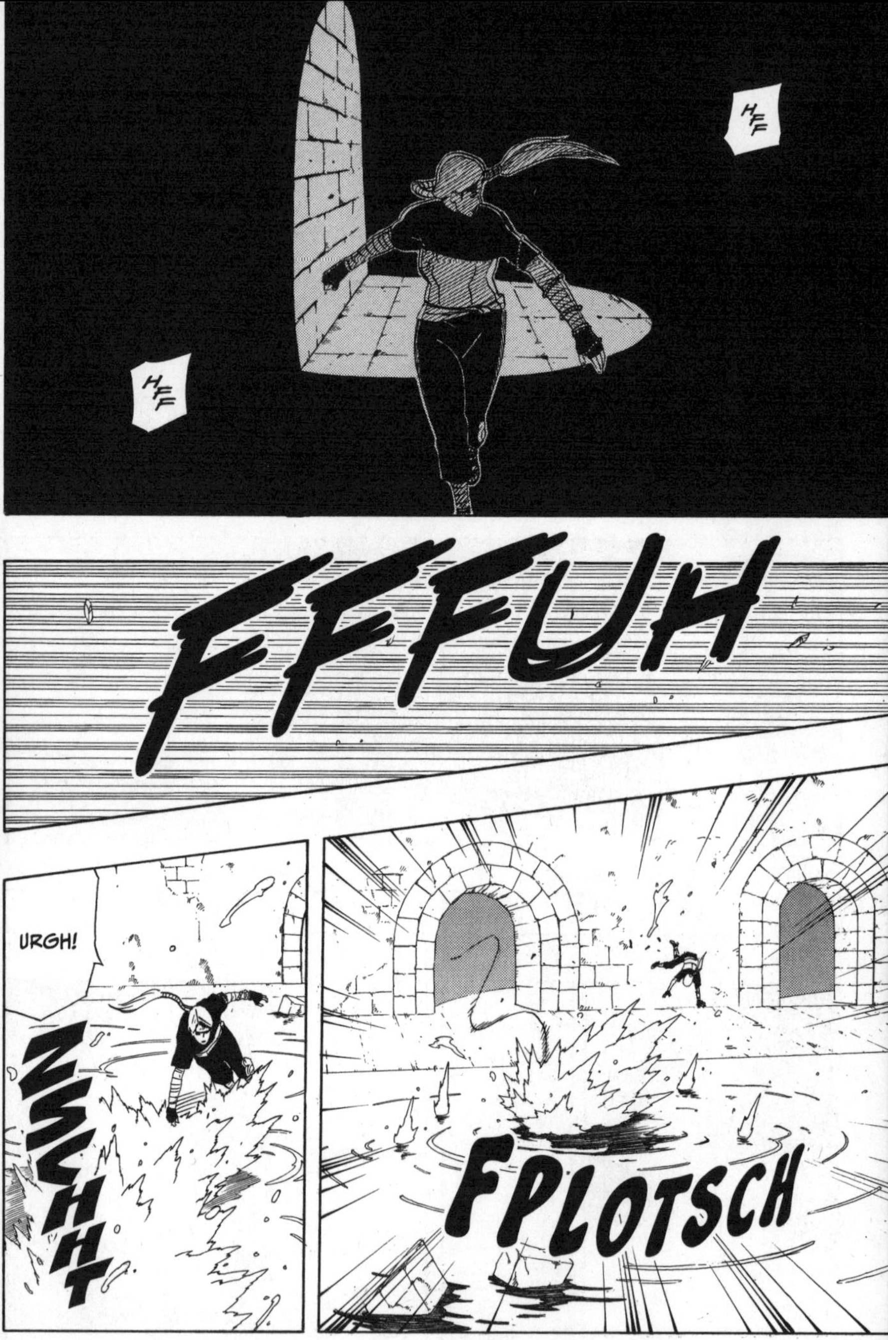
HFF
HFF
FFFUH
URGH!
FPLOTSCH
WSCHHT

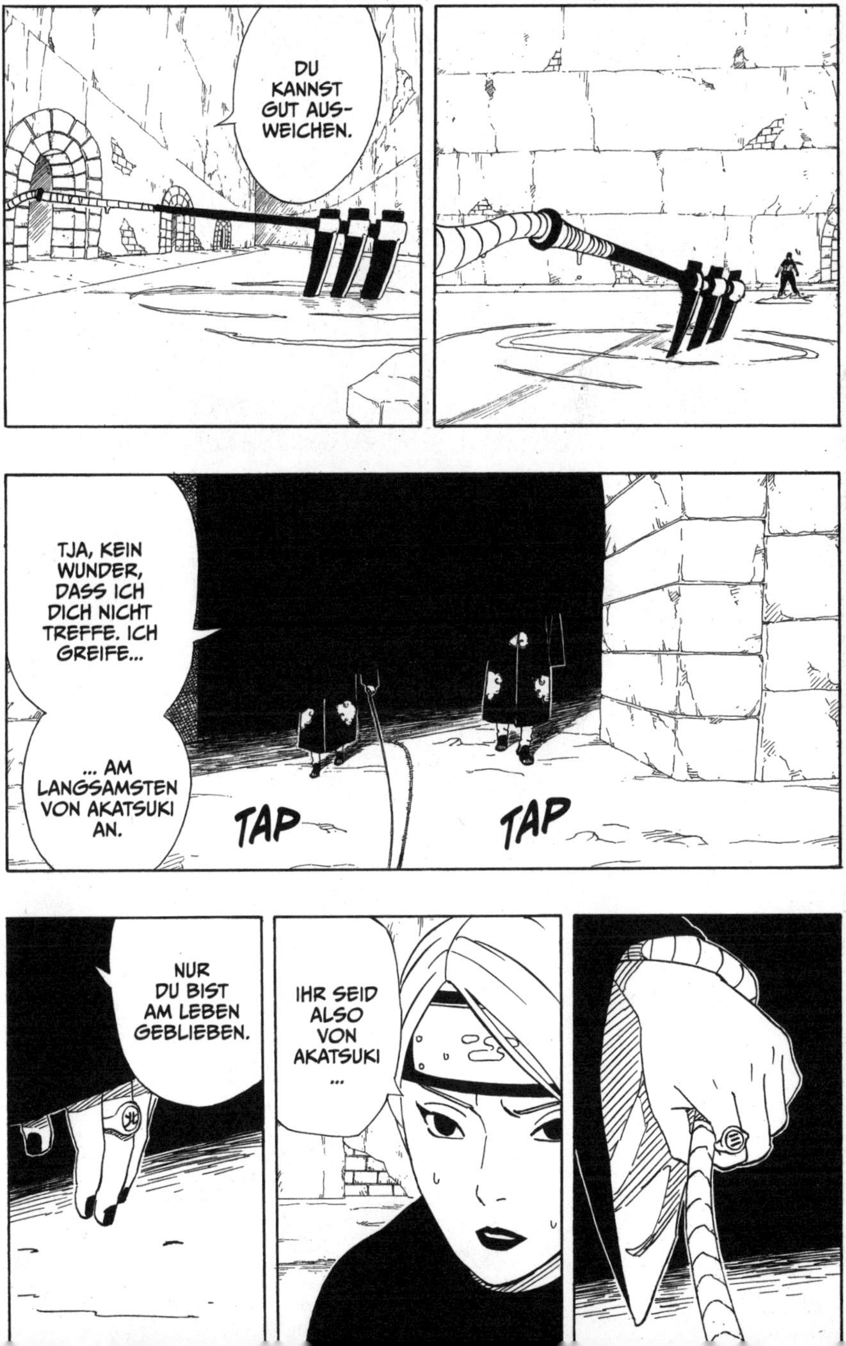
DU KANNST GUT AUS-WEICHEN.
TJA, KEIN WUNDER, DASS ICH DICH NICHT TREFFE. ICH GREIFE...
... AM LANGSAMSTEN VON AKATSUKI AN.
TAP
TAP
IHR SEID ALSO VON AKATSUKI ...
NUR DU BIST AM LEBEN GEBLIEBEN.

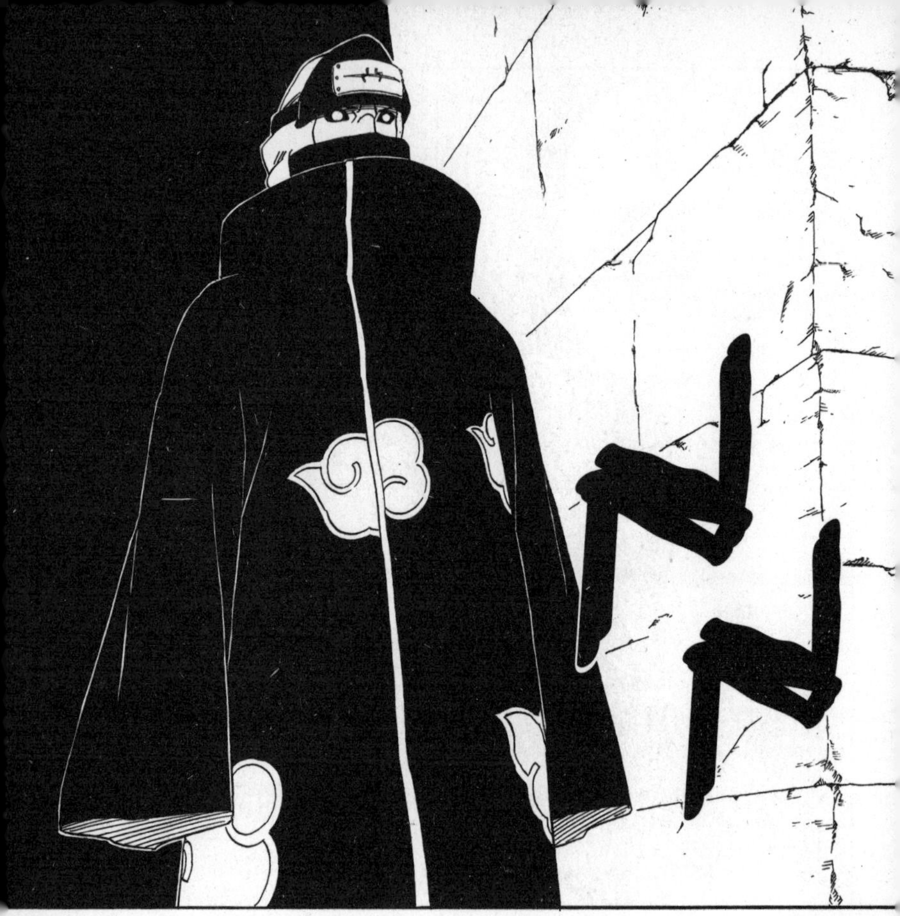

* NI = ZWEI, BI = SCHWANZ

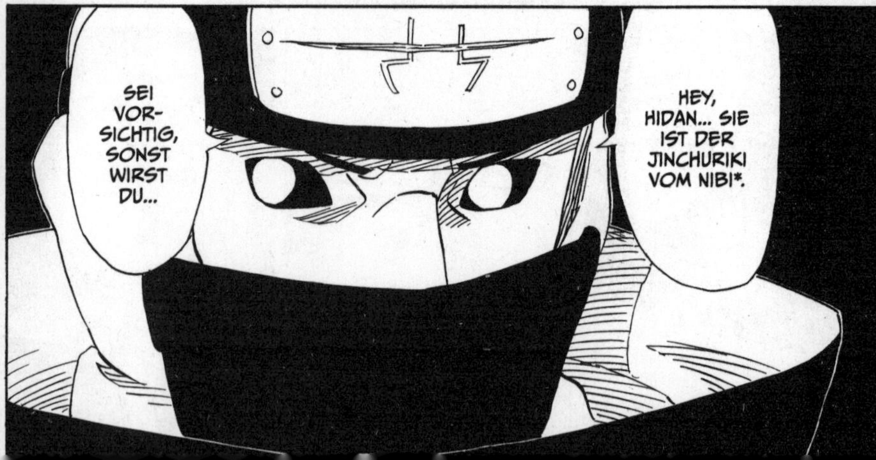

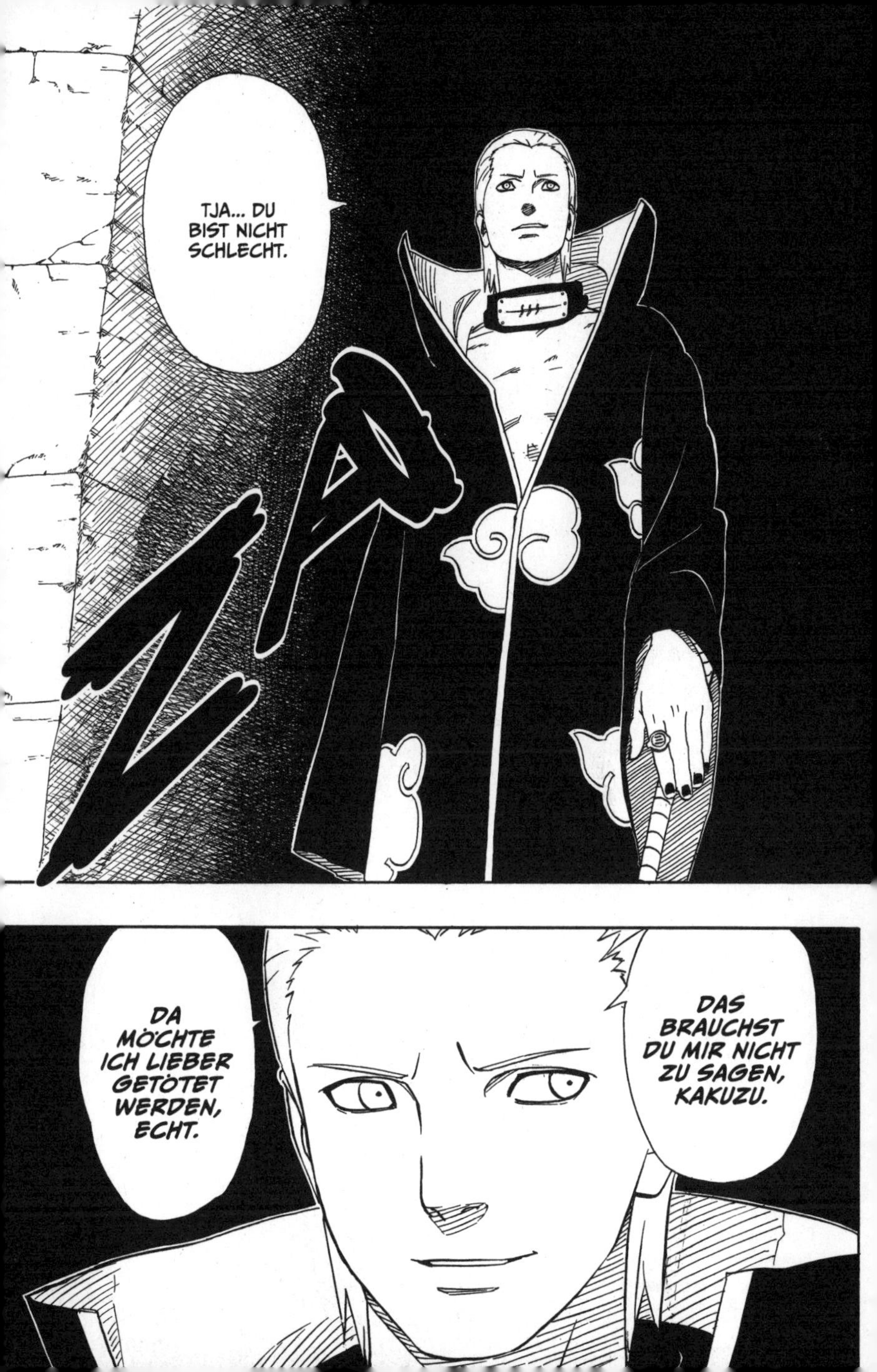
TJA... DU BIST NICHT SCHLECHT.
DAS BRAUCHST DU MIR NICHT ZU SAGEN, KAKUZU.
DA MÖCHTE ICH LIEBER GETÖTET WERDEN, ECHT.

Naruto-Navigator

DER GROSSE GUIDE DER KÜNSTE – TEIL 1

In Naruto fliegen uns die **Kampftechniken** nur so um die Ohren. **»Schneller, höher, weiter«** ist das Motto, das uns von Kapitel zu Kapitel den Atem stocken lässt! Richten wir unsere **Sharin-Gan-Augen** auf die Techniken der Schattenkrieger. Der **Naruto-Navigator** wird euch nach und nach sämtliche Techniken auflisten – vom kleinen, **feinen Fußfeger** bis hin zum **schmerzenden Sandsturm!**

DIE LISTE DER KÜNSTE

KONOHA-SENPU
Konoha-Wirbelwind
Anwender: Rock Lee

HI-JUTSU: MAKYO-HYOSHO
Kunst des Kristall-Eis-Spiegel-Dämons
Anwender: Haku

RYUKU-NO-JUTSU
Kunst des Drachenfeuers
Anwender: Sasuke Uchiha

SEXY-NO-JUTSU
Erotische Kampfkunst
Anwender: Naruto, Konohamaru

HENGE-NO-JUTSU
Kunst der Verwandlung
Anwender: Naruto, Sakura, Iruka, Mizuki, Konohamaru

HAREM-NO-JUTSU
Kunst des Harems
Anwender: Naruto

SABAKU-KYU
Wüstensarg
Anwender: Gaara

SABAKU-SOSO
Der Trauerzug der Wüste
Anwender: Gaara

DIE GRUNDLAGE SÄMTLICHER TECHNIKEN

Durch hartes Training erlernt man die Jutsu, die sich in drei Kategorien unterteilen lassen:

»NINJUTSU«
»TAIJUTSU«
»GENJUTSU«

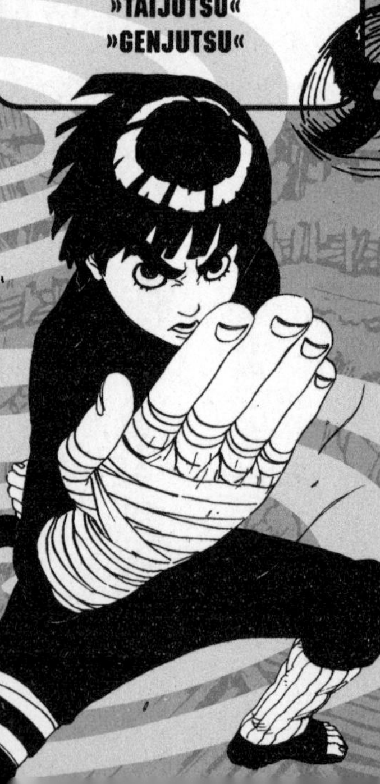

JUTSU-HOTSPOT

Attacke!!

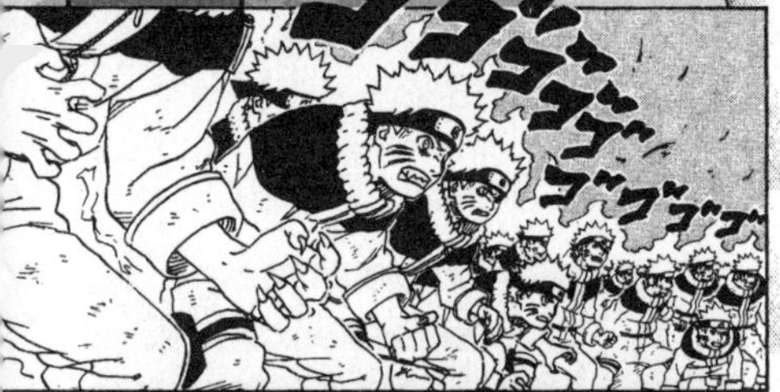

BUNSHIN-NO-JUTSU
Kunst des Doppelgängers
Anwender: Naruto, Sakura, Iruka, Mizuki, Konohamaru

Bunshin-no-Jutsu gehört zur Kategorie »**Genjutsu**« und ist somit eine Illusionskunst, die zu den Standards der Ninja-Künste zählt. Mit dieser Technik wird die **Illusion eines Doppelgängers** erschaffen, die wunderbar geeignet ist, um während eines Kampfes den Gegner abzulenken, auf eine falsche Fährte zu locken oder seinen eigenen Angriff zu verstärken. Diese Kunst muss übrigens jeder beherrschen, um die Ninja-Akademie erfolgreich zu absolvieren. Die nächste Stufe dieser Kunst ist der **Schattendoppelgänger**. Im Gegensatz zu den Doppelgängern der Bunshin-no-Jutsu-Kunst sind Schattendoppelgänger **eigenständige Wesen** und können durch hohe Konzentration selbst Aktionen ausführen! Naruto hat diese Technik mittlerweile perfektioniert.

SUNA-NO-YOROI
Sandrüstung
Anwender: Gaara

KONOHA-REPPU
Konoha-Sturmwind
Anwender: Rock Lee

SHISHI-RENDAN
Kunst der zusammenspielenden Löwen
Anwender: Sasuke Uchiha

OMOTE-RENGE
Frontal-Lotus
Anwender: Rock Lee

KAZE-NO-YAIBA
Schwert aus Wind
Anwender: Baki

KANASHIBARI-NO-JUTSU
Kunst des Fesselns
Anwender: Orochimaru, Anbu

KUCHIYOSE-NO-JUTSU
Kunst der Geisterbeschwörung
Anwender: Jiraya, Orochimaru, Hokage der 3. Generation, Hokage der 4. Generation

KAWARIMI-NO-JUTSU
Kunst des Tausches
Anwender: Kakashi, Sakura, Naruto

KIRIGAKURE-NO-JUTSU
Kunst der Nebeltarnung
Anwender: Zabuza Momochi

GATSUGA
Alles durchbohrende Zähne
Anwender: Kiba, Akamaru

GOKAKYU-NO-JUTSU
Kunst der flackernden Feuerkugel
Anwender: Sasuke

Naruto-Navigator

DER GROSSE GUIDE DER KÜNSTE – TEIL 2

Willkommen zum zweiten Teil des **großen Guide der Künste!** Auch dieses Mal haben wir **krachende Kampftechniken** und ihre Bedeutungen gesammelt, damit man einen kleinen Überblick über die **zahlreichen und abwechslungsreichen Künste** der Ninja bekommt. Einsteigen und festhalten. Die Fahrt durchs Land der **surrenden Shuriken** und **krassen Körperklatschern** geht weiter!

NARUTO auf RTL II! Der Anime zum Manga!

DIE LISTE DER KÜNSTE

BUNSHIN TAIATARI
Doppelgänger Körperklatscher
Anwender: Itachi

DOTON DORYUHEKI
Erdversteck: Kunst des sich erhebenden Erdwalls
Anwender: Hokage

GAMAYUENDAN
Geschoss der ölenden Flamme
Anwender: Jiraiya

SHURIKEN, KAGE-BUNSHIN-NO-JUTSU
Kunst der schattenwerfenden Shuriken
Anwender: Hokage der 3. Generation

KONOHA-GORIKI-SENPU
Stärkendes Blatt des Wirbelwinds
Anwender: Rock Lee

KOKUANGYO-NO-JUTSU
Kunst der unendlichen Finsternis
Anwender: Hokage der 1. Generation

MUGEN-SAJIN-DATOPPA
Kunst der unbegrenzten Sandsturmverwüstung
Anwender: Gaara

JUTSU-HOTSPOT

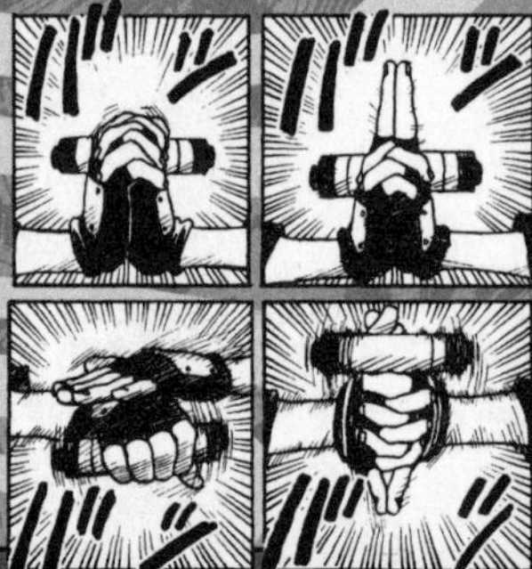

Die Seal-Fingerformation, die die Beschwörung der Ninja-Hunde einleitet!

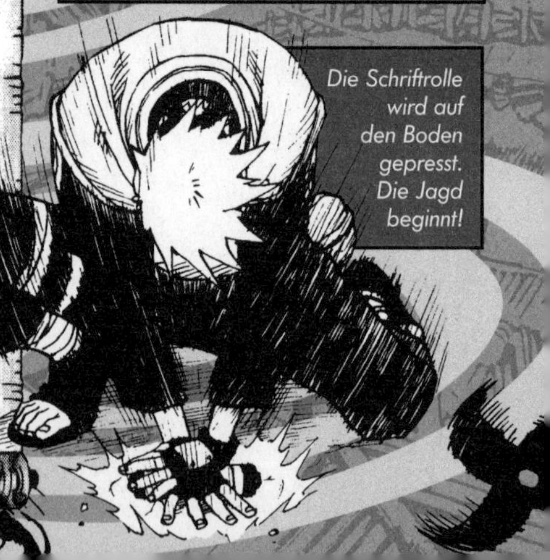

Die Schriftrolle wird auf den Boden gepresst. Die Jagd beginnt!

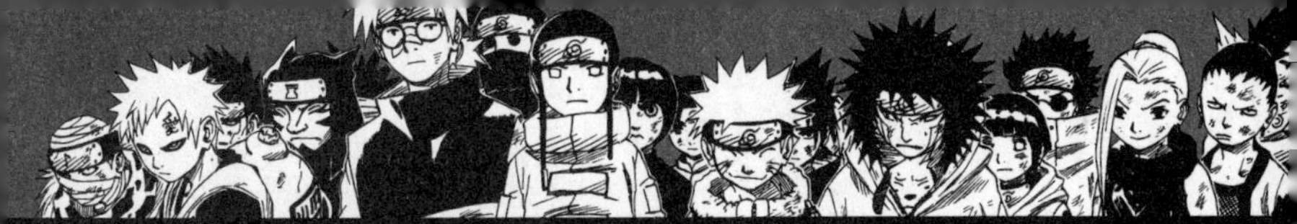

Das Tsuiga-No-Jutsu kann sehr schmerzhaft sein!

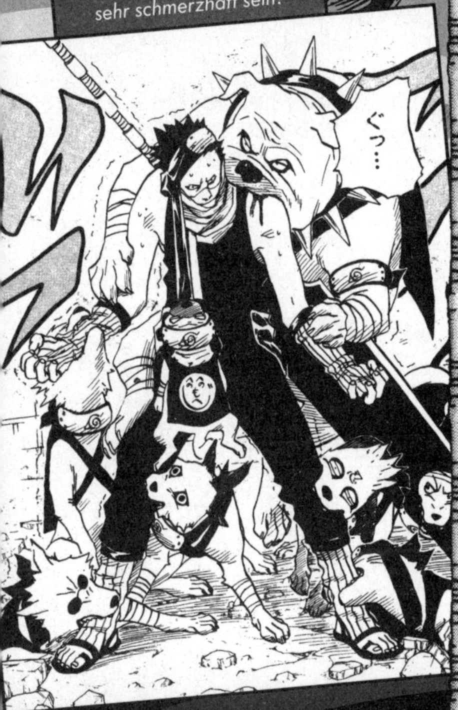

NINPO-HARIJIZO
Schutzgott der Nadeln
Anwender: Jiraiya

NINPO-SOZOSAISEI
Kunst der Zellregeneration
Anwender: Tsunade

NINPO-GAMAGUCHI-SHIBARI
Kunst des fesselnden Krötenmauls
Anwender: Jiraiya

NINPO-SHINTENSHIN-NO-JUTSU
Kunst des Gedanken-Körpertausches
Anwender: Ino

SUITON SUIRYUDAN
Kunst der zerplatzenden Wasserschockwelle
Anwender: Kakashi

SUITON SUIJINHEKI
Kunst der Wassermauer
Anwender: Kakashi

TSUKUYOMI
Reich des lesenden Mondes
Anwender: Itachi

YATAIKUZUSHI-NO-JUTSU
Kunst des brechenden Hauses
Anwender: Jiraiya

TSUIGA-NO-JUTSU
Kunst der jagenden Zähne
Anwender: Kakashi

Eine äußerst **effektive Kunst**, die speziell für die **Jagd** entwickelt wurde. Kakashi wendet sie zum ersten Mal im Kampf gegen Zabusa an, der sich in einer **dicken Nebelwand** versteckt. Wenn man nichts mehr sieht, ist das **Tsuiga-No-Jutsu** perfekt, da es **Ninja-Hunde** (Nin-Ken) beschwört, die mit ihrer feinen Nase jeden Gegner registrieren und angreifen. Da es sich bei dieser Kunst um eine Geisterbeschwörung handelt, besteht das Tsuiga-No-Jutsu aus **zwei Phasen**. Zuerst muss Kakashi also die **»Kunst der Geisterbeschwörung«** durchführen (Kuchiyose-No-Jutsu), um dann im zweiten Schritt das Tsuiga-No-Jutsu zu formen und damit die Nin-Ken zu rufen. Nicht nur der Postbote hat großen Respekt vor dieser Kunst!

Naruto-Navigator

DER GROSSE GUIDE DER KÜNSTE – TEIL 3

Willkommen zurück im ultimativen Archiv der Ninja-Künste! Auch im dritten Teil des »**Großen Guide der Künste**« listen wir euch einige wichtige **offensive** und **defensive Künste** der Schattenkrieger auf. Nur ein **informierter Ninja** ist ein guter Ninja!

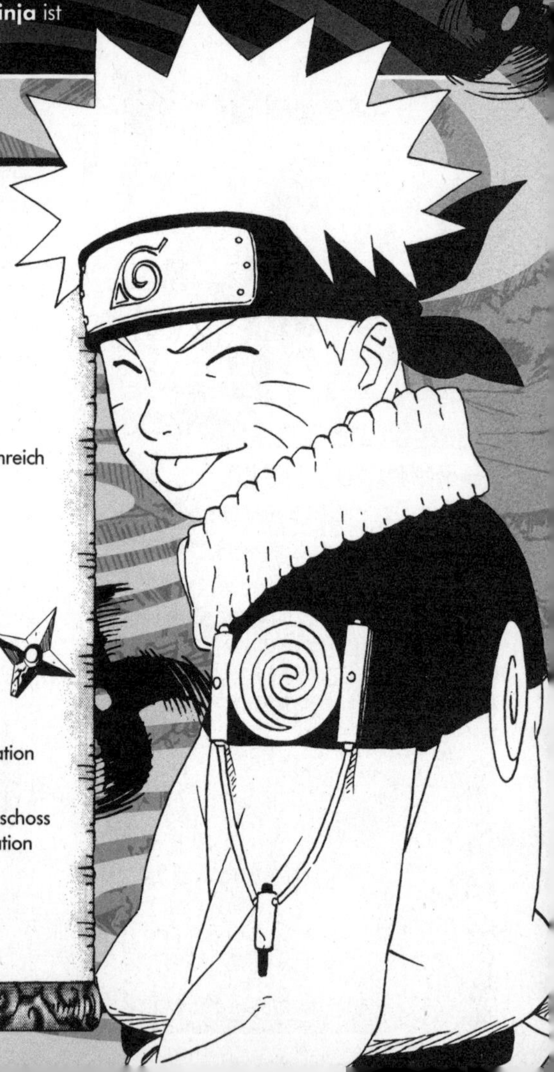

DIE LISTE DER KÜNSTE

BYAKUGAN
Weißauge
Anwender: Neji

CHIDORI
Tausend Vögel
Anwender: Sasuke

DOTON YOMINUMA
Erdversteck: Weiher aus dem Totenreich
Anwender: Jiraiya

DOTON DORYO-DANGO
Erdversteck: Hügelklößchen
Anwender: Jirobo

FUIN-JUTSU-SHIKIFUJIN
Versiegelung des Totengottes
Anwender: Jiraiya

JUKAIKOTAN
Geburt des Urwalds
Anwender: Hokage der 1. Generation

KATON KARUYENDAN
Feuerversteck: Drachenflammengeschoss
Anwender: Hokage der 3. Generation

KUCHIYOSE-EDOTENSEI
Kunst der Wiedergeburt aus schmutziger Erde
Anwender: Orochimaru

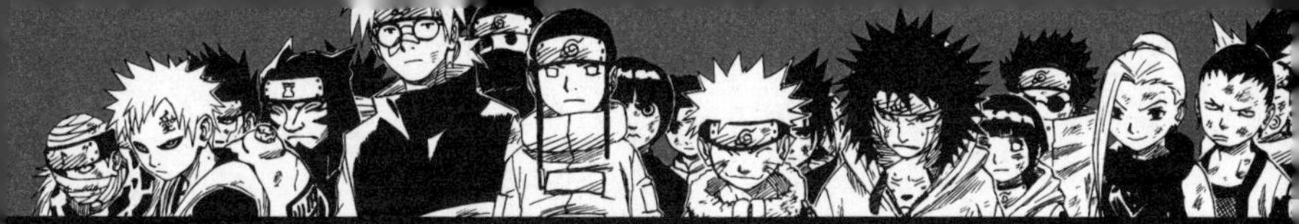

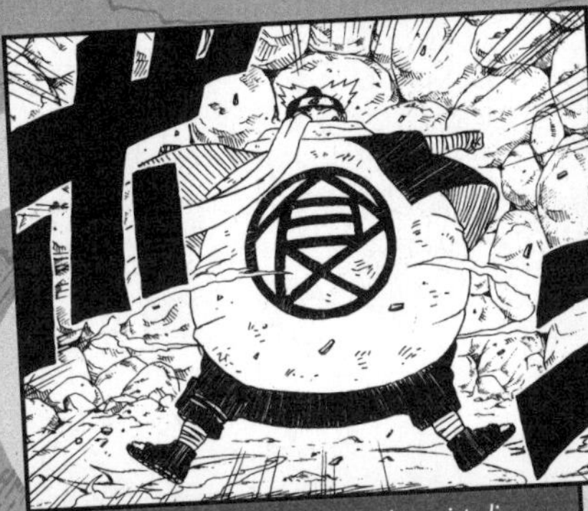

Das Ninpo-Baika-No-Jutsu ist die Grundlage für den Fleischbombenpanzer!

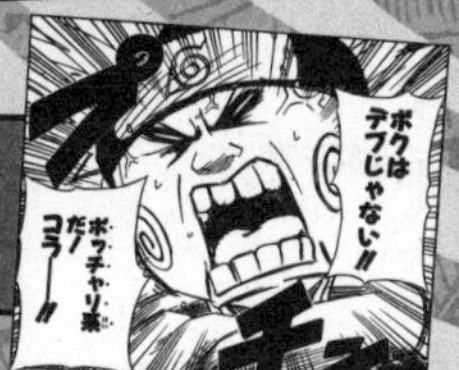

Choji niemals auf sein Gewicht ansprechen!

MOKUTON HIJUTSU
Geheimkunst des Baums
Anwender: Hokage der 1. Generation

NARUTO-NINSEN-RENDAN
Zweitausend Kettenschüsse
Anwender: Naruto

NINPO-SHISHIENIJIN
Violette Vierflammen-Formation
Anwender: Oto-Quartett

NINPO-SO-JA-SO-SAI
Kunst der sich gegenseitig tötenden Schlangen
Anwender: Anko

OMOTE-RENGE
Frontal-Lotus
Anwender: Rock Lee

SUIKODAN-NO-JUTSU
Wasserversteck: Kunst des Haifischgeschosses
Anwender: Kisame

ZESSASHINENSAN
Zunge der klebrigen Säure
Anwender: Tsunade

NIKUDAN-SENSHA

FLEISCHBOMBENPANZER
Anwender: Choji

Damit Choji das **Nikudan-Sensha** ausführen kann, benötigt er eine wichtige Grundlage: das **Ninpo-Baika-No-Jutsu**! Das Ninpo-Baika-No-Jutsu ist eine **Geheimkunst der Familie Akimichi** und wird von Generation zu Generation weitergegeben. Mit dieser Kunst können wahlweise **einzelne Körperteile** oder sogar der **gesamte Körper** eine kurze Zeit lang **ausgedehnt** bzw. bis um das **Zehnfache vergrößert** werden. Wenn Choji diese Geheimkunst mit dem **Nikudan-Sensha** kombiniert, wird er zu einem extrem gefährlichen Gegner. Er verwandelt sich in einen schnell rollenden **Fleischball**, der auch noch in der Lage ist, zu springen. Mit dieser Technik lassen sich Gegner einfach überrollen.

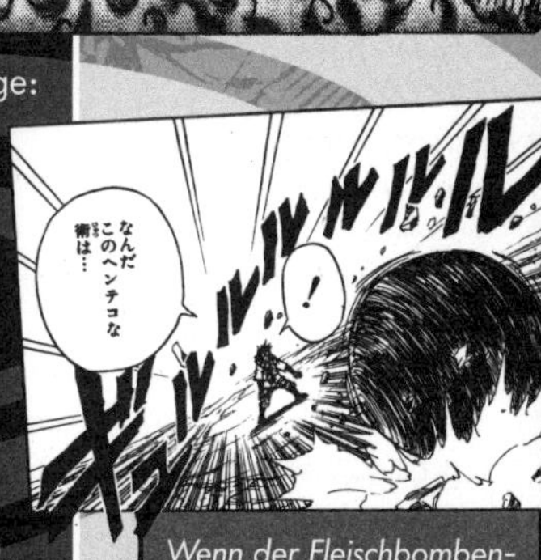

Wenn der Fleischbombenpanzer auf einen zurollt, gibt's kein Halten mehr!

Naruto-Navigator

DER GROSSE GUIDE DER KÜNSTE – TEIL 4

NARUTO auf RTL II! Der Anime zum Manga!

Der **Guide der Künste** geht in die vierte Runde! Wir beleuchten die Grundlagen aller **kriegerischen Kunsttechniken – Jutsu!**

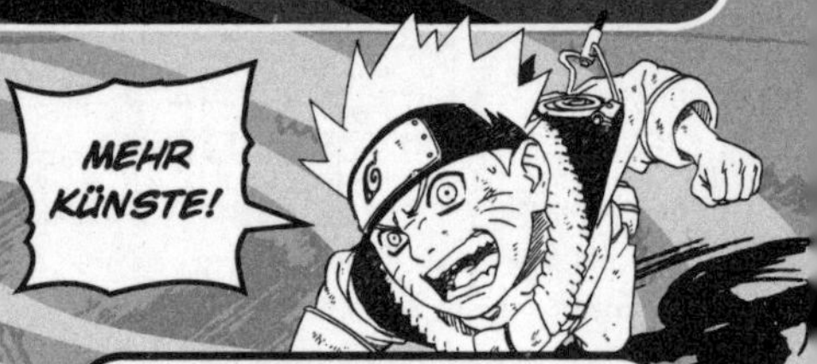

DIE LISTE DER KÜNSTE

BUBUNBAIKA-NO-JUTSU
Kunst der Teilverdoppelung
Anwender: Choji

CHOBAIKA-NO-JUTSU
Kunst der extremen Ausdehnung
Anwender: Choji

DAIKAMAITACHI-NO-JUTSU
Kunst des großen Sichelwiesels
Anwender: Temari

DORODOMU
Erd-Gefängnis des Nichts
Anwender: Jirobo

DOTONKEKKAI
Erdbarriere
Anwender: Jirobo

DOTON DOROKUGAESHI
Erdversteck: Zurückschlagendes Erdland
Anwender: Jirobo

DOTON DORYOUDANGO
Erdversteck: Hügelklößchen
Anwender: Jirobo

INZUKARYU JIN-JU-KOMBIHENGE
Inuzaka-Schule der Mensch-Tier-Kombinationsverwandlung
Anwender: Kiba

KUROHIGI-KIKI-IPPATSU
Schwarzes Geheimspiel des Maschinenschusses
Anwender: Kankuro

GRUNDLEGENDE JUTSU

Die drei wichtigsten Jutsu dienen als **Grundlagen sämtlicher Künste**. Diese Jutsu kann man durch hartes Training erlernen und in drei Kategorien einteilen:

TAIJUTSU – DIE KÖRPERKUNST

Beim Taijutsu wird mit der **blanken Faust** gekämpft. **Rock Lee** ist ein Vorzeigebeispiel für die Perfektion des Taijutsu. Es verbraucht zwar **Chakra**, benötigt aber **keine Fingerzeichen**. Im Kampf ein immenser Vorteil, da man blitzschnell angreifen kann. Das Chakra muss nicht reguliert und kann mit voller Kraft auf **einzelne Aktionen** angewandt werden. Das Taijutsu ist ausschließlich für den **Nahkampf** gedacht.

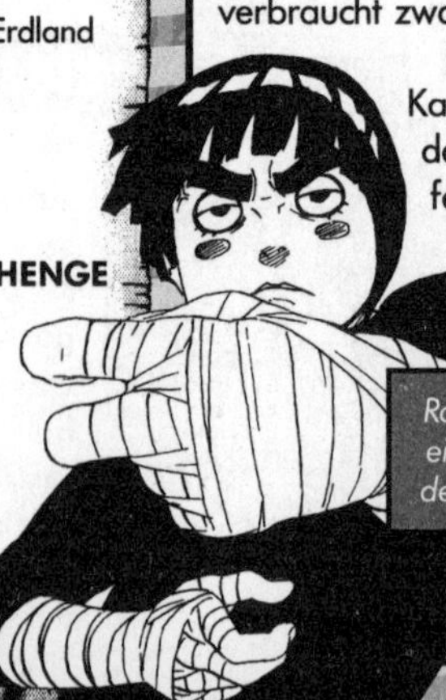

Rock Lee ist ein Meister des Taijutsu!

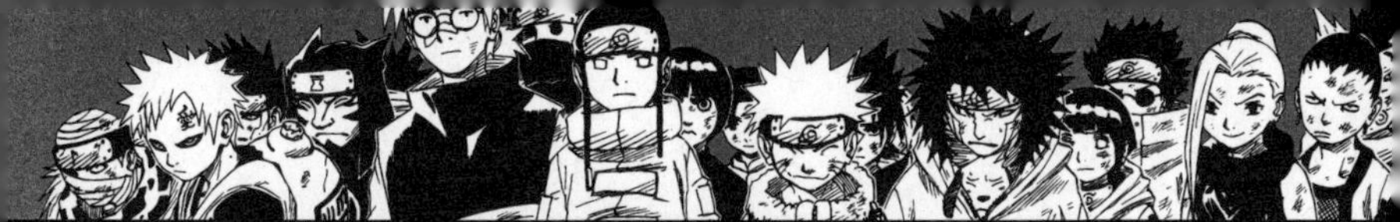

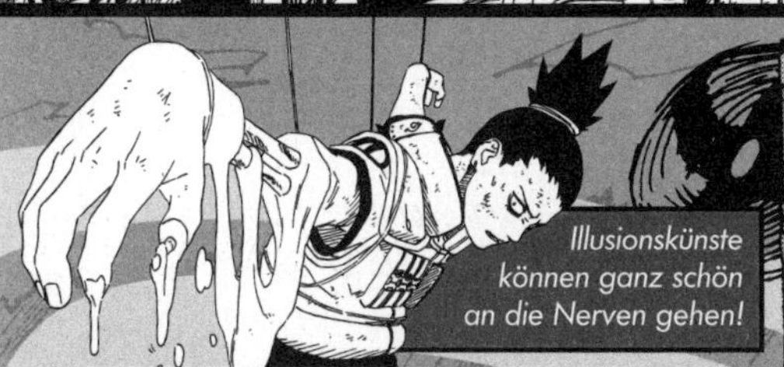

MAKYONORAN
Schlacht in der Dämonenwelt
Anwender: Tayuya

MATEKI-MUGENONSA
Zauberflötenkette der Traumtöne
Anwender: Tayuya

NINPOU KUMONENKIN
Klebendes Spinnengold
Anwender: Kidomaru

RYUSABAKURYU
Strömender Sandtsunami
Anwender: Gaara

SABAKUTAISO
Große Sandbeerdigung
Anwender: Gaara

SHIKOKUMUJIN
Vierer-Stellung des schwarzen Nebels
Anwender: Oto-Quartett

TARENKEN
Trommelfeuer der Mehrfachfaust
Anwender: Sakon

TESHISENDAN
Zehn Fingerknochenkugeln
Anwender: Kimimaro

GENJUTSU – DIE ILLUSIONSKUNST

Das »**Jutsu der Verwirrung**« wäre ein passender Beiname. Das Genjutsu ist eine Art **Hypnosetechnik**, mit der man den Gegner verwirrt. Narutos **Doppelgänger-Techniken** sind ein Beispiel, wie ausgereift Genjutsu sein kann. Ein entscheidender Vorteil des Genjutsu ist, dass man nicht unmittelbar in den Kampf eingreifen muss, sondern aus **sicherer Distanz** operieren kann. Allerdings verbraucht man eine ganze **Menge Chakra**.

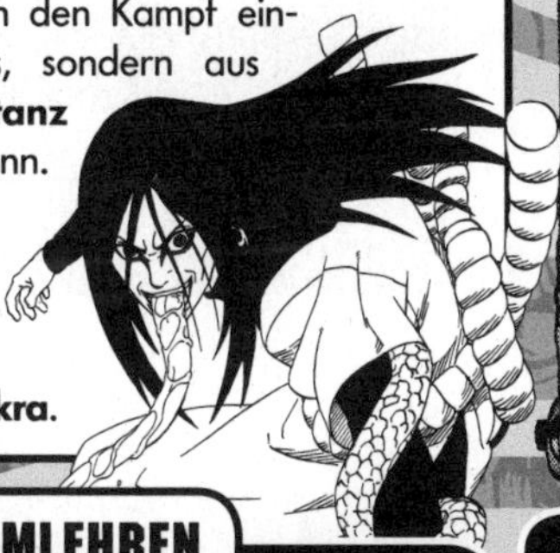

GEHEIMLEHREN

Ihr wollt **mehr Hintergrundinformationen, Fakten** und **geheime Einblicke** aus der Welt von Naruto? Dann sind die **»Schriften des Rin«** genau das Richtige! Über **260 Seiten** geballtes Wissen aus der Ninja-Welt!

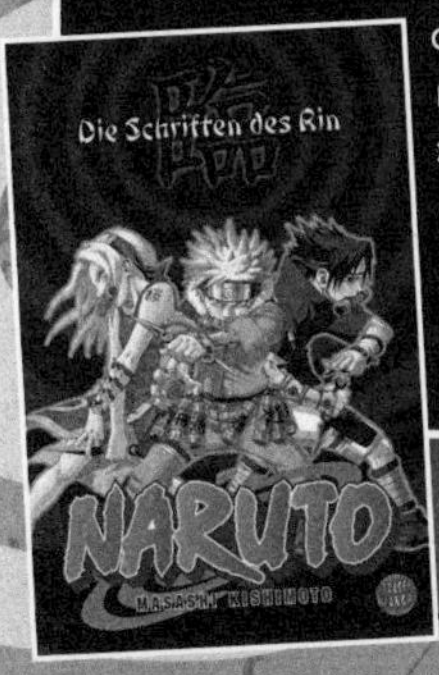

NARUTO – Die Schriften des Rin
272 Seiten geheime Ninja-Lehren!
Nur € 8,-!

NINJUTSU – DIE NINJAKUNST

Ninjutsu sind die **allgemeinen Attacken**, die **aus Chakra geschmiedet** und auf den eigenen Körper oder auf Objekte angewendet werden. Im Vergleich zum Taijutsu und zum Genjutsu ist das Ninjutsu **unglaublich vielseitig**, da jeder Ninja seine **speziellen Jutsu** besitzt, variiert und weiterentwickelt. Für das Anwenden eines Ninjutsu sind die Fingerzeichen unabdingbar!

Naruto-Navigator

NARUTO auf RTL II! Der Anime zum Manga!

VORHANG AUF FÜR DEN ZWEITEN NINJA-AKT!

DURCHATMEN!

Nach über zwei Jahren kehrt **Naruto** in sein Heimatdorf **Konohagakure** zurück. Seit dem ersten Band ist viel passiert. Naruto ist älter geworden. Er hat sich ein **neues Outfit** zugelegt und unglaublich viel trainiert. Aus der **kleinen Nervensäge** ist ein ernstzunehmender Ninja geworden. **Masashi Kishimoto** hat anscheinend noch lange nicht vor, die Serie zu beenden. Vielmehr könnte man **Narutos Heimkehr** als Beginn des zweiten großen Akts einer der **erfolgreichsten Manga-Serien** aller Zeiten deuten.

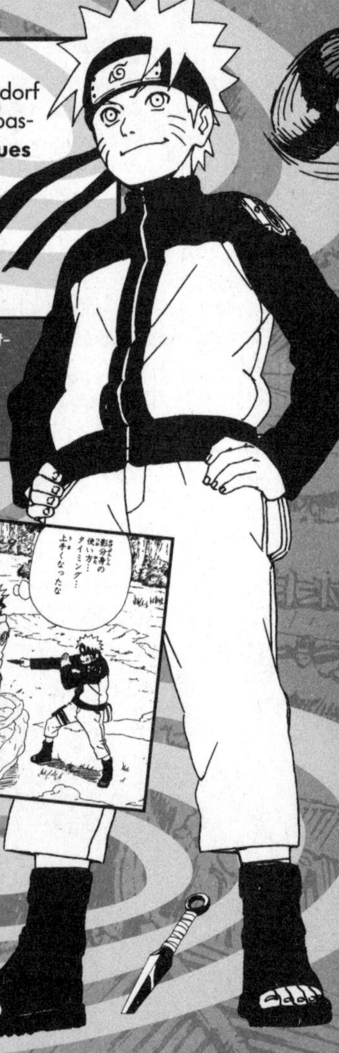

Naruto wirkt selbstsicher wie nie. Man sieht ihm an, dass er sich entwickelt hat.

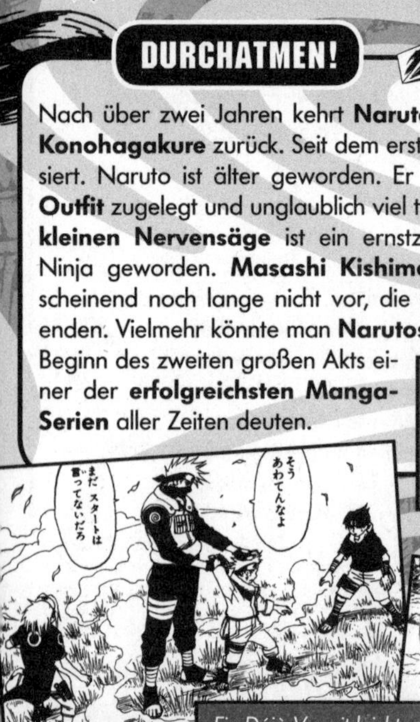

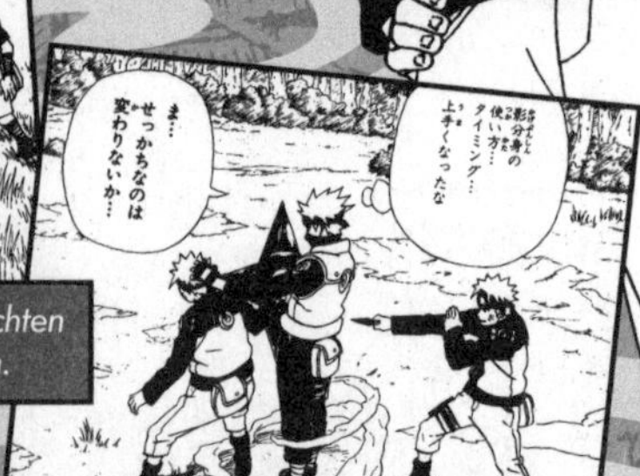

Ein Déjà Vu mit leichten Veränderungen.

ALTE SCHULE

Nach Narutos Heimkehr wird er direkt auf eine Probe gestellt. Das berühmte »**Glöckchenspiel**«, mit dem alles anfing, zeigt was für eine **unglaubliche Entwicklung** Naruto und Sakura hinter sich haben. Da kann man schon mal in Erinnerungen schwelgen, als Naruto damals Mitglied des »**Team 7**« wurde und **Kakashi** als Meister bekam.

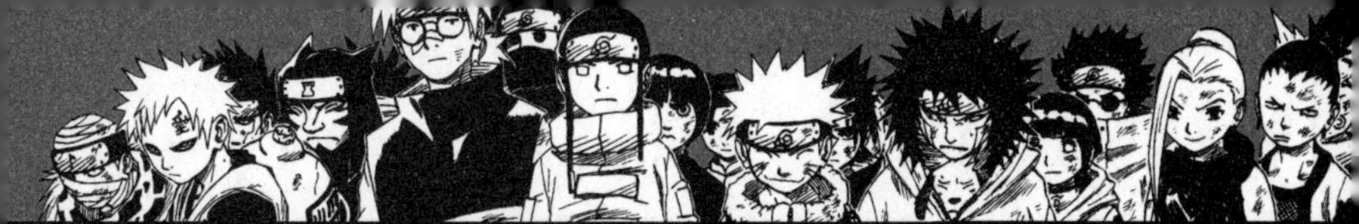

NEUE SCHULE

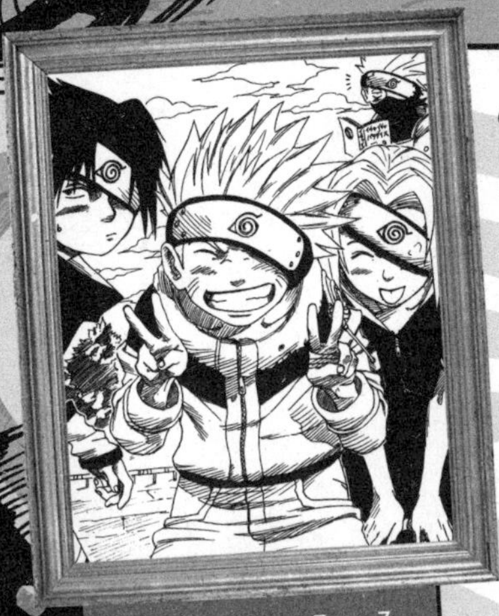

Gute alte Zeit: das Team 7 …

Gott sei Dank gibt es noch Konstanten. So bleibt beispielsweise die Buchreihe **»Flirt«** weiterhin Kakashis Lieblingsserie, Narutos Hauptspeise sind nach wie vor **Nudeln** und Sakura hat nichts von ihrem **weiblichen Charme** verloren. Aber es werden einige große Ereignisse und Veränderungen auf die Freunde zukommen.

Wer glaubt, **Kishimoto-san** habe sein Ideenreichtum nach 28 Bänden bereits ausgeschöpft, der hat sich gewaltig an einem Shuriken geschnitten. Zum einen steht die **Entführung des neuen Kazekage Gaara** von Sunagakure durch die **Akatsuki-Organisation** im Raum, und zum anderen ist da immer noch **Orochimaru**, der Sasukes Körper will, um die Unsterblichkeit zu erlangen. Das wackelige Bündnis zwischen **Suna** und **Konoha** wird auf eine harte Probe gestellt.

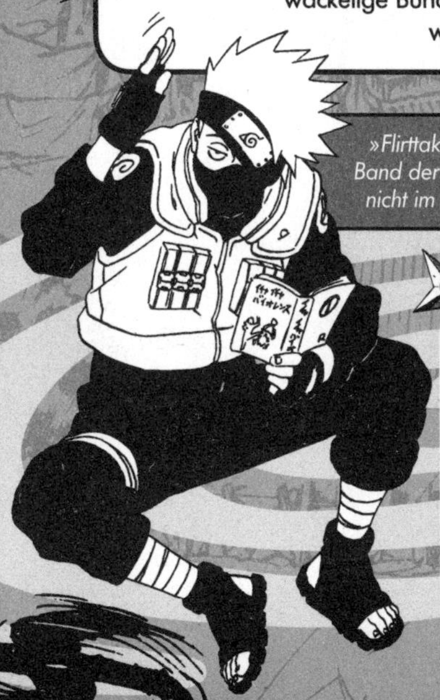

»Flirttaktik« ist der neuste Band der Flirtreihe und noch nicht im Handel erhältlich.

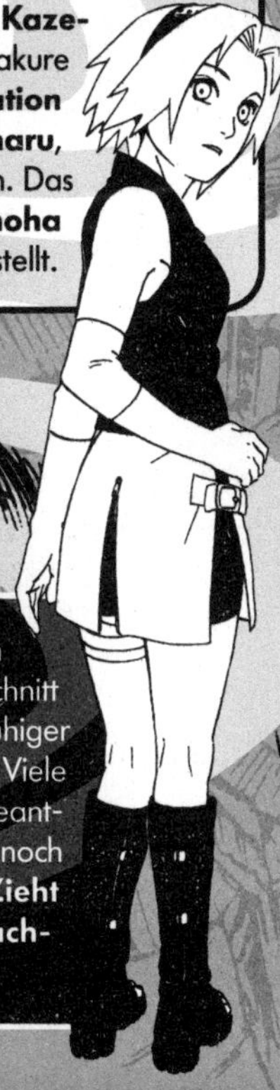

Alles in allem wird es im nächsten großen Abschnitt des **Ninja-Epos** nicht ruhiger werden. Das ist sicher! Viele Fragen sind noch unbeantwortet, viele Geheimnisse noch lange nicht gelüftet. **Zieht euch warm an, ihr Nachwuchsninja!**

Naruto-Navigator

NARUTO auf RTL II! Der Anime zum Manga!

ITACHI UCHIHA – ZWIST UNTER BRÜDERN

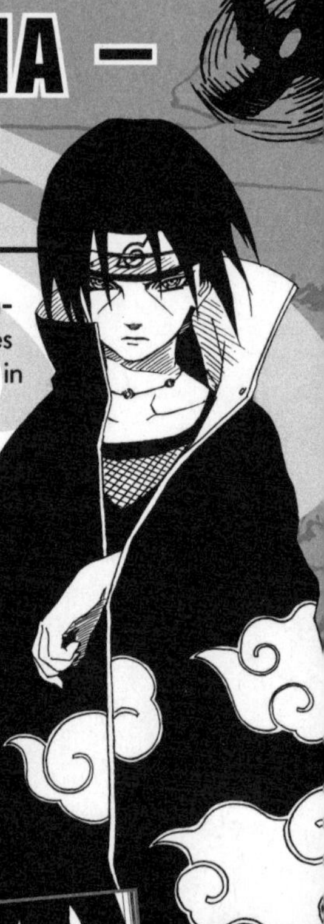

DAS WUNDERKIND

Itachi Uchiha gehört wohl zu den **polarisierensten Persönlichkeiten** im Naruto-Universum. Er ist enorm stark und es gibt nicht viele Ninja, die sich mit ihm messen können. Er ist in der Lage extreme **Nin- und Genjutsu** zu entfesseln. Da er dem Uchiha-Clan angehört, beruhen fast alle seine Ninjutsu auf **Feuer.** Doch Sasukes älterer Bruder hat sich wahrlich nicht mit Ruhm bekleckert, als er aus eher eigennützigen Interessen **seinen eigenen Clan auslöschte.** Dabei blickt er auf einen **beeindruckenden Lebenslauf** zurück. Bereits im zarten Alter von acht Jahren beherrschte er das **Sharingan** perfekt. Itachi war stets Klassenbester und wurde mit zehn ein **Chunin.** Drei Jahre später wurde er zum **Truppenführer** der **»Anbu«** ernannt.

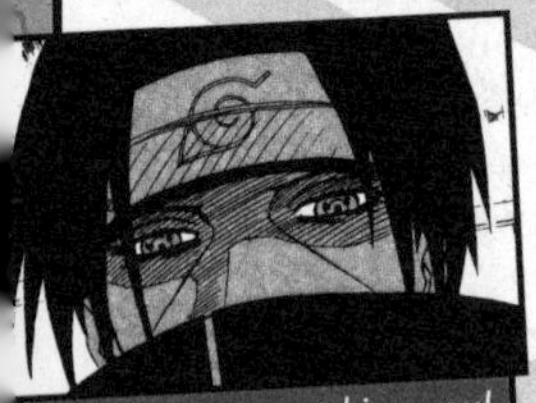

Big Brother is watching you!

FAMILIENFEHDE

Der Uchiha-Clan war einer der **ältesten** und **meist angesehenen Clans** in Konohagakure. **Itachi** und **Sasuke** sind heute die **letzten Überlebenden** dieser einst ehrwürdigen Familie.

Das familiäre Massaker, das Itachi anrichtete, ließ in seinem Bruder Sasuke den festen Willen entstehen, den **legendären Uchiha-Clan** wieder aufzubauen und zu neuer Größe wachsen zu lassen. Die Rivalität zwischen den beiden Brüdern nimmt zu… Parallelen zur biblischen Geschichte um **Kain und Abel** können gezogen werden.

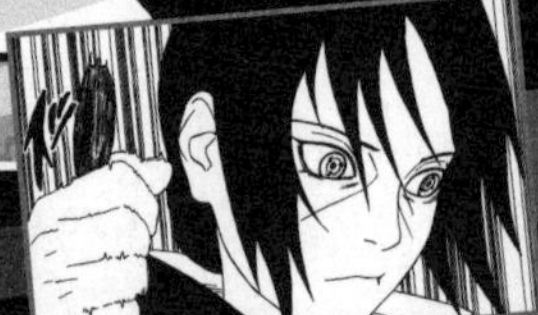

Itachi verlor sehr früh…

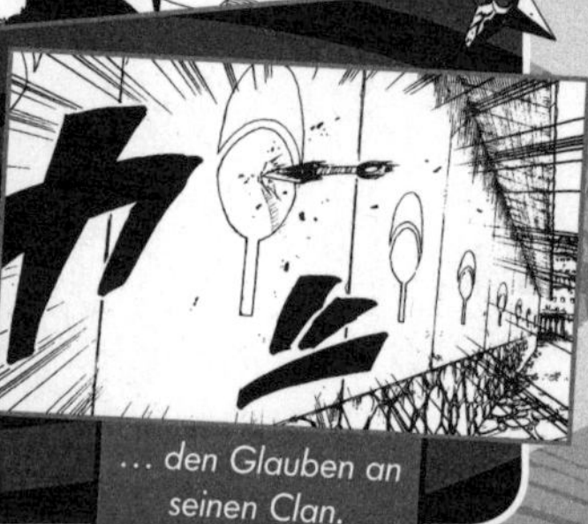

… den Glauben an seinen Clan.

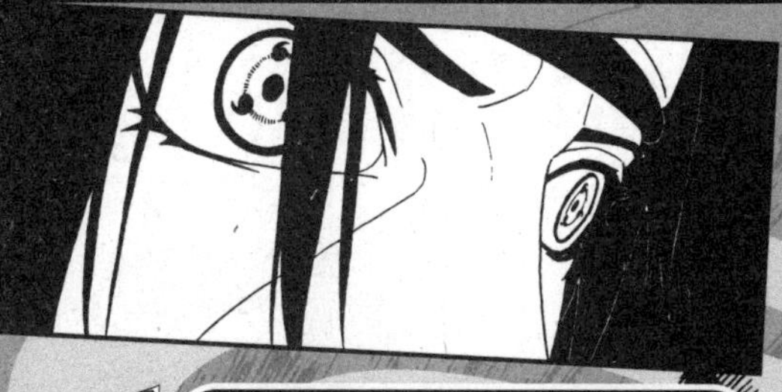

Uchiha wird im Japanischen **»Uchiwa«** ausgesprochen und bedeutet **»Fächer«**. Der Fächer ist auch das **Familienwappen** des Uchiha-Clans.

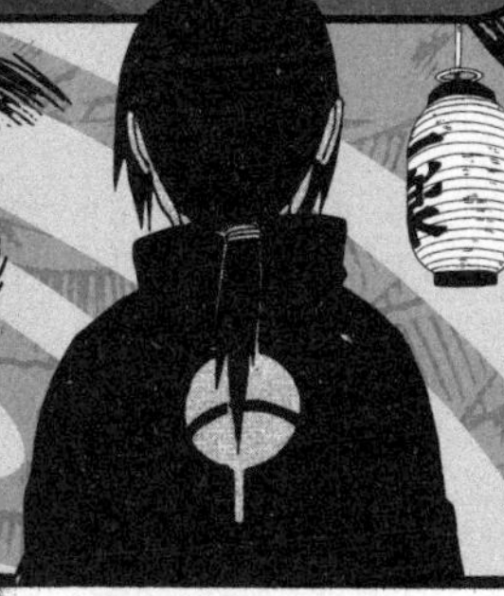

SCHAU MIR IN DIE AUGEN

Vom **Sharingan-Auge**, dieser **geheimnisvollen Technik**, wurden wir schon öfter überrascht. Mit ihr sind Ninja in der Lage, jede gegnerische **Illusions-**, **Körper-** oder **Verstecktechnik** vorab zu durchschauen. Die jeweilige Kunst, die angewendet werden soll, wird vom Träger des **Sharingan-Auges** kopiert und auf den **Gegner zurückgeworfen**. Anders ausgedrückt, zuerst **durchblickt**, dann **hypnotisiert** man den Gegner.

ITACHI UCHIHA – FILE

Geburtstag: 9. Juni
Größe: unbekannt
Sternzeichen: Zwilling
Vater: Fugaku Uchiha
Mutter: Mikoto Uchiha
Wohnort: unbekannt
Herkunft: Konohagakure

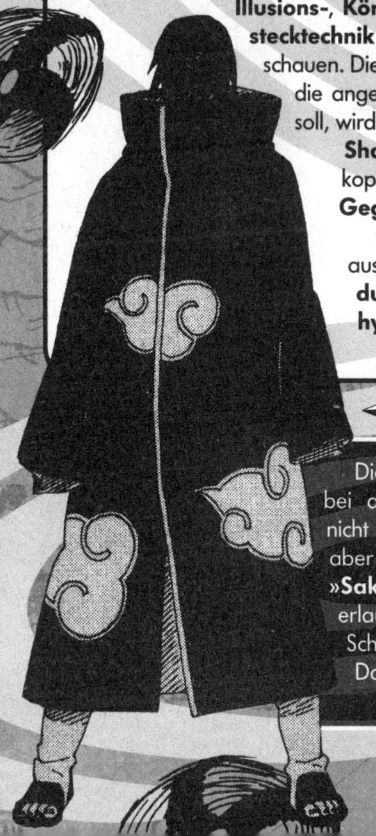

Die Kunst des Sharingan-Auges findet man auch bei den **wirklichen Ninja** wieder. Zwar ist diese nicht ganz so spektakulär wie bei Itachi oder Sasuke, aber doch ähnlich. Es war eine Verbindung aus dem **»Sakkijutsu«** und dem **»Saiminjutsu«**. Das Sakkijutsu erlaubte dem geschulten Ninja, einen gegnerischen Schlag **im Voraus** zu erkennen und abzuwenden. Das Saiminjutsu war die **Kunst der Hypnose**.

察気術
SAKKIJUTSU

催眠術
SAIMINJUTSU

Naruto-Navigator

DIE NINJA-CLANS
SCHRECKLICH NETTE FAMILIEN

Sammelt euer Chakra und konzentriert euch auf die nun folgenden Zeilen. Die **geheimen Informationen**, die euch heute erwarten, benötigen kein **Byakugan**, um sie zu studieren. Der aufmerksame Ninja-Lehrling wird seine Pinnwand bereits mit unzähligen **Informationen** und **Merkzetteln** gespickt haben, um den Überblick über die verschiedenen Familien zu behalten. Nun könnt ihr wieder etwas Platz schaffen, denn der **Naruto-Navigator** befasst sich in dieser Ausgabe mit den bekanntesten Clans.

DER ABURAME-CLAN – INSEKTEN INKLUSIVE

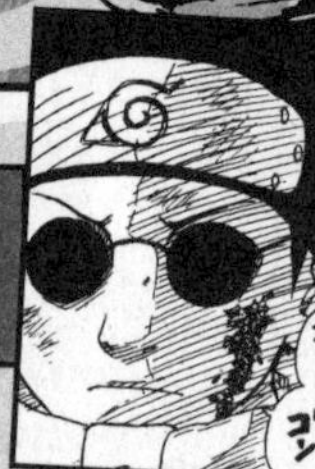

Dieses kribbeln im Bauch, das man nie mehr vergisst…

Vor vielen Generationen ging der **Aburame-Clan** ein ungewöhnliches und **kribbeliges Bündnis** ein. Seither nutzt die Familie eine besondere **Käferart als Untermieter**. Die Käfer leben in den Körpern der Mitglieder und **ernähren** sich von deren **Chakra**. Als Gegenleistung können die Aburames die Käfer **kontrollieren** und sie beliebig im **Kampf** oder zur **Spionage** einsetzen. Wie hoch die Anzahl der Käfer ist, kann nur geschätzt werden, sie variiert von Familienmitglied zu Familienmitglied.

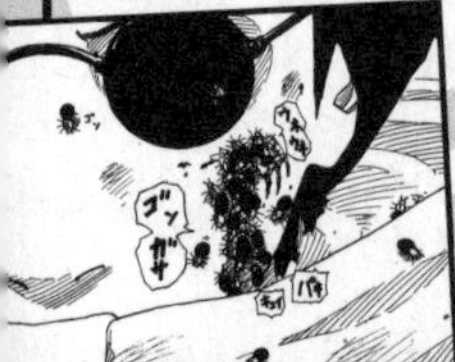

… als wenn sich ‚ne Horde Käfer durch deine Bauchdecke frisst!

DER AKIMICHI-CLAN – MESSEN IM KAMPFESSEN

Die **Akimichis** zeichnen sich nicht unbedingt durch **Modelmaße** aus – aber genau das ist ihre **Stärke**! Der **Clan der Übergewichtigen** haut dem Schmalspurgegner **kampfstarke Kalorien** entgegen. Der Clan gibt seine **geheimen Techniken** innerhalb der Familie weiter. Mit **besonderen Pillen** wird das extreme, doch kurzweilige **Wachstum** von **einzelnen Extremitäten** oder sogar vom **gesamten Körper** beschleunigt. Gesundheitsrisiken existieren hier nur für den Gegner!

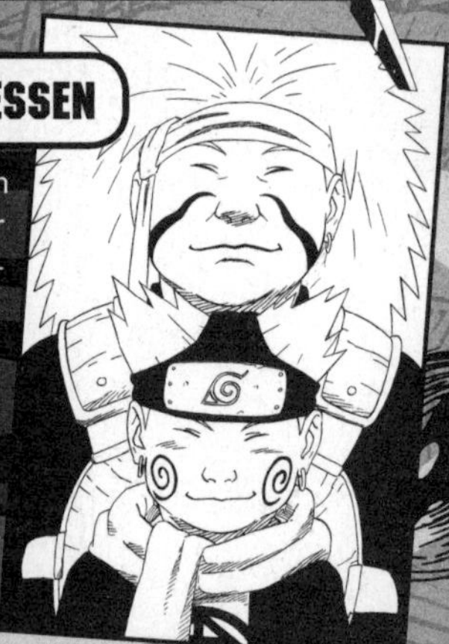

Mann, Mann, Mann, sind die dick... Mann!

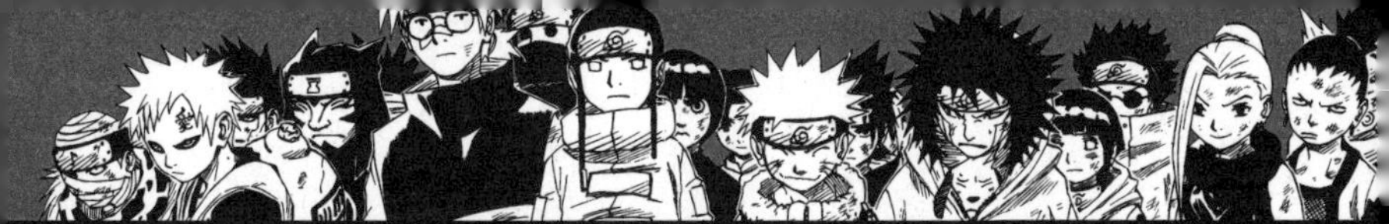

DER INUZAKA-CLAN – HUNDEFÄNGER UNERWÜNSCHT

Den Familiennamen **Inuzaka** kann man frei mit **»Haus der Hunde«** übersetzen. Einen **Bund fürs Leben** gehen die einzelnen Inuzuka-Mitglieder ein. **Mensch** und **Hund** sind hier untrennbar miteinander verbunden. Jeder hat einen Hund oder Wolf als treuen **Weg-** und **Kampfgefährten** an seiner Seite. Die Hundekrieger haben ein enges Verhältnis zu ihren vierbeinigen Kläffern und behandeln sie nicht nur wie ein **fellbedecktes Kampfwerkzeug**. Die jahrzehntelange Zusammenarbeit hat den **Geruchssinn** der menschlichen Inuzakas **geschärft**.

Die »Reißzähne« auf den Wangen sind ein Aburame-Zeichen!

DER UCHIHA-CLAN – BEDROHTE ART

Sie waren einst der wohl **einflussreichste** und **kampfstärkste** Clan in Konohagakure. Sasuke ist, neben seinem Bruder **Itachi**, der **letzte Nachkömmling** der Uchihas. Das **Sharingan**, das berühmte **Bluterbe der Uchihas**, ist somit auch nur noch im Besitz der beiden **verfeindeten Brüder** (und von Kakashi Hatake). Sicher ist nur, dass Sasuke seine Familie wieder **aufbauen** will und dafür noch einen langen Weg zurücklegen muss. Ob die Familie eine Chance hat, zu **neuer Blüte** zu gelangen?

Uchiha bedeutet »Fächer« und ist das Familienwappen des Clans!

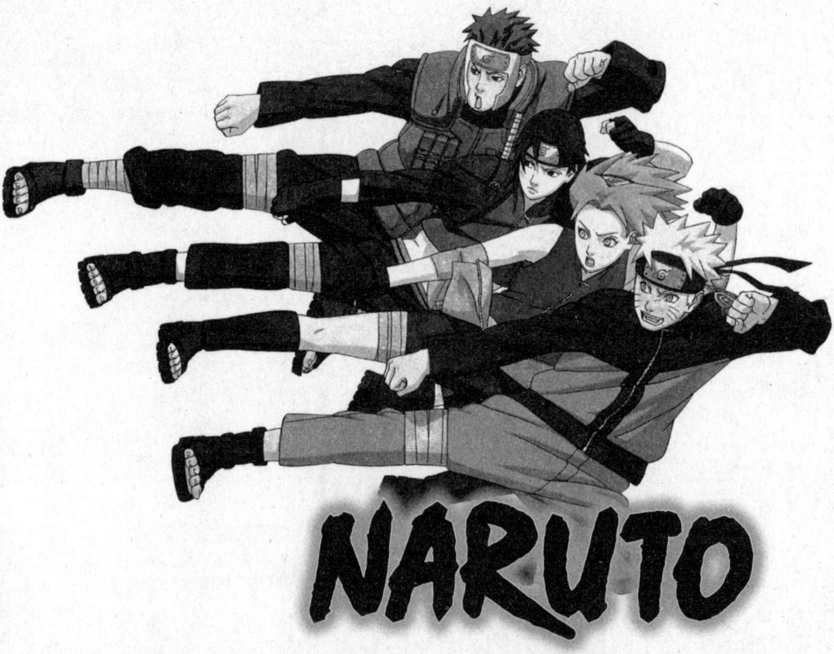

NARUTO

CARLSEN MANGA! NEWS
jeden Monat neu per E-Mail
carlsenmanga.de
carlsen.de

CARLSEN MANGA
Deutsche Ausgabe/German Edition

Völckersstraße 14-20, 22765 Hamburg
Aus dem Japanischen von Miyuki Tsuji

First published in Japan in 1999 by SHUEISHA Inc., Tokyo.
German translation rights in Germany, Austria, Luxembourg and German-speaking Switzerland arranged by SHUEISHA Inc. through VME PLB SAS, France.
Redaktion: Anne Berling, Jonas Blaumann
Textbearbeitung: Ina Schiele
Herstellung: Gunta Lauck, Ronny Willisch

Bei Fragen zum Produkt: carlsen.de/kontakt
ISBN 978-3-551-79537-3

HALT!

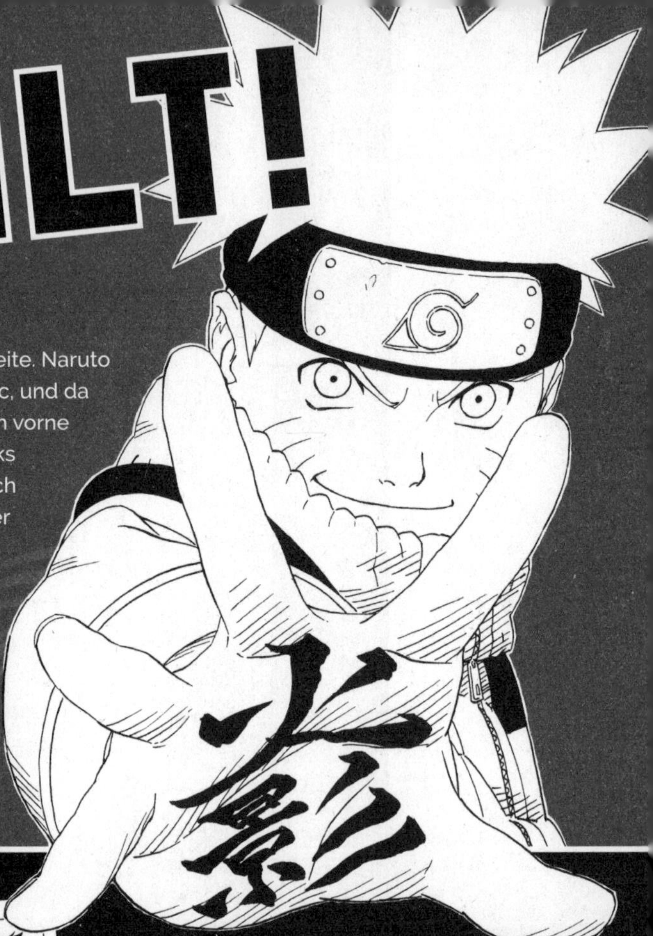

Das ist nicht die erste Seite. Naruto ist ein japanischer Comic, und da in Japan von hinten nach vorne und von rechts nach links gelesen wird, musst auch du diesen Comic von der anderen Seite aufschlagen und von hinten nach vorne lesen.

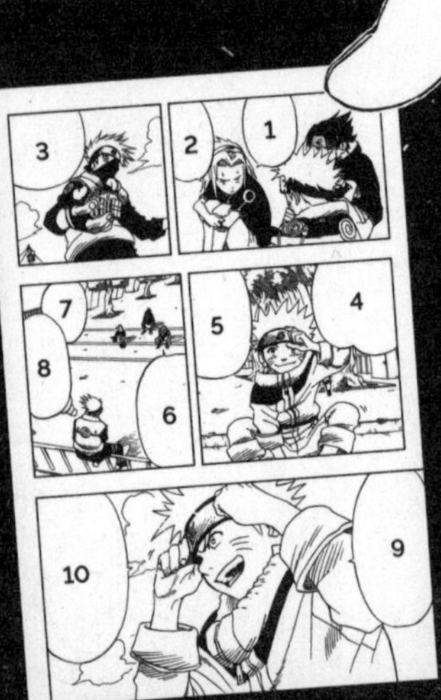

Auch die Bilder und Sprechblasen werden von rechts oben nach links unten gelesen, so wie es die Grafik hier zeigt. Schwer? Zuerst ungewohnt, doch es bringt richtig Spaß. Probiert es aus!

Viel Vergnügen mit **NARUTO** und der ganzen Ninja-Bande!